Österreichs Wirtschaft und Wirtschaftspolitik nach dem Zweiten Weltkrieg

Österreichs Wirtschaft und Wirtschaftspolitik nach dem Zweiten Weltkrieg

Hans Seidel

Wien 2005
Manz´sche Verlags- und Universitätsbuchhandlung

ISBN 3-214-00296-1

Copyright by MANZ-Verlag, Wien 2005

Alle Rechte, insbesondere das Recht der Vervielfältigung und Verbreitung sowie der Übersetzung, vorbehalten. Kein Teil des Werkes darf in irgendeiner Form (durch Photokopie, Mikrofilm oder ein anderes Verfahren) ohne schriftliche Genehmigung des Verlages reproduziert oder unter Verwendung elektronischer Systeme gespeichert, verarbeitet, vervielfältigt oder verbreitet werden.

© 2005 MANZ'sche Verlags- und Universitätsbuchhandlung GmbH, Wien
1014 Wien, Kohlmarkt 16
Telefon: (01) 531 61-0
E-Mail: verlag@MANZ.at
World Wide Web: www.MANZ.at
Umschlaggestaltung: Wolfgang K. Buchner
Druck: Novographic, 1238 Wien

Vorwort

Das vorliegende Werk erstreckt sich auf das erste Jahrzehnt nach dem Zweiten Weltkrieg. Für diesen Zeitrahmen sprach:
- 1955 erhielt Österreich den Staatsvertrag und die zehnjährige Besatzung endete.
- 1955 wurde die Staatsoper wieder eröffnet und damit symbolisiert, dass der Wiederaufbau im Großen und Ganzen abgeschlossen war.
- Mitte der fünfziger Jahre waren das makro-ökonomische Gleichgewicht und die marktwirtschaftliche Ordnung soweit hergestellt, dass Österreich als vollwertiges Mitglied im Geleitzug der westeuropäischen Wirtschaft mithalten konnte.

In der internationalen Forschung wird zumeist der Wiederaufbau Anfang der fünfziger Jahre als abgeschlossen betrachtet. Die nachfolgenden Jahre bis zum ersten Ölpreisschock 1973 werden als „Goldenes Zeitalter" der europäischen Wirtschaft zusammengefasst (der Begriff wird später näher erläutert). Für die hier gewählte Periodisierung sprach außer den angeführten Gründen, dass Österreich lange Zeit als Nachzügler im Verbund der europäischen Volkswirtschaften galt. Bestimmte Merkmale der Nachkriegswirtschaft (z. B. die „Dollarknappheit") hielten sich hierzulande länger als anderswo. Auch begannen in der ersten Hälfte der fünfziger Jahre sozioökonomische Prozesse, die erst viel später voll reiften. (Die Vermögensbildung in den privaten Haushalten ist ein Beispiel hiefür.) Die Wahl einer längeren Periode erlaubt es, den Wiederaufbau nicht als abgeschlossenes Ereignis, sondern als Brücke zwischen Vergangenheit und Gegenwart zu interpretieren.

Der Gedanke, ein Buch über Österreichs Wirtschaft und Wirtschaftspolitik in der Zeit nach dem Zweiten Weltkrieg zu schreiben, kam dem Autor vor fast einem Jahrzehnt. Nach dem Ende der kommunistischen Systeme in Mittel- und Osteuropa wurde häufig gefragt, wie Westeuropa den Übergang von der Kommandowirtschaft des Zweiten Weltkriegs zur Marktwirtschaft bewältigt hatte. Der Autor wurde als Zeitzeuge konsultiert: Er hatte als junger Wirtschaftsforscher mitgeholfen, die österreichische Wirtschaftspolitik der Nachkriegszeit zu gestalten und wollte die dabei gewonnenen Erfahrungen den Rat suchenden Experten aus den jungen Marktwirtschaften vermitteln. Dabei gewann er freilich bald die Einsicht, dass sich die Erfahrungen von damals nicht ohne weiteres auf die Gegenwart übertragen lassen. Die Reformstaaten wollten ihren eigenen, durch die Vergangenheit geprägten Weg gehen. Vereinfacht ausgedrückt: Die Nachkriegspolitik der Industriestaaten des Westens wurde durch die Weltwirtschaftskrise in den dreißiger Jahren und den Zweiten Weltkrieg geprägt. Die Reformpolitik in den ehemals kommunistischen Ländern hingegen entstand unter dem Eindruck des wirtschaftlichen und politischen Versagens des realen Sozialismus.

Das Interesse des Autors an dem Thema war jedoch geweckt. Dabei entdeckte er, was viele Historiker wissen: „Zeitzeugen" informieren nicht immer verlässlich. Er begann daher sein Wissen durch Studium der Akten in den Archiven, insbesondere im Archiv der Republik Österreich (AdR) und im Archiv der Oesterreichischen Nationalbank (AdNB) zu vervollständigen. Dokumente aus US-Archiven wurden ihm entgegenkommend von professionellen Historikern zur Verfügung gestellt. Die „Knochenarbeit" des Archivstöberns wird von Ökonomen nicht sehr geschätzt, sie hat sich jedoch nach Meinung des Autors gelohnt[1]).

K. Rothschild erwähnte gesprächsweise: Ökonomen suchen in ihrer Arbeit immer nach Modellen, Historiker nach Quellen. Das vorliegende Werk versucht beides zu vereinen. Ein guter Teil der Arbeit besteht darin, herauszufinden, wie die Wirtschaftspolitik das aktuelle Wirtschaftsgeschehen interpretierte und es zu gestalten versuchte. Dass dabei Vieles der späteren Kritik nicht standhielt, gehört zum Schicksal des menschlichen Handelns und daher auch zur Politik in allen ihren Schattierungen.

Obschon im Mittelpunkt der Untersuchung die österreichische Wirtschaft im ersten Nachkriegsjahrzehnt steht, werden häufig internationale und intertemporale Vergleiche angestellt, um die Geschehnisse in größere Zusammenhänge einzuordnen, gelegentlich in Form von Exkursen, um den Gedankenfluss zu wahren. Die internationalen Vergleiche beziehen sich hauptsächlich auf Westeuropa, dem Österreich im politischen Sinn zugehörte. Die Begriffe „Westeuropa" und „Osteuropa" werden (entsprechend dem Sprachgebrauch bis gegen Ende der achtziger Jahre) im sozioökonomischen Sinn verwendet. Zu Westeuropa zählten danach die Länder, die am Marshallplan teilnahmen und in der OEEC kooperierten, zu Osteuropa die im COMECON zusammengeschlossenen Länder.

Ein Handicap für die Studie war der Mangel an quantitativen Daten. Unter den Bedingungen der Nachkriegszeit (Bewirtschaftung und Preisregelung, Parallelmärkte) war es an sich schwierig, aussagekräftige Statistiken zu erstellen. Selbst das, was messbar war, wurde nur unzulänglich gemessen. Als ein unvermeidlich nur unzulänglicher Ausweg boten sich illustrative Schätzungen „back on the envelope" an. Im Übrigen wurde durch Quellenzitate versucht, die Relevanz von Zahlen zu relativieren.

Das Buch wurde im WIFO unter Benutzung der Ressourcen des Instituts geschrieben. Felix Butschek, mit dem der Autor ein Zimmer im WIFO teilt, hat die Arbeit des Autors von Anfang an mit Rat und klärenden Gesprächen begleitet. Karl Aiginger und Gunther Tichy begutachteten wichtige Teilstudien und sorgten dafür, dass ökonomische Gesichtspunkte nicht zu kurz kamen. Von institutsfremden Forschern wurde der Autor vor allem von Frau Hildegard Hemetsberger-Koller unterstützt. Sie sah sämtliche Detailstudien kritisch

---

[1]) Im Zuge der Aufarbeitung von Archivmaterial entstanden Teilstudien, wovon einige in verkürzter Form in Fachzeitschriften erschienen. Diese Teilstudien wurden nunmehr ergänzt, weitergeführt und mit einem allgemeinen Überblick in einen größeren Zusammenhang gestellt.

durch und machte ihn mit einschlägiger Literatur vertraut. Christian Karsch und Joachim Kühnert kommentierten den Abschnitt „Das Deutsche Eigentum". Der Autor dankt nicht zuletzt den Historikern Günter Bischof, Oliver Rathkolb und Kurt Tweraser, die ihm schwer zugängliche Dokumente zur Verfügung stellten und die historische Arbeit eines Nicht-Historikers wohlwollend betrachteten. Otto Seidel sorgte als Lektor für sprachliche Korrektheit, Marianne Uitz und Tatjana Weber in der Redaktion des WIFO halfen ein druckfertiges Manuskript zu erstellen.

Februar 2005   Hans Seidel

Inhaltsverzeichnis

	Seite
1. Einleitung und Überblick	21
1.1 Der europäische „Konvergenzklub"	21
1.2 Die Wiedergewinnung der relativen Stellung Österreichs	25
1.3 Komponenten des Wirtschaftswachstums	33
1.4 Strukturmerkmale	37
1.4.1 Der Industriekapitalismus	37
1.4.2 Die agrarische Revolution	40
1.4.3 Der Investitionsboom	43
1.4.4 Grundstofflastigkeit der Industrie	48
1.4.5 Von der Inselökonomie zur offenen Volkswirtschaft	51
1.4.6 Vermögensbildung in privaten Haushalten	56
1.5 Optionen der Wirtschaftspolitik	60
1.5.1 Westorientierung	60
1.5.2 Informationsdefizit	60
1.5.3 Gradualismus als Übergangsstrategie	62
1.5.4 Verstaatlichung und Kapazitätsplanung	64
1.5.5 Die administrierte Inflation	65
1.5.6 Stabilität durch Schocktherapie	66
1.5.7 Schaffung marktwirtschaftlicher Institutionen	70
1.5.8 Die Wirtschaftsordnung nach der Stabilisierung	71
1.6 Die Wurzeln des Wirtschaftswunders	72
1.7 Anhang: Zur vergleichenden Volkseinkommensstatistik	75
2. Gradualismus als Wiederaufbaustrategie	79
2.1 Visionen und Perspektiven	79
2.1.1 Die Leitbilder des Westens	79
2.1.2 Merkmale der heimischen Wirtschaftspolitik	94
2.2 Währungsreformen unter der Besatzung	108
2.2.1 Die rückgestaute Inflation	108
2.2.2 Von der Reichsmark zum Schilling	111
2.2.3 Vom Schillinggesetz zum Währungsschutzgesetz	138
2.2.4 Die Geldpolitik nach dem Währungsschutzgesetz	164
2.3 Die Bewirtschaftung knapper Güter	169
2.3.1 Grundlagen	169
2.3.2 Die Bewirtschaftung von Lebensmitteln	176
2.3.3 Die Bewirtschaftung gewerblicher Güter	184
2.4 Außenhandelslenkung und multiple Wechselkurse	201
2.4.1 Übernahme des Militärkurses 10 S/$	202
2.4.2 Vom 3-Kurs-System zum Einheitskurs 26 S/$	215
2.4.3 Zur Problematik der Subventionen	219

2.5	Die Nachkriegsinflation	224
	2.5.1 Kostenschub durch Produktivitätslücke	224
	2.5.2 Das Grundkonzept	228
	2.5.3 Merkmale der Anpassungsinflation	249
	2.5.4 Die Nachkriegsinflation im Detail	262
	2.5.5 Statistischer Anhang	275
3.	**Der Marshallplan**	**281**
3.1	Die Dollarlücke	281
	3.1.1 Einführende Überlegungen	281
	3.1.2 Der Umfang der Auslandshilfe	284
	3.1.3 Von der Maispende bis zur Interimshilfe	287
	3.1.4 Der Marshallplan	294
	3.1.5 Evaluierung der Hilfe	305
3.2	Die Investitionsschwerpunkte	312
	3.2.1 Auslandshilfe und Investitionen	312
	3.2.2 Die Grundsätze und ihre Verwirklichung	319
	3.2.3 Zur Problematik der Schwerpunkte	329
	3.2.4 Die Konditionalität der Hilfe	337
4.	**Der lange Weg bis zum Staatsvertrag**	**343**
4.1	Das Deutsche Eigentum	343
	4.1.1 Österreich zwischen Opfer und Täter	343
	4.1.2 Das Erbe der Vergangenheit	349
	4.1.3 Die finanziellen Ansprüche Österreichs	376
	4.1.4 Die Quasi-Reparationen	390
	4.1.5 Anhang	419
4.2	Der Kampf ums Öl	421
	4.2.1 Die Vorgeschichte	421
	4.2.2 Erdölpolitik in der Besatzungszeit	432
	4.2.3 Die Ölwirtschaft nach dem Staatsvertrag	455
4.3	Die Kosten der Freiheit	458
	4.3.1 Der Staatsvertrag	458
	4.3.2 Der Versuch einer Bilanz	465
	4.3.3 Die vermögensrechtliche Auseinandersetzung mit der BRD	479
5.	**An der Schwelle zum „Goldenen Zeitalter"**	**483**
5.1	Finanzielle Stabilität durch Schocktherapie	483
	5.1.1 Vorwort	483
	5.1.2 Kurswechsel infolge Auslaufens der Auslandshilfe	483
	5.1.3 Der Druck der Marshallplan-Behörden	488
	5.1.4 Elemente der Stabilisierungspolitik	495
	5.1.5 Das Krisenmanagement	509
	5.1.6 Erfolge und Probleme	513
	5.1.7 Anhang	529
5.2	Die Etablierung marktwirtschaftlicher Institutionen	533
	5.2.1 Die Klärung schwebender Forderungen und Eigentumsrechte	534
	5.2.2 Die „Kapitalmarktgesetze"	542
	5.2.3 Auffüllung der dezimierten Geldvermögensbestände	553
	5.2.4 Entnivellierung der Einkommen	560

5.3 Die Wirtschaftsordnung nach der Stabilisierung 564
    5.3.1 Zur Charakterisierung der Wirtschaftsordnung 564
    5.3.2 Das überlieferte Kapitalismusmodell 568
    5.3.3 Sozialpartnerschaft 575
    5.3.4 Überschüsse in der Europäischen Zahlungsunion (EPU) und
          Einfuhrliberalisierung 578

Literatur 585

Verzeichnis der Abkürzungen 600

Zeittafel 602

Stichwortverzeichnis 604

Verzeichnis der Übersichten

Seite

Übersicht 1.1:	Die Stellung Österreichs unter den Industrienationen vor dem Ersten Weltkrieg (BIP pro Kopf in internationalen $, Wert 1990)	26
Übersicht 1.2:	Das wirtschaftliche Gefälle in der österreichisch-ungarischen Monarchie 1910	27
Übersicht 1.3:	Die Kosten der Freiheit	32
Übersicht 1.4:	Kapazitätsauslastung in der Industrie	35
Übersicht 1.5:	Wachstum von Produktion und von Faktoreinsatz	36
Übersicht 1.6:	Wirtschaftswachstum nach Sektoren	37
Übersicht 1.7:	Erwerbstätige nach Sektoren	38
Übersicht 1.8:	Produktivitätsfortschritt in der Landwirtschaft	42
Übersicht 1.9:	Investitionsquote und Bauvolumen nach den beiden Weltkriegen	44
Übersicht 1.10:	Vermögensveränderungskonto: Anteile am BIP	46
Übersicht 1.11:	Industriestruktur: Vergleich Österreich mit Bundesrepublik Deutschland	50
Übersicht 1.12:	Kausalitätstest (nach Granger)	55
Übersicht 1.13:	Ausstattung privater Haushalte mit dauerhaften Konsumgütern	57
Übersicht 1.14:	Ausstattung der Wohnungen	58
Übersicht 1.15:	Das Ende der Nachkriegsinflation	68
Übersicht 1.16:	Die Produktion im Stabilisierungzyklus	69
Übersicht 1.17:	Insolvenzen	72
Übersicht 1.18:	BIP pro Kopf zu Kaufkraftparitäten 1955 und 1973	76
Übersicht 2.1:	Importkontrollen in Großbritannien	86
Übersicht 2.2:	Kredite und unentgeltliche Zuwendungen der USA an andere Länder im 1. Jahrzehnt nach dem Zweiten Weltkrieg	92
Übersicht 2.3:	Entwicklung der Verbraucherpreise in einigen Industrieländern 1937/51	109
Übersicht 2.4:	Staatsschuld und Banknoten im Deutschen Reich	110
Übersicht 2.5:	Pläne des Finanzministers Mitte 1945 (Ostösterreich)	115
Übersicht 2.6:	Verwendung des 600 Mio. RM-Kredits der Sowjetunion bis Mitte 1945	117
Übersicht 2.7:	Militärische Besatzungskosten 1945-1947	130

Übersicht 2.8:	Schätzung der zentralen Notenreserven der westlichen Besatzungsmächte	131
Übersicht 2.9:	Vom Schillinggesetz erfasste Banknoten	134
Übersicht 2.10:	Einlagenzuwachs zwischen Schalter- und Schillinggesetz	135
Übersicht 2.11:	Geldbestände 1945 (teilweise Schätzung)	136
Übersicht 2.12:	Geldrechnung des Bundeshaushalts 1945	137
Übersicht 2.13:	Bundesschatzscheine zur Deckung der Besatzungskosten	139
Übersicht 2.14:	Die Finanzierungslücke der Kreditunternehmungen zwischen Schilling- und Währungsschutzgesetz (überschlägige Berechnung)	143
Übersicht 2.15:	Durchschnittlicher Buchungsbetrag im 1. Halbjahr 1947	147
Übersicht 2.16:	Beutebanknoten und „Russen-Kredit"	150
Übersicht 2.17:	Vorschlag der Bundesregierung vom Juli 1946: Tilgung des 600 Mio. RM-„Russen-Kredits"	152
Übersicht 2.18:	Erforderlicher und verfügbarer Bestand an Reichsmarknoten nach Einschätzung des Finanzministeriums im Frühjahr 1947	156
Übersicht 2.19:	Geplante und tatsächliche Notenabschöpfung im WSchG	158
Übersicht 2.20:	Zunahme der Giroverbindlichkeiten der OeNB (Abnahme des Notenumlaufs) vor dem WSchG (Schätzung)	159
Übersicht 2.21:	Vorläufiges Ergebnis der Abschöpfung von Konten bei den Kreditunternehmungen	160
Übersicht 2.22:	Geldmengenaggregate vor und nach dem WSchG	160
Übersicht 2.23:	Disposition des BMfF über gemäß WSchG abgeschöpfte Einlagen bei den Kreditunternehmungen	162
Übersicht 2.24:	Vermögensabgabe 1948; schematische Berechnung	164
Übersicht 2.25:	Geldmenge und Preise nach dem WSchG	164
Übersicht 2.26:	Defizite im Bundeshaushalt	166
Übersicht 2.27:	Basisration (Kalorien pro Tag für Normalverbraucher)	178
Übersicht 2.28:	Struktur der Rationen (in Kalorien)	179
Übersicht 2.29:	Jahresbedarf an Grundnahrungsmitteln für Nicht-Selbstversorger	179
Übersicht 2.30:	Erwartete und tatsächliche Anbauflächen 1947	182
Übersicht 2.31:	Lockerung der Bewirtschaftung gewerblicher Produkte	187
Übersicht 2.32:	Walzwarenbilanz 1947	190
Übersicht 2.33:	Lederplan 1947/48 (Stand Juli 1947)	192
Übersicht 2.34:	Loro- und Nostrodevisen der OeNB	207
Übersicht 2.35:	Höhe der Belassungsquoten	208
Übersicht 2.36:	Außenhandelslizenzen 1. Halbjahr 1949	209
Übersicht 2.37:	$-Erlöse laut Verwendungsplan für das IV. Quartal 1950	211
Übersicht 2.38:	Ausländer-Fremdenverkehr	214

Übersicht 2.39:	Wert der Exporte (Vergleich Außenhandels- und Zahlungsbilanzstatistik)	221
Übersicht 2.40:	Subventionen aus Hilfslieferungen vor dem Marshallplan	222
Übersicht 2.41:	Subventionen aus ERP-Hilfe	222
Übersicht 2.42:	Subventionen insgesamt	223
Übersicht 2.43:	Einkommensrückstau und Produktiviätslücke (Schematische Darstellung)	225
Übersicht 2.44:	Entwicklung des Reallohns in den mittel- und osteuropäischen Transformationsländern Anfang der neunziger Jahre	229
Übersicht 2.45:	Nahrungsmittelsubventionen zu Kriegsende und Finanzierungsbedarf 1946 bei ihrer Fortführung	235
Übersicht 2.46:	Ernährungsbilanz 1946/47 aufgrund der erfassten Mengen	240
Übersicht 2.47:	Löhne und Gehälter Ende 1948 (1945 = 100)	246
Übersicht 2.48:	Effektive Lebenshaltungskosten (unter Berücksichtigung des Schwarzen Marktes)	256
Übersicht 2.49:	Grobmerkmale der Preis-Lohn-Abkommen	264
Übersicht 2.50:	Preise und Mengen landwirtschaftlicher Produkte	271
Übersicht 2.51:	Lohnniveau 1937	275
Übersicht 2.52:	Lohnentwicklung 1937 bis 1946	276
Übersicht 2.53:	Arbeiterverdienste laut WIFO und laut Arbeiterkammer 1946 bis 1952	277
Übersicht 2.54:	Arbeiterverdienste laut WIFO (korrigiert) und Pro-Kopf-Einkommen der Arbeitnehmer laut VGR seit 1937	277
Übersicht 2.55:	Vergleich der Verbraucherpreise in Österreich und im Deutschen Reich	280
Übersicht 3.1:	Alternative Werte der Auslandshilfe	285
Übersicht 3.2:	Lieferungen der UNRRA 1946/47 nach Österreich	288
Übersicht 3.3:	Interventionen des Alliierten Rats in der 2. Hälfte 1946	290
Übersicht 3.4:	Dortplan und Notprogramm 1948	293
Übersicht 3.5:	Anforderungen Österreichs im Marshallplan Dezember 1947	301
Übersicht 3.6:	Angemeldete und zugeteilte Auslandshilfe	303
Übersicht 3.7:	Die Devisenlücke	306
Übersicht 3.8:	Importplan 1948/49	309
Übersicht 3.9:	Herkunft der Nahrungsmittelimporte	311
Übersicht 3.10:	Auslandshilfe und Ausrüstungsinvestitionen	313
Übersicht 3.11:	ERP-Counterpartgebarung 1948-1952 (Erläge und ihre Verwendung)	321
Übersicht 3.12:	Investitionsfinanzierung aus Counterpartmitteln	324
Übersicht 3.13:	Schwerpunkte der Counterpartfinanzierung	324

Übersicht 4.1:	Währungsrelevante deutsche Rechtsvorschriften	350
Übersicht 4.2:	Geldvermögen Österreichs in ausländischer Währung 1938	352
Übersicht 4.3:	Österreichs Auslandsschuld 1935 und 1937	353
Übersicht 4.4:	Liquidationsbilanz der OeNB vom 17. 3. 1938	354
Übersicht 4.5:	Bewertung der Gold- und Devisenbestände der Notenbank vom 25. 4. 1938	355
Übersicht 4.6:	Vergleich von Preisen und Löhnen bei verschiedenen Umrechnungskursen	361
Übersicht 4.7:	Konsolidierte Bilanz der Wareneinfuhr 1937	363
Übersicht 4.8:	Entwicklung der Aktienkurse	366
Übersicht 4.9:	Eigenkapital der Aktiengesellschaften Anfang 1938	367
Übersicht 4.10:	Außenhandel und Fremdenverkehr mit Deutschland vor 1938	368
Übersicht 4.11:	Deutsches Eigentum an österreichischen Aktienbanken	368
Übersicht 4.12:	Deutsches Kapital in Aktiengesellschaften	369
Übersicht 4.13:	Finanzielle Ansprüche Österreichs an Deutschland (Forderungskatalog 1946)	380
Übersicht 4.14:	Forderungen und Verpflichtungen des Finanzierungssektors gegenüber Deutschland zu Kriegsende (Erhebung der Notenbank)	381
Übersicht 4.15:	Forderungen und Verpflichtungen gegenüber Deutschland (Forderungskatalog 1949)	384
Übersicht 4.16:	Kriegsschäden und Requisitionen laut Forderungskatalog 1949	386
Übersicht 4.17:	Anlagevermögen (brutto) 1937-1946 (Schätzung)	387
Übersicht 4.18:	Bauliche Kriegsschäden Wert 1945 nach Klenner	388
Übersicht 4.19:	Schäden an Wohnungen	389
Übersicht 4.20:	Wiederbeschaffungswerte für Wohnungen	390
Übersicht 4.21:	Demontagen von Anlagen und Beschlagnahme von Vorräten	395
Übersicht 4.22:	Liste der Firmen mit mehr als 10 Mio. RM Requisitionen	396
Übersicht 4.23:	Restitutionsanforderungen der Franzosen Anfang 1949	415
Übersicht 4.24:	Vorschläge zum Deutschen Eigentum im Staatsvertragsentwurf vom Februar 1947	417
Übersicht 4.25:	Deutscher Anteil an österreichischen Unternehmungen 1946 nach US-Schätzungen	419
Übersicht 4.26:	Freischürfe Ende 1937	422
Übersicht 4.27:	Förderung von Erdöl	426
Übersicht 4.28:	Investitionen in der Ölförderung 1938-1945	427
Übersicht 4.29:	Rohölvorräte 1945 nach Besitzkategorien	430
Übersicht 4.30:	Raffineriekapazität	432
Übersicht 4.31:	Demontagen in der Erdölförderung	433
Übersicht 4.32:	Aktienkapital der SANAPHTA (Vorschlag)	434

Übersicht 4.33:	Wert der Ölwirtschaft 1945 (diskontierter Ertragswert)	438
Übersicht 4.34:	Vergleich Cherrière-Plan und russischen Gegenvorschlag für die Erdölwirtschaft (ursprüngliche Fassung)	448
Übersicht 4.35:	Schätzung des Verlustes der westlichen Ölkonzerne	453
Übersicht 4.36:	Geschätzte jährliche Entlastung der Handelsbilanz durch den Cherrière-Plan 1949	462
Übersicht 4.37:	Vergleich der Besatzungskosten und der Quasi-Reparationen mit der Auslandshilfe	467
Übersicht 4.38:	Nominelle Besatzungskosten 1945-1955	469
Übersicht 4.39:	Besatzungskosten real und in % des BIP	470
Übersicht 4.40:	Leistungskennzahlen der sowjetisch verwalteten Betriebe in Mio. $	472
Übersicht 4.41:	Die Beschäftigten in sowjetischen Betrieben April 1955	473
Übersicht 4.42:	Wert der Ölexporte, brutto und netto (Transfer)	475
Übersicht 5.1:	Erhöhung der Argrarpreise Mitte 1952	504
Übersicht 5.2:	Budgetkonsolidierung 1952	504
Übersicht 5.3:	Nicht akkordierter Budgetentwurf 1953	509
Übersicht 5.4:	Die nationale Produktion im Stabilisierungszyklus	516
Übersicht 5.5:	Ausweitung des Geld- und Kreditvolumens im Stabilisierungszyklus 1951-1955	521
Übersicht 5.6:	Nettosaldo des Bundesbudgets	523
Übersicht 5.7:	Beiträge der Nachfragekomponenten zum Wirtschaftswachstum 1949-1955	525
Übersicht 5.8:	Entwicklung des Außenhandels mit Waren 1951/53	528
Übersicht 5.9:	Fremdwährungsschulden Ende 1937	536
Übersicht 5.10:	Abwicklung des Pfund-Kredits für die Illwerke AG bis Kriegsende	536
Übersicht 5.11:	Mit den Gläubigern vereinbarte Vorkriegsschulden der Republik Österreich Ende 1953	538
Übersicht 5.12:	Wertpapierdepot bei der Sammelstelle Wien 1945	540
Übersicht 5.13:	Entschädigung der Aktionäre verstaatlichter Unternehmungen	541
Übersicht 5.14:	Disposition des BMfF über gemäß WSchG abgeschöpften Einlagen bei den Kreditunternehmungen	543
Übersicht 5.15:	Bilanzen der Notenbank Ende 1946 und Ende 1951	545
Übersicht 5.16:	Goldbestände der OeNB	546
Übersicht 5.17:	Der erste Generalrat der OeNB	549
Übersicht 5.18:	Globalbilanz der Kreditunternehmungen Ende 1948	550
Übersicht 5.19:	Geldvermögensbestände	554
Übersicht 5.20:	Geldvermögen der privaten Haushalte	557
Übersicht 5.21:	Ertragsraten (vor Steuer) von Geldvermögen	558

Übersicht 5.22: Geldvermögen der privaten Haushalte Ende 2004 558
Übersicht 5.23: Entnivellierung der Löhne und Gehälter 560
Übersicht 5.24: Entlastung der Nettoeinkommen durch Senkung der Einkommensteuer 561
Übersicht 5.25: Producer Subsidy Equivalent (PSE) 571
Übersicht 5.26: Kartelle in Österreich in der Zwischenkriegszeit 572
Übersicht 5.27: Österreichs EPU-Position Ende Oktober 1953 581
Übersicht 5.28: Etappen der Importliberalisierung 582
Übersicht 5.29: Einfuhr- und Zollschutz der Industrie 584

Verzeichnis der Abbildungen

Seite

Abbildung 1.1:	Verringerung des Leistungsgefälles zwischen den europäischen Industrieländern und ihres Rückstands gegenüber den USA	22
Abbildung 1.2:	Überwindung der Kriegsfolgen (Wachstumstrend in Abhängigkeit vom Rückstand 1946 gegen 1937)	23
Abbildung 1.3:	Verminderung des Einkommensgefälles der europäischen Industrieländer gegenüber den USA im Zeitraum 1955/73	24
Abbildung 1.4:	Die Stellung Österreichs unter den Industrieländern (BIP pro Kopf in internationalen $, Wert 1990; Österreich in Prozent von Land . . .)	29
Abbildung 1.5:	Trend der monatlichen Industrieproduktion 1946-1951	34
Abbildung 1.6:	Entwicklung der Agrar- und der Industrieproduktion nach den beiden Weltkriegen (1913 bzw. 1937 = 100)	40
Abbildung 1.7:	Produktion, Beschäftigung und Arbeitsproduktivität in der Agrarwirtschaft, 1946 bis 2000	43
Abbildung 1.8:	Die Auslandshilfe im Vergleich zu den Exporten von Gütern und Leistungen	53
Abbildung 1.9:	Offenheit der Wirtschaft	54
Abbildung 1.10:	Entwicklung der Geldvermögensbestände	58
Abbildung 2.1:	Entwicklung von Notenumlauf und Einlagen	145
Abbildung 2.2:	Kreditausweitung und Einlagenzuwächse in % des BIP	167
Abbildung 2.3:	Geldmenge in % des BIP (1937 = 1)	168
Abbildung 2.4:	Anbauflächen und Hektarerträge im Pflanzenbau (Getreide und Hackfrüchte)	177
Abbildung 2.5:	Marktleistung und Ernte an Brotgetreide (1934/38 = 100)	181
Abbildung 2.6:	Pro-Kopf-Verbrauch der Arbeitnehmerhaushalte von Getreideerzeugnissen und Fleisch in Wien (1935 = 100)	183
Abbildung 2.7:	Arbeiterverdienste und Lebenshaltungskosten zu legalen Preisen	227
Abbildung 2.8:	Entwicklung der Schwarzmarktpreise für Nahrungsmittel	237
Abbildung 2.9:	Abhängigkeit des Valorisierungsfaktors 1949/36 der Monatsbezüge von der Einkommenshöhe 1936	248
Abbildung 2.10:	Pro-Kopf-Einkommen laut VGR und Arbeiter-Nettoverdienste	248
Abbildung 2.11:	Tariflöhne und Stundenverdienste (Lohndrift)	251
Abbildung 2.12:	Trend des (fiktiven) Reallohns 1946/1949 und 1950/1955	254

Abbildung 2.13:	Importierte Inflation (Deflatoren BIP und Importe)	257
Abbildung 2.14:	Wechselkurs, Kaufkraftparitäten, Exportpreise	259
Abbildung 3.1:	Anteil der Auslandshilfe am BIP in Prozent	286
Abbildung 3.2:	Energieverbrauch und Energiekoeffizient der österreichischen Wirtschaft	326
Abbildung 3.3:	Realzinssätze für ERP-Industriekredite und Wirtschaftswachstum	329
Abbildung 3.4:	Finanzierung der Investitionen der Elektrizitätswirtschaft	331
Abbildung 4.1:	Aktienkurse von der Annexion bis Kriegsbeginn	366
Abbildung 4.2:	Kriegsbedingte Lücke des privaten Konsums	377
Abbildung 4.3:	Bekannte Erdölvorräte 1945 (nach dem Zeitpunkt der Entdeckung)	431
Abbildung 4.4:	Internationale Ölfirmen in Österreich 1938	454
Abbildung 4.5:	Förderung und Export von Öl	474
Abbildung 4.6:	Erdölförderung 1955-75, tatsächlich und projektiert	479
Abbildung 5.1:	Entwicklung der Bankrate (Diskontsatz)	512
Abbildung 5.2:	Preisstabilisierung (jährliche Teuerungsraten)	515
Abbildung 5.3:	Leistungsbilanz und Hilfslieferungen	516
Abbildung 5.4:	Unterauslastung des Produktionspotentials	517
Abbildung 5.5:	Kommerzielles Kreditvolumen	520
Abbildung 5.6:	Komponenten der Zentralbankgeldschöpfung 1951 bis 1955, Veränderung gegen das Vorjahr	522
Abbildung 5.7:	Exporte und Investitionen real 1951-1955	526
Abbildung 5.8:	Beiträge der Lagerbildung und der Anlageninvestitionen zum Wirtschaftswachstum	529
Abbildung 5.9:	Verlauf der Stabilisierungsrezession	532
Abbildung 5.10:	Entwicklung des Geldvermögens	555

1. Einleitung und Überblick

1.1 Der europäische „Konvergenzklub"

Im Zweiten Weltkrieg starben Millionen Menschen in den Kampfhandlungen, in den Konzentrationslagern und durch Bombenangriffe. Millionen Flüchtlinge und Zwangsarbeiter mussten wieder in den Arbeitsprozess eingegliedert werden. Der Bestand an Realkapital und an Auslandsaktiva wurde dezimiert, Wirtschaft und Verwaltung waren desorganisiert.

Dennoch erholte sich die Wirtschaft der vom Krieg gezeichneten Länder Europas bemerkenswert rasch. Der Schwung des Wiederaufbaus wurde in die Friedenswirtschaft mitgenommen. Die Wirtschaft Westeuropas wuchs fast ein viertel Jahrhundert – bis zum ersten Ölpreisschock 1973 – kräftig. Der Vorsprung der USA konnte merklich verringert werden, gleichzeitig glichen sich die Niveaus der Pro-Kopf-Einkommen zunehmend einander an. Historiker sprechen vom Goldenen Zeitalter („golden age") des „Konvergenzklubs" Westeuropa[1]).

Natürlich war nicht alles golden im „golden age". Es gab länderspezifische und gemeinsame Probleme. (Die österreichischen Exporte etwa, die nur kurze Absatzradien vertrugen, litten in den sechziger Jahren unter der Diskriminierung auf den nahen Märkten der EWG.) Das Etikett „golden age" lässt sich jedoch aus zwei Gründen rechtfertigen. Zum einen: Die westeuropäische Wirtschaft wuchs stärker als je zuvor in einer ähnlich langen Periode. In Großbritannien, dem Mutterland der ersten industriellen Revolution, überschritten die längerfristigen Wachstumsraten zwischen 1831 und 1899 nur knapp 2%. Davor und nachher blieben sie darunter (*Crafts*, 1996).

Zum anderen: Der Wachstumsprozess verlief annähernd gleichgewichtig. Die Arbeitsproduktivität nahm etwas schwächer zu als Produktion und Kapitalstock (der Kapitalkoeffizient blieb weitgehend konstant). Der daraus resultierende zusätzliche Bedarf an Arbeitskräften konnte aus der natürlichen Bevölkerungsbewegung, aus Reserven im „nicht-kapitalistischen" Sektor der Wirtschaft (Landwirtschaft, Kleingewerbe) und schließlich durch Zuwanderung gedeckt werden. Es herrschte Vollbeschäftigung, wenn man von einzelnen Ländern über kurze Perioden absieht. (Die strukturelle Arbeitslosigkeit in der Bundesrepublik Deutschland wurde im Laufe des „golden age" aufgesaugt.) Was immer den Gleichschritt zwischen Kapazitätswachstum und

---

[1]) Der Systemwechsel in den früher kommunistischen Ländern Mittel- und Osteuropas und die Jahrtausendwende förderten Studien über die wirtschaftliche Entwicklung in Westeuropa nach dem Zweiten Weltkrieg. An Sammelwerken wurden insbesondere herangezogen: *Aerts/Milward* (1990), *Dornbusch et al.* (1993), *Eichengreen* (1995A), *Crafts/Toniolo* (1996), *Oxford Review of Economic Policy* (1999).

Wachstum der Arbeitsproduktivität[2]) bewirkt haben mochte: Die „soziale" Frage, die im 19. Jahrhundert starke Gegenströmungen ausgelöst hatte, wurde zumindest entschärft.

Abbildung 1.1: Verringerung des Leistungsgefälles zwischen den europäischen Industrieländern und ihres Rückstands gegenüber den USA

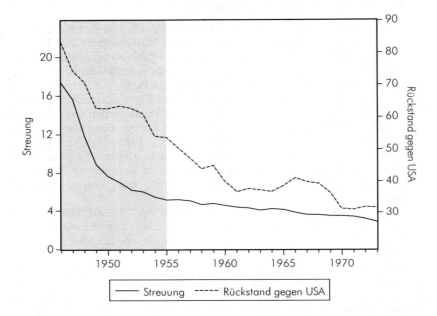

Quelle: *Maddison* (1995, 2001) und OECD (National Accounts, Economic Outlook). – Die schraffierte Fläche umfasst die Wiederaufbauperiode. – Streuung: Varianz (mal 100) der Logarithmen des BIP pro Kopf zu Kaufkraftparitäten in 12 europäischen Industrieländern. – Rückstand gegenüber den USA: Differenz der Logarithmen (mal 100) des BIP pro Kopf zu Kaufkraftparitäten zwischen den USA und dem Durchschnitt von 12 europäischen Industrieländern. – Wachstumsraten und Abstände werden in Differenzen der Logarithmen (mal 100) angegeben. Das entspricht etwa den prozentuellen Veränderungen gemessen am Durchschnitt der Vergleichswerte.

Zu Westeuropa (identisch mit den in der OEEC zusammenarbeitenden Staaten) im politischen Sinn zählten Staaten mit sehr unterschiedlichem Entwicklungsniveau. Für den Vergleich mit Österreich eignet sich am besten die von *Maddison* (2001) verwendete Gruppierung. Er fasst darunter 12 entwickelte westeuropäische Industrieländer zusammen, wobei von Südeuropa nur Italien der Gruppe zugerechnet wurde.

---

[2]) Dieser Gleichschritt wurde von der keynesianischen Wachstumstheorie als Merkmal des „golden age" bezeichnet. Siehe hiezu etwa *Robinson* (1963, S. 52).

1.1 Der europäische „Konvergenzklub"

Abbildung 1.2: Überwindung der Kriegsfolgen (Wachstumstrend in Abhängigkeit vom Rückstand 1946 gegen 1937)

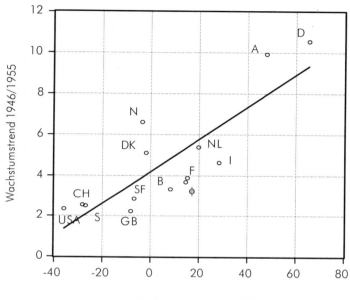

Quelle: *Maddison* (1995, 2001). – USA und 12 europäische Industrieländer. – ϕ: gewogener Durchschnitt der 12 Länder. – Wachstumstrend: Berechnet aus der Regression der Logarithmen der Pro-Kopf-Einkommen auf die Zeit (Regressionskoeffizient mal 100). – Rückstand gegen 1937: Differenz der Logarithmen (mal 100) des BIP pro Kopf zwischen 1937 und 1946.

Die Zeit nach dem Zweiten Weltkrieg kontrastiert in auffallender Weise zu der Zeit zwischen den beiden Weltkriegen. Schon die Kriegsfolgen konnten nach 1945 rascher überwunden werden als nach 1918, obschon die Schäden und Funktionsstörungen größer waren. Vollends konträr verlief die spätere Entwicklung. 1929 begann die große Depression, von der sich die Weltwirtschaft bis zum Zweiten Weltkrieg nicht erholte. Nach 1945 mündete der Wiederaufbau in eine lange Prosperitätsperiode.

Der Wachstums- und Konvergenzprozess der europäischen Industrieländer lässt sich durch verschiedene Vergleiche verdeutlichen. Die Ausgangslage nach dem Zweiten Weltkrieg war begreiflicherweise sehr verschieden. Die neutralen Staaten, die Schweiz und Schweden, erzeugten 1946 (jeweils pro Einwohner gerechnet) um etwa ein Fünftel mehr als vor dem Krieg, Großbritannien etwa gleich viel. In Westdeutschland und in Österreich dagegen fiel die Produktion auf etwa die Hälfte des Vorkriegsstands. Die übrigen Länder dieser Gruppe – die meisten waren während des Kriegs vom Deutschen Reich besetzt – lagen zwischen diesen beiden Extremen.

Abbildung 1.3: Verminderung des Einkommensgefälles der europäischen Industrieländer gegenüber den USA im Zeitraum 1955/73

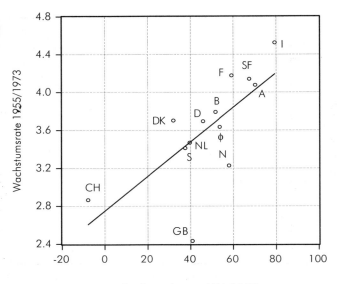

Quelle: *Maddison* (2001), OECD (National Accounts, Economic Outlook). – Wachstumsrate: analog zu Abbildung 2. – Rückstand gegen USA: Differenz der Logarithmen (mal 100) der Pro-Kopf-Einkommen zu Kaufkraftparitäten.

Die Kriegsfolgen konnten im ersten Nachkriegsjahrzehnt weitgehend überwunden werden. Mitte der fünfziger Jahre war zwischen den Industrieländern in etwa die Rangordnung (allerdings noch nicht der Abstand) wieder hergestellt, wie sie vor dem Zweiten Weltkrieg bestanden hatte. Gemessen an den Pro-Kopf-Einkommen erwies sich der „Angebotsschock" des Zweiten Weltkriegs letztlich als nur temporär. Das war keineswegs selbstverständlich. Auch wenn man extreme Vorstellungen wie etwa die, dass Deutschland ein Agrarland oder der Rohstofflieferant Europas werden sollte, als emotionale Äußerungen zu Kriegsende abtut: Die generelle Meinung war, dass Deutschland und auch Österreich lange Zeit unter den Kriegsfolgen leiden würden und dass sich die neutralen Staaten einen dauernden wirtschaftlichen Vorsprung sichern konnten.

In den folgenden Jahren bis zum ersten Ölpreisschock 1973 fuhren die europäischen Industriestaaten im Geleitzug mit hoher Geschwindigkeit und rückten näher zusammen. Dieser Sachverhalt lässt sich darstellen, indem man den Rückstand eines Landes gegenüber den USA (gemessen an den Pro-Kopf-Einkommen) mit seiner Wachstumsrate des BIP vergleicht. Je weiter ein Land im Ausgangsjahr hinten den USA zurückblieb, desto höher war seine Wachstumsrate. Im Durchschnitt verringerte sich der Einkommensabstand um 2% pro Jahr. Das entsprach etwa dem für längere Zeiträume ermittelten Koeffizienten[3]).

Die Werte für einzelne Länder weichen etwas von der Regressionslinie in Abbildung 3 ab, doch sind die Unterschiede relativ gering und zum Teil spiegelverkehrt zu den im ersten Nachkriegsjahrzehnt festgestellten Abweichungen. (Das gilt etwa für Frankreich und Italien.) Stärker nach unten weicht nur der Wert für Großbritannien ab: Die „englische Krankheit", die letztlich zu einer radikalen Wende in der Wirtschaftspolitik führte, begann sich bereits abzuzeichnen. (In den letzten Jahrzehnten hat die britische Wirtschaft wieder an Boden gewonnen.)

1.2 Die Wiedergewinnung der relativen Stellung Österreichs

"How much longer shall we subsidize this outfit and get them to fight the Russkis when they are, in the long run, licked?" (Letter from Vienna Nr. 14 vom 16. 8. 1946, Kindleberger, 1989)

Deutlicher noch als in Westeuropa hob sich in Österreich[4]) die Zeit nach dem Zweiten Weltkrieg von der Zwischenkriegszeit ab, ökonomisch und politisch.

Die österreichisch-ungarische Monarchie umfasste Gebiete mit sehr unterschiedlichem Entwicklungsstand. Auf dem heutigen Staatsgebiet der Republik Österreich wurde nach *Maddison* (1995, 2001) ein Pro-Kopf-Einkommen erwirtschaftet, das um 7% unter dem von 12 entwickelten europäischen Industriestaaten lag. A. Maddison ermittelte seine Schätzwerte durch Rückschreibung des BIP pro Kopf zu Kaufkraftparitäten für 1990 (alternative Bezeichnung: internationale $, Wert 1990) mit Hilfe nationaler Volkseinkommensrechnungen. Nach *Good/Ma* (1998) war der Rückstand etwas größer (nach den Vergleichszahlen für Großbritannien und die Bundesrepublik Deutschland zu schließen etwa 13%). Sie leiteten ihre Schätzung aus einem statistischen Zusammenhang zwischen Strukturmerkmalen und dem Einkommensniveau ab (ermittelt aus westeuropäischen Daten). Beide Methoden haben ihre Schwächen. Die von Maddison gewählte Methode hängt von den Kaufkraftparitäten im Vergleichsjahr und der Qualität der nationalen Statistiken ab. Die Proxy-

---

[3]) Dieser Koeffizient wird in der Wachstumsliteratur β-Koeffizient genannt (*Barro/Sala-i-Martin*, 1991).

[4]) Mit der Wirtschaft und der Wirtschaftspolitik in Österreich im ersten Nachkriegsjahrzehnt befassten sich *Nemschak* (1955) und *Klenner* (1953). Teilaspekte und längere Zeiträume werden behandelt in *Butschek* (1985), *Bachinger/Butschek/Matis/Stiefel* (2001), und *Sandgruber* (1995) sowie in den Sammelwerken *Bachinger/Stiefel* (2001), *Baltzarek/Butschek/Tichy* (1998) und von *Weber* (1961). Handbücher der österreichischen Wirtschaftpolitik gaben *Tautscher* (1961) und *Abele/Novotny/Schleicher/Winckler* (1982, 1989) heraus. Handbücher über die österreichische Gemeinwirtschaft veröffentlichte die *Arbeitsgemeinschaft der Österreichischen Gemeinwirtschaft* (1960, 1972). Im Übrigen wird auf das Literaturverzeichnis am Ende des Buches verwiesen.

Methode von Good/Ma vernachlässigt länderspezifische Einflüsse, die sich nicht in den Strukturmerkmalen niederschlagen.

Übersicht 1.1: Die Stellung Österreichs unter den Industrienationen vor dem Ersten Weltkrieg (BIP pro Kopf in internationalen $, Wert 1990)

	Good/Ma (1998) 1910		Maddison (2001) 1913	
	Mio. $	Österreich = 100	Mio. $	Österreich = 100
Österreich	3.016,2[1])	100,0	3.465,5	100,0
Großbritannien[2])	4.715,6	156,3	5.031,8	145,2
BRD	3.528,0	117,0	3.832,8	110,6
Deutschland[3])			3.647,9	105,3
Westeuropa[4])			3.734,2	107,8
USA	4.969,0	164,7	5.306,9	153,1

[1]) Nach *Maddison* (1995): 3.312 $. – [2]) Ohne Irland. – [3]) Gebietsumfang 1913. – [4]) 12 Industrieländer Europas.

Die Schätzwerte lassen sich auf einen einfachen Nenner reduzieren: Die Wirtschaft der österreichisch-ungarischen Monarchie hinkte im Ganzen gesehen jener der Industriestaaten Westeuropas und noch mehr jener der USA nach, erreichte aber im Kernraum annähernd das westeuropäische Niveau. Nicht nur zwischen Österreich und den Randgebieten der Monarchie (etwa Galizien) bestand ein starkes Gefälle, sondern auch zwischen den Landesteilen innerhalb des heutigen Staatsgebiets. Die Pro-Kopf-Einkommen im Land Niederösterreich (wozu damals auch Wien gehörte) waren nach Good/Ma um 75% höher als im Durchschnitt der übrigen Bundesländer. Das wirtschaftliche Gefälle zwischen Zentralraum und Peripherie veranlasste *Gerschenkron* (1977) zu der provokanten These, die Monarchie hätte überlebt, wenn die Peripherie mit Hilfe eines großzügigen Ausbaus der Infrastruktur enger an das Zentrum angebunden worden wäre. (Ein solcher Plan wurde von Ministerpräsident Körber erwogen, aber von Finanzminister Böhm-Bawerk als unfinanzierbar abgelehnt.)

Mit anderen Worten: Die relativ günstige Position Österreichs war der Kaiserstadt Wien und ihrem Umfeld zu danken. Zwar hielt der gelegentlich vorgebrachte Vorwurf, der Wiener Zentralraum lebte von den Steuererträgen der österreichischen Reichshälfte, einer näheren Überprüfung nicht stand. *Hertz* (1925, S. 13) zitierte die österreichische Steuerstatistik, wonach in der Monarchie vom Steueraufkommen des Landes Niederösterreich (einschließlich Wiens) nur etwa die Hälfte in der Region ausgegeben wurde[5]) (der Rest kam den Randgebieten der Monarchie zugute). Die Wirtschaftskraft Wiens und sei-

---

[5]) Umso schwerer verständlich ist der Umstand, dass nach dem Ersten Weltkrieg das Budgetdefizit explodierte. Die „Krise des Steuerstaates" (der Begriff stammt von J. Schumpeter) beruhte auf dem Unvermögen der Bürger und ihrer politischen Repräsentanten, ein funktionsfähiges Gemeinwesen aufzubauen.

nes Umlands war jedoch den Agglomerationsvorteilen des Zentralraums eines großen Reichs zu danken.

Übersicht 1.2: Das wirtschaftliche Gefälle in der österreichisch-ungarischen Monarchie 1910

	BIP pro Kopf 1910	
	Internationale $-1990	Österreich = 100
Niederösterreich	3.780,6	125,34
Oberösterreich	2.193,8	72,73
Salzburg	2.588,7	85,83
Steiermark	2.186,2	72,48
Kärnten	2.280,8	75,62
Tirol und Vorarlberg	2.530,4	83,89
Böhmen	2.782,5	92,25
Mähren	2.372,1	78,65
Schlesien	2.687,6	89,11
Galizien	1.553,7	51,51
Dalmatien	1.530,2	50,73
Österreichische Reichshälfte	2.334,5	77,40
Ungarische Reichshälfte	1.887,7	62,59
Monarchie insgesamt	2.164,2	71,75
Heutiges Österreich	3.016,2	100,00

Quelle: *Good/Ma* (1998, S. 156).

Die wirtschaftliche Position des alten Kerngebiets der Monarchie konnte in der Ersten Republik nicht behauptet werden. Die „Familie Österreich" fand sich im Kleinstaat nicht zurecht, und das Leben in ihm wurde ihr durch die internationale Politik nicht gerade leicht gemacht. Dabei waren die objektiven Voraussetzungen gar nicht so schlecht. Der Kleinstaat Österreich verfügte über eine leistungsfähige Industrie, in der Mittel- und Kleinbetriebe überwogen, der Fremdenverkehr bot gute Entwicklungschancen, und die Wasserkraft war noch nicht genutzt. Der „Wasserkopf" Wien war zwar überdimensioniert, verfügte aber über eine taugliche Infrastruktur; sein Bevölkerungsanteil ging schon deshalb zurück, weil das Hinterland für eine größere Zuwanderung fehlte. Wien hatte zwar von der Monarchie eine große Zahl von Beamten „geerbt", doch verfügte es über eine für Großstädte relativ große verarbeitende Industrie.

Die Industrie hatte vor 1914 einen geschützten Binnenmarkt: Die Außenhandelsverflechtung der Monarchie war ähnlich niedrig wie die Russlands[6]. J. Schumpeter, der innovative Ökonom und glücklose Finanzminister, hoffte, dass die Arbeitsteilung im Donauraum auch unter den geänderten politischen Voraussetzungen aufrechterhalten werden könnte. In einer Rede vor dem Wiener Handels- und Industrieverein im Frühjahr 1919, als in St. Germain über den Friedensvertrag mit Österreich verhandelt wurde, führte er aus:

---

[6] Die Summe von Exporten und Importen betrug 1913 nur 16% des BIP (*Huberman/Lewchuk*, 2003, S. 7).

"Wir müssen Kohle haben. Aber auch, wenn sie in Deutsch-Österreich läge, müsste unsere Industrie sie ja kaufen, und mehr als kaufen braucht sie sie auch aus Ostrau nicht . . . Wenn wir und die anderen vernünftig sind, ist es auch gleichgültig, ob die Produktionsbasis unserer Industrie innerhalb oder außerhalb unserer Staatsgrenzen liegt." (Zitiert nach März, 1981, S. 335)

Seine zum damaligen Zeitpunkt als provokant empfundene Hoffnung erfüllte sich nicht. Weder „wir" noch „die anderen" waren vernünftig. Die Nachfolgestaaten verfolgten eine eigenständige Industrialisierungspolitik, Österreich eine eigenständige Agrarpolitik. Die Frage, ob und unter welchen Bedingungen der Kleinstaat Österreich lebensfähig wäre, wurde begreiflicherweise von Journalisten, Ökonomen und Politikern lebhaft diskutiert (siehe etwa *Hertz*, 1925). Der statistische Befund spricht eher dagegen. Das reale Pro-Kopf-Einkommen war 1937, am Vorabend der deutschen Annexion, niedriger als 1913, vor Beginn des Ersten Weltkriegs. Alle anderen europäischen Staaten (Spanien ausgenommen, das unter dem Bürgerkrieg litt) erzielten in diesem Zeitraum trotz der Weltwirtschaftskrise Zuwächse. Der Vorsprung gegenüber den südosteuropäischen Staaten schrumpfte, in Tschechien wurde annähernd das österreichische Niveau erreicht. Unter den europäischen Industriestaaten bildete Österreich das Schlusslicht. Wie in *Kausel/Nemeth/Seidel* (1963) belegt wurde, unterlag das Volksvermögen einem ständigen Verzehr. In den zwanziger Jahren stieg die Auslandsschuld stärker als der Stock des im Inland investierten Realkapitals, in den dreißiger Jahren übertraf der Verschleiß des Kapitalstocks die Neuinvestitionen. Der Leiter des Konjunkturforschungsinstituts (Vorläufer des WIFO), O. Morgenstern, glaubte zwar in einem Vortrag Anfang 1938 Anzeichen für eine Belebung der Kapitalbildung ausmachen zu können[7]. Er wandte sich daher gegen die defaitistische These, dass die österreichische Wirtschaft nicht lebensfähig wäre. Seine Aussage war freilich zu optimistisch, wie die erst nach dem Zweiten Weltkrieg erstellte Volkswirtschaftliche Gesamtrechnung[8] (VGR) für die Zwischenkriegszeit belegte[9].

Begreiflich, dass unter diesen Umständen die Erfolgschancen der Zweiten Republik skeptisch beurteilt wurden, zumal das wieder errichtete Österreich mit zusätzlichen Erschwernissen zu kämpfen hatte: den Kriegsschäden und Demontagen, der Besetzung des Landes durch vier Besatzungsmächte und den Barrieren, die seine Wirtschaft von den angestammten Absatzmärkten in Südosteuropa trennte. Historiker (z. B. *Bischof*, 1999) dokumentierten diesen Pessimismus mit dem eingangs erwähnten Zitat von C. P. Kindleberger.

---

[7] Das Vortragsmanuskript Morgensterns fand sich in seinem Nachlass.
[8] Die Volkseinkommensstatistik, der zentrale Teil der VGR, wurde ab 1950 vom WIFO und vom Österreichischen Statistischen Zentralamt gemeinsam und später von diesem allein erstellt. Die Daten vor 1950 stammen aus *Kausel/Nemeth/Seidel* (1965).
[9] Das Konjunkturforschungsinstitut spiegelte bis zu einem gewissen Grad die intellektuelle Atmosphäre der Ersten Republik wider. Es vermochte Wissenschaftler von internationalem Rang heranzuziehen, seine empirische Konjunkturforschung benutzte „best-practise"-Techniken. Es bemühte sich jedoch nicht, ein konsistentes statistisches Zahlenwerk zu erstellen, wie es die Volkswirtschaftliche Gesamtrechnung erfordert.

Abbildung 1.4: Die Stellung Österreichs unter den Industrieländern (BIP pro Kopf in internationalen $, Wert 1990; Österreich in Prozent von Land...)

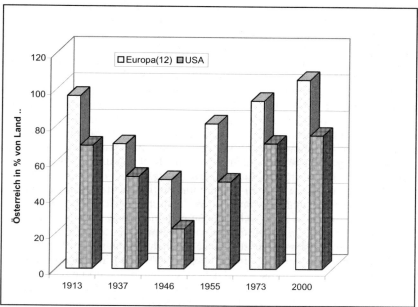

Quelle: *Maddison* (1995, 2001), OECD (Economic Outlook). – Europa (12): 12 europäische Industrieländer nach Maddison. – Gemessen an der EU liegt das österreichische BIP pro Kopf zurzeit um etwa 9% über dem Durchschnitt, doch gehören zur EU auch die Länder Südeuropas mit relativ niedrigem Einkommen, wogegen Norwegen fehlt.

Von den nachkriegsbedingten Erschwernissen wogen die 10-jährige Besetzung des Landes durch die Siegermächte und die „Reparationen" am schwersten. Die Last der Besatzung war in der ersten Nachkriegszeit besonders drückend. Die Zonengrenzen behinderten den innerösterreichischen Warenverkehr, die direkten und indirekten Besatzungskosten entzogen der ohnehin verarmten österreichischen Wirtschaft einen namhaften Teil des verfügbaren Güter- und Leistungsvolumens. Später wurden die Besatzungskosten soweit ermäßigt, dass sie etwa dem Mindestaufwand souveräner Staaten für die Landesverteidigung entsprachen. Regierung und Gesetzgebung erhielten mehr Spielraum, wenngleich Verfassungsgesetze der Zustimmung aller Besatzungsmächte bedurften und die Sowjetunion Gesetze, die gegen ihre Interessen verstießen, nicht anerkannte. Nicht zuletzt bescherte der „kalte" Krieg zwischen den Supermächten Österreich nicht nur die „toten" Grenzen am „eisernen Vorhang". Auch schwebte die Gefahr im Raum, dass aus den Zonengrenzen Staatsgrenzen werden (wie das deutsche Beispiel zeigte).

Nach den Potsdamer Reparationsvereinbarungen vom August 1945 brauchte Österreich keine Reparationen an die Siegermächte zu leisten. De facto verfuhr jedoch die Sowjetunion in den von ihr besetzten Gebieten so wie in Deutschland. Sie demontierte Produktionskapazitäten und entzog der heimischen Wirtschaft Güter aus der laufenden Produktion. Als Begründung diente das Deutsche Eigentum. Die österreichische Wirtschaft war 1938 in die deutsche Rüstungs- und Kriegswirtschaft eingegliedert worden. Dabei wurde sie mit zum Teil anfechtbaren Methoden „germanisiert". In rüstungswichtigen Bereichen wurde viel investiert, anfangs hauptsächlich in die Energiewirtschaft und in die Grundstoffindustrien, später in die finale Rüstungsproduktion. Als die Rote Armee 1945 in Österreich einrückte, beschlagnahmten ihre „Trophäenkommandos" Anlagen und Vorräte als Beutegut nach dem Motto: Deutsch ist, was ab 1938 in Österreich – von wem immer – investiert worden war. Auf der Potsdamer Reparationskonferenz im August 1945 vereinbarten die Siegermächte, das Deutsche Auslandseigentum als Reparationen zu beanspruchen. Darauf hin ergriff die Sowjetunion Besitz von Unternehmungen nach dem Motto: Deutsch ist, was zu Kriegsende deutschen Mehrheitseigentümern gehörte, (nahezu) unabhängig davon, wann und unter welchen Umständen das Eigentum erworben worden war. Die Sowjetunion fasste die von ihr übernommenen Betriebe in zwei Gruppen zusammen: in die Erdölwirtschaft (SMV) und in sonstige Betriebe einschließlich landwirtschaftlicher Güter (USIA). Die in ihrem Einflussbereich beschlagnahmten Einrichtungen der Donau-Dampfschifffahrtsgesellschaft (DDSG) wurden gesondert verwaltet.

Die Unternehmungen gehorchten nicht den österreichischen Gesetzen und zahlten – von lohnabhängigen Abgaben und einzelnen Gemeindeabgaben abgesehen – keine Steuern. Die Sowjetunion erklärte sich bereit, die Unternehmungen den österreichischen Gesetzen zu unterwerfen, wenn Österreich die sowjetischen Eigentumsansprüche anerkennen würde, was nicht geschah.

Die von der Sowjetunion übernommenen Betriebe wurden nach planwirtschaftlichen Methoden geführt; ihre Exporte gingen nahezu ausschließlich in die Staaten des Ostblocks. Gleichzeitig waren sie jedoch mit der österreichischen Wirtschaft verflochten. Sie beschäftigen 50.000 bis 60.000 heimische Arbeitskräfte, die SMV setzte ein Drittel, die USIA sogar zwei Drittel der Produktion in Österreich ab. Die strategische Rolle der Betriebe schien einige Zeit unklar. Die Sowjetunion konnte sie als einen Brückenkopf für eine Expansionspolitik im kapitalistischen Westen benutzen. Die „Berührungsängste" der heimischen Wirtschaftspolitik mögen daher rühren. Tatsächlich benutzte die Sowjetunion die Betriebe dazu, in kurzer Zeit möglichst große Reparationen aus laufender Produktion zu ziehen. Die USIA-Betriebe waren bei ihrer Übergabe 1955 in schlechtem Zustand, in der Ölwirtschaft wurden zwar ergiebige Felder erschlossen, doch wurde gleichzeitig Raubbau betrieben und nur das Nötigste investiert. Dazu der stellvertretende Ministerpräsident der Sowjetunion in den Verhandlungen der österreichischen Regierungsdelegation in Moskau im April 1955:

Mjikojan: „Wenn die Sowjetunion die Absicht gehabt hätte, lange in Österreich zu bleiben, so hätte sie in den Werken mehr modernisiert, dann wären sie auch gute Betriebe geworden." (Verhandlungsniederschrift, Stourzh, 1998, S. 651)

Die Bundesregierung verfolgte eine doppelte Strategie[10]). Zum einen berief sie sich auf die Londoner Deklaration von 1943, wonach Vermögenstransaktionen von Deutschen in den von ihnen besetzten Gebieten für nichtig erklärt wurden. Zum anderen erhob sie Anspruch auf das Deutsche Eigentum in Österreich als teilweisen Ersatz für die während der deutschen Annexion erlittenen Einkommens- und Vermögensverluste. Mit dem ersten Argument drang sie nicht durch. Die Besatzungsmächte behielten sich die Entscheidung über das Deutsche Eigentum vor. (Wenn sie sich nicht einigen konnten, durfte laut 2. Kontrollabkommen jede Besatzungsmacht eigenmächtig vorgehen.) Das zweite Argument wurde zumindest teilweise akzeptiert. Die westlichen Besatzungsmächte übergaben die zum Deutschen Eigentum zählenden Betriebe in ihren Zonen schon 1946 Österreich zur treuhändigen Verwaltung. Im Staatsvertrag[11]) übertrugen die Signatarmächte das Deutsche Eigentum der Republik als teilweise Entschädigung für die während der deutschen Besetzung erlittenen Verluste, die Sowjetunion allerdings nur gegen ein Entgelt in Form von Warenlieferungen. Dass die Sowjetunion bereit war, sich mit einer Ablöse abzufinden, hatte sich schon 1949 abgezeichnet, doch kam damals der bereits unterschriftsreife Vertrag aus von den Historikern nicht geklärten Gründen nicht zustande. Die gemäß Staatsvertrag erlaubte Rückgabe des „kleinen" und des kulturellen Zwecken dienenden deutschen Eigentums wurde im deutschösterreichischen Vermögensvertrag von 1957 geregelt.

Einen Sonderfall bildete die Erdölwirtschaft. Den in Österreich tätigen multinationalen Erdölfirmen waren durch das deutsche Bitumengesetz Schürfrechte entzogen worden, darunter auch solche in erdölhöffigen Gebieten, wo während des Kriegs und nachher ergiebige Ölvorkommen gefunden und ausgebeutet wurden. Sie stellten daher Ersatz- oder Rückstellungsansprüche. Die Sowjetunion hingegen betrachtete das deutsche Bitumengesetz als gültig und beanspruchte die strittigen Ölfelder samt Einrichtungen als Deutsches Eigentum[12]). Die Auseinandersetzung zwischen den Siegermächten um das österreichische Erdöl hatte politische und wirtschaftliche Implikationen. Die Ablehnung des sowjetischen Angebots vom Herbst 1945, eine gemischte sowjetisch-österreichische Erdölgesellschaft zu gründen, trug dazu bei, dass die Westmächte die Provisorische Staatsregierung Renner anerkannten. Sie verschärfte jedoch die Gegensätze zur Sowjetunion. Nach dem Staatsvertrag musste Österreich für die Überlassung der Ölfelder zweimal zahlen, einmal an die Sowjet-

---

[10]) AdR: BMfaA, Zl. 120.098_JVR/1946, Memorandum über die Auffassung der Bundesregierung betreffend die Beschlagnahme des deutschen Eigentums in Österreich.
[11]) Die Geschichte des Staatsvertrags unter staatsrechtlichen und diplomatischen Gesichtspunkten wurde von *Stourzh* (1998) geschrieben.
[12]) Dieses Thema wurde ausführlich in der Austrian Treaty Commission (ATC) behandelt, die 1947 in Wien tagte.

union und zum anderen an die westlichen Ölfirmen (deren Ansprüche in langwierigen Verhandlungen auf ein relativ bescheidenes Maß reduziert wurden).

Übersicht 1.3: Die Kosten der Freiheit

	Mio. $-Preise 1955
Besatzungskosten	740
Reparationen	790
Kosten des Staatsvertrags	300
Belastungen insgesamt	1.830
Zum Vergleich: Auslandshilfe	1.920

Auf 10 Mio. $ gerundet. Die einzelnen Schätzwerte werden im Abschnitt „Die Kosten der Freiheit" erläutert.

Es liegt nahe, den Ressourcentransfer von Österreich an die Sowjetunion (Beutegut, Nettoexporte aus laufender Produktion) und an die Besatzungsmächte (Besatzungskosten) dem Ressourcentransfer nach Österreich in Form der Auslandshilfe gegenüberzustellen. Das ist aus prinzipiellen und aus praktischen Gründen nur näherungsweise möglich. Die Güterpreise hatten in der behördlich gelenkten Wirtschaft nur einen beschränkten Informationsgehalt, und die erhobenen Daten waren nicht sehr zuverlässig oder wurden schlecht dokumentiert. Wenn man die Demontagen und die Besatzungskosten bewusst niedrig ansetzt, weil die auf diese Weise entzogenen Güter nur beschränkt international handelbar waren[13]), so gilt in groben Zügen: Die Auslandshilfe war nicht viel höher als die Summe der Güter und Leistungen, die die Besatzungsmächte beanspruchten und die als Quasi-Reparationen in die Sowjetunion transferiert wurden. Anders formuliert: Wenn Österreich von den Siegermächten als befreites Land ohne wenn und aber akzeptiert worden wäre, hätte es wohl eine Starthilfe benötigt, um die Wirtschaft nach Kriegsende wieder in Gang zu setzen, im Übrigen aber trotz den an verschiedenen Stellen des Buches beschriebenen Handicaps über genügend Ressourcen verfügt, um aus eigener Kraft eine leistungsfähige Wirtschaft aufzubauen, eine den Nachkriegsproblemen angemessene Wirtschaftspolitik vorausgesetzt. (Belege und Beispiele hiezu finden sich im Abschnitt „Die Kosten der Freiheit".) Im Grunde galt für Österreich das Gleiche wie für Deutschland: Je mehr heimische Ressourcen die Besatzungsmächte, und unter ihnen insbesondere die Sowjetunion, beanspruchten, desto größer war die Abhängigkeit von der Auslandshilfe, die größtenteils von den USA bereitgestellt wurde.

---

[13]) Die Demontagen betrafen zum Teil Rüstungsbetriebe, die nur unter Kosten auf Friedensproduktion hätten umgestellt werden können. Die Besatzungsmächte nutzten Gebäude und beanspruchten Leistungen von Bahn und Post, erwarben aber auch international handelbare Güter wie Kohle, Holz. Papier, Baustoffe und Nahrungsmittel (z. B. aus den von der Sowjetunion beschlagnahmten landwirtschaftlichen Gütern).

1.3 Komponenten des Wirtschaftswachstums

Die schlimmsten Erwartungen wurden durch die chaotischen Verhältnisse nach Kriegsende übertroffen. In den ersten beiden Jahren stand es um die österreichische Wirtschaft schlecht. Das Land war von fremden Truppen und von Flüchtlingen überflutet und in vier Besatzungszonen geteilt. Kriegsschäden und Demontagen hatten Lücken in den Kapitalstock der Wirtschaft und in die Infrastruktur gerissen, die Vorräte waren verbraucht oder in unkontrollierbare Kanäle versickert. Die Bevölkerung in den Städten hungerte. 1945 gab es nur unregelmäßig Lebensmittel auf Karten. 1946 betrugen die Rationen für Normalverbraucher während des größten Teils des Jahres nur 1.200 Kalorien pro Tag. Etwa 60% der kargen Rationen stammten aus Beständen der Besatzungsmächte und der UNRRA, des Hilfswerks der Vereinten Nationen. Das größte Verdienst der „Wiederaufbau-Generation" bestand darin, dass sie damals nicht den Mut verlor[14]).

Die ersten Ansätze einer wirtschaftlichen Erholung wurden im strengen Winter 1946/47 zunichte gemacht. Die Knappheit an Kohle zwang, einen Großteil der Betriebe stillzulegen. Danach erholte sich jedoch die Produktion unerwartet kräftig. Das reale BIP der österreichischen Wirtschaft wuchs in den Jahren 1947 bis 1951 mit zweistelligen Jahresraten, 1947 wurde mit 27,2% der Spitzenwert erreicht.

Die Frage stellt sich: Wie konnten so hohe Wachstumsraten erreicht werden, auch wenn das Ausgangsniveau sehr niedrig war? Kriegsschäden und Demontagen erweckten den Eindruck, als wäre der Kapitalstock der österreichischen Wirtschaft merklich geschrumpft. Das WIFO[15]) schätzte nach Kriegsende das Volksvermögen 1946 auf zwei Drittel des Werts von 1937. Der optische Eindruck von Schutthalden und Ruinen täuschte jedoch. Schreibt man den Kapitalstock der Wirtschaft – einschlägige Kalkulationen sind ab 1954 verfügbar – mit den realen Nettoinvestitionen laut VGR zurück, so erhält man für 1946 einen Kapitalkoeffizient (Verhältnis von Kapitalstock und Produktion) von über 6[16]). Er war damit mehr als doppelt so hoch wie der Normalwert, der sich nach 1955 einspielte (etwa 3). Mit anderen Worten: Nicht der Kapitalstock der heimischen Wirtschaft war nach Kriegsende sehr niedrig, sondern er warf gemessen an Gütern nur geringe Erträge ab.

Die Erklärung hiefür ist einfach: Der Kapitalstock konnte anfänglich nicht voll (optimal) genutzt werden, weil es an Rohstoffen und an Kohle fehlte und weil der Produktionsapparat und die Infrastruktur Lücken aufwiesen, welche

---

[14]) Interessante ökonomische Aspekte der österreichischen Nachkriegssituation wurden in den Tagebüchern von *Kindleberger* (1989) und E. Margarétha (Hrsg. *Brusatti*, 1990) sowie in den Berichten der US-Militäradministration aus Österreich 1945 (Hrsg. *Rathkolb*, 1985) behandelt.
[15]) WIFO-Monatsberichte (1947, 20, 1-2). Bruno Kreisky (*Interviews*, 1988): „Man darf nicht vergessen, dass praktisch alle Industriebetriebe in Österreich Ruinen waren."
[16]) Eine Kontrolle durch Fortschreibung des Kapitalstocks 1937 wurde im Abschnitt „Das Deutsche Eigentum" versucht. Danach war der Kapitalstock in der Gesamtwirtschaft vermutlich etwas niedriger, in der gewerblichen Sachgüterproduktion aber höher als 1937.

die Nutzung anderer bestehender Anlagen unmöglich machten oder stark verteuerten (typische Beispiele waren zerstörte Eisenbahnbrücken). Der hohe Kapitalkoeffizient (die geringe Kapitalproduktivität) war die Folge einer „strukturellen" oder „technologischen" Unterauslastung des Kapitalstocks (im Gegensatz zur konjunkturellen Unterauslastung in den dreißiger Jahren). Das gleiche galt, wie deutsche Autoren (*Wolf*, 1993, 1995, *Giersch et al.*, 1993B, *Ehrlicher*, 1985) feststellten, für Westdeutschland, das zweite westeuropäische Land mit empfindlichen Produktionsrückschlägen nach Kriegsende[17]).

Abbildung 1.5: Trend der monatlichen Industrieproduktion 1946-1951

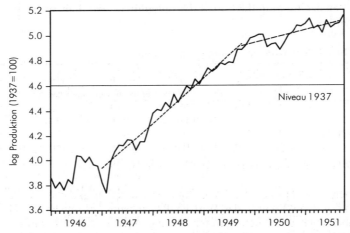

Quelle: WIFO, Index der Industrieproduktion (saisonbereinigt). – Wachstumstrend 1/1947 bis 10/1949: 43,7% pro Jahr. – Wachstumstrend 10/1949 bis 9/1951: 10,3% pro Jahr.

In den ersten beiden Nachkriegsjahren gelang es, die Produktionsbereitschaft der Wirtschaft wiederherzustellen. Der Schutt wurde weggeräumt und die Schäden in der Infrastruktur und in den Betrieben wurden notdürftig behoben. Als Kohle und Rohstoffe in größeren Mengen verfügbar wurden, konnte die Produktion anlaufen und bisher brach liegende Kapazitäten konnten genutzt werden. Als Initialzündung fungierte die Auslandshilfe. Ende 1946 schätzten westliche Experten den dringenden Importbedarf Österreichs („Dort-Plan"). Aufgrund dieser Evaluierung begannen die USA 1947 zunächst ad hoc und später systematisch mit Hilfslieferungen. Großbritannien gewährte einen, später überwiegend in Geschenke umgewandelten Pfund-Kredit, etwa einein-

---

[17]) *Wolf* (1995, S. 325) unterschied zwischen „soft economic growth" dank besserer Kapazitätsauslastung und „hard economic growth" dank verstärktem Faktoreinsatz und steigender Faktorproduktivität.

halb Jahre bevor der Marshallplan anlief[18]) (siehe den Abschnitt „Die Dollarlücke"). Der Vergleich mit einem Motor liegt nahe: Die Hilfe 1947 war der Starter, der den Motor zum Laufen brachte, der Marshallplan der Treibstoff, der ihn in Schwung hielt.

Der Wachstumsschub dank besserer Kapazitätsauslastung lässt sich gut am Beispiel der Industrie illustrieren. Die monatliche Industrieproduktion stieg von Anfang 1947 bis Herbst 1949 mit einer Rate von 43,7% pro Jahr. So rasch lässt sich das Produktionspotential nicht ausweiten. Nach Erhebungen der Bundeswirtschaftskammer nahm die anfangs nur schwache Kapazitätsauslastung über mehrere Jahre kontinuierlich zu. Ende 1951 nutzten 53% der Industriebetriebe ihre Kapazität zu mehr als der Hälfte, gegen nur 30% Ende 1947. Gleichzeitig ging der Anteil der unterdurchschnittlich ausgelasteten Betriebe zurück.

Übersicht 1.4: Kapazitätsauslastung in der Industrie

Kapazitätsauslastung	Dezember 1947	Dezember 1948	Dezember 1949	Dezember 1950	Dezember 1951
	Von 100 Betrieben waren ausgelastet				
Bis 25%	27,4	20,8	13,3	8,8	6,8
26 bis 50%	36,7	32,7	29,0	22,9	21,4
51 bis 99%	29,9	36,1	43,9	50,2	52,9
100%	6,4	10,4	14,0	18,1	18,9

Quelle: Industriesektion der Bundeskammer der gewerblichen Wirtschaft.

Nach Erschöpfung der leicht mobilisierbaren Kapazitätsreserven („soft economic growth") wurde das Wirtschaftswachstum zwangsläufig schwächer, blieb aber auch unter den härteren Bedingungen („hard economic growth") noch kräftig. Eine erste Charakterisierung bietet der in der „Wachstumsbuchhaltung" übliche Vergleich von Produktion und Faktoreinsatz. Der kombinierte Einsatz von Arbeit und Kapital (gewichtet im Verhältnis von zwei Drittel zu einem Drittel) stieg in der Nachkriegszeit nur wenig. Die Zahl der Erwerbstätigen nahm nur in den ersten Jahren nach Kriegsende leicht zu, weil Kriegsgefangene heimkehrten und Volksdeutsche eingebürgert wurden, hatte aber danach eine leicht sinkende Tendenz. Es gab mehr Arbeitnehmer, aber weniger selbständig Erwerbstätige. Das ist aus der Bevölkerungsstatistik hinlänglich bekannt. Aber auch der Kapitalstock wuchs nur wenig: 1946/51 um 0,6% und 1951/55 um 2,5% pro Jahr. Die Investitionen kamen nach 1945 nur langsam in Schwung, und bei einem hohen Kapitalkoeffizienten lassen selbst hohe Investitionsquoten (Anteil der Investitionen am BIP) den Kapitalstock nur mäßig wachsen. Erst im „golden age" stiegen Kapitalstock und BIP gleich stark.

---

[18]) Unter deutschen Ökonomen war es strittig, ob die Erholung der deutschen Wirtschaft schon 1947 (*Abelshauser,* 1975) oder erst 1948 (*Giersch et al.,* 1993B, S. 4-5) mit der Währungsreform und dem Anlaufen des Marshallplans einsetzte. Eine ausführliche Zusammenfassung bietet *Berger/Ritschl* (1995, S. 201-210). Der österreichische Befund ist eindeutig. Man kann bestenfalls argumentieren, dass die Ankündigung des Marshallplans das Vertrauen in eine nachhaltige Entwicklung förderte.

Die Ausweitung der Produktion wurde fast ausschließlich durch eine steigende „totale Faktorproduktivität" erreicht. Das gilt nicht nur für die erste Hälfte der fünfziger Jahre (in der noch Auslastungseffekte eine Rolle spielten), sondern auch für das „golden age". Die Faktorproduktivität stieg im Zeitraum 1955/70 um 3,2% pro Jahr, berücksichtigt man, dass in diesem Zeitabschnitt die Arbeitszeit um durchschnittlich 1% pro Jahr sank[19]), sogar um mehr als 4%. Eine solche Zunahme über eine so lange Periode ist ungewöhnlich[20]).

Übersicht 1.5: Wachstum von Produktion und von Faktoreinsatz

	BIP	Kapitalstock	Erwerbstätige[1])	Faktoreinsatz[2])	Produktivität[3])	Kapitalkoeffizient[4])
			Veränderung pro Jahr in %			
1946-51	14,98	0,56	0,90	0,79	14,08	6,45
1951-55	5,98	2,57	– 0,26	0,66	5,28	3,30
1955-70	4,80	5,24	– 0,14	1,60	3,16	2,90
1970						3,08

Quelle: Erwerbstätige laut VGR, Kapitalstock ab 1954 WIFO, Jahre vorher: Schätzung des Autors. – [1]) Ohne Berücksichtigung der Arbeitszeit. – [2]) Arbeit und Kapital gewogen im Verhältnis $^2/_3$ zu $^1/_3$. – [3]) Totale Faktorproduktivität (Solow-Residuum). – [4]) Kapitalstock dividiert durch BIP zu Beginn der Periode.

Einige die Produktivität steigernden Elemente werden später näher erörtert: die Ersetzung alter durch neue Maschinen von ungleich größerer Leistungsfähigkeit (Jahrgangseffekt, S. 48), die Umschichtung von Arbeitskräften in höher entlohnte Tätigkeiten (Abwanderung aus der Landwirtschaft, S. 43), die Investitionspolitik der Marshallplan-Behörden (S. 48) und die Nutzung von Skalenerträgen im Wege des Außenhandels (S. 56). Zum Teil handelte es sich um gebundenen (mit konkreten Investitionsgütern verknüpftem) und zum Teil um ungebundenen technischen Fortschritt.

Dabei ist freilich zu berücksichtigen, dass das Leistungsniveau der österreichischen Wirtschaft Anfang der fünfziger Jahre noch sehr niedrig war. Zwar wurde das BIP von 1937 im Jahr 1949 und die Arbeitsproduktivität von 1937 im Jahr 1950 überschritten, doch bildete Österreich nach wie vor das Schlusslicht in der Gemeinschaft der Industrieländer. *Crafts* (1996, S. 5) stellte die Wachstumsraten von 21 Ländern über lange Perioden zusammen. Danach hatte Österreich in der ersten Hälfte des 20. Jahrhunderts die niedrigste Wachstumsrate, Spanien ausgenommen. Es bestand daher ein großer Nachholbedarf, zugleich aber auch die Chance, durch Aneignung von bereits bestehendem Know-how aufzuholen. (Wie Abbildung 1.4 erkennen lässt, erstreckte sich der Aufholprozess auf die gesamte zweite Hälfte des 20. Jahrhunderts.)

---

[19]) Über die Arbeitszeit im ersten Nachkriegsjahrzehnt liegen keine Angaben vor. Sie dürfte annähernd konstant geblieben sein.
[20]) Für Deutschland wurde im Zeitraum 1950/73 ein Produktivitätsfortschritt von 3,2% ermittelt (*Crafts*, 1996, S. 14). In den meisten anderen Industrieländern war er kleiner.

1.4 Strukturmerkmale

Der Begriff „Wiederaufbau" war (und ist noch) allgemein gebräuchlich. Tatsächlich entstand jedoch nach dem Zweiten Weltkrieg eine Wirtschaft von ungleich größerer Leistungsfähigkeit und Dynamik als die der Zwischenkriegszeit. Im stürmischen Wachstumsprozess bildeten sich neue Strukturen heraus. Der Strukturwandel zeichnete sich schon im ersten Nachkriegsjahrzehnt ab (hier als Wiederaufbauperiode bezeichnet), kam jedoch erst im „golden age" zur vollen Entfaltung. Das rechtfertigt es, „Wiederaufbau" und „golden age" als zwar getrennte, aber miteinander verknüpfte Perioden zu betrachten.

Zu den wichtigen Strukturmerkmalen gehörten:
- der Industriekapitalismus,
- die agrarische Revolution,
- der Investitionsboom,
- die Grundstofflastigkeit der Industrie,
- die zunehmende außenwirtschaftliche Verflechtung,
- die Vermögensbildung in privaten Haushalten.

1.4.1 Der Industriekapitalismus

Der Industriekapitalismus erreichte nach dem Zweiten Weltkrieg seinen Höhepunkt. Das gilt zunächst im statistischen Sinn. Die Produktion von gewerblichen Sachgütern[21]) stieg im Zeitraum 1946/55 um fast 18% pro Jahr, mehr als doppelt so stark wie die Produktion der übrigen Wirtschaftsbereiche. Auch im „golden age" lag sie noch voran, aber nicht mehr so spektakulär.

Übersicht 1.6: Wirtschaftswachstum nach Sektoren

	Land- und Forstwirtschaft	Industrie und Gewerbe[1])	Dienstleistungen	Bruttonationalprodukt
		In % pro Jahr		
1937/1946	− 5,38	− 7,09	− 4,13	− 4,81
1946/1955	6,95	17,76	8,51	10,89
1955/1973	1,24	6,04	4,69	4,91
1973/2000	2,40	2,49	2,92	2,48

Quelle: VGR, reale Reihen (Abschnitte mit unterschiedlicher Preisbasis rückverkettet). – [1]) Gewerbliche Sachgüterproduktion.

Obschon die Arbeitsproduktivität kräftig stieg, benötigte die gewerbliche Sachgüterproduktion zusätzliche Arbeitskräfte. In den ersten Jahren nach Kriegsende erweiterten heimkehrende Kriegsgefangene und eingebürgerte Volksdeutsche das Arbeitskräfteangebot. Spätestens mit der Normalisierung

---

[21]) Dieser Begriff wird synonym mit sekundärem Sektor verwendet. Er umfasst die Industrie, das produzierende Gewerbe (beide abgegrenzt nach der Zugehörigkeit zu den Sektionen der Handelskammern), die Bauwirtschaft sowie die Elektrizitäts-, Gas- und Wasserversorgung.

der Ernährungsverhältnisse ab 1950 begann die Abwanderung aus der Landwirtschaft. Anfang der fünfziger Jahre war noch etwa ein Drittel der Erwerbstätigen in der Land- und Forstwirtschaft tätig, ihr Beitrag zum BIP betrug etwa 15% (diese Quote hatte Ende des 20. Jahrhunderts laut Weltbank die untere Gruppe der Entwicklungsländer mit mittleren Einkommen). Die landwirtschaftlichen Arbeitskräfte bildeten ein bedeutendes Arbeitskräftereservoir für die gewerbliche Wirtschaft. Insbesondere Bauwirtschaft und Fremdenverkehr erhielten auf diese Weise zusätzliche Arbeitskräfte, zu einer Zeit, als ausländische Gastarbeiter noch nicht zur Verfügung standen. Der Anteil der Agrarwirtschaft an den Erwerbstätigen sank in der ersten Hälfte der fünfziger Jahre auf 27,6% und während des Goldenen Zeitalters auf 12%. In der zuerst genannten Periode wanderten 30.000 und in der zweiten 27.000 Arbeitskräfte jährlich ab.

Die aus der Landwirtschaft abwandernden Arbeitskräfte fanden in der ersten Hälfte der fünfziger Jahre zu etwa gleichen Teilen in der gewerblichen Sachgüterproduktion und in den Dienstleistungen Beschäftigung. Im Goldenen Zeitalter verlagerte sich das Schwergewicht des Beschäftigungswachstums auf die Dienstleistungen, doch nahm auch die gewerbliche Sachgüterproduktion noch Arbeitskräfte auf. Das Ende des Goldenen Zeitalters markierte auch das Ende des Industriekapitalismus im statistischen Sinn. Die gewerbliche Sachgüterproduktion expandierte nur unterdurchschnittlich und gab Arbeitskräfte an den Dienstleistungssektor ab. An der Jahrtausendwende waren fast zwei Drittel der Erwerbstätigen in den Dienstleistungszweigen beschäftigt, darunter ein großer Teil außerhalb des Marktbereichs.

Ähnlich wie die Struktur der Erwerbstätigen verschob sich auch die Struktur der Wertschöpfung zu laufenden Preisen zunächst von der Agrarwirtschaft zur gewerblichen Sachgüterproduktion und schließlich zugunsten der Dienstleistungen (real behauptete sich die Güterproduktion besser). Der Strukturwandel in Österreich folgte damit den Entwicklungsgesetzen, die *Fourastié* (1954) und *Clark* (1957) aufgestellt hatten, der eine aufgrund technologischer Eigenschaften der Sektoren, der andere aufgrund der Elastizitäten der privaten Nachfrage.

Übersicht 1.7: Erwerbstätige nach Sektoren

	Land- und Forstwirtschaft		Industrie und Gewerbe[1])		Dienstleistungen		Insgesamt	
	1.000 Personen	In %	1.000 Personen	In %	1.000 Personen	In %	1.000 Personen	In %
1950	950,2	31,82	1.089,3	36,48	946,8	31,70	2.986,3	100,00
1955	822,4	27,65	1.161,0	39,03	991,3	33,32	2.974,7	100,00
1973	373,8	11,96	1.330,9	42,58	1.421,2	45,47	3.125,9	100,00
1994	175,5	5,23	1.075,8	32,09	2.101,5	62,68	3.352,8	100,00

Quelle: Reihen laut WIFO Working Papers, 2000, (136) rückverkettet ab 1964 mit Daten aus WIFO-Monatsberichte, 1971, 45(2). – [1]) Gewerbliche Sachgüterproduktion.

Innerhalb der gewerblichen Sachgüterproduktion erschien die fabriksmäßige Erzeugung (der Einfachheit halber Industrie genannt) besonders geeignet, den technologischen Wandel voran zu treiben. Die Industrie wies nicht nur selbst ein hohes Wachstumspotential auf, sondern förderte auch die Modernisierung anderer Wirtschaftsbereiche („Spill-over"-Effekte). Empirische Untersuchungen schienen darauf hinzudeuten, dass die Wachstumsrate der Gesamtwirtschaft eine monoton steigende Funktion der Differenz der Wachstumsraten zwischen der Industrie und jener der übrigen Wirtschaft wäre (*Kaldor,* 1966). Das war Grund genug für die Wirtschaftspolitik, die Industrie zu fördern. Die Zweite und die Dritte Welt forcierten den Übergang von der Agrargesellschaft zur Industriegesellschaft (und mussten im letzten Jahrzehnt des 20. Jahrhunderts einen Teil ihrer Industrialisierung wieder zurücknehmen: eine aus der Sicht der fünfziger Jahre unverständliche Situation). Europäische Industriestaaten versuchten, die Tertiärisierung hinauszuzögern. Als in Österreich die Industrialisierung gegen Ende der sechziger Jahre nicht rasch genug fortschritt, wurde eine „vorzeitige Vergreisung" diagnostiziert[22]. Eine aktive Industriepolitik (eine neue Industrialisierungswelle) sollte eine Verlagerung der Beschäftigtenstruktur zugunsten der Dienstleistungen hintanhalten (diesem Zweck diente u. a. der „Koren-Plan"). In Großbritannien wurde das gleiche Ziel mit einer „employment tax" angestrebt.

Der Industriekapitalismus prägte einen bestimmten Lebensstil. Die Industriegesellschaft erschien als eine von der Agrargesellschaft deutlich verschiedene Lebensform (Verstädterung, Suburbanisierung, Bildung). Das Fernsehen (und vorher die Wochenschau in den Kinos) vermittelte Industriekapitalismus, in dem sie über die Errichtung neuer Fabriken, den Baufortschritt in gigantischen Speicherwerken und die Erzielung von Produktionsrekorden ebenso eingehend berichteten wie später im Finanzkapitalismus (in der postindustriellen Gesellschaft) die Massenmedien über die Börsenkurse.

Die Industriegesellschaft war einseitig „fokussiert". Zu ihren Schwächen gehörte die Vernachlässigung der Umwelt. Erst relativ spät, in den westlichen Demokratien früher als in den kommunistischen Staaten, wurde Umweltschutz zu einem wichtigen Thema. Den Stahlarbeitern in Linz wurde nachgesagt, dass sie den roten Sand auf ihren Tischtüchern mit dem Hinweis akzeptierten, sie könnten sich nunmehr Waschmaschinen leisten.

Nicht-industrielle Aktivitäten wurden gering geschätzt. Der Handel erschien Ökonomen, die der Arbeiterbewegung nahe standen, als ein funktionsloser Zwischenträger und hatte jedenfalls zu hohe Spannen. (Für Geschäftsportale und -einrichtungen gab es keine Investitionsförderung.) Das Kleingewerbe galt als ein Überbleibsel vorindustrieller Technologien mit beschränkten Zukunftschancen. Die österreichischen Sozialisten favorisierten die Industrie stärker als das Bürgertum, das auf seine Stammwähler Bedacht nehmen musste. Bemerkenswert immerhin, dass die Österreichische Volkspartei (ÖVP) drei der Industrie nahe stehende Persönlichkeiten (1949/50 E. Margarétha, dann J. Böck-Greißau und R. Kamitz) mit der Führung von Wirtschaftsressorts beauftragte. J. Fourastié und mit ihm viele andere unterschätzten (vor Entwick-

---

[22] *Schwödiauer* (1971).

lung der modernen Informationstechnologien) den technischen Fortschritt in den Dienstleistungen, und zwar nicht nur im produktionsnahen Teil.

1.4.2 Die agrarische Revolution

Nach Kriegsende lagen gewerbliche Sachgütererzeugung und Agrarwirtschaft gleichermaßen darnieder. Beide produzierten nur etwa 60% der Vorkriegsmengen. Während jedoch in der gewerblichen Sachgüterproduktion schon 1947 ein stürmischer Aufholprozess begann, dauerte es sieben Jahre bis die Agrarproduktion wieder den Vorkriegsstand erreichte – etwa ebenso lang wie nach dem Ersten Weltkrieg.

Abbildung 1.6: Entwicklung der Agrar- und der Industrieproduktion nach den beiden Weltkriegen (1913 bzw. 1937 = 100)

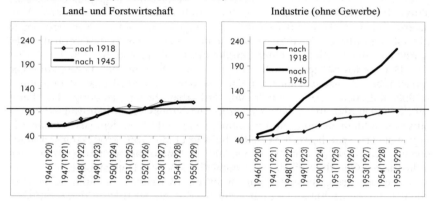

Quelle: VGR, *Kausel et al.* (1965).

Die Produktionsausfälle in der Landwirtschaft wogen besonders schwer, weil der Nahrungsmittelverbrauch nicht beliebig eingeschränkt werden kann, ohne dass Gesundheit und Arbeitsfähigkeit der Menschen leiden. Dazu kommt, dass sich der Eigenverbrauch der Landwirte einer wirksamen Kontrolle durch Behörden entzieht. (Immerhin waren 27% der Bevölkerung Selbstversorger.) Auch funktionierte der traditionelle intraeuropäische Tausch von Industriegütern gegen Nahrungsmittel nach 1945 nur schlecht, zum Teil weil Europa zwei Jahre hindurch von Missernten heimgesucht wurde, zum Teil, weil die früheren Agrarstaaten die Landwirtschaft vernachlässigten.

Unter diesen Umständen schien es besonders wichtig, die heimische Agrarproduktion rasch zu steigern. Das gelang nur unvollkommen. Die Liste der produktionshemmenden Faktoren ist lang: Schon während des Kriegs sackte die heimische Agrarproduktion ab. Die zum Wehrdienst eingezogenen Bauern konnten nur teilweise durch Zwangsarbeiter ersetzt werden[23]. Es fehlte an

---

[23] Siehe hiezu *Sandgruber* (2002).

Handelsdünger, um dem Boden ausreichend Nährstoffe zuzuführen, ein Teil der Flächen wurde während des Kriegs (Truppenübungsplätze) oder nachher (Beschlagnahme als Deutsches Eigentum durch die Sowjetunion) der landwirtschaftlichen Nutzung entzogen. Auch die „Flucht der Flächen vor der Bewirtschaftung" spielte eine Rolle. Das nach 1945 praktizierte System, die amtlichen Agrarpreise niedrig zu halten, weil sich die Landwirte ohnehin schadlos halten konnten, bot keinen Anreiz zur Marktproduktion. Landwirte wichen auf Produkte aus, die nicht der Bewirtschaftung unterlagen, oder gaben die Flächen zu niedrig an, um Spielraum für die Beschickung grauer oder schwarzer Märkte zu erhalten.

Einer der Gründe, warum das heimische Angebot an Nahrungsmitteln nach Kriegsende nur langsam ausgeweitet werden konnte, war der Mangel an Arbeitskräften. Die „Reservearmee" von 600.000 Arbeitslosen der Vorkriegszeit stand der gewerblichen Wirtschaft und dem öffentlichen Dienst zur Verfügung. Die Zahl der (krankenversicherten) unselbständig Beschäftigten in der gewerblichen Wirtschaft lag schon 1946 um fast ein Drittel über dem durch die Wirtschaftskrise gedrückten Niveau von 1937 und wuchs danach kräftig. Im Gegensatz hiezu hatte die Landwirtschaft um 5% weniger ständige Landarbeiter als vor dem Krieg, Tendenz fallend. Obschon neben den Familienmitgliedern zeitweilig Volksdeutsche, Nationalsozialisten und Studenten zu Landarbeit hergezogen wurden, dürfte die Zahl der Arbeitskräfte umgerechnet auf Vollarbeitskräften unter dem Vorkriegsstand gelegen sein (darauf deuten u. a. die Volkszählungen und Betriebszählungen vor und nach dem Krieg hin).

Die Wirtschaftspolitik registrierte besorgt den Mangel an landwirtschaftlichen Arbeitskräften . Nach Angaben des Sozialministeriums fehlten im ersten Jahr nach Kriegsende 80.000 Arbeitskräfte[24]. Infolge der zögerlichen Entlassung von Kriegsgefangenen mangelte es vor allem an fachkundigen Männern, die den Pflug führen und Getreide mähen konnten. Noch 1949 wurde der Fehlbedarf auf 40.000 Arbeitskräfte geschätzt[25]. Die Besatzungsmächte verlangten von der Republik Österreich ein „Arbeitspflichtgesetz"[26]. Es sollte nach dem Willen des Gesetzgebers human vollzogen werden und sich insofern von den Methoden der Zwangsarbeit in der nationalsozialistischen Zeit unterscheiden. Die Bemühungen der Wirtschaftspolitik, auf diese Weise zusätzliche Arbeitskräfte in die Landwirtschaft zu dirigieren, schlugen jedoch ebenso fehl wie administrative Maßnahmen, die Abwanderung aus der Landwirtschaft hintanzuhalten[27].

Anfang der fünfziger Jahre änderte sich die Situation grundlegend. Die Bewirtschaftung landwirtschaftlicher Produkte konnte aufgegeben werden, die

---

[24] AdR: BMfSV, Zl. III/7.098/7/1946, Ministerratsvortrag vom 4. 3. 1946.
[25] AdR: Ministerrat Figl 1, Nr. 153 vom 12. 4. 1949, Pkt. 9) BMfSV, Zl. III/55.646-7/1949: Deckung des Arbeitskräftebedarfs der Landwirtschaft.
[26] Verfassungsgesetz über die Sicherstellung der für den Wiederaufbau erforderlichen Arbeitskräfte (Arbeitspflichtgesetz), BGBl. Nr. 63/1946 vom 15. 2. 1946. Aufgrund dieses Gesetzes wurden nur etwa 200 Personen zu Arbeitsleistungen verpflichtet.
[27] Ministerrat Figl 2, Nr. 209 vom 27. 6. 1950. Bei öffentlichen Aufträgen durfte die Bauwirtschaft keine Arbeitskräfte beschäftigen, die aus der Landwirtschaft stammten.

Agrarsubventionen kamen nicht mehr den Konsumenten, sondern den Produzenten zugute. Die Landwirtschaft konnte Arbeitskräfte abgeben und dennoch ihre Produktion stärker ausweiten als die heimische Nachfrage. (Der Selbstversorgungsgrad stieg kontinuierlich, aus Agrardefiziten wurden schließlich Agrarüberschüsse.) Solche Strukturbrüche sind auf Märkten mit unelastischem Angebot und unelastischer Nachfrage nicht selten. (Der Energiemangel der Nachkriegsjahre ging 1958 unvermittelt in einen Kohlenüberschuss über.)

Übersicht 1.8: Produktivitätsfortschritt in der Landwirtschaft

	1946-1955	1955-1973	1973-2000
		Jährlicher Zuwachs in %	
Milchlieferung je Kuh	10,25	3,67	1,92
Hektarerträge Pflanzenbau	7,71	2,33	0,87
Arbeitsproduktivität	9,58	6,06	4,63

Quelle: ÖSTAT, WIFO.

Der zentrale Beitrag der Landwirtschaft zum Wirtschaftswachstum lag nunmehr in der Steigerung der Effizienz gemessen am Verhältnis zwischen Produktionsmitteleinsatz und Produktion. Die Arbeitsproduktivität stieg dank der Motorisierung und der Mechanisierung der Arbeitsabläufe stärker als in der Gesamtwirtschaft und auch stärker als in der Industrie. Der Ersatz der tierischen Zugkraft durch den Traktor machte Flächen für die Endproduktion frei und steigerte die Marktverflechtung der Landwirtschaft in Bezug und Absatz. Vielleicht noch eindrucksvoller – weil dem seit Malthus populären Gesetz vom abnehmenden Ertragszuwachs widersprechend – war die anhaltende Steigerung der Hektarerträge im Pflanzenbau (Sortenwahl, Bodenbearbeitung, Düngung, Schädlingsbekämpfung) und der Leistung pro Tier in der Tierproduktion (Fütterung, Züchtung). Die Errungenschaften der modernen Landtechnik wurden vorwiegend in kleinen und mittleren bäuerlichen Betrieben realisiert, die zunehmend im Nebenerwerb bewirtschaftet wurden, und nicht etwa in „Agrarfabriken". Die Tendenz steigernder Produktivität und die Überlegenheit der westlichen Bewirtschaftungsformen hatten sich in der Weltagrarwirtschaft schon seit den späten dreißiger Jahren abgezeichnet (*Owen,* 1966). Dass sie so deutlich ausfallen würde, überrascht dennoch. Die Früchte des Produktivitätsfortschritts teilten sich Landwirte und Konsumenten. Der Abstand zwischen den landwirtschaftlichen und den gewerblichen Einkommen wurde geringer. Gleichzeitig sanken die Kosten des Agrar- und Landschaftsschutzes. Von 1954 bis 1970 stiegen die Erzeugerpreise für Agrarprodukte um 2% pro Jahr, der Deflator des BIP um 3,4%. Dennoch vollzog sich der Wandel in der Landwirtschaft von einem „way of life" zu einem „way of living" (*Raidl,* 1991) nur allmählich.

Der Rückgang der Agrarquote hatte einen positiven und einen negativen Einfluss auf die Arbeitsproduktivität der Gesamtwirtschaft (*Mitter/Skolka,* 1981). Einen positiven, weil Arbeitskräfte in Tätigkeiten mit einem höheren Produktivitätsniveau wechselten. Und einen negativen, weil das Gewicht eines

Zweiges mit überdurchschnittlichem Produktivitätswachstum abnahm. Der positive Effekt – er betrug 0,4 BIP-Prozentpunkte pro Jahr – überwog insbesondere in den fünfziger Jahren, als die aus der Landwirtschaft abwandernden Arbeitskräfte etwa zur Hälfte in der gewerblichen Sachgüterproduktion unterkamen[28]).

Abbildung 1.7: Produktion, Beschäftigung und Arbeitsproduktivität in der Agrarwirtschaft, 1946 bis 2000

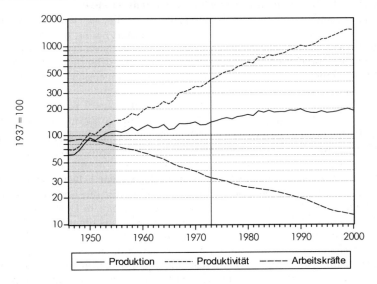

Quelle: ÖSTAT, WIFO. – Semi-logarithmischer Maßstab.

1.4.3 Der Investitionsboom

Die Schließung der Lücken, die der Krieg und die Demontagen im produktiven Kapitalstock gerissen hatten, erforderte hohe Investitionen. Nach vollendetem Wiederaufbau würde die Investitionsquote wieder sinken, vermuteten die Ökonomen (z. B. *Hicks*, 1947). Tatsächlich lief die Investitionstätigkeit nach Kriegsende nur langsam an. 1948, im ersten Nachkriegsjahr, für das die VGR Daten liefert, betrug der Anteil der Bruttoanlageinvestitionen am BIP in Österreich nur 12,7%. Das war zwar mehr als 1937, doch deckten damals die Investitionen nicht einmal den Verschleiß der bestehenden Anlagen. Dann allerdings nahm die Investitionsquote sprunghaft zu. Bis 1955 stieg sie auf

---

[28]) Die Kapitalproduktivität dürfte in der ersten Phase der Technisierung der Landwirtschaft gesunken sein. Ab Mitte der sechziger Jahre blieb sie nach den Kapitalstockschätzungen des WIFO (*Hahn/Schmoranz*, 1983) konstant.

21,9%. Entgegen den Erwartungen hielt die steigende Tendenz bis zum Ende des „golden age" an.

Es ist gut möglich, dass die Investitionstätigkeit in der unmittelbaren Nachkriegszeit unterschätzt wurde. Das Wegräumen des Schutts, die Sicherung der verbliebenen Bausubstanz und die behelfsmäßige Reparatur beschädigter Maschinen schlugen sich in der Statistik nicht hinreichend nieder. Fraglos mussten jedoch Investitionen mit großen privaten oder sozialen Ertragschancen zurückgestellt werden, darunter auch solche von strategischer Bedeutung für den Wiederaufbau. Das zögernde Anlaufen der Investitionstätigkeit, das auch in anderen westeuropäischen Ländern beobachtet wurde[29]), kann damit erklärt werden, dass die heimische Ersparnis sehr gering war. Von den privaten Haushalten war keine nennenswerte Sparleistung zu erwarten (die ärmeren Schichten brauchten ihre Sparguthaben auf). Die öffentliche Hand war mit hohen Besatzungskosten und mit Nahrungsmittelsubventionen belastet. Dazu kam, dass ein Teil der Finanzierungsmittel dazu verwendet werden musste, die dezimierten Lager wieder aufzufüllen. Die Vorräte, die zu Kriegsende bestanden hatten, wurden in den Wirren der ersten Nachkriegsmonate verbraucht oder flossen in unkontrollierbare Kanäle. Sie mussten zunächst ergänzt und später der steigenden Produktion angepasst werden.

Übersicht 1.9: Investitionsquote und Bauvolumen nach den beiden Weltkriegen

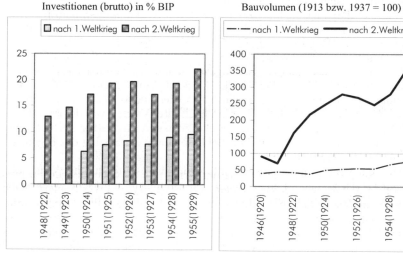

Quelle: *VGR, Kausel et al.* (1965).

Die Lager wurden in der Statistik nur unzulänglich erfasst und in der Diskussion über den Wiederaufbaubedarf zumeist vernachlässigt. Die VGR weist

---

[29]) Für Frankreich *Saint-Paul* (1995) und für Westdeutschland *Krengel* (1963).

1.4 Strukturmerkmale

die Lagerveränderungen nur zusammen mit der Statistischen Korrektur aus. Dieser Ausgleichsposten ist zu hoch, als dass er bloß den Lagern zugeschrieben werden könnte. Aber selbst wenn man ein normales Verhältnis zwischen Lagern und Produktion unterstellt, wurden etwa 30% des Zuwachses des BIP von den Lagern beansprucht. Ihre Bedeutung spiegelt sich nicht zuletzt darin, dass die Produktion anlief, als ausländische Rohstoffe und Kohle verfügbar wurden (ebenso *Kindleberger,* 1987, S. 159).

Damit die Investitionen anlaufen konnten, waren zwei Engpässe zu überwinden. Zum einen mussten Finanzierungsmittel in heimischer Währung (Ersparnisse im makroökonomischen Sinn) verfügbar sein (oder induziert werden). Zum anderen mussten für jene Anlagegüter, die nicht im Inland hergestellt werden konnten – und das waren gerade jene, die ein überlegenes Knowhow verkörperten – Devisen bereitgestellt werden. Der Marshallplan (ERP) half, beide Engpässe zu überwinden.

Der Marshallplan hatte in Österreich quantitativ und qualitativ größere Bedeutung als in den meisten anderen Teilnehmerländern. Quantitativ, weil Österreich gemessen am BIP und anderen makroökonomischen Indikatoren überdurchschnittlich viel Hilfe erhielt. Qualitativ, weil die Administratoren des Marshallplans im Kleinstaat Österreich eher ökonomische Konzepte durchsetzen konnten als in großen Ländern, wo oft politische Erwägungen den Ausschlag gaben[30]). Die quantitativen Aspekte werden in diesem Kapitel, die qualitativen im nächsten Kapitel behandelt.

Wie viel die Auslandshilfe zur Bildung von Realvermögen beitrug, wird meist daran gemessen, wie viele Investitionskredite aus Gegenwertmitteln (Counterpartmitteln) vergeben wurden. Im weiteren Sinn kann der Gesamtwert der Auslandshilfe als Finanzierungsquelle aufgefasst werden. Nach dem (etwas modifizierten) „Konsolidierten Vermögensveränderungskonto" der VGR laut Revision 1963 wurde in der Periode des Marshallplans ein Drittel der Vermögensbildung brutto aus der Auslandhilfe finanziert, netto (ohne Abschreibungen) sogar mehr als die Hälfte[31]). Extrem hoch (drei Viertel) war der Anteil der ERP-Mittel an den Investitionen der Elektrizitätswirtschaft. (Sie verfügte nur über geringe Eigenmittel, da die Preisbehörde keine Verzinsung des Eigenkapitals als Kosten anerkannte.)

Mit dem Versiegen der Auslandhilfe verlor die österreichische Wirtschaft nicht nur Devisen, sondern auch Finanzierungsmittel in heimischer Währung. Als Folge des Kapitalmangels wurde Arbeitslosigkeit in den Investitionsgüter-

---

[30]) Einen guten Überblick über internationale Aspekte des Marshallplans bieten die Beiträge von L. Reichlin und von C. Esposito im Sammelband von *Eichengreen* (1995A). Siehe auch den Abschnitt „Die Dollarlücke".

[31]) In Übersicht 10 fehlen die Reparationen aus laufender Produktion. In der VGR wurden zwar die Besatzungskosten verbucht, nicht aber die Betriebsüberschüsse der exterritorial geführten sowjetischen Betriebe und ihre Verwendung. Wenn man diese berücksichtigt, wird der Posten „Nettovermögensübertragung aus dem Ausland" geringer, bleibt aber positiv.

industrien und im Baugewerbe befürchtet[32]). Das erwies sich jedoch als unbegründet, wenn man von der kurzen Stabilisierungskrise 1952/53 absieht. Der Beitrag der Auslandshilfe konnte sehr bald durch heimische Ersparnisse ersetzt werden. Dazu trug vor allem die öffentliche Hand bei. Sie erzielte 1955 (am Ende der Wiederaufbauperiode) Überschüsse in laufender Rechnung von 6,3% des BIP. Das entsprach fast der Hälfte der gesamten volkswirtschaftlichen Ersparnis dieses Jahres. (Zum Vergleich: An der Jahrtausendwende machten die öffentliche Ersparnis nur 1,6% des BIP oder ein Viertel der volkswirtschaftlichen Ersparnis aus.) Der große Beitrag der öffentlichen Haushalte zur gesamtwirtschaftlichen Sparquote kam dadurch zustande, dass für Infrastrukturinvestitionen zweckgebundene Steuern eingehoben wurden (die Mineralölsteuer für den Straßenbau und die Wohnbauförderungsbeiträge für den Wohnbau). Gleichzeitig förderte die öffentliche Hand Investitionen der Wirtschaft durch Steuerbegünstigungen und Kapitaltransfers. Nicht zuletzt begannen die privaten Haushalte nach der Stabilisierung der Währung ihre durch Währungsschnitte und Inflation dezimierten Bestände an Geldvermögen wieder aufzufüllen.

Übersicht 1.10: Vermögensveränderungskonto: Anteile am BIP

	1948	1949	1950	1951	1952	1953	1954	1955
					In % des BIP			
Finanzierungsmittel								
Abschreibungen	9,01	9,50	9,77	9,31	9,96	11,03	10,30	9,56
Öffentliches Sparen			4,49	2,57	5,42	7,77	7,11	6,52
Unverteilte Gewinne			4,72	5,99	3,29	3,35	4,25	4,66
Privates Sparen			0,17	2,99	3,31	−0,51	1,54	4,20
Heimisches Sparen	2,09	6,45	9,39	11,55	12,01	10,62	12,90	15,38
Nettovermögensübertragung aus Ausland	8,27	8,24	9,44	7,51	2,74	1,11	0,55	−0,28
Summe	19,36	24,20	28,60	28,37	24,71	22,76	23,74	24,66
Verwendung								
Bruttoinvestitionen	12,36	14,77	16,90	18,79	18,62	17,22	19,33	22,46
Lager und statistische Differenz	7,31	9,67	10,59	6,78	1,98	0,89	2,25	3,80
Nettokredite an Ausland	−0,31	−0,24	1,11	2,80	4,10	4,64	2,17	−1,60

Quelle: VGR-Revision 1963 mit folgenden Modifikationen: a) Umrechung des Dollarwerts der Auslandshilfe mit Hilfe des effektiven Wechselkurses für Exporte. b) Zurechnung der gesamten Statistischen Differenz der Zahlungsbilanz den Kapitaltrabsaktionen.

Das Wirtschaftswachstum zu fördern, hieß nach dem Zweiten Weltkrieg soviel wie: die materiellen Investitionen zu fördern. Darin waren sich Wirtschaftspolitik, Sozialpartner und Unternehmer einig. Österreichische Unternehmungen hielten ihre Konkurrenzfähigkeit für gesichert, wenn sie über den gleichen Maschinenpark verfügten wie ihre deutschen Kollegen. Die Gewerkschaften akzeptierten Unternehmergewinne, wenn damit Investitionen finan-

---

[32]) So etwa im Jahresbericht 1952 der BIZ, wiedergegeben in der 87. Sitzung des Generalrats der OeNB vom 17. 6. 1953.

ziert wurden. Der Kapazitäten und damit Arbeitsplätze schaffende Effekt der Investitionen wurde höher eingeschätzt als ihr Arbeit sparender Effekt (Ersetzung von Arbeit durch Kapital). Die Wirtschaftspolitik versuchte das Wirtschaftswachstum zu fördern, indem sie Investitionen in den Unternehmungen steuerlich begünstigte und sich um eine taugliche Infrastruktur bemühte. Die populären Auffassungen über die Rolle der Investitionen konnten sich auf gängige Wachstumstheorien (Harrod-Domar-Modell) stützen, wonach der Kapitalkoeffizient (das Verhältnis von Kapital zu Produktion) konstant wäre. Die Möglichkeit, dass man auch zuviel investieren konnte, wurde kaum erwogen. Investiert wurde, weil gute Erträge erwartet wurden, und die Erwartungen der Investoren wurden bis gegen Ende des „golden age" nicht enttäuscht. (Alternativ formuliert: Wenn die Wirtschaft rasch wächst, werden neue Kapazitäten rasch genutzt. Probleme entstehen, wenn das Wirtschaftswachstum trotz hohen Investitionen schwächer wird und der Kapitalkoeffizient steigt.)

Im Übrigen: Ein Investitionsboom entfaltete sich nach einer Anlauffrist nach dem Zweiten Weltkrieg in ganz Westeuropa[33]). Kritiker der europäischen Wirtschaftspolitik und des Marshallplans im Besonderen bemängelten die zu ehrgeizigen Investitionspläne (z. B. *Milward,* 1984). Der internationale Investitionsboom nach dem Zweiten Weltkrieg entfaltete sich bei sehr unterschiedlichen Finanzierungsbedingungen. In Großbritannien und in den Skandinavischen Staaten wurde der Wiederaufbau durch Inflationsrückstau finanziert. In Frankreich förderten die ehrgeizigen Vorhaben des Monnetplans die offene Inflation, wobei die Löhne nachhinkten. In den USA sicherten sich die Kapitalgesellschaften trotz hoher Steuerbelastung eine hohe Selbstfinanzierungsquote, in dem sie wenig Dividenden ausschütteten. In den korporatistischen Ländern zeigten die Gewerkschaften Verständnis für den Investitionsbedarf der Unternehmungen. In bestimmten Grenzen galt die keynesianische Auffassung, dass sich die Investitionen die hiezu nötigen Ersparnisse schaffen.

Im Gegensatz zum Sachkapital wurde das Humankapital als Wachstumsfaktor in Österreich zunächst wenig beachtet. Die „economics of education" gewannen erst gegen Ende der sechziger Jahre an Bedeutung[34]). Das mag zum Teil damit zusammenhängen, dass die verfügbaren oder rasch erwerbbaren Qualifikationen der Arbeitskräfte ausreichten, den Bedarf zu decken. In der Depression der dreißiger Jahre hatten viele Akademiker mangels anderer Verdienstmöglichkeit minder qualifizierte Tätigkeiten angenommen. Von diesen Qualifikationsreserven konnte nach dem Krieg einige Zeit gezehrt werden. In der unmittelbaren Nachkriegszeit waren die Besitzer von Sachvermögen ohnehin im Vorteil. „Was verdienen Sie, Herr Doktor?" – wurde zum Schlagwort für die akademische Nachkriegsgeneration. Die Facharbeiter wurden in Österreich durch das „training on the job" in der Lehre ausgebildet.

Forschung und Entwicklung (R&D) wurden erst in den siebziger Jahren zu einem wirtschaftspolitischen Thema von einiger Bedeutung. Das hing zum Teil damit zusammen, dass forschungsintensive Zweige lange Zeit ein relativ

---

[33]) Siehe hiezu den Tabellenanhang in *OEEC* (1958).
[34]) Das Thema wurde in Österreich erstmals von *Steindl* (1967) artikuliert.

geringes Gewicht hatten. Überdies waren in diesem Bereich vorwiegend multinationale Unternehmungen tätig, die ihr Know-how von der Konzernmutter bezogen. Hochqualifizierte Naturwissenschaftler fanden in Österreich kaum einen ihrem Wissen entsprechenden Arbeitsplatz.

1.4.4 Grundstofflastigkeit der Industrie

„The Marxist ideology emphasizes material production over distribution and heavy industry over light." (Arrow, 2000, S. 16)

Die Investitionen in der Wiederaufbauperiode waren effizient. Das hat mehrere Gründe. Investitionen, die Engpässe beseitigten, steigerten die Leistungsfähigkeit der Gesamtwirtschaft (hohe externe Effekte). Weiters: Die neu angeschafften Anlagegüter waren auf dem neuesten Stand der Technik. Sie waren viel leistungsfähiger als die alten, die sie ersetzten. Der „Jahrgangseffekt"[35]) war in der Wiederaufbauperiode besonders groß, weil in den dreißiger Jahren nur wenig investiert worden war und die während der deutschen Annexion angeschafften Investitionsgüter von der Roten Armee in den von ihr besetzten Landesteilen demontiert worden waren[36]). Auch mussten Investitionsgüter, die während des Kriegs in den von Deutschland besetzten Gebieten hergestellt worden waren, aufgrund der Londoner Deklaration von 1943 den Herkunftsländern zurückgegeben werden (z. B. Transformatoren in Ranshofen an Frankreich). Nicht zuletzt erlaubte der Marshallplan den konzentrierten Einsatz großer Mittel in Schwerpunkten. Die Investitionspolitik konnte „klotzen" statt „kleckern" und damit neue Strukturen schaffen. Dieses Thema wird im Folgenden näher ausgeführt.

Die Amerikaner drängten die österreichischen Planer, Investitionsschwerpunkte so zu setzen, dass Österreich bis zum Ende des Marshallplans imstande sein würde, auf eigenen Beinen zu stehen. Kurzfristigen Investitionen sollten Priorität vor langfristigen, dem exponierten Sektor sollte Priorität vor dem geschützten Bereich eingeräumt werden (u. a. *Bischof,* 2000). Daraus ergaben sich Konflikte: Die österreichischen Planer etwa bevorzugten den Bau von langlebigen Speicherwerken in der Elektrizitätswirtschaft. Sie traten, gestützt auf die Fehlmeinung, der heimische Wald wäre überschlägert, für eine pflegliche nachhaltige Nutzung zu einer Zeit ein, in der Holz im In- und Ausland knapp war[37]). Und sie wollten mehr Geld für den Wohnungsbau und die Inves-

---

[35]) Der vintage-effect (der Beitrag der Verjüngung des Kapitalstocks zum Wirtschaftswachstum) wird in der internationalen Literatur auf 0,2 bis 0,4 Prozentpunkte geschätzt (*Crafts/Toniolo,* 1996, S. 221). Der österreichische Wert dürfte aufgrund der erwähnten Umstände eher an der Obergrenze gelegen sein.
[36]) Ein Beispiel bot die Eisenindustrie. Die neue Walzstrecke, die in der Zeit der deutschen Annexion in Donawitz installiert worden war, wurde von der Roten Armee demontiert und außer Landes gebracht. Die alte Walzstrecke war noch nicht verschrottet worden und konnte behelfsmäßig wieder in Betrieb genommen werden.
[37]) Tatsächlich war nur in bringungsnahen Flächen überschlägert worden. Mit dem Bau von Forststraßen konnten auch entlegene Waldflächen genutzt werden. Zur Revision des von heimischen Experten konzipierten ERP-Investitionsprogramms für die Forstwirtschaft siehe *Weigl* (2002).

titionen des Bundes, als die Marshallplanverwalter zu geben bereit waren. Nicht in allen Fällen setzten sich die Amerikaner durch[38]). Immerhin wurde erreicht, dass die Investitionen in der Industrie und in der Elektrizitätswirtschaft mehr Gewicht erhielten als später.

Das Setzen von Prioritäten war umso wichtiger, als der Zinssatz als Regulator der Investitionsquote und als Auslesekriterium für die einzelnen Investitionsvorhaben keine Rolle spielte. Führende Industrieländer verfolgten nach dem Zweiten Weltkrieg eine Politik des billigen Geldes, in der Regel verknüpft mit Kreditrationierung. In Österreich ließ die gesteuerte Inflation die nominellen Zinssätze weit unter die Inflationsrate sinken. Das gilt insbesondere für ERP-Kredite. Die Industrie erhielt in den vier Marshallplan-Jahren 1948 bis 1951 ERP-Kredite zu 4¼% bei einer durchschnittlichen Wachstumsrate des nominellen BIP von 35%. (Kredite an die Elektrizitätswirtschaft und andere bevorzugte Bereiche waren noch billiger.) Die Amerikaner wehrten sich zwar gegen die Subventionierung von Nahrungsmitteln aus Gegenwertmitteln, erhoben jedoch keine Einwände gegen massive Zinssubventionen.

Die negativen Realzinssätze bewirkten einen Vermögenstransfer zugunsten der kreditnehmenden Wirtschaft, sofern die staatliche Preisregelung Erträge zuließ. Der Staat brauchte der Verstaatlichten Industrie kein Eigenkapital zuschießen. Sie erhielt es durch den „leverage"-Effekt von negativen Realzinssätzen der ERP-Kredite. Gleichzeitig verstärkte das „billige Geld" die Neigung der heimischen Planer zu „langen Produktionsumwegen".

Ein wichtiger Strukturwandel wurde in der Industrie angebahnt. Während der deutschen Annexion waren vorwiegend im oberösterreichischen Raum neue Großbetriebe entstanden: die Hütte Linz, das Aluminiumwerk Ranshofen, die Stickstoffwerke und die Zellwollefabrik in Lenzing. Zur Diskussion stand, ob man diese, zum Teil noch nicht voll ausgebauten Betriebe der Grundstofferzeugung, die schlecht in das traditionelle Bild der heimischen Industrie zu passen schienen, weiter entwickelte, oder ob etwa nach dem Muster der Schweiz das Schwergewicht auf leistungsfähige Finalindustrien gelegt werden sollte. Diese Frage war einige Zeit umstritten. Die Profession der bürgerlichen Ökonomen (Nemschak, Koren, Kamitz, Taucher) warnte vor einem forcierten Ausbau. Die Grundstoffproduktion hätte in Österreich schlechte Standortbedingungen: Seit Entwicklung der modernen Verhüttungsverfahren im 19. Jahrhundert befände sich die heimische Eisenindustrie auf dem Rückzug, diagnostizierte Koren. Nach Ende des Wiederaufbaubooms würde sie in Schwierigkeiten geraten. Die Befürworter des Ausbaus der Grundstoffproduktion setzten sich durch: „Wir wollen endlich Blech produzieren, statt nur Blech reden".

Tatsächlich erwies sich diese Entscheidung zumindest zeitweilig als richtig. Der Rüstungsboom nach Ausbruch des Korea-Konflikts und die steigende Nachfrage nach technischen Gütern im „golden age" verlängerten die nachkriegsbedingte Knappheit an Energie und Grundstoffen. (Erst 1958 schlug die Kohlenknappheit in einen Kohlenüberschuss um, auf den Märkten für Eisen

---

[38]) Hinweise auf strittige Projekte und die ökonomischen und meta-ökonomischen Kriterien der Entscheidungsfindung finden sich in *Bischof/Pelinka/Stiefel* (2000).

und Stahl zeichneten sich erst in der ersten Hälfte der sechziger Jahre Sättigungserscheinungen ab.) Mit der Erzeugung und dem Export von Grundstoffen konnte man mehr als ein Jahrzehnt lang gut verdienen. Dazu kam, dass sich die Standortbedingungen für die Eisen- und Stahlindustrie verschoben. Mit moderner Technologie konnten auch abseits der traditionellen Standorte (nahe der Kohle- und Erzvorkommen) konkurrenzfähige Werke errichtet werden. Die VOEST zählte in der ersten Hälfte der fünfziger Jahre zu den leistungsfähigsten Werken Europas[39]). Die Schwäche der heimischen Industriepolitik lag darin, dass sie den logisch nächsten Schritt, den Aufbau einer leistungsfähigen Eisenverarbeitung nicht schaffte[40]).

Die über die Wiederaufbauperiode hinausreichende Grundstofflastigkeit der österreichischen Industrie lässt sich durch einen Vergleich mit der deutschen verdeutlichen. In der Bundesrepublik Deutschland war 1966 die Metallverarbeitung 5,3-mal so groß wie die Metallgrundindustrie, in Österreich nur 2,6-mal. Bis zum Ende des „golden age" wuchs in Österreich die verarbeitende Industrie etwas rascher als die Grundindustrie, doch war die Relation noch immer einseitig. Die traditionellen Konsumgüterindustrien hatten in Österreich ein stärkeres Gewicht als in Westdeutschland, obschon sie zunehmend hinter der Gesamtproduktion zurückblieben.

Übersicht 1.11: Industriestruktur: Vergleich Österreich mit Bundesrepublik Deutschland

	1966		1973	
	Österreich	BRD	Österreich	BRD
		Anteil in %		
Metallgrundindustrie	11,3	8,7	10,1	8,8
Eisenverarbeitung	29,4	45,9	33,1	45,0
Traditionelle Kosumgüterindustrien	29,6	19,7	24,4	16,5
Übrige Industrien	29,7	25,7	32,4	29,7
Insgesamt	100,0	100,0	100,0	100,0
Relation Eisenverarbeitung zu Metallgrundindustrie	2,6	5,3	3,3	5,1

Quelle: WIFO-Monatsberichte, 1978, 52(2).

Eine andere Frage ist, ob man nicht mit einer anderen Schwerpunktsetzung besser gefahren wäre. Praktisch konnte das Grundstoffkonzept wohl nur deshalb verwirklicht werden, weil die Standorte außerhalb der sowjetischen Zone lagen und daher die erforderlichen Großinvestitionen aus den Schillingerlösen des Marshallplans finanziert wurden. Die österreichische Industriestruktur sähe wahrscheinlich anders aus, wenn nicht Oberösterreich, sondern Niederösterreich amerikanische Besatzungszone gewesen wäre. (In Niederös-

---

[39]) Nach Gutachten von internationalen Consultingfirmen. Zitiert von H. Treichl (*Interviews*, 1988).
[40]) J. Taus (*Interviews*, 1988) beklagte später, dass es nicht gelungen wäre, einige international renommierte Flaggschiffe der Finalindustrien zu schaffen.

terreich entstanden während des Kriegs Großbetriebe der finalen Rüstungsproduktion, die man mit nicht allzu hohen Kosten auf Friedensproduktion umstellen hätte können.)

In den westlichen Besatzungszonen – und nur dort waren die Amerikaner bereit, große Beträge zu investieren – gab es außer den ziemlich passiven Steyrwerken keine technischen Industriebetriebe, die als Ansatzpunkt für ein Großunternehmen der Fertigwarenindustrie hätten dienen können. Dazu kam, dass die österreichischen Planer die Zukunftschancen der eisenverarbeitenden Industrien gering einschätzten. Die Etablierung einer österreichischen Pkw-Produktion wurde mit dem Hinweis abgelehnt, sie hätte sich in der Zwischenkriegszeit nicht bewährt. In den Planungsgrundlagen ebenso wie in der öffentlich geführten Diskussion über die komparativen Vorteile des österreichischen Industriestandortes fehlt der Hinweis, dass Österreich zumindest teilweise die Rolle Westdeutschlands als Investitionsgüterlieferant übernehmen könnte. (Dieses Thema wird im Abschnitt „Die Investitionsschwerpunkte" eingehender behandelt.)

1.4.5 Von der Inselökonomie zur offenen Volkswirtschaft

„. . . no amount of domestic effort will immediately produce the needed imports of food and certain crucial commodities." (Dulles, 1993, S. 41)

Die Entwicklung der österreichischen Wirtschaft wurde im Laufe der zweiten Hälfte des 20. Jahrhunderts durch zwei Prozesse geprägt, deren Anfänge in die Zeit des Wiederaufbaus zurück reichen: die zunehmende Internationalisierung der Wirtschaft und die beginnende Vermögensbildung in privaten Haushalten. Die Ansätze dieser „fundamentalen" Prozesse werden in diesem und im nächsten Kapital beschrieben.

Die kleine österreichische Volkswirtschaft war seit ihrem Bestand viel stärker auf den Außenhandel angewiesen als die Großraumwirtschaft der Monarchie. Sie hatte jedoch den Charakter einer „Inselökonomie": Man importierte das, was man im Inland nicht zu annehmbaren Bedingungen erzeugen konnte, und exportierte Güter, deren Produktion den heimischen Bedarf – aus welchen Gründen immer – überstieg. Die wirtschaftliche Verflechtung mit dem Ausland war im Vergleich zu anderen Kleinstaaten gering. Die relative Geringfügigkeit und der komplementäre Charakter der außenwirtschaftlichen Beziehungen ließen der heimischen Wirtschaftspolitik einen erheblichen Gestaltungsspielraum, auch wenn immer wieder, etwa vom Präsidenten der Industriellenvereinigung betont wurde: „exportare necessare est".

Nach Kriegsende befand sich Österreich in einer misslichen außenwirtschaftlichen Lage. Es brauchte ausländische Nahrungsmittel, um die Bevölkerung zu ernähren. Und es brauchte Kohle, um seine Wirtschaft in Gang zu setzen. Beides war in der unmittelbaren Nachkriegszeit auf den internationalen Märkten knapp und daher teuer. Zum Teil waren diese Güter überhaupt nicht oder auch in Europa nur gegen Zahlung in Dollar erhältlich. Zum Teil wurden knappe Güter international bewirtschaftet. Wie viel Ruhrkohle Österreich erhielt, wurde in London von einer internationalen Kommission entschieden.

Das heimische Warenangebot bestand zu einem erheblichen Teil aus „entbehrlichen" Gütern und Leistungen. Ein gutes Beispiel bot der Fremdenverkehr, in normalen Zeiten einer der wichtigsten Aktivposten der österreichischen Wirtschaft. Nach Kriegsende litt er unter den unwirtlichen Bedingungen in Österreich. Auch stellten wichtige Herkunftsländer wie etwa Deutschland für den Tourismus keine Devisen bereit. Soweit die heimische Wirtschaft international begehrte Güter erzeugte, wurden sie für den Wiederaufbau benötigt. (Bis Mitte der fünfziger Jahre war nicht nur der Import, sondern auch der Export größtenteils an Bewilligungen gebunden.)

Dazu kam die regionale Problematik. Der Handel mit Deutschland wurde zumindest in der ersten Nachkriegszeit aus politischen Gründen auf Sparflamme gehalten. Der Handel mit den Nachfolgestaaten der Monarchie litt unter dem „eisernen Vorhang" sowie darunter, dass diese Länder selbst Missernten hatten. Osteuropa lieferte 1947 nur Getreide im Wert von 5,6 Mill. $ nach Westeuropa[41]), knapp 2% der Vorkriegsmengen. Die Lücke wurde von den USA und anderen Getreideproduzenten der „westlichen Hemisphäre" gefüllt. Als der Osten lieferfähig wurde, hatte sich der Weltmarkt für Getreide bereits entspannt.

Diese Umstände und die eingangs erörterte Beanspruchung heimischer Ressourcen durch die Besatzungsmächte machten Österreich in hohem Maße von ausländischer Hilfe abhängig. Das diesem Kapitel vorangestellte Zitat aus der Entstehungszeit des Marshallplans mochte für Westeuropa überzogen gewesen sein. Für Österreich traf es zu. Insgesamt erhielt es nach dem Zweiten Weltkrieg Auslandshilfe im Werte von 1,8 Mrd. $ (zu Preisen 1955), etwa fünf Mal so viel wie die Völkerbundanleihe nach dem Ersten Weltkrieg. Der weitaus überwiegende Teil stammte aus den USA und wurde Österreich geschenkt. Damit konnte der Großteil der Importe an so genannten „essentials", wie Nahrungsmittel, Kohle und Maschinen, gekauft werden. Zu den harten Bedingungen der Völkerbundanleihe – einschließlich Spesen betrug der Zinssatz nominell fast 11% – hätte sich der Wiederaufbau der heimischen Wirtschaft nicht so stark auf Auslandskapital stützen können, ohne eine Schuldenkrise zu riskieren[42]).

Eine gute Vorstellung über die Auslandshilfe gewinnt man, in dem man sie in Beziehung zu den Exporten von Gütern und Leistungen setzt. Danach hätte der Export 1947 dreimal und in den beiden folgenden Jahren noch immer doppelt so hoch sein müssen, um die Auslandshilfe zu ersetzen: Eine auch bei Schleuderpreisen nahezu unlösbare Aufgabe aufgrund der geringen Kontaktdichte, der niedrigen Produktion und dem schlechten Sortiment des heimischen Angebots.

---

[41]) *Economic Commission of Europe* (1948).
[42]) Bei einer Laufzeit von 15 Jahren und einem Zinssatz von 11% hätte eine externe Staatsschuld von 1.800 Mio. $ die Zahlungsbilanz mit einem Kapitaldienst von 280 Mio. S pro Jahr belastet; das waren über 30% der Deviseneingänge aus laufenden Transaktionen des Jahres 1955.

Abbildung 1.8: Die Auslandshilfe im Vergleich zu den Exporten von Gütern und Leistungen

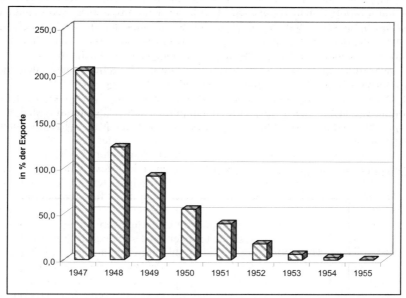

Quelle: Zahlungsbilanzstatistik der OeNB.

Der heimische Export kam nur langsam in Schwung. Handelsverträge wurden 1946 mit den Nachbarländern und mit Polen abgeschlossen. Kopplungsgeschäfte, in denen Waren gegen Waren getauscht wurden, waren weit verbreitet. Als der Wechselkurs von 10 S/$ nicht mehr reichte, wurde den Exporteuren gestattet, einen nach Ware und Firma unterschiedlichen Teil ihrer Exporterlöse frei zu verwerten. Das System multipler Wechselkurse wurde vom Internationalen Währungsfonds nur widerwillig akzeptiert, obschon es in der Wiederaufbauperiode in vielen Industrieländern üblich war (*Reinhart/Rogoff*, 2004). Nach der Abwertungswelle in Europa vom Herbst 1949 führte Österreich ein Dreikurssystem ein. Im Frühjahr 1953 wurde ein einheitlicher Wechselkurs von 26 S/$ festgelegt. Er hielt bis zum Ende des Bretton-Woods-Systems Anfang der siebziger Jahre (siehe den Abschnitt: „Außenhandelslenkung und multiple Wechselkurse").

Die räumliche Problematik erscheint im Lichte der modernen Außenhandelstheorie (Gravitationsmodelle) besonders schwerwiegend. Sie wurde zum Teil durch die Zusammenarbeit der westeuropäischen Länder in der OEEC, der Organisation zur Abwicklung des Marshallplans, entschärft. Als die OEEC Anfang 1948 in Paris gegründet wurde, stand noch nicht fest, wie sich die im Prinzip vereinbarte wirtschaftliche Zusammenarbeit der westeuropäischen Länder gestalten würde. Die Gründungsstatuten sahen als eine Möglichkeit die

Abstimmung der nationalen Investitionsprogramme nach dem Muster internationaler Kartelle vor[43]). Sehr bald fiel jedoch die Grundsatzentscheidung, den europäischen Handel über den Markt zu entwickeln. 1949 wurde begonnen, den intra-europäischen Handel zu liberalisieren, ab Mitte 1950 konnten Spitzen im bilateralen Zahlungsverkehr über die Europäische Zahlungsunion (EPU) multilateral verrechnet werden. Die Öffnung der westeuropäischen Märkte erleichterte es Österreich, neue Absatzmärkte im Westen für die verlorenen Märkte im Osten zu gewinnen. Es konnte als schwächstes Glied der westeuropäischen Wirtschaftsgemeinschaft die Vorteile der Liberalisierung lukrieren, musste aber noch nicht den Binnenmarkt der internationalen Konkurrenz aussetzen. Erst gegen Mitte der fünfziger Jahre, als innere und äußere finanzielle Stabilität erreicht wurde, holte es die Liberalisierungsschritte der OEEC nach.

Abbildung 1.9: Offenheit der Wirtschaft[1])

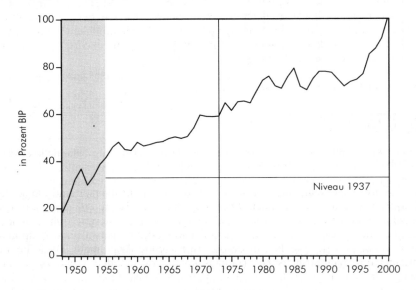

Quelle: VGR. – [1]) Exporte plus Importe von Gütern und Leistungen in Prozent des BIP zu laufenden Preisen.

Damit begann ein nachhaltiger Prozess steigender außenwirtschaftlicher Verflechtung, der schließlich in der Teilnahme Österreichs am europäischen Binnenmarkt mündete. Die österreichische Wirtschaft entwickelte sich schrittweise von einer „Inselökonomie" in eine „kleine, offene Volkswirtschaft" mit nur wenig Spielraum für eine eigenständige nationale Wirtschaftspolitik. Bis

---

[43]) Gründungskonvention abgedruckt in *OEEC* (1958).

dahin war freilich ein weiter Weg zurückzulegen. Zur Liberalisierung des Außenhandels wurde die österreichische Wirtschaftspolitik durch die EPU gedrängt; sie war nicht Bestandteil eines industriepolitischen Konzepts (siehe hiezu den Abschnitt „Die Wirtschaftsordnung nach der Stabilisierung"). Noch Anfang der sechziger Jahre war ein relativ großer Teil der Industrie durch hohe Zölle und oder durch quantitative Beschränkungen geschützt. Die Konvertibilität gemäß Art. VIII des Internationalen Währungsfonds wurde erst 1963 eingeführt, die Liberalisierung des Kapitalverkehrs kam erst später.

Der über den Wiederaufbau und das „golden age" hinausreichende Trend zunehmender Internationalisierung wirft die Frage nach seiner Rolle im Wachstumsprozess auf. Eindeutig ist der Zusammenhang zwischen Export und Konjunktur (Schwankungen der kaufkräftigen Nachfrage). Dass Österreich als kleines Land „Konjunkturnehmer" ist, musste es schon Anfang der fünfziger Jahre erfahren. (Damals wurde die hausgemachte Stabilisierungskrise durch den internationalen Konjunkturrückgang nach der Korea-Hausse verstärkt.) Die führende Rolle der Exporte im Konjunkturzyklus lässt sich mit Hilfe eines einfachen Kausalitätstests demonstrieren: Schwankungen der Exporte induzierten kurzfristig mit einer geringen Irrtumswahrscheinlichkeit Schwankungen des Bruttoinlandsprodukts (BIP), wogegen der umgekehrte Zusammenhang verworfen werden kann.

Übersicht 1.12: Kausalitätstest (nach Granger)

	Irrtumswahrscheinlichkeit in %
Exporte induzieren BIP	2,28
BIP induziert Exporte	88,15

Quelle: VGR. – BIP und Exporte: Veränderungsraten der realen Größen. – Zeitraum: Jahreswerte 1948 bis 1973. – Zeitliche Verzögerungen bis zu zwei Jahren.

Schwieriger statistisch zu belegen und daher kontroverser sind die Angebotseffekte[44]) der wachsenden Exportorientierung. Nach der „conventional wisdom" profitierte Westeuropa im Allgemeinen und Österreich im Besonderen von der schrittweisen Erweiterung der Märkte zu einem frühen Zeitpunkt. Für diese Aussage sprechen insbesondere folgende Argumente: Die Liberalisierung des innereuropäischen Handels korrigierte nur den Trend zur Isolierung der nationalen Volkswirtschaften in der Zwischenkriegszeit. Zwischen 1913 und 1937 waren die Gesamtimporte der vier größten westeuropäischen Länder um 20% geschrumpft, jene aus Westeuropa hingegen um 40% und die Fertigwarenimporte sogar um 59% (*Cairncross/Faaland*, 1952). Man darf daher annehmen, dass die handelsschaffenden Wirkungen größer waren als die handelsumlenkenden. Die Barrieren im intraeuropäischen Handel abzubauen, erschien umso wichtiger, als in Westeuropa nach dem Zweiten Weltkrieg der Boom an dauerhaften Konsumgütern begann. Viele dieser Güter sind nur in

---

[44]) In der ökonomischen Literatur überwiegt die Auffassung, dass der internationale Handel – wenngleich mit Einschränkungen – das Wirtschaftswachstum fördert (*Frankel/Romer*, 1999, *Wacziarg/Welch*, 2003).

großen Stückzahlen kostengünstig zu erzeugen (Beispiel: Pkw). Die Öffnung der Grenzen erlaubte es multinationalen Firmen, bestimmte Produkte an Standorten zu erzeugen, die sich im konzerninternen Kostenwettbewerb als besonders leistungsfähig erwiesen (Beispiel: Philips in Wien), und von dort den europäischen Markt zu beliefern. Im Falle des Kleinstaates Österreichs kamen weitere Argumente hinzu: Innovative Mittelbetriebe konzentrierten sich auf Spezialprodukte, für die der heimische Markt zu klein war (Beispiel: Gleisstopfmaschinen). Dort, wo der heimische Markt für mehrere Produzenten reichte, bot der Export die Möglichkeit, Skalenerträge zu realisieren, ohne den heimischen Markt zu „destabilisieren". Nicht zuletzt zwang die potentielle Importkonkurrenz zu einer effizienten Betriebsführung (Beseitigung von „X-inefficiency" nach *Leibenstein,* 1966), andernfalls heimische Wertschöpfung durch Importe ersetzt wurde. Da industrielle Zwischenprodukte früher liberalisiert wurden als fertige Konsumgüter, wirkte dieser Konkurrenzmechanismus in Österreich schon in den fünfziger Jahren.

1.4.6 Vermögensbildung in privaten Haushalten

Da ein relativ großer und wachsender Anteil des verfügbaren Güter- und Leistungsvolumens investiert wurde, hinkte der private Konsum zwangsläufig nach. Die Verzögerung betrug jedoch nur ein Jahr. Das Konsumniveau erreichte 1950 den Vorkriegsstand, ein Jahr später als das BIP. Der Reallohn war noch etwas niedriger, doch wurde das Familieneinkommen durch Mehrbeschäftigung aufgebessert.

Entsprechend der unterschiedlichen Dringlichkeit des Bedarfs ließen sich aufeinander folgende Konsumwellen unterscheiden: Zuerst trachtete die städtische Bevölkerung satt zu werden, dann ergänzte sie die stark dezimierten Bestände an Bekleidung. In der ersten Hälfte der fünfziger Jahre begannen die privaten Haushalte vermehrt dauerhafte Konsumgüter[45]) zu nutzen, die sie teils selbst erwarben (Pkw, Elektrogeräte) und teils mieteten (Wohnungen). 1946 mussten die Arbeitnehmerhaushalte noch mehr als die Hälfte ihres Haushaltsbudgets für Nahrungs- und Genussmittel ausgeben, am Ende der Wiederaufbauperiode waren es 44,5% und am Ende des „golden age" nur noch 27,7%[46]). Die frei werdenden Einkommensteile standen für Güter und Leistungen des elastischen Bedarfs zur Verfügung.

Die Käufe (die Nutzung) dauerhafter Konsumgüter konzentrierten sich auf zwei Bereiche: auf den Verkehr (Pkw) und auf Wohnungen (einschließlich Einrichtung).

Der Pkw-Bestand war schon in der unmittelbaren Nachkriegszeit etwas höher als vor dem Krieg, hauptsächlich weil alte Wehrmachtsfahrzeuge not-

---

[45]) Die volkswirtschaftliche Gesamtrechnung rechnet Wohnhäuser samt den dazugehörigen Wohnungen zu den Investitionsgütern, auch wenn sie von privaten Haushalten für den Eigenbedarf erworben wurden. Die übrigen dauerhaften Konsumgüter werden im Jahr der Anschaffung dem privaten Konsum zugeordnet, obschon sich ihre Nutzung über mehrere Jahre verteilt.

[46]) Nach den Haushaltserhebungen der Arbeiterkammer in Wien.

dürftig fahrbereit gemacht wurden. Ein erheblicher Teil der Fahrzeuge wurde von Firmen und Behörden genutzt. Höchstens 2% aller Haushalte verfügten über einen eigenen Pkw. Die Motorisierungswelle setzte ein, als 1954 Pkw ohne Bewilligung importiert werden konnten und damit billiger wurden. 1954 stieg der Bestand um 24,8% und 1955 um 53,9%. Von 1953 bis 1973, dem Ende des „golden age", nahm die Zahl der Pkw jährlich um 16,3 % zu.

Übersicht 1.13: Ausstattung privater Haushalte mit dauerhaften Konsumgütern

Zahl	1951	1955	1973	2000
		Je 1.000 Haushalte		
Elektroherde	39	90	473	850
Doppelkochplatten	22	28	0	0
Heißwasserspeicher	25	50	371	0
Nachtstrom-Öfen	3	8	101	0
Waschmaschinen	1	17	403	930
Kühlschränke	10	34	721	980
Radio	598	781	991	
Fernsehgeräte	0	1	683	970
Pkw	27	64	597	1.264
Pkw privat				750
Telefon				870
PC				400

Quelle: 1951-1955: Elektrogeräte laut Bundeslastverteiler, Pkw insgesamt laut Zulassungsstatistik. 1973 und 2000: Mikrozensus, ÖSTAT. – 1951-1973: auf 1.000 Haushalte entfielen . . . Geräte. – 2000: von 1.000 Haushalten hatten . . . mindestens ein Gerät.

Immer mehr Haushalte konnten sich eine modern ausgestattete Wohnung leisten und sie mit Elektrogeräten verschiedener Art (Waschmaschinen, Kühlschränken) ausstatten. 1951 waren noch zwei Drittel aller Wohnungen „Bassena"-Wohnungen: sie hatten weder Fließwasser, noch Toiletten. Nur jede zehnte Wohnung war mit einem Bad oder einer Dusche ausgestattet. Im gleichen Jahr verfügte nur jeder zehnte Haushalte über einen Kühlschrank und nur jeder siebzigste über eine Waschmaschine.

Etwa gleichzeitig mit dem Erwerb dauerhafter Konsumgüter begannen die privaten Haushalte Geldvermögen zu bilden. Die privaten Bestände waren durch die Währungsschnitte und die Nachkriegsinflation praktisch ausgelöscht worden. Der versprochene Lastenausgleich kam nur sehr unzulänglich zustande. Nach groben Schätzungen war das Geldvermögen der privaten Haushalte bis 1952 auf 5% des BIP geschrumpft (im letzten Jahr der Ersten Republik hatte es etwa 40% betragen). Die Vermögenseinbussen wogen umso schwerer, als das System der sozialen Sicherheit[47]) noch sehr lückenhaft war und die erworbenen Ansprüche gering waren. Nach der Stabilisierung der Währung begannen die privaten Haushalte ihre dezimierten Geldvermögensbestände allmäh-

---

[47]) Am Ende der Wiederaufbauperiode betrug die Sozialquote (der Anteil der Ausgaben für die soziale Sicherheit) 12,4%, am Ende des „golden age" 16,1% und an der Jahrtausendwende 27%.

lich wieder aufzufüllen. Die Wirtschaftspolitik förderte das Sparen in höherwertigen Sparformen.

Übersicht 1.14: Ausstattung der Wohnungen

	1951	1961	1971	1993 (MZ)
Zahl der Wohnungen	2.138	2.153	2.432	3.015
	In % von insgesamt			
ausgestattet mit...				
Bad	10,6	21,2	52,9	93,0
Wasser	34,2	63,3	84,2	99,1
WC	31,1	48,2	69,8	92,6
Strom	90,7	98,3	100,0	100,0
Zentralheizung				65,8
	Anteil der Eigentumswohnungen in %			
Österreich	35,6	37,7	41,2	50,0
Wien	6,8	9,1	12,9	17,4

Quelle: ÖSTAT, Republik Österreich, 1945-1995. – 1951 bis 1971 Häuser- und Wohnungszählungen, 1993 Mikrozensus.

Abbildung 1.10: Entwicklung der Geldvermögensbestände

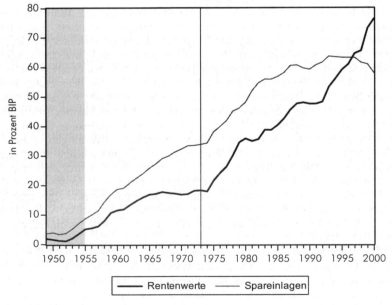

Quelle: WIFO.

Der Prozess wachsender Real- und Geldvermögensbestände, der Anfang der fünfziger Jahre begonnen hat, dauert nunmehr bereits mehr als ein halbes Jahrhundert. An der Jahrtausendwende hatten 75% der Haushalte mindestens einen und 25% mehr als einen Pkw. Der damals nur vereinzelt anzutreffende Wohnkomfort wurde zum Standard. Das Geldvermögen der privaten Haushalte betrug zuletzt 130% des BIP (gegen nur 5% nach der Stabilisierung der Währung 1952). Im Zuge dieses Prozesses änderten sich die Lebensgewohnheiten der Menschen und die charakteristischen Eigenschaften der Volkswirtschaften.

Einige dieser Folgeerscheinungen seien kurz angedeutet: Private Haushalte waren gewohnt, Güter des täglichen Bedarfs „um die Ecke" in kleinen Einzelhandelsgeschäften zu kaufen. Als Kühlschränke die Lagerung größerer Mengen verderblicher Waren ermöglichten und der Pkw die bequeme Beförderung größerer Warenmengen über größere Distanzen gestattete, kam es zu einer Revolution der Vertriebswege. Supermärkte und Einkaufszentren verdrängten zunehmend die kleinen Geschäfte. Moderne Haushaltsgeräte und vorfabrizierte Nahrungsmittel erleichterten es den Frauen, berufstätig zu werden. Die Motorisierung förderte die Suburbanisierung, das Pendeln zwischen Wohnort und Arbeitsort, und den Tourismus. (70% der in Österreich nächtigenden Fremden kamen mit dem privaten Pkw.) Der Pkw verlieh den Menschen eine bis dahin ungekannte Mobilität. Und er wurde zum Statussymbol, mit der Folge, dass sich die Politik scheute, den Straßenverkehr über den Preis zu regeln. (In der unmittelbaren Nachkriegszeit standen die Konsumenten Schlange, um lebenswichtiges Brot zu erwerben, mit fortschreitender Motorisierung häuften sich die Verkehrsstaus.)

Die Finanzmärkte, die sich nach der Stabilisierung der Währung entwickelten, waren zunächst noch rudimentär und stark reglementiert. Bankfilialen durften nur mit Genehmigung des Finanzministeriums errichtet werden, die durch Abkommen gebundenen Habenzinsen wurden nach sozialen Gesichtspunkten festgelegt. Der Wertpapiermarkt war ein Interbankmarkt[48]. Die für Nicht-Banken verfügbaren Mittel reichten gerade, um den dringenden Finanzierungsbedarf des Bundes und der Elektrizitätswirtschaft zu decken. Grenzüberschreitende Kapitaltransaktionen unterlagen der Devisenbewirtschaftung. Schrittweise entstanden jedoch die für den Finanzkapitalismus charakteristischen Strukturen. Das überproportional wachsende Geldvermögen schlug sich in den Bankbilanzen nieder: Die Kreditunternehmungen wurden zur „Wachstumsindustrie". Die Konkurrenz in der Kreditwirtschaft wurde schärfer. Die privaten Sparer begannen ihr Geldvermögen ertragsorientiert zu veranlagen. Die Freigabe der internationalen Kapitaltransaktionen bewirkte eine enge Verflechtung der heimischen mit den internationalen Finanzmärkten. Die Beziehung zwischen Finanzwirtschaft und Realwirtschaft wurde zu einem viel diskutierten Problem.

Die Vermögensbildung in privaten Haushalten bewirkte noch keinen generellen Übergang von der Einkommenswirtschaft zur Vermögenswirtschaft. Dazu waren die Vermögen der überwiegenden Zahl der privaten Haushalte

---

[48] Ebenso in der BRD. Siehe *Ehrlicher* (1985).

noch zu gering. Immerhin wurde ihr Kaufverhalten zu einer strategisch wichtigen Größe. Der private Konsum reagierte nicht mehr passiv auf Einkommensimpulse; der Multiplikator, das Verhältnis von primären zu induzierten Ausgaben wurde instabil.

1.5 Optionen der Wirtschaftspolitik

1.5.1 Westorientierung

Österreich entschied sich nach dem Zweiten Weltkrieg zu einem frühen Zeitpunkt für den „Westen" (im sozio-ökonomischen Sinn) und damit im politisch und wirtschaftlich gespaltenen Europa gegen den „Osten". Den ersten bedeutsamen Schritt setzte die Provisorische Staatsregierung Renner, als sie im September 1945 das Angebot der Sowjetunion auf gemeinsame Ausbeutung der heimischen Erdölvorkommen ablehnte (siehe den Abschnitt „Der Kampf ums Öl"). Kurz danach votierte die österreichische Bevölkerung in den ersten freien Wahlen für die parlamentarische Demokratie, in dem sie die Kommunistische Partei zu einer Kleinpartei werden ließ. Die Sozialistische Partei (SPÖ) trennte sich von ihrem linken Flügel, der für die Einheit der Arbeiterklasse eintrat.

Mit der Westorientierung wurde zumindest in groben Zügen die Wirtschaftsordnung festgelegt. Österreich nahm am Marshallplan teil und wurde damit ein Glied der westeuropäischen Wirtschaftsgemeinschaft. Das war eine mutige Entscheidung, denn ein Teil des Landes war von der Sowjetunion besetzt. Die westeuropäische Wirtschaftsgemeinschaft ließ den einzelnen Ländern zunächst erheblichen Spielraum, wie sie ihre Wirtschaftsordnung gestalten und den Wirtschaftsablauf steuern wollten. In dem Maße jedoch, wie die wirtschaftliche Integration Europas fortschritt, zunächst in Form von sektoralen (Montanunion) und regionalen (EWG, EFTA) Zusammenschlüssen, gewannen gemeinsame, Nationen übergreifende Regeln an Bedeutung. In der Europäischen Union (EU) schließlich entstand ein europäischer Binnenmarkt auf marktwirtschaftlicher Basis mit gemeinsamen Wettbewerbsregeln. Bis dahin war freilich ein weiter Weg, und an vielen Wegkreuzungen war nicht erkennbar, wohin er schließlich führen würde.

1.5.2 Informationsdefizit

In der Nachkriegszeit wurde immer wieder über Defizite geklagt: über das Nahrungsmitteldefizit, über das Energiedefizit und andere materielle Defizite. Von der historischen Forschung wenig behandelt wurde das Informationsdefizit sowohl auf akademischem Boden als auch in der Wirtschaftspolitik.

Die Spitzenpolitiker jener Tage verdienen Respekt und Anerkennung. Sie haben in schwierigen Zeiten eine demokratische Gesellschaftsordnung etabliert und über tiefe ideologische Gräben hinweg stabile Regierungen geschaffen. Sie waren aber begreiflicherweise nicht mit den tief greifenden Wandlungen in der Weltwirtschaftspolitik vertraut, die sich in der Zeit ihrer Isolation angebahnt hatten. Die Auslandskontakte waren spärlich, das Expertenwissen stammte größtenteils noch aus der Zwischenkriegszeit. Die Bürokratie war durch Kriegsverluste und Berufsverbote für politisch Belastete geschwächt. Sie konzentrierte sich auf das, was sie immer schon konnte: auf die juristische Interpretation von zum Teil sehr komplexen Sachverhalten. Auf Zahlen gestützte ökonomische Analysen waren nicht ihre Sache, zum Missmut der amerikanischen Stellen[49]) in Österreich, die unter ihren Mitarbeitern oft hervorragende Ökonomen hatte (z. B. Arthur W. Marget, der später oberster Währungshüter in den USA wurde).

Ökonomisches Räsonnement mit zum Teil neuartigen Techniken, die in Österreich so gut wie unbekannt waren, verlangten vor allem[50]) die Administratoren des Marshallplans. Die damals vorherrschende Makroökonomie und die damit verknüpfte Tendenz analytische Aussagen empirisch zu untermauern, förderten vor allem die Volkseinkommensstatistik und -analyse. Der Generalsekretär der OEEC forderte schon Ende 1948 die Länder auf, ihre Ansuchen um Hilfe auf eine quantitative makroökonomische Analyse zu stützen[51]). Die hiezu notwendigen „volkswirtschaftlichen Pflichtübungen" wurden in Österreich von einem kleinen Stab von Experten geleistet, die vorwiegend im ERP-Büro unter Leitung des erfahrenen W. Taucher tätig waren. Mit den volkswirtschaftlichen Agenden des Büros war F. Nemschak, der Leiter des WIFO, betraut. Das als privater Verein etablierte WIFO übernahm so gut es ging jene Aufgaben, die später von den Grundsatz- und volkswirtschaftlichen Abteilungen der Ministerien und der Notenbank mit einem Vielfachen an qualifizierten Mitarbeitern besorgt wurden[52]).

Regierung und Bürokratie präsentierten Österreich auf dem internationalen Parkett vorzugsweise als „special case", als ein Land, das dringend Hilfe brauchte und das, weil es sich für den Westen entschieden hatte, auch Hilfe verdiente. Und sie fuhren damit nicht einmal schlecht. Das Argument nutzte sich jedoch im Laufe der Zeit ab. Als 1952 Österreich zu einem harten Stabilisierungskurs gedrängt wurde, versuchte Botschafter Löwenthal vergeblich seinen amerikanischen Gesprächspartner mit dem Argument zu überzeugen:

---

[49]) Belege hiezu finden sich an verschiedenen Stellen des Buches, insbesondere im Abschnitt „Die Dollarlücke". *Kindleberger* (1989) fasste seine Eindrücke in seinem Brief aus Wien vom 16. 8. 1946 wie folgt zusammen: „They not only do not know where they are going, they do not know where they are".

[50]) „Governments and non-governmental organizations ... have ... increasingly spoken the language of economists" (*Weintraub*, 1999, S. 146).

[51]) AdR: BMfF, Zl. 85.212_15/1948.

[52]) Der Autor erwarb auf diese Weise seine ersten Erfahrungen mit der österreichischen Wirtschaftspolitik. Er wurde als Mitarbeiter des WIFO damit beauftragt, aus den Beiträgen der Ministerien einen mit ökonomischen Daten und Analysen angereicherten Gesamtbericht über die Wirtschaft und Wirtschaftspolitik in Österreich zu verfassen und schließlich eingeladen, diese Berichte als Teil der österreichischen Delegation anlässlich von Österreich-Hearings in Paris zu vertreten.

„Austria, from an economic point of view, is a burden for the West. However, from a political point of view, Austria is a valuable asset"[53]).

Die Distanz zur ökonomischen Analyse wurde nur allmählich überwunden. Ökonomischer Sachverstand entwickelte sich zuerst in den Kammern, in der Arbeiterkammer nicht zuletzt dank Emigranten, die das im Ausland erworbene Wissen einbrachten. Die Initiatoren des Beirats für Wirtschafts- und Sozialfragen wollten ursprünglich diesen 1963 geschaffenen Beratungskörper in der Bundesverwaltung etablieren, kamen aber dann davon ab, weil sie selbst zu diesem Zeitpunkt in der Bürokratie noch keine entsprechende Resonanz für ihre technokratischen Ideen fanden[54]).

Einer der Gründe, warum sich ökonomisches Wissen in der praktischen Politik nur langsam ausbreitete, lag daran, dass die österreichischen Universitäten den Anschluss an die „international scientific community" verloren hatten. P. Lazarsfeld fand in den fünfziger Jahre in Österreich keine hinreichend in den Wirtschafts- und Sozialwissenschaften vorgebildeten Kandidaten für ein Stipendium an US-Universitäten. Um den Rückstand aufzuholen, entstand 1963, freilich erst nach beträchtlicher Verzögerung und nachdem in O. Morgenstern ein kongenialer Partner gefunden wurde, das Institut für Höhere Studien. Dort machten ausländische Gastprofessoren den österreichischen akademischen Nachwuchs mit modernen Methoden der Wirtschafts- und Sozialwissenschaften vertraut.

1.5.3 Gradualismus als Übergangsstrategie

Österreich übernahm 1945 das kriegswirtschaftliche Lenkungssystem des Deutschen Reichs in Gestalt von amtlicher Preisregelung und Bewirtschaftung knapper Güter. Eine Alternative hiezu bestand nicht. Die Wirtschaft wurde von einer Reichsmark-Flut überschwemmt. Und das Angebot an lebenswichtigen Gütern war so knapp, dass nur eine bedarfsgerechte Verteilung Hungerunruhen hintanhalten konnte. Die Besatzungsmächte behielten sich bis Ende 1949 vor, die jeweils für eine etwa einmonatige Kartenperiode erstellten Ernährungspläne zu genehmigen.

Die Wirtschaftspolitik versuchte als erstes, den Geldüberhang zu beseitigen und damit zu verhindern, dass die gegen die Inflation errichteten Dämme von Preisregelung und Bewirtschaftung überschwemmt werden. Diesem Zweck dienten zwei Währungsreformen. Das Schillinggesetz Ende 1945 stellte die österreichische Währung von Reichsmark auf Schilling um und blockierte einen Teil der liquiden Mittel. Das Währungsschutzgesetz von Ende 1947 verfügte weitere Blockierungen und schöpfte die blockierten Beträge endgültig ab. Beide Aktionen wurden durch die Besetzung des Landes beeinträchtigt. Ende 1945 beanspruchten die Besatzungsmächte eine übermäßige Erstausstattung mit Schillingnoten. Das Währungsschutzgesetz Ende 1947 wurde dadurch

---

[53]) US-Department of State, Memorandum of Conversation, „Austria's Economic Position", July 14, 1952 (File aus US-Archiven).
[54]) Mündliche Information von P. Rieger, einem der ersten beiden Geschäftsführer des Beirats.

verwässert, dass es wegen des Einspruchs einer Besatzungsmacht erst zwei Wochen nach seiner Bekanntgabe in Kraft treten konnte. Das ließ den Besitzern von Geldvermögen Zeit für Ausweichstrategien (siehe den Abschnitt „Währungsreformen unter der Besatzung").

Die Beseitigung des Geldüberhangs war eine notwendige, aber keine hinreichende Maßnahme, um die kriegswirtschaftlichen Steuerungsinstrumente aufzugeben. Bewirtschaftung und Preisregelung sollten vielmehr solange beibehalten werden, bis Waren bedarfsdeckend zu Preisen angeboten werden, die normale Gewinnspannen enthalten.

Die Voraussetzungen, den Wirtschaftsablauf von Amts wegen zu steuern, waren indessen nicht gut. Das Land war in vier zunächst voneinander abgeschotteten Besatzungszonen geteilt, die staatlichen Lenkungsmaßnahmen konnten nicht mehr so rigoros durchgesetzt werden wie im Krieg. Vor allem aber war das Warenangebot zu gering. Wenn Konsumenten auf Lebensmittelkarten weniger als 1.000 Kalorien pro Tag zugeteilt erhielten, wenn die amtliche Bewirtschaftung nur ein Drittel der ausgegebenen Eisenmarken einlösen konnte, dann nimmt es nicht Wunder, dass Konsumenten und Produzenten ihren Mindestbedarf auf andere Weise zu decken versuchten. Die Bewirtschaftung funktionierte anfangs schlecht, weil das Bewirtschaftungssubstrat zu klein war. Und sie funktionierte später schlecht, weil die Wirtschaftstreibenden die staatliche Lenkung nicht mehr akzeptierten. (Die historische Forschung hat sich mit Fragen der Bewirtschaftung nur wenig beschäftigt. Einige Einsichten vermittelt der Abschnitt „Die Bewirtschaftung knapper Güter".)

Die Bewirtschaftung erfasste das Aufkommen an Gütern und regelte seine Verteilung. Eine Produktionslenkung war damit nur indirekt über die Verteilungsschlüssel für intermediäre Lieferungen verbunden. Im Allgemeinen tendierte die Bewirtschaftung dazu, die bewirtschafteten Produkte gleichmäßig an die weiterverarbeitenden Betriebe zu verteilen[55]. Zwar waren die Bewirtschaftungsstellen ermächtigt, den Beziehern von Vorprodukten Auflagen zu erteilen, doch wurde davon so gut wie kein Gebrauch gemacht. Besondere Probleme warf die Abstimmung zwischen den meist nach dem Rohstoff gebildeten Bewirtschaftungskreisen auf. Dazu folgendes illustrative Beispiel: Im Laufe von 1947 stellte es sich heraus, dass die Nahrungsmittelrationen nicht erfüllt werden konnten. Daraufhin disponierte die Importplanung um: Es wurden mehr Nahrungsmittel und weniger Kohle importiert. Die Eisenhütten reagierten auf die Kürzung der offiziellen Kohlenzuteilungen, indem sie sich selbst Importkohle durch Kompensationsgeschäfte besorgten. Dadurch verkürzte sich das heimische Angebot an Walzwaren und die Eisenverarbeitung musste auf der Stelle treten.

Die Belebung der Produktion erlaubte es im Laufe von 1948 die Bewirtschaftung gewerblicher Güter schrittweise aufzuheben. Die Vertreter der Arbeitnehmer hielten das für verfrüht und sie sahen sich darin bestätigt, als die

---

[55] Die Handelskammern verteilten z. B. auch nach Aufhebung der amtlichen Bewirtschaftung die im Marshallplan importierten Textilrohstoffe nach der Zahl der Spindeln an die Weiterverarbeiter.

internationale Rohwarenhausse 1950/51 neue Lenkungsmaßnahmen erforderlich machte. Die Bewirtschaftung von Nahrungsmitteln konnte 1949 stark eingeschränkt werden, wurde aber erst 1953 ganz aufgehoben. Die Preisregelung blieb noch länger aufrecht. Die Binnenwirtschaft wurde früher dem Markt überlassen als die Außenwirtschaft. Mit der Liberalisierung der Ausfuhr wurde erst 1953 begonnen. Der schrittweise Übergang von der Bewirtschaftung zur Marktwirtschaft wurde später mit dem Etikett „Gradualismus" versehen.

1.5.4 Verstaatlichung und Kapazitätsplanung

Der „Gradualismus" war eine Übergangsstrategie. Er ließ die Frage offen, wie letztlich die Friedenswirtschaft gestaltet werden sollte. Nach dem Zweiten Weltkrieg bestanden auch in Westeuropa starke Strömungen, dem Staat als Eigentümer von Industrieunternehmungen und Gestalter der Wirtschaftsstruktur eine stärkere Rolle zuzuweisen. Manche dieser Konzepte erwiesen sich als kurzlebig. Immerhin spielte die Verstaatlichung von Schlüsselindustrien in Frankreich, Italien und Großbritannien eine wichtige Rolle. In Österreich wurde 1946 ein Viertel der Industrie und 1947 die Elektrizitätswirtschaft verstaatlicht. Die bürgerliche Partei stimmte einer begrenzten Verstaatlichung zu, weil sie hoffte, dass die davon betroffenen Firmen in österreichischen Händen bleiben würden. Die meisten Versorgungsunternehmungen waren schon Ende des 19. Jahrhunderts von der öffentlichen Hand übernommen worden. Die so genannte „Gemeinwirtschaft" (ohne öffentliche Verwaltung) beschäftigte nach dem Zweiten Weltkrieg etwa ein Fünftel der Arbeitnehmer.

Im Bundesministerium für Vermögenssicherung und Wirtschaftsplanung entstanden nach Kriegsende Konstitutionspläne zunächst für einzelne verstaatlichte Industriezweige, doch sollte die Planung schrittweise auf die gesamte Industrie ausgeweitet werden. Mit der Kapazitätsplanung hoffte man eine krisenfeste Wirtschaftsstruktur zu schaffen. Nach 1948 kam jedoch die Planung nicht mehr richtig voran. Die Koalitionspartner einigten sich Ende 1949 darauf, das Ministerium aufzulösen und die Planungskompetenz ersatzlos zu streichen. Die erstarkte SPÖ handelte sich dafür die Führung eines mächtigen Wirtschaftsministeriums ein, des Bundesministeriums für Verkehr und verstaatlichte Unternehmungen. Die ideologische Diskussion verlagerte sich vom Gegensatzpaar[56] „Planwirtschaft versus Marktwirtschaft" auf das Gegensatzpaar „Gemeinwirtschaft versus Privatwirtschaft". Die Frage, wie die Wirtschaft gesteuert werden soll, wurde damit durch die Frage ersetzt, wer Eigentümer der Unternehmungen sein soll. Die in den ersten Nachkriegsjahren von prominenten Sozialisten (Maisel, Waldbrunner, Ausch) geforderte Verschränkung von Verstaatlichung und Planwirtschaft wurde damit de facto aufgegeben. Aufrecht erhalten wurde freilich der Anspruch, dass die Gemeinwirtschaft, und zwar auch die der internationalen Konkurrenz ausgesetzte Verstaatlichte Industrie, andere Strategien verfolgen und anderen Regeln unterworfen

---

[56] Über die Konzepte und Strukturen der Gemeinwirtschaft im Wiederaufbau informieren *Langer* (1966*)* und *Arbeitsgemeinschaft der österreichischen Gemeinwirtschaft* (1960).

werden soll als die private Industrie. (Dieser Anspruch wurde erst in den achtziger Jahren als Folge der Krise in der Verstaatlichten Industrie aufgegeben.)

Es gehört zu den seltsamen Ereignissen der Wirtschaftsgeschichte, dass diese Verschränkung zeitweise in dem vom kapitalistischen Amerika implementierten Marshallplan zustande kam. 80% der Freigaben für die Industrie (einschließlich der Elektrizitätswirtschaft) erhielten verstaatlichte Unternehmungen. Die von den Firmen eingereichten Investitionsprojekte wurden vom Planungsstab des ERP-Büros koordiniert und von der Kreditlenkungskommission evaluiert. Letztlich entschied ein amerikanisches Komitee (der NAC) über die Investitionspläne der Verstaatlichten Industrie.

Mit dem Ende des Marshallplans fiel diese Koordinationsfunktion weg. In der Verstaatlichten Industrie bestimmten die Manager der großen Firmen (oft im Einvernehmen mit den Betriebsräten) nicht nur die laufende Geschäftspolitik, sondern weitgehend auch die Investitionsentscheidungen. Die übergeordneten Organe ließen ihnen weitgehend freie Hand, solange die Geschäfte gut gingen (sie durften jedoch nicht in größerem Umfang Arbeitskräfte entlassen oder Standorte aufgeben). Im Bereich der Elektrizitätswirtschaft entwickelten die Landesgesellschaften ihre eigenen, oft zur Verbundgesellschaft in Konflikt stehenden Strategien. Die Herrschaft der Planer wurde von der Herrschaft der Manager abgelöst. Die Interessen der „stake holder" (zu denen auch die Regionen gehörten) gewannen an Gewicht zulasten der „share holder".

St. Wirlander, Kammeramtsdirektor der Wiener Arbeiterkammer und einflussreicher Wirtschaftspolitiker, stellte in Erkenntnis dieses Umstandes in einem richtungweisenden Referat vor dem Gewerkschaftskongress 1951 fest, dass sich die Arbeiterschaft von alten planwirtschaftlichen Vorstellungen lösen müsse, doch böte der Keynesianismus ein Rezept, um auch eine kapitalistische Wirtschaft störungsfrei zu gestalten. Zwar hielten sozialistische Ökonomen noch am Konzept einer „planification" nach französischem Muster fest, doch wurde dieser Programmpunkt in der sozialistischen Alleinregierung unter Bruno Kreisky nicht realisiert[57]). (Eine präzise Darstellung der Planungsdiskussion wird dadurch erschwert, dass mit dem Begriff „Planung" unscharfe und oft sehr emotionale Vorstellungen verknüpft waren. Siehe den Abschnitt „Visionen und Perspektiven".)

1.5.5 Die administrierte Inflation

Trotz vieler Eingriffe gelang es nicht, eine Nachkriegsinflation zu vermeiden. Ende 1951 waren die Preise durchschnittlich achtmal so hoch wie die RM-Stopppreise 1945. Eine so starke Verteuerung ist ohne Beihilfe der Geldpolitik nicht möglich. Dennoch bietet sich eine kostenorientierte Interpretation an.

Die Ausgangslage ähnelte in mancher Hinsicht der nach dem Ersten Weltkrieg: Die Arbeitsproduktivität war auf die Hälfte des Vorkriegsniveaus

---

[57]) Als Begründung wurde angegeben, dass der Kanzler zur Erhaltung der absoluten Mehrheit auch die Stimmen von Nicht-Sozialisten brauchte. F. Klenner (*Interviews,* 1988).

gesunken. Die Produktivitätslücke verteuerte die Produktion gewerblicher Güter und von Dienstleistungen. Gleichzeitig hatten sich auf den Weltmärkten die Austauschrelationen zugunsten von Nahrungsmitteln und Kohle und zulasten von Fertigwaren verschoben. Beides, die Produktivitätslücke und die hohen Weltmarktpreise für Nahrungsmittel, verteuerten die Lebenshaltung und lösten kompensierende Lohnforderungen aus. Die Wirtschaftspolitik stand vor einem Dilemma: Wenn die Verteuerung durch Subventionen aufgefangen wurde, die in den knappen Steuereinnahmen keine Deckung fanden, wurde die Inflation von der Geldseite her angeheizt. Der Außenwert der Währung sank und eine neue Welle von importierter Inflation drohte.

Diese Konstellation hatte nach dem Ersten Weltkrieg zur Hyperinflation geführt. Nach dem Zweiten Weltkrieg hatte die Wirtschaftspolitik das ökonomische System besser unter Kontrolle. Die Auslandshilfe erlaubte zumindest zeitweilig die verbilligte Abgabe von Nahrungsmitteln. Das Steuersystem funktionierte weit besser als nach dem Ersten Weltkrieg. Die von der Produktivitätslücke und der Verschlechterung der Austauschverhältnisse getriebene Preis-Lohn-Spirale wurde von den Sozialpartnern in Form von fünf Preis-Lohn-Abkommen kanalisiert (siehe den Abschnitt „Die Nachkriegsinflation"). Der Außenwert der Währung wurde schrittweise der heimischen Inflation angepasst. Das System multipler Wechselkurse wurde solange beibehalten, bis ein Einheitskurs gefahrlos implementiert werden konnte. Das wohl wichtigste kostendämpfende Element war die unerwartet kräftige Produktivitätssteigerung.

1.5.6 Stabilität durch Schocktherapie

„Der geschichtlichen Wahrheit willen muss man zugeben, dass das, was in der österreichischen Wirtschaftspolitik als Raab-Kamitz-Kurs in die Wirtschaftspolitik einging, . . ., seine Wurzeln im amerikanischen Druck zur Budgetsanierung und Inflationsbekämpfung hatte." (Vodopivec, 1990, S. 324)

Die österreichische Wirtschaftspolitik hatte sich in der Wiederaufbauperiode darauf konzentriert, die Produktion anzukurbeln. Dass die Preise stark stiegen und die Zahlungsbilanz chronisch defizitär war, wurde hingenommen. Als die Auslandshilfe stark gekürzt wurde und Österreich in Gefahr lief, als Außenseiter den Anschluss an den westeuropäischen Konvergenzklub zu verlieren, mussten die wirtschaftspolitischen Prioritäten neu gesetzt werden. Das Stabilisierungsszenario spielte sich im ersten Stock (Außenpolitik) und zu ebener Erde (Innenpolitik) ab.

Die USA stellten im Laufe des Korea-Kriegs ihre Auslandshilfe von Wirtschaftshilfe auf Rüstungshilfe um. Sie fanden, dass ein Land, das bereits mehr produzierte als vor dem Krieg, lernen musste, auf eigenen Füßen zu stehen. Sie kündigten nicht nur an, dass sie ihre Hilfe an Österreich stark einschränken und in absehbarer Zeit einstellen würden. Sie schrieben der österreichischen Wirtschaftspolitik auch vor, wie innere und äußere finanzielle Stabilität erreicht werden sollte. Etwa zur gleichen Zeit ließ die europäische Staatengemeinschaft in Gestalt der Europäischen Zahlungsunion (EPU) erkennen, dass sie nicht mehr bereit sei, die Sonderstellung Österreichs zu akzeptieren.

Die nachdrücklich, weil mit Sanktionen empfohlene Therapie kann je nach Standpunkt als Schocktherapie, als Stabilisierungspolitik nach klassischem Muster (so die „drei Weisen" in ihrem Bankengutachten[58]) oder auch als Deflationspolitik (so die österreichische Diplomatie in ihren Bemühungen, die Amerikaner von ihrer harten Haltung abzubringen) bezeichnet werden. Sie bestand aus einigen einfachen Regeln: strikter Budgetausgleich ohne Counterpartmittel auch bei stark rückläufiger Konjunktur, Verteuerung der Kredite, Einfrieren des Kreditvolumens auf dem Stand von Anfang 1951 und qualitative Kreditauslese zugunsten produktiver Vorhaben. Ergänzend wurde ein Abbau der „restrictive business practices" nahe gelegt. (Die amerikanischen Interventionsschritte und die Reaktionen der heimischen Wirtschaftspolitik sind durch Dokumente aus amerikanischen und österreichischen Archiven gut belegt. Siehe den Abschnitt „Finanzielle Stabilität durch Schocktherapie".)

Finanzminister Kamitz, der im Jänner 1952 sein Amt antrat, war ein ausgewiesener Ökonom. Er hatte 1946 im WIFO Gedanken zur Währungsstabilität formuliert und später eine Geschichte der österreichischen Währung in den letzten 100 Jahren geschrieben (*Kamitz,* 1949). Seine Tätigkeit in der Handelskammer hatte ihn mit dem wirtschaftspolitischen Umfeld nach dem Zweiten Weltkrieg vertraut gemacht. Er sah seine Chance gekommen, mit dem Rückenwind der Amerikaner einen harten Stabilisierungskurs zu fahren, der ihn seinem eigentlichen Ziel, die Wirtschaft von bürokratischen oder sozialpartnerschaftlichen Eingriffen zu befreien, näher brachte. Die Stabilisierungspolitik wurde zum Markenzeichen des Raab-Kamitz-Kurses.

Die Forderungen der Europäischen Zahlungsunion und der USA bezogen sich nur auf bestimmte Eckpunkte, wie Budgetausgleich sowie Kreditverteuerung und -beschränkung. Wie diese Vorgaben erreicht werden, blieb der heimischen Wirtschaftspolitik überlassen. Ein wichtiges Merkmal der heimischen Stabilisierungspolitik bestand darin, dass sie den nachfragebeschränkenden Grundkurs durch kostenstabilisierende Maßnahmen ergänzte. Die Industrie hatte sich schon im Oktober 1951, nach Abklingen der Hausse auf den internationalen Rohwarenmärkten und vor Beginn der restriktiven Geld- und Budgetpolitik, zu Preissenkungen bereit erklärt. Sie erleichterte es damit den Gewerkschaften, auf Lohnforderungen zu verzichten. Die Vereinbarung der Sozialpartner bot freilich so wie die fünf Preis-Lohn-Abkommen vorher nur partielle Lösungen. Zur gleichen Zeit, als die Sozialpartner aktiv wurden, beschlossen die beiden Großparteien ein Budget 1952 mit Steuer- und Tariferhöhungen im Ausmaß von 2,5% des BIP. Auch blieb die Frage offen, ob die Landwirtschaft wie gewohnt vor der nächsten Ernte höhere Erzeugerpreise verlangen würde, was nach den bisherigen Gepflogenheiten zu einem neuen Preis-Lohn-Abkommen geführt hätte. Diese Lücken wurden durch die Finanzpolitik geschlossen. Der neue Finanzminister schob die vorgesehenen Tariferhöhungen

---

[58]) Über Wunsch der USA ließ die österreichische Bundesregierung 1953 ein Gutachten von drei international renommierten Währungsfachleuten erstellen.

solange auf, bis sich die Konjunktur merklich abgekühlt hatte (das war nach den verfügbaren Indikatoren erst Mitte 1952 der Fall). Die Forderungen der Landwirtschaft wurden durch Subventionen erfüllt, wobei sich der Finanzminister des griffigen Arguments von *Pigou* (1948) bediente: „more subsidies means less inflation". Die Kehrseite dieser kostenstabilisierenden Strategie bestand darin, dass das Bundesbudget nur dadurch ausgeglichen werden konnte, dass die Investitionen des Bundes stark gekürzt wurden.

Die Stabilisierungspolitik erwies sich als erfolgreich. Die Verbraucherpreise sanken im Laufe von 1952 um 1,0% und im Laufe von 1953 um weitere 4,7%, die Großhandelspreise um 6,8% und 1,0%. Hatte Ende 1951 die österreichische Bürokratie noch geklagt, sie wisse nicht, wie Österreich 1952 mit einer Auslandshilfe von 120 Mio. $ das Auslangen finden könnte, so wurden 1953 und 1954 Leistungsbilanzüberschüsse von je etwa 70 Mio. $ erzielt. Österreich wurde zu einem wichtigen Gläubiger der EPU und begann die lange Zeit aufgeschobene Liberalisierung der Einfuhr nachzuholen.

Übersicht 1.15: Das Ende der Nachkriegsinflation

Dezember	Großhandelspreise	Verbraucherpreise
	Veränderung gegen Vorjahresmonat in %	
1951	52,44	39,06
1952	− 6,76	− 0,99
1953	− 1,02	− 4,71
1954	7,84	2,97
1955	− 2,38	2,70

Quelle: ÖSTAT, WIFO.

Der Stabilisierungserfolg wurde allerdings mit einem empfindlichen Konjunkturrückschlag erkauft. Das BIP im nicht-landwirtschaftlichen Bereich sank 1952 um mehr als 1%, was bei einem Wachstumstrend von 6% zu einer erheblichen Minderauslastung der Kapazitäten führte. In der Bauwirtschaft setzte sich der Rückschlag noch 1953 fort. Die Arbeitslosigkeit erreichte mit 7,3% und 8,5% die höchsten Werte der Zweiten Republik.

Die klassische Medizin, in genügenden Dosen angewandt, wirkt immer. Doch sind damit mittel- bis längerfristige Risken verbunden. Zum einen besteht die Gefahr, dass sich die Wirtschaft nicht wieder erholt und dauernd unterbeschäftigt bleibt (sie verharrt in einem „schlechten" Gleichgewicht). Zum andern können sich in dem Maße, wie sich die Wirtschaft erholt, die „alten Leiden" wieder einstellen (die innere und äußere finanzielle Stabilität geht wieder verloren). Die Wirtschaftspolitik wird in diesem Falle zu einem Stop-Go-Kurs gedrängt.

Beide Risken – und darin lag letztlich der Erfolg der Stabilisierungspolitik – wurden nach 1952/53 nicht schlagend. Schon im Laufe von 1953 begann ein neuer Aufschwung, der 1955 in eine übersteigerte Hochkonjunktur mündete. Das in der Stabilisierungskrise verlorene Terrain konnte wieder aufgeholt werden. 1955 waren 5,4% der Arbeitskräfte arbeitslos gegen 5,6% im Jahr 1951, als die Nachkriegsinflation ihren Höhepunkt erreicht hatte. (Die Jahresdurchschnitte wurden durch die hohe und wohl nur teilweise „echte" Saisonarbeitslosigkeit beeinflusst. Im Sommer lag die Arbeitslosenrate unter 3% und entsprach damit den damals üblichen Kriterien für Vollbeschäftigung.)

Übersicht 1.16: Die Produktion im Stabilisierungzyklus

	BIP	BIP ohne Land- und Forstwirtschaft	Land- und Forstwirtschaft	Industrie	Baugewerbe
			Real in % gegen Vorjahr		
1951	6,93	9,12	− 6,32	14,57	12,20
1952	0,29	−1,04	9,67	−1,86	− 3,86
1953	3,91	3,19	8,50	1,92	− 8,09
1954	8,58	9,14	5,14	14,07	13,51
1955	11,48	13,10	1,33	20,65	15,92

Quelle: VGR.

Was die Zahlungsbilanz anlangt, so war die dramatische Verbesserung zum Teil nur kurzfristig wirkenden Faktoren zu danken: In der Stabilisierungskrise wurden Lager abgebaut, die Zahlungstermine im Außenhandel normalisierten sich (Verbesserung der terms-of-payments) und der schwache Inlandsabsatz förderte Bemühungen um die Auslandsmärkte. Diese Faktoren erschöpften sich in dem Maße, wie die Stabilisierungskrise überwunden wurde. Tatsächlich versiegte der Zahlungsbilanzüberschuss mit der Wiederbelebung der Konjunktur, Krisen blieben jedoch aus. Die Zahlungsbilanz wurde auf längere Sicht vor allem durch drei Faktoren entlastet:

– Das System multipler Wechselkurse wurde im Frühjahr 1953 durch einen Einheitskurs von 1 $ gleich 26 S abgelöst. Dieser Kurs lag weit über den Kaufkraftparitäten (etwa 15 S). Österreichische Produkte waren daher für ausländische Käufer relativ billig, ausländische Waren für heimische Käufer relativ teuer. Die interne Preisstruktur verschob sich zugunsten des exponierten und zulasten des geschützten Sektors der Wirtschaft.

– Mit der Motorisierung entwickelte sich der europäische Massentourismus. Der österreichische Fremdenverkehr zog vor allem aus der steigenden Kaufkraft und der Reiselust der deutschen Urlauber Nutzen (auf sie entfielen bis zu 70% der Ausländer-Nächtigungen). Der Tourismus entwickelte sich in einer Phase, in der die heimische Industrie durch die Blockbildung in Westeuropa behindert wurde, zur „Wachstumsindustrie".

– Die heimische Landwirtschaft konnte ihre Erzeugung stetig steigern. Die Importe an Nahrungs- und Futtermitteln, die bis 1951 einen Großteil des Dollardefizits ausgemacht hatten, konnten zunehmend durch heimische Erzeugnisse ersetzt werden. Das war nicht von vornherein absehbar. Lange Zeit wurde angenommen, dass auf österreichischen Böden kein Qualitätsweizen gedeihen könnte und nicht genügend Futtermittel geerntet werden könnten.

Die Europäische Zahlungsunion hatte Ende 1951 ihre Forderung nach monetären Restriktionen damit begründet, dass die heimische Nachfrage zu groß wäre. Die Ökonomen der Arbeiterkammer vermuteten, dass sich hinter dem makroökonomischen Nachfrageüberschuss mikroökonomische Strukturschwächen verbargen. Die Strukturhypothese lässt sich im Lichte der Diskussion über die Verwendung der Gegenwertmittel aus dem Marshallplan wie folgt formulieren: Die österreichische Investitionspolitik hatte zu sehr auf langfristige Investitionen mit hohem Einkommens- und geringem Kapazitätseffekt gesetzt. Die Stabilisierungskrise 1952/53 ähnelte daher jenen, in die Länder mit Planwirtschaften gerieten, wenn sie infolge zu ambitiöser Investitionsprogramme an Devisenbarrieren stießen.

Gegen diesen Befund eines „realen" Konjunkturzyklus sprach, dass die Stabilisierungskrise nur kurz war; die österreichische Wirtschaft kehrte wieder auf den alten Wachstumspfad zurück. Ganz zu verwerfen war er jedoch nicht. Das Gleichgewicht in der österreichischen Zahlungsbilanz wurde nur mit Hilfe eines weit über den Kaufkraftparitäten liegenden Wechselkurses und (trotz Liberalisierung) massiven Importbeschränkungen gesichert.

1.5.7 Schaffung marktwirtschaftlicher Institutionen

In den Jahren nach der Stabilisierung der Währung wurden wichtige Institutionen der Marktwirtschaft wiederhergestellt oder neu geschaffen. Dazu gab Verschiedenes Anlass.

Eine funktionierende Marktwirtschaft erfordert klare Eigentumsrechte. Davon konnte im ersten Nachkriegsjahrzehnt keine Rede sein. Der materielle Wiederaufbau kam zustande, obschon in wichtigen Bereichen offen war, was wem gehörte. 6.000 öffentliche Verwalter betreuten strittige Vermögenswerte. Der Staatsvertrag beendete nicht nur die Besetzung des Landes durch fremde Truppen. Er bereinigte auch die offene Frage des Deutschen Eigentums. Die Signatarstaaten des Vertrags übertrugen das Deutsche Eigentum in Österreich dem österreichischen Staat, die Sowjetunion allerdings nur gegen Ablöselieferungen. Eigentums- oder Entschädigungsansprüche der Westmächte wurden durch beigefügte Memoranden geregelt. Der deutsch-österreichische Vermögensvertrag von 1957 präzisierte, was als „kleines oder kulturelles deutsches Eigentum" an Deutsche zurückgegeben wird. Das Vermögen der früheren jüdischen Mitbürger wurde rückgestellt, wenngleich manche Forderungen noch offen blieben.

Während des Wiederaufbaus waren verschiedene, im Prinzip als notwendig anerkannte Maßnahmen zurückgestellt worden. Dieser Reformstau wurde nunmehr aufgelöst. Dazu gehörten u. a. die Identifizierung des Wertpapierbestands, die Entschädigung der Aktionäre verstaatlichter Unternehmungen, die Vereinbarungen über die Vorkriegsschulden (Römer Protokolle), die Entlastung der Finanzintermediäre von wertlosen Forderungen aus der Zeit der deutschen Annexion und die Einlösung der ein Jahrzehnt alten Zusage, ein zeitgemäßes Notenbankstatut zu schaffen.

In den Notzeiten nach Kriegsende waren die Realeinkommen der Unselbständigen komprimiert worden. Nunmehr schuf die Wirtschaftspolitik Anreize, mehr „zu arbeiten, zu sparen und zu investieren". Die Kollektivverträge und die Steuerpolitik begünstigten mittlere und höhere Einkommen, die Sparförderung prämierte das Sparen in höherwertigen Sparformen, ein Bündel von Maßnahmen entlastete die Unternehmungen (vorzeitige Abschreibungen, Exportrückvergütungen, Schilling-Eröffnungsbilanzen).

1.5.8 Die Wirtschaftsordnung nach der Stabilisierung

Die Wirtschaftsordnung, die sich zur Zeit des Staatsvertrags herauskristallisiert hatte, überließ mehr dem Markt als die Wirtschaftspolitik in der Wiederaufbauperiode vorher. Das bedeutete zunächst nicht mehr, als dass sich die Wirtschaftsordnung entlang des Gradualismuspfades bewegte. Trotz der beschriebenen Fortschritte war die Marktwirtschaftsordnung nach der Stabilisierung der Währung unvollständig, nicht nur gemessen am Ideal der vollständigen Konkurrenz, sondern auch gemessen an den damaligen Vorstellungen der amerikanischen Experten sowie an der liberalen Wirtschaftsordnung wie sie im Zuge der europäischen Integration entstand. Sie lässt sich am besten beschreiben als traditioneller österreichischer Kapitalismus angereichert und modifiziert durch Konzepte, die erst nach dem Krieg als Kompromisslösungen zwischen den Regierungsparteien und den Sozialpartnern entwickelt wurden.

Der österreichische Kapitalismus hatte sich schon frühzeitig dadurch ausgezeichnet, dass die „unsichtbare Hand" des Marktes durch die „sichtbare" Hand privater und öffentlicher Marktregelungen ergänzt wurde. Ein restriktives Gewerberecht schützte seit Luegers Zeiten die Kleinen vor den Großen. Kartellvereinbarungen, enge Verflechtungen zwischen Banken und Industrie sowie Schutzzölle (vor allem in der Zwischenkriegszeit) dämpften die Konkurrenz zwischen den Großen. Daran änderte sich bis Mitte der fünfziger Jahre des 20. Jahrhunderts nur wenig. Der amerikanische Johnstone-Bericht (1952) und die österreichische Gegenkritik (1953) beleuchteten diese Verhältnisse.

Die „wirtschaftsnahe" Wirtschaftspolitik sah in Unternehmungen schutzbedürftige Einheiten, die einer wirtschaftspolitischen Betreuung bedürfen, die möglichst auf die individuellen Bedürfnisse des einzelnen Unternehmens zugeschnitten ist. Einen erheblichen Teil dieser Betreuung übernahm die Außenwirtschaftspolitik. (Beispiele hiefür bieten die „Wechselkurse à la carte"[59]) bis zur Schaffung des Einheitskurses von 26 S/$ und die individuellen Sätze der Umsatzsteuer-Rückvergütung für Exportlieferungen.) Auf dem heimischen Markt wurden die Unternehmungen zunächst durch Importbeschränkungen vor ausländischer Konkurrenz geschützt. Als die mengenmäßigen Importbeschränkungen aufgehoben werden mussten, übertrug man die Schutzfunktion den Zöllen. Die auf die einzelnen Unternehmungen zugeschnittene Wirtschaftsförderung trug dazu bei, dass es im ersten Nachkriegsjahrzehnt so gut wie keine Insolvenzen größerer Unternehmungen gab. (Die Schumpeter'sche Vision, dass sich der technische Fortschritt in Fabriksruinen niederschlüge, traf jedenfalls für die Nachkriegszeit nicht zu. Soweit es noch Ruinen gab, waren sie eine Folge des Krieges und der Demontagen unmittelbar nach Kriegsende.)

---

[59]) Mit den multiplen Wechselkursen wollten die Währungsbehörden die Importverteuerungen in Grenzen halten.

Übersicht 1.17: Insolvenzen

	Insolvenzen Zahl der Fälle	Passiva Mio. S	In % BIP
1932	5.519	.	.
1947	29	.	.
1948	163	.	.
1949	378	40	0,95
1950	582	115	0,51
1951	534	230	0,23
1952	993	300	0,33
1953	970	400	0,24
1954	885	400	0,22
1995[1])	.	2.371	2,66

Quelle: Kreditschutzverband. – [1]) Höhepunkt nach dem Zweiten Weltkrieg.

Erst die europäische Integration in ihren verschiedenen Etappen und die sie begleitenden wettbewerbsrechtlichen Maßnahmen verschärften die Konkurrenz und engten die Preissetzungsspielräume der Unternehmungen ein. Die Entwicklung verlief jedoch nicht gradlinig in Richtung Wettbewerbswirtschaft, sondern über die Zwischenstufe einer sozialpartnerschaftlichen „Verhandlungswirtschaft". Im März 1957 vereinbarten die Präsidenten der Handelskammer und des Gewerkschaftsbundes die Schaffung einer Paritätischen Kommission, 1958 bildeten die Sozialpartner den Paritätischen Ausschuss im Kartellrecht, 1963 wurde der Beirat für Wirtschafts- und Sozialfragen gegründet, 1968 entstand die Wirtschaftspolitische Aussprache, 1969 das Verbändekomitee.

1.6 Die Wurzeln des Wirtschaftswunders

> „Die Zukunft selbst war so unsicher, dass es töricht gewesen wäre, sich zu viele Gedanken über sie zu machen." (Hiscocks, 1954, S. 136)

In der Wachstumsforschung wird häufig wie folgt argumentiert: Industrieländer, die aus welchen Gründen immer in Rückstand geraten, haben ein „Aufholpotential". Der Rückstand wird entweder an der eigenen historischen Entwicklung oder an dem in anderen Ländern Erreichten gemessen.

Der Zeitvergleich stützt sich vor allem auf folgenden Befund: Der Wachstumstrend der europäischen Industrieländer wurde durch die beiden Weltkriege unterbrochen. In dieser Zeit entstand jedoch ein Vorrat an technisch-organisatorischem Wissen. Seine Nutzung ermöglichte nach dem Zweiten Weltkrieg einen Aufholprozess, der so lange anhielt bis die 1914 unterbrochene Trendlinie wieder erreicht wurde. Das Vertrauen in einen trendstationären Prozess wird häufig durch den wirtschaftspolitischen Befund ergänzt, die nach 1914 unterbrochene globale Weltwirtschaft wäre (endlich) wieder hergestellt.

In diesem Sinn ist die Bemerkung von *Mundell* (2000, S. 327) zu verstehen: „Forget the 75 years between 1914 and 1989".

Querschnittsvergleiche wählen im Allgemeinen die USA als Referenzland, doch bieten sich auch andere Vergleichsgruppen an (Österreich wurde in diesem Buch mit 12 europäischen Industriestaaten verglichen). Länder mit geringerer Wirtschaftsleistung als die führenden Nationen haben die Chance, den Rückstand (teilweise) aufzuholen, indem sie die Technologie der führenden Länder (mit passenden Modifikationen) übernehmen (catch-up). Die Rückständigen können jedoch ihre Chance nur in einem geeigneten gesellschaftlichen Umfeld (social capability) nutzen.

Nach dem Zweiten Weltkrieg herrschte in den von Krieg und Besatzung gekennzeichneten europäischen Staaten die Meinung vor, eine bedingungslose Rückkehr zur Wirtschaftsordnung der Vorkriegszeit wäre fehl am Platz. Ein zumindest modifizierter Kapitalismus wäre anzustreben. Übersteigerte Ansprüche des linken Flügels in der Parteienlandschaft fanden nicht die Zustimmung der bürgerlichen Parteien oder einflussreicher Interessengruppen. (Siehe hiezu etwa die Länderberichte in *Aerts/Milward*, 1990.) Mit der Ankündigung des Marshallplans und der Weigerung der Sowjetunion, daran teilzunehmen, begann die wirtschaftliche und politische Spaltung Europas in zwei Blöcke. In den westeuropäischen Staaten setzte sich eine dominant marktwirtschaftliche Ordnung durch, freilich mit sehr unterschiedlichen Ausprägungen. Das Konzept der rückgestauten Inflation mit einem graduellen Übergang von der kriegswirtschaftlichen Lenkung zu freien Märkten, das auch von den Administratoren des Marshallplans favorisiert wurde, setzte sich nur in Großbritannien, in den skandinavischen Ländern und in Holland durch. Das gleiche gilt für die korporatistische Variante, die Gewerkschaften in die Wirtschaftspolitik einzubinden[60]) und sie damit zu einer wachstumsorientierten Lohnpolitik zu veranlassen (*Eichengreen/Iversen*, 1999). In Italien, Frankreich und Belgien wurde nach 1945 unter dem Einfluss kommunistischer Gewerkschaften häufiger gestreikt als in den dreißiger Jahren. Eine interessante, weil mit der „Theorie der Wirtschaftspolitik" schwer zu erklärende Merkmalskombination von Staatswirtschaft und zumindest zeitweise radikaler Deflationspolitik bot Italien.

Trotz unterschiedlichen mikro- und makroökonomischen Strategien entstand der „Konvergenzclub" der westeuropäischen Staaten. Man kann daraus zwei verschiedene Schlüsse ziehen: Entweder bestanden länderspezifische Bedingungen, die von den nationalen Wirtschaftspolitiken berücksichtigt wurden. Oder aber fundamentale, spontane Kräfte setzten sich unbeschadet unterschiedlicher Wirtschaftspolitiken durch. *Arrow* (2000) etwa argumentierte, dass die europäische Wirtschaft „trotz" Verstaatlichung und Vollbeschäftigungsstrategien kräftig wuchs, diesen Ballast aber später abwerfen musste. Im Falle Österreich lässt sich plausibel argumentieren, dass Politik und Bevölke-

---

[60]) Die ökonomische Literatur bis Mitte der fünfziger Jahre beschäftigte sich eingehend mit der rückgestauten Inflation. Das Kooperationsmodell wurde erst später entwickelt.

rung angemessene Lehren aus der Vergangenheit gezogen und wachstumsfördernden Institutionen entwickelt haben.

Das gesellschaftliche Umfeld, in dem sich der wirtschaftliche Aufschwung Österreichs vollzog, wurde durch drei Faktoren maßgeblich bestimmt:
– Das kollektive Bewusstsein der Zusammengehörigkeit. Die Österreicher haben gelernt, in einem Kleinstaat mit demokratischen Spielregeln zu leben. Es ist ihr Land und ihr Staat.
– Die Konfliktregelung durch die Sozialpartnerschaft. Die Sozialpartner sicherten den sozialen Frieden. Sie etablierten eine „Verhandlungswirtschaft" als temporäre Alternative für funktionsfähige Märkte und staatliche Lenkung.
– Den Menschen, die den Krieg überlebt hatten, war nicht nach Revolution zumute. Sie verließen sich nicht darauf, dass ein „ökonomischer Mechanismus" ihre Probleme löst, sondern legten selbst Hand an. Die Entideologisierung begann unmittelbar nach Kriegsende.

Die ersten beiden Punkte gehören zum Allgemeingut (sozialpartnerschaftliche Regelungen werden an verschiedenen Stellen des Buches behandelt). Der dritte Punkt bedarf der Erläuterung.

Zwar brachen schon 1945 in der Provisorischen Staatsregierung ideologische Gegensätze auf, die der Staatskanzler mit seiner reichen Erfahrung überbrückte. Auch Protestschreiben von Belegschaften und Forderungen der Interessenverbände waren an der Tagesordnung. Aber eine Mobilisierung der Massen, wie nach dem Ersten Weltkrieg, blieb aus. „... die zentrale Vorstellung der Menschen war einfach, dass sie mit ihrem Leben fertig werden mussten" (Sepp Wille, *Interviews*, 1988).

Es war nicht nur die materielle Not, sondern auch die anscheinende Ausweglosigkeit, die die Menschen bedrücken musste. Warum sollte man für die Zukunft vorsorgen, wenn es angesichts fundamentaler Unsicherheiten fraglich schien, ob sich individuelle Anstrengungen lohnen würden. Dennoch begannen die Menschen „business as usual". Die Arbeiter beseitigten den Schutt auf ihren Arbeitsstätten, oft bevor noch feststand, wem der Betrieb gehörte und ob er bestehen bleiben würde. Die Studenten setzten das im Krieg begonnene Studium fort und vollendeten es in der kürzest möglichen Zeit. Viele Heimkehrer gründeten nach Kriegsende Kleinbetriebe und entwickelten sie zu leistungsfähigen Mittelunternehmungen. Manche hatten sich ihr Startkapital illegal beschafft (indem sie bewirtschaftungspflichtige Rohstoffe zurückbehielten). Kurzum, die Menschen handelten, als ob überschaubare geordnete Verhältnisse bestünden[61]).

Die Besserung der Lebensverhältnisse förderte die Akzeptanz der bestehenden gesellschaftlichen Zustände. Man muss bedenken: Die Menschen, die nach dem Krieg hungerten und froren, konnten sich innerhalb einer relativ kurzen Zeitspanne Güter leisten, an die sie früher nicht zu denken gewagt hat-

---

[61]) *Tweraser* (2000) berichtete, dass die Wirtschaftsplaner vor Beginn des Marshallplanes Investitionsprojekte so planten, als ob Finanzierungsmittel verfügbar wären.

ten: eine Waschmaschine, einen Kühlschrank und vielleicht sogar ein Auto und ein Badezimmer. Der elitäre Tourismus entwickelte sich zum Massentourismus. Zwar dauerte es einige Jahre, bis es genug zu Essen gab. Dann ging aber alles ziemlich rasch: Wer sich „heute" noch bestimmte begehrte Güter nicht leisten konnte, durfte darauf bauen, dass er „morgen" dazu imstande sein würde. Die ältere Generation, die die Wirtschaftkrise der dreißiger Jahre und den Zweiten Weltkrieg erleiden musste, war zutiefst dankbar für die Wende zum Besseren. Die Rostow'sche Vision (*Rostow,* 1960), dass sich die Gesellschaft für dauerhafte Konsumgüter und gegen den Imperialismus entscheiden würde, schien wahr zu werden. Verständlich, dass die nachfolgende Generation, die nicht mehr diesen Erfahrungshintergrund hatte, kritischer urteilte.

Ein möglicherweise systemstabilisierendes Element des „golden age" war, dass die Wirtschaft stärker wuchs, als erwartet wurde. Die Experten und die Wirtschaftspolitiker hielten sich an *Clark* (1940), wonach das langfristige Wirtschaftswachstum etwa 2% p. a. betrüge. Höhere, in der unmittelbaren Vergangenheit beobachtete Wachstumsraten wurden als vorübergehende Nachkriegseffekte interpretiert[62]). Erst gegen Ende des „golden age" wurden anspruchsvollere Wachstumsziele dauernd für erreichbar gehalten. Auch die so genannte Benya-Formel, wonach in den Lohnverhandlungen von einem „normalen" Reallohnzuwachs von 3% auszugehen wäre, entstand erst Anfang der siebziger Jahre. Das Überraschungsmoment wirkt freilich nicht eindeutig wachstumsfördernd. Es dämpft nicht nur die Ansprüche sondern auch die Erwartungen.

1.7 Anhang: Zur vergleichenden Volkseinkommensstatistik

Die im Text verwendeten international vergleichenden Daten über das reale BIP pro Kopf zu Kaufkraftparitäten stammen von Maddison: die Reihen ab 1955 aus Maddison-2001, die Reihen vorher aus Maddison-1995. Die Rückverkettung der Reihen Maddison-2001 mit Hilfe der Reihen Maddison-1995 ist problemlos: die rückverketteten Werte für 1913 stimmen mit den Werten von Maddison-2001 überein. (Die Rückverkettung war notwendig, weil die Zwischenjahre in Maddison-2001 nicht ausgewiesen werden.)

Internationale Vergleiche über so lange Zeiträume vermitteln unvermeidlich nur grobe Informationen. Um die Fehlerspielräume abzutasten, wurden die Daten der OECD und die PENN-Tafeln zum Vergleich herangezogen. Die verglichenen Datensätze unterscheiden sich vor allem dadurch, dass für die Ermittlung von Kaufkraftparitäten verschiedene Stichjahre herangezogen wurden (Maddison: 1990, OECD: 1995, PENN: 1985). Das beeinflusst die Ergebnisse weniger dadurch, dass sich die relativen Preise änderten. Mehr ins Gewicht fällt, dass die Stichjahr-Erhebungen untereinander nicht voll vergleich-

---

[62]) Die USA-Mission in Wien etwa ging noch 1953 in ihrer Analyse der ökonomischen Auswirkungen des österreichischen Staatsvertrags von einer Wachstumsrate von 2,5% aus. USA Office Memorandum „Post-Treaty Austrian Economic Problems" vom 12. 10. 1953 (File aus US-Archiven).

bar sind. Es kommt daher zu Verschiebungen in den relativen Niveaus der Länder, die nicht aus der relativen Preisentwicklung zwischen zwei Stichjahren erklärbar sind.

Übersicht 1.18: BIP pro Kopf zu Kaufkraftparitäten 1955 und 1973

	\multicolumn{3}{c	}{1955}			
	Maddison	OECD	PENN	M/O	M/P	O/P
	\multicolumn{3}{c	}{Österreich = 100}	\multicolumn{3}{c	}{Vergleichswerte}
Österreich	100,00	100,00	100,00	\multicolumn{3}{c	}{Differenzen %}
Belgien	124,27	122,06	129,10	1,78	− 3,89	− 5,77
Dänemark	146,35	141,94	139,84	3,01	4,45	1,48
BRD	127,26	137,19	132,09	− 7,81	− 3,80	3,72
Finnland	102,84	104,93	116,39	− 2,04	− 13,18	− 10,92
Frankreich	124,90	113,62	122,75	9,03	1,72	− 8,03
Großbritannien	154,87	136,51	159,52	11,85	− 3,00	− 16,86
Italien	92,53	93,85	92,10	− 1,43	0,46	1,87
Niederlande	144,97	137,03	136,36	5,48	5,94	0,49
Norwegen	124,88	115,43	130,39	7,57	− 4,41	− 12,96
Schweden	149,72	143,31	170,46	4,29	− 13,85	− 18,95
Schweiz	215,05	216,34	208,49	− 0,60	3,05	3,63
12 Länder	127,95	123,62	126,15	3,38	1,41	− 2,04
			St.Abw.	5,3911	6,3285	8,0917
	\multicolumn{3}{c	}{1973}			
	Maddison	OECD	PENN	M/O	M/P	O/P
	\multicolumn{3}{c	}{Österreich = 100}	\multicolumn{3}{c	}{Vergleichswerte}
Österreich	100,00	100,00	100,00	\multicolumn{3}{c	}{Differenzen %}
Belgien	108,33	107,25	109,41	0,99	− 1,00	− 2,01
Dänemark	124,12	120,29	122,42	3,09	1,37	− 1,77
BRD	117,06	118,88	118,99	− 1,56	− 1,65	− 0,09
Finnland	98,67	98,51	107,28	0,16	− 8,73	− 8,90
Frankreich	116,81	108,68	119,00	6,96	− 1,87	− 9,49
Großbritannien	107,01	96,55	110,80	9,77	− 3,54	− 14,75
Italien	94,73	93,99	95,46	0,78	− 0,76	− 1,56
Niederlande	116,44	111,55	116,09	4,20	0,30	− 4,07
Norwegen	100,10	91,66	104,63	8,43	− 4,52	− 14,15
Schweden	120,10	115,99	131,08	3,42	− 9,14	− 13,01
Schweiz	162,03	167,13	160,40	− 3,15	1,01	4,03
12 Länder	108,22	106,89	109,45	1,23	− 1,13	− 2,39
			St.Abw.	3,9437	3,4554	6,1583

Quelle: Maddison (2001), OECD (National Accounts, Economic Outlook), PENN.

Die Standardabweichungen der drei verglichenen Quellen schwanken zwischen 3,5% und 8,1%. Österreich schneidet in der OECD-Statistik etwas besser ab als in den beiden anderen Quellen. Größere Unterschiede bestehen vor allem in der Relation Österreich/Großbritannien und Österreich/Frankreich. Im Falle Großbritanniens wertete die Preiserhebung 1995 die österreichische Position auf, die britische hingegen ab (verglichen mit der Fortschreibung aufgrund der relativen Preisentwicklung). Im Falle Frankreich wurde die Bevölkerungszahl nachträglich nach unten revidiert. Diese beiden Umstände wurden nur in der laufenden OECD-Statistik berücksichtigt. Gemessen an der Standardabweichung und am χ^2-Test weichen die Ergebnisse der OECD und des PENN am stärksten voneinander ab.

Probleme für die international vergleichende Statistik werfen auch Gebietsänderungen (Deutschland) und Regimeänderungen (in den ehemals kommunistischen Ländern Mittel- und Osteuropas, auf. Im Falle Deutschlands enthalten die älteren Statistiken nur die BRD, die jüngeren nur Deutschland. Daraus lässt sich per Differenz Entwicklung und Niveau der DDR ableiten, doch sind die Ergebnisse höchst unplausibel und widersprechend. In der vorliegenden Argumentation wurde die BRD verwendet. Auch die langen Reihen der mittel- und osteuropäischen Reformländer sind nur eingeschränkt verwendbar.

2. Gradualismus als Wiederaufbaustrategie

2.1 Visionen und Perspektiven

Die Wirtschaftspolitik der Nachkriegsperiode wurde durch verschiedene Faktoren geprägt: den institutionellen Rahmen der Ersten Republik (Rückgriff auf Gesetze und Einrichtungen der Zwischenkriegszeit), die Lehren aus der Kriegswirtschaft, die ideologische Tradition der beiden Großparteien (Austro-Marxismus, katholische Soziallehre) und die Leitbilder der westlichen Industrieländer (Keynesianismus).

2.1.1 Die Leitbilder des Westens

„Forget the 75 years between 1914 and 1989." (Mundell, 2000, S. 327)

Hätte man nach dem Zweiten Weltkrieg eine repräsentative Gruppe von Wirtschaftspolitikern und Experten gefragt, wie die Weltwirtschaft an der Jahrtausendwende beschaffen sein würde: Nur wenige hätten eine globale Weltwirtschaft mit dominanten Finanzmärkten vorausgesehen und sie gebilligt. Das wirft die schwierige Frage auf, welche Kräfte die „ungewollte" sozio-ökonomische Entwicklung getrieben haben. Gleichzeitig fällt es den Ökonomen der Gegenwart schwer, die Vergangenheit zu interpretieren. *Mundell* (2000) erklärte kurzerhand, man sollte einen Großteil der Wirtschaftsgeschichte des 20. Jahrhunderts vergessen. *Arrow* (2000, S. 13) argumentierte, die westeuropäischen Volkswirtschaften hätten sich nach dem Zweiten Weltkrieg trotz fragwürdiger Strategien (Keynesianismus, Verstaatlichung, Wirtschaftsplanung) gut erholt. *Sachs* (1999) bezeichnete den realen Sozialismus, der Staaten mit etwa der Hälfte der Weltbevölkerung umfasste, als kostspieligen Umweg vom Kapitalismus zum Kapitalismus. Wirtschaftshistoriker[1]) gehen weniger streng mit der Wirtschaftspolitik nach dem Zweiten Weltkrieg um. Sie konzedieren, dass Westeuropa über wachstumsfördernde Institutionen verfügte, die freilich im Laufe der Zeit obsolet wurden.

„. . . institutions which can promote growth at given times, may do less well as circumstances change." (Boltho/Tonilo, 1999, S. 12)

Die Wirtschaftspolitik der Industrieländer nach dem Zweiten Weltkrieg ist nur verständlich, wenn man sie gegen den Hintergrund der großen Depression der dreißiger Jahre betrachtet mit ihren Begleiterscheinungen wie Massenarbeitslosigkeit, Finanzkrisen, Währungsabwertungen und dem vergeblichen Versuch, Arbeitslosigkeit durch aggressive Währungsabwertungen und Handelsbeschränkungen zu „exportieren".

---

[1]) *Crafts* (1999), *Boltho/Tonilo* (1999), *Eichengreen* (1994), *Eichengreen/Iversen* (1999).

Die Depression der dreißiger Jahre wird von der heutigen Generation aus der Distanz von mehr als einem ¾ Jahrhundert differenziert gesehen. Ökonomen und Historiker orten die zufällige Häufung widriger Umstände oder vermeidbare Fehler der Wirtschaftspolitik[2]). Was immer die Ursachen gewesen sein mögen: Aus einem einmaligen „Betriebsunfall des Kapitalismus" dürften keine langfristigen Systemkonsequenzen gezogen werden, so das Urteil angesehener Ökonomen der Gegenwart. Der Generation, die hautnah die große Depression der dreißiger Jahre und die „Vollbeschäftigung" im Zweiten Weltkrieg miterlebt hatte, brannte das Problem unter den Nägeln[3]).

Eine Lösung der Probleme wurde von der Wirtschaftspolitik der einzelnen Staaten erwartet. Viele Experten glaubten, dass die nationalen Regierungen über die nötige Einsicht und die nötige Macht verfügten, die Wirtschaft „krisenfest" zu machen. Daraus ergab sich die Frage nach dem Verhältnis von Binnen- und Außenwirtschaftspolitik. Oder präziser formuliert: Mit welchen internationalen Rahmenbedingungen konnten die Ziele der nationalen Wirtschaftspolitik erreicht werden?

Die USA und Großbritannien entwickelten schon während des Kriegs Pläne für die Nachkriegszeit. Die Fehler nach dem Ersten Weltkrieg wollte man nicht noch einmal machen. Die UNO organisierte für ihre vom Krieg betroffenen Mitgliedstaaten ein großzügiges Hilfswerk (die UNRRA). Die Reparationsfrage sollte anders gelöst werden. Vor allem aber wurde ein Konzept für die internationale Wirtschaftsordnung nach dem Zweiten Weltkrieg entwickelt. 1943 entstand in Bretton Woods der Internationale Währungsfonds (IMF) und die Weltbank (IBRD). Sie bauten auf dem Grundgedanken einer liberalen Weltwirtschaft auf, versuchten aber gleichzeitig Freiräume für die nationale Wirtschaftspolitik zu schaffen. Die Statuten des IMF sahen zwar feste Wechselkurse und konvertible Währungen vor. Gleichzeitig sollten jedoch im Falle von fundamentalen Zahlungsbilanzungleichgewichten Währungsabwertungen zugelassen werden. Vor allem sollte die Konvertibilität nur für laufende Transaktionen gelten. Kapitaltransaktionen sollten dauernd behördlichen Kontrollen unterworfen werden.

Die Pläne einer relativ liberalen Wirtschafts- und Währungsordnung konnten in der Nachkriegszeit nicht verwirklicht werden. Der Versuch, das britische Pfund mit Hilfe einer großen Dollaranleihe konvertibel zu machen, scheiterte nach kurzer Zeit. Die als Ergänzung zu den internationalen Finanzorganisationen gedachte Internationale Handelsorganisation kam gar nicht zustande, die „Havanna-Charta" wurde nicht ratifiziert (einen teilweisen Ersatz

---

[2]) Schwerwiegende Fehler wurden vor allem der Währungspolitik angelastet wie etwa die Rückkehr zum Goldstandard nach dem Ersten Weltkrieg bei unveränderten Goldpreisen oder die Hinnahme einer Geldmengenschrumpfung durch das amerikanische Federal Reserve Systems (*Mundell,* 2000, *Sachs,* 1999). J. M. Keynes kritisierte vor allem die Störungen der Weltwirtschaft durch die deutschen Reparationen. *Prescott* (2002) machte einen Produktivitätsschock für die Depression verantwortlich.

[3]) Die Quellenzitate im internationalen Teil stammen hauptsächlich aus der (zumeist englischen) Fachliteratur der Nachkriegszeit. Sie spiegeln das Verständnis der damaligen Ökonomen für die Probleme ihrer Zeit wider.

bot das GATT). Der Wiederaufbau der vom Krieg zerstörten Volkswirtschaften vollzog sich unter strikten behördlichen Kontrollen des Außenhandels und der internationalen Zahlungsströme. Konvertibilität gemäß Artikel VIII des IMF führten die europäischen Industrieländer erst 1958 (Österreich 1963) ein. Die Weltbank finanzierte nur zum geringen Teil den Wiederaufbau in Europa; ihr Schwergewicht lag in den Entwicklungsländern.

Keynesianismus

> „. . . . the ideas of economists and political philosophers, both when they are right and when they are wrong, are more powerful than is commonly understood." (Keynes, 1936, S. 383)

Die Wirtschaftspolitiker und ihre Experten betrachteten zumindest mehrheitlich die Krisenanfälligkeit als eine strukturelle Eigenschaft kapitalistischer (marktwirtschaftlicher) Systeme. Daraus ergab sich die Frage, ob und wie der Kapitalismus reformiert werden kann. Eine systemerhaltende Lösung schien der Keynesianismus zu bieten. Er wurde zum Leitbild der Wirtschaftspolitik in wichtigen westlichen Industrieländern und in internationalen Wirtschaftsorganisationen sowie zur „mainstream"-Lehre an den Universitäten. Nach John Maynard Keynes kennt die Marktwirtschaft keinen hinreichenden Mechanismus, der das aggregierte Angebot und die aggregierte Nachfrage einer Volkswirtschaft so aufeinander abstimmt, dass jederzeit Vollbeschäftigung besteht. Der „Konstruktionsfehler" kann jedoch durch geeignete Maßnahmen der Wirtschaftspolitik korrigiert werden, ohne wichtige Eigenschaften dezentraler Steuerungssysteme aufzugeben. Die Keynes'sche Lehre war (trotz späterer Erweiterungen) auf die nationale Wirtschaftspolitik zugeschnitten: Sie betonte das Primat der Binnenwirtschaftspolitik vor der Außenwirtschaftspolitik.

Die Etablierung des Keynesianismus wurde durch die Erfahrung während des Zweiten Weltkriegs gefördert. In den USA konnten dank Vollbeschäftigung der verfügbaren Ressourcen mehr „Kanonen" und mehr „Butter" erzeugt werden (der private Konsum stieg trotz erheblicher Kriegsanstrengungen um 17%). In Großbritannien waren die Jugendlichen in den Slums während des Kriegs trotz Rationierung und Lebensmittelknappheit besser ernährt als in der Weltwirtschaftskrise. Auch in den anderen kriegführenden Ländern wurde ein Teil der Kriegskosten durch zusätzliche Produktion gedeckt.

Verständlich, dass bereits während des Kriegs in England, in den USA und in neutralen Staaten überlegt wurde, wie Vollbeschäftigung und damit die im Krieg erwiesene Leistungsfähigkeit der Wirtschaft auch in normalen Friedenszeiten erhalten werden könnte. In den USA entstand als Folge der wirtschaftspolitischen Diskussion in Regierungskreisen und verschiedenen Kommissionen 1946 der „employment act"[4]. Danach musste der Präsident jährliche Berichte über die wirtschaftliche Situation und die darauf abgestellte Wirtschaftspolitik abgeben. Zu seiner fachlichen Beratung wurde der „Council of Economic Advisers" geschaffen. In England erschienen ab 1944 Weißbücher

---

[4] *Allen* (1945).

zur Beschäftigungspolitik[5]). In Schweden befasste sich eine Kommission unter Leitung von G. Myrdal mit der Beschäftigungspolitik nach Kriegsende[6]). Die Verknüpfung von Beschäftigungspolitik und Sozialpolitik stellte insbesondere Lord Beveridge in seinem einflussreichen Buch „Full Employment in a Free Society" (1944) her.

Die Keynes'sche Lehre wurde verschieden interpretiert und in unterschiedlich radikaler Weise in die wirtschaftspolitische Praxis umgesetzt. Den „mainstream"-Keynesianismus gibt recht gut ein Expertengutachten über nationale und internationale Vollbeschäftigungspolitik wieder, das 1949 von der UNO in Auftrag gegeben und eingehend auf politischer Ebene und in Fachzeitschriften[7]) diskutiert wurde (*United Nations, 1949*). Danach sollte eine auf Vollbeschäftigung bedachte Wirtschaftspolitik nachstehende Regeln befolgen:

- Beschäftigungspolitik ist Aufgabe der nationalen Regierungen. Zu diesem Zweck sollen (und können) sie die „effektive" Nachfrage nach Gütern so steuern, dass das jeweilige Produktionspotential ausgeschöpft wird. Die Steuerungsaufgabe wird erleichtert, wenn es gelingt, krisenresistente Strukturen zu schaffen.
- Das Risiko eines Nachfragedefizits ist höher einzuschätzen als das Risiko eines Nachfrageüberschusses. Eine „Kosteninflation" soll nicht durch eine restriktive Geld- und Fiskalpolitik bekämpft werden, wobei „Kosteninflation" bereits dann als gegeben angenommen wurde, wenn durch nachfragebeschränkende Maßnahme auch nur vorübergehend Arbeitskräfte freigesetzt werden. Die „Inflationsneigung" einer auf vollen Touren laufenden Wirtschaft soll durch Maßnahmen reduziert werden, die das Wohlverhalten der großen Interessenverbände (insbesondere der Gewerkschaften) sichern.
- Die Beschäftigungspolitik der Nationalstaaten läuft ins Leere, wenn in einem großen Land (damit waren üblicherweise die USA gemeint) eine Krise ausbricht und mit dem Bazillus „Arbeitslosigkeit" die mit ihm wirtschaftlich verflochtenen Länder infiziert. Es sind daher besondere Vorkehrungen der Außenwirtschaftspolitik erforderlich, im Minimum: Kontrollen des grenzüberschreitenden Kapitalverkehrs und bestimmte Regeln des Wohlverhaltens der einzelnen Länder, im Maximum Segmentierung der internationalen Wirtschaftsbeziehungen durch Bilateralismus zwischen Ländern, von denen eine wirksame Vollbeschäftigungspolitik erwartet werden kann.
- Die Krisenanfälligkeit der Marktwirtschaft lässt sich dadurch verringern, dass die sich aus den Marktkräften ergebende (primäre) Einkommensverteilung durch Transferzahlungen und ein progressives Steuersystem eingeebnet wird. Nicht nur soziale, sondern auch ökonomische Erwägungen sprechen für den Ausbau des Wohlfahrtsstaats (Keynesianismus wurde später mit Wohlfahrtsstaat gleich gesetzt).

---

[5]) White Paper on Employment Policy, Cmd. 6527.
[6]) *Meidner* (1954).
[7]) *Smithies* (1950), *Viner* (1950).

Der Keynesianismus als Rezept für Vollbeschäftigung schien – worauf seine Kritiker schon frühzeitig hinwiesen – nach dem Zweiten Weltkrieg zunächst fehl am Platze oder zumindest ein Vorgriff auf Probleme, die erst in einer künftigen Friedenswirtschaft aktuell werden würden. Während des Wiederaufbaus gab es nicht zu wenig Nachfrage, sondern zu wenig Güter. Statt Arbeitslosigkeit bestand Überbeschäftigung, nicht Deflation sondern Inflation machte der Wirtschaftspolitik zu schaffen. Tatsächlich wurde in der Bundesrepublik Deutschland und in Österreich das Keynes'sche Rezept der Globalsteuerung erst nach der Wiederaufbauperiode aktuell[8]). Die Verknüpfung von Keynesianismus mit Wiederaufbau lässt sich jedoch leicht über das Konzept der „rückgestauten Inflation" (des Gradualismus) herstellen.

Gradualismus und rückgestaute Inflation

Während des Zweiten Weltkriegs hatten die kriegführenden Staaten die ökonomischen Probleme des Kriegs mit einem Finanzierungs- und Allokationsmodell gelöst, das folgende Eigenschaften hatte:
– Die für den Krieg benötigten Ressourcen wurden durch direkte Eingriffe des Staates in die Märkte für Arbeit, Güter und Kapital mobilisiert. Einberufungen zur Wehrmacht, Dienstverpflichtungen und andere Lenkungsmaßnahmen entschieden, wie und wo die verfügbaren Arbeitskräfte eingesetzt wurden. Bezugsberechtigungen (Bezugscheine, Lebensmittelmarken, Baubewilligungen) und Produktionsanweisungen steuerten den Güterfluss. Veranlagungsvorschriften bestimmten, wie das Geldkapital verwendet werden sollte.
– Preise und Löhne wurden auf Friedensniveau „eingefroren" (Preis-Lohn-Stopp). Die in der Kriegswirtschaft erzielten Geldeinkommen übertrafen bei weitem das für zivile Zwecke verfügbare Güterangebot. Zwar wurde ein Teil des Einkommensüberhangs durch Steuern abgeschöpft, doch scheuten sich die Staaten selbst im totalen Krieg die Steuerschraube zu überdrehen[9]). Den privaten Haushalten blieben mehr oder minder große Einkommensteile übrig, für die es keine sinnvolle Verwendung gab.
– Die „erzwungene" oder aufgestaute Ersparnis der Konsumenten wurde teils direkt der Kriegsfinanzierung zugeführt, indem Kriegsanleihen zur Zeichnung durch das Publikum aufgelegt wurden, teils indirekt, indem die Finanzintermediäre ihre Einlagenzuwächse in Staatspapieren veranlagten. Die indirekte (auch „geräuschlos" genannte) Kriegsfinanzierung wurde vorwiegend im Deutschen Reich angewandt, vermutlich weil dort die Erinnerung an die Entwertung der Kriegsanleihen nach dem Ersten Weltkrieg noch lebendig war. Die jährlichen Einkommensüberhänge kumulierten sich über die Kriegsjahre hinweg zu einem Geldüberhang.

---

[8]) Die Globalsteuerung galt in der BRD in den sechziger Jahren als wesentlicher Bestandteil der „sozialen Marktwirtschaft" (*Friedensburg, 1963*).
[9]) Nach *Jacobsson* (1947, S. 80) konnte selbst das Deutsche Reich im Zweiten Weltkrieg bis 1944 die Hälfte der Kriegsausgaben durch Steuern finanzieren, gegen nur 14% im Ersten Weltkrieg.

Die Zwangswirtschaft im Krieg wurde zum Teil damit begründet, dass rasch erhebliche Ressourcen von zivilen Zwecken auf kriegswirtschaftliche Erfordernisse umgeschichtet werden mussten, eine Aufgabe, die der Markt nicht oder nur mit großen Einkommensdifferenzen bewältigen könnte. Kriegsgewinne vertragen sich jedoch schlecht mit Patriotismus.

Das System der „rückgestauten Inflation" (repressed inflation) funktionierte während des Zweiten Weltkrieges ziemlich gut, weit besser jedenfalls als die unzulänglichen Versuche im Ersten Weltkrieg. Es lag daher nahe, die rückgestaute Inflation nach Kriegsende nicht sofort abzubauen, sondern als Konzept für den Übergang von der Kriegswirtschaft zur Friedenswirtschaft zu verwenden. Gewiss, in Ländern, wo die Kluft zwischen Geld- und Gütermenge besonders groß war, wie in Deutschland und in Österreich, musste ein Teil der überschüssigen Geldmenge abgeschöpft werden. In den USA, in Großbritannien und in einigen anderen europäischen Staaten konnte man jedoch erwarten, dass der Geldüberhang allmählich durch eine steigende Produktion aufgesaugt würde. Ein gewisses Maß an Überliquidität schien willkommen, um einer Nachkriegsrezession vorzubeugen. Mehr noch: Manches sprach dafür, den aus der Kriegswirtschaft übernommenen Geldüberhang durch Einkommensüberhänge aus der laufenden Produktion zu vergrößern:

Der Wiederaufbau erforderte hohe Investitionen. Eine Möglichkeit, ihn zu finanzieren, bestand darin, die im Krieg entwickelte Technik des Einkommensrückstaus und der Rationierung des privaten Konsums fortzuführen. Kein Geringer als Sir John R. Hicks gab ihr den Vorzug vor marktkonformen Varianten, den Wiederaufbau zu finanzieren:

> *„In the first place, the direct war-time restrictions on consumption can be maintained; people can be obliged to save a large proportion of their incomes from sheer inability to find anything on which they are allowed to spend their money."* (Hicks, 1947, S. 155)

Der gleiche Gedankengang findet sich im Jahrbuch der Arbeiterkammer in Wien für 1948 (S. 206/207), was darauf hinweist, dass man dort die englische Literatur kannte. (Unter den gegebenen österreichischen Verhältnissen war der Vorschlag freilich nicht realisierbar, weil der Inflationsrückstau nicht funktionierte.)

Die makroökonomische Rechtfertigung wurde durch eine mikroökonomische ergänzt: Die amtlich „eingefrorenen" Preise spiegelten nicht die Knappheitsverhältnisse der Nachkriegszeit wider. Nach vorherrschender Auffassung sollten die Preise erst freigegeben werden, wenn sich das Angebot normalisiert hatte. Dem lag die Annahme zugrunde, dass das Angebot in Engpassbereichen unelastisch wäre[10]. Höhere Preise hätten demnach nur Einkommenseffekte, aber keine Allokationseffekte. Die Einkommensverteilung verschöbe sich zugunsten jener Produzenten, die knappe Güter anbieten. Die Verteuerungen in Engpassbereichen könnten kompensatorische Lohnforderungen und damit in weiterer Folge eine allgemeine Erhöhung des Preisniveaus auslösen.

---

[10] *Henderson* (1948) plädierte für Preiskontrollen, wenn der kurzfristige Gleichgewichtspreis nennenswert über dem langfristigen liegt.

Preisregelung und Bewirtschaftung verhinderten nicht nur einen von den Engpassbereichen ausgehenden inflatorischen Auftrieb. Sie drängten auch die Nachfrage in Bereiche, wo das Angebot noch elastisch war. In Großbritannien z. B. überschritt der private Konsum insgesamt schon 1946/47 den (durch die Arbeitslosigkeit gedrückten) Vorkriegsstand. Der Mehrkonsum konzentrierte sich auf Getränke, Tabak, Reisen und Unterhaltung, wogegen Grundnahrungsmittel (und der in England so begehrte Tee) in geringeren Mengen zur Verfügung standen.

In den Vergleichen mit der Zeit vor dem Krieg wurde freilich die Nutzeneinbuße außer Acht gelassen, die die Konsumenten dadurch erlitten, dass ihre Kaufmöglichkeiten durch Rationierung beschränkt waren. *Houthakker/Tobin* (1952) schätzten mit ökonometrischen Methoden, dass die Nachfrage nach Fleisch in Großbritannien 1951 zu den geltenden Preisen fünf Mal so hoch war wie die zugeteilten Rationen. Aber auch das durch Rationierung „deformierte" Bündel von Konsumgütern war höher einzuschätzen, als der nur durch die Kaufkraft beschränkte Konsum der Vorkriegszeit.

Der Beschäftigungseffekt der Rationierung wurde drastisch von R. C. Tress formuliert:

„It seems a little hard to want to empty seats at circuses because bread is rationed." (Tress, 1948, S. 203)

Etwas systematischer formuliert lautete der Gedankengang: Der verfügbare Kapitalstock, das technologische Wissen und die Ausbildung der Arbeitskräfte wurden durch den langen Krieg geprägt und entsprachen nur zum Teil den Anforderungen der Nachkriegsperiode. Da viele Anlagen spezialisiert und Arbeitskräfte beschränkt mobil waren, könnte nur ein Teil dieser Ressourcen genutzt werden, wenn die Nachfrage „liberalisiert" würde[11]).

Politik des billigen Geldes

Eine der Folgen der keynesianischen Sicht bestand darin, dass die Geldpolitik bis zum Korea-Konflikt zumeist nur als letztes drastisches Mittel zur Inflationsbekämpfung eingesetzt wurde. Wenn überhaupt nachfragedämpfende Maßnahmen als nötig erachtet wurden, um den Preisauftrieb zu dämpfen, galt die Fiskalpolitik als das bessere Instrument. Die geldpolitische Abstinenz spiegelt sich vor allem in der Zinspolitik. Die Notenbanken der westlichen Industriestaaten hielten an den niedrigen Diskontsätzen der Kriegsjahre fest (die zumeist unter jenen der Weltwirtschaftskrise lagen). In einigen wichtigen Ländern intervenierten sie, um die Renditen langfristiger Schuldverschreibungen niedrig zu halten oder gar zu senken. In den USA wurde der Zins für langfristige Staatspapiere mit 2½% festgelegt, ohne dass der Federal Reserve Board viel zu intervenieren brauchte[12]). In Schweden musste die Notenbank einen be-

---

[11]) Nach *Landesmann* (1994, S. 138) galt das auch für den Transformationsprozess in Osteuropa in den neunziger Jahren.
[12]) Nach Aufgabe der Stützungen im März 1951 stieg der langfristige Zinssatz auf 2,8% (*Fjord,* 1951).

trächtlichen Teil der Staatsschuld aufkaufen und Devisenreserven opfern, um den langfristigen Zinssatz auf 3% zu halten (*Jacobsson, 1952*). In Großbritannien versuchte man letztlich vergebens, den langfristigen Zinssatz auf 2% zu drücken. Wo niedrige Nominalzinssätze bei offener Inflation dekretiert wurden, trockneten die Kapitalmärkte aus (Beispiel: österreichische Aufbauanleihe 1949). Kreditrationierung wurde zumeist der Kreditverteuerung vorgezogen. Erst nach dem Korea-Konflikt wurde die Politik des billigen Geldes aufgegeben.

Niedrige Anleihenrenditen beleben üblicherweise den Aktienmarkt. Tatsächlich blieben die Aktienkurse in den Industrieländern nach Kriegsende niedrig. Das ist angesichts der politischen Unsicherheit in Europa noch verständlich[13]). Aber auch in den USA unterschätzten die Anleger den Ertragswert der Unternehmungen. Den Investoren saß offenbar noch die Weltwirtschaftskrise in den Knochen.

Differenzierung der Makropolitik

Ein Beispiel für Gradualismus und Inflationsrückstau bot Großbritannien. Der Anteil der bewirtschafteten Industriegüter ging von Kriegsende bis 1951 von 94% auf 41% zurück. Der Anteil der rationierten Waren an den Konsumausgaben sank von 25% auf 10% (*Worswick, 1995*). Noch zögernder verlief die Liberalisierung der Importe. 1950 entfielen noch 70% der Importe auf Regierungskäufe oder lizenzierte private Käufe (*Hemming/Miles/Ray, 1959*). Erst im Laufe der fünfziger Jahre wurden die Importkontrollen abgebaut, gegenüber dem Sterlingraum rascher als gegenüber dem Dollarraum.

Übersicht 2.1: Importkontrollen in Großbritannien

	1945	1950	1955
	Anteile an den Gesamtimporten in %		
Regierungskäufe	62,7	45,8	6,4
Private Käufe, Lizenzen	34,4	23,8	16,1
Private Käufe, frei	2,9	30,4	77,5
Insgesamt	100,0	100,0	100,0

Quelle: *Hemming/Miles/Ray* (1959).

Die „rückgestaute Inflation" war indessen keine Patentlösung. In manchen Ländern mündete die rückgestaute in eine offene Inflation. Dort, wo sie administriert werden konnte, erschwerte sie die Normalisierung der Wirtschaft und trug dazu bei, die Übergangsperiode zu verlängern (*Paish, 1953*).

Eine Übernachfrage durch direkte Kontrollen rückzustauen, vermag die Wirtschaftspolitik in einem demokratischen System mit Pressefreiheit nur, wenn sich Produzenten und Konsumenten diszipliniert verhalten und die Ge-

---

[13]) O. Morgenstern wies darauf hin, dass nur einer der ihm bekannten Ökonomen, der zugleich Bankier war, das deutsche Wirtschaftswunder voraussah und durch rechtzeitige Aktienkäufe vermögend wurde.

werkschaften in einen nationalen Konsens eingebunden werden. Diese Voraussetzungen waren nicht in allen Ländern gegeben. Überspitzt formuliert: Das System der rückgestauten Inflation kam der Mentalität der Engländer und Skandinavier entgegen. Die Norweger etwa führten 1945 das von den Deutschen eingeführte Bewirtschaftungs- und Preisregelungssystem fort und passten es schrittweise den veränderten wirtschaftlichen und politischen Bedingungen an. Die reglementierte Wirtschaft passte hingegen schlecht zum Temperament der Menschen in den Mittelmeerländern. In Frankreich bestand die erste wirtschaftspolitische Maßnahme nach der Befreiung darin, die Löhne um 40% zu erhöhen; das Lenkungssystem der Deutschen war als Besatzungsregime diskreditiert (*Barreau,* 1947). In Italien kam es schon während des Krieges zu einer offenen Inflation.

Nach dem Survey 1948 der Economic Commission for Europe (ECE) ließen sich bald nach Kriegsende Staaten mit ungewöhnlich hoher und solche mit ungewöhnlich niedriger realer Kassenhaltung unterscheiden. Zur ersten Gruppe gehörten Länder mit rückgestauter Inflation, insbesondere Großbritannien und die skandinavischen Länder, zur zweiten Gruppe zählten Länder mit offener Inflation, insbesondere Italien und Frankreich (*ECE,* 1948, S. 78/79).

Die „rückgestaute Inflation" war nur als Übergang gedacht. In dem Maße, wie sich die Produktion belebte und die Märkte reichlicher mit Waren versorgt wurden, sollte sie abgebaut oder auf ein Maß reduziert werden, das man üblicherweise mit dem Begriff „Verkäufermarkt" charakterisiert. Tatsächlich schien jedoch der Inflationsrückstau zu einer Dauererscheinung zu werden. Man kann ihn als eine Eigenschaft eines Wirtschaftssystems bezeichnen, in dem dauernd ein gewisses Maß an Lenkung schon deshalb beibehalten wird, um einer Rezession vorzubeugen.

Der Überdruck belastete die Zahlungsbilanzen. Viele europäische Länder standen vor der Aufgabe, ihre Exporte – vor allem in den Dollarraum – zu steigern. Dieses Ziel konnte nur unzulänglich erreicht werden, obschon die staatliche Wirtschaftspolitik in ihrem Lenkungssystem den Exporten besondere Priorität einräumte. Die Dollarknappheit wurde zu einem zentralen Problem der Weltwirtschaft. Der Marshallplan ist zumindest zum Teil als ein Versuch zu werten, die Dollarknappheit zu überwinden. Nach dem Ende des Marshallplans mussten jedoch die westeuropäischen Volkswirtschaften „auf eigenen Beinen stehen".

Gegen die Technik der rückgestauten Inflation regte sich aus den angeführten Gründen Widerstand. Im theoretischen Bereich führten *Röpke* (1947) und *Haberler* (1948) die Widersacher an; beide hielten die offene Inflation für das geringere Übel. In der wirtschaftspolitischen Praxis gab die Erhardtsche Politik der „sozialen Marktwirtschaft" zu einem frühen Zeitpunkt Anlass zu heftigen Kontroversen, die erst gegen Mitte der fünfziger Jahre verstummten.

In der Diskussion über die „richtige" Wirtschaftspolitik ergriff die ECE in ihren Jahresberichten Partei zugunsten der mit Hilfe von Kontrollen rückgestauten Inflation. Sie stellte die Vollbeschäftigungspolitik der nordischen Länder, Hollands und Englands der „Deflationspolitik" Belgiens, Westdeutschlands und Italiens gegenüber und fanden: "The above discussion has shown that, in each of the three countries where large scale unemployment exists, it is at least partly due to deflationary policies" (*ECE*, 1949, S. 71).

Augenscheinlich hatten jene Recht, die befürchteten, dass eine rasche Aufhebung kriegswirtschaftlicher Kontrollen eine „strukturelle" Arbeitslosigkeit sichtbar machen würde. Andererseits scheinen die mittelfristigen Wachstumschancen in Ländern, die schon im Wiederaufbau dem Markt mehr Spielraum gaben, größer gewesen zu sein (siehe hiezu die Kritik am ECE-Bericht von *Erbe,* 1952). In dem Maße, wie sich das deutsche „Wirtschaftswunder" entfaltete und die englische Wirtschaft ins Hintertreffen geriet, gewannen liberale Lösungen an Reputation.

Planung

Gradualismus und rückgestaute Inflation waren Konzepte für den Wiederaufbau. Dabei blieb die Frage nach der Wirtschaftsordnung danach offen.

Das Wort „Planung" hatte nach dem Zweiten Weltkrieg in vielen westeuropäischen Staaten einen guten Klang. Insbesondere die Gewerkschaften unterstützten eine Wirtschaftspolitik, die mit dem Begriff „planned economy" oder „economic planning" etikettiert war. Was darunter zu verstehen sei, wurde freilich nur beiläufig geklärt. Im Grunde handelte es sich darum, dass dem anonymen Markt als Regelmechanismus misstraut und daher auf die Fähigkeit des Staates gesetzt wurde, die Wirtschaft effizient und zugleich sozial zu gestalten[14]. Andererseits schien auch die zentrale Verwaltungswirtschaft der Sowjetunion nicht nachahmenswert. Im Spannungsfeld zwischen liberaler Wirtschaftsordnung und zentraler Planwirtschaft entstanden verschiedene Planungskonzepte.

Von „Planung" wurde oft bereits dann gesprochen, wenn das aus der Vorkriegszeit bekannte System des Interventionismus weiter ausgebaut wurde und sich zum Teil direkter Gebote und Verbote bediente. Planung wurde in diesem Falle sowohl hinsichtlich des Umfangs als auch hinsichtlich der zulässigen Methoden an der Distanz zum liberalen Nachtwächterstaat gemessen. Nach *Myrdal* (1951) hatte die moderne Planung, so wie sie in England und in Skandinavien betrieben wurde, weder mit der Sowjetunion noch mit Karl Marx etwas zu tun. In diese Planungskategorie kann man auch Konzepte einordnen, die aufgrund einer Evaluierung der gegenwärtigen Situation und der für wahrscheinlich gehaltenen künftigen Entwicklung gesamtwirtschaftliche Prioritäten festlegen und sie mit sanftem Druck auf die wirtschaftlichen Akteure zu verwirklichen suchen.

Ehrgeizigere Planungskonzepte gingen vom Modell der zentralen Verwaltungswirtschaft aus und fragten, was davon unter den sozio-ökonomischen Bedingungen westlicher Industriestaaten übernommen werden könnte. In der Sowjetunion schrieb die zentrale Planungsbehörde den einzelnen Unternehmungen vor, was und wie viel sie produzieren sollten und welche Investitionen

---

[14]) Dieser weite Begriff wurde dem „Tenth International Economic History Congress" im August 1990 in Leuven zugrunde gelegt (*Aerts/Milward,* 1990). Die dort gehaltenen Referate spiegeln die Situation vor dem Systemwechsel in Mittel- und Osteuropa wider.

sie vornehmen durften. Die Einhaltung der staatlichen Produktions- und Investitionspläne wurde durch zahlreiche Subpläne und bestimmte Anreizmittel (z. B. Prämien für Planerfüllung) gewährleistet[15]. Das Merkmal der Planwirtschaft in diesem strengeren Sinne waren staatliche Produktions- und Investitionspläne, die für die Unternehmungen verbindlich waren. Ein so weitgehendes Anordnungsrecht des Staates schien mit den liberalen Traditionen Westeuropas nur schwer vereinbar. Es könnte sich nur um eine „Teilplanung" handeln, in der viele wirtschaftliche Freiheiten gewahrt blieben (*Kromphardt*, 1948). Ähnlich *Marchal* (1947) in Bezug auf die französische Planung. Wesentlich auch, dass die geplanten Bereiche für den Markt produzierten und sich zumindest im Prinzip seinen Auslesekriterien stellen mussten. (In zentral geplanten Wirtschaften orientiert sich die Produktion am gesellschaftlich bestimmten Bedarf.)

Zur Verdeutlichung seien zwei konkrete Planungskonzepte angeführt: Das eine bezieht sich auf die (mittelfristige) Planung der Kapazitäten (Investitionen), das andere auf die (kurzfristige) Planung des Wirtschaftsablaufs bei gegebener Wirtschaftsstruktur. (Auf den transnationalen Marshallplan wird besonders eingegangen.)

Indikative Planung

Kapazitätsplanung wurde in Frankreich unter dem Titel „indikative Planung" betrieben. Ausgangspunkt war die Diagnose, dass die französische Wirtschaft überaltert und wenig leistungsfähig wäre, nicht nur wegen der Kriegsereignisse, sondern auch wegen Versäumnissen, die weit in die Vergangenheit zurückreichten. Ein Modernisierungsschub sollte mit Hilfe von Fünfjahresplänen erreicht werden. Zu diesem Zweck wurden Branchenkommissionen unter der Leitung des staatlichen „Commissariats du Plan" gebildet. Das System der „indikativen Planung" war für die meist verstaatlichten Unternehmungen der Basisindustrien verpflichtend. Im Übrigen wurde versucht, die Firmen einer Branche, die Vertreter von Arbeitgebern und Arbeitnehmern und die staatlichen Behörden zu einem abgestimmten Verhalten, zu einer „action concertée", zu veranlassen (*Marchal*, 1947).

Die französische Kapazitätsplanung war ambitioniert. Obschon Frankreich relativ viel Mittel von den USA und von der Weltbank erhielt, musste ein namhafter Teil der Investitionen durch die Notenpresse finanziert werden. Da der Nachfrageüberhang, wie bereits erwähnt, nicht rückgestaut werden konnte und kein leistungsfähiges Steuersystem bestand[16], kam es zur offenen Inflation. In ihrem Gefolge verschob sich die Einkommensverteilung zulasten der

---

[15] Über die sowjetische Planwirtschaft gibt es selbstverständlich eine reiche Literatur. Einen informativen Überblick über die Planungsmethoden und die damit verbundenen Probleme in der Nachkriegszeit gibt *Berliner* (1952).

[16] Wie sehr sich die wirtschaftspolitischen Paradigmen geändert haben, geht aus folgender Kritik eines amerikanischen Ökonomen (*Rosa*, 1949) hervor: Frankreich hätte ein ausgeglichenes Kapitalbudget gehabt, wenn es das US-System der progressiven Einkommensteuer übernommen und wirksam exekutiert hätte.

Lohnempfänger. Das französische Planungssystem war auf den geschützten Binnenmarkt zugeschnitten (P. Mioche in *Aerts/Milward,* 1990, S. 90). Es verlor an Bedeutung, als die EWG entschied, die wirtschaftliche Integration Europas mit marktwirtschaftlichen Methoden voranzutreiben.

Nationalbudgets

Zum Teil verband sich mit dem Planungsbegriff eine optimistische Vorstellung über Möglichkeiten, den Wirtschaftsablauf in „gelenkten" Marktwirtschaften auf kurze Sicht zu prognostizieren und mit den verfügbaren Instrumenten zu gestalten. Als Hilfsmittel der makroökonomischen Steuerung diente das Nationalbudget. Darunter verstand man eine vorausschauende volkswirtschaftliche Gesamtrechnung mit normativem Charakter: Die Regierung hofft („plant") aufgrund der zu erwartenden internationalen Konjunktur, der Entwicklungstendenzen der heimischen Wirtschaft und bestimmter wirtschaftspolitischer Maßnahmen die im Nationalbudget quantitativ festgelegten makroökonomischen Größen zu erreichen. Das Nationalbudget wurde in Großbritannien, in den Niederlanden und in den skandinavischen Ländern in den späten vierziger und in den fünfziger Jahren benutzt, lange bevor Wirtschaftsprognosen international üblich waren. (Die OECD begann mit Wirtschaftsprognosen für die angeschlossenen Länder erst Anfang der sechziger Jahre.) Nationalbudgets wurden in einem zweistufigen Verfahren erstellt. Zunächst erarbeiteten Experten eine quantitative Prognose unter der Annahme einer konstanten Wirtschaftspolitik (unter Umständen mit Alternativen). Dieser Entwurf wurde sodann von einem wirtschaftspolitischen Gremium evaluiert, das aus der Prognose wirtschaftspolitische Schlussfolgerungen zog. Aufgrund der beschlossenen Maßnahme wurde eine neue, wirtschaftspolitisch akkordierte Prognose, eben das Nationalbudget, erstellt und in der Regel zusammen mit dem Staatshaushalt dem Parlament vorgelegt. Begreiflicherweise wurde diese Technik in Ländern perfektioniert, die wie die Niederlande und Norwegen, über anerkannte Ökonometriker (J. Tinbergen, R. Frisch) und von ihnen ausgebildete Stäbe verfügten. L. Klein schrieb 1948 in der „American Economic Review" einen enthusiastischen Artikel über die Wirtschaftsplanung in Norwegen, die er als Planung von hoher Qualität bezeichnete (*Klein,* 1948).

Die Nationalbudgets lieferten nützliche Unterlagen, solange die einzelnen Länder wichtige Größen direkt kontrollierten, z. B. die Importe mit Hilfe von Importlizenzen und die Bautätigkeit mit Hilfe von Baubewilligungen. Als die direkte Lenkung durch die Wirtschaftspolitik eingeschränkt wurde, erwiesen sich die Prognosen als zu fehleranfällig[17]). Da überdies die Finanzminister ihre ressortüblichen taktischen Erwägungen in die Prognosen einfließen ließen, wurde es um die Nationalbudgets Ende der fünfziger Jahre still.

---

[17]) Eine kurze Beschreibung der Technik und einige Literaturangaben finden sich in den *WIFO-Monatsberichten* (1963A, 36(2), S. 44-49).

Der Marshallplan

Die im Bretton-Woods-Abkommen ins Auge gefasste liberale Weltwirtschaftsordnung ließ auf sich warten. Der Welthandel blieb lange Zeit reguliert. Devisen wurden bewirtschaftet. Die Nachfrage nach Dollars überstieg bei weitem das Angebot[18]). Trotz strenger Kontrollen und obschon die USA beträchtliche Mittel bereitstellten, erschöpften sich die Währungsreserven der vom Krieg betroffenen Länder. 1949 befanden sich in Fort Knox über 700 Mio. Unzen Gold, mehr als 75% des monetären Golds der Weltwirtschaft[19]). Nachdem der strenge Winter 1946/47 in Europa zu erheblichen Produktionseinschränkungen geführt hatte, kündigte Außenminister Marshall im April 1947 eine mittelfristig konzipierte Wirtschaftshilfe für Europa an.

In der Wirtschaftsgeschichte der Nachkriegszeit spielt der Marshallplan eine wichtige Rolle, auch wenn er später von Historikern problematisiert oder ins „rechte Licht" gerückt wurde[20]). Einen einfachen Zugang zu diesem Thema bietet folgende Überlegung:

Viele der vom Krieg stark betroffenen Staaten Europas waren nicht aus eigener Kraft imstande, die Produktion in Gang zu setzen und die Bevölkerung mit dem Nötigsten zu versorgen. Ausländische Hilfe war daher zumindest für den Start unentbehrlich. Aber auch für Länder, die sich in relativ guter Verfassung befanden, war es vorteilhaft, Auslandskapital heranzuziehen. Dadurch konnten die Lasten des Wiederaufbaus zeitlich verteilt (intertemporaler Konsumausgleich) und lebenswichtige Güter beschafft werden, ohne den Export um jeden Preis steigern zu müssen (Vermeidung des „Ausverkaufs").

Auf funktionstüchtigen Kapitalmärkten konnte die zweite Aufgabe vom Privatkapital bewältigt werden[21]). Nach dem Zweiten Weltkrieg zögerten jedoch private Kapitalgeber in den USA, sich in Europa zu engagieren. Sie hatten in der Krise der dreißiger Jahre einen Großteil ihrer Auslandsinvestitionen abschreiben müssen. Nach dem Zweiten Weltkrieg schienen ihnen Investitionen im entgüterten und politisch instabilen Europa noch riskanter. Sie zogen es vor, in Südamerika zu investieren (eine nicht unbedingt weise Entscheidung). Unter den gegebenen Umständen übernahm der Marshallplan Aufgaben, die bei funktionsfähigen internationalen Kapitalmärkten von privaten Kapitalgebern oder von unter staatlicher Patronanz geführten Finanzorganisationen wie

---

[18]) Die Dollarknappheit war ein beliebtes Streitthema der Ökonomen (*Balogh*, 1949, *Haberler*, 1948, *Hirschman*, 1948, *Mikesell*, 1949). Wenig bekannt ist, dass Keynes selbst – im Gegensatz zu seinen Anhängern – knapp vor seinem Tod eine Dollarknappheit für unwahrscheinlich hielt (*Keynes*, 1946).
[19]) *Mundell* (2000, S. 333).
[20]) Gegen die Überschätzung wurde eingewandt, dass der Marshallplan die Empfängerländer zu unnötigen Ausgaben veranlasste (*Milward,* 1984), dass die wirtschaftliche Erholung in Deutschland schon vorher begonnen hatte (*Abelshauser,* 1975) und dass er nicht groß genug war, das Wirtschaftswachstum zu beschleunigen (*Eichengreen/Uzan,* 1992).
[21]) *Obstfeld/Rogoff* (1996, S. 25) wiesen darauf hin, dass in der globalen Weltwirtschaft vor 1914 Auslandskapital selbst zur Kriegsfinanzierung herangezogen wurde.

etwa der Weltbank oder der amerikanischen Export-Import-Bank bewältigt werden.

Der Marshallplan darf nicht isoliert gesehen werden. Er bedeutete zunächst nichts anderes, als dass verschiedene Kredit- und Hilfsaktionen der USA gebündelt weiter geführt wurden. (Österreich z. B. erhielt nach Anlaufen des Marshallplans nicht mehr Hilfe pro Jahr als vorher, in Westdeutschland war 1947 die Militärhilfe GARIA höher als die Marshallplan-Hilfe 1948.) Und nach Auslaufen des Marshallplans versorgte die amerikanische Militärhilfe die Weltwirtschaft mit zusätzlichen Dollars[22]). Die US-Regierung gewährte im ersten Nachkriegsjahrzehnt 51 Mrd. $ Kredite und unentgeltliche Zuwendungen an andere Staaten für verschiedene Zwecke (zur Vermeidung von Hunger in den vom Krieg besonders getroffenen Gebieten, zur Stützung des britischen Pfund, zum Wiederaufbau Europas, für die Rüstung im kalten Krieg oder zur Verwertung von Getreideüberschüssen). Davon entfielen nur 16 Mrd. $ auf den Marshallplan. (Österreich erhielt zwar relativ viel Hilfe im Rahmen des Marshallplans. Die Kopfquote lag jedoch mit 146 $ nicht viel über dem Durchschnitt der westeuropäischen Empfängerländer, wenn man die Militärhilfe und sonstige Regierungskredite mit einbezieht.)

Übersicht 2.2: Kredite und unentgeltliche Zuwendungen der USA an andere Länder im 1. Jahrzehnt nach dem Zweiten Weltkrieg

	Grants	Kredite	Zusammen
		Mio. $	
Alle Länder			
Militärhilfe	14.663		14.663
Sonstige Hilfe	25.686	10.987	36.673
Insgesamt	40.349	10.987	51.336
Westeuropa			
Militärhilfe	9.029		9.029
Sonstige Hilfe	17.678	6.702	24.380
Insgesamt	26.707	6.702	33.409
		In $	
Pro Kopf			
Österreich	144,52	1,15	145,68
Westeuropa	107,02	26,86	133,88

Quelle: E. S. Kerber, „Foreign Grants and Credits. US-Government, Fiscal Year 1955", Survey of Current Business, Oktober 1955.

Obschon der Marshallplan nur einen Teil der US-Hilfe ausmachte und erst anlief, als wichtige europäische Staaten bereits die ärgsten Nachkriegsschwierigkeiten überwunden hatten, erhielt er eine besondere Bedeutung, weil er die wirtschaftliche Integration Westeuropas einleitete. Das war angesichts

---

[22]) Das erschwert Versuche, den Einfluss des Marshallplans auf die europäische Wirtschaft mit ökonometrischen Hilfsmitteln zu isolieren. Siehe hiezu *Eichengreen/Uzan* (1992).

des Primats der Binnenwirtschaftspolitik und der unterschiedlichen Ausprägung der Makro- und Mikrowirtschaftspolitik in den Teilnehmerstaaten keine leichte Aufgabe.

Der Marshallplan verlangte von den teilnehmenden Staaten, dass sie ihre Hilfeansuchen und in Grenzen auch ihre Wirtschaftspolitik aufeinander abstimmen. Die zu diesem Zweck geschaffene OEEC (Organisation for European Economic Co-operation) mit dem Sitz in Paris begann 1949 den intraeuropäischen Handel zu liberalisieren. In ihrem Schoß entstand im Herbst 1950 die Europäische Zahlungsunion, nachdem schon vorher die „Ziehungsrechte" (indirekte Marshallplan-Hilfe) den bilateralen Handel zwischen den Teilnehmerstaaten erweitert hatten (Österreich z. B. bezog Ruhrkohle mit Hilfe von drawing rights). Obschon die USA ihre wirtschaftspolitischen Vorstellungen nur teilweise durchsetzen konnten, kamen viele Beschlüsse der OEEC nur unter mehr oder minder starkem amerikanischem Druck zustande. Das gilt etwa für die Einbeziehung Deutschlands als vollberechtigtes Mitglied der westeuropäischen Gemeinschaft (gegen die sich vor allem Frankreich sträubte) oder für die Etablierung der Zahlungsunion (gegen die vor allem Großbritannien Bedenken hatte).

Der Marshallplan bot ein wichtiges Beispiel für Gradualismus. Er wurde zwar mit der Absicht geschaffen, in den europäischen Staaten eine marktwirtschaftliche Ordnung zu fördern. Der Übergang von den kriegswirtschaftlichen Kontrollen zur Marktwirtschaft sollte jedoch Schritt für Schritt erfolgen. Die Marktwirtschaft sei – so lässt sich die dominante Vorstellung erklären – eine Schönwetternorm, in den stürmischen Zeiten des Wiederaufbaus wären staatliche Pläne und Eingriffe erforderlich. Die pragmatische Haltung förderte in vielen Ländern die Akzeptanz des Plans insbesondere unter den Gewerkschaften. Die dominant keynesianisch orientierten Experten des Marshallplans[23] rügten Länder, die ihre Wirtschaft zu rasch liberalisierten und (oder) „deflatorische" Maßnahmen zur Inflationsbekämpfung ergriffen.

Mit dem Marshallplan wurde die wirtschaftliche Zusammenarbeit der daran beteiligten europäischen Länder organisiert und die wirtschaftliche Integration Westeuropas eingeleitet. Als Gegengewicht hiezu entstand in den sozialistischen Staaten Osteuropas das COMECON unter Führung der Sowjetunion. Es war zu erwarten, dass die Sowjetunion und die westlichen Alliierten nach dem Zweiten Weltkrieg Einfluss auf die Staatsform und die Wirtschaftsordnung jener Gebiete Europas nehmen werden, die ihre Armeen eroberten und besetzten. Schon 1944 waren in Moskau zwischen Churchill und Stalin Einflusssphären der Sowjetunion und der westlichen Alliierten unter Führung der USA abgegrenzt worden. Die Konferenzen von Jalta und Potsdam konkretisierten und fixierten die Teilung Europas. Offen war nur die Frage, wie tief greifend und nachhaltig der Einfluss sein wird.

---

[23] Nach *Kindleberger* (1987, S. 159) waren seit 1948 die meisten Ökonomen der US-Administration Keynesianer. Das gleiche gilt für die UNO, die OEEC und die internationalen Finanzorganisationen.

Das im Nachkriegseuropa außerhalb der Sowjetunion zunächst aus der Kriegswirtschaft entwickelte Lenkungssystem (Planungssystem) war in vielen europäischen Ländern (Jugoslawien vielleicht ausgenommen) ziemlich ähnlich. Das ungarische oder das tschechoslowakische System unterschied sich nicht nennenswert vom schwedischen oder vom norwegischen[24]). Etwa ab 1948 zeichneten sich jedoch zwei verschiedene Entwicklungsstränge ab: auf der einen Seite eine „Restauration des Vorkriegskapitalismus" mit wichtigen Einschränkungen, die freilich im Laufe der Zeit geringer wurden, und auf der anderen Seite ein Ausbau der kriegswirtschaftlichen Steuerungselemente zu einem System der sozialistischen Wirtschaftsplanung, wie sie in der Sowjetunion praktiziert wurde.

2.1.2 Merkmale der heimischen Wirtschaftspolitik

Das ideologische Erbe der Vergangenheit

Die wirtschaftspolitischen Leitbilder, die in den Industrieländern in der Nachkriegszeit vorherrschten, beeinflussten zwangsläufig die heimische Wirtschaftspolitik. Sie wurden jedoch im Lichte der ideologischen Traditionen interpretiert, über die die beiden großen Parteien verfügten, den Austro-Marxismus der Sozialisten und der katholischen Sozialehre der Österreichischen Volkspartei.

Zwar dominierten in der österreichischen Nachkriegspolitik der Pragmatismus und die Notwendigkeit zum nationalen Konsens. In einem Land, das von vier Großmächten besetzt war und sich in einer geopolitisch kritischen Lage am „Eisernen Vorhang" befand, gab es hiezu kaum eine Alternative. Die Kluft zwischen den Vordenkern der Partei oder auch nur zwischen systematischer Analyse[25]) und praktischem wirtschaftspolitischen Handeln war beträchtlich. Dennoch lassen sich viele Entscheidungen und Einstellungen nur gegen den Hintergrund gängiger Ideologien verstehen.

Die folgende Darstellung ist nicht als „Übersicht" über die zur Diskussion stehenden Ideologien gedacht. Sie hebt nur einige Merkmale hervor, die zum Verständnis der wirtschaftspolitischen Einstellungen und Handlungen im ersten Nachkriegsjahrzehnt beitragen.

SPÖ

> *„Der Austro-Keynesianismus hat mit Keynes soviel zu tun wie der Austro-Marxismus mit Marx: nämlich nichts." (Bruno Kreisky)*

---

[24]) Siehe hiezu die Länderberichte in *Aerts/Milward* (1990).
[25]) Die Kluft zwischen den Nur-Praktikern und den Technokraten wurde Anfang der sechziger Jahre durch den Beirat für Wirtschafts- und Sozialfragen zu überbrücken versucht (siehe *Seidel*, 1993).

Der Austro-Marxismus[26]) war in der Ersten Republik die ideologische Basis der Arbeiterschaft gewesen, auf der ihre gemeinsamen Interessen (das Klassenbewusstsein) artikuliert wurden. Die Theorie des Austro-Marxismus wurde nach dem Zweiten Weltkrieg nicht weiterentwickelt. Aber zumindest die ältere Generation war mit den Grundgedanken vertraut (einige hatten selbst wichtige Beiträge geliefert). Bei allem Hang zum Pragmatismus war zu erwarten, dass die überlieferten Ideen die Haltung zu konkreten Problemen mit beeinflussten.

Zum Gedankengut des Austro-Marxismus gehörte die Verstaatlichung der Großindustrie (oder zumindest der Schlüsselindustrien), des Großgrundbesitzes und der Banken. Kleine Gewerbetreibende und Landwirte sollten weiter bestehen bleiben. Mit der Überführung der Produktionsmittel in die Hände des Staates war es jedoch nicht getan. Der Privatkapitalismus sollte nicht durch den Staatskapitalismus abgelöst werden. Vielmehr galt als das primäre Ziel die Demokratisierung der Entscheidungsprozesse. Zu diesem Zweck sollte die Wirtschaft in Gilden organisiert werden, in deren Kontrollgremien Arbeiter, Konsumenten und Beauftragte des Staates vertreten sind[27]).

Die sozialisierte Wirtschaft sollte eine planmäßige Deckung des gesellschaftlichen Bedarfs ermöglichen. Wie das im Gildensozialismus erreicht werden könnte, blieb freilich offen. Eine straffe, den Markt ersetzende Planwirtschaft wurde nur von O. Neurath vertreten. Bestenfalls wurde darauf hingewiesen, dass in einem Spätstadium des Sozialisierungsprozesses die Pläne der Gilden zu einem Gesamtplan zusammengeführt werden.

Das Marschgepäck des Austro-Marxismus enthielt ein Konzept, das es vielen erleichterte, sich in der turbulenten Nachkriegswelt zu Recht zu finden: Sozialismus sollte möglichst nicht durch einen einmaligen Gewaltstreich (durch die Revolution) erzwungen werden, sondern als Ergebnis eines demokratischen Reifungsprozesses entstehen. Karl Renner schrieb bereits 1915, also mitten im Ersten Weltkrieg:

„Und so mag es denn für die späteren Geschichtsschreiber vielleicht einmal schwer werden, den Tag oder das Jahr oder selbst das Jahrzehnt abzugrenzen, von dem aus das soziale Regime zu rechnen ist." (Karl Renner, abgedruckt in Fischer/Rosner, 1987, S. 148)

Das Plädoyer für den Gradualismus stützte sich auf zwei Argumente, auf das demokratische, dass man Bauern und Intellektuelle erst für eine sozialistische Gesellschaftsordnung gewinnen müsste, und auf das technokratische, dass die Arbeiterschaft erst lernen müsste, Leitungsfunktionen auszuüben.

---

[26]) Wichtige Beiträge zum Austro-Marxismus enthält das Buch von *Fischer/Rosner* (1987).
[27]) *Rauscher* (1949) unterschied zwischen Verstaatlichung und Sozialisierung, wobei er unter Sozialisierung das Gildenkonzept verstanden wissen wollte. In die gleiche Richtung deutete die Forderung nach einem gemeinwirtschaftlichen Statut für die Verstaatlichte Industrie.

"Erst müsse die Arbeiterschaft durch stetige Ausdehnung ihrer Kontrolle über die Industrie diese Kontrolle praktisch erlernt, die Fähigkeit zur Verwaltung der Industrie erworben haben, ehe sie diese Verwaltung übernehmen könne."(Otto Bauer, abgedruckt in Fischer/Rosner, 1987, S. 230)

Dieser Lernprozess wurde von den pragmatischen Sozialisten nach 1945 immer wieder betont. Auf den Vorhalt, dass sie den gesetzlichen Rahmen für Mitbestimmung gar nicht ausnützten, erwiderten sie, dass die Vertreter der Arbeitnehmer erst die nötigen Erfahrungen sammeln müssten.

Die Austro-Marxisten sahen die Vorteile des Sozialismus für den Arbeitnehmer weniger darin, dass er durch Umverteilung gewinnt. Vielmehr erwarteten sie, dass der sozialisierte Großbetrieb effizienter arbeitet als die privatwirtschaftlich organisierte Wirtschaft. Der vergesellschaftlichte Großbetrieb wird jeweils die modernsten Maschinen haben, unwirtschaftliche Teilbetriebe werden stillgelegt. Bestimmte Ideen der Nachkriegszeit knüpften an der Idee des „Produktivsozialismus" an. Die österreichischen Gewerkschaften setzten sich stets für eine aktive Wachstumspolitik ein und waren hiefür zu Zugeständnissen in der Lohnpolitik und der Steuerpolitik bereit[28]).

Der Austro-Marxismus begegnete dem kommunistischen Experiment in der Sowjetunion mit offener Ablehnung. Führende Sozialisten nach 1945 führten diese Tradition fort. Sie warnten stets davor, sich mit der sowjetischen Besatzungsmacht zu arrangieren. Sie hatten gute Beziehungen zur britischen Regierung (was verständlich ist, da dort die Labour Partei regierte), und sie pflegten (was eher erstaunt) Kontakte zur Regierung der USA.

Folgt man diesen Überlegungen, so bestand das eigentliche Problem des Austro-Marxismus nicht darin, dass er sich in einem gemischtwirtschaftlichen System zurechtzufinden hatte. Die eigentliche Problematik lag darin, dass die weltwirtschaftliche Entwicklung in die Gegenrichtung verlief: zu mehr Markt und weniger staatlichem Interventionismus. Man braucht gar nicht an die dramatischen Ereignisse des letzten Jahrzehnts zu denken: die Krise der Verstaatlichten Industrie, das Ende der Konsumgenossenschaften, die Einstellung der ruhmreichen Arbeiterzeitung und last but not least den Zusammenbruch der Planwirtschaften Osteuropas.

Mangels intellektuellen Nachschubs verdorrte der Austro-Marxismus. *Rieger* (1993) berichtete, dass in der Sozialistischen Partei nach dem Zweiten Weltkrieg Meinungsverschiedenheiten zwischen Austro-Marxisten und Keynesianern bestanden. Die Marxisten dominierten in der Partei, die Keynesianer in den Arbeiterkammern, vornehmlich in der Wiener Arbeiterkammer.

Sozialisten, die während der Nazizeit nach England (oder auch in die USA) emigriert waren, wurden dort mit keynesianischem Gedankengut vertraut und brachten es nach ihrer Rückkehr nach Österreich in die heimische wirtschaftspolitische Diskussion ein. Eine wichtige meinungsbildende Persönlichkeit war *Sturmthal* (1944). Belege für keynesianische Argumente sind frei-

---

[28]) Siehe hiezu etwa *Österreichischer Gewerkschaftsbund* (1959): „Stellungnahme zur Wirtschaftspolitik, Sozialpolitik, Kulturpolitik".

lich in der unmittelbaren Nachkriegszeit spärlich[29]). In „Arbeit und Wirtschaft" z. B. finden sich bis 1951 nur sporadische und eher abschätzige Hinweise auf Keynes. Die Wende zum Keynesianismus als einer Alternative zur Planwirtschaft bahnte sich Ende 1951 mit einem Grundsatzreferat an, das St. Wirlander, ein Spitzenbeamter der Wiener Arbeiterkammer, der maßgeblichen Anteil an der wirtschaftspolitischen Linie der Arbeitnehmervertreter und der Sozialistischen Partei in der Nachkriegszeit hatte, auf dem 2. Gewerkschaftskongress Ende 1951 hielt (*Wirlander, 1951, 1952*).

Der Autor ging von der Diagnose aus, dass sich in Österreich die Marktgesetzlichkeit entgegen den Bemühungen der Arbeitnehmervertreter um Planung und Lenkung durchgesetzt hatte. So konnte z. B. das Streben nach einem Außenhandelsmonopol nicht erreicht werden. Die österreichische Wirtschaft wäre als gelenkte Marktwirtschaft mit wenig Konkurrenz zu bezeichnen.

Wirlander zog daraus zwei Schlussfolgerungen:
– Die Arbeitnehmervertreter könnten ihre Anliegen besser durchsetzen, wenn sie für Verschärfung der Konkurrenz eintreten, statt mehr Lenkungsmaßnahmen zu verlangen.
– Auch in einem dominant marktwirtschaftlichen System kann mit Hilfe einer konsequenten Vollbeschäftigungspolitik ein hoher Beschäftigtenstand erhalten werden.

Wörtlich:

„Es war einmal selbstverständliches Gedankengut der Arbeiterbewegung, dass innerhalb der marktwirtschaftlichen Ordnung Krisen und Massenarbeitslosigkeit unvermeidbare Erscheinungen sind. Während des letzten Krieges kam in England jedoch der Gedanke auf, dass die Vollbeschäftigung auch innerhalb des Kapitalismus realisierbar ist." (Wirlander, 1951)

Diese beiden Schlussfolgerungen bestimmten in den folgenden Jahren bis zu einem gewissen Grad die Strategie der Arbeitnehmervertreter und der Sozialistischen Partei. Sie bedeuten insoweit einen Bruch mit der marxistischen Tradition, als Konkurrenz nicht mehr mit Anarchie und der Vergeudung von Produktionsmitteln gleichgesetzt wurde, und Kartelle nicht als eine höhere Organisationsform des Kapitalismus angesehen wurden.

Mehr Konkurrenz schien erreichbar durch ein angemessenes Kartellgesetz, durch großzügige Zulassungen von Gewerbebetrieben, durch Liberalisierung der Einfuhr und durch Zollsenkungen (siehe hiezu den Abschnitt „Die Etablierung marktwirtschaftlicher Institutionen"). Die Urgenz einer Vollbeschäftigungspolitik bekam während der Stabilisierungskrise 1952/53 besondere Aktualität. Dieses Thema wird im Abschnitt „Finanzielle Stabilität durch Schocktherapie" ausführlich behandelt. An dieser Stelle ist anzumerken, dass Arbeitnehmervertreter und Sozialistische Partei in der Diskussion über die geeignete Stabilisierungsstrategie nicht mehr auf mehr Planung und Lenkung drängten, sondern eine keynesianische Beschäftigungspolitik forderten.

---

[29]) Beispiele finden sich bei *Ausch* (1948), *Anders* (1948).

ÖVP

Die ÖVP entstand als Nachfolger der Christlichsozialen Partei. Als Sammelpartei für nicht-sozialistische Wähler versuchte sie verschiedene weltanschauliche Strömungen zu vereinen. Ihre Programmatik stützte sich wie ihre Vorgängerin zum Teil auf die katholische Soziallehre.

Die katholische Soziallehre leitet einen auf das Naturrecht gestützten Anspruch des Menschen auf persönliche Freiheit und Selbstverwirklichung ab (wozu in bestimmten Grenzen auch das Recht auf Eigentum gehört). Gleichzeitig ist die Selbstverwirklichung des Einzelnen nur in der Gemeinschaft möglich. Daraus ergibt sich ein komplexes Verhältnis zwischen Individuum und Gesellschaft: Das Gemeinwohl hat Vorrang vor dem Einzelwohl, es darf jedoch nicht gegen die wesentlichen Lebens- und Freiheitsrechte des Menschen ausgespielt werden.

Aus dieser Sicht wird sowohl der Liberalismus (die Gesellschaft als rationaler Vertrag zwischen Individuen) als auch der Kollektivismus (die funktionale Interpretation der Gesellschaft ohne Bezug auf das Individuum) abgelehnt. Als Leitgedanken gelten Solidarität und Subsidiarität.

Die katholische Soziallehre stützt sich auf päpstliche Enzykliken und Rundschreiben. Die beiden wichtigen einschlägigen Enzykliken sind „Rerum novarum" von Leo XIII (1891) und „Quadragesimo anno" von Pius XI (1931), doch sind die Grundgedanken älter. Die zuletzt genannte Enzyklika wurde nach 1945 nicht zuletzt deshalb häufig zitiert, weil sie die Verstaatlichung von Schlüsselindustrien rechtfertigt. Im Allgemeinen enthält jedoch die katholische Soziallehre nur ethische und moralische Postulate, aber keine Anweisungen für konkrete Sozialtechniken.

Als zeitbedingte Konkretisierung der katholischen Soziallehre wurden die neu-ständischen Vorstellungen verstanden, die in Österreich von K. von Vogelsang (gestützt auf Adam Müller) propagiert wurden. Sie entstanden ebenso wie die Arbeiterbewegung in der zweiten Hälfte des 19. Jahrhunderts als Reaktion auf die „soziale Frage", die die gesellschaftliche Dynamik der ersten industriellen Revolution aufgeworfen hatte. Stark pointiert lässt sich formulieren: Der Marxismus wollte die soziale Frage durch Vergesellschaftung der Produktionsmittel lösen, nach der neu-ständischen Vorstellung sollte die Entfremdung von Kapital und Arbeit dadurch überwunden werden, dass alle Erwerbstätigen Eigentümer von Produktionsmitteln werden.

Um dieses Ziel zu erreichen, sollte zunächst die Existenz der Bauern und der kleinen Gewerbetreibenden gesichert werden, in dem man sie gegen die überlegene Konkurrenz der Gutsbetriebe und der Fabriken schützte. Gleichzeitig sollten Formen der Mitbestimmung und der Eigentumsbildung die Arbeiter „entproletarisieren". Partnerschaft statt Klassenkampf war gefragt. Um diese gesellschaftspolitischen Ziele zu erreichen, schwebte K. Vogelsang eine ständisch gegliederte Gesellschaft mit stark herabgesetzter sozialer Dynamik vor (*Bruckmüller,* 1995).

Die eingeschränkte soziale Dynamik entsprach weitgehend der Realität während der wirtschaftlichen Stagnation der Zwischenkriegszeit. Der Anteil

2.1 Visionen und Perspektiven

der Landwirtschaft an der nationalen Produktion nahm entgegen allen Entwicklungsgesetzen zu. Das Gewerbe war vor allem in Wien überbesetzt. Nach 1945 musste sich die ÖVP in einem doppelten Sinne neu orientieren: Sie musste sich politisch vom Konzept des (faschistischen) Ständestaates lösen und sie musste wirtschaftspolitische Konzepte entwickeln, die der neuen wirtschaftlichen und sozialen Dynamik der Nachkriegsära gerecht werden.

A. Maleta, der politische Kompetenz mit Grundsatzüberlegungen zu vereinen wusste, löste die katholische Soziallehre von der diskreditierten Sozialtechnik der dreißiger Jahre:

> *„Kein Zweifel, dass es primitiv wäre, eine so genannte christliche Gesellschaftsordnung bis ins Detail zu modellieren, wie es in der christlich-sozialen Tradition mit dem ständestaatlichen Gedanken, in der österreichischen Geschichte mit dem Versuch des Ständestaates der Fall gewesen ist."*
> (Maleta, 1968, S. 21)

An frühere ständestaatliche Konzepte erinnert nur die kurze, aber heftige Auseinandersetzung im Jahr 1946, ob die Landarbeiter in den Landwirtschaftskammern oder in den Arbeiterkammern organisiert werden sollten.

Die aus der katholischen Soziallehre stammenden Konzepte der Partnerschaft und der Eigentumsbildung schlugen sich in den Forderungen der ÖVP nach Werksgenossenschaften und nach Wohnungseigentum nieder. Das Werkgenossenschaftengesetz von 1946 wurde nicht realisiert, die Idee des Wohnungseigentums erwies sich als ein (auch für die ÖVP) unerwarteter Erfolg. Die Ausgabe von Volksaktien blieb bedeutungslos[30]).

Das zentrale Problem der ÖVP war, wie sie die soziale Dynamik der zweiten Industrialisierung, gegen die sich ihre Vorgängerpartei so sehr gesträubt hatte, in ihre Programmatik einbeziehen konnte. Dieses Problem wurde zunächst durch eine gemeinsame Front gegen die sozialistischen Ansprüche auf Lenkung und Planung in den Hintergrund gedrängt. Seit 1948, spätestens seit 1949 wandten sich zumindest der Bauernbund und der Wirtschaftsbund gegen behördliche Bewirtschaftung, gegen Außenhandelslenkung und staatliche Planung. Die staatlichen Eingriffe wurden als temporäre Notmaßnahmen bezeichnet, die sobald als möglich aufgegeben werden sollten.

Die angestrebte „freie" Wirtschaft war jedoch eine gelenkte Wirtschaft mit schwacher Konkurrenz. Der Landwirtschaft gelang 1950 der Übergang vom kriegswirtschaftlichen Lenkungssystem zu einer Marktordnung mit einem ausgeklügelten System von Lenkungsmaßnahmen, in das der Einfachheit halber auch die Verarbeitungsbetriebe einbezogen wurden. Die Gewerbeordnung schützte das Gewerbe vor „unbilliger" Konkurrenz, in der Industrie dienten Kartelle und Importbeschränkungen dem gleichen Zweck. Das verhinderte zwar nicht, dass die Zahl der in der Landwirtschaft Tätigen rapid abnahm und auch das Kleingewerbe schrumpfte. Der Rückzug aus der Landwirtschaft voll-

---

[30]) Mitte der fünfziger Jahre wurden Volksaktien (Aktien zu begünstigten Bedingungen für Kleinaktionäre) anlässlich der Teilreprivatisierung der Großbanken und des Verkaufs von zehn Unternehmungen aus dem Komplex des Deutschen Eigentums ausgegeben (*Bandur*, 1974). Diese Aktionen wurden später nicht wiederholt.

zog sich jedoch geordnet. Die Schreckenszenarien, die in der Ära (relativ) liberaler Agrarpolitik die Bauern so gegen den wirtschaftlichen Liberalismus aufgebracht hatten, dass sie in ihm ihren Hauptfeind sahen, blieben aus. (Dazu trug auch die Dynamik der gewerblichen Wirtschaft bei. Aus der Landwirtschaft ausscheidende Arbeitskräfte fanden unschwer Arbeitsplätze in der Bauwirtschaft und im Fremdenverkehr.)

Die landwirtschaftliche Marktordnung wurde mit dem Ruf nach „freier" Wirtschaft durch Rückgriff auf die gesellschaftspolitische Funktion der bäuerlichen Familien vereinbar gemacht. (Das Argument der öko-sozialen Marktwirtschaft, das im Parteiprogramm 1995 der ÖVP einen prominenten Platz einnimmt, stand damals noch nicht zur Verfügung.) Um nochmals A. Maleta zu zitieren:

> „Die Freiheit kann nicht verteidigt werden, ohne einen breiten bäuerlichen
> Mittelstand freier Eigentümer und Familienbetriebe." (Maleta, 1968, S. 61)

Die Kosten des Agrarschutzes erschienen als eine politische Versicherungsprämie, die die Arbeitgeber und -nehmer der gewerblichen Wirtschaft für ihre eigene freie Existenz zahlen.

In der Industriepolitik musste die ÖVP mit der Tradition der christlichsozialen Partei brechen. Die Partei, die seit den Zeiten Luegers antiindustriell eingestellt war, stand nunmehr vor der Aufgabe, an der Industrialisierung des Landes führend mitzuwirken. Die Partei hob zwischen 1949 und 1952 drei Vertreter der Industrie (E. Margarétha, R. Kamitz[31]), J. Böck-Greißau) in den Ministerrang. Der Einfluss der Industrie gründete sich nicht auf die Zahl der industriellen Wählerstimmen und auch nicht auf die Finanzkraft der Vereinigung österreichischer Industrieller (obschon deren Wahlspenden willkommen waren), sondern auf dem technologischen Tatbestand, dass die Industrie der Motor des Wirtschaftswachstums war und daher zumindest aus diesem Grund politische Geltung beanspruchte.

Politologen bescheinigen der ÖVP in den fünfziger Jahren eine stärkere marktwirtschaftliche Orientierung, die als „Raab-Kamitz-Kurs" etikettiert wurde. Nachdem die Währung stabilisiert und die Produktion bereits weit über den Vorkriegsstand gesteigert war, bestand ein erheblicher Nachholbedarf an Institutionen des Kapitalismus. Dieser Nachholbedarf wurde im Laufe der fünfziger Jahre gedeckt (siehe den Abschnitt „Die Schaffung marktwirtschaftlicher Institutionen"). Die Wirtschaftsordnung der fünfziger Jahre orientierte sich jedoch noch am traditionellen Modell des „organisierten Kapitalismus" und nicht am Konkurrenzmodell des anonymen Marktes. Soweit eine progressive Tendenz zu mehr Markt bestand, waren die treibenden Elemente die zunehmende Eingliederung Österreichs in den europäischen Wirtschaftsraum und spontane Prozesse, die man nicht beherrschen konnte (wie etwa das Vordringen der Supermärkte). Es war daher nur konsequent, dass sich der Begriff „soziale Marktwirtschaft" in der Programmatik der ÖVP nur langsam durchsetzte.

---

[31]) Kamitz kam zwar aus der wirtschaftspolitischen Abteilung der Bundeswirtschaftskammer, fand jedoch während seiner Ministertätigkeit in der Industriellenvereinigung seine wichtigste Stütze.

Eine (wirtschafts-)liberale Bewegung von einiger Bedeutung bestand nicht. Weder das Theoriegebäude des Ordo-Liberalismus noch die soziale Marktwirtschaft deutscher Prägung fand Anklang. Das ist erstaunlich, denn Österreich hatte in der Zwischenkriegszeit liberale Ökonomen von Weltruf hervorgebracht wie Ludwig von Mises oder Friedrich von Hayek. Die meisten Ökonomen von Rang waren emigriert und kehrten nach 1945 nicht oder nur vorübergehend zurück. Liberales Gedankengut vertraten nur einzelne Personen, wie etwa Max Mitic und einige andere Beamte der Handelskammern sowie Max Thurn im Finanzministerium. Auf wirtschaftspolitischer Ebene kann man vielleicht Reinhard Kamitz dazu zählen, wenn man die Beschränkungen berücksichtigt, die ihm die Politik auferlegte.

Elemente der Nachkriegsordnung

Nach Kriegsende galt es als selbstverständlich, dass der „Mangel" bewirtschaftet werden und der Wiederaufbau geplant werden musste. Gleichzeitig entstanden jedoch Institutionen, die zwar unter dem Eindruck der Nachkriegsverhältnisse geschaffen wurden, aber mehr oder weniger dauernde Bestandteile einer „gemischten" Wirtschaftsordnung bilden konnten und über längere Zeiträume auch wurden. Dazu zählten insbesondere: die Verstaatlichung, die Wirtschaftsplanung und die Sozialpartnerschaft.

Verstaatlichung und Gemeinwirtschaft

Gewerkschaften und SPÖ forderten unmittelbar nach Kriegsende die Verstaatlichung der Großindustrie und der Großbanken. Die Provisorische Staatsregierung Renner beschloss schon im September 1945 ein Verstaatlichungsgesetz. Es wurde allerdings von der sowjetischen Besatzungsmacht beeinsprucht und wurde daher nicht rechtskräftig. Die Regierung Figl 1 begann neuerlich über die Verstaatlichung zu verhandeln. Die durch die ersten Nationalratswahlen gestärkte ÖVP wollte zwar ihre prinzipielle Zusage zur Verstaatlichung einhalten, den Kreis der verstaatlichten Unternehmungen aber möglichst klein halten. Wenn sich die beiden Großparteien relativ rasch auf einen Kompromiss einigen konnten, so war das nicht zuletzt dem Umstand zuzuschreiben, dass die Sowjetunion im Frühjahr 1946 unter Berufung auf das Potsdamer Abkommen vom August 1945 begann, das „Deutsche Eigentum" in ihrer Zone zu beschlagnahmen. Durch die Verstaatlichung hoffte man, trotz den negativen Erfahrungen mit dem Renner-Entwurf die Betriebe in österreichischen Händen zu behalten – vergeblich, wie sich bald herausstellte. Schon bei Behandlung des Gesetzes im Parlament war bekannt, dass die Sowjetunion die Verstaatlichung der von ihr beanspruchten Betriebe nicht anerkennen würde.

Der Kompromiss in der Verstaatlichtenfrage, von dem das Jahrbuch 1946 der Arbeiterkammer in Wien behauptete, dass er keinen befriedigte, bestand aus nur teilweise sachlich zusammenhängenden Materien. Die ÖVP handelte sich für die Zustimmung zur Verstaatlichung die Errichtung der Bundeskammer der gewerblichen Wirtschaft (als Spitze der bereits bestehenden regionalen und fachlich gegliederten Handelskammern) und das Werksgenossenschaftsgesetz ein. Den Sozialisten wurde zugestanden, dass die drei Großbanken verstaatlicht werden.

Das 1. Verstaatlichungsgesetz[32]) führte 70 Unternehmungen oder Unternehmensteile in das Eigentum der Republik Österreich über. Darunter befanden sich nahezu die gesamten Grundstoffindustrie (einschließlich Bergbau), wichtige Betriebe der Eisenverarbeitung und der Chemischen Industrie sowie drei Großbanken (die ihrerseits über namhafte Industriebeteiligungen verfügten).

Die Sozialisten versuchten im November 1946 die Verstaatlichung auf Großbetriebe der Lebensmittelindustrie auszuweiten (Zuckerindustrie, Mühlen, Molkereien, Broterzeugung)[33]), drangen aber damit nicht durch. Das 2. Verstaatlichungsgesetz[34]) beschränkte sich auf die im Prinzip unproblematische Verstaatlichung der Elektrizitätswirtschaft, wobei sich Bund und Länder die Aufgaben teilten (was nicht hieß, dass die Verbundgesellschaft und die Landesgesellschaften immer harmonierten).

Mit den Verstaatlichungsgesetzen wurde das öffentliche Eigentum auf den konkurrenzwirtschaftlichen Bereich ausgedehnt. Verkehrs- und Versorgungsunternehmungen waren wegen ihrer besonderen Marktstellung (natürliche Monopole oder zumindest starke externe Effekte) schon im 19. Jahrhundert kommunalisiert oder von vornherein als öffentliche Unternehmung errichtet worden. Bahn und Post waren als Bundesbetriebe in das Budget integriert, städtische Straßenbahnen und städtische Gaswerke versorgten die Bewohner der Städte mit Infrastrukturleistungen.

Verstaatlichte Unternehmungen gab es in anderen westlichen Ländern auch. In Italien hatte der Staat in den dreißiger Jahren Not leidende Unternehmungen von den Banken übernommen, in Frankreich und in Großbritannien wurden nach dem zweiten Weltkrieg Schlüsselunternehmungen verstaatlicht. Mit den Verstaatlichungen der Jahre 1946/47 wurde Österreich zu dem Land unter den westlichen Industriestaaten, das den höchsten Anteil öffentlichen Eigentums in der Wirtschaft hatte. Die „Gemeinwirtschaft", zu der auch die Konsumgenossenschaften (nicht aber die ländlichen Kreditgenossenschaften) gezählt wurden, beschäftigte 1959 (*Nemschak*, 1972, S. 25) fast 23% aller Arbeitnehmer in der Wirtschaft (ohne öffentliche Verwaltung). Vom Nominalkapital der in Österreich tätigen Kapitalgesellschaften entfielen 1961 41,3% auf die Republik Österreich[35]). Angesichts dieser Größenordnung war es für die österreichische Wirtschaftspolitik von großer Bedeutung, brauchbare Spielregeln für die Koexistenz zwischen Gemeinwirtschaft und Privatwirtschaft zu finden.

---

[32]) BGBl. Nr. 168/1946 vom 26. 7. 1946. Der Gesetzentwurf wurde in Form von Initiativanträgen der beiden Großparteien eingebracht und daher im Gegensatz zu Regierungsvorlagen nicht von den Kammern begutachet.
[33]) AdR: Gruppe 05/4, Karton 1, BMfVuW, Zl. 93.329_15/1946.
[34]) 2. Verstaatlichungsgesetz vom 26. 3. 1947, BGBl. Nr. 81/1947.
[35]) Nach den Erhebungen der Arbeiterkammer in Wien (*Beer et al.*, 1991, S. 55). Dort finden sich auch detaillierte Angaben über den Rückzug des öffentlichen Eigentums und das Vordringen des privaten Eigentums in der Wirtschaft zwischen 1978 und 1989.

Die Verstaatlichung der Großunternehmungen entsprach der Programmatik der SPÖ. Es gab jedoch auch jenseits der Verstaatlichungsideologie Argumente dafür. Das wichtigste war wohl die Unklarheit über die Eigentumsverhältnisse. Ein Großteil der 1946 verstaatlichten Unternehmungen war zu Kriegsende mehrheitlich in deutschen Händen. Soweit die Betriebe in der sowjetischen Zone lagen, übernahm sie die Sowjetunion und führte sie exterritorial. Die Westmächte übergaben zwar die Unternehmungen der Republik Österreich, aber nur treuhändig, wobei lange Zeit offen blieb, wie die Eigentumsverhältnisse letztlich geregelt würden. Erst im Staatsvertrag 1955 wurde das Deutsche Eigentum Österreich übertragen, wobei sich die BRD keineswegs mit dieser Entscheidung einverstanden erklärte, sondern mit allen Mitteln eine Revision des Staatsvertrages anstrebte. Erst im deutsch-österreichischen Vermögensvertrag 1956 wurde dieser Konflikt bereinigt. Regierung und Parlament verfuhren mit den Treuhandbetrieben, als ob sie Eigentümer wären.

Selbst wenn man von der Eigentumsproblematik absieht und etwa unterstellt, dass das Deutsche Eigentum schon 1946 Österreich als Entschädigung für die Verluste während der deutschen Annexion in einer völkerrechtlich einwandfreien Weise übertragen worden wäre (eine von der österreichischen Diplomatie von Anfang an angestrebte Lösung): eine Privatisierung wäre unter den Bedingungen der unmittelbaren Nachkriegszeit auf große Schwierigkeiten gestoßen. Das wird deutlich, wenn man Fragen der Unternehmungskultur berücksichtigt. Das amerikanische Modell der Publikumsaktiengesellschaften war kaum realisierbar, obschon es 1945 von amerikanischen Experten ventiliert worden war (*Tweraser,* 2000). Die Masse der Bürger wollte „Brot" und nicht Unternehmensanteile mit unsicherer Zukunft. Nur wenn sich große Gewinne kurzfristig erzielen ließen, konnte breit gestreutes Kapital mobilisiert werden. Die späteren Versuche mit Volksaktien ließen erkennen, dass die Bevölkerung erst ab einem gewissen Wohlstandsniveau bereit ist, zu sparen und diese Ersparnisse in spekulativen Sparformen zu investieren. Für das deutsche Modell strategischer Eigentümer in Gestalt von mächtigen Familienunternehmungen und Großbanken fehlte in Österreich im Grundstoffbereich die unternehmerische Tradition. Ob die Banken mit ihren großen Bilanzlücken diese Funktionen hätten übernehmen können, erscheint eher fragwürdig.

Ausländische Investoren wären kaum zu annehmbaren Bedingungen bereit gewesen, sich in einem Land mit ungewisser politischer Zukunft in Unternehmungen mit unklaren Eigentumsverhältnissen zu engagieren. Auf die geringen Direktinvestitionen der USA in den ersten Nachkriegsjahren wurde bereits hingewiesen. Dazu kamen nicht nur von sozialistischer Seite Bedenken gegen eine „Überfremdung". Diese Grundeinstellung änderte sich nur langsam. Erst in den siebziger Jahren bemühte sich die sozialistische Alleinregierung um ausländische Investoren, von denen sie eine Verbreiterung der heimischen Produktionspalette und „Spill-over"-Effekte erwartete.

Die Verstaatlichung wird in diesem Buch nur am Rande behandelt. In der Wiederaufbauperiode erschien sie unproblematisch. Die Verstaatlichte Industrie und die verstaatlichte Elektrizitätswirtschaft starteten 1948 einen Expansionskurs mit Fremdkapital, das vom Marshallplan bereitgestellt wurde. Der

Staat als Eigentümer stellte nur wenig Eigenkapital bei (der Kredit von 1948 wurde nachträglich durch ERP-Mittel abgedeckt), doch bestand Übereinstimmung darüber, dass er einspringen muss, wenn ein verstaatlichter Betrieb in Schwierigkeiten gerät. Das ermöglichte es Technikern, ihre weit gesteckten Pläne zu realisieren, ohne durch kaufmännische Überlegungen betreffend Risken und Solvenz allzu sehr beschränkt zu werden.

Die Expansionsstrategie der Verstaatlichten Industrie erwies sich im ersten Nachkriegsjahrzehnt als erfolgreich. Dabei kam ihr zugute, dass der Korea-Krieg und der Wachstumsschub im „golden age" weltweit die Nachfrage nach Grundstoffen stark steigen ließ und die heimische Inflation den Realwert der Kredite und ihrer Kosten schmälerte. Immerhin war die Verstaatlichte Industrie imstande, den heimischen Verarbeitern Eisen und Stahl zu Preisen abzugeben, die unter den Weltmarktpreisen lagen, und dennoch eine hohe Rentabilität des Eigenkapitals zu erzielen. Bestimmte problematische Merkmale, wie die Abhängigkeit der Organisationsstruktur vom Ausgang der jeweiligen Nationalratswahlen, das starke Gewicht von lokalen Interessen und anderen „stake holders" oder die Dominanz der Manager großer Unternehmungen gegenüber dem jeweiligen Spitzenorgan waren bereits damals sichtbar, fielen aber nicht ins Gewicht.

Wirtschaftsplanung

Für die Sozialisten nach 1945 bildeten Verstaatlichung und Wirtschaftsplanung eine Einheit. Hiezu zwei prominente Stimmen.

„Die Verstaatlichung kann nur ein erster Schritt zur geplanten und gelenkten Wirtschaft sein." (A. Proksch, in der Nationalratsdebatte über das Verstaatlichungsgesetz lt. Stenographischem Protokoll der 30. Sitzung des Nationalrats am 26. 7. 1946)

„Mit der Verstaatlichung der Schlüsselindustrien unserer Wirtschaft hat aber unsere weitergehende Forderung nach Planwirtschaft einen viel stärkeren Nachdruck bekommen." (Waldbrunner, 1948)

Man kann die Forderung nach Wirtschaftsplanung auf die besonderen Bedürfnisse des Wiederaufbaus zurückführen. (In der Theorie des Austro-Marxismus spielte sie wie erwähnt nur eine untergeordnete Rolle.) Daneben spielten die Erfahrungen der dreißiger Jahre eine Rolle. Wirtschaftsplanung erschien als ein Garant dafür, dass krisenhafte Zusammenbrüche vermieden werden könnten, denn die Planer verfügten über bessere Informationen als die einzelnen Unternehmungen (das marktwirtschaftliche Credo unterstellt das Gegenteil). Wirtschaftsplanung wurde nicht nur von den Sozialisten gefordert, sondern vom Bundesministerium für Vermögenssicherung und Wirtschaftsplanung, dem der der ÖVP angehörende Minister Peter Krauland vorstand, auch tatsächlich praktiziert.

Nach den Vorstellungen des Ministeriums sollten nicht nur für die verstaatlichte Grundstoffindustrie, sondern für sämtliche Zweige, also auch für die dominant privaten Fertigwarenindustrien, Konstitutionspläne erstellt werden, denn – so der für Wirtschaftsplanung zuständige Minister – der Staat müsse sich vorbehalten,

> „... das letzte Wort über die Gestalt seiner Wirtschaft zu sprechen, also darüber, welche Produktionsrichtungen in der Volkswirtschaft eingeschlagen werden sollen und mit welchen Größenverhältnissen."
> (P. Krauland: Wirtschaftsplanung und Demokratie, „Der österreichische Volkswirt" Nr. 35/36 vom Dezember 1947)

Die Begründung entsprach der gängigen Argumentation über das Versagen der ungehemmten Konkurrenz. Vor allem sollte mit Hilfe der Konstitutionspläne dauernd ein hoher Beschäftigungsgrad erreicht werden:

> „Arbeitslosigkeit ohne einen Fehler in der Konstitution der Volkswirtschaft gibt es nämlich nicht." (P. Krauland, in „Berichte und Informationen" Nr. 88/1948)

1948 wurden folgende Konstitutionspläne fertig gestellt und 1948/49 von der Interministeriellen Planungskommission genehmigt: Eisen- und Stahlplan, 1. Teil, Elektrizitätswirtschaftsplan (Allgemeiner Teil), Kohlenplan (Allgemeiner Teil) und Metallindustrieplan. Ferner arbeitete das Ministerium an Plänen für die Textil-, Leder und Bekleidungsindustrie, die Elektroindustrie, den Stahlbau, die Bau- und die Baustoffindustrie sowie die Fahrzeugindustrie. Über die Konzepte der Planung und ihrer Durchsetzung ist nur wenig bekannt. Die Planung[36]) wurde – so die zuständige Sektionschefin – in Arbeitskreisen durchgeführt, die ausschließlich von Fachleuten (500 Experten insgesamt, davon 50 hauptberuflich) beschickt wurden. Aufgabe dieser Ausschüsse war es, die Produktionsprogramme der einzelnen Firmen horizontal (Überschneidungen sollten vermieden werden) und vertikal (die Kapazitäten der vor- und nachgelagerten Zweige sollten aufeinander abgestimmt werden) zu koordinieren. Wie die Entscheidungen der Planungsausschüsse in Entscheidungen des Managements der Firmen umgesetzt werden sollten, blieb zunächst weitgehend offen. Als Steuerungselement wurde die Kreditlenkung genannt, doch gab es vor dem Marshallplan keine Investitionskredite. Es scheint, dass es in den ersten Nachkriegsjahren leichter war, technokratische Konzepte durchzusetzen, da die „stake holders" ihre Interessen noch nicht artikuliert hatten. Jedenfalls war es zu diesem Zeitpunkt noch möglich, Branchenkonzepte in der Verstaatlichten Industrie zu beschließen. In der privaten Industrie regte sich schon bald der Widerstand[37]). Außer den 1948 fertig gestellten Konstitutionsplänen für die verstaatlichte Grundstoffindustrie wurden keine weiteren Pläne entscheidungsreif. Im Jahr 1949 ruhte die Arbeit an den Konstitutionsplänen. Die Planungsarbeiten im BMfVuW hatten immerhin den Vorteil, dass bereits wichtige Vorarbeiten geleistet waren, als der Marshallplan die Finanzierung eines großzügigen Investitionsprogramms ermöglichte.

---

[36]) Die wichtigsten Quellen sind: *Höllerer* (1974) und *Ottilinger* (1990). Über Teilpläne wurde in Fachzeitschriften berichtet.
[37]) Die Papierindustrie wollte zunächst keine ERP-Mittel beanspruchen, weil sie fürchtete, dass Großinvestitionen die Balance der Firmen im Kartell stören könnte.

Auch die Sozialisten waren zumindest mit der von Krauland betriebenen Wirtschaftsplanung nicht zufrieden. Nach den Nationalratswahlen vom Herbst 1949 wurde in dem der Regierungsbildung zugrunde liegendem Parteienübereinkommen[38]) das bisher mit Planungsaufgaben betreute und von Krauland (ÖVP) geleitete Ministerium für Vermögenssicherung und Wirtschaftsplanung (BMfVuW) mit dem Zusatz aufgelöst, dass die von ihm bisher ausgeübten Planungsaufgaben entfallen. Als Gegenleistung erhielten die Sozialisten ein mit wirtschaftlichen Agenden befasstes Ressort, das Bundesministerium für Verkehr und verstaatlichte Betriebe. Es ist nicht leicht zu verstehen, warum die Sozialisten auf ein Planungsministerium verzichteten, auch wenn man die stete Kritik an Krauland berücksichtigt, wonach der Minister eine eigenwillige Personalpolitik verfolgte, kein Organisationsstatut für die Verstaatlichte Industrie vorlegte und zu wenig für die Planung getan hätte[39]). Eine mögliche Interpretation ist folgende: Die Sozialisten akzeptierten, dass angesichts des starken nicht-sozialistischen Lagers eine umfassende Wirtschaftsplanung nicht durchsetzbar wäre. Sie verzichteten auf diese Forderung und tauschten sich dafür die Kontrolle über einen wichtigen Sektor der österreichischen Wirtschaft ein. Mit der Führung des Ministeriums wurde Karl Waldbrunner betraut. Zum „Königreich Waldbrunner" gehörten neben der Verstaatlichten Industrie und der verstaatlichten Elektrizitätswirtschaft die Bundesbetriebe Bahn und Post.

Zwei weitere Punkte des Parteienübereinkommens 1949 verdienen erwähnt zu werden. Zum einen wurde der „Proporz" in der Besetzung der leitenden Positionen in der Verstaatlichten Industrie festgeschrieben[40]). Zum anderen wurden die verstaatlichten Banken mit ihren bedeutenden Industriebeteiligungen nicht dem „Königreich Waldbrunner", sondern dem Finanzminister zugeordnet. Die ÖVP-Finanzminister mischten sich in die Konzernpolitik der Großbanken nicht ein. (Das „duale" System von direkt und indirekt verstaatlichten Unternehmungen wurde auch während der sozialistischen Alleinregierung unter Kanzler Kreisky beibehalten, wobei der Kanzler die Anliegen der direkt verstaatlichten Unternehmungen und der Finanzminister jene der Großbanken vertrat.)

Die Auseinandersetzungen der beiden großen Parteien (und auch der Sozialpartner) konzentrierten sich in der Folgezeit nicht auf das Gegensatzpaar staatliche Planung versus Markt, sondern auf den Gegensatz Gemeinwirtschaft (zu der außer den genannten Betrieben die Kommunalwirtschaft und die Konsumgenossenschaften, nicht aber die landwirtschaftlichen Genossenschaften gezählt wurden) versus Privatwirtschaft. Das Konzept des Handelskammersekretärs Kamitz, das ihn Ende 1951 ministrabel machte, wurde ausdrücklich ein Konzept „für die privatwirtschaftliche Gesellschaftsform" genannt. J. Farnleitner betonte später, die Frage Kartelle und Konkurrenz wurde überschattet von

---

[38]) Eine Abschrift des Parteienübereinkommens 1949 wurde im Nachlass von Ministerialrat Hintze eingesehen.
[39]) Zum Beispiel im Ministerrat Figl 1, Nr. 51 vom 7. 1. 1947.
[40]) *Zimmermann* (1964) bringt in seinem Buch über die Verstaatlichte Industrie eine Liste der Vorstandsmitglieder der verstaatlichten Unternehmungen unter Hinzufügung der Parteien, die sie nominierten.

der Auseinandersetzung zwischen Privatwirtschaft und Gemeinwirtschaft (siehe hiezu den Abschnitt „Die Wirtschaftsordnung nach der Stabilisierung").

Nach der Auflösung des BMfVuW wurde ein Teil der Planungsarbeiten de facto (wenngleich nicht de jure) vom ERP-Büro übernommen, das Anfang 1950 unter Leitung von W. Taucher im Bundeskanzleramt entstand. Mit der Übernahme durch das ERP-Büro erhielt die Wirtschaftsplanung temporären Charakter: Sie endete mit dem Ablauf des Marshallplans. Ganz aufgegeben wurde das Planungskonzept freilich nicht. Gegen Ende der fünfziger Jahre entstand vornehmlich in den österreichischen Gewerkschaften die Vorstellung, das Wirtschaftswachstum könnte beschleunigt werden, wenn Österreich das französische System der „planification" übernähme. Das Konzept fand noch im Wirtschaftsprogramm der Sozialisten Ende der sechziger Jahre Eingang, wurde aber in der Zeit der sozialistischen Alleinregierung unter Kreisky nicht realisiert[41]).

Sozialpartnerschaft

Ein wichtiges, auch international anerkanntes Systemmerkmal der österreichischen Wirtschaft nach dem Zweiten Weltkrieg war die Sozialpartnerschaft, die Zusammenarbeit der Interessenvertretungen der Arbeiter, der gewerblichen Unternehmer und der Landwirte. Die Sozialpartnerschaft entwickelte sich aus der besonderen Form der Interessenvertretung der großen sozialen Gruppen. Die Zweite Republik übernahm von der Ersten das Kammersystem. Neben den öffentlich-rechtlichen Kammern für Arbeitnehmer, Landwirte und Gewerbetreibende und teilweise überschneidend wirkten große Verbände auf freiwilliger Basis, insbesondere der Österreichische Gewerkschaftsbund und die Vereinigung Österreichischer Industrieller. Die großen Verbände hatten die Aufgabe, die Interessen ihrer Mitglieder zu artikulieren und mit geeigneten Mitteln durchzusetzen. Dazu standen ihnen verschiedene Wege offen. Die Kammern hatten als gesetzliche Interessenvertretung das Recht, vom Ministerrat beschlossene Gesetzentwürfe zu begutachten, bevor sie im Parlament behandelt wurden. Das Fachwissen sicherte den Verbänden maßgeblichen Einfluss auf die politischen Parteien. (Die Kammern und der Gewerkschaftsbund stellten eine relativ große Zahl von Abgeordneten im Nationalrat und viele Minister). Nicht zuletzt brachten die Wirtschaftslenkung der Nachkriegsjahre und die Abschottung vom Weltmarkt ein weites Betätigungsfeld für Beiräte und Kommissionen. Die Preisregelung, die Warenbewirtschaftung, die Bewilligung von Außenhandelsgeschäften, die Kreditlenkungskommission und die Regulierung der Agrarmärkte erforderten ständig diskretionäre Entscheidungen. Sie wurden von den zuständigen Ministerien in der Regel nur nach Anhörung der Interessenvertretungen getroffen. Obschon die Beiräte nur beratende Funktion hatten, bestimmten sie de facto oft den Inhalt der Wirtschaftspolitik. Daraus ergab sich die Notwendigkeit Kompromisse zwischen den divergieren-

---

[41]) Siehe *Uher* (1993A).

den Ansichten zu finden: Aus den Interessenvertretungen wurden Sozialpartner.

Freiwillige Vereinbarungen der Sozialpartner ersetzten oft gesetzliche Regelungen. Die Sozialpartner kanalisierten die Nachkriegsinflation mit Hilfe von fünf Preis-Lohn-Abkommen. Sie organisierten Anfang der fünfziger Jahre eine freiwillige Lenkung der Fleischmärkte und machten damit die behördliche Regelung entbehrlich. Freiwillige Preissenkungen und der Verzicht auf Lohnerhöhungen leiteten Ende 1951 den Stabilisierungsprozess ein. Nach der Stabilisierung der Währung schien es, als ob die Sozialpartner an Bedeutung verlieren würden. Die weitere Entwicklung verlief jedoch nicht geradlinig zu mehr Markt. 1957 entstand die Paritätische Kommission für Preis- und Lohnfragen und damit eine spezifische Form der Verhandlungswirtschaft. Der Einfluss der Sozialpartner auf die allgemeine Wirtschaftspolitik erreichte in den sechziger Jahren seinen Höhepunkt[42]). Entscheidendes Gewicht erlangten die Sozialpartner, wenn sich ihre Spitzenfunktionäre auf die Lösung wichtiger wirtschaftspolitischer Fragen einigen konnten, und damit de facto die Geschäfte der Regierung besorgten. Solche einhelligen Empfehlungen konnten Regierung und Parlament nur schwer übergehen. Erst als die Internalisierung die Preissetzungsspielräume der Unternehmungen einengte und Regierung sowie Parlament mehr Eigengewicht in Wirtschaftsfragen gewannen, verlor die Sozialpartnerschaft einen Teil ihres Einflusses.

Für die Arbeitnehmer sicherte die Sozialpartnerschaft die Mitbestimmung auf wirtschaftspolitischer Ebene, die ihnen wichtiger erschien als die Mitbestimmung auf betrieblicher Ebene. Die ständige Beschäftigung mit wirtschaftlichen Fragen verschaffte den Funktionären und Mitarbeitern der Arbeitnehmerorganisationen ein Fachwissen, das sie zu Managementfunktionen in Wirtschaft und Verwaltung befähigten. Die bürgerlichen Parteien akzeptierten die Sozialpartnerschaft, weil sie sich davon die Erhaltung des Arbeitsfriedens, mäßige Lohnabschlüsse und die Zustimmung der Sozialisten zu Lenkungsmaßnahmen erhofften, an denen sie interessiert waren (z. B. die Landwirtschaftliche Marktordnung).

2.2 Währungsreformen unter der Besatzung[43])

2.2.1 Die rückgestaute Inflation

Die Nachkriegsinflation dauerte in Österreich etwa ein Jahrfünft. Sie wurde Ende 1951 gestoppt, bevor die Preis-Lohn-Spirale außer Kontrolle geriet. 1952 waren Preise und Löhne 6- bis 7-mal so hoch wie 1937. Berücksichtigt man, dass 1938 der Schilling im Verhältnis 3 : 2 in Reichsmark umge-

---

[42]) Um diese Zeit begann sich auch die Fachliteratur mit dem Thema Neokorporatismus zu befassen. Den ersten Überblick über die österreichische Verbandswirtschaft bot *Pütz* (1966). Zu den „Spätwerken", die auch die Probleme der Sozialpartnerschaft behandeln, zählen u. a. *Schöpfer* (1980), *Katzenstein* (1984), *Gerlich et al.* (1985), *Dachs et al.* (1991) und *Bischof/Pelinka* (1996).

[43]) Eine Kurzfassung wurde von *Seidel* (1999) veröffentlicht.

tauscht wurde, so betrug die Preissteigerung seit April 1938 das 9- bis 10-fache (seit Kriegsende etwa das 8-fache)[44]). Gleichzeitig und in enger Wechselwirkung mit dem Binnenwert sank der Außenwert der Währung. 1945 wurde die Reichsmark im Verhältnis 1 : 1 in Schilling konvertiert. 1953, nach Schaffung des Einheitskurses mussten für eine DM sechs Schilling gezahlt werden.

Inflationsschübe sind in turbulenten Zeiten nichts Außergewöhnliches. Andere Industrieländer hatten schon während des Kriegs oder kurz danach einen viel größeren Geldwertschwund. In Frankreich war Ende 1951 das Preisniveau 29-mal und in Italien sogar 57-mal so hoch wie vor dem Krieg. Aber Anfang der fünfziger Jahre gelang es zumeist, die Inflation in den Griff zu bekommen. Von 1948 bis 1951 hatte Österreich die höchste Inflationsrate unter den westlichen Industrieländern. Da überdies die Leistungsbilanz chronisch passiv war, musste es sich Ende 1951 einer „Entziehungskur" unterziehen (siehe Abschnitt „Finanzielle Stabilität durch Schocktherapie").

Übersicht 2.3: Entwicklung der Verbraucherpreise in einigen Industrieländern 1937/51

Land	Niveau 1951 1937 = 100	Zunahme 1948/51 In %	Land	Niveau 1951 1937 = 100	Zunahme 1948/51 In %
Belgien	408	5	Norwegen	200	22
Kanada	179	17	Portugal	187	1
Dänemark	237	40	Spanien	580	28
Finnland	1.221	48	Schweden	187	19
Frankreich	2.899[1])	51	Schweiz	167	2
Deutschland	161	8	Türkei	356	3
Irland	205	10	Großbritannien	254	46
Italien	5.725	10	USA	180	8
Japan	12.378	43	Österreich	892	85
Niederlande	269	28			

Quelle: IMF, International Financial Statistics, verschiedene Jahrgänge. – [1]) Nur Nahrungsmittel.

Die Nachkriegsinflation war eine Folge der Kriegsfinanzierung. Die Kriegswirtschaftspolitik des Deutschen Reichs stützte sich auf ein Allokations- und Finanzierungsmodell, das sich wie folgt charakterisieren lässt: Preise und Löhne wurden auf dem Stand zu Kriegsbeginn eingefroren. Ohne zusätzliche Beschränkungen hätten die privaten Haushalte ihren gewohnten Lebensstandard aufrecht halten können. Der „friedensmäßige" Reallohn war jedoch eine Fiktion, denn ein beträchtlicher Teil der Produktion wurde von der Kriegsführung beansprucht. Was für den zivilen Verbrauch übrig blieb, verteilten die Behörden mit Hilfe von Bezugsberechtigungen nach sozialen und ernährungs-

---

[44]) Vergleiche mit der Vorkriegszeit setzen meist den alten Schilling gleich dem neuen Schilling, obschon der alte Schilling 1938 im Verhältnis 3 : 2 in Reichsmark und diese Ende 1945 im Verhältnis 1 : 1 in neue Schilling umgetauscht wurde. Um Missverständnisse zu vermeiden, wird bei Vergleichen mit der Vorkriegszeit hinzugefügt 1 S-alt = 1 S-neu oder 1 RM = 1 S-neu.

physiologischen Kriterien. Auf diese Weise stauten sich bei den privaten Haushalten große, durch Kriegssteuern nur teilweise abgeschöpfte Einkommensüberhänge. Ein Teil der verfügbaren Einkommen wurde deshalb nicht ausgegeben, weil es nichts zu kaufen gab. Dieser Sachverhalt wird als erzwungenes Sparen oder als rückgestaute Inflation bezeichnet. Das Deutsche Reich verzichtete darauf, dem Publikum Kriegsanleihen zum Kauf anzubieten. Die Einkommensüberhänge schlugen sich daher in Einlagenzuwächsen bei den Kreditunternehmungen (und in Prämienzuwächsen bei den Versicherungen) nieder. Erst dort wurden sie zur Deckung der Kriegskosten herangezogen. Die Finanzintermediäre und andere Kapitalsammelstellen wurden verpflichtet, ihre liquiden Mittel in Schuldtitel des Deutschen Reichs anzulegen. Man nannte das „geräuschlose" Kriegsfinanzierung.

Dieses System funktionierte einige Zeit relativ gut (*Jacobsson*, 1947). Unter den chaotischen Verhältnissen gegen Kriegsende blieb jedoch nur noch die grobschlächtige Methode, die Kriegskosten über die Notenpresse zu finanzieren. Zu Kriegsende hatte das Deutsche Reich Kriegsschulden[45]) von 380 Mrd. RM, der Banknotenumlauf war auf 73 Mrd. RM angeschwollen, das Zwölf- und Achtfache der Vorkriegswerte.

Übersicht 2.4: Staatsschuld und Banknoten im Deutschen Reich

Zeitpunkt	Reichsschuld (Stand)	Reichsmarknoten (Umlauf)
	Mrd. RM	
30. Juni 1939	30,7	8,7
7. März 1945	379,8	56,4
Kriegsende		ca. 73

Quelle: *Hansmeyer/Caesar*, 1976, S. 401 und 417. – Zur Kriegsfinanzierung des Deutschen Reiches siehe auch *Jacobsson* (1947).

Die Technik der „rückgestauten" Inflation stützte sich auf zwei Pfeiler: den Nachfragerückstau und die Kostenstabilität. Beide drohten nach Kriegsende einzustürzen. Die Geldmenge übertraf bei weitem den Geldbedarf der entgüterten Wirtschaft. Die überschüssige, weil nicht durch Güter gedeckte Nachfrage drohte die Preise hoch zu ziehen (demand pull). Gleichzeitig ließen die Nachkriegserschwernisse die Produktionskosten steigen: Je Produktionseinheit mussten viel mehr primäre Produktionsfaktoren und Vorprodukte eingesetzt werden als vor dem Krieg. Die Produktivitätslücke drohte die Preise hoch zu treiben (cost push). In diesem Abschnitt wird erörtert, wie die heimische Wirtschaftspolitik versuchte, die Inflation über die Geldmengensteuerung in den Griff zu bekommen. Im Abschnitt „Die Nachkriegsinflation" wird die Kosteninflation und ihre Kanalisierung durch Abkommen der Sozialpartner behandelt.

Der Währungspolitik der ersten Nachkriegsjahre (von der Schaltereröffnung im Sommer 1945 bis zum Währungsschutzgesetz im Dezember 1947) wird ein breiter Raum gewidmet. Dafür sprach, dass bisher im Schrifttum nicht

---

[45]) Dazu kamen die Schulden der im Deutschen Reich zahlreichen Parafiski.

verarbeitete Quellen (Archiv der Republik, Archiv der Oesterreichischen Nationalbank) ausgewertet wurden. Auch hatten die ermittelten Tatbestände über den Bereich der Währungspolitik hinaus Beispielscharakter. Sie demonstrieren, wie hart die Besatzungsmächte in der ersten Nachkriegszeit mit Österreich verfuhren, einem Land, das sie selbst als das erste Opfer der Hitler'schen Agressionspolitik bezeichneten. Und sie demonstrieren, wie schwer sich die heimische Wirtschaftspolitik angesichts der mannigfachen Informations- und Kommunikationsdefizite tat, sachgerechte Konzepte zu entwickeln.

2.2.2 Von der Reichsmark zum Schilling

„Uns liegen zwei Teile vor: Ein Gesetzentwurf, den wir öffentlich beschließen, und daneben Direktiven, die wir stillschweigend zur Kenntnis nehmen sollen. Der Gesetzentwurf spiegelt unserem Volke vor, wir haben jetzt eine Währungsreform, und die Direktiven sagen, eure Währungsreform ist endgültig vernichtet." (Staatskanzler Renner im Kabinettsrat am 23. 11. 1945 anlässlich der Beratungen über das Schillinggesetz)

Nach Kriegsende verhinderten ein strikter Preis-Lohn-Stopp und die Bewirtschaftung knapper Güter zunächst eine „offene" Inflation. Es war jedoch absehbar, dass der Damm gegen die Inflationsflut nicht halten würde, wenn nicht zumindest ein Teil des Geldüberhangs abgeschöpft würde. Die Währungsbehörden der wieder erstandenen Republik Österreich standen damit vor schwierigen Aufgaben. Es galt:
– die österreichische Währung von der deutschen zu trennen und eine eigenständige heimische Geldbasis zu schaffen (Nostrifizierung des Notenumlaufs);
– den Notenumlauf und die Einlagen so „abzumagern", dass sie in einem annehmbaren Verhältnis zur Gütermenge und zu den Preisen standen;
– die insolvent gewordenen, weil mit Schuldtiteln des Deutschen Reichs voll gestopften Finanzintermediäre (Banken, Versicherungen) zu sanieren, etwa dadurch, dass die Einlagen (Ansprüche) im Ausmaß der wertlosen Forderungen an das Deutsche Reich gekürzt wurden;
– die Verluste der Geldbesitzer zu begrenzen, indem das Realvermögen einer einmaligen Abgabe unterworfen wurde (Lastenausgleich).

Wie rasch und in welcher Reihenfolge diese Aufgaben gelöst werden mussten und konnten, hing von verschiedenen Umständen ab. Beispielsweise davon, wieweit sich die „rückgestaute" Inflation weiter eindämmen ließ oder wie viele Reichsmarknoten aus Gebieten Europas einströmten, wo die Reichsmark als Zahlungsmittel abgeschafft worden war. Vor allem aber mussten die Beschränkungen beachtet werden, die die Besatzungsmächte der heimischen Wirtschaftspolitik auferlegten.

Erste Konzepte und Schaltereröffnung

Die Provisorische Staatsregierung Renner war bis zum 20. 10. 1945 nur von der Sowjetunion in dem von ihr besetzten Gebiet (in Wien, Niederösterreich, im Burgenland und anfangs auch in der Steiermark) anerkannt. Ihre Verfügungen beschränkten sich daher bis zur Entwicklung gesamtösterreichischer Währungskonzepte im Spätherbst 1945 auf die östlichen Landesteile. In den von den westlichen Alliierten besetzten Gebieten wurde die Geld- und Kreditwirtschaft im bisherigen Rahmen weitergeführt[46]). Die Reichsbankstellen in Linz, Salzburg, Innsbruck und Bregenz übten unter Kontrolle und nach den Anweisungen der Militärverwaltung[47]) ihre (notwendigerweise beschränkten) Funktionen weiter aus. Ihre Geschäftstätigkeit richtete sich nach den lokalen Erfordernissen, unabhängig davon, ob sie mit den Statuten vereinbar war. Soweit notwendig halfen die Besatzungsmächte, temporäre Liquiditätsengpässe zu überbrücken. Die Kreditunternehmungen öffneten ihre Schalter (in der US-Zone bereits Mitte Mai), ohne mehr als vorübergehende Auszahlungsbeschränkungen verfügen zu müssen. Weiter reichende Entscheidungen wurden bis zur Bildung der Gemeinschaftsorgane der Besatzungsmächte, dem Alliierten Rat und der Alliierten Kommission, aufgeschoben.

Entwickelte sich die Geld- und Kreditwirtschaft in den westlichen Bundesländern „unauffällig", so begann sie in den östlichen Landesteilen mit einem „Paukenschlag". Die Rote Armee hatte bei ihrem Einzug die Banknotenbestände des Geld- und Kreditapparats als „Beutegut" beschlagnahmt[48]): 129,9 Mio. bei den Kreditunternehmungen, 296,5 Mio. bei der Reichsbankhauptstelle Wien und 93,0 Mio. bei der Reichsbankstelle Graz, insgesamt mithin 519,4 Mio. Dadurch ergab sich eine paradoxe Situation: Gerade jenen Organisationen, die Geld schöpfen oder mit Geld handeln, fehlte es an Bargeld. Das Publikum (die „Nicht-Banken") hatte (gemessen am Güterangebot) zu viel – Notenbank, Kreditunternehmungen und Staat hatten (gemessen an den Bedürfnissen des Zahlungsverkehrs) zu wenig Banknoten. Die Notenbank konnte nicht ihre Giroverpflichtungen einlösen, die Kreditunternehmungen konnten nicht ihre Schalter öffnen und die öffentlichen Haushalte keine Löhne zahlen. Der Wirtschaftskreislauf war weitgehend lahm gelegt.

Das Kabinett Renner stand somit vor der vordringlichen Aufgabe, das Geld- und Kreditsystem und die öffentlichen Haushalte mit Banknoten zu versorgen. Das schien auf den ersten Blick kein besonderes Problem zu sein. Warum sollte nicht die frühere Reichsbankhauptstelle Wien für kurze Zeit und in geringen Mengen das fortsetzen, was die Zentrale in Berlin in überreichem Maße getan hatte, nämlich Banknoten drucken? Die Antwort lautete: Abgesehen von rechtlichen Bedenken fehlten hiezu die technischen Voraussetzungen.

---

[46]) Die Geldwirtschaft in den von den westlichen Alliierten besetzten Landesteilen wurde nicht im Einzelnen untersucht. Die summarischen Bemerkungen stützen sich hauptsächlich auf die Berichte der Zweigstellen der OeNB in den Bundesländern an die Wiener Zentrale. AdNB: Nr. 40/1945.
[47]) Die westlichen Besatzungsmächte schalteten sich (im Gegensatz zur Sowjetunion) kontrollierend und anordnend direkt in die Verwaltung ein (*Hanisch,* 1998, S. 17).
[48]) Schreiben des Bundesministers für Finanzen an den Bundeskanzler vom 28. 8. 1946, AdR: BMfF, Zl. 68.410_15/1946. Im Generalrat der OeNB, Nr. 1 vom 21. 8. 1945 wurden die in der Wiener Reichsbankstelle beschlagnahmten Banknoten mit 345 Mio. S etwas höher veranschlagt. Einschließlich Valuten und Wertpapieren verlor nach dieser Quelle die Notenbank in Wien Geldvermögen im Werte von 1.188,9 Mio. S.

2.2 Währungsreformen unter der Besatzung

Zwar hatte die Reichsbank während des Zweiten Weltkriegs in Wien 20-Reichsmarknoten drucken lassen. Die Druckplatten waren jedoch auf Befehl des Reichsbankpräsidenten knapp vor Kriegsende nach Salzburg gebracht und dort seinem Beauftragten übergeben worden[49]). Was an halbfertigen und fertigen Noten in der Wiener Druckerei blieb, fiel der Roten Armee in die Hände. Der Druck von Notgeld wurde nicht erwogen. vernünftigerweise, denn primitive Geldzeichen lassen sich leicht fälschen. Nur die Grazer ließen verlauten, dass sie sich selbst Noten drucken würden, wenn sie keine aus Wien bekämen[50]).

Der Provisorischen Staatsregierung erschien es am einfachsten, sich die fehlenden Banknoten von der sowjetischen Besatzungsmacht zu borgen. Die Beträge könnten später zurückgegeben werden, wenn man auf andere Weise Banknoten erhielt. Staatskanzler Renner berichtete bereits am 8. 5. 1945, zehn Tage nach der Regierungsbildung, die Sowjetunion wäre bereit, 200 Mio. RM in Form von Banknoten leihweise zur Verfügung zu stellen[51]). Damit wurden zunächst die öffentlichen Haushalte (der Bund, die Gemeinde Wien und Grazer Dienststellen) versorgt. Weitere Barmittel waren für die Kreditunternehmungen vorgesehen, damit sie den Zahlungsverkehr aufnehmen konnten.

Gestützt auf die Liquiditätshilfe der Sowjetunion konnten die Währungsbehörden weitere Schritte planen. Dabei gingen sie von folgenden Überlegungen aus: Im Prinzip wollte man den Schilling, die Währung der Zwischenkriegszeit, wieder einführen. Präziser ausgedrückt: Beabsichtigt war, eine neue Währung einzuführen, die – so wie jene der Ersten Republik – Schilling genannt werden sollte[52]). Der Druck ausreichender Mengen an neuen Schillingnoten brauchte indessen Zeit. Nach dem Druckplan der Oesterreichischen Nationalbank (OeNB) war erst gegen Ende 1945 die für eine Währungskonversion nötige Menge an neuen Schillingnoten verfügbar, und das obschon alte Druckbilder von der Zeit vor 1938 verwendet wurden und die Druckerei intakt geblieben war[53]). (Diese Nachdrucke wurden Interimsnoten genannt. Mit dem Druck von „Edelnoten" wurde erst im Laufe von 1946 begonnen.) Da man nicht solange zuwarten wollte, sollten zunächst die in Österreich zirkulierenden Reichsmarknoten abgestempelt werden. Für eine solche Zwischenlösung sprachen technische und taktische Erwägungen. Technische Erwägungen, denn

---

[49]) AdNB: Nr. 1/1945.
[50]) Ministerratsprotokolle der Provisorischen Regierung Karl Renner 1945, Bd. 1, Hrsg. *Enderle-Burcel/Jerábek/Kammerhofer,* 1995, S. 187/188. Das sorgfältig redigierte Buch ist weit handlicher zu benutzen als die oft schon zerschlissenen Originaldokumente des Archivs der Republik.
[51]) Kabinettsrat Renner, Nr. 4 vom 8. 5. 1945. *Enderle-Burcel/Jerábek/Kammerhofer,* 1995, S. 19/20.
[52]) Dass der neue Schilling nicht identisch mit dem alten war, ging schon aus den Konversionskursen hervor. Der alte Schilling wurde im Jahr 1938 im Verhältnis 3 : 2 in Reichsmark umgetauscht, der neue Schilling knüpfte im Verhältnis 1 : 1 an die Reichsmark an.
[53]) Beirat der OeNB, Nr. 2. Der Beirat amtierte bis zur Bestellung des Generalrats und übte teilweise dessen Funktionen aus.

alte Noten abzustempeln war rascher möglich, als neue zu drucken[54]). Und taktische Erwägungen, denn falls die Stabilisierung nicht sofort gelingen und eine Nachbesserung notwendig werden sollte, so war die Marke „Schilling" nicht kompromittiert. Auch die Währungsoperationen nach dem Ersten Weltkrieg waren noch in Erinnerung. Die Nachfolgestaaten der Österreichisch-Ungarischen Monarchie hatten die Währungstrennung in der Weise vollzogen, dass zunächst die in den betreffenden Gebieten zirkulierenden Kronennoten der Oesterreichisch-Ungarischen Bank abstempelt worden waren. Erst später hatte man Geldzeichen mit einem neuen Namen ausgegeben[55]).

Schon bald nach Erhalt der Liquiditätshilfe der Sowjetunion wollte Zimmermann, der Staatssekretär für Finanzen (im Folgenden Finanzminister genannt), einen Großteil der eingangs erwähnten währungspolitischen Aufgaben angehen. Am 29. 5. 1945 präsentierte er dem Kabinett drei Gesetzentwürfe[56]):

– Das Notenumtauschgesetz sah vor, die in Österreich umlaufenden Reichsmarknoten vom Gesamtbestand an Reichsmarknoten dadurch abzusondern, dass sie mit dem Stempel „Österreichische Schillinge" versehen wurden[57]). Um den Umlauf zu beschränken, sollten nur 150 S pro Kopf in abgestempelten Noten ausgehändigt werden. Der Rest war zunächst auf einem Sperrkonto zu deponieren. Beabsichtigt war, die Konten in dem Maße freizugeben, wie es die wirtschaftlichen Umstände erlaubten.

– Nach dem Kontenumschreibungsgesetz sollten die Einlagen bei den Kreditinstituten auf Schilling umgestellt werden.

– Das dritte Gesetz verfügte eine zunächst auf liquides Vermögen beschränkte Vermögensabgabe. Von den (nach Abzug der Kopfquoten) auf Sperrkonten deponierten Banknoten sollten 25% und von den „Alt"-Einlagen 20% an den Fiskus abgeführt werden. Vom Erlös der Abgabe waren die den Sowjets geschuldeten Beträge zurückzuzahlen. Den Rest wollte der Finanzminister teils stilllegen, größtenteils aber zur Budgetfinanzierung heranziehen.

Das Gesetzeswerk wollte mehrere Probleme in einem Wurf lösen: Das Liquiditätsproblem (die Bereitstellung von Banknoten für den Zahlungsverkehr) sollte mit dem Währungsproblem (der Nostrifizierung und Beschränkung des Geldumlaufs) und das Währungsproblem mit einer Geldbeschaffungsaktion für den Fiskus (einer partiellen Vermögensabgabe) verknüpft werden. Nach

---

[54]) Das gilt freilich nur, wenn man sehr primitive Verfahren wählt und sich mit geringen Sicherheitsvorkehrungen begnügt. Siehe hiezu die Bemerkungen auf S. 118.
[55]) Siehe hiezu: *Pressburger,* 1966, Abschnitt „Die Währungstrennung", S. 344ff.
[56]) Kabinettsrat Renner, Nr. 10 vom 20. 5. 1945. *Enderle-Burcel/Jerábek/Kammerhofer,* 1995, S. 163ff.
[57]) Es ist eine semantische und eine juridische Frage, ob die so abgestempelten Noten noch Reichsmark oder schon Schilling waren. Das Notenbank-Überleitungsgesetz hielt sie für Reichsmark, denen eine Forderung gegen das Deutsche Reich gegenüber gestellt werden sollte.

dem Bericht des Finanzministers an das Kabinett[58]) erwartete man, dass in dem damals von der Sowjetunion besetzen Gebiet Reichsmarknoten im Wert von 3,5 Mrd. abgeliefert werden. Davon sollten 700 Mio. RM als Kopfquoten bar umgewechselt und 2,8 Mrd. auf Sperrkonten gebucht werden, wovon die Staatskasse 700 Mio. beanspruchte. Von der Abgabe auf das Buchgeld (Schätzwert 5,5 Mrd.) erhoffte sich der Fiskus weitere 1,1 Mrd. RM. Vom Erlös der partiellen Vermögensabgabe in Höhe von 1,8 Mrd. RM sollten 300 Mio.[59]) an die Sowjetunion zurückgezahlt, 500 Mio. endgültig stillgelegt und 1 Mrd. für das Staatsbudget verwendet werden.

Übersicht 2.5: Pläne des Finanzministers Mitte 1945 (Ostösterreich)

	Mio. RM
Banknoten	
Abstempelung und Barauszahlung 150 S/Kopf	700
Abgabe von 25% vom restlichen Notenbestand	700
Verbleibende Sperrkonten aus Notenabstempelung	2.100
Summe der eingereichten Reichsmarknoten	3.500
Einlagen bei Kreditunternehmungen	
Abgabe von 20% der Einlagen	1.100
Verbleibende Einlagen	4.400
Summe der Einlagen vor Abschöpfung	5.500
Verwendung der Abgaben	
Rückgabe von Reichsmarknoten an die Sowjetunion	300
Stilllegung von Banknoten	500
Deckung Budgetdefizit	1.000
Erwarteter Abgabenertrag	1.800

Zusammengestellt aufgrund der Ausführungen des Staatssekretärs für Finanzen im Kabinettsrat Nr. 14 vom 26. 6. 1945 (*Enderle-Burcel/Jerábek/Kammerhofer*, 1995, S. 294). – Die Zahlen beziehen sich auf die damals von den Sowjettruppen besetzten Gebiete, d. h. einschließlich der Steiermark und ausschließlich des Mühlviertels. – Nach dem Bevölkerungsschlüssel auf Österreich umgerechnet, lagen der Schätzung ein Banknotenumlauf von 5,6 Mio. RM und Bankeinlagen von 8,8 Mrd. RM zugrunde.

Obschon ambitiös konzipiert, ließ das Programm des Finanzministers viele Fragen offen, wovon einige später große Bedeutung erlangten. Dazu gehörte zunächst das Verhältnis zu den Besatzungsmächten. Sollten die Besatzungsmächte eigene Militärnoten in Umlauf setzen dürfen und wenn nicht: Wie konnten ihre Ansprüche auf Zahlungsmittel befriedigt werden? Ferner blieb ungeklärt, wie die Lücken in den Bilanzen der Kreditunternehmungen geschlossen würden. Der Fiskus wollte sich von der Abgabe auf liquides Vermögen den Löwenanteil sichern. Die verbleibenden eingefrorenen Konten standen

---

[58]) Der Bericht stammt vom 26. 6. 1945 (*Enderle-Burcel/Jerábek/Kammerhofer*, 1995, S. 294) und enthält eine Kreditrückzahlung an die Sowjetunion, die über die erste Tranche des Reichsmarknoten-Kredits von 200 Mio. RM hinausgeht.
[59]) Dieser Betrag kann sich nur auf jene Reichsmarknoten beziehen, die ausgegeben wurden, nicht aber auf die Manipulationsreserve für den Banknotenumtausch.

ebenfalls nicht zur Disposition, denn sie sollten aufgetaut werden, sobald es die wirtschaftlichen Verhältnisse zuließen.

Der gravierende Pferdefuß der geplanten Aktion lag jedoch woanders. Wünschenswert wäre es gewesen, die geplanten Maßnahmen im gesamten Bundesgebiet gleichzeitig durchzuführen. Dafür fehlten jedoch die Voraussetzungen. Es gab noch kein gemeinsames Beschlussorgan der vier Besatzungsmächte, die Provisorische Staatsregierung war noch nicht von den Westmächten anerkannt, und um die Sicherheit in der sowjetischen Zone war es zumindest gebietsweise schlecht bestellt. Noch Mitte August hielt der Finanzminister eine Umtauschaktion in ganz Niederösterreich für zu riskant. Die Post funktionierte nicht überall, manche Ämter und Kreditunternehmungen waren erst im Aufbau begriffen, u. a. m.[60]). Der Finanzminister wollte daher die Umtauschaktion zunächst auf Groß-Wien beschränken. Sobald es die administrativen und politischen Verhältnisse gestatteten, hätte sie auf die gesamte sowjetische Besatzungszone und schließlich auf ganz Österreich ausgedehnt werden können. Nach diesem Vorschlag wären nicht nur die Bewohner in den anderen Besatzungszonen, sondern zeitweilig auch die Niederösterreicher „Devisenausländer" gewesen. (In Wien hätten mit dem Aufdruck „österreichische Schillinge" versehene Noten, im übrigen Bundesgebiet ungestempelte Reichsmarknoten als gesetzliches Zahlungsmittel gegolten.)

Dem Plan, ein österreichisches Währungsgebiet stückweise zu schaffen, stimmte jedoch das Kabinett nicht zu. Der Einwand lag nahe, dass eine auch nur vorübergehende Währungstrennung Wiens von seinem Umland chaotische Zustände schüfe. Der ohnehin geringe Austausch von Gütern wäre lahm gelegt. Auch bestünden zahlreiche und leicht zugängliche Ausweichmöglichkeiten. Die Wiener könnten in niederösterreichischen Nachbarorten mit ungestempelten Noten kaufen oder Geld bei Kreditunternehmungen einlegen, um die angekündigte bevorzugte Behandlung von Konten zu nutzen.

Vor allem aber wollten die Mitglieder des Kabinetts Renner aus politischen Gründen nur eine Währungsreform für das gesamte Bundesgebiet. Da sie überdies (zu Unrecht, wie sich bald herausstellte) erwarteten, dass sich in Kürze die Alliierte Kommission in Wien etablieren würde, entschieden sie sich, zuzuwarten, bis die Währungsreform im gesamten Bundesgebiet durchgeführt werden konnte[61]). Um die Zeit bis dahin zu überbrücken, sollte die sowjetische Besatzungsmacht gebeten werden, weitere 400 Mio. RM in Reichsmarknoten vorzustrecken. Entsprechend dem Ansuchen der Provisorischen Staatsregierung stellten die Sowjetbehörden im Laufe des Junis Banknoten im Betrag von 400 Mio. RM zunächst auf zwei Monate befristet zur Verfügung[62]).

Mithin konnte die Provisorische Staatsregierung über einen Banknotenvorrat im Werte von 600 Mio. RM disponieren. Davon sollte nach der späteren

---

[60]) AdR: Kabinettsrat Renner, Nr. 24 vom 15. 8. 1945.
[61]) Kabinettsrat Renner, Nr. 11 vom 4. 6. 1945. *Enderle-Burcel/Jerábek/Kammerhofer*, 1995, S. 186.
[62]) AdR: BMfF, Zl. 1.561_Kredit/1945.

Lesart die erste Tranche von 200 Mio. für die Schaltereröffnung verwendet werden, die zweite von 400 Mio. war als Manipulationsreserve für die Abstempelung der Reichsmarknoten gedacht[63]). Diese Aufteilung wurde indessen nicht strikt eingehalten. Der Banknotenkredit der Sowjetunion diente auch als eine allgemeine Reserve für unvorhergesehene Fälle, insbesondere zur Deckung temporärer Haushaltsabgänge. In einem Bericht des Staatsamtes für Finanzen von Anfang Juli über die ersten beiden Monate der Regierungstätigkeit findet sich die in Übersicht 2.4 wiedergegebene Aufstellung:

Übersicht 2.6: Verwendung des 600 Mio. RM-Kredits der Sowjetunion bis Mitte 1945

	Mio. RM
A) Bereits ausgegeben	
Versorgung Graz	50
Vorschuss Gemeinde Wien	15
Budgetausgaben	50
Summe der getätigten Ausgaben	115
B) Noch bevorstehend	
Banknoten für Kreditinstitute	100
Budgetbedarf der nächsten Monate	85
Summe der geplanten Ausgaben	185
C) Verbleibende Reserve für Banknotenabstempelung	300
„Russen-Kredit" insgesamt	600

Tätigkeitsbericht des Staatsamts für Finanzen über die ersten zwei Monate der Provisorischen Staatsregierung. AdR: BMfF, Zl. 35_Pr/1945.

Auch die dem Kabinettsrat vorgelegten Berichte des Finanzministers über den Bundeshaushalt in den folgenden Monaten[64]) wiesen darauf hin, dass ein Teil des „Russen-Kredits" als Budgetreserve fungierte. Freilich waren die Formulierungen nicht immer präzise. Das Rechnen in konkreten Banknotenbeständen gab nur solange einen Sinn, als der Bund Buchgeld bei Bedarf nicht oder nur mit hohen Transaktionskosten in Banknoten umwechseln konnte. Dieser Liquiditätsengpass war jedoch schon im August 1945 überwunden (siehe S. 135). In den erwähnten Berichten des Finanzministeriums finden sich wiederholt Hinweise, dass der Fiskus neben dem „Russen-Kredit" noch über andere Finanzierungsquellen verfügte. Staatskanzler Renner (*Rathkolb*, 1985, S. 129) erwähnte in einem Interview an Angehörige der US-Militäradministration am 15. 9. 1945, dass der Russen-Kredit zur Deckung normaler Staatsausgaben („regular expenses") diente (sic!).

---

[63]) Siehe hiezu etwa die Darstellung im Bericht des Rechnungshofes über das Budget des Bundes im Jahr 1945. Ebenso *Kienböck*, 1947, S. 8.
[64]) Berichte des Staatsamts für Finanzen über die Gebarung des Staatshaushalts. AdR: Kabinettsrat Renner, Nr. 22 vom 31. 7. 1945, sowie Kabinettsrat Renner, Nr. 26 vom 22. 8. 1945.

Nachdem sein Währungsprogramm aufgeschoben worden war, scheint es der Finanzminister nur noch halbherzig weiter verfolgt zu haben. Zumindest die technischen Vorbereitungen blieben Stückwerk. Geplant war, die Banknoten nicht erst an Ort und Stelle abzustempeln, sondern vorweg einen Vorrat an gestempelten Noten anzulegen und diese unmittelbar vor der Konversion an die Einreichungsstellen (das waren in ganz Österreich immerhin 3.000) zu verteilen. Eine kontrollierte und sorgfältige Abstempelung von Banknoten (händisch oder maschinell) braucht jedoch Zeit. Mit 100 Arbeitskräften könnte man, so die Banknotendruckerei, täglich 300.000 Stück Noten abstempeln. Das entspräche (bei der üblichen Stückelung der Noten) einer Tagesleistung von 6 bis 9 Mio. RM[65]. Die tatsächliche Leistung blieb weit hinter den Möglichkeiten zurück. In der ersten Abstempelungswoche wurden nur 800.000 Stück Banknoten im Werte von 12 Mio. abgestempelt, bis Ende Mai nur 36 Mio. Zeitweilig wurde die Aktion überhaupt eingestellt. Insgesamt wurden nur Reichsmarknoten im Betrag von etwas mehr als 100 Mio. mit dem Stempel „Österreichische Schillinge" versehen[66]. Der Hauptgrund, warum man die Abstempelung von Reichsmarknoten nicht zügig vorantrieb, lag wohl daran, dass man zuwarten wollte, mit welchen Konzepten die Westmächte nach Wien kommen würden. Möglicherweise brächten sie bereits fertige Banknoten mit[67]. Die Abstempelung von Reichsmarknoten wäre dann ganz oder teilweise überflüssig. Auch hätten abgestempelte Noten vor der Währungsreform nicht für andere Zwecke verwendet werden können. Was immer die Motive gewesen sein mögen: Zu keinem Zeitpunkt bestand ein Vorrat an gestempelten Reichsmarknoten, der auch nur für Wien gereicht hätte, geschweige denn für das gesamte Bundesgebiet[68].

Mit der Diskussion über das Maßnahmenpaket des Finanzministers ging wertvolle Zeit verloren: Die Schalter blieben – von vereinzelten privaten Initiativen abgesehen – in der sowjetischen Besatzungszone geschlossen. Die Notenbank richtete nur einen auf Steuerzahlungen beschränkten Überweisungsverkehr ein. Die Vertreter der Kreditunternehmungen im Beirat der OeNB beklagten, dass die Regierung die Bedürfnisse der Wirtschaft nicht kannte[69]. Erst Anfang Juli 1945, also fast zwei Monate nachdem die sowjetische Besatzungsmacht die erste Tranche Reichsmarknoten im Betrag von 200 Mio. bereitgestellt hatte, ging man daran, den Zahlungsverkehr wieder aufzunehmen.

---

[65] Vermerk: Inbetriebsetzung der Banknotendruckerei der OeNB vom 19. 4. 1945. AdNB: Nr. 1/1945.
[66] Antwort des Finanzministeriums auf eine Anfrage der Sowjetunion über die Verwendung des 600 Mio. Kredits. AdR: Ministerrat Figl 1, Nr. 54 vom 25. 1. 1947.
[67] Beirat der OeNB, Nr. 1 vom 14. 5. 1945.
[68] Wie unter diesen Umständen die für Anfang Juni geplante Aktion hätte bewerkstelligt werden sollen, muss offen bleiben. In den eingesehenen Dokumenten finden sich keine Abstempelungsprogramme mit Terminen und Beträgen.
[69] Beirat der OeNB, Nr. 6 vom 19. 6. 1945.

Am 3. 7. 1945 wurden drei wichtige geldpolitische Gesetze beschlossen:
- das Kreditlenkungsgesetz[70]),
- das Notenbank-Überleitungsgesetz[71]) und
- das Schaltergesetz[72]).

Von diesen drei Gesetzen lag das erste den Sozialisten besonders am Herzen. Die Kreditlenkungskommission begutachtete jedoch nur die nicht sehr zahlreichen Ansuchen um staatliche Garantien für Kredite. Gesamtwirtschaftliche Bedeutung erlangte die Kreditlenkung erst, als dank der Auslandshilfe beträchtliche Mittel für Investitionen zentral verfügbar wurden. Das zweite Gesetz legalisierte die Tätigkeit der OeNB. Das Notenbank-Überleitungsgesetz war strategisch wichtig, weil es Vorentscheidungen für ein neues Notenbankstatut traf. Es trug aber zur Lösung der unmittelbaren Probleme nur wenig bei. Die währungspolitischen Aktionen im ersten Nachkriegsjahr liefen am Gesetz vorbei und wurden erst nachträglich legalisiert.

Von unmittelbarer praktischer Bedeutung war das dritte Gesetz, das Schaltergesetz. Danach wurden am 5. 7. die Schalter wieder geöffnet und damit der Zahlungsverkehr in Gang gesetzt. Die Kreditunternehmungen erhielten insgesamt 94 Mio. RM auf Girokonten der OeNB gutgeschrieben, die sie bei Bedarf in Noten umtauschen konnten[73]). Freilich, den Zahlungsverkehr ganz freizugeben, wagte man nicht. Von den zur Zeit der Schalteröffnung bestehenden Konten (den Altkonten) wurden 60% gesperrt, mit den restlichen 40% konnte bargeldlos (von einem Konto auf ein anderes) überwiesen werden. Nur Einlagen nach der Schalteröffnung (man nannte sie „Renner-Konten") waren frei von Beschränkungen. Der Gesetzgeber versprach außerdem, die Renner-Konten anlässlich der bevorstehenden Währungskonversion besser zu behandeln als das Bargeld (ein Versprechen, das er nicht einlöste). Ferner sollten Einlagen zwischen 5. und 20. 7. 1945 nicht zum Gegenstand von Finanzstrafverfahren gemacht werden. Aus sozialen und wirtschaftlichen Gründen wurden Bargeldabhebungen aus Altkonten in begrenztem Umfang gestattet.

Das Notenbankstatut

Nach der Annexion Österreichs im Jahr 1938 wurde die Oesterreichische Nationalbank liquidiert[74]). Ihre Aktiva (darunter auch die beträchtlichen Gold- und Devisenbestände) und ihre Passiva wurden von der Reichsbank in Berlin

---

[70]) Gesetz über die Errichtung einer Kommission zur Lenkung des öffentlichen und privaten Kredites (Kreditlenkungsgesetz), StGBl. Nr. 43/1945 vom 3. 7. 1945.
[71]) Gesetz über die einstweilige Neuordnung der Oesterreichischen Nationalbank (Notenbank-Überleitungsgesetz), StGBl. Nr. 45/1945 vom 3. 7. 1945.
[72]) Gesetz über die Wiederaufnahme der Zahlungen der Kreditunternehmungen (Schaltergesetz), StGBl. Nr. 44/1945 vom 3. 7. 1945.
[73]) Beirat der OeNB, Nr. 8 vom 3. 7. 1945. Nach späteren Informationen (siehe Übersicht 2.17) erhielten die Kreditunternehmungen insgesamt 102 Mio. S Liquiditätshilfe.
[74]) Eine Abschrift der Liquidationsbilanz wurde im Archiv der Notenbank gefunden (siehe den Abschnitt „Das Deutsche Eigentum"). Die Liquidation wurde zwar nicht abgeschlossen, die Funktionen der Notenbank gingen jedoch auf die Reichsbank über.

übernommen. Die Reichsbank führte in Wien eine Bankhauptstelle und in den Bundesländern Bankstellen. Die Reichsbankhauptstelle Wien wurde nach der Befreiung zunächst formlos weitergeführt. Die Leiter wurden kommissarisch bestellt, die Funktion eines Generalrats übernahm ein Beirat. Eine der ersten Maßnahmen der Provisorischen Staatsregierung bestand darin, wieder eine eigenständige Notenbank zu schaffen. Das war keine leichte Aufgabe, nicht nur wegen des desolaten Zustands des Geldwesens, sondern auch, weil ideologische Gegensätze überbrückt werden mussten. Die Frage nach der künftigen Wirtschaftsordnung und damit auch nach der Stellung der Notenbank war im Kabinett Renner heftig umstritten. Angesichts der anscheinend unvereinbaren Auffassungen über die Eigentumsverhältnisse und die Funktion der Notenbank ersann der Staatskanzler folgenden Kompromiss: Die Oesterreichische Nationalbank der Zwischenkriegszeit habe nie zu bestehen aufgehört, sondern war nur zeitweise in ihren Funktionen lahm gelegt gewesen. Renner wörtlich:

„Es ist vielleicht doch besser, wenn wir sagen: Im Jahre 1938 wurde sie zwar von den Deutschen vernichtet, aber sie ist fortbestehend, so gut wie der vernichtete Staat fortbesteht. Sie lebt mit der Unabhängigkeitserklärung Österreichs als Rechtsfigur wieder auf." (Renner im Kabinettsrat, Nr. 14 vom 26. 6. 1945[75])

Dementsprechend hieß es in Artikel I des Notenbanküberleitungsgesetzes: „Die Österreichische Nationalbank, die ... während der Dauer der Annexion außer Funktion gesetzt worden ist, ist kraft der Unabhängigkeitserklärung Österreichs wieder ins Leben getreten." Diese Formulierung (*Bachinger/Matis*, 1974, S. 175 sprachen von einer „offiziellen Schreibart") gefiel zwar nicht den Verfassungsrechtlern[76]), aber sie entsprach der Neigung der Politik zu Provisorien, wenn man anstehende Probleme nicht lösen konnte. Was schon bestand, war schwer beiseite zu schieben. Das Notenbank-Überleitungsgesetz und seine Novelle konnten sich in der Hauptsache damit begnügen, die alten Satzungen dort zu korrigieren, wo sie schlechtweg nicht mehr anwendbar waren. Im Übrigen wurde erwartet, dass in absehbarer Zeit (jedenfalls aber noch in der Wiederaufbauperiode) ein neues Notenbankstatut beschlossen würde, das den Bedürfnissen des Wiederaufbaus Rechnung tragen sollte. (Tatsächlich dauerte es ein Jahrzehnt, bis ein neues Statut zustande kam.)

Eine zentrale Frage betraf die Deckung des Gesamtumlaufs der Notenbank (Banknoten und Giroverbindlichkeiten). Nach dem Ersten Weltkrieg war die Oesterreichische Nationalbank erst Ende 1922 geschaffen worden, zu einem Zeitpunkt, als sie mit einer „herzeigbaren" Bilanz ausgestattet werden konnte. Bis dahin führte die österreichische Geschäftsstelle der Oesterrei-

---

[75]) *Enderle-Burcel/Jerábek/Kammerhofer*, 1995, S. 304.
[76]) Nach dem Rechtsüberleitungsgesetz StGBl. Nr 6/1945 blieben die Rechtsvorschriften aus der NS-Zeit zunächst erhalten. Sie mussten erst explizit außer Kraft gesetzt und durch neue Normen ersetzt werden. Das Weiterbestehen der alten Notenbank wurde später damit begründet, dass ihre Liquidation nicht abgeschlossen wurde. Das Notenbankprivileg war jedoch zweifellos erloschen. Siehe hiezu *Karsch*, 1997, S. 46.

chisch-Ungarischen Nationalbank die Agenden der Notenbank provisorisch fort. Nach dem ersten Wochenausweis vom 7. 1. 1923 war ein Drittel des Notenumlaufs und der sofort fälligen Verbindlichkeiten durch valutarische Reserven gedeckt[77]). Die Statuten sahen vor, in absehbarer Zeit die „Bardeckung" (die Einlösbarkeit der Banknoten in Gold) einzuführen. Nach dem Zweiten Weltkrieg konnte und wollte der Gesetzgeber nicht zuwarten, bis ähnliche Deckungsaktiva verfügbar wurden. Er entschied sich dafür, die Bilanz der Notenbank bloß formell auszugleichen: Die OeNB sollte einen Teil der zirkulierenden Banknoten und der sofort fälligen Verbindlichkeiten der Deutschen Reichsbank als österreichische Umlaufmittel übernehmen. Nähere Details, insbesondere Zeitpunkt und Ausmaß der Abstempelung, sollten durch ein Spezialgesetz festgelegt werden. Dieser so abgegrenzte Gesamtumlauf hätte bis zum Beschluss eines neuen Notenbankstatuts als obere Schranke zu gelten. Für den Teil ihrer Verpflichtungen, der nicht durch Aktiva gedeckt war (und das war ursprünglich fast der gesamte Betrag), sollte die Notenbank eine Forderung gegen den Emittenten einsetzen. Der Emittent, das war nach dem Notenbank-Überleitungsgesetz, als man noch die Abstempelung von Reichsmarknoten in Betracht zog, die Deutsche Reichsbank und damit das Deutsche Reich. Nach der Einführung des Schillings bestimmte die Novellierung des Gesetzes die Republik Österreich als Schuldner. Damit wurde deutlich: Der Schilling war staatliches Papiergeld, das in Gestalt einer Bilanz präsentiert wurde.

Eine Notenbank, die ihre Verpflichtungen hauptsächlich mit einer zunächst unverzinsten Forderung an den Staat „deckt", erfüllt nicht die Kriterien, die üblicherweise in einem marktwirtschaftlichen System an die Zentralbank gestellt werden. Es gab jedoch zumindest drei Umstände, die erwarten ließen, dass der Lückenbüßer „Forderungen an den Bundesschatz" allmählich durch „vollwertige" Aktiva ersetzt werden kann:
– Österreich konnte hoffen, dass ihm ein Teil seines Goldschatzes zurückgegeben wird[78]).
– Die beabsichtigten Währungsschnitte würden die Verbindlichkeiten der Notenbank und damit die Restgröße auf der Aktivseite reduzieren.
– Die Begrenzung des Staatskredits und die weitgehende Unabhängigkeit der Notenbank ließen dem Bund nur geringen Spielraum, „sich über die Notenpresse" zu finanzieren.

Tatsächlich wurde aus dem „hässlichen Entlein" rascher ein „strahlender Schwan", als selbst Optimisten erwartet hatten. Laut erstem Notenbankausweis vom 10. Oktober 1946 machte die Ausgleichsforderung an den Bundesschatz mit 12,5 Mrd. S noch fast die gesamte Bilanzsumme aus. Ende 1955, nach Abschluss der Wiederaufbauperiode betrug diese Füllgröße nur noch 1,79 Mrd. S oder 11% des Gesamtumlaufs (siehe den Abschnitt „Die Etablierung marktwirtschaftlicher Institutionen").

---

[77]) *Pressburger,* 1966, S. 381.
[78]) Der Goldschatz der OeNB betrug 1937 78.267 kg. Nach dem 17. 3. 1938 wurden aufgrund des Devisengesetzes weitere 12.990 kg Gold abgeliefert. AdNB: Nr. 2/1945.

Notenbanken sind im Normalfall rentable Unternehmungen, weil sie das Privileg genießen, unverzinstes Notenbankgeld zu schaffen und diese Mittel zumindest teilweise in ertragbringenden Aktiva anlegen. In der ersten Nachkriegszeit hatte jedoch die Notenbank so gut wie keine ertragbringenden Aktiva[79]). Das Notenbank-Überleitungsgesetz bestimmte daher vorsorglich, dass der Bund für Verluste der Notenbank aufzukommen hätte. Tatsächlich war das nur bis zum Währungsschutzgesetz Ende 1947 nötig. Danach erzielte die Notenbank Gewinne.

Die beeinspruchte Konversion

Wie so häufig bei Provisorien war das Schaltergesetz langlebiger als erwartet. Erst im August 1945 trafen sich die Finanzexperten der vier Besatzungsmächte in Wien, um über das österreichische Währungsproblem zu beraten. Die Sitzungen des Alliierten Finanzkomitees waren zunächst informell, denn die Gemeinschaftsorgane der Besatzungsmächte, der Alliierte Rat und die Alliierte Kommission, konstituierten sich erst am 11. 9. 1945[80]). Da Regierung und Notenbank nur in den von der Sowjetunion besetzten Landesteilen anerkannt waren, fand man den Ausweg, dass die westlichen Alliierten in ihren Zonen autonom die gemeinsamen Beschlüsse vollziehen. Vertreter der OeNB wurden als Experten zu den Sitzungen des Finanzkomitees eingeladen. Sie sollten nicht nur technische Informationen liefern, sondern auch den Standpunkt der österreichischen Währungspolitik erläutern.

Die westlichen Alliierten schlugen im Alliierten Finanzkomitee[81]) vor, die Reichsmarknoten zunächst gegen Schillingnoten umzutauschen, die in den USA gedruckt worden waren und die als Besatzungsgeld eingesetzt wurden. Nur ein Teil der verfügbaren Alliierten-Militär-Schillinge (AMS), auch Okkupationsschilling genannt, war an die Zahlmeister der vier Besatzungsmächte zur Bestreitung der laufenden Besatzungskosten verteilt und in Umlauf gebracht worden. Der größte Teil wurde als Reserve gehalten. Wie viele AMS gedruckt wurden, ist nicht bekannt. Gerüchteweise wurde eine Zahl von 10 Mrd. genannt. Das ist nicht unplausibel. Allein in Österreich lagen, nachdem die AMS ihre Zahlungsmittelfunktion verloren hatten, Noten im Betrag von 6,8 Mrd. auf Depots der Notenbank und wurden nach und nach vernichtet („verkollert" wie es in der Sprache der Notenbank hieß), nicht eingerechnet kleine Notenabschnitte, die noch längere Zeit Zahlungsmittel blieben[82]).

---

[79]) Der Kuriosität halber sei erwähnt, dass die Notenbank Tabellen für interne Zwecke auf der Rückseite von Formularen aus der Kriegszeit erstellte. Damit wurde nicht nur Papier, sondern auch Geld gespart.
[80]) Nach der Etablierung des Alliierten Rats wurde das provisorische Finanzkomitee in ein endgültiges umgewandelt.
[81]) Die Verhandlungen im Finanzkomitee sind ausführlich dokumentiert in: AdNB: Nr. 58/1945.
[82]) Nach einer Zusammenstellung der OeNB vom 15. 4. 1946. AdNB: Nr. 685/1946 V. Zu diesem Zeitpunkt waren kleine AMS-Noten im Betrag von 254 Mio. im Umlauf oder in der Banknotenkasse der OeNB.

Die westlichen Alliierten waren bereit, aus ihren Beständen die für einen Währungsumtausch erforderlichen Mengen an AMS-Noten zur Verfügung zu stellen. Erst wenn die Notenbank genügend Schillingnoten heimischer Provenienz gedruckt hatte, sollten die AMS gegen Schillinge ausgetauscht werden. Für die österreichischen Experten kam dieser Vorschlag nicht unerwartet. Sie hatten schon früh von der Existenz dieser Noten und von der Bereitschaft der Amerikaner erfahren, sie für Währungsoperationen einzusetzen[83]). Sie begrüßten den Vorschlag, denn die zunächst ins Auge gefasste Abstempelung der Reichsmarknoten „ist zeitraubend, ihr Produkt primitiv"[84]). Die Währungskonversion über das Zwischenglied der AMS-Noten hatte allerdings zwei Konsequenzen:

– Die vorgesehene Abschöpfung des Bargelds konnte sich nur auf Reichsmarknoten, aber nicht auf die bereits in Umlauf befindlichen AMS-Noten beziehen. Österreicher, die über AMS-Noten verfügten, kamen ungeschoren davon[85]). Auch waren die bereits zirkulierenden Noten räumlich einseitig verteilt. Die Entzugseffekte der Konversion waren demnach regional verschieden.
– Die westlichen Alliierten konnten entscheiden, ob und wie viele AMS-Noten sie zusätzlich (über den Konversionsbedarf hinaus) in Umlauf setzten. Sie waren damit imstande, in der Zwischenphase bis zur Einführung heimischer Schillingnoten die Ausgaben der sowjetischen Besatzungsmacht in Österreich zu kontrollieren.

Während sich die Österreicher mit der ersten Konsequenz abfanden, akzeptierte die Sowjetunion nicht die zweite, was sich freilich erst später herausstellte. Zuerst kamen die Verhandlungen auf Basis der anglo-amerikanischen Vorschläge gut voran. Die Annahme der Österreicher, dass die Währungskonversion in drei Wochen unter Dach und Fach gebracht werden könnte, erwies sich freilich als zu optimistisch. Zu groß waren die technischen Probleme und die Meinungsverschiedenheiten über wichtige Details der Reform. Kompromisse waren vor allem hinsichtlich der Kontenblockierung nötig. Die westlichen Alliierten fanden, dass sich die Freigabe der Konten in ihren Zonen positiv ausgewirkt hatte. Die Vertreter der Sowjetunion hingegen befürworteten möglichst umfassende Sperren und Kontrollen, schon um Kriegsgewinner zur Verantwortung ziehen zu können. Die österreichischen Experten wollten zu ihrer Zusage stehen, die „Renner-Konten" bevorzugt zu behandeln, hielten aber im übrigen Kontensperren zumindest zeitweilig für nötig. Strittig war auch die Behandlung von Ausländern, denn die österreichischen Stellen wollten die Umschreibung von Konten auf Schilling und die Umtauschbedingungen für Banknoten zunächst auf Österreicher beschränken.

---

[83]) Bereits in der 2. Direktoriumssitzung der OeNB am 7. 8. 1945 wurde der Einsatz von AMS empfohlen. AdR: BMfF, Zl. 4.079_Kredit/1945.
[84]) Memorandum über die Umstellung der österreichischen Währung vom 20. 8. 1945. AdNB: Nr. 58/1945.
[85]) Da die Währungspläne nicht völlig geheim blieben, wurden die AMS zeitweilig mit einem Aufgeld gegenüber der RM auf den informellen Märkten gehandelt.

Diese Hindernisse konnten jedoch im Laufe des Septembers überwunden werden. Gegen Monatsende waren die Vorbereitungen abgeschlossen. Alliierte und österreichische Experten hatten sich auf einen Entwurf eines Banknotenabschöpfungsgesetzes geeinigt. Detaillierte Anweisungsvorschriften waren ausgearbeitet worden, die Formblätter für den Notenumtausch an die Einreichungsstellen weitergeleitet worden. Die üblichen Presseaussendungen und Ministererklärungen lagen druckreif vor. Die Amerikaner hatten der OeNB AMS-Noten im Betrag von 1,4 Mrd. für den Bedarf der sowjetischen Besatzungszone (einschließlich Wiens) übergeben. In den westlichen Bundesländern hatten die Militärregierungen die Verteilung der Noten vorbereitet. Am 7. 10. 1945 sollte das Gesetz verkündet werden, der Umtausch von Reichsmark in AMS war in der Zeit vom 15. bis 24. 10. 1945 vorgesehen[86]. Die alten RM-Scheine würden dann mit Ausnahme der Appoints unter 10 RM (kleine Notenabschnitte) ungültig werden. (Die kleinen Scheine sollten deshalb noch im Umlauf bleiben, weil ihr Druck längere Zeit beanspruchte.) Nur die Genehmigung des Alliierten Rats zur Veröffentlichung des (akkordierten) Gesetzestextes stand noch aus, dann konnte die „Aktion Paulus" (*Kienböck,* 1947, S. 9) starten.

Buchstäblich in letzter Minute legte die Sowjetunion ihr Veto ein. In der Sitzung des Exekutivkomitees der Alliierten Kommission am 7. 10. 1945 erklärten ihre Vertreter, dass sie nur einem Umtausch von Reichsmark gegen Schilling, aber nicht gegen AMS zustimmen könnten. Als Begründung wurde angeführt, dass die Anerkennung der Regierung Renner durch die westlichen Alliierten bevorstünde. Militär-Schillingnoten wären ein Instrument der Kriegsführung und daher nicht mehr angebracht[87]. Kompromissvorschläge der Engländer und Franzosen, AMS-Noten und Schillingnoten zu mischen, wurden zurückgewiesen. Mit der Konversion musste zugewartet werden bis genügend Schillingnoten verfügbar waren. Die Kapazität der Notenpresse wurde damit zu einer kritischen Größe.

Die österreichischen Experten hatten zu Beginn der Gespräche mit dem Alliierten Finanzkomitee den Bedarf an Banknoten auf 3 Mrd. geschätzt[88]. Diese Zahl wurde später auf 3,3 Mrd. S und schließlich auf 3,7 Mrd. S erhöht, wobei nur der zivile Bedarf, nicht aber jener der Besatzungsmächte berücksichtigt wurde. Der Schätzwert kam auf eine pragmatische Weise zustande. Man ging wie in den ersten Währungsplänen des Finanzministers davon aus, dass pro Kopf 150 S ausgehändigt werden (das machte annähernd 1 Mrd. S aus). Außerdem musste für den Fall vorgesorgt werden, dass freie Einlagen abgehoben und gesperrte Einlagen aus unabweisbaren Gründen freigegeben würden. Die Einlagen der Kreditunternehmungen wurden daher mit einer hohen Reservequote unterlegt. Nochmals eine Bargeldknappheit wollte man nicht

---

[86] 6. Besprechung mit dem Alliierten Finanzkomitee am 24. 9. 1945. AdNB: Nr. 58 /1945.

[87] Besprechung mit dem Alliierten Finanzkomitee am 8. 10. 1945. AdNB: Nr. 58/1945.

[88] Memorandum über die Umstellung der österreichischen Währung vom 20. 8. 1945. AdNB: Nr. 58/1945.

riskieren. Wenn man mit weniger Banknoten auskam, umso besser. Die Frage, wie groß der Geldumlauf sein durfte, um einigermaßen Preisstabilität zu gewährleisten, wurde (noch) nicht gestellt. Sie spielte erst in den späteren, zum Teil heftigen Diskussionen im Kabinettsrat eine Rolle.

Nach dem Druckprogramm wurden erst gegen Ende 1945 die für den zivilen Bedarf geschätzten 3,7 Mrd. S Banknoten verfügbar. Da die Sowjetunion an einer möglichst raschen Konversion interessiert war und überdies Spielraum für den Geldbedarf der Besatzungsmächte schaffen wollte, drängte sie auf eine Beschleunigung des Druckprogramms und auf eine Kürzung des zivilen Bedarfs. Der Schätzmethode der heimischen Währungsbehörden folgend, hielt sie die Bereitstellung von 2 Mrd. S Banknoten für den zivilen Bedarf für ausreichend, wenn 90% der Einlagen zumindest solange gesperrt würden, bis die Notenproduktion dem Bedarf nachkommt.

Das Schillinggesetz – ein Diktat der Alliierten?

Was sagte die Provisorische Staatsregierung zu den Vorstellungen des Komitees? Eine Erörterung der Währungsfrage im Kabinettsrat im August 1945[89]) wurde als geheim bezeichnet und deshalb nicht protokolliert. Man darf jedoch annehmen, dass in dieser Sitzung die Pläne des Finanzkomitees zur Diskussion standen und grünes Licht für den Umtausch von Reichsmark in AMS gegeben wurde.

Ab Ende September befasste sich der Kabinettsrat in jeder Sitzung mit der Währungsfrage. Am 3. 10. 1945 beschloss er das Banknoteneinlieferungsgesetz[90]), das wegen des Einspruchs der sowjetischen Besatzungsmacht nicht verwirklicht werden konnte. Im Laufe des Novembers spitzte sich die Diskussion dramatisch zu. Zu den Verhandlungen im Finanzkomitee wurde nunmehr auch der Finanzminister beigezogen; sie nahmen damit offiziellen Charakter an. Ein Thema rückte nunmehr in den Vordergrund, das bisher ausgespart worden war: Die Versorgung der Besatzungstruppen mit neuen Geldzeichen. Da Okkupationsschillinge nicht mehr Zahlungsmittel sein würden, musste entschieden werden, wie viele und auf welche Weise neue Banknoten den Besatzungsmächten als Erstausstattung (als Ersatz für die in ihrem Besitz befindlichen RM- und AMS-Noten) übergeben und wie die laufenden Besatzungskosten gedeckt werden.

Das Alliierte Finanzkomitee hatte über Besatzungskosten nicht zu befinden. Es blockte daher diesbezügliche Anfragen der österreichischen Teilnehmer ab. Ohne beiläufige Größenordnungen kam man jedoch nicht aus, denn der so genannte zivile Bedarf war nicht unabhängig davon, wie viele Banknoten durch die Besatzungsmächte in Zirkulation gebracht wurden. Gesprächsweise wurde 1 Mrd. S als Bedarf der Besatzungsmächte ohne Angabe des Zeitraums genannt. Das erschien den österreichischen Verhandlern als eine Obergrenze. Die Bemerkung eines sowjetischen Teilnehmers, wonach ein Monatsbedarf von 500 Mio. S angemessen wäre, was auf das Jahr gerechnet Besat-

---

[89]) AdR: Kabinettsrat Renner, Nr. 25 vom 18. 8. 1945.
[90]) AdR: Kabinettsrat Renner, Nr. 33 vom 3. 10. 1945.

zungskosten von 6 Mrd. S ergeben hätte[91]), wurde offenbar nicht ernst genommen.

Die Provisorische Staatsregierung stand zunächst auf dem Standpunkt, Österreich habe als befreiter Staat überhaupt keine Besatzungskosten zu tragen, schon gar nicht für Armeen, die aus Gründen, die Österreich nicht zu verantworten hatte, weit überdimensioniert waren. Es handelte sich nicht um Besatzungstruppen, sondern um Aufmarschtruppen, argumentierte Staatskanzler Renner. Wenn schon Besatzungskosten verlangt würden, dann müssten sie in einem eigenen Vertragswerk festgelegt werden. Über einen solchen Vertrag hätte der erst zu bildende Nationalrat zu befinden und nicht die bereits demissionierte Provisorische Staatsregierung.

Vor allem aber würde eine hohe Erstausstattung der Alliierten mit Schillingnoten den beabsichtigten Effekt der Währungsreform zunichte machen. Der österreichische Schilling, davon waren die Mitglieder des Kabinetts Renner überzeugt, würde von der Bevölkerung als ein Garant für Stabilität betrachtet. Dieses Vertrauen dürfte nicht enttäuscht werden. Mit abgestempelten Reichsmarknoten oder Okkupationsschillingen hätte man leichtfertiger umgehen können. Andere Finanzierungsformen wurden erörtert, wobei freilich offen blieb, wie man Besatzungskosten durch „Kreditoperationen" finanzieren könnte, die nicht die monetäre Basis vergrößern. Wenn die Besatzungsmächte ihre Notenbestände nicht für laufende Zwecke ausgäben, wäre zwar die Inflationsgefahr gebannt, dann aber drohte der „Ausverkauf der österreichischen Wirtschaft", denn mit den gehorteten Beträgen könnte zu einem beliebigen Zeitpunkt ein guter Teil der österreichischen Betriebe aufgekauft werden[92]). (Ausländisches Eigentum an in Österreich tätigen Unternehmungen hielt die heimische Wirtschaftspolitik für schädlich. Siehe hiezu den Abschnitt „Das Deutsche Eigentum".)

Der Beschluss der Alliierten Kommission vom 16. 11. 1945[93]) übertraf die schlimmsten Befürchtungen. Danach hatten die österreichischen Währungsbehörden bis 13. 12. 1945 Schillingnoten im Werte von 4 Mrd. bereitzustellen. Davon waren 2,5 Mrd. S für zivile Zwecke vorgesehen (1 Mrd. S als Kopfquote und der Rest als Reserve für Lohnzahlungen). Den Besatzungsmächten sollten nicht weniger als 1,5 Mrd. S ausgehändigt werden. Zusätzlich sollten sie 500 Mio. erhalten, sobald aus der laufenden Notenproduktion 1,3 Mrd. S verfügbar würden (damit war bis Ende Februar 1946 zu rechnen). Weiters kündigten die Besatzungsmächte an, dass sie zahlenmäßig nicht präzisierte laufende Besatzungskosten einfordern würden, die über das Budget zu finanzieren wären.

---

[91]) Tagung des Alliierten Finanzkomitees am 3. 11. 1945. AdNB: Nr. 58/1945.
[92]) Die Diskussion im Kabinettsrat hatte zum Teil den Charakter eines geldtheoretischen Seminars. Insbesondere der Staatskanzler befasste sich ausführlich mit den Beziehungen zwischen Geldmenge, Geldströmen und Finanzierungssalden. Kabinettsrat Renner, Nr. 11 vom 4. 6. 1945. *Enderle-Burcel/Jerábek/Kammerhofer,* 1995, S. 184ff.
[93]) AdR: Kabinettsrat Renner, Nr. 39 vom 23. 11. 1945.

Der Kabinettsrat lehnte zunächst ein Schillinggesetz mit den von der Alliierten Kommission geforderten Bedingungen strikt ab[94]). Die österreichische Haltung sollte in einem Gespräch mit dem Alliierten Rat dargelegt werden, wozu der Finanzminister ein schriftliches Memorandum ausarbeiten würde. Dieses Memorandum[95]) enthielt fünf Punkte:
- Regelung der Besatzungskosten außerhalb des Schillinggesetzes durch einen Vertrag, der vom Nationalrat zu beschließen ist;
- Herabsetzung der einmaligen und laufenden Besatzungskosten auf ein für Währung und Wirtschaft erträgliches Maß;
- Teilblockierung der für militärische Zwecke ausgegebenen Noten ähnlich wie jene für zivile Zwecke;
- zahlenmäßige Fixierung der laufenden Besatzungskosten als Grundlage für die Budgetplanung;
- zeitliche Verteilung der Freigaben entsprechend den Erfordernissen des Wiederaufbaus und den budgetären Möglichkeiten.

Der Finanzminister wurde nur vom Finanzkomitee der Alliierten Kommission empfangen. Die Finanzexperten erklärten, dass ihre Vorschläge mit dem Alliierten Rat koordiniert wären. Man ließ durchblicken, dass ein Beharren auf dem österreichischen Standpunkt die Währungsreform auf unbestimmte Zeit verschöbe, denn der Alliierte Rat in Wien hätte keine Vollmacht, über Besatzungskosten zu verhandeln.

Daraufhin entschied das Kabinett Renner nach einer mehrtägigen Diskussion[96]), zwar das Schillinggesetz zu beschließen, aber in einer Mantelnote die österreichischen Vorbehalte hinsichtlich der Besatzungskosten entsprechend dem Memorandum des Finanzministers zu formulieren. Österreich könnte bestenfalls den Alliierten einen Vorschuss zahlen, der künftige Verhandlungen nicht präjudizieren und der überdies nicht so hoch sein dürfte, dass die Währungsstabilität gefährdet würde. Für den Kompromiss setzte sich vor allem das rechte Lager ein, wogegen die Kommunisten[97]) bei ihrem strikten Nein blieben und die Sozialisten nur zögernd mitmachten.

---

[94]) AdR: Kabinettsrat Renner, Nr. 39 vom 23. 11. 1945.
[95]) Das Memorandum liegt nicht den Protokollen des Kabinettsrats bei. Es wurde in den Präsidialakten des Finanzministeriums gefunden. AdR: BMfF, Zl. 649_Präs/1945 vom 4. 12. 1945.
[96]) Diese Diskussion und die daraus folgenden Entscheidungen über das Schillinggesetz wurden in einer Sitzung des Kabinettsrats geführt, die immer wieder zwecks Konsultationen unterbrochen wurde und sich letztlich über vier Tage erstreckte. AdR: Kabinettsrat Renner, Nr. 40 vom 29. 11. bis 1. 12. 1945.
[97]) Dabei bedienten sie sich auch in den internen Gesprächen einer pathetischen Sprache, die sonst nur in öffentlichen Reden üblich ist. Staatssekretär Fischer z. B. sagte: „Da habt ihr (die Alliierten, A.d.V.) Österreich, macht damit was ihr wollt! Das kann keine österreichische Regierung beschließen. Dann würden wir zu Verrätern unserer Heimat, dann würden wir herabsinken auf die Mentalität eines Kolonialvolkes, das noch nicht imstande ist, für seine Unabhängigkeit einzutreten." AdR: Kabinettsrat Renner, Nr. 39 vom 23. 11. 1945.

Der Alliierte Rat stellte in seiner Sitzung am 30. 11. 1945[98]) klar, wer in Österreich herrschte. Er gab der österreichischen Regierung die Weisung, das Schillinggesetz unverzüglich, ohne Bedingungen oder Vorbehalte, in Kraft zu setzen. Außerdem verlangte er, dem Gesetz einen Zusatz hinzuzufügen: „Die österreichischen Schillingnoten sind durch das österreichische Volksvermögen gesichert". Diesen Zusatz musste die Provisorische Staatsregierung als besonders demütigend empfinden, gleichgültig ob man darin nur eine unverbindliche Floskel sah oder ob sich daraus – wie manche befürchteten – konkrete Verpflichtungen für die Zukunft ableiten ließen. Man konnte ihn mit einigem Zynismus so interpretieren: Wie viele Schillinge die Besatzungstruppen auch immer anfordern, mehr als das österreichische Volksvermögen können sie damit nicht erwerben.

Nach viertägigem Widerstand kapitulierte die Provisorische Staatsregierung. Das Schillinggesetz[99]) wurde wie vorgesehen am 1. 12. 1945 beschlossen. Man fand sich damit ab, dass das Gesetz nur eine Zwischenstufe auf dem Weg zu einer stabilen Währung darstellte. Früher oder später würde neuerlich eine Geldabschöpfung notwendig werden.

Die wichtigsten Bestimmungen des Schillinggesetzes lassen sich wie folgt zusammenfassen:

– Der Gesetzgeber bestimmte den Schilling ab 21. 12. 1945 zum einzigen gesetzlichen Zahlungsmittel in Österreich, abgesehen von kleinen AMS- und Reichsmarknoten, die aus drucktechnischen Gründen erst später aus dem Verkehr gezogen wurden. Als Konversionskurs wurde 1 S gleich 1 RM festgelegt.
– Die umlaufenden RM- und AMS-Noten mussten in der Zeit vom 13. bis 20. 12. 1945 abgeliefert werden (mit einer zweitägigen Nachfrist für Einzelhändler). Natürlichen Personen wurde eine Kopfquote von 150 RM (AMS) in neue Schillingnoten umgetauscht, der Rest auf einem Konto gutgeschrieben. Juristische Personen erhielten für abgelieferte Banknoten nur eine Gutschrift (keine Kopfquote). Die von der Bekanntgabe des Schillinggesetzes (1. 12. 1945) bis zum Ende der Konversionsfrist eingelegten Beträge wurden auf Konversionskonten gesammelt.
– Von sämtlichen Einlagen, die vor Einführung der Schillingwährung entstanden, also auch von den „Renner-Konten", wurden 60% gesperrt, 40% blieben frei oder waren beschränkt verfügbar. Für bestimmte soziale und wirtschaftliche Zwecke konnte über Antrag auch von gesperrten oder beschränkt verfügbaren Konten abgehoben werden. Im Einzelnen sind die Bestimmungen sehr kompliziert (und ihr Verständnis wird durch den Gesetzestext nicht gerade erleichtert). Nach der Kontenverordnung des Finanzministeriums hatten die Kreditunternehmungen sechs verschiedene Konten zu führen: Alt- und Altsperrkonten[100]) (aus der Zeit vor der Be-

---

[98]) AdR: Kabinettsrat Renner, Nr. 40 vom 30. 11. 1945.
[99]) Gesetz über Maßnahmen auf dem Gebiete der Währung (Schillinggesetz), StGBl. Nr. 231/1945 vom 30. 11. 1945.
[100]) Da in den westlichen Bundesländern das Schaltergesetz nicht galt und daher nicht ohne weiteres festgestellt werden konnte, wie viel vor der Befreiung Österreichs einge-

freiung Österreichs), Konversions- und Konversionssperrkonten (aus der Zeit vom 1. bis 22. 12. 1945) sowie Neu- und Neusperrkonten. (Unter den Neukonten wurden die Einlagen ab 23. 12. 1945 und die freien 40% der „Renner-Konten" zusammengefasst; als Neusperrkonten galten die gesperrten 60% dieser Kontenkategorie). Für die Konversionskonten sah das Schillinggesetz nur sehr eingeschränkte Verfügungsberechtigungen vor. Die noch im Dezember offenbar aufgrund von Interventionen der Wirtschaft, insbesondere der Kreditunternehmungen, beschlossenen „Erleichterungen"[101]) stellten die Konversionskonten annähernd den Altkonten gleich.

– Die Guthaben der Kreditunternehmungen wurden analog zu den Kundeneinlagen in freie und gesperrte Guthaben getrennt. Über die öffentlichen Kassen sollte per Erlass entschieden werden.

Das Notenbanküberleitungs-Gesetz hatte die Abstempelung von Reichsmarknoten vorgesehen und musste daher geändert werden. Die Provisorische Staatsregierung beschloss am 13. 12. 1945, das Gesetz zu novellieren. Bei dieser Gelegenheit wurde das Notenbankrecht auch an anderen Stellen nachgebessert. Die absolute Begrenzung des Geldumlaufs wurde aufgegeben, die offenbar durch ein Versehen noch geltenden Bestimmungen des alten Statuts über die Golddeckung wurden aufgehoben. Die Novelle ermächtigte die Notenbank, den Banknotenumlauf um jene Beträge zu erhöhen, die sich aus laut Satzung deckungsfähigen Geschäften sowie aus der Zahlung der Besatzungskosten ergaben. Der Gesetzentwurf fand jedoch nicht die Zustimmung des Alliierten Rats. Da sich die Besatzungsmächte auch untereinander nicht einig waren, konnte eine modifizierte Fassung erst am 10. 8. 1946 veröffentlicht werden und damit in Kraft treten[102]). Die Notenbankpolitik war auf diese Weise genötigt, fast zwei Drittel eines Jahres ohne gesetzliche Basis zu operieren. Handeln im Einklang mit den Gesetzen erwies sich unter diesen Umständen schlicht als unmöglich. Auch das gehörte zur Realität der Besatzung.

Realwert der Besatzungskosten

Die Besatzungsmächte erhielten anlässlich des Schillinggesetzes eine Erstausstattung mit neuen Schillingnoten von fast 2,0 Mrd. S. Dazu kamen laufende Besatzungskosten für 1946 von 812 Mio. S. Die Besatzungsmächte konnten somit 1946 insgesamt über 2,8 Mrd. S disponieren. Der Betrag wäre noch höher ausgefallen, wenn jede Besatzungsmacht nach eigenem Gutdünken

---

legt wurde, teilte man den Kontostand per Ende November 1945 im Verhältnis 70 : 30. Siehe Übersicht 2.10.

[101]) Verordnung der Bundesregierung über Erleichterungen von Beschränkungen des Schillinggesetzes, BGBl. Nr. 1/1945 vom 23. 12. 1945.

[102]) Bundesgesetz, wonach die Bestimmungen des Notenbank-Überleitungsgesetzes und die Notenbanksatzungen abgeändert werden (Notenbank-Überleitungsgesetz-Novelle), BGBl. Nr. 122/1946 vom 23. 12. 1945.

hätte verfahren können. Die zwischen den Alliierten getroffene Vereinbarung, Besatzungskosten gemeinsam anzufordern[103]), bremste die Ausgabendynamik.

Nach 1946 verloren die Besatzungskosten an Gewicht, teils weil die Ansprüche insgesamt reduziert wurden, teils weil die USA ab Mitte 1947 ihre Kosten selbst trugen. Für 1947 schrieb der Alliierte Rat insgesamt 492 Mio. S Besatzungskosten vor, etwa halb soviel wie für 1946. Der Betrag ermäßigte sich dank des Entgegenkommens der USA auf 407,5 Mio. S, wovon 140 Mio. S erst 1948 gezahlt wurden. Andererseits liefen nicht beglichene zivile Besatzungskosten auf, die von den Besatzungsmächten selbst zu tragen waren. Das Budget des Bundes für 1947 wurde laut Rechnungsabschluss mit 506,6 Mio. S (zivilen und militärischen) Besatzungskosten belastet.

Übersicht 2.7: Militärische Besatzungskosten 1945-1947

	Erstausstattung mit Schillingnoten	Anforderungen Mai bis Dezember 1946	Anforderungen für 1947[1])	Ende 1945 bis Ende 1947
	Mio. S			
USA	255,00	122,50	30,33	407,83
Großbritannien	255,00	122,50	114,83	492,33
Frankreich	255,00	122,50	114,83	492,33
Sowjetunion	1.215,00	444,50	147,50	1.807,00
Alliierte insgesamt	1.980,00	812,00	407,50	3.199,50

Quelle: AdNB: Nr. 117/1947 und AdR: BMfF, Zl. 26_15/1948. – Der Rechnungsabschluss des Bundes für 1947 weist etwas höhere Zahlen aus. – [1]) Davon 140 Mio. S erst 1948 ausgehändigt.

Mit den 1946 ausgehändigten Schillingnoten hätten die Besatzungsmächte zu offiziellen Preisen zwischen 40% und 50% der heimischen Produktion von Gütern und Leistungen kaufen können. Tatsächlich war der Ressourcenentzug geringer[104]). Die Besatzungsmächte behielten einen Teil ihrer Erstausstattung mit Schillingen als Kassenreserven; auch zahlten sie zumindest für einen Teil ihrer Käufe graue oder schwarze Preise[105]). Überschlägigen Berechnungen zufolge (siehe Abschnitt „Die Kosten der Freiheit") beanspruchte der Unterhalt der Besatzungstruppen im Jahre 1946 ein Sechstel und im Jahr 1947 6% der heimischen Produktion. Kein Wunder, dass sich die österreichische Wirtschaft anfangs so schwer tat und die Bevölkerung darbte.

Die von den Besatzungsmächten geforderte Erstausstattung von 2 Mrd. S diente nicht nur dazu, die alten, nach der Konversion ungültigen Geldbestände der Truppen zu ersetzen, wie die Entschließung des Alliierten Rats vom 16. 11. 1945 vorgab. Sie erlaubte darüber hinaus die Bildung beträchtlicher zentraler

---

[103]) Siehe hiezu die Ausführungen in den Briefen *Kindlebergers* (1989, S. 112) aus und über seinen Wiener Aufenthalt im August 1946 (ferner: *Bischof,* 1999, S. 133).
[104]) Das WIFO schätzte damals die Belastung auf 30%. WIFO-Monatsberichte, 1947, 20(1-2).
[105]) Mit den Franzosen wurde ausdrücklich vereinbart, dass für die Anschaffungen der Besatzungsmacht die amtlichen Preise zu verrechnen waren, wogegen für die privaten Ausgaben von Besatzungsangehörigen auch höhere Preise verlangt werden durften.

Reserven. Das geht aus folgendem Vergleich hervor: Nach dem Beschluss des Alliierten Rats vom 30. 11. 1945 sollten die Besatzungsmächte die anlässlich der Konversion eingezogenen AMS- und Reichsmarknoten bei der OeNB hinterlegen. Die drei westlichen Besatzungsmächte lieferten bis Ende Juli 1946 29,6 Mio. RM und 151,9 Mio. AMS, insgesamt somit Noten im Betrag von 181,5 Mio. S ab[106]). Demgegenüber erhielten sie als Erstausstattung zusammen 765 Mio. S. Auch die laufend als Besatzungskosten zur Verfügung gestellten Beträge wurden nicht voll ausgegeben. Ende 1946 jedenfalls verfügten die drei westlichen Besatzungsmächte über Notendepots von 784 Mio. S. Für die sowjetische Besatzungsmacht fehlen entsprechende Angaben. Sie hatte vermutlich nur geringe zentrale Reserven, doch dürfte der Schillingbestand der Truppe relativ groß gewesen sein. Wahrscheinlich hatten die Besatzungsmächte von den ihnen ausgehändigten 2,8 Mrd. S bis Ende 1946 etwa 1 Mrd. S noch nicht ausgegeben.

Übersicht 2.8: Schätzung der zentralen Notenreserven der westlichen Besatzungsmächte

	RM	AMS	Zusammen
		Mio.	
Ablieferungen aufgrund des Schillinggesetzes[1])			
Großbritannien	13,93	34,91	48,84
USA	9,40	72,78	82,18
Frankreich	6,28	46,16	52,44
Zusammen	29,61	153,85	183,46
Besatzungskosten Erstaustattung			765,00
Differenz			581,54

[1]) Konversionsgelder der westlichen Besatzungsmächte vom 16. 7. 1946. AdNB: Nr. 117/1945.

Eine gewisse Kontrolle für die Schätzung der Ausgaben von der Finanzierungsseite bieten die Anforderungen der Besatzungsmächte an konkreten Gütern im fraglichen Zeitraum. Nach dem Bewirtschaftungsplan für 1946 mussten 20% der verfügbaren Baustoffe den Besatzungsmächten zur Verfügung gestellt werden[107]). Die Alliierten beanspruchten die Hälfte des Inlandsabsatzes[108]) von Rotopapier (etwa ein Fünftel des gesamten Angebots an Papier), hauptsächlich um die von ihnen herausgegebenen oder unterstützten Zeitungen zu versorgen. Die sowjetische Besatzungsmacht erklärte, dass sie die Ernte 1946[109]) in den von ihr verwalteten landwirtschaftlichen Betrieben für die Zwecke der Roten Armee benötigte und daher keinen Beitrag zur Versorgung der heimischen Bevölkerung mit Nahrungsmitteln leisten könne. Der ange-

---

[106]) Konversionsgelder der Besatzungsmächte, Stand 16. 7. 1946. AdNB: Nr. 117/1945.
[107]) Erlass des Bundesministeriums für Handel und Wiederaufbau vom 13. 12. 1946. AdR: Ministerrat Figl 1, Nr. 64 vom 14. 4. 1947.
[108]) AdR: Ministerrat Figl 1, Nr. 77a vom 23. 8. 1947.
[109]) AdR: Ministerrat Figl 1, Nr. 65 vom 23. 4. 1947.

meldete Bedarf der Alliierten an Holz überstieg bei weitem die Liefermöglichkeiten, wenn man den Mindestbedarf der heimischen Wirtschaft berücksichtigte[110]).

Die geschätzten realen Kosten der Besatzung waren 1946 größer und 1947 nicht viel niedriger als die Auslandshilfe. Einzuräumen ist, dass die Besatzungsmächte viele Leistungen beanspruchten, die nicht „international handelsfähig" waren. Auslandshilfe und Besatzungskosten sind daher nicht voll gegenzurechnen. Wie die angeführten Beispiele zeigen, musste Österreich aber auch Güter bereitstellen, die in der Nachkriegszeit besonders knapp und gemäß den damaligen Usancen im internationalen Handel nur gegen Dollar erhältlich waren. Auch beziehen sich die hier geschätzten Belastungen nur auf die Besatzungskosten (nicht aber auf andere Belastungen, insbesondere die Nutzung des „Deutschen Eigentums" in der sowjetischen Besatzungszone).

Mutmaßliche Geldbestände im Jahr 1945

Wie viele Reichsmarknoten zu Kriegsende in Österreich zirkulierten oder Österreichern gehörten, war bis zur Notenabstempelung nicht bekannt. Man wußte nur, dass es zu viele waren, und man befürchtete, dass es immer mehr würden. In der CSR verloren die Reichsmarknoten in jenem Teil, der dem Deutschen Reich einverleibt worden war, Ende Juni 1945 ihre Gültigkeit als Zahlungsmittel. Der Umtausch gegen Kronen war insbesondere für Deutsche und andere, als unerwünscht eingestufte Personen nur zu ungünstigen Bedingungen möglich. Es lohnte sich daher, Reichsmarknoten illegal nach Österreich zu bringen. Auch aus anderen Gebieten, die vom Deutschen Reich besetzt worden waren, kamen Reichsmarknoten über die nur unzulänglich kontrollierten Grenzen[111]) herein. Die Schätzungen über den Umlauf an Reichsbanknoten in Österreich nach Kriegsende wichen stark voneinander ab. Dem währungspolitischen Paket des Finanzministers im Juni 1945 lag (auf das Bundesgebiet bezogen) ein Notenumlauf von 5,6 Mrd. RM zugrunde. Spätere Expertenschätzungen bezifferten den Umlauf auf 12 (*Margarétha*, 1955, S. 355) bis 15 Mrd. RM (*Kamitz*, 1949, S. 196).

Der ohnehin viel zu große Bestand an Zahlungsmitteln wurde durch Besatzungsgeld zusätzlich aufgebläht. Die von den USA vorbereiteten Militär-Schillingnoten (AMS) wurden von allen vier Besatzungsmächten, auch und insbesondere von der Sowjetunion, als Zahlungsmittel in Österreich zum Kurs von 1 AMS gleich 1 RM verwendet[112]). Schließlich sei der Kuriosität halber

---

[110]) AdR: Wirtschaftliches Ministerkomitee, Nr. 14 vom 26. 6. 1946.
[111]) Die alliierten Militärs überwachten nur die grenzüberschreitenden Eisenbahnübergänge. Österreichische (unbewaffnete) Zöllner amtierten nur an wenigen Übergängen.
[112]) Von den bei der Konversion zum Umtausch von Österreichern eingereichten AMS stammten drei Viertel aus der Ostzone einschließlich Wien (Generalrat der OeNB, Nr. 5 vom 28. 12. 1945). Die US-Dienststellen lieferten mehr AMS-Noten ab, als an sie ausgegeben wurden (Military Government Austria, Report of the U.S. Commissioner, No. 3, January 1946, S. 103).

erwähnt, dass die Deutsche Reichsbank ihre Bankstellen gegen Ende des Zweiten Weltkriegs ermächtigt hatte, Fotokopien von Reichsmarknoten zu verfertigen. Sie wollte auf diese Weise sicherstellen, dass ihre Filialen auch dann noch über genügend Reichsmarknoten verfügten, wenn die Transportwege unterbrochen würden[113]). In Graz fand die Rote Armee 93 Mio. RM an Notgeld im Tresor der Reichsbankstelle, in Salzburg wurden 15 Mio. Ersatz-RM von der Reichsbank übernommen, in Linz druckte man 75 Mio., wovon 47 Mio. in Umlauf kamen[114]). Diese Kopien waren technisch schlecht (und nicht mit den Kopien vergleichbar, die ein moderner Farbkopierer herstellen kann). Die OeNB akzeptierte sie nach einigem Zögern bis zum Schillinggesetz als Zahlungsmittel, zog sie aber möglichst aus dem Verkehr. In Kärnten und in Tirol gaben die Reichsbankstellen zur Behebung des Bargeldmangels Reichskreditkassenscheine aus. In Tirol wurden sie bis Ende Oktober 1945 eingelöst[115]).

Im Gegensatz zu den anonymen Banknoten ließen sich die sofort fälligen Giroverbindlichkeiten der Notenbank identifizieren: Gläubiger waren hauptsächlich der Staat und die Banken. Die Reichsbankhauptstelle Wien hatte zu Kriegsende 588 Mio. RM solcher Verpflichtungen[116]). Dazu kamen rund 1 Mrd. RM[117]) in den Bundesländern. Diese Bestände waren deshalb relativ hoch, weil Wiener Großbanken vor Kriegsende Gelder in ihre Filialen in den westlichen Bundesländern verlagert hatten. Die insgesamt 1,5 Mrd. S[118]) Giroverpflichtungen der Reichsbankstellen auf österreichischem Boden wurden nach Überprüfung der Eigentümer größtenteils von der OeNB übernommen. Soweit es sich dabei um Reserven der Kreditunternehmungen handelte, wurden sie ähnlichen Verwendungsbeschränkungen unterworfen wie die Einlagen gemäß Schaltergesetz.

Die erste verlässliche Information über den Bestand an Zahlungsmitteln in Österreich bot die Währungskonversion im Dezember 1945. Sie brachte zwei überraschende Ergebnisse:

Die erste Überraschung betraf die Höhe des Geldumlaufs. Bis zum Ende der Umtauschzeit erhielt die Notenbank Reichsmarknoten im Werte von 6,85 Mrd. und Militär-Schillingnoten im Werte von 1,00 Mrd. (vorläufiges Er-

---

[113]) Diese Anordnung wurde offenbar erst getroffen, als die Rote Armee bereits in Wien war. In der Notenbankzentrale in Wien wusste man zunächst nichts davon.
[114]) Nach den Berichten der Zweigstellen an die Wiener Zentrale. AdNB: Nr. 40/1945 und 171/1945.
[115]) AdNB: Nr. 163/1947.
[116]) Generalrat der OeNB, Nr. 1 vom 21. 8. 1945. Die Verpflichtungen der Reichsbankstellen in den Bundesländern waren zu diesem Zeitpunkt der Zentrale nicht bekannt.
[117]) Generalrat der OeNB, Nr. 2 vom 21. 9. 1945. Angaben über die Giroverpflichtungen einzelner Reichsbankstellen im Westen Österreichs finden sich in AdNB: Nr. 40/1945.
[118]) Die Größe von 1,5 Mrd. RM wird auch von G. Wärmer (siehe S. 140) genannt. Endgültig übernahm die OeNB Giroverpflichtungen der Reichsbank in Höhe von 2.471 Mio. S (AdNB: No. 259/1949). Die Differenz konnte nicht aufgeklärt werden. Ein Teil entfiel auf RM-Forderungen österreichischer Firmen aus Heereslieferungen (WZK-Verfahren), die nachträglich von der OeNB übernommen wurden.

gebnis). Der Bestand an Reichsmarknoten war geringer, als viele Experten vermutet hatten, übertraf aber die Schätzungen der Provisorischen Staatsregierung bei ihren ersten Überlegungen zur Währungsreform. Dennoch dürften per Saldo größere Mengen an Reichsmarknoten in Österreich eingesickert sein, die aber zum Teil vor dem Schillinggesetz wieder außer Landes gebracht wurden. Vergleicht man die Kopfquoten, so erhält man für Österreich einen Betrag von 1.094 RM gegen 811 im Deutschen Reich (Notenumlauf 73 Mrd. RM bei einer Bevölkerung von 90 Mio.).

In den genannten Zahlen über die Noteneinlieferung sind die kleinen Abschnitte von RM- und AMS-Noten nicht enthalten, die aus drucktechnischen Gründen auch nach dem Schillinggesetz noch gültig blieben. Davon wurden bereits im Februar 1946 die kleinen Reichsmarknoten durch AMS-Noten ersetzt[119]), die AMS-Noten blieben länger im Umlauf. Bis Ende der Umtauschfrist gingen bei der Notenbank kleine Reichsmarknoten im Betrag von 269 Mio. ein[120]). Berücksichtigt man, dass die westlichen Alliierten im Jahr 1945 110 Mio. in Form kleiner AMS-Noten zur Verfügung gestellt hatten, so waren zur Zeit der Konversion etwa 380 Mio. in kleinen Noten (unter 10 RM bzw. AMS) in Umlauf (etwa 5% des Umlaufs an größeren Notenabschnitten). Das war relativ viel. Dennoch herrschte Kleingeldmangel, da die kleinen Noten weiter gültig blieben und deshalb gehortet wurden. Um ihm zu begegnen, wurde vorübergehend Notgeld ausgegeben.

Übersicht 2.9: Vom Schillinggesetz erfasste Banknoten

	Mio. RM	Mio. AMS	Zusammen
Bis 31. 11. 1945	3.412	195	3.607
1.-23. 12. 1945			
Erläge auf Sonderkonten	1.290	482	1.772
Noteneinlieferung	2.250	390	2.640
Summe (vorläufiges Ergebnis)[1])	6.952	1.067	8.019
Endergebnis[2])	7.778	1.474	9.252

[1]) 5. Sitzung des Generalrats der OeNB vom 28. 12. 1945 ohne weiterhin gültige kleine Noten und noch nicht abgerechnete Formblattreste. – [2]) AdNB: Nr. 259/1949 einschließlich kleine Noten und Formblattreste.

Der zweite erstaunliche Umstand, der sich freilich aufgrund interner Informationen schon seit einiger Zeit abgezeichnet hatte, betraf den Zeitpunkt, zu dem die Notenbank Reichsmarknoten erhielt. Etwa die Hälfte des Bestands, der vom Schillinggesetz erfasst wurde, befand sich bereits vor Bekanntgabe des Gesetzes in den Tresoren der Notenbank. Weitere 1,29 Mrd. RM wurden bis zum Ende der Konversionszeit auf Konten eingelegt, sodass für die eigentliche Umtauschaktion nur 2,25 Mrd. RM blieben. Die von den Okkupations-

---

[119]) Kundmachung des Bundesministeriums für Finanzen über die Einziehung der kleinen Reichsmarknoten. BGBl. Nr. 45/1946 vom 15. 2. 1946.
[120]) Alliiertenbericht der OeNB vom März 1946.

truppen ausgegebenen Schillingnoten wurden stärker gehortet. Vier Fünftel wurden erst in der Konversionszeit eingeliefert.

Die Kassen der Notenbank waren also schon mit Banknoten gefüllt, bevor das Schillinggesetz verlautbart wurde. Berücksichtigt man, dass nach Beendigung der Kampfhandlungen die Reichsbankstellen zumindest in Wien und in Graz von Banknoten entblößt und auch jene im Westen knapp an Bargeld waren, so erhielt die OeNB in fünf Monaten Banknoten im Werte von zumindest 2½ Mrd. RM, den „Russen-Kredit" von 600 Mio. S nicht eingerechnet.

Dieser Liquiditätsschub (in der Notenbank sprach man von lawinenartig angeschwollenen Einlieferungen[121]) entstand auf folgende Weise: Sobald die Schalter offen waren, legten Haushalte und Unternehmungen sowohl im Osten als auch im Westen des Landes namhafte Beträge bei den Kreditunternehmungen ein. Schon Ende Juli 1945 konnte der Finanzminister[122] dem Kabinettsrat berichten, dass vom 5. bis 26. 7. 1945 die Wiener Institute per Saldo 631,6 Mio. RM neue Einlagen erhalten hatten. (Das war mehr als der „Russen-Kredit" ausmachte.) Nach repräsentativen Erhebungen in Wien und der US-Zone stiegen die Einlagen binnen weniger Monate um mehr als 40%. Vom Kontenstand vor dem Schillinggesetz entfielen somit nur 70% auf „Altkonten", die Einlagen vor Kriegsende. Der überwiegende Teil der Einlagen schlug sich in den Kassenreserven der Kreditinstitute nieder, denn der Kreditbedarf der Wirtschaft und damit auch die Giralgeldschöpfung waren, bevor die Produktion anlief, relativ gering.

Übersicht 2.10: Einlagenzuwachs zwischen Schalter- und Schillinggesetz

	US-Zone[1])	Wien[2])
	Mio. RM	
Bestand Mitte 1945	3.184	3.273
Bestand Ende November 1945	4.576	4.632
Zuwachs in %	+43,7%	+41,5%
Anteil der Altkonten am Bestand vom November 1945	69,6%	70,7%

[1]) Military Government, Austria, Report of the U.S. Commissioner, No. 3, January 1946, S. 112. Stände Ende Juli und Ende November 1945. – [2]) Generalratsberichte der OeNB. Stände Ende Juni und am 11. 11. 1945.

Die im laufenden Zahlungsverkehr nicht benötigten Reichsmarknoten gaben die Kreditunternehmungen an die Notenbank gegen Gutschrift auf ihren Girokonten weiter. Der Liquiditätsengpass, der durch die Beschlagnahme von Reichsmarknoten in Ostösterreich verursacht worden war, konnte somit schon ein Monat nach Öffnung der Schalter, spätestens aber Ende August 1945, als überwunden gelten. Freies Buchgeld ließ sich bei Bedarf in Banknoten umwechseln. Die zunehmende Liquidität des Geld- und Kreditapparats erlaubte

---

[121]) Generalrat der OeNB, Nr. 1 vom 21. 8. 1945.
[122]) AdR: Kabinettsrat Renner, Nr. 22 vom 31. 7. 1945.

es, die Sperren des Schaltergesetzes zu lockern. Auffällig ist, dass der Fiskus darauf verzichtete, diese Geldquelle anzuzapfen.

Der Gesamtbestand an Einlagen bei den Kreditunternehmungen vor dem Schilllinggesetz ist nicht genau bekannt. Die in Übersicht 2.10 ausgewiesenen Bestände sind nicht vollständig; u. a. fehlen jene der Postsparkasse. Die österreichische Postsparkasse war von 1938 bis 1945 Teil der Reichspost[123]). Bei ihr wurden alle Postspareinlagen des Deutschen Reichs konzentriert. Die Aussonderung des österreichischen Blocks brauchte Zeit und war nicht immer eindeutig möglich. Aus späteren, annähernd vollständigen Einlagenstatistiken und den Bestimmungen des Schilllinggesetzes lassen sich zumindest grobe Werte für das 2. Halbjahr 1945 rekonstruieren. Danach hatten die Kreditunternehmungen Mitte 1945 etwa 10 Mrd. RM an Einlagen, 4 Mrd. kamen bis Ende November 1945 hinzu, weitere 2,4 Mrd. wurden vom 1. 12. bis zum Ende der Konversionszeit eingelegt. Ende 1945 betrug der (hochgeschätzte) Einlagenstand etwa 16,4 Mrd. S.

Übersicht 2.11: Geldbestände 1945 (teilweise Schätzung)

	Mrd. RM
Einlagen bei Kreditunternehmungen	
Stand Mitte 1945	10,0
Einlagen bis November 1945	4,0
Konversionseinlagen	2,4
Stand Ende 1945	16,4
Reichsmarknoten der OeNB	
Stand Mitte 1945 (nur Wien und Graz)	0,0
Zustrom bis November 1945	3,4
Einlieferung in Konversionsperiode	3,6
Stand 23. 12. 1945 (ohne AMS)	7,0

Die Einlagenschätzung geht von einer Zusammenstellung der Notenbank über Höhe und Art der Konten per Ende Mai 1946 aus. (Zu diesem Zeitpunkt wurden erstmals die Kreditunternehmungen annähernd vollständig statistisch erfasst.) Rechnet man die dort ausgewiesenen Sperrkonten mit dem Faktor 1,66 hoch (60% der Einlagen vor dem Schilllinggesetz wurden gesperrt), so kommt man auf den Kontenstand per Ende 1945. Die nach Abzug der Konversionskonten verbliebene Einlagensumme wurde im Verhältnis 70 : 30 auf Altkonten und Renner-Konten aufgeteilt. Den so erhaltenen Beträgen wurde ein Zuschlag für öffentliche Konten (Mai 1946: 1,7 Mrd. S) hinzugefügt. Die Angaben über die Banknotenentwicklung stammen in der Hauptsache aus den Protokollen des Generalrats der OeNB.

Das Bundesbudget 1945

Der Finanzminister wollte mit der Notenabstempelung im Frühjahr 1945 eine partielle Vermögensabgabe verknüpfen. Sie hätte den für damalige Ver-

---

[123]) Nach *Wagner/Tomanek* (1983) hatte die Postsparkasse zu Kriegsende 9,2 Mrd. S Aktiva, davon waren 98% Forderungen an die Deutsche Reichspost. Nach Abbuchung der Abfuhrbeträge gem. WSchG blieb ein bereinigtes Bilanzvolumen von 1 Mrd. S.

hältnisse sehr hohen Betrag von 1,5 Mrd. RM für das Budget bringen sollen, und das nur in der Ostzone. Wegen des Aufschubs der Abstempelung musste dieses Vorhaben zurückgestellt werden. Der Finanzminister kam anlässlich der Beratungen über das Schillinggesetz noch gelegentlich darauf zurück. Letztlich wurde jedoch der Plan einer Fiskalabgabe mehr oder minder stillschweigend fallen gelassen. Die 2½ Jahre später im Währungsschutzgesetz beschlossenen Abgaben vom Vermögen und vom Vermögenszuwachs hatten nicht mehr fiskalische Zwecke, sondern dienten ausschließlich dem Lastenausgleich zwischen den Besitzern von Geldvermögen und Realvermögen (siehe S. 162).

Nachdem der Plan einer Geldabschöpfung für fiskalische Zwecke gefallen war, musste der Finanzminister auf andere Weise mit dem Bundesbudget zurechtkommen. Das gelang bemerkenswert gut. In den ersten Monaten nach der Befreiung Österreichs liefen zwar monatlich Defizite von etwa 100 Mio. RM auf. Dann aber begannen fast wider Erwarten die Steuereinnahmen reichlicher zu fließen. Obschon die Produktion darnieder lag, die Verkehrsverbindungen vielfach unterbrochen waren und nur mit Mühe eine geordnete Verwaltung eingerichtet werden konnte, funktionierte das Abgabensystem[124]). Als der Streit um die Rückzahlung des „Russen-Kredits" ausbrach (siehe S. 152ff), verlangte die sowjetische Besatzungsmacht im Frühjahr 1946 einen Bericht über die Verwendung der zeitweilig überlassenen Reichsmarknoten. Offensichtlich vermutete sie, dass ihr Kredit hauptsächlich zur Stopfung von Budgetlöchern verwendet wurde. Zu diesem Zeitpunkt konnte jedoch die nach den ersten Nationalratswahlen gebildete Bundesregierung Figl 1 bereits „eine weiße Weste" nachweisen.

Übersicht 2.12: Geldrechnung des Bundeshaushalts 1945[1])

	Mio. RM
Eingänge	1.471,1
Ausgänge	746,5
Saldo	724,6
Abzüglich „Russen-Kredit"	600,0
Einnahmenüberschuss	124,6

[1]) Gebarung der Staatskonten bei der OeNB und der Postsparkasse. AdR: BMfF, Zl. 62.210_15/1946 vom 25. 7. 1946.

Der Bundeshaushalt schloss im Rumpfjahr 1945 mit einem unerwartet günstigen Ergebnis. Der Abgang betrug nur 134,3 Mio. S. Darin sind die aus der ersten Rate des „Russen-Kredits" von 200 Mio. RM gedeckten Banknotenersätze von 44,7 Mio. RM (Sparkassen und Kreditgenossenschaften) und 58,0 Mio. RM (Banken) enthalten. Nach Ausscheiden dieser beiden Posten

---

[124]) Die gleiche Beobachtung wurde in der US-Zone gemacht. Die Amerikaner bescheinigten den Steuerbehörden, „(they) have done a credible job in the field of tax collection." Die Lohnsteuer brachte 71% und die Einkommensteuer 89% des Aufkommens 1944 im gleichen Zeitraum. (Military Government, Austria, Report of the U. S. Commissioner, No. 3, January 1946, S. 109.)

verblieb nur ein Abgang von 31,6 Mio. S. Die Staatskasse hatte sogar einen Überschuss, was mit der Konzentration der Kassenhaltung erklärt wurde.

Das Budgetgleichgewicht war freilich zum guten Teil dem Umstand zu danken, dass temporäre Faktoren die Ausgaben relativ niedrig hielten. Beamte bekamen zunächst nur Vorschüsse. In den westlichen Bundesländern hatten im Jahre 1945 die ehemaligen Reichsbankstellen auf Geheiß der Besatzungsmächte Kredite für verschiedene öffentliche Zwecke bereitgestellt. Diese Kredite waren nach dem Notenbankstatut nicht zulässig. Die Notenbankzentrale stellte solche satzungswidrigen Kredite in Höhe von 246,4 Mio. S fest, wovon 188,8 Mio. S auf die Vorfinanzierung von Budgetausgaben des Bundes entfielen. Der Bundesanteil wurde nicht ins Bundesbudget übernommen, sondern im Oktober 1946 von der OeNB zulasten der „Forderung gegen den Bundesschatz" verrechnet[125]). Vor allem aber fiel ins Gewicht, dass der Bund noch nicht mit größeren Wiederaufbauprojekten begonnen hatte (von Aufräumungsarbeiten und kleineren Reparaturen abgesehen, die mit den verfügbaren Kräften bewältigt werden konnten). Die Behebung der Kriegsschäden in der Infrastruktur und in den Unternehmungen erforderte beträchtliche Finanzmittel, die zu einem erheblichen Teil vom Bund bereitgestellt oder garantiert werden mussten (auch wenn sie nicht immer über das Bundesbudget liefen). In den folgenden Jahren des Wiederaufbaus kam es wiederholt zu Budgetkrisen, obschon ein großer Teil der Investitionen direkt oder indirekt aus den Erlösen der ausländischen Hilfslieferungen (Counterpartmittel) finanziert wurde[126]).

2.2.3 Vom Schillinggesetz zum Währungsschutzgesetz

Das Schillinggesetz erschien den Wirtschaftspolitikern und ihren Beratern nur als eine Zwischenlösung. Früher oder später hielten sie einen zweiten Schritt für notwendig, manche sprachen sogar von mehreren Schritten. Dafür waren vor allem zwei Gründe maßgebend:
- Die Besatzungskosten waren anfangs nur durch Geldschöpfung zu decken. Finanzielle Stabilität schien deshalb erst nach dem Staatsvertrag erreichbar. Zumindest mussten die Besatzungskosten auf ein nichtinflatorisch finanzierbares Maß reduziert werden.
- Das Schillinggesetz hatte kein Geldvermögen abgeschöpft, sondern nur Teile blockiert. Die Abrechnung der Sperrkonten und damit im Zusammenhang die „Entschlackung" der Notenbankbilanz schien nicht beliebig aufschiebbar, denn die Sperren hielten nicht dicht. Das gilt sowohl für die Konten bei den Kreditunternehmungen als auch für die Girokonten der Kreditunternehmungen bei der Notenbank.

In beiden Fällen bemühten sich die Währungsbehörden gegenzusteuern. Um den inflatorischen Effekt der laufenden Besatzungskosten zu mildern, begab der Bund ab Herbst 1946 auf dem Geldmarkt kurzfristige Schatzschei-

---
[125]) AdNB: Nr. 145/1945 und Nr. 155/1947.
[126]) Die Auseinandersetzung mit der Marshallplan Administration über Höhe und Verteilung der Counterpartfreigaben wird im Abschnitt „Die Investitionsschwerpunkte" ausführlich beschrieben.

ne[127]): Ende September 625 Mio. S und im Dezember weitere 187 Mio. S. Somit wurde nur die Erstausstattung der Besatzungsmächte mit Schillingnoten direkt von der Notenbank finanziert. (Der Wochenausweis der OeNB führte entsprechend dem gesetzlichen Auftrag weiterhin die gesamten den Besatzungsmächten übergebenen Banknotenbestände an, unbeschadet des Umstandes, dass ein gleich hoher Betrag an Notenbankgeld durch Geldmarkttransaktionen abgesaugt wurde.) Die Schatzscheine wurden bei Fälligkeit durch neue ersetzt, wobei jeweils der Bestand dem Bedarf angepasst wurde. Im Jahr 1947 mussten nur für 164 Mio. S Schatzscheine zusätzlich ausgegeben werden, weil die letzte Rate der Besatzungskosten erst 1948 nach dem Währungsschutzgesetz bereitgestellt wurde (siehe S. 130).

Übersicht 2.13: Bundesschatzscheine zur Deckung der Besatzungskosten

	Ende 1946	Ende 1947
	Bestand in Mio. S	
Postsparkasse	563,5	636
Banken	180	186
Raiffeisenkassen	50	110
Volksbanken	0	1,5
Bausparkassen	5	7
Versicherungen	13,5	35,5
Insgesamt	812	976

Quelle: AdNB: Nr. 66/1947.

Der antiinflatorische Effekt der Geldmarktoperationen war jedoch vorwiegend optischer Natur[128]). Schatzscheine wurden hauptsächlich von jenen Kreditunternehmungen gezeichnet, die überschüssige liquide Mittel hatten, die sie mangels ausreichender Kreditnachfrage und eines funktionsfähigen Marktes für Interbank-Einlagen nicht ertragreich verwerten konnten. Dazu zählten neben der Postsparkasse die Banken und der Raiffeisensektor. Außerdem übernahmen die Versicherungen Schatzscheine. Zwar war die Verzinsung mit 1½% (ab August 1947 2½%) gering. Aber die Papiere hatten nur eine kurze Laufzeit (drei bis maximal vier Monate) und die Postsparkasse betrieb gemeinsam mit der Notenbank eine bescheidene Marktpflege. Die Kreditunternehmungen konnten daher bei Bedarf ihre Schatzscheine unverzüglich oder spätestens bei Fälligkeit in Notenbankgeld umwandeln. Dieser Bedarfsfall trat 1948 ein, als die Wirtschaft im Zuge des Wiederaufbaus zunehmend Kredite nachfragte.

Was die Sperrkonten anlangt, so trugen sich die Währungsbehörden schon ab Herbst 1946 mit dem Gedanken, von der Kontensperre zur Kontenabschöpfung überzugehen[129]). Zwar wurde eingeräumt, dass nicht alle gesperr-

---

127) Dieser Abschnitt stützt sich vornehmlich auf AdNB: Nr. 66/1947.
128) Ebenso *Kamitz,* 1949, S. 43.
129) Das Direktorium der OeNB beriet bereits am 5. und 15. 11. 1946 über ein Gesetz betreffend die Abschöpfung der Sperrkonten. Weniger konkret waren die Absichten,

ten Einlagen bei den Kreditinstituten gestrichen werden könnten. Den sozial Bedürftigen musste man ein Minimum zur Bestreitung ihres Lebensunterhalts lassen. Man hoffte jedoch, dass diese Ausnahmen weniger ins Gewicht fallen als die schleichende und zahlenmäßig nicht begrenzte Erosion der Sperrkonten.

Dazu kam folgende Überlegung: Das Schillinggesetz hatte nicht nur darauf verzichtet, den Geldüberhang endgültig abzuschöpfen. Es beließ auch die gesperrten Einlagen in den monetären Bilanzen. Die Währungshüter hätten es lieber gesehen, wenn die einbehaltenen Banknoten nicht als Einlagen bei den Kreditunternehmungen verbucht worden wären, sondern bei den Finanzämtern als eine Art Steuergutschrift, die gegen spätere Abgaben zu verrechnen gewesen wäre. Damit hätte man vermieden, dass entsprechend dem zweistufigen Geld- und Kreditsystem hohe gesperrte Girokonten bei der Notenbank entstehen[130]). Mit der Abschöpfung der Sperrkonten bei den Kreditinstituten wäre auch – und darauf kam es den auf Optik bedachten Währungsbehörden vor allem an – die Bilanz der Notenbank in einem besseren Licht erschienen.

Ein Referentenentwurf des Finanzministeriums vom Herbst 1946 sah vor, 7,5 bis 8 Mrd. S Sperreinlagen bei den Kreditunternehmungen abzuschreiben. Davon sollten 4,5 Mrd. S zur Tilgung der gesperrten Giroguthaben der Kreditunternehmungen bei der Notenbank (und damit in weiterer Folge zur Verringerung der Bundesschuld an die Notenbank) herangezogen werden. Der Rest sollte dazu verwendet werden, die wertlosen Forderungen der Kreditunternehmungen an das Deutsche Reich zu tilgen. Mit dem umgearbeiteten Referentenentwurf ging der Finanzminister im März 1947[131]) in den Ministerrat. Sein Versuch, die Aufweichung des Schillinggesetzes auf diese Weise zu unterbinden, scheiterte jedoch. Die Minister diskutierten den Entwurf einer Sperrkonten-Verordnung in zwei aufeinander folgenden Sitzungen, konnten sich jedoch nicht zu einer einheitlichen Auffassung durchringen. Wie so oft, wurde an extremen Beispielen demonstriert, dass die Streichung von Konten gerade jene treffen würde, die besonders bedürftig wären[132]). Die Einwände kamen vorwiegend von der ÖVP, wogegen die Sozialisten wie stets in diesem Zeitabschnitt für eine härtere Linie in der Währungspolitik eintraten. Die Regierung Figl 1 begnügte sich zunächst damit, die „Schlupflöcher" im Schil-

---

den Umlauf an Banknoten neuerlich einzuschränken. Die Notenbank druckte jedoch vorsorglich genügend neue Banknoten, um für den Fall einer neuerlichen Konversion gerüstet zu sein.

[130]) Diese Auffassung wurde von G. Wärmer, Direktor-Stellvertreter der OeNB, in einem Brief vom 26. 9. 1946 an die Kreditsektion des Finanzministeriums als persönliche Meinung vertreten. AdR: BMfF, Kreditsektion, „Materialien 1947" ohne Aktenzahl. Wärmer galt als Autorität in währungspolitischen Fragen. Dem Autor gab er den Rat: Schreiben Sie über Preise und Löhne, denn das verstehen Sie, aber nicht über Währungspolitik.

[131]) AdR: Ministerrat Figl 1, Nr. 62 vom 25. 3. 1946.

[132]) Der Landwirtschaftsminister brachte folgendes Beispiel: Ein heimkehrender Kriegsgefangener, dessen Frau von einem Soldaten getötet und dessen Hof abgebrannt war und der überdies zwei Kinder zu versorgen hatte, besaß eine Bankeinlage von 4.500 S. Dieses Startkapital sollte nun dem Landwirt gestrichen werden?

linggesetz enger zu machen. Erst gegen Jahresende hatten sich die Standpunkte der beiden großen Parteien soweit angenähert, dass der Schlussstein unter die Währungsreformen gesetzt werden konnte.

Dass schon Ende 1946 über eine Reform des Schillinggesetzes beraten wurde, hatte seine Begründung in der „beunruhigenden" Entwicklung des Banknotenumlaufs. Ende 1945 (nach dem Schillinggesetz und bevor die Besatzungsmächte die zweite Tranche der Erstausstattung erhielten) hatte der Banknotenumlauf 3,3 Mrd. S betragen. Davon waren 1,5 Mrd. S den Besatzungsmächten ausgehändigt worden; etwas mehr als 1 Mrd. S machten die Kopfquoten des Banknotenumtausches aus; der Rest entfiel auf Lohnzahlungen und andere Barabhebungen in der letzten Dezemberwoche. Ende 1946 erreichte der Notenumlauf bereits 5,7 Mrd. S, um 2,4 Mrd. S mehr als zu Jahresbeginn. 1947 setzte sich die Tendenz steigenden Banknotenumlaufs fort, wenngleich in viel moderaterem Tempo. Ende Oktober 1947, am Vorabend des Währungsschutzgesetzes, zirkulierten Schillingnoten im Betrag von 6,3 Mrd. S.

Aus welchen Quellen die Notenvermehrung gespeist wurde, ist nur annähernd bekannt, weil bis in den Herbst 1946 Um- und Nachbuchungen vorgenommen wurden, die größtenteils noch mit dem Schillinggesetz zusammenhingen. (Das rechtfertigt es, dass die OeNB erst im Oktober 1946 begann, Wochenausweise zu veröffentlichen.) Einige dieser Buchungsvorgänge lassen sich identifizieren. 1946 nahmen nicht nur der Notenumlauf, sondern auch, wenngleich in geringerem Maße, die Gesamtverpflichtungen der Notenbank[133]) zu. Vom Zuwachs der Gesamtverpflichtungen um 1,9 Mrd. S entfielen 480 Mio. S auf die zweite Tranche der Erstausstattung der Besatzungsmächte[134]). Der Großteil stammte aus nachträglichen Korrekturen, die durch das Schillinggesetz gedeckt waren oder gesetzeskonform interpretiert werden konnten. So wurden Formblattreste aus der Währungskonversion (im Betrag von 420 Mio. S) nachträglich abgerechnet und die noch aus Wehrmachtslieferungen[135]) stammenden „WZK-Konten" (im Betrag von 250 Mio.) von Reichsmark auf Schilling umgestellt. Heimkehrende Kriegsgefangene erhielten etwa 100 Mio. S umgetauscht[136]). Etwa 90 Mio. S sonstige, sofort fällige Verbindlichkeiten wurden nachträglich in den Gesamtumlauf einbezogen[137]). Nicht zuletzt machte die Abgrenzung des österreichischen Blocks der Postsparkasse aus den bereits erwähnten Gründen Schwierigkeiten.

---

[133]) Banknotenumlauf, freie und gesperrte Giroverbindlichkeiten, damals nahezu identisch mit der Bilanzsumme.
[134]) Die später angeforderten laufenden Besatzungskosten wurden, wie bereits erwähnt, durch Ausgabe von Schatzscheinen gedeckt und vermehrten daher nicht den Bestand an Notenbankgeld.
[135]) Forderungen aus Lieferungen an die deutsche Wehrmacht wurden in einem vereinfachten Verfahren den Lieferanten auf dem Konto der Wehrmachtszentralkasse (WZK) bei der Reichsbank gutgeschrieben. AdNB: Nr. 232/1946.
[136]) Die Schätzwerte wurden anhand der Generalratsprotokolle der OeNB des Jahres 1946 zusammengestellt.
[137]) Alliiertenberichte der OeNB, März 1946.

Sieht man von Um- und Zubuchungen ab, so war das beherrschende Merkmal in der Zeit zwischen Schilling- und Währungsschutzgesetz die zunehmende Mittelknappheit des Kreditapparates. Die Kreditunternehmungen waren nach dem Schillinggesetz zunächst sehr liquid. Die Liquiditätspolster wurden jedoch fortschreitend aufgebraucht, teils weil die Kreditunternehmungen Einlagen verloren, teils weil sie überschüssige Mittel in Schatzscheinen anlegten. Der Einlagenschwund konzentrierte sich vor allem auf jene Institute, die Gelder des „kleinen Mannes" in den Städten verwalten, wie die Sparkassen und die Volksbanken. Die gesamten Einlagen der Kreditunternehmungen sanken zwischen Mai 1946 und Oktober 1947[138]) um 1,3 Mrd. S oder 8%, jene der Sparkassen aber um 17% und jene der Wiener Sparkassen sogar um 21%. Von Sparkonten wurden per Saldo 1,5 Mrd. S abgehoben, die Scheckeinlagen nahmen geringfügig (um etwa 200 Mio. S) zu, wobei (vom Finanzministerium genehmigte) Freigaben von Sperrkonten durch Neueinlagen überkompensiert wurden.

Die vom Mittelentzug besonders betroffenen Institute suchten um die Freigabe von Sperrkonten an, die sie bei anderen Kreditunternehmungen oder bei der Notenbank hielten. Die Genehmigung erteilte im ersten Fall das Finanzministerium, im zweiten Fall die Notenbank. Infolge des vertikalen Aufbaus der Sparkassen und Volksbanken gerieten mit den einzelnen Instituten auch ihre Spitzen, die Girozentrale der österreichischen Sparkassen und die Österreichische Zentralgenossenschaftskasse, in Liquiditätsschwierigkeiten. Die Spitzeninstitute mussten oft mehrmals pro Monat für ihre Mitgliedsinstitute und für sich selbst um die Freigabe gesperrter Konten ansuchen[139]).

Der Umfang des Liquiditätsentzugs lässt sich wie folgt abschätzen: Zwischen Schillinggesetz und Währungsschutzgesetz verloren die Kreditunternehmungen insgesamt (einschließlich Postsparkasse) etwa 2,7 Mrd. S liquide Mittel. Davon entfiel je etwa die Hälfte auf den Entzug von Einlagen und den Erwerb von Aktiva (Zeichnung von Bundesschatzscheinen und Gewährung von Krediten). Die Finanzierungslücke wurde 1946 größtenteils aus freien Giroguthaben, im Laufe von 1947 jedoch zunehmend aus jenen gesperrten Giroguthaben gedeckt, die von den Währungsbehörden freigegeben wurden.

Die in Übersicht 2.14 wiedergegebene überschlägige Berechnung wird durch eine statistische Zusammenstellung der OeNB bestätigt. Nach den „Alliiertenberichten"[140]) sanken die Barmittel (Kassenbestände, freie Giroguthaben bei der Notenbank und der Postsparkasse) der direkt meldenden Institute von 2,7 Mrd. S Mitte 1946 auf 1,2 Mrd. S Mitte 1947[141]). Der Liquiditätsgrad schrumpfte von 35% auf 17% der freien Einlagen. Auch die zuletzt genannte Zahl ist noch relativ hoch. Doch ist zu berücksichtigen, dass die Kreditunter-

---

[138]) Der Mai 1946 wurde als Ausgangspunkt gewählt, weil erst ab diesem Zeitpunkt die Einlagenstatistik einigermaßen verlässlich war, der Oktober 1947 als Endpunkt, weil bereits im November das Währungsschutzgesetz die monetären Daten beeinflusste.
[139]) Die Freigabeansuchen und ihre Behandlung durch die Währungsbehörden sind ausführlich dokumentiert in: AdNB: Nr. 61/1947.
[140]) Die Notenbank musste monatlich Berichte an die Besatzungsmächte liefern.
[141]) Alliiertenberichte der OeNB, September 1946 und August 1947.

2.2 Währungsreformen unter der Besatzung

nehmungen nur sehr wenig Mittel auf dem rudimentären Geldmarkt aufbringen konnten, ein Großteil der Aktiva immobilisiert war und große Unterschiede zwischen verschiedenen Instituten und Institutsgruppen bestanden.

Im Gegensatz zu den Liquiditätsreserven der Kreditunternehmungen nahmen die Giroguthaben öffentlicher (und sonstiger) Stellen bei der Notenbank kräftig zu. Als das Währungsschutzgesetz angekündigt wurde, erreichten sie bereits 2,0 Mrd. S. Darin spiegelt sich zum Teil der Entschluss einzelner Besatzungsmächte, Notenbankgeld in Form von Girokonten statt in Form von Noten zu halten. Vor allem aber fiel ins Gewicht, dass aus dem Verkauf der ausländischen Hilfslieferungen Schillingerlöse erzielt wurden, die zunächst nicht oder nur zu einem geringen Teil ausgegeben wurden. Allein auf dem „UNRRA-Konto" der OeNB[142]) sammelten sich bis zum 9. 12. 1947 733 Mio. S an[143]). Diese Erlöse bildeten ein währungspolitisch erwünschtes Gegengewicht gegen die Aufblähung des Geldumlaufs.

Übersicht 2.14: Die Finanzierungslücke der Kreditunternehmungen zwischen Schilling- und Währungsschutzgesetz (überschlägige Berechnung)

	Freie Konten	Gesperrte Konten	Insgesamt
	Veränderung[1]) in Mio. S		
Mittelverlust (Abnahme der Passiva)			
Spareinlagen	− 1.313	− 201	− 1.514
Scheckeinlagen	895	− 702	193
Einlagen insgesamt	− 418	− 903	− 1.321
Mittelveranlagung (Zunahme der Aktiva)			
Schatzscheine			− 976
Kredite			− 422
Anlagen insgesamt			− 1.398
Kassendefizit			
Gedeckt aus Giroguthaben	1.795[2])	924	2.719

[1]) Vergleich Mai 1946 mit Oktober 1947. – [2]) Per Differenz ermittelt.

Die Kreditausweitung hielt sich in der Zeit zwischen Schilling- und Währungsschutzgesetz in engen Grenzen. Von Mitte 1946, als die Kredite erstmals statistisch erfasst wurden, bis Ende 1947 gewährten die Kreditunternehmungen nur 422 Mio. S zusätzliche Kredite. Möglicherweise hat die zunehmende Liquiditätsenge manche Institute davor abgehalten, zusätzliche Kredite zu gewähren. Entscheidend war wohl, dass die Wirtschaft nur wenig Kredite nachfragte. Der Wiederaufbau war noch nicht voll angelaufen und der Bedarf an Betriebsmitteln konnte von den Unternehmungen noch aus eigener Kraft gedeckt werden.

---

[142]) Die UNRRA war eine Hilfsorganisation der UNO. Sie versorgte die vom Krieg besonders getroffenen Länder mit Nahrungsmitteln und einigen anderen lebenswichtigen Bedarfsgütern. Siehe den Abschnitt „Die Auslandshilfe".
[143]) AdNB: Nr. 112/1947.

Der Geldüberhang

Nach Kriegsende war nicht nur unbekannt, wie viele Reichsmarknoten sich in Österreich befanden. Man konnte auch schwer abschätzen, wie groß der Geldbedarf einer entgüterten Wirtschaft mit Preis-Lohn-Stopp war. Die Angemessenheit der Geldversorgung wurde mangels anderer Anhaltspunkte anhand der Vorkriegsverhältnisse beurteilt. Dabei richtete man das Augenmerk entsprechend den „kontinentalen Gewohnheiten" auf das Notenbankgeld (Banknoten und frei verfügbare Giroverbindlichkeiten der Notenbank), insbesondere auf den Banknotenumlauf. Geldmengenkonzepte, die mehr oder minder große Teile des Buchgeldes der Kreditunternehmungen mit einschließen, fanden nur allmählich Eingang. Die Giroverbindlichkeiten der Notenbank wurden erst nach dem Währungsschutzgesetz in Guthaben der Kreditunternehmungen und in solche anderer Gläubiger (insbesondere öffentlicher Stellen) getrennt. Die „Mitteilungen" der OeNB nahmen erstmals Mitte 1952 im Kapitel „Währungsdaten", das bis dahin den Ausweisen der Notenbank vorbehalten gewesen war, eine Zeile „Geldvolumen" mit dem Zusatz auf: „Ermittelt nach der vom Internationalen Währungsfonds angewandten Methode". Das enge Geldmengenkonzept hatte den Vorteil, dass es sich auf jene Größe konzentrierte, die unmittelbar von der Notenbank gesteuert werden konnte und daher von ihr zu verantworten war. Sein Nachteil war, dass es nur einen Teil der von Unternehmungen und Haushalten verfügbaren liquiden Mittel umfasste. Der „Bedarf" der Wirtschaftssubjekte an Zahlungsmitteln musste schon in einer Zeit, als Löhne noch in Banknoten gezahlt wurden und Kreditkarten unbekannt waren, an weiteren Geldmengenkonzepten gemessen werden.

Betrachtete man nur das Bargeld, so musste die monetäre Entwicklung in der Tat als höchst bedenklich erscheinen. 1937 hatte der Notenumlauf nicht ganz 1 Mrd. S betragen. Mit diesem Betrag könnte man, so hatte das Kabinett Renner argumentiert[144]), das Auslangen finden. Höchstens, wenn man eine langsamere Umlaufgeschwindigkeit unterstellte, wäre der doppelte Betrag zu veranschlagen[145]). Das erklärte die Erregung des Kabinetts, als die Besatzungsmächte anlässlich der Beratungen über das Schillinggesetz allein für ihre Zwecke 2 Mrd. S forderten. Tatsächlich stieg bis zur Bekanntgabe des Währungsschutzgesetzes Anfang November 1947 der Notenumlauf auf 6,2 Mrd. S, mehr als das 6-fache des Vorkriegsstands.

Die Banknotenmenge ließ allerdings den Geldüberhang als zu hoch erscheinen, denn die Struktur der Geldmenge verschob sich zugunsten des Bargelds und zulasten des Buchgelds, insbesondere zulasten der Spareinlagen. Wie sehr sich die Proportionen zwischen Bargeld und Buchgeld verschoben,

---

[144]) Siehe hiezu insbesondere die Diskussion über das Schillinggesetz in AdR: Kabinettsrat Renner, Nr. 39 und Nr. 40 vom 23. und vom 28. 11. 1945.
[145]) Diese Schätzung vertrug sich schlecht mit den Bedarfsangaben der österreichischen Währungsexperten im Alliierten Finanzkomitee, worauf bereits auf S. 125 hingewiesen wurde.

verdeutlicht ein Vergleich mit 1937. Im letzten Jahr der Ersten Republik[146]) waren die Spareinlagen mehr als dreimal so hoch wie der Notenumlauf, Ende Oktober 1947, bevor das WSchG bekannt wurde, erreichten sie (ohne die gesperrten Teile) nicht einmal die Hälfte und nach dem WSchG Anfang 1948 nicht einmal ein Viertel des Notenumlaufs. Die Scheckeinlagen hielten sich viel besser, aber auch sie blieben hinter dem Notenumlauf zurück.

Abbildung 2.1: Entwicklung von Notenumlauf und Einlagen[1])

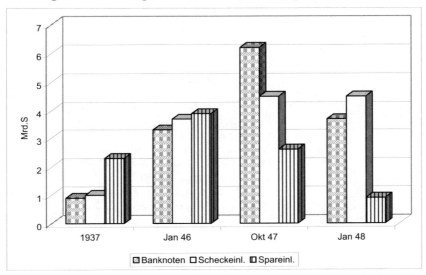

Quelle: Mitteilungen der OeNB. – [1]) Nur freie Einlagen.

Warum sich Banknotenumlauf und Spareinlagen gegenläufig entwickelten, kann aus dem Zusammenwirken dreier Faktoren erklärt werden: der Geldhaltung der Besatzungsmächte, den Zahlungsgewohnheiten auf dem Schwarzen Markt und dem Vermögensverzehr der Masse der privaten Haushalte in den Städten.

Die Besatzungsmächte erhielten anfangs die von ihnen angeforderten Besatzungskosten in Form von Banknoten ausgefolgt. Das sowjetische „Element" (damals übliche Bezeichnung für eine Besatzungsmacht) behob seine Banknotenration, sodass nicht bekannt ist, wie viel davon sich jeweils noch in seinen Händen befand. Die westlichen Besatzungsmächte hingegen legten die ihnen zugeteilten Noten auf Depots bei der Notenbank, vornehmlich bei den Zweigstellen in ihrer Zone, von wo sie bei Bedarf abhoben. Ende 1946 betrugen die-

---

[146]) Die Einlagen bei den Kreditunternehmungen wurden in der Zwischenkriegszeit nicht vollständig erfasst. Die hier verwendeten Zahlen schließen auch die Raiffeisenkassen ein. Sie stammen aus AdNB: Nr. 98/1947.

se Notendepots – wie schon erwähnt – 784,1 Mio. S. Das erklärt zumindest teilweise, wieso die Wirtschaft nach dem Schillinggesetz trotz des hohen Banknotenbestands über eine empfindliche Liquiditätsenge klagte.

Das Hantieren mit großen Notenbeständen war mühsam, zumal Geldtransporte die Zonengrenze nicht immer unbeanstandet passieren konnten. Warum die Besatzungsmächte zunächst diese primitive Form der Geldwirtschaft bevorzugten, lässt sich mit Risikoüberlegungen erklären. Man war nicht sicher, ob die Notenbank – auch nachdem die Notenpresse den Bedarf decken konnte – ihre Giroverpflichtungen bei Bedarf jederzeit in Banknoten umtauschen würde. Nicht zuletzt musste die Möglichkeit einkalkuliert werden, dass Österreich zweigeteilt würde. Banknoten in eigener Verwahrung oder in Verwahrung einer Notenbankfiliale der eigenen Zone schienen deshalb sicherer als Giroguthaben bei der Zentrale in Wien.

Im Laufe von 1947 setzten sich allmählich rationellere Formen der Geldhaltung und -disposition durch. Zu Jahresbeginn erklärten sich die westlichen Besatzungsmächte bereit, dass die Banknoten in ihren Depots größtenteils durch Scrips ersetzt werden. Diese Scrips zählten zum ausgewiesenen Banknotenumlauf, ließen sich aber leichter manipulieren und transportieren. Im 1. Halbjahr blieb der Wert der Alliiertendepots ziemlich unverändert. In der zweiten Junihälfte hoben die Engländer 100 Mio. S und die Amerikaner 308 Mio. S ab[147]), um „zivile" Besatzungskosten zu begleichen. (Dieser Teil der Besatzungskosten war grundsätzlich von den Besatzungsmächten selbst zu tragen.) Der Finanzminister entschied sich aus optischen Gründen, die rückerstatteten Banknoten zunächst in einem ad hoc geschaffenen Notendepot des Staates zu parken. Andernfalls wäre der Notenumlauf im Sommer 1947 gesunken, was als falsches Signal hätte interpretiert werden können. Erst im Laufe des Novembers wurden die Beträge schrittweise auf das Girokonto der Staatshauptkasse umgebucht. Dieser Einschleifprozess fiel nicht besonders auf, weil mit der Bekanntgabe des Währungsschutzgesetzes die Flucht aus den Banknoten einsetzte (siehe S. 158). Etwa zur gleichen Zeit gingen die westlichen Alliierten zunehmend dazu über, Reserven in Gestalt von Giroguthaben statt in Gestalt von Depots an Banknoten oder Scrips zu halten. Knapp vor dem Währungsschutzgesetz bestand bereits etwa die Hälfte der von ihnen bei der Notenbank gehaltenen liquiden Mittel aus Giroguthaben[148]). Die Amerikaner verzichteten überhaupt darauf, größere Schillingbeträge zu halten, weil sie ihre Besatzungskosten selbst trugen und jederzeit Dollar in Schilling umwechseln konnten. (Erst mit dem Anlaufen des Marshallplanes 1948 verfügten sie wieder über größere Schillingbeträge, weil sie 5% der Erlöse für eigene Zwecke beanspruchten.)

---

[147]) Der Rechnungsabschluss des Bundes für 1947 weist in der „Unwirksamen Gebarung" Erläge für zivile Besatzungskosten der Amerikaner von 246,5 Mio. S und für jene der Engländer von 24 Mio. S aus. Die Differenz zwischen den Dispositionen über Notendepots und den im RA 1947 verbuchten Erlägen dürfte auf unterschiedliche zeitliche Zurechnungen zurückgehen.
[148]) Dieser Abschnitt stützt sich hauptsächlich auf AdNB: Nr. 117/1947.

Das zweite Zentrum der Bargeldhorte war der Schwarze Markt. Die amtlichen Rationen waren so niedrig, dass die städtischen Haushalte auf den Schwarzen Markt gedrängt wurden. Diese Schwarzmarktkäufe konnten von den privaten Haushalten zumeist nicht aus dem laufenden Einkommen gedeckt werden. Konsumkredite waren kaum erhältlich, wenn man von den Pfandkrediten des Dorotheums absieht. Die städtischen Haushalte mussten daher auf ihr vermarktbares Vermögen zurückgreifen, wie die Haushaltsstatistiken der Wiener Arbeiterkammer für die Nachkriegszeit belegen. Die wohlhabenderen Schichten trennten sich von ihrem „Familiensilber", die ärmeren von ihren Sparguthaben, die sie oft erst im Krieg erworben hatten. Der durchschnittliche abgehobene Betrag von Sparkonten war sehr niedrig, viel niedriger jedenfalls als die Einzahlung pro Buchungsfall auf Sparkonten oder die Transaktionen auf Scheckkonten. Gleichzeitig nahmen die vom Dorotheum gegen Pfand erteilten Kredite seit Anfang 1946 ständig zu. In dieses Erklärungsschema passt auch der Umstand, dass sich die Abhebungen auf Wien konzentrierten, wogegen in den Bundesländern zumindest zeitweise die Einzahlungen auf Konten überwogen).

Übersicht 2.15: Durchschnittlicher Buchungsbetrag im 1. Halbjahr 1947

	Einzahlung	Auszahlung
	Je Buchung in S	
Sparkonten	922	266
Scheckkonten	1.214	998

Quelle: Alliiertenberichte der OeNB, Juli 1947.

Die von Sparkonten abgezogenen Beträge flossen nicht mehr zu den Kreditunternehmungen zurück, da die Anbieter auf dem Schwarzen Markt das anonyme Bargeld bevorzugten. Für Konten galt gemäß § 163 der noch geltenden Reichsabgabenordnung der Legitimationszwang. Erst im August 1948[149]) wurde das Bankgeheimnis in der Form wieder eingeführt, wie es vor 1938 bestanden hatte. Zu diesem Zeitpunkt war der Schwarze Markt bereits im Verschwinden, und die Anonymität wurde aus anderen Gründen gesucht. Die Präferenz für Bargeld war im Übrigen nicht so bedenklich, wie die Währungshüter meinten, denn sie blockierte die Möglichkeit der Kreditunternehmungen, Giralgeld zu schaffen.

Andere Erklärungen für den Rückgang der Spareinlagen knüpfen an die Opportunitätskosten der Geldhaltung an. Da die Verzinsung von Einlagen ausgesetzt wurde, hätte kein Anreiz bestanden, zu sparen. Soweit liquide Mittel gehalten wurden, zogen die Besitzer von Geldvermögen Geldformen vor, die sich für den Zahlungsverkehr besser eignen als Sparbücher. Diese Erklärungen sind jedoch nicht sehr überzeugend. Kleine Sparer hielten damals kaum Scheckkonten (Löhne und Gehälter wurden in Banknoten ausgezahlt, die am Zahltag vom Geldboten bei den Kreditunternehmungen abgeholt wurden).

---

[149]) Bundesgesetz betreffend Änderung der Abgabenordnung vom 22. 5. 1931 (1. Novelle zur Abgabenordnung), BGBl. Nr. 151/1948 vom 8. 7. 1948.

Plausibler erscheint die hier vertretene Auffassung, wonach die Umschichtung von Spareinlagen zu Banknoten Umschichtungen im Gesamtvermögen von städtischen Haushalten zu den Anbietern auf dem Schwarzen Markt reflektiert[150]. Die Realeinkommen breiter Bevölkerungsschichten waren so niedrig, dass der Konsum „heute" viel höher eingeschätzt wurde als der mögliche Konsum „morgen". Der Zinssatz hätte exorbitant hoch sein müssen, um diese Schichten zu veranlassen, „hungernd zu sparen" oder zumindest auf den Verzehr früher erworbenen Vermögens zu verzichten. (Wie hoch die „private Diskontrate" – die Präferenz für Gegenwartskonsum – selbst noch zu einer Zeit war, als die Bevölkerung bereits aus dem Gröbsten heraus war, zeigt der Marktwert der 2-prozentigen Bundesschuldverschreibungen 1947 in den Jahren ab 1949; siehe S. 163).

In der empirischen Forschung wird häufig aus der Bargeldquote auf den Umfang des „informellen Sektors" einer Volkswirtschaft geschlossen. Ein solcher Schluss wäre angesichts der Turbulenzen der Nachkriegszeit zu gewagt. Man kann jedoch zeigen, dass die beobachtete Präferenz für Bargeld mit dem geschätzten Umfang des Schwarzen Markts konsistent ist. Das gilt jedenfalls, wenn man den Vergleich auf Bargeld und Scheckeinlagen beschränkt. Vor dem Krieg und nach der Stabilisierung der Währung in den fünfziger Jahren machte der Banknotenumlauf 42% der Summe aus Banknoten und Scheckeinlagen aus. Nimmt man an, dass auf den Schwarzen Markt dem Wert nach ein Drittel der Gesamtumsätze entfiel (der Menge nach war der Anteil viel geringer) und unterstellt man weiters, dass auf dem Schwarzen Markt nur mit Bargeld gezahlt wurde, wogegen die Transaktionen auf den legalen Märkten so wie in normalen Zeiten teilweise bargeldlos abgewickelt wurden, so kommt man zu einem hypothetischen Bargeldanteil von 60%. Die tatsächliche Quote betrug im Durchschnitt der Jahre 1946 und 1947 62%.

Die bisherigen Überlegungen über Höhe und Struktur des Geldbedarfs lassen eine Frage offen: Wieso setzte die starke Zunahme des Notenumlaufs bei rückläufigen Spareinlagen erst nach dem Schillinggesetz ein und nicht schon vorher? Im Jahre 1945 verlief die Entwicklung gerade umgekehrt: Der Notenumlauf sank und das Buchgeld nahm stark zu.

In damaligen währungspolitischen Darstellungen wurde dies meist damit begründet, dass die Geldvermögensbesitzer nach Öffnung der Schalter im Sommer 1945 erwartet hatten, dass neue Einlagen (die „Renner-Konten") anlässlich der bevorstehenden Währungsreform besser behandelt werden als Bargeld. *Bachinger/Matis* (1974, S. 176) sprechen von „Zwangseinlagen, mit deren Verbleib in den Geldinstituten nicht gerechnet werden durfte." Dagegen lässt sich einwenden, dass es in den westlichen Bundesländern kein Schaltergesetz und keine Versprechungen gab, das Buchgeld anlässlich einer künftigen Währungsreform bevorzugt zu behandeln. Auch war der Drang zum Konsum so groß, dass selbst großzügige Versprechungen der Wirtschaftspolitik die pri-

---

[150] Die heimischen Ersparnisse in dieser Periode bestandene so gut wie ausschließlich aus nicht konsumierten Unternehmererträgen. Eine grobe Finanzierungsrechnung wurde im Abschnitt „Einleitung und Überblick" versucht.

vaten Haushalte kaum davor abgehalten hätten, ihre Sparguthaben aufzubrauchen.

Eine mögliche Erklärung wäre, dass das System der rückgestauten Inflation 1945 noch funktioniert hatte. Der Preis- und Lohnstopp hielt noch, der Schwarze Markt begann sich erst zu entwickeln, und er beschränkte sich überdies vorwiegend auf den Naturaltausch. Die wirtschaftlichen Akteure zahlten wie gewohnt Steuern (siehe S. 137) und legten das Bargeld, das sie für legale Einkäufe nicht benötigten, auf ihren Sparbüchern ein. Gemessen an den tradierten Zahlungs- und Kassenhaltungsgewohnheiten gab es nach Kriegsende zu viele Banknoten und zu wenig Buchgeld. Das mag damit zusammenhängen, dass Konteninhaber beim Herannahen der Kampfhandlungen einen Teil ihrer Einlagen abgehoben hatten[151]. Auch war die Banknotenflut, die die Reichsbank vor Kriegsende in die Wirtschaft gepumpt hatte[152], vom Zahlungssystem noch nicht voll absorbiert worden. In dieses Erklärungsmuster passen auch die Aussagen der westlichen Experten im Finanzkomitee, sie verstünden nicht, warum man Konten sperren sollte. In den westlichen Bundesländern wäre man ohne Blockaden gut ausgekommen. Die Bevölkerung verhalte sich diszipliniert, der Schwarze Markt sei unbedeutend[153].

Der 600-Mio.-RM-„Russen-Kredit"

Die von der sowjetischen Besatzungsmacht im Mai und Juni 1945 der Provisorischen Staatsregierung leihweise überlassenen Reichsmarknoten waren Beutegut. Ein Großteil stammte aus Beständen, die in Ostösterreich beschlagnahmt worden waren. 200 Mio. RM kamen dem Vernehmen nach aus Berlin. Die Stückliste der ersten übernommenen 200 Mio. umfasste nicht weniger als 6 Mio. Scheine zu 20 RM. Die Noten waren zum Teil noch in den Originalpackungen der Wiener Reichsbankhauptstelle gebündelt. Die erste Tranche der zweiten Lieferung von 400 Mio. RM enthielt 92 Mio. Notgeld aus der Reichsbankstelle Graz[154].

Die erste Lieferung wurde gegen eine einfache Übernahmebestätigung ausgehändigt, ohne Angabe des Zwecks und der Rückzahlungsbedingungen. Der Finanzminister nahm an, dass es sich um eine Sachleihe (Naturalkredit) handelte: Die Sowjets würden später wieder Reichsmarknoten zurücknehmen,

---

[151] Die Abhebungswelle lässt sich mit Einzelbeispielen belegen. Die Postsparkasse in Wien musste ihre Auszahlungen mangels Bargeld vor Kriegsende einstellen (*Wagner/Tomanek*, 1983). In Tirol verlor die Reichsbankstelle Innsbruck in den ersten Monaten 1945 einen Großteil ihrer Barreserven. (Bericht über die finanzielle Wirtschaftslage der „Reichsbankstelle" Innsbruck vom 16. 7. 1945. AdNB: Nr. 40/1945.)
[152] Der auf S. 110 genannte Schätzwert des RM-Bestandes von 73 Mrd. galt für das Kriegsende. Zwei Monate vorher waren „erst" 56 Mrd. RM in Umlauf gesetzt worden.
[153] Vermerk über eine Besprechung mit Mitgliedern des Finanzkomitees am 14. 9. 1945. AdNB: Nr. 58 B/1945 V.
[154] Mit den Beutebanknoten beschäftigen sich zahlreiche Dokumente mit zum Teil etwas abweichenden Angaben. Die in Übersicht 2.16 wiedergegebenen Zahlen über die beschlagnahmten Banknoten stammen vom Finanzministerium. Sie wurden in der Korrespondenz mit den sowjetischen Stellen verwendet.

und zwar auch in ungestempelter Form. Diese Auffassung stützte sich auf ziemlich unverbindliche Aussagen der in Währungsfragen kaum sehr versierten sowjetischen Militärs. Marschall Tolbuchin etwa erklärte auf eine Anfrage des Finanzministers: Über die Rückzahlungsbedingungen würde in Moskau entschieden werden, wahrscheinlich würden auch ungestempelte Reichsmarknoten angenommen werden[155]).

Übersicht 2.16: Beutebanknoten und „Russen-Kredit"

	Von der Roten Armee beschlagnahmte Noten	Herkunft der Reichsmarknoten des 600 Mio.-Kredits
	Mio. RM	
OeNB Wien Druckerei:		
Ungeschnittene Banknoten	125,2	116,0
Geschnittene Banknoten	22,2	3,8
OeNB Banknotenabteilung	149,0	149,0
OeNB Wien insgesamt	296,4	268,8
OeNB Graz	93,0	91,5
Kreditunternehmungen	120,9	39,7
Sonstige RM-Noten[1])		200,0
Insgesamt	519,4	600,0

Beutebanknoten: Von der Roten Armee beschlagnahmte Banknoten. AdR: BMfF, Zl. 68.410_15/1946. – 600 Mio. RM-Kredit: Kredit der Sowjetunion Mai bis Juni 1945. AdNB: Nr. 160/1945. – [1]) Angeblich aus Berlin.

Der zweite Kredit von 400 Mio. sollte in zwei Monaten zurückgezahlt werden[156]). Als sich die beabsichtigte Währungsreform verzögerte, ersuchte die Provisorische Staatsregierung die sowjetischen Militärbehörden Anfang August und Anfang Oktober jeweils um Prolongation des Kredits, was großzügig gewährt wurde. Als Rückzahlungstermin galt nunmehr Ende 1945[157]). Die zweite Prolongation wurde zu einem Zeitpunkt beantragt, als die Staatsregierung bereits einen Gesetzentwurf über den Umtausch von Reichsmark in Okkupationsschilling verabschiedet hatte.

Am 18. 12. 1945 (also gegen Ende der Konversionsperiode laut Schillinggesetz) informierte der Staatskanzler das sowjetische Element der Alliierten Kommission, dass ab 27. 12. 1945 Reichsmarknoten im Werte von 600 Mio. RM, abzüglich von 43 Mio., die bei den Sparkassen beschlagnahmt worden waren und auf deren Rückzahlung die sowjetische Besatzungsmacht angeblich verzichtet hatte, bei der OeNB zur Verfügung stehen würden[158]). Die Militärkommandantur erklärte sich jedoch nicht bereit, die Notenbündel zu ü-

---

[155]) Kabinettsrat Renner, Nr. 6 vom 13. 5. 1945. *Enderle-Burcel/Jerábek/Kammerhofer*, 1995, S. 74.
[156]) AdR: BMfF, Zl. 1.561_Kredit/1945 vom 1. 7. 1945.
[157]) AdR: BMfF, Zl. 2.538_15/1945 vom 6. 8. 1945 und BMfF, Zl. 7.107_15/1945 vom 6. 10. 1945.
[158]) Das Schreiben selbst ging verloren. Erhalten geblieben ist der vom Finanzminister dem Staatskanzler übermittelte Entwurf vom 17. 12. 1945. AdR: BMfF, Zl. 12.508_Kredit/1945.

bernehmen. Die Moskauer Zentralstellen hätten sich die Entscheidung vorbehalten, hieß es[159]).

Am 11. 1. 1946 verlangte Marschall Konjew[160]), der sowjetische Hochkommissar, in einem Schreiben an den Bundeskanzler die fällige Rückzahlung der 2. Tranche des „Russen-Kredits" von 400 Mio. RM in Schilling im Verhältnis 1 : 1. Die Sowjetunion hätte der österreichischen Regierung einen Kredit in geltenden Zahlungsmitteln gewährt. So wie alle Gläubiger von auf Reichsmark lautenden Forderungen hätte auch sie Anspruch auf Rückzahlung in Schilling, dem nunmehr geltenden Zahlungsmittel. Die Auffassung des Finanzministers, wonach es sich um einen Naturalkredit handle, wurde zurückgewiesen, zumal sie sich nur auf unverbindliche mündliche Äußerungen stützen konnte[161]). Diese Entscheidung traf die Regierung unvorbereitet. Noch im Dezember 1945, als Staatskanzler Renner anlässlich der Beratungen über das Schillinggesetz fragte, ob die Sowjetunion bereit sein werde, Reichsmarknoten als Rückzahlung anzunehmen, hatte sich der Finanzminister zuversichtlich[162]) gegeben.

In der Folgezeit lieferte die Bundesregierung nur noch ein fast zwei Jahre währendes Rückzugsgefecht. Zunächst anerkannte sie die Forderung auf Rückzahlung der fälligen 400 Mio. RM in neuen Schilling und strebte nur eine zeitlich gestaffelte Freigabe an[163]). Ende Februar 1946 schaltete sich die amerikanische Besatzungsmacht ein[164]). Wenn die österreichische Bundesregierung die Forderungen der Sowjetunion erfüllte, würde die USA die Rückzahlung von 1.976 Mio. AMS verlangen, die sie 1945 vorgestreckt hatte, hauptsächlich für den beabsichtigten, aber nicht vollzogenen Umtausch der Reichsmark in AMS. Denn in beiden Fällen handelte es sich um den gleichen Sachverhalt: Die Bereitstellung von Banknoten für einen Währungsumtausch (die Nostrifizierung des Geldumlaufs) und zur Überwindung von Liquiditätsengpässen.

Solcherart den Rücken gestärkt überreichte die Bundesregierung Mitte März 1946 dem Obersten Rat der Volkskommissare der UdSSR eine Note [165]), worin sie darauf verwies, dass das bilaterale Problem multilaterale Dimensionen angenommen hatte. Der Alliierte Rat müsste entscheiden, es wäre denn, dass die Sowjetunion die Rückzahlung in RM-Scheinen annähme. Anfang April begann man neu zu verhandeln. Dabei schien sich eine für Österreich vor-

---

[159]) Darstellung des Finanzministers über die Kreditaufnahme. AdR: BMfF, Zl. 2.954_15/1946.
[160]) Schreiben von Marshall Konjew an den Bundeskanzler vom 11. 1. 1946. AdR: BMfF, Zl. 2.954_15/1946 vom 11. 1. 1946.
[161]) Unterlage des Bundesministeriums für Finanzen für ein Schreiben des Bundeskanzlers an den Alliierten Rat vom 6. 2. 1946. AdR: BMfF, Zl. 2.954_15/1946.
[162]) AdR: Kabinettsrat Renner, Nr. 38 vom 15. 11. 1945.
[163]) Protokoll vom 25. 2. 1946. AdR: BMfF, Zl. 2.954_15/1946.
[164]) Schreiben von General Clark vom 26. 2. 1946. AdR: BMfF, Zl. 23.963_15/ 1946.
[165]) Note der Bundesregierung vom 16. 3. 1946. AdR: BMfF, Zl. 23.960_15/1946.

teilhafte Lösung abzuzeichnen. Nach dem Entwurf des Übereinkommens[166]) sollte der gesamte 600 Mio.-Kredit (und nicht bloß die fällige zweite Tranche von 400 Mio. S) auf folgende Weise getilgt werden: Die Sowjetunion erhält 250 Mio. S in zwei Raten. Außerdem werden ihr Reichsmarknoten im Wert von 150 Mio. zur Verfügung gestellt. Der Rest der Schuld von 200 Mio. wird Österreich erlassen. Der Schuldennachlass betraf folgende Positionen:

Übersicht 2.17: Vorschlag der Bundesregierung vom Juli 1946: Tilgung des 600 Mio. RM-„Russen-Kredits"

	Mio. S
Unbedingter Nachlass	
Den Sparkassen und Genossenschaften ersetzte Beträge	44
Den Banken ersetzte Beträge	58
Notgeld (fototechnische Vervielfältigungen)	91
Summe annähernd	200
Bedingter Nachlass (Bezahlung in Reichsmarknoten)	
Beschlagnahmte Noten in der	
Postsparkasse	5
Nationalbank	145
Summe	150
Gesamter Nachlass	350
Restschuld in S zu begleichen	250
Gesamtschuld	600

Zusammengestellt aufgrund des Briefs des Außenministers an das sowjetische Element der Alliierten Kommission vom 4. 7. 1946. AdR: BMfF, Zl. 61.168_15/1946.

Nachdem sie von der Bundesregierung einen Bericht verlangt hatte, wie der 600 Mio. RM-Kredit verwendet und wie der Abgang im Bundeshaushalt gedeckt wurde[167]), erklärte die sowjetische Besatzungsmacht, den Entwurf der Vereinbarung vom April 1946 nicht anzuerkennen[168]). In einem Gegenvorschlag ermäßigte sie ihre Forderungen von 600 Mio. S auf 464 Mio. S[169]). Damit waren wiederum die Amerikaner nicht einverstanden.

Mit einiger Verzögerung begann sich das Verhandlungskarussell neuerlich zu drehen. Im Jänner 1947 fragte die sowjetische Besatzungsmacht, welche Einwände die Bundesregierung gegen die zuletzt mit 464 Mio. S bezifferte Forderung der Sowjetunion hätte und wann sie mit den Zahlungen beginnen

---

[166]) Entwurf eines Übereinkommens aufgrund der Besprechung zwischen dem Finanzminister und dem sowjetischen Vertreter vom 18. 4. 1946. AdR: BMfF, Zl. 53.949_15/1946.
[167]) Beantwortung der Fragen des sowjetischen Elements am 25. 7. 1946. AdR: BMfF, Zl. 62.210_15/1946.
[168]) Schreiben des Finanzministers an den Bundeskanzler vom 28. 8. 1946, AdR: BMfF, Zl. 68.410_15/1946.
[169]) AdR: Ministerrat Figl 1, Nr. 34 vom 30. 7. 1946.

würde. Die Bundesregierung bezog nun eine härtere Position[170]). Sie hätte überhaupt keine Zahlungsverpflichtungen in Schilling. Der in der vorläufigen Vereinbarung von April genannten Summe von 250 Mio. S stünden österreichische Gegenforderungen gegenüber. Die Liste der Gegenforderungen war ziemlich willkürlich. Im Grunde ging es um die Frage, welchen Nutzen die Sowjetunion daraus ziehen konnte oder wollte, dass ihre Truppen beim Einmarsch in Österreich nicht nur materielle Güter wie etwa Eisenbahnwaggons[171]), sondern auch Banknoten ohne stofflichen Wert als Beutegut beschlagnahmt hatten. Die Bundesregierung fügte hinzu, sie wäre dennoch bereit, 250 Mio. S zu zahlen, vorausgesetzt dass es auch in einem anderen strittigen Punkt, nämlich in der Frage des „Deutschen Eigentums", zu einer einvernehmlichen Lösung käme. Es war absehbar, dass damit noch nicht das letzte Wort in dieser Affäre gesprochen wurde.

Die Bundesregierung geriet in Zugzwang, als das Parlament Ende November 1947 das Währungsschutzgesetz verabschiedet hatte und die Sowjetunion dagegen Einspruch erhob. Das Veto hatte zwar gemäß den Bestimmungen des 2. Kontrollabkommens vom 28. 6. 1946 nur aufschiebende Wirkung, aber in der vierwöchigen Frist konnten sich die Geldbesitzer den Folgen des Währungsschnittes weitgehend entziehen. Um die Zustimmung der Sowjetunion zum Währungsschutzgesetz zu erhalten und wohl auch, um eine der Streitfragen aus der Welt zu schaffen, die das Verhältnis zur Besatzungsmacht belasteten, entschloss sich die Bundesregierung zu weitgehenden Konzessionen.

Im Abkommen[172]) vom 2. 12. 1947 vereinbarte sie mit dem sowjetischen Element der Alliierten Kommission folgendes:
– Die Sowjetunion ist berechtigt, alte Banknoten bis zum Betrag von 133 Mio. S unter der Bedingung umzutauschen, dass ein Viertel des zum Umtausch eingereichten Betrags abgeschöpft und ein Viertel befristet gesperrt wird[173]). Die Kopfquote von 12 Mio. S, die alle Besatzungsmächte erhalten, wird davon nicht berührt.
– Die Konten der Sowjetstellen bei der Notenbank und den Kreditinstituten werden gemäß Währungsschutzgesetz teils als Konten öffentlicher Stellen und teils als Konten von Kreditunternehmungen behandelt.
– Die Bundesregierung überweist der Sowjetunion 390 Mio. S auf Girokonten der OeNB, wovon ein Teil zeitlich gesperrt wird.

---

[170]) Brief des Finanzministers an die Finanzdirektion der sowjetischen Abteilung der Interalliierten Kommission vom 25. 1. 1947. AdR: Ministerrat Figl 1, Nr. 54 vom 25. 1. 1947.
[171]) Die Auseinandersetzung darüber, welchen Teil des rollenden Materials die Sowjetunion als Beutegut beansprucht, wurde ähnlich hartnäckig geführt. Siehe hiezu insbesondere AdR: Ministerrat Figl 1, Nr. 133 vom 16. 11. 1948.
[172]) Übereinkommen vom 2. 12. 1947 zwischen dem Hochkommissar der UdSSR für Österreich und der österreichischen Bundesregierung. AdR: Ministerrat Figl 1, Nr. 90A vom 4. 12. 1947.
[173]) Dieser Punkt wird im Abkommen umständlich auf einer Seite abgehandelt. Hinzuzufügen ist, dass Kontozugänge zwischen 12. 11. und 9. 12. sinngemäß wie die Ablieferung von Banknoten behandelt wurden. Siehe hiezu: AdNB: Nr. 202/1948V vom 31. 12. 1947.

– Der 600 Mio.-Kredit der Sowjetunion aus dem Jahr 1945 gilt als getilgt.

Dem Übereinkommen liegt kein Kommentar bei, doch lassen sich die Punkte unschwer zuordnen. Der erste Punkt beinhaltet eine Variante der Sonderregelung, die allen Besatzungsmächten im Währungsschutzgesetz zugestanden wurde. Die im Abkommen vom 2. 12. 1947 festgelegte Obergrenze von 133 Mio. S für den Notenumtausch wurde nicht ausgeschöpft[174]), was darauf hindeutet, dass die sowjetische Besatzungsmacht „knapp bei Kasse" war. Die im Punkt 3 vereinbarten 390 Mio. S waren als Zahlung für den 600 Mio. RM-Kredit der Sowjetunion aus dem Jahr 1945 gedacht. Die Bundesregierung hat damit den Gegenwert von 39 Mio. $ für ein Bündel wertloser Reichsmarknoten gezahlt[175]). Dieser Betrag muss folglich dem „Reparationskonto" angelastet werden. Der gesamtwirtschaftliche Nutzen des „Russen-Kredits" des Jahres 1945 lag höchstens darin, dass die Beutebanknoten nicht schon 1945 auf die entgüterten Märkte strömten.

Das Übereinkommen vom 2. 12. 1947 blieb geheim. Die Summe von 390 Mio. S wurde zwar bereits von Heinz Kienzl in seiner Dissertation (*Kienzl,* 1949, S. 44) erwähnt, doch wurde sie „von ministerieller Seite als zu hoch gegriffen erklärt". *Einwitschläger* (1986, S. 95-97) berichtet aufgrund amerikanischer Quellen, dass die USA im Alliierten Rat Einspruch gegen den Vollzug des Währungsschutzgesetzes erheben wollten, nachdem sie von der Vereinbarung Österreichs mit der Sowjetunion erfahren hatten[176]), was aufgrund der Vorgeschichte plausibel erscheint. Erst nach einigen Interventionen stimmten sie zu.

Man kann berechtigterweise fragen, wieweit die Provisorische Staatsregierung auf die Banknotenbestände der sowjetischen Militärbehörden angewiesen war, warum sie die ausgeliehenen Banknoten nicht ehestens rückerstattete und warum sie darauf verzichtete, die Rückzahlungsbedingungen präzise zu vereinbaren. Die Sitzungen des Kabinettsrats bieten darüber wenig Aufschlussreiches und viel Widersprüchliches. Den Hinweis auf die „Außerordentlichkeit der Verhältnisse" (Renner) kann man nur teilweise gelten lassen. Mit zulässiger Vergröberung lässt sich sagen: Der „Russen-Kredit" von 600 Mio. RM erschien den Verantwortlichen eine bequeme und billige Finanzierungsquelle. Sie bemühten sich daher nicht, ihn so rasch wie möglich zu ersetzen, was aufgrund der Notenbestände, die bald nach Öffnung der Schalter der Notenbank zuflossen, leicht möglich gewesen wäre. Und sie stellten die geliehenen Banknoten erst dann zum Abholen bereit, als das überlastete Personal der Notenbank nach der Manipulation der AMS-Noten und der Ausgabe

---

[174]) Siehe hiezu die Abrechnung der Notenbank vom 4. 6. 1948. AdNB: Nr. 202/1948V.

[175]) Der Dollarwert hängt davon ab, wann und für welche Zwecke der Schillingbetrag ausgegeben wurde.

[176]) Im Übrigen ist die Darstellung von Einwitschläger „selektiv". Das sowjetische Veto gegen den Entwurf des WSchG, das die Bundesregierung letztlich veranlasste, mit der Sowjetunion den bilateralen Vertrag abzuschließen, wird ebenso wenig erwähnt wie die Ablöse des „Russen-Kredits" von 600 Mio. RM.

neu gedruckter Schillingnoten Zeit fand, sich mit dem „Aufräumen" der Bestände an Reichsmarknoten zu beschäftigen.

Möglicherweise wurde zu wenig bedacht, was im gegenständlichen Fall ein Naturalkredit bedeutete. Ungestempelte Reichsmarknoten waren nach der Währungskonversion Altpapier, und zwar unabhängig davon, ob die (alten) Reichsmarknoten abgestempelt oder (neue) Schillingnoten ausgegeben wurden. Bestenfalls ließen sie sich noch im besetzten Deutschland verwenden, doch ergab eine spätere vorsorgliche Anfrage der sowjetischen Okkupationstruppen, dass man auch dort nicht an Reichsmarknoten interessiert war.

Im Finanzministerium hielt man auch weiterhin an der „Stofflichkeit" der seiner Zahlungsmittelfunktion entkleideten Reichsmarknoten fest. Mit den in den Tresoren der Notenbank lagernden Bündeln von Reichsmarknoten befassten sich im Frühjahr 1947 die Besatzungsmächte. Dem gingen Ansuchen einzelner deutscher Besatzungszonen um Überlassung kleiner Reichsmarknoten voraus[177]). Die Deutschen würden als Gegenleistung für kleine Reichsmarknoten 1.000-Reichsmarknoten liefern und die dabei anfallenden Spesen decken. Wie damals üblich, mussten die Alliierten Kommissionen sowohl für Deutschland wie auch für Österreich mit dieser Transaktion befasst werden. Die Alliierte Kommission in Wien genehmigte in ihrer Sitzung am 19. 4. 1947 den „Noten-Swap", entschied aber gleichzeitig dem Grundsatz nach, dass die in Österreich eingezogenen Reichsmarknoten vernichtet werden sollten. Von der Bundesregierung wurden entsprechende Vorschläge verlangt. Die OeNB war dafür, denn ihre Tresore waren mit in Österreich nicht mehr gültigen Zahlungsmitteln (RM- und AMS-Noten) voll gestopft. Der Finanzminister sprach sich gegen die „Verkollerung" aus. Seiner Meinung nach müssten Reichsmarknoten im Betrag von mindestens 4,6 Mrd. aufbewahrt werden. Der größte Teil davon sollte dazu dienen, Forderungen deutscher Gläubiger (außerhalb der Geld- und Kreditwirtschaft) zu befriedigen. Die Rechnung des Finanzministeriums wird in Übersicht 2.18 wiedergegeben[178]).

Wenn schon nicht als Zahlungsmittel, so sollten die Reichsmarknoten zumindest als Beleg für die Forderungen der Notenbank und der Kreditunternehmungen an das Deutsche Reich dienen. Schon in den „Erläuternden Bemerkungen" zur Novelle zum Notenbank-Überleitungsgesetz hieß es, die Einstellung einer Forderung gegen den österreichischen Bundesschatz sei gerechtfertigt, „da ja dieser aufgrund der vom Bund hereingenommenen Reichsmarknoten die Forderung gegen die Deutsche Reichsbank erworben hat". Noch im Spätsommer 1948 diskutierte der Ministerrat einen Antrag des Finanzministers, der Alliierte Rat möge bei den Militärregierungen in Westdeutschland vorstellig werden, um die Ansprüche Österreichs aus Reichsmarknoten zu wahren. Die Aussichten waren freilich schon deshalb gering, weil in der Bundesrepublik Deutschland inzwischen die DM eingeführt worden war. Der Außenminister lehnte daher auch diesen Vorschlag als unrealistisch ab[179]).

---

[177]) Sitzungen des Direktoriums der OeNB vom 21. 10. und vom 8. 11. 1946.
[178]) Dieser Abschnitt stützt sich hauptsächlich auf AdNB: Nr. 310/1947.
[179]) AdR: Ministerrat Figl 1, Nr. 122 vom 19. 8. 1948.

Übersicht 2.18: Erforderlicher und verfügbarer Bestand an Reichsmarknoten nach Einschätzung des Finanzministeriums im Frühjahr 1947

	Mio. RM
Geldforderungen Deutschlands	3.400
Rückzahlung „Russen-Kredit"[1])	600
Nach Deutschland repatriierte Personen	100
Reserve für sonstige Forderungen in RM	500
I. Erforderlicher Bestand an Reichsmarknoten	4.600
Im Schillinggesetz eingezogene Reichsmarknoten	7.700
Von der Sowjetunion anlässlich der Konversion eingezogen, aber noch nicht abgeliefert[2])	900
II. Verfügbarer Bestand an Reichsmarknoten	8.600
Somit für Vernichtung bereitzustellen II.-I.	4.000

Quelle: AdNB: Nr. 310/1947. – [1]) Tatsächlich lehnte die Sowjetunion die Bezahlung in nicht mehr in Österreich gültigen Zahlungsmitteln ab. – [2]) Entspricht der ersten Tranche der Erstausstattung des sowjetischen Elements mit Schillingnoten im Dezember 1945. Der tatsächliche Bestand war wahrscheinlich viel niedriger (siehe S. 130).

Der verwässerte „Währungsschutz"

Am 19. 11. 1947, zwei Jahre nach dem Schillinggesetz, beschloss der Nationalrat das Währungsschutzgesetz (WSchG)[180]). Die wichtigsten Bestimmungen waren:
– Banknoten und Münzen wurden durch neue Geldzeichen ersetzt. Natürliche Personen erhielten pro Kopf 150 S im Verhältnis 1 : 1 umgetauscht; der darüber hinausgehende Betrag wurde auf ein Drittel gekürzt[181]).
– Die Zersplitterung in Konten mit unterschiedlicher Verfügungsberechtigung wurde beendet. Die bisher gesperrten Konten von Wirtschaftsunternehmungen und Privaten (60% der Konten bis zum Schillinggesetz) wurden endgültig gestrichen und die bisher beschränkt verfügbaren Teile der Alt- und Konversionskonten in 2%-Bundesschuldverschreibungen umgewandelt; der Schuldendienst sollte aus dem Ertrag einer (noch zu beschließenden) Vermögens- und Vermögenszuwachsabgabe bestritten werden. Von den Konten der öffentlichen Hand (ausgenommen die Sozialversicherung) wurden 25% gestrichen und 25% für ein Jahr gebunden.
– Ähnlich wie in den Währungsgesetzen vorher gab es Ausnahmen für besonders berücksichtigungswerte Fälle (sozial Bedürftige, Ernteerlöse der Landwirtschaft).

---

[180]) Bundesgesetz über die Verringerung des Geldumlaufs und der Geldeinlagen bei Kreditunternehmungen (Währungsschutzgesetz-WSchG), BGBl. Nr. 250/1947 vom 19. 11. 1947.
[181]) Die Begriffe kürzen, abschöpfen, abbuchen und abschreiben werden als gleichbedeutend verwendet. Auf konkrete Buchungsvorgänge wird auf S. 161 eingegangen.

– Die abgebuchten Beträge sollten dazu verwendet werden, die Geldmenge zu verringern. Gleichzeitig sollten die Bilanzen der Notenbank und der Kreditunternehmungen „in Ordnung gebracht werden".

Das WSchG unterschied sich vom Schillinggesetz dadurch, dass Konten und Banknoten endgültig abgeschöpft wurden. Zwei weitere Besonderheiten sind zu erwähnen. Zum einen wurde Bargeld (zwei Drittel Abschöpfung) merklich schlechter gestellt als (bisher) freie Einlagen (nur kurzfristige Bindungen). Wer nach dem Schillinggesetz darüber verärgert war, dass auch die „Renner"-Konten angetastet wurden, und deshalb Bargeld bevorzugte, musste empfindliche Einbußen hinnehmen. Die deutliche Diskriminierung zwischen Bar- und Buchgeld zielte offensichtlich darauf ab, die Bargeldhorte der Schwarzhändler zu treffen. Zum anderen wurden im Gegensatz zum Schillinggesetz auch die Geldbestände der öffentlichen Haushalte (die Sozialversicherung ausgenommen) gekürzt. Diese Bestimmung ermöglichte es, die Erlöse aus ausländischen Hilfslieferungen teilweise für währungspolitische Zwecke heranzuziehen. Auch waren den Besatzungsmächten, die bereits über ein namhaftes Geldvermögen in Schilling verfügten, leichter Opfer zuzumuten, wenn Bund und Gebietskörperschaften mit gutem Beispiel vorangingen.

Dass zwei Jahre nach dem Schillinggesetz nochmals Banknoten eingezogen und die bisherigen Sperrkonten gestrichen wurden, war begreiflicherweise nicht sehr populär. Die Vereinigung Österreichischer Industrieller wandte sich bereits Mitte 1947 gegen einen neuen Währungsschnitt. Knapp vor dem Beschluss des Währungsschutzgesetzes meldete sie sich mit einer „Erklärung in letzter Stunde"[182]. Sie wurde in ihrer ablehnenden Haltung von *Kienböck* (1947) unterstützt, dem Vollzieher des Stabilisierungswerks nach dem Ersten Weltkrieg und seit 1945 Berater der Notenbank. Kienböck war zwar für die Streichung der Sperrkonten. Er wandte sich jedoch gegen eine neuerliche Abschöpfung des Banknotenbestands, weil sie unter den Bedingungen des Besatzungsregimes nicht effizient durchgeführt werden könne und weil angeblich Geldmenge und Preise ohnehin bereits in einem angemessenen Verhältnis zueinander stünden. Die Vereinbarung der Sozialpartner würde ausreichen, Preisstabilität zu sichern. Von diesen beiden Argumenten war das erste stichhaltig, wie sich bald herausstellte. Dagegen erschien das zweite fragwürdig und die Währungsbehörden schlossen sich ihm nicht an[183].

Der Erfolg des Währungsschutzgesetzes hing maßgeblich davon ab, dass das Gesetz möglichst unmittelbar nach seiner Bekanntgabe in Kraft tritt. Das aber wurde durch den Einspruch der Sowjetunion verhindert. Bis zum Ablauf der vom 2. Kontrollabkommen bestimmten vierwöchigen Frist zu warten, konnte die Bundesregierung nur schwer verantworten. So kam es zu der bereits ausführlich geschilderten Vereinbarung mit der Sowjetunion.

---

[182] „Die Industrie", 1947, 47(44) vom 8. 11.
[183] Schon *Kindleberger* (1989, S. 80) notierte in seinen Briefen aus Wien vom Sommer 1946 sichtlich amüsiert, dass Kienböck, dem man die „Deflationspolitik" in den dreißiger Jahren angekreidet hatte, nunmehr ein „professed inflationist" geworden wäre.

Kostbare Zeit war indessen bereits verstrichen. Das am 19. 11. beschlossene WSchG konnte erst am 9. 12. 1947 im Bundesgesetzblatt veröffentlicht werden und damit in Kraft treten. In diesen drei Wochen trachteten Unternehmungen und Haushalte, ihre Banknoten los zu werden. Dazu boten sich verschiedene Möglichkeiten. Die Bargeldbesitzer konnten Banknoten auf Bankkonten einlegen, Kredite zurückzahlen und sich Steuerverpflichtungen entledigen. Der Umlauf an Banknoten sank von 6,2 Mrd. S am 7. 11. 1947 auf 2,86 Mrd. S am 9. 12. 1947 oder um 54%. Um den gleichen Betrag stiegen die freien Giroguthaben der Notenbank. Die Reaktion auf die Währungspläne fiel erstaunlich kräftig aus, doch ist zu berücksichtigen, dass es sich nur um Dispositionen auf wenige Wochen handelte. Schon bald nach dem WSchG normalisierten sich die monetären Strukturen und die Zahlungsströme wieder. Die Unternehmungen beanspruchten ihre Kreditlinien und ließen wieder Steuerschulden auflaufen. Der Bargeldumlauf nahm kräftig zu.

Übersicht 2.19: Geplante und tatsächliche Notenabschöpfung im WSchG

		Noten vorher[1])	Umtausch		Noten nachher	Abschöpfung
			1 : 1	3 : 1		
				Mrd. S		
Geplant	7. 11. 1947	6,20	1,03	1,72	2,75	3,45
Tatsächlich	9. 12. 1947	2,86	1,03	0,61	1,64	1,22

[1]) Notenumlauf zu den angegebenen Stichtagen laut Wochenausweisen der OeNB.

Zum Rückgang des Notenumlaufs vor dem WSchG trugen auch die Alliiertengelder bei. Nach Beschluss des Alliierten Rats vom 4. 12. 1947 erhielt jede Besatzungsmacht 12 Mio. S alte Banknoten in neue umgetauscht[184]). Darüber hinaus gehende Regelungen blieben individuellen Verhandlungen vorbehalten. Die mit der Sowjetunion getroffene Vereinbarung, die auch die Abgeltung des „Russen-Kredits" aus dem Jahr 1945 einschloss, wurde bereits beschrieben. In den Gesprächen mit den anderen Besatzungsmächten ging es in der Hauptsache darum, deren Geldbestände bestimmten Vorschriften des WSchG zuzuordnen. Im Prinzip stellte man die Besatzungsmächte den öffentlichen Haushalten gleich: Von ihren liquiden Mitteln, gleichgültig ob Notendepots oder Girokonten, wurden gemäß § 17 WSchG 25% abgeschöpft und weitere 25% auf ein Jahr gesperrt. Gelder für kommerzielle oder kulturelle Zwecke, wie etwa jene der Agence France Press oder des British Council, wurden als „normale" Kundeneinlagen gemäß § 16 WSchG behandelt (keine Abschöpfung, aber befristete Bindungen). Eine dritte, nicht sehr bedeutende Gruppe bildeten Diplomatengelder: Sie wurden 1 : 1 umgetauscht und unterlagen keiner Bindung[185]).

Die wichtigsten Komponenten, die zur Reduktion des Notenumlaufs und zur entsprechenden Zunahme der Girokonten bei der OeNB in der Vorkonver-

---
[184]) AdR: BMfF, Zl. 59.429_15/1947.
[185]) AdNB: Nr. 117/1945.

sionszeit beitrugen, lassen sich aus verschiedenen Quellen zumindest grob quantifizieren. Danach stammten je 600 Mio. S aus der Rückzahlung von Krediten und aus Alliiertengeldern (einschließlich des auf S. 145 beschriebenen Notendepots des Finanzministeriums), 700 Mio. S machten die Steuerzahlungen aus[186]), 860 Mio. S wurden auf Bankkonten eingelegt.

Übersicht 2.20: Zunahme der Giroverbindlichkeiten der OeNB (Abnahme des Notenumlaufs) vor dem WSchG (Schätzung)

	Mio.S
Rückzahlung von Krediten	600[1])[4])
Zahlung von Steuern	700[1])
Barbestände der Kreditunternehmungen	360[2])
Alliiertengelder	600[1])
Einlagenzuwachs in der Vorkonversionszeit	860[3])
Zwischensumme	3.120
Rest	220
Insgesamt	3.340
davon	
Kreditunternehmungen	1.830[2])
Öffentliche Hand	1.510

[1]) Generalrat der OeNB Nr. 27 vom 19. 2. 1948. – [2]) Ministerrat Figl 1, Nr. 92 vom 16. 12. 1947. – [3]) 150% des abgeschöpften Betrags von 570 Mio. S laut Mitteilungen der OeNB, 1948, Nr. 2. – [4]) Laut Alliiertenbericht der OeNB, Jänner 1948, sank das Kreditvolumen der direkt meldenden Kreditunternehmungen um 523 Mio. S.

Die kurzfristigen Ausweichstrategien der Besitzer von Banknoten beeinträchtigten das Ergebnis der Notenabschöpfung. Statt 3,45 Mrd. S an Banknoten wurden nur 1,22 Mrd. S abgeschöpft. Zu berücksichtigen ist freilich, dass nicht die gesamte Differenz der Abschöpfung entging. Steuerzahlungen z. B. schlugen sich auf den Interimskonten des Finanzministeriums nieder und unterlagen dort der 25-prozentigen Abschöpfung. Außerdem bemühten sich die Währungsbehörden um Schadensbegrenzung. Schon das WSchG bestimmte, dass der Einlagenzuwachs bei den Kreditunternehmungen zwischen 12. 11. und 9. 12. 1947 ebenso wie der Banknotenumlauf um zwei Drittel gekürzt wird (Abschöpfungsergebnis einschließlich Nachtrag 570 Mio. S). Weiters verfügte das Finanzministerium per Erlass, dass die Steuerzahlungen vor dem WSchG zunächst auf Interimskonten gebucht und erst nach Überprüfung auf die Steuerschuld angerechnet werden. (Die nicht fälligen Steuerzahlungen wurden der gleichen Kürzung unterworfen wie Bargeld.) Nicht zuletzt wurde entgegen den ursprünglichen Absichten ein Teil der freien Guthaben der Kreditunternehmungen bei der Notenbank abgeschöpft. Nach dem Ministerratsbeschluss vom 4. 12. 1947 hatten die Kreditunternehmungen fünf Sechstel der liquiden Mittel, die ihnen zwischen 12. 11. und 9. 12. 1947 zugeflossen waren,

---

[186]) Laut Rechnungsabschluss 1947 des Bundes wurden Steuereingänge in Höhe von 689,9 Mio. S auf Interimskonten der Steuerpflichtigen gutgeschrieben.

auf ein Sonderkonto zu buchen, das zur Währungsreform herangezogen werden sollte[187]).

Übersicht 2.21: Vorläufiges Ergebnis der Abschöpfung von Konten[1]) bei den Kreditunternehmungen

	Mrd. S
Abbuchung von Sperrkonten	7,92
Formblattrest laut Schillinggesetz	0,03
Umwandlung von Alt- und Konversionskonten in Bundesschatzscheine	1,96
Kürzung des Einlagenzuwachses in der Vorkonversionsperiode	0,28
25%-Kürzung öffentlicher Kassen	0,51
Summe	10,69

Quelle: Mitteilungen der OeNB, 1948, Nr. 2. – Im Februar 1948 wurden weitere 0,29 Mrd. S nachträglich aus dem Kontenzuwachs der Vorkonversionsperiode abgeführt. – [1]) Ohne Zwischeneinlagen.

Die Verwässerung des Gesetzes betraf nur den Notenumlauf. Die Kontenabschöpfung wurde vom verspäteten Inkrafttreten nicht berührt. Das WSchG entzog den Konteninhabern 10,70 Mrd. S (einschließlich Nachtrag fast 11 Mrd. S) an gesperrten und beschränkt verfügbaren Einlagen bei den Kreditunternehmungen. Davon wurden 2 Mrd. S durch Bundesschuldverschreibungen ersetzt, 8,7 Mrd. S (9,0 Mrd. S) verfielen.

Übersicht 2.22: Geldmengenaggregate vor und nach dem WSchG

	Ende Oktober 1947	Ende Jänner 1948	Änderung in %
		Mio. S	
A) Notenbank			
Banknoten	6.219	3.687	– 40,7
Giroverbindlichkeiten[1])	6.225	4.077	– 34,5
B) Kreditunternehmungen			
Spareinlagen	8.680[1])	892	– 89,7
Scheckeinlagen	6.422[1])	4.503	– 29,9
Summe Einlagen	15.102[1])	5.395	– 31,3

Quelle: Mitteilungen der OeNB. – [1]) Einschließlich gesperrter Beträge.

Die gemäß Schillinggesetz gesperrten Girokonten der Kreditunternehmungen bei der Notenbank wurden gleichzeitig mit den Sperrkonten der Wirtschaftsunternehmungen und Privaten bei den Kreditunternehmungen abgebucht, mit Ausnahme eines Restbetrages von 0,7 Mrd. S, aus dem soziale Ansprüche aus zunächst getilgten Kundenkonten (so genannte Rückbuchungen) zu finanzieren waren. Im Falle von Liquiditätsschwierigkeiten erhielt der Bund

---

[187]) Über die Verwendung dieser Mittel wurde in drei aufeinander folgenden Sitzungen des Ministerrats beraten. AdR: Ministerrat Figl 1, Nr. 91 bis 93 vom 4., 16. und 23. 12. 1947.

die Ermächtigung, 800 Mio. S an Schatzscheinen (Schatzscheine gemäß § 27 WSchG), ein Viertel der gebundenen Beträge, zur Verfügung zu stellen.

Trotz der Verwässerung des Gesetzes ließ sich das quantitative Ergebnis sehen. Verglichen mit der Vorkonversionszeit wurden die wichtigen Geldmengenkomponenten um 30% bis 40% gesenkt, der Bestand an Spareinlagen sogar um fast 90%. Bedenklich waren freilich die unerwünschten Verteilungseffekte der Flucht aus dem Bargeld. Die wichtigsten Ausweichmöglichkeiten, die Rückzahlung von Krediten und die Bezahlung von Steuerschulden, standen hauptsächlich den Selbständigen offen.

Konsolidierung der Bilanzen der Geld- und Kreditwirtschaft

Das WSchG beschnitt nicht nur die Geldmenge im weiteren Sinn (Bargeld und Buchgeld). Es bestimmte auch, dass die eingezogenen Beträge dazu verwendet werden, die Bilanzen der Notenbank und der Kreditunternehmungen zu konsolidieren. Die Aktiva der Notenbank bestanden fast ausschließlich aus einer Forderung an den Bundesschatz, die Kreditunternehmungen besaßen große Portefeuilles an wertlosen Forderungen. Dazu zählen insbesondere Schuldtitel des Deutschen Reichs (Anleihen, Schatzanweisungen) und reichsverbürgte Kredite an deutsche Parafiski. Die Kürzung geldwertiger Passiva in den Bilanzen der Geld- und Kreditwirtschaft (Banknoten und Buchgeld) ermöglichte es, zumindest einen Teil der fragwürdigen Aktiva ertragsneutral abzuschreiben.

Dabei wählte man folgendes Verfahren: Soweit die Kürzungsbeträge Verpflichtungen der Notenbank betrafen, wurden sie unmittelbar von der Bundesschuld abgeschrieben. Die im Währungsschutzgesetz den Konteninhabern entzogenen Einlagen bei den Kreditunternehmungen im Wert von 10 Mrd. S (netto, nach Rückbuchungen) wurden zunächst auf ein (unverzinsliches) Konto des Bundes übertragen. Über dieses Sonderkonto disponierte das Finanzministerium in drei Anordnungen, wobei es jeweils bestimmte Beträge abrief und gleichzeitig festlegte, in welcher konkreten Form diese zu leisten waren. (In den Begriffen des kaufmännischen Rechnungswesens ausgedrückt: Der Bund verfügte die gleichzeitige Abschreibung bestimmter Aktiva und Passiva.) Die ersten beiden Anordnungen, die unmittelbar nach dem WSchG erlassen wurden, zielten auf Entlastung der Notenbank ab. Der Bund disponierte im Dezember 1947 und im Jänner 1948 3,7 Mrd. S von seinem Sonderkonto bei den Kreditunternehmungen ab. Von diesem Betrag hatten die Kreditunternehmungen 1 Mrd. S in Form freier Giroguthaben und 2,7 Mrd. S in Form gesperrter Giroguthaben bei der Notenbank bereitzustellen. Die auf diese Weise dem Bund übertragenen Guthaben bei der Notenbank wurden gegen die Forderung der Notenbank an den Bundesschatz kompensiert. Mit dem dritten Schritt, der Abbuchung der wertlosen Kriegsaktiva der Kreditunternehmungen, ließ sich die Finanzpolitik Zeit. Erst im Herbst 1951 verwendete der Bund die ihm verbliebenen 6,5 Mrd. S an Sonderguthaben zur Konsolidierung der Bankbilanzen. Möglicherweise wollte man zuwarten bis absehbar war, welcher Teil dieser Verluste von den Kreditunternehmungen selbst getragen werden konnte.

Die endgültige Rekonstruktion der Bilanzen der Kreditunternehmungen und damit ihre Veröffentlichung ließen bis Ende 1954 auf sich warten. Dennoch betrachteten die Bankkunden ihre Einlagen bei allen Instituten als gleich sicher (wenngleich inflationsanfällig). Sie vertrauten darauf, dass die Wirtschaftspolitik hilft und sich die Kreditwirtschaft als solidarisch erweist, wenn einzelne Institute in Schwierigkeiten geraten.

Übersicht 2.23: Disposition des BMfF über gemäß WSchG abgeschöpfte Einlagen bei den Kreditunternehmungen

Anordnung	Abfuhr in Form von ... Aktiven der Kreditunternehmungen	Mrd. S
I. Dezember 1947	Freie Notenbank-Guthaben	1,0
II. Februar 1948	Gesperrte Notenbank-Guthaben	2,7
III. Oktober 1951	Wertlos gewordene Aktiva	6,5
Abfuhr lt.WSchG gesperrter Einlagen des Publikums insgesamt		10,2[1])

Die Daten stammen aus AdR: BMfF, Kreditsektion „Materialien 1947". Die dritte Anordnung wurde mit BMfF, Z. 66.300_15/1951 verfügt. – [1]) Die Abfuhr ist niedriger als die insgesamt den Kunden der Kreditunternehmungen entzogenen Einlagen laut Übersicht 2.21. Die Differenz erklärt sich hauptsächlich aus Rückbuchungen.

Verluste der Geldvermögensbesitzer und Lastenausgleich

Nach verlorenen, verlustreichen Kriegen kommen meist die Geldbesitzer um ihr Vermögen. Es wird entweder durch Inflation aufgezehrt oder durch Währungsreformen beschnitten. In Österreich wirkten beide Faktoren zusammen. Wer zu Kriegsende ein Sparbuch über 100 RM hatte, dem blieben in realer Kaufkraft gemessen bis zur Währungsstabilisierung Ende 1951 6 S. Der Verlust entstand je zur Hälfte durch Kontenabschöpfung und zur Hälfte durch Inflation (negativer Realzinssatz).

Den Geldvermögensbesitzern wird üblicherweise erklärt, dass der Gegenwert ihres Geldvermögens im Krieg „verpulvert" wurde. Dennoch wird es als unfair empfunden, die Last der Kriegsfinanzierung einseitig jenen natürlichen und juridischen Personen aufzubürden, die über Geldvermögen verfügen. Konzepte für einen „Lastenausgleich", sprich für eine Vermögens- und Vermögenszuwachsabgabe, die hauptsächlich oder ausschließlich die Eigentümer von Sachwerten treffen soll, gehören daher zum Standardrepertoire der Wirtschaftspolitik nach schweren und verlustreichen Kriegen. Der Versuch, auch die Besitzer von Sachvermögen heranziehen, verlief indessen fast durchwegs enttäuschend. Ein Grund dafür ist die Hinterziehung von Vermögen, ein anderer die Schwierigkeit, Sachwerte in turbulenten Zeiten vernünftig zu bewerten, ein dritter die Rücksichtnahme auf die Bedürfnisse der Produktion. Im Wiederaufbau braucht man leistungsfähige Unternehmungen und scheut sich daher, ihnen Finanzierungsmittel zu entziehen. Eine ergiebige Vermögensabgabe müsste wahrscheinlich als Beteiligungsmodell konstruiert werden[188]), aber sie erfüllt dann nicht ihren Zweck, weil die zu entschädigenden Geldvermögensbesitzer zumeist für Konsumzwecke verwendbare Mittel haben möchten.

In Österreich galt es schon in der Regierung Renner für ausgemacht, dass auch die Besitzer von Sachwerten zur Kasse gebeten werden sollten. Konkret wurde das Vorhaben aber erst anlässlich des Währungsschutzgesetzes. Der einschlägige Gesetzesentwurf sah eine Abgabe vom Vermögen mit Sätzen von 5% bis 25% und eine Abgabe vom Vermögenszuwachs zwischen 1940 und 1948 mit Sätzen von 5% bis 50% vor. Die Abgaben sollten in vier gleichen Halbjahresraten geleistet werden. Der Ertrag wurde im ersten Referentenentwurf mit 5 Mrd. S geschätzt. Davon sollten 2 Mrd. S zur Tilgung der 2-prozentigen Bundesschuldverschreibungen verwendet werden, die als Ablöse der beschränkt verfügbaren Konten laut WSchG ausgegeben worden waren. Der Rest stünde für andere währungspolitischen Operationen zur Verfügung.

Gegen diesen Entwurf liefen die Unternehmungen Sturm. Sie forderten, dass Scheingewinne aus dem Vermögenszuwachs herausgerechnet werden. Die Höhe der Vermögensabgabe und die Zeitdauer der Abstattung sollte so bemessen werden, dass die Unternehmen nicht genötigt werden, Vermögenswerte zu verschleudern und überstürzte Warenabverkäufe vorzunehmen[189]).

Die Anfang Juli verabschiedeten Gesetze einer Abgabe vom Vermögen und vom Vermögenszuwachs (BGBl. Nr. 166 und 165 vom 7. 7. 1945) trugen diesen Einwänden weitgehend Rechnung. Sie sahen entgegenkommende Bewertungsvorschriften und vor allem eine bedeutende Erstreckung der Fristen vor. Die Vermögenszuwachsabgabe sollte in sechs Halbjahresraten entrichtet werden. Für die Vermögensabgabe waren gestaffelte Fristen von 8 bis zu 22 Jahren vorgesehen. Die Steuerpflichtigen sollten jährlich nicht mehr als 1,5% des Vermögens zum Bemessungszeitpunkt an Vermögensabgabe zu entrichten haben. Aus der einmaligen Vermögensabgabe wurde auf diese Weise eine zeitlich befristete Vermögenssteuer.

Die Streckung der Fristen erleichterte die Finanzierung der Abgabe bei unvollständigen Kapitalmärkten. Viel wichtiger war jedoch ihr Einfluss auf die Erträge der Unternehmungen. Die Verteilung der Steuerzahlung über viele Jahre bedeutet relativ wenig, wenn der Zinssatz (die Ertragsrate auf Kapital) niedrig ist (siehe die nachstehenden Modellrechnungen). Tatsächlich wurde jedoch die Belastung der Vermögensbesitzer durch Inflation und Wirtschaftswachstum bedeutend reduziert.

Dazu kam folgendes: Die Vermögens- und die Vermögenszuwachsabgabe konnte in Form von 2%-Bundesschuldverschreibungen zum Nennwert entrichtet werden, wobei die vorzeitige Entrichtung der Abgabe mit einem Diskont ermutigt wurde. Auf diese Weise hoffte man die Nachfrage nach den niedrig verzinsten Papieren zu stützen. Dennoch lag der Kurs zumeist unter 50, zeit-

---

[188]) *Wirlander* (1948A, S. 72-75) wies darauf hin, dass die Sozialisten nach dem Ersten Weltkrieg Vermögensabgaben mit Sozialisierungsprogrammen verknüpfen wollten. Da die Unternehmungen die Abgabe nicht aus ihren laufenden Erträgnissen bezahlen können, müssen sie Anteilsrechte an den Staat abtreten.

[189]) Siehe hiezu E. Margarétha in „Die Industrie", 1948, 48(28) vom 10. 7.

weise sogar bei einem Drittel des Nennwerts. Die im WSchG mit Bundesschuldverschreibungen abgefundenen Sparer hatten offenbar eine so hohe „private Diskontrate" (Präferenz für Gegenwartsgüter), dass sie beim Verkauf auch hohe Abschläge vom Nennwert in Kauf nahmen. Die Differenz zwischen Kurswert und Nominale wurde von den Vermögensbesitzern lukriert, die Vermögens- und Vermögenszuwachsabgabe entrichteten.

Übersicht 2.24: Vermögensabgabe 1948; schematische Berechnung

	Abgabe 1,5% pro Jahr für ... Jahre	Barwert der Abgabe in % des Vermögens bei einer Ertragsrate von			
		0%	5%	10%	20%
Erste 50.000 S	8	12	9,69	8,00	5,76
Nächste 50.000 S	12	18	13,29	10,22	6,66
Nächste 500.000 S	17	25,5	16,91	12,03	7,16
Über 600.000 S	22	33	19,74	13,16	7,36

Die Übersicht zeigt die Entlastung der Unternehmungen durch die zeitliche Staffelung in Abhängigkeit von der Ertragsrate auf Kapital. – Die Wachstumsrate des nominellen BIP, die unter bestimmten Annahmen als Indikator für die Ertragsrate gelten kann, betrug in der längsten Periode (22 Jahre) 11,8%, in der kürzesten (8 Jahre) 17,5%.

2.2.4 Die Geldpolitik nach dem Währungsschutzgesetz

Als die Stopppreise und -löhne der Kriegswirtschaft nicht mehr zu halten waren und wegen der Anforderungen der Besatzungsmächte mehr Schillingnoten gedruckt werden mussten, als angemessen schien, fand sich die Wirtschaftspolitik mit einer zeitlich begrenzten Anpassungsinflation ab. Preise und Löhne würden solange steigen, bis die Geldumsätze die Geldmenge „ausfüllen". Wenn in einer zweiten Aktion die Geldmenge reduziert und die reduzierte Geldmenge gehalten würde, käme die Inflation zum Stillstand. Minister Krauland gebrauchte folgenden Vergleich: Ein Gas dehnt sich in einem Ballon solange aus, bis es ihn ausfüllt. Aus der Sicht einer begrenzten Anpassungsinflation erschien das erste Preis-Lohn-Abkommen vom August 1947 eine Aktion, die Preis-Lohn-Struktur zu ordnen, bevor das Preis-Lohn-Niveau durch das Währungsschutzgesetz fixiert wird.

Übersicht 2.25: Geldmenge und Preise nach dem WSchG

Jahresende	Verbraucherpreise	Großhandelspreise	Notenumlauf	Noten + Scheckeinlagen	Noten + Einlagen
	Veränderung gegen das Vorjahr in %				
1948	21,23	19,68	52,83	27,20	28,72
1949	29,40	37,25	1,53	12,39	14,45
1950	6,83	12,86	10,98	16,32	18,23
1951	39,05	52,44	26,51	24,31	21,42
Ø 48/51	23,55	29,66	21,49	19,91	20,59

Quelle: Verbraucherpreise: WIFO. – Großhandelspreise: ÖSTAT. – Notenumlauf und Einlagen: OeNB.

Tatsächlich wurde nach dem WSchG weder innere noch äußere finanzielle Stabilität erreicht. Von Ende 1947 bis Dezember 1951, dem Ende der Nachkriegsinflation stiegen die Verbraucherpreise (WIFO) um 133% und die Großhandelspreise (ÖSTAT) um 183% oder um 24% und 29% pro Jahr. Der ohnehin mit 10 S/$ sehr hoch angesetzte Dollarkurs wurde Ende 1949 auf 21,26 (Effektivkurs) und 1953 auf 26 hinaufgesetzt. Im Abschnitt „Die Nachkriegsinflation" wird die Preis-Lohn-Dynamik nach dem Zweiten Weltkrieg als eine Reaktion auf die Produktivitätslücke und die durch sie ausgelösten Kostensteigerungen interpretiert. Die Kosteninflation wurde jedoch durch eine „akkommodierende" Geldpolitik alimentiert. Von Ende 1947 bis Ende 1951 stiegen die verschiedenen Geldmengenaggregate um durchschnittlich ein Fünftel pro Jahr.

Wie kam es zu der nachgiebigen Geldpolitik, wo doch so große Hoffnungen in das Währungsschutzgesetz gesetzt wurden? Hinweise auf das beschränkte Instrumentarium der Notenbank und die noch sehr instabile Geldnachfragefunktion reichen nicht. Anknüpfend an die Komponenten der Geldmengenausweitung bietet sich folgende Erklärung an:

Die Währungsbehörden hielten – überspitzt formuliert – den Staatskredit für inflationstreibend, den Wirtschaftskredit aber für wachstumsfördernd. Sie bekämpften jenen und tolerierten diesen. Die Sorge, dass die Defizite im Bundesbudget zu groß werden könnten, war berechtigt, solange die Besatzungskosten sehr hoch waren und direkt oder indirekt durch die Notenpresse finanziert wurden. Auch neigte die Budgetpolitik später manchmal dazu, den Weg des geringsten Widerstands zu gehen. Mahnende Worte der Notenbank wie etwa anlässlich des Bundesvoranschlags 1949[190]) waren daher angebracht. Im Ergebnis war jedoch die Budgetpolitik besser als ihr Ruf. Die nicht durch Freigaben aus den Erlösen der Auslandshilfe (Gegenwertkonten) finanzierten Nettodefizite[191]) im Bundesbudget betrugen 1948 nur 1,2% des BIP und sanken bis 1951 auf 0,1%. Sie waren stets geringer als die Entzugseffekte der Auslandshilfe[192]) (für Währungszwecke stillgelegte oder noch nicht ausgegebene Erlöse).

Möglicherweise wären die Defizite größer gewesen, wenn sich die Organe der Notenbank willfähriger gezeigt hätten und wenn nicht die Amerikaner in kritischen Situationen (etwa 1949) interveniert hätten (siehe die Bemerkungen zu den Interventionen der Amerikaner im Abschnitt „Die Investitionsschwerpunkte"). Unter den gegebenen Beschränkungen war jedoch nicht der Staatskredit, sondern der Wirtschaftskredit der bei weitem wichtigste geldvermehrende Faktor. In den Jahren 1948 bis 1951 vergaben die Kreditunterneh-

---

[190]) Der Generalrat warnte in einer Resolution vom 8. 12. 1948 vor einem übermäßigen Budgetdefizit. Anlage 4 zum Bericht des 35. Generalrats der OeNB vom 16. 12. 1948.
[191]) Nach den damaligen Gepflogenheiten wurde der Abgang im Bundeshaushalt brutto ausgewiesen (die Schuldentilgungen galten als laufende Ausgaben).
[192]) Die jährlichen Freigaben wurden zwar ab 1949 so bemessen, dass sie annähernd den Erlöseingängen entsprachen, doch hielten die Amerikaner gelegentlich mit Teilfreigaben zurück. Auch dauerte es meist einige Zeit, bis die Aufbauwechsel bei der Notenbank eingereicht wurden.

mungen stets mehr zusätzliche kommerzielle Kredite, als sie zusätzliche Einlagen erhielten (nicht eingerechnet die aus ERP-Mitteln finanzierten Aufbaukredite). Sie finanzierten die „Geldkapitallücke" zunächst, indem sie ihre Giroguthaben bei der Notenbank abbauten, die Liquiditätshilfe des § 25 WSchG bis zum Limit von 800 Mio. S beanspruchten und Schatzscheine abgaben (oder nicht mehr prolongierten). Nachdem diese Quellen erschöpft waren, nahm der Eskont von Handelswechseln stark zu. In der Vier-Jahres-Periode 1948-1951 beanspruchten die Kreditunternehmungen insgesamt über 4 Mrd. S an Notenbankgeld, davon dienten über 3 Mrd. S, um den Überhang der Kreditgewährung über den Einlagenzuwachs zu finanzieren. (Die Jahreswerte schwankten, zum Teil, weil Verzögerungen in der Freigabe von Gegenwertmitteln durch kommerzielle Kredite überbrückt wurden.)

Übersicht 2.26: Defizite im Bundeshaushalt

	Defizit brutto[1])	Tilgungen	Defizit netto	Finanziert durch		Kredite
				Hilfskonten	Kredite	
			Mio. S			In % des BIP
1946	1.048		1.048		1.048	9,34
1947	72	− 690[2])	762		762	3,61
1948	1.088	690[2])	1.036	638	398	1,22
1949	359	0	1.212	852	359	0,86
1950	131	40	582	491	91	0,17
1951	97	20	585	508	77	0,11
1952	360	72	438	150	288	0,36
1953	107	396	− 120	170	− 289	− 0,35
1954	− 525	433	− 678	280	− 958	− 1,02
1955	1.008	463	885	340	545	0,51

Quelle: Bundesrechnungsabschlüsse. − [1]) Defizit brutto vor Abzug der Tilgungen und der Freigaben aus Erlöskonten. − [2]) Verschiebung der Steuerzahlungen infolge des WSchG, unter Schuldentilgung verbucht.

Die Währungsbehörden betrachteten die Kreditgewährung an die Wirtschaft weniger kritisch als jene an den Staat. In einer ao. Sitzung des Generalrats am 4. 5. 1950 (als durch die Verzögerung von Freigaben aus Gegenwertmitteln vorübergehend ein Liquiditätsengpass entstand) plädierten die Vertreter der Banken dafür, dass die Notenbank großzügiger Refinanzierungsmöglichkeiten für Kredite an die Wirtschaft bereitstellte. Eine Ausweitung der Kredite wäre notwendig, weil die Ausweitung der Produktion und das Steigen der Preise (sic!) höhere Betriebsmittel erforderten. Erst Anfang 1951, als die Hausse im Gefolge des Korea-Konflikts in vollem Gange war, bereitete die Kreditausweitung dem Direktorium Sorgen, doch verhinderte der Streit um die Bankratenerhöhung (siehe den Abschnitt „Stabilität durch Schocktherapie") wirksame kreditbeschränkende Maßnahmen.

Zur wohlwollenden Behandlung des Wirtschaftskredits mag Verschiedenes beigetragen haben: Den Banken bot die lebhafte Kreditnachfrage der Wirtschaft eine Chance, ihre Ertragslage zu verbessern und Bilanzlücken zu schließen. Schatzscheine wurden nur mit 2½% verzinst, die ebenso liquiden Betriebsmittelkredite für Lieferungen im Marshallplan hingegen mit 6%. Das Direktorium kam den Wünschen der Kreditunternehmungen weitgehend entgegen, galt doch die Deckung des legitimen Kreditbedarfs der Wirtschaft als eine der traditionellen Aufgaben der Notenbank. Im Ansuchen[193]) um die Freigabe von ERP-Gegenwertmitteln für 1949 argumentierten die Währungsbehörden im Einklang mit der ehrwürdigen „Banking"-Theorie: Der Eskont von Handelswechseln wäre unbedenklich, da ihm güterwirtschaftliche Transaktionen zugrunde lägen, wogegen der Schatzscheinfinanzierung kein güterwirtschaftliches Äquivalent gegenüber stünde. Der einzige protokollierte Einwand gegen eine zu lockere, weil den Preisauftrieb fördernde Geldpolitik vor der Korea-Hausse kam vom Vertreter der Arbeiterkammer.

Abbildung 2.2: Kreditausweitung und Einlagenzuwächse in % des BIP

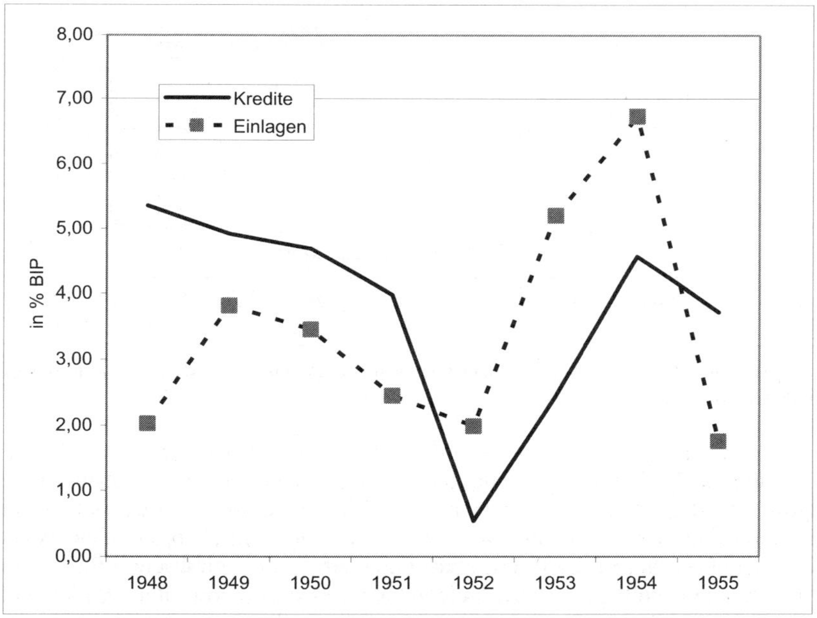

Quelle: Mitteilungen der OeNB.

Was immer die Motive gewesen sein mögen: Wieweit die tatsächlichen Veränderungen des inneren und äußeren Geldwerts noch mit Währungsstabilität vereinbar waren, wurde im Generalrat ebenso wenig diskutiert, wie die Frage, wieweit das Stabilitätsziel hinter anderen Zielen zurückstehen müsste. Die Notenbank überließ die Bestimmung des Preis-Lohn-Niveaus den Sozialpart-

---

[193]) AdR: BMfF, Zl. 26_15/1949, Ministerrat Figl 1, Nr. 140 vom 11. 1. 1949.

nern und beschränkte sich darauf, die für eine wachsende Wirtschaft bei gegebener Inflationsrate notwendigen Zahlungsmittel bereitzustellen. Der Gegensatz zur Währungspolitik in Deutschland ist auffallend. Dort verfolgte die Notenbank einen strikten Stabilitätskurs, indem sie die mit Preisstabilität und dem Wachstum des Produktionspotentials verträgliche Geldmenge festlegte. Wenn die Sozialpartner stabilitätsbewusst agierten, konnte Vollbeschäftigung gewahrt werden, wenn nicht, hätten sie die Folgen zu tragen.

Abbildung 2.3: Geldmenge in % des BIP (1937 = 1)

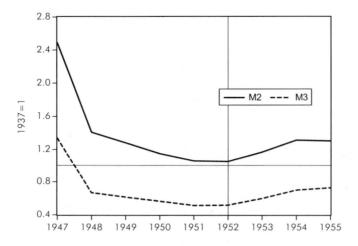

Quelle: Mitteilungen der OeNB. – M2: Banknoten und Scheckeinlagen. – M3: Banknoten, Scheck- und Spareinlagen.

Die Währungsbehörden hielten es für vordringlich, das Vertrauen der Bevölkerung in die Währung wiederherzustellen. In einem vertrauenswürdigen Regime ist der Manövrierspielraum der Währungspolitik größer, als wenn Misstrauen herrscht. Nur, Vertrauen lässt sich nicht durch beschwichtigende Worte schaffen. Wenn die Preise nicht nur einmal, sondern in einer Folge von Jahren mit zweistelligen Raten steigen, werden die Geldbesitzer ihre realen Kassenbestände knapp halten. Tatsächlich stieg die Umlaufgeschwindigkeit des Geldes gemessen sowohl an engeren als auch an weiteren Geldmengenkonzepten nach dem Währungsschutzgesetz beträchtlich (siehe Abbildung 2.3). Die Summe aus Banknoten und Scheckeinlagen stand zum Ende der Nachkriegsinflation etwa im gleichen Verhältnis zum BIP wie vor dem Krieg. Bezieht man auch die Spareinlagen ein, so war der relative Bestand an liquiden Mitteln viel geringer. Für die Kreditunternehmungen bedeutete das, dass ihre Bilanzen relativ schrumpften. Erst in der Stabilitätsphase ab 1952 ließen die Zunahme des Geldvermögens und die traditionellen Anlagegewohnheiten der

Sparer die Bankbilanzen überdurchschnittlich wachsen (siehe den Abschnitt: „Die Etablierung marktwirtschaftlicher Institutionen").

2.3 Die Bewirtschaftung knapper Güter

2.3.1 Grundlagen

Beibehaltung der Kommandowirtschaft

> „Rationierung und Preiskontrolle sollen aufrechterhalten werden und die Verteilung soll so gelenkt werden, dass alle Klassen der Bevölkerung, unabhängig von ihrer Kaufkraft, einen gerechten Anteil an den Lieferungen erhalten, die aufgrund dieses Abkommens erfolgen." (Artikel II, F des Abkommens über die US-Kongresshilfe, P. L. 84, vom 25. 6. 1947)

Die akute Not nach Kriegsende erforderte es,
– möglichst nur Güter zu erzeugen oder zu importieren, die direkt oder indirekt zur Deckung des lebensnotwendigen Bedarfs der Bevölkerung nötig waren;
– die verfügbaren Mengen lebenswichtiger Güter nach objektiven Kriterien (z. B. dem Kalorienbedarf verschiedener Alters- und Berufsgruppen) zu verteilen;
– die für die Erzeugung lebenswichtiger Güter benötigten Produktionsmittel möglichst rationell einzusetzen.

Die erste Forderung lief darauf hinaus, die verfügbaren Hilfsmittel nicht zu verzetteln. Die Bevölkerung mit einem Minimum an Schuhwerk zu versorgen war wichtiger, als aus dem knappen Leder modische Lederwaren zu erzeugen. Die zweite Forderung ergab sich daraus, dass die schwächsten Glieder der Gesellschaft zum Verhungern oder zur Revolte verurteilt waren, wenn die privilegierten Schichten aus dem „Vollen schöpften". Die dritte entsprach dem allgemeinen Prinzip der Wirtschaftlichkeit, war aber in der Nachkriegszeit aus Gründen, die später angeführt werden (siehe S. 194), besonders schwer zu verwirklichen.

Die vom Krieg in Mitleidenschaft gezogenen Volkswirtschaften versuchten – nicht immer mit Erfolg – die Nachkriegsproblematik dadurch in den Griff zu bekommen, dass das im Krieg entwickelte System der staatlichen Lenkung der Güter- und Einkommensströme (Preiskontrolle, Bewirtschaftung knapper Waren) beibehalten wurde[194]). Was sich im Krieg bewährt hatte, sollte im Übergang von der Kriegs- zur Friedenswirtschaft tauglich sein. Im viergeteilten Österreich verordneten die Besatzungsmächte die behördliche Bewirtschaftung der knappen Güter. Zum Teil griffen sie selbst in die Güterverteilung ein, zum Teil übten sie Druck aus, wenn die österreichischen Behörden (oder die Gesetzgebung) dem Bewirtschaftungsauftrag nicht ausreichend nachzukommen schienen. Auch wichtige ausländische Hilfslieferungen waren mit

---

[194]) Das Lenkungssystem der deutschen Kriegswirtschaft wurde nicht nur in den Besatzungszonen Deutschlands, sondern auch in Norwegen nach der Befreiung von der deutschen Besatzung beibehalten (*Klein,* 1948).

der Auflage versehen, die Not der am ärgsten Betroffenen zu lindern. Laut UNRRA-Vertrag[195]) musste die Regierung Rechenschaft ablegen, wie die Hilfsgüter verteilt wurden. Die Mitte 1947 gewährte Kongresshilfe der USA verpflichtete Österreich zur Rationierung und Preisregelung der Hilfsgüter und verwandter heimischer Produkte (siehe das Zitat zu Beginn dieses Abschnitts).

Das kriegswirtschaftliche Lenkungssystem ließ sich jedoch nicht unbesehen auf die Friedenswirtschaft übertragen. Bloß die Prioritäten neu zu setzen (Wiederaufbau statt Kriegswirtschaft), genügte nicht. Man musste das gesamte Lenkungssystem überholen und den geänderten Bedingungen anpassen. Die kriegswirtschaftliche Kommandowirtschaft war total. Sie „bewirtschaftete" nicht nur die Güter, sondern auch die Menschen. Der Staat bestimmte, wer zum Militär einberufen wurde, und disponierte über die übrigen arbeitsfähigen Menschen mit Dienstverpflichtungen. Betriebe konnten nur dann produzieren, wenn ihnen die Arbeitsämter Personal und die Bewirtschaftungsämter Rohstoffe und Energie zuwiesen. Die Entscheidungen wurden autoritär von der Kriegsführung getroffen und von der Bürokratie, ohne Mitwirkung der Beteiligten, exekutiert. Verstöße gegen die staatlichen Lenkungsvorschriften wurden mit drakonischen Strafen geahndet. (Die Fähigkeit der Kommandowirtschaft, die Allokation der Ressourcen rasch und grundlegend zu ändern, wird von Ökonomen neben dem sozialen Aspekt als Hauptgrund dafür angesehen, dass Kriege nicht mit marktwirtschaftlichen Methoden geführt werden.)

Nach Kriegsende bestanden im wieder errichteten Österreich Ansätze zu einer umfassenden und straffen Bewirtschaftung. Die staatliche Lenkung versuchte bereits beim Angebot an Produktionsfaktoren anzusetzen. Das Staatsamt für Industrie, Gewerbe, Handel und Verkehr beschlagnahmte Maschinen mit der Absicht, sie in leistungsfähigen Betrieben zusammenzuführen[196]). Die Besatzungsmächte und die lokalen Behörden nötigten arbeitsfähige Menschen zeitweise zu Aufräumungsarbeiten und zum Erntedienst. Im Februar 1946 wurde über Geheiß der Besatzungsmächte die „Zwangsarbeit" legalisiert[197]). Das Bebauungsgesetz ermächtige die Behörden, Bebauer einzusetzen, wenn Landwirte ihre Felder nicht ordnungsgemäß bestellten.

Diese Ansätze verliefen jedoch im Sand. Die Errichtung von Maschinenpools im Jahre 1945 scheiterte u. a. daran, dass die amerikanische Besatzungsmacht den Abtransport von Maschinen aus ihrer Besatzungszone in Wien untersagte[198]). Das Arbeitspflichtgesetz wurde so „human" vollzogen, dass es ebenso wie andere Lenkungsmaßnahmen auf dem Arbeitsmarkt, wie etwa das Verbot bei öffentlichen Bauaufträgen aus der Landwirtschaft stammende Arbeitskräfte zu beschäftigen, so gut wie wirkungslos blieb. Insgesamt wurden nur einige Hundert Personen dienstverpflichtet. Dagegen fehlten nach Schät-

---

[195]) Vertrag zwischen der österreichischen Bundesregierung und der UNRRA, BGBl. Nr. 116 vom 5. 4. 1946.
[196]) Interview mit Ing. Stegu, Beauftragter für Industrie im Staatsamt für Industrie, Handel, Transport und Nachrichtenwesen am 8. 10. 1945 (*Rathkolb*, 1985, S. 96).
[197]) Verfassungsgesetz über die Sicherstellung der für den Wiederaufbau erforderlichen Arbeitskräfte (Arbeitspflichtgesetz), BGBl. Nr. 63/1946 vom 15. 2. 1946.
[198]) AdR: BMfaA, IIpol/ Karton 42, Aktenvermerk vom 14. 9. 1945 ohne Aktenzahl.

zungen des Sozialministeriums allein in der Landwirtschaft 80.000 bis 90.000 Arbeitskräfte, obschon viele volksdeutsche Flüchtlinge aushalfen[199]). Die Bewirtschaftung beschränkte sich in der Hauptsache auf Güter. Auch hier wurde eher eine weiche Linie verfolgt. Es gab nur vereinzelt Produktionsauflagen und die wenigen wurden nicht eingehalten. Knappe Rohstoffe und Energie wurden – von bestimmten zeitlich begrenzten Maßnahmen abgesehen – unter Vernachlässigung von Effizienzgesichtspunkten gleichmäßig an die Verarbeitungsbetriebe verteilt. Vor allem aber wurde, im gewerblichen Bereich häufiger als in der Landwirtschaft, gegen die Bewirtschaftungsregeln verstoßen.

Der Mangel an Gütern, der letztlich Ursache für die Bewirtschaftung war, erwies sich als Hindernis für ihre effiziente Durchführung. Wer nur eine Tagesration von 900 Kalorien oder weniger erhielt, dem konnte man nicht verwehren, dass er sich auf andere, auch unerlaubte Weise Nahrungsmittel zu beschaffen suchte. Ähnliches galt für Selbständige, die keine oder für die Existenzsicherung nicht ausreichende Zuteilungen von Waren erhielten.

Wirtschaft und Gesellschaft wurden nach 1945 auf dem Konsens der großen politischen Parteien und der großen Interessengruppen aufgebaut. Dieser Konsens erforderte Kompromisse und ließ nicht immer saubere Lösungen zu. Verstöße gegen die Bewirtschaftungsregeln konnten nicht mehr im gleichen Maße bestraft werden wie in der deutschen Kriegswirtschaft, obschon dies häufig gefordert wurde und die Gesetze harte Strafen vorsahen[200]). Ausländische Beobachter verglichen die österreichischen Verhältnisse gelegentlich mit der sprichwörtlichen Disziplin der Bevölkerung in Großbritannien. Der Vergleich hinkte jedoch: Die englische Bevölkerung musste sich zwar einschränken, aber sie brauchte nicht zu hungern[201]).

Die Bevölkerung zeigte wenig Neigung, sich spontan für Gemeinschaftsaufgaben zur Verfügung zu stellen. Die Provisorische Staatsregierung beschäftigte sich wiederholt mit diesem Thema. Staatssekretär Fischer von der KPÖ führte aus:

> *„Wir müssen endlich einmal aussprechen, dass in der breiten Masse der Bevölkerung eine allgemeine Arbeitsunlust besteht. Ich hatte Gelegenheit zu sehen, wie in Russland der Aufbau gemacht worden ist. Hinter der Roten Armee war – nicht zwangsweise – die ganze Bevölkerung gekommen und hat die Dörfer und Städte wieder aufgebaut. Damit auch bei uns die Arbeit wiederaufgenommen wird, ist eine wirksame Massenmobilisierung notwendig"*[202]).

---

[199]) AdR: BMfSV, Zl. III/7098/7/1946, Ministerratsvortrag vom 4. 3. 1946.
[200]) Gesetz vom 24. 10. 1945 zur Sicherung der Deckung lebenswichtigen Bedarfes (Bedarfsdeckungsstrafgesetz), BGBl. Nr. 44/1946.
[201]) *Hiscocks* (1954, S. 115) gebrauchte folgenden Vergleich: „In England waren die Rationen ausreichend, und die Bevölkerung gehorchte im allgemeinen den Gesetzen. In Österreich . . ., wo die Rationen unzureichend waren, (richtete sich) das Gewissen der Bevölkerung . . . mehr nach Gott und der Vernunft als nach dem Gesetz."
[202]) Kabinettssitzung Nr. 13 am 19. und 20. 6. 1945 (*Enderle et al.*, 1995, S. 275).

Eine solche „Massenmobilisierung" wurde weder versucht, noch hätte sie große Erfolgschancen gehabt. Die Menschen waren – so die alternative, plausiblere Interpretation – nicht arbeitsscheu, sondern planten nach den „verlorenen" Lebensjahren im Krieg ihre eigene Karriere. Unter diesen Umständen verzichtete die Bundesregierung darauf, hart zuzugreifen. Sie ging sichtlich von der Vorstellung aus, dass die Besatzungsmächte Mitverantwortung für das Schicksal der österreichischen Wirtschaft trügen und daher – schon um Unruhen zu vermeiden – helfen würden, wenn sich die Lage zuspitzen sollte. Letztlich vertraute man auf die Hilfe der Vereinigten Staaten (siehe den Abschnitt „Die Dollarlücke").

Der objektive Bedarf und seine Deckung

Bevor auf die konkrete Form der österreichischen Bewirtschaftung in der Nachkriegszeit eingegangen wird, seien einige allgemeine Überlegungen zur „Ressourcenallokation" angestellt.

Der Begriff „Bedarf" hatte im sozialistischen Schrifttum eine bestimmte Färbung: Die Wirtschaft sollte der Bedarfsdeckung und nicht dem Profit dienen, hieß es, wobei unter Bedarf eine objektiv feststellbare Norm verstanden wurde. Mit steigendem Wohlstand ließ sich der Bedarf der Konsumenten kaum noch sinnvoll normieren (am ehesten noch bei der Festlegung einer Armutsgrenze). Die Freiheit der Konsumwahl wurde zu einem gesellschaftspolitischen Axiom. In der Mangelwirtschaft nach dem Krieg war es indessen ziemlich unproblematisch, „von oben her" zu dekretieren, was der Einzelne brauchte: Nahrungsmittel mit einem Kalorienwert, der den physiologischen Mindestbedarf deckte; etwas Brennmaterial, um nicht zu frieren und die kärglichen Mahlzeiten zu bereiten; „Einheitsseife"[203]) zu Reinigungszwecken; Schuhreparaturen und ein Minimum an neuer Bekleidung vornehmlich für Personen, die ihre Bestände während des Kriegs eingebüßt hatten (etwa durch Bomben- oder Besatzungsschäden) oder unentbehrliche Berufsbekleidung benötigten[204]). Von der Norm abweichende individuelle Bedürfnisse ließen sich – ähnlich wie beim Militär – durch Tausch zugeteilter Güter decken. Die Planer der Nachkriegswirtschaft schossen freilich übers Ziel hinaus, denn sie glaubten, auch nach Überwindung der Mangelwirtschaft feststellen zu können, was die Konsumenten „brauchen", um in Hinblick auf den absehbaren „Bedarf" vorausschauend die Produktion planen zu können. Von den Arbeitsgruppen im Planungsministerium, die Konstitutionspläne für einzelne Wirtschaftssparten entwickelten, befasste sich eine mit der Schätzung des Konsumbedarfs[205]), weit-

---

[203]) Die „Einheitsseife" war fettarm (12% Fett gegen 80% in normaler Toiletteseife), erzeugte keinen Schaum und wirkte hauptsächlich durch mechanische Reibung.
[204]) Von den Erdölarbeitern im Zistersdorfer Revier wurde berichtet, dass sie Geschwüre bekamen, weil sie ihre Füße mit Lumpen bedecken mussten. Auch Heimkehrer waren oft ohne Schuhwerk.
[205]) Tagung zwecks Koordinierung der Arbeitskreise am 13. 1. 1948. AdR-05-11: BMfHuW, Karton 25, R 5029, Bd. 1.

gehend unabhängig von seinen ökonomischen Determinanten wie Preise und Einkommen.

In ähnlicher Weise wie für den Konsum ließen sich Prioritäten für den Wiederaufbau festlegen. Die ersten Stufen des Wiederaufbaus gingen der Produktion voraus. Der Schutt musste weggeräumt und die Arbeitsstätten mussten so gut wie möglich produktionsbereit gemacht werden. Die Infrastruktur war zumindest soweit zu reparieren, dass Züge verkehren und Nachrichten übermittelt werden konnten. Erst nachdem diese Engpässe beseitigt waren, konnten Produktion und Verteilung der Güter organisiert werden. Auch in dieser zweiten Stufe ließen sich die Wiederaufbauprojekte plausibel nach der Dringlichkeit reihen, ohne die künftige Wirtschaftsstruktur allzu sehr zu präjudizieren (so hatte z. B. die Wiederherstellung beschädigter Wohnungen Vorrang vor dem Neubau). Für die Festlegung staatlicher Prioritäten in der ersten Phase der Nachkriegsentwicklung sprachen nicht nur der Umstand, dass das Preissystem als Allokationsmechanismus weitgehend ausgeschaltet war, sondern auch die hohen, im privatwirtschaftlichen Kalkül nicht berücksichtigten externen Effekte vieler Wiederaufbauprojekte.

Dem solcherart normierten Bedarf der Konsumenten und der Investoren waren die Produktionsmöglichkeiten der heimischen Wirtschaft gegenüberzustellen. Dabei ergab sich folgender charakteristische Befund: In der gewerblichen Wirtschaft (nicht jedoch in der Landwirtschaft und nur teilweise im Infrastrukturbereich) begrenzten hauptsächlich die verfügbaren Mengen an Vorprodukten (Energie, Rohstoffen, Halbfabrikaten) und nicht die sachlichen und personellen Kapazitäten (die Primärinputs) die Produktion. Das war ein wichtiges Merkmal der Nachkriegswirtschaft, das freilich in zeitgenössischen Darstellungen oft übersehen wurde. Unter dem optischen Eindruck der Kriegs- und Nachkriegsschäden wurde geglaubt, das Bruttoanlagevermögen wäre stärker gesunken als die effektive Produktion (das reale Volkseinkommen)[206]. Tatsächlich verhielt es sich gerade umgekehrt. Das erlaubte es den Wirtschaftsplanern, zwei Fragen voneinander zu trennen:

– Wie viel kann die heimische Wirtschaft mit den gegebenen Kapazitäten und Arbeitskräften produzieren, wenn sie ausreichend mit Vorprodukten beliefert wird?
– Wie soll die künftige Struktur der heimischen Wirtschaft beschaffen sein?

Die heimische Planungsbürokratie behandelte diese beiden Aspekte des Allokationsproblems unter der Bezeichnung „Kernplan" und „Konstitutionsplan". Analog dazu wurde im Marshallplan zwischen Jahres-(Import-)Plänen und einem mehrjährigen Investitionsplan unterschieden.

Die Bewirtschaftung knapper Güter befasste sich mit dem ersten Problem, der Produktion und Verteilung von Gütern bei gegebener Faktorausstattung[207]. Um annehmbare Lösungen zu erhalten, waren (zumindest gedanklich)

---

[206] In dem erwähnten Bericht der Planungs-Arbeitskreise z. B. ging man unter Berufung auf das WIFO davon aus, dass das Volkseinkommen 60%, das Volksvermögen jedoch weniger als die Hälfte des Vorkriegsstands betragen hätte.
[207] Auf die Planung der Wirtschaftsstruktur wird im Abschnitt „Die Investitionsschwerpunkte" eingegangen.

folgende Rechenschritte nötig: Aus der Zahl der verfügbaren Arbeitskräfte und den Kapazitäten ließen sich für die einzelnen Produktionszweige (Produktgruppen) und durch Summierung über die Produktionszweige für die Gesamtwirtschaft die erreichbaren Bruttoproduktionswerte ermitteln. Ihnen waren der normierte Bedarf der Haushalte und der Investoren sowie der aus der Produktionstechnik (der interindustriellen Verflechtung) abgeleitete Bedarf der Wirtschaft an Vorprodukten gegenüberzustellen. Die Differenz ergab einen Nettoimportbedarf an Gütern gegliedert nach Produktgruppen (charakteristischen Erzeugnissen der einzelnen Branchen) und Verwendungsarten (intermediärer Verbrauch und Endverbrauch).

Der Bedarf und seine Deckungsmöglichkeiten konnten in erster Annäherung ermittelt werden, ohne auf den Zusammenhang zwischen Produktion, Einkommen und Nachfrage einzugehen. Konsum und Investitionen waren zumindest bis zum Währungsschutzgesetz Ende 1947 durch die staatlichen Zuweisungen beschränkt und nicht durch die kaufkräftige Nachfrage. Erst nachher wurden gesamtwirtschaftliche Kreislaufzusammenhänge relevant.

Für die angeführten und für ähnliche Fragestellungen leistet die Input-Output-Technik (in Gestalt des offenen Leontief-Modells) gute Dienste. Die Bewirtschafter waren mit dieser Technik nicht vertraut. Ihre Kenntnis hätte auch wenig geholfen, denn ihre praktische Anwendung setzt Informations- und Kommunikationstechnologien voraus, die es ermöglichen, große Mengen an Daten zu speichern, rasch zu transportieren und zu verarbeiten[208]. Die Bewirtschafter mussten sich mit Handkarteien und Schreibmaschinen behelfen, Schriftstücke wurden mit möglichst vielen Durchschlägen getippt und oft händisch korrigiert. Die Experten verfügten jedoch über praktische Erfahrungen und konnten dadurch manche Klippe umschiffen. Um welche diffizilen Entscheidungen es dabei ging, sei an zwei Beispielen verdeutlicht:

Die Nettoimporte, die eine optimale Produktion und die Deckung des normierten Bedarfs der Endverbraucher ermöglicht hätten, konnten bei weitem nicht aufgebracht werden (siehe hiezu die Importschätzungen für den Marshallplan in Abschnitt „Die Auslandshilfe"). Folglich mussten die Bedarfszuweisungen gekürzt werden. Von den möglichen Güterbündeln, die aufgrund der heimischen Produktion und der finanzierbaren Importe bereitgestellt werden konnten, musste das am wenigsten schlechte ausgewählt werden (eine „befriedigende" Bedarfsdeckung war nicht erreichbar). Die Folgen einer Kürzung ließen sich relativ einfach erkennen, wenn der Endverbrauch verringert werden konnte und auf diese Weise Importe (z. B. an Nahrungsmittel oder an Maschinen) eingespart wurden. Wenn jedoch die Wirtschaft nicht ausreichend mit Vorprodukten versorgt werden konnte, musste infolge der Lieferverflechtung der erzeugenden Zweige eine nicht leicht zu überschauende Kette von Produktionsbeschränkungen in Kauf genommen werden. Ein eindrucksvolles Beispiel

---

[208] Das erste Input-Output-System wurde 1947 in den USA mit Hilfe eines Großcomputers gelöst. Das System umfasste 38 Gleichungen mit ebenso vielen Unbekannten. Die reine Rechenzeit betrug 48 Stunden (*Morgenstern*, 1954, S. 496).

hiefür bot die Kürzung der Kohleneinfuhr zugunsten von Nahrungsmittelimporten (siehe S. 190).

Das zweite Beispiel bezieht sich auf die Forderung, die Produktion (und auch die Importe) auf lebenswichtige Güter („essentials"). zu konzentrieren. Die Arbeiterkammer wollte dieses Problem in den Griff bekommen, in dem den Betrieben Produktionsauflagen erteilt und Listen von Gütern erstellt werden, die nicht erzeugt werden dürfen (Negativlisten von „non-essentials"). Nicht alle Betriebe konnten jedoch lebenswichtige Güter herstellen. Viele beschafften sich – oft illegal – knappe Rohstoffe und stellten damit höchst entbehrliche Güter (Ramschware) her, die nicht im normierten Inlandsbedarf enthalten waren. Auch der Export bot im Allgemeinen keine Lösung, da „non-essentials" nur exportiert werden konnten, wenn gleichzeitig „non-essentials" importiert wurden. Im Abschnitt „Visionen und Perspektiven" wurde die „rückgestaute Inflation" als makroökonomische Technik vorgestellt, um Vollbeschäftigung auch bei einer den Nachkriegsbedürfnissen nicht entsprechenden Wirtschaftsstruktur zu gewährleisten. Aber die im Interesse der Beschäftigung von spezialisierten Produktionsfaktoren erhaltenen Betriebe und Produktionen benötigten knappe Vorprodukte, die anderswo fehlten. Eine Aktion österreichischer Künstler[209]) zugunsten künstlerisch wertvoller Produkte etwa ging an der Fragestellung vorbei, die da lautete: Kann sich eine Gemeinschaft, die hungert und friert, leisten, knappe Vorprodukte für solche Zwecke einzusetzen? Offensichtlich waren Kompromisse zwischen verschiedenen Szenarien angebracht, wobei die technologischen Alternativen von den Bewirtschaftern zu erstellen waren.

Die Bewirtschaftung landwirtschaftlicher Produkte unterschied sich in verschiedener Hinsicht (Dringlichkeit und Dauer der Bewirtschaftung, ministerielle Zuständigkeit, Verfahren, Interventionen der Besatzungsmächte) von der für gewerbliche Produkte. Beide Bewirtschaftungsbereiche werden daher gesondert behandelt, der für gewerbliche Produkte wegen seiner Komplexität (und wohl auch weil es wenig einschlägige Untersuchungen gibt) ausführlicher als der für landwirtschaftliche Produkte.

Einige Gemeinsamkeiten bestanden. Dazu gehörten insbesondere:
- Die Bewirtschafter konnten nach Kriegsende auf keine Vorräte zurückgreifen. Was zu Kriegsende an Lagern vorhanden war, wurde geplündert, von den Besatzungsmächten beschlagnahmt oder verlagert. Das machte es schwer, die Bevölkerung mit dem Nötigsten zu versorgen und den Wiederaufbau voranzutreiben.
- Nach Kriegsende wurde zunächst – wie in anderen Rechtsbereichen auch – das reichsdeutsche System der Bewirtschaftung beibehalten. In den westlichen Bundesländern sorgten die Landesregierungen unter Leitung der Besatzungsmächte für die Erfassung und Verteilung der bewirtschafteten Produkte. In den von der Sowjetunion besetzten östlichen Landesteilen bemühte sich die Provisorische Staatsregierung schon bald nach

---

[209]) Arbeitsbesprechung mit den Bundesländern am 12. und 13. 9. 1947. AdR 05-11: BmfHuW, Karton 2, L 1004, Bd. 1.

Kriegsende, eine den österreichischen Verhältnissen angepasste Behördenorganisation aufzubauen und die notwendigen Gesetze zu erlassen.
- Im Laufe von 1946 wurde allmählich ein Lenkungssystem für das gesamte Bundesgebiet aufgebaut. Die Besatzungsmächte sagten zu, den Verkehr über die Zonengrenzen nicht zu behindern, verfügten jedoch über Transportbeschränkungen, wenn sie den Eindruck hatten, dass ihre Zonen zu sehr von Gütern entblößt wurde.

2.3.2 Die Bewirtschaftung von Lebensmitteln

Die Ernährungspläne

Nach langen und verlustreichen Kriegen fällt es immer schwer, die Bevölkerung ausreichend mit Nahrungsmitteln zu versorgen. Das gilt selbst für Länder, die in normalen Zeiten einen hohen Selbstversorgungsgrad mit Nahrungsmitteln erreichen. Wenn wichtige Produktionsmittel fehlen, sinkt die Agrarproduktion stärker, als der heimische Verbrauch eingeschränkt werden kann, ohne die Gesundheit der Menschen zu beeinträchtigen: Die Abhängigkeit von ausländischen Nahrungsmitteln steigt[210]. Das knappe Angebot legt nahe, die verfügbaren Mengen bedarfsgerecht zu verteilen. Die behördliche Erfassung und Verteilung von Nahrungsmitteln stößt jedoch an Grenzen. Der Schwarze Markt und die Verfütterung von für die menschliche Ernährung geeigneten landwirtschaftlichen Produkten sind eine typische Begleiterscheinung der Bewirtschaftung von Nahrungsmitteln in Notzeiten.

Die Agrarproduktion auf dem Gebiet der Republik sackte schon während des Kriegs ab, obschon eine relativ große Zahl ausländischer Zwangsarbeiter eingesetzt wurde. Die Ernten an Getreide und Hackfrüchten waren 1944 um mehr als 40% niedriger als 1937. Es wurde weniger angebaut und die bebauten Flächen brachten weniger Ertrag. Der übliche Hinweis auf die unzulängliche Versorgung mit Betriebsmitteln und die Überforderung der Böden reicht zur Erklärung nicht aus, denn im Deutschen Reich konnte zumindest die Pflanzenproduktion auf hohem Niveau gehalten werden (*Mendershausen,* 1955, S. 8). Möglicherweise verzichteten die Reichsbehörden darauf, die relativ teure Agrarproduktion in der „Ostmark" zu forcieren.

Nach Kriegsende brach die Lebensmittelversorgung in den Städten Ostösterreichs zusammen. Die Lager waren geplündert oder von den Truppen beschlagnahmt worden. Transportmittel fehlten. In Wien begann eine einigermaßen geregelte Nahrungsmittelausgabe mit der Maispende der Roten Armee. Die von der Sowjetunion bereitgestellten Lebensmittel erlaubten im Sommer 1945 Rationen von 833 Kalorien pro Tag für Normalverbraucher. Ab September 1945, als alle vier Besatzungsmächte die Versorgung Wiens übernahmen, konnte der Rationssatz vorübergehend auf 1.550 Kalorien hinaufgesetzt werden. Schlechter war es um die übrigen von den Sowjets besetzten Gebiete bestellt. Im Oktober wurden in Niederösterreich und im Burgenland nur

---

[210] Die Kosten des Agrarschutzes in Friedenszeiten können daher nur eingeschränkt als eine Versicherungsprämie für Notzeiten interpretiert werden.

800 Kalorien pro Tag zugeteilt. In den westlichen Bundesländern (Tirol und Vorarlberg ausgenommen) waren die Ernährungsverhältnisse besser.

Abbildung 2.4: Anbauflächen und Hektarerträge im Pflanzenbau (Getreide und Hackfrüchte)

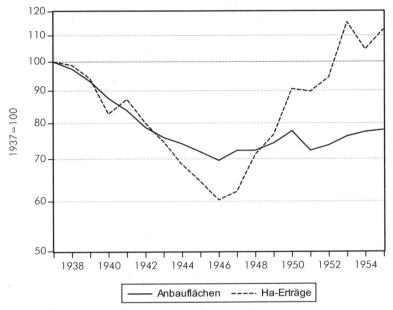

Quelle: ÖSTAT. – Semi-logarithmischer Maßstab, 1937 = 100.

Mit der Bewirtschaftung der Lebensmittel wurden zwei Staatsämter (Ministerien) betraut: Das Staatsamt für Land- und Forstwirtschaft[211]) war für die Aufbringung, das Staatsamt für Volksernährung[212]) für die Verarbeitung und Verteilung von Lebensmitteln zuständig. Die Durchführung der Bewirtschaftung wurde sechs Wirtschaftsverbänden übertragen, die im Auftrag und nach Weisung der beiden Staatsämter handelten[213]). Für Grundnahrungsmittel be-

---

[211]) Gesetz vom 4. 7. 1945 über das Verordnungsrecht des Staatsamtes für Land- und Forstwirtschaft, betreffend landwirtschaftliche Erzeugnisse. StGBl. Nr. 69/1945.
[212]) Gesetz vom 10. 7. 1945 über das Verordnungsrecht des Staatsamtes für Volksernährung, betreffend die Bewirtschaftung von Lebensmitteln. StGBl. Nr. 63/1945.
[213]) Gesetz vom 5. 9. 1945 über die Errichtung des Österreichischen Wirtschaftsverbands (Wirtschaftsverbändegesetz) StGBl. Nr. 174/1945.

stand Ablieferungspflicht[214]): Die Landwirte mussten die gesamte Ernte nach Abzug der zugestandenen Selbstversorgungsquoten und des Saatguts abliefern.

Die Versorgung der Verbraucher mit Nahrungsmitteln wurde nach Kalorien bemessen. Als Basisration galt die pro Tag an Normalverbraucher abgegebene Kalorienmenge, wobei verschiedene Versorgungsstufen unterschieden wurden: Ausgehend von einem Rationssatz von 1.200, sollten schrittweise Sätze von 1.550 und 1.800 Tageskalorien erreicht werden. Bei einer Basisration von 2.100 Tageskalorien erschien der quantitative Nahrungsmittelbedarf gedeckt. Arbeitende Menschen und Mütter (vor und nach der Geburt) erhielten Zusatzrationen.

Übersicht 2.27: Basisration (Kalorien pro Tag für Normalverbraucher)

Ab	Kalorien/ Tag
18. März 1946	1.200
11. November 1946	1.550
Mitte August 1947	1.600
1. November 1947	1.700
21. Juli 1948	1.800
13. September 1948	2.100
3. Jänner 1949	2.150

Quelle: AdR (Ministerratsprotokolle), Chronik in den Jahrbüchern der Arbeiterkammer in Wien.

Aus dem Bedarf an Kalorien wurde der Bedarf an Produkten abgeleitet, wobei relativ billigen Nahrungsmitteln der Vorzug gegeben wurde. Der Großteil des Bedarfs wurde durch Getreideprodukte und Kartoffeln gedeckt. An Fett und Fleisch waren nur geringe Mengen vorgesehen. Da das heimische Angebot nicht ausreichte, hing die Versorgung der Nicht-Selbstversorger maßgeblich davon ab, wie viele ausländische Nahrungsmittel zur Verfügung standen. Unmittelbar nach Kriegsende halfen die Besatzungsmächte aus, von Frühjahr bis Ende 1946 versorgten die UNRRA und nachher die USA Österreich mit ausländischen Nahrungsmitteln. Der Bedarf wurde mit dem Angebot aus heimischen und ausländischen Quellen in Jahresplänen abgestimmt, die freilich oft modifiziert werden mussten. Die Feinsteuerung aufgrund der jeweils verfügbaren Mengen besorgten Ernährungspläne für eine vierwöchige Kartenperiode.

Die Besatzungsmächte griffen in die Ernährungswirtschaft stärker ein als in die Bewirtschaftung gewerblicher Produkte. Sie bestimmten die Rationssätze, mischten sich in vielen Detailfragen ein, verlangten umfassende Planungen und drängten die heimische Wirtschaftspolitik in kritischen Situationen zu korrigierenden Maßnahmen. Das Interesse der Besatzungsmächte lag auf der Hand. Sie mussten in den von ihnen besetzten Landesteilen für Ruhe und Ord-

---

[214]) Verordnung des Staatsamtes für Land- und Forstwirtschaft vom 31. 7. 1945 über die Erfassung, Aufbringung und Ablieferung von Getreide, Hülsenfrüchte und Kartoffeln, StGBl. Nr. 108/1945.

nung sorgen. Wenn die Versorgung bestimmte Grenzen unterschritt, mussten sie selbst mit Lebensmitteln aushelfen.

Übersicht 2.28: Struktur der Rationen (in Kalorien)

	Nicht-Selbstversorger Zahl	Tagessätze in Kalorien			Bedarf pro Tag in Mio. Kalorien bei Tagessätzen von		
		1.200	1.550	1.800	1.200	1.550	1.800
Kinder 0 bis 3	252.393	840	840	840	212	212	212
Kinder 3 bis 6	280.242	1.200	1.400	1.400	336	392	392
Kinder 6 bis 12	403.357	1.200	1.550	1.950	484	625	787
Normalverbraucher	2,204.331	1.200	1.550	1.800	2.645	3.417	3.968
Angestellte	565.229	1.300	1.700	1.900	735	961	1.074
Arbeiter	883.684	1.700	2.200	2.500	1.502	1.944	2.209
Schwerarbeiter	419.361	2.300	2.800	3.200	965	1.174	1.342
Mütter	89.597	2.300	2.800	3.200	206	251	287
Summe	5,098.194	1.625	2.065	2.368	8.285	10.526	12.070
		Bedarf pro Jahr	Mrd. Kalorien		3.024	3.842	4.406

Quelle: Bericht über die Ernährungswirtschaft 1946/47. AdR: Ministerrat Figl 1, Nr. 38 vom 1. 10. 1946. – Das Schema wurde im Laufe der Zeit etwas modifiziert. Für Kinder unter drei Jahren z. B. wurden 1.000 Tageskalorien ausgegeben. (Jahrbuch 1946 der Arbeiterkammer in Wien, S. 85.)

Übersicht 2.29: Jahresbedarf an Grundnahrungsmitteln für Nicht-Selbstversorger

	BMfVE[1])	AK[2])	WIFO[3])
		Basis 1.550 Kalorien	Rationen 46/47
	In 1.000 t		
Getreide	731	750	634
Kartoffeln	809 [4])	400	377
Zucker	57	36	36
Hülsenfrüchte	99	35	44
Nährmittel		37	42
Fleisch	139	80	103
Fette	43	50	39
Milch	244	227	.

[1]) AdR: Ministerrat Figl 1, Nr. 38 vom 1. 10. 1946. – [2]) Jahrbuch 1946 der Arbeiterkammer in Wien, S. 85. – [3]) WIFO, Beilage Nr. 4 zu den Monatsberichten, 1947, 22(12). – [4]) Wahrscheinlich Schreibfehler.

Als der Alliierte Rat in Wien seine Tätigkeit aufnahm, sah er eine Basisration von 1.550 Tageskalorien vor. Die hiefür für ganz Österreich notwendigen Nahrungsmittelmengen konnten jedoch nicht aufgebracht werden. Im März 1946 musste der Satz auf 1.200 Kalorien reduziert werden. Zu diesem Satz wurden einheitlich alle Landesteile versorgt, wenngleich die Zusammensetzung der Rationen gebietsweise schwankte. Die Besatzungsmächte sagten zu, dass Lebensmittel frei über die Zonengrenzen transportiert werden konnten, doch wurde diese Zusage nicht immer und oft erst nach Interventionen eingehalten, sodass es zu Lieferverzögerungen kam.

Die Basis von 1.200 Tageskalorien war viel zu niedrig. Die Behörden mussten den „Rucksackverkehr" zulassen[215]). Städter sollten ihre kargen Rationen durch Nahrungsmittel aufbessern können, die ihnen Verwandte auf dem Land überließen. Dadurch wurde freilich die Kontrolle der Nahrungsmitteltransporte erschwert und der Schleichhandel erleichtert. Insgesamt dürften die Nicht-Selbstversorger etwa 10% ihres Nahrungsmittelkonsums auf den Grauen und Schwarzen Märkten gedeckt haben. Dazu kam, dass der Eigenverbrauch[216]) der Selbstversorger und Teil-Selbstversorger kaum kontrolliert werden konnte. Der der Bewirtschaftung entzogene Teil der landwirtschaftlichen Produktion mag etwa 20% betragen haben (siehe hiezu die Kalkulationen im Abschnitt „Die Nachkriegsinflation").

Angesichts der tristen Versorgungslage wurden die Arbeiter in den Betrieben unruhig. Obschon es noch offen war, wer nach dem für Ende 1946 vorgesehenen Auslaufen der UNRRA Österreich mit ausländischen Nahrungsmitteln versorgen würde, entschloss sich der Alliierte Rat, ab 11. 11. 1946 die Rationsbasis auf 1.550 Kalorien zu erhöhen. Gleichzeitig verstärkte er den Druck auf die heimische Wirtschaftspolitik, mehr heimische Nahrungsmittel aufzubringen. Der jeweils für eine vierwöchige Kartenperiode geltende Versorgungsplan musste dem Alliierten Rat vorgelegt und von ihm genehmigt werden[217]).

Die „Missernte" 1947

Geplant war, bis spätestens Mitte 1947 auf die Basisration von 1.800 Tageskalorien überzugehen. Diesem Vorhaben standen jedoch zwei Umstände entgegen: organisatorische Änderungen in der Ernährungswirtschaft und das Wetter.

Die Ablieferungspflicht wurde 1947 durch ein Kontingentsystem ersetzt[218]). Danach setzte das Ministerium aufgrund der Viehzählungen und von Ernteschätzungen Globalkontingente und Länderkontingente für bewirtschaftete Nahrungsmittel fest. Die Länder legten mit Unterstützung nachgeordneter Dienststellen das auf sie entfallende Kontingent auf Bezirke und Betriebe um und hatten dafür zu sorgen, dass die vereinbarten Kontingente auch tatsächlich erfüllt wurden. Paritätisch besetzte Aufbringungsausschüsse auf allen Ebenen des mehrstufigen Verfahrens sollten die Kontingententscheidungen „demokratisieren". Die Aufgaben der Wirtschaftsverbände wurden eingeschränkt. Mit

---

[215]) Der „Rucksackverkehr wurde u. a. in den Sitzungen des Ministerrats vom 24. 8. 1945 und vom 28. 5. 1946 diskutiert.
[216]) Selbstverbrauchern wurde eine Ration von 2.320 Tageskalorien zugestanden. Der friedensmäßige Verbrauch betrug etwa 3.000 Tageskalorien.
[217]) AdR: Alliierte Kommission für Österreich , SECA/677 vom 14. 12. 1946.
[218]) Bundesgesetz über die Durchführung der Erfassung, Aufbringung und Ablieferung der bewirtschafteten heimischen landwirtschaftlichen Erzeugnisse (Landwirtschaftliches Aufbringungsgesetz), BGBl. Nr. 77/1947 vom 19. 3. 1947.

dem Übergang vom Ablieferungszwang zur Kontingentierung wurden die Produktionsschätzungen zu einer kritischen Größe. Die Landwirte konnten über das Kontingent hinausgehende Mengen behalten und waren daher an möglichst niedrigen Angaben interessiert.

Der strenge Winter 1946/47 hatte der Wintersaat geschadet. Im darauf folgenden Sommer beeinträchtigte eine ungewöhnliche Trockenheit die Ernten an Ernährungsgütern und an Futtermitteln. Nicht nur in Österreich, sondern in großen Teilen Europas zeichneten sich schlechte Ernten ab. Ein Rückschlag in der Ernährungswirtschaft schien unvermeidlich.

Abbildung 2.5: Marktleistung und Ernte an Brotgetreide (1934/38 = 100)

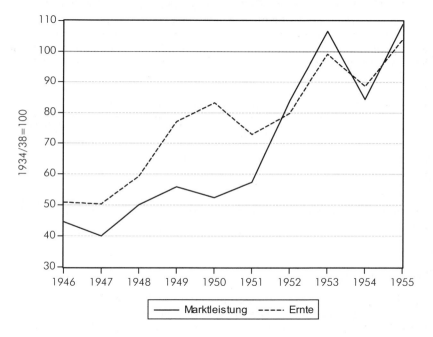

Quelle: *Leopold* (1961, S. 373).

Das Ministerium hatte für 1947 im Hinblick darauf, dass es eine Ausweitung der Anbauflächen um 20% empfohlen hatte, relativ hohe Kontingente festgelegt. Die vorläufigen Ernteergebnisse des Statistischen Zentralamts waren jedoch enttäuschend. Danach zeichnete sich ein Rückgang sowohl der Anbauflächen als auch der Hektarerträge ab. Die vier Besatzungsmächte hielten freilich die Ernteschätzungen für zu niedrig. Bei konsequenter Erfassung der Ernten könnten die festgelegten Kontingente erfüllt werden, hieß es in einem

Bericht ihrer Agrarexperten[219]). Das war jedoch, wie sich letztlich herausstellte, zu optimistisch. Die Ernteschätzungen wurden zwar nach oben korrigiert, doch blieb noch immer ein beträchtliches Manko. Das Kontingent an Brotgetreide war für 1947 ursprünglich mit 240.000 t festgesetzt worden, tatsächlich wurden nur 168.000 t abgeliefert, um 17.600 t weniger als 1946. Da Futter infolge der Trockenheit knapp war, wurden auch die Fleischkontingente nicht erfüllt. Die Kartoffelernte war zwar größer als ein Jahr zuvor, doch waren die Kartoffeln nur begrenzt lagerfähig, sodass größere Mengen verfaulten. Da die erwartete Steigerung der heimischen Marktleistung ausblieb, konnte die versprochene Rationserhöhung nur verspätet und nicht in vollem Umfang verwirklicht werden. Die Basisration für Nicht-Selbstversorger wurde im August auf 1.600 und im November auf 1.700 Tageskalorien hinaufgesetzt. Zusätzliche Importe waren nötig, die nur von den USA bereitgestellt werden konnten. Die Amerikaner erklärten sich widerwillig dazu bereit, rangen jedoch der Bundesregierung die Zusage ab, dass sie 1948 820 Tageskalorien pro Nicht-Selbstversorger bereitstellen würden, das waren etwa 40% des Bedarfs für Nicht-Selbstversorger.

Übersicht 2.30: Erwartete und tatsächliche Anbauflächen 1947

	Erwartung Ministerium	Vorläufiges Ergebnis[1])	Endgültiges Ergebnis[1])	Fehlbetrag vorläufig[2])	Fehlbetrag endgültig[2])
	In ha			In %	
Brotgetreide	465.700	418.703	441.877	– 10,09	– 5,12
Gerste	152.530	103.049	108.002	– 32,44	– 29,19
Hafer	228.650	191.111	200.317	– 16,42	– 12,39
Mais	63.400	49.510	57.440	– 21,91	– 9,40
Kartoffeln	203.950	139.029	174.683	– 31,83	– 14,35

[1]) Ernteschätzung ÖSTAT. – [2]) Differenz zwischen erwartetem und statistisch erfasstem Anbau.

Die Wende zum Besseren

Im Laufe des Jahres 1948 begann sich die Ernährungslage zu entspannen. Die Rationsbasis konnte zu Jahresmitte – gegenüber dem ursprünglichen Plan um mehr als ein Jahr verspätet – auf 1.800 Tageskalorien erhöht werden. Ab 13. 9. 1948 erhielten Normalverbraucher Rationen mit einem Nährstoffgehalt von 2.100 Kalorien pro Tag zugeteilt. Damit wurde – 3½ Jahre nach Kriegsende – ihr Nahrungsmittelbedarf quantitativ gedeckt. Im Korb der rationierten Waren überwogen allerdings nach wie vor Getreideprodukte und Kartoffeln. Eine in Nährstoffen ausgewogene Ernährung konnte sich die Mehrzahl der Verbraucher erst viel später leisten.

Im Jahr 1949 vollzog sich auch in der Ernährungswirtschaft der Übergang von der Bewirtschaftung zur (gelenkten) Marktwirtschaft mit den hiefür typi-

---

[219]) Bericht des Ausschusses für Ernährung. SECA/47/204 vom 25. 8. 1957. AdR: Ministerrat Figl 1, Nr. 78 vom 2. 9. 1947.

schen Begleiterscheinungen. Schon an der Wende 1948/49 wurden einige Lebensmittelaufrufe – vor allem für Hülsenfrüchte, Kaffeemittel und Haferflocken – von den Konsumenten nicht mehr voll abgenommen. Die Ernährungsbehörden gaben diese Produkte frei und führten für die noch bewirtschafteten Waren feste Rationen ein. Als sich eine besonders gute Getreideernte abzeichnete, wurde im Herbst 1949 auch Brot und Mehl freigegeben[220]). Die lange Zeit extrem hohen Ausmahlungssätze für Brotgetreide wurden auf ein normales Maß reduziert. Selbst die Besatzungsmacht gab „Entwarnung" und übertrug den heimischen Behörden die alleinige Verantwortung für die Ernährungswirtschaft[221]). 1950 wurden den Produzenten keine Kontingente mehr vorgeschrieben. Auf dem Fleischmarkt ersetzten Vereinbarungen der Sozialpartner die behördliche Regelung. Nur Zucker und Pflanzenfette blieben noch länger rationiert. 1953 verkündete die Bundesregierung das Ende der Nahrungsmittelbewirtschaftung.

Abbildung 2.6: Pro-Kopf-Verbrauch der Arbeitnehmerhaushalte von Getreideerzeugnissen und Fleisch in Wien (1935 = 100)

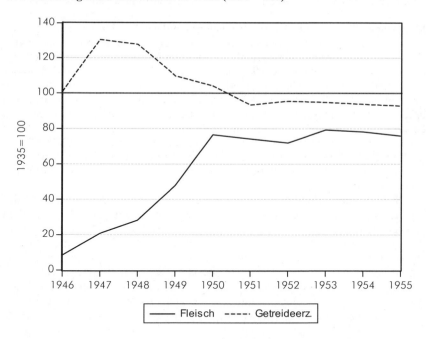

Quelle: Jahrbücher der Kammer für Arbeiter und Angestellte für Wien. – 1935: Verbrauch von beschäftigten Arbeitnehmern.

---

[220]) Ministerrat Figl 1, Nr. 168 vom 23. 8. 1949.
[221]) SECA/118 vom 8. 10. 1949. AdR: Ministerrat Figl 1, Nr. 175 vom 11. 10. 1949.

Anfang der fünfziger Jahre war der quantitative Nahrungsmittelbedarf der Nicht-Selbstversorger gedeckt, doch bestand qualitativ noch ein großer Nachholbedarf. Die Arbeitnehmerhaushalte in Wien verbrauchten 1950 nur 80% so viel Fleisch wie vor dem Krieg. Die lebhafte Nachfrage ließ die Preise für Tierprodukte steigen. Da die Importplanung nicht genügend Futtermittel bereit stellte und die amtlich geregelten Preise für Brotgetreide niedrig waren, wurde Brotgetreide in großem Umfang verfüttert. Eine Korrektur des Agrarpreisgefüges wurde daher notwendig (siehe den Abschnitt „Die Nachkriegsinflation").

2.3.3 Die Bewirtschaftung gewerblicher Güter

Erschwerende Rahmenbedingungen

Die Bewirtschaftung gewerblicher Waren vollzog sich bis zu Kriegsende in einem geschlossenen Kreislauf vom Rohstofflieferant bis zum Letztverbraucher. Wer seine Produkte gegen Bezugschein verkaufte, konnte sich darauf verlassen, dass er neue Ware nachschaffen oder herstellen konnte. Nach Kriegsende wurde die Kontinuität des Bewirtschaftungsablaufs unterbrochen, mit fatalen Folgen wie sich bald herausstellte. In den turbulenten letzten Kriegstagen waren viele Vorräte verlagert worden, die sich nach Kriegsende der amtlichen Kontrolle entzogen. Andere wurden geplündert oder von lokalen Behörden beansprucht. Aus den illegalen Vorräten wurde ein guter Teil der kargen Produktion der Jahre 1945/46 alimentiert[222]). Da die Behörden weder die Lager noch die Produktionsmöglichkeiten kannten, wurden Bezugscheine nur dann ausgestellt, wenn der Käufer die Lieferzusage eines Lieferanten beibrachte. Die Lieferanten erteilten solche Zusagen an Stammkunden auch dann bereitwillig, wenn sie diese auf Sicht nicht einlösen konnten. Auf diese Weise entstand eine Bezugscheinflut, die das Warenangebot bei weitem übertraf. Nur nach und nach konnten die für die Bewirtschaftung erforderlichen Informationen (Lagerbestände, Produktionskapazitäten, tatsächliche Produktion) beschafft werden.

Ein weiteres Handicap der Bewirtschaftung lag in der Aufteilung des Landes in vier Besatzungszonen. Die früher von sogenannten Reichsstellen wahrgenommenen Bewirtschaftungsaufgaben besorgten im Westen die Landesregierungen (Landeswirtschaftsämter) nach den Richtlinien der jeweiligen Besatzungsmacht und in der Ostzone die Provisorische Staatsregierung. Diese Organe mussten sich zunächst darauf beschränken, den Warenverkehr innerhalb jeder Zone zu bewirtschaften. Zonenüberschreitende Transaktionen genehmigten die Besatzungsmächte nur ausnahmsweise und dann meist auf Kompensationsbasis. Größere Kontingente für den Interzonenhandel stellten 1945 nur die Briten (Stahl aus der Obersteiermark) und die Amerikaner (Zell-

---

[222]) Diese Information stammt sowie viele andere aus mit Rupert Berghammer oder R. B. gezeichneten Artikeln in „Der österreichische Volkswirt". Hinter diesem Decknamen verbarg sich der Handelskammerbeamte Max Mitic. Er war vor 1938 im Konjunkturforschungsinstitut tätig und musste sich von Berufs wegen eingehend mit Bewirtschaftungsfragen befassen.

wolle aus Lenzing) bereit. Obschon mit den reichsdeutschen Bestimmungen eine gemeinsame Ausgangsbasis bestand, entwickelten sich die Bewirtschaftungssysteme je nach dem lokalen Warenangebot und den Anordnungen der Besatzungsmächte regional verschieden. In der Ostzone regelte die Provisorische Staatsregierung die Bewirtschaftung von Baustoffen, Chemikalien und Kohle mit neuen Gesetzen. Im Übrigen behalf man sich mit den reichsdeutschen Vorschriften. Sie sollten erst dann durch österreichische ersetzt werden, wenn die politischen Verhältnisse eine bundeseinheitliche Bewirtschaftung erlaubten.

Der Aufbau einer bundeseinheitlichen Bewirtschaftung dauerte indessen unerwartet lang. Das lag zum Teil am Alliierten Rat. Er entschied Mitte 1946, die Bewirtschaftung den österreichischen Behörden zu überlassen, sobald diese imstande wären, sie im gesamten Bundesgebiet durchzuführen[223]). Erst am 11. 4. 1947 bestätigte er die Erfüllung dieser Bedingung. Selbst dann schränkte er jedoch das Recht, Waren über die Zonengrenzen hinweg zu transportieren, durch die Klausel ein, dass Industrieerzeugnisse in gerechter Weise über das gesamte Bundesgebiet zu verteilen wären[224]). Unter Berufung auf diese Klausel unterwarf noch Ende 1947 die sowjetische Besatzungsmacht zonenüberschreitende Lieferungen bestimmter Güter einem Transportscheinzwang.

Die Bundesregierung beschloss Ende Juli 1946, gestützt auf die Vollmachten des 2. Kontrollabkommens, das Warenverkehrsgesetz 1946 und schuf damit die rechtliche Basis für eine bundeseinheitliche Bewirtschaftung sämtlicher gewerblicher Waren. Bis das Gesetz mit den Besatzungsmächten abgestimmt wurde und daher veröffentlicht werden konnte, vergingen drei Monate[225]). Erst danach wurden schrittweise jene Verordnungen und Erlässe verfügt, die nötig waren, um das Gesetz zu vollziehen. In dieser Übergangszeit bestanden verschiedene Rechtsquellen nebeneinander: reichsdeutsche Bewirtschaftungsvorschriften, Besatzungsrecht aus der Zeit unmittelbar nach Kriegsende, die noch von der Provisorischen Staatsregierung beschlossenen Gesetze und die aufgrund des Warenverkehrsgesetzes 1946 erlassenen Anordnungen.

Kein Wunder, dass es mit der Rechtssicherheit schlecht bestellt war. Tatsächliche und vermeintliche Verstöße gegen die Bewirtschaftungsvorschriften wurden daher auch nur ausnahmsweise geahndet. Zwischen der Rhetorik „hängt die Schleichhändler auf" und der Praxis der Strafverfahren klaffte eine große Lücke. Die Bewirtschaftungsbehörden mussten in ihren Gutachten für Strafverfahren häufig bekennen, dass zwar Rechtsvorschriften bestanden, aber nicht vollzogen werden konnten, weil die darin genannte reichsdeutsche Behörde nicht mehr existierte, weil Erlässe des Ministeriums von der Bundeswirtschaftskammer nicht an ihre Mitglieder weiter gegeben wurden oder – und

---

[223]) Anhang zu SECA/502 der Alliierten Kommission für Österreich vom 24. 7. 1946. AdR 05-11: BMfHuW, Karton 3, L 1005.
[224]) Arbeitsbesprechung mit den Bundesländern am 2. und 3. 5. 1947. AdR 05-11: BmfHuW, Karton 2, L 1004, Bd. 4.
[225]) Ermächtigung zur Erlassung von Vorschriften zur Regelung des Warenverkehrs (Warenverkehrsgesetz), BGBl. Nr. 172 vom 24. 7. 1946, ausgegeben und damit rechtswirksam am 27. 9. 1946.

auch das kam vor – weil die verfügte Verordnung inzwischen als verfassungswidrig aufgehoben wurde[226]).

Ein einigermaßen vollständiges System der Bewirtschaftung entstand erst im Laufe des Jahres 1947. Im Frühjahr 1948 wurde ein neues Warenverkehrsgesetz[227]) erlassen, das das bisher Erreichte zusammenfasste und in eine mit der Verfassung verträgliche Form brachte. Um nicht Zeit zu verlieren, wurden die nicht akkordierten Referentenentwürfe bis zur Konsensfindung vorübergehend in Kraft gesetzt[228]). Noch während über die zum Teil sehr komplizierten Durchführungsbestimmungen verhandelt wurde, bahnte sich eine Trendwende auf den Warenmärkten an. Das Währungsschutzgesetz von Ende 1947 hatte die liquiden Mittel der Haushalte und damit ihre Güternachfrage reduziert. Gleichzeitig erlaubte die bessere Versorgung der Wirtschaft mit Energie und Rohstoffen eine sprunghafte Ausweitung der Produktion. Angebot und Nachfrage klafften folglich nicht mehr so weit auseinander. Leder etwa, für das im September 1947 auf dem Schwarzen Markt 250 S/kg gezahlt werden musste, wurde im April 1948 von den unter sowjetischer Verwaltung stehenden Betrieben (USIA) um 50-60 S/kg angeboten; der offizielle Preis lag bei 40 S/kg[229]). Auf vielen Märkten zeichneten sich Überschüsse ab, Waren geringer Qualität ließen sich nicht mehr verkaufen.

Anschauliche Beispiele dafür, dass die Bewirtschaftungsregeln der wirtschaftlichen Entwicklung nachhinkten (und angesichts der Dynamik wohl auch nachhinken mussten), lieferte der Textilmarkt. Die zweite Textilbewirtschaftungsverordnung vom 19. 7. 1947 wurde am 23. 8. 1947 rechtswirksam. Übergangsbestimmungen sahen vor, dass wichtige Regelungen erst ab Jänner 1948 und manche (wie etwa die Punkteverrechnung) sogar noch später in Kraft traten. Die Ausgabe einer Punktekarte für eine beschränkte Auswahl von Bekleidungsgegenständen wurde erst Anfang März 1948 mit den Bundesländern vereinbart[230]). Schon einen Monat später häuften sich die Klagen, dass manche Textilwaren nicht mehr abgesetzt werden konnten. Diese „Ladenhüter" durften zunächst in ausgewählten Geschäften (Warenhäusern) und später generell ohne Bezugschein abgegeben werden. Im Juli 1948 erklärte der Handelsminister, Oberbekleidung befristet für bezugscheinfrei. Ab 1. 10. 1948 wurde die Tex-

---

[226]) Diese Beispiele stammen aus Gutachten des Handelsministeriums anlässlich von Straffällen über Vergehen gegen die Textilbewirtschaftung. AdR 05-11: BmfHuW, Karton 22, R 501301, Bd. 3-7. Eine umfassende Untersuchung über Zahl und Ausmaß der verhängten Strafen wegen Verstößen gegen die Bestimmungen der Bewirtschaftung fehlt. Anzunehmen ist, dass hauptsächlich kleine Verstöße geahndet wurden, zumal zu den Besatzungsmächten führende Spuren von den österreichischen Behörden nicht weiter verfolgt werden konnten.
[227]) Gesetz vom 4. 2. 1948 betreffend die Regelung der Erzeugung und Verteilung lebenswichtiger Bedarfsgüter (Warenverkehrsgesetz 48), BGBl. Nr. 46/1948.
[228]) R. Berghammer: „Das Wirrwarr wird immer schlimmer", „Der österreichische Volkswirt", 1948, 34(13).
[229]) Arbeitsbesprechung mit den Bundesländern am 8. 9. 1947 und am 15. 4. 1948. AdR 05-11: BmfHuW, Karton 2 und 3, L 1004.
[230]) Textilfachbesprechung am 1. 3. 1948. AdR-05-11: BMfHuW, Karton 25, R 5022, Bd. 1.

tilbewirtschaftung weiter gelockert. Ähnliches vollzog sich auf anderen Warenmärkten. Zu Jahresende wurde die Bewirtschaftung (genauer gesagt: die Bezugscheinpflicht) von Eisen und Eisenwaren aufgehoben.

Übersicht 2.31: Lockerung der Bewirtschaftung gewerblicher Produkte

16. Juni 1948	Aufhebung der Bewirtschaftung von Dachpappe und Zement sowie von mineralischen Ölen und Fetten
22. Juni 1948	Aufhebung der Bezugsscheinpflicht für Textilschuhe für Frauen und Kinder
6. Juli 1948	Bundesbewirtschaftungskommission empfiehlt Handelsminister Lockerungen der Bewirtschaftung verschiedener Waren (Eisen, Textil, Leder, Papier und chemische Waren)
8. Juli 1948	9. Arbeiterkammertag warnt vor vorzeitiger Aufhebung der Bewirtschaftung von Mangelwaren
12. August 1948	Aufhebung der Bewirtschaftung von Stickstoffdünger wegen ausreichender Produktion
23. September 1948	Verlängerung der Aussetzung der Textilbewirtschaftung
30. August 1948	Umfassende Lockerung der Bewirtschaftung von Textilien ab 1. 10.
27. Dezember 1948	Aufhebung der Bezugscheinpflicht für Fahrradbereifungen und gebrannte Dachziegel
31. Dezember 1948	Aufhebung der Bezugscheinpflicht für Eisenwaren (Ausnahme Schrott)
31. Dezember 1948	In Vorarlberg Aufhebung der Holzbewirtschaftung

Zusammengestellt nach der Wirtschaftschronik des Jahrbuches 1948 der Arbeiterkammer in Wien.

Es gab – so lässt sich das Gesagte zusammenfassen – keinen „Normalzustand" der Bewirtschaftung. Zuerst waren zu wenige Waren da, um einen kostspieligen Verteilungsapparat zu rechtfertigen, und die Zonen waren hermetisch voneinander abgeschottet. Erst ab Mitte 1946 wurde schrittweise eine bundeseinheitliche Bewirtschaftung geschaffen, doch dauerte es ziemlich lang bis geeignete Organisationsformen und Regeln gefunden wurden. Als dieser Prozess (nahezu) abgeschlossen war, zeichneten sich bereits Überschüsse ab, die eine schrittweise Aufhebung der Bewirtschaftung gewerblicher Waren nahe legten.

Die Bewirtschaftungstechnik

Nach den Bewirtschaftungsgesetzen durften die Behörden bestimmen, was produziert werden sollte, und wie die produzierten Waren zu verteilen waren. Die technischen Instrumente hiezu waren die Produktionsauflage, die Verpflichtung, den zugewiesenen Rohstoff zu bestimmten Produkten zu verarbeiten, und der Bezugsschein (Bezugschein, Marke, Punkteschecks, Kleiderkarten, usw.), die amtliche Berechtigung, bestimmte Waren in bestimmten Mengen zu erwerben.

Zuständig für die Bewirtschaftung gewerblicher Waren war in der Regierung Figl 1 das Bundesministerium für Handel und Wiederaufbau (in der Provisorischen Staatsregierung Renner hatten sich diese Aufgabe zwei Staatsämter geteilt). Die zentralen Bewirtschaftungsbehörden wollten in Anlehnung an die Praxis des Deutschen Reichs die Wirtschaftsverbände mit der Verteilung in der Produktionssphäre und die öffentliche Hand (konkret die Landeswirtschaftsämter) mit der Verteilung in der Konsumsphäre betrauen[231]). Das hat auf regionaler Basis leidlich funktioniert. Die Handelskammern fühlten sich dazu berufen, nach „sozialwirtschaftlichen" Überlegungen zu bestimmen, was die einzelnen Branchen erzeugen sollten und die Abstimmung mit anderen Branchen und den Landeswirtschaftsämtern zu besorgen[232]). Gegen die Übertragung dieser Lösung auf das Bundesgebiet kam jedoch Widerspruch auf, nicht nur von Seiten der Arbeiterkammern, sondern auch von Seiten der Bundesländer. Sie hielten es für verfassungswidrig, wenn Wirtschaftsverbände darüber bestimmten, wie viele Güter welchen Betrieben ihres Bundeslandes zugewiesen würden. Diesen Einwänden wurde dadurch zu begegnen versucht, dass mit den Vertretern der Länder monatlich Besprechungen abgehalten wurden. Diese Länderbesprechungen hatten zwar keine formale Kompetenz, erwiesen sich aber de facto als ein wichtiges Koordinationsgremium auf dem Weg zu einer bundeseinheitlichen Bewirtschaftung. Die Mitwirkung der Arbeitnehmer an der Bewirtschaftung wurde dadurch ermöglicht, dass Beiräte gebildet, eine allgemeine Bewirtschaftungskommission geschaffen und in bestimmten Fällen eine paritätische Geschäftsführung bestellt wurde.

Das Bewirtschaftungssystem unterschied nach dem Rohstoff in Anlehnung an die Verbandsorganisation der gewerblichen Wirtschaft verschiedene Bewirtschaftungskreise. Die wichtigsten waren: Leder, Textilien, Papier, Eisen, Chemikalien, Kohle und Erdöl. Die Organisation variierte von Bewirtschaftungskreis zu Bewirtschaftungskreis. In einigen Fällen wurden Bewirtschaftungsstellen bei den Fachverbänden der Handelskammern eingerichtet, in anderen Fällen übernahmen Abteilungen des Handelsministeriums diese Funktion. Die Lederbewirtschaftung wurde von einer Arbeitsgemeinschaft besorgt. Erst das Warenverkehrsgesetz 1948 brachte eine Vereinheitlichung: Jeder Bewirtschaftungskreis wurde von einer Bewirtschaftungsstelle betreut, die im Handelsministerium angesiedelt war.

Die Abnehmer der bewirtschafteten Waren wurden zumeist in großen Gruppen zusammengefasst (Wirtschaft, Konsumenten und öffentliche Hand), denen jeweils bestimmte Kontingente zur Weiterverteilung zugewiesen wurden. Als Kontingentträger für den Bedarf der Industrie fungierten die zuständigen Fachverbände der Bundeswirtschaftskammer, als Kontingentträger für den Bedarf der Konsumenten die Landesregierungen (die Landeswirtschaftsämter mit den ihnen unterstehenden Kartenstellen). Das Gewerbe wurde zumeist von den Ländern aus ihren Landeskontingenten betreut.

Wichtige Eigenschaften der Bezugsscheine waren die mehr oder minder enge Bindung an bestimmte Lieferanten und die Wiederbezugsrechte. Die Gespinstscheine z. B. der Textilbewirtschaftung 1947 berechtigten nur zum Bezug von einem bestimmten, im Berechtigungsschein namentlich angeführten Lieferanten. Dagegen konnte sich der Inhaber eines Lederscheins den Leder-

---

[231]) Siehe den Entwurf des Durchführungserlasses zum Warenverkehrsgesetz 1946. AdR-05-11: BMfHuW, Karton 3, L 1009 vom 10. 12. 1946.
[232]) Siehe hiezu etwa F. Erschen: „Produktionsplanung in der Steiermark", „Der österreichische Volkswirt", 1946, 32(3).

fabrikanten aussuchen. Dadurch wurden marktähnliche Elemente in die Bewirtschaftung eingebaut. Im Allgemeinen erhielt der Lieferant einer bewirtschafteten Ware für die von ihm abgelieferten Bezugscheine das Recht auf den Bezug neuer Ware. Das Wiederbezugsrecht konnte allerdings oft nicht gesichert werden, was die Akzeptanz der Bewirtschaftung beeinträchtigte.

Die Bewirtschaftungspraxis sei an zwei Beispielen verdeutlicht: Eisen und Leder. Die Bewirtschaftung von Leder war relativ einfach, jene für Eisen besonders schwierig zu organisieren.

Beispiel: Eisen

Eisen geht in eine Vielzahl von Produkten ein, und diese werden von sehr unterschiedlichen Käufergruppen erworben. Offensichtlich war es unmöglich, jeglichen Verkehr mit Waren, die auch nur in geringen Mengen Eisen enthielten, an Eisenbezugscheine zu binden. Die mit Verordnung vom 8. 1. 1947 verfügte, aber erst im Laufe des Jahres mit Hilfe von Durchführungserlässen konkretisierte Eisenbewirtschaftung schloss Werkzeuge, Edelstahl und Gusseisen von der Bewirtschaftung aus und erlaubte die bezugscheinfreie Abgabe von Kleinmengen an die Konsumenten und an die Landwirtschaft. Ferner wurde, wenn auch nicht immer konsequent, Halbzeug (in der Hauptsache Walzware) von Fertigwaren getrennt. Halbzeug wurde mit Hilfe von Eisenmarken bewirtschaftet, für Eisen- und Metallwaren (EM-Waren) wurden EM-Marken ausgegeben, für den Erwerb von Maschinen waren besondere Bezugscheine nötig.

Die Bewirtschaftungsbehörde (das Bundesministerium für Handel und Wiederaufbau) stellte den sogenannten Kontingentträgern quartalsweise Eisenscheine zur Verfügung, die gegen Eisenmarken umgetauscht werden konnten, die ihrerseits zum Bezug von Eisen beim Erzeuger berechtigten. Kontingentträger waren die Bundeswirtschaftskammer, die Bautensektion des Ministeriums und verschiedene öffentliche Stellen mit einem hohen Eisenbedarf. Die Bundeswirtschaftskammer deckte aus ihrem Kontingent den Bedarf der eisenverarbeitenden Industrie und des Gewerbes, wobei als Verteilungsschlüssel in der Industrie die Kapazität und im Gewerbe die Zahl der Betriebe gewählt wurde. Die Bautensektion stellte Eisenmarken für genehmigte Bauvorhaben zur Verfügung. Der Handel erhielt zur Deckung des Bedarfs nicht-kontingentierter Bedarfsträger ein Kontingent zwecks Abgabe von Kleinstmengen ohne Eisenschein.

Der Eisenmarkt litt darunter, dass ein namhafter Teil der Produktion für den Export und für den Eigenbedarf der Erzeugerwerke abgezweigt wurde. 1947 wurden 168.156 t Kommerz-Walzware erzeugt, 42% der Produktion von 1937. Davon wurden 69.846 t von den Erzeugern für Direktexporte und für den Eigenbedarf verwendet, sodass nur 98.310 t oder nicht ganz ein Viertel der Friedensmengen für Inlandskunden blieben. Auf Eisenmarken wurden 83.426 t abgegeben (weitere 14.884 t wurden markenfrei bereitgestellt). Die hohen Eisenexporte waren nicht von vornherein geplant. Im Laufe von 1947 mussten jedoch mehr Nahrungsmittel als vorgesehen importiert werden, um den Nicht-Selbstversorgern auch nur 1.550 Kalorien pro Tag zuteilen zu können. Da nicht mehr Dollar verfügbar waren, wurden die Kohlenimporte gedrosselt. Um dennoch die beiden aktiven Hochöfen weiter beschicken zu können, beschafften sich die Eisenhütten ausländische Kohle im Austausch gegen Walzwaren. Die Folge war ein weitgehender Zusammenbruch des heimischen Walzwarenmarktes. Von den an die Kontingentträger verteilten Eisenscheinen von 143.767 t konnten nur 58% eingelöst werden, lange Lieferzeiten für Walzwaren und empfindliche Produktionseinbußen bei den Eisenverarbeitern waren die Folge[233]).

Übersicht 2.32: Walzwarenbilanz 1947

Kontingente (ausgegebene Eisenmarken) in t		Ausgelieferte Walzware in t	
Industrie	50.210	Eisenmarken	83.426
Kohlenbergbau	5.642	Markenfrei	14.844
E-Wirtschaft	7.296	Konzernlieferungen	1.176
Gewerbe	16.146	Eigenbedarf	13.660
Bauwirtschaft	38.718	Lohnwalzung	7.632
ÖBB	7.818	II-A Material	7.404
Übriger Verkehr	974	Export	40.014
Post	1.330	Kommerzeisen	168.156
Gemeinde Wien	3.164	Edelstahl	69.330
Bundesreserve	6.689	Walzware insgesamt[1])	237.486
Schienen	5.780		
Kontingente insgesamt	143.767		

Quelle: Arbeitsbesprechung mit den Bundesländern am 15. und 16. 4. 1948. AdR 05-11: BMfHuW, L 1004, Karton 3, Bd. 10. – [1]) Entspricht einer Stahlerzeugung von etwa 360.000 t.

Die Eisenverarbeiter gaben ihre Produkte teils gegen Eisenmarken, teils gegen EM-Warenmarken, teils gegen Bestellscheine für Maschinen und teils markenfrei zur Deckung des nicht kontingentierten Bedarfs ab. Die Abstimmung an den Grenzstellen des Bewirtschaftungssystems zwischen Walzwaren und daraus gefertigten Erzeugnissen war schwierig. EM-Warenmarken wurden mit Durchführungserlass von Ende April 1947 angekündigt; tatsächlich ausgegeben wurden bundeseinheitliche EM-Marken für eine reduzierte Warenliste erst am 20. 8. 1947[234]). Bis dahin galten die reichsdeutschen Bestimmungen für Eisenwaren (RTE-Verfahren). Der Bezug von Maschinen wurde mit Durchführungserlass vom 12. 10. 1947 geregelt. Danach stellte das Handelsministerium für bestimmte Maschinen aufgrund einer Empfehlung der Maschinenkommission Bezugsscheine aus. Zu den Anträgen mussten die Kam-

---

[233]) In der Landmaschinenerzeugung z. B. reichte die Kapazität aus, um den Inlandsbedarf zu decken, doch konnte sie infolge geringer Eisenzuteilungen nur zum Teil genutzt werden. Blumauer-Montenave: „Neue Maschinen für unsere Landwirtschaft", „Der österreichische Volkswirt", 1947, 33(7).
[234]) R. Berghammer: „Aus dem Bewirtschaftungslabyrinth", „Der österreichische Volkswirt", 1947, 33(29).

mern und die Landesregierungen Stellung nehmen, was zu beträchtlichen Verzögerungen führte. Anfang 1948 waren 600 Anträge unerledigt[235]).

Beispiel: Leder

Zwecks bundeseinheitlicher Bewirtschaftung von Leder entstand Mitte 1946, also noch bevor das Warenverkehrsgesetz in Kraft trat, die Arbeitsgemeinschaft Leder. Ihr wurde bescheinigt, dass sie relativ gut arbeitete. Ihr kam zugute, dass sie größtenteils heimische Vorprodukte verarbeitete und daher weniger durch die Devisenknappheit behindert war als andere Zweige. Von dem im Lederplan 1947/48 veranschlagten Aufkommen an Rohhäuten von 1,13 Mio. kg pro Monat (einschließlich Gummisohlen) stammten 91% aus dem Inland[236]). Der Warenfluss wurde gelegentlich dadurch gestört, dass Gerüchte über bevorstehende Währungsschnitte oder Preissteigerungen den Betrieben (allein in der Ledererzeugung waren 350 Betriebe[237]) tätig) nahe legten, „in der Ware zu bleiben". Die Verwendung des Leders war weitgehend vorgezeichnet. Mehr als vier Fünftel waren für die Erzeugung und Reparatur von Schuhen bestimmt. Der Rest entfiel auf Sattlerleder, technische Artikel (Treibriemen) und Lederwaren. Streit gab es hauptsächlich zwischen Industrie und Gewerbe über das Verhältnis von Schuhproduktion und Reparaturen sowie über den Anteil von handgefertigten Schuhen. Lederwaren galten als entbehrliche Güter: Den Erzeugern wurde lange Zeit Leder nur für Exporte zugeteilt, die Devisen für den Ankauf von ausländischen Häuten brachten. Für die Zuteilung von Leder für die verschiedenen Verwendungszwecke gab es relativ einfache Schlüssel. Für ein Paar in Fabriken gefertigte Schuhe wurden 3,2 kg Leder zugeteilt, für handgefertigte Schuhe 4 kg, für Schuhsohlen 240 g.

Die Arbeitsgemeinschaft war einer der ersten Bewirtschaftungskreise, der bundeseinheitliche Zuteilungsquoten[238]) festlegte. Diese Quoten fielen allerdings mehr als bescheiden aus. 1946 wurden 1,5 Mio. und 1947 1,8 Mio. Paar Schuhe erzeugt[239]). Bei einer Bevölkerung von 6,91 Mio. entfielen pro Kopf und Jahr 0,22 und 0,26 Paar Schuhe (1937 waren es 0,7)[240]). Mit dem für Schuhreparaturen zur Verfügung gestellten Rohmaterial (Leder und Gummi) kamen auf eine Person 0,6 Besohlungen pro Jahr[241]). Das verarbeitete Leder

---

[235]) Arbeitsbesprechung mit den Bundesländern vom 5. bis 7. 2. 1948. AdR 05-11: BmfHuW, Karton 3, L 1004.
[236]) Arbeitsbesprechung mit den Bundesländern am 8. und 9. 9. 1947. AdR 05-11: BmfHuW, Karton 2, L 1004, Bd. 7.
[237]) Arbeitsbesprechung mit den Bundesländern am 12. und 13. 7. 1946. AdR 05-11: BmfHuW, Karton 2, L 1004, Bd. 1.
[238]) Arbeitsbesprechung mit den Bundesländern am 15. und 16. 4. 1948. AdR 05-11: BmfHuW, Karton 2, L 1004, Bd. 10.
[239]) Arbeitsbesprechung mit den Bundesländern am 6. und 7. 2. 1948. AdR 05-11: BmfHuW, Karton 3, L 1004, Bd. 8.
[240]) Arbeitsbesprechung mit den Bundesländern am 12. und 13. 7. 1946. AdR 05-11: BmfHuW, Karton 2, L 1004, Bd. 1.
[241]) Arbeitsbesprechung mit den Bundesländern am 2. und 3. 5. 1947. AdR 05-11: BmfHuW, Karton 2, L 1004, Bd. 4.

war von minderer Qualität, weil die Schlachtungen nicht fachgemäß vorgenommen wurden und weil viele Häute von Maschinengewehrkugeln durchlöchert waren[242]). Das Schuhwerk verschliss daher rasch und musste häufig repariert werden. Das Angebot reichte lange Zeit nicht aus, den Wert des privaten Schuhbestandes zu erhalten. Einen, wenngleich unzulänglichen Ersatz boten Schuhe mit Holzsohlen.

Übersicht 2.33: Lederplan 1947/48 (Stand Juli 1947)

	kg/Monat	In %
Aufkommen an Rohhaut		
Häute Inland	950.000	84,26
Häute Import	100.000	8,87
Gummi für Sohlen[1])	77.400	6,87
Insgesamt	1,127.400	100,00
Verwendung des Aufkommens		
Schuhe: Gewerbe	40.000	4,26
Schuhe: Industrie	416.000	44,30
Zentrale Schuhreserve	64.000	6,82
Schuhreparatur	248.754	26,49
Sattlerleder	67.500	7,19
Treibriemen und technische Artikel	71.850	7,65
Rindenprämie[2])	5.000	0,53
Exportquote Lederwaren	26.000	2,77
Summe	939.104	100,00
Landesfreiquote[3])	90.000	9,58
Zentrale Rohhautreserve	98.296	10,47
Insgesamt	1,127.400	120,05

Quelle: Arbeitsbesprechung mit den Bundesländern am 8. und 9. 9. 1947. AdR 05-11: BmfHuW, Karton 2, L 1004, Bd. 7. – [1]) Rohhautäquivalent. – [2]) Prämie an Forstwirtschaft für Rinden (Gerbstoffe). – [3]) Von den Bundesländern frei zu vergebendes Kontingent.

Neue Schuhe waren auf Bezugscheine erhältlich, gegen Ende der Bewirtschaftungsperiode wurden Bezugsmarken ausgegeben. Für Reparaturen wurde eine Schuhreparaturkarte eingeführt. Über Verlangen der Gewerkschaft mussten Ende 1947 größere Mengen an Arbeitsschuhen und Arbeitsbekleidung eingeführt werden. (Das war ein „Planungsfehler", denn ein rechtzeitiger Häuteimport hätte Devisen eingespart.)

Bewirtschaftungsmängel

Die Bewirtschaftung gewerblicher Produkte funktionierte insgesamt gesehen nur schlecht. Es gab Schwarze und Graue Märkte, die tatsächliche Produktion wich von den Herstellungsanweisungen ab, die Verfahren waren kompliziert, Verteilungsgerechtigkeit ging vor Effizienz. Waren diese Schwächen

---

[242]) Arbeitsbesprechung mit den Bundesländern am 15. und 16. 4. 1948. AdR 05-11: BmfHuW, Karton 2, L 1004, Bd. 10.

vermeidbar oder systemimmanent? Wäre es nicht besser gewesen, gewerbliche Waren statt schlecht überhaupt nicht zu bewirtschaften? fragte ein fundierter Kenner des österreichischen Bewirtschaftungssystems[243]). Das lässt sich nicht leicht beantworten. Auch das Steuersystem wird nicht deshalb abgeschafft, weil sich der „informelle Sektor" der Wirtschaft der Besteuerung entzieht[244]). Möglicherweise hätte man dem Bewirtschaftungssystem einen passenden rechtsstaatlichen Rahmen geben und damit seine Akzeptanz steigern können. Man hätte – ähnlich wie es im Steuerrecht der Fall ist – eine umfangreiche Judikatur entwickeln und Sachverständige ausbilden können, die Unternehmungen und Private beraten. Um diesen Themenkreis auszuloten, werden im Folgenden einige kritische Eigenschaften des Bewirtschaftungssystems erörtert.

Einer zentralen, bürokratischen Lenkung der Produktion und der Verteilung von Gütern haften Schwächen an, die kommunistische Planwirtschaften auch nach jahrzehntelanger Praxis nicht auszumerzen vermochten und die man daher als systemimmanent bezeichnen kann. Dazu gehören etwa die Forcierung der Quantität zulasten der Qualität, Produktionshemmungen infolge des Fehlens komplementärer Vorprodukte oder die Umständlichkeit bürokratischer Entscheidungsprozesse. Alle diese Begleiterscheinungen einer „Kommandowirtschaft" konnte man auch in der österreichischen Bewirtschaftungspraxis nach Kriegsende beobachten: Die Bekleidungsindustrie z. B. produzierte zu viele kleine Größen, weil sie auf diese Weise hohe Umsätze mit den ihr zugeteilten Stoffmengen erzielen konnte[245]). Die Tischler erhielten zwar Holz, aber fast keinen Leim zugeteilt[246]). Die verfügbaren Traktoren wurden nicht rechtzeitig (zur Ernte) ausgeliefert, weil zu viele Stellen in die Verteilung eingeschaltet waren[247]).

Diese und ähnliche Unzulänglichkeiten bürokratischer Regelungen konnte man zwar begrenzen, musste sie aber wohl oder übel akzeptieren. Schwerer wogen zwei weitere Mängel:
– die Bewirtschaftung vernachlässigte Effizienzgesichtspunkte
– und ihre Regeln wurden auf breiter Front durchbrochen.

Der unzureichende Ansatz

Die Bewirtschaftung regelte den Güterfluss bei (kurzfristig) gegebener Verteilung der Kapazitäten und der Arbeitskräfte. Da nicht genügend Rohstoffe und Energie verfügbar waren, musste entschieden werden, wie das knappe Angebot auf die produktionsbereiten Betriebe verteilt werden sollte. Die Wirtschaftsverbände, denen die Verteilung der Kontingente im Produktionsbereich – wenngleich unter Kontrolle der Behörden – überlassen war, musste alle Mit-

---
[243]) R. Berghammer, „Der österreichische Volkswirt", 1947, 33(13).
[244]) L. Klein fand in der bereits zitierten Arbeit über die norwegische Wirtschaftspolitik nach Kriegsende, dass sich die norwegischen Unternehmer eher mit dem von den Besatzern eingeführten Bewirtschaftung als mit den hohen Steuern abfanden.
[245]) „Der österreichische Volkswirt", 1948, 34(8).
[246]) „Die Industrie", 1948, 48(9).
[247]) Abg. E. Margarétha im Nationalrat, „Die Industrie", Nr. 5 vom 4. 2. 1948.

glieder gleich behandeln. Der Handelsminister mahnte sie sogar, nicht zu diskriminieren (und etwa Betriebe auszuschließen, weil sie während des Kriegs nicht auf der lokalen Verteilerliste gestanden waren). Als Verteilungsschlüssel diente zumeist die Kapazität der Betriebe, in den Spinnereien z. B. eine modifizierte Spindelzahl[248]). Vom Prinzip der gleichen Verteilung wurde nur im strengen Winter 1946/47 abgegangen. Ein strikter Schalt- und Stufenplan sorgte dafür, dass Strom und Kohle dort eingesetzt wurden, wo sie am dringendsten benötigt wurden, in den Brotfabriken, in den Spitälern und in den öffentlichen Versorgungsbetrieben.

Der Verteilungsmodus der knappen Vorprodukte bewirkte, dass die belieferten Betriebe nur teilweise ausgelastet waren. Darunter litt die Effizienz des Produktionsmitteleinsatzes. Der Wirtschaftsforscher St. Koren, der spätere Finanzminister und Notenbankpräsident, wies darauf hin, dass allein der Warmhaltebetrieb bei vielen Produktionsverfahren die Hälfte des Energieeinsatzes bei Vollbetrieb erforderte[249]). Auch der Länderbericht, der dem US-Kongress als Unterlage für den Marshallplan diente, bemängelte den unwirtschaftlichen Kohleneinsatz in der österreichischen Wirtschaft[250]).

Das Problem war den amtlichen Bewirtschaftern nicht unbekannt. Dem Wirtschaftlichen Ministerkomitee wurde Ende Mai 1947 ein Bericht des Handelsministeriums vorgelegt, wonach die Kapazität der Ziegelwerke im Wiener Raum 1946 nur zu 17,5% ausgenutzt wurde und die Produktionskosten dementsprechend hoch waren[251]). Der Bericht fügte hinzu, dass das Ministerium wohl über die gesetzliche Handhabe verfügte, um die Produktion zu konzentrieren, jedoch Verhandlungen vorzöge. In den monatlichen Länderbesprechungen wurde dieses Thema nicht angeschnitten. Auch der Vorschlag eines Spitzenmanagers fand kein Echo, Vorprodukte vorrangig den Betrieben mit den niedrigsten Kosten zuzuweisen und Ausgleichszahlungen an Betriebe zu leisten, die zeitweise stillgelegt werden[252]). (Ein solches Verfahren wurde während des Kriegs in Großbritannien angewandt, nach Kriegsende aber aufgegeben.)

Das Verteilungsproblem wurde zusätzlich dadurch kompliziert, dass die Bundesländer ihre Interessen nachhaltig vertraten. Zwar gelang es schrittweise, eine bundeseinheitliche Bewirtschaftung einzurichten, die Länder achteten jedoch eifersüchtig darauf, dass die regionalen Verteilungsschlüssel stimmten. Der Konsens mit den Ländern musste schon deshalb gesucht werden, weil die Besatzungsmächte intervenierten, wenn ihrer Meinung nach zu viele Waren aus ihrer Zone „exportiert" wurden. Die französische Besatzungsmacht beschwerte sich darüber, dass die Vorarlberger Industrie im Kohlennotstandspro-

---

[248]) Solche Verteilungsschlüssel wurden auch den Rohstoffimporten im Marshallplan zugrundegelegt. AdR-05-11: BmfHuW, Karton 22, R 501402, Bd. 1, Vermerk vom 6. 8. 1949.
[249]) St. Koren, „Der österreichische Volkswirt", 1947, 33(20).
[250]) Deutsche Übersetzung, S. 6. AdR: BMfF, Zl. 7.363_15/1948.
[251]) AdR: Wirtschaftliches Ministerkomitee vom 30. 5. 1947. BMfHuW, Zl. 82.366-IV/1947.
[252]) R. Kovary, „Der österreichische Volkswirt", 1948, 34(21).

gramm 1946/47 als nicht lebenswichtig diskriminiert wurde. Im November 1947 verfügte die Sowjetunion eine Transportscheinpflicht für viele Waren mit der Begründung, dass die den Alliierten vierteljährlich zur Verfügung gestellten Berichte über die österreichische Bewirtschaftung unzulänglich wären[253]).

Tauschgeschäfte und Schwarzhandel

Das Bewirtschaftungssystem beschränkte sich nicht darauf, an die Solidarität der Menschen in Notzeiten zu appellieren und Verstöße gegen die Vorschriften mit mehr oder minder harten Strafen zu belegen. Es bediente sich auch marktwirtschaftlicher Anreizmittel. Anbietern knapper Waren und Leistungen wurden zusätzlich zu den in Geld bemessenen, von Amts wegen festgelegten Entgelten Naturalprämien zugeteilt.

Berg- und Forstarbeiter erhielten zusätzliche Bekleidungsgegenstände (zusätzliche Lebensmittelrationen wurden von den Besatzungsmächten abgelehnt). Die Lederwirtschaft stellte den Forstarbeitern Lederschuhe im Austausch gegen Fichtenrinde (zur Erzeugung von Gerbstoffen) zur Verfügung. Schafzüchter bekamen für Schurwolle Lieferprämien in Form von Wollstoffen oder von Strickwollgarnen, Flachserzeuger Leinenwaren oder Leinen. Waldbauern erhielten Kohle für Holzlieferungen, die über das Kontingent hinausgingen. Für zusätzliche Kartoffelablieferungen wurden Arbeitsanzüge und -hosen aus US-Überschussgütern bereitgestellt. Den privaten Haushalten wurden Prämien für die Sammlung von Alt- und Abfallstoffen gewährt. Für die Ablieferung von Knochen bekamen sie Seife, für die Ablieferung von Altpapier Neupapier[254]). Größeren Umfang hatte die sogenannte PAKO-Aktion. Danach erhielt die heimische Papierindustrie 1947/48 zusätzlich 775.000 fm Holz im Austausch gegen Kohle, die mit zusätzlichen Papierexporten beschafft wurde[255]).

Das Anreizsystem erfüllte nur dann seinen Zweck, wenn nach Abzug der Prämien noch etwas für die Versorgung der legitimen Abnehmer von bewirtschafteten Waren übrig blieb. Das war nicht immer in ausreichendem Maße der Fall. Auch die Beispielwirkungen mussten bedacht werden. Wenn das Prinzip, dass jeder nach seinen Fähigkeiten zum Wiederaufbau beitragen und nach seinen Bedürfnissen entlohnt werden sollte[256]), von der amtlichen Bewirtschaftung durchbrochen wurde: Konnte man es dann dem einfachen Handwerker verwehren, für seine Arbeit eine Aufbesserung in Form von Naturalien zu verlangen?

---

[253]) AdR: BMfHuW, Vortrag für das wirtschaftliche Ministerkomitee vom 22. 1. 1948. Abgelegt unter BKA, 348_U/1948.
[254]) Die meisten Aktionen wurden in den Ländertagungen besprochen. Siehe insbesondere: AdR 05-11: BMfHuW, Karton 2, L 1004, Bd. 4 und Bd. 7 sowie Karton 3, L 1004, Bd. 9,10 und 11.
[255]) AdR: Ministerrat Figl 1, Nr. 121 vom 20. 7. 1948. Ministerratsvortrag des Handelsministeriums.
[256]) Auf das einschlägige Zitat von Marx wurde im Jahrbuch 1948 der Arbeiterkammer in Wien, S. 208, Bezug genommen.

Die Prämienaktionen liefen auf einen legalen Tausch von knapper Ware gegen andere knappe Waren (oder Dienstleistungen) hinaus. Viel häufiger waren illegale Tauschgeschäfte. Der Tauschhandel blühte amerikanischen Berichten zufolge in Deutschland vor der Währungsreform 1948. „The bilateral exchange economy was the chief means of survival for businesses and individuals in Germany before the currency reform"[257]). Selbst die amerikanische Militärregierung organisierte eine Kette von Tauschgeschäften über die Zonengrenzen hinweg, um bestimmte, dringend nötige Materialien zu erhalten. Tauschgeschäfte galten als weniger anrüchig als Schwarzmarktgeschäfte, obschon sie ähnlich wirkten.

Über die Verbreitung von Tauschgeschäften im Österreich der Nachkriegszeit gibt es wenig Konkretes. Wichtige Hinweise bot das Baustoffbewirtschaftungsprogramm 1948[258]). Danach erhielten 1947 die Ziegeleien Kohle zur Erzeugung von 107 Mio. Mauerziegeln zugewiesen; tatsächlich produziert wurden 170 Mio., um 59% mehr. Die Mehrerzeugung wurde dadurch ermöglicht, dass Firmen Kohle, die sie selbst nicht benötigten, den Ziegelwerken zur Verfügung stellten, um Ziegel für nicht genehmigte Bauvorhaben zu bekommen. Ähnliches gilt für Zement, Dachpappe und andere Baustoffe. Tauschgeschäfte betreiben auch Unternehmungen der öffentlichen Hand wie etwa die ÖBB oder die Elektrizitätswirtschaft. Manche Bauern verzichteten auf die ihnen aus der PAKO-Aktion zustehende Kohle. Die auf diese Weise ersparte Kohle tauschte die Papierindustrie gegen Zement für nicht genehmigte Bauvorhaben. Baustoffe wurden – so der Bericht zusammenfassend – für nicht genehmigte, also der Not der Zeit nicht entsprechende Bauvorhaben verwendet.

Beim Tauschgeschäft beschafften sich – auch renommierte – Unternehmungen Güter, die sie für ihre eigenen Zwecke (Produktion, Investition) benötigten. Auf dem Schwarzen Markt agierten Händler unter Umgehung der Preis- und Bewirtschaftungsvorschriften mit dem Ziel, aus illegalen Geschäften maximalen Gewinn zu erzielen. In der Praxis waren freilich die Grenzen fließend. Wenn etwa berichtet wurde, dass die Tischler 97% ihres Leimbedarfs und Installateure 90% ihres Bedarfs an Hilfsmaterialien außerhalb des Bewirtschaftungssystems kauften, so deutet das auf einen umfangreichen illegalen Handel hin[259]). Die Preisaufschläge für gewerbliche Waren auf dem Schwarzen Markt waren allerdings viel niedriger als die für Nahrungsmittel und sie gingen – wie bereits am Beispiel des Lederpreises gezeigt wurde – mit der Ausweitung der Produktion und der Abschöpfung des Geldüberhangs rasch zurück.

Ein wichtiges Bindeglied zwischen offiziellen und Grauen (oder Schwarzen) Märkten bildeten die von der Sowjetunion geführten Betriebe der USIA (siehe hiezu den Abschnitt „Das Deutsche Eigentum"). Zwischen den USIA-Betrieben und der heimischen Wirtschaft bestanden vielfältige Geschäftsbe-

---

[257]) *Mendershausen,* 1949, S. 657. Der Autor war 1947/48 Assistant Chief of Price Control in US Military Government of Germany.
[258]) AdR: Wirtschaftliches Ministerkomitee, Bauwirtschaftsprogramm 1948.
[259]) „Die Industrie", 1948, 48(9).

ziehungen. Die USIA-Betriebe tauschten mit österreichischen Firmen Ware gegen Ware; sie verarbeiteten Rohstoffe, die ihnen von den heimischen Bewirtschaftungsstellen zugewiesen wurden; und sie belieferten den heimischen Markt mit Waren, die sie aus importierten Vorprodukten herstellten. Zu einem erheblichen Teil – so scheint es – hielten sie sich an die heimischen Preis- und Bewirtschaftungsvorschriften[260]). Die Klagen im Ministerrat über die eigenmächtigen Handlungen der USIA-Betriebe[261]) waren sicherlich übertrieben. Das schließt nicht aus, dass diese Firmen auch Waren zu nicht genehmigten Preisen an Abnehmer ohne Bezugsberechtigung verkauften. (Die größten Störungen der heimischen Wirtschaft entstanden dadurch, dass die USIA-Betriebe eigene, nicht der österreichischen Kontrolle unterliegende Außenhandelsgeschäfte betrieben und keine Steuern zahlten.)

Einen repräsentativen Ausschnitt über die Beziehungen zwischen der österreichischen Bürokratie, heimischen Firmen und den sowjetischen Betrieben bot die Textilwirtschaft. Ende 1947 begannen mit Zustimmung und Mitwirkung des Handelsministeriums Tauschgeschäfte mit der sowjetischen „Abteilung für Leichtindustrie in Ostösterreich". Die Vertrauensfirma der USIA erhielt Gespinstgutscheine, mit denen sie von österreichischen Firmen Garn kaufen konnte, und lieferte dafür Arbeitsanzüge, die in das österreichische Bewirtschaftungssystem eingeschleust wurden. Die USIA brauchte Schillinge (hauptsächlich um Löhne und Sozialabgaben zu zahlen) und bot daher auch Textilwaren aus importierten Rohstoffen zum Verkauf auf heimischen Märkten an. Die sowjetischen Funktionäre beteuerten in Besprechungen mit österreichischen Beamten, dass sie sich streng an österreichische Vorschriften hielten. Tatsächlich bemerkte das Ministerium im Frühjahr 1948, dass Geschäfte mit österreichischen Firmen getätigt wurden, von denen das Ministerium nur durch Zufall erfuhr, etwa von einem illegalen Ankauf Vorarlberger Textilwaren zu Überpreisen[262]). Gegen Ende des Jahres 1948 überließ das Ministerium den Handel mit der USIA den Vereinbarungen der Wirtschaftsverbände, ohne sich direkt in die Geschäfte einzuschalten. Es folgte damit der grundsätzlichen Haltung der österreichischen Bundesregierung. Solange die Betriebe entgegen dem Völkerrecht von der Sowjetunion besetzt wären, könne man die USIA weder anerkennen noch mit ihr in Geschäftsbeziehungen treten[263]), lautete die amtliche Sprachregelung.

Die heimische Wirtschaftpolitik hat während der 10-jährigen Besetzung Österreichs das Verhalten der USIA-Betriebe immer wieder kritisiert. Vergeblich, denn die von der sowjetischen Besatzungsmacht gestellte Bedingung, die

---

[260]) Siehe hiezu insbesondere „Bericht über die positive Zusammenarbeit mit verschiedenen USIA-Betrieben". AdR: BMfaA_IIpol/1949 (ohne Aktenzahl), Karton 121.
[261]) Z. B. AdR: Ministerrat Figl 1, Nr. 76 vom 15. 7. 1947.
[262]) AdR 05-11: BmfHuW, Karton25, R 502101, Bd. 2.
[263]) AdR: Ministerrat Figl 1, Nr. 122 vom 19. 8. 1948. Der dort vorgeschlagene Ausweg, einzelne Betriebe so wie österreichische zu behandeln, wenn sie sich voll den österreichischen Gesetzen unterwerfen, war für die Sowjetunion nur unter der Voraussetzung annehmbar, dass Österreich diese Betriebe als sowjetisches Eigentum anerkannte, was wieder die Bundesregierung ablehnte.

Anerkennung der sowjetischen Ansprüche, wollte sie nicht erfüllen. Nicht (oder zumindest nicht aktenkundig) diskutiert wurde die These, dass Inflation und behördlicher Dirigismus den Manövrierspielraum der USIA-Betriebe erweiterten. Die Bereitschaft der Sowjetunion, ihre wirtschaftlichen Positionen in Österreich aufzugeben, wurde in den fünfziger Jahren nicht zuletzt dadurch gefördert, dass sich die USIA-Betriebe in einem marktwirtschaftlichen Umfeld zunehmend schwerer taten.

Das Ende der Bewirtschaftung

Von der Bewirtschaftung zur Marktwirtschaft?

Die Bewirtschaftung der gewerblichen Waren bis zum Endverbraucher wurde ab Mitte 1948 schrittweise aufgelassen. Es gab weder Eisenmarken mehr noch Kleiderkarten oder Bezugsscheine für Schuhe. Selbst die lange Zeit als wichtig reklamierte Bewirtschaftung von Fahrradreifen wurde aufgegeben. Nach amtlicher Lesart wurde damit nicht die Bewirtschaftung als solches, sondern nur ein Teil, nämlich die Verteilung, nicht aber die so genannte Produktionslenkung aufgeben. Aber auch dieser Teil der Bewirtschaftung hielt nicht lang.

Das Rohstofflenkungsgesetz 1949[264]) ersetzte Mitte 1949 das Warenverkehrsgesetz 1948. Was blieb, war eine Ermächtigung des Bundesministeriums für Handel und Wiederaufbau, statistische Meldungen etwa über Vorräte, Produktion und Lieferung bestimmter im Gesetz aufgezählter Rohstoffe zu verlangen, und die Möglichkeit, im Bedarfsfalle Lieferauflagen zu erteilen. Das Ministerium machte davon nur spärlich Gebrauch, hauptsächlich um die Vorschriften des Marshallplans zu erfüllen. Im Gegensatz zum Warenverkehrsgesetz war das Ministerium nicht mehr befugt, Produktionsauflagen zu erteilen. Die Bewirtschaftungsstellen und die Fachausschüsse wurden aufgelöst, an die Stelle der Bewirtschaftungskommission trat ein (viel kleinerer) Rohstofflenkungsausschuss.

Die Lockerung und letztlich die (bis auf Restbestände) Aufhebung der Bewirtschaftung gewerblicher Produkte waren von heftigen Auseinandersetzungen zwischen den Vertretern der Wirtschaft und der Arbeitnehmer begleitet. Dabei ging es nur zum Teil um die sachliche Frage, ob das Angebot in bestimmten Bereichen bereits groß genug wäre, um die Nachfrage bei den vorherrschenden Preisen decken zu können. Zur Diskussion stand die grundsätzliche Frage, ob die Bewirtschaftung nur ein vorübergehender Notbehelf wäre, der so rasch als möglich aufgegeben werden sollte, oder ob sie für ein auch in Friedenszeiten taugliches Instrument der Planung weiterentwickelt werden sollte. Die Fronten waren klar abgesteckt. Die Vertreter der Wirtschaft, insbesondere die Vereinigung österreichischer Industrieller, forderten die Abschaffung der amtlichen Bewirtschaftung, sobald es nur einigermaßen ging. Der Präsident der Vereinigung gab bereits Anfang 1948 die Parole aus:

---

[264]) Bundesgesetz vom 30. 6. 1949 über die Lenkung des Verkehrs von industriellen Rohstoffen und Halbfabrikaten (Rohstofflenkungsgesetz 1949), BGBl. Nr. 185/1949.

„Auch die Industrie betrachtet unter den gegenwärtigen Verhältnissen eine wohldurchdachte und richtig gehandhabte Wirtschaftsplanung mit als eine Vorbedingung für eine wirtschaftliche Gesundung. Doch erblickt sie in jeder Wirtschaftsplanung eine Maßnahme, die nur für Notzeiten zu gelten habe und als eine Brücke zu betrachten ist, die zu einer Normalisierung des Wirtschaftsablaufs führt." (Präsident Lauda, „Die Industrie", 1948, 48(1))

Der „Übergang von der Bewirtschaftung zur Marktwirtschaft" wurde im Laufe des Jahres zu einem zentralen Thema. Abwertende Begriffe wie „Kommandowirtschaft" und „Staatliche Zwangswirtschaft", die bis dahin kaum vorkamen, tauchten in der Diskussion auf. Auf der anderen Seite zögerten Gewerkschaftsbund und Arbeiterkammer „Deregulierungen" zuzustimmen, weil sie in der Bewirtschaftung zwar keine dauernde Einrichtung, aber einen Ansatzpunkt für eine Weiterentwicklung der Wirtschaftsordnung in Richtung von Wirtschaftsplanung und Wirtschaftsdemokratie sahen. Im Vorwort zum Arbeiterkammer-Jahrbuch 1949 klagte Präsident K. Mantler:

„Die Wiederherstellung einer dem ungehemmten Profitstreben dienenden „Wirtschaftsfreiheit", die Beseitigung aller Preisschranken und Preiskontrollen, die Auslieferung der Konsumenten an Kartelle, der Verzicht auf planende Wirtschaftsmaßnahmen, erhöhte Arbeitslosigkeit kennzeichnen diese Situation." (K. Mantler, Vorwort zum Jahrbuch 1949 der Arbeiterkammer in Wien)

Produktionslenkung

In der Landwirtschaft führte der Weg nicht von der Bewirtschaftung zur Konkurrenzwirtschaft, sondern zur Marktordnung mit Hilfe der Fondsgesetze, die später zu einem umfassenden Landwirtschaftsgesetz ausgeweitet wurden. (Die Fondsgesetze, das Rohstofflenkungsgesetz und das Preisregelungsgesetz wurden unter dem Begriff Lenkungsgesetze zusammengefasst und „gebetsmühlenartig" Jahr für Jahr prolongiert.) Der Gedanke drängt sich auf, ob nicht in der Industrie eine ähnliche Entwicklung denkbar gewesen wäre. Ansatzpunkte hiefür bestanden im Konzept der Produktionslenkung.

Die heimische Bürokratie wollte auch nach Aufhebung der Bezugscheinpflicht die Produktionslenkung beibehalten. Was sich hinter diesem Begriff verbarg, ist nicht leicht auszumachen. Wenn Schuhe (Lederwaren) zu Preisen erhältlich sind, die keine Knappheitsrenten mehr enthalten, dann steht offenbar Leder (und was man sonst zur Schuherzeugung braucht) in hinreichenden Mengen zur Verfügung. Und wenn die Behörde anordnet, dass aus Leder hauptsächlich Arbeitsschuhe erzeugt werden, dann bleiben die Betriebe auf ihren Fertigwarenlagern sitzen, wenn die Konsumenten modische Schuhe wollen.

Eine Teilerklärung, warum man „Produktionslenkung" für Großbetriebe beibehalten wollte, bot der Marshallplan. Die Erstellung und Rechtfertigung von Importplänen sowie die Überwachung der mit den Importgenehmigungen verknüpften Auflagen – so war etwa der Reexport von ERP-Gütern verboten – setzte ein Meldesystem und bestimmte Anweisungen an die ERP-Güter beziehenden Betriebe voraus. Unabhängig von den im Marshallplan übernommenen Verpflichtungen empfahl es sich, ein statistisches Meldesystem für wichtige Rohstoffe und Vorprodukte aufrechtzuerhalten, damit im Notfall, wenn es neuerlich zu Verknappungen kommt, rasch Lenkungsmaßnahmen ergriffen werden können. Die Korea-Hausse 1950/51 gab jenen Recht, die vor einer zu raschen Lockerung der Kontrollen warnten.

Hinter dem Begriff Produktionslenkung verbarg sich jedoch mehr als die bloße Vorsorge für Eventualfälle und die technische Abwicklung des Marshallplans. Den zumeist aus dem bürgerlichen Lager stammenden oder ihm nahestehenden Planungsbürokraten schwebte vielmehr eine Wirtschaftsordnung vor, in der die Märkte dauernd reglementiert werden, wenn nicht durch die Behörden, dann durch private Kartelle, und am besten durch beide. Das Konkurrenzmodell (mit sozialer Abfederung) wurde nicht nur von Austromarxisten mit der Vorstellung von „Chaos" verknüpft. Die mit der Wirtschaftsplanung betraute Sektionschefin im Kraulandministerium – sie war im Krieg in einem deutschen Fachverband tätig und daher mit der deutschen Konzeption der Wirtschaftsverbände vertraut – rechtfertigte noch 1990 im Rückblick die damalige Planungskonzeption u. a. damit, dass sie Fehlleitungen von Geld und Gütern verhindert hätte, die bei freier Konkurrenz unvermeidlich gewesen wären[265].

Der für Bewirtschaftung zuständige Sektionschef des Bundesministeriums für Handel und Wiederaufbau meinte, auf staatliche Produktionslenkung könne nur dann verzichtet werden, wenn private Kartelle imstande wären, die Märkte hinreichend zu ordnen:

„Gäbe es nicht das ERP-Übereinkommen . . ., so wäre es theoretisch denkbar, dass eine autonome Organisation der Wirtschaft in Hinkunft jede staatliche Ingerenz auf wirtschaftliche Zielsetzungen überflüssig machen könnte. Voraussetzung ist hierbei, dass die im Wirtschaftssystem an sich zumindest rudimentär enthaltenen Kartellfunktionen jenen wirtschaftsorganische Neubildungen übertragen werden können, wobei . . . das Bewirtschaftungssystem als solches abgebaut wäre . . ." (Lanske, 1949, S. 3)

Was unter Marktordnung durch Kartelle zu verstehen war, wurde nicht erläutert. Zum Konzept der Produktionslenkung gehörte anscheinend der Schutz des Gewerbes[266] und die Beschränkung von Industriegründungen[267], um eine „ungesunde" Konkurrenz zu vermeiden. Vor allem aber müsste die heimische Wirtschaft gegenüber der ausländischen Konkurrenz abgeschirmt werden. Importiert sollte nur das werden, was im Inland nicht erzeugt werden konnte. Produktionslenkung wäre nicht nur dann geboten, wenn (zu den geltenden Preisen) zu wenig angeboten wird, sondern auch dann, wenn ein Überangebot besteht. Schon 1949 ließ sich heimische Braunkohle nur schwer absetzen. Der Geschäftsführer der Bewirtschaftungsstelle Kohle, dem die Bewirtschaftung

---

[265] *Ottilinger,* 1990, S. 275. Frau Ottilinger wurde 1949 an der Enns von der sowjetischen Besatzungsmacht verhaftet und zu einer langjährigen Freiheitsstrafe verurteilt.
[266] E. Lanske, „Die Industrie", 1949, 49(12).
[267] § 19 des Warenverkehrsgesetzes 1948.

des Mangels oblag, präsentierte eine Liste mit Vorschlägen, wie dem Überfluss abzuhelfen wäre. Die Liste enthielt u. a. folgende Vorschläge: Importdrosselung, Beimischungszwang für Inlandskohle, Verpflichtung der Ämter und der Großbetriebe, Inlandskohle zu verfeuern, wenn die Heizanlagen das zulassen, Überprüfung der Feuerungsanlagen durch Experten[268]). Die kartellfreundliche Haltung herrschte die gesamte Wiederaufbauperiode im hier abgegrenzten Sinn vor, wenngleich sich die Formen des Unternehmensschutzes änderten (siehe hiezu den Abschnitt „Die Wirtschaftsordnung nach der Stabilisierung").

Die Vorstellungen der Bürokratie über die Notwendigkeit der Wirtschaftslenkung ließen sich unschwer mit den Vorstellungen der Sozialisten über Wirtschaftsplanung zu einem System der indikativen Planung nach französischem Muster verknüpfen (*Hollerer*, 1974, zieht ausdrücklich diese Parallele). Tatsächlich kam dieser Schulterschluss nicht zustande. Das Ministerium für Vermögenssicherung und Wirtschaftsplanung wurde Ende 1949 ersatzlos aufgelöst (siehe den Abschnitt „Visionen und Perspektiven").

2.4 Außenhandelslenkung und multiple Wechselkurse[269])

Die meisten der vom Krieg betroffenen Länder gaben die kriegswirtschaftlichen Lenkungsmaßnahmen nur schrittweise auf, in der Binnenwirtschaft früher als in der Außenwirtschaft[270]). Ein besonders auffälliges Beispiel für den zögernden Übergang von der Bewirtschaftung zur Marktwirtschaft – in der Literatur der neunziger Jahre „Gradualismus" genannt – bot die österreichische Außenwirtschaftspolitik. Der Außenhandel, und zwar nicht nur der Import, sondern auch der Export, unterlag einem strengen behördlichen Genehmigungsverfahren. Wer Devisen verdiente (oder auf andere Weise erwarb), musste sie zu einem Zwangskurs an die Notenbank abliefern, der zumindest in der ersten Nachkriegszeit weit unter den Preisen des schwarzen Markts (und des freien Markts in Zürich) lag. Devisenverwendungspläne, insbesondere für den knappen Dollar, bestimmten, wie die verfügbaren Devisen zu verwenden waren.

Erst 1953, acht Jahre nach Kriegsende, begann Österreich seine Handels- und Zahlungsströme mit den europäischen Staaten zu liberalisieren, die in der OEEC[271]) (Organization for European Economic Cooperation) zusammenar-

---

[268]) Vorschläge des Geschäftsführers Reimoser. „Die Industrie", 1949, 49(18).
[269]) Eine vorläufige Fassung wurde in *Seidel* (2001) veröffentlicht.
[270]) Nach *Reinhart/Rogoff* (2004, S. 4) lagen die Schwarzmarktkurse für Devisen in Westeuropa 1946/49 um 165,5% über den offiziellen Notierungen. Der Abstand verringerte sich im Zeitraum 1950/59 auf 17%, wurde aber erst in den sechziger Jahren bedeutungslos. Durch Unterfakturierung wurden der Devisenbewirtschaftung 1948/49 14% der Exporterlöse entzogen.
[271]) Die OEEC wurde mit der am 16. 4. 1948 unterzeichneten Convention for European Economic Co-operation geschaffen. Ihre Aufgabe bestand darin, die Mittel des Marshallplans zu verteilen und die Zusammenarbeit der daran teilnehmenden europäischen Länder zu organisieren (*OEEC*, 1958).

beiteten. Es dauerte ein weiteres Jahrzehnt, bis laufende Transaktionen nach Artikel VIII der Statuten des Internationalen Währungsfonds (IMF) für konvertibel erklärt wurden. Die Liberalisierung des Kapitalverkehrs begann erst in den siebziger Jahren. Die österreichische Wirtschaft war in der Wiederaufbauperiode eine kleine Volkswirtschaft mit komplementärem Außenhandel: Eingeführt wurde, was im Inland nicht oder nicht in ausreichenden Mengen hergestellt werden konnte. Sie war aber keine „offene" Volkswirtschaft, denn die heimische Produktion wurde vor ausländischer Konkurrenz abgeschirmt.

Dieser Abschnitt beschreibt die Wechselkurspolitik Österreichs in der Zeit zwischen dem Ende des Zweiten Weltkriegs und der Vereinheitlichung der Kurse im Frühjahr 1953. In dieser Zeitspanne war das Wechselkursregime durch zwei Merkmale charakterisiert:

- Der von den Währungsbehörden festgelegte Wechselkurs galt nur für einen Teil der wirtschaftlichen Transaktionen mit dem Ausland. Sogenannte „trading devices" (Kompensationsgeschäfte, Belassungsquoten und Agiogeschäfte) gestatteten es, Exporte zu De-facto-Kursen abzuwickeln, die über dem offiziellen Kurs lagen. Die erzielbaren Zuschläge (Prämien) wichen von Geschäft zu Geschäft voneinander ab. Es herrschte ein System multipler Wechselkurse.
- Der Durchschnittskurs für Exporte lag zum Teil bedeutend über dem Durchschnittskurs für Importe. Die Importverbilligungen wurden in der Hauptsache aus dem Erlös ausländischer Hilfslieferungen finanziert. Die Subventionierung über den Wechselkurs entlastete das Bundesbudget, schmälerte aber die für Investitionen verfügbaren Schillingerlöse aus dem Verkauf der Hilfslieferungen.

Die USA und der IMF drängten Österreich, die „trading devices" aufzugeben und einen einheitlichen Wechselkurs einzuführen. Das erforderte mikroökonomische und makroökonomische Anpassungen: Die bisher begünstigten Exporteure mussten sich mit dem Einheitskurs begnügen. Und die Wirtschaftspolitik musste ein gesamtwirtschaftliches Gleichgewicht ohne das Hilfsmittel der Wechselkurssubventionen finden. Beides fiel nicht leicht.

2.4.1 Übernahme des Militärkurses 10 S/$

Dollarkurs über Kaufkraftparität

Die Besatzungsmächte legten 1945 für ihre Zwecke sowohl in Deutschland als auch in Österreich den Dollarkurs der Reichsmark mit 10 : 1 fest[272]). Diese Entscheidung hatte zunächst nur geringe Bedeutung. Der Außenhandel beschränkte sich auf einige wenige Kompensationsgeschäfte, hauptsächlich mit den Nachbarländern, in denen Ware gegen Ware getauscht wurde. Die Besatzungsmächte deckten den Zuschussbedarf an Nahrungsmitteln – mehr schlecht als recht. Sie entrierten auch die ersten Außenhandelsgeschäfte – nicht

---

[272]) Unter Wechselkurs wird der Preis ausländischer Währungen in Schilling verstanden (indirekte Notierung). Ein Steigen der Kurse bedeutet, dass ausländische Währungen teurer werden.

2.4 Außenhandelslenkung und multiple Wechselkurse

immer zur Freude der heimischen Wirtschaftspolitik. (Den Franzosen wurde z. B. vorgeworfen, dass sie in ihrer Besatzungszone Waren zu Stopppreisen mit Schillingen bezahlten, die sie als Besatzungskosten erhielten, oder entbehrliche Güter wie Spirituosen als Gegenleistung anboten[273]).)

Das wichtigste Kompensationsgeschäft, das die Provisorische Staatsregierung Renner abschloss, war die Lieferung von 15.000 t Rohöl gegen 43.000 t tschechischen Hüttenkoks[274]). Der am 17. 9. 1945 unterzeichnete Vertrag konnte jedoch nicht erfüllt werden, da die Sowjetunion die heimische Erdölwirtschaft als Deutsches Eigentum beschlagnahmt hatte und die benötigten Rohölmengen nicht bereitstellte. Bis Ende Juli 1946 wurden nur Exporte im Wert von 39,7 Mio. S und kommerzielle Importe im Wert von 16,2 Mio. S abgewickelt[275]). Im Laufe von 1946 bemühte sich die heimische Wirtschaftspolitik, den Außenhandel wieder in Gang zu bringen, indem sie Handels- und Zahlungsabkommen zunächst mit europäischen Ländern abschloss. Bis Anfang September 1946 waren 13 solcher Abkommen in Kraft. Damit wurde die Frage nach dem Austauschverhältnis des Ende 1945 geschaffenen Schillings zu den Währungen der Handelspartner aktuell.

Im Mai 1946 fragte die Alliierte Kommission, ob der von den Alliierten festgelegte Wechselkurs von 1 $ gleich 10 S für die Bundesregierung annehmbar wäre[276]). Die Bundesregierung sprach sich für die Beibehaltung des Militärkurses aus. Die Oesterreichische Nationalbank (OeNB) gab im Juni und Juli noch aufgrund reichsdeutscher Bestimmungen Richtkurse für verschiedene Währungen bekannt, die auf diesem Dollarkurs basierten. Nach Inkrafttreten des österreichischen Devisengesetzes[277]) veröffentlichte sie regelmäßig Devisenkurse.

Der Kurs von 10 S/$ lag weit über den Kaufkraftparitäten, die sich aus dem Vergleich der US-Preise mit den amtlich festgelegten RM-Preisen, den sogenannten Stopppreisen, ergaben. Den Kaufkraftparitäten hätte ein Kurs von 3 RM pro $ entsprochen. Im Gegensatz zu Westdeutschland entschied sich Österreich für den weit höheren Militärkurs. Als Begründung wurde angegeben, dass die Stopppreise der Kriegswirtschaft nicht gehalten werden könnten und wohl auch nicht sollten.

Die Vorstellung einer begrenzten Anpassungsinflation tauchte wiederholt in wirtschaftspolitischen Äußerungen auf. Der aus der Kriegswirtschaft stammende Kaufkraftüberhang sollte im Zuge einer Währungsreform zwar reduziert, aber nicht radikal beseitigt werden. Der noch verbleibende Überhang sollte dadurch aufgesogen werden, dass sich die Preise der Geldmenge anpassen. Für diese Strategie ließ sich u. a. ins Treffen führen, dass die heimische Preisstruktur den Bedingungen der Nachkriegszeit angepasst werden müsste, was bei steigendem Preisniveau leichter möglich wäre als bei stabilem.

---

[273]) AdR: BMfaA, Zl. 100.561_Wpol/1946.
[274]) AdNB: Nr. 142/1945.
[275]) AdNB: Nr. 301/1946.
[276]) AdNB: Nr. 437 und 441/1946.
[277]) Bundesgesetz vom 25. 7. 1946 über die Devisenbewirtschaftung (Devisengesetz), BGBl. Nr. 162/1946.

Der Wechselkurs sollte die erwartete interne Anpassungsinflation vorwegnehmen. Dabei bestand die Gefahr, dass der Wechselkurs selbst preistreibend wirkt. Die mittel- und osteuropäischen Länder hatten nach dem Systembruch Anfang der neunziger Jahre einen Wechselkurs gewählt, der im Durchschnitt etwa das Vierfache der Kaufkraftparitäten ausmachte[278]). Die Rückwirkungen auf das heimische Preisniveau wurden dort dadurch gemildert, dass die Bevölkerung mit heimischen Nahrungsmitteln versorgt werden konnte und die Arbeitnehmer bereit waren, Realeinkommenseinbußen (gemessen an den Preisen und Löhnen) hinzunehmen. Nach dem Zweiten Weltkrieg musste jedoch Österreich nahezu zwei Drittel der kärglichen Rationen der Nicht-Selbstversorger durch Importe decken. Um dennoch die Lebenshaltungskosten niedrig zu halten, entschloss sich die Wirtschaftspolitik
- die Übergewinne im Export abzuschöpfen und
- die ausländischen Hilfslieferungen zu den zumeist weit niedrigeren Inlandspreisen abzugeben.

Das Fiasko der Ausgleichskasse

Das noch von der Regierung Renner beschlossene Außenhandelsverkehrsgesetz[279]) sah in § 5 die Errichtung einer Ausgleichskasse vor. Die Kasse sollte die Übergewinne der Exporteure abschöpfen und mit dem Erlös die Importe verbilligen. Solche Preisschleusen haben sich bis heute in der Agrarpolitik erhalten. Unter den technischen und wirtschaftlichen Voraussetzungen der Nachkriegszeit erwies sich jedoch die Ausgleichskasse als Fehlschlag. Bis Mitte Februar 1948 wurden den Exporteuren 85 Mio. S Ausgleichsabgaben vorgeschrieben, tatsächlich eingezahlt wurden nur 8,4 Mio. S oder weniger als 1% der seit Februar 1947 getätigten Exporte[280]). Schon Ende 1947 hatte der Nationalrat über Antrag des Abgeordneten E. Margarétha eine Entschließung verabschiedet, wonach die exporthemmende Abgabe abgeschafft werden sollte. Eine Exekution der säumigen Zahler wurde abgelehnt. Nach längeren Verhandlungen kam man schließlich überein, ab 1. 1. 1948 die Ausgleichsabgabe zu sistieren. Sie sollte erst dann wieder eingehoben werden, wenn das heimische Preisniveau auf 70% des Standes von Anfang 1948 sinkt[281]). Damit blieb die Ausgleichskasse zwar rechtlich bestehen, ihre Tätigkeit wurde aber an eine Bedingung mit höchst unwahrscheinlichem Eintritt geknüpft. Einschließlich von Abgeltungspauschalen und einem Zuschuss der Bundeswirtschaftskammer kamen schließlich 18,3 Mio. S zusammen, womit zumindest die bis dahin vom Bund gewährten Stützungen annähernd gedeckt waren. Erst im Juli 1951 wurde die funktionslose Ausgleichskasse aufgehoben[282]).

---

[278]) *Balcerowicz/Gelb,* 1994, S. 32.
[279]) Außenhandelsverkehrsgesetz, BGBl. Nr. 111 vom 17. 12. 1945.
[280]) AdR: BMfF, Zl. 11.103_13/1948, Unterlage für Ministerrat Figl 1, Nr. 104 vom 16. 3. 1948.
[281]) 30. Sitzung des Generalrats der OeNB vom 3. 6. 1948.
[282]) AdR: Ministerrat Figl 2, Nr. 255 vom 10. 7. 1951.

Zum Scheitern der Ausgleichskasse trug Verschiedenes bei. Das Außenhandelsverkehrsgesetz, das zur Errichtung der Ausgleichskasse ermächtigte, trat infolge Verzögerungen im Alliierten Rat erst Anfang August 1946 in Kraft. Die einschlägigen Durchführungsbestimmungen erließ das Finanzministerium im Dezember 1946. Das Warenverkehrsbüro, die für Außenhandelsgeschäfte und die Ausgleichskasse zuständige Behörde, versandte seine ersten Vorschreibungen an die Exportfirmen Mitte Februar 1947. Zu diesem Zeitpunkt waren Preise und Löhne bereits auf breiter Front in Bewegung[283]). Unter diesen Umständen vermochten die heimischen Lenkungsbehörden ein kompliziertes Lenkungssystem wie eine Preisschleuse, nicht nur für einige standardisierte Waren, sondern für die gesamte Palette der aus- und eingeführten Güter, nicht effizient zu administrieren. Schon die Frage, ob der Inlandspreis – sofern ein solcher überhaupt bestand – bei Vertragsabschluss oder bei Lieferung der Ware der Abschöpfung zugrunde gelegt werden sollte, sorgte für Kontroversen.

Die Wechselkurssubventionen

Nach dem Scheitern der Ausgleichskasse blieb nur noch die Subventionierung von Importen, um den preistreibenden Effekt des hohen Dollarkurses auszuschalten. Dazu boten sich vor allem die Hilfsgüter an, die Österreich vom Ausland erhielt. Mit der UNRRA, der Hilfsorganisation der Vereinten Nationen, wurde vereinbart, dass die Hilfsgüter (hauptsächlich Nahrungsmittel und landwirtschaftliche Bedarfsgüter) nicht zu Weltmarktpreisen, umgerechnet zum Wechselkurs von 10 S/$, sondern zu Inlandspreisen abgegeben und die Schillingerlöse einem UNRRA-Fonds gutgeschrieben werden. Die inländischen Abgabepreise wurden vom UNRRA-Büro (Bundeskanzleramt, Österreichhilfe der Vereinten Nationen) ermittelt und vom Wirtschaftlichen Ministerkomitee beschlossen. Gab es keinen Inlandspreis – was etwa bei amerikanischen Cookies mit phantasievollen Namen aus Rationspaketen der US-Army der Fall war –, so bemühte sich das Büro herauszufinden, was dieses Produkt gekostet hätte, wenn es während des Kriegs im Deutschen Reich erhältlich gewesen wäre. Aus dem Verkauf von UNRRA-Gütern im Werte von 137,3 Mio. $[284]) zu Weltmarktpreisen wurden (einschließlich Spesen) 780 Mio. S[285]) erlöst. Dem entsprach ein durchschnittlicher Wechselkurs von 5,68 S/$. Ähnlich wurde mit anderen Hilfslieferungen (insbesondere mit der Militärhilfe und der Kongresshilfe der USA) verfahren (siehe S. 221). Die ver-

---

[283]) Schon im Laufe von 1946 wurde zunehmend deutlich, dass die Stopppreise und Stopplöhne der Kriegswirtschaft nicht gehalten werden können. Anfang 1947 war die „Anpassungsinflation" bereits im vollen Gang. Nützliche Informationen hiezu bieten die Sitzungen des Wirtschaftlichen Ministerkomitees (die Sitzungsprotokolle samt Beilagen sind im Archiv der Republik einzusehen).
[284]) Laut Österreichisches Jahrbuch 1947, S. 6. Die Angaben über den Dollarwert der UNRRA-Hilfe schwanken je nach Quelle zwischen 135,6 und 137,3 Mio. $.
[285]) AdR: Ministerrat Figl 1, Nr. 84 vom 21. 10. 1947. Nach Abzug der Spesen verblieben 733 Mio. S (Stand des UNNRA-Kontos bei der OeNB am 9. 12. 1947).

billigte Abgabe machte Sinn, denn der Zweck der Hilfe bestand zunächst darin, die Bevölkerung vor dem Verhungern zu bewahren und die heimische Produktion mit den verfügbaren Kapazitäten in Gang zu bringen. Der Wiederaufbau musste sich auf behelfsmäßige Instandsetzungen beschränken.

Mit Beginn des Marshallplans änderten die USA ihre Haltung. Die Erlöse aus dem Verkauf der Hilfsgüter sollten für den Wiederaufbau der Wirtschaft verwendet und nicht in Gestalt konsumfördernder Subventionen „vergeudet" werden. Schon die Interimshilfe 1948, die den Anschluss an den Marshallplan sicherte, sah vor, dass der volle Gegenwert der Hilfslieferungen (Weltmarktpreise in Dollar, umgerechnet zum offiziellen Kurs) bei Notifikation der Lieferung auf einem Schilling-Gegenwert-Konto (Counterpartkonto) erlegt werden musste[286]. Die Marshallplan-Verwaltung (ECA) gestattete allerdings, dass „sensible" Güter (hauptsächlich Nahrungsmittel und landwirtschaftliche Bedarfsgüter) noch zu Inlandspreisen abgegeben würden. Die Wechselkurssubventionen sollten jedoch in absehbarer Zeit beseitigt werden. Nach diesem Verrechnungsmodus waren die Schillingerläge auf dem Counterpartkonto stets höher als die aus dem Verkauf der Hilfsgüter stammenden Erlöse. Die Differenz bestand aus zwei Teilen: dem „time lag", der zeitlichen Differenz zwischen der Notifikation der Lieferung und dem Erlöseingang, und dem „price gap", der Differenz zwischen Weltmarkt- und Abgabepreisen.

Ansuchen der Bundesregierung, auch die Preise von Agrarprodukten, die im Inland erzeugt oder im kommerziellen Verkehr eingeführt wurden, aus Counterpartmitteln zu stützen, lehnten die USA ab. Das brachte 1948 die heimische Wirtschaftspolitik in Verlegenheit. Sie hatte im Frühjahr dieses Jahres Subventionen für heimische Agrarprodukte eingeführt, in der Erwartung, dass dafür Erlöse aus Hilfslieferungen herangezogen werden könnten. Schließlich wurde ein Kompromiss derart gefunden, dass die Agrarsubventionen aus Budgetmitteln gedeckt, jedoch in etwa gleicher Höhe Counterpartmittel für Bundesinvestitionen freigegeben wurden[287].

Ausweichen in „trading devices"

Die Vorstellung, dass es nach einer begrenzten Anpassungsinflation gelingen würde, das Preisniveau relativ rasch auf einem Niveau zu stabilisieren, das mit dem Kurs von 10 S/$ und mit der nach dem Währungsschutzgesetz verbliebenen Geldmenge verträglich wäre, erwies sich als eine Illusion. Die Preise stiegen bis Ende 1951 auf das 8-fache der RM-Stopppreise zu Kriegsende (das 7-fache der Schilling-Preise 1937). Die Inflation wurde durch Preis-Lohn-Abkommen kanalisiert, die von den Sozialpartnern und der Regierung mit dem – immer wieder verfehlten – Ziel abgeschlossen wurden, die Einkommensansprüche verschiedener Gruppen untereinander und mit dem Güterangebot abzustimmen. Das Ausweichen in eine Preis-Lohn-Spirale war letztlich nur möglich, weil die Währungsbehörden bis Ende 1951 eine nachgiebige

---

[286] Annex, Section I, § 1 des Abkommens zwischen den USA und Österreich betreffend die Interimshilfe. AdR: BMfaA, Zl. 110.247_Pol/1948.
[287] AdR: Ministerrat Figl 1, Nr. 122 vom 19. 8. 1948.

(akkommodierende) Kredit- und Wechselkurspolitik verfolgten. Stabilität zu erzwingen, indem entweder die Geldmenge oder der Wechselkurs als Zielgröße vorgegeben wird, erschien keine politisch akzeptable Option.

Die Wechselkurspolitik geriet schon bald unter Zugzwang. Der heimische Preisauftrieb war so stark, dass im Laufe von 1947 die Inlandspreise vieler Exportgüter die im Ausland erzielbaren Preise erreichten oder schon überschritten. Damit kehrte sich die Problemstellung um. Statt zu überlegen, wie die Übergewinne der Exporteure abgeschöpft werden könnten, stellte sich nunmehr die Frage, wie viel man den Exporteuren zuschießen müsste, damit sie trotz steigenden heimischen Kosten exportfähig blieben. Eine Änderung des Wechselkurses von 10 S/$ lehnten zunächst die Währungsbehörden strikt ab[288]). Statt dessen wurde den Exporteuren mit Hilfe sogenannter „trading devices" geholfen. Dazu zählten Kompensationsgeschäfte, Belassungsquoten und Agiogeschäfte.

Die Notenbank erlaubte schon 1946 den Exporteuren, einen Teil der von ihnen verdienten Devisen zu behalten. Sie durften für Importe verwendet werden, die von der für Außenhandelsgeschäfte zuständigen Behörde[289]) genehmigt wurden. Die den Exporteuren belassenen Devisen mussten an die Notenbank überwiesen werden und wurden dort auf sogenannten Lorokonten verbucht. Ihr Bestand wuchs in den ersten Nachkriegsjahren stetig und war zeitweise höher als der Bestand der Notenbank an Eigendevisen (Nostrodevisen).

Übersicht 2.34: Loro- und Nostrodevisen der OeNB

Jahresende	Gold[1])[2])	Nostro-Devisen[1])	Loro-Devisen
		Mio. S	
1946	0,1	19,1	6,6
1947	47,7	49,3	52,0
1948	49,5	110,5	183,8
1949	73,8	276,6	105,0
1950	165,6	885,2	240,1
1951	285,0	861,1	312,1
1952	335,1	2361,8	63,0

Quelle: Bilanzen der OeNB laut Generalratberichten. – [1]) Einschließlich der nicht zur Deckung herangezogenen (im Wochenausweis nicht ausgewiesenen) valutarischen Werte. – [2]) Ohne Brüsseler Gold.

Die Belassungsquoten waren relativ hoch. Im Durchschnitt der Industrie wurden 50% bis 60% der Devisen den Exporteuren belassen, in der Eisen- und Stahlindustrie sogar 90%. Die hohen Quoten erklären sich daraus, dass dem Exporteur die Beschaffung ausländischer Vorprodukte für die gesamte Produktion (und nicht bloß für den exportierten Teil) ermöglicht werden sollte. Sie wurden nach der Formel: Importquote durch Exportquote der Produktion be-

---

[288]) Siehe 22. und 23. Sitzung des Generalrats der OeNB vom 25. 9. 1947 und vom 3. 6. 1948.
[289]) Das war nach dem Außenhandelsgesetz 1945 die Kommission für die Ein-, Aus- und Durchfuhr, nach dem Außenhandelsgesetz 1948 die Außenhandelskommission.

messen. Wenn eine Firma (gemessen am Produktionswert) 10% ausländische Vorprodukte benötigte und 20% exportierte, so erhielt sie eine Belassungsquote von 50%. Die Nationalbank richtete eine Revisionsabteilung zwecks Überprüfung der Firmenanträge auf Belassungsquoten ein.

Die Belassungsquoten hatten zunächst nur den Zweck, Transaktionskosten zu sparen. Für den Exporteur waren jedoch zwei weitere Aspekte viel wichtiger. Zum einen musste er sich nicht in der Warteschlange der Importeure anstellen. Er konnte daher Exportangebote erstellen, ohne befürchten zu müssen, sie mangels Rohstoffzuteilung nicht erfüllen zu können. Zum anderen ließ sich nur beiläufig prognostizieren, wie groß der Devisenbedarf einer Firma war. Wenn ein Unternehmen mehr exportierte, als bei Bemessung der Belassungsquote angenommen worden war, so erhielt es mehr Devisen zugesprochen, als es benötigte. Diese Überschussdevisen wurden zunächst illegal gehandelt. Ab August 1948, nach dem 2. Preis-Lohn-Abkommen, gestattete die Notenbank den Verkauf bestimmter Teile der Quote zu einem Agio, das mit 40% begrenzt war. Auf diese Weise sollte der Druck der Exportwirtschaft auf Änderung des offiziellen Wechselkurses abgefangen werden[290]). Der Verkauf von Devisen gegen Agio wurde in Anlehnung an die Devisenpolitik der dreißiger Jahre als Privatclearing bezeichnet. In der Praxis wurden die von der Notenbank zugestandenen Agiosätze oft überschritten.

Übersicht 2.35: Höhe der Belassungsquoten

	Dezember 1948[1])	September 1949[2])
	In % des Exporterlöses	
Textilindustrie	70	67
Hutindustrie	70	60
Papier- und Zelluloseindustrie	40	60
Eisen-, Stahl- u. Aluminiumindustrie	90	80
Eisenverarbeitende Industrie	40-60	60
Sensenindustrie	30	47
Chemische Industrie	60	65
Holz- und holzverarbeitende Industrie	50	60

[1]) 37. Sitzung des Generalrats der OeNB vom 18. 2. 1949. – [2]) 44. Sitzung des Generalrats vom 27. 10. 1949.

Kompensationsgeschäfte[291]) waren unmittelbar nach dem Zweiten Weltkrieg, wie bereits erwähnt, zunächst die einzige Form des Außenhandels. Mit dem Abschluss von Handels- und Zahlungsabkommen bot sich die Möglichkeit, Waren gegen Bezahlung in Devisen zu exportieren, wenngleich die meisten Devisen im Clearingverkehr anfielen und daher nur bilateral verwendbar waren. Der Exporteur konnte sich auf sein Exportgeschäft konzentrieren und brauchte sich nicht mehr um ein Gegengeschäft zu kümmern. Der Anteil der

---

[290]) 35. Sitzung des Generalrats der OeNB vom 16. 12. 1948.
[291]) Die Begriffe Kopplungsgeschäfte und Kompensationsgeschäfte werden als synonym verwendet.

Kopplungsgeschäfte am kommerziellen Außenhandel nahm daher zunächst stark ab. Dennoch blieben sie eine wichtige Form des Außenhandels und zeigten 1949 wieder steigende Tendenz. Das hing zum Teil damit zusammen, dass mit wichtigen Ländern (vor allem mit Italien) keine Clearingabkommen bestanden. Außerdem boten Kompensationsgeschäfte die Möglichkeit, den offiziellen Wechselkurse zu umgehen. Der Präsident der OeNB bezeichnete sie als die Schwarzmarktgeschäfte des Außenhandels[292]).

Eine Mission des IMF[293]) besuchte Österreich im August 1949, um das österreichische Devisenregime zu evaluieren. Sie fand, dass im 1. Halbjahr 1949 nahezu zwei Drittel der Exportlizenzen für Kompensationsgeschäfte ausgestellt wurden. Fast 40% davon entfielen auf Italien (einschließlich Triest). In dieser Zeit erreichten diese Geschäfte einen Höchststand. Schätzungen[294]) über andere Zeitspannen ergaben einen Anteil von etwas weniger als die Hälfte. Berücksichtigt man, dass von den gegen Devisen abgerechneten Exportgeschäften ein Teil zu Agiokursen abgewickelt wurde, so liegt der Schluss nahe: Der Kurs von 10 S/$ hatte im Laufe von 1949 im kommerziellen Verkehr seine ökonomische Bedeutung verloren. Er galt hauptsächlich nur noch für ERP-Importe (ausgenommen die Agrarprodukte und die landwirtschaftlichen Produktionsmittel, die zu Inlandspreisen abgegeben werden durften) sowie für die von den USA refundierten Besatzungskosten.

Übersicht 2.36: Außenhandelslizenzen 1. Halbjahr 1949

	Einfuhr		Ausfuhr	
	Devisen	Kompensation	Devisen	Kompensation
	Mio. S		Mio. S	
Italien (einschließlich Triest)	17	469	29	475
Sonstiges OEEC-Europa	1.116	553	518	557
Europa insgesamt	1.133	1.022	547	1.032
Westliche Hemisphäre	299	53	28	55
Übrige Welt	65	1.07	56	108
Insgesamt	1.497	1.182	631	1.195

Quelle: IMF, Preliminary Report of the Mission to Austria. AdNB, Nr. 151/1949. – Lizenzen laut Außenhandelskommission.

Wie stark die tatsächlichen Wechselkurse im Durchschnitt vom offiziellen Wechselkurs von 10 S/$ abwichen, ist nur beiläufig bekannt. Gelegentliche Hinweise finden sich in den Berichten des Generalrats[295]). Eine globale Schät-

---

[292]) AdR: 43. Sitzung des Wirtschaftlichen Ministerkomitees vom 28. 10. 1947.
[293]) IMF: Preliminary Report of the Mission to Austria. September 12, 1949. Enthalten in AdNB: Nr. 151/1949.
[294]) Im I. Quartal 1948 entfielen 42% der Exporte laut Devisenstatistik auf Kopplungsgeschäfte. Alliiertenberichte der OeNB, Juli 1948.
[295]) In der ao. Generalratssitzung der OeNB vom 29. 9. 1949 schätzte Präsident Rizzi den im Export angewandten Kurs auf 16 bis 18 S/$.

zung wurde von amerikanischen Experten[296]) versucht, die im Frühjahr 1949 (noch vor dem IMF) das österreichische Wechselkurssystem untersuchten. Danach betrug der durchschnittliche Kurs, zu dem Exporte abgewickelt wurden, im Zeitraum Dezember 1948 bis Februar 1949 16 S/$, lag also um 60% über dem offiziellen Kurs von 10 S/$. Im Clearingverkehr fielen die meisten Transaktionen in den Bereich von 12 bis 16 S/$, wenn man außer den offiziellen Agios die illegalen mit berücksichtigt. Für Kompensationsgeschäfte wurde ein Bereich von 16 bis 24 S/$ angegeben (im Italiengeschäft, das ausschließlich im Kompensationsverkehr abgewickelt wurde, von 16 bis 19 S/$). Der durchschnittliche Kurs für Warenimporte betrug 12 S/$, lag also erheblich unter dem für Warenexporte, weil die Hilfslieferungen, aber auch andere nichtkommerzielle Leistungen wie die Besatzungskosten der USA zum offiziellen Kurs oder verbilligt abgerechnet wurden.

Kritik an den „trading devices"

Die USA und der IMF betrachteten die Entwicklung des österreichischen Wechselkurssystems mit Argwohn. Sie drängten die österreichischen Währungsbehörden mehr oder minder nachdrücklich, die Belassungsquoten aufzuheben und die Kopplungsgeschäfte einzustellen. Diese Kritik war ernst zu nehmen.

Die Hilfe der USA richtete sich nicht nur nach der Bedürftigkeit, sondern zunehmend auch danach, wieweit die Empfängerländer zumutbare Anstrengungen unternehmen, damit sie in vertretbarer Zeit von amerikanischer Hilfe unabhängig würden. Als Mitglied des Internationalen Währungsfonds[297]) hatte Österreich die in den Statuten vorgesehenen Rechte und Pflichten übernommen. Der IMF erlaubte zwar den Mitgliedsländern, die in Artikel VIII vorgesehene Konvertibilität der Währungen aufzuschieben, drängte sie jedoch, Schritte in Richtung eines nicht-diskriminierenden multilateralen Zahlungssystems zu setzen. Dazu gehörten u. a. die Abschaffung multipler Wechselkurse und die Festlegung konsistenter Cross-Rates zwischen verschiedenen Währungen. Bei Paritätsänderungen größeren Ausmaßes musste der Fonds konsultiert werden.

Zwischen den USA und dem IMF bestanden enge Kontakte. Die Amerikaner hatten einen National Advisory Council on International Monetary and Financial Problems (NAC) eingerichtet, um die Haltung verschiedener US-Behörden aufeinander abzustimmen. Ihm gehörten neben den einschlägigen Ministerien, der Federal Reserve Board, die Marshallplan-Verwaltung (ECA) und der US-Exekutivdirektor im Fonds an. Der Council beschäftigte sich häufig und gelegentlich sehr eingehend mit Problemen der österreichischen Wirtschaftspolitik. Im Allgemeinen unterstützte er die Maßnahmen des IMF und

---

[296]) Report of the Rate of Exchange of the Austrian Schilling, May 1949. NAC, PS/FTP/(49)3 vom 7. 6. 1949 (File aus US-Archiven).
[297]) Österreich bewarb sich im August 1947 um die Mitgliedschaft beim IMF. Der offizielle Beitritt erfolgte am 20. 8. 1948. 32. Sitzung des Generalrats der OeNB vom 16. 9. 1948.

umgekehrt, auch wenn es manchmal Kompetenzkonflikte gab und der Fonds den Eindruck vermeiden wollte, er werde von den USA dominiert[298]).
Die Kritik konzentrierte sich vor allem auf folgende Punkte:
– Das Auseinanderklaffen der im Export erzielbaren Kurse und dem für ERP-Lieferungen geltenden offiziellen Kurs von 1 : 10 förderte die Nachfrage nach Gütern aus dem Dollarraum (oder allgemeiner: nach dollarwertigen Waren) und begünstigte den Export in „weiche" Märkte, wo über den Umweg von Kompensationswaren relativ hohe Erlöse zu erzielen waren. Auf diese Weise wurde das ohnehin extrem große Defizit Österreichs auf den Dollarmärkten weiter vergrößert. Das lässt sich durch Beispiele aus der Bewilligungspraxis belegen[299]).
– Wie knapp das Dollarangebot war, ist aus den Dollar-Verwendungsplänen zu ersehen. Noch im IV. Quartal 1950, also mehr als zwei Jahre nach Beginn des Marshallplans, standen aus eigenen Einnahmen nur 4,2 Mio. $ (auf Jahresbasis 16,8 Mio. $) zur Verfügung bei einem geschätzten Jahresdefizit gegenüber dem Dollarraum von etwa 200 Mio. $. Davon stammte der Großteil aus der Refundierung der US-Besatzungskosten und Dollargutschriften ehemaliger Kriegsgefangener.

Übersicht 2.37: $-Erlöse laut Verwendungsplan für das IV. Quartal 1950

		Mio. $
Besatzungskosten		1,300
Kriegsgefangene		1,445
Warenexport	2,500	
Abzüglich Belassungsquote	– 1,490	1,010
Fremdenverkehr	0,550	
Abzüglich Belassungsquote	– 0,145	0,405
Summe		4,160

AdR: Wirtschaftliches Ministerkomitee, 81. Sitzung vom 24. 10. 1950.

– Belassungsquoten und Kompensationsgeschäfte engten den Manövrierspielraum der Devisenbewirtschaftung und der Außenhandelslenkung ein. In kritischen Situationen konnten die Behörden nur auf einen Teil der Exporterlöse zugreifen.
– Die Außenhandelspolitik der Nachkriegszeit unterschied zwischen Gütern, die man brauchte („essentials") und solchen, die man entbehren konnte („non-essentials"). In den Handelsverträgen, die Österreich mit den europäischen Ländern abschloss, wurde darauf geachtet, dass wichtige Waren nur gegen wichtige und minderwichtige Waren nur gegen min-

---

[298]) Ein solcher Konflikt entstand z. B. 1949, als der IMF mit den österreichischen Behörden einen Prämienkurs aushandelte, der den Vertretern der USA als zu niedrig erschien. NAC, Meeting Nr. 142 vom 17. 11. 1949.
[299]) Die Anlagen für einen österreichischen Betrieb sollten aus den USA bezogen und mit ERP-Dollars bezahlt werden. Auf die Frage, ob man diese Anlagen nicht dollarsparend in Europa kaufen könnte, wurde erwidert, dass das wegen der Notwendigkeit von Agiozahlungen teurer käme. AdR: Ministerrat Figl 1, Nr. 156 vom 10. 5. 1949.

derwichtige getauscht wurden. Das Prinzip der Gleichwertigkeit von Import- und Exportwaren wurde durch Koppelungs- und Agiogeschäfte durchbrochen. Die Exportinteressen führten dazu, dass mehr non-essentials importiert wurden, als aufgrund handelspolitischer Überlegungen notwendig gewesen wäre, denn nur diese Waren vertrugen hohe Agios.
– Zweifel bestanden, ob das Wechselkurssystem effizient administrierbar wäre. Die Unternehmungen verfügten über bessere Informationen und hatten daher einen Verhandlungsvorteil. Nicht wer einen höheren Kurs brauchte, sondern wer es sich richten konnte, erhielt den Zuschlag. Die (üblicherweise) direkten Kontakte zwischen Exporteur und Importeur bei Kompensationsgeschäften erleichterten illegale Abreden. Da ausländische Güter zu sehr unterschiedlichen Kursen eingeführt wurden, bezogen die begünstigten Importeure eine Monopolrente.

Selbst wenn man von der Administrierbarkeit absieht: „Wechselkurse à la carte" (jeder Exporteur erhält den Wechselkurs, den er braucht) förderten Unternehmungen, die mit hohen Kosten produzierten und bestraften effiziente Unternehmungen. Die Umschichtung von Produktionsfaktoren zugunsten des besten „Wirts" wurde auf diese Weise zumindest verzögert.

Manche dieser Kritikpunkte sind diskussionswürdig. Man kann etwa argumentieren, dass die Angebotselastizität in den Engpassbereichen so gering war, dass höhere Preise keine bessere Allokation der Ressourcen bewirkt, sondern hauptsächlich negative Folgen für die Einkommensverteilung gehabt hätten. Man kann auch geltend machen, dass manche Schwächen des Systems korrigierbar waren. Die Gremien, in denen die Sozialpartner, die Regierung und die Notenbank ihre Auffassungen abstimmten, hätten effizienter agieren können, wenn sie sich nicht mit Einzelfällen, sondern mit Grundsätzlichem befasst hätten. Der Tendenz non-essentials einzuführen und der willkürlichen Verteilung der aus Einfuhrlizenzen stammenden Monopolrenten hätte dadurch entgegengewirkt werden können, dass Einfuhrkontingente festgelegt und die hierauf anrechenbaren Lizenzen versteigert worden wären.

Der Haupteinwand gegen das Wechselkurssystem, wie es sich in Österreich im Laufe von 1949 entwickelt hatte, lag wohl darin, dass bestimmte wirtschaftspolitische Ziele mit Mitteln angestrebt wurden, die nicht den gewünschten Erfolg brachten, aber mit den Strömungen der internationalen Wirtschaftspolitik in Widerspruch standen[300]). Den USA und dem IMF schwebten ein freier Welthandel und konvertible Währungen mit einer klaren Aufgabenteilung zwischen der mikroökonomischen Handelspolitik (Strukturpolitik) und der makroökonomischen Wechselkurspolitik (Sicherung des Gleichgewichts auf den Devisenmärkten) vor. Dieses Konzept ließ sich zwar nur etappenweise verwirklichen, doch sollten die Einzelmaßnahmen auf dieses Ziel hin orientiert und durch regionale Vereinbarungen angenähert werden.

---

[300]) Eine sehr ausgewogene Stellungnahme zur Problematik des österreichischen Wechselkurssystems enthält eine interne Ausarbeitung der OEEC. AdR: BMfaA, Zl. 356.288_Wpol/1953.

Fremdenverkehr ohne Devisenertrag

Besondere Probleme für die Devisenbewirtschaftung warf der Fremdenverkehr auf, unter normalen Verhältnissen eine der wichtigsten Einkommensquellen und Devisenbringer der österreichischen Wirtschaft. Im unwirtlichen Österreich der Nachkriegszeit war der Tourismus[301]) ein Spätstarter. Viele Hotels waren von den Besatzungsmächten beansprucht, die übrigen schlecht ausgestattet. Die Hungerrationen der einheimischen Bevölkerung konnten Gästen nicht zugemutet werden. Zunächst organisierte man Hotelaktionen: Ausländischen Gästen wurde gegen Devisenzahlung ein annähernd normales Essen geboten. Die Beschränkung auf bestimmte Hotels erwies sich als zu eng und wurde von der übrigen Fremdenverkehrswirtschaft als Diskriminierung empfunden. Im August 1948 wurde zusammen mit dem Visum eine Touristenkarte ausgestellt, die allseitig verwendbare Lebensmittelmarken enthielt. Der Einreisende musste für die Dauer der Aufenthaltserlaubnis 15 S pro Tag zum offiziellen Wechselkurs umtauschen. Mit der Aufhebung des Sichtvermerks zunächst im Verkehr mit Italien im Sommer 1949 konnte die Touristenkarte nicht mehr administriert werden. Da sie auch sonst nicht den gewünschten Erfolg brachte, wurde sie ab 16. 10. 1949 ersatzlos aufgelassen.

Neben den Mängeln im Angebot hemmten Devisenbeschränkungen in den wichtigsten Herkunftsländern die Entwicklung des Fremdenverkehrs. Die Militärregierung in Westdeutschland räumte erst im Handels- und Zahlungsabkommen vom August 1949 eine Touristenquote von 2 Mio. $ für Reisen von Deutschen nach Österreich ein. Mit Italien kam es zu einem Kompensationsgeschäft in Höhe von 100 Mio. Lire (Reisen nach Österreich wurden mit Reisen nach Italien kompensiert). In der OEEC wurde mit der Liberalisierung „unsichtbarer" Transaktionen erst 1950 begonnen. Die Visaerteilung in der Bundesrepublik Deutschland wurde erst 1951 vereinfacht (*Bischof*, 2000, S. 381).

Im Fremdenverkehrsjahr 1947/48 betrugen die Ausländer-Nächtigungen nur ein Achtel, im folgenden Jahr erst ein Drittel des durch die Weltwirtschaftskrise und die 1.000-Mark-Sperre gedrückten Vorkriegsergebnisses (zu diesem Zeitpunkt übertraf das reale BIP bereits den Stand von 1937). Noch schlechter stand es mit dem Devisenertrag. Laut Zahlungsbilanz[302]) gingen 1948 nur Devisen im Werte von 0,8 Mio. $ und 1949 von 3,5 Mio. $ zum offiziellem Wechselkurs ein. Das war nicht mehr als der berühmte Tropfen auf den heißen Stein. Davon mussten trotz strenger Rationierung 2,6 Mio. $ für Auslandsreisen von Österreichern bereitgestellt werden. Ferner wurden der Fremdenverkehrswirtschaft zum Ankauf von Speisen und Getränken, von Einrichtungsgegenständen und für Werbezwecke im Ausland Devisen zur Verfügung gestellt (die Hotels erhielten eine Belassungsquote von 25%).

---

[301]) Die Förderung des Fremdenverkehrs durch den Marshallplan wird von *Bischof* (2000) beschrieben.

[302]) Die in der Zahlungsbilanz ausgewiesenen Werte stellen eher eine Obergrenze dar. Nach den Detailnachweisen der Notenbank gingen in den ersten drei Quartalen 1949 nur 15,4 Mio. S Devisen aus dem Reiseverkehr ein. AdNB: Nr. 170/1949.

Der Devisenertrag der OeNB aus dem Reiseverkehr wurde dadurch erheblich geschmälert, dass sich die einreisenden Ausländer Schillinge auf dem Schwarzen Markt besorgten. In der Schweiz konnte man in den grenzüberschreitenden Zügen Schillinge zum freien Züricher Kurs kaufen. Die Deviseneingänge laut Zahlungsbilanz machten 1949 durchschnittlich nur 1,5 $ pro Nächtigung aus, entsprachen also gerade dem Tagessatz der Touristenkarte. Die tatsächlichen Tagesausgaben dürften mindestens doppelt so hoch gewesen sein. Da die Devisenkurse auf dem Schwarzen Markt etwa das Dreifache der offiziellen Kurse betrugen, war Österreich für Reisende, die über harte Devisen verfügten, sehr billig. Der viel zitierte Ausverkauf[303]) Österreichs fand u. a. im Wege des Reiseverkehrs statt. Schon vor der Pfundabwertung und der anschließenden Einführung des Drei-Kurs-Systems im Herbst 1949 tauchte daher der Gedanke auf, einen speziellen Devisenkurs für den Tourismus einzuführen, der die spezifischen Gegebenheiten dieses Wirtschaftszweiges berücksichtigt. Erst als Schillinge auf dem Schwarzen Markt nicht mehr viel billiger waren als bei offiziellem Ankauf, stiegen die Einnahmen der Notenbank sprunghaft. 1950, nach Einführung des Prämienkurses von 26 S/$ vervierfachten sich die Deviseneingänge aus dem Tourismus. 1953, nach gelungener Stabilisierungspolitik, kam es nochmals zu einer Verdoppelung. 1949 machten die offiziellen Tourismuseinnahmen nur 1% der Erlöse aus dem Warenexport aus, 1954 waren es bereits 13%.

Übersicht 2.38: Ausländer-Fremdenverkehr

	Nächtigungen		Einnahmen		Einnahmen pro Nächtigung	
	In 1.000 Personen	1937 = 100	Mio. $	In % Vorjahr	In $	In % Vorjahr
1948	861	12,60	0,80		0,93	
1949	2.183	31,95	3,48	335,00	1,59	71,60
1950	4.836	70,79	15,05	332,47	3,11	95,19
1951	6.161	90,18	23,90	58,80	3,88	24,65
1952	6.817	99,78	31,20	30,54	4,58	17,98
1953	8.478	124,10	60,78	94,81	7,17	56,64
1954	10.372	151,83	79,50	30,80	7,66	6,91

Quelle: ÖSTAT (Nächtigungsstatistik), OeNB (Zahlungsbilanzstatistik).

Man kann einwenden, dass auch die kommunistischen Länder in den Nachkriegsjahrzehnten imstande waren, einen staatlich kontrollierten Fremdenverkehr mit einem Zwangskurs einzurichten. Dieser Fremdenverkehr war jedoch selektiv auf bestimmte Hotels und Fremdenverkehrseinrichtungen (z. B. Devisenläden) zugeschnitten. Die Kontakte der Gäste zur heimischen Bevölkerung wurden möglichst klein gehalten. Im Gegensatz hiezu war der österreichische Fremdenverkehr auf Breitenwirkung angelegt. Er entwickelte

---

[303]) Über den illegalen Export von Kunstgegenständen fehlen repräsentative Informationen.

sich aus dörflichen Strukturen mit intensiven Kontakten zur heimischen Bevölkerung.

Die Entwicklung des Fremdenverkehrs nach dem Zweiten Weltkrieg ist ein gutes Beispiel für Gradualismus. Damit ein florierender Fremdenverkehr entstand, mussten viele Angebots- und Nachfragekomponenten zusammenwirken: eine ansprechende Unterkunft und gutes Essen, bequeme Verkehrseinrichtungen, ein differenziertes Angebot an Hilfsdiensten, tourismusfreundliche Devisenregimes im In- und Ausland sowie nicht zuletzt steigende Masseneinkommen in den potentiellen Herkunftsländern. Im Jahr 1949 wurde im Generalrat der OeNB die Frage aufgeworfen, ob der Fremdenverkehr überhaupt Devisen brächte[304]). Die korrekte Antwort hätte lauten müssen: Noch nicht, aber die materiellen und immateriellen Investitionen von heute werden in einigen Jahren reichlich Früchte tragen.

2.4.2 Vom 3-Kurs-System zum Einheitskurs 26 S/$

Die Abwertung 1949

Die Mission des IMF, die sich im Spätsommer 1949 mit dem österreichischen Wechselkurssystem befasste, kritisierte nicht nur das bestehende System multipler Wechselkurse, sondern schlug auch Änderungen vor. Sie hielt es nicht für ratsam, einen Einheitskurs sofort zu etablieren. Stattdessen empfahl sie drei Kurse: einen niedrigen Grundkurs für lebenswichtige Importe, einen hohen Prämienkurs für unsichtbare Transaktionen und einen Mischkurs (Effektivkurs) zu dem ein Großteil des Außenhandel abgewickelt werden sollte. Der Grundkurs sollte die relativ billige Einfuhr von Grundnahrungsmitteln sichern und damit die Verteuerung der Lebenshaltungskosten begrenzen. Die Latte des Prämienkurses sollte so hoch gelegt werden, dass Fremde darauf verzichteten, sich ihre Reisedevisen schwarz zu beschaffen. Der Vorschlag des IMF wurde nach einem renommierten Teilnehmer der Mission Triffin-Plan genannt.

Kurze Zeit, nachdem der IMF sein Gutachten erstellt hatte, am 23. 9. 1949, wertete Großbritannien seine Währung ab, 27 weitere Staaten folgten. Damit geriet auch der Schilling unter Druck. Die Bundesregierung war jedoch trotz eindringlichen Vorstellungen der Notenbank nicht bereit, unverzüglich zu handeln, denn Nationalratswahlen, die zweiten seit Kriegsende, standen vor der Tür. Erst am 22. 11. 1949 entschied sich die Regierung Figl 2, ein neues Wechselkursregime nach den Grundzügen des Triffin-Plans einzuführen. Der offizielle Wechselkurs von 10 S/$ wurde durch drei Kurse ersetzt: einen Grundkurs von 14 S/$ für lebenswichtige Importe, einen Prämienkurs von 26 S/$ für unsichtbare Transaktionen (Dienstleistungen und Kapitalverkehr) und bestimmte Importe von Luxusgütern sowie einen Effektivkurs von 21,36 S/$ für den Großteil des Warenhandels (Mittelwert von 40% Grundkurs und 60% Prämienkurs). Exporteure hatten 40% ihrer Devisenerlöse zum Grundkurs an die Notenbank abzuliefern, den Rest konnten sie für Importe

---

[304]) 41. Sitzung des Generalrats der OeNB vom 9. 6. 1949.

verwenden oder der Notenbank zum Prämienkurs verkaufen. Die Importe wurden je nach ihrer Dringlichkeit auf die drei Gruppen aufgeteilt (Listen A, B, C).

Dem Triffin-Plan waren längere und schwierige Verhandlungen mit dem IMF und den Amerikanern vorangegangen. Die österreichischen Behörden wollten einen niedrigeren Prämienkurs. Dagegen sprach, dass die im Fremdenverkehr verdienten Devisen großteils in schwarze Kanäle flossen. Das galt auch für den „Fremdenverkehr" der Besatzungstruppen. Die US-Soldaten waren zwar gute Kunden der heimischen Fremdenverkehrswirtschaft, tauschten aber fast keine Dollar zum offiziellen Kurs in Schilling um[305]). Nicht zuletzt war die amerikanische Administration nicht mehr bereit, ihre in Österreich anfallenden Besatzungskosten zum Kurs von 10 S/$ zu refundieren. Sie plädierte daher zunächst für einen Prämienkurs von 29 S/$[306]). Das Drei-Kurs-System hatte verschiedene Schwächen. Die wichtigsten waren:

– Die Notenbank musste Devisen zu verschiedenen Kursen ankaufen und verkaufen. Zwar war das System so konstruiert, dass bei der gegebenen Zusammensetzung der Transaktionen die Durchschnittskurse beim Kauf etwa jenen beim Verkauf entsprachen. Strukturänderungen konnten jedoch zu Verlusten aus dem Devisenhandel führen.

– Bisher war Österreich nur für Gäste sehr billig, die über harte Devisen (hauptsächlich Dollar oder Schweizer Franken) verfügten und gegen die österreichischen Devisenvorschriften verstießen. Nunmehr konnten auch Gäste aus Weichwährungsländern im Rahmen der Reisekontingente legal billig Schillinge erwerben. Das galt insbesondere für Reisende aus Westdeutschland. Sie erhielten im Rahmen des im August 1949 paraphierten Handelsvertrags Reiseschillinge zum Kurs von 6,17 S/DM, wogegen die DM auf dem Schwarzen Markt in Österreich mit etwa 4,50 S notierte (die DM galt damals noch als eine weiche Währung). Auch die über den freien Markt in Zürich gerechnete Cross-Rate ergab ähnliche Werte. Auf die sich daraus ergebenden Arbitragemöglichkeiten wies die Bregenzer Zweigstelle der Notenbank hin[307]).

– Die Ablieferungsquote von 40% bezog sich auf die Bruttoerlöse der Exportwirtschaft. Je nach dem, wie groß die Importquote war, ergaben sich unterschiedliche Wechselkurse für die Nettoexporte (Exporterlöse minus Ausgaben für Importe). Der Mischkurs von 21,36 wurde nur erreicht, wenn keine Importe getätigt und die Belassungsquote an die Notenbank verkauft wurde.

---

[305]) Ein angemessener Prämienkurs wurde von amerikanischen Militärs nicht zuletzt deshalb gefordert, um die Moral der Besatzungstruppen zu heben. NAC, Meeting Nr. 142 vom 17. 11. 1949.
[306]) AdR: Ministerrat Figl 2, Nr. 181 vom 14. 11. 1949.
[307]) Schreiben an die Zentrale vom 6. 12. 1949. AdNB: Nr. 19/1949. Bei freien Züricher Kursen von 0,65 sfr/DM und von 0,135 sfr/S ergab sich eine Cross-Rate DM/S von 4,81.

Auflassung des Grundkurses

Der Triffin-Plan hielt nicht lang. Nach heftigen Protesten der Exportwirtschaft, denen sich u. a. die Zeitschrift „Der österreichische Volkswirt"[308]) anschloss, modifizierten die Währungsbehörden bereits im Jänner 1950 die Vereinbarungen vom November 1949. Sie honorierten nunmehr alle Devisenablieferungen zum Mischkurs von 21,36 S/$. Gleichzeitig kehrten sie zur Praxis individueller Belassungsquoten zurück[309]). Damit verloren zwar die Belassungsquoten formell ihren kursbildenden Charakter, aber die alten Einwände, dass sie reichlich bemessen und daher missbräuchlich verwendet würden, tauchten wieder auf. (Die differenzierten Quoten konnten allerdings besser auf den Einzelfall abgestimmt werden als die Einheitsquote und boten daher weniger Spielraum für Agiogeschäfte.)

Die heimischen Währungsbehörden änderten den Triffin-Plan ohne internationale Konsultationen. Der IMF, erst nachträglich informiert, gab sich verstimmt[310]). Er interpretierte das Vorgehen als einen Rückfall in das alte System der multiplen Kurse. Auch in einem anderen Punkt gab es Differenzen. Wie am Beispiel der Reisedevisen demonstriert wurde, waren die ausländischen Währungen verschieden „hart". Die Notenbank stand zunächst auf dem Standpunkt, dass die vereinbarte Prämie von 80% nur für den Dollar gälte, für andere Währungen aber andere Sätze festgelegt werden könnten. Im Kurszettel vom 25. 11. 1949[311]) wurden die Prämien für den französischen Franken mit 60% und für die Währungen der nordischen Staaten mit 35% bis 40% angegeben. Das bedeutete, dass die Cross-Rates der amtlichen Notierungen nicht stimmten (sie entsprachen eher jenen auf den schwarzen Devisenmärkten).

Um die Meinungsunterschiede zu klären, begannen zahlreiche Kontaktgespräche mit dem Währungsfonds. Die Etablierung konsistenter Cross-Rates für die wichtigsten westeuropäischen Währungen hatten die österreichischen Währungsbehörden schon Ende Jänner 1950 zugesagt. Die Prämien wurden einheitlich auf 80% (dem vereinbarten Satz für den Dollar) angehoben. Der Verrechnungsdollar im Clearing mit den osteuropäischen Staaten wurde zunächst noch mit 14,40 S/$ bewertet. (Dadurch war die A-Liste für Warenimporte bedeutungslos, denn im kommerziellen Verkehr wurden Nahrungsmittel fast ausschließlich aus Osteuropa bezogen und für ERP-Lieferungen galt ohnehin eine Sonderregelung.)

Die Differenzierung der Belassungsquoten akzeptierte der IMF nolens volens, doch drängte er die österreichischen Behörden, Belassungsquoten und Kopplungsgeschäfte abzubauen. Gleichzeitig stellte er ein neues Thema in den Raum: die Reduktion des 3-Kurs-Systems zunächst auf zwei Kurse, den Effektivkurs und den Prämienkurs. Der Triffin-Plan war ja nur als Übergangslösung gedacht, weitere Schritte sollten folgen. Auch die USA drängten nicht zuletzt

---
[308]) „Der österreichische Volkswirt" brachte zwischen November 1949 und Herbst 1950 nahezu in jeder Nummer Kommentare zur Wechselkurspolitik.
[309]) Brief Präsident Rizzi an IMF vom 28. 1. 1950. AdR: BMfF, Zl. 21.508_15/1950.
[310]) IMF-Studie vom 17. 2. 1950. AdR: BMfF, Zl. 18.278_15/1950.
[311]) 45. Sitzung des Generalrats der OeNB vom 24. 11. 1949.

im Hinblick auf die Pläne einer Europäischen Zahlungsunion auf Kursvereinheitlichung[312]).

Schon im Frühjahr 1950 kündigte der österreichische Gesandte in Washington eine Mission des IMF an, die sich mit der Abschaffung des Grundkurses beschäftigen sollte[313]). Darauf hin berechneten die österreichischen Interessenverbände, dass sich die Lebenshaltungskosten um 5,8% (Handelskammer) bis 8,9% (Arbeiterkammer) verteuerten, wenn sämtliche Warenimporte zum Effektivkurs bewertet würden[314]). Dementsprechend ging die heimische Wirtschaftspolitik an das Problem mit Vorsicht heran. Ab August 1950 wurde die für Westdevisen geltende Prämie von 80% auch auf den Verrechnungsdollar im Osthandel angewandt; der daraus resultierende Mehraufwand für importierte Nahrungsmittel sollte durch Subventionen aus dem Budget aufgefangen werden. Ferner wandte sich die Bundesregierung an die ECA mit dem Ersuchen, bestimmte Mengen an Nahrungs- und Futtermitteln noch verbilligt bereit zu stellen. Nachdem die USA dies zugesagt hatten, wurden die Verhandlungen mit dem IMF abgeschlossen[315]). Mit Kundmachung vom 3. 10. 1950 reduzierte die OeNB das Drei-Kurs-System auf zwei Kurse, den Effektivkurs von 21,36 für Waren und den Prämienkurs von 26 für „unsichtbare" Transaktionen.

Etwa zur gleichen Zeit fanden intensive Gespräche zwischen verschiedenen österreichischen Gremien über die vom IMF geforderte Beschränkung der „trading devices" statt. Das wirtschaftliche Ministerkomitee beschloss am 11. 11. 1950, Kompensationsgeschäfte grundsätzlich abzuschaffen und die Belassungsquoten generell um 20% zu kürzen[316]). Kompensationsgeschäfte würden nur mit Ländern erlaubt, mit denen kein Zahlungsabkommen bestand und die nicht in Devisen zahlten. Ganz gelang das freilich nicht, denn der Widerstand der Exportwirtschaft war zu groß.

Der nächste Schritt, die Ablöse des Zweikurssystems durch einen Einheitskurs ließ auf sich warten. In einem Memorandum[317]), das die OeNB ein dreiviertel Jahr später für die Jahrestagung des IMF vorbereitete, hieß es: Österreich könne für eine noch nicht absehbare Zeitspanne keine Korrektur des Wechselkurses vornehmen. Wichtige Halbfabrikate wären noch immer konkurrenzfähig. Für lohnintensive Fertigwaren müssten zwar Kompensationsgeschäfte mit Kursprämien bewilligt werden, sie machten jedoch höchstens 10% des Außenhandels aus. Die Belassungsquoten wären ohnehin mehrfach gekürzt worden und hätten bereits ein nicht mehr zu unterschreitendes Minimum erreicht. Damit reagierten die heimischen Währungsbehörden auf die Skepsis des IMF, die im Übrigen vom NAC geteilt wurde, dass der Effektivkurs von 21,36 nicht ausreichen würde. Von der erwähnten Jahrestagung zurückgekehrt,

---
[312]) NAC, Staff Document, Nr. 398 vom 27. 2. 1950.
[313]) AdR: BMfF, Zl. 24.987_15/1950 vom 12. 4. 1950.
[314]) AdR: BMfF, Zl. 29.286_15/1950 vom 26. 4. 1950.
[315]) AdR: Ministerrat Figl 2, Nr. 218 vom 13. 9. und Nr. 219 vom 29. 9. 1950.
[316]) AdR: BMfF, Zl. 89.586_15/1950 vom 2. 12. 1950.
[317]) AdR: Ministerrat Figl 2, Nr. 260 vom 4. 9. 1951.

berichtete der Finanzminister[318]), dass der IMF die österreichische Haltung nach heftigen Auseinandersetzungen akzeptiert hätte.

Schon im Laufe von 1952 setzte sich jedoch die Ansicht durch, dass der Effektivkurs von 21,36 S/$ nicht zu halten sei. Die Notenbank empfahl im Herbst 1952 in einem Memorandum, den Prämienkurs von 26 S/$ als Einheitskurs einzuführen[319]). Die Bundesregierung zögerte jedoch, weil die damit verknüpften Verteuerungen die mühsam erreichte Preisstabilität oder aber, wenn die Verteuerungen für Indexgüter durch zusätzliche Subventionen aufgefangen würden, den ebenso mühsam erreichten Budgetausgleich gefährden könnten. Die Subventionslast war ohnehin schon beträchtlich und nur schwer zu finanzieren.

Anfang 1953 hatte sich das Blatt gewendet. Nicht mehr die Inflation, sondern das Schrumpfen der Produktion und die hohe Arbeitslosigkeit bereiteten der heimischen Wirtschaftspolitik Sorge. Die am 4. 5. 1953 mit dem Sanktus der USA und des IMF verfügte Vereinheitlichung der Wechselkurse auf dem Niveau 26 S/$, dem bisherigen Prämienkurs, erfüllte eine doppelte Funktion: Sie fungierte als Konjunkturstimulanz und sie sicherte der österreichischen Wirtschaft den außenwirtschaftlichen Spielraum für eine Ausweitung der Produktion und die schrittweise Öffnung gegenüber der ausländischen Konkurrenz. Das Risiko, dass die Abwertung die Inflation anheizte, war deswegen nicht sehr groß, weil die Weltmarktpreise nach Abklingen der Korea-Hausse sinkende Tendenz hatten, und weil der schwache Geschäftsgang die Wirtschaft daran hinderte, Importverteuerungen an die Verbraucher zu überwälzen

Die Belassungsquoten wurden über Drängen der Europäischen Zahlungsunion Ende 1951 und die Kopplungsgeschäfte erst mit der Einführung des Einheitskurses am 4. 5. 1953 abgeschafft. Zu diesen Zeitpunkten erfüllten die „trading devices" nicht mehr ihre ursprünglichen Aufgaben. Die Notenbank verfügte bereits über bescheidende Devisenbestände, sodass sie legitime Importansprüche decken konnte, womit ein wichtiges Argument für die Betriebe wegfiel, Belassungsquoten zu erwerben. Die hohen Agios für non-essentials ließen sich nur solange erzielen, als das Angebot dieser Güter knapp war. Mit zunehmendem Angebot und der Annäherung der heimischen Preisstruktur an die der Handelspartner sanken die Agios, die der Import von non-essentials vertrug. (Ein wichtiges Beispiel bot der Automobilmarkt.)

2.4.3 Zur Problematik der Subventionen

In verschiedenen Teilstudien des Buches taucht immer wieder der Begriff „Subventionen" auf. Seine quantitative Bedeutung und seine gesamtwirtschaftliche Relevanz wird im Folgenden zusammenfassen erläutert.

Nach langen und verlustreichen Kriegen droht aus zwei Gründen eine Inflation:

---

[318]) AdR: Ministerrat Figl 2, Nr. 263 vom 2. 10. 1951.
[319]) 79. Sitzung des Generalrats der OeNB vom 24. 10. 1952.

– Der während des Krieges geschaffene Geldüberhang lässt sich nicht mehr zurückstauen. Die daraus resultierende „Nachfrageinflation" wird unter Umständen durch Budgetdefizite zusätzlich genährt.
– Die Einkommensbezieher sind nicht bereit, die durch den Produktivitätsverfall erzwungenen Einkommenseinbußen zu akzeptieren. Die daraus resultierende „Kosteninflation" führt zu einer Preis-Lohn-Spirale, die – modellhaft gesehen – erst dann ausläuft, wenn Produktivität und reale Einkommensansprüche wieder übereinstimmen.

Nach dem Ersten Weltkrieg hatte die Wirtschaftspolitik Teuerungsunruhen dadurch vorzubeugen versucht, dass sie die Konsumentenpreise für Lebensmittel subventionierte. Sie handelte sich damit statt der Kosteninflation eine Nachfrageinflation ein. Die massiven Subventionen überforderten das Budget und mussten durch die Notenpresse finanziert werden. Mehr Geld bedeutete jedoch höhere Preise und höhere Preise erforderten wieder höhere Subventionen, usw. Die Folge war die Hyperinflation des Jahres 1922. Damit gerieten Subventionen in den schlechten Ruf inflationstreibend zu sein. Nach dem Zweiten Weltkrieg warnten die Hüter der Währung immer wieder davor, den bequemen, aber letztlich in den Abgrund führenden Weg der Subventionen zu beschreiten.

Andererseits: Wenn das staatliche Lenkungssystem funktioniert und wenn Arbeitslosigkeit nicht als disziplinierendes Mittel zugelassen wird, dann kommt die Subventionierung lebenswichtiger Güter unter Umständen billiger als die durch die Kosteninflation verursachte Preis-Lohn-Spirale. „More subsidies means less inflation" verkündete ein angesehener britischer Ökonom[320]) noch einige Jahre nach Ende des Zweiten Weltkriegs. Unter den österreichischen Verhältnissen gewann diese Aussage zusätzlich dadurch an Gewicht, dass die Verteuerung lebenswichtiger Güter, die etwa durch den Abbau von Subventionen verursacht wurde, den Lohnempfängern in den von den Sozialpartnern organisierten Preis-Lohn-Abkommen großzügig abgegolten wurde[321]). 1952 rechnete Finanzminister Kamitz vor, dass der Abbau von Subventionen in Höhe von 1,2 Mrd. S Lohnerhöhungen von 1,8 Mrd. S erforderlich machte.

Das Ausmaß der Wechselkurssubventionen lässt sich ermitteln, in dem man den Dollarwert der Hilfslieferungen mit dem durchschnittlichen Wechselkurs für die Exporte multipliziert und diesen Schillingbetrag mit den Schillingerlösen aus dem Verkauf der Hilfsgüter vergleicht. Da die OeNB ihre Zahlungsbilanzstatistik in Dollar und das Statistische Zentralamt (ÖSTAT) seine Außenhandelsstatistik in Schilling publizierte, sollte dieser Vergleich un-

---

[320]) *Pigou* (1948).
[321]) Das WIFO rechnete nach, dass global gesehen die Ausweitung der Lohnsumme größer war als der durch die Verteuerung verursachte Mehraufwand der Konsumenten. St. Wirlander, Kammeramtsdirektor der Arbeiterkammer und maßgeblicher Wirtschaftspolitiker der SPÖ, begründete das (in persönlichen Gesprächen mit dem Autor) wie folgt: Um eine breite Zustimmung der Arbeitnehmer zu erreichen, musste demonstrierbar sein, dass der Mehraufwand selbst im ungünstigen Fall durch Lohnerhöhungen abgegolten wurde.

schwer möglich sein. Leider eignen sich diese Statistiken nicht für die vorliegenden Zwecke, denn der aus ihnen abgeleitete implizite Wechselkurs für die Exporte entspricht ziemlich genau dem jeweiligen offiziellen Wechselkurs, erfasst also nicht die Exportprämien. Der Fehler dürfte hauptsächlich in der Außenhandelsstatistik liegen, wo in Dollar fakturierte Werte einfach zum offiziellen Kurs umgerechnet wurden, doch dürfte auch die Dollarstatistik verzerrt sein[322]).

Übersicht 2.39: Wert der Exporte (Vergleich Außenhandels- und Zahlungsbilanzstatistik)

	ÖSTAT Mio. S	OeNB[1]) Mio. $	Kurs[2]) S/$
1947	842,40	84,70	9,95
1948	1.983,70	198,30	10,00
1949	3.229,10	285,86	11,30
1950	6.510,50	325,50	20,00
1951	9.634,70	453,82	21,23
1952	10.796,50	506,88	21,30
1953	13.187,50	537,60	24,53
1954	15.851,10	609,66	26,00

[1]) Ohne Stromexporte. – [2]) Impliziter Kurs: S/$ aus Außenhandels- und Zahlungsbilanzstatistik.

Mit Hilfe anderer Quellen lassen sich zumindest beiläufige Vorstellungen über das Ausmaß der Wechselkurssubventionen gewinnen. Genaue Ergebnisse sind wegen unterschiedlicher inhaltlicher und zeitlicher Abgrenzungen nicht zu erwarten. Nach dem Abtasten verschiedener Varianten wurde folgende als „plausibel" gewählt.

Vor dem Marshallplan wurden vom UNRRA-Büro Hilfslieferungen von 419 Mio. $ mit Bruttoerlösen von 2,7 Mrd. S abgewickelt. Rechnet man die (nicht über das Büro verrechnete) Hilfe der Besatzungsmächte vor Beginn der UNRRA im Frühjahr 1946 hinzu, so erhält man folgenden Schätzwert: Vor dem Marshallplan erhielt Österreich (ohne Liebesgaben und einige kleinere Aktionen) Hilfe in Höhe von 504 Mio. $. Aus dem Verkauf dieser Güter wurden fast 3 Mrd. S erlöst. Dem entsprach ein Wechselkurs von 5,89 S/$. Die durchschnittliche Wechselkurssubvention betrug somit 41% des Wertes der Hilfsgüter umgerechnet zum offiziellen Wechselkurs. Das ist wahrscheinlich eine Untergrenze. Nach anderen Schätzungen wurde die Hilfe zu Schillingpreisen abgegeben, die nur die Hälfte der Weltmarktpreise umgerechnet zum offiziellen Wechselkurs von 10 S/$ betrugen. Am stärksten verbilligt wurden die Nahrungsmittellieferungen der Besatzungsmächte vor der UNRRA.

Die von den ERP-Erlösen abgezweigten Subventionen lassen sich am besten aus der Gebarung der Counterpartmittel ableiten. Danach betrug Ende

---

[322]) Hinweise auf Fehlerquellen finden sich in „Der österreichische Volkswirt", 1950, 36(19) sowie in dem bereits zitierten Dokument des NAC, PS/FTP/(49)3 vom 7. 6. 1949.

1952 die Kluft („gap") zwischen den Erlägen auf dem Konto und den Erlösen aus dem Verkauf der ERP-Güter 3,5 Mrd. S. Bis zur Übergabe der Counterpartgebarung an die Bundesregierung im Frühjahr 1961 verringerte sie sich auf 2,7 Mrd. S. Dieser Betrag kann mit dem „price gap" gleich gesetzt werden (der „time lag" spielte keine Rolle mehr).

Übersicht 2.40: Subventionen aus Hilfslieferungen vor dem Marshallplan

	Importwert		Erlös	Subvention	
	Mio. $	Mio. S[6])	Mio. S	Mio. S	In %
A) Über Büro Österreichhilfe					
UNRRA[1])	137,3	1.373	780	593	43,19
Sonstige Hilfe[2])	281,7	2.817	1.920	897	31,84
Büro insgesamt[3])	419,0	4.190	2.700	1.490	35,56
Alliiertenhilfe[4])	85,0	850	267	583	68,59
Prä-ERP insgesamt 1945/48	504,0	5.040	2.967	2.073	41,13
B) Alternative Schätzung[5])					
Prä-ERP-Hilfe 1945/47	395,5	3.955	2.000	1.955	49,43

[1]) Dollarwert laut Österreichisches Jahrbuch 1947, S. 6, Verkaufserlös laut AdR: Ministerrat Figl 1, Nr. 84 vom 21. 10. 1947. – [2]) Andere vom UNRRA-Büro abgewickelte Hilfslieferungen. – [3]) Vom UNRRA-Büro abgewickelte Hilfslieferungen laut Österreichisches Jahrbuch 1949, S. 177-198. – [4]) Dollarwert laut „The Rehabilitation of Austria" (AdR: BMfaA, Zl. 164.289_Wpol/47); Verkaufserlös laut AdR: BMfaA, Zl. 172.248_Wpol/1948, in: Ministerrat Figl 1, Nr. 122 vom 19. 8. 1948. – [5]) Dollarwert laut *Nemschak,* 1955 (ohne Liebesgaben), Schillingwert laut AdR: BKA, Zl. 1.887_U/1948.

Übersicht 2.41: Subventionen aus ERP-Hilfe

	ERP-Importe[1])	Wechselkurs für Exporte		Subventionen	
		Offiziell	Effektiv[2])		
	Mio. $	S/$	S/$	Mio. S	In %[3])
Price-Gap[4])				2.695	18,69
Kurskorrekturen[5])					
1948	97,6	10	14	390	
1949	289,8	10	16	1.449	
1950-52	509,2	21,36	22,22[6])	438	
Kurskorrekturen 1948-52				2.277	
Price-Gap und Kurskorrektur				4.972	29,78

[1]) Direkte und indirekte ERP-Hilfe laut Zahlungsbilanz OeNB. – [2]) Im Export durch „trading devices" erzielte Durchschnittskurse. – [3]) In % der Erläge Ende 1952 (14.417 Mio. S) bzw. der Erläge plus Kurskorrektur. – [4]) Differenz zwischen Schillingwert der Hilfe zum offiziellen Kurs und Schillingwert der Hilfe zu Abgabepreisen. – [5]) Differenz zwischen Schillingwert der Hilfe zu effektiven Exportkursen und Schillingwert der Hilfe zu offiziellen Kursen. – [6]) 10% des Exports zum Kurs von 30 S/$.

Der „price gap" des Gegenwert-Kontos misst nur die Differenz zwischen den Importpreisen zum offiziellen Wechselkurs und dem Erlös zu Inlandspreisen. Der Export wurde jedoch infolge der „trading devices" zu höheren effektiven Kursen abgewickelt. Nimmt man an, dass der durchschnittliche Effektivkurs 1948 14 S/$, 1949 16 und in den folgenden drei Jahren 22,22 S/$ betragen hat, so kommt man zu zusätzlichen Erlösausfällen von 2,3 Mrd. S. Insgesamt erreichten nach dieser groben Schätzung die ERP-Subventionen fast 5 Mrd. S oder nahezu 30% der Erlöse bewertet zu den Effektivkursen des Exports.

Außer aus Mitteln der Auslandshilfe wurden Preisstützungen aus dem Bundesbudget (insbesondere ab Mitte 1951) und in bescheidendem Umfang aus Mitteln der Notenbank finanziert. Die Notenbank gewährte Kurssubventionen, indem sie zwischen November 1949 (der Einführung des Triffin-Plans) und Mai 1953 (der Einführung des Einheitskurses von 26 S/$) Devisen zum Prämienkurs kaufte und zum Effektivkurs verkaufte. Die Diskrepanz entstand bereits 1950, als sich die Notenbank entschied, die Ablieferungsquote der Exporteure nicht zum Grundkurs, sondern zum Effektivkurs abzurechnen. Sie wurde in dem Maße größer, wie der Fremdenverkehr Überschüsse aufwies. Insgesamt liefen bis Ende April 1953 845 Mio. S Kurssubventionen auf, die die Notenbank aus ihren Abwertungsgewinnen 1949 und 1953 beglich. Den Rest der Abwertungsgewinne stellte sie dem Bund zur Verfügung[323]). (Ohne Einführung des Einheitskurses hätte der Bund jährlich etwa 300 Mio. S der Notenbank zuschießen müssen.)

Übersicht 2.42: Subventionen insgesamt

	Budget[1])	OeNB[2])	Auslandshilfe[3]) Mio. S	Summe	Summe In % des BIP[4])
1946	16		800	816	7,28
1947			755	755	3,57
1948	444		961	1.405	4,32
1949			2.114	2.114	5,03
1950	222	151	1.167	1.540	2,94
1951	457	225	849	1.531	2,20
1952	1.209	324	83	1.616	2,00
1953	1.244	145	24	11.413	1,70
1946-1953	3.592	845	6.753	11.190	2,85

[1]) Nur Bundesbudget laut Volkswirtschaftlicher Gesamtrechnung, 1946 und 1948 laut Bundesrechnungsabschluss. – [2]) Kurssubventionen laut ao. Generalversammlung der OeNB vom 30. 4. 1953. – [3]) „Price gap" und Kurskorrektur. Schätzung. – [4]) BIP-Werte ab 1948: *Kausel et al.* (1965); für 1946 und 1947 eigene Schätzung.

Führt man die verschiedenen Schätzungen und Nachweise zusammen, so erhält man folgendes Gesamtergebnis: Insgesamt wurden in den Nachkriegsjahren etwas weniger als 3% des BIP zur Verbilligung der Lebenshaltungskosten aufgewendet. Eine relativ hohe Quote (über 7%) wurde nur 1946 erreicht, doch sind die Wertangaben für dieses Jahr wegen der Mischung von offiziellen, grauen und schwarzen Preisen problematisch. Etwa 60% der Subventionen

---

[323]) Die Kurssubventionen der Notenbank sind in den Generalratsberichten der OeNB gut dokumentiert. Siehe insbesondere die ao. Sitzung des Generalrats der OeNB vom 30. 4. 1953.

im Zeitraum 1945/52 stammten aus der Auslandshilfe, nicht ganz ein Drittel wurde vom Bund und der Rest von der Notenbank finanziert.

Die Schätzung ist unvermeidlich nur grob. Insbesondere die jährlichen Zuordnungen sind bis zu einem gewissen Grad willkürlich. Ungeachtet der Fehlerspielräume liefert sie jedoch ein wichtiges Ergebnis: Die Subventionen in der Nachkriegszeit waren erstaunlich gering, geringer jedenfalls als man aufgrund der jahrelangen heftigen Diskussion über dieses Thema erwarten durfte. Zum Vergleich sei erwähnt: In den kommunistischen Ländern Osteuropas vor der Wende machten die Subventionen im Durchschnitt 16% aus[324]). Die Preisrelationen der Nachkriegszeit waren im Nachkriegsösterreich weniger verzerrt als im Kommunismus der Friedensjahre, auch wenn die Grundtendenz die gleiche war. Hier wie dort waren lebenswichtige Güter relativ billig, Güter des entbehrlichen Bedarfs hingegen relativ teuer, zum Teil sogar extrem teuer.

Freilich: Auch wenn die Subventionen nur wenige BIP-Prozentpunkte ausmachten, schmälerten sie die Investitionsquote und verzögerten damit den Wiederaufbau. Verständlich, dass die Amerikaner darauf drängten, die Gelder des Marshallplans möglichst produktiv einzusetzen. Aber die Investitionsquote der österreichischen Wirtschaft war ohnehin relativ hoch. Ein intertemporaler Nutzenvergleich musste die Entbehrungen der Nachkriegszeit mit dem daraus resultierenden Nutzenzuwachs der späteren Wohlstandsgeneration abwägen.

2.5 Die Nachkriegsinflation

2.5.1 Kostenschub durch Produktivitätslücke

Die heimische Wirtschaftspolitik wurde nach Kriegsende mit einem Inflationsproblem konfrontiert, das zwei Seiten hatte: Es gab zu viel Geld (Nachfrageüberschuss) und trotz hoher Beschäftigung zu wenig Güter (Produktivitätslücke). Die Währungsschnitte, mit denen die Überschussnachfrage beseitigt werden sollte, wurden im Abschnitt „Währungsreform unter der Besatzung" beschrieben. Wie dort ausgeführt, wurde das monetäre Korsett nicht so eng geschnürt, dass Preisstabilität von der Geldseite – unter Umständen unter Inkaufnahme von Arbeitslosigkeit – erzwungen worden wäre. Die Geldpolitik war, um im Fachjargon zu sprechen, akkommodierend. Die Entwicklung von Preisen und Löhnen wurde maßgeblich durch das Verhalten der Sozialpartner bestimmt.

Dem Kostenschub, der von der Produktivitätslücke ausging, war mindestens ebenso schwer beizukommen wie dem Nachfragesog. Schon während des Kriegs konnten die Reichsbehörden die Kosten nur mit Mühe unter Kontrolle halten, obschon die Produktion (auch und gerade) in den „Gauen der Ostmark" auf hohen Touren lief (*Butschek,* 1978, *Wagenführ,* 1963, *Maddison,* 2001). Um dennoch die Preise für Schlüsselprodukte konstant zu halten, behalf man sich mit Subventionen. Typische Beispiele waren Stahl und Nahrungsmittel. Nach Kriegsende verschärfte sich das Kostenproblem in dramatischer Weise:

---

[324]) *Balcerowicz/Gelb,* 1994, S. 32.

Hatte während des Kriegs der hohe Kriegsbedarf die Konsummöglichkeiten beschränkt, so gab es nunmehr wenig zu kaufen, weil (pro Erwerbstätigen) nur wenig produziert wurde. (Dazu kam, dass der Wiederaufbau zusätzliche Ressourcen erforderte.)

Die Kostenproblematik lässt sich durch eine schematische Darstellung des volkswirtschaftlichen Einkommenskreislaufs veranschaulichen (siehe Übersicht 2.43). Während des Kriegs hatte die Konstanz der Geldeinkommen (mit den erwähnten Einschränkungen) gereicht, die Kosten je Erzeugungseinheit und bei den üblichen Gewinnaufschlägen auch das Preisniveau annähernd stabil zu halten. Nach Kriegsende ließ jedoch der Produktivitätsabfall die Kosten je Erzeugungseinheit bei unveränderten Geldeinkommen auf das Doppelte steigen. Um die Stopppreise aufrecht zu erhalten, wären gigantische Subventionen erforderlich gewesen. Die durch den Inflationsrückstau erzwungenen Haushaltsersparnisse hätten zur Verlustdeckung der Unternehmungen verwendet werden müssen – ein höchst unrealistisches Modell des Einkommenskreislaufs.

Übersicht 2.43: Einkommensrückstau und Produktiviätslücke
(Schematische Darstellung)

	1937	Kriegsjahre	1946 Ohne Subventionen	1947 Mit Subventionen
Produktion real, Preise 1937	100	100	50	50
Produktion nominell				
Zu Faktorkosten[1])	100	100	100	100
Minus Subventionen	–	–[2])	–	50
Zu Marktpreisen	100	100	100	50
Ausgaben nominell				
Für zivile Zwecke	100	50	100	50
Einkommensüberhang	–	50[3])	–	50[4])
Preise (Kosten je Erzeugungseinheit)	1	1	2	1

Die schematische Darstellung kommt den tatsächlichen Verhältnissen nahe (Kalibrierung), wenn Produktion und Einkommen pro Erwerbstätigen definiert werden. In den „Gauen der Ostmark" wurde zwar die Produktion stark ausgeweitet, doch stagnierte die Produktivität (*Butschek*, 1978). – [1]) Leistungseinkommen bei gleich bleibenden Faktorpreisen. – [2]) Wegen Geringfügigkeit vernachlässigt. – [3]) Als Folge der Kriegsfinanzierung. – [4]) Als Folge der Produktivitätslücke.

Die Produktivitätslücke hatte viele Ursachen: das Nachlassen der Arbeitsleistungen infolge von Unterernährung, das Stocken des Produktionsflusses infolge von Engpässen verschiedenster Art, die Zerstörung und Überalterung der technischen Anlagen, die Unterbrechung der gewohnten Arbeitsteilung zwischen österreichischen und deutschen Firmen, die Diversifizierung des Produktionsprogramms u. a. m. Die meisten produktivitätsmindernden Faktoren hingen mit den desolaten Nachkriegsverhältnissen zusammen und waren daher nur temporär. Sie durften jedoch nicht vernachlässigt werden, weil der Wiederaufbau Zeit brauchte. Andere Faktoren, wie etwa die Herauslösung aus dem deutschen Wirtschaftsverband, waren von vornherein dauerhafter Natur; sie ließen sich erst im Zuge der Integration der westeuropäischen Industriestaaten überwinden.

Der aus der Minderproduktion resultierende Kostenschub wurde durch hohe Importpreise für wichtige Güter, insbesondere für Kohle und Nahrungsmittel, verstärkt. Die österreichischen Exporteure hatten ihre alten Absatzmärkte in Osteuropa verloren und mussten erst Reputation auf den westeuropäischen Märkten erwerben. Da sie überdies relativ viele Waren anboten, die in der Nachkriegszeit als entbehrlich galten („non-essentials"), konnten sie auf den internationalen Märkten nur Preise erzielen, die weit hinter jenen für unentbehrliche Importwaren zurückblieben. Die Verschlechterung der Austauschverhältnisse im Außenhandel schmälerte zusätzlich (neben der Produktivitätslücke) das Realeinkommen.

Nach Kriegsende war zunächst nicht auszumachen, welchen Kurs die Preis-Lohn-Politik nehmen würde. Im Prinzip hielt man am Preis-Lohn-Stopp der deutschen Kriegswirtschaft fest. Gleichzeitig wurden jedoch die Reichsstützungen[325] abgeschafft und kompensatorische Lohnforderungen toleriert. Auch war man sich darüber einig, dass die auf reichsdeutsche Verhältnisse zugeschnittene Preisstruktur adjustiert werden müsste. Dazu kam der bereits erörterte Kostenschub, dessen Konsequenzen nicht oder nicht genügend beachtet wurden.

Resignation machte sich vor allem breit, als die Alliierten Ende 1945 ihre Forderungen auf Besatzungskosten bekannt gaben. Sowohl die Erstausstattung der Besatzungsmächte mit Schillingnoten Ende 1945 als auch die anfangs sehr hohen laufenden Besatzungskosten mussten von der Notenbank finanziert werden. Die Geldmenge konnte folglich nicht so knapp wie nötig gehalten werden. Das mag die Wahl des Wechselkurses mitbestimmt haben. Auf Anfrage der Alliierten Kommission erklärte die Bundesregierung im Einvernehmen mit der Oesterreichischen Nationalbank (OeNB) im Mai 1946, dass sie den von den Militärs festgelegten Wechselkurs[326] von 10 S/$ beibehalten möchte[327]. In der Antwort hieß es, man könne die Preise nicht auf den Stand von 1938 zurückführen. Vielmehr müsse man sich vorsichtig an ein höheres Niveau herantasten. Vorschläge, den Dollarkurs auf 7 S herabzusetzen, lehnte das Direktorium der Notenbank im Oktober 1946 ab[328]. Die preispolitische Perspektive der Notenbank wurde von P. Krauland geteilt, dem für Wirt-

---

[325] Das gleiche gilt für Anpassungshilfen, die während der deutschen Annexion gewährt worden waren, um die österreichische Wirtschaft in die deutsche einzufügen, wie etwa die Ausgleichsbeträge im Rahmen der Zwangskartelle und Frachtkostenermäßigungen (*Staribacher,* 1950, S. 23).
[326] Die Kaufkraftparitäten und der Wechselkurs werden als Schilling je Einheit ausländischer Währung definiert. Ein hoher Wechselkurs bedeutet dann einen hohen Schillingpreis der ausländischen Währung (einen niedrigen Außenwert der heimischen Währung).
[327] AdNB: Nr. 137 und Nr. 441/1946.
[328] Sitzung des Direktoriums der OeNB vom 2. 10. 1946.

schaftsplanung und Vermögensverwaltung zustehenden Minister. Wenn die Geldmenge nicht genügend eingeschränkt werden könnte, müssten eben die Preise in die Geldmenge hineinwachsen. Mit der Wahl eines Dollarkurses, der weit über den Kaufkraftparitäten lag, wurde ein außenwirtschaftlicher Spielraum für Preis- und Kostensteigerungen geschaffen. Gleichzeitig entstand jedoch eine neue Inflationsquelle, die nur zeitweilig durch verbilligte Abgabe von Hilfslieferungen eingedämmt werden konnte. Der Versuch, mit Hilfe einer Ausgleichskasse das heimische Preisniveau vor Weltmarkteinflüssen abzuschirmen, schlug fehl. Als die Währungsbehörden von einem vorsichtigen Herantasten sprachen, war bereits eine Preis-Lohn-Spirale mit einer Rate von fast 100% pro Jahr im Gang.

Im Laufe des Jahres 1947 versuchte die Wirtschaftspolitik, die Preis-Lohn-Entwicklung in den Griff zu bekommen. Die Produktion war angelaufen, die Besatzungskosten waren auf ein erträgliches Maß reduziert (nicht zuletzt, weil die USA ihre Kosten selbst trugen) und die Zonengrenzen wurden durchlässiger. Verwaltung und Politik funktionierten einigermaßen normal. Unter diesen Bedingungen erschien der Versuch aussichtsreich, eine konsistente Preis-Lohn-Struktur zu etablieren und sie von der Geldseite abzusichern. Im August 1947 wurde über Initiative der Sozialpartner das 1. Preis-Lohn-Abkommen abgeschlossen, das Währungsschutzgesetz folgte gegen Jahresende. Die an diese beiden Maßnahmen geknüpften Erwartungen erfüllten sich indessen nur teilweise. Die Inflation konnte zwar eingedämmt, aber nicht aufgehalten werden. Auf das erste folgten vier weitere Preis-Lohn-Abkommen. Erst 1952 konnte die Nachkriegsinflation beendet werden.

Abbildung 2.7: Arbeiterverdienste und Lebenshaltungskosten zu legalen Preisen

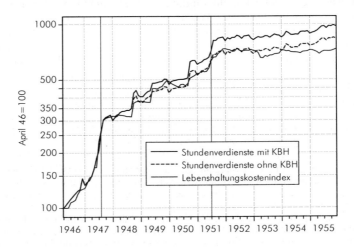

Quelle: WIFO, Indizes der Lebenshaltungskosten und der Stundenverdienste netto mit und ohne Kinderbeihilfen (KBH). – April 1946 = 100. – Semilogarithmischer Maßstab. – Die ausgezogenen senkrechten Linien markieren das 1. und das 5. Preis-Lohn-Abkommen.

Eine erste Orientierung über die Preis-Lohn-Dynamik bietet Abbildung 2.7. Sie stellt die Entwicklung der Arbeiter-Nettoverdienste und der Lebenshaltungskosten zu legalen Preisen im ersten Nachkriegsjahrzehnt dar. Beide Indizes stammen vom WIFO. Sie standen monatlich für den gesamten betrachteten Zeitraum zur Verfügung und die Wirtschaftspolitik benutzte sie zeitweise als Grundlage oder zumindest als Anhaltspunkt für Entscheidungen. Die unvermeidlich nur behelfsmäßig erstellten WIFO-Indizes erlauben tendenzielle Aussagen, wenn man bestimmte, im Text erwähnte und im Anhang erläuterte Einschränkungen beachtet. Die Reihen wurden auf Basis April 1946 indiziert, weil für diesen Zeitpunkt vergleichbare Daten aus verschiedenen Quellen vorlagen. (Von Kriegsende im April 1945 bis April 1946 stiegen die legalen Preise und die Löhne jeweils um etwa 10%.)

Die Abbildung lässt deutlich drei Perioden erkennen:
- die Periode vom Frühjahr 1946 bis zum 1. Preis-Lohn-Abkommen im August 1947 mit extrem hohen Inflationsraten,
- die Periode der Preis-Lohn-Abkommen vom August 1947 bis Herbst 1951 mit (zumeist) mittleren Inflationsraten,
- die Stabilisierungsperiode von Ende 1951 bis 1955 mit niedrigen Inflationsraten, die auch nach den geldpolitischen Kriterien der Jahrtausendwende mit „Währungsstabilität" vereinbar waren.

Im Folgenden werden zunächst das Grundkonzept der Preis-Lohn-Politik in der Nachkriegszeit und seine Elemente dargelegt. Dann wird geprüft, wieweit die damit verknüpften Ziele verwirklicht wurden. Schließlich wird der Inflationsprozess im Detail unter Hervorhebung der Besonderheiten der jeweiligen Situation beschrieben. Der Anhang bietet einen Führer durch den „Irrgarten" der Preis-Lohn-Statistik. Die Stabilisierungsperiode wird in einem eigenen Abschnitt („Finanzielle Stabilität durch Schocktherapie") behandelt.

2.5.2 Das Grundkonzept

Die Preis-Lohn-Parität

„Im Preis-Lohn-Abkommen wurde aber die Möglichkeit, auf den Schwarzen Markt auszuweichen, in Rechnung gestellt und damit die Tiefhaltung der offiziell zugebilligten Preise gerechtfertigt." (Müller, 1948B, S. 151)

Angebotsverknappungen lassen sich, wie die Ölpreisschübe in den letzten drei Jahrzehnten gezeigt haben, selbst in konsolidierten Volkswirtschaften nur schwer ohne gesamtwirtschaftliche Folgeschäden auffangen. Die Wirtschaftspolitik steht in diesem Fall vor der unangenehmen Alternative, entweder die durch den Schock bewirkte Teuerungswelle in Kauf zu nehmen, in der Hoffnung, dass sie allmählich ausklingt. Oder sie verweigert die Finanzierung, dann riskiert sie, dass zumindest temporär Produktion und Beschäftigung leiden. Vorteilhaft wäre ein Konsens der großen sozialen Gruppen, die aus einer Angebotsverknappung resultierenden Verteuerungen hinzunehmen, statt sie mit kompensierenden Einkommensforderungen zu beantworten, doch ist ein solcher Konsens nur unter besonderen Umständen zu erzielen.

2.5 Die Nachkriegsinflation

Für die österreichische Lohnpolitik nach Kriegsende stand eine Produktivitätsorientierung nicht zur Diskussion. Vielmehr sollte die in der Kriegswirtschaft geschaffene Fiktion einer annähernd friedensmäßigen Relation zwischen Preisen und Löhnen beibehalten werden: Wenn der Preisstopp nicht hielte, müssten die Löhne nachgezogen werden, forderten die Gewerkschaften[329]). Das Kabinett Renner stellte sich schon in seinen ersten preispolitischen Beratungen nach Kriegsende hinter diese Forderung[330]). Das 1. Preis-Lohn-Abkommen vom August 1947 wurde so konzipiert, dass die Löhne mit den amtlich geregelten Preisen mithielten (die Indizes der Löhne und der Preise sollten den gleichen Abstand zur Basis 1945 aufweisen, von der man annahm, dass sie etwa den Friedensrelationen entsprochen hatte). Die Anregung des Leiters des WIFO, F. Nemschak, im Abkommen die Produktivitätslücke angemessen zu berücksichtigen, fand kein Gehör[331]).

Übersicht 2.44: Entwicklung des Reallohns[1]) in den mittel- und osteuropäischen Transformationsländern Anfang der neunziger Jahre

	1990	1991	1992
	Reallohn in % gegen das Vorjahr		
Tschechische Republik	− 5,7	− 24,5	9,8
Polen	− 24,5	− 0,1	− 2,7
Slowenien	− 26,5	− 15,0	− 2,9
Bulgarien	5,3	− 39,0	5,7
Rumänien	5,6	− 20,5	− 13,0

Quelle: Wiener Institut für internationale Wirtschaftsvergleiche, Monthly Report, 1995, S. 8-9. – [1]) Reallohn bestimmt durch Preise und Geldlöhne. In der Kommandowirtschaft vor dem Systemwechsel wurde er außerdem durch die Bezugsmöglichkeiten knapper Waren beschränkt.

Anlässlich des Systembruchs in den mittel- und osteuropäischen Staaten Anfang der neunziger Jahre wurde oft gefragt, wie die westeuropäischen Länder nach 1945 den Übergang von der Kommandowirtschaft zur Marktwirtschaft gestaltet haben. In einer Wirtschaftsgeschichte der Nachkriegszeit bietet sich der umgekehrte Weg an. Hinweise auf Problemlösungen, die von den ehemals kommunistischen Ländern in den neunziger Jahren gewählt wurden, erlauben es, die wirtschaftspolitischen Entscheidungen nach 1945 profilierter darzustellen und (vielleicht) besser zu verstehen. Dort nahmen die Arbeitnehmer beim Übergang von der Kommando- zur Marktwirtschaft erhebliche, wenngleich zum Teil fiktive, Reallohneinbußen (gemessen am Verhältnis zwischen Preisen und Löhnen) in Kauf. Die Preise wurden zumeist früher liberalisiert als die Löhne.

---

[329]) Die Resolution des Gewerkschaftsbundes wurde in der 36. Sitzung der Preisbestimmungskommission vom 1. 2. 1946 zitiert. AdR: BMVuW, Gzl. 10.104_1/1946.
[330]) AdR: Kabinettsrat Renner, Nr. 37 vom 6. 11. 1945.
[331]) Nemschak machte diesen Vorschlag anlässlich der Beratungen zum 1. Preis-Lohn-Abkommen. Ihm wurde vorgeworfen, dass er einen Konsens der Sozialpartner erschwere. Zu den folgenden Abkommen wurde er nicht mehr beigezogen.

Die Unterschiede in der Lohnpolitik hatten ideologische und reale Gründe. Die Ablöse der Kriegswirtschaft durch die Friedenswirtschaft ging nach 1945 in den meisten vom Krieg betroffenen Ländern von einem viel tieferen Niveau aus als der Transformationsprozess in den mittel- und osteuropäischen Ländern Anfang der neunziger Jahre[332]). Der Mangel an lebensnotwendigen Gütern aller Art gebot, das Vorhandene möglichst bedarfsgerecht zu verteilen, um Hungersnot und Revolten zu vermeiden. Die Verträge über wichtige Hilfslieferungen (UNRRA, USA-Kongresshilfe) verpflichteten daher auch Österreich dazu, Hilfsgüter der amtlichen Preisregelung und Bewirtschaftung zu unterwerfen. Erst mit dem Marshallplan vollzog sich der Übergang von der (Lebens-)Erhaltungshilfe zur Wiederaufbauhilfe.

Das änderte aber nichts an der Tatsache, dass die Forderung nach einer friedensmäßigen Relation zwischen Preisen und Löhnen (in der Folge Lohnleitlinie genannt) im buchstäblichen Sinn nicht zu erfüllen war, einfach deshalb nicht, weil es die hiefür erforderliche Gütermenge nicht gab. Dazu folgender Vergleich: Die Lohnquote (der Anteil der Arbeitnehmer am Volkseinkommen) betrug 1937 55%. 1946 waren um 12% mehr Arbeitnehmer beschäftigt als 1937. Bei gleich bleibendem Reallohn hätten die Unselbständigen 1946 über fast das gesamte Nationalprodukt von 1946 (64% von 1937) verfügt. (Dazu kam die Auslandshilfe, doch standen ihr zunächst zumindest gleich hohe Belastungen durch die Besatzungsmächte gegenüber.)

Tatsächlich wurde die Lohnleitlinie mit zwei wichtigen Einschränkungen versehen: Sie galt einmal nur für die legalen Preise (nicht aber für die grauen und schwarzen Preise) und zum anderen nur für Arbeiter (genauer: für Arbeitnehmer mit unterdurchschnittlichem Einkommen). Sie lässt sich am besten als das Zwischenziel einer Politik interpretieren, die vor allem ärmeren Arbeitnehmern und sozial bedürftigen Personen einen minimalen Lebensstandard sichern wollte. Dabei waren die schwierigen Bedingungen der Nachkriegszeit zu berücksichtigen. Die Landwirte und viele Gewerbetreibende hatten als Anbieter besonders knapper Güter eine starke wirtschaftliche Position. Auch bestanden Zweifel, ob mit behördlichen An- und Zuweisungen allein eine bedarfsorientierte Verteilung der Realeinkommen erreicht werden könnte. Noch waren 27% der Bevölkerung Selbstversorger mit Nahrungsmitteln. Ihr Verbrauch fiel gesamtwirtschaftlich ins Gewicht, konnte aber nur schwer kontrolliert werden. Wenn die Lohnempfänger über freie (nicht durch Rationen zu offiziellen Preisen gebundene) Einkommensteile verfügten, konnten sie sich wenigstens am Schwarzen Markt beteiligen. Mit anderen Worten: Die beschränkte Lohnleitlinie war in einem Mischsystem angesiedelt, in dem es noch Preisregelung und Bewirtschaftung gab, gleichzeitig aber der Markt in seinen verschiedenen Spielarten an Bedeutung gewann.

---

[332]) Das Interesse der Transformationsländer an der österreichischen Nachkriegsgeschichte erlahmte sichtlich, wenn der Autor in Expertengesprächen darauf hinwies, dass damals die Bevölkerung gehungert und kaum jemand von einer „Motorisierungswelle" zu träumen gewagt hatte.

Die Lohnleitlinie mag nicht die beste Lösung der sozialen Frage gewesen sein, aber sie konnte zumindest den Arbeitnehmern verständlich gemacht werden. Die Frage war nur: Wie konnte ein friedensmäßiger Abstand zwischen Preisen und Löhnen angesichts einer großen Produktivitätslücke gewahrt werden, selbst wenn die angestrebte Parität nur für die amtlich geregelten Preise und für Arbeiterverdienste galt?

Die Strategie der heimischen Wirtschaftspolitik bestand aus zwei einander überschneidenden Teilen:
– Die Preise für Güter und Leistungen, die in ärmeren Haushalten großes Gewicht haben (man kann sie „Lohngüter" nennen), sollten niedrig gehalten werden.
– Die Geldeinkommen sollten möglichst nivelliert werden.

Die amtlich geregelten Preise für Nahrungsmittel, die Tarife öffentlicher Körperschaften und die Wohnungsmieten machten etwa 70% der Ausgaben eines durchschnittlichen städtischen Haushalts vor dem Krieg aus. Wenn es gelang, die Preise in diesem Kernbereich niedrig zu halten, und wenn überdies bestimmte Mindestmengen an gewerblichen Gütern (etwa in Form von Sonderaktionen für Arbeitsbekleidung) zur Verfügung standen, konnte die ärgste Not gelindert werden. Zur Erreichung dieses Zieles dienten (abgesehen von der Rationierung) vor allem zwei Instrumente: Subventionen und Preisdifferenzierungen (Marktspaltungen).

Subventionen dienten hauptsächlich dazu, die Preise ausländischer Nahrungsmittel (und einiger landwirtschaftlicher Produktionsmittel) auf das niedrige Niveau der Inlandspreise herabzuschleusen. Dafür standen, wenn auch in abnehmendem Maße, die Erlöse ausländischer Hilfslieferungen zur Verfügung. Die Preise für heimische Agrarprodukte wurden bis zur Stabilisierung Ende 1951 nur zeitweilig durch Bundeszuschüsse gestützt. Sie wurden hauptsächlich mit dem mehr oder minder deutlich artikulierten Argument niedrig gehalten, dass es den Landwirten ohnehin nicht schlecht ginge, denn sie setzten – contra legem – einen Teil ihrer Produkte auf grauen oder schwarzen Märkten ab und konnten auf diese Weise ihre Erlöse aufbessern. Die Verhandlungen[333]) zum 1. Preis-Lohn-Abkommen im Sommer 1947 stützten sich auf Kalkulationen, in denen das Preisniveau für Agrarprodukte als gewogenes Mittel von offiziellen und schwarzen Preisen geschätzt wurde. Dabei nahm man vorsichtshalber an, dass nur 10% der Marktleistung illegal zum Fünffachen der offiziellen Preise abgesetzt wurden (realistischere Schätzungen werden auf S. 239 angeführt.)

Das war natürlich keine saubere Lösung. Offiziell wurden Vorschläge, die Agrarmärkte etwa in der Form zu spalten, dass Überkontingente frei verkauft werden durften, zumindest in den kritischen ersten Nachkriegsjahren abgelehnt, illegales und mit Strafen geahndetes Verhalten aber als Faktum in der

---

[333]) Dieser Vorgang wurde von St. Wirlander, einem der Hauptverhandler auf der Arbeitnehmerseite in den Preis-Lohn-Abkommen, unter dem Decknamen H. Müller (1948B) beschrieben. Auch der spätere Hinweis der Gewerkschaften (Tätigkeitsbericht 1948 des ÖGB, S. 17), die Landwirte verlangten höhere amtliche Preise, weil der Schwarzmarkt nicht mehr so lohnend war, kann als De-facto-Akzeptanz der Marktspaltung interpretiert werden.

Preispolitik berücksichtigt. Man kann auch bezweifeln, ob diese Lösung effizient war, denn sie beschränkte die Produktionsanreize auf jene Mengen, die ohne besondere Risken illegal verwertet werden konnten. Gegen den nahe liegenden Ausweg, über das Kontingent hinausgehende Mengen legal zu Marktpreisen zu verwerten, wurde eingewandt, dass dadurch die Kontrolle des Niedrig-Preis-Segments noch schwieriger würde.

Ein Beispiel für eine legale Marktspaltung[334]) bot der Markt für Rauchwaren. Die österreichischen Tabakwerke kamen schon Ende 1945 mit den Preisen für Rauchwaren bei weitem nicht aus. Sie behielten sie dennoch für minderwertige Zigarettensorten bei, boten jedoch neue, höherwertige Sorten zu Preisen an, die etwa so hoch waren wie jene auf dem Schwarzen Markt[335]). Diese Marktspaltung wurde toleriert, weil die Tabaksteuer in der Nachkriegszeit zu den wichtigsten Einnahmenquellen des Staates zählte, und wohl auch, weil Rauchen – obschon von den Gewohnheitsrauchern als dringlich empfunden – nicht lebenswichtig war.

Von den übrigen auf die erwähnten 70% entfallenden Ausgabenkategorien blieben die Mieten trotz steigenden Baukosten „eingefroren". Auch hier kam es zu einer Marktspaltung. Wer keine Wohnung hatte und nicht die langen Wartezeiten für eine amtliche Zuweisung (etwa in eine Gemeindewohnung) in Kauf nehmen wollte, musste für frei finanzierte Wohnungen extrem hohe Mieten zahlen. Wer das Pech hatte, in einem sanierungsbedürftigen oder bombengeschädigten Haus zu wohnen, musste für die Sanierungskosten in Form von Mietzuschlägen aufkommen. Erst als beträchtliche Steuermittel für die Wohnbaufonds und das Bausparen eingesetzt wurden, wuchs das Wohnungsangebot zu moderaten Mieten.

Was schließlich die Tarife öffentlicher Körperschaften anlangt, so konnten sie nicht zuletzt dadurch niedrig gehalten werden, dass von den Verkaufserlösen der Auslandshilfe, die nach Abzug der Importsubventionen blieben, direkt oder indirekt ein namhafter Teil für öffentliche Vorhaben verwendet wurde und damit die öffentlichen Budgets entlastet wurden. Dennoch kam es immer wieder zu Budgetkrisen mit der Folge, dass die Tarife der Versorgungsunternehmungen angehoben und (oder) die Steuern und Sozialabgaben empfindlich erhöht wurden.

Die Verbilligung der „Lohngüter" nivellierte die Realeinkommen bei gegebenen Geldeinkommen. Ergänzend wurden die Geldeinkommen nivelliert, bestimmte „unerwünschte" Einkommensquellen wurden überhaupt ausgeschaltet. Dazu dienten verschiedene Maßnahmen. Die Kollektivverträge sahen für die unteren Schichten der Arbeitnehmer (relativ) größere Lohn- und Gehaltssteigerungen vor als für die höheren. Die amtliche Preisregelung für Güter und Leistungen beschränkte die Einkünfte der Selbständigen und der Kapitalgesell-

---

[334]) Marktspaltung als Mittel zur Nivellierung der Realeinkommen wurde in der ökonomischen Fachliteratur von *Kromphardt* (1947) vertreten.
[335]) AdR: Bericht des Staatssekretärs für Finanzen über Tarifmaßnahmen der österreichischen Tabakregie (ohne Aktenzahl). Kabinettsrat Renner, Nr. 41 vom 6. 12. 1945. Danach wurde eine neue Zigarette zum Preis von 1 RM/Stück auf den Markt gebracht, dem 16-fachen des Stopppreises für die alten Sorten (6 Pf/Stück).

schaften. Die reinen Besitzeinkommen, wozu außer den Einkünften aus Vermietung und Verpachtung vor allem Zinsen und Dividenden zählen, wurden auf ein Minimum reduziert. (In der Kriegswirtschaft waren die Geldeinkommen der Arbeitnehmer nur wenig – hauptsächlich durch Kriegssteuern – nivelliert worden. Damit sollte den privaten Haushalten signalisiert werden, dass der während des Kriegs unterbliebene Konsum nach dem „Endsieg" nachgeholt werden könnte.)

Die Frage liegt nahe, wie sich die gegenläufigen Tendenzen – auf der einen Seite der Schwarze Markt und auf der anderen Seite die Nivellierungstendenzen – auf die tatsächliche Verteilung der Geld- und der Realeinkommen in der unmittelbaren Nachkriegszeit ausgewirkt haben. Diese Frage muss nach dem gegenwärtigen Informationsstand offen bleiben. Einschlägige Sekundärstatistiken liegen erst für spätere Zeiträume vor, als sich die Verhältnisse bereits weitgehend normalisiert hatten. Nach der volkswirtschaftlichen Gesamtrechnung (VGR) hatten 1948, als der Schwarze Markt noch eine gewisse Rolle spielte, die Löhne und Gehälter einen Anteil am Volkseinkommen von 56,2% gegen 54,6% 1937. Der Anteilszuwachs war etwas geringer als die Verschiebung der Beschäftigtenstruktur zugunsten der Unselbständigen. Die bereinigte Lohnquote (auf Basis 1937) betrug 1948 51,1%; dieser Wert änderte sich auch in den folgenden Jahren nur wenig. Ähnliches gilt für die Agrarquote. Das WIFO[336]) schätzte für 1949/50 das Einkommen der Land- und Forstwirte auf 22% des verfügbaren persönlichen Einkommens. Der Rückgang gegenüber 1937 (24,9%) entsprach etwa dem der Agrarwirtschaft an der Gesamtbevölkerung. Soweit sich tatsächlich die Einkommensanteile der erwähnten Gruppen verschoben, waren die Veränderungen nicht so gravierend, dass sie vom groben Raster der Volkseinkommensstatistik erfasst wurden.

Im Folgenden werden einige wichtige Elemente der geschilderten Preis-Lohn-Strategie näher beschrieben:
– die Subventionen,
– der Schwarze Markt insbesondere für Nahrungsmittel,
– die Erosion der Besitzeinkommen und die Preisregelung für Sachgüter und Leistungen,
– die Nivellierung der Löhne und Gehälter.

Subventionen

„Subsidies means less inflation." (Pigou, 1948, S. 204)

Subventionen können verschiedenen Zwecken dienen (z. B. der Erhaltung nicht konkurrenzfähiger Produktionszweige oder der Verbilligung von Gütern des Grundbedarfs aus sozialpolitischen Gründen). Im Zweiten Weltkrieg und unmittelbar danach kam ihnen vor allem die Aufgabe zu, temporäre Kostensteigerungen aufzufangen. (Das Instrument der Geldpolitik stand nicht zur Verfügung und der Lohnstopp ließ sich nur aufrecht halten, wenn die Preisfront ruhig blieb.) Solange der Nachfragerückstau hielt und sich die Löhne an

---
[336]) WIFO, Beilage Nr. 47 zu den Monatsberichten, 1957, 30(7).

den Lebenshaltungskosten orientierten, waren Subventionen selbst dann „billig", wenn sie durch Geldschöpfung finanziert wurden.

Das Deutsche Reich subventionierte während des Kriegs vor allem die Montanindustrie und die Landwirtschaft[337]). Die Reichszuschüsse waren in den „Gauen der Ostmark" infolge ungünstiger Produktionsbedingungen relativ höher als im „Altreich". Die Gestehungskosten der Alpine Montangesellschaft stiegen zwischen 1937 und 1944 für Eisen um 60% und für Kohle um 35% bis 40%, die Lohnstückkosten allein um 47% bis 87%[338]). Da zudem die österreichischen Eisenpreise vor der Annexion über den deutschen gelegen waren, brauchte die Alpine hohe Reichsstützungen (die Subventionen für Stahl betrugen 150% des Erzeugerpreises). In der Landwirtschaft sank die Produktion schon während des Kriegs aus nicht ganz geklärten Gründen[339]). Um die Erlöse der Bauern und zugleich die Konsumentenpreise stabil zu halten, gewährte das Reich Stützungen. Sie machten nach den Berechnungen von J. Staribacher (siehe Übersicht 2.45) im Durchschnitt 26% des Erzeugerpreises aus (im Deutschen Reich insgesamt etwa 10%). Im Falle des Zuckers z. B. schossen die Reichsbehörden 2,20 RM je 100 kg zum Erzeugerpreis von 4 RM/100 kg zu[340]) und glichen damit den Ernteausfall aus. (Die Rübenernte ging von 1937 bis 1944 um fast die Hälfte zurück.)

Nach Kriegsende lehnte es die österreichische Regierung ab, die Reichsstützungen für Nahrungsmittel weiter zu führen. Dabei wäre der hiezu erforderliche Betrag von 79 Mio. S für 1946 nicht einmal sehr hoch gewesen. Doch war noch in Erinnerung, dass Nahrungsmittelsubventionen nach dem Ersten Weltkrieg eine der Hauptursachen für die Hyperinflation[341]) waren. Den gleichen Fehler wollte man nicht zweimal machen. Die OeNB warnte: „Die Subventionspolitik hat sich stets als eine verfehlte Wirtschaftspolitik erwiesen[342])".

Oft schienen jedoch Subventionen als der einzige, wenn auch mit schlechtem Gewissen beschreitbare Ausweg, Lösungen zu finden, die von den Sozialpartnern mitgetragen wurden. Um zwischen der Scylla der Kosteninflation und der Charybdis der Nachfrageinflation durchzusteuern, verfiel die Wirtschafts-

---

[337]) Nach *Schweizer* (1947, S. 11) beliefen sich die Reichszuschüsse im Deutschen Reich auf 1 Mrd. RM.
[338]) Prüfbericht über die Österreichisch-Alpine Montangesellschaft vom Jänner und Februar 1946. AdR: BMfHuW, Gruppe 05/4, Karton 2/1946.
[339]) Im Deutschen Reich hielt zumindest die Pflanzenproduktion bis Kriegsende ein relativ hohes Niveau. Der UNO-Bericht über den Wiederaufbau zerstörter Gebiete vom 18. 9. 1946 vermutete, dass die österreichische Landwirtschaft vernachlässigt wurde, weil aus den besetzten Gebieten hinreichend relativ billige Nahrungsmittel zur Verfügung standen. AdR: BMfHuW, Zl. 174.664-III/1946.
[340]) AdR: BMfL&F, Zl. 7.752-8/1946. Vortrag zum Ministerrat Figl 1, Nr. 9 vom 22. 2. 1946.
[341]) Der Hyperinflation des Jahres 1922 lag folgender fataler Zirkel zugrunde: Verteuerung von Nahrungsmitteln – staatliche Lebensmittelsubventionen – Budgetdefizite – Geldvermehrung – Sinken des Außenwerts der Währung – Verteuerung von Nahrungsmitteln, usw.
[342]) 31. Sitzung des Generalrats der OeNB vom 8. 7. 1948 anlässlich des Entschlusses der Bundesregierung, inländische Nahrungsmittel zu subventionieren.

politik in einen Zick-Zack-Kurs. Bestehende Subventionen wurden wiederholt abgebaut, neue wiederholt eingeführt. Subventioniert wurden hauptsächlich Nahrungsmittel und importierte Betriebsmittel der Landwirtschaft (Futtermittel, Handelsdünger) sowie zeitweise auch Kohle. Es entbehrt nicht einer gewissen Ironie, dass die Stabilisierungspolitik 1952 die bis dahin als temporär betrachteten Preisstützungen in Dauersubventionen überführte, nicht wie vorher zum Schutz der Konsumenten, sondern zum Schutz der heimischen Produzenten (inzwischen waren die Weltmarktpreise für Nahrungsmittel unter die Inlandspreise gesunken).

Übersicht 2.45: Nahrungsmittelsubventionen zu Kriegsende und Finanzierungsbedarf 1946 bei ihrer Fortführung

	Preis[1]) S je 100 kg	Stützung S je 100 kg	In %	Bedarf 1946[2]) In t	1.000 S	Stützung 1.000 S
Weizen	23,4	7,2	30,77	371.500	86.931	26.748
Roggen	18,7	1,4	7,49	850.000	15.895	1.190
Gerste	17,3	9,0	52,02	143.500	24.826	12.915
Kartoffeln[3])	6,6	3,0	45,45	350.000	23.100	10.500
Vieh	106,5	25,0	23,47	100.000[4])	213.000[4])	50.000[4])
Zucker	30,8	9,8	31,82	35.500	10.934	3.479
Milch je hl	22,2	5,0	22,51	515.000	114.382	25.750
Eier 100 Stk.	10,0	2,2	22,00	4.200[5])	7.559	1.663
Insgesamt			26,63		496.626	132.245
Stützungsbedarf bei 60% Eigenversorgung						79.347

Quelle: *Staribacher* (1950, S. 27/28). – [1]) Erzeugerpreis zu Kriegsende RM = S-neu. – [2]) Bei 1.500 Kalorien/Tag für Normalverbraucher. – [3]) Durchschnitt. – [4]) Fleisch bei 50% Schlachtausbeute. – [5]) Entspricht 75,6 Mio. Stück.

Nahrungsmittelsubventionen wurden aus verschiedenen Quellen gespeist: aus dem Bundesbudget (1948 und ab 1952), aus den Abwertungsgewinnen der OeNB (1950 bis 1953) und aus den Erlösen der ausländischen Hilfslieferungen. Von diesen drei Quellen war die zuletzt angeführte die wichtigste. In ihr stand eine anscheinend bequeme, nicht-inflatorische Finanzierung zur Verfügung, die überdies den optischen Vorteil hatte, dass sie nicht über das Bundesbudget verrechnet wurde. Die Hilfslieferungen an Nahrungsmitteln (und landwirtschaftlichen Betriebsmitteln) wurden zu Inlandspreisen abgegeben, die zumeist weit unter den Weltmarktpreisen lagen. Die Schillingerlöse aus dem Verkauf von Hilfsgütern betrugen bis zum Marshallplan nur etwa die Hälfte der Importkosten berechnet zum offiziellen Wechselkurs. Später wurden die Importsubventionen geringer, versiegten jedoch nie völlig. Wäre es nur nach dem Willen der Bundesregierung gegangen: Ein viel größerer Teil der Auslandshilfe wäre für Preisstützungen verwendet worden und damit in den Konsum geflossen.

Schätzungen über die Höhe der Subventionen und ihre Finanzierung enthält der Abschnitt „Außenhandelslenkung und multiple Wechselkurse". Danach wurden im Zeitraum 1945/1953[343]) etwas weniger als 3% des BIP zur Verbilligung der Lebenshaltungskosten aufgewendet. Eine relativ hohe Quote (über 7%) wurde nur 1946 erreicht, doch sind die Schätzungen des nominellen BIP für dieses Jahr wegen der Mischung von offiziellen, grauen und schwarzen Preisen problematisch. Etwa 60% der Subventionen stammten aus der Auslandshilfe, nicht ganz ein Drittel wurde vom Bund und der Rest von der Notenbank finanziert.

Am Rande sei vermerkt: Auch die Vertreter der Arbeitnehmer waren gegen Subventionen, zumindest für heimische Agrarprodukte, weil sie die öffentlichen Investitionen schmälerten. Sie meinten allerdings, dass die Kosten des Subventionsabbaus nicht die Konsumenten, sondern die Produzenten tragen sollten[344]). Diese Auseinandersetzung spitzte sich später auf dramatische Weise zu: 1952, mitten in der Stabilisierungskrise, übernahm der Bund die Subventionen an die Landwirtschaft und kürzte seine ohnehin bereits stark reduzierten Investitionen (was vorzeitige Neuwahlen zur Folge hatte).

Der Schwarze Markt

Die „rückgestaute Inflation" könnte nur in Ländern mit einer disziplinierten Bevölkerung funktionieren, wie etwa in Großbritannien und in den skandinavischen Ländern, nicht aber in Ländern mit einer individualistisch eingestellten Bevölkerung, wie etwa in Frankreich und in Italien, dozierte *Röpke* (1947, S. 63). Der „Volkscharakter" ist jedoch nicht der einzige Bestimmungsgrund dafür, ob Preiskontrollen und Bewirtschaftung funktionieren. Während des Kriegs gab es auf österreichischem Boden so gut wie keinen Schwarzen Markt. Die Lebensmittelrationen waren knapp, aber – wenn man von den letzten Kriegsmonaten absieht – ausreichend, das Regime ahndete Verstöße gegen die Lenkungsgesetze mit drakonischen Strafen (in schweren Fällen auch mit dem Tod). Nach Kriegsende hungerte die Bevölkerung, und die junge Demokratie konnte nicht mit gleicher Härte gegen Personen vorgehen, die Schwarzmarktgeschäfte betrieben. Wer hungert, findet es moralisch vertretbar, dass er illegal das zu bekommen versucht, was ihm die Behörden nicht verschaffen können: das physiologisch notwendige Minimum an Nahrungsmitteln. Deshalb scheute sich auch die Regierung, den sogenannten Rucksackverkehr, die Beschaffung von Kleinmengen an Nahrungsmitteln, zu unterbinden[345]).

Wenn der Schwarze Markt zu einer zwar teueren, aber allgemein zugänglichen Versorgungsquelle wurde, so lag das nicht zuletzt daran, dass Angehörige der Besatzungsmächte und von ihnen geschützte Personen als Anbieter auftraten. (In Wien war stadtbekannt, dass man im Resselpark für Gold und Pretiosen Nahrungsmittel eintauschen konnte.) Die Rolle der exterritorial von

---

[343]) 1953 wurde als Eckjahr gewählt, weil erst in diesem Jahr die Subventionen aus dem Abwertungsgewinn der OeNB und aus dem ERP ausliefen.
[344]) Tätigkeitsbericht 1949 des ÖGB, S. 49.
[345]) AdR: Ministerrat Figl 1, Nr. 18 vom 30. 4. 1946. Diskussion: Was ist erlaubter Rucksackverkehr?

der Sowjetunion geführten Betriebe wird in anderen Abschnitten ausführlich behandelt[346]).

Die schwarzen Preise waren zeitweilig extrem hoch: Für Nahrungsmittel wurde in Wien laut WIFO im August 1945 durchschnittlich das 166-fache der Preise von 1938 verlangt (das 255-fache der offiziellen Preise zum gleichen Zeitpunkt). Genussmittel waren „billiger": Sie kosteten nur 124-mal so viel wie auf dem legalen Markt. Mit der Besserung der Versorgung (und der Erschöpfung von tauschfähigen Vermögenswerten in den städtischen Haushalten) sanken die Schwarzmarktpreise dramatisch, um etwa 50% pro Jahr. Der sinkende Trend wurde nur Ende 1947 durch spekulative Käufe vor dem Währungsschutzgesetz unterbrochen. Ende 1949 spielten Überzahlungen der legalen Preise nur noch eine geringe Rolle. Einen guten Indikator für die Knappheit an Nahrungsmitteln in der unmittelbaren Nachkriegszeit erhält man, wenn man ihre Schwarzmarktpreise mit den Preisen vergleicht, die Pretiosen bei Versteigerungen im Wiener Dorotheum erzielten. Danach musste man 1946 für eine bestimmte Menge an Nahrungsmitteln viermal soviel Gold und achtmal soviel Diamanten hergeben wie vor dem Krieg. Dass die Realpreise für Nahrungsmittel hoch waren, mussten auch Arbeiter erfahren, die von ihren Betrieben erzeugte gewerbliche Produkte auf dem Land gegen Nahrungsmittel tauschen wollten[347]).

Abbildung 2.8: Entwicklung der Schwarzmarktpreise für Nahrungsmittel

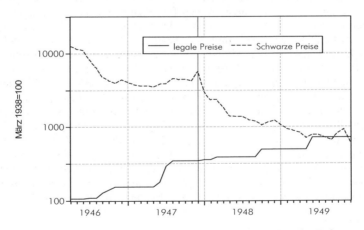

Quelle: WIFO, Tabellenteil. – Die ausgezogene senkrechte Linie markiert das Währungsschutzgesetz. Semi-logarithmischer Maßstab.

---

[346]) In den Abschnitten „Die Bewirtschaftung knapper Güter" und „Das Deutsche Eigentum".
[347]) AdR: Bundesminister Helmer in Ministerrat Figl 1, Nr. 22 vom 28. 5. 1946.

Der Schwarze Markt scheint sich anfangs auf Gelegenheitsgeschäfte beschränkt zu haben. Dafür spricht jedenfalls, dass im 2. Halbjahr 1945 noch größere Bestände an Reichsmarknoten bei den Kreditunternehmungen eingelegt wurden. Erst 1946, nach dem Schillinggesetz, begann die Erosion der Spareinlagen. Aber selbst in seiner „Blütezeit" war der Schwarze Markt sehr „dünn". Nach den Haushaltserhebungen der Wiener Arbeiterkammer erwarben die buchführenden Familien zusätzlich zu den Rationen in den ersten drei Quartalen 1946 135 Kalorien pro Tag und Nahrungsmittel-Verbrauchseinheit[348]. Das sind weniger als 10% des gesamten Kalorienverbrauchs. Der Schwarze Markt reichte für die Mehrzahl der Bevölkerung in den Großstädten und in den Industriezonen nicht aus, den physiologischen Mindestbedarf zu decken. Medizinische Untersuchungen stellten eine erhebliche Unterernährung der Bevölkerung in den Städten fest. (Diese Untersuchungen waren allerdings nicht informativ genug, um daraus quantitative Rückschlüsse auf den tatsächlichen Nahrungsmittelverbrauch ziehen zu können). Auch in den folgenden beiden Jahren war die städtische Bevölkerung noch auf zusätzliche Versorgungsquellen angewiesen. 1947 betrugen nach den genannten Quellen die Zusatzkäufe 111 und 1948 175 Kalorien pro Tag und Nahrungsmittelverbrauchseinheit.

Geht man nur von den geschätzten Mengenumsätzen auf den Grauen und Schwarzen Märkten aus, dann war das staatliche Verteilungssystem besser als sein Ruf. Über 90% der von Nicht-Selbstversorgern konsumierten Nahrungsmittel (in Kalorien gerechnet) wurden nach den Bedarfskriterien der Bewirtschafter verteilt. Ähnliche Sätze wurden für Westdeutschland geschätzt (*Mendershausen,* 1949, S. 652). Auf einem anderen Blatt steht freilich, dass die illegal gekauften Mengen sehr teuer und daher die Wertumsätze sehr hoch waren. Nach der Haushaltsstatistik der Arbeiterkammer gaben die buchführenden Haushalte für Schwarzmarktkäufe in den Jahren 1946 bis 1948 etwa gleich viel aus wie für bewirtschaftete Nahrungsmittel[349]. Ihr Anteil an den Gesamtausgaben schwankte zwischen 16% und 20%. Selbst diese hohen Aufwendungen reichten 1946 (und in geringerem Maße auch 1947) nur, um – bezogen auf den Kaloriengehalt – relativ billige Nahrungsmittel, wie Brot, Mehl und Schmalz, zu erwerben. Außerdem stammte ein Teil der Zubußen (1946 ein Drittel) aus „Tauschgeschäften", die vermutlich in den Haushaltsbüchern zu niedrigen Preisen verbucht wurden. (Landwirte halfen ihren Verwandten in den Städten mit Lebensmitteln aus oder gaben sie zu „kulanten" Preisen an Bekannte ab.) Die Preisspanne zwischen den auf Marken bezogenen Lebensmitteln und den

---

[348] Die Daten der Haushaltstatistik stammen aus den Jahrbüchern 1946 und 1948 der Arbeiterkammer in Wien und dem Tätigkeitsbericht 1947 des Österreichischen Gewerkschaftsbundes. Als Nahrungsmittel-Verbrauchseinheit (NAVE) wird ein nach Altersgruppen und Geschlecht normierter Bedarf einer Person bezeichnet.

[349] Aus der Haushaltsstatistik der Arbeiterkammer lässt sich ableiten, was eine Kalorie auf dem Schwarzen Markt und auf Rationen kostete. Dieses Verhältnis stimmt nicht mit dem vom WIFO ermittelten Preisvergleich überein. 1946 war das Kalorien-Preis-Verhältnis viel günstiger, 1948 etwas ungünstiger als die vom WIFO angegebenen Preisrelationen.

zusätzlich erworben war 1946 und zum Teil auch noch 1947 bei weitem nicht so groß, wie der Index der Schwarzmarktpreise vermuten ließ (siehe hiezu die Kalkulation des Reallohns auf S. 229).

Es liegt nahe, aus den spärlichen Informationen auf den Wert der schwarzen Gesamtumsätze zu schließen. Solche Schätzungen wagten verschiedene Autoren. Zwei auf unterschiedliche Methoden bauende Kalkulationen seien erwähnt: Die eine stammt vom WIFO[350]), die andere von *Staribacher* (1950, S. 61-63). Das WIFO schätzte die Schwarzmarktkäufe der städtischen Haushalte an Lebensmitteln im Jahr 1947 auf 1,5 Mrd. S, wobei höchstens 600 Mio. S den heimischen Landwirten zuflossen. Einschließlich der Übergewinne aus dem Weinverkauf, dürfte die Landwirtschaft fast soviel illegal wie legal erlöst haben. Die Erlöse waren allerdings ungleich verteilt, und die Landwirte mussten oft auch für gewerbliche Produkte schwarze oder zumindest graue Preise zahlen.

Staribacher ging in seiner Schätzung davon aus, dass die Lieferverpflichtungen für 1947 nur zu 80% erfüllt wurden. Die vorgeschriebenen Kontingente hatten einen Wert von 1.063 Mio. S, die tatsächlichen Ablieferungen von 849 Mio. S, jeweils zu offiziellen Preisen gerechnet. Er nahm an, dass die Differenzmenge illegal zum 5-fachen der offiziellen Preise verwertet wurde. Danach hatten die Schwarzmarkttransaktionen einen Wert von 1 Mrd. S. Das Ablieferungsmanko 1947 ging sicherlich zum Teil auf die – nicht nur in Österreich – unerwartet schlechte Ernte zurück. Für den Satz von 20% lassen sich jedoch auch andere Gründe anführen (siehe hiezu *Müller,* 1948B, S. 150).

Die Schätzungen des WIFO und von Staribacher berücksichtigten nur die Marktleistung (das WIFO schon aufgrund seiner Schätzmethode). Sie vernachlässigten, dass die bäuerlichen Haushalte mehr und qualitativ höherwertige Nahrungsmittel verbrauchten, als ihnen die amtliche Bewirtschaftung zugestand. Der Umfang des Schwarzen Markts im weiteren Sinne, läßt sich anhand der vom WIFO nach den Unterlagen des Bundesministeriums für Ernährung in Kalorien erstellten Ernährungsbilanz für 1947/48 abtasten (siehe Übersicht 2.46). Danach hätten die Selbstverbraucher (Erwachsene und Kinder) im Durchschnitt nur 2.116 Kalorien pro Kopf und Jahr verbraucht; der Verbrauch in Friedenszeiten lag bei 3.100 Kalorien. Nimmt man an, dass die Landwirte 3.100 Kalorien pro Kopf und Tag für sich behielten, wobei die zurückbehaltenen Mengen entweder im ländlichen Haushalt verbraucht oder illegal vermarktet wurden[351]), dann wäre die Produktion in Kalorien gemessen um etwa ein Viertel größer gewesen, als die Agrarstatistik ausweist. Rund ein Fünftel der tatsächlichen Gesamtproduktion wäre vorschriftswidrig verwendet worden. Die reale Wertschöpfung der Land- und Forstwirtschaft hätte dann 1947 drei Viertel des Vorkriegsstands betragen, statt 61% aufgrund der amtlichen Agrarstatistik. Schreibt man diesen Wert mit einer jährlichen Rate von

---

[350]) WIFO, Beilage Nr. 7 zu den Monatsberichten, 1948, 21(4), S. 4.
[351]) Nähme man an, dass die Landwirte pro Kopf soviel Nahrungsmittel verbrauchten wie vor dem Krieg und überdies die grauen und schwarzen Märkte im angegebenen Umfang belieferten, so griffe man zu hoch, denn so groß kann die Agrarproduktion kaum gewesen sein.

6% fort (das entspricht der Produktionsausweitung im Laufe der fünfziger Jahre), so erhält man für 1950/51, die ersten Jahre, in denen es keinen nennenswerten Schwarzen Markt gab, einen Produktionsstand von 96,3%, etwas mehr als die tatsächliche Produktion (91,1%).

Über den Schwarzen Markt für gewerbliche Produkte gibt es nur eine spärliche Evidenz. Laut WIFO[352]) wurden im November 1947 für Mauerziegel das 4,3-fache, für Zement das 2,5-fache und für Papier das 5,8-fache der offiziellen Preise bezahlt. Möbelerzeuger bekamen auch auf Bezugschein nur Holz, wenn sie einen Überpreis zahlten. Die Sägen mussten den Holzfällern zusätzliche Nahrungsmittel zur Verfügung stellen und überhöhte Fuhrlöhne zahlen. In vielen Fällen kam es zu verbotenen Tauschgeschäften, wobei die Tauschrelationen zum Teil anhand der offiziellen Preise festgelegt wurden. Die Ziegeleien z. B. erhielten von nicht bezugsberechtigten Abnehmern Kohle im Austausch gegen Ziegel[353]).

Übersicht 2.46: Ernährungsbilanz 1946/47 aufgrund der erfassten Mengen

	Bedarf		Bevölkerung	Kalorien
	Mrd. Kal.	In %	1.000 Pers.	Kopf/Tag
Nicht-Selbstversorger	3.322,5	68,9	5.026	1.811
Selbstversorger	1.500,0	31,1	1.942	2.116
Insgesamt	4.822,5	100,0	6.968	1.896
	Aufkommen			
Selbstversorger	1.500,0	31,1		
Ablieferung	1.283,5	26,6		
Landwirtschaft	2.783,5	57,7		
Industrie	129,5	2,7		
Inland	2.913,0	60,4		
Einfuhr + Differenz.	1.909,5	39,6		
Insgesamt	4.822,5	100,0		

Quelle: WIFO, Beilage Nr. 4 zu den Monatsberichten, 1947, 20(12).

Schwarzmarkttransaktionen waren mit hohen Strafen belegt. Wie viele Vergehen tatsächlich vor Gerichte kamen, wurde nicht untersucht. Die deutschen Erfahrungen[354]), wonach viele kleine Verstöße bestraft wurden, die großen Schleichhändler aber ungeschoren blieben, dürfte auch für Österreich zutreffen. Über die Preisüberwachung im Rahmen des Preistreibereigesetzes gibt es in den Ministerratsakten eine Meldung der Polizeidirektion Wien. Danach überprüfte die Polizei im November 1949 in Wien 1.339 Geschäfte, wobei in

---

[352]) WIFO, Beilage Nr. 7 zu den Monatsberichten, 1948, 21(4), S. 5.
[353]) AdR: Wirtschaftliches Ministerkomitee, Bauwirtschaftsprogramm 1948.
[354]) In der Bizone Deutschlands wurden 200.000 Verstöße gegen die Preisvorschriften registriert; davon waren jedoch nur 30.000 schwere Fälle (*Mendershausen*, 1949, S. 648).

108 Geschäften Vergehen gegen die Preisvorschriften festgestellt wurden. Die Konsumenten beanstandeten die Preise von 631 (379) Geschäften[355]).

Beschränkung der Nicht-Lohn-Einkommen

Wie nach dem Ersten Weltkrieg sollten die „arbeitslosen" Einkommen, wozu insbesondere die Einkünfte aus Kapitalvermögen und aus Vermietung und Verpachtung zählen, möglichst ausgeschaltet werden. Nach dem Zinsenhemmungsgesetz 1945[356]) – auch zutreffender Zinsenstreichungsgesetz genannt – samt seinen Novellen durften bis Ende 1947 weder Einlagenzinsen gezahlt noch Dividenden ausgeschüttet werden. Ab 1948 wurden Einlagen wieder verzinst, doch lagen die Zinssätze weit unter der Inflationsrate. Die Mieten, in normalen Zeiten eine wichtige Quelle von Besitzeinkommen, blieben wie erwähnt gestoppt. Auf die Besitzeinkommen im engeren Sinn entfielen im ersten Jahrzehnt nach dem Krieg weniger als 1% des Volkseinkommens. Sie reichten nicht aus, den Kapitalstock der Kapitaleigner real zu erhalten. Die von Keynes prophezeite „Euthanasie der Rentiers" erwies sich freilich als kurzlebig. (An der Jahrtausendwende entfiel etwa ein Viertel des Volkseinkommens auf „Einkommen aus Kapitalvermögen".)

Die Einkommen der Selbständigen und die Unternehmensgewinne wurden über die Preisregelung gesteuert. Die heimische Wirtschaftspolitik übernahm 1945 die deutschen Preisvorschriften bestehend aus der Preisstoppverordnung, den Kalkulationsvorschriften für einzelne Branchen und der Auslandswarenpreisverordnung. Wer die zu Kriegsende geltenden Preise erhöhen wollte, brauchte eine Ausnahmegenehmigung. Die Handhabung der deutschen Vorschriften wurde den neuen Verhältnissen angepasst. Die Prüfung von Preisanträgen wurde demokratisiert, der Überwachungsapparat eingeschränkt, und Verstöße wurden nicht so streng geahndet wie unter der nationalsozialistischen Herrschaft. Nach dem Preisregelungsgesetz 1945[357]) unterzogen zunächst die sachlich zuständigen Staatsämter (Ministerien) Preisanträge einer Vorprüfung, wobei den Sozialpartnern Gelegenheit geboten wurde, Stellung zu nehmen. Das Staatsamt für Inneres (Innenministerium) koordinierte wöchentlich in einer Preisbestimmungskommission die Anträge. Angelegenheiten von nur regionaler Bedeutung wurden an die Landes- und Bezirkshauptmannschaften delegiert. Ab Februar 1946 befasste sich das Wirtschaftliche Ministerkomitee[358]) mit Anträgen von grundsätzlicher Bedeutung. Über die Ausstattung der Preisüberwachung informiert folgende Notiz: Die Preisbehörde in Wien hatte 1944 323 Beamte und 5 Kraftfahrzeuge, 1946 aber nur 82 Beamte und 1 Kraft-

---

[355]) AdR: BKA, Zl. 5.178_PrM/1949, in Ministerrat Figl 2, Nr. 187 vom 3. 1. 1950.
[356]) Zinsenhemmungsgesetz vom 21. 12. 1945, BGBl. Nr. 36/1946.
[357]) Preisregelungsgesetz vom 17. 7. 1945, StGBl. Nr. 19/1945.
[358]) Das Komitee trat am 25. 2. 1946 zu einer ersten Sitzung zusammen und tagte bis zu seiner Auflösung Mitte 1950 75-mal.

wagen. Geschulte Beamte mussten im Zuge der Säuberungsaktionen außer Dienst gestellt werden[359]).

Die Aufgabe der Preisbehörden[360]) wurde vor allem darin gesehen, das Preisniveau möglichst niedrig zu halten. Um dieses Ziel zu erreichen, sollten knappheitsbedingte Übergewinne verhindert werden. Die Preise könnten erst dann freigegeben werden, wenn das Angebot die Nachfrage zu normalen Gewinnspannen deckt, fand die Arbeiterkammer. Von den Preisbehörden nach Kriegsende wurde jedoch mehr verlangt, als Übergewinne zu beschneiden. Sie sollten auch den von der Produktivitätslücke induzierten Kostenschub unterdrücken, und das obschon die Reichsstützungen abgebaut und kompensatorische Lohnforderungen akzeptiert wurden. Diese Aufgabe überstieg ihre Möglichkeiten. Die Preisbehörden hatten in allen kriegführenden Ländern getrachtet, die Unternehmungen zur Mitarbeit zu gewinnen – schon um die Überwachungskosten in Grenzen zu halten (*Walker*, 1944, *Schweizer*, 1947). Kostenorientierte Preisvorschriften kamen jenen Unternehmungen entgegen, die schon ohne behördlichen Zwang ihre Preise weitgehend unabhängig von den Absatzbedingungen durch einen standardisierten Aufschlag zu den Kosten (mark up) erstellt hatten („costumer prices" nach *Okun,* 1981). Auch wenn die Bestimmungen verschärft wurden (etwa, in dem Gruppenpreise festgelegt wurden, die sich an den Kosten effizienter Produzenten orientierten), ging es den meisten Unternehmungen im Krieg gar nicht so schlecht: Sie konnten ihre Verschuldung abbauen und liquide Mittel für die Zeit nachher ansammeln. Um unter den geänderten Bedingungen nach Kriegsende den Preisstopp zu halten, musste jedoch von den Unternehmungen verlangt werden, temporäre Verluste zu tragen. Mit ihrem Wohlverhalten konnte unter diesen Umständen schwerlich gerechnet werden.

Das Staatsamt für Inneres gab im August 1945 Grundsätze und Richtlinien für die Bearbeitung von Anträgen auf Preiserhöhungen bekannt[361]). Danach musste der Antragsteller umfangreiche Unterlagen (Bilanzen, Prüfberichte, Kosten- und Preisnachweise für 1937 und die Kriegsjahre) beibringen. Von den nachweisbaren Kostensteigerungen durften nur jene auf die Preise überwälzt werden, die sich bei wirtschaftlicher Betriebsführung nicht vermeiden lassen. Nicht oder nur teilweise anerkannt wurden Mehrkosten, die sich aus den besonderen Bedingungen der Nachkriegszeit ergaben, wie etwa die Minderleistung der Arbeitskräfte oder die Unterauslastung der Kapazitäten.

---

[359]) Beantwortung einer Interpellation von Abg. Migsch und Genossen. AdR: Ministerrat Figl 1, Nr. 42 vom 25. 10. 1946.
[360]) Die Behörden verfolgten mit der Preisfestsetzung im Allgemeinen mehrere Ziele, die einander teilweise überschneiden, wie Einebnung der Gewinne der Unternehmungen, Stabilisierung des Preisniveaus und Steigerung der Effizienz der Wirtschaft. Über die wechselnden Methoden und Ziele der Preisregelung im Deutschen Reich informiert *Schweizer* (1947).
[361]) „Grundsätze und Methoden der Preispolitik". AdR: BMfI, Zl. 28.630_11/1945 vom 14. 8. 1945. Die Richtlinien wurden Anfang 1946 (BMfI, Zl. 30.436_11/1946) und Anfang 1947 (BMfI, Zl. 20.318_11/1947) auf den neuesten Stand gebracht.

In Verfolgung des Ziels, die Preise möglichst niedrig zu halten, zog die amtliche Preisregelung, wo immer es ging, Differentialgewinne von Firmen mit niedrigen Kosten zur Deckung der Kosten teurerer Produzenten heran. So wurden etwa mit Hilfe von Preisausgleichsverfahren die Gewinne von Kohlengruben mit niedrigen Förderkosten abgeschöpft und aus den Erlösen die Gruben mit hohen Förderkosten subventioniert. Ähnliche Preisausgleiche gab es in der Zuckerindustrie. Die OeNB orientierte ihre Politik multipler Wechselkurse an den (glaubhaft gemachten) Produktionskosten. Wer teuer produzierte, bekam einen günstigeren Kurs als der Billigproduzent.

Strikt angewandt, hätten die Kalkulationsrichtlinien viele Betriebe gezwungen, die Produktion einzustellen, weil die zum genehmigten Preis erzielbaren Erlöse nicht mehr die laufenden Kosten deckten. Um Kosten zu sparen, überlegten daher die Preisbehörden, die Produktion auf wenige leistungsfähige Betriebe zu konzentrieren und diese ausreichend mit Energie und Rohstoffen zu versorgen[362]. Diese Vorschläge wurden jedoch nicht weiter verfolgt, obschon die verfügbaren Lenkungsinstrumente hiefür ausgereicht hätten. Die Bewirtschaftung verteilte die verfügbaren Vorprodukte meist proportional zur Erzeugungskapazität auf die bestehenden Verarbeitungsbetriebe, zum Teil noch aufgrund der Firmenlisten der Kriegsjahre. Das hatte u. a. zur Folge, dass pro Erzeugungseinheit viel mehr Kohle eingesetzt werden musste als bei rationeller Produktion[363].

Die Konzentration der Produktion auf leistungsfähige Einheiten hätte freilich andere Probleme aufgeworfen. Die voll arbeitenden Betriebe hätten zwar mit den Stopppreisen annähernd das Auslangen gefunden, aber eine hohe Strukturarbeitslosigkeit wäre die Folge gewesen und die öffentliche Hand wäre mit Ausgleichszahlungen an diskriminierte Betriebe (Stillstandskosten und Lohnfortzahlungen) belastet worden. (Selbst im Krieg hatten Großbritannien und das Deutsche Reich dieses Lenkungsinstrument nur sehr eingeschränkt eingesetzt.) Tatsächlich wurden die Richtlinien des Innenministeriums nicht mit der Konsequenz umgesetzt, die nötig gewesen wäre, um den Preisauftrieb wirksam zu begrenzen. Das hatte verschiedene Gründe. Die Fachministerien, denen die Vorprüfung der Anträge oblag, vertraten auch die Interessen ihres Wirkungsbereichs[364]. Die Aufhebung der Reichsstützungen löste kompensatorische Lohnforderungen aus. Nicht zuletzt war der Kontrollapparat unzureichend. Als sich abzeichnete, dass die Stopppreise nicht zu halten waren, wurden die Kalkulationsrichtlinien schrittweise modifiziert. Anfang 1946 galten zwar im Prinzip noch die Stopppreise, doch gestattete die Preisbehörde, temporäre Kostensteigerungen durch temporäre Preiszuschläge zu berücksichtigen. Die zeitliche Beschränkung war kaum wirksam, denn auch befristete Teu-

---

[362] AdR: BMfHuW, Zl. 81.266_IV/1947. Rationalisierungsvorschlag anlässlich der Diskussion der Ziegelpreise im Wirtschaftlichen Ministerkomitee vom 30. 5. 1947.
[363] Die geringe Effizienz des Kohleneinsatzes in Österreich wurde u. a. in den Unterlagen kritisiert, die die US-Administration für die Behandlung des Marshallplans im Kongress ausarbeitete. AdR: Bundesministerium für Finanzen (BMfF), Zl. 7.363_15/1948.
[364] Das wurde u. a. von *Staribacher* (1950, S. 10) bemängelt.

erungen wurden durch Lohnerhöhungen abgegolten. Wenn die Frist ablief, waren aus zeitlich beschränkten Kostensteigerungen bereits dauerhafte geworden und neue hinzugekommen. Anfang 1947 galt als Richtlinie, dass die Schillingpreise von 1937 nicht oder höchstens um 20% überschritten werden (dem entsprachen Steigerungen der RM-Preise um 50% und 80%). Eine Bestimmung, wonach Tariflohnerhöhungen nur teilweise auf die Preise überwälzt werden durften, wurde wieder aufgehoben.

Die Preisbehörde war nicht imstande, alle Preise auf ihre Angemessenheit zu überprüfen und die Einhaltung der genehmigten Preise zu überwachen. Als die Preis-Lohn-Spirale in Gang gekommen war, stiegen die Kosten rascher, als sie von den Behörden erfasst und evaluiert werden konnten. Neben den Preisen des Schwarzen Marktes und den behördlich festgelegten Preisen entwickelte sich eine breite Grauzone. Als 1947 die Ausgleichskasse für den Außenhandel errichtet wurde, stellte es sich heraus, dass ein namhafter Teil der Exportprodukte keinen genehmigten Inlandspreis hatte[365]. Manche dieser grauen Preise wurden aufgrund der herkömmlichen Kalkulationsschemata erstellt (z. B. weil längerfristige Kundenbeziehungen angestrebt wurden): Das waren die „braven" Unternehmer. In anderen Fällen nutzten die Anbieter die Mangellage aus. So wurde etwa darüber geklagt, dass der Einzelhandel nicht nur Angehörigen der Besatzungsmächte, sondern auch Inländern „Exportpreise" verrechnete.

Erzeuger von Fertigwaren konnten sich in der Regel damit behelfen, dass sie neue Produkte (Modelle), für die es keine brauchbare Vergleichskalkulation gab, auf den Markt brachten. Schwerer taten sich die Großunternehmungen der Grundstoffindustrien. Die Alpine Montangesellschaft musste (teilweise staatsgarantierte) Kredite aufnehmen, da die Preise nicht die laufenden Produktionskosten deckten. Als sich die Banken weigerten, die Verluste der Alpine weiter zu finanzieren, stimmte der Ministerrat im Frühjahr 1947 einer kräftigen Preiserhöhung zu[366]. In den eingesehenen Unterlagen scheint kein Fall auf, wo Betriebe ihre Produktion stilllegten, weil ihnen die Preisbehörde keinen Preis konzedierte, der zumindest die laufenden Kosten deckte, im Gegensatz etwa zur sowjetischen Zone Deutschlands, wo der Preisstopp als Mittel zur Liquidierung der privaten Wirtschaft benutzt wurde (*Mendershausen*, 1949, S. 648).

Der Umstand, dass die Preise für Grundstoffe besser kontrolliert werden konnten als die Preise für Fertigwaren, führte zu einer – gemessen an den Weltmarktpreisen – „inversen" Preisstruktur. Knappe Grundstoffe und Nahrungsmittel waren relativ billig, Fertigwaren relativ teuer. Das lässt sich mangels eines repräsentativen Preisindex für Fertigwaren nur beispielhaft anhand der Anträge auf Preiserhöhungen demonstrieren. Im Frühjahr 1949 z. B. beantragten Bahn und Post Tariferhöhungen mit dem Argument, dass die Preise wichtiger gewerblicher Vorlieferungen seit 1937 auf das 5,5-fache gestiegen

---

[365] Abg. Margarétha anlässlich der Budgetdebatte im Nationalrat, „Die Industrie", 1948, 48(1).
[366] AdR: BmfHuW, Zl. 94.962-V21/1947. Vortrag an den Ministerrat Figl 1, Nr. 60 vom 11. 3. 1947.

2.5 Die Nachkriegsinflation

wären, die Tarife der Bahn hingegen nur auf das 2,5-fache und jene der Post auf das 1,5-fache[367]). Zur gleichen Zeit waren landwirtschaftliche Maschinen sechsmal so teuer wie in der Vorkriegszeit[368]). Ähnliche Verteuerungen wurden für andere landwirtschaftliche Betriebsmittel berichtet.

Die staatliche Preisregelung wurde nur zögernd abgebaut. Als freilich nicht lückenlos angewandtes Prinzip galt, Preise erst dann freizugeben, wenn der amtlich festgelegte Preis dem Marktpreis entsprach und keine Knappheitsgewinne mehr bestanden. Nach dem Preisregelungsgesetz 1948 unterlagen zwar (mit wenigen Ausnahmen) nur noch bewirtschaftete Waren der Preisregelung, doch erfasste die Bewirtschaftung damals noch den Großteil der landwirtschaftlichen und gewerblichen Produkte. Erst Mitte 1949, also mehr als vier Jahre nach Kriegsende, wurde die staatliche Preisregelung stark eingeschränkt. Nach dem Preisregelungsgesetz 1949[369]) galten amtlich festgesetzte Preise nur noch für die in Liste A taxativ aufgezählten Waren. Dazu gehörten alle wichtigen Nahrungsmittel, Energie und einige Rohstoffe. Waren der Liste B (Eisen, Baustoffe, Bekleidung, einige Haushaltsgeräte) konnten in die Preisregelung einbezogen werden, wenn dies von den Interessenvertretern einhellig empfohlen wurde, was höchst unwahrscheinlich war.

Die Vertreter der Arbeitnehmer wehrten sich gegen eine ihrer Ansicht nach vorschnelle Aufhebung der staatlichen Preisregelung. Der „Weg von der Bewirtschaftung zur Marktwirtschaft" war ihnen suspekt. Wenn Preise freigegeben wurden, traten sie für eine möglichst freie Konkurrenz ein. Ihre Warnung vor einer raschen „Deregulierung" fand durch die „importierte Inflation" neue Nahrung, die mit der Schillingabwertung im November 1949 begann und sich in der Korea-Hausse fortsetzte. Die amtlichen Preisvorschriften wurden 1950/51 wieder verschärft und ausgeweitet. Die Preisregelungsgesetznovelle 1950[370]) ermächtigte den Innenminister, mit Zustimmung des Hauptausschusses des Nationalrats vorübergehend Höchstpreise für Waren festzulegen, die nicht in den Listen A und B aufscheinen, wenn es „die wirtschaftlichen Verhältnisse erfordern" (und nicht bloß in Notfällen, wie nach dem Preisregelungsgesetz 1949). Ferner konnten für ganze Berufszweige Entgelte (z. B. Handelsspannen) verordnet werden. Übergewinne sollten abgeschöpft werden, falls die Einstandspreise niedriger waren als im Preisbescheid angenommen. Das Preistreibereigesetz[371]) erlaubte es den Behörden, auch dann einzuschreiten, wenn (im Falle nicht preisgeregelter Waren) die ortsüblichen Preise überschritten wurden oder Vereinbarungen bestanden, die Preise „ungerechtfertigt" hoch zu halten. Bei Verstößen konnte die Fortführung des Betriebes zeitweilig oder überhaupt untersagt werden. Im Frühjahr 1951, im Höhepunkt der Korea-Hausse, errichtete die Bundesregierung ein Wirtschaftsdirektorium mit weit-

---

[367]) AdR: Vorträge an den Ministerrat Figl 1, Nr. 156 vom 10. 5. 1949.
[368]) WIFO-Monatsberichte, 1949, 22(7), S. 262.
[369]) Preisregelungsgesetz vom 30. 6. 1949, BGBl. Nr. 166/1949.
[370]) Preisregelungsgesetznovelle vom 31. 3. 1950, BGBl. Nr. 91/1950. Das Preisregelungsgesetz 1949 wurde zusammen mit seinen Novellen als Preisregelungsgesetz 1950 vom 5. 9. 1950, BGBl. Nr.194/1950 verlautbart.
[371]) Preistreibereigesetz vom 31. 3. 1950, BGBl. Nr. 92/1950.

reichenden Vollmachten zur Lenkung der Wirtschaft und zur Koordination der Preispolitik.

Nivellierung der Arbeitseinkommen

Außer dem Preisstopp wurde auch der Lohnstopp aus der deutschen Kriegswirtschaft übernommen. An die Stelle der Reichstreuhänder der Arbeit trat die Zentrallohnkommission im Sozialministerium[372]). Sie sorgte in der ersten Nachkriegsphase dafür, dass die Lohnsteigerungsraten der einzelnen Branchen nicht allzu sehr voneinander abwichen und niedrige Löhne stärker angehoben wurden als hohe. Ob sie den Lohnauftrieb insgesamt gebremst hat, ist schwer auszumachen. Das Schwergewicht der Lohnbildung verlagerte sich in der Folge zunehmend auf die Tarifpartner, deren Tätigkeit durch das Kollektivvertragsgesetz[373]) geregelt wurde. 1950 löste der Gesetzgeber die bereits seit längerem funktionslose Kommission auf.

Die Löhne für manuelle Arbeit stiegen in den ersten Nachkriegsjahren stärker als die Gehälter der Angestellten und die Bezüge der Beamten. Laut WIFO betrugen Ende 1948 die Gehälter das 2,6-fache, die Tariflöhne hingegen das 3,8-fache von 1945. Die Einkommen aus unselbständiger Arbeit insgesamt blieben daher hinter der auf die Arbeiterlöhne bezogenen Lohnleitlinie zurück (im gewogenen Durchschnitt etwa um 10%).

Übersicht 2.47: Löhne und Gehälter Ende 1948 (1945 = 100)

	Gehälter		Tariflöhne
Industrie	283,1	Facharbeiter	330,7
Handel	251,4	Hilfsarbeiter	449,7
Öffentlicher Dienst	235,8	Arbeiterinnen	393,1
Gehälter insgesamt	255,7	Löhne insgesamt	376,5

Quelle: WIFO, Beilage Nr. 8 zu den Monatsberichten, 1949, 22(3).

Die durchschnittlichen Steigerungsraten der Bezüge verschiedener Gruppen von Arbeitnehmern wurden von mehreren Faktoren bestimmt, wie von der Einkommenshöhe, von der sozialen Stellung und vom Wirtschaftszweig. Das WIFO[374]) stellte Ende 1946 fest, dass die Arbeiterlöhne bereits die Angestelltengehälter der unteren Verwendungsstufen überholt hätten. Das war nicht unplausibel, denn manuelle Arbeit war in der Nachkriegszeit stärker gefragt als Schreibarbeit. Die Feststellung des WIFO bezog sich jedoch nur auf eine Momentaufnahme während der Preis-Lohn-Spirale vor dem 1. Preis-Lohn-Abkommen.

Ob die soziale Stellung der Arbeitnehmer für sich genommen eine Rolle spielte, lässt sich an einem Beispiel prüfen. Die Interessenvertretung der Industrie (vor dem Krieg Bund der österreichischen Industriellen, nachher die

---

[372]) Zentrallohnkommissions-Verordnung vom 28. 1. 1946, BGBl. Nr. 50/1946.
[373]) Kollektivvertragsgesetz vom 26. 2. 1947, BGBl. Nr.76/1947.
[374]) WIFO-Monatsberichte, 1946, 19(10), S. 185.

Sektion Industrie der Bundeskammer der gewerblichen Wirtschaft) erhob die Monatsgehälter der Angestellten in der Wiener Industrie für 1936 und für Juni 1949 gegliedert nach Verwendungsgruppen. Aus der gleichen Quelle sind die Stundenverdienste der Wiener Metallarbeiter für beide Zeitpunkte ebenfalls gegliedert nach Verwendungsgruppen bekannt. Regressiert man die auf Monate normierten Einkommen des „gepoolten" Datensatzes von Juni 1949 auf jene von 1936, wobei die soziale Stellung durch eine Dummy-Variable markiert wird (Arbeiter = 1, Angestellte = 0), so zeigt sich, dass die soziale Stellung keine signifikante Rolle spielte. Die Arbeiterverdienste stiegen im Durchschnitt nur deshalb relativ stärker, weil sie im Ausgangsjahr relativ niedrig waren und die Lohnpolitik niedrige Einkommen stärker anhob als höhere.

Gleichung 2.1: Monatsbezüge im Juni 1949 in Abhängigkeit von den Monatsbezügen 1936 und der sozialen Stellung der Arbeitnehmer

	a	$b*\log Y_{1936}$	$c*$Dummy	$d*($Dummy$*\log Y_{1936})$
$\log Y_{1949}$	3,06	0,67	0,25	–0,04
	(10,28)	(13,24)	(0,70)	(–0,66)
D.W. = 1,95	$R^2 = 0,92$		Zahl der Beobachtungen: 72	

Quelle: Erhebung der Sektion Industrie der Bundeskammer der gewerblichen Wirtschaft (vor 1938 Bund der österreichischen Industriellen), abgedruckt im Statistischen Handbuch für die Republik Österreich 1950, 1, neue Folge, S. 166-167 und im Statistischen Jahrbuch für Österreich 1938, S. 178. – Y... Monatseinkommen, a, b, c, d...Reaktionskoeffizienten. – t-Werte (korrigiert um Heteroskadizität) in Klammer. – Dummy: Arbeiter = 1, Angestellte = 0. – Die Koeffizienten der Hilfsvariablen für das absolute Glied (c) und den Anstieg der Regressionsgeraden (d) sind nicht signifikant.

Die Beziehung zwischen der Höhe der Einkommen und ihrer Veränderung lässt sich anschaulich darstellen, wenn man die Regressionsgleichung so umformt, dass als erklärende Variable der Valorisierungsfaktor (das Verhältnis der Einkommen im Juni 1949 zu dem der Vorkriegszeit: Y_{1949}/Y_{1936}) aufscheint. Dieser Faktor war, wie nachstehendes Schaubild zeigt, umso höher, je niedriger das Ausgangsniveau. Männliche Hilfskräfte verdienten im Oktober 1949 das 4,3-fache des Friedensmonatseinkommens (222 S), Direktoren und Prokuristen das 1,8-fache (1.169 S).

Diese Ergebnisse lassen sich vermutlich auf die gesamte gewerbliche Wirtschaft übertragen. Sie galten jedoch nicht für den öffentlichen Dienst. Die Gehälter der Beamten und der Vertragsbediensteten blieben in den ersten Nachkriegsjahren nicht nur im Durchschnitt, sondern auch in den einzelnen Verwendungsgruppen hinter den vergleichbaren Einkommen der Wirtschaft zurück. Die schlechte wirtschaftliche Lage der Akademiker im öffentlichen Dienst – die besonders benachteiligten Spitalsärzte organisierten Demonstrationen – wurde von *Hiscocks* (1954, S. 212-215) in seiner sonst sehr wohlmeinenden Darstellung der österreichischen Wirtschaftspolitik der Nachkriegszeit kritisiert.

Abbildung 2.9: Abhängigkeit des Valorisierungsfaktors 1949/36 der Monatsbezüge von der Einkommenshöhe 1936

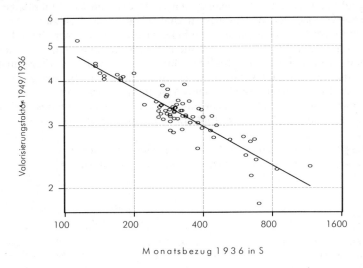

Quelle: Siehe Beschreibung zu Gleichung 2.1. – Doppelt-logarithmischer Maßstab.

Abbildung 2.10: Pro-Kopf-Einkommen laut VGR und Arbeiter-Nettoverdienste

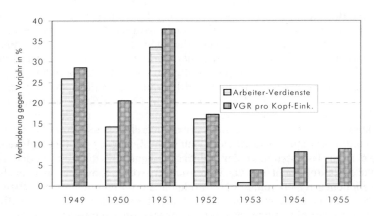

Quelle: Arbeiter-Verdienste nach WIFO, Durchschnitt aus Indizes mit und ohne Kinderbeihilfen. Pro-Kopf-Einkommen der Unselbständigen laut VGR.

Die Nivellierung der Löhne und Gehälter vollzog sich in der Weise, dass in den Kollektivverträgen prozentuelle Erhöhungen und gleichzeitig ein absoluter Mindestbetrag vereinbart wurden. An dieser Praxis hielten die Tarifpartner bis zum 5. Preis-Lohn-Abkommen fest. Dennoch dürfte die Nivellierung Anfang der fünfziger Jahre ihren Höhepunkt überschritten haben. Ein Indiz hiefür liefert die Volkswirtschaftliche Gesamtrechnung. Danach wuchsen die Pro-Kopf-Einkommen der Unselbständigen schon ab 1949 stärker als die Arbeiterverdienste. Das Auseinanderlaufen der beiden Lohnindizes hat allerdings auch andere Ursachen wie etwa einmalige Teuerungsausgleiche[375]), wiederkehrende Sonderzahlungen (13. Monatsbezug), Strukturverschiebungen zugunsten von Arbeitnehmern mit überdurchschnittlichen Verdiensten („Landflucht") und die Zunahme der Lohnnebenkosten (insbesondere durch die von der Lohnsumme berechneten Umlagen für den Familienlastenausgleich). Ein wichtiger Grund war das Nachziehen der Beamtengehälter. Sie stiegen zurzeit des 5. Preis-Lohn-Abkommens um 27%, erreichten allerdings erst in den höheren Gehaltsstufen das 3,7-fache von 1945.

2.5.3 Merkmale der Anpassungsinflation

Die Fassade friedensmäßiger Preis-Lohn-Relationen wurde mit Mitteln errichtet, die nicht dauernd verfügbar waren. Österreich genoss zwar lange ausländische Hilfe, aber die USA drängten, sie für Zahlungsbilanz entlastende Investitionen und nicht für Subventionen oder für Infrastruktur-Investitionen der öffentlichen Hand zu verwenden. Die Spaltung der Agrarmärkte bot den Bauern nur solange ausreichende Erlöse, als Nahrungsmittel knapp und daher die schwarzen Preise hoch waren. Die öffentlichen Versorgungsunternehmungen konnten ihren Kunden nur solange niedrige Tarife verrechnen, als die öffentlichen Haushalte für die Defizite aufkamen. Denkbar wäre es gewesen, dass auf die temporären Hilfen in dem Maße verzichtet werden konnte, wie die Produktivitätslücke geschlossen wurde. Preisniveaustabilität wäre dann auf mittlere Sicht möglich gewesen. Eine solche intertemporal stimmende Lösung wurde nicht gefunden, sei es, weil die temporären Stützen zu rasch abgebaut wurden, sei es, weil die Konsenspolitik der Sozialpartner überfordert wurde. Als Ausweg bot sich die Anpassungsinflation an, wobei freilich die Gefahr bestand, dass sich die Inflation vom ursprünglichen Anlass loslöste und selbständig machte.

Die Anpassungsinflation wurde ab Sommer 1947 in Preis-Lohn-Abkommen kanalisiert, die von den Sozialpartnern vereinbart und von der Regierung sanktioniert wurden. Zwischen 1947 und 1951 kam es zu fünf solchen Abkommen. Sie wiesen trotz individueller Besonderheiten ein gemeinsames Grundmuster auf. Immer dann, wenn nennenswerte Verteuerungen im früher umschriebenen Kernbereich (Agrarprodukte, Leistungen von öffentlichen Versorgungsunternehmungen) drohten, weil die Landwirtschaft höhere offizielle Preise begehrte, weil die Subventionen gekürzt werden mussten oder weil sich die öffentlichen Haushalte nicht mehr niedrige Tarife leisten konnten, insbesondere aber, wenn mehrere dieser Faktoren zusammentrafen, ermittelten die Sozialpartner, wie sehr die nicht abweisbaren Verteuerungen die Arbeitnehmer

---

[375]) Ende 1949 wurde ein Teuerungsausgleich von etwa ¼ Monatsbezug ausgehandelt. Tätigkeitsbericht 1949 des ÖGB, S. 23.

belasteten und vereinbarten entsprechende Lohnerhöhungen. Sekundäre Preisreaktionen wurden bestenfalls im Kernbereich berücksichtigt. Die gewerbliche Wirtschaft würde – so wurde angenommen – die Kostensteigerungen aus dem Produktivitätszuwachs decken. Diese Annahme wurde getroffen, weniger weil sie glaubhaft war, sondern weil andernfalls keine Vereinbarung zustande gekommen wäre. Konsens zwischen den Sozialpartnern konnte nur erreicht werden, in dem die absehbare Reaktionskette in einem frühen Stadium abgebrochen wurde[376]).

Die Technik der Preis-Lohn-Abkommen bewirkte, dass sich Preise und Löhne in Schüben aufwärts bewegten. Zwischen den Abkommen war der inflatorische Auftrieb gering, wenn man von 1951 absieht, als die Hausse auf den internationalen Rohwarenmärkten im Gefolge des Korea-Konflikts Preise und Löhne ziemlich stetig steigen ließ.

Lohndrift als Korrekturfaktor

Der Verlauf einer Anpassungsinflation hängt davon ab, wie rasch die Akteure auf Kostensteigerungen reagieren (manche Preise und Einkommen sind durch Kontrakte oder behördliche Vorschriften gebunden) und wieweit sie bloß vergangene Entwicklungen berücksichtigen oder bereits künftig erwartete vorwegnehmen (adaptive oder rationale Erwartungen).

Zeitlich verzögerte Reaktionen werden üblicherweise den Löhnen zugeschrieben. Anpassungsinflationen werden daher im ökonomischen Schrifttum häufig so modelliert, dass die an Lohnrunden gebundenen Löhne nachhinken, wogegen höhere Stückkosten unverzüglich auf die Preise durchschlagen (siehe z. B. *Blanchard/Katz,* 1999).

Gleichung 2.2: Standard Preis-Lohn-System

$$\Delta w_t = a + b \Delta p_{t-1} - c u_t$$
$$\Delta p_t = \Delta w_t - \Delta y_t$$

w ... Löhne, p ... Preise, y ... Produktivität, u ... Arbeitslosenrate, a, b, c ... Konstante (b wird meist mit 1 angenommen: keine Geldlohnillusion), Δ ... Veränderung gegen Vorperiode. – Alle Größen in Logarithmen.

Das Standardmodell passt jedoch nicht auf die österreichische Nachkriegsinflation, denn die Löhne waren kurzfristig nach oben flexibel. Zwar konzentrierten sich die Steigerungen der Tariflöhne auf die Termine der Abkommen. Die Effektivverdienste stiegen jedoch auch zwischendurch (siehe *WIFO,* 1955B, *Müller,* 1953). Als die Nachkriegsinflation Ende 1951 gestoppt

---

[376]) Jahrzehnte später wurde der österreichischen Einkommenspolitik von amerikanischen Ökonomen (*Branson,* 1982, S. 203) vorgeworfen, sie könne nur funktionieren, wenn mehr verteilt als produziert wird. Das war aber zu diesem Zeitpunkt eine zu pessimistische Interpretation.

wurde, waren sie nach den WIFO-Berechnungen um ein Drittel höher als die Tariflöhne[377]).

Abbildung 2.11: Tariflöhne und Stundenverdienste (Lohndrift)

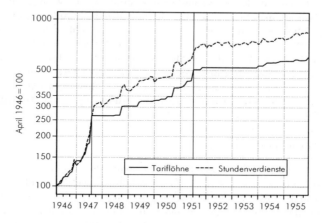

Quelle: WIFO. Indizes der Tariflöhne und der Verdienste netto, ohne Kinderbeihilfen. – Die ausgezogenen senkrechten Linien markieren das 1. und das 5. Preis-Lohn-Abkommen. – April 1946 = 100. Semi-logarithmischer Maßstab.

Nur in größeren Zeitabständen wurden hingegen die Agrarpreise und die Tarife der öffentlichen Körperschaften geändert. Die Preise für Pflanzenprodukte wurden üblicherweise einmal im Jahr, vor der neuen Ernte, erhöht. Die Verhandlungen standen unter Zeitdruck, denn die Landwirte hielten ihre Produkte zurück, bis neue Preise zugestanden wurden. Öffentliche Körperschaften änderten ihre Tarife nur selten, dann aber kräftig. Auch der Abbau von Subventionen sowie die Steuererhöhungen konzentrierten sich auf bestimmte Zeitpunkte. Die Vertreter der Landwirtschaft konnten glaubhaft behaupten, dass ihre Preise immer der allgemeinen Entwicklung nachhinkten, aber das galt nur für die offiziellen Preise.

Müller (1953, S. 18) erklärte die Lohndrift damit, dass in den Abkommen nicht berücksichtigte Verteuerungen Lohnforderungen auf Betriebsebene auslösten, denen die Unternehmungsleitungen angesichts des angespannten Arbeitsmarktes wenig Widerstand entgegen setzten. Auch die Technik der Kollektivverträge mag eine Rolle gespielt haben. Generelle Lohnerhöhungen blieben zwar den Mantelkollektivverträgen anlässlich der Preis-Lohn-Abkommen vorbehalten. Lohnnebenbedingungen, die zum Teil die Stundenverdienste beeinflussten, wurden jedoch in Kollektivverträgen der Fachgewerkschaften

---

[377]) Möglicherweise unterschätzen die WIFO-Daten die Entwicklung der Tariflöhne und überzeichnen daher den Lohndrift. Aber auch nach den Aufzeichnungen der Wiener Arbeiterkammer öffnete sich die Schere zwischen den beiden Lohnformen.

festgelegt. Insbesondere im Gefolge der ersten beiden Preis-Lohn-Abkommen stiegen die Verdienste weit stärker als die Tariflöhne.

Für die Gewerkschaften hatte die Lohndrift Vor- und Nachteile. Sie konnten darauf verzichten, Überschreitungen der in den Abkommen vorgesehenen Margen unverzüglich mit neuen Tariflohnforderungen zu beantworten, da sich die Arbeitnehmer in den Betrieben ohnehin zu helfen wussten. Andererseits drohte die Lohnentwicklung ihrer Kontrolle zu entgleiten. Die starke Lohndrift in der Nachkriegsinflation kann als ein Beleg dafür gelten, dass die Gewerkschaften nur in bestimmten Grenzen autonom agieren können. Wird der Sog auf dem Arbeitsmarkt zu stark, verlieren sie ihre Macht, mäßigend auf die Lohnentwicklung einzuwirken (und das Vertrauen ihrer Mitglieder). Das mag erklären, warum sich Gewerkschaften und Vertreter der Sozialistischen Partei in der Nachkriegszeit stärker für währungspolitische Schnitte engagierten als die bürgerliche Seite (*Staribacher*, 1950, S. 58).

Die Beziehung zwischen Tariflöhnen und Verdiensten scheint zumindest in der hier betrachteten Periode asymmetrisch gewesen zu sein. Die Verdienste wurden durch die Tariflohnabschlüsse nicht nach oben begrenzt. Andererseits schlugen die in den Preis-Lohn-Abkommen vereinbarten Tariflohnerhöhungen noch im gleichen Monat oder ein Monat später auf die Verdienste durch. Sie haben daher nicht bloß die vergangene Entwicklung konsolidiert (und auf Betriebe ausgedehnt, die aus welchen Gründen immer nur Tariflöhne zahlten), sondern einen neuen Schub der Verdienste ausgelöst. Das lässt sich durch eine Regression der Lohnsteigerungsraten auf die Zeitpunkte der Preis-Lohn-Abkommen belegen. 80% der Tariflohnsteigerungen zwischen Juli 1947 und Ende 1951 entfielen auf die Abkommen. Noch im Monat des Abschlusses der Generalkollektivverträge oder spätestens im Monat danach zogen die Verdienste gleich. Es bedurfte dazu keiner Ist-Lohn-Klausel, die heute in den Kollektivverträgen üblich ist.

Gleichung 2.3: Abhängigkeit der Tariflöhne und der Verdienste von den Preis-Lohn-Abkommen

	Steigerungsraten	
	Tariflöhne $(100 \times \Delta \log)$	Stundenverdienste $(100 \times \Delta \log)$
Im Monat des Abkommens	19,96**	15,23**
Einen Monat nachher	− 0,07	5,86**
R^2	0,80	0,55
DW	1,74	1,55

Regression der monatlichen Veränderungsraten $(100 \times \Delta \log)$ auf die Zeitpunkte der Preis-Lohn-Abkommen (repräsentiert durch Dummies) von Juni 1947 bis Dezember 1951. – ** ... signifikant bei Irrtumswahrscheinlichkeit von 0,05.

Dank der Lohndrift entwickelten sich die Arbeiterverdienste über weite Strecken parallel zu den offiziellen Preisen repräsentiert durch den Lebenshaltungskostenindex des WIFO. Die Vorgabe der Lohnpolitik einer annähernd friedensmäßigen Relation zwischen legalen Preisen und Löhnen konnte auf diese Weise erfüllt werden. Die Korrekturfunktion der Verdienste lässt sich mit Hilfe eines „Fehlerkorrekturmodells" verdeutlichen, in dem die Steigerungen der Verdienste aus jenen der Tariflöhne und einem Korrekturfaktor erklärt werden, der dann wirksam wurde, wenn der Abstand zwischen Preisen und Verdiensten zu groß wurde.

Gleichung 2.4: Verdienstgleichung (Fehlerkorrektur-Modell)

a) ohne Kinderbeihilfen

$$\Delta v_t = 0{,}55\,\Delta t_t + 0{,}23\,\Delta t_{t-1} + 0{,}27\,\Delta p_t + 0{,}21\,(p_{t-1} - v_{t-1})$$

$$(4{,}57) \quad (3{,}00) \quad (2{,}92) \quad (2{,}52)$$

$$R^2 \quad 0{,}66 \quad DW\ 2{,}14$$

b) mit Kinderbeihilfen

$$\Delta v_t = 0{,}54\,\Delta t_t + 0{,}23\,\Delta t_{t-1} + 0{,}24\,\Delta p_t + 0{,}19\,(p_{t-1} - v_{t-1})$$

$$(6{,}75) \quad (3{,}21) \quad (2{,}64) \quad (2{,}76)$$

$$R^2 \quad 0{,}68 \quad DW\ 2{,}29$$

v ... Stundenverdienste netto, t ... Tariflöhne netto, p ... Lebenshaltungskosten, Δ ... Differenz gegenüber Vormonat. – Alle Größen in Logarithmen, – t-Werte in Klammern. – Monatswerte April 1946 bis Dezember 1951.

Fiktiver und effektiver Reallohn

Der Umstand, dass sich amtliche Preise und Arbeiterverdienste über weite Strecken der Nachkriegsinflation parallel entwickelten, rief bei manchen Kommentatoren den Eindruck hervor, dass nicht nur der fiktive, an den offiziellen Preisen gemessene, sondern auch der tatsächliche Reallohn bis etwa 1950 stagnierte und erst nachher steigende Tendenz hatte. Dieser Sachverhalt lässt sich illustrieren, in dem man die Indizes der Nettoverdienste mit dem Lebenshaltungskostenindex des WIFO deflationiert und durch die Logarithmen dieser Werte zwei lineare Trends legt, einen von 1946 bis einschließlich 1949 und einen anderen von 1950 bis 1955. Danach änderte sich der so definierte fiktive Reallohn in der ersten Periode nur wenig (mit Kinderbeihilfen hatte er eine leicht steigende, ohne diese eine leicht sinkende Tendenz). Erst ab 1950 tendierten beide Indizes deutlich nach oben. (Die Trendwende wäre stärker ausgeprägt, wenn man statt der Arbeiterverdienste die Pro-Kopf-Einkommen aller Unselbständigen als Maßstab wählte.) Die pessimistischere Variante (Nettoverdienste ohne Kinderbeihilfen) wird in Abbildung 2.12 wiedergegeben.

Tatsächlich stiegen Reallohn und Konsum bis Ende 1949 beträchtlich. Das erklärt sich daraus, dass die städtischen Haushalte zunehmend größere Rationen zu offiziellen Preisen erhielten und daher weniger auf den Schwarzen Markt angewiesen waren, wo überdies die Preise stark sanken. Ferner wurde das Warenangebot qualitativ besser und vielfältiger. Erst nachdem die Rationierung wichtiger Konsumgüter aufgehoben wurde, kamen fiktiver und effektiver Reallohn einander näher.

Gleichung 2.5: Trend des (fiktiven) Reallohns (netto)

Zeit	Trendwachstum pro Jahr in %	
	Mit Kinderzulage	Ohne Kinderzulage
1946:4 bis 1949:12	1,74	– 1,42
1950:1 bis 1955:12	3,88	3,22

Fiktiver Reallohn: Nettoverdienste/Lebenshaltungskostenindex zu offiziellen Preisen (WIFO). – Regression des fiktiven Reallohns (log) auf die Zeit (in Monaten). – Regressionskoeffizienten umgerechnet auf diskontinuierliche jährliche Wachstumsraten.

Abbildung 2.12: Trend des (fiktiven) Reallohns 1946/1949 und 1950/1955

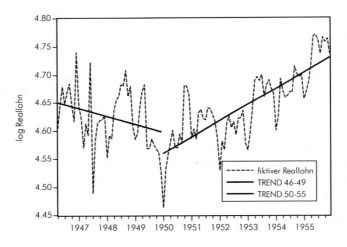

Quelle: WIFO. Index der Nettoverdienste (ohne Kinderbeihilfen) dividiert durch Lebenshaltungskostenindex. – Trend ermittelt durch Regression der Logarithmen der Monatswerte auf die Zeit.

Man kann die Entwicklung der effektiven Reallöhne während der Rationierung wichtiger Konsumgüter approximativ schätzen, in dem man den Schwarzmarkt ins Kalkül einbezieht. Das WIFO berechnete seinen Lebenshaltungskostenindex aufgrund eines friedensmäßigen Verbrauchsschemas. Diese Berechnung war insofern fiktiv, als nur ein Teil der vor dem Krieg konsumierten Mengen zu den amtlich geregelten Preisen erhältlich war. Es liegt nahe, den Index wirklichkeitsnäher zu gestalten, indem man nur die Rationen mit den amtlichen Preisen, die darüber hinausgehenden Mengen jedoch zu Schwarzmarktpreisen bewertet. Man erhält dann einen modifizierten Laspeyres-Index (einen mit den Gewichten der Basisperiode erstellten Preisindex), modifiziert deshalb, weil der Index nicht nur Veränderungen der Preise, sondern auch der Mengen (Rationen) widerspiegelt. Man kann ihn als Preisindex interpretieren, in dem die Verbrauchsmengen fixiert sind, die Preise aber mit den jeweiligen Marktanteilen gewogene Durchschnitte von offiziellen und schwarzen Preisen darstellen. Eine solche Berechnung veröffentlichte *Hruby* (1953). Danach ging der „effektive" Lebenshaltungskostenindex von 1947 bis 1950 absolut zurück. (Die gleiche Berechnung stellte A. Kausel an, doch wurde ihm vom Auftraggeber bedeutet, dass kein Interesse an einer Publikation bestünde.)

Der so ermittelte „effektive" Lebenshaltungskostenindex muss jedoch sorgfältig interpretiert werden. Er besagt streng genommen nur, wie viel die Konsumenten für legale und illegale Käufe ausgeben müssten, wenn sie gleich viel konsumierten wie vor dem Krieg. Greift man den Jänner 1947 zu Illustrationszwecken heraus, so kommt man zu folgendem Ergebnis: Zu diesem Zeitpunkt betrugen die offiziellen Preise im gewogenen Durchschnitt nur das 1,24-fache, die Schwarzmarktpreise aber das 40-fache der Preise von 1937 (die „Freundschaftspreise" wurden in diesem Zusammenhang vernachlässigt). Um das gleiche Güterbündel wie 1937 zu erwerben, musste man das 9,23-fache ausgeben (Preisindex nach Laspeyres), wenn die durch Rationen nicht gedeckten Mengen auf dem Schwarzen Markt gekauft wurden. Tatsächlich waren aber die Verdienste der Arbeitnehmer Anfang 1947 nur um etwa ein Sechstel höher als vor dem Krieg (1 S-alt = 1 S-neu). Der durchschnittliche Arbeitnehmer-Haushalt konnte sich daher viel weniger leisten als 1937.

Man kann nun die Fragestellung umdrehen: Um wie viel mehr als 1937 musste der durchschnittliche Haushalt im Jänner 1947 ausgeben, wenn man das zuletzt konsumierte Güterbündel dem Kalkül zugrunde legt? Das lässt sich überschlägig schätzen, indem zwei passende Preisindizes, einer für die legalen und einer für die schwarzen Preise mit Hilfe der Ausgabenanteile der beiden Warengruppen in der Endperiode miteinander verknüpft werden.

Gleichung 2.6: Preisindex mit Ausgabenanteilen Endperiode

Paasche-Index

$$I_{1,0} = \frac{1}{\frac{1}{I_{1,0}^s} g_1^s + \frac{1}{I_{1,0}^l} \left(1 - g_1^s\right)}$$

I^s ... Index schwarze Preise, I^l ... Index legale Preise, g_1^s ... Anteil der Schwarzmarktpreise in Periode 1.

Das aufgrund dieser überschlägigen Berechnung ermittelte Ergebnis ist verblüffend: Der so gebildete Index erreichte im Jänner 1947 nur das 1,54-Indizefache des Vorkriegsstands (Preisindex nach Paasche). Dividiert man den Index der Geldlöhne durch die Preisindizes, so erhält man folgendes Ergebnis: Nach der ersten Berechnung betrug der Reallohn der Arbeitnehmer Anfang 1947 nur 14% des Friedensniveaus, nach der zweiten Berechnung hingegen etwa 75%. Der große Unterschied erklärt sich rein indextechnisch aus dem unterschiedlichen Gewicht der Schwarzmarktpreise in beiden Güterbündeln. Um das Güterbündel 1937 zu realisieren, hätte man 1947 fast 90% der Ausgaben auf dem Schwarzen Markt tätigen müssen; tatsächlich waren es laut Erhebungen der Wiener Arbeiterkammer nur etwa 20%.

Die große Spanne macht – so scheint es – Indexberechnungen in extrem unterschiedlichen Situationen wertlos. Dennoch sind sie nützlich, wenn man sie für konkrete Fragestellungen heranzieht. Man kann damit z. B. die nivellierende Wirkung des Rationierungssystems verdeutlichen. Wer schon 1937 relativ gut lebte, musste ein Vielfaches verdienen (oder erhebliche Vermögenswerte verschleudern), um sich den Friedenskonsum auch 1947 leisten zu können. Wer schon 1937 darbte (z. B. weil er arbeitslos war), musste sich nach dem Krieg nur wenig einschränken, wenn er einer normalen Beschäftigung nachging. Auch die Spannungen zwischen Land und Stadt werden verständlich, wenn man berücksichtigt, dass sich die Landbevölkerung annähernd friedensmäßig ernähren konnte, was sich nur wohlhabende Städter leisten konnten.

Übersicht 2.48: Effektive Lebenshaltungskosten (unter Berücksichtigung des Schwarzen Marktes)

	Teilindizes		Lebenshaltungskosten effektiv	
	Legal	Schwarz	Laspeyres[1])	Paasche[2])
	1938 = 100 (S-alt = S-neu)			
Jänner 1947	124	4.020	923	154
Jänner 1948	305	3.000	720	372
Jänner 1949	370	1.060	436	425
Jänner 1950	474	610	481	496
Mai 1950	440	440	445	440

[1]) Index laut *Hruby* (1953). – [2]) Index mit einem Endperiodengewicht für Schwarzmarktkäufe von 20% der Gesamtausgaben.

Reale Abwertung verteuert Importe

Bis 1949 hatten sich die Verhältnisse soweit normalisiert, dass der Übergang von der Bewirtschaftung zur Marktwirtschaft gewagt werden konnte, ohne nennenswerte Teuerungen befürchten zu müssen. Dank der Auslandshilfe konnte die Bevölkerung quantitativ, wenngleich noch nicht qualitativ, ausreichend mit Nahrungsmitteln versorgt werden. Das reale Nationalprodukt war etwa gleich hoch wie 1937, die Arbeitsproduktivität lag nur noch wenig darunter. Die Produktivitätslücke im engeren Sinn kann daher nicht mehr die treibende Kraft im Inflationsprozess gewesen sein. Neue Inflationsimpulse gingen jedoch von der Außenwirtschaft aus.

Wie schon erwähnt, hatte sich die heimische Wirtschaftspolitik 1946 entschieden, den von den Militärbehörden vorläufig festgelegten Kurs von 10 S je $ zu übernehmen. Der hohe Dollarkurs – die Kaufkraftparität bezogen auf die offiziellen Preise lag etwa bei 3 – und die hohen Dollarpreise für Nahrungsmittel schlugen nicht voll auf das heimische Preisniveau durch, weil die ausländi-

2.5 Die Nachkriegsinflation

schen Hilfslieferungen zu Inlandspreisen abgegeben wurden. Als die heimische Inflation fortschritt, näherte sich das heimische Preisniveau den Kaufkraftparitäten. Im Herbst 1949 entsprachen die Dollarpreise des im Rahmen des ERP eingeführten Brot- und Futtergetreides etwa den Inlandspreisen zum Kurs von 10 S/$[378]). Damit sank jedoch der Subventionsbedarf nur scheinbar. Denn ab dem 1. Preis-Lohn-Abkommen kamen immer mehr Exporteure mit dem offiziellen Kurs nicht mehr aus. Um dennoch den Export zu fördern oder überhaupt erst zu ermöglichen, erfand die Währungspolitik das Instrument multipler Wechselkurse, auch „trading devices" genannt (Kopplungs- und Kompensationsgeschäfte, Weitergabe von Devisen aus der Belassungsquote der Exporteure gegen Agio). Die Hilfslieferungen, die einen Großteil der lebenswichtigen Importe deckten, wurden jedoch weiter (höchstens) zum offiziellen Kurs abgegeben. Von der Importseite wurde daher die heimische Inflation gebremst.

Abbildung 2.13: Importierte Inflation (Deflatoren BIP und Importe)

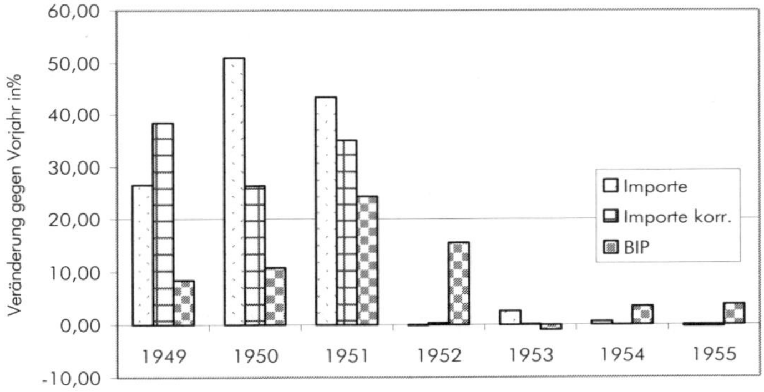

Quelle: VGR. – Die korrigierten Teuerungssätze für die Importe gehen von den Durchschnittskursen unter Berücksichtigung der „trading devices" aus, die unkorrigierten vom offiziellen Wechselkurs von 10 S/$.

Das änderte sich mit der Abwertungswelle in Europa im September 1949, der sich im November – verspätet, weil vor den Nationalratswahlen keine wichtigen wirtschaftspolitischen Entscheidungen getroffen wurden – auch Österreich anschloss. Der offizielle Wechselkurs von 10 S/$, der im kommerziellen Verkehr nur noch fiktiven Charakter hatte, wurde durch ein 3-Kurs-System mit dem Schwerpunkt 21,26 S/$ (Mischkurs) ersetzt. Außerdem sagten die Währungsbehörden die Abschaffung der „trading devices" zu. Das 3-Kurs-System war nur als Übergangslösung gedacht. Der Internationale Währungsfonds drängte auf einen Einheitskurs und die Amerikaner ließen nur noch be-

---

[378]) WIFO-Monatsberichte, 1949, 22(12), S. 520.

grenzte Preisstützungen aus der dünner werdenden ERP-Hilfe zu. Von 1949 bis 1951 verteuerten sich die kommerziellen Importe pro Jahr um ein Fünftel bis ein Drittel, weit stärker als die heimische Wertschöpfung. Für ERP-Importe, die bis zur Abwertung im Dezember 1949 noch zum Kurs von 10 : 1 abgewickelt worden waren, betrug die Teuerung 1950 mehr als 50% und 1951 noch mehr als 40%[379]). Die zunächst von der Änderung des Kurs- und Subventionsregimes ausgehende „importierte Inflation" wurde 1951 durch die Hausse auf den Rohwarenmärkten im Gefolge des Korea-Kriegs zusätzlich genährt.

Der von der Importseite ausgelöste Kostenschub war deshalb besonders stark, weil der Dollarkurs sehr hoch angesetzt wurde und weil im herrschenden Inflationsregime Kostensteigerungen rasch auf die Preise der Endprodukte weiter gewälzt wurden. Dazu folgende Erläuterungen:

Der Dollarkurs betrug 1937, im Jahr vor der Annexion, 5,43 S[380]). Zu diesem Kurs war der weitgehend freie Devisenmarkt ausgeglichen; er dürfte etwas über den Kaufkraftparitäten gelegen sein. Schreibt man den Kurs 1937 mit den Inflationsraten[381]) (gemessen am BIP-Deflator) in Österreich und den USA nach der nachstehend angeführten Formel fort, dann erhält man für 1950 (nach der Abwertung 1949) einen mit der Vorkriegszeit vergleichbaren Kurs von 13,2 S/$ und für 1954 (nach der Vereinheitlichung der Wechselkurse) einen solchen von 17,5. Diese Werte liegen um 41% und 33% unter den tatsächlichen Kursen von 21,36 und 26 S/$.

Gleichung 2.7: Fortschreibung der Kaufkraftparitäten

$$PPP_1^{S/\$} = PPP_0^{S/\$} * \left(\frac{P_1^S / P_0^S}{P_1^\$ / P_0^\$} \right)$$

PPP ... Kaufkraftparität, P^S ... Inlandspreise in S, $P^\$$ ... US-Preise in $, 0,1 ... Zeitsubskripte.

Auch andere europäische Länder werteten im Herbst 1949 ihre Währungen gegenüber dem Dollar ab, um die Dollarlücke zu schließen, jedoch meist weniger stark als Österreich. Der Abwertungssatz[382]) betrug im Allgemeinen 30%, in Belgien und in Deutschland lag er darunter, der Schweizer Franken behielt seine Dollarparität. Nach überschlägigen Berechnungen auf Basis der Verbraucherpreise wurde der Schilling seit der Vorkriegszeit nicht nur gegen-

---

[379]) Die amtliche Statistik bewertete den Außenhandel bis zur Kursänderung im Dezember 1949 unbeschadet der „trading devices" zum offiziellen Kurs von 10 : 1. Den im Text erwähnten und in Abbildung 2.13 wiedergegebenen Teuerungssätzen für kommerzielle Importe liegen Durchschnittskurse von 14 S/$ (1948) und 16 S/$ (1949) zugrunde.
[380]) Der RM-Kurs von 1938 ist für Vergleiche ungeeignet, weil die Reichsmark in den dreißiger Jahren stark überbewertet war.
[381]) Der BIP-Deflator für die USA wurde dem „Survey of Current Business", Juli 1956, entnommen, der für Österreich stammt aus der VGR.
[382]) Der Abwertungssatz wird am Verhältnis des Preises der heimischen Währung ausgedrückt in ausländischer Währung gemessen (z. B. S/$).

über dem Dollar, sondern auch gegenüber den Währungen der meisten Handelspartner real abgewertet. Die reale Abwertung vergrößerte die Gewinnmargen der Exportwirtschaft: Die Exportpreise stiegen laut VGR seit 1937 stärker als die Industriepreise insgesamt, beide in Schilling gemessen. Wahrscheinlich trug die Kursänderung auch zur Verschlechterung der Austauschverhältnisse im Außenhandel bei. Für eine Einheit Exportgut konnten in den Jahren 1948[383]) bis 1955 um 10% bis 20% weniger Importe angeschafft werden als vor dem Krieg. Das Realeinkommen der heimischen Wirtschaft war dementsprechend um 2% bis 4% niedriger als ihr Realprodukt[384]). Die Verschlechterung der Austauschverhältnisse war infolge der Preisverhältnisse auf dem Weltmarkt zum Teil unvermeidlich, wurde jedoch durch die Abwertung zusätzlich verstärkt.

Abbildung 2.14: Wechselkurs, Kaufkraftparitäten, Exportpreise

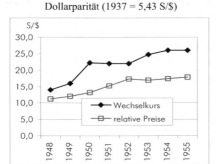
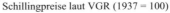
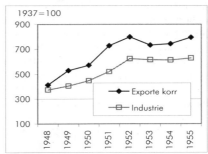

Linkes Schaubild: effektiver Wechselkurs S/$ und relative Entwicklung der österreichischen Preise im Vergleich zu den amerikanischen (gemessen am BIP-Deflator) seit 1937 (Basis Wechselkurs 1937: 5,43 S/$). – Rechtes Schaubild: Exportpreise in Schilling (Dollarpreise mal effektiven Wechselkurs) und Industriepreise in Schilling laut VGR; 1937 = 100.

Ein weiterer Grund, warum der Dollarkurs hoch angesetzt worden war, lag darin, dass im Fremdenverkehr der Zwangskurs nicht allzu weit unter dem freien Marktkurs liegen durfte. Im Allgemeinen hielt sich die „Dollarisation", die Verdrängung der heimischen Währung als Zahlungs- und Wertaufbewahrungsmittel, in engen Grenzen. Weder verfügten die privaten Haushalte über nennenswerte Beträge in Fremdwährungen, noch orientierten sich die freien Preise an den jeweiligen Tagesnotierungen auf freien Devisenmärkten. Die österreichische Wirtschaft war eine „Inselwirtschaft" mit beschränkten Bezie-

---

[383]) Für die unmittelbare Nachkriegszeit erlauben die statistischen Quellen keine brauchbare Schätzung der Austauschverhältnisse. Sie hätte auch nur theoretische Bedeutung, denn lebenswichtige Güter (Nahrungsmittel und Kohle) wurden überwiegend mit ausländischer Hilfe beschafft.
[384]) Realprodukt und Realeinkommen werden nach den geltenden Regeln in der VGR der Europäischen Union (ESVG) getrennt ausgewiesen.

hungen zu den ausländischen Waren- und Finanzmärkten. Eine Ausnahme bildete der Fremdenverkehr. Seine Transaktionen ließen sich von der Devisenbewirtschaftung nur schwer erfassen. In den Schnellzügen aus der Schweiz nach Österreich konnte man die für Österreich-Aufenthalte benötigten Schillingbeträge zum freien Züricher Kurs erwerben.

Das Ausmaß der Abwertung und der Subventionsabbau allein erklären nur teilweise, warum die österreichische Inflationsrate 1951 so weit über der westeuropäischen lag. Die Vertreter der Sozialistischen Partei argumentierten, dass Preiskontrollen und Bewirtschaftung zu früh aufgehoben wurden. Zumindest wurde nicht vorgesorgt, dass sie im Bedarfsfall relativ rasch aktiviert werden konnten. Es gibt jedoch einen tieferen Grund. Kostenschübe werden in einem Regime annähernd stabiler Preise eher als temporär, in einem inflatorischen Regime hingegen als anhaltend betrachtet. Dementsprechend unterscheiden sich die „pass-through"-Effekte: Importverteuerungen schlagen in einem inflatorischen Regime rascher und fast vollständig auf die Preise der Endprodukte durch. Bürokratische Kontrollen, auf die sich die heimische Wirtschaftspolitik verließ, sind gegenüber Kostensteigerungen relativ unwirksam (es sei denn, sie werden in ein umfassendes einkommenspolitisches Konzept eingefügt). Die Auslandswaren-Preisverordnung (ein Überbleibsel aus der nationalsozialistischen Zeit) gestattete ausdrücklich die Weitergabe von Importverteuerungen.

Noch ein Umstand fiel ins Gewicht: Während sich die Wirtschaft in der Bundesrepublik Deutschland, wo die Importe schon weitgehend liberalisiert waren, unverzüglich nach Ausbruch des Korea-Konflikts Mitte 1950 mit Vorräten an international knappen Rohwaren eingedeckt hatte (und daher die deutsche Zahlungsbilanz vorübergehend ins Defizit geraten war), zogen die österreichischen Importe erst 1951 an, zu einem Zeitpunkt, als die internationalen Rohwarenpreise bereits sehr hoch waren. Die Notenbank wies Vorwürfe zurück, dass ihre Genehmigungspraxis an der verzögerten Reaktion Schuld trüge[385].

Die Informationslücke

Preisregelung und Bewirtschaftung machten es an sich schwer, aussagekräftige Preis-Lohn-Statistiken zu erstellen. Nach Kriegsende wurde jedoch selbst das nicht oder nur unzulänglich gemessen, was messbar war. Zur Produktivitätslücke kam die Informationslücke.

Der Alliierte Rat empfahl der Bundesregierung Ende 1945 Preis- und Lohnstatistiken auf zentraler Basis zu erstellen[386]. Dem Österreichischen Statistischen Zentralamt (ÖSTAT) erschien diese Aufgabe zu heikel. Es erklärte sich mit Zustimmung der Interessenverbände dazu nicht imstande. Dabei wurde ein interessenpolitisch motivierter Konnex zwischen einem Lohnindex und einem Lebenshaltungskostenindex hergestellt[387]. Wenn es diesen nicht gäbe,

---

[385] 59. Sitzung des Generalrats der OeNB vom 22. 2. 1951.
[386] Military Government Austria No. 3, January 1946, S. 46/47.
[387] Jahrbuch 1946 der Arbeiterkammer in Wien, S. 133/134.

dürfte auch jener nicht erstellt werden. Noch Ende 1947 lehnte das Wirtschaftliche Ministerkomitee den Antrag des Handelsministers ab, amtliche Preis-Lohn-Statistiken zu erarbeiten[388]). Das bedeutete freilich nicht, dass Wirtschaftspolitiker auf globale Aussagen über den Reallohn oder das Preisniveau verzichteten. Sie wollten sich jedoch ihren Argumentationsspielraum nicht durch Statistiken einengen lassen, die unter Umständen missverstanden werden könnten.

Im statistikarmen Raum gewannen Informationen strategische Bedeutung. Die großen Interessenverbände gaben von den ihnen zugänglichen Daten nur soviel preis, als es für ihre Zwecke tunlich schien[389]). Die Landwirtschaft etwa stützte ihre Preisforderungen für tierische Produkte auf Kalkulationen, die zum weitaus überwiegenden Teil aus den Kosten landwirtschaftlicher Zwischenprodukte (etwa Streu oder Ferkel) bestanden[390]). Im Übrigen verwies sie anhand von Einzelbeispielen auf die Verteuerung gewerblicher Produkte (siehe hiezu: *Müller*, 1948B, S. 150). Die „Landwirtschaft als Bauernhof", der Vorprodukte von Dritten bezieht und Endprodukte an Dritte liefert, und dessen Einkommen zu einem namhaften Teil aus Naturalentlohnung besteht, wurde nicht thematisiert. Eine solche Kalkulation hätte zwangsläufig zur Frage nach den Einkommensverhältnissen der Bauern geführt (die Einkommensparität zwischen bäuerlichen und gewerblichen Einkommen wurde erst später zu einem zentralen Thema als sich die Schere zuungunsten der Landwirtschaft geöffnet hatte.) Die Arbeiterkammer in Wien behielt die von ihr erhobenen Tariflohn- und Verdienststatistiken größtenteils für sich. Sie konnte argumentieren, dass die Arbeitnehmer nach dem 1. Preis-Lohn-Abkommen einen Einkommensverlust von 20% hinnehmen mussten, weil sie nur die Tariflöhne aber nicht die Effektivverdienste berücksichtigte (siehe S. 250). Die behelfsmäßigen Berechnungen des WIFO konnten bei Bedarf verworfen oder akzeptiert werden. Das technokratische Zeitalter, in dem sich der Beirat für Wirtschaft- und Sozialfragen vehement für eine Verbesserung der Statistik einsetzte (und etwa erreichte, dass ein fachkundiger Statistiker Präsident des Statistischen Zentralamts wurde), war noch nicht angebrochen.

Bessere statistische Grundlagen wurden schrittweise seit Anfang der fünfziger Jahre geschaffen oder allgemein zugänglich. Die Lohnstatistiken der Arbeiterkammer in Wien wurden 1953 vollständig publiziert. Die Wertschöpfung der Land- und Forstwirtschaft wurde von der „Forschungsstelle für volkswirtschaftliche Bilanzen" ermittelt, einer 1950 vereinbarten Kooperation zwischen WIFO und Statistischem Zentralamt. Einige kurze Erläuterungen zu

---

[388]) Wirtschaftliches Ministerkomitee vom 11. 11. 1947. Zitiert nach AdR: BKA/ ERP, Zl. 5.173_U47.

[389]) Ein maßgeblicher Ökonom der Arbeiterkammer erklärte dem Autor: Die Vertreter der Landwirtschaft hätten in Sozialpartnerverhandlungen einmal eine detaillierte Kostenrechnung für ein Hauptprodukt präsentiert. Sie bereuten diesen Schritt später, weil ihnen bei jeder neuen Forderung stets ihre eigene Kalkulation vorgehalten wurde.

[390]) Dem Antrag auf Erhöhung der Preise für Tierprodukte von Anfang 1948 lag eine Kalkulation bei, wonach 70% bis 90% der Kosten auf landwirtschaftliche Vorleistungen entfielen. AdR: Ministerrat Figl 1, Nr. 101 vom 24. 2. 1948.

den hier verwendeten Daten finden sich im Kapitel „Statistischer Anhang" am Ende dieses Abschnitts.

Die „asymmetrischen Informationen" trugen dazu bei, dass es in den Sitzungen des Wirtschaftlichen Ministerkomitees und auch des Ministerrats oft emotional zuging, Probleme auf die lange Bank geschoben wurden oder Kompromisse zustande kamen, von denen man wusste, dass sie nicht hielten. Die Drohung, dass keine Ware auf den Markt käme, wenn nicht höhere Preise geboten würden, wurde mit der Gegendrohung eines Generalstreiks beantwortet. Bereits erfolgten Preiserhöhungen wurde nicht zugestimmt, gleichzeitig aber auch nichts unternommen, um sie rückgängig zu machen. Höchstpreise wurden aufgehoben, aber ihre Aufhebung nicht verlautbart. Wenn der Ministerrat nicht weiter wusste, wurden Beschlüsse mit der „Krauland-Klausel" gefasst (jede der beiden Koalitionspartner behielt sich das Recht vor, Abänderungsanträge bei der Behandlung der Materie im Parlament zu stellen). Spieltheoretiker, die die Formen und Möglichkeiten „kooperativer Spiele" unter unvollständigen Informationen untersuchen, finden in den Sitzungsprotokollen des Ministerrats reiches Anschauungsmaterial.

2.5.4 Die Nachkriegsinflation im Detail

Die Spirale beginnt sich zu drehen

Bis Ende 1945 hielt sich der Inflationsschub in engen Grenzen, hauptsächlich deshalb, weil die Betriebe noch damit beschäftigt waren, den Schutt wegzuräumen und die technischen und wirtschaftlichen Voraussetzungen für die Wiederaufnahme der Produktion zu schaffen. Ab Frühjahr 1946 wurde das Korsett des Preis-Lohn-Stopps zunehmend aufgeschnürt. Der Alliierte Rat genehmigte bis Ende 1946 über Tausend Erhöhungen von Einzelpreisen[391]). Der Zentrallohnkommission wurden 1.664 Abkommen zur Begutachtung vorgelegt[392]). Zwischen April 1946 und Juli 1947, als die Verhandlungen über das 1. Preis-Lohn-Abkommen begannen, stiegen die amtlich geregelten Preise und die Tariflöhne auf fast das Doppelte. Damit schwand die Hoffnung, dass es mit Hilfe von Preisregelung und Bewirtschaftung möglich sein würde, die RM-Stopppreise einigermaßen zu halten. Selbst das Preisniveau der Vorkriegszeit (S-alt = S-neu) wurde zunehmend überschritten.

Anträge auf Preiserhöhungen stellten wegen der Einstellung der Reichszuschüsse u. a. die Eisenerzeugung und die Landwirtschaft. Vorreiter der Lohnentwicklung waren die Bauarbeiter. Ihre Gewerkschaft vereinbarte am 18. 3. 1946 mit den Vertretern der Arbeitgeber eine Erhöhung der Kollektivvertragslöhne um 35% (Facharbeiter) bis 42% (Hilfsarbeiter). Die höheren Löhne wurden bereits gezahlt, bevor der Antrag die verschiedenen Instanzen

---

[391]) WIFO-Monatsberichte, 1946, 19(10/12), S. 182.
[392]) Jahrbuch 1946 der Arbeiterkammer in Wien, S. 132.

(Zentrallohnkommission, Ministerrat) durchlief und den Alliierten zur Genehmigung vorgelegt wurde[393]).

Die Besatzungsmächte behielten sich anfangs vor, Preis- und Lohnerhöhungen durch das „Rationing and Price Control Comitee" zu genehmigen. Dabei versuchten sie, eine ebenso harte Linie einzuschlagen wie in den Besatzungszonen Deutschlands. Die Regierung Renner wurde mit der These konfrontiert, keine Preiserhöhungen zuzulassen. Wenn es dennoch Preiserhöhungen gäbe, so dürfte deswegen der Lohnstopp nicht aufgehoben werden – eine für die Regierung Renner unverständliche Forderung[394]). Die USA-Militärregierung betonte noch in ihrem Monatsbericht vom Jänner 1946, dass sie bisher keinem einzigen Preisantrag der Bundesregierung zugestimmt hätte[395]). Angesichts der Fülle von Anträgen auf Preis- und Lohnerhöhungen scheinen jedoch die Besatzungsmächte resigniert zu haben. Im Einklang mit dem 2. Kontrollabkommen vom Juni 1946 erlaubten sie den österreichischen Behörden Ende August 1946, eigenmächtig Preise und Löhne zu erhöhen, verlangten jedoch eine vorherige Information und behielten sich Interventionen vor[396]). Ein Jahr später übertrugen sie die Entscheidung endgültig an die Bundesregierung und begnügten sich mit Meldungen für Informationszwecke[397]).

Ein Vergleich mit Westdeutschland verdeutlicht die „Inflationsanfälligkeit" der heimischen Wirtschaftspolitik. Die Ausgangslage war in mancher Hinsicht ähnlich wie in Österreich. Einer riesigen Geldmenge stand ein gegenüber der Vorkriegszeit auf die Hälfte geschrumpftes Güterangebot gegenüber. Auch dort lagen die Nahrungsmittelrationen weit unter dem Existenzminimum, die Tauschgeschäfte blühten, und auf dem Schwarzen Markt wurden Phantasiepreise gezahlt. Dennoch versuchten die westlichen Besatzungsmächte, die Stopppreise und -löhne der Kriegswirtschaft zu halten bis eine Währungsreform aussichtsreich erschien. Die Strategie „hold the line" umfasste ein Bündel von Maßnahmen: Preiserhöhungen durften nur soweit genehmigt werden, als sie keine Lohnforderungen auslösten; Kostensteigerungen wurden nur für die direkten Kosten anerkannt; die Preise für Schlüsselprodukte wurden zeitweise durch Subventionen gestützt; der Wechselkurs wurde mit 3 RM/$ festgesetzt und entsprach damit annähernd den Kaufkraftparitäten (gemessen an den offiziellen Preisen). Die unterschiedlichen Preis-Lohn-Strategien spiegelten sich nicht zuletzt im Wechselkurs: Die Reichsmark wurde nach dem Krieg im Verhältnis 1 : 1 sowohl in S als auch in DM konvertiert. 1953, nach der Etablierung eines einheitlichen Wechselkurses in Österreich, war jedoch 1 DM 6 S wert.

---

[393]) AdR: 8. Sitzung des Wirtschaftlichen Ministerkomitees vom 29. 4. 1946. Die effektive Lohnerhöhung war möglicherweise geringer, denn die Tariflöhne wurden schon in der nationalsozialistischen Zeit überschritten.
[394]) AdR: Kabinettsrat Renner, Nr. 37 vom 6. 11. 1945.
[395]) Military Government Austria No. 3, January 1946, S. 46/47.
[396]) SECA/564 vom 31. 8. 1946. In AdR: Ministerrat Figl 1, Nr. 36 vom 5. 9. 1946.
[397]) SECA 47/193 vom 14. 8. 1947. In AdR: Ministerrat Figl 1, Nr. 77a vom 23. 8. 1947.

Zugunsten der heimischen Wirtschaftspolitik lässt sich anführen, dass sie es in mancher Hinsicht schwerer hatte als die westdeutsche. Die österreichische Wirtschaft war – um nur einen wichtigen Unterschied herauszugreifen – auf Importe von Nahrungsmitteln und von Kohle, den beiden Engpassprodukten der Nachkriegswirtschaft, angewiesen, wogegen die westdeutsche Wirtschaft Steinkohle aus dem Ruhrgebiet gegen Dollar exportieren konnte. Diskussionswürdig ist jedoch, ob die realwirtschaftlichen Unterschiede, die zum Teil durch die Auslandshilfe ausgeglichen wurden, Unterschiede in den Inflationsraten rechtfertigten.

1. Preis-Lohn-Abkommen

Das aus der deutschen Kriegswirtschaft übernommene Verfahren, jede Preis- und Lohnerhöhung einzeln zu genehmigen, war angesichts der Fülle von Anträgen nicht administrierbar. Als Alternative bot sich an, wichtige Preiserhöhungen auf bestimmte Zeitpunkte zu konzentrieren und gleichzeitig die damit verbundene Teuerung für alle Arbeitnehmer in einem Mantelkollektivvertrag abzugelten. Das Konzept der simultanen Preis- und Lohnerhöhungen wurde in Form von Preis-Lohn-Abkommen realisiert, die von den Sozialpartnern vereinbart und von der Bundesregierung sanktioniert wurden. Bis Ende 1951 wurden fünf solcher Abkommen abgeschlossen. Ihre wichtigsten Merkmale sind in Übersicht 2.49 zusammengefasst.

Übersicht 2.49: Grobmerkmale der Preis-Lohn-Abkommen

Nr.	Monat[1])	Brutto[2])	Tariflöhne Netto[3])a)	Netto[3])b)	LHKI[4])	Neuregelung (Anlass)
			Erhöhung in %			
1	8/47[2])	45[5])	46,0	46,0	15,6[5])	Nahrungsmittel, Tarife
2	10/48	11	12,8	21,7	18,5 (15,1)	Nahrungsmittel, Subventionen
3	6/49	9	6,0	10,0	19,0 (14,9)	Nahrungsmittel, Budgetkonsolidierung
4	10/50	14	12,8	17,8	6,8 (8,5)	Nahrungsmittel, ERP-Subventionen
5	7/51	17	16,3	23,7	9,6 (9,4)	Nahrungsmittel, Tarife, ERP-Subventionen

[1]) Zeitpunkt der Tariflohnerhöhung. – [2]) Im Abkommen vereinbarte Erhöhung. – [3]) Laut WIFO-Tariflohnindex. – [4]) Laut WIFO-Lebenshaltungskostenindex (in Klammer Kleinhandelspreisindex des Statistischen Zentralamts). – [5]) Die Tariflohnerhöhung sollte die über mehrere Monate verteilten Verteuerungen abgelten, mit dem Ziel, dass nach den im Abkommen vereinbarten Preiserhöhungen, Tariflöhne und Verbraucherpreise etwa das Dreifache der Stoppwerte von 1945 erreichen. – a) Ohne, b) mit Kinderbeihilfen.

Anstoß zum 1. Preis-Lohn-Abkommen gab die Forderung der Landwirte nach höheren Erzeugerpreisen. Für tierische Produkte wurden bereits im Juli 1947 neue Erzeugerpreise festgelegt, die Anträge für Pflanzenprodukte mussten vor der neuen Ernte behandelt werden. Da überdies die Tarife der öffentlichen Körperschaften weit unter den Gestehungskosten lagen, ergriffen die So-

2.5 Die Nachkriegsinflation

zialpartner die Initiative und vereinbarten eine simultane, aufeinander abgestimmte Regelung von Preisen und Löhnen. In einem ersten Arbeitsgang wurden neue Preise für Agrarprodukte und für öffentliche Versorgungsbetriebe vorläufig festgelegt und daraus ein Teuerungsausgleich für Arbeitnehmer ermittelt. In einem zweiten wurden die Lohnerhöhungen des ersten Arbeitsgangs in die Kalkulationen eingebaut und die Soll-Lohnerhöhungen entsprechend korrigiert. Nach Einigung über Handels- und Verarbeitungsspannen konnten die Verbraucherpreise für den Kernbereich fixiert werden.

Die Lohnerhöhungen sollten so bemessen werden, dass die Preis-Lohn-Relation des Jahres 1945, die in etwa jener der Vorkriegszeit entsprach (siehe S. 280), erhalten blieb. Als Maßstab dienten (im Gegensatz zu späteren Abkommen) die vom WIFO berechneten Indizes der Lebenshaltungskosten nach einem friedensmäßigen Verbrauchsschema und der Nettotariflöhne. Danach war aufgrund der Verteuerungen im Kernbereich (Nahrungsmittel, Tarife, Mieten) ein Indexstand zu erwarten, der annähernd dem Dreifachen der Stopppreise des Jahres 1945 entsprach[398]). Da der Index der Nettotariflöhne (Basis April 1945) vor dem Abkommen 205 erreichte, ergab sich eine durchschnittliche Lohnerhöhung für Arbeiter um 45%. Die Gehälter wurden etwas schwächer angehoben (um 36%). Absolute Mindest- und Höchstbeträge bewirkten eine Nivellierung der Arbeitnehmereinkommen.

Das 1. Preis-Lohn-Abkommen sollte eine in sich stimmende Preis-Lohn-Struktur schaffen und damit die geplante Geldabschöpfung vorbereiten. Dabei wurde unter „stimmend" Folgendes verstanden: Die Preise sollten die Gestehungskosten widerspiegeln, genauer gesagt die von den Preisbehörden anerkannten Kosten. Gleichzeitig sollte die Lohnstruktur so ausgewogen sein, dass kein legitimer Nachziehbedarf einzelner Fachgewerkschaften bestand. Damit sollte verhindert werden, dass die geplante Geldabschöpfung von der Kostenseite her unterlaufen wird. An die Freigabe der Preise war auch nach der Geldverknappung zumindest generell nicht gedacht. Knappe Güter des lebenswichtigen Bedarfs sollten weiterhin der amtlichen Preisregelung unterliegen und mit Hilfe staatlicher Lenkungsmaßnahmen bedarfsgerecht verteilt werden.

Das Abkommen regelte die Preise gewerblicher Produkte nicht explizit. Den gewerblichen Unternehmern wurde gestattet, die Lohnerhöhungen abgestuft nach der Lohnintensität auf die Preise zu überwälzen. Man hoffte jedoch, dass sich die Sekundärfolgen des Abkommens in Grenzen halten. Die Gewerkschaften erklärten sich bereit, in den nächsten Monaten keine kompensierenden Lohnforderungen zu stellen, falls der Index um weniger als 10% über die vereinbarte Marke von 300 steigt.

Das 1. Preis-Lohn-Abkommen wurde allgemein gelobt (u. a. von *Kamitz*, 1949, S. 202). Es diente als Modell für die später wiederholt erhobene Forderung nach einem „big bargain"[399]). Das Abkommen kann aber auch als ein Be-

---

[398]) Eine ausführliche Darstellung von einem „Insider" findet sich bei *Staribacher* (1950, S. 49-56).

[399]) Der Begriff wurde insbesondere von H. Knapp verwendet. Die von *Kausel* (1996) herausgegebene Sammlung seiner Aufsätze trägt den Titel „Big Bargain und andere Aufsätze".

leg dafür angesehen werden, dass ein einkommenspolitischer Konsens oft nur erreicht werden kann, wenn wichtige Fragen offen bleiben, denn das Gespann von sozialpartnerschaftlicher Kostenstabilisierung (1. Preis-Lohn-Abkommen) und geldpolitischer Nachfragedrosselung (Währungsschutzgesetz) konnte die Nachkriegsinflation nicht stoppen.

Zwar bewirkte die Geldverknappung im Gefolge des Währungsschutzgesetzes, dass die Preise auf dem Schwarzen Markt sanken. Auch die sogenannten freien Preise gaben nach. Einige Fachverbände der Industrie entschlossen sich zu kollektiven Preissenkungen[400]. Die Tabakregie musste die am Schwarzen Markt orientierten Verkaufspreise für teure Zigaretten senken[401]. Dem standen jedoch gewichtige Verteuerungen gegenüber.

Den Anfang machte die Sowjetische Mineralölverwaltung. Sie erhöhte im Jänner 1948, kaum dass die Tinte unter dem Währungsschutzgesetz trocken war, ihre Abgabepreise um 100%[402]. Das war unangenehm, aber nicht folgenschwer, denn Erdöl und Erdgas spielten damals als Energieträger noch eine untergeordnete Rolle. Die Alarmglocken der Wirtschaftspolitik läuteten jedoch, als im Februar 1948 die Vertreter der Landwirtschaft massive Forderungen stellten. Die Preise für Tierprodukte sollten unverzüglich im Durchschnitt etwa verdoppelt werden, vor der neuen Ernte müssten auch die Preise für Pflanzenprodukte entsprechend angehoben werden[403]. Die Bauernschaft begründete ihre Ansprüche u. a. damit, dass sie bei Abschluss des 1. Preis-Lohn-Abkommens Forderungen zurückgestellt hätte, weil sie gehofft hatte, dass die Preise gewerblicher Güter sinken würden. Sie hätte sich auch darauf berufen können, dass im 1. Preis-Lohn-Abkommen der Schwarze Markt als Einkommensquelle berücksichtigt worden war. Sie wäre daher berechtigt, Ersatz für die Einkommenseinbußen aus dem Verfall der Schwarzmarktpreise zu verlangen. Die Arbeiterschaft erklärte sich außerstande, die Forderungen der Agrarier ohne kompensatorische Lohnforderungen zu akzeptieren, denn auch sie würde von der Verteuerung gewerblicher Produkte getroffen. Die im Abkommen vereinbarte Toleranzgrenze wäre längst überschritten. Gemäß den Tariflöhnen (die Verdienste wurden in der Argumentation nicht berücksichtigt) hätten die Arbeitnehmer ohnehin bereits eine Reallohneinbuße von 20% hingenommen. „Reale Einkommensverschiebungen zugunsten der Landwirtschaft sind weder notwendig noch erträglich", argumentierten die Vertreter der Arbeitnehmer (*Müller*, 1948A, S. 55).

---

[400] WIFO, Beilage Nr. 7 zu den Monatsberichten, 1948, 21(4), S. 9. Freiwillige Preissenkungen für bestimmte Warengruppen gehörten in der Nachkriegszeit zum „Repertoire" der Preispolitik. Auf ihre Voraussetzungen und Wirkungen wird im Abschnitt „Stabilisierung durch Schocktherapie" eingegangen.
[401] AdR: BMfF, Vortrag an Ministerrat Figl 1, Nr. 99 vom 10. 2. 1948.
[402] AdR: BmfHuW, Zl. 75.044_IV/1948, in Ministerrat Figl 1, Nr. 96 vom 20. 1. 1948.
[403] AdR: BMfL&F, Zl. 15.651_8/1948, Antrag an den Ministerrat Figl 1, Nr. 99 vom 10. 2. 1948. Weiters Information des BMfI, Zl. 39.814_11/1948 für Ministerrat Figl 1, Nr. 101 vom 24. 2. 1948.

2. Preis-Lohn-Abkommen

Bereits kurz nach dem Währungsschutzgesetz die Preise und damit auch die Löhne auf breiter Front zu erhöhen, schien der staatlichen Wirtschaftspolitik inopportun. Als Ausweg bot sich die bisher als „verpönt" geltende Subventionierung der Agrarpreise an, wozu die Erlöse aus dem Verkauf ausländischer Hilfsgüter hergezogen werden sollten. Schon im April 1948 wurde eine Erhöhung des Erzeugerpreises für Milch von 50 g auf 1 S je Liter bei unveränderten Konsumentenpreisen zunächst befristet auf ein halbes Jahr beschlossen[404]). Die Lieferprämien von etwa 20 Mio. S pro Monat sollten dem Konto „Britische Hilfs- und Kreditaktion 1948" entnommen werden. Ende Juni einigten sich die Sozialpartner nach langen Verhandlungen auf eine Erhöhung der Erzeugerpreise für die anderen Agrarprodukte um durchschnittlich 60%. Der Mehraufwand von etwas mehr als 400 Mio. S sollte ebenfalls zum größten Teil aus den Schillingerlösen der Auslandshilfe gedeckt werden[405]). Dagegen legten die USA ihr Veto ein. Aus ERP-Gegenwertmitteln durften keine Zuschüsse für die heimische Agrarproduktion finanziert werden. Die USA erklärten sich jedoch bereit, aus den Erlöskonten Mittel für Bundesinvestitionen freizugeben und auf diese Weise den Staatshaushalt zu entlasten[406]).

Die ganze Last der Nahrungsmittelsubventionen zu tragen, erschien dem Bund dennoch zu kostspielig. Im 2. Preis-Lohn-Abkommen vom September 1948 wurden die Subventionen für tierische Produkte (Fleisch, Fett, Milch und Milchprodukte), die zum Teil erst zugesagt, aber noch nicht ausgezahlt worden waren, auf die Konsumenten überwälzt (die Preisstützungen für Pflanzenprodukte blieben aufrecht). Der Lebenshaltungskostenindex des WIFO stieg dadurch um 18,5% (der Kleinhandelspreisindex des Statistischen Zentralamts um 15,1%). Zum Ausgleich der Teuerung wurden die Löhne um 6% erhöht und eine Ernährungszulage von 34 S monatlich gewährt. Infolge der absolut konstanten Zulage nahmen die relativen Lohnzuwächse mit steigendem Einkommen ab. Für Arbeiter betrug die Lohnerhöhung durchschnittlich 11,6%. Außerdem wurden Kinderbeihilfen von 23 S pro Kind eingeführt, die vom Bund zu tragen waren.

Mit den Kinderbeihilfen wurde die Nivellierungstendenz von den Individualeinkommen auf die Familieneinkommen ausgeweitet. Diese Maßnahme entsprach der sozialpolitischen Norm, dass von den beiden Beschränkungen der Konsumgüterkäufe, den Preisen und den Rationen, nur die Rationen bindend sein sollten. Jeder sollte sich zumindest die Rationen leisten können. Das war wohl im Allgemeinen der Fall. Kinderreiche Familien mit einem Alleinverdiener wurden jedoch stark belastet, wenn die Rationen mit teueren Lebensmitteln (mit einem hohen Preis je Kalorie) aufgefüllt wurden (z. B. mit

---

[404]) AdR: BMfF, Zl. 26.286_15/1948, Bericht an Ministerrat Figl 1, Nr. 109 vom 27. 4. 1948.

[405]) AdR: BMfL&F, Zl. 29.944_5c/1948, Vortrag an den Ministerrat Figl 1, Nr. 118 vom 29. 6. 1948.

[406]) AdR: Ministerrat Figl 1, Nr. 119 vom 6. 7. 1948. Ebenso Staribacher, 1950, S. 71.

Fischkonserven) und sie nicht wie bei normaler Versorgung der Märkte auf billige Produkte ausweichen konnten.

Das 2. Preis-Lohn-Abkommen sollte den Bundeshaushalt entlasten. Dieses Ziel wurde jedoch verfehlt. Nach den Schätzungen des WIFO[407] ersparte sich der Bund auf Jahresbasis berechnet 556 Mio. S. Etwa ebenso hoch waren seine Mehrausgaben für Beamtengehälter und für die neu eingeführten Kinderbeihilfen. (Etwa 280 Mio. S mehr gingen auf dem Hilfsfonds ein, doch konnte der Bund über diese Beträge nicht einseitig verfügen.)

3. Preis-Lohn-Abkommen

Das 2. Preis-Lohn-Abkommen hielt nur acht Monate. Anstoß zum 3. Abkommen gab die Krise im Bundesbudget. Der Bundesvoranschlag 1949 erwies sich schon bald nach Jahresbeginn als überholt. Nach nachträglichen Kalkulationen drohte ein Defizit von etwa 2 Mrd. S oder 4,7% des BIP. Die Bundesregierung neigte dazu, Sanierungsmaßnahmen bis nach den Nationalratswahlen vom November 1949 aufzuschieben, doch drängten die USA zu zeitgerechten Korrekturen. Die Wiener Mission der Marshallplan-Verwaltung hatte schon bald nach ihrer Errichtung umfangreiche Maßnahmen zur Budgetkonsolidierung in einer apodiktischen Form gefordert, die auf den Widerspruch der österreichischen Bundesregierung stieß. Die US-Diplomatie beschwichtigte[408], ohne jedoch von der Grundforderung nach Budgetkonsolidierung abzurücken.

Die Budgetnöte des Jahres 1949 wurden zum Teil durch Faktoren bestimmt, die sich nicht unter dem Titel „Anpassungsinflation" subsumieren lassen. Dazu zählt etwa der Ausfall an Tabaksteuer oder der Einbau der Besatzungskosten (die bisher von der Notenbank finanziert wurden) in das Budget. Die Budgetkrise wurde jedoch dadurch verschärft, dass der Bundeshaushalt noch immer mit Preisstützungen belastet war und die Tarife von Bahn und Post seit dem 1. Preis-Lohn-Abkommen vom August 1947 unverändert geblieben waren. Neben den Stützungen für die heimische Pflanzenproduktion fiel ins Gewicht, dass den Exporteuren de facto Wechselkurse zugestanden wurden, die erheblich über dem Einheitskurs von 10 S/$ lagen. Um die Verbraucherpreise für Grundnahrungsmittel zu halten, musste die kommerzielle Einfuhr von Nahrungsmitteln und von Produktionsmitteln der Landwirtschaft[409] subventioniert werden.

Zwecks Konsolidierung des Budgets wurden die noch bestehenden Subventionen abgebaut und die Tarife der Bundesbetriebe nachgezogen. Um den Lohnempfängern die Verteuerung (laut WIFO-Index um 13,7%) abzugelten,

---

[407] WIFO-Monatsberichte, 1948, 21(9), S. 321 ff.
[408] Die weicheren Formulierungen der US-Diplomatie wurden von *Mähr* (1989, S. 202 ff) als Beleg dafür angesehen, dass Österreich nicht nach der „amerikanischen Pfeife tanzte". Diese Aussage lässt sich nicht aufrechterhalten. Eine ausgewogene Darstellung der direkten und indirekten Interventionen der US-Politik wurde im Abschnitt „Die Investitionsschwerpunkte" versucht.
[409] AdR: BmfVE, Zl. 42.831_2/1949 und BMfL&F, Zl. 14.886_III/1949. Vorträge an Ministerrat Figl 1, Nr. 147 vom 8. 3. 1949.

wurden die Bruttolöhne der Arbeiter um 8,9% (für eine Familie mit 2 Kindern einschließlich Kinderzulage um 12,2%) erhöht. Im Gegensatz zu den vorangegangenen Abkommen blieb den Arbeitern netto weniger (7,8% und 10,6%), da ein 20-prozentiger Besatzungskostenzuschlag zu den direkten Steuern eingehoben wurde und die Sozialversicherungsbeiträge erhöht wurden (diese Mehrbelastungen sollten nicht durch Lohnerhöhungen abgegolten werden).

4. Preis-Lohn-Abkommen

Im Frühjahr 1949 hatte die Bundesregierung entschieden, bis Jahresende sämtliche Preisstützungen abzubauen. Es blieb jedoch beim Vorsatz, hauptsächlich weil die Abwertung des Schillings im November 1949 und die schrittweise Etablierung des Einheitskurses von 26 S/$ die Importe verteuerten. Dadurch öffnete sich neuerlich eine Schere zwischen den Weltmarktpreisen und den Inlandspreisen für Nahrungsmittel. Die Marshallplan-Verwaltung verlangte, dass auf den Erlöskonten der volle Gegenwert der Hilfslieferungen eingezahlt würde. Gleichzeitig drängte die Landwirtschaft auf Preiskorrekturen. Die Preise für Pflanzenprodukte waren 1949 unverändert geblieben und hinkten nicht nur der allgemeinen Preisentwicklung, sondern auch jenen der Tierprodukte nach.

Entsprechend der bisherigen Praxis kam nach langwierigen Verhandlungen im September 1950 eine „Paketlösung" zustande. Das 4. Preis-Lohn-Abkommen sah eine Erhöhung der Preise für Weizen, Roggen (um etwa die Hälfte) und für Zuckerrüben (um etwa ein Drittel) vor. Die Abgabepreise für ERP-Lieferungen wurden den Weltmarktpreisen angepasst, doch durften begrenzte Mengen an Getreide und an landwirtschaftlichen Produktionsmitteln noch zu den im Abkommen festgelegten Inlandspreisen abgegeben werden. Wie bei diesen Anlässen üblich wurden einige Tarife nachgezogen. Der WIFO-Verbraucherpreisindex stieg dadurch um 6,8% (der vom Statistischen Zentralamt kompilierte Kleinhandelspreisindex um 8,5%). Die Sozialpartner fanden, dass der WIFO-Index die Teuerung unterschätzte, weil er auf einem Vorkriegsverbrauchsschema aufbaute, das weniger Pflanzenprodukte enthielt, als tatsächlich konsumiert wurden. Der Einwand war berechtigt, aber die nahe liegende Konsequenz, dass die amtliche Statistik einen repräsentativen Verbraucherpreisindex erstellen sollte, wurde nicht gezogen, obschon die sachlichen Voraussetzungen hiefür gegeben waren[410]. Stattdessen einigten sich die Sozialpartner ad hoc auf ein Verbrauchsschema, dem ein maximaler Verbrauch an Grundnahrungsmitteln zugrunde lag. Zum Ausgleich der Teuerung wurden die Löhne um 10% (mindestens um 100 S) und die Kinderbeihilfen von 37 S auf 60 S pro Monat erhöht. Im Durchschnitt betrug die Lohnerhöhung brutto 13,9%. Die Nettolöhne stiegen infolge der Lohnsteuerprogression und der Erhöhung der Sozialversicherungsbeiträge etwas schwächer (ausgenommen jene für kinderreiche Familien, die von der Erhöhung der Kinderbeihilfen profitier-

---

[410] Für die meisten Waren gab es bereits markträumende Preise, und die Verbrauchsstruktur hätte sich aus den Aufzeichnungen der Arbeiterkammer hinreichend genau bestimmen lassen.

ten). Insgesamt übertraf jedoch der Zuwachs an Masseneinkommen (netto) den aus dem Abkommen resultierenden Mehraufwand[411]).

Das von den Sozialpartnern gewählte Verbrauchsschema erleichterte es den Vertretern der Arbeitnehmer, das Abkommen in Versammlungen zu rechtfertigen, da sich kaum ein Haushalt fand, der mehr verbrauchte. Dennoch kam es zum ersten umfassenden Streik der Nachkriegsperiode. Damit verloren die Preis-Lohn-Abkommen eine wichtige gesellschaftspolitische Funktion, nämlich die Sicherung des sozialen Friedens.

5. Preis-Lohn-Abkommen

Ende 1950 löste der Korea-Konflikt eine Hausse auf den internationalen Märkten für Rohstoffe und Grundstoffe aus. Die Wirtschaftspolitik war auf den neuen Preisschub nicht vorbereitet. Preise und Löhne stiegen von Monat zu Monat. Ende 1951 waren die Verbraucherpreise um 39% und die Tariflöhne um 33% (ohne) bis 38% (mit Kinderbeihilfen) höher als ein Jahr zuvor. Zwar gab es – man möchte fast sagen traditionsgemäß – Mitte 1951 ein neues Preis-Lohn-Abkommen. Das neue Abkommen bewirkte jedoch nur noch einen Teil der Preis-Lohn-Dynamik. Infolge der Korea-Hausse stiegen Preise und Löhne im Jahr 1951 nahezu kontinuierlich.

Anlass zum 5. Preis-Lohn-Abkommen gaben die „falschen", weil die Verfütterung von Brotgetreide fördernden Preisrelationen zwischen Pflanzen- und Tierprodukten. Trotz der Korrektur der Getreidepreise im vierten Abkommen rentierte sich die Viehzucht mehr als der Getreideanbau. Im Prinzip war zwar eine Ausweitung der Produktion von Fleisch, Milch und Eiern wünschenswert, denn mit Getreideprodukten und Kartoffeln waren die heimischen Verbraucher dank den ERP-Lieferungen schon gut versorgt. Brot und Kartoffeln konnten seit Ende 1949 ohne Lebensmittelmarken gekauft werden, nur Fleisch war noch knapp. Die Intensivierung der Viehzucht erforderte jedoch Futtermittel, die nicht verfügbar waren. Die Landwirte verfütterten Brotgetreide und verwendeten Milch zur Kälberaufzucht. Bloß die Verfütterung von Brotgetreide zu verbieten[412]) reichte nicht.

Die „Verzerrung" der Preisstruktur für landwirtschaftliche Produkte entstand nicht erst 1950, sondern war die Konsequenz einer „konsensorientierten" Preispolitik, die Kompromisse zwischen Produzenten- und Konsumenteninteressen suchte. Die Getreidepreise wurden niedrig gehalten, um die Bevölkerung mit billigem Brot zu versorgen. Bei anderen landwirtschaftlichen Produkten war die Preisregelung weniger streng oder wurde vorzeitig aufgegeben. Auf diese Weise entstand eine Preisstruktur, die stark von der abwich, die sich in der Vorkriegszeit eingespielt hatte. Nur ein Teil der Verschiebungen in den

---

[411]) Die Berechnung von Durchschnitten oder Globalgrößen wurde von Arbeitnehmervertretern schon früher abgelehnt. Dem Arbeitnehmer, der stärker belastet wird, hilft es wenig, wenn andere Arbeitnehmer besser abschneiden (*Wirlander*, 1948B, S. 293).
[412]) Bundesgesetz vom 14. 2. 1951 betreffend Maßnahmen zur Versorgung mit Brot und Mehl. BGBl. Nr. 72/1951.

relativen Preisen kann mit Änderungen in den Produktionsbedingungen erklärt werden.

Übersicht 2.50: Preise und Mengen landwirtschaftlicher Produkte

	Rohertrag		Menge^2)	Preis^2)
	1937^1)	1949^1)	1949	
	Anteile in %		In % von 1937	
Getreide	13,13	8,58	87,01	279,99
Hackfrüchte	4,91	5,28	73,48	514,90
Sonstige Feldfrüchte	0,92	0,86	85,69	378,13
Feldfrüchte insgesamt	18,95	14,72	83,45	345,55
Gemüse insgesamt	4,53	6,32	100,22	533,20
Obst insgesamt	5,24	9,31	136,41	497,07
Wein insgesamt	3,61	10,13	89,38	1.164,86
Pflanzenprodukte insgesamt	32,34	40,48	95,04	487,96
Tierprodukte insgesamt	61,42	49,56	66,05	461,15
Forstprodukte insgesamt	6,24	9,97	102,49	579,09
Landwirtschaft insgesamt	100,00	100,00	77,70	477,18

Quelle: WIFO, Beilage 47 zu den Monatsberichten, 1957, 30(7). – ^{1}) Anteile am Rohertrag zu jeweiligen Preisen. Rohertrag 1937: 1,89 Mrd. S, 1949: 7,06 Mrd. S (ohne Veränderung des Viehstocks). – ^{2}) Mengen- oder Preisveränderungen der einzelnen Produkte gewogen mit ihren Anteilen am Rohertrag 1937.

Als Beispiel sei die Preisstruktur des Jahres 1949 herausgegriffen. Für dieses Jahr wurden erstmals die Erzeugerpreise für eine Produktpalette ermittelt, wie sie später von der Forschungsstelle für volkswirtschaftliche Bilanzen für jährliche Schätzungen der Wertschöpfung aus Land- und Forstwirtschaft verwendet wurde. Danach hielten die Weinpreise einsame Spitze. Am unteren Ende der Skala lagen die Getreidepreise. Weizen war 1949 nur 2,4-mal so teuer wie vor dem Krieg, Wein hingegen 11,6-mal.

Die Preisstruktur hatte in den ersten Nachkriegsjahren nur wenig Einfluss auf die Produktionsstruktur der Landwirtschaft. Zwischen den Veränderungen der Preise und Mengen von 81 der in der genannten Quelle erfassten Produkte im Zeitraum 1937/1949 bestand nur ein sehr schwacher statistischer Zusammenhang, und der war negativ[413] (er spiegelte daher eher die Nachfrage- als die Angebotsbedingungen wider). Das kann teilweise damit erklärt werden, dass die Erzeugung vieler landwirtschaftlicher Produkte Zeit braucht, um auf Gewinnanreize zu reagieren (typisches Beispiel Wein). Auch konnten sich die „Körndlbauern" in den ersten Nachkriegsjahren auf dem Schwarzen Markt schadlos halten. Als jedoch Anfang der fünfziger Jahre Getreide und Hackfrüchte zu den amtlichen Preisen in hinreichenden Mengen verfügbar waren, boten die hohen legalen (und die noch höheren illegalen) Preise für Fleisch einen Anreiz, für die menschliche Ernährung bestimmte Agrarprodukte als Produktionsmittel in der Viehzucht einzusetzen.

---

[413] Eine Regression der Mengenindizes auf die Preisindizes ergibt einen Regressionskoeffizienten von –0,06 bei einem t-Wert von –1,98.

Die Mehrkosten des 5. Preis-Lohn-Abkommens für die Konsumenten wurden so wie im vorangegangenen Abkommen von den Sozialpartnern aufgrund eines Verbrauchsschemas ermittelt, das Härten möglichst zu vermeiden suchte. Als Teuerungsausgleich wurden die Löhne um 10%, die Gehälter um 12% (beide mindestens 100 S pro Monat) und die Kinderbeihilfen von 60 S auf 105 S erhöht. Global gesehen stiegen die Löhne stärker als der Mehraufwand, der unmittelbar aus dem Abkommen resultierte. Doch war zu erwarten, dass der Reallohnzuwachs bald durch die Folgewirkungen des Abkommens aufgesogen wird. Das galt umso mehr, als sich die öffentliche Hand nicht damit begnügte, die Tarife nachzuziehen, sondern kräftige Erhöhung der indirekten Steuern beschloss (u. a. wurde die Umsatzsteuer einschließlich Zuschlägen von 3,4% auf 5% und die Kinderbeihilfenumlage von 3% auf 6% angehoben, die Mineralölsteuer wurde um 75% erhöht).

Das 5. Preis-Lohn-Abkommen rückte den Beitrag der öffentlichen Hand zur Kosteninflation in den Vordergrund. Wie schon auf S. 250 erläutert wurde, berücksichtigten die Preis-Lohn-Abkommen nur einen Teil der mit den Kostenschüben verknüpften Reaktionskette. Insbesondere wurde angenommen, dass die gewerbliche Wirtschaft die Mehrkosten aus ihren Erträgen deckt. Das war bis zu einem gewissen Grad berechtigt, denn die Produktivität wuchs in der Wiederaufbauperiode kräftig. Der Produktivitätszuwachs wurde jedoch vorbelastet, nicht nur durch die Lohnerhöhungen, sondern auch durch die Nachziehung der öffentlichen Tarife und – was in der zeitgenössischen Darstellung auch des WIFO kaum beachtet wurde – durch Erhöhung der Kostensteuern.

Das Bundesbudget war in der ersten Nachkriegszeit dadurch entlastet worden, dass die Tabakwerke höherwertige Zigaretten zu Preisen anboten, die sich am Schwarzen Markt orientierten. Als die Schwarzmarktpreise einbrachen, musste (ähnlich wie in der Landwirtschaft) Ersatz gefunden werden. Der Anteil der indirekten Steuern (ohne Tabaksteuer) am BIP stieg von 3,2% im Jahr 1946 auf 8,5% im Jahr der Preisstabilisierung (1952). Gleichzeitig öffnete sich die Schere zwischen Bruttolöhnen und Lohnkosten, teils weil die Sozialversicherungsbeiträge erhöht wurden (Einführung der Arbeiterpension), insbesondere aber, weil die Lohnsumme mit einer Umlage für Kinderbeihilfen von 6% belastet wurde.

Das 5. Preis-Lohn-Abkommen ließ deutlicher als die vorangegangenen erkennen, dass relativ geringe Verteilungseffekte mit einer relativ starken Steigerung des allgemeinen Preisniveaus erkauft werden mussten. Folgt man den Kalkulationen des WIFO (*WIFO*, 1951), so wurden die Mehreinnahmen der Landwirte durch Mehrbelastungen aufgewogen, die in unmittelbarem Zusammenhang mit dem Abkommen standen. Den Lohnempfängern wurde zwar die Teuerung mehr als abgegolten, doch war anzunehmen, dass der verbleibende Einkommenszuwachs durch Verteuerungen gewerblicher Güter absorbiert würde. Der eigentliche „Verlierer" des Abkommens war der Bundeshaushalt. Die Steuer- und Tariferhöhungen reichten nicht aus, die Mehrbelastungen zu decken (u. a. die Übernahme der bisher aus Counterpartmitteln gedeckten Subventionen und die Gehaltsnachziehungen im öffentlichen Dienst). Der

Konflikt der Regierungsparteien über die Budgetpolitik in der Stabilisierungskrise 1952 war damit vorprogrammiert.

Das Ende der Preis-Lohn-Abkommen

Das Verfahren, Preis- und Lohnerhöhungen auf bestimmte Zeitpunkte zu konzentrieren und einem sozialpartnerschaftlichen Konsens zu unterwerfen, hatte sich im Laufe der Zeit abgenutzt. Ihre wichtigste Aufgabe, den sozialen Frieden in der Zeit der Besatzung zu sichern, konnte sie nicht mehr erfüllen. Gleichzeitig wurden die Abkommen zunehmend teurer: Geringe Verteilungseffekte mussten mit einer relativ großen Steigerung des allgemeinen Preis-Lohn-Niveaus erkauft werden. Koalitionsregierung und Sozialpartner waren sich in der Stabilisierungsphase 1952 darüber einig, dass ein neues Preis-Lohn-Abkommen (es wäre das sechste gewesen) vermieden werden sollte, auch wenn dazu neue, im Budget nicht vorgesehene Subventionen notwendig werden sollten. Strittig war nur, wie die Subventionen in einem Bundesbudget mit einem „Nulldefizit" untergebracht werden konnten (siehe den Abschnitt „Finanzielle Stabilität durch Schocktherapie").

Die Preis-Lohn-Abkommen beruhten auf der Zusammenarbeit der großen Interessenverbände: der Kammern der Arbeitnehmer, der gewerblichen Unternehmer und der Landwirte sowie des Gewerkschaftsbundes. Die „Sozialpartner" hatten seit Ende des Zweiten Weltkriegs direkt und indirekt (über ihren Einfluss in den beiden großen Parteien) nicht nur die Preis- und Lohnpolitik, sondern darüber hinaus die gesamte Wirtschaftspolitik mitbestimmt.

Die „Sozialpartnerschaft" wies zwei konstituierende Merkmale auf:
– Die Sozialpartner beschränkten sich nicht auf ihren Kernbereich, das Aushandeln von Tariflöhnen und von Arbeitsbedingungen. Auch dort, wo der Staat gefordert wurde, fungierten sie nicht bloß beratend und ihre Interessen wahrend. Die staatliche Bürokratie und der Ministerrat vollzogen und legalisierten oft nur das, worauf sich die Spitzenverbände vorher geeinigt hatten. Zum Teil schrieb der Gesetzgeber sogar vor, dass die Verwaltung zu bestimmten Entscheidungen nur aufgrund einer einheitlichen Empfehlung der Sozialpartner ermächtigt wäre (z. B. im Preisregelungsgesetz 1949). Nach dem Außenhandelsgesetz 1951 (das freilich später für verfassungswidrig erklärt wurde) war der zuständige Minister an die Entscheidungen einer paritätisch besetzten Kommission gebunden. „Die öffentliche Verwaltung funktioniert recht ordentlich, man muss ihr nur sagen, was sie tun soll", formulierte ein Repräsentant der Sozialpartner ihr Selbstverständnis. Als Spitzengremium fungierte eine Wirtschaftskommission, die ad hoc anlässlich des 1. Preis-Lohn-Abkommen errichtet, dann aber zu einer ständigen Einrichtung wurde. Die Vorreiterrolle der Sozialpartner unterschied die österreichische Wirtschaftsordnung wesentlich von der deutschen. Die sogenannte „Freiburger Schule" setzte auf einen starken Staat, der die Bürger vor den Interessengruppen schützt[414]).

---

[414]) Als der Beirat für Wirtschafts- und Sozialfragen im Jahr 1963 als dritte Unterorganisation der Paritätischen Preis- und Lohnkommission gegründet wurde, bezeichneten

- Die deutschen Gewerkschaften erreichten zwar ein hohes Maß an Mitbestimmung auf betrieblicher Ebene, ihr Einfluss auf die Wirtschaftspolitik blieb aber gering.
- Die Präsidenten der Sozialpartner trafen Vereinbarungen, an die sich die Mitglieder „freiwillig" hielten. Im Falle der Gewerkschaften lag die Stärke der Zentrale nicht zuletzt darin, dass der Gewerkschaftsbund die Streikgelder verwaltete. Schwerer zu verstehen ist, warum sich Firmen der gewerblichen Wirtschaft ohne direkten Zwang den Vereinbarungen der Sozialpartner fügten. Die österreichische Tradition der Zünfte im Kleingewerbe und der Kartelle in Großunternehmungen (verstärkt durch die Zwangskartelle während der Annexion) mag eine Rolle gespielt haben. Die Landwirtschaftspolitik ging nahtlos von der Bewirtschaftung des Mangels zur Bewirtschaftung des Überflusses in Form einer umfassenden Marktordnung über. Hier bestimmten die Sozialpartner über Jahrzehnte hinweg, wie das Parlament aufgrund des Landwirtschaftsgesetzes zu entscheiden hatte (*Farnleitner*, 1992, S. 98).

Ein illustratives Beispiel dafür, wieweit die Sozialpartner Aufgaben der öffentlichen Verwaltung übernahmen, bot die Regelung des Fleischmarktes im Jahr 1950. Zu Jahresbeginn waren die Preise für Vieh und Fleisch noch staatlich geregelt, das Marktangebot unterlag staatlichen Anordnungen (Bewirtschaftung) und die Verbraucher erhielten Fleisch nur gegen Fleischmarken. Die Wirtschaftskommission der drei Kammern und des Gewerkschaftsbundes[415]) schlug vor, die bisherigen Lenkungsmaßnahmen (mit Ausnahme der Fleischmarken für Verbraucher) aufzuheben. Stattdessen sagte die Landwirtschaftskammer zu, dass die Landwirte (ohne Lieferverpflichtung) eine bestimmte Menge von Vieh anbieten würden, davon 50% zu den geltenden amtlichen Preisen und 50% zu freien Preisen. Die entsprechenden Gremien der gewerblichen Wirtschaft versprachen ihrerseits, sich freiwillig an die Marktspaltung zu halten und um Marktstörungen zu vermeiden, eine Kundenrayonierung vorzunehmen.

In der Stabilisierungsperiode ab 1952 schien es, als ob die Sozialpartner an Gewicht verlören. Nach dem „Kamitz-Konzept" sollte der Einfluss der vielen Kommissionen und Ausschüsse zurückgedrängt werden, nicht nur in der Wirtschaft, sondern auch in der Verwaltung. Das gelang nur teilweise. Bereits einige Jahre später, 1957, entstand in der Paritätischen Kommission für Preis- und Lohnfragen ein neues, international viel beachtetes Koordinationsgremium der Sozialpartner.

---

die Experten der Sozialpartner die liberale deutsche Position ausdrücklich als wirklichkeitsfremd.

[415]) Übereinkommen der Wirtschaftskommission der drei Kammern und des österreichischen Gewerkschaftsbundes vom 3. 2. 1950. Enthalten in AdR: Ministerrat Figl 2, Nr. 191.

2.5.5 Statistischer Anhang

Wenn Preise, Löhne und Güterströme von den Behörden festgelegt oder gelenkt werden, sind aussagekräftige Lohn- und Preisindizes nur schwer zu erstellen. In den Verhandlungen an der Jahrtausendwende über Ansprüche aus der Zeit der nationalsozialistischen Herrschaft wurde immer wieder gefragt: Wie viel ist eine bestimmte Summe Reichsmark der Jahre 1938 bis 1945 heute wert? Die statistikkundigen Experten mussten darauf hinweisen, dass es darauf keine eindeutige Antwort gäbe. Man kann bestenfalls alternative Modelle anbieten, die an bestimmte Verwendungszwecke und -möglichkeiten von Geldsummen anknüpfen.

Eine ausführliche Aufarbeitung des verfügbaren primärstatistischen Materials über Preise und Löhne in der Kriegs- und Nachkriegszeit liegt – nach Kenntnis des Autors – nicht vor[416]. Die folgenden kurzen Anmerkungen sollen es dem Leser erleichtern, sich im „Zahlengestrüpp" zurechtzufinden.

Löhne

Die durchschnittlichen Stundenlöhne (brutto) schwankten 1937 in Österreich je nach Quelle zwischen 0,93 S und 1,09 S. Die Werte sind untereinander einigermaßen verträglich. Die umfassendste Erhebung stammt von der Deutschen Arbeitsfront (DAF) vom August 1938 (sie erstreckt sich auf die gesamte gewerbliche Wirtschaft Österreichs). Die Obergrenze gilt für die Verdienste in der Wiener Industrie. Die Pro-Kopf-Einkommen der Unselbständigen laut VGR enthalten auch jene der Angestellten und der Landarbeiter sowie die Lohnnebenkosten.

Übersicht 2.51: Lohnniveau 1937

	Verdienste pro		Arbeitszeit
	Stunde	Woche	Stunden pro Woche
		S-alt	
Quelle			
StRA	0,93	44,49	48
Industrie	1,09	52,32	48
WIFO[1])	1,09	56,09	
VGR	1,03		48
DAF[1])	1,00	48,00	48

Quelle: StRA: Statistisches Reichsamt, Sonderbeilage „Deutsche Wirtschaftszahlen 1938-1937", Wirtschaft und Statistik, 1938. – Industrie: Bund der österreichischen Industriellen. WIFO: „Zur Statistik der Lohneinkommen", Beilage Nr. 32 zu den Monatsberichten, 1955, 28(7). –VGR: (Pro-Kopf-Einkommen der Unselbständigen). – DAF: Verdiensterhebung des arbeitswissenschaftlichen Instituts der Deutschen Arbeitsfront vom August 1938. Die schraffierten Zellen enthalten Originaldaten. Die übrigen sind unter der Annahme einer 48-Stunden-Woche auf Stunden oder Wochen umgerechnet. – [1]) RM-Beträge August 1938 umgerechnet in S-alt.

---

[416] Ergänzende Informationen aus anderen Quellen finden sich in *Stiefel/Weber* (2001).

Während des Krieges stiegen die Stundenlöhne trotz Lohnstopp nach den Kalkulationen in Übersicht 10 zwischen 30% und 40%. Den höheren Wert erhält man, wenn man die Stunden- und Wochenverdienste von 1937 mit den Werten der Arbeiterkammerstatistik für April 1946 vergleicht und mit Hilfe der Tariflohn-Statistik des WIFO auf April 1945 zurückführt (Variante A). Die Statistik der Arbeiterkammer wurde zu Vergleichszwecken herangezogen, weil sie umfassender und verlässlicher ist als andere Quellen. Der untere Wert entspricht der Lohnentwicklung in Österreich bis März 1943 gemäß den Angaben des Statistischen Amts des Deutschen Reichs in „Wirtschaft und Statistik". Danach wurde das Lohngefälle zwischen Österreich und dem Deutschen Reich bis zu diesem Zeitpunkt eingeebnet. Der für März 1943 ermittelte Wert liegt eher an der Untergrenze, denn gegen Kriegsende haben viele Unternehmungen die Tariflöhne überboten. (Die Lohnpolitik nach Kriegsende ging daher von sogenannten ortsüblichen Löhnen aus, die mehr oder weniger von den Tariflöhnen abwichen[417]).

Übersicht 2.52: Lohnentwicklung 1937 bis 1946

A) Vergleich vor und nach dem Krieg			
Stundenlohn		Wochenlohn	
	In S	S-alt = S-neu	In S
1937 DAF[1])	1,00	1937 StRA[2])	44,49
April 1946 AK[3])	1,07	April 46 AK	49,86
1946 in % 1937	107,00		112,14
Rückrechnung von April 1946 auf April 1945[4]), 1937(38) = 100			
S-alt = S-neu	93,04	S-alt = S-neu	97,52
RM = S-neu	139,57	RM = S-neu	146,27

B) Entwicklung während des Kriegs, Deutsches Reich 1938 = 100			
Deutsches Reich[5])		Österreich[6])	
Stunde	Woche	Stunde	Woche
	RM = S-neu		
1938	100,00	100,00	88,00	88,00
März 1943	112,97	116,59	112,97	116,59
1943 in % 1938			128,38	132,49

[1]) Deutsche Arbeitsfront, August 1938. Annahme: wegen Lohnstopps identisch mit 1937. – [2]) Statistisches Amt für das Deutsche Reich, 1938, Sonderbeilage zu „Wirtschaft und Statistik". – [3]) Arbeiterkammer in Wien, Verdiensterhebung. – [4]) Rückrechnung mit Hilfe des WIFO-Tariflohnindex (April 1945 = 0,88 von April 1946). – [5]) Statistisches Amt für das Deutsche Reich, monatliche Verdienststatistik in „Wirtschaft und Statistik". – [6]) Annahme: Löhne in Österreich 1938 88% der Löhne im Deutschen Reich (laut DAF). Bis 1943 auf deutsches Niveau nachgezogen (laut „Wirtschaft und Statistik", 1942).

Über die Entwicklung der Arbeiterlöhne in der Nachkriegszeit informiert der vom WIFO errechnete Index der Nettostundenverdienste mit und ohne Kinderbeihilfen. Der WIFO-Index ohne Kinderbeihilfen stimmt in der Ent-

---

[417]) Jahrbuch 1946 der Arbeiterkammer in Wien, S. 133.

wicklung relativ gut mit den für einzelne Stichmonate ermittelten Bruttoverdiensten der Wiener Arbeiterkammer[418]) überein (ausgenommen November 1946).

Übersicht 2.53: Arbeiterverdienste laut WIFO und laut Arbeiterkammer 1946 bis 1952

	AK brutto Woche	WIFO netto Stunde	AK brutto Woche	WIFO netto Stunde
	April 1946 = 100		In % gegen letzte Notierung	
November 1946	140,18	126,43	40,18	26,43
Juli 1947	204,74	204,47	46,06	61,72
Juni 1948	333,86	337,36	63,06	64,99
März 1949	387,83	392,45	16,17	16,33
März 1950	451,17	447,66	16,33	14,07
April 1951	581,87	565,18	28,97	26,25
September 1952	721,46	729,31	23,99	29,04

WIFO: ohne Kinderbeihilfen. – Die Unterschiede im November 1946 gehen wahrscheinlich darauf zurück, dass die Arbeiterkammer schon eine Lohnentwicklung berücksichtigt, die das WIFO erst später verbucht hat.

Übersicht 2.54: Arbeiterverdienste laut WIFO (korrigiert) und Pro-Kopf-Einkommen der Arbeitnehmer laut VGR seit 1937

	Arbeiter-Verdienste WIFO[1])	Lohn/Kopf VGR[2])
1937	100,00	100,00
1948	323,55	294,71
1949	393,67	378,99
1950	445,79	456,86
1951	583,35	630,54
1952	670,64	739,29
1953	676,31	767,83
1954	707,90	830,94
1955		905,46

[1]) Index der Stundenverdienste der Arbeiter (netto), für 1946 bis 1937 rückverkettet unter der Annahme, dass im April 1945 die Löhne um 30% höher waren als im März 1938 (RM = S-neu) und 87% des Ausgangsniveaus 1937 (S-alt = S-neu) erreichten. – [2]) VGR.

Die Verdienststatistiken des WIFO und der Arbeiterkammer gelten für Arbeiter. Die Gehälter der Angestellten und noch mehr die der Beamten blieben bis 1949 zurück. Dann setzte allmählich eine gegenläufige Entwicklung ein, die allerdings statistisch nur mangelhaft dokumentiert wurde. Laufende Indizes der Monatsgehälter wurden von der Sektion Industrie der Bundes-

---

[418]) Die Erhebungen der Arbeiterkammer in Wien wurden 1953 vollständig veröffentlicht (*Müller,* 1953). Die Stichtage für Verdienste und Tariflöhne sind verschieden, so dass die Überzahlungen (und damit der Lohndrift) nicht berechnet werden können.

kammer der gewerblichen Wirtschaft erst ab Mitte 1952 ermittelt. Auf die Unterschiede zwischen dem WIFO-Verdienstindex für Arbeiter und den Pro-Kopf-Einkommen der Arbeitnehmer laut VGR wurde bereits auf S. 249 hingewiesen. In Übersicht 2.54 wurde die Entwicklung der Arbeiterverdienste den Pro-Kopf-Einkommen der Unselbständigen auf Basis 1937 = 100 gegenüber gestellt. Zu diesem Zweck wurde der WIFO-Index entsprechend den obigen Erläuterungen nach oben korrigiert. Die Ergebnisse des Vergleichs sind plausibel. Bis 1949 lag der WIFO-Index (stärkeres Steigen der Arbeiterverdienste) vorne, dann blieb er jedoch deutlich zurück (die Gehälter der Beamten und der Angestellten zogen nach, einmalige Zahlungen und Lohnnebenkosten gewannen an Bedeutung).

Preise

Nach der Annexion 1938 waren die Verbraucherpreise (ohne Mieten) in Österreich zum gewählten Umrechnungskurs von 1,5 S-alt gleich 1 RM um 10% bis 20% höher als im Deutschen Reich. Ob die niedrigen Mieten das ausglichen, wie ein Vergleich des Statistischen Reichsamts zwischen Wien und Berlin vermuten ließ, oder ob das Preisniveau im Landesdurchschnitt auch einschließlich der Mieten höher war, wie eine spätere Berechnung des Amts[419]) ergab, muss offen bleiben[420]). (Der Mieterschutz spielte in den Bundesländern eine geringere Rolle als in Wien.)

Nach der amtlichen Statistik stiegen die Verbraucherpreise im Deutschen Reich während des Kriegs nur wenig. Im September 1944 (bis dahin wurden die Verbraucherpreise in „Wirtschaft und Statistik" veröffentlicht) waren sie nur um 12,3% höher als 1937. In den „Gauen der Ostmark" fiel die amtlich registrierte Teuerung noch geringer aus, weil der 1938 gewählte Umrechnungskurs des Schillings leicht preisdämpfend wirkte. Das stimmt mit den von der amtlichen österreichischen Statistik 1950 veröffentlichten „Messzahlen für die Veränderung der Kaufkraft des Geldes aufgrund der Kleinhandelspreise"[421]) überein, die als Anleitung für Wertsicherungsklauseln empfohlen wurden. (Die langatmige Bezeichnung wurde offenbar deshalb gewählt, weil man die Bezeichnung „Lebenshaltungskostenindex" oder wie später allgemein üblich „Verbraucherpreisindex" vermeiden wollte.) Danach waren die Verbraucherpreise im April 1945 nur um 5% höher als im April 1938 (auf RM-Basis).

Die amtliche Statistik vermittelt jedoch unter den gegebenen Bedingungen ein ungenaues Bild. Nach einer „streng geheimen" Untersuchung des Wiener Instituts für Wirtschaftsforschung (Bezeichnung des WIFO während

---

[419]) Statistisches Amt für das Deutsche Reich: „Die Entwicklung der Lebenshaltungskosten in den neuen Teilen des Großdeutschen Reichs", Wirtschaft und Statistik, 1944, 24(3), S. 33-36.
[420]) Nach einer flächendeckenden Erhebung der DAF waren die untersuchten Waren (Nahrungsmittel, Beheizung und Beleuchtung, Mieten) in den kleinen Orten der „Ostmark" relativ teuer. Das Stadt-Land-Preisgefälle war geringer als im „Altreich". AdR: Gruppe 04, Bürckel Materialien, Karton Nr. 98, Mappe 2.190/0.
[421]) Statistisches Handbuch für die Republik Österreich, Wien, 1950, 1, S. 145-146.

des „Anschlusses") betrug die Teuerungsrate bereits im Jänner 1941 etwa ein Drittel (verglichen mit Jänner 1938). Die beiden Quellen widersprechen einander nicht notwendigerweise. Da die Wiener Studie auch von der heimischen Forschung gelegentlich zitiert wird (z. B. von *Talos,* 1988, S. 129), seien die Unterschiede kurz erläutert: Die auf amtlichen Preisen und einem festen Warenkorb basierenden Preisindizes hatten unter kriegswirtschaftlichen Bedingungen (und in noch höherem Maße in der Notsituation der Nachkriegszeit) aus drei Gründen nur eine beschränkte Aussagekraft:
– Die rückgestaute Inflation bewirkte, dass die Verkäufer generell die amtlich festgesetzten Höchstpreise verlangten. Die niedrigeren Qualitäten, die bei knapper Nachfrage vor dem „Anschluss" relativ billig angeboten worden waren, verteuerten sich überdurchschnittlich.
– Die Qualität der meisten Produkte litt unter den Einfuhrbeschränkungen und der Vernachlässigung der heimischen Konsumgüterproduktion. Ersatzprodukte waren entweder teurer oder schlechter (raschere Abnutzung, niedrigerer Gebrauchswert).
– Infolge der Rationierung waren die Konsumenten auf die zugeteilten Nahrungsmittel angewiesen, auch wenn sie oft relativ teuer waren. Der Aufwand für den friedensmäßigen Kalorienverbrauch, soweit er überhaupt durch Rationierung erzielbar war, stieg daher stärker als die Preise der Nahrungsmittel gewogen nach dem friedensmäßigen Verbrauch.

Die Wiener Studie ist, über den historischen Preisvergleich Österreich–Deutsches Reich hinaus, von exemplarischer Bedeutung, weil sie quantitativ belegt, wie begrenzt aussagekräftig Preisindizes unter den genannten Bedingungen sind, selbst wenn man der amtlichen Statistik keine Tendenz zur Indexkosmetik unterstellt. Das gilt für die Nachkriegsverhältnisse in Österreich in noch höherem Maße als für die Anfangsphasen des Zweiten Weltkriegs, als die Rationen zumindest in Kalorien gerechnet noch ausreichend waren.

Die Informationen aus der Geheimstudie wurden vom WIFO nach 1945 ausgewertet, als es begann, einen Lebenshaltungskostenindex auf Basis eines friedensmäßigen Verbrauchsschemas zu erstellen. Danach waren die Verbraucherpreise im April 1945 in Wien um 26% höher als im April 1938 (beide Werte in RM ausgedrückt). Anders ausgedrückt: Die RM-Preise des Jahres 1945 waren fast so hoch wie die Schilling-Preise vor der Annexion (wenn man das Verschwinden billiger Waren und die Qualitätsverschlechterungen berücksichtigt) und das, obschon 1938 1,5 S gegen 1 RM getauscht wurde.

Die Unterschiede zwischen der amtlichen Statistik und den WIFO-Berechnungen können zum Teil darauf zurückgeführt werden, dass die amtliche Statistik (eher) einen reinen Preisindex (konstantes Güterbündel) erstellen wollte, wogegen sich das WIFO am Konzept der Lebenshaltungskosten (Güterbündel mit konstantem Nutzen) orientierte, eine Unterscheidung, die auch noch heute relevant ist (siehe hiezu *Pollan,* 2002). Offenkundig stieg in den ersten Nachkriegsjahren nicht nur die Menge der verfügbaren Güter, sondern auch ihre Qualität. Bekleidungsgegenstände wurden allmählich wieder in friedensmäßiger Güte verfügbar, der Ausmahlungssatz für Mehl wurde wieder herabgesetzt, usw. Mit dieser Interpretation vereinbar ist, dass die erwähnten

Unterschiede zwischen den Indizes geringer wurden, als sich die Verhältnisse normalisierten. Tatsächlich startete der ab Juli 1948 monatlich veröffentlichte Kleinhandelspreisindex des Statistischen Zentralamts mit einem Indexwert, der den gleichen Abstand zur Vorkriegszeit auswies wie der Lebenshaltungskostenindex des WIFO. Zwischen April 1945 und Juli 1948 stieg jedoch der vom Zentralamt für Wertsicherungsklauseln angebotene Index um 20% stärker als die WIFO-Reihe.

Übersicht 2.55: Vergleich der Verbraucherpreise in Österreich und im Deutschen Reich

	Vergleich Wien–Berlin (Statistisches Reichsamt)[1]			
	Entwicklung November 1939 in % Mai 1938		Niveau Wien Berlin = 100	
	Wien	Berlin	Mai 1938	November 1939
VPI insgesamt	94,16	100,01	99,2	93,4
Ohne Wohnung	93,55	100,09	113,3	105,9

	Vergleich Österreich–Deutschland (Statistisches Reichsamt)[2]			
	Entwicklung Jänner 1942 in % Jänner 1939		Niveau Österreich Deutschland = 100	
	Österreich	Deutschland	Jänner 1939	Jänner 1942
VPI insgesamt	99,58	106,78	110,2	101,8
Ohne Wohnung	93,65	107,27	117,2	106,7

	Vergleich Wien–Berlin (Wirtschaftsforschungsinstitut)[3]	
	Entwicklung Jänner 1941 in % Jänner 1938	
	Wien[4]	Berlin
VPI insgesamt	131,1	128,6
Ernährung[4]	127,6	119,4

[1]) Wiener Institut für Wirtschaftsforschung: „Die Entwicklung der Lebenshaltungskosten und Löhne in Wien seit der Wiedervereinigung", (streng geheim), Wien, 1941. S. 88. – [2]) Wirtschaft und Statistik: „Die Entwicklung der Lebenshaltungskosten in den neuen Teilen des Großdeutschen Reichs", 1944, 24(3), S. 33-36. – [3]) Wiener Institut für Wirtschaftsforschung: „Die Entwicklung der Lebenshaltungskosten und Löhne in Wien seit der Wiedervereinigung", Wien, 1941, S. 48 und S. 79. – [4]) Bessere Qualitäten, die billigen haben sich noch stärker verteuert.

In der vorliegenden Studie wurde dem Lebenshaltungskostenindex des WIFO u. a. deshalb der Vorzug gegeben, weil er besser mit den Schätzwerten über die Arbeiterverdienste übereinstimmt und die Aussage stützt, dass der Abstand zwischen offiziellen Preisen und Löhnen zu Kriegsende ähnlich war wie vor dem Krieg. (Wenn man von den Daten des Statistischen Reichsamts ausgeht, wäre der Reallohn in Österreich während des Kriegs um etwa ein Viertel gestiegen.)

3. Der Marshallplan

3.1 Die Dollarlücke

3.1.1 Einführende Überlegungen

Die Doppelrolle der Hilfe

Österreich befand sich nach Kriegsende wirtschaftlich und politisch in einer besonders schwierigen Lage. C. P. Kindleberger[1]) hielt dieses Land anlässlich eines Wien-Aufenthalts im Sommer 1946 für einen hoffnungslosen Fall. *Milward* (1984, S. 92) nahm Österreich ausdrücklich aus, wenn er kritisierte, dass die Westeuropäer nach dem Zweiten Weltkrieg zu ehrgeizige Investitions- und Sozialpläne verfolgten. Der „Sonderfall" Österreich (siehe hiezu S. 299) hatte politische und ökonomische Komponenten: Das Land war von vier Mächten besetzt und seine Teilung war nicht auszuschließen. Seine Produktion war nach 1945 besonders tief gesunken, ein Teil seiner Ressourcen wurde von den Besatzungsmächten beansprucht und die Struktur seiner Wirtschaft (insbesondere die des exponierten Sektors) schien nicht den Erfordernissen der Nachkriegszeit zu entsprechen.

Die Sonderstellung des Landes wurde von den USA in der Weise honoriert, dass es relativ (pro Kopf oder bezogen auf das BIP) mehr Wirtschaftshilfe erhielt als die anderen Staaten Westeuropas (vergleichbare Werte wurden nur in Norwegen und in den Niederlanden erreicht). Die westliche Wirtschaftsgemeinschaft kam ihm mit Ausnahmeregelungen entgegen. Der von der einschlägigen Forschung gelegentlich erhobene Einwand, dass der Marshallplan wegen seiner Geringfügigkeit nicht durchgreifend wirken konnte, gilt im Falle Österreichs nicht. Die Auslandshilfe war bedeutend, wenn man sie an den üblichen makroökonomischen Kenngrößen, wie nationale Produktion, Importe oder Investitionen misst. Das rechtfertigt es, den Ressourcentransfer – die durch den Marshallplan verfügbare zusätzliche Gütermenge – in den Mittelpunkt der Überlegungen zu stellen. Ergänzende Folgen, wie die Anbahnung der wirtschaftlichen Integration Europas oder die Förderung der marktwirtschaftlichen Ordnung, werden an verschiedenen Stellen des Buches behandelt.

Der Ressourcentransfer hatte zwei verschiedene Aspekte: Zum einen versorgte er Österreich mit Devisen, über die es sonst nicht oder nur unter erschwerten Bedingungen hätte verfügen können (Dollarseite der Hilfe). Zum anderen konnte die Familie „Österreicher" insgesamt mehr für Konsum und Investitionen ausgeben, als es produzierte (Schillingseite der Hilfe). Beide Aspekte werden durch die definitorischen Beziehungen der volkswirtschaftlichen Gesamtrechnung (ausgedrückt in einer einheitlichen Währung) verdeutlicht:

---

[1]) *Kindleberger* (1989), Letter from Vienna Nr. 14 vom 16. 8. 1946.

Zustrom an Auslandskapital (netto) ≡ Importe minus Exporte (Dollarseite) ≡ heimische Nachfrage minus heimische Produktion (Schillingseite)

Die Schillingseite wird für manche Zwecke weiter umgeformt:

Heimische Nachfrage minus heimische Produktion ≡ Inlandsinvestitionen minus heimisches Sparen

Für die Dollarseite und für die Schillingseite der Auslandshilfe wurden im Marshallplan verschiedene Planungsverfahren eingerichtet: Die Zahlungsbilanzschätzungen und die darauf aufbauenden Importpläne (Devisenverwendungspläne) befassten sich mit der „Dollar-Lücke", mit der Finanzierung des dringenden Importbedarfs durch Auslandshilfe. Die „Counterpart"-Verwendungspläne (die Pläne über die Verwendung der Schillingerlöse aus dem Verkauf von Hilfsgütern) befassten sich mit der „Sparlücke", mit der Finanzierung des über die heimische Ersparnis hinausgehenden Wiederaufbaubedarfs.

Die Dollar- und die Schillingseite der Auslandshilfe waren nicht immer gleich „wichtig" (akzeptable Gleichgewichtsbeziehungen lassen sich auf manchen Märkten leichter erreichen als auf anderen). Wenn Schillingbeträge (nahezu) kostenlos in Dollar zum geltenden Wechselkurs transformiert werden können, ist der Devisenaspekt irrelevant. Die Teile der Produktion, die nicht im Inland beansprucht werden, schlagen sich automatisch in Nettoexporten (und nicht etwa in unverkauften Vorräten oder in Produktionsrückgängen) nieder. Unmittelbar nach dem Zweiten Weltkrieg waren jedoch die Transformationskosten sehr hoch. Nur ein Teil der heimischen Produktion bestand aus international gehandelten Gütern, die zu annehmbaren Bedingungen exportiert werden konnten. Folglich stand zunächst der Devisenaspekt, die Beschaffung von unentbehrlichen Importgütern, im Mittelpunkt des wirtschaftspolitischen Interesses. Später gewannen Überlegungen an Gewicht, wie die Erlöse aus der Auslandshilfe zweckmäßig verwendet werden könnten.

Der Mangel an Alternativen

Die Hilfslieferungen nach 1945 wurden Österreich fast ausschließlich geschenkt („grants"): Das ihm überlassene ausländische Kapital musste weder verzinst noch zurückgezahlt werden. Wenn die Existenz eines Gemeinwesens und das Überleben der Bevölkerung auf dem Spiel stehen, nimmt man auch drückende Belastungen der Zukunft in Kauf. Ausmaß und Tempo des Wiederaufbaus werden jedoch maßgeblich davon bestimmt, ob das Hilfe empfangende Land bloß die Differenz zwischen gesamtwirtschaftlichem Ertrag des Auslandskapitals und seinen Kosten (Zinszahlungen) über einige Jahre (die Laufzeit der Kredite) lukriert oder ob es eine (im Prinzip) nachhaltige Ertragsquelle erhält (siehe den Vergleich mit der Völkerbundanleihe 1922 auf S. 285).

Hilfe war nahezu die einzige Form, in der Auslandskapital verfügbar war. Ertragsorientierte Direktinvestitionen überseeischer Kapitalgeber spielten im Wiederaufbau der europäischen Wirtschaften so gut wie keine Rolle. Das lag vorwiegend daran, dass für private Investoren die politischen Risiken im unsicheren Europa zu groß waren. Selbst staatliche Garantien halfen wenig. Die

US-Behörden waren ermächtigt, 400 Mio. $ Garantien für private Auslandsinvestitionen in Europa zu übernehmen. In den ersten beiden Jahren des Marshallplans wurden davon jedoch nur 4 Mio. $ beansprucht[2]).

Dass das von vier Mächten besetzte Österreich mit seinen unklaren Eigentumsverhältnissen von privaten Kapitalanlegern gemieden wurde, braucht nicht besonders betont zu werden. Nach einer Untersuchung des amerikanischen Handelsministeriums von 1953 betrug das in österreichischen Unternehmen investierte Kapital von US-Firmen 1950 nur 13,3 Mio. $, ebensoviel wie 1937 und viel weniger als 1929 (40,2 Mio. $)[3]). Die Firmen, die schon vor 1938 in Österreich tätig waren, führten ihre Geschäfte fort. Zum Teil wollten sie sich aus Österreich zurückziehen (z. B. die Radentheiner Magnesitwerke), doch stand dem entgegen, dass die Notenbank keine Kapitalexporte genehmigte.

Auf den internationalen Kreditmärkten sah es nicht viel besser aus. Die beiden wichtigsten langfristigen Auslandskredite, die Österreich in der Nachkriegszeit erhielt, ein Kredit der amerikanischen Export-Import-Bank und der Kreditteil der britischen Hilfe, wurden 1946 gewährt, bevor die großen amerikanischen Hilfslieferungen anliefen. Es waren rein „politische" Kredite. Selbst die Weltbank, die eigens dazu geschaffen worden war, Wiederaufbau und Entwicklung von Ländern in einer schwierigen wirtschaftlichen Lage zu finanzieren, und die über geschulte Experten zur Einschätzung von Länderrisiken verfügte, hielt Österreich für nicht kreditwürdig. Die ersten Projekte, die Österreich bei der Weltbank einreichte, wozu auch das Projekt Dorfertal gehörte[4]), wurden vorwiegend aus diesem Grund nicht finanziert. Erst Ende 1952 wurde Österreich in den Kreis der Länder aufgenommen, die Weltbankkredite erhielten, sofern sie gute Projekte anbieten konnten und überdies staatliche Garantien boten. Die internationale Verschuldung Österreich war daher bis zur Regelung der Vorkriegsschulden sehr gering.

Erschwerend kam hinzu, dass Österreich über kein nennenswertes Auslandsvermögen verfügte, das für den Wiederaufbau hätte mobilisiert werden können. Nach dem Ersten Weltkrieg hatten Banken und Wirtschaft namhafte valutarische Bestände. Österreichische Firmen und Haushalte besaßen Sachwerte vorwiegend in den Nachbarstaaten. Damals wurde erwogen, diese Auslandsvermögen in irgendeiner Weise heranzuziehen[5]). Diese Option bestand für die Zweite Republik nicht. Die rigorose Devisenbewirtschaftung während

---

[2]) AdR: BMfaA, Zl. 165.637_Wpol/1950.
[3]) AdR: BMfaA, Zl. 416.846_Wpol/1953.
[4]) AdR: Ministerrat Figl 2, Nr. 290 vom 29. 4. 1952. Ministerratsvortrag des BMfF, Zl. 33.096_15B/1952. Als Jahrzehnte später das Projekt Dorfertal wieder aufgegriffen wurde, scheiterte der Bau an ökologischen Bedenken.
[5]) Nach dem Finanzkonzept von J. Schumpeter im Jahr 1919 sollte das österreichische Finanzvermögen im Ausland als Basis für Auslandskredite dienen (*März*, 1981, S. 552ff).

des Krieges hatte Österreich alle valutarischen Bestände entzogen[6]), das reale Auslandsvermögen österreichischer Staatsbürger in den Nachbarländern wurde nach 1945 dezimiert oder konnte zumindest nicht in harte Währungen transformiert werden.

3.1.2 Der Umfang der Auslandshilfe

Messprobleme

Österreich erhielt von 1945 bis 1955 Auslandshilfe im Wert von fast 1,6 Mrd. $. Davon stammte der weitaus überwiegende Teil direkt oder indirekt (UNRRA) von den USA. Das war für ein kleines Land sehr viel. Um die quantitative Bedeutung der Auslandshilfe zu verdeutlichen, bieten sich Vergleiche mit anderen Hilfsaktionen sowie mit makroökonomischen Kennzahlen wie dem BIP, den Exporten und den Investitionen an. Im Abschnitt „Die Kosten der Freiheit" wird überdies ein Vergleich mit den Belastungen versucht, die Österreich von den Besatzungsmächten auferlegt wurden.

Solche Vergleiche werfen allerdings nicht immer einwandfrei lösbare Bewertungsprobleme auf. Dazu zählen insbesondere:

– Die Dollarpreise blieben im Vergleichszeitraum nicht stabil. Wenn man die amerikanischen Exportpreise als Maßstab wählt, so betrug die Auslandshilfe zu konstanten Preisen 1955 gerechnet 1.920 Mio. $ (ohne Preisbereinigung 1.584 Mio. $).

– Die Auslandshilfe nach dem Zweiten Weltkrieg verteilte sich auf einen längeren Zeitraum. Um sie mit zeitlich anders verteilten Größen vergleichbar zu machen, müssen die Werte für die einzelnen Jahre auf eine gemeinsame Zeitbasis gebracht werden. Der Barwert der Hilfe hängt maßgeblich vom Zinssatz ab. Zu Illustrationszwecken werden zwei Zinssätze gewählt, ein fester von 4% und ein variabler in Höhe der jeweiligen Wachstumsraten des BIP. (Der variable Zinssatz verdeutlicht, dass die Auslandshilfe besonders wertvoll war, solange die heimische Produktion sehr niedrig war, nach dem Motto: „Wer rasch gibt, gibt doppelt".)

– Der Wechselkurs von 26 S/$ lag weit über den Kaufkraftparitäten. Gemessen an den Güterpreisen war der Dollar 1955 nur etwa 15 S/$ wert. Rechnet man die Hilfe zum effektiven Wechselkurs um, so erhält man einen Wert, der annähernd ihre Opportunitätskosten widerspiegelt: die Menge der Ressourcen, die geopfert werden müssten, um die Auslandshilfe zu ersetzen (annähernd deshalb, weil Mehrexporte auf Märkten mit unvollkommener Konkurrenz nur zu niedrigeren Preisen erzielt werden können). Die Kaufkraftparitäten eignen sich als Maßzahl für den Zuwachs an Gütern, der durch die Auslandshilfe ermöglicht wurde.

---

[6]) Einen Teil seiner Goldbestände erhielt Österreich nach 1945 zurück. Das „Brüsseler Gold" wurde jedoch von der Notenbank sorgsam gehütet und nicht für Importe zur Verfügung gestellt.

Je nach Wahl der Preisbasis, der Zinssätze und des Umrechnungskurses erhält man verschiedene Werte. Wie sehr sie voneinander abweichen, ist aus nachstehender Übersicht zu entnehmen.

Übersicht 3.1: Alternative Werte der Auslandshilfe

	Hilfe in $	Hilfe in S	
		à 26 S/$[1])	à 15 S/$[2])
	Mio. $	Mio. S	Mio. S
Nominell	1.583,5	41.171	23.753
Real zu Preisen 1955	1.920,06	49.921	28.801
Barwert bei Zinssatz 4%	1.736,18	45.141	26.043
Barwert zu variablen Zinssätzen[3])	1.244,98	32.369	18.675

[1]) Offizieller Wechselkurs. – [2]) Kaufkraftparität. – [3]) Zinssatz gleich reale Wachstumsrate.

Die unterschiedlichen Bewertungsmaßstäbe und ihre möglichen Interpretationen müssen beachtet werden, wenn die effektiven Dollarwerte der Auslandshilfe mit anderen Größen verglichen werden.

Vergleich mit der Völkerbundanleihe 1922

Einen ersten Hinweis über die Bedeutung der Auslandshilfe liefert ein Vergleich mit der Zeit nach dem Ersten Weltkrieg. Der Völkerbund gewährte 1922 der Republik Österreich eine Anleihe von 650 Mio. Goldkronen. Rechnet man diesen Betrag mit dem Preisindex des BIP hoch, so kommt man auf einen Wert von 6,9 Mrd. S zu Preisen 1955. Wenn man den Dollarwert der Hilfe nach 1945 mit dem Dollarkurs 1955 von 26 S/$ multipliziert, erhält man 41,2 Mrd. S. Der reale Wert der Auslandshilfe war nach 1945 drei- bis siebenmal so hoch, wenn man die in Übersicht 3.1 wiedergegebenen Zahlen zugrunde legt. Der Mittelwert liegt bei etwa fünf (ähnlich schon *Nemschak*, 1955).

Die Hilfslieferungen wurden nach 1945 fast durchwegs Österreich geschenkt, wogegen die Völkerbundanleihe verzinst und getilgt werden musste. Die Effektivverzinsung der Völkerbundanleihe war mit fast 11% sehr hoch, so dass ein Anreiz bestand, sie nicht voll zu nutzen[7]). Wäre für die Hilfslieferungen nach dem Zweiten Weltkrieg ein ähnlich hoher Zinssatz verlangt worden, so hätte Österreich 1955 160 Mio. $ (4 Mrd. S oder 3,7% des BIP) allein an Zinsen an das Ausland zahlen müssen, die Rückzahlung des geborgten Kapitals nicht eingerechnet. Zum Vergleich: Die jährlichen Ablöselieferungen an die Sowjetunion nach dem Staatsvertrag machten jährlich 45 Mio. $ aus. Die Zinsbelastung des Bundesbudgets erreichte in den neunziger Jahren des 20. Jahrhunderts mit 2,2% des BIP einen Höchstwert, wobei zu berücksichtigen ist, dass ein Großteil der Zinsen heimischen Gläubigern zufiel.

Diese Vergleiche legen die Aussage nahe: Wenn die Auslandshilfe nach 1945 zu Sätzen verzinst hätte werden müssen, die denen für riskante Schuldner

---

[7]) *Wagner/Tomanek* (1983).

nach dem Ersten Weltkrieg entsprach, so hätte sich Österreich viel weniger Auslandshilfe „leisten" können.

Vergleich mit dem BIP

Eine andere Möglichkeit, die Bedeutung der Auslandshilfe zu verdeutlichen, besteht darin, sie mit makroökonomischen Kennzahlen zu vergleichen. Als erste Annäherung bietet sich ein Vergleich mit dem BIP an (auf Vergleiche mit den Exporten und mit den heimischen Ersparnissen wird später eingegangen). Rechnet man die in den einzelnen Jahren erhaltene Hilfe zu Kaufkraftparitäten um, so ergibt sich: In den ersten beiden Nachkriegsjahren erreichte die Hilfe 10% bis 11% des BIP. Im Marshallplan betrugen die Anteilssätze anfangs etwa 8%, sanken aber dann bis 1952 auf 2%. Als Österreich 1955 den Staatsvertrag erhielt, war die Auslandshilfe nur noch gering, sie bestand hauptsächlich aus landwirtschaftlichen Überschussgütern der USA (SAC-Krediten). Österreich war imstande, ohne Erschütterung des wirtschaftlichen und sozialen Gefüges Reparationsleistungen (Ablöselieferungen genannt) in beträchtlicher Höhe zu leisten.

Abbildung 3.1: Anteil der Auslandshilfe am BIP in Prozent

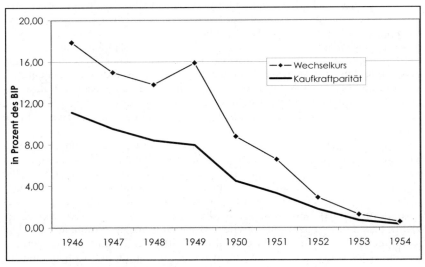

Quelle: VGR, Zahlungsbilanzstatistik der OeNB, eigene Berechnungen.

Die zu Kaufkraftparitäten berechneten Prozentsätze besagen nur, um wie viel das heimische Güter und Leistungsvolumen durch die Auslandshilfe vergrößert wurde. Sie geben aber keinen Aufschluss darüber, mit welchem Güterangebot ohne Auslandshilfe das Auslangen hätte gefunden werden müssen. Einen Hinweis erhält man, wenn die Auslandshilfe nicht zu Kaufkraftparitäten sondern zum effektiven Wechselkurs bewertet wird. Danach lag der Anteil der Hilfe am BIP bis in die Hälfte des Marshallplans weit über 10%. Selbst diese Prozentsätze unterschätzen die Schwierigkeiten, denn der Export hätte sich nur zu niedrigeren Preisen (unter Inkaufnahme schlechter Austauschverhältnisse) nennenswert ausweiten lassen.

Man kann noch einen Schritt weiter gehen: Auf kurze Sicht sind Preise und Löhne nur beschränkt flexibel und die Produktionsfaktoren nur beschränkt mobil. Ohne Auslandshilfe hätte viel weniger produziert werden können, weil es an komplementären Vorprodukten gefehlt hätte und (oder) weil spezialisierte heimische Produktionsmittel nicht für Exportzwecke verwendbar waren. Anders ausgedrückt: Zwischen der Auslandshilfe und dem BIP bestand auf kurze Sicht eine funktionale Beziehung. Diese Beziehung konnte außer Kontrolle geraten (kippen), wenn bestimmte Grenzwerte unterschritten werden. Diese Gedankengänge werden im letzten Kapitel dieses Abschnitts weitergeführt.

3.1.3 Von der Maispende bis zur Interimshilfe

Militärhilfe und UNRRA

Nach diesem Überblick werden im Folgenden Einzelheiten der Auslandshilfe besprochen. Es wird dargelegt, wie die verschiedenen Hilfsaktionen zustande kamen, wie sie organisiert waren, wieweit sie den von der österreichischen Wirtschaftspolitik artikulierten Bedürfnissen entsprachen und wie die österreichische Wirtschaft schrittweise von ausländischer Hilfe unabhängig wurde (oder besser gesagt: werden musste, weil die Auslandshilfe versiegte).

Unmittelbar nach Kriegsende stellten die Besatzungsmächte Nahrungsmittel zur Verfügung, um die Bevölkerung vor dem Verhungern zu bewahren. Die „Maispende" der Roten Armee für Wien war ein berühmtes Beispiel (die ältere Generation hat sie dankbar in Erinnerung, auch wenn sie aus nicht immer einwandfreien Erbsen bestand). Die Lebensmittellieferungen der Besatzungsmächte von Kriegsende bis Ende März 1946 hatten zu Weltmarktpreisen bewertet einen Wert von etwa 85 Mio. $[8]. Davon entfielen 55,7 Mio. $ auf die USA[9] und 5,25 Mio. £ auf Großbritannien[10]. Aus dem Verkauf der Nahrungsmittel wurden 267 Mio. S erlöst[11]. 48 Mio. S machten die nur gestundeten Lieferungen der Sowjetunion aus (diese Forderung wurde 1955 mit österreichischen Forderungen aus zivilen Besatzungskosten kompensiert). Die Schillingerlöse erreichten nicht einmal ein Drittel des Dollarwerts umgerechnet zum Kurs von 1 : 10, da die Lebensmittel zu den amtlich festgelegten Inlandspreisen abgegeben wurden, die damals weit unter den Weltmarktpreisen lagen.

---

[8]) Amerikanische Schätzungen in „The Rehabilitation of Austria", AdR: BMfaA, Zl. 164.289_Wpol/1947.
[9]) Länderteil Österreich der Vorlage des Präsidenten an den US-Kongress.
[10]) AdR: Ministerrat Raab 1, Nr. 28 vom 24. 11. 1953, BMfF, Zl. 99.100_15B/1953.
[11]) AdR: Ministerrat Figl 1, Nr. 122 vom 19. 8. 1948, BMfaA, Zl. 172.248_Wpol/1948.

Die UNRRA (United Nations Relief and Rehabilitation Administration) wurde im August 1943 in Atlanta City gegründet. Sie war eine von mehreren internationalen Organisationen, die vorausschauend schon vor Kriegsende geschaffen worden waren, um den Problemen der Nachkriegszeit zu begegnen. Sie war ursprünglich zur Betreuung von Flüchtlingen gedacht. Am 22. 8. 1945 beschloss sie, ihre Tätigkeit auch auf Österreich auszudehnen.

Die UNRRA versorgte Österreich mit lebenswichtigen Importen (hauptsächlich Nahrungsmittel und Betriebsmittel für die Landwirtschaft) vom 1. 4. 1946[12]) bis Mitte 1947. Die Lieferungen der Besatzungsmächte gingen noch einige Zeit weiter, wurden jedoch von der UNRRA bezahlt[13]). Erst Ende Juni trafen die ersten UNRRA-Schiffe mit Getreide für Österreich in Triest ein[14]). Insgesamt lieferte die UNRRA Waren im Werte von 135,6 Mio. $. Der aus dem Verkauf der Hilfsgüter erzielte Schillinggegenwert war mit etwa 790 Mio. S (vor Abzug der Spesen) nur etwa halb so hoch wie der Dollarwert umgerechnet zum offiziellen Kurs von 1 $ = 10 S.

Übersicht 3.2: Lieferungen der UNRRA 1946/47 nach Österreich

Güter	Mengen in t
Nahrungsmittel netto	793.234
Maschinen für Landwirtschaft	9.877
Pflanzenschutz- und Schädlingsbekämpfungsmittel	4.917
Tierfuttermittel	5.078
Düngemittel	74.171
Saatgut (netto)	74.953
Industrielle Bedarfsartikel	2.465
Textilien	3.117
Rohstoffe	129.971
Kraftfahrzeuge (Stück)	1.195
Anhänger für Kraftfahrzeuge (Stück)	233
Sanitäre Bedarfsartikel	1.495

Quelle: *Österreichische Staatsdruckerei* (1957).

Da Nahrungsmittel besonders knapp waren und auf dem Schwarzen Markt extrem hohe Preise erzielt wurden, mussten die Transporte und die Lager streng überwacht werden. Das österreichische UNRRA-Büro berichtete über einzelne Raubfälle. Organisierte Banden waren in Österreich nicht tätig (wohl aber in Triest).

Die UNRRA-Hilfe wurde bereits nach einem Verfahren abgewickelt, das später im Marshallplan ausgebaut und verfeinert wurde. Dazu gehörten insbesondere:
– Eine quantitative Begründung des Hilfebedarfs (im Falle der UNRRA vorausschauende Ernährungsbilanzen).

---

[12]) Nach „10 Jahre ERP in Österreich" (1958) schon ab 2. 3. 1946.
[13]) Noch im Juni lieferte z.B. die Sowjetunion 7.500 t Weizen. (AdR: BKA, Zl. 1.587_U/1946).
[14]) AdR: BKA, Gzl. 158_U/1946.

– Die Verpflichtung der Empfängerländer, maximale Eigenanstrengungen zu unternehmen (und die ergriffenen Maßnahmen zu evaluieren).
– Eine hinreichende Kontrolle, ob die Hilfslieferungen widmungsgemäß verwendet werden.
– Der Verkauf der Hilfslieferungen gegen heimische Währung und Sammlung der Hilfserlöse auf einem Sonderkonto bei der Nationalbank.
– Die Verwendung der Schillingerlöse im Einvernehmen mit der Hilfsorganisation.

Zwecks Abwicklung der UNNRA-Hilfe errichtete Österreich ein Büro[15]) im Bundeskanzleramt als Verwaltungsfonds ohne eigene Rechtspersönlichkeit. Es wurde einem geschäftsführenden Ministerkomitee bestehend aus den Bundesministern für Landwirtschaft und für Ernährungswirtschaft unterstellt. Ab 1947 wurde eine interministerielle Importplanungskommission mit der Abstimmung und Vorbereitung der Importanträge beauftragt. Die UNRRA selbst errichtete in Wien eine Koordinationsstelle.

Die UNRRA-Hilfe war für 16 Monate bemessen. Schon im Laufe von 1946 wurde deutlich, dass Österreich auch nachher auf Auslandshilfe angewiesen sein würde. Die Ernte 1946 fiel schlecht aus, der Energiemangel zwang die Industrie schon im Herbst 1946 zu empfindlichen Produktionseinschränkungen. Ob und in welchem Ausmaß weitere Hilfe zu erwarten war, erschien zunächst unsicher.

Zwischen dem Alliierten Rat und der österreichischen Bundesregierung wuchsen die Spannungen. Die Besatzungsmächte warfen der österreichischen Bundesregierung vor, dass sie sich nicht genügend anstrengte, um die heimische Nahrungsmittelproduktion zu steigern und die verfügbaren Mengen gerecht zu verteilen. Sie verwarfen den über ihren Auftrag erstellten Vierjahresplan als unkoordinierte Ansammlung von Zahlen und urgierten eine Ernährungsbilanz für das Jahr 1946/47, obschon die hiefür nötigen Planungsgrundlagen fehlten. Sie verschärften ihren Druck auf die österreichische Bundesregierung, als im Oktober 1946 in einigen Großbetrieben Streiks ausbrachen. Offenbar befürchteten sie, militärische Mittel einsetzen zu müssen, um Ruhe und Ordnung zu bewahren. Einige Interventionen sind in Übersicht 3.3 zusammengefasst.

Andererseits wurde die österreichische Bundesregierung selbstbewusster. In dem Sofortprogramm[16]), das sie auf Geheiß des Alliierten Rates entwickelt hatte, wies sie darauf hin, dass Österreich nicht voll über seine wirtschaftlichen Ressourcen verfügen konnte. Vizekanzler Schärf gab anlässlich eines Besuchs in London am 8. 11. 1946 eine Pressekonferenz, in der er sich bitter über das Besatzungsregime in Österreich und die große Zahl von Flüchtlingen beklagte[17]). (Die Besatzungstruppen entziehen der österreichischen Wirtschaft lebenswichtige Güter, sie behindern den Zonenverkehr, sie schützen „Schleich-

---

[15]) Der Name wurde wiederholt geändert. Die Bezeichnung: BKA, Österreichhilfe der Vereinten Nationen, erwies sich als zu eng, weil das Büro auch andere Hilfsaktionen bis zum Marshallplan abwickelte, und für den praktischen Gebrauch als zu lang.
[16]) AdR: BKA, Zl. 3.678_U/1946.
[17]) *Schärf*, 1955, S. 127-130.

händler" und sie behalten sich Entscheidungen auch in Detailfragen vor, wobei zumeist erst nach längerer Zeit entschieden wird.)

Übersicht 3.3: Interventionen des Alliierten Rats in der 2. Hälfte 1946

Datum	Gegenstand (Anlass)	Empfehlung (Anweisung)
28. Juni	Lücken in der Lebensmittelaufbringung	Bericht über Ursachen der Mängel und ihre Behebung, Forderung u. a. nach strengeren Kontrollen und Strafen
31. August	Ablehnung des von Österreich vorgelegten 4-Jahres-Plans	Forderung: in drei Wochen neue Disposition, in zwei Monaten revidierter Plan
4. Oktober	Fehlen eines Ernährungsplans 1946/47	Forderung nach Vorlage einer Ernährungsbilanz
26. Oktober	Unruhe in Industriebetrieben	In 30 Tagen: Bericht über Abhilfen; Plan für Wiederaufbau der Industrie und des Außenhandels
14. Dezember	Nahrungsmittellücke	Monatliche Versorgungspläne müssen dem Alliierten Rat vorgelegt werden, Information der UNRRA über Defizit 1947

AdR: BKA, Gzl. 1.706_U/1946, 2.628_U/1946, 2.262_U/1948.

Der R-Plan

Obschon der Alliierte Rat einhellig die österreichische Regierung rügte und sie zu größeren Anstrengungen anhielt, zeichnete sich gegen Ende 1946 eine zunehmende Bereitschaft des „Westens" ab, Österreich zu helfen. Im August 1946 entwickelte D. Dort, ein einflussreicher Beamter des US State Department aus dem damals verfügbaren Expertenwissen eine Schätzung der österreichischen Zahlungsbilanz[18]). Im November 1946 präsentierten amerikanische und britische Experten eine nur wenig revidierte Fassung, R-Plan[19]) genannt. Der R-Plan schätzte den dringendsten Importbedarf Österreichs im Jahr 1947 auf 320 Mio. $. Demgegenüber wurde nur ein Export von 120 Mio. $ für erreichbar gehalten. Somit bestand eine Lücke (Finanzierungsbedarf) von 200 Mio. $, die durch ausländische Hilfe oder Hilfskredite zu schließen war.

Der R-Plan hatte strategische Bedeutung. In ihm bescheinigten Experten der potentiellen Geldgeber, dass Österreich auch nach Ende der UNRRA ausländische Hilfe braucht. Und was zumindest ebenso wichtig war: Sie quantifizierten den Hilfsbedarf. Damit entstand ein Referenzmodell auf das man sich berufen konnte. Wohlwollende US-Experten empfahlen den österreichischen Behörden, ihre Ansuchen als modifizierte Fassungen des R-Planes zu präsen-

---
[18]) Schätzungen über den Bedarf Österreichs an ausländischer Hilfe wurden nach Kriegsende von verschiedenen Stellen vorgenommen (so etwa von der UNO und von der österreichischen Regierung anlässlich ihres Kreditansuchens an die Export-Import-Bank). Der Dort-Plan wurde deshalb hervorgehoben, weil er relativ gut fundiert war und die Ansichten eines potenten Geldgebers wiedergab.
[19]) Die Zahlen des R-Plans und die österreichischen Zahlungsbilanz-Schätzungen von Anfang Februar 1947 finden sich u. a. in: AdR: BKA, Zl. 515_U/1947.

tieren[20]). Im Großen und Ganzen erwies sich der R-Plan als erstaunlich realistisch, sowohl hinsichtlich der Einschätzung der Gebefreudigkeit der USA als auch hinsichtlich des Hilfsbedarfs Österreichs.

Der Bedarf an ausländischer Hilfe wurde im R-Plan nach einem einfachen Schema ermittelt. Kernstück war der Zuschussbedarf an Nahrungsmitteln ausgedrückt in Kalorien. Man berechnete, was von der Ernte für Nicht-Selbstversorger übrig blieb, nachdem der Selbstverbrauch der Landwirte sowie Schwund und Saatgut abgezogen waren. Die Differenz zwischen dem Kalorienwert der Ablieferungen und dem Bedarf der Nicht-Selbstversorger aufgrund der geltenden Tagessätze ergab das Kaloriendefizit, das möglichst günstig im Ausland zu decken war.

Nach den Nahrungsmitteln hatten landwirtschaftliche Produktionsmittel und Kohle die höchste Priorität im Importplan. Landwirtschaftliche Produktionsmittel (insbesondere Saatgut, Handelsdünger und Schädlingsbekämpfungsmittel) wurden benötigt, um die heimische Nahrungsmittelproduktion zu steigern. Kohle brauchte man, damit die heimische Industrieproduktion zumindest auf einem bescheidenen Niveau in Gang gehalten werden konnte.

Die drei Posten, Nahrungsmittel, landwirtschaftliche Produktionsmittel und Kohle, ergänzt eventuell um Arzneimittel ergaben den dringenden Importbedarf, für den Auslandshilfe bereitgestellt werden sollte. Diesem Kalkulationsschema lag die Annahme zugrunde, dass die heimische Industrie bestenfalls soviel exportieren konnte, wie sie zur Beschaffung von Rohstoffen und Hilfsstoffen im Ausland benötigte (eventuell zusätzlich eines Minimums an ausländischen Investitionsgütern, die im Inland nicht erzeugt wurden).

Diesem Schema folgten die österreichischen Zahlungsbilanzschätzungen während der gesamten Marshallplanzeit. Eine österreichische Besonderheit ist zu erwähnen. Zu den Importen mit höchster Priorität zählten auch die Tabakimporte. Das Finanzministerium begründete dies mit dem Hinweis auf die hohen Erträge aus der Tabaksteuer und die Dringlichkeit des Bedarfs, der jedenfalls gedeckt würde, wenn nicht legal, dann auf dem Schwarzen Markt. (Wenn Tabakwaren im Schleichhandel gekauft werden, fließen noch mehr Devisen ab, argumentierte das Finanzministerium.)

Die Hilfe Großbritanniens und der USA 1947

Alarmiert über die österreichische Notlage, begannen Ende 1946 die westlichen Alliierten mit konkreten Hilfsaktionen. Diese Hilfe wurde nicht mehr über die UNO geleitet, obschon dort eine Gruppe für „Post-UNRRA-Relief" eingerichtet worden war. Großbritannien, obwohl selbst in einer schwie-

---

[20]) Den ersten Anlass bot der Besuch von Ex-Präsident Hoover in Wien im Februar 1947. Statt die von den österreichischen Behörden verfassten Schätzungen der Zahlungsbilanz 1947 (mit einer durch Hilfslieferungen zu deckenden Lücke von etwa 400 Mio. $) zu präsentieren, erwies es sich als taktisch vorteilhafter, über die Modifikationen des R-Planes zu sprechen, die sich aus den geänderten Bedingungen (insbesondere der Teuerung von Grundnahrungsmitteln und Kohle) ergaben. AdR: BMfF, Zl. 9.009_15/1947.

rigen wirtschaftlichen Lage, gewährte Österreich eine Hilfe von 10 Mio. £ (einschließlich 1,5 Mio. $ für jenen Teil der Ruhrkohle, deren Bezug nicht durch Stromlieferungen gedeckt werden konnte). Dem entsprach ein Betrag von 40 Mio. $. Davon entfielen 7,4 Mio. £ auf nicht rückzahlbare Hilfe[21]). Die US-Besatzungstruppen begannen Ende 1946, Nahrungsmittel gegen Übernahmeschein zu liefern, wobei die Frage der Bezahlung zunächst offen blieb. Nach ersten Informationen sollten diese Lieferungen (im Werte von 38 Mio. $) später durch einen Kredit der USA finanziert werden. Tatsächlich wurden für sie Mittel des US War Department für „decease and unrest" herangezogen. Im Frühjahr diskutierte der US-Kongress über Hilfslieferungen an besonders bedürftige Länder, wobei Österreich (neben Frankreich und Italien) namentlich erwähnt wurde. Am 1. 4. 1947, noch bevor Marshall seine berühmte Rede in Harvard hielt (6. 6. 1947), unterzeichnete der Präsident eine „Kongresshilfe" (Public Law No. 84) von insgesamt 350 Mio. $, wovon Österreich 82 Mio. $ erhielt.

Zusammen mit der 1946 nicht verbrauchten UNRRA-Hilfe von 44 Mio. $ und dem Abverkauf von Beutegütern und militärischen Überschussgütern waren 1947 insgesamt Hilfslieferungen und -kredite im Werte von 224,5 Mio. $ verfügbar (laut Zahlungsbilanz der OeNB). Das war zumindest nominell etwas mehr als im R-Plan vorgesehen war (real vermutlich etwas weniger). Auch ist zu berücksichtigen, dass die Militärgüter (z. B. Lkw) zwar nützliche Dienste leisteten, aber nicht den programmierten Importbedarf (insbesondere an Nahrungsmitteln und Kohle) deckten.

Mitte 1947 begannen die Verhandlungen über den Marshallplan. Die Ankündigung eines mittelfristigen Wiederaufbauprogramms war für die österreichische Wirtschaftspolitik hilfreich, auch wenn die tatsächlichen Hilfslieferungen erst viel später anliefen. Der an verschiedenen Stellen des Buchs beschriebene Kurs der schrittweisen Strukturanpassungen, der ziemlich unreflektiert und ohne ausreichendes Sicherheitsnetz eingeschlagen worden war, wurde damit zu einer möglichen (mit den voraussichtlich verfügbaren Ressourcen realisierbaren) Strategie auf mittlere Sicht. Die Perspektive des Marshallplans schuf aber nicht nur eine Planungsgrundlage für die heimische Wirtschaftspolitik. Sie gab auch – was noch wichtiger war – der Bevölkerung die Zuversicht, dass der Wiederaufbau gelingen würde[22]).

---

[21]) Insgesamt gewährte Großbritannien nach dem Zweiten Weltkrieg Österreich Hilfe in Höhe von 16 Mio. £. Davon entfielen 12,5 Mio. £ auf Geschenke und 3,5 Mio. £ auf Kredite zu begünstigten Bedingungen. AdR: Ministerrat Raab 1, Nr. 28 vom 24. 11. 1953.

[22]) Wie wichtig in turbulenten Zeiten Vertrauen ist, wurde durch die Völkerbundanleihe nach dem Ersten Weltkrieg demonstriert. Schon die Ankündigung der Anleihe, die der Höhe nach begrenzt und mit harten Bedingungen verknüpft war, brachte die galoppierende Inflation zum Stillstand, lange bevor das Budget konsolidiert und das Wachstum des Banknotenumlaufs eingebremst wurde.

Das Notprogramm 1948

Wie viel Hilfe Österreich braucht, um die Zeit bis zum Anlaufen des Marshallplans zu überbrücken, wurde in einem „Notprogramm 1948" festgelegt. Es entstand Ende September 1947 und wurde später in Form eines Memorandums maßgeblichen Stellen der internationalen Wirtschaftspolitik und einflussreichen Persönlichkeiten der Geberländer zur Verfügung gestellt. Das Programm ging vom Mengengerüst des R-Planes aus, berücksichtigte jedoch Frachtkosten, die im R-Plan nicht enthalten waren und die überdurchschnittliche Verteuerung knapper Güter, insbesondere von Getreide und Kohle. Als Ergebnis der Neukalkulation wurde ein Handelsbilanzdefizit von etwa 300 Mio. $ ermittelt[23]), um 100 Mio. $ mehr, als der R-Plan vorgesehen hatte. Dementsprechend wurde von den österreichischen Stellen für Anfang 1948 ein Quartalsbedarf an Hilfe von etwa 75 Mio. $ angesprochen, der durch Interimshilfe (68 Mio. $) und nicht verbrauchte Reste an Kongresshilfe gedeckt wurde.

Übersicht 3.4: Dortplan und Notprogramm 1948

	Dortplan 1947	Notprogramm 1948
	Mio. $	
Importe		
Ernährung	128,40	173,00
Landwirtschaft	33,50	30,00
Heilmittel	3,50	4,00
Kohle	32,60	72,00
Industrie	110,10	143,00
Wiederaufbau	12,00	11,00
Importe insgesamt	320,10	433,00
Exporte		
Textilien	24,00	19,00
Holz und Papier	25,00	27,00
Magnesit	8,00	10,00
Eisen und Metalle	35,00	42,00
Elektrischer Strom	12,00	7,00
Verschiedenes	16,00	20,00
Exporte insgesamt	120,00	125,00
Defizit Handelsbilanz	200,10	308,00

AdR: BMfaA, Zl. 158.814_Wpol/1947.

---

[23]) Das geschätzte Leistungsbilanzdefizit war infolge der Dollar-Zahlungen an Besatzungskosten etwas niedriger. Im Notprogramm in der Fassung vom 2. 10. 1947 betrug es 284 Mio. $ (AdR: BKA, Zl. 4.356_U/1947).

3.1.4 Der Marshallplan

Das Entstehen des Marshallplans

Am 6. 6. 1947 hielt Außenminister Marshall seine geschichtemachende Rede in Harvard: Die USA wären unter bestimmten Voraussetzungen bereit, ein mehrjähriges Hilfsprogramm für Europa zu finanzieren. Noch im gleichen Monat trafen sich die Außenminister der Sowjetunion, Frankreichs und Großbritanniens in Paris, um einschlägige Fragen zu diskutieren. Dabei erwies sich, dass die Sowjetunion nicht bereit war, die mit der US-Hilfe verknüpften Bedingungen zu akzeptieren. Der Einladung der Außenminister Frankreichs und Großbritanniens zu einer Konferenz in Paris am 12. 7. 1947 folgten 16 europäische Länder, für die später der sozio-ökonomische Begriff Westeuropa geprägt wurde. Die unter sowjetischem Einfluss stehenden Länder Mittel- und Osteuropas lehnten die Teilnahme ab (oder zogen bereits erteilte Zusagen wieder zurück). Die österreichische Bundesregierung beschloss mit Rundlauf vom 24. 6. 1947, an der Pariser Konferenz und damit am Marshallplan teilzunehmen[24]). Das war ein mutiger Entschluss, denn man wusste nicht, wie die Sowjetunion reagieren würde (gegen den Vertrag über die Kongresshilfe hatte sie protestiert). Seine innen- und außenpolitischen Implikationen waren damals erst teilweise abzusehen.

Der Marshallplan war ein groß angelegter Versuch einer internationalen Wirtschaftsplanung von Ländern mit einer grundsätzlich dezentralen Wirtschaftsordnung. Seine exemplarische Bedeutung rechtfertigt es, sein Entstehen und die von ihm entwickelten Verfahren kurz zu beschreiben.

Zwischen der Pariser Konferenz und dem Anlaufen des Marshallplans verging ein Jahr. Das war für Länder, die dringend Hilfe brauchten, eine sehr lange Zeitspanne (zur Überbrückung diente die Interimshilfe). Gemessen am organisatorischen Aufwand und am politischen Abstimmungsbedarf war jedoch die Zeit sehr knapp bemessen. In diesem Zeitraum fanden 750 Treffen von Arbeitsgruppen, technischen Komitees oder Entscheidungsgremien statt (nach dem 1. Jahresbericht der OEEC an die ECA).

Die (ursprünglich) 16 Nationen, die am Marshallplan teilnahmen, bildeten ein „Committee of European Economic Cooperation" (CEEC) mit dem Auftrag, ein zwischen den Teilnehmerstaaten akkordiertes Bedarfsprogramm auszuarbeiten. Technische Subkomitees kompilierten Materialbilanzen für wichtige Engpass-Produkte (insbesondere für Nahrungsmittel, Kohle, Eisen und Stahl). Darin wurde festgehalten, wie groß der Bedarf an diesen Schlüsselprodukten ist, wie viel die europäischen Teilnehmerländer selbst aufbringen können und welcher Teil des Bedarfs durch Lieferungen aus dem Dollarraum gedeckt werden muss. Die Anforderungen der einzelnen Länder wurden nur grob evaluiert. In der Hauptsache handelte es sich um die Zusammenstellung der Länderwünsche.

Es war daher nicht verwunderlich, dass der über die Teilnehmerländer kumulierte Bedarf sehr hoch ausfiel. Auch der Versuch in einer zweiten Stufe,

---

[24]) AdR: Ministerrat Figl 1, Nr. 74 vom 1. 7. 1947.

die Materialbilanzen der Schlüsselprodukte in eine europäische Zahlungsbilanz mit sämtlichen Transaktionen einzuordnen, änderte das Gesamtergebnis nur wenig: Das CEEC ermittelte einen Zuschussbedarf der Teilnehmerländer von mehr als 28 Mrd. $ für einen 4-jährigen Planungszeitraum.

Dieser Betrag lag weit über dem Limit, das die USA auch nur in Betracht ziehen wollten. In einem Redaktionskomitee wurde daher in aller Eile das Leistungsbilanzdefizit der Teilnehmerländer auf 22 Mrd. $ zusammengestrichen[25] und auf die Möglichkeit verwiesen, einen Teil aus anderen Finanzierungsquellen (z. B. über die Weltbank) zu decken. Am 22. 9. 1947 übergab das CEEC das von einer kleinen Gruppe notdürftig zurechtgestutzte Hilfeansuchen an US-Außenminister Marshall.

Aufgrund dieses Ansuchens wurde die US-Administration aktiv. Im Oktober fanden in Washington Gespräche zwischen Experten der CEEC und Experten der US-Behörden statt, in denen die Programmunterlagen im Detail durchgegangen und zusätzliche Informationen von den Teilnehmerländern eingeholt wurden. Der Präsident der USA hatte schon vorher drei Studienkomitees beauftragt, einige Grundfragen der US-Hilfe (etwa die Frage, wieweit die amerikanischen Ressourcen für ein großes Hilfsprogramm reichen) zu klären. Die von diesen Komitees erstellten Berichte, sie wurden nach ihren Vorsitzenden Klug, Harriman und Nourse benannt, standen im November 1947 zur Verfügung.

Ende Dezember waren die Vorbereitungen soweit gediehen, dass der Präsident dem US-Kongress ein Hilfspaket mit einem Globalrahmen für vier Jahre von 17 Mrd. $ unterbreiten konnte, davon entfielen 6,8 Mrd. $ auf das erste Jahr[26]. Der Foreign Trade Act (PL 472) wurde erst Ende Juli verabschiedet. Für das erste Marshallplanjahr (vom 1. 4. 1948 bis 30. 6. 1949) genehmigte der US-Kongress eine Ausgabensumme von 5.953 Mio. $[27]. Welche Konsequenzen die Reduktion der ERP-Hilfe auf die Ansuchen der einzelnen Länder haben würde, blieb zunächst offen.

Der Marshallplan legte einen finanziellen Rahmen (einen Höchstbetrag) und ein Ziel (den Wiederaufbau der teilnehmenden europäischen Länder unter sozial verträglichen Bedingungen) für vier Jahre fest. Wie viel Hilfe tatsächlich gewährt wurde, sollte von den jeweiligen Umständen abhängen. Dazu zählten die Bedürftigkeit der einzelnen westeuropäischen Länder, ihre eigenen Anstrengungen und ihre Bereitschaft, gemeinsame Probleme gemeinsam zu lösen, aber natürlich auch inneramerikanische Faktoren, wie etwa Engpässe auf dem heimischen Markt oder die dominierenden wirtschaftspolitischen Auffassungen im Kongress. Der Marshallplan sollte daher zu einem flexiblen Instrument gestaltet werden, das den jeweiligen Umständen angepasst werden konnte.

---

[25] Die drastische Reduktion des Hilfeansuchens in wenigen Tagen löste in der amerikanischen Presse sarkastische Kommentare aus. Was sollte man von einem Hilfeansuchen halten, das innerhalb weniger Tage so stark reduziert werden konnte?
[26] AdR: BKA, Zl. 835_U/1948.
[27] Bundespressedienst (Hrsg.), „Österreichisches Jahrbuch 1949", S. 187.

Um diese Aufgaben zu lösen, bedurfte es bestimmter Organisationen und Steuerungsinstrumente. Die USA errichteten für die Zwecke des Marshallplans eine eigene Verwaltungseinheit, die unmittelbar dem Präsident unterstand: die „European Cooperation Administration" (ECA). Ihr waren eine „Europazentrale" in Paris und lokale Missionen in den einzelnen Teilnehmerstaaten angegliedert. Der amerikanischen ECA wurde eine ständige europäische Organisation gegenübergestellt mit der Aufgabe, die Wünsche der einzelnen Teilnehmerstaaten zu koordinieren und den USA gegenüber zu vertreten. Am 18. 4. 1948 unterzeichneten die Teilnehmerstaaten die „Convention for European Economic Cooperation", aus dem temporären Komitee „CEEC" wurde die ständige Organisation „OEEC" mit dem Sitz in Paris. (Die OEEC wurde 1961 in die heute noch bestehende OECD überführt.)

Daraus ergab sich ein – um ein Modewort zu gebrauchen – vernetztes System von bürokratischen und politischen Beziehungen. Zunächst mussten die einzelnen Länder ihre Vorstellungen entwickeln, wobei die Interessen der einzelnen Ressorts (und die der dahinter stehenden gesellschaftlichen Gruppierungen) abzustimmen waren. Die Länderpläne wurden in Paris zu einem europäischen Programm zusammengefügt (und meist auch zusammengekürzt). Das europäische Programm wurde von der ECA evaluiert und zu einem Hilfeansuchen umgeformt, das der Präsident der USA dem Kongress zur Genehmigung vorlegte. Die ECA wartete nicht auf das koordinierte Ansuchen der OEEC, sondern verfasste selbst Länderstudien und versuchte über ihre lokalen Missionen direkten Kontakt mit den einzelnen Ländern herzustellen. Um die organisatorische Leistung zu würdigen, muss man bedenken, dass die Kommunikations- und Verkehrstechnologie unterentwickelt war. Auch gab es noch wenig Beamte, die fachlich hinreichend geschult waren, fremde Sprachen beherrschten und über diplomatische Fähigkeiten verfügten. Erst allmählich entwickelte sich eine internationale Bürokratie mit bestimmten Fähigkeiten und Fertigkeiten. Das ist zu berücksichtigen, wenn die Marshallplan-Organisation mit späteren internationalen Gremien, insbesondere mit der EU, verglichen wird.

Als Steuerungsinstrumente dienten Jahres- und Mehrjahresprogramme. Diese Programme sollten Rechenschaft darüber ablegen, was bereits erreicht wurde. Und sie sollten gleichzeitig Aktionsprogramme sein, wie das, was noch zu leisten übrig blieb, erreicht werden sollte.

Diese Art von Programmierung machte deutlich, dass es dem Marshallplan auf quantitative Ergebnisse ankam. Der Marshallplan hat zur Restauration des Kapitalismus beigetragen. Aber diese Restauration war kein Ziel für sich. Sie musste durch messbare Leistungen gerechtfertigt und sie konnte infrage gestellt werden. Die Planwirtschaften sowjetischer Prägung schienen bis in die sechziger Jahre eine diskussionswerte Alternative zu einer marktwirtschaftlichen oder gemischtwirtschaftlichen Ordnung zu sein. Das unterschied den Marshallplan von der Transformationsstrategie der mittel- und osteuropäischen Staaten in den neunziger Jahren.

Das ERP-Büro

Das Konzept und die Durchführung des Marshallplans stellten hohe Anforderungen an die österreichische Bürokratie. Für die Abwicklung der UNRRA und kleinerer Hilfsaktionen hatte eine relativ kleine Verwaltungseinheit im Bundeskanzleramt genügt: das Büro Österreich-Hilfe. Für den viel komplexeren und auf mehrere Jahre konzipierten Marshallplan waren umfassendere Vorkehrungen nötig. Gefordert wurde:
– ein hohes Maß an Koordination zwischen den verschiedenen Ministerien und den beiden politischen Parteien der großen Koalition (Koordinationskompetenz);
– eine ausreichende sachliche Fundierung der politischen Entscheidungen (Planungskompetenz);
– eine wirkungsvolle diplomatische Vertretung der österreichischen Anliegen in den Gremien des Marshallplanes (diplomatische Kompetenz).

Die Bundesregierung entschied sich dafür, im Außenministerium eine „zentrale Leitstelle" für ERP-Angelegenheiten zu etablieren[28]. Als Kontaktstellen im Ausland wurde je ein ERP-Büro in Washington und in Paris als Teil der Gesandtschaften eingerichtet. Die zentrale Stellung des Außenministeriums wurde damit begründet, dass der Marshallplan nicht nur ökonomische, sondern auch politische Aspekte hatte. Österreich erhielte US-Hilfe nicht nur, weil es arm war, sondern auch, weil es sich für den Westen und gegen den Kommunismus entschieden hatte (siehe S. 299). Diese nicht-ökonomischen Aspekte würden oft besser in direkten Verhandlungen mit den USA wahrgenommen als in der europäischen Koordinationsstelle in Paris. Auch sind Berufsdiplomaten besser geschult, Interessen auf internationaler Ebene zu vertreten als Beamte anderer Ressorts, die oft über wenig Auslandserfahrungen verfügen, fremde Sprachen nur mangelhaft beherrschen und sich nicht als Vermittler „streng vertraulicher Informationen" eignen[29]. Die sachliche Zuständigkeit lag im Planungsministerium und zum Teil im Finanzministerium. Die Abstimmung besorgten die Interministerielle Planungskommission und das Wirtschaftliche Ministerkomitee.

Die Nachteile dieser Lösung lagen darin, dass die Leitstelle im Außenministerium nicht über genügend fachliche und formale Kompetenz verfügte. Über Intervention der US-Behörden und nach Auflösung des Bundesministeriums für Vermögenssicherung und Wirtschaftsplanung entschied sich die Bundesregierung Ende 1949, ein Zentralbüro für ERP-Angelegenheiten zu schaffen. Das ZERP unterstand unmittelbar dem Bundeskanzler und erhielt dadurch

---

[28] AdR: BMfF, Zl. 5.272_15/1948 (Ministerrat).
[29] Die Entscheidung, welche Dienststelle Österreich in internationalen Organisationen vertritt, gehörte stets zu den umstrittenen Kompetenzfragen der Bürokratie. Für internationale Finanzinstitutionen ist üblicherweise das Finanzministerium zuständig, andere UN-Organisationen werden meist vom Außenministerium betreut. Auf Ministerratssitzungen der OEEC (OECD) wurde Österreich vom Außenminister, vom Finanzminister und gegebenenfalls von Staatssekretären des Bundeskanzleramts vertreten. Im Falle der EU konkurrierten Bundeskanzler und Außenminister um Kompetenzen.

mehr politisches Gewicht. Gleichzeitig wurde versucht, ein Maximum an Sachverstand zu mobilisieren. Zum Leiter wurde W. Taucher ernannt, ein politikerfahrener Wirtschaftsprofessor. Das neue ERP-Büro übernahm Referenten des aufgelassenen Planungsministeriums, die schon bisher einen Großteil der sachlichen Arbeit geleistet hatten. Nicht zuletzt wurde das Institut für Wirtschaftsforschung eingebunden. Der Leiter des WIFO war gleichzeitig Abteilungsleiter im ERP-Büro.

Um österreichische Anliegen wirkungsvoll vertreten zu können, musste sich die österreichische Bürokratie jene Argumentationsweise aneignen, die dem damaligen Stand der politischen Ökonomie entsprach und die in internationalen Wirtschaftsgremien üblich war. Selbst in der Zeit, als der „Sonderfall" Österreich noch weitgehend anerkannt wurde, war es klug, von diesem politischen Argument nur sparsam Gebrauch zu machen und Sachargumente in den Vordergrund zu rücken. Dazu gehörte das Denken in makroökonomischen Größen („national income analysis") ebenso wie die Kenntnis von Branchentechnologien (sektoralen Produktionsfunktionen) und die Verfügbarkeit relevanter Statistiken.

Die in ökonomischen Kategorien gefasste Sachdiskussion fiel den vorwiegend juristisch geschulten österreichischen Beamten nicht immer leicht. Die makroökonomische Analyse wurde damals auf den österreichischen Hochschulen (noch) nicht gelehrt. Die erforderlichen Minimalkenntnisse wurde von einer kleinen Gruppe junger, initiativer Beamter erworben, unterstützt von den Ökonomen des WIFO, wo schon bald nach dem Zweiten Weltkrieg ein einschlägiges Expertenwissen aufgebaut worden war. Auch fehlte es an Daten[30]. Das gilt vor allem für die volkswirtschaftliche Gesamtrechnung. Der Generalsekretär des OEEC Marjolin[31] forderte schon im November 1948 (als international vergleichbare Volkseinkommensstatistiken erst in Entwicklung waren) die Mitgliedstaaten auf, ihre makroökonomischen Analysen an Hand von Daten der volkwirtschaftlichen Gesamtrechnung zu präsentieren. Die von den einzelnen Ländern vorgelegten Jahresprogramme werden – so der Generalsekretär – nicht zuletzt danach beurteilt werden, wieweit sie dieser Empfehlung nachkommen. In Österreich gab es nur beiläufige Schätzungen des WIFO. Mit einer systematischen Entwicklung der Volkswirtschaftlichen Gesamtrechnung konnte erst Anfang der fünfziger Jahre begonnen werden, als mit finanzieller Unterstützung aus Counterparts die „Forschungsstelle für volkswirtschaftliche Gesamtrechnungen" ihre Tätigkeit aufnahm. Die der OEEC überreichten Schätzungen wichen daher mehr oder minder stark von den später entwickelten Datensätzen ab. Bestimmte Fragen, wie etwa die Rolle der Lager im Wiederaufbau, sind auch heute noch ungeklärt.

---

[30] Der Mangel an Statistiken und an geschulten Fachkräften wurde noch 1963 beklagt. Er war einer der Gründe für die Schaffung des Beirates für Wirtschafts- und Sozialfragen (*Seidel,* 1993).
[31] Brief von R. Marjolin vom 9. 11. 1948. AdR: BMfF, Zl. 86.312_15/1948.

Der Sonderfall Österreich

Österreich galt im Marshallplan lange Zeit als ein Sonderfall („special case"), der besondere Berücksichtigung verdient. Der Status eines „special case" wurde aus folgenden Merkmalen abgeleitet:
1. Die österreichische Bevölkerung (und im besonderem Maße die österreichische Arbeiterschaft) hat sich trotz widriger Umstände für die „westliche Welt" und gegen den Kommunismus entschieden.
2. Österreich gehörte zu den ärmsten Ländern Westeuropas; die städtische Bevölkerung wurde zeitweise schlechter mit Nahrungsmitteln versorgt als die westdeutsche.
3. Die österreichische Bundesregierung war infolge der Besetzung des Landes nur beschränkt aktionsfähig und konnte über die Ressourcen des Landes nicht voll verfügen.
4. Wegen seiner exponierten Lage zwischen West und Ost musste die österreichische Regierung soziale Unruhen und das damit verbundene Risiko subversiver Tätigkeiten möglichst vermeiden.

Dass Österreich ein „special case" sei, der besondere Berücksichtigung verdient, wurde im „Westen" lange Zeit anerkannt, wenngleich in unterschiedlichem und mit der Zeit abnehmendem Maße. Die Amerikaner zeigten dafür mehr Verständnis als die (um Marshallplan-Mitteln konkurrierenden) Westeuropäer, die politisch denkenden Beamten des State Department der USA mehr als die ökonomischen Experten der ECA.

Als Beleg seien zwei Zitate angeführt, eines aus der Zeit vor dem Marshallplan und eines aus seiner Spätphase.

In dem von der US-Besatzungsmacht verfassten Dokument „The Rehabilitation of Austria" aus dem Jahr 1947 hieß es:

> „Undoubtedly, a relief program for Austria was dictated above all by disinterested considerations of humanitarianism. But the purpose of aid to Austria has gone far beyond this."

Nach Erwähnung der sowjetischen Expansion in Osteuropa setzt das Memorandum fort:

> „This expansion was not stopped at the gates of Austria by the force of arms . . . It has been stopped by resistance from the Austrians themselves. But the resistance would never have been offered if there had not been a conviction, among the Austrians, that we would not let them fall into a stage of starvation and despair."

Das zweite Zitat stammt von Mitte 1951. Der US-Kongress hatte entschieden, dass die USA keine Dollarhilfe an Länder gewähren dürfte, die strategisch wichtige Waren in den Sowjetblock lieferten. Gerade das traf für Österreich zu. Der Nationale Sicherheitsrat der USA nahm jedoch Österreich von dieser Bestimmung aus. Dabei wurden die Standardargumente für den „special case" gebraucht:

„The Austrian economy would . . . hence be highly vulnerable to the discontinuance of United States economic and financial assistance. The deterioration in economic activity with reduced standard of living and mass unemployment which would result would make Austria, given the presence of the Soviet occupation force, a victim of increased external pressure and increased attempts at internal subversion." (Report by the National Security Council vom 14. 6. 1951)[32])

Es ist verständlich, dass die österreichische Wirtschaftspolitik den Tatbestand des „special case" immer wieder gebrauchte, um ihre Anliegen ins rechte Licht zu rücken. Es ist aber auch verständlich, dass sich das Argument im Laufe der Zeit abnutzte und dann kontraproduktiv wirkte, wenn die westliche Wirtschaftsgemeinschaft den Eindruck gewann, dass Österreich unter Berufung auf seine Sonderstellung zumutbaren Anpassungen ausweichen wollte. Im Abschnitt „Finanzielle Stabilität durch Schocktherapie" wird argumentiert, dass das Beharren auf der „special-case"-Linie dazu beitrug, die Amerikaner in ihrer Meinung zu bestärken, die Stabilisierungsmaßnahmen reichten noch nicht aus.

Vom Wunschprogramm zum Jahresprogramm 1948/49

Ebenso wie die Teilnehmerstaaten insgesamt stellte auch Österreich zunächst stark überzogene Anforderungen an den Marshallplan. Dabei bediente man sich folgender Argumentation: Die Hilfslieferungen, die Österreich bisher erhalten hatte, wurden als „Notprogramme" bezeichnet. Sie sollten Österreich mit Nahrungsmitteln versorgen, damit die Bevölkerung nicht hungert, und sie sollten soviel Energie und Rohstoffe liefern, dass die Wirtschaft auf „Sparflamme" arbeiten konnte. Ziel der Hilfe war die Erhaltung eines „subsistence level". Der Marshallplan hingegen sollte Österreich instand setzen, schrittweise eine lebensfähige Wirtschaft aufzubauen, die ohne ausländische Hilfe auskommen konnte (Herstellung der „viability"). Dazu war es nach österreichischer Auffassung erforderlich, dass der Marshallplan (pro Zeiteinheit) mehr Mittel bereitstellte als die bisherigen „Notprogramme" und dass er sich über einen mehrjährigen Zeitraum erstreckt.

Die Zahlungsbilanzvorschau, die Österreich im September 1947 in Paris präsentierte, sah für die vier Jahre 1948 bis 1951 einen Abgang von insgesamt 1.975 Mio. $ vor[33]). In den ersten beiden Marshallplanjahren wurden jährliche Defizite von durchschnittlich 640 Mio. $ veranschlagt, mehr als doppelt so viel wie im „Notprogramm 1948". Diese Angaben wurden im Dezember 1947 von der Interministeriellen Planungskommission noch etwas nach oben korrigiert (Gesamtdefizit 2.087 Mio. $). Als Begründung für die nachträgliche Korrektur wurde die Eile angeführt, mit der in Paris die Daten zusammengestellt werden mussten.

Die Korrektur wäre nicht besonders erwähnenswert, wenn sie nicht zu einem Zeitpunkt erfolgt wäre, in dem bereits bekannt war, dass die Ansprüche

---

[32]) AdR: BMfaA, Zl. 197.578_Wpol/1951.
[33]) AdR: BMfF, Zl. 12.703_15/1948.

aller Länder erheblich gekürzt werden würden. Offensichtlich ging es um die Sicherung der Ausgangspositionen sowohl im Innenverhältnis (die relative Position der einzelnen Ressorts) als auch im Außenverhältnis (die relative Position der teilnehmenden Länder). In komplexen Sachbereichen mit unvollständigen Informationen fällt es oft schwer, allgemein akzeptierte Prioritäten zu setzen. Die Wahrscheinlichkeit ist daher groß, dass im Falle von Kürzungen proportional gekürzt wird. Das Ministerium und das Land, das sich „stille Reserven" geschaffen hat, besitzt eine größere Chance, seine „legitimen" Interessen durchzusetzen.

Übersicht 3.5: Anforderungen Österreichs im Marshallplan Dezember 1947

	1948-49	1949-50	1950-51	1951-52	Summe 4 Jahre
		Importe in Mio. $			
Ernährung	275,43	270,51	198,27	198,27	942,47
Landwirtschaft	30,72	41,23	40,65	49,40	161,99
Tabak	7,60	11,70	13,50	13,50	46,30
Kohle	69,20	72,33	77,36	77,05	295,94
Sonstige Energie	35,80	55,30	59,10	59,10	209,30
Eisen	42,17	35,57	28,24	21,18	127,16
Verkehr	110,69	97,40	36,88	33,25	278,21
Holz	6,58	9,94	9,64	9,64	35,80
Andere Güter	169,62	215,77	211,15	196,90	793,44
Unsichtbare Transaktionen	42,40	50,70	59,30	68,00	220,40
Import insgesamt	790,20	860,44	734,09	726,28	3.111,01
		Exporte in Mio. $			
Ernährung	–	4,03	10,40	16,97	31,40
Brennstoffe	8,10	8,70	13,20	29,40	59,40
Eisen	19,14	19,85	19,15	30,90	89,04
Verkehr	0,21	0,35	0,68	1,29	2,53
Holz	16,15	27,92	41,18	52,37	137,62
Andere Güter	85,00	119,00	170,00	226,00	600,00
Unsichtbare Transaktionen	19,90	25,50	28,40	30,40	104,20
Export insgesamt	148,50	205,35	283,01	387,33	1.024,19
Defizit	641,70	655,09	451,08	338,95	2.086,82

AdR: BMF, Zl. 12.703_15/1948; Tippfehler im Original korrigiert.

Das Jahresprogramm 1948/49

Die von Österreich 1947 nach Paris gemeldeten Zahlungsbilanzen enthielten zweifellos eine taktische Reserve. Dennoch hoffte man das ursprüngliche Konzept zumindest zum größten Teil realisieren zu können. Es bedeutete daher für die österreichischen Behörden keinen geringen Schock, als sie erfahren mussten, dass ihre Wunschvorstellungen bei weitem nicht erfüllt werden würden. In dem Hilfeansuchen, das der Präsident der USA dem Kongress vorlegte, waren im Anhang „country reports" beigefügt. Das Österreich-Kapitel enthielt für das Wirtschaftsjahr 1948/49 nur eine US-Hilfe von 151 Mio. $[34]). Das war nur halb so viel, wie im österreichischen „Notprogramm" für 1948 veranschlagt worden war und nicht einmal ein Viertel dessen, was sich die österreichischen Behörden vom Marshallplan erhofft hatten. Die für Österreich vorgeschlagene Hilfe fiel nicht zuletzt deshalb so gering aus, weil ursprünglich nur das Defizit im Handel mit der „westlichen Hemisphäre", also im Wesentlichen mit den USA und Kanada abgegolten werden sollte. In der österreichischen Vorschau waren jedoch beträchtliche Defizite im Handel mit den Teilnehmerstaaten und mit Osteuropa veranschlagt. Auch die etwas später veröffentlichten „Braunbücher" des US State Department (insgesamt 18 Bände) gingen davon aus, dass nur das Dollardefizit und nicht das der gesamten Zahlungsbilanz durch US-Hilfe gedeckt würde.

Der US-Kongress hatte zwar den finanziellen Rahmen für das erste Marshallplan-Jahr festgelegt, aber nicht über seine Verteilung auf Länder entschieden. Diese Aufgabe fiel der OEEC anlässlich der Aufstellung des Programms für das erste Marshallplan-Jahr zu. Angesichts der großen Lücke zwischen den ursprünglichen Länderanforderungen und den von den USA bereitgestellten Mitteln, zog sich die OEEC wie folgt aus der Affäre:

Jedes Teilnehmerland sollte zwei Zahlungsbilanzprogramme einreichen, ein „Bedarfsprogramm" und ein „Budgetprogramm". Im Bedarfsprogramm sollte dargelegt werden, wie viel Dollarhilfe ein Land unter bestimmten Annahmen braucht. Im Budgetprogramm sollte von dem in den Braunbüchern enthaltenen Defizit ausgegangen werden. Mit anderen Worten: Die Länder sollten darlegen, wie sie mit einer vorgegebenen Budgetbeschränkung auskommen.

Die österreichische Bundesregierung weigerte sich, die Defizitgröße des Braunbuchs als eine realistische Variante anzuerkennen. Sie bot stattdessen zwei Varianten an: ein modifiziertes Budgetprogramm mit einem Defizit von 345 Mio. $ und ein Bedarfsprogramm von 397 Mio. $[35]). (Damit wurden vom ursprünglichen Wunschprogramm bereits erhebliche Abstriche gemacht.)

Nach langwierigen Verhandlungen erhielt Österreich für das erste Marshallplan-Jahr eine Hilfe von 281 Mio. $ zugeteilt. Das war etwas weniger, als Österreich im Notprogramm 1948 angemeldet hatte, aber immerhin mehr, als in den Arbeitsprogrammen der USA veranschlagt worden war. Den beharrlichen österreichischen Interventionen war also zumindest ein Teilerfolg beschieden. Österreich kam zugute, dass die USA entgegen ihren ursprünglichen Absichten nicht nur die Defizite gegenüber dem Dollarraum sondern im Wege von indirekter Hilfe (Drawing Rights oder Ziehungsrechte) auch Defizite gegenüber Teilnehmerstaaten finanzierte. Österreich erhielt neben der direkten Hilfe von 217 Mio. $ eine indirekte Hilfe (Ziehungsrechte) von 64 Mio. $. Sie wurde großteils für Kohlenbezüge aus dem Ruhrgebiet ausgegeben.

---

[34]) AdR: BMfF, Zl. 5.272_15/1948.
[35]) AdR: BMfF, Zl. 64.369_15/1948.

Snoy-Marjolin-Formel

Nach dem ersten Jahr wurde die Spanne zwischen der angeforderten und der gewährten Hilfe geringer. Das lag weniger daran, dass die Verhandlungsstrategien geändert wurden. Entscheidend war vielmehr, dass der „Markt" für Auslandshilfe besser überblickt werden konnte. Als obere Schranke stand fest, dass die Auslandshilfe von Jahr zu Jahr kleiner werden würde. Der US-Kongress ließ sich zwar oft Zeit, bevor er endgültig ein Jahresprogramm beschloss. Für „Programmierzwecke" der Teilnehmerländer wurde jedoch schon vorher eine Größe genannt. Nicht zuletzt gab es zumindest zeitweilig einen Verteilungsschlüssel für die ERP-Hilfe. Die Auseinandersetzungen zwischen Teilnehmerländern, ECA und OEEC waren 1949 so zeit- und kräfteraubend gewesen, dass der im August 1949 in einer Nachsitzung gefundene Verteilungsschlüssel auch für die Programmerstellung 1950 angewandt wurde. Nach der „Snoy-Marjolin-Formel" stand Österreich ein Anteil an der direkten ERP-Hilfe von 4,252% zu[36]).

Übersicht 3.6: Angemeldete und zugeteilte Auslandshilfe

Jahr	Plan	Geplant	Erhalten
		Mio. $	
1947[1])	R-Plan (USA)	200	225 (194)
1948[1])	Notprogramm 48	308	280 (224)
1948[2])	Erstes ERP-Ansuchen	611	
1948/49[2])	Erstes ERP-Ansuchen korrigiert	641	281
1948/49[3])	Country Report (USA)	317 (151)	
1948/49[3])	Braunbuch (USA)	306 (197)	
1948/49[4])	Jahresprogramm: Bedarfsversion	397	
1948/49[4])	Jahresprogramm: Budgetversion	345	
1949/50[4])	Jahresprogramm	289	259
1950/51[4])	Jahresprogramm	198	180
1951/52[4])	Jahresprogramm	177	120
1952/53	Jahresprogramm	104	35

[1]) In Klammer: ohne militärische Überschussgüter (sie deckten nur teilweise den dringenden Importbedarf). – [2]) Bedarf lt. Meldungen an die CEEC nach Paris vom September bzw. Dezember (Korrektur) 1947. – [3]) In Klammer: geschätztes Defizit gegenüber dem Dollarraum (ursprünglich sollte nur dieses durch ERP-Hilfe gedeckt werden). – [4]) Anforderungen laut Jahresprogramm jeweils zur Jahresmitte (vor Revisionen).

Für das Wirtschaftsjahr 1949/50 legte die österreichische Bundesregierung ein Hilfeansuchen von 289 Mio. $ vor; tatsächlich zugeteilt wurden 259 Mio. $. Auch für 1950/51 hielt sich zunächst die Kluft zwischen angesprochener Hilfe (198 Mio. $) und Zuteilungen (180 Mio. $) in jenen Grenzen, die verhältnismäßig leicht überbrückt werden konnten.

---

[36]) Formel zitiert in AdR: BMfaA, Zl. 208.426_Wpol/1950.

Der Korea-Konflikt

Die Routine der Verhandlungen über die Auslandshilfe wurde durch den Korea-Krieg Ende Juni 1950 unterbrochen[37]). Damit waren weitgehende ökonomische Konsequenzen verbunden:
- Die Hausse auf den internationalen Märkten für Rohwaren verringerte den Realwert der Auslandshilfe und nährte spekulative Käufe. Nach Schätzungen der OEEC verteuerten sich die Importe Westeuropas zwischen dem 1. Halbjahr 1950 und dem 1. Halbjahr 1951 um fast 25%[38]).
- Um die inflationären Auftriebskräfte in Zaum zu halten, führten die USA mit Hilfe von kriegswirtschaftlichen Sonderermächtigungen quantitative Kontrollen wieder ein (Preis-Lohn-Kontrollen, Importbeschränkungen, Warenbewirtschaftung) und errichteten internationale Bewirtschaftungsgremien (IMC: International Material Conferences). Es entstand eine „begrenzte Kriegswirtschaft". Der seit Kriegsende zu beobachtende Trend zu mehr Marktwirtschaft wurde unterbrochen.
- Die Hilfe der USA verlagerte sich von Wirtschaftshilfe zu Militärhilfe. Der Beitrag der europäischen Länder zur gemeinsamen Rüstung wurde zum entscheidenden Kriterium für die Gewährung von US-Hilfe. Für 1951/52 genehmigte der US-Kongress für Europa 5.028 Mio. $ Militärhilfe, aber nur 1.012 Mio. $ Wirtschaftshilfe[39]). Einige Senatoren plädierten sogar dafür, die Wirtschaftshilfe ganz einzustellen. Die ECA (European Cooperation Administration) wurde Anfang 1952 in die MSA (Mutual Security Agency) überführt. Einige Zeit stand zur Diskussion, die OEEC zur Wirtschaftsorganisation der NATO umzufunktionieren.
- Die Rüstungsausgaben verlängerten den Nachkriegsboom auf den Märkten für Grundstoffe und Energie. Die Investitionen in diesen „konsumfernen" Bereichen, die von den Ökonomen diesseits und jenseits des Atlantik auf Korn genommen worden waren, erschienen nunmehr in neuem Lichte. Man kann plausibel argumentieren: Die weltweite Wende vom Verkäufer- zum Käufermarkt für diese Produkte hätte wahrscheinlich bereits 1952 eingesetzt und nicht erst 1958 (als der Kohlenmangel plötzlich in einen Kohlenüberschuss umschlug).

Der Korea-Konflikt hatte für Österreich u. a. zur Folge, dass es rascher auf Auslandshilfe verzichten musste, als lange Zeit angenommen wurde. Der Dollarbetrag der Hilfe für 1950/51 stand in groben Umrissen bereits zu Beginn des Korea-Konfliktes fest. Für die direkte Hilfe von 100 Mio. $, bedeutete die Verteuerung der Rohwaren, dass mit den quartalsweise zugewiesenen Beträgen weniger Waren aus dem Dollarraum gekauft werden konnten, als im Mengengerüst der Importplanung vorgesehen war. Im Falle der indirekten Hilfe waren die Reaktionen komplexer. Österreich erhielt unter diesem Titel 80 Mio. $ als Starthilfe (initial position) für die Europäische Zahlungsunion.

---

[37]) Am 25. 6. 1950 überschritten nordkoreanische Truppen die Demarkationslinie, am 27. 6. 1950 beschloss die UNO eine militärische Intervention in Korea.
[38]) AdR: BMfaA, Zl. 216.968_Wpol/1951.
[39]) AdR: BMfaA, Zl. 23.355_Wpol/1951.

Sie sollte jene Defizite decken, die sich (ex post) aus den Monatsabrechnungen im innereuropäischen Zahlungsverkehr ergaben. Diese Defizite wurden nicht nur durch die Handelsströme, sondern auch durch (spekulative und anders motivierte) Verschiebungen in den Zahlungsströmen beeinflusst. Die Initial Position von 80 Mio. $ für 1950/51 war bereits im März erschöpft. Um zumindest dringende Importe aus Westeuropa im II. Quartal 1951 bezahlen zu können, suchte Österreich um eine Sonderzuwendung (special resources) aus dem EPU-Fonds von 15 Mio. $ an. Nach eingehender Prüfung erhielt es einen Zuschuss von 10 Mio. $, doch waren damit verschiedene Auflagen verbunden. Der Druck auf Österreich, sein Zahlungsbilanzdefizit zu begrenzen, wuchs.

Die österreichische Wirtschaftspolitik hoffte, dass der Kaufkraftverlust des Dollars bei der Bemessung der Hilfe für 1951/52 berücksichtigt werden würde. Sie stellte daher einen Antrag auf Gewährung von direkter und indirekter Hilfe von 170 Mio. $. Das war nominell etwa soviel wie Österreich im Wirtschaftsjahr 1950/51 erhalten hatte. (Als Regel galt, dass die Hilfe jährlich um etwa ein Viertel bis ein Drittel gekürzt wird.)

1951/52 sollte programmgemäß das letzte Jahr des Marshallplans sein. Unter diesem Aspekt war der angemeldete Hilfsbetrag sehr hoch. Österreich hatte jedoch wiederholt betont, dass es auch nach Mitte 1952 noch auf ausländische Hilfe angewiesen sein würde. Die Hoffnung auf eine substantielle „Nach-ERP-Hilfe" war nicht zuletzt durch amerikanische Studien genährt worden. Der im Spätherbst 1950 erschienene Gray-Bericht empfahl Hilfe für Europa von jährlich 2 Mrd. $ für fünf Jahre nach Auslaufen des Marshallplans[40]).

Die Erwartung einer großzügigen Wirtschaftshilfe für 1951/52 erfüllte sich nicht. Da die USA vorzüglich Militärhilfe gewährten, wurde Österreich nur noch eine Hilfe von etwa 120 Mio. $ in Aussicht gestellt. Für 1952/53, dem ersten Jahr nach dem ursprünglich vorgesehenen Ende des Marshallplans wurden nur noch 35 Mio. $ zugeteilt. Österreich musste lernen, auf eigenen Beinen zu stehen. Wie dieser Übergang gelang, wird im Abschnitt „Stabilisierung durch Schocktherapie" beschrieben.

3.1.5 Evaluierung der Hilfe

Nach der Darstellung des Ablaufs der Hilfsaktionen einige Überlegungen zur gesamtwirtschaftlichen Bedeutung der Hilfe. Dabei wird zunächst nur die Dollarseite betrachtet (die Schillingseite wird im Abschnitt „Die Investitionsschwerpunkte" behandelt).

Als Ausgangspunkt eignet sich ein Vergleich zwischen den Exporten und den Importen von Waren und Leistungen. Nach der in Dollar geführten Zahlungsbilanzstatistik der OeNB betrugen 1947 die Importe das Dreifache der Exporte. 1948 waren sie doppelt so hoch und selbst 1951, im letzten vollen Jahr des Marshallplans, noch immer um ein Drittel höher.

---

[40]) AdR, Gruppe 01, BMfaA, Zl. 224.809_Wpol/1950. Eine ähnliche Auffassung vertrat ein Expertenkomitee unter Leitung von Howard Ellis. (AdR, Gruppe 01: BMfaA, Zl. 203.340_Wpol/1950.)

Übersicht 3.7: Die Devisenlücke

	Importe i. w. S.¹) Mio. $	Exporte i. w. S.¹) Mio. $	Importe in % der Exporte
1947	335,00	110,50	303,17
1948	495,80	228,58	216,90
1949	624,70	329,31	189,70
1950	510,13	378,06	134,93
1951	700,25	523,98	133,64
1952	704,74	600,19	117,42

¹) Außenhandel i. w. S. (Waren und Dienstleistungen) gemäß Zahlungsbilanzstatistik der OeNB.

Die Lücke im Außenhandel konnte unter den gegebenen Beschränkungen nur durch ausländische Hilfe geschlossen werden. Besser gesagt: sie konnte überhaupt nur entstehen, weil Hilfe gewährt wurde.

Mangels anderer Finanzierungsquellen war in den Jahren 1947 bis 1949 die Auslandshilfe nahezu identisch mit dem Leistungsbilanzdefizit. Erst in den folgenden Jahren lösten sich die beiden Größen voneinander; autonome und induzierte Kapitalströme gewannen an Bedeutung. Die Zahlungsziele im Außenhandel verschoben sich, hauptsächlich als Reaktion auf die Korea-Hausse, und die OeNB legte bescheidene valutarische Reserven an[41]). Dennoch war bis Ende 1952 die seit 1947 insgesamt gewährte Hilfe mit 1.384 Mio. $ nur um 10% höher als das kumulierte Leistungsbilanzdefizit in dieser Periode.

Dass sich Auslandshilfe und Leistungsbilanzdefizit annähernd deckten, war ein Merkmal der österreichischen Wirtschaft. Es traf keinesfalls auf alle Teilnehmerländer zu. Selbst Italien und Frankreich, zwei Länder, die 1947 infolge ihrer wirtschaftlichen Schwierigkeiten Kongresshilfe erhielten, hatten 1948 eine annähernd ausgeglichene Leistungsbilanz. Die Auslandshilfe bewirkte keinen Realtransfer, sondern verbesserte die finanzielle Position dieser Länder. Weniger Hilfe hätte demnach unter den österreichischen Bedingungen nur geringere Leistungsbilanzdefizite (Importüberschüsse) erlaubt. Damit stellt sich die Frage: Wie schwierig wäre es gewesen, mit den selbst erwirtschafteten Devisen (d. h. ohne ausländische Hilfe) auszukommen?

Diese Frage ist nicht allein mit dem Hinweis auf die Größe der Zahlungsbilanzlücke zu beantworten. Der günstigste Fall liegt vor, wenn heimische Produkte mühelos (ohne zusätzliche Kosten) exportiert werden oder Importe ersetzen können. Die Bedeutung der Auslandshilfe beschränkt sich dann darauf, dass zusätzlich zu der (von der Auslandshilfe nicht beeinflussten) heimischen Produktion ausländische Güter für Konsum und Investition verfügbar sind. Selbst das war im Falle Österreichs nicht wenig. Der Anteil der ausländischen Hilfe am BIP betrug in der unmittelbaren Nachkriegszeit zu Kaufkraftparitäten berechnet über 10% und im Höhepunkt des Marshallplans immerhin noch 7% bis 8%. Angesichts des niedrigen Lebensstandards fiel eine solche

---

[41]) Ende 1951 reichten die valutarischen Reserven der Notenbank gerade für zwei Monatsimporte. Laut den Generalratsberichten der OeNB, einschließlich der nicht zur Deckung benötigten Bestände, aber ohne das noch nicht abgerechnete Brüsseler Gold.

Zubuße schon ins Gewicht[42]). Sie erleichterte den sozialen Konsens und erlaubte es, dennoch relativ viel zu investieren.

Die Vorstellung, dass sich die Zahlungsbilanz reibungslos externen Schocks anpasst (man kann von einem Ein-Gut-Modell sprechen)[43]), spielte in der internationalen Diskussion über den Marshallplan und die Dollarlücke eine gewisse Rolle[44]). Die Nachkriegsprobleme der österreichischen Wirtschaft lassen sich damit nicht realistisch erfassen. Vielmehr bedeutete weniger Hilfe auch weniger heimische Produktion. Um das zu erklären, muss man auf das Konzept der Engpassprodukte zurückgreifen, mit dem ursprünglich der Marshallplan begründet wurde.

Dieses Konzept ist zumindest auf den ersten Blick sehr einfach. Die österreichische Wirtschaft braucht Vorprodukte (einschließlich der für einen Mindestlebensstandard nötigen Nahrungsmittel), die es nicht ausreichend im Inland erzeugt und die sich nicht oder nur sehr beschränkt durch andere Produkte ersetzen lassen. Wenn – aus welchen Gründen immer – diese komplementären ausländischen Güter nicht verfügbar sind, sinkt die Produktion und die heimischen Produktionsfaktoren können nicht voll ausgelastet werden. Die heimische Produktion ist in einem bestimmten Bereich eine positive Funktion der Importe[45]). Ein negatives Beispiel lieferte der Winter 1946/47; damals ließ die Kohlenkrise die Industrieproduktion um ein Drittel sinken. Ein positives Beispiel bot das Anlaufen der Industrieproduktion im Laufe von 1947, als Kohle und Rohstoffe reichlicher verfügbar wurden (siehe den Abschnitt „Einleitung und Überblick").

Zu fragen ist naturgemäß, warum Österreich nicht soviel exportierte, damit es seine lebens- und produktionswichtigen Importe finanzieren konnte. Vereinfacht lässt sich wie folgt argumentieren: Die der heimischen Wirtschaft fehlenden Schlüsselprodukte Nahrungsmittel und Kohle[46]) waren in der Nachkriegszeit besonders knapp. Sie waren daher auf den Weltmärkten relativ teuer und unter den damals bestehenden Zahlungsgewohnheiten, unabhängig von

---

[42]) *Eichengreen* (1995B) argumentierte, dass auch eine geringe Auslandshilfe den Verteilungskampf entschärfen kann. *Branson* (1982) vertrat in einem Österreich-Symposion des American Enterprise Institute die These, dass Sozialpartnerschaft nur solange funktioniert, als mehr verbraucht als produziert wird.

[43]) *Kindleberger* (1987, S. 254) verwendet den Begriff „malleable production".

[44]) In der akademischen Diskussion zurzeit des Marshallplans beriefen sich die (Elastizitäts-)Pessimisten auf die Störungen der Weltwirtschaft, die nach dem Ersten Weltkrieg durch die deutschen Reparationen ausgelöst wurden, wogegen die Optimisten auf die reibungslose Abwicklung der französischen Reparationen nach dem Krieg 1970/71 verwiesen. Die Alt-Österreicher Machlup und Haberler argumentierten aus der optimistischen Perspektive, dass auch die Amerikaner unter einer Dollarknappheit leiden, weil sie gerne mehr Dollar ausgeben möchten, als sie verdienen.

[45]) Ebenso *Alexander* (1948, S. 48/49).

[46]) Die Schlüsselstellung der Kohle wurde dadurch verstärkt, dass Heizöl noch kaum für Heizzwecke eingesetzt wurde. Dadurch entstand die paradoxe Situation, dass die sowjetische Ölverwaltung trotz Energieknappheit überschüssiges Heizöl hatte, mit dem sie mangels anderer Verwendung die Ziegelteiche in Niederösterreich füllte. AdR: Ministerrat Raab 1, Nr. 11 vom 16. 6. 1953.

der Herkunft der Güter, nur erhältlich, wenn zumindest teilweise in Dollar gezahlt wurde[47]). Andererseits verfügte Österreich über wenige Güter, die es gegen Dollar verkaufen konnte. (Über das österreichische Erdöl und die dollarwertige Produktion der USIA-Betriebe verfügte die Sowjetunion.) Die Stärke der österreichischen Wirtschaft lag im Fremdenverkehr und in den traditionellen Konsumgüterindustrien, beides Wirtschaftszweige, derer Leistungen in der Wiederaufbauperiode wenig gefragt waren (der Fremdenverkehr wurde erst in den späten fünfziger und in den sechziger Jahren zur Wachstumsindustrie). Dazu kam, dass die alten Absatzmärkte in den Donaustaaten weitgehend verloren gingen und der Handel mit Deutschland aus politischen Gründen lange Zeit beschränkt war.

Österreich befand sich damit – ganz abgesehen von der Problematik der Besatzung – in einer viel ungünstigeren Ausgangssituation als die meisten anderen westeuropäischen Länder. Man kann diesen Sachverhalt wie folgt beschreiben: Für Güter gab es in Europa diesseits und jenseits des Eisernen Vorhangs ein doppeltes Bewertungssystem. Zum einen wurden Preise vereinbart, zu denen die Transaktionen verrechnet wurden. Danach gab es billige und teuere Güter. Zum anderen wurde die Dringlichkeit für den Wiederaufbau bewertet. Danach gab es wichtige und unwichtige Güter (essentials und nonessentials). Das doppelbödige Präferenzsystem wurde in den Handelsverträgen verankert. So wurde z. B. als Vorbereitung für ein Handels- und Zahlungsabkommen Österreichs mit der Tri-Zone Deutschlands für 1949/50 eine Liste sogenannter „dollarwertiger" Waren erstellt. Danach standen österreichischen Exporten von 22 Mio. $ (darunter 6 Mio. $ Stromlieferungen) Importe von 66 Mio. $ gegenüber. Der Einfuhrüberschuss von 44 Mio. $ entsprach der veranschlagten Kohleneinfuhr[48]). Wie knapp Österreich an Dollars war, lässt sich durch folgende Begebenheit illustrieren. Im Herbst 1948 verkaufte Österreich Äpfel an Italien im Kompensationswege gegen italienische Produkte. Kurz danach wurde bekannt, dass die Bi-Zone Deutschlands bereit wäre, für oberösterreichische Äpfel 1 Mio. $ auszugeben. Daraufhin bildete der Ministerrat ein vierköpfiges Ministerkomitee. Es sollte herausfinden, ob der Kontrakt mit Italien storniert werden kann und Deutschland bereit ist, zusätzliche Äpfel gegen Dollarzahlung zu erwerben.

Die quantitative Bedeutung dieser Überlegungen wird durch folgenden Vergleich verdeutlicht. Auf Nahrungsmittel (einschließlich landwirtschaftlicher Bedarfsgüter und Tabak[49]) sowie auf Kohle entfielen laut (revidiertem)

---

[47]) Da Kohle auch in Europa überwiegend nur gegen Dollar verkauft wurde, konnte mit Hilfe der ERP-Dollars der Engpass Kohle überwunden werden. Für Westeuropa insgesamt war die enge Verknüpfung von Dollar und Kohle einfach deshalb nicht gegeben, weil infolge der hohen Transportkosten relativ wenig amerikanische Kohle nach Europa kam.
[48]) AdR: BMfaA, Zl.126.848_Wpol/1949.
[49]) Tabak erhielt in den Importplänen eine hohe Priorität, weil die Tabaksteuer eine wichtige Einnahmequelle des Bundes war. Zur Rechtfertigung wurde angeführt, dass noch mehr Devisen aufgewendet werden, wenn ausländische Zigaretten illegal verkauft

Importplan 1948/49 55% der Gesamtimporte. Die Bezüge von Nahrungsmitteln mussten zu 88% und jene von Kohle zu 73% mit Dollars bezahlt werden (das galt auch für Kohle, die aus Osteuropa bezogen wurde).

Übersicht 3.8: Importplan 1948/49[1])

	Mio. $	Davon in $ zahlbar[2])	Importanteile in %	Dollaranteil an Bezügen in %
Ernährung	156,81	138,50	32,45	88,32
Landwirtschaft	20,87	10,19	4,32	48,80
Tabak	10,05	3,20	2,08	31,84
Kohle	76,89	56,04	15,91	72,88
Rohstoffe	165,26	86,83	34,20	52,54
Energie	6,45	1,24	1,33	19,22
Investitionen	46,90	19,38	9,71	41,32
Insgesamt	483,23	315,38	100,00	65,26

AdR: BMfF, Zl. 64.369_15/1948. – [1]) Revised Program 1948/49. – [2]) Direkte Hilfe, Ziehungsrechte und freie Dollar.

Die Dollarbilanz Österreichs war katastrophal. Im ersten Jahr des Marshallplans konnte nur ein Zehntel der geplanten Importe aus der westlichen Hemisphäre mit selbst verdienten Dollars beglichen werden. Selbst diese bescheidenen Dollareinkünfte stammten aus nicht-kommerziellen Transaktionen: aus der Refundierung der Besatzungskosten durch die USA und aus Beiträgen der Internationalen Flüchtlingsorganisation zu den Unterhaltskosten von Vertriebenen. Wenn ein europäisches Land unter einer Dollarknappheit litt, dann war es Österreich. Auch wenn mehr Waren aus dem Dollarraum importiert wurden, als unbedingt nötig gewesen wäre[50]), die Dollarbilanz also auch Waren umfasste, die auch gegen andere Währungen oder im Kompensationsverkehr erhältlich waren, erschien es schlechterdings unmöglich, die Dollarbilanz auszugleichen.

Das galt umso mehr, als Österreich auch im Verkehr mit den europäischen Teilnehmerstaaten ein „Dollardefizit" hatte. Der Handel unter den Teilnehmerstaaten wurde vor der Europäischen Zahlungsunion (sie trat Mitte 1950 in Kraft) streng bilateral abgewickelt, doch ermöglichte die indirekte Hilfe des Marshallplans den Kauf „dollarwertiger" Waren. Österreich verwendete seine Ziehungsrechte hauptsächlich, um Kohle aus dem Ruhrgebiet und Rohstoffe aus dem Sterlingraum zu beziehen. Unter diesen handelspolitischen Praktiken wäre es selbst dann schwierig gewesen, die heimischen Exporte an „non-essentials" (nicht „dollarwertiger" Waren) zu steigern, wenn die Wirtschafts-

---

werden. Tatsächlich orientierten sich die Verkaufspreise der österreichischen Tabakregie an den Preisen des Schwarzen Marktes.

[50]) Bezüge aus den USA wurden zum Teil deshalb anderen Bezugsquellen vorgezogen, weil die Finanzierung leichter war und weil sie zum offiziellen Kurs von 1 $ gleich 10 S abgewickelt wurden, wogegen für Importe aus Westeuropa oft Agiokurse bezahlt werden mussten. Tabak war selbst zum offiziellen Kurs in den USA viel billiger als etwa in Griechenland.

politik den Exporteuren hohe Gewinnmargen eingeräumt und eine starke Verschlechterung der Austauschverhältnisse im Außenhandel in Kauf genommen hätte[51]).

Brotgetreide war in den ersten Nachkriegsjahren in Europa überhaupt nicht aufzutreiben, selbst nicht gegen Dollarzahlung. Die IFEC (der Internationale Notstandsernährungsrat) erstellte Mitte Juli 1947 eine Weltgetreidebilanz für 1947/48[52]). Danach stand einem Importbedarf an Getreide von 44 Mio. t nur ein Exportangebot von 25,5 Mio. t gegenüber. Wichtiger als die (durch taktische Überlegungen beeinflusste) Größe des aus Ländermeldungen ermittelten Defizits war seine Struktur. Überschüssiges Brotgetreide wurde fast ausschließlich von Ländern der westlichen Hemisphäre angeboten (mehr als die Hälfte davon stammte aus den USA). Die frühere „Kornkammer" Europas im Osten des Kontinents konnte selbst die heimische Bevölkerung kaum versorgen und meldete zum Teil selbst einen Importbedarf an. Bundeskanzler Figl berichtete Mitte 1948, dass die osteuropäischen Staaten in den Handelsverträgen mit Österreich nicht einmal bereit waren, Lieferungen von Brotgetreide für den Fall zuzusagen, dass diese Länder Überschüsse erzielen[53]).

Ähnliches galt für die Kohle. Österreich musste sich bis Ende 1946 mit maximal 172.000 t Ruhrkohle pro Monat begnügen, die ihm von der europäischen Kohlenbewirtschaftungsstelle zugewiesen wurden. Da es über keine Dollar verfügte, wurde der Lieferwert (etwa 24 Mio. $) zunächst gestundet und später mit den Stromexporten nach Westdeutschland gegengerechnet, die nach Kriegsende unvermindert weiterliefen[54]). Die verbleibende Schuld von 10,5 Mio. S wurde ab 1948 schrittweise getilgt. Da mit dem Ruhrkohlenkontingent nicht das Auslangen gefunden werden konnte, begab sich Mitte 1947 eine Einkaufsdelegation nach London und Washington[55]). Sie erreichte, dass von der Kongresshilfe 13 Mio. $ in Form freier Dollars zur Verfügung gestellt wurden. Damit konnte Kohle aus Polen und unter Umständen aus den USA gekauft werden (amerikanische Kohle war jedoch infolge der hohen Transportkosten viel teurer als europäische). Der erste Handelsvertrag mit Polen sah die Lieferung von 600.000 t pro Jahr vor, wovon 60% in Dollar zu bezahlen waren.

Mit dem Beginn des Marshallplans konnte deutsche Kohle mit der indirekten Hilfe bezahlt werden. Die verfügbaren freien Dollars reichten für zusätzliche Käufe in Osteuropa. Polen bot im Handelsvertrag von Mitte 1948[56]) die Lieferung von mindestens 1,2 Mio. t (höchstens 1,8 Mio. t) an, wovon 40% (60%) in Dollar zu bezahlen waren.

---

[51]) Die Reformländer Mittel- und Osteuropas, die sich Anfang der neunziger Jahre in mancher Hinsicht mit dem Österreich der Nachkriegszeit vergleichen ließen, etablierten reale Wechselkurse, die nur ein Viertel der Kaufkraftparitäten betrugen.
[52]) AdR: Ministerrat Figl 1, Nr. 76 vom 15. 7. 1947.
[53]) AdR: Ministerrat Figl 1, Nr. 117 vom 22. 6. 1948.
[54]) AdR: Ministerrat Figl 1, Nr. 77 vom 8. 7. 1947.
[55]) AdR: Ministerrat Figl 1, Nr. 74 vom 1. 7. 1947.
[56]) AdR: Ministerrat Figl 1, Nr. 121 vom 20. 7. 1948, BMfaA, Zl. 165.364_Wpol/1948.

Der geschilderte Strukturnachteil der österreichischen Wirtschaft wurde von amerikanischen Experten anerkannt. In einem Bericht des National Security Councils über den österreichischen Osthandel von Mitte 1951 heißt es:

*„The nature of the Austrian economy is such that it cannot earn enough dollars to support its essential imports from the dollar area in the absence of United States aid. Until a greater measure of convertibility of currencies is achieved, it cannot measurably increase its direct earnings of dollars."
(NSC Determination No. 2: Report by the National Security Council on Trade between Austria and the Soviet Bloc . . ., June, 14, 1951[57]).)*

Das Zitat weist aber gleichzeitig auf den temporären Charakter des Dollardefizits hin. Die internationale Dollarknappheit wurde seit Anfang der fünfziger Jahre zunehmend überwunden. Dazu trug Verschiedenes bei: die Erholung der westeuropäischen Produktion, die Währungsabwertungen in Westeuropa im Herbst 1949, die Überwindung der amerikanischen Konjunkturflaute und vor allem der mit amerikanischen Mitteln finanzierte Rüstungsboom nach Ausbruch des Korea-Konfliktes.

Übersicht 3.9: Herkunft der Nahrungsmittelimporte

	1948/49		1950/51	
	Mio. $	In %	Mio. $	In %
Westliche Hemisphäre	132,70	84,62	29,55	21,77
Sonstige Dollarkäufe	5,80	3,70	2,20	1,62
Übrige	18,31	11,68	103,99	76,61
Insgesamt	156,81	100,00	135,74	100,00

1948/49 Rev. Programm, Stand 3. 9.1948. – 1950/51; Rev. Programm, Stand 28. 11. 1950.

Dollarknappheit und Produktengpässe waren temporäre Erscheinungen der Nachkriegszeit. B. Eichengreen[58]) hielt Produktionsengpässe nur in den Anfangsphasen des Marshallplans für relevant, denn die Marktwirtschaft war elastisch genug, um Knappheitsprobleme zu überwinden. Dollarkonvertibilität wäre seiner Meinung nach schon 1949 nach den Abwertungen der europäischen Währungen erreichbar gewesen. So schnell ging es zumindest aus österreichischer Sicht nicht. Immerhin eine Tendenz in der angegebenen Richtung war zu erkennen. In den Handelsverträgen verloren die Dollarklauseln an Gewicht. Im Warenaustauschabkommen mit Polen für 1950/51 konnten bereits 83% der Kohlenbezüge mit österreichischen Waren bezahlt werden[59]). Im ersten Jahr des Marshallplans (1948/49) mussten noch über 88% der Nahrungsmittelimporte in Dollar beglichen werden, 1950/51 nur noch 23%. Brotgetreide musste allerdings noch immer aus den USA bezogen werden. Nach dem Jahreswirtschaftsbericht konnten selbst 1950/51[60]) vom Importbedarf an Brotgetreide von 560.000 t höchstens 140.000 t aus Osteuropa gedeckt werden, vor-

---

[57]) AdR: BMfaA, Zl. 197.578_Wpol/1951.
[58]) *Eichengreen* (1995B).
[59]) AdR: Ministerrat Figl 1, Nr. 214 vom 8. 8. 1950.
[60]) AdR: BMfaA, Zl. 227.701_Wpol/1950 vom 6. 12. 1950.

ausgesetzt, dass Österreich imstande war, „essentials" als Gegenleistung anzubieten.

Österreich benötigte nicht nur weniger Dollar, um seine lebenswichtigen Importe zu bezahlen. Seit Gründung der Europäischen Zahlungsunion (EPU) und der schrittweisen Liberalisierung der innereuropäischen Importe ließen sich auch Dollar verdienen, indem Überschüsse im westeuropäischen Handel erzielt wurden. Solche Überschüsse hingen nicht mehr wie früher vom Angebot an einigen wenigen Wiederaufbaugütern ab, sondern von der internationalen Konkurrenzfähigkeit einer zunehmend breiteren Palette von Waren und Betrieben. Die Entwicklung zu „mehr Markt" wurde nur zeitweilig durch die internationalen Bewirtschaftungsmaßnahmen nach Ausbruch des Korea-Konfliktes unterbrochen. Mit anderen Worten: Das Argument, dass Österreich Auslandshilfe wegen eines „strukturellen Dollardefizits" braucht, verlor zunehmend an Gewicht. (Unter diesem Gesichtspunkt war der Zeitpunkt für eine konsequente Stabilisierungspolitik Ende 1951 gut gewählt.)

3.2 Die Investitionsschwerpunkte

3.2.1 Auslandshilfe und Investitionen

Die Gegenwertmittel

Dank der Auslandshilfe konnte die heimische Wirtschaft mehr Güter verbrauchen und investieren, als sie selbst produzierte. Nach dem erklärten Willen der Marshallplanadministration (ECA) sollte die Differenz zwischen Absorption (heimischer Nachfrage) und Produktion nicht konsumiert, sondern investiert werden. Die ECA glaubte das am besten zu erreichen, wenn die Importgüter zu Weltmarktpreisen verkauft werden und aus dem Schillingerlös Finanzierungsmittel für Investitionen bereitgestellt werden, über die in gesamtwirtschaftlichen Investitionsprogrammen entschieden wird. Die Erlöse werden im Folgenden entsprechend der damaligen Praxis Gegenwertmittel oder Counterpartmittel genannt. Die Konten, denen die Erlöse gutgeschrieben wurden, nannte man Reliefkonten und während des Marshallplans ERP-Konten.

Nicht alle Erlöse aus dem Verkauf von Hilfsgütern wurden indessen für Investitionen verwendet. Ein Teil wurde dauernd stillgelegt (ersatzlose Abbuchung von der Bundesschuld an die Notenbank), ein anderer Teil wurde zeitweise nicht ausgegeben. Diese Beträge gingen nicht notwendigerweise für Investitionen verloren. Sie standen nur nicht für die von der Counterpartinvestitionsplanung vorgesehenen Zwecke zur Verfügung. Man hätte erwägen können, sämtliche Counterparteingänge stillzulegen und entsprechende Investitionen (im Anlage- und Umlaufvermögen) durch eine an anderen Kriterien orientierte Geld- und Kreditpolitik der Notenbank und der Kreditunternehmungen zu induzieren. (Siehe hiezu etwa die Kritik an der Counterpartpolitik im Kamitz-Konzept im Abschnitt „Finanzielle Stabilität durch Schocktherapie".) Die ECA wäre mit einem solchen Verfahren freilich nicht einverstanden gewesen, weil sie Einfluss auf die Investitionspolitik und damit auf die Strukturpolitik nehmen wollte.

Die mit der Auslandshilfe beschafften Importgüter wurden lange Zeit zu Inlandspreisen abgegeben, die unter den Weltmarktpreisen berechnet zum offiziellen Kurs oder zum effektiv von den Exporteuren lukrierten Exportkurs lagen. Die Differenz stellte eine Importsubvention dar. Die Verbilligung kam den Konsumenten zugute: Sie erlaubte auch minderbemittelten Verbrauchern relativ teure Importgüter zu kaufen. Insofern wurde die Auslandshilfe konsumtiv verwendet. Die Trennlinie ist freilich nicht scharf. Die konsumtive Verwendung eines Teils der Auslandshilfe ermöglichte jene Lohnzurückhaltung, die nach Meinung mancher Autoren (siehe hiezu insbesondere *Eichengreen*, 1994) maßgeblich zum kräftigen Wirtschaftswachstum nach dem Zweiten Weltkrieg beitrug. Stärkere Verteuerungen hätten möglicherweise zu höheren Lohnforderungen und zu Arbeitskonflikten geführt. Bei einer nicht akkommodierenden Geldpolitik wären die Gewinnspannen gedrückt und damit die Selbstfinanzierung der Investitionen der Wirtschaft erschwert worden.

Die beiden extremen Positionen des Finanzierungsaspekts lassen sich verdeutlichen, indem man einmal die effektiven Freigaben und zum anderen den vollen Gegenwert der Auslandshilfe in Prozent der Investitionen ausdrückt. Die effektiven Freigaben machten in den Jahren 1948 bis 1950 etwa ein Viertel der Bruttoanlageinvestitionen aus, der volle Gegenwert betrug mehr als 50%.

Übersicht 3.10: Auslandshilfe und Ausrüstungsinvestitionen

	Freigaben	Hilfe[1])
	In % der Bruttoinvestitionen	
1948	30,82	66,99
1949	25,39	55,77
1950	24,46	55,89
1951	25,28	39,97
1952	9,41	14,71

Quelle: Freigaben laut *WIFO* (1950, 1953A), Hilfe laut Zahlungsbilanzstatistik der OeNB. – [1]) Dollarwert in Schilling umgerechnet zum effektiven Exportkurs.

Wie immer man abgrenzt: Die Auslandshilfe trug maßgeblich zur Bildung von Produktivvermögen nach 1945 bei. Nach Auslaufen der Auslandshilfe musste die österreichische Wirtschaft nicht nur ihre Importe selbst verdienen, sondern auch ihre Investitionen aus heimischen Ersparnissen decken. Es ließ sich absehen, dass beides nicht leicht fallen würde.

Erlöse aus der Prä-ERP-Hilfe

Unmittelbar nach dem Krieg konzentrierte sich das Interesse der Wirtschaftspolitik auf den Devisenaspekt der Hilfe. Zwar wurden alle Hilfslieferungen (mit Ausnahme der privaten Spenden) im Inland verkauft und die Schillingerlöse auf Sonderkonten (Counterpartkonten oder Gegenwertkonten) gesammelt. Die strategische Bedeutung der Counterpartmittel für den Wiederaufbau erkannte man aber erst nach und nach. Das hatte verschiedene Gründe. Zum Teil schloss man aus dem Hilfscharakter der Lieferungen, dass die Erlöse für soziale Zwecke verwendet werden sollten. Auch gab es noch wenig realisierungsreife Wiederaufbauprojekte. Zunächst galt es, den Schutt wegzuräumen, Lücken in der Infrastruktur notdürftig zu schließen und die Betriebe produktionsbereit zu machen. Für weiterreichende Pläne war es noch zu früh. Aufforderungen der Besatzungsmächte Anfang 1946, ein detailliertes Wiederaufbauprogramm zu entwickeln, konnte daher nur unzulänglich entsprochen werden[61]).

Nicht zuletzt boten die Erläge auf Schillingkonten der Notenbank ein willkommenes Gegengewicht gegen die inflationäre Finanzierung der Besatzungskosten. Nach dem Ersten Weltkrieg wurde die Völkerbundanleihe ausdrücklich mit dem Zweck gewährt, das Budgetdefizit zu decken. Unmittelbar nach dem Zweiten Weltkrieg wurde ein ähnlicher monetärer Effekt dadurch erreicht, dass die Schillingerlöse aus der Auslandshilfe nicht verwendet wurden. Die Budgetdefizite waren allerdings auch in den schwierigen Jahren 1946 und 1947 viel geringer als nach dem ersten Weltkrieg.

Das Fehlen umfassender Wiederaufbaupläne spiegelte sich im Umgang mit den Erlösen aus Hilfslieferungen. Im Februar 1947 schloss die Bundesregierung mit der UNRRA einen Vertrag über die Verwendung der Schillingerlöse aus dem Verkauf von UNRRA-Waren ab. Ein Kuratorium bestehend aus den zuständigen Ministern sollte über die Verteilung der Mittel befinden[62]). Dieses Gremium einigte sich auf ein provisorisches Rahmenprogramm von 600 Mio. S. Es umfasste hauptsächlich soziale Maßnahmen und die Behebung von Kriegsschäden im Bundesvermögen. Der Wiederaufbau der Wirtschaft (insbesondere der Ausbau der Wasserkraftwerke) wurde nur ansatzweise berücksichtigt. Bis Ende 1947 wurden nur geringe Beträge flüssig gemacht, zum Teil, weil Kompetenzfragen ungeklärt waren, hauptsächlich aber, weil die zu finanzierenden Projekte aus währungspolitischen Überlegungen auf mehrere Jahre verteilt werden sollten[63]). Auch die Erlöse aus anderen Hilfslieferungen, die überwiegend aus den USA stammten, blieben weitgehend unangetastet.

Bis zum Währungsschutzgesetz Ende November 1947 hatten sich 1,82 Mrd. S[64]) auf Counterpartkonten angesammelt. Davon schöpfte die Währungsreform 25% ab, sodass 1,27 Mrd. S blieben. Dazu kamen monatlich etwa 100 bis 150 Mio. S Erlöse aus den laufenden Hilfslieferungen. Nachdem das Finanzministerium festgestellt hatte, dass bis Mitte 1948 ein Kontenstand von

---

[61]) Die Alliierten wiesen den über ihren Wunsch verfassten „Vierjahresplan" mit Schreiben vom 31. 8. 1946 (SECA/566) zurück und verlangten eine Neuformulierung. AdR: BKA, Zl. 2.628/1946.
[62]) AdR: BKA, Zl. 320_U/1947.
[63]) AdR: Ministerrat Figl 1, Nr. 84 vom 26. 10. 1947.
[64]) Nach Angaben des Bundesministeriums für Finanzen betrug der Stand der Reliefkonten per Ende März 1,55 Mrd. S (AdR: BMfF, Zl. 24.292_15/48). Davon waren 454 Mio. S oder 25% des Standes von November 1947 zeitweilig gesperrt.

etwa 2 Mrd. S zu erwarten war[65]), setze ein „Run" der Ministerien auf die Counterpartmitteln ein. Freigaben wurden sowohl für Subventionen als auch für Investitionen verlangt.

Schon im Feber 1948 wurden aus den Mitteln der Kongresshilfe der USA 15 Mio. S für ältere, bedürftige Personen ausgeschüttet. Im April 1948 beschloss der Ministerrat Milchprämien[66]); sie sollten aus jenen Hilfskonten gedeckt werden, über die Österreich voll verfügen konnte. Im Juni einigten sich die beiden Großparteien, die Erzeugerpreise für verschiedene Pflanzenprodukte zu erhöhen und die Verbraucherpreise unverändert zu lassen. Die Differenz von etwa 400 Mio. S sollte den Gegenwertkonten entnommen werden[67]). In wenigen Monaten wurden damit Subventionen für Nahrungsmittel mit einem jährlichen Aufwand von etwa 600 Mio. S beschlossen, nicht eingeschlossen die Verbilligungen importierter Agrarprodukte. (Agrarprodukte und landwirtschaftliche Betriebsmittel aus Hilfslieferungen wurden zu den Inlandspreisen abgegeben, die lange Zeit unter den Weltmarktpreisen umgerechnet zum effektiven Wechselkurs für Exporte lagen.)

Investitionsmittel wurden für den Wohnungsbau und die Verstaatlichte Industrie angefordert. Der neu zu errichtende Wohnhaus-Wiederaufbau-Fonds sollte eine Starthilfe von 200 Mio. S erhalten, von den wegen des Einspruchs des Finanzministers nicht verwendeten UNRRA-Mitteln wurden 80 Mio. S verteilt (etwa eine Jahresrate des Rahmenprogramms 1947[68]). Vor allem aber benötigten die verstaatlichten Unternehmungen[69]) Mittel für ihre ehrgeizigen Investitionsprogramme. Das Ministerium für Vermögenssicherung und Wirtschaftsplanung stellte im Laufe von 1948 so genannte „Konstitutionspläne" für einige Grundstoffindustrien fertig, für die Eisen- und Stahlindustrie (1. Teil), die NE-Metallindustrie, den Kohlenbergbau (Allgemeiner Teil) und die Elektrizitätswirtschaft (Allgemeiner Teil). Konstitutionspläne für die Fertigwarenindustrien zu entwickeln, erwies sich viel schwieriger. Einige Branchenkonzepte (z. B. für die Elektroindustrie) wurden zwar begonnen, blieben aber unvollendet, als das Ministerium Ende 1949 aufgelöst wurde. Seine Agenden wurden vom neu organisierten Zentralbüro für ERP-Angelegenheiten weitergeführt, soweit es die Counterpartpolitik erforderte.

Wie die zunächst für den verstaatlichten Bereich entwickelten Investitionspläne finanziert werden sollten, blieb zunächst offen. Zwar beschloss der Ministerrat im April 1948, den verstaatlichten Unternehmungen zinslose Darlehen von 300 Mio. S zu gewähren[70]). In der Begründung wurde angeführt, die Finanzierung des Anlagevermögens wäre Sache des Eigentümers. Da jedoch

---

[65]) AdR: BMfF, Zl. 54.003_15/1948.
[66]) AdR: Ministerrat Figl 1, Nr. 109 vom 23. 4. 1948.
[67]) AdR: Ministerrat Figl 1, Nr. 118 vom 29. 6. 1948.
[68]) AdR: Ministerrat Figl 1, Nr. 111 vom 11. 5. 1948.
[69]) Unter Verstaatlichter Industrie werden die vom 1. Verstaatlichungsgesetz vom 17. 7. 1946 (BGBl. Nr. 189/1946) zusammengefassten Betriebe verstanden. Die Elektrizitätswirtschaft wurde im 2. Verstaatlichungsgesetz vom 26. 3. 1947 (BGBl. Nr. 81/1947) verstaatlicht.
[70]) AdR: Ministerrat Figl 1, Nr. 109 vom 23. 4. 1948.

Kapitalerhöhungen wegen der unklaren Rechtslage noch nicht möglich waren, wurde der Weg zinsloser Darlehen beschritten. Woher der stets in Geldnöten befindliche Bund die Mittel nehmen sollte, wurde nicht erörtert. Im Vortrag an den Ministerrat wurde unverbindlich von Kreditoperationen und Kassenmitteln gesprochen. Die Notenbank durfte der Bund laut Notenbankstatut nur für Besatzungskosten beanspruchen. Die Gegenwertmittel boten nunmehr die Möglichkeit, die Investitionsprogramme der verstaatlichten Unternehmungen über mehrere Jahre zu finanzieren. Die Elektrizitätswirtschaft meldete vorsorglich schon für 1949 einen Investitionsbedarf von fast 600 Mio. S an, von dem 424 Mio. S aus Hilfskonten gedeckt werden sollten[71]).

Die Freigabepolitik der ECA

Angesichts der zunehmenden Ansprüche an die Hilfsfonds und dem auf längere Sicht zu erwartenden Strom von Erlösen aus dem Marshallplan entschloss sich die Bundesregierung, ein Programm für die bis Ende 1948 verfügbaren Erlöse aus Hilfslieferungen zu entwickeln. Über die Schillingerlöse der wichtigsten Hilfslieferungen durfte sie allerdings nicht nach eigenem Gutdünken, sondern nur im Einvernehmen mit den Geberländern (-organisationen) verfügen. Das galt schon für die UNRRA. Während diese jedoch ihre Kontrollrechte sehr kulant handhabte, mussten für die Verwendung von Erlösen aus dem Marshallplan (und den bis Mitte 1948 nicht verbrauchten Mitteln der Kongress- und der Interimshilfe) sowohl die Zustimmung der Marshallplanverwaltung (ECA) als auch die des National Advisory Councils (NAC) in Washington eingeholt werden.

Das war keineswegs eine bloße Formsache. Die Teilnehmerländer sollten nach vier Jahren Marshallplan von ausländischer Hilfe unabhängig werden. Um das zu erreichen, sollten sie viel und „richtig" investieren. Die Counterpartfreigaben boten den Amerikanern die Möglichkeit, die Investitionspolitik der Teilnehmerländer zu überprüfen und nötigenfalls in die gewünschte Richtung zu lenken.

Zu diesem Zweck entwickelten sie Grundsätze für die Verwendung von Counterpartmitteln:
- Jährlich sollten nur soviel Mittel freigegeben werden, als mit Währungsstabilität vereinbart werden konnte (Ziel: Interne finanzielle Stabilität als Voraussetzung für externe finanzielle Stabilität).
- Die freigegebenen Mittel sollten für Investitionen und nicht für privaten oder öffentlichen Konsum verwendet werden (Ziel: hohe gesamtwirtschaftliche Investitionsquote).
- Finanziert sollten in erster Linie Projekte im unmittelbar produktiven Bereich der Wirtschaft werden, die den Zahlungsbilanzausgleich fördern. Counterpartmittel sollten nicht (oder nur eingeschränkt) zum Ausbau der Infrastruktur verwendet werden (Ziel: niedriger Kapitalkoeffizient).

---

[71]) AdR: Ministerrat Figl 1, Nr. 120 vom 13. 7. 1948.

Damit die Grundsätze eingehalten werden, wurde ein kompliziertes Kontroll- und Genehmigungsverfahren geschaffen. Schon im ersten Jahr des Marshallplans mussten die Teilnehmerstaaten ein Long-Term-Programm entwickeln, in dem sie ihre Strategie für die nächsten Jahre und ihre makroökonomischen Auswirkungen darlegten. Nach der Hälfte der vorgesehenen Laufzeit des Marshallplans wurde von den Teilnehmern Rechenschaft verlangt, was schon geleistet wurde und wie das noch zu Leistende bewältigt werden sollte (Investitionsprogramm 1950/52). Über die Freigabe von Counterpartmitteln wurde an Hand von Jahresprogrammen entschieden, wobei zumindest die wichtigsten Vorhaben eingehend evaluiert wurden[72]).

Die Freigaben als „negotiating device"

Die Counterpartpolitik der Amerikaner in Österreich litt darunter, dass sie zuviel wollte. Die Finanzierung eines mehrjährigen Investitionsprogramms erforderte eine gewisse Stetigkeit der Finanzierungsströme, währungspolitische Überlegungen hingegen sprachen oft dafür, die gesamten Erlöse stillzulegen. Dazu kam, dass die Freigabe von Counterpartmitteln als Druckmittel (negotiation device) benutzt wurde, um Forderungen der US-Administration Nachdruck zu verleihen[73]). Die Mehrfachfunktion hatte zur Folge, dass sich die Freigaben sprunghaft entwickelten. Das lässt sich an Hand einer kurzen Ablaufskizze für die Jahre 1948/52, der Zeitspanne, in der der größte Teil des Marshallplans abgewickelt wurde, demonstrieren.

Das in der zweiten Jahreshälfte erstellte Freigabeprogramm 1948 der Bundesregierung[74]) beabsichtigte, über 2.250 Mio. S Erlöse aus Hilfslieferungen zu disponieren. Dabei war zu berücksichtigen, dass die Amerikaner es ablehnten, die heimische Nahrungsmittelproduktion zu subventionieren. Sie waren aber bereit, einen vergleichbaren Betrag für Investitionen im ao. Budget freizugeben[75]). Folglich wurden die Subventionen ins Budget übernommen und gleichzeitig 600 Mio. S Counterpartmittel für Bundesinvestitionen vorgesehen. Weitere 600 Mio. S waren für die Industrie (einschließlich der Elektrizitätswirtschaft) bestimmt, 200 Mio. S sollte der Wohnungsbau erhalten. 850 Mio. S sollten stillgelegt werden, indem sie von der Bundesschuld der Notenbank abgebucht wurden. Die nachfragewirksame Freigabe von 1,4 Mrd. S entsprach etwa den Erlöseingängen von 1948.

Die Freigabe von Counterparts für 1948 ging noch ziemlich glatt über die Bühne. Der am 19. 8. 1948 vom Ministerrat beschlossene Freigabeantrag wurde von der ECA weitgehend akzeptiert. Nur für den Wohnungsbau wurden

---

[72]) Das österreichische Investitionsprogramm enthielt z. B. die Anschaffung von 15 neuen Papiermaschinen. Ein US-Expertenteam besuchte österreichische Firmen und beurteilte 13 Projekte positiv. AdR: BKA/AA, Zl. 215.813_Wpol/1950.
[73]) Das Druckmittel wurde auch noch nach dem Marshallplan eingesetzt, etwa um die Erfüllung des Wiener Memorandums zu erreichen (siehe hiezu *Rathkolb*, 1997).
[74]) AdR: Ministerratsvortrag betreffend Finanzierungsfragen des Marshallplans. BMfF: Zl. 57.797_17/1948. Ministerrat Figl 1, Nr. 122 vom 19. 8. 1948.
[75]) AdR: Ministerrat Figl 1, Nr. 122 vom 19. 8. 1948.

statt der beantragten 200 Mio. S nur 50 Mio. S (für den Bau von Arbeiterwohnungen) bewilligt. Insgesamt wurden für 1948 2.088 Mio. S Counterparts freigegeben, davon 850 Mio. S für währungspolitische Zwecke. Von den insgesamt freigegebenen Beträgen stammten nur 125 Mio. S aus ERP-Konten, 1.013 Mio. S kamen von sonstigen ECA-Konten (Kongresshilfe, Interimshilfe) und 600 Mio. S aus Non-ECA-Konten (z. B. UNRRA)[76]. Die ECA legte Wert darauf, dass über das gesamte Freigabeprogramm, also auch über aus Non-ECA-Konten stammenden Erlöse, ein Einvernehmen hergestellt wurde.

Die Erwartung, dass nach dem Freigabeprogramm 1948 auch den weiteren Anträgen ohne nennenswerte Verzögerung und in annähernd voller Höhe stattgegeben würde, erfüllte sich nicht. Die österreichische Bundesregierung verabschiedete nach einigen Verzögerungen einen Freigabeantrag für 1949 von 2,1 Mrd. S. Die ECA hielt jedoch die Lage des Bundesbudgets für so bedrohlich, dass ihrer Meinung nach überhaupt keine Freigaben zu rechtfertigen waren. Unter dem Druck der Amerikaner entschloss sich die Bundesregierung im Mai 1949 zu einem umfassenden Budgetsanierungsprogramm, hauptsächlich in Form massiver Steuererhöhungen. Der Kraftakt der Budgetpolitik wurde jedoch nicht belohnt[77]. Die ECA gab nur „tröpferlweise" Counterpartmittel frei: im April 275 Mio. S, im August 225 Mio. S und im September 187 Mio. S. Insgesamt betrugen die Freigaben 1949 nur 1,4 Mrd. S.

Als neuer Stein des Anstoßes erwies sich die Grundstofflastigkeit der Industrieinvestitionen. Anfang September verlangte die ECA Detailauskünfte über die österreichische Investitionspolitik. Erklärungsbedürftig erschien, warum das Schwergewicht auf Grundstoffindustrien (einschließlich Bergbau und Elektrizitätserzeugung) gelegt wurde. Nach Meinung von NAC und ECA könnten Investitionen in den Sekundärindustrien die österreichische Zahlungsbilanz rascher entlasten. Dieses Thema wird im Kapitel „Die Grundststofflastigkeit der Industrie", S. 333ff, ausführlich behandelt. An dieser Stelle werden bloß die Konsequenzen für die Freigaben behandelt. Bis zur Klärung der strittigen Punkte wollten die Amerikaner keine weiteren Counterpartmittel freigegeben[78]. Die erforderliche Begründung für die österreichische Investitionspolitik sollte im „Investitionsprogramm 1950/52" geliefert werden. Obschon Grundgedanken hiezu bereits im November vom ERP-Büro vorlagen, konnte das Programm erst Ende Mai 1950 fertig gestellt und verabschiedet werden[79]. In der Zwischenzeit intervenierte die österreichische Bundesregie-

---

[76] Die Kongresshilfe und die Interimshilfe wurden nach dem gleichen Verfahren abgewickelt wie die ERP-Hilfe im engeren Sinn und ebenfalls von der ECA kontrolliert. Um die beiden Begriffe auseinander zu halten empfiehlt es sich, zwischen ERP-Konten (im engeren Sinn) und ECA-Konten (ERP samt Vorläufer) zu unterscheiden. Nur über die sonstigen Hilfslieferungen durfte die Bundesregierung eigenmächtig verfügen.

[77] Der Bundeskanzler erwähnte im Ministerrat: Wir haben getan, was die Amerikaner wollten. Jetzt müssen die Amerikaner unsere Wünsche erfüllen. AdR: Ministerrat Figl 1, Nr. 158 vom 24. 5. 1949.

[78] AdR: BMfF, Zl. 83.914_15/1949.

[79] AdR: 75. Sitzung des Wirtschaftlichen Ministerkomitees vom 31. 5. 1950.

rung vergeblich in Wien und in Washington. Alles was erreicht werden konnte, war eine Zwischenfreigabe von 600 Mio. S[80]).

Im Juli wurde die Angelegenheit anlässlich eines Besuchs von Prof. Taucher in Washington im österreichischen Sinn bereinigt[81]). Der Korea-Konflikt hatte die weltwirtschaftlichen Perspektiven von Grund auf geändert. Von einem Ende des Nachkriegsbooms in Kohle und Grundstoffen war nun keine Rede mehr. Die Amerikaner regten sogar an, in Linz einen dritten Hochofen anzublasen und ihn mit amerikanischer Kohle zu beschicken. Nachträgliche Freigaben erlaubten es, das von Österreich beantragte Freigabeprogramm zu erfüllen.

Im Jahr 1951 konnten die österreichischen Investitionspläne weitgehend realisiert werden, obschon die Beschleunigung der Inflation eine stärkere Zurückhaltung nahe gelegt hätte. 1952 kam es neuerlich zu starken Verzögerungen. Die Amerikaner verlangten (siehe den Abschnitt „Finanzielle Stabilität durch Schocktherapie") von der österreichischen Bundesregierung einen harten Stabilisierungskurs und gaben im 1. Halbjahr überhaupt keine Counterpartmittel frei. Erst im Juli 1952, nachdem die Bundesregierung in der Stabilisierungspolitik eine schärfere Gangart eingeschlagen hatte, wurden von den beantragten 2,0 Mrd. S 1,5 Mrd. S freigeben. Die restlichen 500 Mio. S wurden gegen Jahresende unter Anrechnung auf die Jahresfreigabe 1953 zur Verfügung gestellt.

Wie sehr der Mangel an Stetigkeit im Fluss der Counterpartfreigaben die Investitionstätigkeit behinderte, ist schwer auszumachen. Firmen mit mehrjährigen Programmen wichen zeitweise auf andere Finanzierungsquellen aus. Die Notenbank machte über Antrag des Ministerrats den aus der Hortung von Counterpartmitteln resultierenden Liquiditätsentzug zum Teil durch Vorfinanzierungen wett[82]). Neue Projekte, von denen man nicht wusste, ob sie gebilligt würden, konnten jedoch nicht begonnen werden. Auch wollte man das gute Einvernehmen mit den Amerikanern nicht aufs Spiel setzen.

3.2.2 Die Grundsätze und ihre Verwirklichung

Die USA setzten die Grundsätze für die Verwendung der Gegenwertmittel nur teilweise in oft langwierigen Verhandlungen durch. Das wird im Folgenden an Hand von drei Themen beschrieben:
– der Steuerung der Freigaben nach monetären Gesichtspunkten,
– dem Abbau von Subventionen für im Marshallplan eingeführte Lebensmittel,
– dem Einfluss der Counterpartgebarung auf die Struktur der Wirtschaft.

---

[80]) Sie wurde mit Brief der Wiener ECA-Mission vom 17. 5. 1950 der Bundesregierung mitgeteilt. AdR: BKA/AA, Zl. 180.150_Wpol/1950.
[81]) AdR: Ministerrat, Figl 2, Nr. 211 vom 11. 7. 1950.
[82]) AdR: BKA/AA, Zl. 168.314_Wpol/1950.

Der monetäre Aspekt

Nach dem ERP-Vertrag sollten die Counterpartmittel nicht nur für Investitionen, sondern auch für währungspolitische Zwecke (Stilllegung von Erlösen bei der Notenbank) verwendet werden. Um beurteilen zu können, ob eine bestimmte Freigabe „währungspolitisch" vertretbar war, musste jedem Jahresprogramm eine währungspolitische „Unbedenklichkeitserklärung" beigefügt werden. Darin wurde die voraussichtliche Entwicklung des Zentralbankgeldes im kommenden Jahr geschätzt und mit dem Geldbedarf bei stabiler Währung konfrontiert. Etwaige Differenzen sollten durch die Counterpartgebarung ausgeglichen werden. Diese frühen Übungen in „Monetarismus" krankten daran, dass die Geldnachfrage im Mischsystem von offener und rückgestauter Inflation keine stabile Funktion der Einkommen, der Vermögen oder auch nur der Inflationserwartungen war. Auch schien es problematisch, die geldvermehrenden Faktoren hinzunehmen und nur die Erlöskonten als Regulativ heranzuziehen. Denkbar wäre es gewesen, die jährlichen Freigabeansuchen zum Anlass für eine Grundsatzdiskussion über den Kurs der Währungspolitik der Notenbank zu nehmen. Dabei wäre unter anderem abzuwägen gewesen, warum nicht andere Instrumente der Notenbank ausreichen, die Entwicklung der Geldmenge zu kontrollieren. Ansätze zu einer breiteren Diskussion bestanden, wurden aber nicht konsequent weiter entwickelt. So regte etwa die Kreditlenkungskommission anlässlich des Freigabeansuchens 1949 (vergeblich) an, die Währungsbehörden sollten die Kreditunternehmungen veranlassen, ihre Portefeuilles an Schatzscheinen zu halten[83]).

Angesichts der Dringlichkeit der Investitionsprojekte neigten die Planer dazu, die Erlöse eines Jahres auch wieder auszugeben und die aus anderen Faktoren zu erwartende Geldvermehrung als währungspolitisch unbedenklich hinzustellen. Im ersten Freigabeantrag vom August 1948 wurde für das erste Marshallplan-Jahr von Mitte 1948 bis Mitte 1949 eine Umlaufsvermehrung um 23% als der erwarteten Produktionssteigerung entsprechend hingestellt[84]). Im Antrag für das Jahr 1949 wurde in der ersten Fassung (vor Intervention der Kreditlenkungskommission) eine Steigerung des Zentralbankgeldumlaufs um 12% veranschlagt, mit dem Hinweis, eine solche Produktionsausweitung könnte mit Sicherheit erwartet werden[85]). Auch in den folgenden Jahren galt entgegen manchen Ankündigungen (z. B. im Investitionsprogramm 1950/52) als Richtschnur, soviel auszugeben, wie voraussichtlich erlöst werden würde. Die ersatzlose Abbuchung von 850 Mio. S von der Bundesschuld an die Notenbank Ende 1948 blieb die einzige währungspolitisch motivierte Aktion.

Trotz der Absicht, die jeweils anfallenden Erlöse auszugeben, nahm der Kontenstand der Gegenwertmittel bis Ende 1952 zu, da die ECA oft verspätet und nicht immer in der beantragten Höhe Mittel freigab. Sowohl nach den An-

---

[83]) AdR: Ministerrat Figl 1, Nr. 140 vom 11. 1. 1949. BMfF, Zl. 25_15/1949.
[84]) AdR: Ministerrat Figl 1, Nr. 122 vom 19. 8. 1938. BMfF, Zl. 57.797_17/1948. Die starke Geldvermehrung ging darauf zurück, dass die im WSchG verfügten Kontensperren ausliefen.
[85]) AdR: Ministerrat Figl 1, Nr. 140 vom 11. 1. 1949. BMfF, Zl. 26_15/1949.

gaben des WIFO[86]) (nur ERP-Konten) wie auch nach den Bilanzen der OeNB (Konten für alle Hilfslieferungen) übertrafen die Einnahmen die Ausgaben um etwa 1,8 Mrd. S. Obschon nicht währungspolitisch motiviert, dämpfte somit die Counterpartgebarung die Ausweitung des Notenbankgeldes und damit den Spielraum für die Kreditausweitung der Kreditinstitute. Der zufällige Charakter der Überschüsse zeigte sich nicht zuletzt darin, dass 1951, als der Preisauftrieb infolge des Korea-Konfliktes seinen Höhepunkt erreichte und daher eine besondere Zurückhaltung geboten erschien, ein Ausgabenüberhang in Kauf genommen wurde.

Übersicht 3.11: ERP-Counterpartgebarung 1948-1952 (Erläge und ihre Verwendung)

	Eingänge			Freigaben[1])			Notenbankgeld[2])	
	Gegenwert[3])	Lücke[4])	Erlöse	US-Anteil	Österreich-Anteil	Insgesamt	Lt. WIFO	Lt. OeNB
	Mio. S			Mio. S			Mio. S	
1948								– 351,8
1949[5])	3.635,0	1.185,7	2.449,3	181,8	1.435,0	1.616,8	– 832,5	– 752,0
1950	3.728,5	845,0	2.883,5	186,4	2.143,1	2.329,5	– 554,0	– 435,2
1951	4.373,4	879,5	3.493,9	218,7	3.306,9	3.525,6	31,7	18,8
1952	2.680,2	602,3	2.078,0	142,7	1.413,7	1.556,4	– 521,6	– 323,2

Quelle: *WIFO-Monatsberichte* (1953, 26(5), S. 161/62, nur ERP-Konto). – Letzte Spalte: Bilanzen der OeNB laut Generalratsberichte (sämtliche Counterpartkonten). – [1]) Ohne 850 Mio. S Stilllegung von Erlösen Ende 1948. – [2]) Auswirkung der Counterpartgebarung auf den Umlauf an Notenbankgeld. – [3]) Gegenwert der Hilfe zum offiziellen Wechselkurs. – [4]) „Price gap" und „time lag". – [5]) Einschließlich der Eingänge auf dem ERP-Konto in der 2. Hälfte 1948.

Subventionen

Dank der Auslandshilfe verfügte die heimische Wirtschaft über mehr Güter und Leistungen, als sie selbst produzierte. Ob das zusätzliche Angebot investiert oder konsumiert wurde, hing in erster Annäherung davon ab, zu welchen Preisen die Hilfsgüter im Inland verkauft wurden.

Nahrungsmittel und landwirtschaftliche Bedarfsgüter, die Österreich als Hilfsgüter erhielt, wurden vor dem Marshallplan zu den jeweils geltenden Inlandspreisen abgegeben. Diese lagen insbesondere in den ersten Nachkriegsjahren weit unter den Weltmarktpreisen, denn der dekretierte Wechselkurs von 1 $ = 10 S entsprach nicht den Kaufkraftparitäten und die amtlichen Preise für heimische Grundnahrungsmittel wurden möglichst niedrig gehalten. Nach überschlägigen Berechnungen (siehe Abschnitt „Außenhandelslenkung und multiple Wechselkurse") erreichten die Schillingerlöse aus dem Verkauf von Hilfsgütern vor dem Marshallplan nur 40% bis 50% des Verkaufswerts zu

---

[86]) Die vom WIFO präsentierten Zahlen stammten aus dem ERP-Büro (wo der Leiter des WIFO die volkswirtschaftliche Abteilung führte). Sie weichen in mancher Hinsicht (Umfang, zeitliche Zuordnung) von den von der Notenbank geführten Statistiken ab.

Weltmarktpreisen umgerechnet zum offiziellen Wechselkurs. Die Prä-ERP-Hilfe wurde somit fast zur Hälfte „konsumiert" (die Alliiertenhilfe vor der UNRRA sogar zu zwei Drittel).

Der Marshallplan sollte – im Gegensatz zu den Hilfslieferungen vorher – nicht konsumtiv, sondern produktiv verwendet werden. Dieser Anspruch konnte nur teilweise verwirklicht werden. Die bilaterale Vereinbarung über die Teilnahme am Marshallplan verpflichtete zwar Österreich, den vollen Gegenwert der Hilfslieferungen, d. h. den Einkaufswert in Dollar umgerechnet zum jeweiligen amtlichen Wechselkurs, bei Versand der Ware zu erlegen[87]). Temporär wurde jedoch weiterhin der Verkauf von Grundnahrungsmitteln und landwirtschaftlichen Bedarfsgütern zu Inlandspreisen gestattet. Da außerdem zwischen dem Versand und der Bezahlung der Ware einige Zeit verstrich, klaffte zwischen den Erlägen und den Erlösen auf dem Counterpartkonto eine größere Lücke[88]). Sie bestand aus dem „price gap", der Preisdifferenz, und dem „time lag", der Zeitdifferenz. Die ECA drängte die heimische Wirtschaftspolitik ständig, den „price gap" abzubauen. Die letzten Preis-Lohn-Abkommen wurden hauptsächlich damit begründet, dass die Amerikaner nicht mehr bereit waren, ERP-Güter verbilligt abzugeben. In dem Maße, wie bestehende Subventionen abgebaut wurden, entstand jedoch meist ein Bedarf an neuen Subventionen. So wurden etwa die Folgen der Abwertung des Schillings Ende 1949 durch die Verbilligung begrenzter Mengen importierter Nahrungsmittel „abzufedern" versucht. Erst Mitte 1951, also in der letzten Phase des Marshallplans, wurden die Subventionen aus ERP-Mitteln völlig eingestellt. Die Differenz zwischen Verkaufserlösen zu Weltmarktpreisen und Inlandspreisen machte, zu den amtlichen Kursen berechnet und über die gesamte Marshallplan Periode kumuliert, 2,7 Mrd. S aus. Dazu müssen jedoch noch Kursdifferenzen gerechnet werden. Die Erläge auf den Counterpartkonten (die Soll-Erlöse) wurden bis zur Abwertung des Schillings im November 1949 zum amtlichen Kurs von 1 : 10 berechnet, obschon die Exporteure dank verschiedener „trading devices" höhere Kurse lukrierten. Nach der Abwertung galt ein Jahr lang für lebenswichtige Güter der Grundkurs von 14 S/$, wogegen die Exporteure 21,36 S je $ erlösten. Einschließlich der Kursdifferenzen betrugen die Subventionen aus der ERP-Gebarung etwa 5, Mrd. S oder fast 30% des Wertes der ERP-Lieferungen berechnet zum Durchschnittskurs der Exporteure. Die „konsumtive" Verwendung der ERP-Hilfe machte im Höhepunkt des ERP etwa 4 bis 5% des BIP oder 6 bis 8% des privaten Konsums aus.

Strukturpolitik

Die für Investitionen bestimmten Counterpartmittel konnten gebündelt dort eingesetzt werden, wo sie den höchsten gesamtwirtschaftlichen Nutzen

---

[87]) Diese Regelung galt schon für die Interimshilfe.
[88]) Technisch wurde so vorgegangen, dass die Notenbank zunächst den Betrag vorlegte und dafür eine durch Schatzscheine verbriefte Forderung an den Bund erwarb. Diese Bundesschuld an die Notenbank wurde in dem Maße abgebaut, als Verkaufserlöse eingingen.

versprachen. Die Wirtschaftspolitik erhielt damit die Chance „zu klotzen statt zu kleckern" und sie nutzte diese Chance, indem sie eine neue Industriestruktur schuf.

Die hohe Mobilität des Kapitals war besonders wertvoll, da die übrigen Finanzierungsinstrumente wenig flexibel waren. Die Unternehmungen konzentrierten sich auf die Selbstfinanzierung von Investitionen. Bankkredite wurden kurzfristig und nur dann gewährt, wenn genügend Sicherheiten geboten wurden. Die Inflation trocknete den Anleihenmarkt aus. Der Aktienmarkt fiel als Finanzierungsquelle überhaupt aus. Ihn in der Wiederaufbauperiode zu revitalisieren, wäre nicht sehr Erfolg versprechend gewesen. Die vielen Unsicherheiten und die behördliche Wirtschaftslenkung in der Nachkriegszeit hätten vermutlich nur kurzfristige Spekulationen und kein langfristiges Engagement hervorgebracht. Die Frage „Marktfinanzierung" wurde erst im Laufe der fünfziger Jahren aktuell, als sich das „Wirtschaftswunder" bereits abzuzeichnen begann.

Die Auslandshilfe ermöglichte es somit, nicht nur quantitativ mehr zu investieren, als heimisches Sparkapital verfügbar war. Mindestens ebenso wichtig war der qualitative Aspekt: die Möglichkeit, eine neue Wirtschaftsstruktur nach den Intentionen der Wirtschaftspolitik zu schaffen. Die aus den Erlösen von Hilfsgütern zu finanzierenden Investitionsprogramme wurden vom Ministerrat beschlossen nach Begutachtung durch die Kreditlenkungskommission, in der die Ministerien und die Sozialpartner vertreten waren. Damit war zwangsläufig eine gewisses Maß an Interessenausgleich zwischen den politischen Parteien und zwischen den Verbänden verbunden. Auch mit der amerikanischen Bürokratie mussten die Konzepte und die einzelnen Projekte abgestimmt werden. Dennoch war es in hohem Maße möglich, die technokratischen Konzepte zu realisieren, die vom Planungsministerium und später vom ERP-Zentralbüro entwickelt wurden.

Die Kernperiode der aus Gegenwertmitteln finanzierten Investitionen begann Ende 1948 und endete mit dem Auslaufen des Marshallplans 1952/53. Vorher wurden die Gegenwertmittel nicht genutzt, nachher bestanden sie hauptsächlich aus Rückflüssen (Zinsen, Tilgungsquoten) von früher gewährten Krediten. Das Freigabeprogramm 1948 wurde fast ausschließlich aus Non-ERP-Konten dotiert, zumindest was die Industrieinvestitionen anlangt wurde es vorwiegend erst 1949 nachfragewirksam. In den folgenden Jahren wurde fast ausschließlich über Mittel aus dem Marshallplan disponiert (was an Non-ERP-Konten übrig blieb, wurde für das Bundesbudget verwendet.) Nach 1952 ging das Freigabevolumen absolut und noch mehr relativ zurück. Die Counterpartmittel verloren ihre dominierende Stellung als Finanzierungsquelle.

Die Counterpartfreigaben wurden in den amtlichen Nachweisungen in vier Kategorien mit unterschiedlichen Finanzierungstechniken und -konditionen unterteilt:
– Budgetfinanzierung (Investitionen in den Bundesbetrieben)
– Industrieinvestitionen (einschließlich Investitionen in der Elektrizitätswirtschaft),

- Sonderwiederaufbauprogramme (Land- und Forstwirtschaft, Fremdenverkehr, usw.),
- Sonstige Zwecke (meist nicht Investitionen).

Übersicht 3.12: Investitionsfinanzierung aus Counterpartmitteln[1])

	Bundesbudget	Industrie[2])	Sonstiges	Insgesamt
		Mio. S		
1948	588,0	600,0	50,0	1.238,0
1949	852,7	544,3	178,0	1.575,0
1950	365,0	1.231,0	565,1	2.161,1
1951	387,1	2.093,2	826,6	3.306,9
1952	31,1	1.084,7	298,0	1.413,8
Summe	2.223,9	5.553,2	1.917,7	9.694,8
Anteil %	22,9	57,3	19,8	100,0

Quelle: *WIFO-Monatsberichte* (1950 und 1953A). – [1]) Investitionsfinanzierung aus Erlösen von Hilfslieferungen insgesamt. Ohne Stilllegungen für währungspolitische Zwecke. – [2]) Einschließlich Energiewirtschaft.

Der Bund erhielt Freigaben für Investitionen im ao. Budget als Subventionen. Die Großinvestitionen der Industrie (einschließlich der Elektrizitätswirtschaft) wurden mit Hilfe von Aufbauwechseln finanziert, die (zumindest nach dem lange gültigen Verfahren) die Notenbank eskontierte. Sonderwiederaufbauprogramme wurden für Wirtschaftszweige mit vorwiegend kleinbetrieblicher Struktur (Landwirtschaft, Fremdenverkehr) konzipiert.

Übersicht 3.13: Schwerpunkte der Counterpartfinanzierung

	Counterpartfreigaben		Kapitalstock[1])	Ersatzbedarf
	1948-1952[2])	1948-1960[3])	1964	1964
	Anteil in %			
Elektrizitätswirtschaft	22,67	21,85	6,32	9,54
Bergbau	3,44	3,96	1,00	1,61
Metallgrundindustrie	13,00	11,42	1,39	2,16
Papierindustrie	7,04	6,33	1,13	1,93
Summe Grundstoffindustrie	23,48	21,71	3,52	5,70
Sonstige Industrien	11,07	15,16	9,31	14,87
Industrie insgesamt	34,55	36,87	12,83	20,58
Land- und Forstwirtschaft	10,07	15,22	12,45	12,44
Fremdenverkehr	2,82	4,60	2,18	2,76
Bundesinvestitionen	22,92	10,63	24,69	14,75
Wohnungsbau	3,44	3,83	32,54	27,05
Sonstiges	3,53	7,00	8,99	12,88
Insgesamt	100,00	100,00	100,00	100,00

[1]) *Hahn/Schmoranz*, WIFO (1983). – [2]) *WIFO-Monatsberichte* (1950, 1953A). – [3]) *Institut für Angewandte Sozial- und Wirtschaftsforschung* (1961).

Um die Schwerpunkte der Investitionsfinanzierung aus Counterpartmitteln zu verdeutlichen, wurde ihre Struktur einmal mit jener des gesamten Kapitalstocks[89]) und zum andern mit jener der Ersatzinvestitionen verglichen, die zur Erhaltung dieses Kapitalstocks erforderlich waren. In der zweiten Vergleichsbasis haben die langfristigen Kapitalgüter wie Wohnungen infolge der niedrigen Amortisationsquoten ein geringeres Gewicht. Danach zeichneten sich deutlich zwei Schwerpunkte ab: die Elektrizitätswirtschaft und die Grundstoffindustrien (einschließlich der Papierindustrie). Der Anteil der Elektrizitätswirtschaft an den Freigaben von Counterpartmitteln war in der Kernperiode der Auslandshilfe 1948/52 mehr als dreimal, jener der Grundstoffindustrien sogar mehr als sechsmal so hoch wie ihr Anteil am Kapitalstock 1964. Gemessen am Ersatzbedarf war das Übergewicht der beiden Schwerpunktbereiche geringer, aber immer noch erheblich. Die übrige Industrie wurde durchschnittlich mit ERP-Krediten versorgt. Für den Wohnungsbau wurden so gut wie keine Mittel bereitgestellt, obschon fast ein Drittel des Bruttoanlagevermögens auf Wohnungen entfiel.

Rückläufige Budgetfinanzierung

Für Investitionen im Bundesbudget (hauptsächlich für Investitionen in den Bundesbetrieben) wurden im Zeitraum 1948/52 23% der Counterpartmittel bereitgestellt. Die Freigaben für das Budget 1948 entsprangen einem Kompromiss (die Bundesregierung wollte Nahrungsmittelsubventionen aus Erlöskonten finanzieren), denn die ECA wollte im Prinzip keine Infrastrukturinvestitionen finanzieren. Sie reduzierte daher auch in der Folgezeit die Freigaben für das Budget. Die geringen Restbeträge auf Non-ECA-Konten, über die die Bundesregierung eigenmächtig verfügen durfte, boten nur einen unzulänglichen Ersatz. 1952 verhandelte die Bundesregierung zäh um einen ERP-Beitrag für das Budget von 300 Mio. S, doch gab die ECA nur 31 Mio. S frei. Da die ECA überdies auf ein ausgeglichenes Budget drängte, wurde der Bund auf diese Weise dazu verhalten, Bundesinvestitionen möglichst aus Steuermitteln zu decken. Das öffentliche Sparen war lange Zeit eine wichtige gesamtwirtschaftliche Finanzierungsquelle von Investitionen. Ab 1953, nach Beendigung der Nachkriegsinflation, konnte sich der Bund über den Anleihemarkt finanzieren; er war daher nicht mehr auf Counterpartmittel angewiesen.

Hoher Anteil von Energie und Grundstoffen

Die Elektrizitätswirtschaft erhielt in der Kernperiode 23% der Counterpartmittel. Weitere 16% flossen in die Metallgrundindustrie (davon 14,4% in die Eisenerzeugung) und in den Bergbau. Einschließlich der Papierindustrie, die im weiteren Sinne dieser Industriegruppe zugezählt werden kann, erhielt der grundstoffnahe Bereich 23,5% der Mittel, obschon der Ersatzbedarf (der bereits ausgebauten Anlagen) weniger als 6% betrug.

---

[89]) Das Bruttoanlagevermögen der österreichischen Wirtschaft gegliedert nach Wirtschaftsbereichen wurde vom WIFO für die Jahre ab 1964 geschätzt. *Hahn/Schmoranz* (1983).

Die beiden Schwerpunkte, eisenschaffende Industrie und die Elektrizitätswirtschaft, hatten Verschiedenes gemeinsam: Während der deutschen Annexion waren Anlagen errichtet worden, die zu Kriegsende erst teilweise fertig waren oder durch Kriegsschäden und Demontagen in ihrer Funktion beeinträchtigt wurden. In der Elektrizitätswirtschaft standen Wasserkraftwerke mit einer maximalen Leistung von 688 MW in Bau; das waren 57% der 1947 bereits installierten Leistung[90]. In Linz hatten die Hermann Göring Werke sechs Hochöfen errichtet, doch fehlte es an komplementären Stahl- und Walzwerkskapazitäten. Die modernen Anlagen in Donawitz waren demontiert worden. Manche dieser Anlagen konnten mit verhältnismäßig geringen zusätzlichen Mitteln produktionsbereit gemacht werden. Die europaweite Knappheit an Energie und Grundstoffen ließ darüber hinaus einen weiteren Ausbau wünschenswert erscheinen.

Beide Bereiche (die auf der Wasserkraft aufbauende Elektrizitätswirtschaft noch mehr als die Grundstoffindustrien) sind sehr kapitalintensiv. Der Kapitalkoeffizient (Kapitaleinsatz pro Wertschöpfungseinheit) betrug Mitte der sechziger Jahre in der Elektrizitätswirtschaft 12,3 und in der Metallgrundindustrie 2,7, verglichen mit 1,7 in der Eisenverarbeitung und etwa 2% in den traditionellen Konsumgüterindustrien.

Abbildung 3.2: Energieverbrauch und Energiekoeffizient der österreichischen Wirtschaft

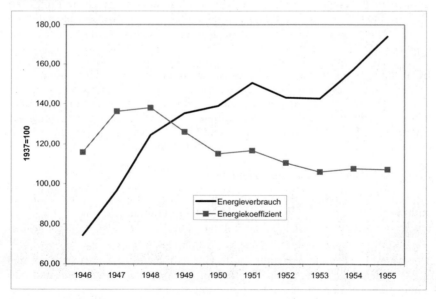

Quelle: WIFO-Monatsberichte. – Energiekoeffizient: Energieverbrauch/BIP.

---

[90]) Ohne Ybbs/Persenbeug. *Bauer* (1961, S. 345).

Zwischen der Grundstoffproduktion und der Elektrizitätswirtschaft besteht eine Lieferbeziehung. Die Erzeugung von Grundstoffen erfordert nicht nur viel Kapital, sondern auch viel Energie sowohl in Form von Kohle als auch in Form von elektrischem Strom. Auf die fünf größten industriellen Energieverbraucher entfiel 1948 mehr als ein Fünftel des industriellen Stromverbrauchs[91]). Die österreichische Wirtschaft verbrauchte schon 1948 um ein Drittel mehr Kohle als 1937, der Energiekoeffizient (Verbrauch je Produktionseinheit) erreichte den Wert von 138 (1937 = 100). Die Tendenz zu energieintensiven Produktionsweisen wurde zusätzlich dadurch verstärkt, dass elektrischer Strom billig abgegeben wurde. Die sich aus der interindustriellen Verflechtung ergebenden Konsequenzen waren beim Ausbau der Eisen- und Stahlindustrie zu berücksichtigen. Der Marshallplan bot der heimischen Wirtschaft die Möglichkeit, teure Kohle zu importieren und stellte das Kapital bereit, um die kapitalintensiven Speicherwerke zu finanzieren.

Anfang der fünfziger Jahre forderte die ECA, dass mehr in Projekten investiert würde, die kurzfristig die Zahlungsbilanz entlasten. Die bisherigen Schwerpunkte trugen dem nur unzulänglich Rechnung. Nach dem „Investitionsprogramm 1950/52" waren zum Ausgleich der Zahlungsbilanz erhebliche Mehrexporte der Finalgüterindustrien, insbesondere der Eisenverarbeitung und der Textilindustrie, erforderlich. Nicht zuletzt aufgrund der Kritik der ECA wurden im Laufe der fünfziger Jahre aus den Erlöskonten relativ mehr Kredite an die Fertigwarenindustrie vergeben. Die Industriestruktur wurde jedoch dadurch nur marginal beeinflusst. Die Grundstoffe behielten ihren Vorsprung und bauten ihn zum Teil noch aus. Das Verhältnis von Eisenverarbeitung zu Eisenerzeugung blieb in Österreich ungünstiger als in der BRD. Grundstoffe und Halbfabrikate hatten weiterhin einen vergleichsweise hohen Anteil am Export. Die Erklärung hiefür ist einfach: Die Counterpartmittel verloren ihren strukturformenden Einfluss, weil andere Finanzierungsquellen an Bedeutung gewannen. Die eisenschaffende Industrie konnte die Erweiterung ihrer Anlagen aus dem Cash-Flow finanzieren, die Elektrizitätswirtschaft erhielt zusätzliche Mittel auf dem Wertpapiermarkt und vom Ausland. (Auf dem Anleihemarkt hatten Bund und Elektrizitätswirtschaft ein Emissionsmonopol.)

Sonder-Wiederaufbau-Programme für Klein- und Mittelbetriebe

Normalerweise begünstigt eine zentrale Kreditvergabe Großprojekte. Mit Hilfe der „Sonder-Wiederaufbau-Programme" konnten immerhin fast 10% der Mittel in der Landwirtschaft und weitere 3% im Fremdenverkehr eingesetzt werden. Die Mittelverteilung der Sonder-Wiederaufbau-Programme wurde großteils den Sozialpartnern überlassen (etwa im Rahmen der Agrarfonds). Der Anteil der Counterpartmittel an den Investitionen der Agrarwirtschaft und im Fremdenverkehr betrug in der Referenzperiode etwa ein Drittel und entsprach damit etwa dem in den Finalgüterindustrien.

---

[91]) P. Lienert in „Der österreichische Volkswirt", 1949, 35(22).

Unter den Sonder-Wiederaufbau-Programmen wurden auch die dem Wohnbau zur Verfügung gestellten Mittel verbucht (4%). Die ECA stellte nur Mittel für den Bau von Arbeiterwohnungen bereit. Die Bundesregierung reklamierte immer wieder Freigaben für den Wohnungsbau, drang jedoch mit ihrer Forderung nicht durch. Der Bau von Wohnungen entlaste nicht die Zahlungsbilanz und müsste daher aus heimischen Quellen finanziert werden, hieß es in der ECA (nur 25 Mio. S aus Non-ERP-Konten wurden für den allgemeinen Wohnungsbau verwendet).

Verstaatlichte Industrie und ERP

Elektrizitätswirtschaft, Bergbau und Metallgrundindustrie waren nahezu ausschließlich verstaatlicht. Rechnet man die Bundesbetriebe hinzu, so flossen 62% der ERP-Counterpartmittel in einen Bereich, für den sich der Begriff „Gemeinwirtschaft" eingebürgert hatte. Die Verstaatlichte Industrie finanzierte im Zeitraum 1945/51 54% ihrer Bruttoinvestitionen aus Counterpartmitteln (*Langer*, 1966, S. 270), die Elektrizitätswirtschaft 70% (*Bauer*, 1961, S. 333). Die politischen und ökonomischen Implikationen dieser Entscheidung seien kurz angedeutet.

Die Repräsentanten der „privatkapitalistischen" USA akzeptierten, dass mit „ihrem Geld" große Investitionen in der verstaatlichten Grundstoffindustrie getätigt wurden. Diese Entscheidung war nicht unbestritten. *Tweraser* (2000, S. 294) berichtete, dass die amerikanische Militärregierung Privatisierungspläne für die Österreich überantworteten Großbetriebe des Deutschen Eigentums hatte, die jenen ähnelten, die nach dem Systemwechsel in den früher kommunistischen Staaten Mittel- und Osteuropas Anfang der neunziger Jahre ergriffen wurden[92]). Den Diplomaten des State Departments war die Erhaltung der politischen Stabilität indessen wichtiger als die Durchsetzung marktwirtschaftlicher Konzepte. Sie plädierten für pragmatische Lösungen und setzten sich durch. Die großzügige Finanzierung der Ausbaupläne der Verstaatlichten Industrie und der Elektrizitätswirtschaft erleichterten die Akzeptanz des Marshallplans in der SPÖ und im ÖGB.

Aus ökonomischer Sicht stellte sich die Frage, wie die Ausbaupläne der Verstaatlichten Industrie und der Elektrizitätswirtschaft ohne Rückgriff auf die Counterpartmittel hätten finanziert werden können. Die ständigen Budgetnöte ließen dem Bund nur wenig Spielraum. Seine Beiträge zur Investitionsfinanzierung im verstaatlichten Bereich beschränkten sich auf einige wenige Prozentsätze der Bruttoinvestitionen. Die Finanzierung über die Inflation (wie etwa in Frankreich die ersten Phasen des Monnet-Plans) oder über Umlagen der Gesamtwirtschaft (wie etwa die Investitionshilfe für die Grundstoffindustrien in der BRD) wären denkbare Alternativen gewesen. Welche Finanzierungsvarianten man immer gewählt hätte: Die Investitionsprogramme hätten viel bescheidener ausfallen müssen.

---

[92]) Anzunehmen ist, dass diese Pläne maßgeblich von Oberst A. W. Marget beeinflusst wurden, einem qualifizierten Ökonomen, der u. a. in den fünfziger Jahren als Gutachter der Bankenkommission fungierte.

3.2.3 Zur Problematik der Schwerpunkte

Die Kritik an der österreichischen Investitionspolitik konzentrierte sich auf zwei Gesichtspunkte: Die Projekte wären zu langlebig und in bestimmten Bereichen zu riskant. Der erste Kritikpunkt bezog sich hauptsächlich auf die Elektrizitätswirtschaft (und zum Teil auf die Forstwirtschaft), der zweite auf die Eisen- und Stahlindustrie.

Negative Realzinssätze

> „... only those projects which seem likely to make maximum contribution to Austria's balance of payments, with a minimum of funds, and in the quickest possible way." (Bischof, 2000, S. 378)

Die Zinssätze wurden nach dem Zweiten Weltkrieg in allen Industrieländern niedrig gehalten. In Österreich wurden Geldforderungen zusätzlich durch die Inflation entwertet. Legt man den Wertverlust auf den Zinssatz um, so bedeutete dies: Die Realzinssätze waren bis zur Stabilisierung der Währung negativ, zum Teil stark negativ.

Abbildung 3.3: Realzinssätze für ERP-Industriekredite und Wirtschaftswachstum

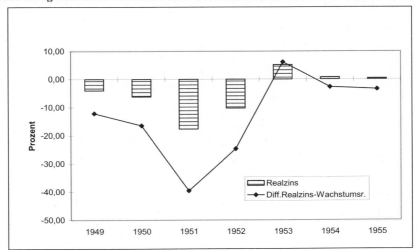

Realzinssatz: Nominalzinssatz abzüglich Inflationsrate (gemessen am BIP-Deflator). Wachstumsrate des BIP laut VGR.

Das galt in besonderem Maße für die Zinssätze, zu denen Kredite aus Counterpartmitteln vergeben wurden. Die ECA war zwar dagegen, dass die Auslandshilfe dazu verwendet wurde, den privaten Konsum zu subventionieren. Sie akzeptierte jedoch, dass die Produzenten massiv durch niedrige Zinssätze unterstützt wurden[93]). Industriekredite vergab der Counterpartfonds in der Wiederaufbauperiode zu 4¼%, für die Elektrizitätswirtschaft und für bestimmte Sonderprogramme wurden noch niedrigere Sätze verrechnet.

Das Verhältnis von Profitrate in der Güterwirtschaft und Geldzinssatz auf den Finanzmärkten ist von strategischer ökonomischer Bedeutung. Der niedrige Zinssatz für Counterpartkredite in der Kernperiode des Marshallplans hatte einige wichtige Folgen, die in der zeitgenössischen Literatur meist wenig beachtet wurden.

Aus den im Kreditweg vergebenen Counterpartmitteln entstand ein Fonds, der nach Versiegen der Hilfslieferungen aus Rückflüssen und Zinsen gespeist wurde und daher eine dauernde Finanzierungsquelle bildete. Dieser Fonds unterlag jedoch einem relativen Schwund. 1961 wurde dem Bund ein Counterpartvermögen (aushaftende Kredite und Bargeld) von 10,9 Mrd. S oder 6,7% des BIP übergeben[94]). Das ist nominell nur etwa soviel wie auf den Erlöskonten in den Jahren 1948 bis 1952 einging. Wären die Freigaben mit der realen Wachstumsrate des BIP verzinst worden[95]), dann wäre das Fondsvermögen Ende 1960 fast dreimal so hoch gewesen. Der relative Schwund erklärt sich daraus, dass ERP-Mittel zu niedrigen Zinssätzen vergeben wurden. Die Freigaben an das Budget und für einige „sonstige" Zwecke erfolgten überhaupt a fonds perdu: Sie brauchten weder verzinst noch rückgezahlt werden. Das gleiche gilt für einen Großteil der Freigaben für „sonstige" Zwecke. Nicht zuletzt ist zu berücksichtigen, dass ein Teil der Zinserträge als Spesenvergütung den Banken und der Notenbank zufloss. Zu bedenken ist freilich: Eine positive Realverzinsung hätte dem Counterpartfonds und damit der zentralen Investitionslenkung dauernd einen dominanten Einfluss eingeräumt. Ob das mit den Grundsätzen einer dezentral gesteuerten Marktwirtschaft vereinbar gewesen wäre, muss bezweifelt werden.

Die negativen oder jedenfalls unter der Wachstumsrate liegenden Realzinssätze für Fremdkapital steigerten die Rendite des Eigenkapitals der Kreditnehmer („Leverage-Effekt"). Dazu folgendes Rechenbeispiel: Ein Kredit, der 1948 für vier Jahre aufgenommen und nominell zu 4,25% verzinst wurde, „kostete" infolge der Inflation nur 70% des Anschaffungsbetrages an Zinsen und Rückzahlungen (beide zu konstanten Preisen des Ausgangsjahrs bewertet). Wenn das mit dem Kredit beschaffte Realkapital eine reale Rendite von 4,25% (der Höhe des Geldzinssatzes) abwarf, dann wurden fast 50% des Kredits während seiner Laufzeit in Eigenkapital transformiert, bei einer Profitrate in Höhe der Wachstumsrate des realen BIP[96]) sogar über 70%.

---

[93]) Erst nach Auslaufen des Marshallplans wurden für ERP-Kredite (annähernd) Marktzinssätze verlangt.
[94]) *Institut für Angewandte Sozial- und Wirtschaftsforschung* (1961). Der ERP-Fonds übernahm 1962 einen Stock von 11,2 Mrd. S (nach *Löffler/Fußenegger*, 2000, S. 16).
[95]) Das ist zugegebenermaßen eine extreme Variante, doch wurde die Völkerbundanleihe 1922 noch höher verzinst.
[96]) Nach der „goldenen Regel" der Kapitalakkumulation wird ein optimaler Konsumpfad dann erreicht, wenn die reale Rendite des eingesetzten Kapitals gleich der realen Wachstumsrate des BIP ist.

Vom „Leverage-Effekt" der ERP-Kredite profitierten vor allem jene Zweige der Verstaatlichten Industrie, die reichlich ERP-Mittel erhielten und gute Erträge erzielten. Die hohe Selbstfinanzierungskraft der Eisen- und Stahlindustrie stammte zumindest teilweise aus diesem Finanzierungsmechanismus. Dem Bund erlaubten die ERP-Zuschüsse zusammen mit den zweckgebundenen Steuern und der inflationsbedingten Entwertung der kommerziellen Staatsschuld eine erhebliche Vermögensbildung. Etwas anders lagen die Dinge in der Elektrizitätswirtschaft, da sie keine Verzinsung des Eigenkapitals in den Strompreisen verrechnen durfte. Sie war weiterhin auf Fremdkapital angewiesen.

Abbildung 3.4: Finanzierung der Investitionen der Elektrizitätswirtschaft

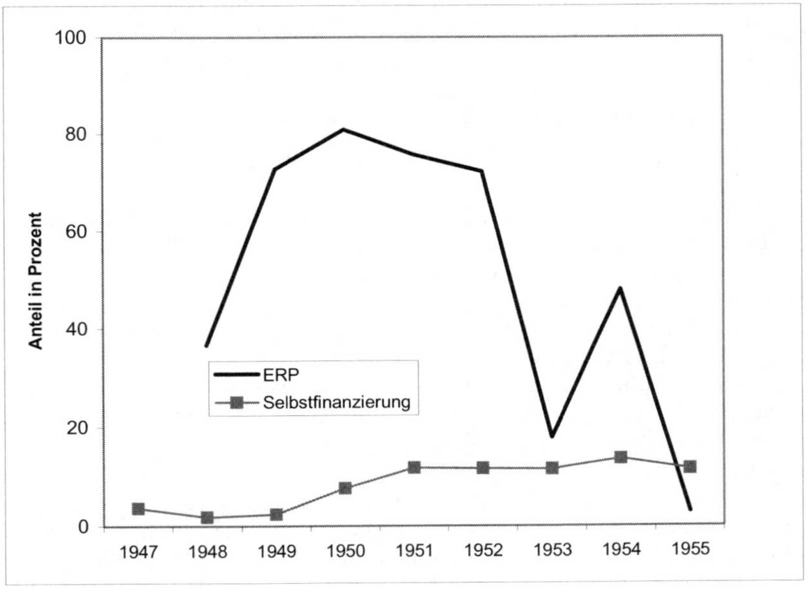

Quelle: *Bauer* (1961, S. 361).

Wichtiger als der Eigenkapital schaffende Effekt waren die Auswirkungen niedriger Zinssätze auf Höhe und Struktur der Investitionen. Die Marshallplan-Verwaltung verlangte von den Teilnehmerländern, dass sie sich auf Investitionsprojekte konzentrieren, die noch während der Laufzeit des Marshallplans die Zahlungsbilanz entlasten. Die Fristigkeit von Investitionsprojekten (die Länge der Produktionsumwege) wird in marktwirtschaftlichen Systemen durch den Zinssatz gesteuert. Dem liegt die Vorstellung zugrunde, dass langlebige Produktionsmittel einen Leistungsvorrat bilden, dessen Nutzung sich über einen langen Zeitraum, unter Umständen über Jahrzehnte, erstreckt. Bei einem hohen Zinssatz fallen die in weiter Ferne liegenden Nutzungen nicht ins Gewicht. Technologien, die eine rasche Amortisation von Produktionsmitteln ermöglichen, werden bevorzugt. Dieses Regulativ fiel in der Periode des Marshallplans aus. (Es konnte schon deshalb nur beschränkt angewandt werden, weil die amtlich geregelten Preise nicht die Knappheitsverhältnisse widerspiegelten.) Unter diesen Umständen oblag es den Marshallplan-Administratoren darauf zu drängen, dass Projekte mit relativ kurzer Reifezeit gewählt werden.

Eine der Folgen negativer Realzinssätze war, dass die Kapitalkosten im betriebswirtschaftlichen Kalkül und in der wirtschaftspolitischen Argumentation keine Rolle spielten. P. Feldl[97]) von der Planungssektion argumentierte, dass in kapitalintensiven Wirtschaftszweigen investiert werden sollte, denn dort unterliegen die Betriebe nicht der internationalen Lohnkonkurrenz. Ein österreichischer Energieexperte bezeichnete den Einwand der OEEC, Speicherwerke seien zu kapitalintensiv, als „Unsinn"[98]). Im Long-Term-Programm der Bundesregierung[99]) wurde eine „inverse" Zinsstruktur verlangt.

> „Ebenso müssen auch deflationistische Tendenzen vermieden werden, da langfristige größere Investitionen einen niedrigen Zinssatz und lange Laufzeiten von Krediten verlangen, ..." (Long-Term-Programm, S. 12)

Tatsächlich wurden Kredite für Betriebsmittel höher verzinst als für Investitionskredite.

Konflikte zwischen der ECA, die rasche Ergebnisse der aus Counterpartmitteln finanzierten Investitionen sehen wollte, und der österreichischen Planungsbürokratie ergaben sich vor allem bei der Projektierung von Wirtschaftszweigen, die eine stetige Entwicklung über lange Zeiträume unter weitgehender Vernachlässigung intertemporaler Nutzenüberlegungen anstrebten. Dazu zählten insbesondere die Forstwirtschaft und die Energiewirtschaft.

Den Vorstellungen der Kraftwerksplaner lag folgende Axiomatik[100]) zugrunde: Ein reichliches Angebot an billigem elektrischem Strom fördert die wirtschaftliche Entwicklung. Solange die heimischen Wasserkräfte nur teilweise genutzt werden, soll der steigende Strombedarf durch eine Kombination von Speicher- und Laufkraftwerken gedeckt werden. Da der Bau mehrere Jahre dauert, müssen jeweils vorausschauend neue Projekte begonnen werden. Die hiefür nötigen Finanzierungsmittel müsse die Gemeinschaft im eigenen Interesse aufbringen[101]). Ökonomische Kalküle, unter welcher Konfiguration von Kapital- und Brennstoffkosten verschiedene Arten von Stromerzeugung und

---

[97]) „Der österreichische Volkswirt", 1949, 35(3 und 8).
[98]) AdR: BMfaA, Zl. 182.732_Wpol/1952.
[99]) AdR: BKA, Zl. 5.120_U/1948 vom 15. 10. 1948.
[100]) Siehe hiezu etwa *Vas* (1956) und *Rigele* (2000). Eine informative Darstellung bietet *Bauer* (1961). *Weber/Koren* (1957) bringen ökonomische Gesichtspunkte in die Diskussion.
[101]) 1960 betrugen die spezifischen Baukosten für Dampfkraftwerke 0,60–0,90 S/kWh, für Lauf- und Kurzspeicherwerke 1,50 bis 2,50 S/kWh und für Jahresspeicherwerke 3,00 bis 6,00 S/kWh. *Köllicker* (1960, S. 207).

Leitungssystemen rentabler sind, passten nicht in diese Langfristperspektive[102]).

In den Verhandlungen zwischen den österreichischen Planern und den Marshallplan-Behörden war vor allem umstritten, ob die Oberstufe Kaprun gebaut werden sollte. Die ECA sah weniger kapitalintensive Varianten vor. Nach schwierigen Auseinandersetzungen gab sie nach, zumal sich der zuständige Minister dafür einsetzte: Kaprun wurde mit Hilfe von Counterpartmitteln gebaut und wurde zum Symbol des österreichischen Wiederaufbaus[103]). Erfolgreicher war die ECA in der Forstwirtschaft. Das Long-Term-Programm der Forstwirtschaft wurde so modifiziert, dass das Holzangebot in absehbarer Zeit gesteigert werden konnte, ohne das Ziel der Nachhaltigkeit zu beeinträchtigen (*Weigl,* 2002).

Die Grundstofflastigkeit der Industrie

> *„An der Person Porsche bin ich nicht interessiert. Sein Versuch, einen Volkswagen zu konstruieren, hat keine Aussicht auf Erfolg." (Krauland, Minister für Vermögenssicherung und Wirtschaftsplanung)[104])*

Minister Krauland und sein Planungsstab betrachteten die zentrale (kooperative) Investitionsplanung als ein Mittel, um Fehlinvestitionen zu verhindern. Das war ein sehr anspruchsvolles Ziel. Am Beispiel der Grundstoffproduktion lässt sich demonstrieren, dass die Wirtschaftsplanung hohe Risken einging und dass ihr Erfolg von Faktoren abhing, die kaum vorausgesehen und jedenfalls nur teilweise von der heimischen Wirtschaftspolitik kontrolliert werden konnten.

Der Ausbau der Grundstoffindustrien war nicht unbestritten. F. Nemschak, der Leiter des Wirtschaftsforschungsinstituts, argumentierte, dass Österreich aufgrund seiner Faktorausstattung ein klassisches Land der Fertigwarenindustrie wäre. Die geplanten Grundstoffkapazitäten würden sich nach Normalisierung der europäischen Wirtschaft als zu groß und daher als Fehlinvestitionen herausstellen. Führende politische Ökonomen jener Tage wie W. Taucher, R. Kamitz und St. Wirlander teilten die Meinung Nemschaks[105]).

Die Grundstofflastigkeit der österreichischen Counterpartpolitik wurde nicht nur von prominenten österreichischen Ökonomen in Frage gestellt, sondern zeitweilig (von Herbst 1949 bis Sommer 1950) auch von zuständigen amerikanischen Behörden (ECA und NAC). Anfang September 1949 verlangte die ECA Detailauskünfte, warum die österreichische Investitionspolitik das Schwergewicht auf Grundstoffindustrien (einschließlich Bergbau und Elektrizitätserzeugung) gelegt hatte. Nach ihrer Meinung könnten Investitionen in den Sekundärindustrien die österreichische Zahlungsbilanz rascher entlasten.

---

[102]) Sie spielten später in den Entscheidungen der Landesgesellschaften, ob sie Strom von der Verbundgesellschaft beziehen oder selbst erzeugen sollten, eine Rolle.
[103]) Die Entstehungsgeschichte wurde von *Rigele* (2000) aus politologischer Sicht beschrieben. Die ökonomische Argumentation kam darin zu kurz.
[104]) Erklärung im Ministerrat. AdR: Ministerrat Figl 1, Nr. 148 vom 8. 3. 1949.
[105]) Eine ausführliche informative Darstellung der Kontroverse bietet *Tweraser* (2000).

Bis zur Klärung der strittigen Punkte würden keine weiteren Counterpartmittel freigegeben.

Für den Schwerpunkt Grundstoffe sprach Verschiedenes:

Grundstoffe waren in der Wiederaufbauperiode knapp und teuer. Die Erzeuger erzielten (auch wenn die Inlandspreise geregelt waren und sie die verarbeitenden Industrien subventionierten) Renditen, von denen die Fertigwarenindustrien nur träumen konnten. Da bereits im Zweiten Weltkrieg mit der Errichtung neuer Kapazitäten begonnen worden war, genügten oft relativ geringe Zusatzinvestitionen.

Die Grundstoffindustrien und die ausbauwürdigen Speicherwerke der Elektrizitätswirtschaft lagen vorwiegend in den westlichen Besatzungszonen. 85% der regional zurechenbaren Counterpartfreigaben entfielen nach amerikanischen Statistiken auf Projekte in den drei westlichen Besatzungszonen. Die Amerikaner wären kaum bereit gewesen, eine potentiell kriegswichtige Grundstoffindustrie in Ostösterreich zu finanzieren. (Sie untersagten den beabsichtigten Verkauf von Hochöfen der VOEST an die Tschechoslowakei.) Ein von ihnen finanziertes Investitionsprogramm musste auf dem aufbauen, was in den westlichen Besatzungszonen, insbesondere in ihrer Zone, vorhanden war.

Die während des Zweiten Weltkriegs im Osten errichteten Rüstungsbetriebe der Finalgüterproduktion waren zerstört oder demontiert worden[106]). Es gab keine Konzepte, das Know-how und das Humankapital dieser Betriebe in umfassender Weise zu nutzen. Überspitzt formuliert: Die österreichische Industriestruktur hätte sich anders entwickelt, wenn während der deutschen Annexion die Grundstoffindustrien im Osten und die finale Rüstungsproduktion im Westen errichtet worden wären.

Die Grundstoffindustrien waren größtenteils verstaatlicht und ließen sich daher leichter planen als die Vielzahl von meist kleinen oder mittleren Betrieben der Finalgüterindustrien. Für die Eisen- und Stahlindustrie lagen bereits konkrete Konstitutionspläne des Planungsministeriums vor, während die Pläne für einige Finalindustrien in den Anfangsstadien stecken blieben. Die Verstaatlichte Industrie konnte sich mit dem Rückhalt des Staates auch bei zunächst schwacher Ausstattung mit Eigenkapital ehrgeizige Investitionsziele stecken. Für die Finanzierung riskanter Investitionen im privaten Bereich fehlten die Finanzierungsinstrumente. Aus ERP-Mitteln eine Wagnis-Finanzierungsgesellschaft zu gründen, wurde nicht erwogen. Die selbst noch maroden Banken betrieben eine konservative Industriepolitik und verlangten für Kredite entsprechende Sicherheiten[107]). (In den Richtlinien zur Vergabe von ERP-Krediten

---

[106]) Auf österreichischem Boden wurden etwa die Hälfte der Tanks und ein Drittel der einmotorigen Flugzeuge der deutschen Rüstungsproduktion erzeugt. Nach: „The Rehabilitation of Austria 1947-1949", Vol. II, S. 4.

[107]) Diese Argumentation wurde von H. Igler, der an der Marshallplanpolitik Österreichs entscheidend mitgewirkt hat, besonders betont. Nach dem Ende des Marshall-Plans wurden verschiedene Initiativen ergriffen, um den Zugang privater Unternehmungen zum ERP-Fonds zu erleichtern; sie wurden jedoch nur teilweise in konkrete Maßnahmen umgesetzt.

wurde deshalb ausdrücklich die Bestimmung aufgenommen, dass die Besicherungen bestimmte Prozentsätze des ERP-Kredits nicht übersteigen durften.)

Die Gunst der Grundstoffproduktion und ihre geografische Lage bot jedoch nur eine Teilerklärung. Es scheint, dass es an „Visionen" für die Fertigwarenindustrien gefehlt hatte oder zumindest an einem Transmissionsmechanismus, um die Chancen kleiner und mittlerer Unternehmer in industriepolitische Programme umzusetzen. In einem Memorandum[108]) der Bundesregierung „Die Industrie im Marshallplan", das als Reaktion auf die amerikanische Kritik verfasst wurde, billigte man der eisenverarbeitenden Industrie nur geringe Chancen zu. Viele Abnehmerländer behinderten den Import von Fertigwaren durch Devisenbewirtschaftung, Kontingentierungen und Zölle. Das Memorandum kam zu folgendem Urteil:

> *„Es darf nicht übersehen werden, dass Österreich in den meisten Zweigen der Eisenverarbeitung über <u>Überkapazitäten</u> (Unterstreichung vom Verfasser) verfügt . . . Eine unvorsichtige, übereilte Investitionstätigkeit in einem Wirtschaftszweig, der unter Überkapazitäten schwer leidet, könnte von verhängnisvollen Auswirkungen auf den gesamten Industriezweig begleitet sein und die ohnehin geringe private Investitionsinitiative für die Zukunft völlig ersticken." (Memorandum: Die Industrie im Marshallplan)*

Unter diesen Umständen sollten sich die Investitionen auf Rationalisierung der bestehenden Produktion beschränken. Erweiterungspläne wurden skeptisch beurteilt. Ein illustratives Beispiel bot die Pkw-Produktion: F. Porsche wollte nach 1945 in Österreich Automobile bauen. Das Projekt wurde indessen mit dem Argument abgelehnt, dass diese Produktionssparte in der Zwischenkriegszeit nicht rentabel gewesen war (das gleiche Argument galt auch für die Grundstoffproduktion, doch wurde es in diesem Fall als nicht relevant beiseite geschoben). Auch die Ablehnung des für die Planung zuständigen Ministers Krauland, den Fremdenverkehr schon 1949 in das Counterartprogramm aufzunehmen (*Bischof*, 2000), wurzelte in der Vorstellung, dass das Wirtschaftswachstum von der Schwerindustrie getragen würde.

Die Kritiker des industriepolitischen Konzepts der Bundesregierung stützten ihre Argumentation hauptsächlich auf den temporären Charakter des Nachkriegsbooms und die Standortnachteile der österreichischen Werke.

Experten in der OEEC in Paris und in den Stäben in Washington vermuteten nicht zuletzt unter dem Eindruck der leichten Rezession in den USA 1949, dass der Nachkriegsboom auf den Märkten für Rohstoffe, Energie und Grundstoffe in absehbarer Zeit enden würde. Die europäischen Staaten investierten jedoch unkoordiniert große Beträge in die Energiegewinnung und in die Basisindustrien. Bereits 1951 würde Energie reichlich und billig angeboten werden. In der Eisen- und Stahlindustrie nutzten viele Länder die Lücke, die durch die Produktionsbeschränkungen in Deutschland entstanden war, um ihre eigenen Werke zu forcieren. Sobald sich die (kostengünstige) deutsche Produktion wieder erholte, würde es europaweit Überkapazitäten an Walzware geben.

---

[108]) AdR: BMfF, Zl. 86.115_15/1949.

Für Österreich erschien diese Perspektive besonders kritisch, weil es eine Grundstoffproduktion aufbaute, die den heimischen Bedarf überstieg und die gravierende Standortnachteile zu haben schien. Die alpenländische Eisenindustrie hatte seit der Entwicklung moderner Verhüttungsverfahren gegenüber der böhmischen Eisenindustrie an Boden verloren. Sie konnte in der Zeit zwischen den beiden Weltkriegen nur mit Hilfe eines hohen Schutzzolles erhalten werden. (Die deutschen Eisenpreise, die nach der Annexion 1938 auch in Österreich eingeführt wurden, waren um 25% bis 40% niedriger als die österreichischen. Die Alpine Montangesellschaft erhielt Subventionen in Form von Eisenpreisverlustentschädigungen und musste erhebliche Wertberichtigungen vornehmen[109].) Mit den Hermann Göring Werken in Linz wusste man zunächst überhaupt nichts anzufangen. Sie waren auf die deutsche Großraumvision zugeschnitten und schienen überhaupt nicht in das Gefüge der heimischen Wirtschaft zu passen, so unisono Generaldirektor H. Malzacher, Staatssekretär Heinl und britische Wirtschaftsexperten im Oktober 1945 (*Schilcher*, 1985, Dokument 17). Schon im Laufe von 1946, also noch bevor die Planungsbürokratie den Eisen- und Stahlplan konzipiert hatte, setzte sich freilich die Auffassung durch, dass man die oberösterreichischen Werke nicht einfach stilllegen konnte, sondern sinnvoll ausbauen sollte[110]. Dabei mögen soziale Erwägungen und regionale Interessen eine Rolle gespielt haben. Die Amerikaner konnten die Interessen Oberösterreichs (ihrer Besatzungszone) nachhaltiger vertreten als die Engländer die der Steiermark.

Die Entscheidung, aus den von der deutschen Kriegswirtschaft übernommenen Torsi eine neue Industriestruktur zu entwickeln, war daher mit nicht unerheblichen Risken verbunden. Dass sie sich dennoch als eine zumindest akzeptable Strategie erwies, lag zum guten Teil daran, dass sich die Prämissen der Kritiker als zu pessimistisch herausstellten. Der Nachkriegsboom an Energie, Rohstoffen und Grundstoffen hielt viel länger an, als angenommen worden war. Einer der Gründe war der Ausbruch des Korea-Konfliktes und die darauf folgende Rüstungskonjunktur während des kalten Kriegs. Ein anderer war der Umstand, dass die Wiederaufbauperiode nahtlos in eine lange Periode ungewöhnlich kräftigen Wachstums mit hohen Investitionen und lebhafter Nachfrage nach dauerhaften Konsumgütern überging. Die Kohlenknappheit wurde erst 1957/58 überwunden, die Flaute auf den Eisen- und Stahlmärkten in den sechziger Jahren hielt sich in Grenzen (und wurde gegen Ende des Jahrzehnts durch einen neuen Grundstoffboom abgelöst). Das „Goldene Zeitalter" der westeuropäischen Wirtschaft, insbesondere das deutsche Wirtschaftswunder, wurde nicht vorausgesehen (und wenn es glaubhaft prognostiziert worden wäre, hätte es nicht stattgefunden). Die Prognosen gingen zumeist von der Annahme aus, dass die europäische Wirtschaft bereits Anfang der fünfziger Jahre auf den „normalen" langfristigen Wachstumspfad von 2% pro Jahr einschwenken würde. Von der westeuropäischen Konjunktur zog vor allem die VOEST

---

[109] AdR: Gruppe 05_12, Österreichische Alpine Montangesellschaft, Hauptversammlung vom 17. 10. 1939.
[110] Siehe hiezu insbesondere *Tweraser* (2000, S. 296-301).

Nutzen. Sie konnte Produktion und Export von Blechen (für die Automobilindustrie und den Schiffsbau) in den fünfziger Jahren stark ausweiten. (Die steirischen Werke, denen die Arbeitsteilung die Erzeugung sonstiger Walzwaren zugewiesen hatte, wurden von der internationalen Konjunktur viel weniger begünstigt.)

Auch die Ungunst der heimischen Standorte wurde überschätzt. Die Transportkostenvorteile von Werken in der Nähe von Kohle- und Erzlagern waren für die Industrie-Agglomerationen der ersten industriellen Revolution entscheidend. Sie konnten jedoch nach dem Zweiten Weltkrieg durch andere Standortvorteile ausgeglichen werden. Die Verfügbarkeit billiger Erze aus Übersee begünstigte Massenstahlwerke an Meeresküsten. Moderne Technologien und die Spezialisierung auf Qualitätsprodukte gaben auch Standorten abseits der Rohstoffbasen Existenzchancen. Das LD-Verfahren ermöglichte der heimischen Strahlindustrie erhebliche Kostensenkungen.

Noch ein Gesichtspunkt verdient erwähnt zu werden. Die österreichische Wirtschaft war vor dem Zweiten Weltkrieg auf den Handel mit Ost- und Südosteuropa spezialisiert. Es lieferte in diesen Raum Industriegüter und bezog von dort Nahrungsmittel und Rohstoffe. Diese Form der internationalen Arbeitsteilung ließ sich nach dem Zweiten Weltkrieg nur noch beschränkt aufrechterhalten, auch wenn sie von den Befürwortern einer Ostorientierung der heimischen Wirtschaftspolitik immer wieder heraufbeschworen wurde. Die österreichische Industrie musste neue Absatzmärkte im Westen gewinnen und sie fand sie entgegen den ursprünglichen Intentionen auch der Westmächte, die darin eine neue „Anschlussgefahr" sahen, vornehmlich in der Bundesrepublik Deutschland. Deutschland wurde nach dem Zweiten Weltkrieg wieder der dominante Lieferant von Investitionsgütern und technischen Artikeln. Die österreichische Industrie profitierte davon in der Form, dass sie wichtige Vorprodukte für die deutsche verarbeitende Industrie lieferte. Die räumliche Nähe zum süddeutschen Raum kam vor allem der oberösterreichischen Industrie zugute. Neue Märkte für Investitionsgüter lassen sich schwerer gewinnen als für standardisierte Grundstoffe und Halbfabrikate[111]).

3.2.4 Die Konditionalität der Hilfe

Länder oder Institutionen, die stark verbilligte Kredite oder nicht rückzahlbare Zuschüsse gewähren, stellen üblicherweise Bedingungen und kontrollieren, ob diese auch eingehalten werden. Der Grund für die Konditionalität von Hilfe ist einleuchtend. Das Geberland möchte sich vergewissern, dass das Nehmerland jene mikro- und makroökonomischen Strukturmängel beseitigt, die das Land von ausländischer Hilfe abhängig machen. Andernfalls würden nicht nur Steuergelder des Geberlandes vergeudet werden (manchen Sozialwissenschaftlern liegen die Steuergelder der „Reichen" nicht sehr am Herzen). Vor allem würden falsche Signale gesetzt werden. Jene Länder, welche die

---

[111]) Nach Befragungen des WIFO hatten österreichische Industrieunternehmungen eine starke Präferenz für deutsche Maschinen, die sich nur teilweise rational erklären ließ.

Dinge treiben lassen, würden belohnt werden, jene hingegen, die harte Anpassungsmaßnahmen setzen, bestraft werden.

Der Marshallplan sah ein besonders enges Konsultationsverfahren des Empfängerlandes mit der US-Marshallplan-Verwaltung (ECA) und mit den anderen europäischen Teilnehmerländern vor. Die Empfängerländer hatten ihren Bedarf an Auslandshilfe zu begründen und konkrete Importpläne zu erstellen. Sie mussten glaubhaft machen, dass ihre Politik, insbesondere ihre Investitionspolitik, in der vorgesehenen Frist zum Ausgleich der Zahlungsbilanzen führt. Die Amerikaner intervenierten – nicht immer mit Erfolg – wenn sie die Zielerreichung für gefährdet ansahen. Wichtiger als die einzelnen US-Interventionen war die Automatik der europäischen Integration. Wer Mitglied des „Konvergenzclubs" der westeuropäischen Industrieländer bleiben wollte, musste sich an die Clubregeln halten.

Die Akzeptanz des Marshallplans wurde dadurch gefördert, dass er nicht das Produkt eines „übersteigerten Liberalismus" war, sondern eher an das „New Deal" der Roosevelt-Ära anschloss. Der Marshallplan förderte und erlaubte einen schrittweisen Übergang von der behördlichen Lenkung der Kriegswirtschaft zu einer marktwirtschaftlichen Ordnung in Westeuropa und kam damit den (damals dominanten) ordnungspolitischen Vorstellungen in Westeuropa entgegen. Für diese Interpretation spricht u. a., dass die USA in Westdeutschland der „sozialen Marktwirtschaft" Erhards skeptisch gegenüberstanden und auf die Beibehaltung bestimmter Kontrollen drängten (*Thüer*, 1995, S. 158). Das deutsche Memorandum zum Wirtschaftsprogramm 1950/52 wurde von der ECA-Mission in Frankfurt scharf kritisiert. Deutschland befände sich in einer abnormalen Lage und könnte daher nicht erwarten, dass der für normale Verhältnisse ausreichende Marktmechanismus seine Wirtschaftsprobleme automatisch lösen würde[112]. Italien wurde zeitweise eine Deflationspolitik vorgeworfen[113]. In Österreich hatten die Gewerkschaften guten Kontakt zu ihren amerikanischen Kollegen. Die Arbeitnehmervertreter unterstützten bestimmte Kritiken der ECA an der österreichischen Politik (siehe hiezu auch die Bemerkungen zum Johnstone Report im Abschnitt „Die Wirtschaftsordnung nach der Stabilisierung").

Wie sehr ein Land amerikanische Vorgaben vernachlässigen konnte, hing begreiflicherweise von seiner internationalen Stellung und von der Höhe der Hilfe ab, die es beanspruchte. Österreich befand sich hinsichtlich beider Kriterien in einer ungünstigen Lage. Es konnte als Kleinstaat bestenfalls seine geopolitische Lage geltend machen. Es hatte sich ideologisch für den Westen entschieden und war auf sein Wohlwollen angewiesen. Gleichzeitig reklamierte es im Hinblick auf seinen „special case" eine relativ hohe Hilfe und gab zu erkennen, dass es auch nach dem offiziellen Ende des Marshallplans noch Zuschüsse brauchen würde.

Mähr (1989, Kapitel VI) und *Bischof* (1989, S. 469) stellten die Frage, ob Österreich „nach einer ausländischen Pfeife" tanzen musste. Sie fanden, dass

---

[112] AdR: BKA/AA, Zl. 153.062_Wpol/1950.
[113] *Kindleberger* (1987, S. 47).

die Österreicher in vielen Fällen den Forderungen der Amerikaner nicht nachkamen und spezielle Techniken entwickelten, um unangenehme Maßnahmen zu vermeiden oder hinauszuzögern. Es empfiehlt sich, diese Frage etwas ausführlicher und differenzierter zu behandeln.

Die Politik der ECA in Österreich kann als begleitende Kontrolle mit häufigen und gelegentlich schwerwiegenden Interventionen umschrieben werden. Die Amerikaner verfolgten aufmerksam die wirtschaftliche Entwicklung und empfahlen wirtschaftspolitische Maßnahmen von unterschiedlichem Charakter. In vielen Fällen handelte es sich nur um Anregungen, wobei es den österreichischen Behörden überlassen blieb, ob sie diese Anregungen aufgreifen. In anderen Fällen forderten die Administratoren des Marshallplans nachdrücklich bestimmte Maßnahmen, doch waren Kompromisse nach harten Verhandlungen möglich. In bestimmten Fällen beharrten sie auf ihren Forderungen und ergriffen Sanktionen, um sie zu erzwingen.

Die österreichischen Spitzenpolitiker mussten die Konditionalität des Marshallplans gekannt haben. Die harten Bedingungen der Völkerbundanleihe nach dem Ersten Weltkrieg waren noch in Erinnerung. Es waren daher vorwiegend taktische Erwägungen, wenn Außenminister Gruber anlässlich der Behandlung des bilateralen Abkommens zwischen Österreich und den USA bemerkte, dass sich die USA bisher nicht in innere Angelegenheiten Österreichs eingemischt hätten und das auch künftig nicht tun würden[114]. Dass die Hilfe des Marshallplans „without strings attached" gewährt wurde, gab die formale Begründung, warum der bilaterale Vertrag zwischen den USA und Österreich ohne Genehmigung des Parlaments beschlossen wurde. (Vizekanzler Schärf hielt die Begründung für problematisch, war aber aus politischen Gründen mit der Vorgangsweise einverstanden.)

Ein guter Teil der amerikanischen Interventionen und Forderungen lässt sich unter den Oberbegriff „zahlungsbilanzorientierte Wirtschaftspolitik" subsumieren. Die ECA drängte darauf, dass die österreichische Wirtschaftspolitik Maßnahmen setzte, die das Angebot an international handelbaren Gütern und Leistungen steigern (angebotsseitige Maßnahmen). Und sie verlangte gleichzeitig, dass die heimische Nachfrage nicht allzu viel von diesen Gütern absorbierte (nachfrageseitige Maßnahmen).

Im ersten Jahr des Marshallplans hatte es den Anschein, als ob die ECA eine sehr straffe, auf den Zahlungsbilanzausgleich ausgerichtete Politik durchsetzen wollte. Der Leiter der Wiener ECA-Mission regte ein ständiges Gespräch mit der österreichischen Bürokratie über alle laufenden Fragen an, die sich aus dem Marshallplan ergeben. Zu diesem Zweck wurde ein Arbeitskomitee errichtet, das einmal in der Woche tagen sollte und an dem die Vertreter der mit Marshallplan-Agenden betrauten Ministerien teilnehmen sollten[115]. Gleichzeitig wurde ein Maßnahmenkatalog erstellt, in dem u. a. eine Sanierung der Bundesbahnen gefordert wurde. Die von *Mähr* (1989) beschriebenen Konflikte gingen letztlich darauf zurück, auch wenn diplomatische Ungeschick-

---

[114] AdR: Ministerrat, Figl 1, Nr. 118 vom 29. 6. 1948.
[115] AdR: Ministerrat, Figl 1, Nr. 125 vom 14. 9. 1948.

lichkeiten im Vordergrund standen. Tatsächlich schlugen die Amerikaner letztlich einen eher „nachgiebigen" Kurs ein, der auf österreichische Empfindlichkeiten weitgehend Bedacht nahm. Das galt zunächst für die angebotsseitigen Maßnahmen. Wie schon erwähnt, wollte die ECA die Counterpartmittel zahlungsbilanzwirksamer einsetzen, ließ aber zumindest zeitweise Subventionen und Infrastrukturinvestitionen zu.

Ähnliches gilt für die Nachfrageseite. Die Amerikaner tolerierten lange Zeit die von den Sozialpartnern in Form von Preis-Lohn-Abkommen gesteuerte Inflation. Offenbar befürchteten sie, dass eine Stabilität erzwingende Geld- und Fiskalpolitik zumindest vorübergehend Arbeitslosigkeit entstehen ließe[116]). Arbeitslosigkeit wäre jedoch – darin stimmten die Amerikaner mit den Österreichern überein – in der exponierten politischen Lage Österreichs möglichst zu vermeiden. Die Amerikaner drängten freilich stets auf ein ausgeglichenes Budget, um zumindest von dieser Seite inflatorische Auftriebstendenzen auszuschalten.

In der Zeit des Marshallplans kam es dreimal zu Forderungen der Amerikaner, die ultimativen Charakter hatten, weil von ihrer Erfüllung die Freigabe von Counterpartmitteln und in einem Fall auch die Freigabe der bereits beschlossenen Dollarhilfe abhängig gemacht wurde: Im Frühjahr 1949 forderten die USA Maßnahmen gegen das ausufernde Budgetdefizit, im Herbst 1949 verlangten sie eine Überprüfung des ihrer Meinung nach zu grundstofflastigen Investitionsprogramms und 1952 eine konsequente Stabilisierungspolitik. Auf einen umfassenden und strikten Stabilisierungskurs, der die Budgetpolitik und die Kreditpolitik gleichermaßen umfasst, beharrten die USA erst, als die Auslandshilfe für 1951/52 stark gekürzt wurde und die österreichische Wirtschaft bereits ein Produktions- und Wohlstandsniveau erreicht hatte, das Anpassungen zumutbar erscheinen ließ.

Wie nachdrücklich Österreich zu einer konsequenten Politik der wirtschaftlichen Reformen gedrängt werden sollte, war auch in amerikanischen Kreisen umstritten. Generell galt: Die zum Teil aus der Wirtschaft stammenden Mitarbeiter der ECA waren eher für einen harten Kurs, die Diplomaten des State Departments neigten im Interesse der politischen Stabilität des Landes eher zu Kompromissen. Virements im Stab der Wiener Mission der ECA wurden angeblich mit der Abberufung von Hardlinern begründet[117]). Anzumerken ist, dass auch Ökonomen von internationalem Ruf (z. B. *Haberler,* 1948) den USA eine zu nachgiebige, an kurzfristigen politischen Erfolgen orientierte Politik nachsagten.

Dass die Amerikaner Maßnahmen verlangten, die den Hilfebedarf Österreichs verringerten, ist ökonomisch verständlich. Kritik an der Politik der USA ist jedoch in zweierlei Hinsicht zulässig. Die ECA beschäftigte sich einmal im

---

[116]) Das Zögern bei antiinflatorischen Maßnahmen lässt sich zum Teil mit dem keynesianischen Element in der Administration des Marshallplans erklären. Nach *Kindleberger* (1987, S. 159) war ab 1948 ein Großteil der Ökonomen in der amerikanischen Verwaltung Keynesianer. Siehe hiezu auch *Reichlin* (1995, S. 47).
[117]) AdR: BKA/AA, Zl. 239.863_Wpol/1951.

Gegensatz zu den Empfehlungen von C. P. Kindleberger[118]) zu sehr mit Details. Zum andern tendierte die amerikanische Politik – insbesondere als der kalte Krieg in den offenen Korea-Konflikt umschlug – dazu, ihr spezifisches Modell des Kapitalismus und ihre Vorstellungen über eine angemessene Wirtschaftspolitik Ländern mit einer anderen Tradition aufzudrängen. Dem lag die Annahme zugrunde, dass die westeuropäischen Länder eher gegen den Kommunismus gefeit sein würden, wenn sie „the American way of life" übernähmen und zwar stärker, als das ohnehin bereits der Fall war. Als Alternative zur Planwirtschaft wurde ein moderner Kapitalismus empfohlen, der mehr Dynamik und mehr Wettbewerb versprach als der Kapitalismus, den die Europäer entwickelt hatten.

Der Versuch, das amerikanische Modell zu exportieren, war allerdings nur beschränkt erfolgreich. Das gilt nicht nur für Österreich. Die europäischen Volkswirtschaften hatten trotz vieler Gemeinsamkeiten in der Wiederaufbauperiode ihre nationalen Besonderheiten gewahrt und entwickelten eigenständige Strategien, wie der Wiederaufbau zu bewältigen sei. Die Franzosen setzten auf indikative Planung, die Italiener (zeitweise) auf Stabilität mit klassischen Methoden, die Deutschen auf soziale Marktwirtschaft, die Engländer und die skandinavischen Staaten auf einen dirigistischen Keynesianismus und Österreich auf die Sozialpartnerschaft. In allen diesen Fällen hatten die Amerikaner Einwände. Die Franzosen waren ihnen zu inflationistisch, die Italiener zu wenig wachstumsorientiert, die Marktwirtschaft in Deutschland wurde zu früh eingeführt, das dirigistische keynesianische Modell war zu sehr auf die nationalen Volkswirtschaften zugeschnitten und das kooperative österreichische Modell ließ zu wenig Wettbewerb zu. In allen diesen Fällen waren die amerikanischen Interventionen wenig erfolgreich[119]).

Der Marshallplan hat zur Akzeptanz marktwirtschaftlicher Regelmechanismen insofern beigetragen, als er das Güterangebot vermehrte und Anpassungsschwierigkeiten milderte. Er hat ferner die wirtschaftspolitischen Optionen eingeengt. Ein Land konnte nicht gleichzeitig Mitglied der OEEC und des COMECON sein. Die österreichische „Linke" hatte nicht ganz Unrecht, wenn sie die Teilnahme am Marshallplan mit „Restauration" des Kapitalismus in Österreich gleichsetzte.

Gleichzeitig muss man jedoch festhalten, dass die USA in ihren zahlreichen Interventionen die österreichische Wirtschaftspolitik nicht dazu drängte, die marktwirtschaftliche Ordnung in Österreich zu forcieren. Der wiederholt angeführte „Gradualismus" traf in besonderem Maße auf Österreich zu. Das lässt sich an Hand von zahlreichen Interventionen zugunsten von Lenkungsmaßnahmen verdeutlichen. Die Mitte 1947 gewährte Kongresshilfe sah ausdrücklich vor, dass die gelieferten Nahrungsmittel allen Bevölkerungsschichten zugute kommen sollen und verlangte infolgedessen die Beibehaltung von Preisregelung und Bewirtschaftung. Die Amerikaner drängten ständig auf eine bessere Erfassung des heimischen Angebots an Nahrungsmitteln und lehnten

---

[118]) „The task of USACA is to observe and to advice" (*Kindleberger,* 1989, S. 102).
[119]) Siehe hiezu insbesondere *Milward* (1984) und *Esposito* (1995).

von Österreich beantragte Rationserhöhungen ab, wenn sie nicht nachweislich durch ein heimisches Mehrangebot gedeckt werden konnten. Während des Korea-Konflikts verlangte sie von Österreich eine effiziente Bewirtschaftung von knappen Rohstoffen. In den Auseinandersetzungen mit der Europäischen Zahlungsunion musste sich Österreich mit dem Vorwurf auseinandersetzen, dass es nicht imstande wäre, die Handels- und Devisenströme effizient zu kontrollieren und daher Kapitalflucht ermöglichte.

Die strategisch wichtigsten Eingriffe in das Marktgeschehen betrafen die Investitionen. Die ECA verlangte von den österreichischen Planern nicht nur eine hinreichende Begründung der aus Counterpartmitteln finanzierten Investitionen. Das „Investitionsprogramm 1950/52" sollte sämtliche Investitionen und ihre Finanzierung umfassen. Die österreichischen Planer zogen sich mit dem Hinweis aus der Affäre, dass jede Investition aus Counterparts eine Kofinanzierung aus anderen Mitteln erforderte. Auf diese Weise konnten drei Viertel aller Investitionen über die Vergabe von Counterpartmitteln gesteuert werden. Der Gewerkschaftsökonom H. Kienzl betonte in seinem Plädoyer für die Einführung einer „Planification" nach französischem Vorbild, dass die Österreicher im Marshallplan die behördliche Planung gelernt hätten.

4. Der lange Weg bis zum Staatsvertrag

4.1 Das Deutsche Eigentum

4.1.1 Österreich zwischen Opfer und Täter

Das wirtschaftliche und politische Schicksal Österreichs nach dem Zweiten Weltkrieg wurde maßgeblich durch zwei Entscheidungen der Siegermächte bestimmt:
- Nach der Moskauer Erklärung vom 1. 11. 1943 wurde Österreich als selbständiger Staat wieder errichtet.
- Auf der Potsdamer Konferenz[1]) vom 17. 7. bis 2. 8. 1945 wurde entschieden, das deutsche Auslandsvermögen als Reparationen zu beanspruchen.

Fünfeinhalb Jahre nach dem Einmarsch deutscher Truppen – reichlich spät und schon mit dem Blick auf die Nachkriegsordnung – erklärten die USA, die Sowjetunion und Großbritannien, dass Österreich das erste Opfer Hitler-Deutschlands war (Moskauer Erklärung vom 1. 11. 1943). Seine Annexion am 13. 3. 1938 wäre null und nichtig. Diese Aussage wurde allerdings mit einer gewichtigen Einschränkung versehen: Österreich hätte den Krieg und seine Folgen mit zu verantworten, und zwar in einem Maße, das von seinen Anstrengungen zu seiner Befreiung abhinge. In der akkordierten Fassung der Präambel zum Entwurf des Staatsvertrags[2]) wurde die Mitverantwortung Österreichs noch pointierter, weil nicht mehr konditional, formuliert. Dort hieß es: Im Hinblick darauf,

> *„dass nach dieser Annexion Österreich als integrierender Teil Hitler-Deutschlands am Kriege gegen die Alliierten und Assoziierten und gegen andere Vereinten Nationen teilnahm, und dass Deutschland sich zu diesem Zwecke österreichischen Gebietes, österreichischer Truppen und materieller Hilfsquellen bediente und dass Österreich eine gewisse Verantwortlichkeit, die sich aus dieser Teilnahme am Krieg ergeben, nicht vermeiden kann; ..."*
> *(Präambel zum Entwurf des Staatsvertrags).*

Die Moskauer Deklaration und die Präambel zum Staatsvertragsentwurf steckten die Grenzen ab, innerhalb derer die Alliierten den Fall Österreich behandelten. Weder volle Verantwortung, was zu erwarten gewesen wäre, wenn der „Anschluss" legitim vollzogen und von der österreichischen Bevölkerung begrüßt worden wäre, noch frei von jeder Verantwortung, was gefordert hätte werden können, wenn Österreich nicht (oder nur ein unbotmäßiger) Teil des

---

[1]) „Erklärungen und Abkommen der Berliner Konferenz vom 2. 8. 1945" (Potsdamer Beschlüsse). Die deutschen Übersetzungen internationaler Abkommen wurden – soweit dort angeführt – *Verosta* (1947) entnommen.
[2]) Die Geschichte des österreichischen Staatsvertrags wurde ausführlich und vorbildhaft von *Stourzh* (1998) beschrieben.

Deutschen Reichs geworden wäre. Diese Zwischenstellung Österreichs (*Stourzh,* 1998, S. 38) lässt sich auf die plakative Formel bringen: Österreich war gleichzeitig Opfer und Täter[3]).

Die einschlägige Literatur hat dieses Thema unter verschiedenen Gesichtspunkten behandelt, unter rechtlichen (war der „Anschluss" Österreichs legal?), unter gesellschaftlichen (waren die Österreicher für den „Anschluss" oder nahmen sie ihn zumindest bereitwillig hin?) und in erweiterter Form auch unter moralischen (wieweit waren Österreicher am Holocaust beteiligt?). Der vorliegende Abschnitt beschränkt sich auf ökonomische Aspekte. Er beschreibt, wie sich die Besatzungsmächte gegenüber Österreich verhielten, wie die heimische Politik darauf reagierte und welche wirtschaftlichen und sozialen Folgen sich daraus ergaben.

Auf der einen Seite galt Österreich als Opfer. Die Besatzungsmächte erlaubten (im Gegensatz zu Deutschland) bereits 1945 die Bildung einer bundesweiten Regierung, der schrittweise mehr Kompetenzen zugestanden wurden. Österreich erhielt 1946 die Mitgliedsländern vorbehaltene Unterstützung durch die UNRRA, der Lebensmittelhilfe der Vereinten Nationen. Die Brüsseler Restitutionskonferenz[4]) anerkannte, dass das österreichische Währungsgold 1938 „geraubt" wurde und nicht etwa als „Morgengabe" der Ostmark in Großdeutschland eingebracht wurde (siehe den Abschnitt: „Die Etablierung marktwirtschaftlicher Institutionen"). Österreich konnte noch als besetztes und folglich nur beschränkt souveränes Land 1948 internationalen Wirtschaftsorganisationen beitreten, wie dem Marshallplan (Österreich war ein Gründungsmitglied der in Paris lozierten OEEC), dem Internationalen Währungsfonds und der Weltbank. (Das Ansuchen um Aufnahme in die UNO wurde allerdings von den Staaten des Ostblocks abgelehnt.) Schließlich wurde 1955 im Staatsvertrag das auf österreichischem Gebiet befindliche Deutsche Eigentum der Republik Österreich übertragen, wenngleich zum Teil nur gegen eine erhebliche Ablöse. Der Staatsvertrag hob als Rechtfertigung ausdrücklich hervor, dass Österreich als erstes Opfer Hitler-Deutschlands finanzielle Ansprüche stellen konnte.

Auf der anderen Seite war Österreich zehn Jahre lang von vier Großmächten besetzt, die zumindest anfangs auf österreichische Kosten erhalten werden mussten und die den „Eingeborenen" vorschrieben, was sie tun und lassen durften[5]). Gewiss, die lange Besetzung hatte überwiegend Gründe, die nicht Österreich zu verantworten hatte. Aber einem befreiten Land wäre eine so lange Unterwerfung unter „fremdes Joch" wohl nicht zugemutet worden. Was als Deutsches Eigentum zu gelten hätte, bestimmten die Besatzungsmächte, und nicht etwa wie bei strikter Anwendung der Londoner Deklaration

---

[3]) Zur Opfertheorie siehe: *Stourzh* (1998, S. 25-27), *Bischof* (1999, S. 15ff). Im vorliegenden Zusammenhang wird nur die im Moskauer Abkommen und in der Präambel für den Staatsvertragsentwurf verankerte Mitverantwortung für den Krieg behandelt. Die Teilnahme am Holocaust ist nicht Gegenstand der Arbeit.
[4]) Commission tripartite pour la restitution de l'or monetaire.
[5]) Der Ausdruck „Eingeborener" beschreibt präziser als viele Umschreibungen die untergeordnete und unterwürfige Stellung der Österreicher während der ersten Besatzungszeit.

von 1943 zu erwarten gewesen wäre die Bundesregierung[6]). Selbst im Staatsvertrag 1955 wurden noch erheblich Souveränitätsbeschränkungen verankert, wie etwa das Verbot bestimmte Waffen herzustellen oder das „Entfremdungsverbot", wonach Österreich das ihm übertragene Deutsche Eigentum nicht Deutschen überlassen werden oder überhaupt in fremde Hände gelangen durfte. Jugoslawien erhielt das Recht, das auf seinem Gebiet befindliche österreichische Vermögen als Wiedergutmachung zu beschlagnahmen. In mancher Hinsicht wurde Österreich ähnlich behandelt wie die Satellitenstaaten des Deutschen Reichs (*Bischof,* 1989, S. 567).

In den durch internationale Vereinbarungen gesteckten Grenzen bestimmten ökonomische und strategische Interessen das Verhalten der einzelnen Siegermächte. Die Sowjetunion betonte die Mitverantwortung Österreichs für den Zweiten Weltkrieg. Ihre unnachgiebige Haltung kann näherungsweise damit erklärt werden, dass das Land vom Krieg verwüstet wurde. Um zumindest einen Teil der Kriegsschäden zu decken, versuchte sie, möglichst viel aus den ehemaligen Feindgebieten herauszuholen, im Konfliktfall selbst auf Kosten von Ansprüchen von Bürgern der Vereinten Nationen, einschließlich der jüdischen Emigranten (siehe S. 418). Dabei schien es ihr von geringerer Bedeutung, wie dieser Ressourcentransfer bezeichnet und rechtlich begründet wurde. Da in Potsdam vereinbart wurde, dass Österreich keine Reparationen zu zahlen hätte, erfüllten „Beutegüter" und die Nutzung des Deutschen Eigentums in Österreich den angestrebten Zweck.

Die anti-kommunistische und anti-sowjetische Einstellung[7]) von Bevölkerung und Regierung tat ein Übriges. In den ersten Jahren der Besetzung verging kaum ein Ministerrat, in dem nicht über die sowjetische Besatzungsmacht geklagt wurde. Eine wichtige Vorentscheidung fiel bereits im Herbst 1945, als die Provisorische Staatsregierung das Angebot der Sowjetunion ablehnte, eine gemeinsame Gesellschaft zur Förderung und Verarbeitung des österreichischen Erdöls zu gründen. Unwiderruflich entschied sich Österreich für den Westen mit allen damit verbundenen politischen und sozio-ökonomischen Konsequenzen, als es Mitte 1947 die Einladung annahm, am Marshallplan teilzunehmen. Österreichs Wirtschaft und Gesellschaft wurden „kapitalistisch", wenngleich sich dieser Kapitalismus vorwiegend (mit Ausnahme der Kamitzschen Stabilisierungspolitik 1952/53) als „mixed economy", als Wohlfahrtsstaat keynesianischer Prägung gab und alte „sozialistische Träume" (F. Lacina) nur zögernd preisgegeben wurden.

Auch wenn die Sowjetunion Österreich nicht als Teil ihrer Einflusssphäre betrachtete[8]), waren schon aus diesem Grund Spannungen und Konflikte unvermeidlich (und sei es nur wegen der Abhaltung eines kommunistischen Kongresses in Wien). Umgekehrt bewogen machtpolitische Erwägungen die

---

[6]) Interalliierte Londoner Deklaration gegen Enteignungshandlungen, die in Gebieten unter Okkupation oder Kontrolle des Feindes gesetzt wurden, vom 5. 1. 1943.
[7]) *Fraberger/Stiefel* (2000).
[8]) Im Oktober 1944 teilten Stalin und Churchill Europa gesprächsweise in westliche und östliche Einflusssphären. Österreich wurde im „Tolstoi-Abkommen" nicht erwähnt (*Bischof,* 1989, S. 73).

Westmächte während des kalten Kriegs Österreich materiell zu unterstützen und Entscheidungen der österreichischen Regierung soweit als möglich zu respektieren. Die Erhaltung der politischen Stabilität im Lande erschien oft wichtiger als handfeste ökonomische Überlegungen. *Bischof* (1989, S. 6) sprach von der „leverage of the weak". Im Großen und Ganzen setzte jedoch die Marshallplan-Verwaltung ihre technokratischen Vorstellungen in Österreich in höherem Maße durch als in anderen Empfängerländern, weil die Hilfe relativ hoch war und Österreich nicht leicht darauf verzichten konnte (siehe den Abschnitt „Die Dollarlücke"). Gegen eine stärkere Konditionalität der Wirtschaftshilfe sprach in erster Linie, dass man nicht wusste, wie die Sowjetunion reagieren würde, wenn im Lande soziale Spannungen aufbrechen. Der große Streik vom Herbst 1950 zeigte allerdings, dass das sozio-ökonomische System in Österreich einiges an Konflikten aushielt und dass die Sowjetunion nicht darauf aus war, jede Situation für ihre Zwecke zu nutzen. Der „Stabilisierungsschock", den die USA 1952 der österreichischen Wirtschaft verordneten und der dem „Kamitzkurs" der heimischen Wirtschaftspolitik den Weg ebnete, stützte sich auf diese Erfahrungen.

In der langen und wechselvollen Geschichte der Staatsvertragsverhandlungen stimmte Österreich zumeist seine Haltung vorweg mit den Westmächten ab. Es gab aber nicht nur Konsens. Strategische Überlegungen der amerikanischen Militärs und die nicht minder militanten Forderungen der internationalen Ölkonzerne (Österreich wurde für die Überlassung der Erdölwirtschaft zweimal zur Kasse gebeten) sorgten für Konfliktstoff[9]). Nicht immer war die Sowjetunion das bremsende Element in den Verhandlungen. Im Sommer 1949 signalisierte sie, dass sie bereit sei, den so gut wie ausgehandelten Staatsvertrag abzuschließen: Da hatten die USA militärische Bedenken. Einige Monate später setzten sich die amerikanischen Diplomaten gegen ihre Kollegen im Verteidigungsministerium durch[10]): Da wollte plötzlich die Sowjetunion nicht mehr. Letztlich aber agierten die westlichen Alliierten als Anwalt Österreichs, indem sie – nicht ganz uneigennützig – den Preis drückten, den die Sowjetunion für den Abschluss des Staatsvertrags und den Abzug ihrer Truppen aus Österreich forderte. Das gilt insbesondere für die beiden Hauptstreitpunkte des Vertrags, die Gebiets- und Reparationsansprüche Jugoslawiens und das Deutsche Eigentum[11]). Nur in wenigen Punkten des Staatsvertrags schlug sich die Sowjetunion auf die österreichische Seite, so etwa in der Frage, wieweit die Angehörigen der Vereinten Nationen für Vermögensverluste entschädigt werden sollten. (Im Nationalrat benutzten die Kommunisten das 3. Rückstellungsgesetz, um gegen das Großkapital zu Felde zu ziehen.)

---

[9]) Siehe hiezu *Strouzh* (1998, Abschnitt: Die Spannungen im Westen, S. 161ff). Nach *Rathkolb* (1995, S. 168ff), verlangten die westlichen Ölgesellschaften 1960 für die Überlassung ihrer Vermögensansprüche 25 Mio. $ und gaben sich erst nach langem Feilschen mit 16 Mio. $ zufrieden.

[10]) Das wird im Einzelnen von *Bischof* (1989, S. 728ff) beschrieben.

[11]) Das Wort „Deutsch" wird in diesem Zusammenhang groß geschrieben, um zu betonen, dass es sich nicht um deutsche Vermögenswerte schlechthin, sondern um jene handelt, das die Alliierten aufgrund des Potsdamer Abkommens für sich reklamierten.

Im Staatsvertrag selbst konnte, zwar mit Mühe und in letzter Minute, aber immerhin, ein Hinweis auf die Mitschuld Österreichs abgewehrt werden. Diese „Ehrenrettung" kam aber erst, nachdem das „befreite" Österreich zehn Jahre lang besetzt worden war, einen hohen Preis für seine Freiheit gezahlt und künftig noch zu zahlen versprochen hatte. Sie begründete keinen Anspruch auf Rückgabe dessen, was Österreich unter dem Titel „Mitverantwortung" aufgebürdet worden war.

Die österreichische Politik der Nachkriegsära hat die Mitverantwortung für die Geschehnisse im Zweiten Weltkrieg stets abgelehnt. Folglich leitete sie aus der Moskauer Deklaration (genauer gesagt: aus den ersten beiden Absätzen) Ansprüche an den Rechtsnachfolger des Deutschen Reichs ab. Deutschland sollte den Schaden ersetzen, der durch die völkerrechtswidrige Annexion[12]) unmittelbar und mittelbar entstanden war, und die Geldforderungen begleichen, die bis Kriegsende zugunsten Österreichs aufgelaufen waren. Bei der Bemessung der Ansprüche ging man recht großzügig vor. Die Bundesregierung schätzte in ihrer Stellungnahme[13]) zu den Staatsvertragsverhandlungen, die Mitte Jänner 1947 in London begannen, die „nachweisbaren" Forderungen und Schäden an Einkommen und Vermögen auf 7 Mrd. $. Das entsprach dem Zweifachen des österreichischen Volksvermögens (netto) im Jahre 1937.

Diese Forderungen berücksichtigten nicht die triste ökonomische Lage Europas, insbesondere Deutschlands. Bei Durchsicht der Dokumente gewinnt man jedoch den Eindruck, dass die hohe Rechnung nicht bloß aus taktischen Gründen präsentiert wurde. Der juridische Schluss, dass Österreich, wenn die Annexion ungültig war, von Deutschland die „Wiederherstellung des ursprünglichen Zustands" verlangen konnte, dominierte die wirtschaftspolitische Argumentation, nicht nur der Politiker und Beamten, sondern auch der Journalisten (*Martinides,* 1946). Die nunmehr herrschende Elite hatte selbst unter der nationalsozialistischen Herrschaft gelitten und war von der „Opfertheorie" überzeugt.

Wie das Völkerrecht zu interpretieren wäre, entschieden freilich die Siegerstaaten. Schon im Laufe des 2. Halbjahrs 1946 gaben die Westmächte zu verstehen, dass sie keine Ansprüche Österreichs an Deutschland auf Wiedergutmachung unterstützten und einen gegenseitigen Forderungsverzicht verlangten. Sie selbst müssten angesichts der tristen Situation in Deutschland auf Reparationen verzichten, umso mehr gälte das für ein Land mit einer etwas zwielichtigen Vergangenheit.

Da im ausgebluteten Deutschland kaum etwas zu holen war, wollte sich die heimische Wirtschaftspolitik an dem schadlos halten, was im Lande verfügbar war, nämlich am deutschen Vermögen in Österreich[14]). Diese Forderung erschien umso billiger, als viele deutsche Vermögenswerte nach der An-

---

[12]) In der einschlägigen Literatur werden sowohl die Begriffe „Okkupation" als auch „Annexion" gebraucht, obschon damit völkerrechtlich verschiedene Konsequenzen verknüpft sind.
[13]) Englischer Text in AdNB: Nr. 685/1946.
[14]) Daneben wurde auch erwogen, ob nicht Deutschland durch bevorzugte Lieferung knapper Waren, insbesondere von Kohle, der österreichischen Wirtschaft helfen könnte.

nexion unter wirtschaftlichem oder politischem Druck erworben worden waren. Auch wurde ins Treffen geführt, „dass der Anspruch Österreichs gegenüber Deutschland mindestens um das Zehnfache die in Österreich befindlichen deutschen Vermögenswerte übersteigt"[15]). In den Potsdamer Beschlüssen vom August 1945 hatten die Siegermächte das deutsche Auslandsvermögen untereinander aufgeteilt. Was darunter zu verstehen wäre, und wer in strittigen Fragen zu entscheiden hätte, wurde freilich nicht erläutert.

Rückschauend ist festzustellen, dass Österreich in den vermögensrechtlichen Auseinandersetzungen Teilerfolge erzielte. Das Deutsche Eigentum wurde ihm im Staatsvertrag zugesprochen, allerdings mit wichtigen Einschränkungen und gegen Ablöselieferungen an die Sowjetunion. Die wirtschaftlichen Lasten, die es nach dem Zweiten Weltkrieg tragen musste, waren jedoch nach der von *Bischof* (1989, S. 87) beigebrachten Evidenz und den dort zitierten Quellen größer als jene der Satellitenstaaten des Deutschen Reichs (siehe Abschnitt „Die Kosten der Freiheit"). Sie konnten letztlich von Österreich nur getragen werden, weil es großzügige US-Hilfe erhielt. Plakativ formuliert: Österreich musste auf seine Forderungen an das Deutsche Reich verzichten und selbst „Reparationen" in beachtlicher Höhe leisten. Die Belastungen figurierten freilich unter anderen Namen wie etwa Beutegut, Restitutionen oder Deutsches Eigentum.

Die folgende Darstellung besteht aus drei Teilen:
– Der erste Teil behandelt unter dem Titel „Das Erbe der Vergangenheit" einige wirtschaftliche Aspekte der deutschen Annexion, die zum Verständnis der vermögensrechtlichen Auseinandersetzungen mit dem Deutschen Reich nach 1945 beitragen.
– Der zweite Teil beschreibt die Ansprüche Österreichs an das Deutsche Reich, wie sie von der heimischen Wirtschaftspolitik in den Jahren 1946 bis 1949 formuliert und vertreten wurden.
– Der dritte Teil handelt von den Quasi-Reparationen, die Österreich abverlangt wurden: den Beschlagnahmen nach Kriegsende, der Übernahme des Deutschen Eigentums durch die Besatzungsmächte und den Rückstellungsansprüchen verschiedener vom Krieg betroffener Länder.

Das Thema erwies sich als weit spröder, als der Autor angenommen hatte. Das lag zum Teil daran, dass manche Informationskanäle verstopft waren oder zumindest nicht zugänglich gemacht werden konnten. Auch erscheinen viele der eingesehenen Schriftstücke widersprüchlich und ergeben nur dann Sinn, wenn man den Akteuren eine begrenzte Rationalität (im Sinne der Institutionenökonomie) unterstellt. Ferner sind die meisten Dokumente aus dieser Zeit und manche historische Arbeiten, die darauf aufbauen, „patriotisch gefärbt".

Nicht zuletzt ist der leichtfertige Umgang von Politikern und Beamten mit Zahlen zu kritisieren. Wertangaben sind in turbulenten Zeiten, wenn die Preise nicht die gesamtwirtschaftlichen Opportunitätskosten widerspiegeln, an sich problematisch und bedürfen einer sorgfältigen Evaluierung. Das wird jedoch

---

[15]) AdR: BMfVuW, Beilage A zu Zl. 13.254_1/1946. Enthalten in: BMfaA_IIpol/1947, Karton 43.

dadurch erschwert, dass nur selten die Bewertungsregeln, die Preisbasis und (im Falle von Dollarangaben) der Umrechnungskurs angegeben wurde. Auch waren die Konzepte der Volkswirtschaftlichen Gesamtrechnung (VGR) nur beiläufig bekannt. Ein einigermaßen konsistentes Zahlengefüge ließe sich wahrscheinlich nur in Teamarbeit von Historikern, Wirtschaftsprüfern, mit der Volkswirtschaftlichen Gesamtrechnung vertrauten Ökonomen und Juristen gewinnen. In einer solchen umfassenden Studie müssten die Entschädigungsansprüche der ehemals jüdischen Mitbürger ebenso berücksichtigt werden wie die von der Historikerkommission untersuchte Frage der Zwangsarbeit. Auch eine Konfrontation mit den von *Pape* (2000, S. 446) zitierten Unterlagen, die von der Regierung der Bundesrepublik Deutschland anlässlich der deutsch-österreichischen Vermögensverhandlungen zusammengestellt wurden, könnte zur Klärung beitragen.

4.1.2 Das Erbe der Vergangenheit

Die wirtschaftliche Entwicklung der Jahre 1938 bis 1945 wird nicht im Detail beschrieben. Interessenten werden auf die einschlägige Literatur verwiesen, insbesondere auf *Butschek* (1978), *Kernbauer/Weber* (1988), *Schausberger* (1979) sowie auf einige Regionalstudien aus dem letzten Jahrzehnt (*Moser*, 1995, *Schreiber*, 1994). Drei Themen werden jedoch herausgegriffen, weil sie für die vermögensrechtlichen Auseinandersetzungen mit dem Deutschen Reich (und daraus abgeleitet mit den Besatzungsmächten) nach 1945 besonders relevant waren, aber auch weil sie sich aufgrund der jetzt zugänglichen Quellen präziser darstellen lassen, als es die ältere historische Forschung vermochte. Diese drei Themen sind:
– der Verlust der Währungsreserven,
– der „falsche" Umrechnungskurs des Schillings und
– die „Germanisierung" der österreichischen Wirtschaft.

Der wirtschaftspolitischen Orientierung der Arbeit entsprechend werden nicht nur Sachverhalte vermittelt. Es wird auch erklärt, wie die Wirtschaftspolitiker und ihre Experten nach dem Krieg die wirtschaftlichen Ereignisse der Annexionsjahre sahen oder im Interesse Österreichs zu sehen vorgaben. Begreiflich, dass manches mit dem heutigen Informationsstand und unter den heute vorherrschenden Paradigmen der Wirtschaftspolitik anders erscheint. Es ist aber nicht nur die zeitliche Distanz, die trennt. Ökonomisches und politisches Räsonnement vertragen sich nicht immer.

Der Verlust der Währungsreserven

„Im Jahre 1938 zählte der österreichische Schilling zu den stabilsten Währungen der Welt. Das Deckungsverhältnis war beispielgebend in Europa." (Bundeskanzler Figl, in der Regierungserklärung am 21. 12 1945)[16]

---

[16] Stenographische Protokolle der Sitzungen des Nationalrats, 1945, S. 23.

Mit der Annexion im Jahr 1938 ging die Währungs- und Finanzhoheit Österreichs auf das Deutsche Reich über. Für die Währungspolitik bedeutete das, dass die Reichsmark den S-alt[17]) als Zahlungsmittel ablöste, die Gold- und Devisenreserven des Landes an die deutsche Reichsbank übergingen und die deutschen geld- und devisenpolitischen Vorschriften eingeführt wurden. Am Ende des „tausendjährigen" Reichs „erbte" die wieder erstandene Republik Österreich einen gigantischen Geldüberhang (in Form von Reichsmarknoten und Bankeinlagen) als Folge der „geräuschlosen" Kriegsfinanzierung.

Der Verlust der Währungshoheit hatte zur Folge, dass die OeNB von der Reichsbank für Rechnung des Deutschen Reichs liquidiert wurde (genauer gesprochen: in den Status der Liquidation versetzt, denn das Verfahren wurde nie abgeschlossen). Damit übernahm die Reichsbank neben einer aus der Finanzkrise der dreißiger Jahre stammenden beträchtlichen Bundesschuld zwei wichtige Gruppen von Aktiven: die valutarischen Bestände und das Kapital der Industriekredit Aktiengesellschaft (kurz Inkredit genannt). Dieses Kapitel befasst sich mit den Fremdwährungsbeständen der OeNB. Auf die Inkredit wird im Zusammenhang mit der „Germanisierung" der österreichischen Industrie eingegangen.

Übersicht 4.1: Währungsrelevante deutsche Rechtsvorschriften

Gesetz vom 13. 3.1938, RGBl. I S. 237	Österreich ein Land des Deutschen Reichs
Verordnung vom 17. 3. 1938, RGBl. I, S. 254	Übernahme der OeNB durch die Reichsbank; Liquidation der OeNB
Durchführungs-Verordnung vom 23. 4. 1938, RGBl. I, S. 405	Notenbankprivileg der OeNB erloschen; Satzungsbestimmungen betr. Generalrat und Generalversammlung außer Kraft gesetzt; Umtausch 1 Aktie zu 100 Gkr. zu 125 RM Nominale Schatzanweisungen
2. Durchführungs-Verordnung vom 12. 10. 1938, RGBl. I, S. 419	Auflösung des Pensionsfonds der OeNB

Die Notenbanken decken ihre valutarischen Reserven meist nicht voll auf. Die OeNB[18]) verfügte aktenkundig am 17. 3. 1938, dem Stichtag der Liquidationsbilanz, über 7.826,7 kg Gold im Wert von 467,7 Mio. S-alt und Devisen im Wert von 47,3 Mio. Bis 25. 4. 1938 erwarb sie zusätzlich für 77,6 Mio. Gold und für 147,5 Mio. Devisen. In dieser Zeitspanne war der Schilling neben der Reichsmark Zahlungsmittel und die OeNB in Liquidation durfte noch Gold und Devisen zu den attraktiven „Wiener Kursen" (den Schillingpreisen für Gold und Devisen) erwerben. Danach übernahm die Reichsbank das Devisengeschäft zu den viel ungünstigeren „Berliner Kursen" (den RM-Preisen für Gold und Devisen).

---

[17]) Wo Verwechslungen möglich sind, wird der Schilling bis März 1938 als S-alt und der Schilling ab Jänner 1946 als S-neu bezeichnet.
[18]) Die valutarischen Reserven der OeNB vom Jahre 1938 wurden in verschiedenen Akten der OeNB dargelegt, insbesondere in den Memoranden vom 1. 8. 1945 (AdNB: Nr. 2/1945) und vom 15. 5. 1947 (AdNB: Nr. 312/1947).

„Wiener" und „Berliner" Kurse unterschieden sich deshalb voneinander, weil der Schilling im Verhältnis 1,5 : 1 in Reichsmark umgetauscht wurde, wogegen die Reichsmark auf den Devisenmärkten mit 2,17 S notiert hatte. Für die Goldparitäten bedeutete das: Bis 25. 4. 1938 zahlte die OeNB für 1 kg Gold 5.976 S-alt, wofür man nach dem Umrechnungskurs von 1,5 : 1 einen Betrag von 3.984 RM erhielt. Danach wurde der um über 30% niedrigere Berliner Kurs von 2.784 RM je kg Gold angewandt[19]). Da die strengen deutschen Ablieferungsbestimmungen bereits bekannt waren, nutzten die Besitzer die Möglichkeit, ihre valutarischen Bestände noch relativ günstig zu verkaufen.

Die Devisentransaktionen nach dem 25. 4. 1938 entzogen sich der Kenntnis der Wiener Stellen. Insbesondere war nicht bekannt, wie viele auf fremde Währungen lautende langfristige Wertpapiere österreichische Anleger an die Deutsche Golddiskontbank abgeben mussten. Über die Höhe des gesamten Geldvermögens in ausländischen Währungen liegen zwei voneinander stark abweichende Schätzungen vor. *Gabriel* (1938, S. 647-649) schätzte es auf 2,4 Mrd. S-alt, der deutsche Spitzenbanker H. J. Abs[20]) nur auf 1,2 Mrd. S-alt. Die erstgenannte Schätzung wurde publiziert und daher mangels anderer Informationen von der historischen Forschung übernommen, ist aber wahrscheinlich zu hoch. Gabriel begründete seine Angaben vor allem damit, dass im ersten Monat nach dem Einmarsch deutscher Truppen dank des noch relativ günstigen Umrechnungskurses viel Gold und viele Devisen abgeliefert wurden. In dieser Periode erwarb jedoch die Notenbank nachweislich nur einen Teil dessen, was Gabriel annahm. Strittig sind ferner zwei Posten[21]) (Clearingguthaben, Golddepots in London), die von der Notenbank nicht als nachweisbar bezeichnet wurden.

Die hohe Dunkelziffer und die beschränkte Publizität erklären, warum die in der einschlägigen Literatur angeführten Zahlen ungenau sind und zum Teil beträchtlich voneinander abweichen. Die höchsten Werte wurden von *Schausberger* (1979, S. 462) genannt. Er veranschlagte unter Berufung auf W. Taucher[22]) das auf fremde Währungen lautende Geldvermögen Österreichs 1938 auf 2,7 Mrd. S. Dem liegt möglicherweise eine andere Bewertung zugrunde. Die Engländer multiplizierten in einer Unterlage für die Staatsvertragsverhandlungen[23]) die Fremdwährungsbestände des Jahres 1938 mit den Kursen des Jahres 1946 und kamen so zu einem Schätzwert von 2,8 Mrd. S. Dem entspra-

---

[19]) AdNB: Nr. 404/1947.
[20]) H. J. Abs leitete die Auslandsgeschäfte der Deutschen Bank von 1938 bis Kriegsende. Er war einer der einflussreichsten und best informierten Bankexperten jener Epoche. Siehe *OMGUS* (1985, S. 62-66).
[21]) In der Liquidationsbilanz der Notenbank vom 17. 3. 1938 scheinen nur Clearingguthaben gegenüber Deutschland auf. Bei dem Londoner Golddepot handelt es sich möglicherweise um Treuhandguthaben aus der Abwicklung der Dollartranche der Völkerbundanleihe 1923-43 in Höhe von 5,2 Mio. $ (AdNB: Nr. 91/1946).
[22]) W. Taucher, Minister in der Zwischenkriegszeit und Wirtschaftsprofessor in Graz, war ein international anerkannter Wirtschaftsexperte. Er leistete der österreichischen Wirtschaftspolitik der Nachkriegszeit als Delegationsleiter, als Missionschef in Paris und schließlich als Leiter des österreichischen ERP-Büros wertvolle Dienste.
[23]) Schreiben der britischen Finanzabteilung vom 12. 12. 1946. AdNB: Nr. 685/1946.

chen etwa 1,4 Mrd. S zu Kursen 1938. Das ist etwas mehr als Abs, aber viel weniger, als Gabriel annahm.

Übersicht 4.2: Geldvermögen Österreichs in ausländischer Währung 1938

	Nach OeNB und Abs Mio. S-alt		Nach Gabriel Mio. S-alt	
Notenbank 17. 3. 1938				
Gold	467,7			470
Devisen und Valuten	47,3	515		
Ablieferung an die Notenbank bis 30. 6. 1938[1])			[2])	
Gold	81,9		750	
Devisen	150,2	232,1	500	1.250
Ausländische Wertpapiere OeNB	9,8			
Ausländische Wertpapiere an Golddiskontbank	443,1[3])	452,9[3])	500	500
Insgesamt nach Abs		1.200		
Golddepot London[4])				80
Clearingguthaben[4])				150
Insgesamt nach Gabriel				2.450

Quelle: AdNB: Nr. 2/1945 und verschiedene andere Akte der Notenbank. *Gabriel* (1938). – [1]) Davon 4,3 Mio. S Gold und 2,7 Mio. S Devisen nach dem 25. 4. 1938. – [2]) Ohne Angabe eines Zeitpunktes, doch bezieht sich Gabriel im Text auf das bis 25. 4. 1938 befristete Umtauschangebot der Reichsbank zu den günstigeren Wiener Kursen. – [3]) Differenz auf 1,2 Mrd. S. – [4]) Von der OeNB nicht bestätigt und in ihren Memoranden nicht berücksichtigt.

Die genannten Zahlen beziehen sich auf Bruttobestände. Den Fremdwährungsaktiven der Notenbank, der Banken und der Wertpapierbesitzer standen Fremdwährungspassiva hauptsächlich der öffentlichen Hand, aber auch von Wirtschaftsunternehmungen (z. B. der E-Wirtschaft) in zumindest gleicher Höhe gegenüber. Die auf ausländische Währungen lautenden Schulden Österreichs beliefen sich Ende 1935 auf 2,4 Mrd. S-alt. Bis 1937 verringerten sie sich nach einer Zusammenstellung des Konjunkturforschungsinstituts auf 1,9 Mrd. S-alt, zum Teil deshalb, weil die Länder des Goldwährungsblocks ihre Währungen 1936 abgewertet hatten (was einer De-facto-Aufwertung des Schillings gleichkam). Der Schillingwert der Auslandsschuld entsprach Ende 1937 etwa dem Mittel der oben genannten Schätzwerte der Auslandsaktiva. Mit anderen Worten: Die Gold- und Devisenreserven Österreichs waren „geborgt". Sie wurden für das Deutsche Reich erst dadurch zu valutarischen Nettoreserven, dass es seinen Auslandsschuldendienst in Reichsmark leistete und keinen Transfer in ausländische Währungen zuließ.

Die Auslandsschuld war 1937 hauptsächlich langfristig. „Hot money" spielte am Ende der Ersten Republik kaum noch eine Rolle. Die kurzfristigen Auslandsschulden machten nur 46,9 Mio. S-alt oder 2% der Gesamtschuld aus. Am Rande sei vermerkt: Die österreichische Auslandsposition war in den fünfziger und sechziger Jahren, nach Überwindung der nachkriegsbedingten Schwierigkeiten ähnlich strukturiert. Österreich borgte langfristig im Ausland und legte gleichzeitig kurzfristige Gelder im Ausland (oder in Gold) an. Hauptgrund für die Verlängerung der außenwirtschaftlichen Bilanz war die Schwäche des heimischen Kapitalmarktes.

Übersicht 4.3: Österreichs Auslandsschuld 1935 und 1937

	Mio. S-alt	
	1935	1937
Nach Schuldarten		
Anleihen	1.928,7	1.592,7
Lang- und mittelfristige Kredite	353,5	241,7
Kurzfristige Kredite	147,7	46,9
Insgesamt	2.429,9	1.881,3
Nach Schuldnern		
Bund	1.558,2	1.267,4
Länder und Gemeinden	202,8	176,5
Finanzinstitute	284,6	176,4
Sonstige	384,3	261,0
Insgesamt	2.429,9	1.881,3

1935: AdNB: Nr. 443/1946.
1937: Wiener Institut für Wirtschaft- und Konjunkturforschung, 1938, 12, (9/10) vom 20. 12. 1938, S. 230, Kopie in AdNB: Nr. 685/1946.

Zur externen Vermögensbilanz gehören auf der Aktivseite noch die österreichischen Vermögen im Ausland, vor allem in den Donaustaaten, und auf der Passivseite die ausländischen Direktinvestitionen in Österreich. Diese hauptsächlich Realvermögen umfassenden Posten hatten nicht die gleiche internationale Bonität oder Liquidität wie die valutarischen Reserven und die zumeist in westlichen Währungen denominierten Wertpapierbestände und internationalen Kredite. Das Schicksal des österreichischen Besitzes in den Donauländern – er wurde vor dem Zweiten Weltkrieg auf etwa 300 Mio. $ geschätzt[24]) – wurde nicht untersucht. Viel davon blieb Österreich nicht erhalten. Nach dem Ersten Weltkrieg war erwogen worden, das österreichische Auslandskapital als Basis für internationale Kredite heranzuziehen. Davon konnte nach dem Zweiten Weltkrieg keine Rede sein. Die meisten Staaten verwalteten das österreichische Vermögen zunächst als Feindeigentum. Im Westen wurde es nach längeren Verhandlungen allmählich freigegeben. Im Osten wurde das meiste entweder beschlagnahmt oder nationalisiert. Jugoslawien wurde das dort befindliche österreichische Eigentum als Entschädigung zugesprochen.

Gold und Devisen werden von den Notenbanken in Regimes fester Wechselkurse zu den amtlichen Notierungen ausgewiesen. Diese Konvention hatte erheblichen Einfluss auf die Liquidationsbilanz der OeNB 1938 und auch auf den 1946 erstellten Katalog von Forderungen an das Deutsche Reich. Das

---

[24]) AdR: Ministerrat Figl 1, Nr. 99 vom 10. 2. 1948. Dort wird für Südosteuropa ohne Jugoslawien ein Wert von 197 Mio. $ angegeben. Dazu kommen etwa 120 Mio. $ österreichisches Eigentum in Jugoslawien.

rechtfertigt einen kurzen Exkurs über die Verbuchungspraktiken und ihre Rolle in der wirtschaftspolitischen Argumentation.

Übersicht 4.4: Liquidationsbilanz der OeNB vom 17. 3. 1938

	Mio. S-alt		Mio. S-alt
Valutarische Bestände	527,70	Aktienkapital	54,96
Teilmünzen	9,90	Reservefonds + Gewinn	8,50
Kredite	191,63	Rückstellungen	49,08
Davon Finanzwechsel	*180,80*	Banknotenumlauf	1.050,91
Bundesschuld	611,78	Giro- + sofort fällige Verbindlichkeiten	181,77
Reichsbank Sonderkonto	13,91	Verpflichtungen in ausländische Währung	12,70
Sonstiges	20,59	Sonstiges	17,58
Summe	1.375,50	Summe	1.375,50

Zusammenfassende Darstellung aufgrund der detaillierten Liquidationsbilanz gemäß AdNB: Nr. 287/1946.

Laut der zunächst in Schilling erstellten Liquidationsbilanz[25]) verfügte die OeNB am 17. 3. 1938 über ein ausgewiesenes Eigenkapital von 63,46 Mio. S-alt. Rechnet man die für bestimmte Zwecke angelegten Rückstellungen[26]) (Reserven für Kursdifferenzen und für schwebende Schillingverrechnungen) und nachgewiesene stille Reserven im Effektenportefeuille in Höhe von 5 Mio. S-alt hinzu, so kommt man auf ein Eigenkapital (Reinvermögen) von etwa 100 Mio. S-alt. Wie fast immer bei Unternehmensübernahmen war der Wert bestimmter Aktiv- und Passivposten strittig. Die Notenbankleitung hielt 1938 Abstriche von der Liquidationsbilanz für angebracht und schätzte das Reinvermögen auf 70 Mio. S-alt. Die Notenbankleitung nach 1945 hielt diese Korrekturen für überflüssig. Sie fand überdies, dass das Reinvermögen der Industriekredit Aktiengesellschaft, das in der Liquidationsbilanz nur mit einem Erinnerungswert aufschien, etwa 50 Mio. S-alt wert war. Außerdem erwiesen sich die Finanzwechsel als voll einbringlich. Sie kam daher zu einem Schätzwert von 160 Mio. S-alt, dem Dreifachen des Aktienkapitals[27]).

Das Eigenkapital laut der in Schilling erstellten Liquidationsbilanz – wie hoch man es auch immer einschätzte – wurde jedoch in der in Reichsmark transformierten Bilanz durch die Neubewertung der Gold- und Devisenbestände mehr als aufgezehrt. Die Wahl des Umrechnungskurses von 1,5 : 1 bei einer Devisenparität von 2,17 : 1 bedeutete, dass die Notenbank einen Aufwertungsverlust von etwa 150 Mio. S-alt zu verbuchen hatte. Er vergrößerte sich dadurch um weitere 100 Mio. S-alt, dass die OeNB in Liquidation bis 25. 4. 1938

---

[25]) Eine handschriftliche Abschrift wurde unter AdNB: Nr. 287 gefunden.
[26]) Unter der Annahme, dass die Wahrscheinlichkeit einer Beanspruchung dieser Reserven nahezu null ist.
[27]) AdNB: Nr. 382/1947.

Gold und Devisen noch zu den alten Wiener Kursen aufkaufte[28]). Berücksichtigt man, dass das Deutsche Reich den Aktionären ihre Anteile mit 125 RM je Goldkrone ablöste[29]), so war die Liquidation der OeNB in Reichsmark und zu den damals geltenden Preisrelationen für den deutschen Fiskus ein Verlustgeschäft, wenn man sich auf den buchhalterischen Aspekt beschränkt. Das gilt selbst dann, wenn man die Bundesschuld an die Notenbank als Aktivum gelten lässt, obschon sie vom Standpunkt des Reichsfiskus nur eine Forderung gegen sich selbst darstellte[30]).

Übersicht 4.5: Bewertung der Gold- und Devisenbestände der Notenbank vom 25. 4. 1938

Bewertung	Gold	Devisen	Insgesamt
Mio. $[1])	102,69	36,23	138,92
Mio. S-alt[2])	545,38	194,71	740,09
Mio. RM			
a) Wiener Notierung[3])	363,59	129,80	493,39
b) Berliner Notierung[4])	254,06	89,53	343,59
Mio. S-neu[5])	1.026,90[5])	300,80	1.327,70

[1]) Gold zum Preis von 35 $ je Unze, Devisen zum Dollarkurs von 537,47 pro 100 S. – [2]) Gold zum Preis von 5.976,3 S je kg, Devisen zum Wiener Kurs vom 17. 3. 1938. – [3]) Umrechnung der Schillingbeträge im Verhältnis 3 S zu 2 RM. – [4]) Gold zum Berliner Kurs von 2.784 RM je kg, Devisen umgerechnet aus den Schillingbeträgen zum Kurs von 217,47 S für 100 RM. – [5]) Laut AdNB: Nr. 258/1946.

Dennoch machte die OeNB nach dem Zweiten Weltkrieg geltend, dass sie nicht nur Ansprüche aus der Übernahme des Notenbankgeldes Ende 1945 hätte, sondern auch noch eine offene Rechnung aus dem Jahr 1938 (siehe Übersicht 4.14). Diese Forderung wurde mit 1.050 Mio. S-neu veranschlagt[31]). Der Hauptgrund hiefür lag darin, dass die OeNB nunmehr die valutarischen Bestände von 1938 weder mit den Wiener noch mit den Berliner Kursen dieses Jahres, sondern mit den 1946 eingeführten Kursen auf Basis $ gleich 10 S-neu bewertete, dem Dollarkurs, den die Militärs 1945 für Verrechnungszwecke festgesetzt hatten und den die heimischen Währungsbehörden übernahmen, obschon er weit über den Kaufkraftparitäten lag. Zu den die künftige Inflation bereits vorwegnehmenden Devisenkursen von 1946 war der valutarische Bestand der OeNB vom April 1945 1.330 Mio. S-neu wert. Dem entsprach ein rechnerischer Abwertungsgewinn von etwa 1 Mrd. S-neu.

---

[28]) Nach einer mündlichen Information von Dieter Stiefel wurden auch in der Versicherungswirtschaft noch fremde Währungen zu den Wiener Kursen abgerechnet.
[29]) Die tatsächlichen Zahlungen waren allerdings gering, da die Republik Österreich der Hauptaktionär war.
[30]) Diese Bundesschuld wurde in späteren Darstellungen der Notenbank zusammen mit den Goldrückgaben als Gegenposten berücksichtigt. AdR: BMfVuW, Zl. 127.097_14/1949.
[31]) AdNB: Nr. 158/1946.

Angesichts der extrem unterschiedlichen Wertansätze stellt sich die Frage: Was waren die valutarischen Reserven Österreichs „wirklich" wert? Die Wirtschaftspolitik nach 1945 hatte den Eindruck, dass sie sehr viel wert wären, tat sich aber schwer, das zu quantifizieren. Angesichts des in viele Milliarden gehenden Forderungsvolumens fielen die genannten Summen nicht ins Gewicht. Und die Notierungen auf dem Schwarzen Markt wollte man nicht zitieren. Anhaltspunkte gewinnt man, wenn man den Wert der valutarischen Reserven gemäß den geltenden Wechselkursen auf makroökonomische Größen wie Importe und Gesamtproduktion bezieht, und zusätzlich fragt, wieweit die so gewonnenen Kennzahlen die gesamtwirtschaftlichen Opportunitätskosten widerspiegeln (die heimischen Ressourcen, die geopfert werden müssten, um zusätzliche valutarische Reserven zu erhalten).

Die österreichischen Gold- und Devisenreserven, die der Reichsbank am 25. 4. 1938 übergeben wurden, waren für österreichische Verhältnisse reichlich. Sie deckten mehr als ein Drittel der Jahreseinfuhr 1937 und machten über 5% des BIP aus. Sie kamen damit der in den Statuten vorgesehenen, aber nicht realisierten Bardeckungsvorschrift (Einlösbarkeit der Banknnoten in Gold) ziemlich nahe. Wieweit das Vertrauen in den „Alpendollar" mit dem negativen Beschäftigungseffekt einer straffen Geld- und Finanzpolitik erkauft wurde[32]), braucht hier nicht erörtert zu werden. V. Kienböck, der „Vater" der Stabilisierungspolitik nach dem Ersten Weltkrieg, lehnte staatliche Arbeitsbeschaffungsmaßnahmen ab. Er machte den Einbruch im Tourismus infolge der vom Deutschen Reich verhängten 1.000-Mark-Sperre für die Arbeitslosigkeit verantwortlich. Staatliche Arbeitsbeschaffungsmaßnahmen – so seine unorthodoxe makroökonomische Argumentation – vergrößerten das Budgetdefizit, Budgetdefizite aber ließen die Preise steigen, und mehr Inflation führte zu Arbeitslosigkeit[33]).

Die österreichischen valutarischen Reserven kamen 1938 der nationalsozialistischen Wirtschaftspolitik als „Morgengabe der Ostmark" zustatten. Das gilt, obschon – wie bereits dargelegt – die Fremdwährungs-Finanzaktiva nicht so hoch waren wie manche Autoren meinten, und obschon Deutschland mehr Gold und Devisen hatte, als öffentlich bekannt war. Die Reichsbank wies nur einen Bestand von etwas über 76 Mio. RM aus. *Petzina* (1988, S. 467) schloss daraus: „Verglichen mit der deutschen Reichsbank befand sich die Österreichische Nationalbank in der Position eines Krösus". Tatsächlich verfügte Deutschland 1937 über Gold im Werte von 500 Mio. RM[34]). Die Verschleierung diente vor allem dazu, das Stillhalteabkommen mit den ausländischen Gläubigern zu rechtfertigen. Deshalb versickerten auch die 1938 von der OeNB übernommenen Bestände im „statistischen Untergrund". Aber auch der tatsächliche Goldbestand Deutschlands deckte nur etwas mehr als einen Monatsbedarf an Importen. Man darf freilich nicht überzeichnen. Die Aussage

---

[32]) Dieser Gesichtspunkt wurde in den von Keynes beeinflussten wirtschaftshistorischen Darstellungen besonders hervorgehoben (siehe *Kernbauer/Weber,* 1988, S. 50).
[33]) *Stiefel* (1988B, S. 410). Der Praktiker Kienböck wurde vom Wirtschaftstheoretiker O. Morgenstern unterstützt.
[34]) *OMGUS* (1985, S. 64).

Prof. Kerschagl's, „die Besetzung Österreichs (war) von deutscher Seite gesehen zu 50% der Raub des österreichischen Goldschatzes", lässt sich nicht nachvollziehen[35]. Die Gold- und Devisenbestände der OeNB vom 25. 4. 1938 machten nur 0,7 Monatseinfuhren des Großdeutschen Reichs aus. Selbst wenn man von der früher erwähnten Größe für die gesamten Fremdwährungsaktiva (einschließlich den längerfristigen Wertpapieren) von 1,2 Mrd. S ausgeht, kommt man nur auf eineinhalb Monatseinfuhren[36]. Dabei ist zu berücksichtigen, dass ein Teil der österreichischen Reserven schon 1938 verbraucht wurde, weil die österreichische Leistungsbilanz dieses Jahres stark defizitär war. Darauf hat insbesondere *Butschek* (1978, S. 57/58) hingewiesen.

Die Reserven mögen für Friedenszeiten ausreichend gewesen sein, denn das straffe Bewirtschaftungssystem erlaubte es, die Devisenmärkte gegenüber Schocks auf den Waren- oder Kapitalmärkten abzuschotten. Auch hätten sich 1938 die deutschen Exporte unschwer steigern lassen, wenn man eine Verschlechterung der Austauschverhältnisse im Außenhandel in Kauf genommen und die heimische Absorption (die Inlandsnachfrage) gedrosselt hätte. Die Kluft zwischen dem Wert der valutarischen Reserven und ihren Opportunitätskosten wäre nicht sehr groß gewesen.

Der geplante Krieg hätte jedoch größere Reserven gerechtfertigt[37]. Die vom Vierjahresplan angestrebte Autarkie war kostspielig und nur teilweise erreichbar. Die Kriegswirtschaft war daher auf Vorräte an strategischen Rohstoffen und auf Gold angewiesen, mit dem der Import von kritischen Produkten bezahlt werden konnte. Die deutsche Kriegswirtschaft litt vor allem darunter, dass sie vom Überseehandel abgeschnitten war. Kontinentaleuropa war zu einem guten Teil von Deutschland besetzt und seine wirtschaftlichen Ressourcen, nicht nur seine Arbeitskräfte, wurden von den Deutschen ausgebeutet. Sonst nur schwer erhältliche überseeische Güter konnten am ehesten von neutralen europäischen Staaten gegen Bezahlung in harten Devisen bezogen werden. Nach den Schweizer Statistiken war der Warenaustausch zwischen der Schweiz und Deutschland in den Jahren 1942 und 1943 mehr als doppelt so hoch wie vor dem Krieg[38]. Schweden ließ sich Erzlieferungen mit Gold bezahlen.

Am stärksten fielen Opportunitätskosten und Buchwert der valutarischen Reserven in der unmittelbaren Nachkriegszeit auseinander. Die 140 Mio. $ valutarische Reserven, die Österreich 1938 verlor, hätten – klug verwendet – einige der ärgsten Härten der ersten Nachkriegsjahre mildern können. Viele

---

[35]) Zitiert in *Schausberger* (1979, S. 461).
[36]) Die von Statistischen Reichsamt ausgewiesenen Globalgrößen der Volkswirtschaftlichen Gesamtrechnung entsprechen nicht den nach 1945 üblichen Konventionen. Das vorliegende Kalkül geht von einem BIP des Deutschen Reichs für 1938 von 102,0 Mrd. RM aus (siehe *Erbe*, 1958, S. 100).
[37]) Unzureichende valutarische Reserven waren bis zu einem gewissen Grad ein Systemmerkmal. Auch die planwirtschaftlich organisierten Länder Osteuropas litten nicht nur in der unmittelbaren Nachkriegsperiode, sondern systembedingt unter einem chronischen Devisenmangel.
[38]) Statistisches Jahrbuch der Schweiz (1949, S. 294 und 304).

westeuropäische Staaten zehrten nach Kriegsende von ihren Goldreserven, bevor amerikanische Hilfslieferungen und Kredite das Angebot an Dollar vergrößerten[39]). Das macht es verständlich, dass die Wirtschaftspolitiker der „Stunde null" den Verlust der Währungsreserven besonders beklagten (siehe das Zitat am Beginn dieses Kapitels). Begreiflich auch, dass sich die österreichische Währungspolitik anstrengte, einen Teil des Goldbestandes von 1938 zurück zu erhalten. (Weniger verständlich ist, dass die Währungsbehörden das restituierte Gold in der Zeit der ärgsten Devisenknappheit bis zur Stabilisierung der Währung Ende 1951 nicht antasteten. Sie zogen es weder zur Deckung des dringenden Importbedarfs heran, noch stellten sie es in das Rampenlicht des Wochenausweises, etwa mit der Absicht, die Glaubhaftigkeit des Währungskurses zu stützen und ihn gegen potentielle Spekulationen abzuschirmen.)

Der „falsche" Umrechnungskurs

„Trotz des seitens der alten Leitung der Oesterreichischen Nationalbank versuchten Widerstands wurde ein Umrechnungskurs von 1 RM = 1,50 S festgesetzt und damit die Kaufkraft des Schillings gegenüber der damals im gesamten Ausland stark unterbewerteten Reichsmark in ein durch keinerlei wirtschaftliches Argument belegbares Missverhältnis gesetzt." (AdNB: Nr. 324/1946: Beitrag der OeNB zum Rot-Weiß-Rot-Buch des Außenministeriums)

Der Schilling wurde 1938 im Verhältnis 1,5 : 1 in Reichsmark umgetauscht. Der gewählte Umrechnungskurs für den Schilling lag wie schon erwähnt erheblich über der Devisenparität (auf den Devisenmärkten zahlte man 2,17 S für 1 RM). Mit anderen Worten: Der Schilling wurde um etwa 45% aufgewertet (RM und Devisen wurden um etwa 30% billiger). Die Reichsbank hatte damals Bedenken[40]), und die Wirtschaftspolitik nach 1945 bezeichnete den Kurs als schlechthin falsch[41]). Dabei wurden freilich zwei entgegen gesetzte Standpunkte vertreten. Die Aufwertung erschien 1938 problematisch, weil die heimische Industrie zu diesem Kurs zu teuer produzierte und daher temporäre Schutzmaßnahmen erforderlich waren. Die Reichsbank befürchtete überdies – zu Recht wie sich herausstellte –, dass die österreichische Leistungsbilanz mit Drittländern leiden würde. Vielen Wirtschaftspolitikern nach 1945 erschien hingegen die Aufwertung noch als zu gering, weil sie den wirtschaftlichen „Ausverkauf" des Landes förderte. Ein Schilling sei zwei oder zumindest eine Reichsmark wert gewesen, und nicht umgekehrt. Die zweite

---

[39]) Die hohe Einschätzung des Goldes erstreckte sich nicht nur auf die unmittelbare Nachkriegszeit. Bis in die siebziger Jahre wurde vermutet, dass Währungsgold knapp werden würde und daher die Weltwirtschaft künstlich mit Liquidität versorgt werden müsste. Amerikanische Anlageberater empfahlen ihren Kunden, einen namhaften Teil ihres Vermögens (etwa 30%) in Gold anzulegen.
[40]) Die Haltung der Reichsbank wird von *Kernbauer/Weber* (1988) aufgrund von Originaldokumenten beschrieben.
[41]) So zum Beispiel in der 1947 erschienenen Broschüre „25 Jahre Oesterreichische Nationalbank".

Variante war Teil der „Nachkriegs-Saga" wie sie insbesondere im Rot-Weiß-Rot-Buch der Bundesregierung ihren Niederschlag fand. In Übereinstimmung mit der jüngeren wirtschaftshistorischen Literatur[42]) wird im Folgenden die erste, aus ökonomischer Sicht diskussionswürdige Version behandelt.

Ein „richtiges" Umtauschverhältnis ließ sich aus drei Gründen nur schwer finden:
- Die Devisenbewirtschaftung war in Deutschland viel strenger als in Österreich (Unterschiede im Devisenregime).
- Die deutsche Industrie war relativ leistungsfähiger als die österreichische (Unterschiede im sektoralen Produktivitätsgefälle).
- In Deutschland hatte die Rüstungskonjunktur bereits zu Überbeschäftigung geführt, in Österreich herrschte noch Absatznot und Arbeitslosigkeit (Unterschiede im Beschäftigungsgrad).

Die Devisenregimes beider Länder unterschieden sich grundlegend. Österreich hatte im Laufe der dreißiger Jahre marktnahe Kurse in Form des Privatclearings eingeführt (was auf eine Abwertung des Schillings gegenüber dem „Goldschilling" um 28% hinauslief) und sie mit einer straffen Geld- und Fiskalpolitik verteidigt. Das Deutsche Reich hingegen hatte die Reichsmark in den dreißiger Jahren – entgegen der Praxis in den meisten anderen Industrieländern – nicht abgewertet. Die auf Rüstung ausgerichtete expansive Binnenwirtschaftpolitik schlug daher voll auf die Außenwirtschaftsbilanz durch. Nachdem ein guter Teil der Währungsreserven verbraucht worden war, wurde das Gleichgewicht auf dem Devisenmarkt durch eine strenge Devisenbewirtschaftung und ein ausgeklügeltes System multipler Wechselkurse erzwungen. Mit anderen Worten: Die Reichsmark war eine Binnenwährung mit einem künstlich überhöhten Außenwert. Die Alternative einer generellen Abwertung wurde zwar erwogen, aber letztlich verworfen[43]).

Die restriktive Bewirtschaftung der Devisen hatte zur Folge, dass zwischen dem Binnenwert der Reichsmark und ihrem Außenwert auf freien Märkten eine große Lücke klaffte. Die Notierungen österreichischer Schuldverschreibungen auf dem Schweizer Markt fielen nach dem „Anschluss" um 45%[44]), da die als Ersatz angebotenen Schuldverschreibungen des Deutschen Reichs nicht konvertibel waren. Für die weitaus überwiegende Zahl der wirtschaftlichen Transaktionen war es jedoch von geringer Bedeutung, mit welchem Abschlag die Reichsmark auf freien ausländischen Märkten gehandelt wurde. Viel wichtiger war, wie sich die österreichischen Preise und Löhne in das System der deutschen Binnenwirtschaft einfügten.

Die Industrie war im Deutschen Reich besonders leistungsfähig; ihre Produktivität lag weit über jener der übrigen Wirtschaft. Die österreichische Industrie dagegen litt noch immer unter den Strukturproblemen, die in der Desintegration im Donauraum wurzelten. Ein Wechselkurs, der für die Industrie passte, war nicht für die Gesamtwirtschaft angemessen, und umgekehrt. Ange-

---
[42]) *Kernbauer/Weber* (1988, S. 52), *Moser* (1995, S. 44).
[43]) Siehe hiezu *Erben* (1958, S. 82 und S. 188-193).
[44]) *Frey/Kuchler* (1999, S. 18).

sichts der schon seit längerem erwogenen Pläne einer Zollunion Österreichs mit dem Deutsches Reich war nicht nur von deutscher, sondern auch von österreichischer Seite überlegt worden, wie sich ein freier Warenverkehr zwischen beiden Staaten auswirken würde. Die von J. Nautz[45]) wiedergegebenen Meinungen der einzelnen Industriebranchen spiegelten ihre komparativen Vorteile wider. Danach rechneten schon beim alten Wechselkurs Teile der österreichischen Industrie mit Einbußen und Betriebsstilllegungen. Um wie viel größer mussten die Anpassungsschwierigkeiten nach der Aufwertung des Schillings sein.

Die „unterkühlte", noch unter den Depressionsfolgen leidende österreichische Wirtschaft wurde in eine „überhitzte" deutsche Wirtschaft mit einer durch administrative Maßnahmen zurückgestauten Nachfrage eingegliedert. Nach Kriegsende machte die heimische Wirtschaftspolitik geltend, dass die Deutschen 1938 österreichische Waren in großen Mengen gekauft hätten. Das ist sehr wahrscheinlich, aber statistisch nicht belegt[46]). Nachweisbar ist, dass der heimische Konsum infolge steigender Masseneinkommen sprunghaft zunahm[47]).

Angesichts der Struktur- und Konjunkturdifferenzen konnte kein allgemein befriedigender Umtauschkurs gefunden werden. Für den Kurs von 1,5 : 1 sprach, dass bei diesem Kurs die österreichischen Löhne nicht allzu stark hinter den deutschen zurückblieben. Auch „populistische" Überlegungen (die so genannte Volksabstimmung stand unmittelbar bevor, sollen eine Rolle gespielt haben). Die heimische Industrie produzierte jedoch zu teuer.

Die Preis-Lohn-Relationen zwischen Österreich und dem Deutschen Reich (siehe auch den Abschnitt: „Die Nachkriegsinflation") lassen sich in so genannten Paritäten ausdrücken. Die Lohnparität (der Umrechnungskurs bei dem die Löhne in Österreich gleich jenen im Deutschen Reich gewesen wären) lag bei 1,32 : 1. Die Parität der Verbraucherpreise entsprach annähernd dem Umrechnungskurs von 1,5 : 1, doch wurde das nur durch niedrige Mieten in Österreich (vor allem in Wien) erreicht. Die Industriepreise verhielten sich wie 1,7 : 1; ihre Parität lag in der Mitte zwischen dem Devisenkurs von 2,17 und dem Umrechnungskurs von 1,5 (zur Berechnung der Paritäten: siehe Anhang).

Die Aufwertung des Schillings im Jahr 1938 hatte wie jede andere auch zwei Folgen: Sie wertete das in Schilling ausgedrückte Geldvermögen auf und sie beeinträchtigte die Wettbewerbsfähigkeit der heimischen Wirtschaft zumindest temporär sowohl auf dem deutschen Binnenmarkt als auch auf den Märkten für Drittländer. Das Ergebnis wurde jedoch durch die besonderen Umstände der deutschen Rüstungs- und Kriegswirtschaft modifiziert.

---

[45]) *Nautz* (1988, S. 395-398). Der Autor versuchte die durchschnittlichen Auswirkungen einer Zollunion auf die heimische Industrie zu erfassen, verzichtete aber auf den gesamtwirtschaftlichen Gewinn aus Freihandel hinzuweisen (wozu auch die Vorteile für Konsumenten gehören).

[46]) 1938 wurde nur der Außenhandel mit Drittländern, aber nicht der Binnenhandel zwischen der „Ostmark" und dem „Altreich" statistisch erfasst.

[47]) Laut Monatsberichte des Wiener Instituts für Wirtschafts- und Konjunkturforschung, H. 2/3, S. 75, stieg der Umsatz an Verbrauchsgütern 1938 um 59%.

Übersicht 4.6: Vergleich von Preisen und Löhnen bei verschiedenen Umrechnungskursen[1])

	Österreichische Werte in % der deutschen Werte		Parität bei Kurs von S/RM
	Zum Kurs 2,17 S je RM	Zum Kurs 1,5 S je RM	
Verbraucherpreise	69	100	1,00
Preise (ohne Mieten)	80	116 [1])	1,74
Löhne	61	88 [2])	1,32

[1]) Wiener Institut für Wirtschaftsforschung „Die Entwicklung der Lebenshaltungskosten und Löhne in Wien seit der Wiedervereinigung", Wien 1941. – [2]) Arbeitszeiten und Verdienste in der Ostmark im August 1938, DAF, Berlin 1939.

Für das Geldvermögen galt: Wer (netto) in ausländischen Währungen denominiertes Vermögen besaß, erlitt einen Aufwertungsverlust, wer Auslandsschulden hatte, erzielte einen Aufwertungsgewinn. Oder in der Sprache der Devisenhändler: Wer lang in Schilling und kurz in Dollar war, profitierte, und umgekehrt. Die Aufwertungsverluste der OeNB wurden bereits beschrieben. Für die österreichische Wirtschaft insgesamt überwogen aufgrund der bereits beschriebenen Nettoposition gegenüber dem Ausland die Aufwertungsgewinne. Das gilt jedenfalls dann, wenn man berücksichtigt, dass die Notenbank noch bis 25. 4. 1938 Gold und Devisen zu den Wiener Kursen kaufte und Aufwertungsverluste den Finanzinstituten teilweise abgegolten wurden[48]).

Wichtiger als der Einfluss auf die Bestandsgrößen ist jener auf den Einkommenskreislauf. Aufwertungen einer Währung (wenn Preise und Löhne nur träge reagieren) dämpfen die Konjunktur und belasten die Zahlungsbilanz. Der konjunkturelle Bremseffekt wurde jedoch 1938 durch den Sog der deutschen Übernachfrage und den sich über das gesamte Land ausbreitenden Bauboom überdeckt. Die Beschäftigung stieg innerhalb eines Jahres – von November 1937 bis November 1938 – um 396.000 oder 23%: eine höchst ungewöhnliche Begleiterscheinung einer Aufwertung. Der exponierte Sektor, die Exportindustrie und der Qualitätsfremdenverkehr gerieten allerdings trotz Schutzmaßnahmen zeitweilig unter Anpassungsdruck.

Über Erwarten kräftig fiel die an sich vorhersehbare Belastung der heimischen Zahlungsbilanz aus. Die Handelsbilanz mit Drittstaaten (ohne das „Altreich") erreichte 1938 das Rekordpassivum von 240 Mio. RM, was je nach Umrechnungskurs 360 bis 480 Mio. S-alt entsprach. Vor allem der Export brach ein. Die heimischen Firmen, von denen viele schon neue Eigentümer hatten, zogen es vor, den deutschen Markt zu beliefern, statt ihre alten Exportmärkte unter ungünstigen Bedingungen weiter zu halten. Zum Teil lenkte das deutsche Bewirtschaftungssystem knappe Produkte von traditionellen aus-

---

[48]) Eine vollständige Beschreibung der Vermögenseffekte müsste auch berücksichtigen, wie rasch sich das „Gesetz von einem Preis" durchsetzte (oder von der Preisbehörde durchgesetzt wurde) und wie sich daher der Realwert des von Schilling auf Reichsmark umgestellten Geldvermögens entwickelte.

ländischen Abnehmern ins „Altreich"[49]). Auch eine Entlastung des Außenhandels des Deutschen Reichs ließ sich nicht ausmachen. 1938 wies der Außenhandel des alten Reichsgebiets einen Abgang von 192 Mio. RM auf, nachdem 1937 noch ein Überschuss von 443 Mio. RM erzielt worden war[50]). Dazu kam, dass weniger Touristen aus dem westlichen Ausland Österreich besuchten. Die Zahl der Ausländer-Nächtigungen (ohne deutsche Gäste) sank von 5,18 Mio. 1937 auf 1,85 Mio. 1938 oder um 67%. In der Leistungsbilanz der „Ostmark" gegenüber Drittländern klaffte daher eine beträchtliche Lücke[51]).

Vergleicht man den Rückgang der Exporterlöse mit der Aufwertung des Schilling, so erhält man eine Elastizität der Exporterlöse in Bezug auf die Wechselkursänderung von $-0,75$ und – unter der Annahme, dass die Exportpreise in ausländischer Währung um den Prozentsatz der Aufwertung erhöht wurden – eine Preiselastizität der ausländischen Nachfrage von $-1,75$ (siehe Anhang). Die Preiselastizität im Tourismus betrug sogar $-3,78$, wobei freilich zu berücksichtigen ist, dass ausländische Gäste nicht nur wegen der hohen Preise nach der Annexion ausblieben.

Dass das Zusammentreffen von „Hartwährungspolitik" mit einem kräftigen Schub der Inlandsnachfrage die Zahlungsbilanz belasten würde, war vorauszusehen. Dennoch überrascht das Ausmaß. Das legt die Frage nahe, ob die Eingliederung Österreichs die deutsche Wirtschaft autarker machte, wie gelegentlich argumentiert wurde.

Um diese Frage zu beantworten, müssen zwei verschiedene Zustände (Regimes) unterschieden werden:
– eine einigermaßen normale Friedenswirtschaft,
– die Kriegswirtschaft.

Unter den wirtschaftlichen Bedingungen des Jahres 1938 (Vollbeschäftigung, noch keine nennenswerten Beschränkungen des Verbrauchs) hat – wie bereits belegt wurde – die Eingliederung der österreichischen Wirtschaft die deutsche Zahlungsbilanz nicht nur nicht entlastet, sondern sogar belastet. Das überrascht nicht. Österreich war ebenso wie das Deutsche Reich ein Industrieland. Es führte Fertigwaren aus, um seinen Einfuhrbedarf an Nahrungsmitteln, Rohstoffen und Kohle zu decken. Wenn man den Außenhandel Österreichs und des Deutschen Reichs 1937 nach Warengruppen[52]) unterteilt und die so erhaltenen Werte „konsolidiert", so war der so ermittelte Außenhandel „Großdeutschlands" schon aufgrund der „Vor-Anschluss"-Daten, die noch von der Unterbeschäftigung der heimischen Wirtschaft geprägt waren, absolut und je Einwohner gemessen größer als der Außenhandel des Deutschen Reichs vor der Annexion. Die Importe Deutschlands an Nahrungsmitteln, Rohstoffen und halbfertigen Waren aus Österreich (die dann Binnenhandel wurden) betrugen nur ein Neuntel der österreichischen Importe an diesen Gütern aus Drittländern

---

[49]) Die Alpine Montangesellschaft z. B. wurde verhalten, ihre traditionellen Walzwarenexporte in Drittländer zugunsten von Lieferungen in das „Altreich" einzuschränken.
[50]) Statistisches Jahrbuch für das Deutsche Reich (1939/40, S. 260).
[51]) *Butschek* (1978, S. 55) schätzte das österreichische Leistungsbilanzdefizit 1938 auf 400 Mio. S.
[52]) Wirtschaft und Statistik (1938, S. 230-231).

(die dann Importe des Deutsches Reichs wurden). Nur Holz, Kleider und Wäsche sowie Waren aus Eisen und anderen unedlen Metallen bezog Deutschland 1937 in größeren Mengen aus Österreich als Österreich aus Drittländern. Auslandstransaktionen sparenden Charakter hatte im Gegensatz zum Warenhandel der Fremdenverkehr, doch waren Auslandsreisen von Deutschen bereits durch die Devisenbewirtschaftung auf ein Minimum beschränkt. Die Aufhebung der 1.000-Mark-Sperre brachte zwar der deutschen Bevölkerung einen Wohlfahrtsgewinn, entlastete aber nicht die deutsche Zahlungsbilanz.

Übersicht 4.7: Konsolidierte Bilanz der Wareneinfuhr 1937[1])

Einfuhr	Deutschland aus Österreich	Österreich aus Drittländern	Saldo[2])
		Mio. RM	
Lebende Tiere	3,94	43,58	+ 39,64
Lebensmittel, Getränke	9,84	144,42	+134,58
Rohstoffe, Halbfabrikate	37,09	256,11	+219,02
Fertigwaren	42,48	116,98	+ 74,50
Insgesamt	93,94	572,24	+478,30

[1]) Wirtschaft und Statistik, 1938, S. 230-231. – [2]) Zusätzlicher Importbedarf.

Was für die Friedenswirtschaft gilt, muss nicht für die Kriegswirtschaft zutreffen. Die kriegswirtschaftlichen Aspekte des „Anschlusses" wurden von *Schausberger* (1979, S. 451ff) an Hand deutscher Dokumente ausführlich beschrieben. Die Militärstrategen des Dritten Reichs kalkulierten mit den militärisch nutzbaren Rohstoffvorkommen des Landes, auch mit solchen, die nur mit relativ hohen Kosten erschlossen und (oder) genutzt werden konnten. Vor allem die Energiebasis konnte mittelfristig beträchtlich erweitert werden, wenngleich mit zum Teil erheblichen Investitionen. 1937 wurde erst mit der Rohölförderung begonnen, das Potential an Wasserkraft – es war im kleinen Österreich fast so hoch wie im großen Deutschen Reich – wurde erst teilweise genutzt. Dank forcierter Investitionen konnte aus dem Energieimportland Österreich ein Energieexportland werden. 1943 wurden 1,2 Mio. t Rohöl gefördert gegen nur 33 t im Jahr 1937. Die Produktion elektrischer Energie wurde im gleichen Zeitraum verdoppelt, die Eisenerzförderung um fast 70% ausgeweitet.

Aber der Ausbau der Rohstoff- und Energiequellen kostete Zeit und Geld. Auch haben die deutschen Planer der Kriegswirtschaft möglicherweise nicht berücksichtigt, dass der österreichischen Bevölkerung zunächst der „Anschluss" schmackhaft gemacht werden musste. Die vielen Prestigeprojekte, die 1938/39 begonnen wurden, hätten sich vielleicht im „1.000-jährigen Reich" gelohnt, waren aber fehl am Platz, wenn – wie die Historiker annehmen – Hitler-Deutschland im Begriff war, einen möglicherweise kostspieligen Krieg vom Zaun zu brechen. (In Kaprun z. B. war die große Staumauer 1945 noch nicht fertig, die Eisenhütten in Linz waren ein Torso.) Die Lücke in der österreichische Leistungsbilanz konnte nach Kriegsbeginn nur dadurch geschlossen werden, dass der private Konsum von Gütern mit einem hohen Importgehalt rationiert und (oder) auf Ersatzstoffe umgelenkt wurde. Übel schmeckender

Kunsthonig und minderwertige Zellwollgewebe, die nach einem Bonmot Triebe sprießen ließen, wenn es regnete, waren unter Friedensbedingungen den Verbrauchern kaum zumutbar.

Dahinter steht die Frage nach der Effizienz der deutschen Wirtschaftspolitik. Manche Autoren behaupten (vielleicht zu sehr beeindruckt von der Rhetorik der Politik), dass die Wirtschaftspolitik konsequent auf den Krieg zusteuerte, andere registrierten Schwerfälligkeit, Mangel an Koordination und überwuchernde Bürokratie. Manches spricht auch dafür, dass die deutsche Führung zu sehr auf den Blitzkrieg setzte und daher die deutsche Wirtschaft zu spät auf den totalen Krieg umstellte (*Milward*, 1966).

Zum Abschluss dieses Kapitels sei kurz die von den Währungsbehörden nach 1945 aufgeworfene Frage erörtert, wieweit die Wahl des Umrechnungskurses den Ausverkauf heimischer Unternehmungen begünstigt hat. Unbestritten ist: Bei gegebenen Schillingpreisen wären für deutsche Interessenten heimische Unternehmungen und Grundstücke umso teurer gewesen, je stärker der Schilling aufgewertet worden wäre. Die sich aufgrund eines schweren Schillings ergebenden hohen RM-Preise hätten sich vielleicht auf geschützten regionalen Märkten halten lassen. nicht jedoch auf den Märkten für Industrieprodukte, die dem Wettbewerb deutscher Firmen ausgesetzt waren. Wenn die Preise gesenkt werden mussten und die Kosten hoch blieben, waren heimische Unternehmungen (in Reichsmark ausgedrückt) umso billiger zu haben, je höher der Aufwertungssatz festgesetzt wurde. Technisch gesprochen: Die Elastizität des Unternehmenswerts in Bezug auf den Wechselkurs konnte größer als -1 sein. Das spricht dafür, dass nur begrenzte Aufwertungsspielräume bestanden. Bei einem Kurs von 2 RM gleich 1 S, der manchen nach 1945 als angemessen erschien, wären die heimischen Löhne dreimal [sic!] so hoch gewesen wie die deutschen.

Ein illustratives Beispiel, das gleichzeitig Eigenschaften des nationalsozialistischen Wirtschaftssystems erhellt, bot das Schicksal der Österreichisch-Alpinen Montangesellschaft (Alpine)[53]. Die heimische Montanindustrie musste schon zum alten Devisenkurs durch Zölle geschützt werden. Zum Umrechnungskurs von 1,5 : 1 waren ihre Produkte um durchschnittlich 40% teurer als im Deutschen Reich. In einem marktwirtschaftlichen System wäre die heimische Eisenerzeugung entweder stillgelegt worden oder die deutschen Preise hätten sich – bei entsprechendem großem Bedarf – denen des österreichischen Grenzproduzenten angepasst. Das Deutsche Reich war aus wehrwirtschaftlichen Gründen an einer breiten räumlichen Streuung der rüstungswichtigen Industrien und damit an der alpenländischen Eisenindustrie interessiert, führte aber dennoch die niedrigen deutschen Stopppreise im Laufe von 1938 auch in der „Ostmark" ein. Daraus ergab sich die ungewöhnliche Konstellation, dass die Alpine ihre Produktionsmengen sprunghaft ausweitete, aber gleichzeitig rote Zahlen schrieb. Eine solche Geschäftsstrategie war dem Unternehmen nur zumutbar (und nicht nur kurzfristig durchzuhalten), wenn es entweder staatli-

---

[53] Die Bilanzen und Geschäftsberichte der Alpine der Jahre 1937 bis 1943 sind im Staatsarchiv aufbewahrt. AdR: Gruppe 05_12. Karton 16 und 26.

che Subventionen bekam oder Teil eines größeren Konzern war, der aus strategischen Erwägungen auch unrentable Produktionen am Leben erhielt und sich auf andere Weise schadlos halten konnte. Diese Funktion übernahmen die verstaatlichten (damals sagte man: reichseigenen) Hermann-Göring-Werke. Sie boten allerdings bei der Übernahme der Alpine den Aktionären, darunter auch dem deutschen Mehrheitseigentümer seit 1926, den Vereinigten Stahlwerken AG, nur einen Preis von 20 S-alt pro Aktie, während das ausgewiesene Eigenkapital (Aktienkapital plus Reserven) einen Preis von etwa 33 S-alt[54]) gerechtfertigt hätte. Zusätzlich erhielt die Alpine zum Ausgleich der noch verbleibenden Verluste Reichsstützungen.

Im Ganzen konnte jedoch die Industrie nach einer Durststrecke die Aufwertung gut verkraften. Ein wegen möglicher Manipulationen nur beschränkt gültiges Indiz hiefür lieferte der Aktienmarkt. Die Aktienkurse gingen in Österreich zwischen März und September 1938 nicht viel stärker zurück als im „Altreich". Sie begannen sich Ende 1938 zu erholen und waren vor Kriegsausbruch (im August 1939) um 19% höher als im März 1938, wogegen die deutschen Kurse noch um 8% darunter lagen (dort setzte die Hausse der Aktienkurse erst nach Kriegsbeginn ein). Der gewählte Umtauschkurs war daher auch aus der Perspektive des Markts für Unternehmungen akzeptabel. Aus österreichischer Sicht ist zu bedenken, dass das Umtauschverhältnis von 1,5 S/RM österreichische Aktien (Unternehmen) für deutsche Investoren relativ teuer machte. Das lässt sich durch folgenden Vergleich verdeutlichen. Angenommen der Umtausch wäre zum Devisenkurs von 2,17 S/RM statt zu 1,5 S/RM erfolgt, dann hätten deutsche Investoren österreichische Unternehmungen beim gleichen Aktienkurs um 44,67% billiger erwerben können. Den gleichen Betrag an Reichsmark hätten deutsche Investoren nur dann aufzuwenden gehabt, wenn die Aktienkurse stark gestiegen wären (siehe hiezu Übersicht 4.8).

Die Wahl des Umrechnungskurses hat – so kann man diese Überlegungen zusammenfassen – die „Germanisierung" der österreichischen Wirtschaft nicht behindert, aber auch kaum gefördert. Anders steht es mit dem Vorwurf, dass die österreichischen Unternehmungen unter Zwang und unter ihrem „wahren" Wert abgegeben werden mussten, wie hoch oder niedrig er immer auch sein mochte (darauf wird im nächsten Kapitel eingegangen). Gegen einen stärkeren Bremseffekt des Umtauschkurses sprechen auch andere Indikatoren. In den Reichsmarkseröffnungsbilanzen zum 1. 1. 1949 wurden große stille Reserven offen gelegt. Während der deutschen Annexion wurde viel investiert, und zwar noch vor Kriegsausbruch. Die Aufwertung des Eigenkapitals in den RM-Eröffnungsbilanzen wäre bescheidener ausgefallen und viele Investitionen hätten sich nicht rentiert, wenn der österreichische Standort zu teuer gewesen wäre. Völlig bedeutungslos wurde der Wechselkurs, als der Krieg ausbrach und das übliche ökonomische Kalkül nicht mehr galt. (Die zweite Investitionswelle

---

[54]) Die Preisangaben stammen aus einem Bericht des Direktors der Inkredit vom Herbst 1945. Darin beschwerte er sich, dass die Inkredit den Verkaufspreis für ihre Alpine Aktien von ursprünglich 40 S-alt pro Aktie nachträglich auf 25 S-alt ermäßigen musste. AdNB: Nr. 187/1946.

auf österreichischem Boden begann 1942/43, als Sicherheitsrisken zum entscheidenden Standortkriterium wurden.)

Übersicht 4.8: Entwicklung der Aktienkurse

	Deutschland	Österreich	
		Effektive Notierung	Äquivalente Notierung bei einem Kurs von 2,17 S/RM[1])
	März 1938 = 100		
September 1938	93,4	87,0	125,9
August 1939	92,0	119,1	172,3

Quelle: Aktienkurse Wien: WIFO-Datenbank. Aktienkurse Deutschland: Wirtschaft und Statistik.
– Äquivalente Notierung: Wenn der Umtauschkurs 2,17 S/RM betragen hätte, dann wären österreichische Aktien ausgedrückt in Reichsmark gleich teuer gewesen wie beim Umtauschkurs 1,5 S/RM.

Abbildung 4.1: Aktienkurse von der Annexion bis Kriegsbeginn

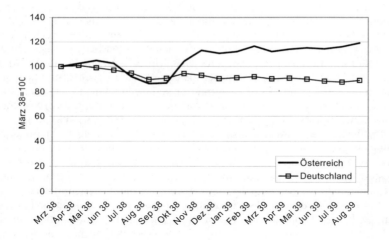

Die „Germanisierung" der österreichischen Wirtschaft

„Findet eine solche Bestimmung (die Potsdamer Beschlüsse A.d.V.) auf uns Anwendung, so ist des Österreichers Volksgut, sein nationales Erbe, die Lebensbürgschaft der jetzigen und der kommenden Geschlechter in Frage gestellt." (Renner in der Eröffnungssitzung des Nationalrats am 19. 12. 1945)[55])

Deutsches Kapital spielte in der österreichischen Wirtschaft vor 1938 keine dominierende Rolle. Nach einer Untersuchung der amerikanischen Militär-

---

[55]) Stenographische Protokolle der Sitzungen des Nationalrats, 1946, S. 8.

behörden im Jahre 1946 waren nur 9% der österreichischen Aktiengesellschaften mehrheitlich in deutscher Hand[56]). Die deutschen Beteiligungen konzentrierten sich auf die Schwerindustrie (Alpine Montanunion, Böhler & Co AG) und die Elektroindustrie (Siemens, AEG-Union). Die Alpine wurde 1926 mehrheitlich von den Vereinigten Stahlwerke AG, Düsseldorf, übernommen, wobei die Initiative von Österreich ausging (*Mathis*, 1988, S. 435). Der Siemenskonzern hatte noch in der Monarchie Gesellschaften in Wien gegründet, um den durch Zölle geschützten heimischen Markt zu bearbeiten. Auf nichtdeutsches Auslandskapital entfiel doppelt soviel Aktienkapital wie auf deutsches.

Übersicht 4.9: Eigenkapital der Aktiengesellschaften Anfang 1938

	Mio. RM	Anteil in %	In % des BIP[1])
Deutsches Kapital	105,57	9,12	1,37
Übriges ausländisches Kapital	210,26	18,16	2,72
Summe Auslandskapital	315,83	27,28	4,09
Heimisches Kapital	841,81	72,72	10,89
Eigenkapital der AG, insgesamt	1.157,64	100,00	14,98

Quelle: USACA. Die Schillingbeträge wurden zum Kurs von 1,5 : 1 in Reichsmark umgerechnet.
– [1]) BIP: 7,72 Mrd. RM (+12,8% gegenüber 1937).

Insgesamt (einschließlich der nicht in Form von Aktiengesellschaften etablierten Firmen) dürfte das Deutsche Eigentum in der österreichischen Wirtschaft Ende 1937 höchstens 200 Mio. RM betragen haben. Sollten deutsche Militärstrategen die wirtschaftliche Durchdringung Österreichs mit deutschem Kapital vorbereitet haben, wie gelegentlich behauptet wurde, so taten sie es jedenfalls mit unzulänglichen Mitteln. Eher glaubhaft ist die These, dass die deutsche Wirtschaftspolitik Österreich diskriminierte, um die Verhältnisse in Österreich zu destabilisieren. Als Beispiel wird üblicherweise die 1.000-Mark-Sperre im Fremdenverkehr angeführt[57]), doch ist auch hier der Befund nicht eindeutig, denn die deutsche Wirtschaftspolitik litt unter einem chronischen Devisenmangel und tat schon aus ökonomischen Gründen das, was nach 1945 in allen europäischen Staaten üblich war, nämlich den Import von „nonessentials" zu drosseln[58]). Auch hatte Österreich ständig Überschüsse im Clearingverkehr mit Deutschland. Der Ausfall von RM-Einkünften aus dem Tourismus wurde dadurch mehr als wettgemacht, dass es seine Importe aus Deutschland auf andere Staaten, insbesondere auf Italien, verlagerte.

---

[56]) USACA, zitiert in *Hendrich* (1948), S. 6. und *Klambauer* (1978, S. 46).
[57]) *Klambauer* (1978, S. 38) zitiert zustimmend das Rot-Weiß-Rot Buch, wonach die Arbeitslosigkeit Österreichs eine Folge der deutschen Importrestriktionen war.
[58]) *Milward* (1966, S. 10) wies darauf hin, dass der Vierjahresplan in Deutschland sowohl als Folge der Devisenknappheit als auch als Vorbereitung zum Krieg interpretiert werden konnte.

Übersicht 4.10: Außenhandel und Fremdenverkehr mit Deutschland vor 1938

	1929	1937	1929	1937
	Mio.		In % von insgesamt	
Nächtigungen von Deutschen	4,78	1,65	55,84	24,18
	Mio. S		In % von insgesamt	
Exporte nach Deutschland	343,6	179,8	15,70	14,78
Importe aus Deutschland	678,0	233,7	20,78	16,08
Handelsbilanz mit Deutschland	– 334,4	– 53,9		

Quelle: ÖSTAT, *Butschek* (1993).

Nach der Annexion Österreichs im Jahr 1938 sicherten sich deutsche Unternehmungen wichtige Schlüsselpositionen in der österreichischen Wirtschaft, teils indem sie bestehende Firmen erwarben, teils indem sie neue Unternehmungen gründeten. Zu Kriegsende waren die beiden Großbanken, Creditanstalt-Bankverein (CA) und Länderbank, sowie (direkt oder indirekt über Bankbeteiligungen) ein namhafter Teil der Industrie (einschließlich der Elektrizitätswirtschaft) in deutschen Händen. In der Versicherungswirtschaft stieg der Anteil des Deutschen Eigentums von 15% auf 45%.

Übersicht 4.11: Deutsches Eigentum an österreichischen Aktienbanken

	Aktienkapital	Deutsche Beteiligung	
	Mio. RM	Mio. RM	In %
Vor 13. März 1938	130,1	11,76	9,04
Am 30. Juni 1945	121,7	95,07	78,12

Quelle: AdNB: Nr. 258/46. – Die von Deutschen erworbenen Beteiligungen hatten einen Kurswert von 141,72 Mio. RM, der Kaufpreis betrug jedoch nur 43,10 Mio., da dem Deutschen Reich die Beteiligungen des Bundes und der Notenbank zufielen.

Nach der bereits erwähnten Untersuchung der USACA entfielen Ende 1945 vom Eigenkapital der Aktiengesellschaften 1,1 Mrd. RM oder 57% auf deutsches Kapital. Dieses Ergebnis deckt sich weitgehend mit einer Erhebung des Bundesministeriums für Vermögenssicherung und Wirtschaftsplanung. Danach betrug das Aktienkapital von Firmen mit dominant deutscher Beteiligung 1,1 Mrd. RM, wovon 1,0 Mrd. auf deutsche Eigentümer entfielen[59]).

Die „Germanisierung" der großen Finanzinstitute, der Industrie und der Energiewirtschaft standen nach 1945 begreiflicherweise im Mittelpunkt der wirtschaftspolitischen Auseinandersetzung. Die Durchdringung der österreichischen Wirtschaft mit deutschem Kapital ging jedoch weit darüber hinaus. Deutsche gemeinnützige Wohnbaugesellschaften bauten in Österreich während

---

[59]) Die Zunahme des Eigenkapitals der Aktiengesellschaften zwischen 1938 und 1945 ist nicht leicht zu interpretieren. *Hendrich* (1948) führt sie ausschließlich auf die Auflösung stiller Reserven in den Reichsmark-Eröffnungsbilanzen zurück. Der echte Zufluss an Kapital wäre demnach durch Kriegsschäden und Demontagen wieder verloren gegangen.

der deutschen Periode etwa 50.000 Wohnungen, zum Teil mit Hilfe von Reichsdarlehen zum Teil aber auch mit Hilfe von lokalen Steuermitteln[60]). Die Deutsche Ansiedlungsgesellschaft übernahm den landwirtschaftlichen Besitz von aus rassischen oder politischen Gründen Verfolgten und wurde zum größten Gutsbesitzer Österreichs. Große Flächen wurden von der Wehrmacht, hauptsächlich als Truppenübungsplätze und Flugplätze, beansprucht. Neben dem jüdischen Besitz wurde jener der Religionsgemeinschaften den Eigentümern entzogen. Über 1.100 Vereine wurden in Wien und 400 in den Bundesländern aufgelöst. Ihr Vermögen übernahmen nationalsozialistische Organisationen.

Übersicht 4.12: Deutsches Kapital in Aktiengesellschaften

	Eigenkapital	Davon deutsch	
	Mio. RM	Mio. RM	Anteile in %
1938	1.157,64	105,57	9,12
1945	1.970,03	1.118,21	56,74
1945[1])	1.095,16	998,17	91,14
(+20%)[2])	(1.314,19)	(1.197,80)	

Quelle: USACA. – [1]) BMfVuW, Grundkapital von Firmen mit dominant deutscher Beteiligung. – [2]) BMfVuW plus 20% Zuschlag für Reserven.

Wie viel das Deutsche Eigentum insgesamt ausmachte, kann nur vorläufig (vorbehaltlich eingehender Untersuchungen) beantwortet werden. Die Unternehmungen der gewerblichen Wirtschaft hatten nur zum geringen Teil die Rechtsform der AG. Anzunehmen ist, dass von den Klein- und Mittelbetrieben ein viel geringerer Prozentsatz Deutschen gehörte. Das Bundesministerium für Vermögenssicherung und Wirtschaftsplanung schätzte das deutsche Kapital in der gewerblichen Wirtschaft insgesamt auf 1,7 Mrd. RM. Einschließlich Reserven käme man auf einen Wert von etwa 2 Mrd. RM. Das gesamte Eigenkapital der gewerblichen Wirtschaft kann in Anlehnung an das Eigenkapital der Aktiengesellschaften auf 10 Mrd. RM geschätzt werden[61]). Der deutsche Anteil hätte danach 20% betragen (57% in den Aktiengesellschaften, 11% in den übrigen Firmen der gewerblichen Wirtschaft).

Deutsche Quellen (zitiert von *Pape,* 2000, S. 446) schätzten allerdings das deutsche Kapital in Österreich viel höher ein, auf annähernd 5 Mrd. RM (1.500 Mio. $ zum Kurs von 1945). Diese Zahlen enthalten jedoch auch das Fremdkapital und sie berücksichtigen nicht die Verluste infolge von Kriegsschäden, Demontagen und uneinbringlichen Forderungen (die Sowjetunion übernahm in ihrer Zone nur die Aktiva, nicht aber die Schulden der deutschen Firmen). Anlässlich der deutsch-österreichischen Vermögensverhandlungen 1956/57 hätte die Chance bestanden, die statistischen Unterlagen beider Län-

---

[60]) AdR: BMfVuW, Zl. 170.660_14/1947.
[61]) Die Lohnsumme der gewerblichen Wirtschaft ist fünfmal so hoch wie die der Aktiengesellschaften.

der aufeinander abzustimmen, doch verzichtete die österreichische Delegation auf die Klärung der Zahlenbasis.

Hohe ausländische Direktinvestitionen sind in der globalisierten Weltwirtschaft nichts Außergewöhnliches. Im Durchschnitt der mittel- und südosteuropäischen Transformationsländer betrugen die ausländischen Direktinvestitionen 15% des BIP, in Ungarn sogar 39% (*Hunya,* 2000, S. 17). Die dramatischen Formulierungen Renners erscheinen aus dieser Sicht überspitzt. Man muss jedoch berücksichtigen, dass damals die nationale Wirtschaftspolitik, wenn schon nicht eine zentrale Planung, so doch eine straffe staatliche Lenkung der Wirtschaft anstrebte. Dabei kam gerade jenen Unternehmungen die während der Annexion deutsch wurden und die nach 1945 als deutsches Auslandsvermögen den Alliierten zufielen, eine besondere Rolle zu. Ein nennenswerter Anteil ausländischen Kapitals, insbesondere Staatskapitals, an den Schlüsselindustrien und den großen Finanzinstituten erschien mit politischer Souveränität und mit der Entfaltung der heimischen Produktivkräfte für unvereinbar. Den in Österreich in den dreißiger Jahren tätigen internationalen Großkonzernen wurde vorgeworfen, dass sie bei Absatzschwierigkeiten in erster Linie die Produktion ihrer österreichischen Töchter reduzierten und sich in die heimische Innenpolitik einmischten. Dabei wurde auch in amtlichen Dokumenten propagandistisch überzogen. Aussagen wie: Ausländern gehörende Unternehmungen stünden nicht zur Deckung des nationalen Friedensbedarfs zur Verfügung oder gar, dass es für das betroffene Land besser wäre, beschlagnahmte Fabriken zu demontieren statt sie mit Hilfe heimischer Arbeitskräfte zu betreiben[62]), gehörten zur „Tonlage" der Dokumente jener Tage. Die „Firma Österreich" zog, wie Wirtschaftspolitiker immer wieder erkennen ließen, eine Auslandsverschuldung mit fixen Amortisationsquoten, die auch bei schwachem Geschäftsgang geleistet werden mussten, einer ausländischen Kapitalbeteiligung vor. Der Gedanke war ihnen fremd, dass ausländische Direktinvestitionen technisches und kommerzielles Know-how ins Land bringen und heimischen Klein- und Mittelbetrieben die Chance bieten können, sich als Zulieferer zu spezialisieren.

Die „Germanisierung" der österreichischen Wirtschaft war ein historisches Faktum. Schwieriger zu beschreiben ist das Beziehungsgeflecht, in dem sich dieser Prozess vollzog. Wichtige Elemente dieses Geflechts lassen sich in drei Themenblöcken zusammenfassen:
- Die Symbiose von Großkapital und Politik in der deutschen Wirtschaftsordnung,
- die Problematik von Unternehmensbewertungen in Umbruchzeiten,
- die Eigentumsverhältnisse der österreichischen Großunternehmungen.

Als das Deutsche Reich Österreich annektierte, steuerten dort bereits behördliche Anordnungen in hohem Maße das Marktgeschehen. Die Unternehmungen einer Branche waren in Wirtschaftsverbänden (Wirtschaftsgruppen)

---

[62]) Memorandum der österreichischen Regierung betreffend die Potsdamer Beschlüsse über das deutsche Eigentum in Österreich. AdR: BMfaA, Zl. 132.388-6-VR/1946. Enthalten in Handakte Wildner, Karton 123.

zusammengefasst, an deren Spitze ein mit umfangreichen Vollmachten ausgestatteter Unternehmer (Generaldirektor) stand. Der Verband konnte seine Mitglieder u. a. verhalten, ihre Produktionsprogramme aufeinander abzustimmen. Er hatte bei Kapazitätserweiterungen, wirtschaftspolitischen Förderungen und bei der Vergabe öffentlicher Aufträge ein gewichtiges Wort mitzusprechen. Die Wirtschaftsverbände selbst waren verpflichtet, die Ziele des Vierjahresplanes (weitgehende Autarkie) zu verwirklichen. Ihre Dispositionen wurden mit lokalen und nationalen Spitzenpolitikern und mit der Wehrmacht abgestimmt. In die Vorstandsetagen der großen Firmen rückten verlässliche Parteigenossen ein. Wirtschaftlicher und politischer Druck zwecks Steuerung der Produktion und zwecks Schaffung geeigneter Unternehmensstrukturen waren systemimmanent. Ab 1936, als die Vollbeschäftigung erreicht und dennoch die Aufrüstung weiter forciert worden war, gewannen staatliche Preisregelungen und auf einigen Märkten sogar staatliche Zuteilungssysteme an Bedeutung. Später – im Verlaufe des Kriegs – wurden Hauptausschüsse für verschiedene Rüstungsbereiche geschaffen, die von führenden Persönlichkeiten der deutschen Großindustrie geleitet wurden[63]). Der deutsche Wirtschaftsimperialismus beschränkte sich nicht nur auf Österreich. In allen vom Deutschen Reich besetzten Gebieten sicherten sich deutsche Unternehmungen und Banken mit Unterstützung der Reichsbehörden einen beherrschenden Einfluss auf Unternehmungen, die für die deutsche Kriegs- und Autarkiewirtschaft von Bedeutung waren[64]). Es blieb der Propaganda der Bundesrepublik Deutschland nach Abschluss des österreichischen Staatsvertrages überlassen, diese Akquisitionen mit dem Glorienschein des Privateigentums auszustatten (siehe Abschnitt „Die Kosten der Freiheit").

Einen Einblick in die deutsche Industriepolitik bieten die Branchenstudien und Branchendispositionen anlässlich der Eingliederung der „Ostmark" in das deutsche Wirtschafts- und Steuerungsgefüge[65]). Unvollständig sind die Berichte deshalb, weil sie nur die Probleme aufzeigen und allgemeine wirtschaftspolitische Folgerungen ziehen, aber nichts über die Konzernierung als Mittel zur Lösung von Branchenproblemen sagen.

Was Unternehmungen wert sind, hängt vom Prognosemodell ab, mit dem künftige Erträge geschätzt werden (andere Indikatoren sind nur Hilfsgrößen). Selbst in ruhigen Zeiten und bei entwickelten Kapitalmärkten weichen die Anbote verschiedener Interessenten oft beträchtlich voneinander ab. Minderheitsaktionäre argwöhnen üblicherweise, dass zu billig verkauft wurde. In Umbruchszeiten ist der „wahre" Wert von Firmen besonders schwer zu schätzen. Die heimische Industrie hatte sich erst 1937 von der Weltwirtschaftskrise zu erholen begonnen, und es war fraglich, ob sich daraus ein selbsttragender Aufschwung entwickeln würde (siehe hiezu die unterschiedliche Bewertung der

---

[63]) *Milward* (1966, S. 83-85).
[64]) Eine Aufstellung des Konzernaufbaus der Reichswerke Hermann Göring findet sich bei *Meyer* (1999, S. 314ff).
[65]) Die vom Reichskuratorium für Wirtschaftlichkeit, von Sonderkommissionen oder von den Wirtschaftsverbänden erstellten Branchenanalysen für die Ostmark sind enthalten in AdR: Gruppe 04, Bürckel-Materialien, verschiedene Kartons.

Inkredit auf S. 354). In der Schwerindustrie zeichnete sich schon Anfang 1938 neuerlich ein Konjunktureinbruch ab. Nach der Annexion ließen der Umtauschkurs des Schillings und die schwache Konkurrenzposition daran zweifeln, ob heimische Firmen aus dem Nachfragesog der deutschen Wirtschaft Nutzen ziehen könnten. Die CA[66]) bezeichnete nach Kriegsende die bei großen Vermögensübertragungen erstellten Firmengutachten der Deutschen Treuhandgesellschaft als einseitig, doch wurde nicht angegeben, aufgrund welcher Prognosemodelle diese einseitigen Schlüsse gezogen wurden. „Feindliche" Firmenübernahmen wurden nicht zuletzt dadurch erleichtert, dass bestimmte Verfahren und Vorschriften, die in entwickelten Kapitalmärkten die Preisspielräume eingrenzen und die Interessen der Aktionäre des übernommenen Unternehmens schützen, wie etwa das Einholen von Konkurrenzofferten oder das Recht von Minderheitsaktionären, Barauszahlungen zu bestimmten Mindestkursen zu verlangen, fehlten oder nicht üblich waren.

Die englische und die amerikanische Besatzungsmacht versuchten nach 1945 an Hand der Börsenkurse, der aktuellen Ertragslage und aufgrund der (per 1. 1. 1939) erstellten RM-Eröffnungsbilanzen festzustellen, wieweit die Übernahmepreise fair waren (siehe S. 418), doch blieben begreiflicherweise viele Fragen offen, wie etwa, wieweit die Aufwertungen in den Unternehmensbilanzen anlässlich der RM-Eröffnungsbilanzen stille Reserven sichtbar machten, die schon vor der Annexion bestanden hatten (und die von den Börsenkursen nicht reflektiert worden waren) oder eine Folge der Rüstungs- und Kriegskonjunktur waren. Auch urteilten die Experten der Besatzungsmächte (unvermeidlich) mit dem Wissen von 1945 und nicht mit dem von 1938.

Ein in der damaligen Diskussion wenig beachteter Umstand verdient besonders hervorgehoben zu werden: Der Erwerb österreichischer Unternehmungen wurde deutschen Interessenten dadurch erleichtert, dass 1938 ein namhafter Teil der Industrie indirekt „verstaatlicht" war. Wie anderswo auch, waren während der schweren und lang anhaltenden Depression in der ersten Hälfte der dreißiger Jahre viele Industrieunternehmungen Not leidend geworden. Während etwa in Italien der Staat insolvente Industrieunternehmungen übernahm, ging man in Österreich einen anderen Weg: Bund und Notenbank halfen den Banken und überließen es diesen, die Unternehmungen ihres Konzernbereichs zu sanieren. Die CA steckte nach ihren Angaben etwa eine Mrd. S-alt in ihre Konzernunternehmungen. (Die Frage, ob die öffentliche Hand insolvente Industrieunternehmungen direkt oder die sie finanzierenden Banken sanieren soll, tauchte Anfang der achtziger Jahre wieder auf, als nicht nur Teile der Verstaatlichten Industrie, sondern auch Konzernbetriebe der Großbanken in Schwierigkeiten gerieten.)

Im Zuge der Rettungsaktion während der Weltwirtschaftskrise waren Bund und Notenbank ein erhebliches finanzielles Engagement im Bankenbereich eingegangen. Von den Aktien der CA, der traditionsreichsten und größten österreichischen Bank, gehörten 1938 48% dem Bund und der Notenbank.

---

[66]) Denkschrift der CA hinsichtlich Repatriierung von Aktien der Bank und deren Konzernunternehmungen vom 8. 11. 1945. AdR: BMfF, Zl. 23.972_16/1946.

Weitere 22,7% entfielen auf den Pensionsfonds und eine Tochter der CA. Nach § 1 der Statuten stand die Bank unter dem Schutz und der Oberaufsicht der österreichischen Bundesverwaltung. Vom Exekutivkomitee, das alle wichtigen Entscheidungen des Verwaltungsrates zu genehmigen hatte, wurden vier von der österreichischen Bundesregierung vorgeschlagen (zwei vom Internationalen Creditanstalt-Komitee)[67]. Die Inkredit übernahm 1934 die Beteiligungen der insolventen Niederösterreichischen Escomptegesellschaft (das Kommerzgeschäft ging an die CA). Die OeNB stellte das Aktienkapital (10 Mio. S-alt) bereit und refinanzierte Finanzwechsel von Konzernfirmen der Holding (180 Mio. S-alt). Das Finanzvermögen des Bundes fiel mit der Annexion automatisch dem Deutschen Reich zu, die Inkredit im Zuge der Liquidation der OeNB.

Was mit der CA geschehen sollte, war einige Zeit offen. Zur Diskussion stand die Einverleibung als Filiale in die Deutsche Bank und (oder) das Herauslösen der Industriebeteiligungen und Überführen in eine eigene Holding[68]. Die Deutsche Bank hatte schon Anfang März, vor dem Einmarsch deutscher Truppen in Österreich, mit der CA über eine engere Zusammenarbeit insbesondere im Südostgeschäft verhandelt. Am 26. 3. 1938 schlossen beide Institute einen „Freundschaftsvertrag" ab, der jedoch nicht die Zustimmung der neuen Machthaber fand[69]. Die Finanzaktiva, die dem Reich durch die Annexion und die Liquidation der OeNB zugefallen waren, wurden der VIAG, einem reichseigenen Unternehmen, zur treuhändigen Verwaltung übertragen. Die Deutsche Bank musste sich zunächst mit einem Anteil von 25% begnügen. Erst nachdem wichtige Industriebeteiligungen aus der CA herausgelöst worden waren, erwarb die Deutsche Bank die Aktienmehrheit im Austausch gegen Beteiligungen an deutschen Firmen, an denen die VIAG interessiert war. Sie konnte nun ihre ursprüngliche Absicht verwirklichen, ihr Engagement in Ost- und Südosteuropa zu verstärken.

Die VIAG verteilte die ihr übertragenen Industriewerte gemäß den industriepolitischen Vorstellungen des Reichs. Wichtige Firmen des CA-Konzern (z. B. die Steyrwerke) wurden an die Hermann-Göring-Werke verkauft, denen in den deutschen Vierjahresplänen eine führende Rolle zufiel. Aber auch andere deutsche Großfirmen (wie die Friedrich Krupp A.G. oder die IG-Farben) kamen zum Zug. Die industriepolitischen Interessen der VIAG in Österreich konzentrierten sich auf die E-Wirtschaft. Die 1938 gegründeten Alpen-Elektrowerke (AEW) investierten bis 1945 etwa eine halbe Mrd. RM in den Ausbau der Wasserkraftwerke, wovon ein namhafter Teil aus heimischen Finanzierungsmitteln stammte.

---

[67]) Laut Denkschrift der CA, 1945.
[68]) *Kernbauer/Weber* (1988, S. 57). Das Konzept, die CA in eine reine Kommerzbank umzuwandeln und ihre Konzernbetriebe auszuklammern, tauchte in der Nachkriegszeit wiederholt auf, u. a. im Bankengutachten dreier internationaler Finanzexperten in der ersten Hälfte der fünfziger Jahre und im Wirtschaftsprogramm der Sozialisten vor Beginn der Ära Kreisky.
[69]) Memorandum der Deutschen Bank vom 31. 5. 1938. AdR 04: Bürckel Materie, Zl. 2.165/0.

Zur Verteilerfunktion der VIAG gehörte auch die Liquidation der Inkredit. Das Reichsfinanzministerium löste die betreffenden Finanzaktiva aus der Liquidationsmasse der OeNB heraus und beauftragte die VIAG mit der Abwicklung der Liquidation. Die Übernahme erfolgte zu den Ansätzen der Liquidationsbilanz (die Aktien zum Wert null und die Finanzwechsel zum Nennwert abzüglich der Wertberichtigungsreserve). Die Inkredit in Liquidation hielt sich besser als erwartet. Die Finanzwechsel in Höhe von 122 Mio. RM wurden eingelöst und ein Großteil der Beteiligungen verkauft, die Erlöse wurden an die VIAG abgeführt. Obschon die Beteiligungen zu den – wie die Kritiker nach Kriegsende behaupteten – unterbewerteten Bilanzansätzen abgegeben wurden, war die Inkredit aktiv[70]).

Die VIAG verteilte die dem Deutschen Reich aufgrund der Annexion zugefallenen Industriewerte auf verschiedene „deutsche Töpfe". Ob das Reichsfinanzministerium der für Rechnung des Reichs in Liquidation versetzten österreichischen Notenbank für die Überlassung der Inkredit viel oder wenig zahlte, und zu welchem Preis die Inkredit in Liquidation ihrerseits ihre Beteiligungen an die Hermann-Göring-Werke verkaufte: „Das Geld blieb in der Familie". Im Falle der CA kann man noch gelten lassen, dass durch die billige Abgabe von Beteiligungen die Minderheitsaktionäre geschädigt wurden. Im Falle der Inkredit vermutete der ehemalige Direktor, dass die deutschen Eigentümer das Potential der verkauften Firmen unterschätzt und die Liquidation zu hastig vorangetrieben hätten[71]). Die Dispositionen der VIAG mögen einseitig aufgrund der industriepolitischen Vorstellungen in Berlin oder einfach aufgrund von Interventionen einflussreicher Persönlichkeiten gefallen sein: es handelte sich um Entscheidungen des Eigentümers und nicht um Entscheidungen, die dem Eigentümer gegen seinen Willen aufgezwungen wurden.

Man kann fragen, warum es so wichtig war, ob die Beteiligungen in der „reichseigenen" CA verblieben. Die Antwort lautet: Als die CA-Betriebe verkauft wurden, bestand bereits Knappheit an ertragreichen Realvermögen (die Preise spiegelten nicht die Knappheit wider). Die CA wurde damit in eine von der Geschäftsleitung unerwünschte Geldvermögensposition gedrängt, deren Nachteile erst nach Kriegsende voll offenkundig wurden. Die Verteidigung österreichischer Interessen gegenüber den Ansprüchen der Sowjetunion nach 1945 wäre leichter gefallen, wenn der Industriekomplex der CA und der Inkredit erhalten geblieben wäre, obschon auch einige CA-Betriebe von der Sowjetunion beschlagnahmt oder zumindest ausgeplündert wurden.

Begreiflicherweise zielten die offiziellen Stellungnahmen zum deutschen Kapital in der ersten Nachkriegszeit darauf ab, einen möglichst großen Teil dieser Unternehmungen für Österreich zu retten. Die „Germanisierung", so wurde betont, kam nur durch wirtschaftlichen und politischen Druck zustande: Führende Persönlichkeiten des Deutschen Reiches intervenierten, die heimischen Unternehmungen wurden von deutschen Firmen unter dem Verkehrs-

---

[70]) Im Jahr 1944 wurde die Liquidation abgebrochen. Das Aktienkapital wurde neu mit 3 Mio. RM festgesetzt und den AEW übergeben.
[71]) AdNB: Nr. 187/1946.

wert erworben. Die wichtigsten Quellen aus dieser Zeit sind der Bericht der Creditanstalt-Bankverein[72]) und das vom Außenministerium herausgegebene Buch Rot-Weiß-Rot. Die historische Forschung (z. B. *Wittek/Salzberg,* 1970) in den ersten Nachkriegsjahrzehnten übernahm weitgehend diese Sicht.

Auch bestand die Tendenz, die ökonomische Bedeutung der deutschen Neugründungen herunter zu spielen. Die während der deutschen Herrschaft begonnenen (und oft nur teilweise fertig gestellten) Großprojekte waren nach damaliger Auffassung auf die aggressive deutsche Großraumwirtschaft zugeschnitten und für die kleine österreichische Friedenswirtschaft nur beschränkt brauchbar. Ein Beispiel bot das Großkraftwerk Kaprun. Von den dort getätigten Investitionen (95 bis 99 Mio. RM) müssten nach einer Quelle[73]) 76 Mio. RM und nach einer anderen[74]) 50 Mio. RM als verlorener Aufwand abgeschrieben werden. Nur dadurch ließe sich in Kaprun eine ausreichende Rentabilität erzielen, so unisono das zuständige Ministerium und der Generaldirektor der Alpen-Elektrowerke (AEW) im Jahr 1946[75]). Im Übrigen wurde argumentiert, dass die deutschen Investitionen auf heimischem Boden mit heimischen Arbeitskräften [sic!], mit heimischem Material und mit heimischem Kapital errichtet wurden[76]).

Jüngere Arbeiten von Historikern vermitteln ein etwas differenziertes Bild, zum Teil als Gegenreaktion auf ein überzogenes Konzept der Stunde null. *Schreiber* (1994, S. 70) z. B. berichtete, dass die Lokalpolitiker in Innsbruck der Übernahme der Tiroler Kraftwerks AG (TIWAG) durch die Alpen Elektrowerke (AEW) letztlich zustimmten, weil der Preis stimmte und weil die TIWAG nicht imstande gewesen wäre, die geplanten Großprojekte durchzuführen. Auch wurde der Frage nachgegangen (z. B. *Moser,* 1995), wieweit es während der deutschen Besetzung zu einem Modernisierungsschub kam. Dass dabei gelegentlich ins andere Extrem verfallen wurde, zeigt die Verknüpfung „Industrialisierung durch Zwangsarbeit" (*Freund/Perz,* 1988, S. 95ff).

Nicht zuletzt wurde die negative Beurteilung der deutschen Großinvestitionen korrigiert. Aus den zu Kriegsende übernommenen Torsi entstand ab 1948 eine leistungsfähige Grundstoffindustrie. Diese industriepolitische Entscheidung war nicht unumstritten[77]). Sie erwies sich jedoch unter den Bedingungen der fünfziger und sechziger Jahre (Nachkriegsboom, hohe Rüstungsausgaben, insbesondere der USA und der Sowjetunion infolge des kalten Kriegs) als richtig. Ein Großteil der ausbaufähigen Grundstoffindustrien be-

---

[72]) Laut Denkschrift der CA, 1945.
[73]) Brief des Bundesministeriums für Energiewirtschaft vom 6. 5. 1946. AdR; BMfF, Zl. 54.130_16/1946.
[74]) Brief von Dr. Stahl, Alpen-Elektrowerke AG an die USACA. AdNB: Nr. 187/1946.
[75]) Wenn das nationalsozialistische Deutschland tatsächlich in absehbarer Zeit einen unter Umständen länger dauernden Angriffskrieg plante, so war der Bau eines Großkraftwerks mit längerer Bauzeit auch aus deutscher Sicht nicht sinnvoll. Zur Diskussion um die Oberstufe Kaprun während des Marshallplans siehe *Rigele* (2000).
[76]) AdR: Ministerrat Figl 1, Nr. 30 vom 6. 7. 1946.
[77]) Zur Geschichte der VOEST nach 1945, siehe *Tweraser* (2000).

fand sich in den westlichen Bundesländern und konnte daher aus Mitteln des Marshallplans finanziert werden.

Für die heimische Nachkriegswirtschaft war der Ausbau der heimischen Energiequellen während des Kriegs von großer Bedeutung, wenngleich das Erdölvorkommen wegen der sowjetischen Ansprüche nur teilweise genutzt werden konnte. Hier wurden Versäumnisse der Wirtschaftspolitik der ersten Republik diagnostiziert, die erst während der deutschen Annexion beseitigt wurden. Die heimische Wasserkraft wurde nicht ausgebaut, weil man nicht wusste, wie das zusätzliche Stromangebot untergebracht werden sollte, und – so munkelte man – weil die „Kohlenbarone" um ihren Absatz bangten. Die Erdölgewinnung galt trotz dem Nachweis von abbauwürdigen Vorkommen als so spekulativ, dass man die Schurfrechte den internationalen Ölmultis nahezu kostenlos einräumte, und sie entscheiden ließ, ob und wie viel gefördert wird (siehe den Abschnitt „Der Kampf ums Öl"). Der Krieg ist zwar nicht „der Vater aller Dinge", wohl aber eröffnete er der österreichischen Wirtschaft Entwicklungspfade, die ihr unter anderen Bedingungen verschlossen geblieben wären.

4.1.3 Die finanziellen Ansprüche Österreichs

„The Austrian Government especially wishes to emphasize the enormous loss in capital and income which Austria has suffered through German aggression (about 7,000 million U.S. dollars). The Austrian Government is able to submit incontrovertible facts about this matter." (Statement of the Austrian Government on the treaty with Austria. AdNB: Nr. 685/46)

Über Art und Umfang der finanziellen Ansprüche Österreichs an Deutschland nach dem Zweiten Weltkrieg liegen zwei Ausarbeitungen des Bundesministeriums für Vermögenssicherung und Wirtschaftsplanung (BMfVuW) vor:
– Die erste vom Jahr 1946 diente als Unterlage für den Beginn der Staatsvertragsverhandlungen im Jänner 1947;
– die zweite vom Jahr 1949 wurde für die – wie es schien – endgültige Runde der Staatsvertragsverhandlungen 1949 verfasst.

Beide Ausarbeitungen gingen vom gleichen Grundkonzept aus, unterschieden sich jedoch hinsichtlich der Höhe der angemeldeten Forderungen und der Verlässlichkeit der Angaben.

Als Referenzgröße für die Forderungskataloge bietet sich folgendes makroökonomisches Kalkül an: Die Kosten des Krieges lassen sich in erster Annäherung als Verzicht der privaten Haushalte auf Konsum definieren. Der Konsumverzicht wurde während des Kriegs durch Kriegssteuern und durch das System der „geräuschlosen Kriegsfinanzierung" erzwungen. Nach Kriegsende ließ die geringe Produktion, teils als Folge von Kriegsschäden und Demontagen, vor allem aber als Folge einer geringen Faktorproduktivität nur einen bescheidenen privaten Konsum zu. (Zur Erinnerung: Der Nahrungsmittelbedarf der Bevölkerung wurde erst 1949 quantitativ und qualitativ erst viel später gedeckt.) Nimmt man an, dass der private Konsum unter normalen Bedingungen um 2% p. a. gestiegen wäre, so lässt sich die Differenz zwischen diesem hypothetischen Wert und dem tatsächlichen Konsum (der freilich für die Kriegsjahre nur grob geschätzt werden kann) als durch den Krieg direkt und indirekt erzwungene Konsumeinschränkung auffassen. Die beiden Konsumreihen schneiden einander im Jahre 1955. (Zu diesem Zeitpunkt war auch der Kapitalstock so hoch, dass ausreichend für künftigen Konsum vorgesorgt war.) Die Konsumlücke in diesem Zeitraum betrug annähernd 9 Mrd. $ (zu Preisen 1946), war also nicht viel größer als die von Österreich in den ersten Verhandlungen über einen Staatsvertrag genannten Schadensumme von 7 Mrd. $.

Abbildung 4.2: Kriegsbedingte Lücke des privaten Konsums

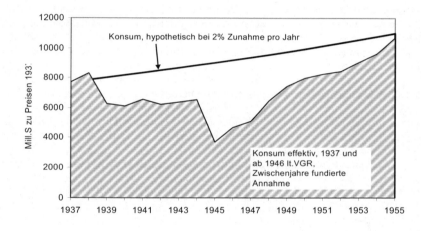

Die Erhebung 1946 – Doppelstrategie

Im Laufe von 1946 begann die österreichische Bundesregierung, ihre finanziellen Ansprüche an Deutschland der Art nach zu präzisieren und – so gut es ging – zu quantifizieren. Wie in anderen Fällen auch ergriffen die Amerikaner die Initiative. Es genüge nicht, dass die Österreicher generell Ansprüche erhöben. Man müsse auch wissen aus welchem Grund und in welcher Höhe. Die von der amerikanischen Besatzungsmacht (USACA) im März 1946 vorgegebene Frageliste umfasste eine vollständige und detaillierte Bilanz der Aktiva und Passiva Österreichs mit dem Deutschen Reich. Die USACA wandte sich zunächst an die Notenbank, weil sie annahm, dass über die Devisenanmeldungen die erforderlichen Daten erhoben werden könnten. Die OeNB[78]) beschränkte sich jedoch darauf, die finanzielle Verflechtung des Finanzierungssektors (Notenbank, Kreditunternehmungen, Versicherungen) mit Deutschland zu erfassen. Diese Erhebung ist relativ genau und lässt sich mit den verfügba-

---

[78]) AdNB: Nr. 258/1946.

ren Unterlagen gut interpretieren. Federführend war zunächst das Finanzministerium[79]). Dort wurden die von der OeNB erhobenen Daten durch Informationen über die finanzielle Verflechtung der öffentlichen Haushalte und der gemeinnützigen Einrichtungen (Religionsgemeinschaften, Vereine) ergänzt. Eine aus gegebenem Anlass vom Handelsministerium gestartete Frageaktion in der gewerblichen Wirtschaft misslang.

Mitte 1946 übernahm das BMfVuW das Projekt und weitete es auf bisher ausgeklammerte Sachverhalte wie Kriegs- und Besatzungsschäden aus. Das Ministerium hatte für Planungszwecke eine Befragungsaktion in der Wirtschaft gestartet und war am besten gerüstet, einen umfassenden Überblick zu erarbeiten. Gleichzeitig zeichnete sich auf der Pariser Friedenskonferenz von Juli bis September 1946 ab, dass die Siegerstaaten über einen Staatsvertrag mit Österreich verhandeln werden[80]). Während noch an der Kompilation des Zahlenwerks gearbeitet wurde, ließen die Siegerstaaten erkennen, dass sie nicht bereit waren, substantielle finanzielle Ansprüche Österreichs an Deutschland zu unterstützen. Die Ausarbeitung über die finanzielle Verflechtung mit Deutschland sollte hauptsächlich dazu dienen, ein innerösterreichisches Clearing zwischen Personen und Firmen mit Forderungen und Verpflichtungen gegenüber Deutschland zu organisieren[81]). Die Arbeiten wurden gleichwohl fortgeführt und zu einem vorläufigen Abschluss gebracht, um zu demonstrieren, wie groß die Verluste waren, die Österreich aus der völkerrechtswidrigen Annexion erlitten hatte. Teilergebnisse konnten im Laufe der Staatsvertragsverhandlungen nutzbringend verwertet werden.

Nach den Ermittlungen und Schätzungen des BMfVuW vom Jahr 1946[82]) summierten sich die Ansprüche Österreichs an das Deutsche Reich auf 64 bis 67 Mrd. S. Dementsprechend wurde im Memorandum, das Österreich der Londoner Konferenz der stellvertretenden Außenminister im Jänner und Feber 1947 (in der ersten Runde der Staatsvertragsverhandlungen) vorlegte, der Dollarwert der „nachweisbaren" Ansprüche mit 7 Mrd. $ angegeben[83]). Man darf an die Qualität der Schätzung nicht besondere Ansprüche stellen. Quantitative Daten ließen sich nur schwer erheben. Die Konzepte der volkswirtschaftlichen Gesamtrechnung steckten noch in den Kinderschuhen und waren der österreichischen Bürokratie nicht geläufig. Manche Ansprüche wurden später ganz oder teilweise fallen gelassen. Die Grundideen des Forderungskataloges lassen

---

[79]) AdR: BMfF, Gzl. 25.228_16/1946.
[80]) Den Beschluss, Verhandlungen über Österreich aufzunehmen, fällten die Außenminister der Siegermächte erst am 11. 12. 1946. *Stourzh* (1998, S. 54).
[81]) Gespräch mit den Amerikanern über die Erhebung des Finanzministeriums. AdR: BMfF, Zl. 52.760_16/46.
[82]) AdR: Beilage A zu BMfVuW, Zl. 3.254_1/1946, enthalten in BMfaA_IIpol/1947, Karton 43.
[83]) Die in Reichsmark erstellte Summe wurde zum offiziellen Wechselkurs von 10 S/$ umgerechnet. Zu Kaufkraftparitäten wäre ein dreimal so hoher Dollarbetrag zu veranschlagen gewesen.

sich jedoch trotz Mängel in der Dokumentation zumindest in groben Zügen darstellen[84]).

Die Unterlage für die erste Runde der Staatsvertragsverhandlungen fasste die finanziellen Ansprüche Österreichs unter drei Oberbegriffen zusammen: Aufrechte Forderungen, Ersatzforderungen und sonstige das Vermögen oder das Einkommen schmälernde Folgen der Annexion. Die in der ersten und der dritten Gruppe genannten Ansprüche stammten hauptsächlich aus der Kriegsfinanzierung durch Kredite und Steuern. Die zweite Gruppe umfasste (mit Ausnahme der Besatzungskosten) die durch den Krieg und die Nachkriegsereignisse entstandenen Schäden an Realvermögen.

Nach der Erhebung der Notenbank hatte der Finanzierungssektor (Kreditunternehmungen, Versicherungen und Notenbank) zu Kriegsende Forderungen an deutsche Schuldner in Höhe von 19,7 Mrd. RM, denen nur Verpflichtungen an deutsche Gläubiger von 0,5 Mrd. RM gegenüberstanden. Von den Nettoforderungen von 19,1 Mrd. RM[85]) entfiel je etwa die Hälfte auf die Notenbank und die Finanzinstitute (Banken und Versicherungen). Davon sind jene österreichischen Verpflichtungen abzuziehen, die 1938 vom Deutschen Reich übernommen wurden: der von der Reichsbank eingelöste Gesamtumlauf der OeNB von 0,8 Mrd. RM und die (de facto) vom Deutschen Reich übernommene Schuld der Republik Österreich (Reichsanleihe 1938/II) im Gesamtbetrag von etwas weniger als 1 Mrd. RM[86]). Die Differenz von 17,3 Mrd. RM entspricht etwa dem Beitrag des österreichischen Finanzsektors zur Kriegsfinanzierung. Auch die als Geldforderungen der Kreditunternehmungen ausgewiesenen Beträge wurden indirekt (von den deutschen Schuldnern) zur Kriegsfinanzierung verwendet. Das gilt insbesondere von dem in Berlin von der Reichspost verwalteten Block österreichischer Einlagen bei der Postsparkasse, der 1946 – noch bevor verlässliche Daten vorlagen – auf 1,1 Mrd. RM geschätzt wurde.

Außer dem Finanzierungssektor erwarb die öffentliche Hand Schuldverschreibungen des Deutschen Reichs. Die Rücklagen der Gemeinden z. B. mussten in Papieren des Deutschen Reichs angelegt werden: bis 1. 5. 1943 zu 75%, nachher zu 100%. Die Sozialversicherungsträger hatten 467 Mio. RM solcher nach Kriegsende wertloser Papiere[87]). Rechnet man die bei den Kreditunternehmungen von ihren Kunden deponierten deutschen Wertpapiere hinzu, so kommt man auf einen österreichischen Beitrag zu den kreditfinanzierten Kriegsausgaben von 18,3 Mrd. RM.

---

[84]) Die vom Finanzministerium und von der Notenbank zusammengestellten Unterlagen sind gut dokumentiert. Von den Erhebungen des BMfVuW konnte nur die Zusammenfassung verwendet werden, die dem Außenministerium für die Staatsvertragsverhandlungen zur Verfügung gestellt wurden.
[85]) Die Summe der Nettoforderungen des Finanzierungssektors von 19.136 Mio. RM entspricht etwa der in Übersicht 13 ausgewiesenen Summe der Nettoforderungen der Geld- und Kreditwirtschaft (9.006 Mio. RM) zuzüglich der Ausweitung des Zentralbankgeldes (9.308 Mio. RM) und dessen Bestand 1938 (803 Mio. RM).
[86]) Der Umlauf an Reichsanleihen 1938/II betrug 1939 975 Mio. RM (Statistisches Jahrbuch für das Deutsche Reich 1939/40, S. 533).
[87]) AdR: BMfF, Zl. 53.934_16/1946.

Der Forderungskatalog 1946 ging noch einen Schritt weiter. Der Krieg wurde nicht nur durch Kredite, sondern auch über Steuern finanziert. Folgerichtig waren daher auch die steuerfinanzierten Kriegskosten in Rechnung zu stellen. Nach Schätzungen des Finanzministeriums[88]) wurden vom österreichischen Steueraufkommen in der Zeit der Besetzung von 16 Mrd. RM nur 4,7 Mrd. RM für die zivile Verwaltung in Österreich beansprucht, sodass 11,3 Mrd. RM für militärische Zwecke verfügbar waren. In diesem Betrag sind nicht enthalten die den jüdischen Mitbürgern abverlangten Beträge aus Judenvermögensabgabe und aus Reichsfluchtsteuer von zusammen 338 Mio. RM[89]) (diese Steuereinnahmen wurden im „Forderungsprogramm" gesondert in Rechnung gestellt). Der österreichische Beitrag zur Kriegsfinanzierung stellt sich somit auf 29,6 Mrd. RM.

Übersicht 4.13: Finanzielle Ansprüche Österreichs an Deutschland (Forderungskatalog 1946)

	Mio. S
I. Aufrechte Forderungen (netto)[1])	*11.044,9*
darunter: Geld- und Kreditwirtschaft	9.006,1
II. Ersatzforderungen	*30.511,8*
darunter: Land- und Forstwirtschaft	15.239,0
Besatzungsmächte	4.369,8
Währungsreserven OeNB 1938	1.345,9
Leerung der Lager[2])	4.596,0
III. Sonstige Minderung des Einkommens und Vermögens	*25.911,7*
darunter: Mehraufbringung an Steuern	11.263,0
Ausweitung des Zentralbankgeldes[3])	9.308,2
Insgesamt	*67.468,4*

Quelle: Beilagen A-O samt Erläuterungen in „Material zur Frage des deutschen Eigentums in Österreich und zur Auseinandersetzung mit dem ehemaligen Deutschen Reich", BMfVuW, Zl. 13.254 _1/1946 enthalten in AdR: BMfaA_IIpol/1947, Karton 43 (ohne Aktenzahl). – [1]) Nach Abzug der Verpflichtungen nach Kriegsende. – [2]) Lagerabbau infolge des Kaufbooms 1938. – [3]) Nach Abzug des 1938 von der Reichsbank übernommenen Gesamtumlaufs der OeNB (803 Mio. RM).

Zur Kontrolle bietet sich folgende überschlägige Berechnung an: Der Krieg beanspruchte etwa die Hälfte des BIP. Nimmt man an, dass etwa 60% durch Kredite und 40% über Steuern finanziert wurden, so kommt man auf einen österreichischen Anteil an den kreditfinanzierten Kriegskosten von etwa 15 Mrd. RM und steuerfinanzierten Kriegskosten von etwa 10 Mrd. RM (bei einem BIP von durchschnittlich 10 Mrd. RM), zusammen also auf 25 Mrd. RM.

Das güterwirtschaftliche Äquivalent der Kriegskosten war der erzwungene Konsumverzicht der Bevölkerung. Die Abgeltung der über die Jahre kumulierten Kriegsausgaben hätte es der österreichischen Bevölkerung ermöglicht,

---

[88]) AdR: BMfF, Zl. 51.339_16/1946.
[89]) AdR: BMfF, Zl. 51.339_16/1946.

den Konsum nachzuholen, auf den sie während des Kriegs verzichten musste. (Genau das hatten die nationalsozialistischen Machthaber der Bevölkerung suggeriert: Wenn der Krieg vorüber ist, könnt ihr euch alles das leisten, was ihr während des Kriegs entbehren musstet, und ein Auto für bescheidene 1.000 Mark obendrein[90]). Es ist begreiflich, dass die Alliierten die Versprechen nach voller Abgeltung des Konsumverzichts für überzogen hielten[91]). Selbst in den Siegerstaaten wurde das im Krieg erworbene Geldvermögen durch Inflation geschmälert (der Realzins war durchwegs negativ). Die steuerfinanzierten Kriegsausgaben wurden in keinem Fall „rückvergütet". Nur in den USA hatte es den Anschein, als könne die auf vollen Touren laufende Wirtschaft „Butter und Kanonen" produzieren.

Übersicht 4.14: Forderungen und Verpflichtungen des Finanzierungssektors gegenüber Deutschland zu Kriegsende (Erhebung der Notenbank)

	Forderungen		Verpflichtungen		Nettoforderungen	
	Eigene	Kunden	Eigene	Kunden	Eigene	Kunden
			Mio. RM			
Kreditunternehmungen und Versicherungen						
Schuldentitel des Reichs	6.247,8	913,9			6.247,8	913,9
Andere Wertpapiere	91,1	126,3	13,9	163,1	77,2	− 36,8
Geldforderungen[1])	2.821,9		338,9		2.483,0	
Sonstiges	399,4		0,4		399,0	
Summe 1	*9.560,2*	*1.040,2*	*353,2*	*163,1*	*9.207,0*	*877,1*
Notenbank						
RM-Noten[2])	7.801,4				7.801,4	
Giroverpflichtungen[2])	2.310,9				2.310,9	
Barschaft[3])			183,4		− 183,4	
Summe 2	*10.112,3*		*183,4*		*9.928,9*	
Summe 1 und 2	19.672,5	1.040,2	536,6	163,1	19.135,9	877,1

Zusammengestellt nach AdNB: Nr. 258/1946. − [1]) Ohne Notenbank.− [2]) Stand Mai 1946. − [3]) Banknoten und PSK-Guthaben.

Die Folgen des Kriegs wurden erst nach Kriegsende voll spürbar. Produktion und Verbrauch sanken auf einen Bruchteil des Vorkriegsstands, die Bevölkerung konnte nur durch „milde Gaben" der Besatzungsmächte am Leben erhalten werden. Es lag somit nahe, auch die tristen Nachkriegsverhältnisse dem Verursacher anzulasten. Im Forderungskatalog 1946 wurden die Requisitionen und die Kosten der Besatzung explizit als Forderung gegenüber dem Deutschen Reich angeführt. Ob man diese Ersatzforderung unter dem Titel „adäquate Kausalität" subsummieren kann, ist zumindest diskussionswürdig. Denn: Entweder galt Österreich als befreites Land, dann hätten die Besat-

---

[90]) Das war ein kühnes Versprechen, denn bis dahin konnte sich nur eine kleine Schicht Begüterter ein Auto leisten. Die Motorisierungswelle in Österreich begann erst Mitte der fünfziger Jahre. Vor dem Zweiten Weltkrieg kam ein Pkw auf 211 Personen.
[91]) Mr. Cullis vom englischen „Element" in einem Gespräch vom 15. 1. 1947. AdR: BMfaA, Zl. 105.349_IIpol/ 1947, Karton 40.

zungsmächte ihre Kosten selbst tragen müssen (hinsichtlich der laufenden Besatzungskosten wurde das von der Bundesregierung immer verlangt). Oder es trug Mitschuld, dann hatte es für die Kosten zumindest teilweise selbst aufzukommen. Auch kann man Schwere und Dauer der Besetzung nicht ohne weiteres als „voraussehbare" Folge des Kriegs betrachten. Den Besatzungsmächten wurden im Forderungskatalog 1946 insgesamt 4,4 Mrd. S angelastet. Davon entfielen 3,5 Mrd. S auf Besatzungskosten bis Mitte 1946 und 0,9 Mrd. S (nach einer anderen Zusammenstellung 1,2 Mrd. S) auf Schäden durch Demontagen und Beschlagnahmen. Die Besatzungskosten schließen 1 Mrd. Militär-Schillingnoten mit ein, die vor dem Schillinggesetz von den Besatzungsmächten in Umlauf gesetzt worden sind.

Die Ersatzforderungen (Gruppe II des Forderungskatalogs 1946) wurden mit 30,5 Mrd. RM veranschlagt. Ersatz wurde für verschiedene Schäden im Realvermögen verlangt, ohne auch nur ansatzweise eine Bilanz des Realvermögens und seine Veränderung während der deutschen Annexion zu erstellen. Konkret: Das Forderungsprogramm 1946 reklamierte zwar Ersatz für den Verlust der Währungsreserven von 1938, für die Kriegsschäden und für die Entleerung der Lager, hielt aber nicht dagegen den Ausbau der Wasserkräfte und die Errichtung des Hüttenkomplexes in Linz.

Der Forderungskatalog musste in irgendeiner Weise berücksichtigen, dass die amtlichen Preise vieler Waren während des Kriegs gestiegen waren und (oder) nicht die Knappheitsverhältnisse der Nachkriegszeit widerspiegelten. Soweit es sich um in RM ausgedrücktes Geldvermögen handelte, sahen die Ersteller des Forderungskatalogs kein besonderes Problem. Sie verfuhren nach dem alten Grundsatz „Krone ist gleich Krone"[92]. Die so genannten Ersatzforderungen bezogen sich jedoch überwiegend auf Sachschäden. Wer von dem unter den damaligen Bedingungen nur eingeschränkt realisierbaren Grundsatz ausging, dass Sachschäden in natura abgegolten werden sollten oder – wenn das nicht tunlich war – eine Geldsumme zu leisten war, die es ermöglichte, den Sachschaden zu beheben, kam mit den Stopppreisen der Kriegswirtschaft nicht aus. Die Ersteller des Forderungsprogramms 1946 behalfen sich teilweise damit, dass sie die Stopppreise durch aktuelle Preise ersetzten. Der RM-Wert der entzogenen Vorräte wurde mit der Entwicklung der amerikanischen Großhandelspreise valorisiert. Das Finanzministerium bastelte an einem „Restitutionsindex". Die entzogenen Gold- und Devisenbestände wurden mit dem amtlichen Kurs der Nachkriegszeit statt mit jenem der Kriegszeit bewertet.

Im Falle der Agrarproduktes ging man einen anderen Weg. Hier wurden der Schadensermittlung die nationalen Stopppreise zugrunde gelegt, aber nicht nur die Schmälerung des produktiven Kapitalstocks, sondern auch die Einbußen an Faktorproduktivität zu veranschlagen versucht. Das war im Prinzip ein richtiger Ansatz. Wie immer die Land- und Forstwirtschaft mit reproduzierbarem Kapital ausgestattet sein mochte: Ins Gewicht fiel, dass sie fünf Jahre brauchte, bis sie wieder die Vorkriegsleistungen erbrachte.

---

[92]) Dieses Zitat stammt aus der Hyperinflation nach dem Ersten Weltkrieg. Es wurde dem Finanzminister und Wirtschaftswissenschaftler Schumpeter zugeschrieben.

Von den in Übersicht 4.13 veranschlagten Ersatzforderungen von 30 Mrd. S entfielen 15 Mrd. S oder die Hälfte auf Schäden der Land- und Forstwirtschaft, das ist mehr als das in diesem Wirtschaftszweig eingesetzte Vermögen[93]). Die Kalkulationen im Einzelnen waren freilich etwas „weit hergeholt". So wurden die Schäden der Forstwirtschaft auf 5 Mrd. S veranschlagt, mit der Begründung: Wenn die im Krieg über den natürlichen Zuwachs hinaus geschlägerte Menge von Holz verfügbar wäre, könnte man sie zu Holzwaren verarbeiten und exportieren (die Verarbeitungskosten wurden hiebei vernachlässigt). In ähnlicher Weise wurde in der Landwirtschaft nicht nur die Dezimierung des Viehbestands veranschlagt, sondern auch der hierdurch entstandene Ausfall an Bruttoerlösen aus der Tierproduktion.

Ermittlungsstand 1949

Die Erhebung 1946 war ein erster Versuch, die finanziellen Forderungen an Deutschland und die durch den Krieg und seine Folgen verursachten Verluste an Vermögen und Einkommen zu quantifizieren. Im Laufe der Staatsvertragsverhandlungen wurden verlässlichere Daten erhoben und die Konzepte modifiziert. Das Anfang 1949 präsentierte Zahlenwerk unterschied so wie jenes von 1946 zwischen aufrechten Forderungen und Vermögensschäden (Ersatzforderungen). Die Summe beider war jedoch mit 34 Mrd. RM erheblich niedriger als die 1946 ausgewiesene. Die Kriegssteuern wurden nicht mehr als Ersatzforderungen veranschlagt, die Kosten der Besatzung wurden (zumindest in der Zusammenfassung) herausgenommen und in der Land- und Forstwirtschaft wurden nur die materiellen Schäden nicht aber die Produktionsausfälle eingesetzt.

Die abgespeckte Version des Forderungskatalogs hatte ebenso wie ihr Vorläufer die Kriegsfinanzierung als Schwerpunkt. Von den Forderungen (ohne jene auf Schadenersatz) in Höhe von 27 Mrd. RM entfielen 84% auf den Finanzierungssektor (Notenbank, Kredit- und Versicherungsunternehmen). Davon stammte der überwiegende Teil aus der Kriegsfinanzierung in Form von Banknoten und Schuldverschreibungen des Deutschen Reichs. (Die Forderungssumme ist etwas höher als im Forderungsprogramm 1946, hauptsächlich, weil über die Postsparkasse rezentere Daten verfügbar wurden.) Im Jahr 1949 hatte diese Größe nur noch Erinnerungswert. Auf ihre Geltendmachung sollte nach der französischen Fassung des § 8 des Staatsvertragsentwurfs explizit verzichtet werden. Auch war inzwischen der Schuldner abhanden gekommen, denn auf deutschem Gebiet waren inzwischen zwei Staaten mit neuen Währungen entstanden. Die Bundesrepublik Deutschland übernahm nicht die RM-Schuld des Deutschen Reichs (über ihre Auslandsschuld wurde 1952 in London verhandelt). Die Auflistung der Forderungen an das ehemalige Deutsche

---

[93]) Über die Schäden der Land- und Forstwirtschaft und ihren Einfluss auf die (enttäuschend niedrige) Agrarproduktion der Nachkriegszeit gibt es nur wenige und nur teilweise nachvollziehbare Schätzungen. Die reinen Kriegsschäden wurden auf etwa 1 Mrd. S geschätzt. Stenografische Protokolle der Sitzungen des Nationalrats (V.G.P.) 30. Sitzung des Nationalrats der Republik Österreich, S. 401.

Reich diente hauptsächlich dazu, die im Entwurf zum Staatsvertrag vorgesehene Regelung des Deutschen Eigentums zu rechtfertigen.

Übersicht 4.15: Forderungen und Verpflichtungen gegenüber Deutschland (Forderungskatalog 1949)

	Forderungen			Verpflichtungen		
	Insgesamt	An Öffentliche Hand	Sonstige	Insgesamt	Gegenüber Öffentliche Hand	Sonstige
	Mio. RM			Mio. RM		
Bund, Länder, Gemeinden	1.029	938	91	260	14	246
Sonstige öffentlich rechtliche Körperschaften	281	213	68	110	0	110
Öffentliche Hand insgesamt	*1.310*	*1.151*	*159*	*370*	*14*	*356*
Nationalbank	10.112	10.112	0	804	804	0
Postsparkasse	2.127	2.127	0	130	130	0
Kreditunternehmungen[1])	10.387	6.560	3.827	339	0	339
Finanzintermediäre insgesamt	*22.626*	*18.799*	*3.827*	*1.273*	*934*	*339*
Übrige Wirtschaft	*2.163*	*1.575*	*588*	*1.969*	*639*	*1.330*
Private	*871*	*459*	*412*	*72*	*5*	*67*
Forderungen (Verpflichtungen) insgesamt	26.970	21.984	4.986	3.684	1.592	2.092
Kriegsschäden	10.556	10.556				
Requirierungen	1.163	1.163				
Ersatzforderungen	11.719	11.719				
Gesamtsumme	*38.689*	*33.703*	*4.986*			

Quelle: Zusammenstellung des BMfVuW vom 15. 4. 1949, in AdR: BMfaA, _IIpol/1949, Karton 122, ohne Aktenzahl. – [1]) Einschließlich Versicherungen.

Von den übrigen Forderungen entfielen netto 1,0 Mrd. RM auf die öffentliche Hand. Der Bund erhielt gegen Kriegsende nicht mehr alle im Reichsbudget vorgesehenen Zuwendungen. Das Bundesministerium für Ernährung z. B. reklamierte, dass die Nahrungsmittelsubventionen für das I. Quartal 1945 nicht mehr überwiesen wurden[94]). Die Steuerrückstände zu Kriegsende wurden anscheinend nicht gegengerechnet. (1945 gingen noch relativ hohe Beträge aus der Steuerveranlagung 1944 ein.)

Im Gegensatz zum Finanzsektor und zur öffentlichen Hand hielten sich in der übrigen Wirtschaft die Forderungen an deutsche Schuldner (2,2 Mrd. RM) annähernd die Waage mit den Verpflichtungen gegenüber deutschen Gläubigern (2,0 Mrd. RM). Zwar hatten österreichische Unternehmungen Nettoforderungen an den deutschen Fiskus; sie stammten aber überwiegend aus noch nicht bezahlten Lieferungen an die Deutsche Wehrmacht. Einen Teil der im so genannten WZK-Verfahren abgewickelten Forderungen übernahm 1946 die OeNB und stellte dafür Notenbankgeld zur Verfügung (siehe Abschnitt „Wäh-

---

[94]) AdR: BMfF, Zl. 55.815_16/1946.

rungsreformen unter Besatzung"). Andererseits waren die heimischen Unternehmungen per Saldo an die deutsche Wirtschaft verschuldet.

Die Nettoverschuldung der in Österreich tätigen Unternehmungen an deutsche Gläubiger war zu Kriegsende höchst wahrscheinlich viel größer, als im Forderungskatalog 1949 angegeben wurde. Deutsche Kapitaleigner erwarben während der deutschen Annexion nicht nur umfassende Eigentumsrechte an in Österreich tätigen Unternehmungen, sondern versorgten die Großunternehmungen auch mit Krediten. Die Bank der Deutschen Luftfahrt z. B. gewährte Kredite in Höhe von 367 Mio. RM an Rüstungsfirmen[95]). Deutsche Kreditunternehmungen besorgten die Ausgabe von Industrieobligationen und übernahmen einen Großteil der Emissionen. Ein Teil der deutschen Forderungen musste allerdings nach Kriegsende als uneinbringlich abgeschrieben werden, weil die Schuldnerfirmen nicht mehr existierten oder die Sowjetunion die Schulden nicht anerkannte.

Damit bestand folgende, für die österreichische Verhandlungsposition nachteilige Forderungsstruktur: Österreich hatte per Saldo große Forderungen an öffentliche Stellen des Deutschen Reichs. Gleichzeitig aber war die heimische Wirtschaft an deutsche Gläubiger verschuldet. Der deutsche Hauptschuldner existierte nicht mehr, wohl aber ein Großteil der österreichischen Schuldner. Zwar sahen die Entwürfe des Staatsvertrags einen gegenseitigen Forderungsverzicht vor. Die Bundesrepublik Deutschland drängte jedoch in den Vermögensverhandlungen nach Abschluss des Staatsvertrags auf die Respektierung privater Rechte. Sie wollte einen möglichst großen Teil der deutschen Forderungen in die Abrechnung des „kleinen deutschen Eigentums" einbeziehen.

Das reale Volksvermögen

Die für die Staatsvertragsverhandlungen vorbereiteten Unterlagen bieten nützliche Informationen über die Kriegsschäden (10,6 Mrd. RM) und die Requisitionen der Besatzungsmächte (1,2 Mrd. RM). Die Kriegsschäden konzentrierten sich auf die besonders langlebige Infrastruktur: Straßen, Brücken, Eisenbahnlinien und Hochbauten (insbesondere Wohnungen). Requisitionen trafen hauptsächlich Unternehmungen.

Es liegt nahe, die Daten des Forderungskatalogs 1949 in einen größeren Zusammenhang zu stellen und zu fragen: Wie sehr wurde das in Österreich befindliche reale Volksvermögen durch Kriegsschäden und Demontagen insgesamt geschmälert? Diese Frage ist leider nicht so eindeutig zu beantworten, wie es auf den ersten Blick scheinen mag. Sie hat viele Facetten, von denen hier nur einige angedeutet werden können.

Unmittelbar nach dem Zweiten Weltkrieg wurden unter dem sichtbaren Eindruck der Zerstörungen die Verluste an Realvermögen nicht nur in Österreich, sondern in allen vom Krieg gezeichneten Staaten überschätzt (*Reichlin*, 1995, S. 41). Das WIFO nahm an, dass das Volksvermögen 1946 „kaum mehr

---

[95]) AdNB, Nr. 258/1946.

als zwei Drittel des Vorkriegswerts betragen haben dürfte"[96]). Eine gleich hohe Schadensquote ermittelte das Deutsche Institut für Wirtschaftsforschung für Deutschland (*DIW,* 1947, S. 41, Kriegsschäden ohne Gebietsabtrennungen). Ähnliche und zum Teil noch höhere Verluste wurden in den vom Deutschen Reich besetzten europäischen Ländern registriert (siehe hiezu *Robinson,* 1945). Als sich die europäischen Volkswirtschaften nach dem Zweiten Weltkrieg relativ rasch erholten, begann man nachzurechnen. Nach späteren Schätzungen war der Kapitalstock der Industrie nach dem Krieg in der Bundesrepublik Deutschland (*Krengel,* 1963, S. 123) und in Italien (*De Cecco/Giavazzi,* 1993, S. 61) höher als vor dem Krieg. Für die Gesamtwirtschaft wurden zumeist relativ geringe Vermögensverluste diagnostiziert. Die Änderungen im Kapitalstock ergaben sich rein rechnerisch aus der Differenz zwischen Neuinvestitionen und Abgängen (infolge des natürlichen Verschleißes sowie von Kriegsschäden und Demontagen). Für Österreich fehlen die für eine solche Kalkulation nötigen Daten. Man kann jedoch einige durch Zahlen gestützte Überlegungen anstellen.

Übersicht 4.16: Kriegsschäden und Requisitionen laut Forderungskatalog 1949

	Kriegsschäden		Requisitionen	
	Mio. S	Anteile in %	Mio. S	Anteile in %
Private und Sonstige	2.105,0	19,94	6,0	0,52
Unternehmungen	1.683,1	15,94	1.019,5	87,67
Öffentliche Hand	6.767,9[1])	64,11	137,4	11,82
Summe	10.556,0	100,00	1.162,9	100,00

AdR: BMfaA_IIpol/1949, Karton 122. – [1]) Darin sind nicht nur die Schäden an Hoch- und Tiefbau, sondern auch andere Vermögenseinbußen, wie z. B. der Verlust an Gold- und Devisenreserven, enthalten.

Das reproduzierbare Anlagevermögen der heimischen Wirtschaft betrug 1937 brutto etwa 60 Mrd. S-alt (netto etwa 36 Mrd.). Davon schieden – wenn man die in der Volksvermögensrechnung üblichen Abgangsraten zugrunde legt – bis 1946 Anlagen im Wert von 10 Mrd. S-alt infolge Überalterung aus. Zum natürlichen Abgang kamen die Kriegsschäden und Demontagen. Die im Forderungskatalog angeführten Werte können allerdings nicht unbesehen übernommen werden. Die Requisitionen beziehen sich auf Buchwerte in Reichsmark, die Kriegsschäden (zumindest soweit sie Hoch- und Tiefbauten betreffen) auf Wiederbeschaffungswerte nach Kriegsende. Und beide lassen sich nicht ohne weiteres in S-Äquivalenten des Jahres 1937 ausdrücken. Nach einer überschlägigen Kalkulation hatten die zerstörten oder beschlagnahmten Anlagegüter einen Neuwert von mehr als 7 Mrd. S zu Preisen 1937.

Um das reproduzierbare Anlagevermögen der heimischen Wirtschaft konstant zu halten, wären zwischen 1937 und 1946 mehr als 17 Mrd. S-alt Neuinvestitionen erforderlich gewesen. (Für ein normales Wirtschaftswachstum entsprechend mehr.) Dieser Wert wurde wahrscheinlich nicht erreicht, aber auch

---

[96]) WIFO-Monatsberichte, 1947, 20(1-3), S. 1.

nicht viel unterschritten[97]). Zu diesem Ergebnis kommt man, wenn man den vom WIFO ab 1954 kalkulierten Kapitalstock mit den Nettoinvestitionen rückschreibt. Defizite entstanden im Wohnungsbau; er wurde mit fortschreitender Kriegsdauer zunehmend gedrosselt. Erheblich erweitert wurde der Kapitalstock in der Elektrizitätswirtschaft. In der Industrie wurde während der deutschen Annexion zwar viel investiert, doch waren dort die Demontagen besonders hoch, wie sich u. a. am Bestand an Werkzeugmaschinen nachweisen ließ[98]).

Übersicht 4.17: Anlagevermögen (brutto) 1937-1946 (Schätzung)

	Bauten	Ausrüstung	Anlagegüter
	Mrd. S-Preise 1937		
Bestand 1937 brutto	45,0	15,0	60,0
Natürlicher Abgang[1])	5,7	4,5	10,2
Bauschäden[2])	4,5		4,5
Demontagen[3])		2,5	2,5
Abgang insgesamt	10,2	7,0	17,2
Bruttoinvestitionen	?	?	15-17?

[1]) Abgangsraten für Bauten 1,5% p. a., für Maschinen 0,4% p. a. Anteil der Bauten am Kapitalstock 75%. – [2]) Laut *Klenner*, 1953, S. 1390 plus 10% Schuttwegräumung. – [3]) Demontagen laut. Forderungskatalog 1949 abzüglich Vorräte plus Demontagen Erdölwirtschaft (siehe Abschnitt „Der Kampf ums Öl") bewertet zu Anschaffungspreisen 1937.

Das Anlagevermögen umfasst nicht das gesamte Vermögen. Einbußen erlitten auch andere Vermögensformen. Im Forderungskatalog wurde der Entzug von Vorräten, insbesondere der valutarischen Reserven, veranschlagt. Die Schadensmeldungen aus der Land- und Forstwirtschaft berücksichtigen den Rückgang des Viehbestands und die Überschlägerungen im (bringungsnahen) Wald. Der Bestand an dauerhaften Konsumgütern in den privaten Haushalten wurde durch Kaufbeschränkungen und durch Bombenschäden dezimiert. Das änderte jedoch nichts an der Grundaussage: Die mikroökonomischen Konzepte des Schadenersatzrechts greifen nicht. Die Familie Österreich war arm, weniger weil das Realvermögen gemessen zu Anschaffungswerten oder Wiederbeschaffungswerten geschrumpft wäre, sondern weil ein Bündel von komplementären und daher nicht isolierbaren Nachkriegsfaktoren das Anlaufen der Produktion erschwerte. Als die Lücken in der Infrastruktur behelfsmäßig geschlossen und Rohstoffe sowie Kohle in größeren Mengen verfügbar wurden, konnte die Produktion sprunghaft ausgeweitet werden (siehe hiezu den Abschnitt „Einleitung und Zusammenfassung"). Ein illustratives Beispiel bietet

---

[97]) Diese Aussage ließe sich fundieren, wenn die aus österreichischen und deutschen Quellen verfügbaren Informationen über Investitionen in Österreich systematisch ausgewertet würden.

[98]) Die Zahl der Werkzeugmaschinen in der eisenverarbeitenden Industrie war zu Kriegsende um 50% höher als vor dem Krieg, im Jänner 1946 aber um 20% niedriger. Diese Daten werden von mehreren Autoren meist unter der Quellenangabe „WIFO" zitiert.

das Streckennetz der Bahn. Von 6.048 km Strecken der ÖBB waren 1945 nur 2.507 km befahrbar, hauptsächlich deshalb, weil viele Brücken zerstört wurden. Ende 1949 konnten wieder alle Strecken benutzt werden[99]), die Hauptstrecken bereits ein Jahr nach Kriegsende.

Rasche Erfolge ließen sich auch dadurch erzielen, dass „Komfortinvestitionen" zurückgestellt wurden. Züge konnten fahren, obschon noch viele Bahnhöfe zerstört waren; die Staatstheater in Wien boten hervorragende Leistungen in ihren Ersatzquartieren im Theater an der Wien und im Ronacher, lange bevor Burg und Oper wieder hergestellt waren. (Die Produktionsstatistik[100]) berücksichtigte nur unzulänglich die Qualität der Produkte.)

Übersicht 4.18: Bauliche Kriegsschäden Wert 1945 nach Klenner

	Mrd. RM	In %
Wohnbauten	2,200	53,78
Industrie und Bergbau	0,359	8,78
Gewerbe	0,130	3,18
Fremdenverkehr	0,053	1,30
Land- und Forstwirtschaft	0,135	3,30
Öffentliche Gebäude	0,552	13,49
Bahnen, Straßen	0,662	16,18
Summe	4,091	100,00

Klenner (1953, S. 1390).

Beim Versuch, die Kriegsschäden zu Preisen 1937 zu bestimmen, mussten die Wertansätze in den Schadensmeldungen überprüft werden. Daraus ergaben sich einige für die Problematik der Kriegsschäden relevante Informationen. Für die Kriegsschäden an Bauten liegen zwei verschiedene Schätzwerte vor, die beide als „Wert 1945" deklariert wurden. Nach *Klenner* (1953, S. 1390) betrugen die Kriegsschäden 4,01 Mrd. S, nach den Angaben des Handelsministerium (zitiert in Bundespressedienst (Hrsg.), „Österreichisches Jahrbuch, 1945/46", S. 329), die im Forderungskatalog 1949 verwendet wurden, hingegen 7,5 Mrd. S. Die von *Nemschak* (1955, S. 40) auf Preisbasis 1955 angegebene Zahl liegt nahe der von Klenner genannten, wenn man sie mit dem Baukostenindex deflationiert. Diesen Schätzungen dürften verschiedene Baupreise zugrunde liegen. Nach dem Baukostenindex, der auf den Stopppreisen für Arbeit und Baustoffen aufbaut, waren die Baukosten nach Kriegsende in Reichsmark etwa so hoch wie 1938 in Schilling. Tatsächlich wurde jedoch für Bauleistungen infolge der nachkriegsbedingten Umstände erheblich mehr verlangt.

---

[99]) Österreichisches Jahrbuch, 1949, S. 406.
[100]) Der Autor unternahm 1949 eine Hochzeitsreise von Wien an den Wörthersee. Die Bundesbahnen hatten zu diesem Zeitpunkt noch nicht genügend Reisewagen und mussten sich daher mit notdürftig adaptieren Güterwagen ohne Licht und Toilette behelfen. In der Statistik wurde diese Fahrt als gefahrene Personenkilometer registriert.

Von den gesamten baulichen Kriegsschäden entfiel etwa die Hälfte auf Wohnungen. Für diesen Bereich lässt sich ein plausibles Zahlengerüst erstellen. Nach dem Österreichischen Jahrbuch 1945/46 (S. 334) wurden vom Gesamtbestand von 2 Mio. Wohnungen 14% zerstört, darunter allerdings viele nur teilweise. Gewogen mit der Schwere der Schäden betrug der Verlust 7% des Neuwerts. Die Wiederherstellung des beschädigten oder zerstörten Wohnraums erforderte nach dieser Quelle 3,4 Mrd. S.

Übersicht 4.19: Schäden an Wohnungen

	Zahl der Wohnungen	In %	Kosten pro Wohnung in S	Kosten insgesamt in Mio. S
Wohnungen insgesamt	1947.266	100,00		48.682[1])
Davon				
Total zerstört	75.959	3,90	25.000	1.899
Teilweise zerstört	101.496	5,21	12.500	1.268
Kleinschäden	95.100	4,88	2.500	238
Insgesamt zerstört	272.555	14,00		3.405

Österreichisches Jahrbuch 1945/46, S. 334. – [1]) Wohnungsbestand × Baukosten von 25.000 S je Wohnung.

Die hier angegebenen Kosten für die Herstellung total zerstörter Wohnungen von 25.000 S sind vergleichsweise sehr hoch, auch wenn man berücksichtigt, dass Schutt weggeräumt werden musste und die meisten Reparaturen viel Handarbeit erforderten. Der Schutzverband der Inlandsgläubiger kalkulierte in einer Denkschrift den Neuwert einer Wohnung vor dem Zweiten Weltkrieg mit 18.000 S-alt, und das einschließlich Grundkosten (ohne Grundkosten etwa 14.500 S-alt). Anders ausgedrückt: Die Baukosten wurden nach der Schadensmeldung um 72% höher veranschlagt als vor dem Zweiten Weltkrieg und um 100% höher als während der deutschen Besetzung[101]). Hingegen passen die von Klenner angegebenen Werte für die Schäden an Wohnungen gut zu den Werten der Vermögensschätzung 1934.

Zum Abschluss dieses Themas ein Blick auf spätere Entscheidungen. Nach den vergeblichen Bemühungen, die Abrechnung mit Deutschland zu forcieren, kümmerte sich die Bundesregierung einige Jahre nicht mehr darum. Das zusammengetragene Material wurde nicht mehr ergänzt und verbessert. Als das Thema im Jahre 1954 im Ministerrat anlässlich der Regelung des so genannten „kleinen deutschen Eigentums" wieder zur Sprache kam, riet Finanzminister Kamitz davon ab, Forderungen gegen Deutschland zu erheben. Die seinerzeit vom BMfVuW erhobenen Daten seien unvollständig, nicht sehr verlässlich und überholt. Überdies sei offen, ob Westdeutschland überhaupt als Rechtsnachfolger des Deutschen Reichs in Frage käme. Schließlich müsse damit gerechnet werden, dass Deutschland Gegenforderungen stelle, etwa weil

---

[101]) Der Verband gemeinnütziger Bau-, Wohnungs- und Siedlungsvereinigungen baute während der deutschen Besetzung 20.000 Wohnungen zum Buchwert von 12.841 RM pro Einheit. AdR: BMfVuW, Gzl. 12.6157_14/1949.

das Deutsche Reich während der Annexion die österreichischen Auslandsschulden bedient habe. Im Übrigen würden im Geschäftsverkehr ohnehin Forderungen und Verbindlichkeiten anerkannt[102]).

Übersicht 4.20: Wiederbeschaffungswerte für Wohnungen

	Wiederbeschaffungswert		
	Wohnungsbestand	Kosten pro Wohnung	Kriegsschäden
	Mrd. S	1.000 S	Mrd. S
Memo Inlandsgläubiger[1])	28,93[2])	14,46	2,02
Österreichisches Jahrbuch 1946/47	48,68	25,00	3,41
Klenner (1953)	28,86	14,43	2,20

[1]) Denkschrift des Schutzverbands der österreichischen Inlandsgläubiger und des Verbands der Sparer und Kleinrentner in Wien. AdNB: Nr. 391/1947. − [2]) Zeitwert 22,6 Mrd. S × 1,6 minus 20% Grundkosten.

4.1.4 Die Quasi-Reparationen

Österreich braucht keine Reparationen zu zahlen, verkündeten vollmundig die Siegermächte des Zweiten Weltkriegs. Dennoch wäre dieses Land gut bedient gewesen, wenn es bloß die 250 Mio. $ hätte zahlen müssen, die gesprächsweise in Potsdam genannt wurden[103]). Tatsächlich wurde Österreich ein Vielfaches dieses Betrags abverlangt. Offenbar waren Reparationen nicht gleich Reparationen. Um den schillernden Begriff zu entwirren, bietet sich ein einfaches Beispiel an:

Eine auf österreichischem Boden befindliche Maschine konnte von den Siegermächten aus drei verschiedenen Titeln beschlagnahmt oder auf andere Weise der Nutzung durch Österreicher entzogen werden:
— weil sie während der deutschen Annexion von wem immer und mit welchen Mitteln immer angeschafft wurde;
— weil sie zu einen Vermögensverband gehörte, der als Deutsches Eigentum klassifiziert wurde;
— weil sie das Herkunftszeichen eines vom Deutschen Reich zeitweise besetzten Landes trug.

Die ersten beiden Punkte ließen sich auf die Potsdamer Beschlüsse stützen. Den dritten Entziehungsgrund lieferte die Londoner Deklaration 1943 und die darauf aufbauende Reparationskonferenz Ende 1945 in Paris[104]).

In Potsdam vereinbarten die USA, Großbritannien und die Sowjetunion knapp nach Kriegsende, dass Deutschland soweit als möglich für die Schäden aufkommen müsste, die es im Zweiten Weltkrieg verursacht hatte. Der Besieg-

---

[102]) Ministerratsvortrag des Finanzministers, BMfF, Zl. 104.819_16/1954 in AdR: Ministerrat Raab 1, Nr. 69 vom 16. 11. 1954.
[103]) *Klambauer* (1978, S. 27/28).
[104]) Conférence de Paris sur les réparations, 9. 11. bis 21. 12. 1945. Annexe: Résolution au sujet des restitutions. Kopie in AdR: BMfVuW, Zl. 57.510_14/1946.

te hatte Schadenersatz zu leisten. Reparationen (Schadenersatzleistungen) waren früher (bis zum Zweiten Weltkrieg) in Geld festgelegt worden. Der Verlierer wurde verpflichtet, dem Sieger eine bestimmte Summe in Gold oder konvertierbaren Währungen zu zahlen. Abweichend davon entschieden sich die Siegermächte nach dem Zweiten Weltkrieg für Reparationen in natura. Jede Besatzungsmacht erhielt das Recht, sich durch „Wegführen von Sachwerten" aus ihrer Besatzungszone in Deutschland schadlos zu halten. Der Sowjetunion wurden zusätzlich Anlagen aus den westlichen Besatzungszonen zugesagt, zum Teil unentgeltlich und zum Teil im Austausch gegen Nahrungsmittel und Grundstoffe aus Ostdeutschland.

Die Entscheidung, Reparationen nicht in konvertiblen Währungen festzulegen, sondern auf Güter direkt zuzugreifen, stützte sich auf die Erfahrungen der Zwischenkriegszeit. Nach Lord Keynes war der Geldtransfer vom Reparationspflichtigen zum Reparationsempfänger eine der Hauptquellen der weltwirtschaftlichen Turbulenzen in den dreißiger Jahren gewesen. Es wäre eine Sache, die Reparationssummen in Reichsmark aufzubringen, und eine andere, diese Beträge in Devisen zu konvertieren. Die Reparationsdollars konnten solange überwiesen werden, als sie durch amerikanische private Kredite „refinanziert" wurden. Als die Kredite ausblieben und kurzfristige Gelder zurückgezogen wurden, entstand eine Finanzkrise.

Das war eine vereinfachte Interpretation der wirtschaftlichen Entwicklung in der Zwischenkriegszeit aus keynesianischer Sicht. Die pessimistische Einschätzung, über die Geldwirtschaft Realtransfers zu bewirken, wurde durch die Ereignisse nach dem Zweiten Weltkrieg nicht bestätigt. Gerade die beiden Verlierer, Japan und Deutschland, erzielten nach der Wiederaufbauperiode[105] anhaltend hohe Überschüsse in ihren Leistungsbilanzen. Dadurch wurde es ihnen möglich, alte Schulden zu bedienen und erheblichen Schadenersatz, im Falle Deutschlands etwa an Israel, zu leisten[106]. Wie immer dem auch sei: Aus der keynesianischen Sicht der Angloamerikaner und aus der planwirtschaftlichen Sicht der Sowjetunion schien nach dem Zweiten Weltkrieg ein naturalwirtschaftliches Konzept der Reparationsleistungen vorteilhafter als ein geldwirtschaftliches[107]. Es lässt sich wie folgt beschreiben: Der produktive Kapitalstock des Besiegten konnte – soweit er nicht zur Bestreitung des Existenzminimums der Bevölkerung nötig war – auf zweifache Art genutzt werden. Die Sieger konnten die Anlagen demontieren und im eigenen Land aufstellen. Oder aber sie beließen sie am alten Standort und bemächtigten sich der damit erzeugten Produkte. Obschon Reparationen allen Besatzungsmächten zustanden, machte von diesen Möglichkeiten hauptsächlich die Sowjetunion Gebrauch. Sie transferierte in der ersten Phase ostdeutsche Anlagen in die Sow-

---

[105] Die Refinanzierung von Reparationen durch Kredite, in der Zeit des Wiederaufbaus entspricht intertemporalen Nutzenerwägungen und kann daher nicht als ein Beleg dafür angesehen werden, dass ein Realtransfer nicht stattfinden kann.

[106] Über die Entschädigungen, die die Bundesrepublik Deutschland leistete, informiert *Féaux de la Croix* (1985).

[107] Für das güterwirtschaftliche Reparationskonzept sprach auch, dass durch die Demontagen die Produktionskapazität Deutschlands geschmälert wurde.

jetunion und ging in der zweiten Phase dazu über, in beschlagnahmten ostdeutschen Unternehmungen Güter für die Sowjetunion zu produzieren[108]). Nur am Rande sei vermerkt: Außer dem Produktionsfaktor Kapital wurde auch der Produktionsfaktor Arbeit für Reparationen herangezogen. Hatten während des Kriegs die Deutschen viele Kriegsgefangene und Zwangsarbeiter beschäftigt, um die Wirtschaft im Gang zu halten, so setzte die Sowjetunion nach Kriegsende über einige Jahre mehrere Millionen deutscher Kriegsgefangener für den Wiederaufbau ihrer Wirtschaft ein.

Ergänzend und gleichsam als Fußnote zum Hauptteil des Reparationskapitels vereinbarten die Siegermächte, das Auslandsvermögen[109]) des besiegten Deutschlands untereinander aufzuteilen. Für Österreich wurde folgender Verteilungsschlüssel festgelegt: Jede Besatzungsmacht erhielt das Deutsche Eigentum in ihrer Zone zugesprochen. In der internationalen Zone in Wien sollte – wie später präzisiert wurde – brüderlich geteilt werden (je ein Viertel pro Besatzungsmacht). Ähnlich wie im viergeteilten Deutschland machte von diesem Reparationsrecht hauptsächlich die Sowjetunion Gebrauch. Die westlichen Besatzungsmächte übergaben die deutschen Unternehmungen Österreich zur Verwaltung und überließen sie ihm schließlich mit bestimmten Einschränkungen. Der Streit um das Deutsche Eigentum konzentrierte sich daher in der Hauptsache auf die Ansprüche der Sowjetunion.

Als die Siegermächte in Potsdam konferierten, hatte die Rote Armee bereits tausende Waggons Maschinen und Vorräte als „Beutegut" aus den von ihr besetzten Gebieten Österreichs abtransportiert, auch aus Gebieten, die sie später aufgrund der Zoneneinteilung räumen musste. Österreich wurde damit zweimal „zur Kasse gebeten". Überspitzt formuliert: Österreich galt, was die Reparationen anlangt, gleichzeitig als deutsches Inland und als deutsches Ausland. Es war Inland, weil die Rote Armee in den von ihr eroberten Gebieten Anlagen und Vorräte beschlagnahmte und außer Landes brachte, so wie sie in den von ihr besetzen Teilen Deutschlands verfuhr. Und es war Ausland, weil die Sowjetunion Anspruch auf die deutschen Vermögenswerte in Österreich erhob, so wie sie das in den osteuropäischen Ländern ihrer Einflusssphäre tat.

Bischof (1989, S. 80) bot eine etwas andere Interpretation an. Für ihn war das Deutsche Eigentum im nunmehrigen „Ausland" Österreich das Vehikel, mit dem die Sowjetunion „reparations out of current production" aus der österreichischen Wirtschaft zog. Damit war die Parallele zu Ostdeutschland komplett. Die Rote Armee betrachtete die von ihr besetzten Gebiete in Österreich nicht als „befreit", sondern als erobert[110]), und unterwarf sie den gleichen

---

[108]) Nach *Stolper et al.* (1964, S. 218) wurden etwa 30% der Industrieproduktion der deutschen Ostzone zu einer „Filiale der russischen Staatswirtschaft".
[109]) Statt Auslandsvermögen wird in deutschen Übersetzungen des Potsdamer Abkommens häufig der irreführende Ausdruck „auswärtige Guthaben" gebraucht (z. B. bei *Klenner,* 1953, S. 1421).
[110]) Der US-Gesandte Erhardt erwähnte in einem Gespräch mit dem österreichischen Gesandten Kleinwächter: Der sowjetische General Scheltow vertrat stets den Standpunkt, dass Österreich nicht ein befreites, sondern ein „unterworfenes" Land wäre. Aktenvermerk vom 20. 9. 1945. AdR: BMfaA,_IIpol/1947, Karton 42 (ohne Aktenzahl).

zweistufigen Reparationsverfahren. Da ihr keine Reparationen von Österreich zugebilligt wurden, erzielte sie den gleichen Effekt über den Umweg der Beutegüter und des Deutschen Eigentums. (Das schließt nicht aus, dass die Sowjetunion in anderer Hinsicht Österreich als befreites Land betrachtete, etwa in dem es eine Staatsregierung etablierte und der österreichischen Verwaltung einen relativ großen Handlungsspielraum ließ.)

Zu diesen beiden Reparationsformen gesellte sich eine dritte, die im Grenzbereich zwischen Restitution und Reparation angesiedelt war. Die Londoner Deklaration von 1943 ermächtigte die rechtmäßigen Regierungen, Vermögensübertragungen in den von Deutschland während des Kriegs besetzten Gebieten für null und nichtig zu erklären. Diese Bestimmung wurde nicht zugunsten von Österreich angewandt, obschon heimische Politiker das immer wieder forderten. Die Besatzungsmächte behielten sich vor, selbst über das Deutsche Eigentum in Österreich zu befinden. Die Londoner Deklaration wurde jedoch zulasten Österreichs wirksam. Ausländische Restitutionskommissionen verlangten die Herausgabe von Maschinen und Vorräten, die in ihrem Lande erzeugt worden waren und die österreichische Firmen während des Kriegs erworben hatten.

Die drei Formen von Reparationsbestimmungen waren nur teilweise miteinander verträglich. Die sowjetische Vermögensverwaltung konnte die von ihr beanspruchten Betriebe nur in Produktion bringen, in dem sie einen Teil der Anlagen wieder installierte, die die Rote Armee demontiert hatte. Das Deutsche Eigentum in Österreich wäre bescheiden gewesen, wenn sämtliche Vermögensübertragungen während der deutschen Annexion (siehe hiezu S. 404ff) gemäß der Londoner Deklaration für null und nichtig erklärt worden wären. Die in Österreich nach Maschinen ihres Landes stöbernden Rückstellungskommissionen ausländischer Staaten stellten manchmal fest, dass die von ihnen als rückstellungspflichtig erkannten Maschinen schon vorher von der Sowjetunion beschlagnahmt worden waren.

Beschlagnahmen und Demontagen

Vorauszuschicken ist, dass auch in anderen Zonen „Beutegut" beschlagnahmt wurde (z. B. in Kärnten von jugoslawischen militärischen Einheiten und auch in der französischen Zone). Aber systematisch und in bedeutendem Umfang requirierte nur die sowjetischen Besatzungsmacht Anlagen und Vorräte. Die Art wie die Güter aufgebracht wurden (Spezialkommandos der Roten Armee) und wie sie verwendet wurden (Schließung von Lücken im Produktionsapparat der Sowjetunion) entsprach den kapazitätsmindernden Reparationen in Deutschland. Es nimmt nicht Wunder, dass eine Anregung der britischen Besatzungsmacht, die Sowjetunion möge erklären, was sie unter „Beutegut" verstünde, auf taube Ohren stieß[111]).

---

[111]) AdR: BMfVuW, Gzl. 211.101_14/1948. Nach sowjetischer Lesart waren Beutegut keine Reparationen, doch bestand der Unterschied bloß darin, dass auf Beutegüter schon vor den Potsdamer Reparationsbeschlüssen zugegriffen wurde.

Die Requisitionen der Roten Armee begannen unmittelbar nach dem Ende der Kampfhandlungen. Fabriken für Waffen und Kriegsgerät wurden zur Gänze demontiert. Das galt u. a. für die am Ostufer der Enns errichteten Nibelungenwerke[112]), die größte Panzerproduktionsstätte des Deutschen Reichs (Monatsproduktion: 300 Stück zu 40 t oder 500 Stück zu 25 t). Die Besatzungsmacht ließ noch Panzer fertig stellen, bevor sie zu demontieren begann. Auch von den Ostmarkwerken in Wiener Neustadt blieb nichts übrig[113]). In den Grundstoffindustrien und in den technischen Industrien wurden wichtige Teile der Anlagen abtransportiert. Dazu gehörten etwa die neue Walzstraße der Alpine in Donawitz und zwei Elektroöfen der Böhlerwerke in Kapfenberg (die Steiermark wurde zunächst von der Roten Armee besetzt; demontiert wurde, obschon die Zonengrenzen noch nicht feststanden). Aus dem Erdölbereich wurden 5.900 Eisenbahnwagen Material abtransportiert, aus der Alpine 1.000 und aus den Böhlerwerken 1.500 (*Martinides,* 1946). Die Reifenfabrik Semperit in Traiskirchen verlor Maschinen und Vorräte im Wert von 45 Mio. RM. Mit den verbleibenden Maschinen konnte nur $1/3$ der Produktion von 1938 geleistet werden (*Rathkolb,* 1985, S. 289-203). Die Demontagen und den Abtransport demontierter Anlagegüter besorgten mit Technikern ausgestattete Spezialeinheiten der Roten Armee, von den betroffenen Unternehmungen auch „Trophäenkommandos" genannt.

Der Beschlagnahme verfielen im Prinzip Anlagegüter, die während der deutschen Annexion angeschafft worden waren. Man kann das als Primitivdefinition des Deutschen Eigentums bezeichnen. Deutsch wäre demnach nicht das, was Deutschen gehörte, sondern das, was während der deutschen Annexion von wem immer und mit welchen Finanzierungsmitteln immer angeschafft wurde. Diese Grenze wurde jedoch nur beiläufig eingehalten. Als ergänzende Richtschnur galt (ähnlich wie in Deutschland), die Industriekapazität soweit zu reduzieren, dass gerade noch eine bescheidene Produktion für zivile Zwecke aufrechterhalten werden konnte. Für die österreichische Friedensproduktion bliebe noch genug, antwortete Marschall Tolbuchin, als sich die Provisorische Staatsregierung beschwerte[114]). Im Alliierten Rat beantragte die Sowjetunion, über eine Begrenzung der österreichischen Industriekapazität zu verhandeln[115]).

Die Zugriffe auf „deutsche Güter" konzentrierten sich auf die ersten Monate nach Ende der Kriegshandlungen, kamen aber gelegentlich auch später im Zusammenhang mit öffentlichem Eigentum vor. Noch im Juni 1948 verlangte die sowjetische Besatzungsmacht Einblicke in die Reparaturwerkstätten der

---

[112]) *Rathkolb* (1985, S. 50).
[113]) In den Ostmarkwerken in Wiener Neustadt entstand die größte Flugzeugfabrik des Deutschen Reichs. Schon während des Kriegs wurde ein Teil der Fabrik außerhalb Österreichs verlagert. Die Wiener Neustädter Anlagen erlitten große Bombenschäden. Was übrig blieb, wurde von der Roten Armee weggeführt.
[114]) Stenographische Niederschrift der Antwort von Marschall Tolbuchin auf die von der österreichischen Regierung vorgelegten Fragen vom 12. 5. 1945. AdR: BMfF, Präs., Karton 1, (ohne Aktenzahl).
[115]) *Schärf* (1955, S. 117).

ÖBB mit dem Ziel, die während der deutschen Besetzung angeschafften Vorräte und Maschinen als Deutsches Eigentum zu beschlagnahmen[116]).

Übersicht 4.21: Demontagen von Anlagen und Beschlagnahme von Vorräten

	Mio. RM	
Sowjetunion		
In (später) beschlagnahmten Betrieben	410,41	
In sonstigen Betrieben		
Wien-Ost	128,35	
Wien-West	185,94	
Niederösterreich	82,36	
Burgenland	7,65	
Steiermark	270,64	
Oberösterreich	65,42	1.150,77
Frankreich		33,26
USA		13,49
Großbritannien		8,83
Ingesamt		1.206,35

AdR: BMfVuW, Zl. 210.701 _14/1948. – Buchwerte 1945 zuzüglich Sonderabschreibungen (Oststeuerhilfe).

Der Wert der von den „Trophäen-Kommandos" der Roten Armee 1945 in der österreichischen Industrie beschlagnahmten Anlagen und Vorräte betrug wie schon erwähnt nach Erhebungen des BMfVuW 1,2 Mrd. RM[117]). Davon entfielen etwa 400 Mio. RM auf Vorräte und der Rest auf Anlagegüter. Die Schadensmeldungen beinhalten nicht die Erdölindustrie (mit Ausnahme der kleinen Erdölproduktions-AG), wohl aber die übrigen, von der Sowjetunion als Deutsches Eigentum beschlagnahmten Betriebe, einschließlich der geschleiften Rüstungsbetriebe wie die Nibelungenwerke in St. Valentin oder die Ostmarkwerke in Wiener Neustadt. Das deutet darauf hin, dass die Daten zu einem Zeitpunkt (vor Mitte 1946) erhoben wurden, als erst die Mineralölwirtschaft von der Sowjetunion beschlagnahmt worden war. (Die USIA-Betriebe durften an die österreichischen Stellen keine Informationen liefern.) Gefragt wurde nach den Buchwerten 1945 zuzüglich von Sonderabschreibungen (Oststeuerhilfe).

Einschließlich der Mineralölwirtschaft[118]) kommt man auf eine Schadenssumme von 1,5 Mrd. RM. Zu Kaufkraftparitäten gerechnet kann der Zeitwert der beschlagnahmten Güter mit 400 Mio. $ (Preise 1946) und der Neuwert mit 600 Mio. $ veranschlagt werden. Das ist eine vergleichsweise hohe Summe. Ein großer Teil davon entfiel jedoch auf Betriebe, die fertige Rüstungsgüter (wie etwa Panzer oder Flugzeuge) herstellten oder Vorprodukte für die Rüs-

---
[116]) AdR: Ministerrat Figl 1, Nr. 115 vom 8. 6. 1948.
[117]) Die Summe weicht nur geringfügig von der im Forderungsprogramm 1949 genannten ab. Ähnliche Werte wurden in der einschlägigen Literatur (z. B. von E. Margarétha in seinem Tagebuch 1945-47) genannt. Offenbar stammten sie aus der gleichen Quelle.
[118]) Schätzung von H. G. Ulrik, AdR: BMfVuW, Zl. 93.470_15/1946.

tungsindustrie bereitstellten). Die Umstellung auf Friedensproduktion hätte erhebliche Kosten verursacht.

Übersicht 4.22: Liste der Firmen mit mehr als 10 Mio. RM Requisitionen

Firma	Mio. RM
Wr. Neustädter Maschinenwerke[1])	99,00
Böhler, Kapfenberg und steirische Betriebe	68,80
Semperit, Gummiwerke AG	57,21
Steyr-Daimler-Puch	45,00
Berndorfer Metallwerke	38,12
Nibelungenwerk St. Valentin (Steyr-Daimler-Puch)	36,00
Österreichisch-Alpine Montan AG	35,01
Austria Tabakwerke, Wien	33,81
Schöller-Bleckmann Stahlwerke AG	29,01
Enzersfelder Metallwerke AG	23,00
Ostmarkwerke, Wien	18,52
Wiener Lokomotiv AG, Wien	18,02
Siemens & Halske AG, Wien	17,32
Miller, Martin AG, Traismauer	16,51
Saurerwerke, Wien	16,29
Gesellschaft für Luftfahrtforschung	15,00
Wiener Elektrizitätswerke	13,15
Friedmann Alex., Maschinen und Armaturen, Wien	12,97
Raxwerke GmbH, Wr. Neustadt	12,95
Kromag AG, Hirtenberg	12,00
Kapsch & Söhne, Wien	11,60
Simmering-Graz-Pauker AG	11,23
Waagner-Biró KG	10,32
Summe	650,84

AdR: BMfVuW, Zl. 210.701_14/1948. – [1]) Ostmarkwerke.

Zu berücksichtigen ist, dass sich die Sowjetunion zum Teil „ins eigene Fleisch schnitt". 35,7% der Requisitionen der Sowjetunion betrafen Unternehmungen (ohne Mineralölwirtschaft), die später als Deutsches Eigentum beschlagnahmt wurden. Wie aus anderen Quellen bekannt ist, musste die Sowjetunion aus ihrem Pool an beschlagnahmten Gütern die von ihnen geführten Unternehmungen wieder mit Maschinen und Vorräten ausstatten, um produzieren zu können[119]). Das war selbstverständlich höchst unwirtschaftlich. Wahrscheinlich wusste die Roten Armee zum Zeitpunkt des Einmarsches noch nicht, wo die Demarkationslinie verlaufen würde und wie die Reparationsverhandlungen mit den westlichen Alliierten ausgehen würden. Die Requisitionen in später als Deutsches Eigentum reklamierten Betrieben sind außer Acht zu lassen, wenn die gesamte Reparationslast aus Kapazitätsentzug (Demontagen)

---

[119]) Notiz der westlichen Alliierten anlässlich der Staatsvertragsverhandlungen. AdR: BMfaA,_IIpol/1949, Karton 121 (ohne Aktenzahl).

und Produktionsentzug (Transfer der Bruttoerträge der sowjetisch verwalteten Unternehmungen) ermittelt wird (sonst käme man zu Doppelzählungen).

Die Requirierungen der übrigen Besatzungsmächte waren demgegenüber mit etwa 55 Mio. RM relativ gering. Das gilt auch, wenn man berücksichtigt, dass die Grenze zwischen Reparationen und Restitutionen fließend war (siehe S. 412ff) und bestimmte Rückgabeforderungen der Westmächte erst später, zum Teil erst nach dem Staatsvertrag, konkretisiert wurden.

Deutsches Eigentum à la Potsdam

Nach dem Potsdamer Abkommen fiel das deutsche Auslandsvermögen den Siegermächten zu. An dem Abkommen wurde kritisiert[120], dass es nicht genügend vorbereitet wurde. Die Vertreter der Sowjetunion machten sich die relative Uninformiertheit westlicher Verhandler (in Großbritannien übernahm die Labour-Partei die Regierungsgeschäfte) zunutze. Was immer die Repräsentanten der Siegermächte in Potsdam gesagt oder gedacht haben mochten: Das Abkommen ließ viele Fragen offen, die sich später im Zeichen des „kalten Kriegs" zu Streitfragen entwickelten, über die man sich nicht mehr verständigen konnte.

Dass die Siegermächte nicht nur auf das Auslandsvermögen der besiegten Staaten – und zwar nicht nur auf das staatliche, sondern auch auf das private Vermögen der Bürger – zugreifen, wurde bereits in den Friedensverträgen nach dem Ersten Weltkrieg vorexerziert. Im gegenständlichen Fall ließ sich der Zugriff zumindest auf große private Vermögen auch dadurch rechtfertigen, dass die deutschen Konzerne unabhängig von ihrer Eigentümerstruktur Instrumente der deutschen Expansionspolitik waren. Die Westmächte konnten daher vom Vorschlag der Sowjetunion nicht wirklich überrascht sein. Auch die regionale Aufteilung bot sich an. Verständlich schließlich, dass sich die Siegermächte einige Monate nach Beendigung der Kampfhandlungen hauptsächlich mit Deutschland beschäftigten und wenig Zeit fanden, sich mit den besonderen Problemen Österreichs auseinander zu setzen. Das änderte jedoch nichts daran, dass klärende Zusätze dringend nötig gewesen wären.

Im Rahmen einer Marktwirtschaft mit wohl definierten Eigentums- und Gläubigerrechten, hätte der Begriff „deutsches Auslandsvermögen" nicht erläutert werden müssen (die Ausarbeitung von Details hätte man Experten überlassen können). Selbstverständlich wäre darunter nur das dem Eigentümer nach Abzug der Schulden verbleibende „Reinvermögen" zu verstehen gewesen, im Falle von Unternehmungen: das auf der Passivseite der Bilanz stehende deutsche Eigenkapital. Das für die deutsche Binnenwirtschaft entwickelte Reparationskonzept bezog sich jedoch auf konkrete Sachgüter, wie Maschinen und Vorräte, die in den Unternehmensbilanzen auf der Aktivseite stehen. Das war ein grobschlächtiges Verfahren, grobschlächtig vor allem deshalb, weil es das für marktwirtschaftliche Systeme charakteristische Netz von Eigentums- und Gläubigerrechten missachtete. Unter diesen Umständen waren Missver-

---

[120]) *Bischof* (1989, S. 139-144).

ständnisse vorprogrammiert. „Were they thinking of physical assets or of paper assets" fragte im Spätherbst 1945 ein kompetentes Mitglied der US-Militäradministration[121]). Dazu kam, dass Vermögensübertragungen gemäß der Londoner Deklaration in den vom Deutschen Reich besetzten Gebieten für null und nichtig erklärt werden konnten. Fiel Österreich unter die Londoner Deklaration? Und wenn schon die Besatzungsmächte Deutsches Eigentum in Österreich erworben hatten: Wieweit mussten die neuen Eigentümer nationalen Gesetzen gehorchen? Ferner war zu berücksichtigen, dass einer der Partner eine sozialistische Wirtschaftsordnung hatte, in der die Produktionsmittel „dem Volk gehörten" und Kredite der Staatsbank nur ein technisches Hilfsmittel zur Steuerung der Produktion waren. Es leuchtet ein, dass die Sowjetunion in anderen Kategorien dachte als die Westmächte. Schließlich: War im August 1945 in Potsdam noch nicht absehbar, was einen Monat später in Wien offenkundig wurde, dass nämlich sowohl die Angloamerikaner als auch die Sowjetunion Anspruch auf das österreichische Öl erheben würden.

Der Zugriff auf das Deutsche Eigentum in Österreich durch die Siegermächte waren Reparationen, die Deutschland und nicht Österreich auferlegt wurden. Insofern bestand formal gesehen kein Widerspruch zur Aussage, Österreich hätte keine Reparationen zu leisten. Es handelte sich „nur" um einen Wechsel von einem ausländischen Eigentümer zu einem anderen. Statt Deutschen wurden Amerikaner, Engländer, Franzosen und die Sowjetunion Eigentümer von Vermögenswerten auf österreichischem Boden. Oder anders formuliert: Die Übernahme des Deutschen Auslandsvermögens änderte die Passivseite der Unternehmensbilanzen bei zunächst unverändertem Gesamtvermögen. (Im Gegensatz hiezu griffen die Demontagen von Anlagen und Vorräten durch „Trophäenkommandos" in die Aktivseite der Bilanzen ein und schmälerten das Gesamtvermögen der Unternehmungen.)

Zu einem Problem für Österreich wurde die Disposition über das Deutsche Eigentum dadurch, dass österreichische Kapitalseigner während der Annexion aus Realvermögen in Geldvermögen gedrängt worden waren. Die „Germanisierung" hatte sich – wie auf S. 366ff ausführlich beschrieben wurde – auf große Teile der österreichischen Wirtschaft erstreckt. Es war aber nicht nur der Umfang des Deutschen Eigentums, der Probleme schuf. Mindestens ebenso schwer wog der Umstand, dass die Sowjetunion kein „normaler" kapitalistischer Investor war, sondern sich Rechte anmaßte, die in der bürgerlichen Gesellschaft nicht dem Eigentümer zustehen. Dieses Thema kam in der Diskussion über das Deutsche Eigentum zu kurz und soll daher etwas ausführlicher erörtert werden.

Der Eigentümer eines Unternehmens muss die Rechte der Gläubiger respektieren. Gegen diese selbstverständliche Regel des Vertrags- und Gesellschaftsrechts verstieß die Sowjetunion von vornherein, indem sie alte Verpflichtungen der von ihr übernommenen Unternehmungen nicht anerkann-

---

[121]) *Rathkolb* (1985, S. 337).

te[122]). Im Gegensatz zur physischen kann man von einer juristischen Demontage sprechen. Nimmt man an, dass die von ihr beschlagnahmten Unternehmungen im Durchschnitt eine Eigenkapitalquote von 50% hatten[123]), so beanspruchte sie Eigentumsrechte an einer Vermögensmasse, die doppelt so groß war wie das deutsche Eigentum (das Reinvermögen) selbst unter extensiver Auslegung des Begriffs. Interessanterweise spielte dieser Gesichtspunkt in der Auseinandersetzung zwischen Österreich und der Sowjetunion nur eine geringe Rolle, möglicherweise deshalb, weil nach Kriegsende mit Gläubigerrechten generell etwas sorglos umgegangen wurde. Auch der Entwurf der Provisorischen Staatsregierung über das Deutsche Eigentum aus dem Jahr 1945 (siehe S. 405) wollte nur die Aktiva, aber nicht die Passiva deutscher Firmen übernehmen.

Die Sowjetunion konnte das Deutsche Eigentum in Österreich auf verschiedene Weise verwerten. Sie konnte die Vermögensobjekte verkaufen oder verpachten. Sie konnte die Unternehmungen – und um Unternehmungen handelte es sich vor allem – selbst oder durch Bevollmächtigte führen mit unterschiedlichen ökonomischen oder metaökonomischen Konzepten. Der Transfer von Vermögenswerten oder des Cash-Flows von Unternehmen ins Ausland (die Reparationsleistung) war jedoch nach dem Zweiten Weltkrieg in nahezu allen Ländern nicht ohne weiteres möglich, denn knappe Devisen wurden streng bewirtschaftet und Kapitalexporte nur ausnahmsweise genehmigt. (Kontrollen des grenzüberschreitenden Kapitalverkehrs waren nach dem Bretton-Woods-Abkommen von 1943 nicht nur erlaubt, sondern zur Vermeidung von spekulativen Kapitalströmen sogar erwünscht.) Die Sowjetunion konnte daher das Deutsche Eigentum in Österreich nur dann für Reparationslieferungen heranziehen, wenn es mit Österreich den Transfer bestimmter Beträge vereinbarte oder wenn es sich über die österreichischen Gesetze hinwegsetzte[124]) und Exterritorialität beanspruchte. Darüber wurde in Potsdam nicht gesprochen, obschon zumindest den beratenden Experten der Zusammenhang bewusst sein musste. (Die Engländer hatten bekanntlich besondere Probleme mit dem Kapitaltransfer in der Sterlingzone.) Auf die Beziehung zwischen Deutschem Eigentum und Exterritorialität wird später noch näher eingegangen (siehe S. 408ff).

Wenn die Sowjetunion nur oder hauptsächlich an „reparations out of current production" interessiert war, stellte sich die Frage: Warum machte sie sich dann die Mühe, unternehmerische Leistungen in einem Land zu erbringen, dessen Institutionen sie nicht kannte? Viel einfacher wäre es gewesen, was letztlich auch geschah, eine Liste von Waren zu erstellen, die Österreich in ei-

---

[122]) Schreiben der Sowjetunion an den österreichischen Außenminister vom 30. 6. 1947. AdR: Ministerrat Figl 1, Nr. 75 vom 8. 7. 1947.
[123]) Das entspricht etwa der Eigenkapitalquote der deutschen Aktiengesellschaften im Jahr 1938/39 (Statistisches Jahrbuch für das Deutsche Reich 1939/40, S. 458/459). Während des Kriegs konnten allerdings viele Unternehmungen ihre Schulden abbauen.
[124]) Insofern muss die Aussage von *Bischof* (1989, S. 80) ergänzt werden: „each power could extract reparations from the ‚German external assets', located in their respective zones".

nem bestimmten Zeitraum zu liefern hatte. Mochten sich die Österreicher selbst darum kümmern, wie sie die Produktion organisieren und die Produktionsfaktoren entlohnen. Gewiss, auch in Ostdeutschland führte die Sowjetunion lange Zeit selbst die Unternehmungen, die Reparationswaren lieferten. Aber die ostdeutsche Wirtschaft wurde sehr bald in die osteuropäische Planwirtschaft eingegliedert. Dort mag es für die Sowjetunion auch aus ökonomischen Gründen vorteilhafter gewesen sein, Unternehmungen für Reparationszwecke zu betreiben. Anders im „kapitalistischen" Österreich. Dem sowjetischen Vermögenskomplex fiel es mit der Normalisierung der Verhältnisse zunehmend schwerer, sich im marktwirtschaftlichen Umfeld zu behaupten, trotz exterritorialen Privilegien und weitgehender Beschränkung des Außenhandels auf kommunistische Länder. Das hat zweifellos die Bereitschaft der Sowjetunion gefördert, Mitte der fünfziger Jahre den Staatsvertrag abzuschließen.

Freilich, wenn die Sowjetunion den „Fuß in der Wirtschaft des Westens" halten wollte, wenn sie sich die Option bewahren wollte, ihre wirtschaftliche Macht politisch zu nutzen, dann bot ihr das Deutsches Eigentum in Österreich strategische Möglichkeiten, die über die „reparation out of current production" hinaus gingen. Während des Korea-Krieges etwa konnten die USIA-Betriebe dazu benutzt werden, das Embargo der USA zu umgehen und rüstungswichtige Güter vom Westen durch das „Loch im Eisernen Vorhang" in den Osten zu schleusen. Umgekehrt bot sich Österreich als Standort für Aktivitäten des Weltkommunismus an. Die USA machten wiederholt gegen einen (voreiligen) Abschluss des Staatsvertrags geltend, dass die Sowjetunion mit ihrer Wirtschaftsmacht in den östlichen Landesteilen Österreich erpressen und seine Souveränität beeinträchtigen könnte.

Diese Befürchtungen ließen sich indessen nur teilweise belegen. Nur in wenigen Fällen setzte die sowjetische Vermögensverwaltung ideologisch motivierte Aktionen, die der österreichischen Wirtschaftsordnung zuwider liefen (etwa die Verpachtung landwirtschaftlicher Grundstücke als Mittel einer Landreform). Gravierender war, dass die sowjetisch geführten Unternehmungen die heimischen Kommunisten unterstützten. Im Grossen und Ganzen aber betrachtete die Sowjetunion die von ihr verwalteten Unternehmungen als „Cash-cow", als Mittel für Reparationsleistungen und nicht als „Keimzelle des Weltkommunismus". Beides gemeinsam ging nicht. Betriebe, aus denen das letzte herausgeholt wurde, eigneten sich nicht als Demonstrationsobjekte für die wirtschaftliche Überlegenheit des Kommunismus.

Unter diesen Umständen tauchte schon frühzeitig die Idee auf, die von der Sowjetunion beanspruchten Unternehmungen in Ostösterreich durch Warenlieferungen oder Bezahlung eines Kaufpreises in Dollar abzulösen. Der österreichische Vorschlag vom Herbst 1946 (siehe S. 407) war für die Sowjetunion vorwiegend deshalb nicht akzeptabel, weil der Preis nicht stimmte. Der Cherrière-Plan vom Herbst 1947, der die Ablöse des USIA-Komplexes vorsah, wurde von der Sowjetunion nach kurzem Zögern im Prinzip akzeptiert (siehe den Abschnitt „Die Kosten der Freiheit"). Als die so gut wie abgeschlossenen Staatsvertragsverhandlungen im Jahre 1949 scheiterten, führte zwar die Sowjetunion die von ihr beschlagnahmten Unternehmungen weiter. Dabei war sie jedoch sichtlich mehr darauf bedacht, möglichst viel aus diesen Betrieben an Reparationsleistungen herauszuholen, als strategische Positionen aufzubauen. Der Anteil der USIA an der Industrieproduktion ging stark zurück.

Die Übernahme Deutschen Eigentums in der Ostzone

Nach dem Potsdamer Abkommen änderte die Sowjetunion ihre Reparationsstrategie. Statt Anlagen zu demontieren und in der Sowjetunion wieder aufzubauen, versuchte sie nunmehr, aus der laufenden Produktion jener Firmen in Österreich Nutzen zu ziehen, die sie als sowjetisches Eigentum ansah. Die neue Strategie wurde zuerst in der österreichischen Erdölindustrie umgesetzt. Ende August 1945 bot die Sowjetunion Österreich an, ein gemeinsames Unternehmen zur Aufsuche, Gewinnung und Verarbeitung von Erdöl mit dem Namen SANAPHTA zu gründen. Dieses Angebot wurde von der Provisorischen Staatsregierung wohl mit Rücksicht auf die schwebenden Ansprüche der westlichen Ölfirmen abgelehnt. Damit begann eine lange Auseinandersetzung über das österreichische Erdöl. Sie endete damit, dass Österreich für die Überlassung seiner heimischen Energiequelle zweimal zahlen musste, einmal an die Sowjetunion und zum anderen an die westlichen Ölfirmen. Der „Kampf ums Öl" wird wegen seiner strategischen Bedeutung in einem eigenen Abschnitt beschrieben.

Nach der Ablehnung des Erdölvertrags entschloss sich die Sowjetunion, eigenmächtig vorzugehen, ohne Konsens mit dem Alliierten Rat und der österreichischen Bundesregierung. Anfang Oktober 1945 übernahm sie formell die Erdölfelder[125]), Raffinerien und Verteilungsorganisationen, Anfang Februar 1946 die Donau-Dampfschifffahrts-Gesellschaft (DDSG). Dann ging es Schlag auf Schlag. Im April 1946 folgten die AEG, die Elin, Siemens-Schuckert, Felten & Guillaume, Osram und die St. Pöltener Glanzstoffwerke, um nur die wichtigsten zu nennen. Von Ende April bis Anfang Juni nahm die Sowjetunion weitere 51 Unternehmungen in ihren Besitz. Sie verfügte damit nach Angaben des BMfVuW vom Herbst 1946[126]) über 211 Industrie- und Gewerbebetriebe (späteren Erhebungen zufolge waren es noch mehr). Die von der Sowjetunion übernommenen Betriebe wurden in drei Gruppen organisiert: die sowjetische Mineralölverwaltung (SMV), die Donau-Dampfschifffahrts-Gesellschaft (DDSG) und die USIA.

Die Übernahme von Betrieben vollzog sich meist auf folgende Weise: Sowjetische Funktionäre und Militärs erschienen im Betriebsgelände und erklärten dem Direktor (in der Regel einem öffentlichen Verwalter), dass man ab sofort den Anordnungen eines Kontrolloffiziers nachzukommen hätte. Zugleich, manchmal aber erst viel später, wurde bekannt gegeben, dass das Unternehmen in sowjetische Hände übergegangen sei Am 5. 7. 1946 veröffentlichte die Wiener Zeitung den mit 27. 6. (vor-) datierten Befehl Nr. 17 des General Kurassow, wonach die Sowjetunion von dem ihr zustehenden Eigentum

---

[125]) Aktenvermerk vom 5. 10. 1945. AdR: BMfaA, _Ilpol/1947, Karton 42 (ohne Aktenzahl).
[126]) AdR: BMfF, Zl. 72.988_Kredit/1946 vom 21. 9. 1946.

in Ostösterreich Besitz ergriff. Etwa zur gleichen Zeit errichtete sie (ohne Konzession des Finanzministeriums) eine Staatsbank (Feldbank), mit der Aufgabe, die Finanzgeschäfte der sowjetischen Betriebe in Ostösterreich zu besorgen[127]).

Etwas vereinfacht, aber im Großen und Ganzen zutreffend, könnte man sagen: Die Sowjetunion betrachtete alles als Deutsches Eigentum und daher nach der Potsdamer Konferenz ihr gehörig, was zu Kriegsende deutsch war und nicht kostenlos von deutschen Eigentümern erworben worden war (wie z. B. das Vermögen des Bundes, das automatisch mit der Annexion dem Deutsches Reich zufiel).

Mit der Übernahme des Deutschen Eigentums verfügte die Sowjetunion nicht nur über einen großen Industriekomplex. Sie war auch Hausherr (durch Übernahme der deutschen Wohnbaugesellschaften), Großgrundbesitzer (durch Übernahme der Deutschen Ansiedlungsgesellschaft und den von der deutschen Wehrmacht beanspruchten Flächen) und Gläubiger. Die Sowjetunion anerkannte zwar nicht die Schulden der von ihr übernommenen Unternehmungen, betrachtete aber Forderungen deutscher Gläubiger an österreichische Schuldner als Deutsches Eigentum. Das „Inkasso" der deutschen Forderungen gelang allerdings nur unzulänglich. Die Sowjetunion konnte zwar die Kreditunternehmungen in Ostösterreich veranlassen, die Einlagen deutscher Kunden auf ihr Konto bei der OeNB zu überweisen. Im Unternehmensbereich musste sie sich hauptsächlich auf den von ihr kontrollierten Bereich beschränken. Die USIA-Betriebe wurden aufgefordert, ihre Schulden an deutsche Gläubiger an die sowjetische Feldbank zu begleichen, und für diese Zwecke allenfalls sowjetische Kredite aufzunehmen. Die Verschuldung der USIA an die sowjetische Staatsbank (sie wurde im Staatvertrag von Österreich abgelöst) stammte zum Teil aus diesen Transaktionen.

Das Unternehmenskonzept der Sowjetunion ging davon aus, dass Unternehmungen entweder deutsche oder andere Eigentümer haben. Im ersten Fall wurden sie der USIA oder der SMV eingegliedert; im zweiten Fall blieben sie österreichisch, mit allen sich daraus ergebenden Konsequenzen (z. B. der Rohstoffzuteilung durch das österreichische Bewirtschaftungssystem). Diese Schwarz-Weiß-Einteilung war deshalb unangemessen, weil die meisten in Frage kommenden Firmen eine gestreute Eigentumsstruktur hatten (siehe S. 419). Die Sowjetunion half sich teilweise damit, dass sie Firmen mit deutscher Minderheitsbeteiligung nur unter Kontrolle stellte und nicht in den USIA-Komplex einbezog. Aber die Zuordnung blieb willkürlich. Wie schwer sich die sowjetische Eigentumsverwaltung mit westlichem Gesellschaftsrecht tat, zeigt folgende Begebenheit. Ein sowjetischer Kontrolloffizier akzeptierte, dass in einer bestimmten Firma nur etwas mehr als die Hälfte auf deutsche Kapitaleigner entfiel, glaubte aber daraus ableiten zu können, dass die sowjetische Eigentumsverwaltung berechtigt sei, im Ausmaß des Kapitalanteils über die Rohstofflager der Firma zu verfügen[128]).

---

[127]) AdNB: Nr. 469/1946.
[128]) AdR: BMfVuW, Gzl. 51.503_14/1947.

Da die sowjetischen Ansprüche von den übrigen Alliierten nicht anerkannt wurden, kam es im Falle von Unternehmungen, die in mehreren Zonen tätig waren, zu widersprüchlichen Weisungen und schließlich zur Aufspaltung dieser Unternehmungen nach Besatzungszonen. Wenn etwa die Zentrale in einer westlichen Besatzungszone Wiens und die Produktionsstätten in der sowjetischen Besatzungszone in Niederösterreich lagen, forderte der sowjetische Kontrolloffizier, dass die Zentrale in einen zur sowjetischen Zone Wiens gehörenden Bezirk verlagert oder dass für die in der sowjetischen Zone liegende Fabrikationsstätte ein eigener Verwalter eingesetzt wurde. Lag die Zentrale im 1. Bezirk, so hatte die Interalliierte Kommission einen Verwalter zu bestellen. Gab es keine Einigung, dann bestellten die westlichen Alliierten und die Sowjetunion je einen Verwalter für die in ihren Zonen liegenden Teilbetriebe[129]). War der Betrieb Teil eines Unternehmens mit Produktionsstätten in mehreren Zonen, so kam es fast zwangläufig zur organisatorischen und finanziellen Lösung von der Mutterfirma. Beispiele hierfür boten die Trennung der Produktionsstätten der Simmering-Graz-Pauker-Werke oder die Abspaltung der zum Böhlerkonzern gehörenden Ybbstalwerke.

Unter diesen Umständen war zu erwarten, dass Firmenvermögen zwischen verschiedenen Besatzungszonen verschoben wird. Folglich erließen die Besatzungsmächte Beschränkungen im zonenüberschreitenden Vermögensverkehr. Um dieses System einigermaßen kontrollieren zu können, erfand das Finanzministerium ein kompliziertes Verfahren: Verfügungen der Besatzungsmächte über Konten (insbesondere Kontensperren und das Umschreiben auf neue Zeichnungsberechtigte) von Firmen, die als Deutsches Eigentum galten, durften von den Kreditunternehmungen nur dann vollzogen werden, wenn sich der Konteninhaber und das kontenführende Kreditinstitut im gleichen Bezirk befanden. Andernfalls war das Einvernehmen mit mehreren Besatzungsmächten herzustellen, im Falle des 1. Wiener Bezirks (dem Sitz der meisten Kreditunternehmungen) mit einhelliger Zustimmung der interalliierten Kommandantur[130]).

Ein Beispiel für einen solchen, Zonengrenzen überschreitenden Vermögensverkehr wurde von Waagner-Biró berichtet: Dort finanzierte die in der britischen Zone gelegene Zentrale mit Hilfe von Krediten österreichischer Banken die Löhne auch des Produktionsbetriebs in der sowjetischen Zone, wogegen dieser seine Erlöse auf ein Konto der sowjetischen Feldbank einlegte[131]).

Der ökonomische Schluss aus diesen und ähnlichen Beobachtungen ist eindeutig: Unklare Eigentumsverhältnisse, die Willkür der Besatzungsmächte sowie hohe Produktions- und Transaktionskosten haben die wirtschaftliche Er-

---

[129]) Die Brucker Zuckerfabrik hatte ihre Zentrale im 3. Wiener Gemeindebezirk und die Fabrik in Bruck a. d. Leitha (NÖ). Der ursprünglich von Österreich ernannte Verwalter wurde von den Briten durch einen neuen Verwalter ersetzt, worauf die Sowjetunion für das Brucker Werk einen eigenen Verwalter bestellte. AdR: BMfVuW, Zl. 50.779_14/1946.
[130]) AdR: BMfVuW, Zl. 52.515_14/1946.
[131]) AdR: BMfVuW, Zl. 170.282_14/1947.

holung nach dem Zweiten Weltkrieg ebenso behindert wie der Mangel an Rohstoffen, Energie und Produktionskapazitäten.

Die Haltung der österreichischen Wirtschaftspolitik

Die Wirtschaftspolitik versuchte, möglichst viel von dem, was als Deutsches Eigentum beansprucht wurde, für Österreich zu retten. Da sie die Potsdamer Beschlüsse nicht gut ablehnen konnte, konzentrierte sie sich darauf, ihren Geltungsbereich möglichst einzuschränken. Einen Ansatzpunkt hiezu bot die Londoner Deklaration von 1943. Wäre diese Deklaration konsequent auf Österreich angewandt worden, dann hätte die Bundesregierung alle Vermögensübertragungen in der fraglichen Zeit für ungültig erklären können. Wer behauptete, Eigentumsrechte unter normalen kommerziellen Bedingungen erworben zu haben, hätte das beweisen müssen. Der Nachweis wäre nicht leicht gefallen, denn nach österreichischer Auffassung hätte Zwang bereits dann vorgelegen, wenn der Transfer über den Wunsch lokaler oder zentraler Behörden[132]) erfolgte, wenn der Vorstand mit Nationalsozialisten durchsetzt war, wenn Firmen infolge von deutschen Regelungen (z. B. Preisvorschriften) in Schwierigkeiten geraten waren, usw.[133]). Ein wichtiger Grund, Firmenübertragungen für nichtig zu erklären, war der Verkauf unter ihrem wahren Wert. Auf die damit verbundene Problematik wurde schon früher (S. 371) hingewiesen.

Die heimische Wirtschaftspolitik vertrat den Standpunkt: Deutsches Eigentum wäre nur das, was schon 1937 deutsch war[134]). Soweit deutsche Kapitaleigner danach neue Unternehmungen gegründet oder in übernommenen Betrieben größere und auch für die Friedenswirtschaft brauchbare Investitionen getätigt hatten, stünden diese in keinem Verhältnis zu den Ansprüchen an Deutschland, auf die Österreich verzichten musste. Allenfalls könnte man die Formel „Deutsch ist, was 1938 deutsch war" durch die weniger anspruchsvolle ersetzen: „Was 1938 österreichisch war, muss österreichisch bleiben"[135]). (Diese plakativen Formeln sind wie alle Aussagen über komplexe Sachverhalte ungenau. Korrekterweise müsste man hinzufügen: Weiterhin gültig blieben jene Vermögensübertragungen, die nicht mit der nationalsozialistischen Machtergreifung zusammenhingen. Aber als erster Orientierungsbehelf und als Einstieg in diplomatische Verhandlungen waren sie geeignet.) Da die österreichi-

---

[132]) Gesetz vom 20. 7. 1945 über die Überleitung der Verwaltungs- und Justizeinrichtungen des Deutschen Reichs in die Rechtsordnung der Republik Österreich, StGBl. Nr. 23/1945.
[133]) Siehe hiezu die Stellungnahme der österreichischen Behörden zum Artikel 35 des Staatsvertrags. AdR: BMfaA_IIpol/1949 Handakte Wildner, Karton 123 (ohne Aktenzahl).
[134]) Zum Beispiel im Bericht des Außenministers über die Pariser Verhandlungen. AdR: BMfaA, _IIpol/1949, Handakte Wildner (ohne Aktenzahl), Karton 123.
[135]) Bundeskanzler Figl verwendete in einem Bericht an den Ministerrat sowohl die weitere als auch die engere Definition. Er hatte in einem Gespräch mit General Scheltow erklärt, dass nur das, was 1938 deutsch war, Deutsches Eigentum wäre. Das was damals österreichisch war, sollte österreichisch bleiben. AdR: Ministerrat Figl 1, Nr. 21 vom 21. 5. 1946. Ähnlich: Ministerrat Figl 1, Nr. 24 vom 12. 6. 1946.

sche Wirtschaftspolitik nicht sicher war, ob sie mit ihrer Formel „Potsdamer Beschlüsse plus Londoner Deklaration" durchkommen würde, versuchte sie als Alternative, die Schlüsselindustrien durch Verstaatlichung in ihre Hand zu bekommen. Die Frage, wer als alter Eigentümer anerkannt würde und wie er zu entschädigen wäre, hätte man zunächst offen lassen können.

Schon Ende August 1945 beschloss die Regierung Renner ein Staatseigentumsgesetz, womit „das auf dem Gebiete der Republik Österreich befindliche Aktivvermögen ... des Deutschen Reichs und seiner Gebietskörperschaften ... sowie von Unternehmungen oder Körperschaften, die unter maßgeblichem Einfluss des Deutschen Reichs oder eines seiner Gebietsteile stehen, mit 27. 4. 1945 auf die Republik Österreich übergegangen" wäre[136]). Das war ein radikaler Ansatz. Danach sollte alles, was zu Kriegsende dem Deutschen Reich gehörte – und dazu zählten auch die so genannten reichseigenen Industrieunternehmungen –, nunmehr der Republik Österreich gehören[137]). Dem lag ein leicht verständlicher Gedankengang zugrunde: Das Deutsche Reich hatte 1938 nicht nur die Verwaltungseinrichtungen des Bundes und die mit ihm integrierten Betriebe wie Bahn und Post übernommen, sondern auch sein Finanzvermögen insbesondere seine Beteiligungen an der Creditanstalt mit ihren Industriebeteiligungen. Es lag daher nahe, nunmehr umgekehrt zu fordern, dass nicht nur die Verwaltung und die Verkehrs- und Versorgungsbetriebe, sondern auch die reichseigenen Industriebetriebe und sonstiges Realvermögen (z. B. Immobilien) des Deutsches Reichs auf österreichischem Boden der Republik Österreich zufallen. Dieses Territorialkonzept wurde später nicht mehr weiter verfolgt.

Die Regierung Renner kam ferner Anfang September 1955 überein, die Schlüsselindustrien (Energiewirtschaft, Bergbau, Erdölindustrie, Eisenhütten, Starkstromindustrie, Lokomotiv- und Waggonbau) zu verstaatlichen[138]). Das Gesamtinteresse verlangt es, so der Vortrag für den Kabinettsrat, dass die Unternehmungen „unter Ausschaltung des Gewinnstrebens und unter vorwiegender Berücksichtigung des Bedarfes geführt werden". Über das Verstaatlichungsgesetz wurde zu einem Zeitpunkt verhandelt, als die Gespräche mit der Sowjetunion über das von ihr vorgeschlagene Joint Venture in der Erdölwirtschaft noch im Gange waren. Sowohl das Staatseigentumsgesetz als auch das Verstaatlichungsgesetz scheiterten am Widerstand der sowjetischen Besatzungsmacht: Die Gesetze konnten nicht verlautbart werden und traten folglich nicht in Kraft.

Die Regierung Figl 1 versuchte es noch einmal mit ähnlichen Rechtsinstrumenten und mit dem gleichen negativen Ergebnis. Im Mai 1946 verabschiedete das Parlament ein Rahmengesetz[139]), wonach Vermögensübertra-

---

[136]) AdR: Kabinettsrat Renner, Nr. 28 vom 29. 8. 1945.
[137]) Der Gesetzentwurf traf keine Aussagen über das private deutsche Kapital. Die Frage, ob etwa die reichseigenen Hermann Göring Werke, nicht aber die private IG-Farben der Republik Österreich gehören sollte, blieb offen.
[138]) AdR: Kabinettsrat Renner, Nr. 29 vom 3. 9. 1945.
[139]) Bundesgesetz vom 15. 5. 1946, BGBl. Nr. 106 über die Nichtigkeit von Rechtsgeschäften und sonstigen Rechtshandlungen, die während der deutschen Besetzung Öster-

gungen in der Zeit der deutschen Besetzung nichtig wären – es sei denn, dass der Käufer nachweisen konnte, dass es sich um eine normale kommerzielle Transaktion gehandelt hatte, die nicht im Zusammenhang mit der nationalsozialistischen Machtergreifung gestanden war. Im Juli beschloss die Bundesregierung ein Verstaatlichungsgesetz[140]), das auch Unternehmungen umfasste, die die Sowjetunion als Deutsches Eigentum und daher als ihr gehörig betrachtete.

Die Sowjetunion war indessen nicht bereit, auf das zu verzichten, was ihr nach dem Potsdamer Abkommen zustünde. Ihr Veto gegen die beiden Gesetze im Alliierten Rat hatte laut 2. Kontrollabkommen[141]) nur aufschiebende Wirkung. Folglich plädierten die Sowjetvertreter dafür, dass beiden Gesetzen Verfassungsrang zukäme und als solche der Zustimmung aller vier Besatzungsmächte bedürften. Ihre Argumentation war nicht ganz abwegig, auch wenn es verwundert, dass sie gerade von dieser Seite kam. Die österreichische Verfassung – so argumentierten sie – schütze das Eigentum. Die Verstaatlichung der Schlüsselindustrien bedeutete einen so gravierenden Eingriff in die Eigentumsrechte, dass sie nur mit Verfassungsgesetzen verfügt werden könnte. Da sich die westlichen Alliierten dieser Meinung nicht anschlossen, erklärte die Sowjetunion kurzerhand, dass beide Gesetze in ihrer Zone nicht angewandt werden dürften. Die formale Handhabe hiezu bot Artikel 2d des 2. Kontrollabkommens, wonach jede Besatzungsmacht in ihrer Zone Maßnahmen ergreifen durfte, sofern die Angelegenheit im Alliierten Rat behandelt wurde und darüber keine einheitliche Willensbildung zustande kam[142]).

Auch die westlichen Alliierten beschlagnahmten zunächst in ihren Zonen das Deutsche Eigentum, schon um Regressansprüche anderer westlicher Länder mit Reparationsansprüchen zu vermeiden. Sie setzten zunächst Verwalter nach eigenem Ermessen ein, was zu Doppelgleisigkeit führte, da auch die Provisorische Staatsregierung Verwalter ernannt hatte[143]). Nach Etablierung der Bundesregierung und der Verabschiedung eines für den Alliierten Rat akzeptablen Verwaltergesetzes wurden für die westlichen Besatzungszonen einvernehmlich Verwalter ernannt. Am 16. 7. 1946 trafen die USA, als Gegenzug zur Übernahme des Deutschen Eigentums nach dem Kurassow-Befehl Nr. 17 in

---

reichs erfolgten. Das Gesetz war ein Rahmengesetz, das die Anwendung auf konkrete Fälle besonderen Durchführungsverordnungen zuwies.
[140]) Bundesgesetz vom 26. 7. 1946, BGBl. Nr. 168 über die Verstaatlichung von Unternehmungen.
[141]) Abkommen über den Kontrollapparat in Österreich vom 28. 6. 1946 (Zweites Kontrollabkommen).
[142]) Darauf hat insbesondere *Stourzh* (1998, S. 50) hingewiesen.
[143]) Ein typischer Fall war die Alpine-Montangesellschaft. In Oberösterreich setzten die Amerikaner einen Verwalter für die Hütte Linz und die mit ihr konzernmäßig verbundenen Unternehmungen in ihrer Zone ein und veranlassten, dass im Handelsregister für diesen Teilkomplex der Alpine der Firmenwortlaut „Vereinigte Oesterreichische Eisen- und Stahlwerke AG" eingetragen wurde. In der Steiermark ernannten die Engländer für die zum Alpinekonzern gehörenden Firmen einen Verwalter. In Wien ernannte das zuständige Staatsamt einen Verwalter für den gesamten Firmenkomplex der „Reichswerke Aktiengesellschaft Alpine-Montanbetriebe ‚Hermann Göring'" unter Rückführung des Firmennamens auf „Österreichisch-Alpine Montangesellschaft".

der sowjetischen Zone, ein Übereinkommen mit der Republik Österreich, wonach der Republik treuhändig die Verwaltung des Deutschen Eigentums in der US-Besatzungszone übertragen wurde[144]). Es wurde jedoch ausdrücklich festgehalten, dass damit noch kein Anspruch Österreichs auf Überlassung des Deutschen Eigentums verbunden wäre. Die Kompetenz der Verwalter beschränkte sich auf den laufenden Geschäftsbetrieb. Die Amerikaner verlangten eine monatliche Berichterstattung und behielten sich die Genehmigung der Finanzpläne vor (in ähnlicher, aber nicht identischer Weise verfuhren die Engländer und Franzosen). Erst am 8. 4. 1949[145]), als sich abzeichnete, dass Österreich an die Sowjetunion eine hohe Ablösesumme bezahlen müsste, erklärten die Westmächte, dass sie zugunsten Österreichs darauf verzichten, das Deutsches Eigentum in ihrer Zone als Reparationen zu beanspruchen[146]). Obschon die Absicht eindeutig war, entstanden daraus strittige Rechtsfragen, die in der Polemik gegen den Staatsvertrag 1955 eine Rolle spielten.

Gegen Ende 1946 versuchte die Bundesregierung in direkten Verhandlungen mit der Sowjetunion die Frage des Deutschen Eigentums zu bereinigen. Der Ministerrat genehmigte am 17. 12. 1946 zwei Vertragsentwürfe[147]). Der eine schlug vor, dass die Sowjetunion die Anlagen der Erdölindustrie und die Schurfrechte gegen eine noch auszuhandelnde Abschlagszahlung Österreich übergibt. Nach dem zweiten Entwurf sollten jene Unternehmungen, die schon zum Zeitpunkt der Annexion deutsch waren, an die Sowjetunion übergeben werden, mit einer Option, diese Unternehmungen später von der Sowjetunion zurückzukaufen. Das übrige Deutsche Eigentum, also die nach dem „Anschluss" auf welche Weise immer von Deutschen erworbenen Unternehmungen und Vermögenswerte, sollte die Sowjetunion unentgeltlich zurückgegeben. Mit diesem Vorschlag beharrte die Bundesregierung auf ihrem Grundsatz, dass nur das deutsch wäre, was schon 1938 deutsch war, mit gewissen Konzessionen in der Erdölwirtschaft.

Über die bilateralen Verhandlungen zwischen der Sowjetunion und Österreich über das Deutsche Eigentum ist nur wenig bekannt. Nach einem Bericht über die Pariser Verhandlungen[148]) machte die Sowjetunion einen erstaunlichen Vorschlag, der nicht recht in das Bild eines unnachgiebigen, seine Macht ausnutzenden Verhandlungspartners passt. Im Zweifelsfall, wenn vermutet wurde, dass Verkäufe unter Zwang oder zu unverhältnismäßig niedrigen Preisen abgeschlossen worden wären, konnte die Sowjetunion wählen: Entweder sie übernimmt das Unternehmen und zahlt dem früheren rechtmäßigen Eigentümer die Differenz zwischen dem Verkaufspreis und dem wahren Wert oder sie verzichtet auf das Unternehmen und erhält vom früheren Eigentümer den

---

[144]) Der Text des Abkommens ist enthalten in AdR: BMfVuW, Zl. 52.520_15/1946, abgelegt unter Gruppe 05/4, Karton 2/1946.
[145]) AdR: Ministerrat Figl 1, Nr. 153 vom 12. 4. 1949 und Ministerrat Figl 1, Nr. 171 vom 13. 9. 1949.
[146]) Siehe hiezu Nachlass Hintze: Probleme um das Deutsche Eigentum in Österreich.
[147]) AdR: Ministerrat Figl 1, Nr. 50 vom 17. 12. 1946.
[148]) „Pariser Verhandlungen". AdR: BMfaA, _IIpol/1949, Handakte Wildner (ohne Aktenzahl), Karton Nr. 123.

damals vereinbarten und ausgezahlten Kaufpreis. Die Werte sollten preisbereinigt werden. Dieser Vorschlag wurde von Österreich aus nicht nachvollziehbaren Gründen zurückgewiesen. Nach Hinweisen der US-Delegation der Austrian Treaty Commission (ATC) wurde zwar bilateral über einzelne Firmen verhandelt, doch konnte keine Einigung erzielt werden[149]).

Exterritoriale Rechte

Mit Schreiben vom 24. 8. 1946 an den Bundeskanzler versagte das sowjetische „Element" noch einem dritten Gesetz die Zustimmung, nämlich dem Warenverkehrsgesetz, der Grundlage für die Bewirtschaftung gewerblicher Waren[150]). Damit kündigte es an, dass es nicht nur Eigentumsrechte, sondern auch exterritoriale Rechte für die von ihnen beschlagnahmten Unternehmungen beanspruchen würde. Das war zu diesem Zeitpunkt noch nicht einsichtig, obschon die Ablehnung eines Erdölgeschäfts mit der CSR zur Vorsicht mahnte. Im Jahr 1946 beschränkte sich die sowjetische Besatzungsmacht in der Hauptsache darauf, die USIA-Betriebe unter ihre Kontrolle zu stellen, ohne zunächst auf die Geschäftsgebarung Einfluss zu nehmen. Im Laufe von 1947 begann sie jedoch den USIA-Komplex zu organisieren und eigene Geschäftsstrategien zu entwickeln. Aus dieser Zeit stammen die österreichischen Klagen, dass die Betriebe keine oder nur wenige Steuern zahlten, dass sie den Schwarzen Markt belieferten, dass sie für Inlandslieferungen Devisenzahlungen verlangten und dass sie sich nicht an die Bewirtschaftungs- und Preisvorschriften hielten, obschon sie selbst Vorprodukte aus österreichischen Quellen bezogen[151]). E. Margarétha beschrieb in seinem Tagebuch 1945-47 ausführlich die chaotischen Zustände, die zunächst dadurch entstanden, dass die Sowjetunion nach Gutdünken in den von ihr beschlagnahmten Betrieben schaltete und waltete. (Das Buch ist auch sonst lesenswert, nicht nur weil es in vielen Details sehr zuverlässig ist, sondern auch und vor allem, weil es die Nachkriegszeit aus der Sicht eines „Eingeborenen" des bürgerlichen Lagers ungeschminkt wiedergibt.) Einzelne USIA-Betriebe wandten sich an österreichische Behörden, um Rohstoffe zugeteilt zu erhalten oder – im Falle von Westexporten – um einen Teil der Devisenerlöse für ihre eigenen Zwecke zu verwenden (Einräumung von Belassungsquoten). Der Ministerrat beschloss daraufhin, die sowjetischen Unternehmungen so wie österreichische zu behandeln, aber nur dann, wenn diese sich vorbehaltlos an die österreichischen Gesetze hielten[152]). Diese Bedingung wollte die sowjetische Verwaltung nicht erfüllen, es wäre denn, dass Österreich das sowjetische Eigentum an diesen Unternehmungen anerkannte, was wiederum die Bundesregierung nicht konzedieren wollte.

---

[149]) Austrian Treaty Commission. US-Delegation, Special Treaty Report, November 1947.
[150]) AdR: Ministerrat Figl 1, Nr. 36 vom 5. 9. 1946.
[151]) Siehe hiezu das Tagebuch E. Margaréthas 1945-47 auf den S. 244, 255 und 261.
[152]) AdR: Ministerrat Figl 1, Nr. 78 vom 2. 9. 1947.

Die Fronten waren damit festgefahren. In der Praxis erwies es sich freilich als problematisch, wenn nicht unmöglich, den sowjetischen Wirtschaftskomplex konsequent auszugrenzen. Es gab gemeinsame Interessen und Abhängigkeiten. Viele Betriebe waren auf den österreichischen Markt angewiesen und (oder) wollten auf den westeuropäischen Märkten Fuß fassen. Sie konnten sich daher nicht bloß auf das Geschäft mit der Sowjetunion und ihrer Satelliten beschränken. Andererseits lag es im Interesse der heimischen Wirtschaft, die gewohnte interindustrielle Verflechtung möglichst aufrecht zu erhalten. Wichtige USIA-Betriebe hatten eine marktbeherrschende Stellung, andere gehörten früher zu Unternehmungen, die auch in den westlichen Zonen Produktionsstätten hatten. Zwar wurden im Westen Ersatzbetriebe errichtet oder Ersatzproduktionen forciert, aber das brauchte Zeit.

Die „Hardliner" saßen hauptsächlich im Außenamt, wogegen die Fachressorts, wie etwa das Handelsministerium und das Finanzministerium, nach praktikablen Kompromissen suchten. Im Laufe des Jahres 1948 schlossen die Fachverbände der Industrie mit einzelnen USIA-Betrieben Kooperationsvereinbarungen[153]). Sie wurden in einem Bericht über die „positive" Zusammenarbeit mit verschiedenen USIA-Betrieben zusammengefasst. Die österreichischen Behörden teilten den Vertragspartnern bewirtschaftete Rohstoffe zu und diese verpflichteten sich, über die damit erzeugten Fertigwaren nach den österreichischen Lenkungsvorschriften zu disponieren. Auch die österreichischen Preisvorschriften wurden zumeist eingehalten. Während etwa E. Margarétha in seinem Tagebuch (*Margarétha*, 1990) noch vermerkte, dass die Glühlampenfabrik Osram ihre gesamte Produktion in die Sowjetunion exportierte, versorgte diese Firma nach den Angaben des Fachverbands 1948 größtenteils den Inlandsmarkt. Daneben gab es allerdings einen von Betrieb zu Betrieb und oft auch von Geschäftsfall zu Geschäftsfall verschieden großen „unkontrollierten" Bereich[154]), in dem die USIA Preisdifferenzen (zwischen geregelten und grauen Preisen im Inland sowie zwischen den heimischen Preisen und jenen in den Ostblockstaaten) zu lukrativen Arbitragegeschäften nutzte. So wurde etwa jugoslawisches Obst und Gemüse waggonweise nach Wien gebracht, angeblich um den Bedarf der sowjetischen Besatzungsmacht zu decken. Tatsächlich wurde ein Großteil auf dem Schwarzen Markt zu Überpreisen abgegeben[155]). Besonders ärgerlich vermerkten die österreichischen Behörden, dass die USIA-Betriebe einen „privaten" Handelsvertrag mit Bulgarien mit einem Exportwert von 70 Mio. S abschlossen[156]). Wie groß die Arbitragegewinne waren und wieweit sie bereits in den österreichischerseits geschätzten Bruttogewinnen enthalten waren, ist aus den Unterlagen des BMfVuW nicht ersichtlich.

---

[153]) Bericht über die positive Zusammenarbeit mit verschiedenen USIA-Betrieben. AdR: BMfaA_IIpol/1949 (ohne Aktenzahl), Karton 121.
[154]) Die USIA-Betriebe der Ledererzeugung z. B. waren voll in den österreichischen Bewirtschaftungskreislauf eingebunden, die Schuhfabrik Rehberg hingegen lieferte von ihrer jährlichen Produktion von 16.000 Schuhen nur 6.000 an das österreichische Bewirtschaftungssystem. (Nach: „Bericht über die positive Zusammenarbeit . . .".)
[155]) AdR: Ministerrat Figl 1, Nr. 103 vom 9. 3. 1948.
[156]) AdR: Ministerrat Figl 1, Nr. 138 vom 21. 12. 1948.

Am wenigsten kooperativ zeigte sich die sowjetische Vermögensverwaltung im Erdölbereich. Nach dem Scheitern des Joint Venture SANAPHTA kontrollierte sie allein die gesamte Erdölwirtschaft. Im Gegensatz zu den USIA-Betrieben, wo zumindest partiell Vereinbarungen zwischen österreichischen und den sowjetisch verwalteten Betrieben möglich waren, disponierte die sowjetische Mineralölverwaltung nach Gutdünken. Auch die nicht als Deutsches Eigentum beanspruchten Produktionsfelder und Anlagen der westlichten Ölgesellschaften unterlagen der sowjetischen Kontrolle. Die Sowjetbehörden etablierten ein Transport- und Verteilungsmonopol und bestimmten, zu welchen Preisen die nicht-sowjetischen Förderbetriebe abzuliefern hatten[157]. Die Freigaben von Erdölprodukten für den heimischen Markt richteten sich weniger nach dem heimischen Bedarf als nach den in Schilling anfallenden Produktionskosten des Erdölkomplexes.

Am empfindlichsten wurde die österreichische Wirtschaft dadurch getroffen, dass die Sowjetunion nicht die Steuerhoheit der Republik anerkannte. Die sowjetisch geführten Unternehmen zahlten zwar Lohnsteuer und Sozialversicherungsabgaben, nicht immer und nicht zeitgerecht, aber immerhin. Das gleiche gilt für bestimmte Gemeindesteuern, wie z. B. Grundsteuer. Grundsätzlich entrichteten die Unternehmungen jedoch keine Ertragssteuern und so gut wie keine indirekten Steuern[158]. Aufforderungen zur Abgabe von Steuererklärungen blieben unbeantwortet. Man darf freilich nicht – wie das in Stellungnahmen der Ministerien meist geschah – den gesamten Steuerausfall als volkswirtschaftlichen Verlust betrachten. Soweit die Waren billiger als von heimischen Lieferanten angeboten wurden, zogen auch die heimischen Verbraucher daraus Nutzen. (Die so genannten USIA-Läden, die sich Anfang der fünfziger Jahre ausbreiteten, wurden von der kommunistischen Propaganda als Marshallplan für den kleinen Mann bezeichnet.) Was natürlich blieb, waren die Wettbewerbsverzerrungen und die Untergrabung der staatlichen Autorität.

Die Exterritorialität der sowjetischen Unternehmungen kam Österreich teuer zu stehen. Der Cash-Flow, den die sowjetische Vermögensverwaltung jährlich in die Sowjetunion transferierte, bestand aus drei annähernd gleich großen Teilen: Abschreibungen, nicht-bezahlte Steuern und Nettogewinne. Auch wenn die Unternehmungen den österreichischen Gesetzen unterworfen worden wären, hätte man mit der Sowjetunion Vereinbarungen über den Realtransfer (die „reparations out of current production") treffen müssen. Sie hätten sich jedoch auf die Nettoprofite beschränken können, wie die Verhandlungen über den Cherrière-Plan und schon vorher die Beratungen in der Austrian Treaty Commission[159] belegen. Dazu kam, dass die exterritorialen Firmen durch Ausnutzung ihrer Monopolmacht und von Arbitragemöglichkeiten Ext-

---

[157] Siehe hiezu das Exposé van Sickle. AdR: BMfaA, Zl. 88.260_IIpol/1949, Karton 118.

[158] Bericht des Finanzministers an den Ministerrat. BMfF, Zl. 76.329_7a/1949. AdR: Ministerrat Figl 1, Nr. 178 vom 4. 11. 1949.

[159] Vorschlag der Sowjetunion über das Deutsche Eigentum im Bericht der ATC an den Council of Foreign Ministers vom 11. 10. 1947. AdR: BMfaA, _IIpol/1947, Karton 42 (ohne Aktenzahl).

raprofite zu erzielen vermochten. Man wird daher nicht zu hoch greifen, wenn man die Kosten der Exterritorialität auf mindestens die Hälfte des Realtransfers veranschlagt. Dabei sind bereits die Abschreibungen außer acht gelassen (wenn die sowjetischen Betriebe ihre Abschreibungen in Österreich investiert hätten, wäre möglicherweise der Kaufpreis bei der späteren Übergabe höher gewesen). Nach überschlägigen Berechnungen im Abschnitt „Die Kosten der Freiheit" betrugen die Reparationen der Sowjetunion aus laufender Produktion 440 Mio. $.

Die österreichische Wirtschaftspolitik beharrte auf ihrer Grundthese, dass zumindest die während der Annexion von Deutschen übernommenen österreichischen Vermögenswerte nicht als Deutsches Eigentum im Sinne der Potsdamer Beschlüsse gelten. „Die sowjetischen Ansprüche habe noch niemand anerkannt", erklärte Vizekanzler Schärf im Ministerrat[160]). Als ein hochrangiger Vertreter der Sowjetunion vorschlug, Österreich möge das sowjetische Eigentum zumindest in den unbestrittenen Fällen anerkennen, antwortete Außenminister Gruber, das sei aus prinzipiellen Gründen nicht möglich[161]). Solange die Betriebe entgegen dem Völkerrecht von der Sowjetunion besetzt wären, könnte man sie weder anerkennen noch mit ihnen in Geschäftsbeziehungen treten[162]). Weitere Vorstöße der Sowjetunion zu gemeinschaftlichen Aktionen, etwa zur Gründung von Joint Ventures[163]), wurden österreichischerseits abgelehnt.

Die abweisende Haltung der Bundesregierung verfehlte ihr Ziel, die von Österreich zu leistenden Reparationen möglichst klein zu halten. Die Sowjetunion war nicht bereit, von ihren Forderungen unter dem Titel Deutsches Eigentum Abstriche zu machen. Und sie „bestrafte" Österreich für die Nicht-Anerkennung der sowjetischen Ansprüche, indem sie ihren Wirtschaftskomplex in Ostösterreich exterritorial führte. Unter diesen Umständen hätte ein „trade-off" zwischen österreichischer Anerkennung und sowjetischem Verzicht auf Exterritorialität nahe gelegen. Die Sowjetunion betonte wiederholt, dass sich die von ihr beschlagnahmten Unternehmungen an die österreichischen Gesetze halten würden, wenn Österreich das sowjetische Eigentum anerkennt. Anders formuliert: Die Bundesregierung konzentrierte ihre Anstrengungen darauf, den Umfang des Deutsches Eigentums möglichst klein zu halten. Sie tat wenig, um die Bedingungen, unter denen die Sowjetunion die von ihr beanspruchten Betriebe verwaltete, erträglicher zu gestalten.

Gewiss, es gab keine Garantie dafür, dass sich die Sowjetunion im Falle der Anerkennung ihrer Ansprüche strikt an die österreichischen Vorschriften gehalten hätte. Möglicherweise hätte sie zu hohe Transferquoten und Ausnahmen von bestimmten Lenkungsgesetzen (z. B. von Exportbeschränkungen) verlangt. Auch die Zusammenarbeit in gemischten österreichisch-sowjetischen

---

[160]) AdR: Ministerrat Figl 1, Nr. 35 vom 22. 8. 1946.
[161]) AdR: BMfaA, Zl. 118.903_IIpol/1948, Karton 84 (ohne Aktenzahl).
[162]) AdR: Ministerrat Figl 1, Nr. 122 vom 19. 8. 1948.
[163]) AdR: Ministerrat Figl 1, Nr. 167 vom 16. 8. 1949.

Gesellschaften wäre nicht reibungslos verlaufen. Ökonomisch gesehen wäre jedoch jede Lösung besser gewesen als der tatsächliche Zustand.

In der Literatur[164]) wird gelegentlich die Meinung vertreten, ein Eingehen auf die sowjetischen Wünsche (wie Abschluss eines Joint Ventures oder die Anerkennung des sowjetischen Eigentums an den USIA-Betrieben) hätte Österreich zu einem Satelliten der Sowjetunion degradiert. Es ist jedoch nicht leicht einzusehen, wieso die alleinige Ausbeutung der Erdölvorkommen durch die Sowjetunion und die Exterritorialität des gesamten sowjetischen Wirtschaftskomplexes die österreichische Souveränität weniger beeinträchtigt hatte. Ein 50%-Anteil an einer ergiebigen Ressource ist besser als gar keiner, so lautet zumindest das kommerzielle Kalkül. Auch wird nach Meinung des Autors die Bedeutung des Auslandskapitals als Instrument der Politik überschätzt. Unternehmungen sind nicht Dependancen des Außen- und Verteidigungsministeriums, auch wenn das Politiker und Diplomaten manchmal behaupten und Historiker ihnen Glauben schenken. Sie wollen Gewinne machen und richten darauf ihre Dispositionen aus.

Es ist schwer vorstellbar, dass solche Überlegungen österreichischerseits nicht angestellt wurden, auch wenn Dokumente als Belege fehlen. Kernige Sätze wie „Über das Recht wird nicht verhandelt, es wird wieder hergestellt"[165]) hatten wohl nur rhetorische Bedeutung. Man muss vielmehr annehmen, dass die Frage des Deutschen Eigentums nicht als wirtschaftliches, sondern als politisches Problem betrachtet wurde. Österreich begehrte vom Westen politische Anerkennung und wirtschaftliche Unterstützung. Beides war – so könnte man argumentieren – im Zeitalter des kalten Krieges nur zu haben, wenn es die österreichische Politik der Sowjetunion möglichst schwer machte, in Österreich wirtschaftlich Fuß zu fassen. Vor allem war der Eindruck zu vermeiden, dass Österreich der Sowjetunion auf Kosten des Westens entgegenkommt. Die Westmächte sprachen sich frühzeitig gegen bilaterale Gespräche Österreichs mit der Sowjetunion aus. Der Preis, den Österreich an die Sowjetunion zahlte, musste nicht nur Österreich, sondern auch dem Westen angemessen erscheinen. Das war im Fall des Erdölvertrags offenkundig, galt jedoch auch später, als an der westlichen Orientierung der österreichischen Politik kein Zweifel mehr bestand.

Reparationen in Form von Restitutionen

Deutsche Truppen und paramilitärische Einheiten beschlagnahmten im Krieg, insbesondere während des Rückzugs, Güter und brachten sie nach Österreich. Pferde aus Ungarn und Kraftwagen aus Italien sind typische Beispiele. Auch die Demontage französischer Hafenanlagen und ihre Installation an der Donau gehören hierher. Dass diese Güter wieder zurückgegeben werden mussten, war im Grunde genommen nie strittig. Auszuhandeln waren höchstens Nebenbedingungen der Rückgabe wie etwa wie hoch die Nutzung oder

---

[164]) *Bischof* (1989, S. 708).
[165]) Bericht über die Pariser Verhandlungen. AdR: BMfaA, _IIpol/1949, Handakte Wildner (ohne Aktenzahl), Karton 123.

die wertvermehrenden Reparaturen während des Gebrauchs des Gutes zu veranschlagen waren.

Fließend wurde die Grenze zwischen Reparationen und Restitutionen in jenen Fällen, wo Firmen auf österreichischem Boden während des Kriegs Grundstoffe und Investitionsgüter, die in den besetzen Gebieten erzeugt worden waren, käuflich erworben hatten. Nach der Londoner Deklaration von 1943 konnten alle Rechtsgeschäfte während der Besetzung durch das Deutsche Reich für nichtig erklärt werden. Die auf dieser Deklaration aufbauende Pariser Reparationskonferenz vom Dezember 1945 bestimmte zwar ausdrücklich, dass Güter, die aufgrund normaler kommerzieller Geschäfte erworben wurden, nicht rückgestellt werden mussten, wobei freilich die Beweislast dem Käufer auferlegt wurde. Einschlägige österreichische Reklamationen wurden jedoch von den Besatzungsmächten, die zu entscheiden hatten, ob und unter welchen Bedingungen zurückgestellt werden musste, in der Regel nicht akzeptiert[166]). (In den Akten des BMfVuW, Abteilung 14, findet sich nur in einem Fall der Hinweis, dass ein Rückstellungsansuchen von einer Besatzungsmacht abgelehnt wurde, weil die Waren im Zuge eines normalen Geschäfts in der CSR erworben worden waren.) Wenn die ausländischen Rückstellungskommissionen in Österreich Maschinen oder auch Vorräte fanden, die in ihrem Land erzeugt worden waren, verfielen sie der Beschlagnahme. Damit entstand ein neuer Unsicherheitsfaktor. Wenn ein Produzent das Glück hatte, dass seine Anlagen nicht durch Bomben zerstört und von den Trophäenkommissionen der Roten Armee verschont worden waren, musste er damit rechnen, dass sich in seinem Maschinenpark Kuckuckseier mit der Aufschrift „made in . . ." befanden.

In vielen Fällen war der Rückstellungswerber damit einverstanden, dass statt der beschlagnahmten Maschine Ersatzgüter geliefert wurden. Im Jahre 1949, als der Marshallplan bereits angelaufen war und die heimische Wirtschaft über bescheidene Devisenreserven verfügte, war es oft das Einfachste, die reklamierte Maschine durch eine Barabfindung abzulösen.

Rückforderungen aufgrund der Londoner Erklärung wurden von fast allen ehemals von Deutschen besetzten Ländern gestellt: von Jugoslawien, Polen und der CSR ebenso wie von Belgien und den Niederlanden, aber auch von den ehemaligen Satellitenländern Italien und Ungarn. Der Umfang dieser Restitutionen war jedoch gering, besonders wenn man berücksichtigt, dass viele erst abgewickelt wurden, als sich die österreichische Wirtschaft bereits merklich erholt hatte. Ins Gewicht fielen schon aufgrund der Größe und des ökonomischen Potentials des Landes bestenfalls die Rückforderungen Frankreichs.

Frankreich gab zwar seinen ursprünglichen Anspruch auf Reparationen auf und verzichtete so wie die übrigen Westmächte auf das Deutsche Eigentum

---

[166]) Über Rückstellungsansprüchen der früheren Satellitenstaaten Deutschlands (ohne Italien) durfte Österreich in der englischen Zone ab dem 2. Kontrollabkommen, in der US-Zone ab 7. 10. 1948 selbständig entscheiden. Die übrigen Besatzungsmächte behielten sich die Entscheidung vor. AdR: BMfVuW, Gzl. 127.305_14/1949.

in seiner Zone[167]). Es beanspruchte aber Quasi-Reparationen, die im Grenzgebiet zwischen Kriegsbeute, Restitutionen und Reparationen angesiedelt waren. Die Franzosen demontieren nach Kriegsende einige Rüstungsbetriebe (den Pfeiffer Apparatebau in Kufstein, die unterirdischen Messerschmittwerke in Kematen und die Firma Künz in Hard[168]). Hinweise, dass die Firmen bereits auf Friedensproduktion umgestellt wurden (oder werden könnten), halfen nichts. In diesem Zusammenhang ist auch zu erwähnen, dass die Franzosen in den Staatsvertragsverhandlungen Produktionsbeschränkungen für „rüstungsnahe" Produkte verlangten. Die Franzosen begehrten ferner die Rückgabe von neun Schiffen, die der französischen Donauschiffsgesellschaft (SFND) gehörten[169]) und von der DDSG verwendet worden waren. Der Ministerrat beschloss Anfang 1948 grundsätzlich, Naturalersatz für die verloren gegangenen Schiffe zu leisten.

Schließlich beschlagnahmten die Franzosen Vorräte und Maschinen, die zumindest teilweise aus Frankreich stammten und forderten die Rückstellung der Länderbank. Diese Punkte verdienen es, etwas ausführlicher beschrieben zu werden.

In einer Information[170]) der Abteilung 14 des BMfVuW vom November 1948 hieß es: „Frankreich beansprucht die Rückgabe sämtlicher während des Krieges unter welchem Titel auch immer von deutschen juristischen oder physischen (auch österreichischen) Personen erworbenen Gütern und begründet dies damit, dass auch normale Transaktionen nur durch den Zwang der Verhältnisse (Besetzung) durchgeführt wurden und daher gemäß Londoner Abkommen nichtig sind. Der gezahlte Kaufpreis wird nicht rückerstattet, da die Deutschen mit geraubtem französischem Geld gezahlt hatten". Um die „französischen" Güter nicht nur in der französischen Besatzungszone, sondern in ganz Österreich zu erfassen, wurde ein kompliziertes Erhebungs- und Kontrollsystem eingeführt. Von den zahlreichen Einzelfällen erhielten zwei eine besondere Publizität: die Beschlagnahme der Kupfervorräte in Brixlegg[171]) im Jänner 1946 und die Beschlagnahme von drei Großtransformatoren im Umspannwerk Ranshofen[172]) der Verbundgesellschaft im November 1948.

Statt über jeden Fall einzeln zu verhandeln, schlug die französische Besatzungsmacht Anfang 1949 ein Pauschalabkommen vor. Nach dem französischen Entwurf[173]) hatte Frankreich Rückstellungsansprüche von 133 Mio. S, wollte sich aber mit einer Pauschalsumme von 98 Mio. S begnügen. Nicht ein-

---

[167]) Note des französischen Hochkommissars betreffend der am 8. 4. 1949 von den USA, Großbritannien und Frankreich erbrachten Erklärung zugunsten Österreichs. AdR: Ministerrat Figl 1, Nr. 171 vom 13. 9. 1949.
[168]) AdR: BMfVuW, Gzl. 50.321_14/1946, Zl. 17.1057_14/1947 und Gzl. 211.413 _14/1948.
[169]) AdR: Ministerrat Figl 1, Nr. 97 vom 27. 1. 1948.
[170]) AdR: BMfVuW, Gzl. 211.103_14/1948.
[171]) Aus Brixlegg wurden im Laufe des Jänner 1946 1.330 t Kupfer und Kupferwaren abtransportiert. AdR: BMfVuW, Gzl. 10.198_1/1946.
[172]) AdR: BMfVuW, Gzl. 211.103_14/1948.
[173]) AdR: BMfVuW, Gzl. 125.151_14/1949.

geschlossen in die Pauschalabfindung waren Elektromaterial in Ranshofen und Moosbierbaum, Eisenbahnmaterial, Kunstgegenstände und Wertpapiere. Am 19. 7. 1949 wurde das Pauschalabkommen[174]) unterzeichnet, wobei Österreich erhebliche Preisnachlässe erwirkte.

Die Österreichische Länderbank geriet nach dem Ersten Weltkrieg in ausländische, vornehmlich französische Hände. Die nunmehr „Zentraleuropäische Länderbank" verlegte ihren Sitz nach Paris. 1938, unmittelbar nach der Annexion, wurde die Wiener Filiale über das Zwischenglied der Merkurbank an die Dresdner Bank verkauft. Das war nach österreichischem Recht (3. Rückstellungsgesetz) ein Rückstellungsfall[175]), wobei noch auszuhandeln war, wieweit der damals gezahlte Kaufpreis dem „inneren Wert" entsprach. Der Fall wurde dadurch kompliziert, dass 1945 die Länderbank sowie der Kreditapparat insgesamt insolvent waren und etwaige Ansprüche nicht befriedigen konnten. Überdies wurde die Bank 1946 zusammen mit der CA verstaatlicht.

Übersicht 4.23: Restitutionsanforderungen der Franzosen Anfang 1949

	Zahl in Stück	Wert Mio. S
Werkzeugmaschinen identifiziert	490	35,65
Werkzeugmaschinen zwischenzeitig weitergegeben	580	21,25
Werkzeugmaschinen versandt, noch nicht gefunden	550	25,00
Schwimmkräne aus französischen Häfen	5	5,00
Hafengeräte aus französischen Häfen für DDSG		37,00
Kraftfahrzeuge	898	8,65
Insgesamt	2.523	132,55

AdR: BMfVuW, Gzl. 125.151_14/1949.

Die Rückstellungsansprüche wurden nicht im normalen Rückstellungsverfahren abgewickelt, sondern von Regierung zu Regierung ausgehandelt. Die Franzosen hatten ebenso wie die Angloamerikaner im Falle ihrer Erdölfirmen Einwände gegen die Verstaatlichung von Unternehmungen in ihrem Interessenbereich. Sie gaben sich jedoch mit einer Teilreprivatisierung zufrieden. Der Entwurf des Abkommens über die Länderbank vom März 1948[176]) sah vor, dass die Zentraleuropäische Länderbank, Paris, einen Rückstellungsanspruch von 25,3 Mio. S (Wert 1946) erhält, hauptsächlich zur Abgeltung des guten Rufs, den diese Bank in den Nachfolgestaaten der Monarchie genossen hatte. (Der Name Länderbank wurde nach Übernahme durch die Merkurbank beibehalten.) Die französische Bank beabsichtigte 2 Mio. $ des Erlöses in eine 30-prozentige Beteiligung an der Österreichischen Länderbank einzubringen. Die Teilprivatisierung sollte stattfinden, nachdem die heimische Bank (auf Kosten der österreichischen Einleger und Steuerzahler) saniert worden war. Die Statuten sollten dem Minderheitsaktionär zusätzliche Rechte einräumen.

---

[174]) AdR: BMfaA, Zl. 85.209_IIpol/1949.
[175]) Rechtsgutachten der Länderbank Kommission. AdR: Ministerrat Figl 1, Nr. 85 vom 29. 10. 1947.
[176]) AdR: Ministerrat Figl 1, Nr. 105 vom 23. 3. 1948.

Dieser Vertrag wurde nie unterschrieben. Nach langjährigen Verhandlungen kam im März 1957 ein Kompromiss zustande, wonach die Franzosen auf die Beteiligung verzichteten und sich mit einem Abfindungsbetrag von 69 Mio. S begnügten[177]). Das entsprach etwa dem valorisierten Betrag des Entwurfs von 1948 (2,65 Mio. $) oder 40% der Eigenmittel laut Rekonstruktionsbilanz 1954 (168 Mio. S)[178]). Zu diesem Zeitpunkt erschien es nicht mehr sehr lohnend, von Wien aus Bankgeschäfte mit Ländern jenseits des Eisernen Vorhang zu betreiben. Eine Klärung anderer französischer Ansprüche brachte das Memorandum vom 10. 5. 1955 als Ergänzung zum Staatsvertrag.

Die Auseinandersetzungen zwischen den Alliierten

Nachdem die bilateralen Gespräche zwischen Österreich und der Sowjetunion ergebnislos verlaufen waren, musste die Frage des Deutschen Eigentums in den 4-Mächte-Verhandlungen über einen Staatsvertrag mit Österreich behandelt werden. Die Westmächte engagierten sich nicht zuletzt deshalb in dieser Frage, weil sie argwöhnten, dass bilaterale Vereinbarungen zu ihren Lasten ausfallen würden und vielleicht auch, weil sie Österreich für zu schwach hielten, um sich gegenüber der Sowjetunion durchzusetzen[179]). Die Auseinandersetzungen über den Artikel 35 des Staatsvertrags, der diese Materie regeln sollte, waren neben den Gebiets- und Reparationsansprüchen Jugoslawiens einer der Hauptgründe dafür, dass die Verhandlungen sehr zäh verliefen. (So scheint es zumindest aufgrund der verfügbaren Dokumente. In der Staatskunst kann man freilich Scheinargumente nicht ausschließen.) Weder die Londoner Konferenz der stellvertretenden Außenminister im Jänner und Februar 1947, noch die Moskauer Konferenz der Außenminister im März 1947 fand konsensfähige Lösungen. Um die strittigen Fragen zu klären, wurde die Austrian Treaty Commission (ATC) geschaffen. Sie hielt im Laufe von 1947 85 Sitzungen in Wien ab, ohne zu einem Ergebnis zu kommen.

Auf den ersten Blick ist nicht einsichtig, warum sich die Alliierten so lange und heftig über die Frage des Deutschen Eigentums stritten. Die Positionen wichen, so berichtete der Außenminister[180]) dem Ministerrat, auf der Londoner Konferenz Anfang 1947 nicht nennenswert voneinander ab. Zur Diskussion standen damals vornehmlich die Entwürfe Großbritanniens und der Sowjetunion. Frankreich und die USA erklärten sich mit dem britischen Entwurf einverstanden, wenngleich die USA einen eigenen Vorschlag unterbreiteten.

Beide in London von einem wirtschaftlichen Komitee diskutierten Entwürfe[181]) sahen vor, dass das, was 1937 deutsch war, den Alliierten zustand.

---

[177]) *Piperger* (1980, S. 155).
[178]) *Piperger* (1980, S. 151).
[179]) *Bischof* (1989, S. 651).
[180]) AdR: Ministerrat Figl 1, Nr. 59 vom 4. 3. 1947. Österreichischer Staatsvertrag. Bericht des Bundesministers für die Auswärtigen Angelegenheiten über das Londoner Beratungsergebnis. BMfaA, Zl. 147.600_6VR/1947.
[181]) Staatsvertragsentwurf, Nr. 150 vom 15. 2. 1947, deutsche Version. AdR: BMfaA, IIpol/1947/ Karton 43 (ohne Aktenzahl).

Beide wollten, dass die Einrichtungen der öffentlichen Verwaltung, die 1938 unentgeltlich vom Reich übernommen worden waren, wieder dem Bund zufielen (nach der Okkupationstheorie blieben diese Einrichtungen auch während der Besetzung österreichisches Eigentum; der Bund war nur zeitweilig im Gebrauch seiner Rechte behindert). Beide Konzepte räumten ein, dass jene Vermögenswerte, die nach dem „Anschluss" von Deutschen unter Zwang erworben worden waren, an die Vorbesitzer zurückgestellt werden sollten. Und beide erklärten ausdrücklich, dass die Unternehmungen, die der Sowjetunion (oder auch den anderen Alliierten) zugesprochen werden, den österreichischen Gesetzen unterliegen. (Die Amerikaner zogen in ihrem Vorschlag die Grenze etwas anders: Sie wollten der Sowjetunion Neugründungen überantworten und jene bereits bestehenden Unternehmungen, in denen die deutschen Erwerber viel investiert hatten.)

Übersicht 4.24: Vorschläge zum Deutschen Eigentum im Staatsvertragsentwurf vom Februar 1947

	Großbritannien	UdSSR	USA
Deutsches Eigentum ist ...			
Eigentum vor 1938	Ja	Ja	Ja
Eigentum nach 1938 ohne Zwang	Ja	Ja[1])	
Neugründungen nach 1938	Ja	Ja	Ja[2])
Kreditunternehmungen	Nein		
Öffentliche Hand	Nein[3])	Nein[4])	Nein
Österreichisches Recht	Ja	Ja	Ja

[1]) Ohne direkten Zwang. – [2]) Einschließlich Erwerb mit wesentlichen Erweiterungen. – [3]) Nur kommerzielle und industrielle Unternehmungen. – [4]) Und anderes Eigentum, das entschädigungslos übertragen wurde.

Bei näherem Zusehen häuften sich jedoch die Schwierigkeiten. Probleme gab es schon in der öffentlichen Verwaltung. Zwar war es nicht strittig, dass die Verwaltungseinrichtungen, die das Deutsche Reich 1938 von Österreich (unentgeltlich) übernommen hatte, wieder dem Bund (und gegebenenfalls den Ländern) zufallen (welche Dienststellen das waren, wurde durch das Behörden-Überleitungsgesetz geregelt). Wichtige deutsche Dienststellen hatten jedoch in Österreich keine Vorgänger. Dazu gehörten etwa der Reichsarbeitsdienst (RAD), die Organisation Todt (TO) und die Reichstreuhandstelle Ost (HTO). Ferner entfalteten dem Reich gehörende Körperschaften mit Spezialaufgaben eine umfangreiche Tätigkeit. wie etwa der Reichsnährstand oder die Deutsche Ansiedelungsgesellschaft. Das Vermögen der NSDAP und ihrer Zweigorganisationen wurde zwar von der Republik Österreich (gemäß Verbotsgesetz) eingezogen, doch erhob auch die Sowjetunion in ihrer Zone darauf Anspruch. Im Bereich der Bundesbetriebe griff die Sowjetunion auf die „Primitivdefinition" des Deutschen Eigentums (siehe S. 395) zurück und forderte die Übergabe von Anlagen, die während des Kriegs angeschafft worden waren. Die Bundesbahnen wurden mit der Forderung konfrontiert, die von der

Reichsbahn erworbenen Linien (die Privatbahnen und die Südbahn) unter sowjetische Verwaltung zu stellen[182]).

Im Unternehmensbereich war umstritten, was unter Zwang zu verstehen war und wie konkurrierende Ansprüche behandelt werden sollten. Die Sowjetunion z. B. akzeptierte Ansprüche jüdischer Vorbesitzer nur dann, wenn die Entziehung unentgeltlich erfolgte oder wenn der Kaufpreis gerade ausreichte, diskriminierende Abgaben auf jüdisches Vermögen zu decken[183]). Wie sehr die Auffassungen im Detail divergierten, zeigt eine für die Staatsvertragsverhandlungen verfasste Studie der Amerikaner über die Eigentumsverhältnisse von 29 Unternehmungen[184]).

Im ungewogenen Durchschnitt der untersuchten 29 Unternehmungen mit vermuteten deutschen Eigentumsrechten hielt die USA einen deutschen Eigentümern zurechenbaren Anteil von 25% für gerechtfertigt, wogegen die Sowjetunion nach Meinung der USA einen Anteil von 75% zu beanspruchen beabsichtigte. Die Unterschiede gingen hauptsächlich auf drei Faktoren zurück:
– Die USA betrachteten alle Übertragungen von jüdischem Vermögen als null und nichtig, während die Sowjetunion ein „höherrangiges" Recht auf diese Vermögen beanspruchte.
– Die USA verweigerten auch in anderen Fällen ihre Zustimmung zu Vermögensübertragungen, wenn sie glaubhafte Hinweise hatten, dass die Unternehmungen unter Druck und unter ihrem „wahren" Wert verkauft wurden.
– Die Sowjetunion betrachtete nach den Informationen der USA die Beteiligungen der CA als deutsch, die USA hingegen als österreichisch.

Angesichts dieser Differenzen war es nicht verwunderlich, wenn die Austrian Treaty Commission trotz 85 Sitzungen nicht weiter kam. Immerhin rückten nun in den Beratungen und in den Stellungnahmen zum Art. 35 des Entwurfs zum Staatsvertrag, der das Deutsche Eigentum behandelt, jene Fragen in den Vordergrund, die zu stellen die Spitzenpolitiker in Potsdam versäumt hatten. Großbritannien gab in seinem Entwurf „Nachhilfeunterricht" in Gesellschaftsrecht: Der Begriff Deutsches Eigentum bezieht sich nur auf die Anteilsrechte an Gesellschaften (das Eigenkapital), aber nicht auf das Vermögen dieser Gesellschaften, kann man dort nachlesen. Der französische Vorschlag sekundierte mit der Feststellung, dass die als Deutsches Eigentum beanspruchten Firmen mit allen Rechten und Pflichten übernommen werden, die zu Kriegsende bestanden. Der amerikanische Vorschlag sah vor, dass das von österreichischen Unternehmungen beschlagnahmte „Beutegut" zurückgegeben oder mit dem Deutschen Eigentum verrechnet wird. Der sowjetische Vorschlag konzedierte, dass die von der Sowjetunion übernommenen Firmen den

---

[182]) Schreiben der Generaldirektion der Österreichischen Staatseisenbahnen vom 12. 7. 1946. AdR: BMfVuW, Zl. 51.928_14/1946.
[183]) Vorschlag der Sowjetunion über das Deutsches Eigentum im Bericht der ATC an den Council of Foreign Ministers vom Oktober 1947. AdR: BMfaA, _IIpol/1947, Karton 43 (ohne Aktenzahl).
[184]) Austrian Treaty Commission, November 1947.

österreichischen Gesetzen unterliegen, verlangte aber den Transfer von Gewinnen und anderem Einkommen.

Übersicht 4.25: Deutscher Anteil an österreichischen Unternehmungen 1946 nach US-Schätzungen

Name des Unternehmens	Deutscher Anteil in %	
	Von den USA anerkannt	Vermutete Forderung der UdSSR
AEG-Union	74,2	98,9
Allgemeine Baugesellschaft Porr	10,0	52,0
Ariadne Draht- und Kabelwerke	25,0	100,0
Berndorfer Metallwerke	0,0	94,0
Gebrüder Böhler	68,0	68,0
Brucker Zuckerfabrik	0,0	100,0
Chemosan-Union	42,0	98,0
Donau Chemie	26,0	98,0
Elin	15,0	79,0
Enzersfelder Metallwerke	56,0	67,0
Felten & Guillaume	22,0	70,0
1. Österreichische Glanzstoffwerke	26,0	78,0
Bunzl-Biach	0,0	23,8
1. Österreichische Maschinenglasindustrie	0,0	100,0
Österreichische. Automobil Fabriks-AG	68,0	72,0
OEVA	0,0	55,0
Knopf- und Nadelwaren	100,0	100,0
St. Ägyder Eisen u. Stahl Industrie Gesellschaft	60,0	60,0
Schmidhütte Krems	0,0	100,0
Schöller Bleckmann	0,0	18,8
Semperit	4,0	58,2
Simmering-Graz-Pauker	0,0	76,0
Siemens Schuckert	85,0	100,0
Steyr-Daimler-Puch	40,0	51,0
Trofaiacher Eisen- und Stahlwaren	0,0	95,0
Vöslauer Kammgarn	0,0	57,4
Waagner-Biró KG	0,8	53,3
Wiener Brückenbau	0,0	93,4
Wiener Lokomotiv	40,0	87,0
Arithmetisches Mittel ungewogen	26,3	76,0

Quelle: *Austrian Treaty Commission* (1947).

4.1.5 Anhang

Berechnung der Preis- und Lohn-Paritäten

Zwischen den auf S. 361 wiedergegeben Größen besteht folgender arithmetischer Zusammenhang:

Gleichung 4.1

$$\frac{p_A^S}{e_M^S} = p_A^M = a \times p_D^M$$

$$\frac{p_A^S}{k_M^S} = \frac{a p_D^M e_M^S}{k_M^S} = b \times p_D^M$$

$$b = \frac{a e_M^S}{k_M^S}$$

wenn $b = 1 \Rightarrow \bar{k} = a \times e_M^S$

p ... Preise, Löhne, e ... Devisenkurs, k ... Umrechnungskurs; $\bar{k}$ Paritätskurs, a, b ... Parameter, Subskripte:, S, M ... Schilling, Reichsmark, A, D ... Österreich, Deutschland

Exportelastizität

Elastizität der Exporterlöse (in ausländischer Währung) in Bezug auf die Aufwertung des Schillings anlässlich der Einführung der RM-Währung:

Daten:

Preis des S in RM		Warenexporte in Mio. RM	
Vor der Annexion:	0,4598	1937:	477,9
Nach der Annexion:	0,6667	1938:	362,2

Gleichung 4.2: Elastizität der Exporterlöse

$E = A \times WK^\alpha$

$$\frac{d \ln E}{d \ln WK} = \alpha$$

wenn die RM-Exportpreise im Ausmaß der Aufwertung erhöht wurden, dann gilt

$D = A . P^\beta$

wobei $\beta = 1 + \alpha$

E ... Exporterlös in fremder Währung, WK ... Umtauschkurs, D ... ausländische Nachfrage in fremder Währung, P ... Exportpreise in fremder Währung, A ... Konstante, α, β ... Elastizitäten, $\alpha = -0{,}7464$, $\beta = -1{,}7464$

4.2 Der Kampf ums Öl

*„Sollen wir jetzt selbst an die alliierte Kommission herantreten und bittlich werden, dass man uns den Vertrag 50 : 50 gestattet, damit wir nicht ganz ausgeschlossen werden? Das geht doch auch nicht. Es zeigt sich immer mehr: Jeder Konflikt der Großen wird auf unserem Rücken ausgetragen."
(Staatskanzler Renner an Staatssekretär Raab am 12. 10. 1945 nach Abbruch der Verhandlungen über eine sowjetisch-österreichische Mineralölgesellschaft[185])*

Österreich bot im ersten Jahrzehnt nach dem Zweiten Weltkrieg ein besonders prägnantes Beispiel für die Verquickung von Öl und Politik[186]. Zum Schaden des Landes muss man hinzufügen, denn ein beträchtlicher Teil der leicht zugänglichen Erdölvorräte wurde für landesfremde Zwecke ausgebeutet.

4.2.1 Die Vorgeschichte

Die Erdölwirtschaft vor 1938

Neben den Wasserkräften gehörten die Erdölvorkommen im Wiener Becken zu den wichtigsten natürlichen Ressourcen Österreichs. Ihre Erschließung war in der Zeit zwischen den beiden Weltkriegen nur zögerlich vorangetrieben worden. Die Socony Vacuum Oil Co[187] begann in den zwanziger Jahren mit der geologischen Kartierung erdölhöffiger Gebiete, zog sich aber dann aus Mitteleuropa zurück und hinterließ die Forschungsergebnisse den österreichischen Behörden. Die niederösterreichische Landesregierung[188] besaß umfangreiche Schurfrechte, stieß sie aber wieder ab, ohne ernsthaft mit der Aufschließung begonnen zu haben. Das gleiche gilt für die Standard Oil Co. Was den großen „Multis" und der niederösterreichischen Bürokratie nicht gelang, glückte zwei kleinen Unternehmen: 1931 förderte die Gewerkschaft Raky-Danubia, damals eine mehrheitlich deutsche Gesellschaft, bei einer Probebohrung geringe Mengen Rohöl zutage. 1934 fand die Erdölproduktions-Gesellschaft mbH (EPG), eine Gründung eines österreichischen Bankiers mit Schweizer Kapital, erstmals Rohöl in ökonomisch verwertbaren Mengen (Sonde Gösting 2). Daraufhin setzte ein Run auf das „schwarze Gold" ein.

Den rechtlichen Rahmen für die Ölsuche und -gewinnung bot das altehrwürdige Berggesetz[189] aus dem Jahr 1854. Danach wurden Schurfberechtigungen, Freischürfe und Grubenmaße verliehen. Wer nach Öl suchen wollte, brauchte zunächst eine (jeweils für ein Jahr geltende) Schurfberechtigung. Um

---

[185] AdR: Staatsamt für öffentliche Bauten, Übergangswirtschaft und Wiederaufbau (StBÜuW), Zl. 50.740_OB/1945.
[186] Kompetente Informationen über die österreichische Erdölwirtschaft bietet die Firmengeschichte „ÖMV-OMV", herausgegeben von Feichtiger/Spörker (ohne Jahreszahl). Das Buch stand erst nach Redaktionsschluss zur Verfügung und wurde daher nicht mehr systematisch berücksichtigt.
[187] *Weber/Koren* (1957, S. 105).
[188] *Weber/Koren* (1957, S. 108).
[189] Berggesetz vom 23. 5. 1854, RGBl. Nr. 146.

ein bestimmtes Gebiet allein zu erschließen, musste man zusätzlich so genannte „Freischürfe" erwerben (ein Freischurf war eine kreisförmige Fläche von 56,7 ha). Wurde der Freischürfer fündig, konnte er von der Bergbehörde ein Gewinnungsrecht verlangen. Es wurde in Gestalt von Grubenmaßen (rechteckigen Flächen von 4,5 ha) verliehen[190]). Das Gesetz verlangte vom Freischürfer bestimmte Aufschließungsarbeiten (Bauhafthaltung). Die Vorschriften entsprachen jedoch nicht mehr dem Stand der Technik und die Behörden mahnten ihre Einhaltung nicht ein[191]). Auch von einer gesetzlichen Ermächtigung[192]) für wichtige Mineralien konkrete Vorschriften für eine ordnungsgemäße Erschließung zu erlassen, wurde nicht Gebrauch gemacht. Firmen oder Private konnten daher Freischürfe auf Vorrat oder zu Spekulationszwecken (ohne Aufschließungsabsicht) erwerben. Die Freischürfe waren handelbar, wobei als Entgelt oft so genannte Bruttoprozente (eine Erfolgsbeteiligung) vereinbart wurden.

Übersicht 4.26: Freischürfe Ende 1937

	In ha	In %
Westliche Firmen		
RAG AG	266.896	21,15
Gewerkschaft Austrogasco	358.980	28,45
R. Keith van Sickle	2.008	0,16
Steinberg Naphta AG[1])	16.011	1,27
	643.895	51,02
„Erdölpioniere"		
EPG mbH	22.975	1,82
Gewerkschaft Raky-Danubia	66.000	5,23
	88.975	7,05
Deutsche Gesellschaften		
G. Rumpel AG	25.063	1,99
Andere deutsche Firmen	28.803	2,28
	53.866	4,27
Rest (kleine Schurfgebiete)	475.256	37,66
Insgesamt	1,261.992	100,00

Quelle: Austrian Treaty Commission: CFM/ATC, No. 18 vom 21. 6. 1947. US-Delegation. –
[1]) Einschließlich Erdöl-Bohr- und -Verwertungs-Gesellschaft mbH und Gewerkschaft Pioneer.

Nachdem im Osten Österreichs abbauwürdige Erdöllager gefunden worden waren, erhöhten westliche Ölkonzerne[193]) ihr Engagement. 1935 gründeten

---

[190]) Kleinere Flächen zwischen den Grubenmaßen wurden als Überscharen vergeben.
[191]) Akt Erdöl (ohne Aktenzeichen). AdR: Gruppe 05/4, Karton Nr. 9/1946. Danach hätte die Bergbehörde bei strenger Auslegung des Gesetzes die Freischürfe annullieren können. Ebenso: BMfVuW, Zl. 270.097_15/1947. In Gruppe 05/4, Karton Nr. 54/1948.
[192]) Gesetz vom 20. 10. 1922, BGBl. Nr. 587. Austrian Treaty Commission (CFM/ATC), Nr. 21 vom 24. 6. 1947.
[193]) Die internationalen Ölgesellschaften werden mit den im ersten Nachkriegsjahrzehnt geltenden (und im Wiener Memorandum 1955 verwendeten) Firmennamen bezeichnet. Der Firmenname der Muttergesellschaft wird der Einfachheit halber auch in

die Socony Vacuum Oil Co., New York (Socony-Vacuum-Gruppe) und die Anglo-Saxon Petroleum Company Ltd., London (Shell-Gruppe) die Rohöl-Gewinnungs-AG (RAG). Die RAG erwarb umfangreiche Freischürfe in qualitativ hochwertigen Hoffnungsgebieten, ebenso die Standard Oil Company of New Jersey über ihre Tochter, die Gewerkschaft Austrogasco. Zu den ausländischen Investoren zählten ferner der kanadische Staatsbürger Richard Keith van Sickle und die City and General Enterprises Ltd, London (sie erwarb 1937 die Steinberg-Naphta AG). Die Freischürfe dieser vier Firmen umfassten 643.895 ha oder etwas mehr als die Hälfte der insgesamt mit Freischürfen belegten Fläche.

Die westlichen Ölfirmen erwarben größere Freischurfgebiete, als sie kurzfristig erschließen konnten. Die RAG z. B. konzentrierte ihre Aufschließungsarbeiten zunächst auf die Umgebung des Steinberg Domes[194]). Sie setzte 1937 auf einer Fläche von 2.700 km² nur zwei Bohrgeräte ein[195]). Die westlichen Ölgesellschaften leisteten jedoch Vorarbeiten für eine systematische Erschließung. Von den spärlichen Tiefbohrungen vor 1938 entfielen fast 60% und von den Versuchsbohrungen über 90% auf die vier genannten westlichen Gesellschaften[196]).

Neben den großen Ölfirmen versuchten verschiedene kleine Firmen und Private am erwarteten Erdölboom zu partizipieren: 37,7% der Freischurffläche entfielen auf Streubesitz. Über die Eigentümer und ihre Absichten ist nur wenig bekannt. Sie waren jedoch kaum imstande, Erdölfelder systematisch zu erschließen. Ölfunde verdankten sie dem Zufall. Viele kleine Freischürfer setzten darauf, dass die Preise für Freischürfe künftig steigen würden (etwa in der Umgebung neuer Ölfunde) und sie daher Spekulationsgewinn erzielen könnten.

Die beiden „Pioniere" der österreichischen Ölwirtschaft, die Raky-Danubia und die EPG, teilten das Schicksal vieler Erfinder: Sie hatten an der Entfaltung der österreichischen Ölwirtschaft keinen oder nur einen geringen Anteil. Die Raky-Danubia (der ursprünglich deutsche Haupteigentümer war Mitte der dreißiger Jahre Schweizer geworden)[197]) verkaufte schon vor dem „Anschluss" Schurfrechte und beschränkte sich später auf Lohnverarbeitung[198]). Die EPG beutete ihre Produktionsfelder aus (auf sie entfielen 1937 70% der allerdings noch sehr geringen Produktion), investierte aber wenig und verlor nach dem „Anschluss" ständig Marktanteile, obschon Deutsche die Schweizer Beteiligung übernahmen und daher die Firma nicht den gleichen

---

jenen Fällen genannt, wenn sie nur indirekt – über eine ausländische, zumeist deutsche Tochter – an österreichischen Firmen beteiligt war.
[194]) *Rambousek* (1977, S. 23).
[195]) CFM/ATC, Nr. 21 vom 24. 6. 1947. US-Delegation.
[196]) CFM/ATC, Nr. 23 vom 26. 6. 1947. Britische Delegation. Die in dieser Quelle wiedergegebenen Zahlen stimmen nur beiläufig mit jenen in *Weber/Koren* (1957), S. 106 und 107 überein.
[197]) CFM/ATC, Nr. 23 vom 26. 6. 1947. Britische Delegation.
[198]) Information ohne Aktenzahl. AdR: BMVuW_15/1946. In Gruppe 05/4, Karton Nr. 9/1946.

diskriminierenden Praktiken ausgesetzt war wie die „Ölmultis". Anzumerken ist auch, dass deutsche Firmen vor 1938 in der Ölwirtschaft bedeutungslos waren. Ihr Anteil an den Freischürfen betrug 1937 nur 4,3%, zur Förderung trugen sie nichts bei.

Die großen internationalen Ölgesellschaften erwarben ihre umfangreichen Freischürfe größtenteils nicht von der Bergbehörde, sondern aus „zweiter Hand" von Firmen oder Personen, die sich schon früher Schurfrechte gesichert hatten. Als Kaufpreis wurden Bargeld oder eine Erfolgsbeteiligung in Form von Bruttoprozenten an der Förderung vereinbart. Bei Barkäufen zahlte man Preise bis zu 1.000 S je Freischurf[199], für Bruttoprozentsätze wurden Höchstwerte von 35% notiert[200]. Die Durchschnittssätze für große Transaktionen waren niedriger. Die RAG gab an, dass sie für entzogene Freischürfe Ablösen und Erschließungskosten von insgesamt 2,65 Mio. S[201] gezahlt hatte (das waren 379 S pro Freischurf). Die Firma R. K. van Sickle bemängelte[202], dass die sowjetische Mineralölverwaltung (SMV) nach 1945 den Bruttoprozentsatz von 8% nicht entrichtete, der beim Verkauf von Freischürfen an deutsche Firmen vereinbart worden war. Immerhin: Die Freischürfe wurden nicht kostenlos erworben. Der Marktpreis war aber offenkundig so niedrig, dass es sich für große internationale Ölgesellschaften lohnte, Freischürfe auf Vorrat zu kaufen. Warum Vorbesitzer ihre Freischürfe verkauften, wird in der einschlägigen Literatur nicht behandelt. Möglicherweise verfügten die „Ölmultis" über bessere Prognosen oder über eine leistungsfähigere Technologie. Wichtiger dürfte der Mangel an heimischem Risikokapital gewesen sein. Der Erdölpionier EPG verkaufte Freischürfe anscheinend deshalb an die RAG, weil er das Kapital für die Produktion seiner bereits fündigen Gruben anderweitig nicht beschaffen konnte. Auch van Sickle dürfte aus den gleichen Erwägungen noch vor der Besetzung Österreichs Freischürfe veräußert haben.

Die Förderung war 1937 mit 32.849 t Rohöl noch sehr bescheiden, verständlicherweise, denn es braucht einige Jahre bis Ölfelder voll erschlossen sind. Welches Schicksal unter „normalen" Verhältnissen die Ölwirtschaft in Österreich genommen hätte, muss offen bleiben[203]. Gelegentlich wird argumentiert, „die Deutschen und die Russen hätten die österreichische Ölwirtschaft entwickelt"[204]. Diese Aussage unterstellt, dass bei weniger intensiver Suche ein Teil der Ölreserven dauernd verborgen geblieben wäre. Glaubwürdiger ist das Urteil: Der „Raubbau" der Kriegs- und Nachkriegszeit beansprucht einen namhaften Teil des Ölschatzes (der früher oder später ohnehin

---

[199] *Weber/Koren* (1957, S. 136).
[200] *Brunner* (1976, S. 13).
[201] CFM/ATC, Nr. 21 vom 24. 6. 1947. US-Delegation.
[202] Exposé R. K. van Sickle zur Erdölfrage. AdR: BMfaA, Zl. 88.260_pol/1959. In II-pol, Karton Nr. 118/1949.
[203] Nach *Weber/Koren* (1957, S. 109) wurden die Aufschließungsarbeiten vor dem „Anschluß" zwar zügig, aber ohne übermäßige Eile durchgeführt.
[204] *Langer* (1966, S. 82) z. B. hielt den „Russen" zugute, dass sie neue Ölfelder entdeckt hatten.

bekannt geworden wäre) für landesfremde Zwecke und entzog ihn damit der Nutzung durch spätere Generationen.

Die österreichische Erdölpolitik der Zwischenkriegszeit wurde nach dem Zweiten Weltkrieg aus zwei Gründen kritisiert: Zum einen, weil sie es verabsäumte, den heimischen Erdölfirmen, insbesondere der EPG, unter die Arme zu greifen (etwa durch Bereitstellung von Risikokapital oder durch Übernahme von Garantien). Und zum anderen, weil sie das „zahnlose" System der Freischürfe nicht reformierte. Gegen den ersten, hauptsächlich von Weber/Koren[205]) aus der Sicht der späten fünfziger Jahre erhobenen Einwand lässt sich einwenden: Die österreichische Wirtschaftspolitik hatte in der Depression der dreißiger Jahre große Opfer auf sich genommen, um die österreichischen Banken und die von ihr abhängigen Industriebetriebe zu sanieren. Verständlich, dass sie sich scheute, zusätzlich in das risikoreiche Ölgeschäft einzusteigen.

Berechtigter erscheint der zweite Einwand. Das österreichische System der Freischürfe wurde nach 1945 nicht nur von der sowjetischen Besatzungsmacht, sondern auch von der heimischen Bürokratie kritisiert, weil es den Freischürfern Spielraum ließ, wann und wie viel sie in der Ölwirtschaft investierten. Wenn schon die Wirtschaftspolitik die Erschließung der heimischen Ölquellen den großen internationalen Ölkonzernen überließ, so hätte sie zumindest für angemessene Rahmenbedingungen sorgen sollen. Die großen Ölkonzerne verfolgen globale Strategien, die oft den Intentionen der nationalen Wirtschaftspolitik zuwider laufen. In der globalisierten Weltwirtschaft der Gegenwart wird die Konkurrenz der nationalen Standorte um die Gunst von (in- und ausländischen) Investoren (mit Einschränkungen) akzeptiert. In der fragmentierten und von Arbeitslosigkeit geplagten Weltwirtschaft der dreißiger Jahre waren Konflikte vorprogrammiert. Die großen internationalen Ölgesellschaften – so lautete ein Einwand – ließen sich mit der Aufschließung der österreichischen Ölfelder Zeit, weil sie auf ihre Ölinteressen in Rumänien Rücksicht nahmen. Sie bildeten – so ein anderer Einwand – ein weltumspannendes Kartell, ein Kartell freilich, das weniger Macht besaß als später die in der OPEC zusammenarbeitenden erdölfördernden Länder. Höhere Gebühren, die einen Teil der Spekulationsgewinne abschöpften, und vor allem strengere Auflagen für die Erschließung von Gebieten, die mit Freischürfen belegt waren, hätten die Ölfirmen genötigt, österreichische Interessen stärker zu berücksichtigen.

Das deutsche Bitumengesetz

Dass sich die auf Autarkie und (zumindest) Kriegsbereitschaft abzielende Wirtschaftspolitik des Deutschen Reichs nicht mit den (faktischen) Freiheiten des österreichischen Freischurfsystems abfinden würde, war abzusehen. Im „Altreich" wurden 1937 nur 600.000 t Rohöl gefördert. Der Vierjahresplan sah (allerdings einschließlich der Umwandlung von Kohle) die Gewinnung von

---

[205]) *Weber/Koren* (1957, S. 109).

4 Mio. t Rohöl vor. Um dieses Ziel zu erreichen, musste die Produktion im niederösterreichischen Erdölgebiet auf Hochtouren gebracht werden.

Diesem Zweck diente das am 31. 8. 1938 erlassene Bitumengesetz[206]). Danach war das Aufsuchen und die Gewinnung von Bitumen Aufgabe des Staates, doch konnte er damit Private betreuen, denen er entsprechende Auflagen erteilte. Der Konzessionsnehmer musste für einen ordnungsgemäßen Bergbaubetrieb anhand jährlicher, von der öffentlichen Hand überprüfbarer Arbeitspläne sorgen. In den Konzessionsverträgen wurden Mindestanforderungen (z. B. die Zahl der einzusetzenden Bohrgeräte) vorgeschrieben[207]). Die Ermächtigung zum Aufsuchen lief auf fünf Jahre, jene zur Gewinnung 30 Jahre, doch konnten die Fristen erstreckt werden. Als Übergangsregel war vorgesehen: Wer auf seinen Freischürfen innerhalb von 23 Monaten (bis Ende Juli 1940) Öl fand, dem wurden noch Grubenmaße nach dem alten österreichischen Berggesetz verliehen. Alle übrigen Freischürfe verfielen (wobei den Konzessionsnehmern die bis dahin getätigten Aufwendungen ersetzt wurden). Die Freischürfer waren daher genötigt, ihre Exploration zu intensivieren oder ihre Schurfrechte zu veräußern.

1944 wurden bereits 1,21 Mio. t Rohöl gefördert, 37-mal soviel wie 1937. Außer der Fallfrist des Bitumengesetzes trugen andere Faktoren dazu bei, die Förderung zu forcieren. Die Ölfirmen hatten im Gegensatz zu früher keine Absatzprobleme: Was sie zutage förderten, wurde zum amtlich festgelegten Preis abgenommen. Die Behörden drängten die Firmen, mehr zu produzieren, und honorierten Wohlverhalten. Nach Kriegsbeginn verordneten sie, die Produktion zulasten der Exploration zu intensivieren. Strenge Kontrollen, insbesondere der Firmen unter Feindverwaltung, sorgten dafür, dass das „Gemeinwohl" Vorrang vor privaten „Profitinteressen" hatte. (Unter den unsicheren Bedingungen des Zweiten Weltkriegs wäre es für die Firmen rentabler gewesen, Erdöl im Boden zu lassen, statt zu fördern und gegen „Papiermark" zu verkaufen.)

Übersicht 4.27: Förderung von Erdöl

Nationalität	1937		1944		1946	
	In t	In %	In t	In %	In t	In %
Österreich[1])	11.497	35	60.676	5	50.721	6
Schweiz[1])	11.497	35	0	0	0	0
US-UK[2])	9.855	30	376.191	31	236.700	28
Deutschland	0	0	776.652	64	557.935	66
Insgesamt	32.849	100	1213.519	100	845.356	100

Quelle: CFM/ATC, Nr. 18 vom 21. 6. 1947. US-Delegation. – [1]) 50%-Anteil an der EPG. – [2]) Anglo-amerikanische Firmen (RAG, van Sickle, Steinberg Naphta, Austrogasco).

---

[206]) Bitumengesetz vom 31. 8. 1938, GBLÖ, Nr. 375/1938.
[207]) Siehe etwa Deutscher Schürf- und Gewinnungsvertrag vom Jänner 1944. AdR: BMfaA, Zl. 149.243_6VR/1947 (in Handakte Wildner, IIpol, Karton Nr. 123/1949).

4.2 Der Kampf ums Öl

Um die Fördermenge in kurzer Zeit zu vervielfachen, mussten die Firmen viel investieren, wofür sie großzügige Sonderabschreibungen und Reichsmittel erhielten. Nach den von H. G. Ulrik[208]) zusammengestellten Unterlagen (siehe Übersicht 4.28) gaben die Firmen von 1938 bis 1944 mehr als 560 Mio. RM für (aktivierungspflichtige) Aufschließungsarbeiten, für produktive Bohrungen sowie für Bohrgeräte und andere bewegliche Anlagegüter aus. In dieser Zeitspanne wurden 827.969 Bohrmeter geleistet gegen nur 57.613 von 1929 bis 1937[209]). Die Zahl der Bohrgeräte stieg auf 58. Rechnet man die Investitionen in den Raffinerien und in den Verteilungsnetzen hinzu, so kommt man auf einen Gesamtbetrag zu Anschaffungskosten (vor Abzug der Subventionen) von über 600 Mio. RM. Das ist mehr als in den Ausbau der heimischen Wasserkraftwerke in der Zeit der deutschen Besetzung investiert wurde[210]).

Übersicht 4.28: Investitionen in der Ölförderung 1938-1945

	Anschaffungswert	Zeitwert
	Mio. RM	
Erschließung der Ölfelder	29,70	25,70[1])
Anlagen	381,25	329,86[2])
Bohrkosten	153,21	76,00
Investitionen insgesamt	564,16	431,56
Demontagen 80% der Anlagen	305,00	274,88
Verbleibende Investitionen	259,16	156,68

Schätzung nach H. G. Ulrik: „Betrachtungen zur Verstaatlichung der österreichischen Erdölindustrie" vom 20. 9. 1946. AdR: BMfVuW, Zl. 90.075_15/1946. In Gruppe 05/4, Karton Nr. 1/1946. – Die Originalzahlen sind in S und $ angegeben, wobei der Schilling alt gleich der RM gesetzt und zum Kurs von 5,4 S/$ umgerechnet wurde. – [1]) Im Original fehlt der Zeitwert. – [2]) Das BMfVuW schätzte die verbliebenen Anlagen ähnlich hoch, bewertete aber das Beutegut nur mit 150 Mio. RM. AdR: BMfVuW Zl. 93.470_15/1946. In Gruppe 05/4, Karton Nr. 9/1946.

Das Recht des Staates, zu bestimmen, wie rasch die ihm gehörenden Bodenschätze ausgebeutet werden, hatten auch andere Länder in ihrer Gesetzgebung verankert. Insofern konnte man vom Bitumengesetz nicht von einem nationalsozialistischen Gesetz sprechen[211]). Die USA und Großbritannien inter-

---

[208]) AdR: BMfVuW, Zl. 90.075_15/1946. In Gruppe 05/4, Karton Nr. 1/1946. H. G. Ulrik war während des Kriegs Fachverbandssekretär und später öffentlicher Verwalter in der Mineralölwirtschaft. Er trat nach 1945 ebenso wie andere Erdölfachleute, etwa der Geologe K. Friedl, in die Dienste der Sowjetischen Mineralölverwaltung (SMV). Seine Beiträge aus dem Jahr 1946 zeugen von einer hohen Fachkenntnis.
[209]) Bohrmeter insgesamt 885.582 m (laut Ulrik) abzüglich 57.613 m von 1929 bis 1937 (laut CFM/ATC, Nr. 25 vom 26. 6. 1947).
[210]) Nach dem 10-Jahresplan aus dem Jahr 1946 waren bis Kriegsende in der Elektrizitätswirtschaft 705 Mio. RM investiert worden. Davon stammten etwa 550 Mio. RM aus der Zeit der deutschen Annexion. AdR: BMfVuW, Zl. 93.495_15/1946. In Gruppe 05/4, Karton Nr. 1/1946.
[211]) CFM/ATC, Nr. 24 vom 26. 6. 1947. Die französische Delegation plädierte für das Recht der ölproduzierenden Staaten, Eingriffe in die Mineralölwirtschaft (auch Verstaatlichung) vorzunehmen und bemängelte nur unzureichende Kompensationen.

venierten daher auch nicht, als das Gesetz erlassen wurde (und sie noch diplomatische Beziehungen mit dem Deutschen Reich pflegten). Das Bitumengesetz wurde jedoch nicht nur zur Produktionssteigerung, sondern auch zur „Germanisierung" der Mineralölwirtschaft eingesetzt. Die Frist von annähernd zwei Jahren mochte ausreichen, um Aufschließungsarbeiten, die unverzüglich nach dem Erwerb der Freischürfe 1935/36 begonnen worden waren, zu einem guten Ende zu führen. Sie war jedoch zu knapp, um bisher nicht bearbeitete Felder zu erschließen, zumal die deutschen Behörden nach Kriegsbeginn verlangten, die Förderung zulasten der Aufschließung zu forcieren. Ein Großteil der (nicht rechtzeitig verkauften) Freischürfe verfiel daher. Fristverlängerungen, die man angesichts der kriegswirtschaftlichen Zwänge billigerweise erwarten konnte, lehnten die reichsdeutschen Behörden ab[212]). Für das erdölhöffige Gebiet wurden Konzessionen nach dem Bitumengesetz vergeben, und diese erhielten ausschließlich deutsche Firmen. Wurden früher nach dem österreichischen System Schurfberechtigungen auf dem Markt gekauft, so wurden nunmehr Konzessionen aufgrund von Verdiensten für das Deutsche Reich und seine Kriegswirtschaftspolitik vergeben.

Die diskriminierende Konzessionsvergabe bedeutete, dass den ausländischen Ölfirmen nur jene Grubenfelder blieben, die ihnen nach dem alten österreichischen Berggesetz verliehen wurden. Von der weiteren Entwicklung der Ölwirtschaft waren sie ausgeschlossen – ein Umstand, der in der Auseinandersetzung um das österreichische Öl nach Kriegsende eine wichtige Rolle spielte.

Dass das Deutsche Reich das jüdische und das internationale Kapital in der Ölwirtschaft auszuschalten beabsichtigte, war schon unmittelbar nach der Annexion Österreichs zu erkennen. Die nicht-deutschen Firmen mussten Überlebensstrategien entwickeln, wobei wie auch sonst bei Germanisierungen nicht leicht zu unterscheiden war, welche Vermögen „umständehalber" und welche unter „Zwang und Druck" in deutsche Hände gerieten. Van Sickle verkaufte aus wirtschaftlichen Gründen im September 1938 einen Teil seiner Freischürfe an die Deutsche Erdöl AG (DEA), eine Tochter der IG Farben. Am 7. 2. 1939 schloss er mit ihr einen Liefervertrag ab[213]), der später als „Knebelungsvertrag" klassifiziert wurde. Von der Firma Steinberg Naphta verlangten die Reichsbehörden schon 1938, sich einen deutschen Partner zu suchen[214]). Die übernehmende Tiefbohrkommanditgesellschaft Hermann v. Rautenkranz (ITAG) konnte in der Folge durch diskriminierende Kapitalerhöhungen[215]) ihren Anteil von 51% auf 94% steigern. Die mittelbar (über die Deutsch-Amerikanische Petroleum-Gesellschaft) der Standard Oil Comp. gehörende

---

[212]) Siehe *Brunner* (1976, S. 15).
[213]) *Rambousek* (1977, S. 25). Eine Ablichtung des Liefervertrags findet sich in AdR: BMfVuW, Zl. 93.992_15/1946. In Gruppe 05/4, Karton Nr. 9/1946.
[214]) AdR: BMfVuW, Zl. 92.121_15/1946. In Gruppe 05/4, Karton Nr. 7/1946.
[215]) Eine auch anderswo praktizierte Methode der Germanisierung bestand darin, das Aktienkapital gestützt auf entgegenkommende Prüfberichte herabzusetzen, dann aber wieder aufzustocken, wobei die jungen Aktien ausschließlich an deutsche Firmen abgegeben wurden.

Austrogasco[216]) schlüpfte nach Anraten der deutschen Regierungsbehörden erst 1942 unter einen deutschen Deckmantel (51% der Kuxe wurden an die Ammoniakwerke Merseburg GesmbH übertragen), zu einem Zeitpunkt, als sie das nach amerikanischem Recht nicht mehr durfte[217]). Die RAG, hinter der die mächtigen Ölkonzerne Socony Vacuum und Shell standen, hoffte lange Zeit, sich mit den deutschen Behörden arrangieren zu können. Politiker und Behörden stellten ihr Konzessionen nach dem Bitumengesetz in Aussicht. Anscheinend wollte das Deutsche Reich bis knapp vor Kriegseintritt der USA keine Retorsionsmaßnahmen riskieren. Mit Schreiben des Reichswirtschaftsministers vom 13. 5. 1941 wurde der Gesellschaft jedoch bekannt gegeben, dass ausländische Gesellschaften keine Erdölkonzessionen erhalten[218]). Im Frühjahr 1942 wurde die Konzession Niederdonau, wo ein Großteil der erloschenen Freischürfe der RAG lag, an ein deutsches Konsortium vergeben (eine ursprünglich geplante Teilnahme der RAG kam nicht zustande[219])). Zu diesem Zeitpunkt war es für diplomatische Proteste bereits zu spät.

Ähnlichen Germanisierungsaktionen wurde die Ölverarbeitung unterworfen. Die französische NOVA Öl- und Brennstoffgesellschaft AG besaß in Schwechat eine erst im Frühjahr 1938 fertig gestellte Raffinerie. Unter wirtschaftlichen Druck gesetzt – Rohölimporte wurden nicht genehmigt und Kredite abgezogen –, musste sie die Raffinerie an die von den deutschen Behörden zur Übernahme ermächtigte DEA verkaufen[220]). Ein ähnliches Schicksal erlitt die Fanto AG mit ihren Verteilungseinrichtungen und der Raffinerie Vösendorf. Die Reichsbehörden entschieden, dass sie von der Benzol-Verband GmbH (später Aktiengesellschaft der Kohlenwertstoffverbände, Bochum) übernommen würde und erteilten der CA, die über ausländische Töchter indirekt die Aktienmehrheit besaß, entsprechende Weisungen[221]).

Wem gehörte das „österreichische" Erdöl?

Zusammengefasst lässt sich die Lage der Mineralölwirtschaft zu Kriegsende wie folgt charakterisieren:

Die Förderung war, wenngleich zum Teil mit Raubbaumethoden, auf mehr als 1 Mio. t gesteigert worden und übertraf bei weitem den – angesichts des geringen Motorisierungsgrades und der Dominanz der Kohle für Heizzwecke – noch bescheidenen Bedarf der heimischen Wirtschaft. Nach Überwindung der Anlaufschwierigkeiten hätte Österreich damit über ein international begehrtes und somit gegen Dollar verkäufliches Exportprodukt verfügt. Der

---

[216]) Angaben nach „Wiener Memorandum" aus dem Nachlass L. Hintze.
[217]) *Rathkolb* (1997, S. 237).
[218]) RAG Prüfbericht 1941. AdR: BMfVuW, Gzl. 93.102_15/1946. In Gruppe 05/4, Karton Nr. 7/1946.
[219]) *Brunner* (1976, S. 15). Nur für ein Gebiet südlich der Donau ging die RAG eine Arbeitsgemeinschaft mit deutschen Firmen ein.
[220]) CFM/ATC, Nr. 41 vom 17. 7. 1947. Französische Delegation.
[221]) CFM/ATC, Nr. 39 vom 16. 7. 1947. US-Delegation.

Streit um das Deutsche Eigentum bewirkte jedoch, dass es nicht über seine Erdölvorkommen verfügen konnte.

Von der Förderung 1944 entfielen 64% auf deutsche Firmen, genauer gesagt: auf Betriebe, die von der Sowjetunion als Deutsches Eigentum beschlagnahmt wurden. 36% verblieben den westlichen Ölgesellschaften[222]) (einschließlich des österreichischen Anteils an der EPG). Gemessen an den gesicherten Vorräten war das Übergewicht der deutschen Firmen noch etwas größer (siehe Übersicht 4.29). Der deutsche Besitz verteilte sich auf zahlreiche Firmen und Betriebsstätten von sehr unterschiedlicher Größe und unterschiedlicher Rechtsform. Das Bundesministerium für Vermögenssicherung und Wirtschaftsplanung (BMfVuW) listete in der Ölwirtschaft 39 Firmen und Firmenteile auf[223]).

Übersicht 4.29: Rohölvorräte 1945 nach Besitzkategorien

Ölfelder	Vorrat 1945 1.000 t	In %	Freischürfe 1938	Erster Fund
a) Besitz unbestritten				
RAG Dom	360	4,47	RAG	Vor 1938
Gaiselberg Dom	1.500	18,63	RAG	1938-1940
Van Sickle	600	7,45	Van Sickle	1938-1940
Gösting Dom	260	3,23	EPG: 50% österr.	Vor 1938
Unbestritten insgesamt	*2.720*	*33,79*		
b) Nach dem Bitumengesetz verlorene Freischürfe				
Scharfeneck	300	3,73	RAG	Nach 1940
Maustrenk	180	2,24	RAG	Nach 1940
Hohenruppersdorf	120	1,49	RAG	Nach 1940
St. Ulrich Niederdonau	60	0,75	Van Sickle	Nach 1940
Verlorene Freischürfe insgesamt	*660*	*8,20*		
c) Verkäufe nach 1938				
Mühlberg ITAG	1.300	16,15	Van Sickle	Nach 1940
Hauskirchen ITAG	370	4,60	City&Enterpr.	Nach 1940
St. Ulrich DEA	3.000	37,27	Van Sickle	1938-1940
Verkäufe insgesamt	*4.670*	*58,01*		
Vorräte insgesamt	8.050	100,00		

Quelle: Memorandum Erdöl (ohne Aktenzahl). AdR: Gruppe 05/4, Karton Nr. 9/1946.

Von den Ölfeldern im deutschen Besitz waren zunächst jene ergiebig, die noch vor der Fallfrist August 1940 an deutsche Firmen verkauft oder im Wege von Fusionen übergeben worden waren. Die ITAG (Fusion mit Steinberg Naphta) erschloss das Mühlbergfeld, die DEA auf den von van Sickle gekauften Freischürfen das Gebiet St. Ulrich. Auf diese Felder entfielen zu Kriegsende fast 60% der bekannten Vorräte und der Produktion. In den Freischurfgebieten, die nach dem Bitumengesetz verloren gingen (sie gehörten hauptsächlich der RAG), wurde bis Kriegsende nur wenig Öl gefördert (Anteil an den

---

[222]) AdR: BMfaA, Zl. 88.766_pol/1949. In Ilpol, Karton Nr. 118/1949.
[223]) AdR: BMfVuW, Zl. 171.257_14/1947.

bekannten Vorräten 8,2% und an der Produktion sogar nur 4%. Das ist verständlich, weil sich die RAG angesichts der Fallfrist des Bitumengesetzes auf die kurzfristig erschließbaren Felder konzentrierte und die Konzessionen nach dem Bitumengesetz erst im Frühjahr 1942 an deutsche Firmen vergeben wurden. Hier lagen jedoch die „jungen" Produktionsfelder und die aussichtsreichsten Hoffnungsgebiete. Ex-ante- und Ex-post-Bewertungen fielen daher stark auseinander. Das bot, wie noch im Einzelnen zu zeigen sein wird, reichlichen Konfliktstoff.

Abbildung 4.3: Bekannte Erdölvorräte 1945 (nach dem Zeitpunkt der Entdeckung)

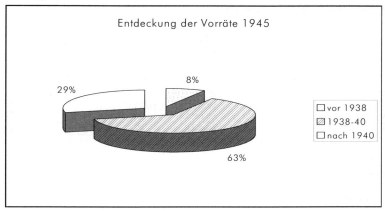

Quelle: Memorandum Erdöl.

Die Raffineriekapazität war quantitativ und qualitativ unzureichend. Vor 1938 wurde hauptsächlich rumänisches „Kunstöl"[224]) verarbeitet. Im Raum um Wien standen zu Kriegsende sieben Raffinerien mit einer Kapazität von etwas mehr als 1 Mio. jato (siehe Übersicht 4.30). Davon waren zwei während der deutschen Annexion errichtet worden. Die Raffinerien erlitten beträchtliche Bombenschäden, sodass die 1946 verfügbare Kapazität nicht viel größer war als 1937. Drei (von den sieben) hatten zu Kriegsende deutsche Eigentümer, das Werk Korneuburg gehörte zur Hälfte der IG-Farben. Auf die problematische Germanisierung der Fanto AG (Vösendorf) und der Nova AG (Schwechat) wurde bereits hingewiesen. Die Raffinerie Moosbierbaum arbeitete mit Anlagen, die von den Deutschen in Frankreich demontiert worden waren. Unbestritten waren nur die Eigentumsverhältnisse der Raffinerien Floridsdorf (Shell) und Kagran (Vacuum). Die Raffinerie Lobau war zwar von der Ost-

---

[224]) Rumänien untersagte die Ausfuhr von Rohöl. Um diese Bestimmung zu umgehen, wurden bereits in Rumänien destillierte Produkte gemischt. Dieses „Kunstöl" wurde dann in heimischen Raffinerien wieder in seine Bestandteile zerlegt. Das ist ein besonders markantes Beispiel für Protektionismus im internationalen Handel.

märkischen (Österreichischen) Mineralöl GmbH errichtet worden, die den deutschen Töchtern der beiden großen internationalen Erdölkonzerne gehörte. Sie wurde dennoch 1947 von der Sowjetunion als Deutsches Eigentum beschlagnahmt (möglicherweise, weil ihre unmittelbaren Eigentümer deutsche Firmen waren). Abgesehen von den verworrenen Eigentumsverhältnissen: Die Raffinerien waren zu klein und erzielten nur eine geringe Benzinausbeute. Das von ihnen hergestellte Benzin hatte nur eine Oktanzahl von etwa 50[225]. Der Bau einer leistungsfähigen Großraffinerie (einschließlich einer Crackanlage) wurde daher schon unmittelbar nach Kriegsende erwogen, konnte jedoch erst nach dem Staatsvertrag begonnen werden.

Übersicht 4.30: Raffineriekapazität

	Eigentümer		Kapazität in 1.000 jato		
	1937	1946	1937	1944	1946
Kagran	Vacuum	Vacuum	120	120	108
Lobau	–	ÖMW[1])		250	180
Floridsdorf	Shell	Shell	150	150	150
Schwechat	Nova	DEA	192	192	120
Vösendorf	Fanto	BV	108	108	30
Korneuburg	[2])	Gasolin[3])	54	54	54
Moosbierbaum	–	Donau-Öl		144	144
Insgesamt			624	1.018	786
Davon deutsch			0	471	321
Anteil in %			0	46	41

Quelle: CFM/ATC, Nr. 18 vom 21. 6. 1947. US-Delegation. – [1]) Österreichische (Ostmärkische) Mineralölwerke GmbH, Tochter der Shell- und der Socony-Vacuum-Gruppe. Von der Sowjetunion im August 1947 beschlagnahmt. – [2]) Schweizer Gruppe Adlersburg, Creditul Minier (französisch-rumänisch). – [3]) Die Gasolin GmbH gehörte zu je 25% der Shell und der Standard-Oil-Gruppe, Hauptaktionär war die IG Farben.

4.2.2 Erdölpolitik in der Besatzungszeit

Die Verfügbarkeit über Erdöl gibt Macht. Erdöl ist daher mehr als andere ökonomische Güter Gegenstand der Weltpolitik und der Politik der Nationalstaaten. Die folgende Darstellung rückt die ökonomischen Aspekte in den Vordergrund, nicht weil sie als dominant angesehen werden, sondern weil sie in der historischen Forschung etwas zu kurz kamen.

Das ökonomische Ziel in den schwierigen Nachkriegsjahren musste es sein, die heimische Produktion möglichst zu steigern und die Erdölprodukte den heimischen Lenkungsvorschriften und Steuergesetzen zu unterwerfen. Dieses Ziel konnte nicht erreicht werden. Mag sein, dass sich die österreichische Wirtschaftspolitik zu sehr auf Fragen des Eigentums und der damit verknüpften Rechtsfragen konzentriert hat. Aber die damals vorherrschenden Pa-

---

[225]) Brief W. Raabl vom 9. 9. 1946. AdR: BMfVuW, Zl. 57.028_15/1946. In Gruppe 05/4, Karton Nr. 7/1946.

radigmen (siehe hiezu die Einstellungen zu ausländischen Direktinvestitionen im Abschnitt „Das Deutsche Eigentum") ließen möglicherweise keine pragmatische Sicht der Dinge zu. Auch muss offen bleiben, ob eine andere Strategie mehr Erfolg gehabt hätte.

Das SANAPHTA-Projekt

Als die Rote Armee 1945 die Ölfelder besetzte, demontierte sie den überwiegenden Teil der beweglichen Anlagen. Etwa 50.000 t Material wurden nach dem Osten verladen[226]. Von den 58 Bohrgeräten verblieben nur 10[227]. Die deutschen Manager setzten sich unter Mitnahme der Geschäftsunterlagen nach dem Westen ab.

Übersicht 4.31: Demontagen in der Erdölförderung

		Bestand zu Kriegsende	
		Deutsches Eigentum	Demontiert
	Stück	In % von insgesamt	
Bohranlagen	58	82,76	82,76
Kompressoren	29	37,93	34,48
Dieselmotoren	81	90,12	74,07
Elektromotoren	200	96,00	84,00
Pumpen	100	94,00	74,00
Metallverarbeitende Maschinen	145	100,00	73,79
Kabel und elektrische Leitungen	365	87,67	68,49
Dampfkessel	32	31,25	31,25
Flaschenzüge	21	66,67	66,67
Bohrwerkzeuge	1.000	86,20	80,50
Rohre	15.090	98,74	79,52
Pumpenstangen	245	78,37	65,31
Drahtseile	260	100,00	80,77
Verschiedene Einrichtungen	488	98,98	72,95
Material, Ersatzteile und Werkzeuge	1.500	94,00	70,67
Gall-Ketten	140	65,71	60,71
Durchschnitt ungewogen		81,77	68,75

Quelle: Aufstellung über Anlagen und Einrichtungen. Anlage zum Übergabe-Protokoll vom 7. 6. 1945. AdR: BMfHuW, Zl. 70.035_OB/1946.

Nach der Potsdamer Konferenz (17. 7. bis 2. 8. 1945) änderte die Sowjetunion ihre Strategie. Statt Anlagen außer Landes zu bringen, zog sie nunmehr aus der laufenden Produktion jener Firmen Nutzen, die sie in ihrer Besatzungszone als sowjetisches Eigentum beschlagnahmt hatte. Die neue Strategie wurde zuerst in der österreichischen Erdölindustrie angewandt. Schon Ende August 1945 bot die Sowjetunion Österreich an, ein gemeinsames Unterneh-

---

[226] Memorandum Erdöl (ohne Aktenzahl). AdR: Gruppe 05/4, Karton Nr. 9/1946.
[227] AdR: BMfaA, Zl. 149.024_6VR/1947. In Handakte Wildner, Ilpol, Karton Nr. 123/1949.

men zur Aufsuche, Gewinnung und Verarbeitung von Erdöl mit dem Namen SANAPHTA zu gründen. Sie wollte in diese Gesellschaft die Konzessionen und die Anlagen der deutschen Erdölfirmen einbringen. Von Österreich wurden Sach- und Geldeinlagen sowie Schurfrechte in noch nicht mit Konzessionen belegten erdölhöffigen Gebieten erwartet. Die Verhandlungen begannen am 29. 8. 1945. Dem sowjetischen Vertragsvorschlag wurde ein österreichischer gegenübergestellt[228]). Staatskanzler Renner war für, Vizekanzler Schärf gegen den Abschluss des Vertrags[229]). Am 17. 9. 1945 wurden die Verhandlungen abgebrochen, ohne dass es zum Abschluss auch nur eines Vorvertrags gekommen wäre. Damit war das SANAPHTA-Projekt gescheitert, trotz zaghaften Versuchen im Laufe von 1946, die Verhandlungen wieder flott zu machen.

Nach den Zwischenergebnissen der Verhandlungen[230]) (der Vertrag war bei Abbruch noch nicht unterschriftsreif) sollte die Gesellschaft ein Aktienkapital von 27 Mio. $ haben. Die Sowjetunion wollte einen Großteil ihrer Einlage in Form des von ihr beanspruchten Deutschen Eigentums (Vermögen und Konzessionen) mit einem Schätzwert von 12 Mio. $ einbringen, Österreich sollte 10,5 Mio. $ in bar leisten. Der Rest auf die jeweilige Gesamteinlage von 13,5 Mio. $ entfiel auf Maschinen und Betriebskapital. Österreich sollte außerdem die EPG und Konzessionen für neue erdölhöffige Gebiete einbringen.

Übersicht 4.32: Aktienkapital der SANAPHTA (Vorschlag)

Österreich	Mio. $	Sowjetunion	Mio. $
		Vermögen und Rechte deutscher	
Bareinlage	10,50	Gesellschaften	12,00
EPG und Konzessionen	1,00		
Bewegliche Anlagen	1,00	Bewegliche Anlagen	1,00
Umsatz-Kapitalien	1,00	Umsatz-Kapitalien	0,50
Summe	13,50	Summe	13,50

AdR: Information über die Erdölfrage von L. Hintze. Bundesministerium für Vermögenssicherung und Wirtschaftsplanung (BMfVuW), Zl. 53.652_15/1946. In Gruppe 05/4, Karton Nr. 9/1946.

Die Verhandlungen scheiterten in erster Linie daran, dass die Sowjetunion Vermögen und Rechte als Deutsches Eigentum beanspruchte, die nach Auffassung der anderen Alliierten vom Deutschen Reich westlichen Ölfirmen widerrechtlich entzogen worden waren. Die großen amerikanischen[231]) und eng-

---

[228]) Vertragsentwürfe. AdR: BMfaA, Zl. 149.023_6VR/1947. In Handakte Wildner, II-pol, Karton Nr. 123/1949.
[229]) Im Kabinettsrat am 29. 8. 1945 empfahl Renner die Annahme des Vertrags. Figl und Koplenik stimmten zu, Schärf war dagegen (siehe *Schärf*, 1955, S. 69).
[230]) Information über die Erdölfrage von L. Hintze. AdR: BMfVuW, Zl. 53.652_15/1946. In Gruppe 05/4, Karton Nr. 9/1946. Die Angaben decken sich weitgehend mit jenen von *Schärf* (1955, S. 68). Die österreichischen und sowjetischen Vertragsentwürfe sind in *Schilcher* (1985, Bd. II, Dok. Nr. 14) abgedruckt.
[231]) *Rathkolb* (1997, Abschnitt: Die Oil Lobby, S. 232ff).

lischen[232]) Ölgesellschaften nahmen nach Kriegsende sobald wie möglich Kontakt mit ihren Töchtern in den ehemaligen Feindesgebieten auf und suchten für ihre Restitutionsforderungen die Unterstützung ihrer Regierungen. Warum die westlichen Ölinteressen nicht schon auf der Potsdamer Konferenz ins Treffen geführt wurden, blieb so wie vieles andere auch im Dunkeln. Die westlichen Chefunterhändler hätten doch – so möchte man meinen – in ihren Mappen bereits Unterlagen mit der Warnung haben müssen, dass sie mit dem Deutschen Eigentum in Ostösterreich ihre Ölinteressen preisgeben oder zumindest gefährden. Als jedoch die Sowjetunion zwei Wochen nach Ende der Potsdamer Verhandlungen begann, den ihr ausgestellten Scheck einzulösen, setzten sich die Westmächte bereits mit Nachdruck für die Maximalforderungen ihrer Firmen ein. Ob dabei zunächst die Engländer oder die Amerikaner den Ton angaben, ist von untergeordneter Bedeutung[233]). Nach einer Aktennotiz des Außenamts vom 13. 9. 1945 erklärte US-Gesandter Erhard seinen österreichischen Kollegen, die Briten würden die Regierung Renner nicht anerkennen, wenn diese den Erdölvertrag unterschriebe. Aufgabe der Amerikaner sei es, zwischen Briten und Russen zu vermitteln[234]). Andererseits hatte US-General Clark schon am 9. 9. 1945 beim sowjetischen Hochkommissar interveniert. Die USA würden nur eine vom Alliierten Rat in Wien gebilligte Regelung akzeptieren[235]). Der Kampf um das österreichische Erdöl hatte begonnen. Der Provisorischen Staatsregierung war klar geworden, dass hinter den schriftlichen Noten[236]), die die Repräsentanten der westlichen Ölfirmen für die Verhandlungen über das SANAPHTA-Projekt bereit gestellt hatten, die westlichen Regierungen standen.

Die Sowjetunion war nicht bereit, die Ansprüche der westlichen Ölgesellschaften anzuerkennen. Ihre Argumentation stützte sich darauf, dass das Bitumengesetz keine typisch nationalsozialistischen Züge trüge (in anderen Ländern wurden ähnliche Maßnahmen verfügt). Was die Verkäufe an deutsche Firmen anlangt, so kannte das Deutsche Reich die Institution des Privateigentums. Verträge, die privates Eigentum übertragen, müssten daher respektiert werden, es sei denn, direkter Zwang ließe sich nachweisen. Die Sowjetunion weigerte sich, die Londoner Deklaration vom Jänner 1943 über die Nichtigkeit von Rechtsgeschäften während der deutschen Besetzung für Österreich anzuerkennen.

Außer dem Haupteinwand, dass die westlichen Ölfirmen Ansprüche stellten, wurden ergänzend einige weitere Argumente gegen den Vertragabschluss

---

[232]) *Brunner* (1976, S. 41 und S. 170-173).
[233]) Die Ausweitung des sowjetischen Machtbereichs in Europa bereitete anscheinend zuerst den Engländern Sorge. Sie argwöhnten, dass die Regierung Renner eine Marionette der Sowjetunion wäre (siehe *Bischof,* 1999, S. 90 und S. 121).
[234]) Aktenvermerk des BMfaA vom 13. 9. 1945. AdR: IIpol, Karton Nr. 42/1947.
[235]) *Brunner* (1976, S. 41) aufgrund amerikanischer Akte.
[236]) Die westlichen Ölgesellschaften belegten, dass sie zurzeit des „Anschlusses" nicht in reichsdeutschem Besitz waren und meldeten Restitutionsansprüche an. Diese Schreiben wurden den sowjetischen Verhandlern zur Verfügung gestellt. AdR: StBÜuW, Zl. 50.607_OB/1945.

vorgebracht (*Strouzh,* 1998, S. 88-92). Dazu gehörten die Kritik an Details des Vertragsentwurfs (lange Konzessionsdauer[237]), kein gleichberechtigter österreichischer Generaldirektor) oder die Bedenken gegen den Abschluss eines so weitreichenden Vertrags durch die Provisorische Staatsregierung. Auch böte der Vertrag – ganz abgesehen von den anderen Argumenten – wirtschaftliche Nachteile. Die Sacheinlage der Sowjetunion wäre zu hoch bewertet, Österreich könnte die geforderte Bareinlage nicht leisten.

Diese Einwände waren zum Teil taktischer Natur. Spitzenpolitiker[238]) hielten den Vertrag aber auch unabhängig von den Restitutionsansprüchen der westlichen Ölfirmen für problematisch, wie in den Büchern von *Heinl* (1948) und *Schärf* (1955) nachzulesen ist, und sie wurden darin von der Bürokratie bekräftigt. Um die ökonomischen Argumente für und wider den Sanaphta-Vertrag zu verstehen, muss man die „Außerordentlichkeit der Umstände"[239]) berücksichtigen. Die Regierung Renner wurde zu einer raschen Entscheidung gedrängt, als wichtige makroökonomische Orientierungspunkte noch fehlten und die üblichen Informationskanäle verstopft waren. Im September 1945 gab es noch keine österreichische Währung und daher auch keinen Wechselkurs. Was die Ölwirtschaft wert sein würde, hing von der künftigen Preispolitik ab. (Bei einem hohen, die Kaufkraftparitäten übersteigenden Wechselkurs würde die Ölwirtschaft viel verdienen, wenn sie einen großen Teil der Produktion zu Weltmarktpreisen verkaufen könnte.) Die Schwierigkeit, brauchbare Berechnungsgrundlagen zu finden, spiegelte sich in den Vertragsentwürfen. Der sowjetische Entwurf ging von den Schillingpreisen Wert 1937 aus. Der österreichische Entwurf sah den Dollar als Verrechnungswährung vor, ließ aber die Frage offen, wie hoch der künftige Dollarkurs sein würde und ob die vereinbarten Barzahlungen in effektiven Dollar oder in Schilling zu leisten waren.

Dazu kamen Unwägbarkeiten, die auch durch komplizierte Kalküle nicht berechenbar gemacht werden konnten. Schwer zu sagen, wie gut ein Joint Venture zweier verschiedener Unternehmenskulturen in Zeiten einer zunehmenden Spannung zwischen Ost und West funktionieren würde. Möglicherweise wäre die Sowjetunion ein Jahrzehnt später nicht bereit gewesen, sich aus einem bewährten Unternehmen zurückzuziehen. Auch konnte man nicht voraussehen, dass nach der (weitgehenden) Erschöpfung der alten Felder die ergiebigen Felder um Matzen (Öl) und Zwerndorf (Gas) entdeckt werden würden. Es wäre daher nicht fair, die in mehrere 100 Mio. $ gehenden Erträge der

---

[237]) Der SANAPHTA-Vertrag sah eine Konzession für 50 Jahre vor. Die RAG schlug 1952 für eine Konzession in den westlichen Landesteilen eine Gewinnungsdauer von 40 Jahren vor. Die Frist sollte automatisch verlängert werden, wenn das Feld noch nicht ausgebohrt war und die Förderung mit normaler Intensität weiter betrieben wurde. AdR: BMfaA, Zl. 147.719_pol/1952. In Ilpol, Karton Nr. 217/1952.
[238]) Dass die Ansprüche der westlichen Ölfirmen den Ausschlag gaben, war vor allem der Arbeiterschaft nur schwer zu erklären. Der Präsident des ÖGB, Böhm, erwähnte im Mai 1946, die Verhandlungen seien daran gescheitert, dass Österreich nicht imstande gewesen wäre, den Kapitalanteil von 35 Mio. $ [sic!] einzubringen (*Klenner,* 1953, Bd. 2, S. 1418).
[239]) Staatskanzler Renner. AdR: Kabinettsrat, Nr. 31 vom 9. 9. 1945.

Ölwirtschaft in den folgenden zwei Jahrzehnten mit den bescheidenen Ansätzen zu vergleichen, die in den Vertragsverhandlungen zur Sprache kamen.

Immerhin: Es gab die Erfahrungen der Kriegsjahre und Experten, die diese Informationen sachgerecht verarbeiten konnten. Ein Arbeitskomitee von Mineralölfirmen hatte sich schon bald nach Kriegsende konstituiert. Einfache Ertragskalküle waren daher möglich. Der kritische Punkt des Abkommens lag offenbar in der Bewertung der Sacheinlage der Sowjetunion, denn danach richtete sich in der Hauptsache die von Österreich einzubringende Bareinlage. Waren die von der Sowjetunion einzubringenden ehemals deutschen Firmen mit ihren Anlagen und Konzessionsrechten 12 Mio. $ wert?

Um die Wechselkursproblematik auszuschalten, empfiehlt es sich zunächst von den effektiven Preisen in nationaler Währung auszugehen. Die nachgewiesenen Reserven im gesamten Erdölgebiet wurden von den Experten mit zumindest 8 Mio. t veranschlagt[240]). Der Stopppreis für Rohöl betrug zu Kriegsende 110 RM/t. Das ergab potentielle Verkaufserlöse von 880 Mio. RM mit einem Barwert von 704 Mio. RM, wenn man eine Förderdauer von zehn Jahren und einen Diskontsatz von 4% zugrunde legte[241]). Die bekannten Vorräte ließen sich mit relativ geringen Kosten ausbeuten. Die etwa 400 Produktionssonden, die bis Kriegsende niedergebracht worden waren, hatten durch die Kriegs- und Nachkriegsereignisse nur wenig gelitten[242]). Trotz Abtransport eines Großteils der Maschinen und Geräte bedurfte es daher nur relativ geringer zusätzlicher Investitionen. Der Umstand, dass sich die Erdölförderung trotz allen Widrigkeiten relativ rasch erholte, stützt diese Annahme. (Die dieser Kalkulation zugrunde liegende Jahresförderung von 0,8 Mio t wurde schon 1946 überschritten.)

H. G. Ulrik benutzte für seine aus dem Jahr 1946 stammende Schätzung die Formel: Substanzwert der Anlagen plus Konzessionswert (20% vom Umsatz). Danach hätte die Ölwirtschaft in Österreich einen Wert von fast 400 Mio. RM gehabt. In späteren Kalkulationen (Expertenschätzung anlässlich der Staatsvertragsverhandlungen 1949) wurden für die Ölwirtschaft (einschließlich Verarbeitung und Verteilung) Ertragssätze von 38% bis 55% des Erlöses auf Rohölbasis angesetzt (siehe Übersicht 4.33). Geht man von einem runden Ertragssatz von 50% aus, so erhält man einen Barwert der Ölwirtschaft von 350 Mio. RM, etwas weniger als nach der Ulrik-Variante. Davon entfielen etwa zwei Drittel oder 230 Mio. RM auf das Deutsche Eigentum nach sowjetischer Definition.

In den Vertragsverhandlungen wurde offensichtlich auf österreichischem Wunsch mit Dollarwerten operiert. Legt man den Militärkurs von 10 RM/$ zugrunde, so stellte die österreichische Mineralölwirtschaft nach dem hier erläuterten Kalkül einen Wert von etwa 35 Mio. $ dar, wovon zwei Drittel, also

---

[240]) Memorandum Erdöl (ohne Aktenzahl). AdR: Gruppe 05/4, Karton Nr. 9/1946.
[241]) Der Diskontsatz von 4% wurde in damaligen Kalkulationen verwendet. Er kann als grobe Richtschnur für die Ermittlung des Gegenwartswerts von sicheren Zahlungsströmen zu konstanten Preisen verwendet werden (ohne Risikoprämie).
[242]) Bericht über: „Entwicklung und derzeitige Lage der Erdölgewinnung in Österreich". AdR: BmfHuW, Zl. 70.035_OB/1946.

23 Mio. $, auf das Deutsche Eigentum entfielen. Der Militärkurs bewertete jedoch die RM zu niedrig, wenn man die deutschen Stopppreise zugrunde legt (die Kaufkraftparität betrug etwa 3 RM/$). Für Ölexporte konnten im mitteleuropäischen Einzugsgebiet weit mehr als 11 $/t (dem RM-Stopppreis von 110 RM/t umgerechnet zum Kurs von 1 $ = 10 RM) erlöst oder gegen knappe Kohle getauscht werden. H. G. Ulrik schätzte den Wert der gesamten österreichischen Ölwirtschaft anhand des Dollarkurses des Schillings von 1938 und kam auf 73,5 Mio. $, also auf mehr als das Doppelte. Die Bewertung der von der Sowjetunion eingebrachten Sacheinlage mit 12 Mio. $ enthielt demnach stille Reserven, selbst wenn man Zuschläge für nicht berücksichtigte Kosten einrechnet.

Übersicht 4.33: Wert der Ölwirtschaft 1945 (diskontierter Ertragswert)

	Minimum	Maximum	Minimum	Maximum
			Bruttogewinn vor Steuer	
	In % Rohölbasis^1)		Wert Mio. RM bei 8 Mio. t Vorrat à 110 RM/t^2)	
Förderung	30	40	264,0	352,0
Verarbeitung	5	10	44,0	88,0
Verteilung	3	5	26,4	44,0
Summe	38	55	334,4	484,0
Diskontfaktor 0,8^3)			267,5	387,2
Zwei Drittel Sowjetunion			178,3	258,1

^{1}) Prozentsätze laut Unterlage der Abt. 14 BMfVuW vom 7. 2. 1949 für die Staatsvertragsverhandlungen. AdR: BMfaA, Handakte Wildner, IIpol, Karton Nr. 123/1949. – ^{2}) Annahme: Erschlossene Reserven, ohne nennenswerte Investitionen förderbar. – ^{3}) Annahme: Förderung von 800.000 t über zehn Jahre. Diskontsatz (ohne Risikoprämie).

Einzuräumen war, dass der österreichischen Regierung das Geld auch für lohnende Investitionen fehlte. Der Handelsminister wollte in der erwähnten Sitzung den sowjetischen Verhandlern begreiflich machen, dass die Republik Österreich „stier" sei. Die österreichische Bareinlage von 10,5 Mio. $ oder 105 Mio. S wäre angesichts der tristen Nachkriegsverhältnisse nicht leicht aufzubringen gewesen. Sie konnte jedoch auf einen Zeitraum von fünf Jahren verteilt werden. Und was noch wichtiger war: sie konnte nach der hier verwendeten Quelle in heimischer Währung gezahlt werden[243]. (Für diese Interpretation spricht auch, dass in der Vertragsverhandlung am 11. 9. 1945[244] die Variante erörtert wurde, den Förderzins, der naturgemäß in nationaler Währung zu entrichten war, zur Auffüllung des österreichischen Kapitalsanteils zu verwenden.) Diese Zahlungsbedingungen hätten die knappen Dollarreserven geschont

---

[243] Diese Information ist explizit nur in der erwähnten Notiz des BMfVuW enthalten. Sie erscheint jedoch plausibel, da die heimische Wirtschaftspolitik zu diesem Zeitpunkt noch nicht absehen konnte, auf welche Weise sie Dollareinkünfte erzielen würde. Außerdem fielen die meisten Kosten in nationaler Währung an.
[244] AdR: Protokoll der Verhandlungen am 11. 9. 1945. StBÜuW, Zl. 50.607_OB/1945.

und überdies einen „Aufwertungsgewinn" gebracht, denn das heimische Preisniveau stieg bis 1949 bei stabilem offiziellem Wechselkurs auf das 5-fache.

Nach dem hier vorgestellten Kalkül hätte die Ausstattung der Felder grosso modo ausgereicht, die nachgewiesenen Ölreserven zu gewinnen. (Zusätzliche Anschaffungen, um die durch Demontagen verursachten Engpässe zu überwinden, wären nur etwa in Höhe des Restwerts der Anlagen nach Erschöpfung der bekannten Reserven nötig gewesen.) Die österreichische Bareinlage hätte demnach hauptsächlich zur Erschließung neuer Ölfelder gedient. Die Erfolgschancen einer weiteren Exploration ließen sich begreiflicherweise nur schwer beurteilen. Sie aber ganz zu vernachlässigen, wie das in den Überlegungen zum SANAPHTA-Projekt geschah, musste zu einseitigen Schlüssen führen. Die multinationalen Ölgesellschaften und die Sowjetunion scheinen jedenfalls das Sicherheitsäquivalent der möglichen Reserven sehr hoch eingeschätzt zu haben. Das wurde deutlich, als die westlichen Alliierten ihre Bedenken gegen das SANAPHTA-Projekt anmeldeten.

So schwere Geschütze (wie die Nicht-Anerkennung der Provisorischen Staatsregierung durch die Westmächte) aufzufahren, wäre kaum verständlich gewesen, wenn es sich nur um den nach dem „Raubbau" der Kriegsjahre noch verbliebenen Rest bekannter Vorräte gehandelt hätte, wovon ohnehin ein Teil unbestritten den westlichen Ölgesellschaften zuzurechnen war. Die Ölvorräte in den von ihnen verlorenen Freischurfgebieten z. B. wurden damals mit nur 600.000 t angegeben (siehe Übersicht 4.29), was einem Konzessionswert (20% des Verkaufserlöses) von 15,5 Mio. RM oder 1,55 Mio. $ entsprach. Die RAG schätzte, dass sie für den Erwerb und die Aufschließung der ihr entzogenen Freischürfe 2,65 Mio. RM aufgewandt hatte[245]). Andererseits erhielten die westlichen Ölgesellschaften nach Informationen des BMfVuW[246]) 8 Mio. RM Entschädigungen für verlorenen Aufwand. Angesichts der relativen Geringfügigkeit der hier genannten Beträge: Bei einigermaßen gutem Willen hätten sich die Verhandlungspartner darüber einigen können, wie viel die verlorenen Freischürfe wert waren, welche Verkäufe „erzwungen" wurden und welche getätigten Aufwendungen gegenzurechnen wären.

Einvernehmliche Lösungen scheitern oft an Kleinigkeiten (es handelt sich dann um den viel zitierten Tropfen, der das Fass zum Überlaufen bringt). In diesem Fall spricht jedoch manches dafür, dass spätestens zum Zeitpunkt der österreichisch-sowjetischen Verhandlungen fundamentale, nicht überbrückbare Gegensätze zwischen den Alliierten bestanden[247]). Diese Gegensätze waren zunächst wirtschaftlicher Natur. Die Westmächte wollten sich nicht mit dem Ersatz von Aufwendungen oder auch mit dem Wert der Konzessionen auf Basis der produzierenden Felder abspeisen lassen, sondern das Entwicklungspotential der heimischen Erdölwirtschaft nutzen. Sie betrachteten daher das deutsche Bitumengesetz und die Vermögensübertragungen während der deutschen

---

[245]) CFM/ATC, Nr. 21 vom 24. 6. 1947. US-Delegation.
[246]) Meldung der Abteilung 15 an den Minister vom 25. 2. 1946. AdR: BMfVuW, Zl. 93.470_15/1946. Nach anderen Quellen betrugen die Entschädigungen 5 Mio. RM (zitiert in *Langer,* 1966, S. 85).
[247]) *Wagleitner* (1975, S. 248).

Zeit gemäß der Londoner Deklaration von Jänner 1943 für nichtig. Ihr Anspruch richtete sich auf Wiederherstellung des Status quo von 1937. Das gleiche Ziel – nämlich die Nutzung nicht nur der bereits bekannten, sondern auch der wahrscheinlichen Ölvorräte – verfolgte die Sowjetunion. Sie erklärte daher die Germanisierung der Ölwirtschaft während der deutschen Annexion für rechtens und leitete daraus Reparationsansprüche ab. Sie war erst bereit, die österreichischen Ölfelder gegen eine Ablöse herzugeben, als die „fetten Wiesen" bereits „abgegrast" waren.

Der Streit darüber, wer die ökonomischen Früchte des österreichischen Erdöls ernten sollte, wurde von politischen und strategischen Überlegungen überlagert. Öl in Mitteleuropa, an der Grenze zwischen dem sowjetischen und dem westlichen Einflussgebiet, war von strategischer Bedeutung[248]). Die Sowjetunion demonstrierte an einem besonders kritischen Fall, das sie selbst entscheiden würde, was in ihrer Zone als Deutsches Eigentum zu gelten hätte. Gleichzeitig signalisierte sie der Provisorischen Staatsregierung, dass eine enge Zusammenarbeit Österreich wirtschaftliche Vorteile böte.

Die westlichen Alliierten argwöhnten, dass auf die Germanisierung die Sowjetisierung Ostösterreichs folgen würde. Die Errichtung einer gemischten Ölgesellschaft nach dem bereits in Rumänien vorexerzierten Muster schien ein Beweis dafür zu sein, dass die Sowjetunion ihren Einflussbereich möglichst weit nach dem Westen ausdehnen wollte, über jene Länder hinaus, die schon während des Kriegs in Gesprächen zwischen Stalin und Churchill als sowjetische Einflusssphäre abgesteckt worden waren. Das mag unberechtigt gewesen sein. Wenn schon das Deutsche Eigentum im Osten Österreichs – aus westlicher Sicht möglicherweise unbedacht – der Sowjetunion zugesprochen wurde, hätte man Österreich die Möglichkeit der Schadensminimierung geben sollen. Aber Politik ist nicht immer konsequent und nur selten fair.

Der über die ökonomische Bedeutung des Falles hinausgehende grundsätzliche Charakter wird gut durch einen Artikel „Das österreichische Erdöl verwirrt den Reparationspakt" in „Star and Stripes" wiedergegeben. Darin heißt es (in deutscher Übersetzung):

> „Solange das Zistersdorfer Problem nicht geregelt ist, wird ein Einverständnis unter den Besatzungsmächten über irgendwelche Reparationsangelegenheiten auf der Basis der Potsdamer Erklärung nicht möglich sein." („The Stars and Stripes" vom 2. 2. 1946)[249])

Zu diesem Einverständnis kam es nicht. Die Sowjetunion wollte den Vertrag möglichst noch unter Fach und Dach bringen, bevor die Westmächte nach Wien kamen und die Alliierte Kommission ihre Tätigkeit aufnahm. Sie bot daher aus ihrer Sicht kulante Konditionen und war erstaunt, dass die Österreicher Bedenken anmeldeten. Marshall Konjew erklärte im Oktober 1945[250]) über

---

[248]) Die USA planten zeitweilig ihre Truppen in Europa mit Erdöl aus den von der Sowjetunion besetzten Gebieten zu decken (*Brunner*, 1976, S. 171).
[249]) AdR: BMfVuW, Zl. 10.329_1/1946.
[250]) *Klenner* (1953, Bd. 2, S. 1418).

Zistersdorf nur mit den Österreichern verhandeln zu wollen. Der kalte Krieg wurde in Österreich bereits geprobt, bevor er im großen Stil einsetzte[251]).

Die Entscheidung über das SANAPHTA-Projekt war eine der schwierigsten und folgenschwersten der jungen Republik[252]). Mit einigem Recht lässt sich behaupten: Österreich stand im September 1945 vor einer Wegkreuzung. Die Provisorische Staatsregierung hatte mit der Ablehnung des Erdölvertrags das Vertrauen des Westens gewonnen, aber jenes der Sowjetunion aufs Spiel gesetzt. Die sowjetische Besatzungsmacht erklärte Anfang Oktober 1945[253]) die deutschen Erdölfirmen samt den von ihr erworbenen Rechten zum sowjetischen Eigentum und bestellte einen russischen Generaldirektor. Wenn die Österreicher keine gemischte Gesellschaft wollten, würde die Sowjetunion eben die österreichischen Erdölvorkommen allein ausbeuten. Sie weigerte sich in der Folge unter ausdrücklichem Hinweis auf das Scheitern der Ölverhandlungen, den in Aussicht gestellten Handelsvertrag mit Österreich abzuschließen, und schlug in die Frage des Deutschen Eigentums eine harte Haltung ein. Mit einiger Phantasie lässt sich damit auch die sowjetische Halsstarrigkeit in währungspolitischen Fragen erklären. Gegen den akkordierten und bis ins Detail vorbereiteten Umtausch der umlaufenden Reichsmarknoten in Alliierte Militär-Schillingnoten im Oktober 1945 legte die Sowjetunion in letzter Minute ein Veto ein. Die österreichischen Währungsbehörden mussten zuwarten bis genügend neue Schillingnoten gedruckt waren, um die Währungstrennung von Deutschland zu bewerkstelligen (siehe Abschnitt „Währungsreformen unter der Besatzung"). Österreich verband sich mit dem Westen und stimmte in den folgenden Jahren mit ihm seine Vorgangsweise in wichtigen politischen Fragen ab. Noch 1954 wurde zwischen den westlichen Besatzungsmächten und der österreichischen Bundesregierung ein Koordinationsgremium gebildet, um eine gemeinsame Haltung gegenüber der Sowjetunion auf der bevorstehenden Berliner Konferenz der Außenminister zu erarbeiten[254]).

Die Suche nach einer österreichischen Lösung

Nach der Ablehnung des Erdölvertrags geriet Österreich in die missliche Rolle eines betroffenen Zuschauers, der gerne mitgespielt hätte, aber nicht wusste, wie er sich ins Spiel bringen könnte. Denn: Entweder das deutsche Bitumengesetz und die danach vergebenen Konzessionen waren gültig, dann griff das Potsdamer Abkommen und die Sowjetunion konnte den Löwenanteil an den Fördergebieten beanspruchen. Oder aber das deutsche Bitumengesetz war im Einklang mit der Londoner Dekaration vom Jänner 1943 nichtig, dann lebten die Schurfrechte der westlichen Ölfirmen nach dem österreichischen Berggesetz wieder auf. Das war selbstverständlich vom österreichischen

---

[251]) Ebenso *Bischof* (1989, S. 135).
[252]) Nach *Schärf* (1955, S. 25) gehörte die Entscheidung über den Erdölvertrag zu den fünf wichtigsten in der unmittelbaren Nachkriegszeit.
[253]) Aktenvermerk 1945 (ohne Aktenzahl). AdR: BMfaA, IIpol, Karton Nr. 42/1947.
[254]) Foreign Service Dispatch. From Amembassy Vienna to Department of State, Washington, vom 21. 1. 1954 (File aus US-Archiven).

Standpunkt höchst unbefriedigend. Das Land, in dem Erdöl gefördert wurde, sollte daraus angemessen Nutzen ziehen, doch war nicht ersichtlich, wie das erreicht werden könnte.

Im Frühjahr 1946 schlug der bereits erwähnte Erdölexperte Ulrik vor, Österreich sollte mit beiden Seiten verhandeln, mit dem Ziel eine akkordierte Lösung zu finden[255]. Nachdem sich die Ministerialbürokratie zunächst festgelegt hatte „mit den Russen verhandelt man nicht, denn ihre Ansprüche entbehren der Rechtsgrundlage", wurde der Gedanke später aufgegriffen. Zunächst sollte bei der Sowjetunion sondiert und dann ein Konsens mit allen Besatzungsmächten gesucht werden. „Aktenspuren" deuten darauf hin, dass solche Gespräche auf höchster Ebene im Herbst 1946 angebahnt wurden[256].

Für diese Verhandlungen zimmerte sich die heimische Bürokratie einen passenden Rechtsrahmen zurecht. Auf das österreichische Berggesetz von 1854 wollten die Fachministerien nicht zurückgreifen. Das deutsche Bitumengesetz entspräche besser den wirtschaftspolitischen Vorstellungen der Zeit. Es wurde nicht aufgehoben, obschon der um ein gutes Verhältnis zu den Westmächten bemühte Außenminister das nahelegte[257]. Die nicht in Grubenfelder überführten Freischürfe galten somit nach österreichischer Auslegung als erloschen. Aber auch die Ansprüche der Sowjetunion bestanden nicht zu Recht. Nach dem deutschen Bitumengesetz war der Staat nicht nur Eigentümer der Bodenschätze. Er hatte auch das alleinige Recht, diese Schätze aufzusuchen und zu gewinnen. Die Ausübung dieses Rechts konnte er allerdings Privaten mittels Vertrag (Konzession) überlassen. Die vom Deutschen Reich abgeschlossenen Verträge endeten jedoch mit Kriegsende, denn die Republik Österreich war nicht Rechtsnachfolger des Deutschen Reichs. Sie konnte die Konzessionen nach dem deutschen Bitumengesetz, das gemäß dem Rechtsüberleitungsgesetz[258] ein österreichisches Gesetz wurde, neu vergeben. Die Sowjetunion wäre nur berechtigt, als Deutsches Eigentum die beweglichen Anlagegüter der deutschen Erdölfirmen zu beanspruchen, aber diese hatten die Trophäenkommandos der Roten Armee ohnehin bereits abtransportiert. Eine Variante bestand darin, die deutschen Konzessionen zwar für gültig zu erklären, aber die Vertragsbestimmung zu nutzen, dass die für die Aufschließung gesetzte Frist von fünf Jahren 1947 auslief[259]. Diese Variante bot jedoch inso-

---

[255] Stellungnahmen und Korrespondenz von H. G. Ulrik. AdR: BMfVuW, Zl. 50.595_14/1946.

[256] Eine österreichische Sonderkommission geführt von den Ministern Heinl und Raab verhandelte im Spätsommer 1946 über die Errichtung einer österreichisch-sowjetischen Erdölgesellschaft. Aktenvermerk vom 21. 9. 1946. AdR: BMfVuW, Zl. 57.127_15/1946. In Gruppe 05/4, Karton Nr. 9/1946.

[257] AdR: BMfaA, Zl. 134.535_6VR/1946 und Zl. 135.913_6/VR/1946. In Gruppe 05/4, Karton Nr. 9/1946.

[258] Rechtsüberleitungsgesetz vom 1. 5. 1945, StGBl. Nr. 6/1945.

[259] Dieses Argument wurde bereits in den Verhandlungen über den SANAPHTA-Vertrag geltend gemacht. Die Verlängerung oder Umwandlung der Konzession wäre eine österreichische Leistung, die bei Bemessung des österreichischen Kapitalsanteils berücksichtigt werden müsste. AdR: StBÜuW, Zl. 50.740_OB/1945. A. Schärf führt sie noch 1955 (S. 68) ins Treffen.

fern eine schwächere Position, als gute Gründe dafür sprachen, die Explorationsperiode zu verlängern. Auch hatte es das Deutsche Reich verabsäumt, die Aufsuchungsgenehmigung bei Fündigwerden in eine Gewinnungsgenehmigung umzuwandeln, für die laut Bitumengesetz eine Laufzeit von 30 Jahren vorgesehen war[260]).

Die von der österreichischen Bürokratie vorgeschlagene Rechtsinterpretation konnte uneingeschränkt gegenüber Einzelpersonen geltend gemacht werden. Den kleinen Spekulanten, die nach Kriegsende ihre Freischürfe von 1938 reklamierten, wurde beschieden, dass die nach dem alten österreichischen Berggesetz verliehenen Freischürfe erloschen wären und daraus kein Rechtsanspruch auf Konzessionen nach dem deutschen Bitumengesetz abgeleitet werden könnte[261]). Den Besatzungsmächten musste man entgegenkommen. Selbst wenn den österreichischen Behörden das Recht auf Konzessionserteilung zugestanden worden wäre: Neue Konzessionen konnten sie nicht nach Gutdünken erteilen, etwa an den Meistbietenden versteigern oder – ähnlich wie das Deutsche Reich – in diskriminierender Weise ausschließlich an heimische Firmen vergeben. Die anglo-amerikanischen Vorleistungen waren ebenso zu berücksichtigen wie die deutschen, die nach dem Potsdamer Abkommen der Sowjetunion abzugelten waren. Die heimische Bürokratie hoffte jedoch über das Instrument der Konzessionsvergabe eine Dreigruppenlösung erreichen zu können[262]). Je eine Unternehmensgruppe sollte österreichisch, anglo-amerikanisch und sowjetisch dominiert werden. Diese Überlegungen gediehen jedoch nicht bis zu einem konkreten Vorschlag. Die Konzessionsfrage spielte nur im rechtstheoretischen Räsonnement eine Rolle. De facto verhielt sich die Sowjetunion (in dieser Frage) so, als ob Österreich der Rechtsnachfolger des Deutschen Reichs wäre und sie Anspruch auf die von den Deutschen gewährten Konzessionen hätte. Und de facto verhielten sich die Anglo-Amerikaner so, als ob den westlichen Ölgesellschaften Eigentum zu Unrecht entzogen worden wäre und sie daher Rückstellungsansprüche hätten.

Neben einer selektiven Konzessionsvergabe erschien die Verstaatlichung ein Mittel, um die Ölwirtschaft dem österreichischen Einfluss zu unterwerfen[263]). Doch war die Zeit noch nicht reif, um durch Verstaatlichung den Erdölreichtum zugunsten der Förderländer und zulasten multinationaler Ölgesellschaften umzuverteilen. Schon gar nicht war die Sowjetunion bereit, ihre Ansprüche auf das Deutsche Eigentum in Österreich zu relativieren. Das Verstaatlichungsgesetz 1946[264]) erstreckte sich auf die gesamte Ölwirtschaft, also sowohl auf die westlichen Ölfirmen als auch auf die von der Sowjetunion als Deutsches Eigentum beschlagnahmten Firmen (die Liste der verstaatlichten

---

[260]) *Brunner* (1976, S. 16).
[261]) Antwort auf den Rückstellungsanspruch eines Emigranten. AdR: BMfVuW, Zl. 273.011_15/1946. In Gruppe 05/4, Karton Nr. 2/1946.
[262]) AdR: Interministerielle Aussprache über Erdölfragen am 11. 10. 1946. BMfVuW, Zl. 90.064_15/46. In Gruppe 05/4, Karton Nr. 9/1946.
[263]) AdR: BMfVuW, Gzl. 51.691_14/1946.
[264]) Bundesgesetz vom 26. 7. 1946 über die Verstaatlichung von Unternehmungen, BGBl. Nr. 168/46. Ausgegeben am 16. 9. 1946.

Unternehmungen enthielt 30 Ölfirmen, darunter 23 unter sowjetischer Verwaltung). Die Sowjetunion untersagte jedoch kurzerhand die Anwendung des Gesetzes in ihrer Zone. Die Westmächte akzeptierten zwar im Prinzip die Verstaatlichung, forderten jedoch, dass sie nicht das Eigentum, die Rechte und die Interessen von Bürgern der Vereinten Nationen schmälerte. Verstaatlichung (heimischer privater Firmen) ja, Nationalisierung (ausländischer Firmen) nein: Auf diese Kurzformel lässt sich die Haltung der Westmächte reduzieren[265]). Als Ausweg bot sich eine „Scheinverstaatlichung" der westlichen Ölfirmen an (darauf wird im nächsten Kapitel eingegangen).

Einige Zeit hoffte die Bundesregierung, dass sich die wirtschaftlichen Folgen der Eigentumsfrage bagatellisieren ließen. Sie wollte die Sowjetunion dazu bewegen, die von ihr beherrschte Mineralölwirtschaft den österreichischen Lenkungsbestimmungen (Preisregelung, Bewirtschaftung, Außenhandelskontrolle) und Steuergesetzen zu unterwerfen. Auch diese Bemühungen fruchteten nicht. Schon die Regierung Renner musste schmerzlich erfahren, dass sie nicht über das Erdöl disponieren konnte. Sie hatte am 17. 9. 1945, unmittelbar nach dem Scheitern des Joint Venture, mit der CSR ein Abkommen abgeschlossen, Erdöl gegen Koks zu tauschen, doch war die sowjetische Mineralölverwaltung nicht bereit, die hiefür erforderlichen Ölmengen bereitzustellen[266]). Andeutungen der sowjetischen Besatzungsmacht, dass sie unter Umständen bereit wäre, die österreichischen Gesetze zu respektieren, wurden zu optimistisch interpretiert[267]). Offenkundig unterschätzte man österreichischerseits die Folgen der Ablehnung der sowjetischen Vorschläge. In den strategischen Überlegungen der heimischen Bürokratie kam lange Zeit das „worstcase"-Szenario nicht vor, das Szenario nämlich, dass die Sowjetunion in Österreich einen exterritorialen Wirtschaftskörper mit dem Ziele errichtet, ein Maximum an „Reparationen aus laufender Produktion" herauszuholen[268]). Und als das Szenario Wirklichkeit wurde, verließ man sich auf die Hilfe des Westens, nicht ganz zu Unrecht, denn man hatte sich „Verdienste" im Kalten Krieg erworben.

Aus dieser Sicht ist auch das von Repräsentanten der Republik und – sich darauf stützend – von der einschlägigen Geschichtsforschung häufig angewandte Argument zu „hinterfragen", wonach eine gemischt österreichisch-sowjetische Gesellschaft Österreich von der Sowjetunion abhängig gemacht

---

[265]) *Langer* (1966, S. 57).
[266]) Österreich sollte 15.000 t Rohöl liefern und dafür 43.000 t Hüttenkoks erhalten. AdNB: Nr. 142/1945.
[267]) Schreiben des Handelsministers an das sowjetische Element vom 18. 6. 1946. AdR: BMfVuW, Gzl. 51.691_14/1946.
[268]) In einem Bericht über „Entwicklung und derzeitige Lage der Erdölgewinnung in Österreich vom 10. Jänner 1946" argumentierte die Oberste Bergbehörde, dass der SANAPHTA-Vertrag deshalb nicht akzeptiert werden konnte, weil die aus dem Erdöl zu erwartenden Staatseinnahmen für den Wiederaufbau verwendet werden müssten und nicht für die Gründung einer Aktiengesellschaft mit 50% Auslandsbeteiligung. AdR: BmfHuW. Zl. 700.035_OB/1946.

und in die Rolle eines Satellitenstaates gedrängt hätte[269]). Auf dieses Argument wurde bereits im Abschnitt „Das Deutsche Eigentum" eingegangen. Zwar galt es damals als ausgemacht, dass ausländisches Eigentum wirtschaftliche Abhängigkeiten mit politischen Konsequenzen schaffte. Konnte man jedoch annehmen, dass ein durch Vertrag und Gesetz gebändigtes Joint Venture mehr Abhängigkeit erzeugt hätte als eine exterritoriale sowjetische Enklave? Ganz abgesehen davon, dass eine gemischte Gesellschaft oder auch nur eine rein sowjetische, aber von Österreich anerkannte Gesellschaft dem österreichischen Fiskus beträchtliche Einnahmen verschafft hätte (siehe S. 447).

Auf diesen Fragenkomplex gibt es nur eine politische Antwort. Österreich konnte nicht eigenmächtig entscheiden, was es als Deutsches Eigentum in Ostösterreich anerkannte. Vielmehr mussten die westlichen Besatzungsmächte zustimmen. Wie eine solche politische Lösung beschaffen sein konnte, dokumentiert der „Cherrière-Plan".

Der Cherrière-Plan

Die im Laufe von 1946 angebahnten bilateralen Kontakte zwischen Österreich und der Sowjetunion wurden nicht weiter verfolgt. Die Amerikaner beabsichtigten über ihre Restitutionsansprüche direkt zu verhandeln und die Österreicher wollten ihnen nicht in die Quere kommen[270]). Zu diesen Verhandlungen kam es in der Austrian Treaty Commission (ATC), einem von Experten der vier Alliierten besetzten Gremium, das von der Außenministerkonferenz in Moskau im April 1947 primär zu dem Zweck eingesetzt worden war, die strittigen Probleme des Deutschen Eigentums zu studieren. Die Bedeutung der Erdölfrage war daran zu ermessen, dass sie als erstes Sachthema angesetzt wurde. Die ATC behandelte die Erdölfrage in 26 Sitzungen vom 17. 6. bis 21. 7. 1947. Dabei wurden viele, für die historische Forschung nützliche Informationen zutage gefördert. Die zum Teil heftigen Kontroversen zwischen den amerikanischen und den sowjetischen Experten ließen freilich erkennen, dass ein Konsens zu diesem Zeitpunkt außer Reichweite war.

Für die US-Delegation waren die Freischürfe des Jahres 1937 „valuable property rights", die den westlichen Gesellschaften von den Nationalsozialisten widerrechtlich entzogen worden waren:

> *„Foreign oil companies are today seeking the return of their oil rights in order to get forward with the exploration, drilling and production which they began in Austria."* (CFM/ATC, Nr. 38 vom 8. 7. 1947)

Selbst wenn, so argumentiere der amerikanische Delegierte, entgegen seiner Überzeugung das deutsche Bitumengesetz gültig wäre, könnte die Sowjetunion daraus keine Ansprüche ableiten, denn die deutschen Konzessionen begründeten – wie österreichische Rechtsgelehrte bereitwillig attestierten – keine

---

[269]) Siehe hiezu etwa *Schärf* (1955, S. 71): „... die Annahme des russischen Vorschlags ... (hätte) ... die Provisorische Regierung an Rußland gebunden und das östliche Österreich in den russischen Wirtschaftsbereich eingegliedert."
[270]) AdR: BMfVuW, Zl. 90.051_15/1946. In Gruppe 05/4, Karton Nr. 9/1946.

Eigentumsrechte, sondern nur Vertragsrechte und diese wären mit der Wiederherstellung des österreichischen Staates erloschen[271]).

Die Vertreter der Sowjetunion ließen sich nicht in das juristische Korsett „wohlerworbene private Eigentumsrechte laut österreichischem Berggesetz versus erloschene Vertragsrechte laut deutschem Bitumengesetz" zwängen. Sie wiesen darauf hin, dass die westlichen Ölgesellschaften Freischürfe für spekulative Zwecke gekauft hätten. Die österreichischen Ölvorkommen seien von österreichischen und deutschen Firmen entdeckt und von deutschen Firmen erschlossen worden. Auch die RAG hätte aus der deutschen Förderpolitik Nutzen gezogen. Im Übrigen schlug sie die bereits erwähnte Argumentationslinie ein (siehe S. 435).

Die ins Stocken geratenen Verhandlungen über den Staatsvertrag wurden durch den Cherrière-Plan wieder flott gemacht (siehe Abschnitt „Die Kosten der Freiheit"). Der Plan schränkte allerdings das Ablöseverfahren auf die USIA-Betriebe ein. Für die Ölwirtschaft schien dieser Weg (noch) nicht gangbar, denn sowohl die Anglo-Amerikaner als auch die Sowjetunion wollten sich nicht „auszahlen" lassen, sondern an der Entwicklung der österreichischen Ölwirtschaft „teilhaben". Der Cherrière-Plan sah dementsprechend vor, die Vermögen und die Rechte zwischen den Alliierten „brüderlich" zu teilen. Nach der präzisierten Fassung vom 27. 11. 1947 sollte die Sowjetunion die Hälfte der Grubenfelder (gemessen an der Förderung 1947) und ein Drittel der Hoffnungsgebiete sowie Raffinerien mit einer Kapazität von 250.000 bis 300.000 jato erhalten. Der Kompromissvorschlag lief in der Hauptsache darauf hinaus, dass die westlichen Firmen zusätzlich zu den unbestrittenen, weil noch nach dem alten österreichischen Berggesetz verliehenen Grubenfeldern Konzessionen für jene Felder bekamen, die sie 1940 (vor der Fallfrist des Bitumengesetzes) mit Freischürfen belegt hatten. Der Sowjetunion sollte das übrige Deutsche Eigentum in der österreichischen Erdölwirtschaft verbleiben, also insbesondere auch das Vermögen und die Rechte, die deutsche Firmen durch Kauf (von Firmen und Freischürfen) erworben hatten.

Die Sowjetunion akzeptierte zwar die Grundsätze des Cherrière-Plans, verlangte jedoch in ihrem Gegenvorschlag vom 24. 1. 1948 zwei Drittel der Grubenfelder und der Hoffnungsgebiete sowie eine Raffineriekapazität von 450.000 jato. Das entsprach annähernd ihrem bisherigen Besitzstand. In den folgenden eineinhalb Jahren wurde über Prozentsätze und Raffineriekapazitäten gestritten. Auf der Pariser Konferenz der Außenminister am 19. 6. 1949 kam eine prinzipielle Einigung auf der Basis des Cherrière-Plans zustande. Danach sollte die Sowjetunion je 60% der produzierenden Erdölfelder (gemessen an der Förderung 1947) und der Hoffnungsgebiete sowie eine Raffineriekapazität von 420.000 jato erhalten[272]). Dann dauerte es immer noch einige Monate, bis feststand, welche Gebiete und Firmen auf die vereinbarten Quoten anzurechnen waren. Strittig waren insbesondere die Hoffnungsgebiete, denn

---

[271]) Die Argumentation der Amerikaner wird ausführlich dargestellt in *Brunner* (1976, S. 86ff).
[272]) Einschlägige Akte hiezu finden sich in AdR: BMfaA, IIpol, Karton Nr. 118/1949.

die Sowjetunion beanspruchte die aussichtsreichsten. Die westlichen Alliierten wollten einen Teil der großen Konzession Niederdonau (175.000 ha), zu der u. a. das Feld Matzen gehörte. Im Falle der Raffinerien stimmten die Kapazitätsangaben nicht überein. Die Anglo-Amerikaner reklamierten die während der Annexion von den Österreichischen Mineralölwerken GmbH errichtete, aber dennoch von den Sowjets beanspruchte Raffinerie Lobau. Am 18. 11. 1949 einigten sich die westlichen Alliierten und die Sowjetunion über die noch offenen Details im Komplex des Deutschen Eigentums (den Artikel 35 des Staatsvertragsentwurfs). Die Vereinbarungen über die Mineralölwirtschaft wurden in vier Listen betreffend Produktionsgebiete, Hoffnungsgebiete, Raffinerien und Verteilerorganisationen festgehalten. Diese Listen wurden Bestandteil des Staatsvertrags 1955, obschon sie nach dem Moskauer Memorandum vom 15. 4. 1955 nicht mehr relevant waren[273]).

Festzuhalten ist: Im Cherrière-Plan kamen die österreichischen Interessen an der Ölwirtschaft nicht mehr vor (von der österreichischen Beteiligung an der EPG abgesehen). Der Westen und die Sowjetunion teilten sich die produzierenden Ölfelder, die Hoffnungsgebiete und die Raffinerien. Es war schon schwierig genug, einen Konsens zwischen den Alliierten zu finden, geschweige denn Österreich als „Dritten" in die Lösung einzubinden. Schlimmer noch: Zusätzlich verlangten die Westmächte, dass Österreich den westlichen Ölfirmen den Schaden ersetzte, den diese durch den von ihren Regierungen ausgehandelten Kompromiss erlitten. Damit trat ein, was die österreichische Politik seit den Verhandlungen um das SANAPHTA-Projekt zu vermeiden suchte: Die Differenzen zwischen den Alliierten wurden „auf dem Rücken Österreichs"[274]) ausgetragen. Zur Rechtfertigung dieses Begehrens diente bestenfalls, dass die westlichen Alliierten im Interesse Österreichs handelten, als sie in den strittigen Punkten des Art. 35 nachgaben (siehe S. 451).

Für Österreich hätte die Regelung vom November 1949 den Vorteil gehabt, dass es auf österreichischem Boden keine exterritorialen Unternehmungen mehr gegeben hätte. Die sowjetischen Betriebe der Mineralölwirtschaft hätten Steuern gezahlt und wären der heimischen Wirtschaftslenkung unterworfen worden. Eine Ausnahme bildete der Gewinntransfer. Die Sowjetunion behielt sich vor, einen den Gewinnen (nach Steuern) entsprechenden Teil der Produktion zu transferieren oder gegen harte Devisen zu verkaufen. Angesichts der 1949 noch herrschenden Devisenknappheit war das keine leicht zu nehmende Forderung. Ausländischen Firmen wurde dieses Recht damals nicht (oder bestenfalls für Neuinvestitionen) zugestanden. Man konnte auch einwenden, dass die privaten Eigentumsrechte, auf die sich die Sowjetunion berief, im Deutschen Reich stark beschnitten waren und keinesfalls die Ermächtigung umfassten, Erträge ins Ausland zu transferieren. Andererseits musste die Sow-

---

[273]) Siehe hiezu etwa den Abdruck des Staatsvertrags 1955 mit den die Ölwirtschaft betreffenden Listen 1 bis 4 in *Stourzh* (1998, S. 716-720).
[274]) Die gleiche Formulierung wie Staatskanzler Renner (siehe das Eingangszitat) verwendete Staatssekretär Raab im Kabinettsrat Nr. 29 am 5. 9. 1954.

jetunion auf den Gewinntransfer bestehen, wenn sie „Reparationen aus laufender Produktion" ziehen wollte.

Der Umfang des Gewinntransfers wäre jedoch dadurch beschnitten worden, dass die SMV Steuern zu zahlen hatte. Nach den (wahrscheinlich zu optimistischen) amerikanischen Schätzungen vom Herbst 1953 entfielen von den damaligen Bruttogewinnen von 25,6 Mio. $ fast drei Viertel auf entzogene Steuern. Selbst wenn die tatsächliche Steuerleistung nur die Hälfte der errechneten betragen hätte, wäre der Ressourcentransfer viel geringer gewesen als früher und der österreichische Staat hätte dringend benötigte Einnahmen erhalten[275].

Obschon der bisher eine Einigung verhindernde Stolperstein des Deutschen Eigentums beseitigt wurde, kam der Staatsvertrag 1949 nicht zustande[276]. Damit blieb hinsichtlich der Verfügungsmacht über die Ölwirtschaft alles beim Alten. Die Sowjetunion zog aus der Erschließung des mächtigen Matzener Feldes Nutzen (das ursprünglich von der RAG mit Freischürfen belegt worden war). Die Förderung im österreichischen Erdölgebiet stieg von 1,16 Mio. t 1949 auf 3,67 Mio. t 1955. Die Sowjetunion konnte steigende „Reparationen aus laufender Produktion" transferieren.

Übersicht 4.34: Vergleich Cherrière-Plan und russischen Gegenvorschlag für die Erdölwirtschaft (ursprüngliche Fassung)

	Frankreich	Sowjetunion
Grubenfelder	½	⅔
Hoffnungsgebiete	⅓	⅔
Konzessionsdauer	Branchenüblich	50 Jahre
Raffinerien	250.000 t bis 300.000 t	450.000 t
Ölverteilung	Gegenwärtiger Zustand	

Quelle: *Stourzh* (1998, S. 114-115).

Die Konzessionen an den Westen

Die Auseinandersetzungen um das österreichische Öl wurden hauptsächlich zwischen den westlichen Alliierten (die die Interessen ihrer Firmen vertraten) und der Sowjetunion geführt. Auf die Streitgespräche in der Austrian Treaty Commission und auf die zähen Verhandlungen über Prozentsätze, Erdölhoffnungsgebiete und Raffinerien im Gefolge des Cherrière-Plans wurde bereits hingewiesen. Nachzutragen sind noch die Konflikte zwischen österreichischen und westlichen Ölinteressen.

---

[275] Vienna Joint Embassy/Mission Despatch to Department of State Washington, vom 26. 9. 1953: Austria's Economic Position under Draft State Treaty (File aus US-Archiven).
[276] Siehe hiezu den Abschnitt „Kalter Krieg und Tauwetter" in *Stourzh* (1998, S. 173ff).

Die Anglo-Amerikaner wollten – wie schon mehrfach erwähnt – ihren Firmen möglichst wieder die dominierende Position in der österreichischen Ölwirtschaft verschaffen, die sie vor dem Krieg hatten. Dem standen zwei Umstände entgegen:
– die Verstaatlichung der Ölwirtschaft und
– die Ansprüche der Sowjetunion auf das Deutsche Eigentum in Ostösterreich.

Für die Verstaatlichung war die Republik Österreich unmittelbar verantwortlich. Im Falle des Deutschen Eigentums übernahm sie eine Art Ausfallhaftung für den Fall, dass die Westmächte ihre Forderungen an die Sowjetunion nicht voll durchsetzten und daher Rückstellungsansprüche von Bürgern der Vereinten Nationen (in der Hauptsache die westlichen Ölfirmen) nicht befriedigt wurden.

Die österreichische Bundesregierung verstaatlichte 1946 (1. Verstaatlichungsgesetz) die gesamte Erdölindustrie (den Verteilungsapparat ausgenommen), darunter auch die von der Sowjetunion nicht beschlagnahmten Firmen der Socony-Vacuum-Gruppe und der Shell-Gruppe sowie die inländischen Aktiven der Firma van Sickle. Die westlichen Hochkommissare legten dagegen im September 1946 im Schreiben an den Bundeskanzler Protest ein[277]. Die Verstaatlichung von Firmen, die ganz oder teilweise Bürgern ihrer Nationalität gehörten, könnte nur akzeptiert werden, wenn auch die Sowjetunion in ihrer Zone die Verstaatlichung zuließe (US-Votum), wenn eine befriedigende Entschädigung den Eigentümern gewährt würde (britisches Votum) und wenn der Alliierte Rat zustimmte (französisches Votum).

Die Bundesregierung wollte – schon um dem Vorwurf zu entgehen, sie begünstigte einseitig die Westmächte – die in Frage stehenden Firmen nicht sofort entstaatlichen. Stattdessen erklärte sie, einer britischen Anregung folgend, mit Schreiben vom 7. 9. 1946[278]), dass die Verstaatlichung von Unternehmungen, die Staatsbürgern der Vereinten Nationen gehörten, bis zur Klärung der Entschädigungsfragen nicht vollzogen würde. Damit ließ sich die Bundesregierung freilich Zeit. Sie konnte sich darauf berufen, dass viel davon abhing, wie die Frage des Deutschen Eigentums geregelt würde und daher zunächst die Besatzungsmächte am Zuge wären. Mit der Entscheidung der Bundesregierung „vorläufig nicht zu entscheiden", gaben sich die westlichen Besatzungsmächte vorerst zufrieden. Auch konnten auf diese Weise innenpolitische Konflikte auf Sparflamme gehalten werden. Die Sozialistische Partei hatte zu diesem Zeitpunkt die Verstaatlichung der Schlüsselindustrien auf ihre Fahne geschrieben. Es wäre ihr schwer gefallen, eine soeben verfügte Verstaatlichung der multinationalen Ölkonzerne rückgängig zu machen. Andererseits fehlten Österreich die Devisen, um eine Entschädigung in harter Währung

---

[277]) Schreiben der Hochkommissare der USA, Großbritanniens und Frankreichs an Bundeskanzler Figl im September 1946 betreffend die Verstaatlichung. AdR: BMfaA, Handakte Wildner, IIpol, Karton Nr. 123/1949.
[278]) Ministerratsbeschluss vom 7. 9. 1946; veröffentlicht am 13. 9. 1946 in der Wiener Zeitung. Zitiert u. a. in AdR: BMfVuW, Zl. 93.992_15/1946. In Gruppe 05/4, Karton Nr. 9/1946.

zu leisten. Und zumindest darauf hätten wohl die westlichen Alliierten bestanden.

Die Frage, Entschädigung oder Entstaatlichung der westlichen Erdölfirmen, wurde letztlich erst 1960 anlässlich des Vollzugs des Wiener Memorandums zugunsten der Entstaatlichung entschieden[279]). In der Zwischenzeit, d. h. eineinhalb Jahrzehnte, bestand eine Scheinlösung, manchmal auch De-jure-Verstaatlichung genannt. Die Verstaatlichung galt nur im Außenverhältnis, nicht aber im Innenverhältnis. Die westlichen Ölgesellschaften blieben zwar auf der Liste der verstaatlichten Unternehmungen und wurden bestimmten formalen Vorschriften unterworfen. So wurde etwa wie für andere verstaatlichte Ölfirmen auch für van Sickle zunächst eine Auffanggesellschaft mit einem Mädchennamen (im vorliegenden Fall „Frieda") gebildet. Tatsächlich konnten die westlichen Ölfirmen ihre Geschäftsführung und ihre Geschäftspolitik weitgehend selbst bestimmen. Sie wiesen später, anlässlich der Verhandlungen über ihre Entstaatlichung, darauf hin, dass sie ihre Investitionen aus Eigenmitteln (dem Cash-Flow und Zuschüssen des Konzerns) finanziert hatten.

Der Handlungsspielraum der westlichen Firmen wurde weniger von den österreichischen Behörden als vielmehr von der sowjetischen Besatzungsmacht eingeengt. Die Sowjets errichteten in ihrer Zone ein Transport- und Verteilungsmonopol, in das auch die Produkte (Rohöl und Derivate) der westlichen Firmen einbezogen wurden. Die SMV konnte auf diese Weise die Preise diktieren und den transferierbaren Betriebsüberschuss maximieren[280]). Das sowjetische Bewirtschaftungssystem des Erdölmarkts blieb bis zum Staatsvertrag in Kraft. Noch im Frühjahr 1955 beschwerte sich Bundeskanzler Raab beim sowjetischen Hochkommissar über die seiner Meinung nach ungesetzliche Form der Bewirtschaftung des Mineralölangebots westlicher Firmen[281]).

Die Bundesregierung konzedierte im September 1946 nur Entschädigung, aber nicht Entstaatlichung. (Allerdings sollen bereits damals in einem Schriftwechsel den westlichen Alliierten weitergehende Konzessionen gemacht worden sein[282]).) Fünf Jahre später, in der Verbalnote vom 31. 7. 1951[283]), versprach die Bundesregierung, „. . . den Interessen aller Angehörigen der Vereinten Nationen in der Erdölindustrie in Österreich, was die Nationalisierung anlangt, die Behandlung der meistbegünstigten Nation zu garantieren". Dieser Passus war in der Sprache der Diplomaten abgefasst. Auf „gut Deutsch" hieß er: Wenn die Sowjetunion die Verstaatlichung der österreichischen Erdölindustrie nicht akzeptiert, dann braucht das auch der Westen nicht zu tun. Die

---

[279]) Das 1. Verstaatlichungs-Entschädigungsgesetz vom 7. 7. 1954, BGBl. Nr. 189/1954 bezog sich ebenso wie das 2. Verstaatlichungs-Entschädigungsgesetz vom 18. 12. 1959, BGBl. Nr. 3/1960, nicht auf die pro forma verstaatlichten westlichen Ölfirmen.
[280]) Exposé van Sickle zur Erdölfrage. AdR: BMfAA, Zl. 88.260_pol/1959. In IIpol, Karton Nr. 118/1949.
[281]) Brief von Bundeskanzler Raab an den sowjetischen Hochkommissar vom 3. 3. 1955. AdR: BMfAA, Zl. 320.596_pol/1955. In IIpol, Karton Nr. 348/1955.
[282]) „Wiener Memorandum" aus dem Nachlass von L. Hintze.
[283]) AdR: BMfAA, Zl. 137.556_pol/1951 (im Wiener Memorandum vom 10. 5. 1955 zitierte Aktenzahl).

Entstaatlichung war nach Abschluss des Staatsvertrags vorgesehen. Da sich dieser verzögerte, drängten die britische und die amerikanische Botschaft mit Schreiben vom 25. 2. 1953[284]) nicht solange zu warten. Tatsächlich löste die Bundesregierung ihre Zusage erst 1960 ein, als nach jahrelangen Verhandlungen das Wiener Memorandum vollzogen wurde.

Neben der Entstaatlichung war die Entschädigung ein zentraler Verhandlungspunkt. Über die Restitution der Vermögen und Rechte der westlichen Ölfirmen verhandelten die Besatzungsmächte untereinander im Rahmen des Cherrière-Plans. Dabei stellte sich für die im Westen federführenden USA die Frage, wieweit sie den Forderungen der Sowjetunion nachgeben sollten. Den Abschluss des Staatsvertrags daran scheitern zu lassen, dass die Ansprüche der westlichen Ölgesellschaften nicht voll befriedigt würden, könnte die österreichische Bevölkerung nicht verstehen, gab der österreichische Außenminister in einem Brief an seinen amerikanischen Kollegen zu bedenken[285]). Daraus entstand folgender „implizite Kontrakt": Die Amerikaner akzeptierten im Interesse eines baldigen Vertragsabschlusses die sowjetischen Forderungen, insbesondere die Aufteilung der Hoffnungsgebiete. Die Liste 2 des Art. 35 des Entwurfs zum Staatsvertrag mit den dort angeführten 26 Konzessionen auf einer Fläche von 766.340 ha entsprach dem sowjetischen Vorschlag. Auch in der Raffineriefrage gaben die Amerikaner nach.

Im Gegenzug erklärte sich Österreich bereit, für noch offene Wiedergutmachungsansprüche des Westens geradezustehen. Die Bundesregierung versicherte in der Erklärung vom 21. 9. 1949, dass sie die Rechte von Bürgern der Vereinten Nationen achten würde. In der darauf folgenden Verbalnote vom 29. 11. 1949[286]) versprach sie, Angehörige der Vereinten Nationen „prompt, angemessen und effektiv" für Verluste zu entschädigen, die aus Vermögensübertragungen an die Sowjetunion erwuchsen. Da die Sowjetunion nicht bereit war, eine solche Verpflichtung im Staatsvertrag zu verankern, sollte sie in einem Ergänzungsprotokoll festgehalten werden. Damit war der Weg für das Wiener Memorandum vom 10. 5. 1955 vorgezeichnet.

Die Verbalnote vom September 1949 wurde am 31. 7. 1951 durch die bereits erwähnte zweite Verbalnote präzisiert. Darin wurde in Punkt 1 klar gestellt, dass es sich bei der Entschädigung von Angehörigen der Vereinten Nationen hauptsächlich um die Erdölindustrie handelte und dass es dieser vor allem darauf ankäme, sich im österreichischen Ölgeschäft zu betätigen[287]). Österreich verpflichtete sich, „sofortige Maßnahmen zu ergreifen, um die oben genannten Interessen und ihre Beteiligung an der Entwicklung der Erdölindustrie in Österreich wieder herzustellen und ihnen zu diesem Behufe alle notwendigen Erleichterungen zu sichern".

---

[284]) AdR: Ministerrat Figl 3, Nr. 326 vom 3. 3. 1953.
[285]) Brief von Außenminister Gruber an State Secretary Dean Acheson vom 30. 9. 1949 (ohne Aktenzahl). AdR: BMfaA, Handakte Wildner, IIpol, Karton Nr. 123/1949.
[286]) AdR: BMfaA, Zl. 89.095_pol/1949 (im Wiener Memorandum vom 10. 5. 1955 zitierte Aktenzahl).
[287]) Die Verbalnote wurde im Ministerratsantrag des Außenministeriums begründet und erklärt. AdR: Ministerrat Figl 2, Nr. 255a vom 13. 7. 1951.

An den österreichischen Erklärungen und Verbalnoten der Jahre 1949 und 1951 wurde in der Folgezeit wiederholt „gefeilt"[288]). Anfang 1954 beschäftigte sich damit eine zwecks Vorbereitung der Berliner Konferenz der Außenminister gebildete Arbeitsgruppe aus Vertretern der westlichen Besatzungsmächte und österreichische Experten. Die Anglo-Amerikaner schlugen darin u. a. vor, die Entschädigungen auf alle Unternehmungen auszuweiten, die während des Kriegs als „Feindvermögen" galten[289]).

Aufgrund der Erklärungen und der Verbalnoten der Bundesregierung aus den Jahren 1949 und 1951 wandten sich die westlichen Ölfirmen Anfang 1952 an die zuständigen Ministerien mit dem Ziel, die auf diplomatischer Ebene getroffenen Zusagen zu konkretisieren[290]). Eine (möglicherweise die erste) Besprechung mit dem Handelsminister fand am 5. 4. 1952 statt[291]). Obschon die der ÖVP angehörenden Minister und die ihnen unterstehenden Beamten den multinationalen Ölkonzernen wohlwollend gegenüber standen, wurden die beiden Hauptanliegen, die Entstaatlichung der Ölfirmen und ihre Ersatzforderungen, in Schwebe gelassen (darüber kann erst nach Abschluss des Staatsvertrags diskutiert werden, wurde den westlichen Ölkonzernen beschieden).

Einige Fortschritte gab es hinsichtlich der Exploration erdölhöffiger Gebiete außerhalb der sowjetischen Besatzungszone. Die RAG hatte schon 1948 von der geologischen Bundesanstalt den Auftrag erhalten, erdölhöffige Gebiete in Oberösterreich und in der Steiermark zu untersuchen[292]). Sie besorgte zunächst auf eigene Kosten die Kartierung der Gebiete, unternahm Strukturbohrungen und seismografische Untersuchungen, drängte aber darauf, dass die Bundesregierung eine formelle Konzession zur Aufsuchung und Gewinnung von Bitumen erteilte. Entsprechende Zusicherungen des Außenministers[293]) (1948) und des Handelsministers[294]) (1951) lagen vor. Nunmehr wurde entschieden, die Konzessionsvergabe vorzubereiten[295]). Es dauerte aber immerhin noch drei Jahre, bis ein akkordierter Entwurf vorlag. Der aufgrund des Bitumengesetzes konzipierte Vertrag wurde erst nach der Einigung mit der Sowjetunion und dem darauf basierenden Moskauer Memorandum vom 15. 4. 1955 unterzeichnet[296]). Das Aufsuchungsgebiet umfasste eine Fläche von über 5.000 km², mehr als die RAG 1937 mit Freischürfen belegt hatte.

---

[288]) Siehe hiezu etwa die Stellungnahme des Finanzministeriums vom 16. 1. 1952. AdR: BMfF, Zl. 204.312_35/1951.
[289]) Austro-Tripartite Working Group on Articles 35 and 42 of State Treaty. Annex C.
[290]) Hiezu finden sich einige informative Akten unter AdR: BMfaA, Zl. 150.487_pol/1952. In IIpol, Karton Nr. 217/1952.
[291]) Minutes of Discussion (ohne Aktenzahl). AdR: IIpol, Karton Nr. 127/1952.
[292]) Aide-mémoire vom 16. 4. 1952. AdR: Beilage zu BMfaA, Zl. 150.487_pol/1952, IIpol, Karton Nr. 217/1952.
[293]) BMfaA, Zl. 107.175_pol/1948. Zitiert in AdR: BMfaA, Zl. 141.589_6VR/1952. In IIpol, Karton Nr. 217/1952.
[294]) AdR: BmfHuW, Zl. 189.638_OB/1950. In IIpol, Karton Nr. 217/1952.
[295]) AdR: BMfaA, Zl. 153.838_pol/1952. In IIpol, Karton Nr. 217/1952.
[296]) Der Vertrag wurde mit der RAG am 29. 4. 1955 abgeschlossen. AdR: BMfaA, Zl. 322.053_pol/1955. Der Vertragsentwurf ist enthalten in Zl. 320.702_pol/1955. Beide Akte in IIpol, Karton Nr. 348/1955.

Die Betreuung westlicher Ölfirmen mit der Exploration erdölhöffiger Gebiete außerhalb der sowjetischen Besatzungszone wurde ursprünglich damit begründet, dass es aus österreichischer Sicht wünschenswert wäre, ein Gegengewicht gegen die SMV zu schaffen. (Und dass die multinationalen Ölkonzerne am ehesten imstande wären, das Kapital für ein so riskantes Unternehmen bereitzustellen.) Es lag jedoch nahe, die Konzessionen auch als Naturalersatz für die im Wiener Becken verlorenen Schurfrechte zu interpretieren. In diesem Sinne schrieb etwa der Finanzminister an den Außenminister[297]). (Dass die Ölsuche in diesen Konzessionsgebieten letztlich nicht sehr erfolgreich war, gehört zu den Risiken der Exploration.) In den Gesprächen von 1952 wollten jedoch die westlichen Ölfirmen neue Konzessionen im Westen <u>und</u> Schadenersatz für die verlorenen Freischürfe im Osten (Osten und Westen als sozioökonomische Kategorien verstanden).

Übersicht 4.35: Schätzung des Verlustes der westlichen Ölkonzerne

De Facto Losses		Mio.$
	1) R.A.G.	
Bitumen Rights		40,680
Irrecoverable Debts		0,090
		40,770
	2) O.M.G.	
Fixed Assets seized		
Lobau Refinery	1,822	
Pipe Line	1,623	3,445
Petroleum Products, storehouse material and cash on hand seized		0,133
Unpaid Debt owing from Soviet Mineral Oil Administration		0,747
		4,325
Grand Total		45,095

Quelle: De Facto Losses resulting from Art. 35 and Art. 42 of the Austrian State Treaty Draft. (Estimate as of December 1949). Beilage zum Brief von Wallace G. Corwin an Außenminister Gruber vom 17. 4. 1952. – In AdR: BMfaA, Zl. 150.487_pol/1952.

Obschon die Entschädigungsfrage noch nicht zur Diskussion stand, wurden in den Verhandlungen in der ersten Hälfte 1952 erstmals Zahlen über die Höhe der Ansprüche bekannt. Die westlichen Ölfirmen (Socony-Vacuum-Gruppe und Shell-Gruppe) schätzten Ende 1949 die Verluste, die sie dadurch erlitten, dass ihnen der Art. 35 des Entwurfs zum Staatsvertrag (die Kompromisslösung des Cherrière-Plans) Vermögen und Interessen entzog, auf 45 Mio. $ (siehe Übersicht 4.35). Davon entfielen über 40 Mio. $ auf die durch

---

[297]) Kamitz mit Schreiben vom 27. 4. 1955 an Figl. AdR: BMfaA, Zl. 322.247_pol/1955. In IIpol, Karton Nr. 348/1955. Schon Außenminister Gruber hatte in einem nicht veröffentlichten Schreiben, in dem er die Ersatzansprüche der westlichen Ölfirmen anerkannte, die Anrechnung der neuen Konzessionen verlangt („Wiener Memorandum" aus dem Nachlass L. Hintze).

das Bitumengesetz verlorenen Freischürfe. Diese Forderung wurde 1952 auf 90 Mio. $[298]) erhöht, nachdem mehr Öl gefunden wurde, als in der Schätzung von 1949 angenommen worden war. Die Ölfirmen bezeichneten die Schätzung als „konservativ".

Die Berechnungsmethode wurde in der zitierten Quelle nicht angegeben. Die Schätzung lässt sich jedoch auf ein einfaches Grundmuster reduzieren. Wie in anderen Rückstellungsfällen auch, wurden knapp vor oder während der deutschen Annexion Vermögen und Rechte auf rechtlich anfechtbare Weise zu Preisen übertragen, die um ein Vielfaches unter dem späteren Wert lagen. Daraus entstand die brisante, und oft nur durch Billigkeitserwägungen, Kompromisse oder politische Diktate entscheidbare Frage, wem die „windfall profits" zufallen sollten. Das Besondere am Fall Erdöl lag daran, dass der Streitwert sehr hoch war, und dass die Republik Österreich als präsumtiver Erwerber für ein und dieselbe Sache zweimal zahlen sollte, einmal an die Sowjetunion und zum anderen an die westlichen Ölfirmen.

Abbildung 4.4: Internationale Ölfirmen[1]) in Österreich 1938

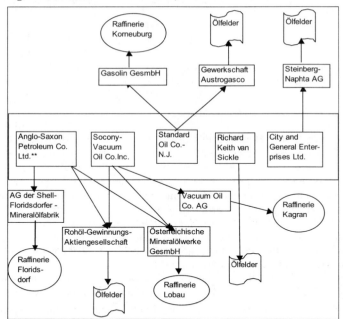

[1]) Direkte und indirekte Beteiligung der westlichen Ölkonzerne; die ÖMW wurden erst nach der deutschen Besetzung gegründet. – ** Auch Royal Dutch Shell genannt.

---

[298]) *Rathkolb* (1997, S. 244, 246 und 256) zitiert Quellen wonach die westlichen Ölfirmen Entschädigungen von 70 bis 90 Mio. $ verlangten.

4.2.3 Die Ölwirtschaft nach dem Staatsvertrag

Das Wiener Memorandum

Es gehörte zu den diplomatischen und völkerrechtlichen Feinheiten des Staatsvertrags 1955, dass die Fragen der Ölwirtschaft durch Sondervereinbarungen gelöst wurden, die nicht im Vertragstext selbst enthalten waren. Das Moskauer Memorandum vom 15. 4. 1955 regelte die Ansprüche der Sowjetunion, das Wiener Memorandum vom 10. 5. 1955 jene der Westmächte. Über die Ablöse der sowjetischen Ansprüche durch Öllieferungen gemäß dem Moskauer Memorandum wird im Abschnitt „Die Kosten der Freiheit" ausführlich berichtet.

Das Wiener Memorandum vom 10. 5. 1955 war – so lässt sich zusammenfassend feststellen – durch Verhandlungen und österreichische Zugeständnisse über eine Reihe von Jahren vorgezeichnet. Es scheint freilich, dass die österreichische Politik dieses Problem – wie andere schwer lösbare auch – als nicht vordringlich verdrängt hatte. Während über Höhe der Leistungen an die Sowjetunion immer wieder diskutiert wurde, blieb die Frage einer angemessenen Entschädigung für den Verlust der westlichen Ölinteressen ebenso offen wie die Bewertung der Konzessionen in Westösterreich.

Das Wiener Memorandum vom 10. 5. 1955 konkretisierte die beiden bereits in den erwähnten Verbalnoten behandelten Themen: die Aufhebung der Scheinverstaatlichung westlicher Ölfirmen und die Restitution der den westlichen Ölfirmen entzogenen Vermögen, Rechte und Interessen. Die Konkretisierung der Vereinbarungen musste den neuen Bedingungen angepasst werden.

Die in Art. 35 des Entwurfs 1949 des Staatsvertrags vorgesehene Aufteilung der Ölwirtschaft im Verhältnis 60 : 40 war nicht zustande gekommen. Die Sowjetunion hatte ihre Herrschaft über die österreichische Ölwirtschaft weitere sechs Jahre ausgeübt. Der Staatsvertrag 1955 übertrug die von ihr beschlagnahmten Vermögen und Rechte gegen Ablöse an die Republik Österreich, blockierte aber eine eventuelle Rückstellung der in den Listen 1 und 2 aufgezählten Förder- und Explorationsgebiete an die westlichen Ölfirmen durch ein „Entfremdungsverbot". Das Verbot galt nicht für die in den Listen 3 und 4 aufgezählten Raffinerien und Verteileranlagen. (Diese Konzession machte die Sowjetunion angeblich, nachdem die USA zugesagt hatten, dass die zum Deutschen Eigentum zählenden Unternehmungen in Westösterreich nicht an Deutschland übergeben werden durften[299].)

Außerdem war zu berücksichtigen, dass sich die Situation in der österreichischen Ölwirtschaft gewandelt hatte. Neue ergiebige Ölfunde standen nicht in Aussicht. Da gleichzeitig der Verbrauch von Mineralölprodukten sprunghaft zunahm (Motorisierung, Ersatz von Kohle durch Heizöl), verschob sich das wirtschaftliche Schwergewicht von der Förderung zur Verarbeitung und vor allem zur Verteilung (Tankstellen-Boom).

Das Wiener Memorandum zählte in Teil I auf, was die Westmächte alles für Österreich getan hätten, gleichsam als Begründung dafür, dass sie von Ös-

---
[299] *Stourzh* (1998, S. 512).

terreich Entgegenkommen in der Erdölfrage erwarten konnten. Im Teil II wurde konkret geregelt, welche Ölfirmen entstaatlicht werden und welche bisher von der Sowjetunion beanspruchten Firmen oder Firmenanteile den ursprünglichen Eigentümern zurückgegeben werden. Die Entschädigung für die verlorenen Freischürfe (Punkt II/6 des Wiener Memorandums) der westlichen Ölgesellschaften blieb künftigen Verhandlungen vorbehalten. Innerhalb von 23 Monaten sollte das Gesamtpaket realisiert werden.

Die Erfüllung des Wiener Memorandums und die Eingliederung der mit dem Staatsvertrag übernommenen Ölwerte in die österreichische Wirtschaft fallen außerhalb des hier gesteckten Zeitrahmens. Ein kurzer Ausblick, der sich hauptsächlich auf Sekundärliteratur[300]) stützt, soll jedoch verdeutlichen, dass die österreichische Ölwirtschaft „noch nicht zur Ruhe kam". Die internationale Diplomatie und innenpolitische Auseinandersetzungen bestimmten weiterhin ihr Schicksal.

Die im Wiener Memorandum vorgesehene Frist von 23 Monaten wurde bei weitem nicht eingehalten. Die langwierigen Verhandlungen zwischen der US-Regierung und den westlichen Ölfirmen einerseits und der Republik Österreich andererseits beschrieb ausführlich O. Rathkolb[301]) anhand amerikanischer Akte. Die US-Diplomatie nahm bis zu einem gewissen Grad auf die innenpolitische Situation in Österreich Rücksicht. Bevorstehende Wahlen oder US-Reisen von Spitzenpolitikern wurden als Verzögerungsgrund akzeptiert. Man kannte die Neigung der großen Koalition, unangenehme Themen aufzuschieben. Als jedoch die gesetzte Frist verstrich, verschärften die Anglo-Amerikaner ihre Gangart. U. a. hielten die USA mit Freigaben aus dem Counterpart-Fonds zurück. O. Rathkolb[302]) machte dafür auch den Umstand verantwortlich, dass das neutrale Österreich in wichtigen weltpolitischen Fragen nicht der von den USA vorgegebenen Linie folgte – ein markantes Beispiel für die Verquickung von Geschäft und Politik.

Als kritischer Punkt erwies sich erwartungsgemäß die Entschädigung der westlichen Firmen für die verlorenen Freischürfe. Der Ministerrat diskutierte am 3. 2. 1959 verschiedene Varianten wie die Beteiligung an der Raffinerie Schwechat, die Bildung eines Ölpools und nicht zuletzt Entschädigungen in Form einer Barzahlung. Der bereits 1952 von den Ölfirmen genannte Wert von 70 bis 90 Mio. $ war für die österreichische Bundesregierung unannehmbar.

Erst im Juni 1960 kam es zu einer Vereinbarung mit folgenden Hauptpunkten:
– Die vom 1. Verstaatlichungsgesetz erfassten Firmen: RAG, Vacuum Oil Company AG, AG der Shell Floridsdorfer Mineralöl-Fabrik und das Tiefbohrunternehmen Richard K. van Sickle wurden den Vorbesitzern zurückgegeben. Dadurch wurde ein, allerdings nicht mehr sehr bedeutender, Teil der Ölförderung sowie die Raffinerien Floridsdorf, Kagran und Lobau reprivatisiert. Die französische SFICP (Société francaise industrielle

---

[300]) Insbesondere *Langer* (1966), *Rathkolb* (1998) und *Rambousek* (1977).
[301]) *Rathkolb* (1997, insbesondere Abschnitt „Die Öllobby", S. 232ff).
[302]) *Rathkolb* (1997, S. 257).

et commerciale de pétrole), die früher an der Raffinerie Nova in Schwechat partizipiert hatte, erhielt eine Barentschädigung.
- Österreich zahlte an die westlichen Ölfirmen eine Entschädigung von 400 Mio. S oder 16 Mio. $. Davon erhielt 13,7 Mio. $ die RAG für die 1940 verlorenen Freischürfe (neben den bereits erwähnten Konzessionen in Westösterreich). Die Entschädigung fiel somit weit geringer aus, als die Ölfirmen begehrt (und österreichische Politiker befürchtet) hatten.
- Zur Koordination der Rohölverarbeitung wurde die Österreichische Rohöl-Verwertungs-GmbH (ÖRG) gegründet, wovon 74% auf die Österreichische Mineralölverwaltungs AG (ÖMV) und je 13% auf die Shell Austria AG und die Mobil Oil Austria AG entfielen.

Das Öl und die Innenpolitik

Zu den Auseinandersetzungen mit den Anglo-Amerikanern kam der innenpolitische Streit zwischen den Regierungsparteien. Die heimische Wirtschaftspolitik ging mit dem neu gewonnenen Ölschatz zunächst nicht sehr glücklich um. Von den Öleinkünften wurden sogleich 300 Mio. S für Milchsubventionen abgezweigt. Dann begannen die Koalitionspartner darüber zu streiten, ob der „Machtzuwachs" ausschließlich dem für die verstaatlichte Wirtschaft zuständigen „Königreich Waldbrunner" zufallen oder eine andere Konstruktion gefunden werden sollte, in der die ÖVP ein stärkeres Mitspracherecht hätte. Da man nicht einig wurde, ergab sich folgende Pattstellung: Die verstaatlichte ÖMV wurde Eigentümer der von der Sowjetunion übergebenen Ölfelder und Raffinerien. Die Konzession zum Aufsuchen und zur Förderung von Bitumen vergab jedoch der der ÖVP angehörende Handelsminister am 1. 11. 1955 an die niederösterreichische Gesellschaft NIOGAS. Die eine Gesellschaft verfügte über die Ölfelder und die Anlagen, hatte aber keine Konzession. Die andere hatte die Konzession, verfügte aber über keine Ölfelder und Anlagen. Nach eineinhalbjähriger Auseinandersetzung erwarb die ÖMV die Konzessionen von der NIOGAS. Als Gegenleistung wurden Barzahlungen und Gaslieferungen zum halben Preis mit einem Gesamtwert von 660 Mio. S vereinbart[303]).

Damit konnte die ÖMV zwar Erdöl fördern und verarbeiten, verfügte aber über keinen Verteilungsapparat. Die dem Finanzministerium unterstellte, weil nicht verstaatlichte ÖROP hatte das Tankstellennetz der sowjetischen OROP übernommen, verzichtete aber auf größere Investitionen. Bis Mitte der sechziger Jahre errichtete sie nur zehn neue Tankstellen[304]). Im Gegensatz hiezu hatten die internationalen Ölfirmen schon frühzeitig die Marktchancen erkannt, die die stürmische Motorisierung bot[305]). Sie investierten ihre Mittel in den Verteilungsapparat und konnten sich so eine marktbeherrschende Stellung si-

---

[303]) *Rambousek* (1977, S. 52/53), ebenso *Langer* (1966, S. 175).
[304]) *Rambousek* (1977, S. 145ff).
[305]) *Rathkolb* (1997, S. 252) zitiert eine Stellungnahme der Socony Vacuum aus dem Jahr 1958: „Companies real interest is in marketing and not in refining or even in producing".

chern, auch in Ostösterreich, wo die OROP während der Besetzung ein Monopol hatte. In den Vertragsverhandlungen über die Adria-Wien-Pipeline spielten die westlichen Ölgesellschaften ihren Trumpf aus: Wer über den Verteilungsapparat verfügt, kann auch bestimmen, woher das Öl kommt und wo es verarbeitet wird. Es bedurfte schwieriger Verhandlungen, um die Beschäftigung der Großraffinerie zu sichern, deren Bau von der ÖMV in Schwechat 1958 begonnen worden war. (Für diese Verhandlungen erstellte das WIFO ein Gutachten, an dem der Autor mitarbeitete.)

4.3 Die Kosten der Freiheit

4.3.1 Der Staatsvertrag

Prolog: Der Cherrière- Plan

Am 8. 10. 1947 präsentierte Frankreich[306]) einen Vorschlag, Cherrière-Plan[307]) genannt, um die stockenden Verhandlungen über den österreichischen Staatsvertrag wieder flott zu machen. Ihm lag ein einfacher Gedanke zugrunde. Statt darüber zu streiten, was im Einzelnen als Deutsches Eigentum zu gelten hätte, sollte die Sowjetunion das von ihr beschlagnahmte Vermögen gegen eine in Dollar ausgedrückte Ablösesumme an Österreich übergeben. Über Zahlen könnte man sich leichter einigen als über Definitionen[308]). Abgelöst sollten allerdings nur die USIA-Betriebe werden. Der Erdölkomplex sollte zwischen der Sowjetunion und den westlichen Ölfirmen aufgeteilt, die DDSG zu einem bestimmten Prozentsatz der Sowjetunion überlassen werden.

Zur Erinnerung, was bisher geschah: Der Vorschlag der Sowjetunion vom Herbst 1945, eine gemischt sowjetisch-österreichische Mineralöl-Gesellschaft zu gründen, wurde von Österreich vorwiegend aus politischen Gründen abgelehnt (zur ökonomischen Problematik siehe den Abschnitt „Der Kampf ums Öl"). Die Sowjetunion führte daraufhin den von ihr als Deutsches Eigentum beschlagnahmten Teil der Erdölwirtschaft allein. Im Laufe von 1946 übernahm sie die DDSG und das sonstige in der USIA zusammengefasste Deutsche Eigentum in ihrer Zone. Die Bundesregierung weigerte sich, die Ansprüche der Sowjetunion anzuerkennen. Die Sowjetunion führte die von ihr übernommenen Betriebe exterritorial; sie zahlte keine Ertragssteuern und akzeptierte nicht (oder nur fallweise) die österreichischen Lenkungsgesetze. Als Begründung oder Vorwand diente die Nicht-Anerkennung. Gegen Ende 1946 versuchte die

---

[306]) Der Vorschlag stammte angeblich von einem amerikanischen Verhandlungsteilnehmer. Es schien Erfolg versprechender, wenn er von französischer Seite ventiliert würde.
[307]) Der Cherrière-Plan, seine Konkretisierung und der sowjetische Gegenvorschlag sind im Dokument der Sonderbeauftragten an den Rat der Außenminister CFM/47/L/15 enthalten. Eine Ablichtung findet sich in AdR: BMfaA, IIpol, Karton Nr. 43/1948.
[308]) *Stourzh* (1998, S. 113). Das gilt freilich nur bei unvollständigen Informationen. Kann man unterschiedlichen Definitionen quantitative Auswirkungen zuordnen, so sind beide Ansätze äquivalent.

Bundesregierung, mit der Sowjetunion wieder ins Gespräch zu kommen. Der Ministerrat genehmigte am 17. 12. 1946 zwei Vertragsentwürfe[309]). Der eine sah vor, dass die Sowjetunion die Anlagen der Erdölindustrie und die Schurfrechte gegen eine noch auszuhandelnde Abschlagszahlung Österreich übergibt. Nach dem zweiten Entwurf sollten die übrigen Unternehmungen, die schon zum Zeitpunkt der Annexion deutsch waren, an die Sowjetunion übergeben werden, mit einer Option, diese Unternehmungen später von der Sowjetunion zurückzukaufen. Auf das übrige Deutsche Eigentum in ihrer Zone sollte die Sowjetunion verzichten. Diese Verhandlungen blieben ergebnislos. Nun ergriffen die westlichen Alliierten, die nicht gern sahen, dass die Österreicher allein verhandelten, die Initiative. In der Austrian Treaty Commission (ATC) berieten die vier Besatzungsmächte 1947 in 85 Sitzungen ergebnislos über das Deutsche Eigentum in Österreich.

Der Grundgedanke des Cherrière-Plans war nicht neu (*Stourzh,* 1998, S. 97/98). Das Instrument der Ablöse wurde schon in den bilateralen Verhandlungen zwischen Österreich und der Sowjetunion über das Deutsche Eigentum im Jahr 1946 vorgeschlagen[310]). Dennoch enthielt der Cherrière-Plan und der auf ihn aufbauende Artikel 35 des Entwurfs zum Staatsvertrag wichtige zukunftsweisende Elemente:

— Die Bundesregierung hatte ihre Position, was 1937 österreichisch war, müsste österreichisch bleiben, aufgegeben. Um den Staatsvertrag zu erreichen, anerkannte sie nunmehr das Recht der vier Großmächte „über alle deutschen Vermögenswerte in Österreich gemäß den Bestimmungen des Berliner Protokolls vom 2. 8. 1945" zu verfügen (§ 35 des Entwurfs zum Staatsvertrag).
— Die schon 1948 bekundete Bereitschaft der Sowjetunion, die USIA-Betriebe Österreich gegen eine Ablöse zu übergeben, ließ neben anderen Indizien erkennen, dass die Sowjetunion an Gütern und nicht am Aufbau einer strategischen Position interessiert war.
— Die der Sowjetunion zugesprochenen Teile der Erdölwirtschaft sollten den österreichischen Gesetzen unterliegen. Damit akzeptierten die westlichen Alliierten die legale Existenz sowjetischer Unternehmungen in Österreich. Die aus Gründen der ökonomischen Zweckmäßigkeit getroffene Entscheidung durfte von nun an nicht so interpretiert werden, als ob Österreich deshalb in den Sog der kommunistischen Länder Osteuropas geriete.
— In den Verhandlungen über eine gemischt österreichisch-sowjetische Gesellschaft im Herbst 1945 war Österreich eine Beteiligung zumindest angeboten worden, wenngleich unter Bedingungen, die Österreich nicht akzeptieren konnte. Im Cherrière-Plan standen österreichische Interessen nicht mehr zur Diskussion. Die Erdölwirtschaft auf österreichischem Boden wurde zwischen den westlichen Ölfirmen und der Sowjetunion aufge-

---

[309]) AdR: Ministerrat Figl 1, Nr. 50 vom 17. 12. 1946.
[310]) Staatssekretär Kreisky (*Brunner,* 1976, S. 91/92) erinnerte 1956 daran, dass Bundespräsident Renner 1947 Ähnliches vorgeschlagen hatte.

teilt. Schlimmer noch: Die Ansprüche der Sowjetunion und der westlichen Ölfirmen vertrugen sich nicht. Die Bundesregierung musste schon 1949 zusagen, die westlichen Erdölfirmen zu entstaatlichen und sie für den Entzug ihrer Schürfrechte aufgrund des deutschen Bitumengesetzes zu entschädigen (Vorwegnahme des Wiener Memorandums von 1955).

– Als die Sowjetunion dem Cherrière-Plan dem Grund nach zustimmte, forderte sie für die Ablöse des USIA-Komplexes 200 Mio. $, zahlbar in zwei Jahren in konvertibler Währung. Das hätte Österreich aus eigener Kraft nicht leisten können. Die letztlich vereinbarten Ablöselieferungen von 150 Mio. $ über einen Zeitraum von sechs Jahren boten einen praktikablen Weg, die Ansprüche der Sowjetunion zu befriedigen. Die österreichischen Vorstellungen Ende 1946 über die Finanzierung von Ablösen waren noch unausgegoren. Vorschläge, eine internationale Anleihe aufzunehmen, und den Schuldendienst nötigenfalls durch Verpfändung von Staatseinnahmen zu sichern, hatten sich noch an den Verhältnissen nach dem Ersten Weltkrieg orientiert. Nach dem Zweiten Weltkrieg war jedoch Österreich nicht kreditwürdig und von den potentiellen Kreditgebern verfügte nur die USA[311]) über eine konvertible Währung. (Der Versuch, mit Hilfe einer großen Dollaranleihe das britische Pfund konvertibel zu machen, scheiterte 1946 nach kurzer Zeit.)

Der Vorschlag von General Cherrière kam offensichtlich zum richtigen Zeitpunkt, denn er wurde von den Westmächten und von der Sowjetunion nach einigem Zögern als Verhandlungsgrundlage angenommen. Die Sowjetunion erklärte sich am 24. 1. 1948 im Prinzip mit dem Cherrière-Plan einverstanden, wenngleich sie viel höhere Anteile und Ablösebeträge forderte, als ihr die westlichen Alliierten zugestehen wollten. In der Folgezeit begann ein Tauziehen um Prozentsätze, Ablösesummen und Vertragsmodalitäten. Die amerikanischen Verhandler befürchteten, dass die USA einspringen müssten, wenn Dollarzahlung statt Warenlieferungen vereinbart würde. Dazu wäre ein nicht leicht erreichbarer Kongressbeschluss nötig gewesen. Auch könnte der Eindruck entstehen, dass die ERP-Hilfe de facto dazu verwendet wurde, um Reparationen in Dollar an die Sowjetunion zu bezahlen[312]).

Die mit den Verhandlungen über den österreichischen Staatsvertrag betrauten Gremien konnten sich mit der Regelung des Deutschen Eigentums Zeit lassen, denn der kritische Pfad führte über die Gebietsansprüche Jugoslawiens. Erst als diese von der Sowjetunion nicht mehr unterstützt wurden, rückten die in Artikel 35 des Entwurfs zum Staatsvertrag enthaltenen Bestimmungen über das Deutsche Eigentum in den Mittelpunkt. Am 19. 6. 1949, also eineinhalb Jahre später, konnten sich die Außenminister auf die Vertragsbedingungen einigen. Danach wurden der Sowjetunion 150 Mio. $ als Ablöse für

---

[311]) Die Anleihe der amerikanischen Export-Import-Bank von 11 Mio. $, die Österreich noch vor Anlaufen der amerikanischen Hilfslieferungen erhielt, fiel viel geringer aus als beantragt, und sie wurde nur aus politischen Gründen gewährt. Der amerikanische Kapitalmarkt hätte wahrscheinlich nur dann beansprucht werden können, wenn die Regierung der USA eine Haftung übernommen hätte.
[312]) AdR: BMfaA, Zl. 112.752_pol/1948.

die USIA-Betriebe zugesprochen, zahlbar in fünf Jahresraten, ferner 60% der Ölförderung und der Prospektierungsgebiete sowie eine beträchtliche Raffineriekapazität. Weiters sollte sie die Anlagen der DDSG in Ostösterreich und in den südosteuropäischen Donauanrainer-Ländern erhalten. Es dauerte immerhin noch bis 18. 11. 1949, bis die Aufteilung der konkreten Flächen entsprechend den vereinbarten Prozentsätzen feststand. Da auch die amerikanischen Militärs ihre Bedenken zurückstellten, schien das Rennen gelaufen. Die internationale Presse kündigte den bevorstehenden Abschluss des Staatsvertrags an. Völlig unerwartet erhob der sowjetische Verhandler neue Forderungen. Offene Rechnungen (die Bezahlung der „Erbsenschulden" aus dem Jahr 1945 in Höhe von 48 Mio. S sowie von Reparaturleistungen der sowjetischen Besatzungstruppen in Höhe von 111 Mio. S) müssten durch bilaterale Gespräche bereinigt werden. (Zu diesem Gespräch kam es nicht trotz wiederholter Urgenzen der österreichischen Stellen.) Später wurde die unzureichende Entnazifizierung in Westösterreich und die Frage Triest ins Spiel gebracht. Es war offenkundig, dass die Sowjetunion, aus welchen Gründen auch immer, zu diesem Zeitpunkt am Abschluss eines Staatsvertrags nicht interessiert war. Erst sechs Jahre später kam es zu den legendären Moskauer Besprechungen. Was zehn Jahre nicht möglich war, wurde dann in wenigen Wochen erreicht.

Der Cherrière-Plan in seiner paktierten Form war von Österreich aus eigener Kraft zu erfüllen. Das BMfVuW[313]) schätzte den Bruttoproduktionswert des USIA-Bereichs (nach Abgeltung der Beteiligungen Dritter) auf etwa 130 Mio. $. Nach Abzug von Löhnen und Vorleistungen blieb ein Bruttogewinn (vor Steuern) von 24 Mio. $, der bisher real (in Form von Exportüberschüssen) in die Sowjetunion transferiert worden war. Der Bruttoertrag hätte somit annähernd ausgereicht, die Ablöse von jährlich 25 Mio. $ zu finanzieren. Nach sechs Jahren wären die dann noch aus dem bestehenden Kapitalstock zu erwartenden Erträge Österreich zugefallen. Dabei ist zu berücksichtigen, dass sich damals die USIA-Betriebe noch in einem vergleichsweise (gemessen an den heimischen Betrieben) guten Zustand befanden. Zwar waren auch in diesen Betrieben viele Maschinen abtransportiert und Vorräte beschlagnahmt worden. Um die Produktion in Gang zu bringen, musste jedoch die Ausrüstung vieler USIA- und SMV-Betriebe aus dem Pool von beschlagnahmten Maschinen ergänzt werden.

Die Ablöselieferungen hätten die heimische Zahlungsbilanz kaum belastet. Nach Schätzungen des BMfVuW ließ der Vertrag jährlich Mehrexporte von 20,8 Mio. $ und Minderimporte von 12,7 Mrd. $ erwarten. Die jährliche Devisenersparnis wäre danach größer gewesen als die jährliche Ablöse an die Sowjetunion. Auch die Belastung des Staatshaushalts wäre durch Mehreingänge an Steuern annähernd aufgewogen worden. Dessen ungeachtet drängten die österreichischen Stellen, dass die USA nötigenfalls in die Bresche springen sollten[314]).

---

[313]) AdR: BMfaA, _IIpol/1949, Mappe USIA (ohne Aktenzahl). In Ilpol, Karton Nr. 121/1949.
[314]) Siehe *Stourzh* (1998, S. 153).

Übersicht 4.36: Geschätzte jährliche Entlastung der Handelsbilanz durch den Cherrière-Plan 1949

	Landwirtschaft	Erdöl	Industrie	Insgesamt
		1.000 $		
Nettoexporte				
Effektive Dollarerlöse			1.600	1.600
Dollarwertige Waren¹)		2.785	6.825	9.610
An ERP-Teilnehmer	545	3.400	2.873	6.818
Minderwichtigen Waren			2.767	2.767
Nettoexporte insgesamt	545	6.185	14.065	20.795
Nettoimporte				
Dollarzahlungen	– 1.072	– 1.600	– 1.990	– 4.662
Von ERP-Teilnehmern			– 8.036	– 8.036
Nettoimporte insgesamt	– 1.072	– 1.600	– 10.026	–12.698
Handelsbilanz	1.617	7.785	24.091	33.493

AdR: BMfaA, _IIpol/1949, Karton 121 (ohne Aktenzahl). Unterlagen des BMfVuW für die Staatsvertragsverhandlungen 1949. – ¹) Ausfuhr von „wichtigen" Waren, für die sonst nur gegen Dollarzahlung erhältliche Importe eingetauscht werden konnten.

Mit dem Scheitern der Verhandlungen Ende 1949 rückte der Staatsvertrag in weite Ferne. Einzelne Versuche, die Verhandlungen wieder flott zu machen, scheiterten. Erst auf der Berliner Konferenz der Außenminister der vier Großmächte im Jänner und Februar 1954 zeichneten sich Lösungsansätze ab. Die Sowjetunion hielt den Abschluss des Staatsvertrags für möglich, wenn Österreich bereit wäre, keine Militärbündnisse einzugehen und die Besatzungstruppen aus Österreich erst nach Lösung der Deutschlandfrage abgezogen würden.

Mit der ersten Forderung erklärte sich die Bundesregierung einverstanden, die zweite konnte sie nicht annehmen. Die Besatzungstruppen aus Österreich wegzubekommen, war seit Jahren ein Hauptanliegen der österreichischen Politik. Der Weg zum Staatsvertrag wurde frei, als Anfang Februar 1955 der sowjetische Außenminister erklärte, dass die österreichische Frage von der deutschen Frage gelöst werden könnte. Ein Abzug der Truppen nach Abschluss des Staatsvertrags wäre möglich. Am 12. 4. 1955 reiste eine österreichische Regierungsdelegation über Einladung der Sowjetregierung nach Moskau. Das Ergebnis der Verhandlungen wurde am 15. 4. 1955 im „Moskauer Memorandum" festgehalten. Danach ging alles sehr rasch. Nachdem die Botschafter der vier Besatzungsmächte in einer zehntägigen Sitzung Details geklärt hatten, unterzeichneten die Außenminister der großen Vier am 15. 5. 1955 den Staatsvertrag. Bis 25. 10. sollte Österreich von sämtlichen Truppen geräumt werden.

Aus ökonomischer Sicht ist die Frage nach den Kosten der Verzögerung des Staatsvertrags von Interesse: Die österreichische Wirtschaft war 1955 viel leistungsfähiger und konnte Belastungen aus dem Staatsvertrag leichter tragen als 1949 nach Scheitern des Cherrière-Plans. Nicht einmal Steuererhöhungen mussten erwogen werden, obschon die Steuerzahler nach den Kriegszuschlägen und der Besatzungskostensteuer sicherlich bereit gewesen wären, eine

"Freiheitssteuer" in Kauf zu nehmen. Der Wiederaufbau der heimischen Wirtschaft war dank dem Marshallplan weitgehend abgeschlossen, die Produktion übertraf den Vorkriegsstand bei weitem. 1952/53 konnte in einem schmerzhaften Anpassungsprozess innere und äußere finanzielle Stabilität erreicht werden: Die Zahlungsbilanz wies temporäre Überschüsse auf, die sich in beträchtlichen valutarischen Reserven niederschlugen. Der wichtigste ökonomische Nachteil lag darin, dass die Ausbeutung des Deutschen Eigentums in der Ostzone fortschritt, ohne dass sich deshalb der Preis für die Ablöse der USIA-Betriebe verringerte. Die Sowjetunion verlangte nach wie vor 150 Mio. $, obschon sie in den Jahren 1950 bis 1955 diesem Bereich fast so viel als Quasi-Reparationen entnommen hatte. Die sprunghafte Ausweitung der Ölförderung in der ersten Hälfte der fünfziger Jahre (als das Feld von Matzen erschlossen wurde), wäre nach dem Cherrière-Plan ohnehin der Sowjetunion zugefallen. Auch erwies es sich als Nachteil, dass Österreich wegen der Besetzung und der Möglichkeit einer Spaltung des Landes nur beschränkt kreditfähig war und die östlichen Landesteile benachteiligt blieben.

Wirtschaftliche Aspekte des Staatsvertrags

Im Moskauer Memorandum wurde die Ablöse des gesamten von der Sowjetunion beanspruchten Deutschen Eigentums, also auch die Erdölwirtschaft, festgelegt. Im Einzelnen wurde vereinbart:
– Warenlieferungen im Werte von 150 Mio. $ verteilt auf sechs Jahre als Ablöse für die USIA-Betriebe.
– Lieferung von 10 Mio. t Erdöl verteilt über 10 Jahre als Ablöse für die Erdölwirtschaft (später auf 6 Mio. t reduziert).
– Ablöse der DDSG durch eine Einmalzahlung von 2 Mio. $.

Von diesen Bestimmungen war die Übergabe der Erdölwirtschaft in staatspolitischer, parteipolitischer und ökonomischer Sicht von strategischer Bedeutung. Aus staatspolitischer Sicht: Die Regierung wollte einfach „die Russen" außer Landes haben und sie wusste sich darin mit der Bevölkerung einig[315]. Aus parteipolitischer Sicht: Die beiden Großparteien waren daran interessiert, den Einfluss der Kommunisten in Belegschaft und Betriebsrat zu reduzieren. Aus wirtschaftlicher Sicht: Die Übergabe ermöglichte es, ein Konzept für eine eigenständige Mineralölwirtschaft zu entwickeln und schrittweise zu realisieren[316].

Warum die Sowjetunion aus der österreichischen Erdölwirtschaft ausstieg, ist nicht ganz klar. Einer der Gründe hierfür mag darin gelegen sein, dass die Sowjetunion neue erhebliche Funde für unwahrscheinlich hielt und sich daher mit der Abgeltung der bekannten Ölreserven und Einrichtungen zufrieden gab. Möglicherweise wollte sie auch eine neue Auseinandersetzung über die Aufteilung der Ölfelder zwischen ihr und den Westmächten vermeiden. Die in Liste 1 zum Staatsvertrag festgeschriebene Aufteilung der Ölfelder ba-

---
[315] Zur Einstellung gegenüber der sowjetischen Besatzungsmacht siehe: *Fraberger/Stiefel* (2000).
[316] Siehe hiezu *Feichtinger/Spörker* (ohne Jahreszahl).

sierte auf der Förderleistung von 1947. Seither war jedoch der Anteil der auf die Sowjetunion entfallenen Felder an der Förderung von 60% auf 95% gestiegen[317]). Jedenfalls disponierte die SMV schon vor dem Moskauer Memorandum auf kurze Sicht: Sie strebte eine maximale Förderung mit möglichst geringen Kosten an[318]).

Die Vereinbarungen zwischen Österreich und den Besatzungsmächten über das Deutsche Eigentum wurden in Memoranden festgehalten: die Ansprüche der Sowjetunion im Moskauer Memorandum, die der anglo-amerikanischen Ölgesellschaften im Wiener Memorandum und die der Franzosen im österreichisch-französischen Memorandum. Die Bestimmungen wurden nicht in das Paragraphengefüge des Staatsvertrags eingebaut, sondern als Annexe des Staatsvertrags deklariert. Das hatte zur Folge, dass in Art. 22 des Staatsvertrags (er ersetzte den Art. 35 des Entwurfs) noch die 1949 vereinbarte „Realteilung" der Ölwirtschaft gemäß dem Cherrière-Plan mit den Listen 1 bis 4 aufscheint. Diese Konstruktion wurde gewählt, weil die Sowjetunion das Moskauer Memorandum als bilaterale Abmachung verstanden wissen wollte, die nicht im Staatsvertrag verankert werden sollte. Erst die Botschafter kamen Anfang Mai überein, dass das Moskauer Memorandum sowie die Vereinbarungen mit den westlichen Besatzungsmächten (Wiener Memorandum, österreichisch-französisches Memorandum) dem Staatsvertrag als Annexe beigefügt wurden. Zwei weitere wichtige Entscheidungen fielen in den Verhandlungen der Botschafter. Die Sowjetunion beschränkte das im Moskauer Memorandum festgelegte „Entfremdungsverbot" (Verbot der Rückübertragung an Ausländer) auf die Ölfelder und schuf damit die Voraussetzung für die Erfüllung des Wiener Memorandums. Gleichsam als Gegenleistung wurde die Rückgabe des deutschen Eigentums im gesamten Bundesgebiet an Deutsche (das kleine deutsche Eigentum und das kulturelle Eigentum ausgenommen) im neuen Art. 22 des Staatsvertrags untersagt. Das stärkte die Position Österreichs in den später folgenden Vermögensverhandlungen mit der Bundesrepublik Deutschland.

Zwei finanzielle Fragen waren noch zu klären. Die eine betraf die österreichischen Schulden aus den Lebensmittellieferungen der Sowjetunion 1945/46 (von Österreich „Erbsenschulden" genannt). Hier einigte man sich auf einen gegenseitigen Forderungsverzicht: Österreich verzichtete auf die Begleichung von noch ausständigen zivilen Besatzungskosten[319]). Die zweite Forderung war gewichtiger und sie kam unerwartet. Die österreichischen Behörden waren der Meinung, dass die Sowjetunion die Betriebe lastenfrei übergeben würde. Tatsächlich wurde nur die lastenfreie Übergabe der „vorhandenen Ausstattung" vereinbart. Die Sowjetunion verstand darunter nur das Anlagevermögen, nicht aber die Warenvorräte. Sie war bereit auch die Lager zu übergeben, forderte aber die Ablöse der Betriebsmittelkredite, mit denen die Vorräte ange-

---

[317]) *Weber/Koren* (1957, S. 112). Die Verteilung der Förderung auf einzelne Ölfelder wird von *Langer* (1966, S. 389) angegeben.
[318]) In der von Insidern verfassten Firmengeschichte von *Feichtinger/Spörker* wird wiederholt darauf hingewiesen, dass die SMV die Förderung ohne Rücksicht auf wirtschaftliche Aspekte forcierte und kein Interesse an langfristigen Investitionen hatte.
[319]) AdR: BMfF, Zl. 49.372_16/1955.

schafft worden waren[320]). Nach hastigen Verhandlungen einigte man sich darauf, dass Österreich die Kredite der Militärbank an die USIA-Betriebe von 762,9 Mio. S mit einer Abschlagzahlung von 508,9 Mio. S ablöst[321]). Auch die Vorräte anderer sowjetischer Einrichtungen wurden von Österreich entweder abgelöst, wie z. B. die Lager des kommerziellen Zentralbüros, oder von der Sowjetunion in eigener Regie verwertet, wie die Bestände der USIA-Läden. Im Falle der OROP, der sowjetischen Verteilerorganisation für Erdölprodukte behielt die Sowjetunion einen Teil des Bargelds als noch nicht abgeführten Gewinn. (Auch nach zehnjähriger Besetzung gab es anscheinend noch immer Missverständnisse zwischen der sowjetischen und der österreichischen Bürokratie über einfache betriebswirtschaftliche Begriffe.) Die Militärbankkredite wurden den Nachfolgeunternehmungen angelastet, die Nachlässe des Bundes dürften sich in der Höhe des von der Sowjetunion eingeräumten Nachlasses gehalten haben. (Die Abwicklung der Forderungen besorgte die Österreichische Kontrollbank.)

4.3.2 Der Versuch einer Bilanz

1955 erhielt Österreich den Staatsvertrag: Die fremden Truppen verließen das Land, die kritische Frage des Deutschen Eigentums war zumindest in den Hauptpunkten gelöst. Das legt nahe, Bilanz zu ziehen. Welche Belastungen musste Österreich, „das erste Opfer Hitler-Deutschlands" hinnehmen, bevor es seine Freiheit erhielt?

„Belastungen" lassen sich verschieden definieren. Hier wird darunter die Summe von Gütern und Leistungen verstanden, die der heimischen Wirtschaft entzogen und entweder von den Besatzungsmächten im Inland beansprucht oder außer Landes gebracht wurden. Diesem negativen Realtransfer stand der positive Realtransfer in Form der Auslandshilfe gegenüber. Das Konzept des Ressourcentransfers machte in der Nachkriegszeit, als es galt, die Bevölkerung mit einem Minimum an Konsumgütern zu versorgen und den Wiederaufbau voran zu bringen, mehr Sinn als andere Belastungskonzepte (etwa solche, die auf vermögensrechtliche Ansprüche abstellen).

Ein wichtiger Teil der Realtransfers entstand durch den Potsdamer Beschluss vom Jahr 1945, das Deutsche Eigentum im Ausland für Reparationen heranzuziehen. Die Ansprüche bezogen sich, streng genommen, auf deutsches und nicht auf österreichisches Eigentum. Sie gewannen jedoch an Brisanz, weil die „Germanisierung" der österreichischen Wirtschaft umfassend war und

---

[320]) Die gesamte finanzielle Verflechtung zwischen den USIA-Betrieben und der Militärbank und ihre Entstehung wurde nur teilweise geklärt. Neben den Betriebsmittelkrediten gewährte die Militärbank vereinzelt Investitionskredite und führte eine laufende Verrechnung, die kurzfristig Finanzierungssalden entstehen ließ. Aus Akten des BMfVuW ist weiters bekannt, dass die USIA-Betriebe ihre Verpflichtungen an deutsche Gläubiger abführen mussten und hiefür im Bedarfsfall Kredite der Militärbank erhielten.
[321]) AdR: BMfF, Zl. 89.492_16/1955. Schreiben der Bundesregierung an den stellvertretenden sowjetischen Außenminister vom 26. 7. 1955.

mit zum Teil anfechtbaren Methoden betrieben wurde. Vor allem aber, weil die Sowjetunion die Betriebe als „milk cows" mit dem Ziel betrachtete, daraus ein Maximum an Reparationen aus laufender Produktion zu erzielen. Die Übertragung von Vermögen und Rechten an Ausländer muss nicht mit grenzüberschreitenden Güterströmen verknüpft sein. Ein Gutteil der Entschädigungen an ehemalige jüdische Mitbürger oder die in den deutsch-österreichischen Vermögensverhandlungen getroffenen Vereinbarungen beeinflussten die Zahlungsbilanz nur wenig. (Die Deutschen behielten nicht nur ihre Alpenvereinshütten, sondern investierten in die rückgestellten Unternehmungen.) Es ist anregend, aber müßig darüber zu spekulieren, was es bedeutet hätte, wenn die Sowjetunion in Potsdam mit ihrer Absicht durchgedrungen wäre, von Österreich direkt und nicht über den Umweg des Deutschen Eigentums Reparationen zu begehren.

Eine Gegenüberstellung des Realtransfers von Österreich an die Besatzungsmächte (in Gestalt von Besatzungskosten und Quasi-Reparationen) mit dem Realtransfer nach Österreich in Gestalt der Auslandshilfe ist freilich nur mit Einschränkungen möglich. Wie schon im Abschnitt „Die Dollarlücke" ausgeführt wurde, kommt man zu verschiedenen Ergebnissen, je nach dem ob man nominelle oder reale (inflationsbereinigte) Werte wählt, ob man die Währungen zum offiziellen Wechselkurs oder zu Kaufkraftparitäten umrechnet, ob Vermögensbestände zum Buchwert oder zu Wiederbeschaffungswerten veranschlagt werden und ob die zeitliche Dimension von Strömen durch Berechnung eines Barwerts (zu alternativen Zinssätzen) berücksichtigt oder einfach die Werte über die Zeit summiert werden.

Wirtschaftspolitiker und Behörden sowie darauf aufbauend die einschlägige Literatur versuchten wiederholt, die einzelnen Komponenten des Belastungsvergleichs zu schätzen. Die Ergebnisse lassen sich nicht leicht interpretieren, weil zumeist nicht angegeben wurde, welche Bewertungsmaßstäbe angelegt, welche statistischen Quellen benutzt wurden und für welche Zwecke die präsentierten Schätzwerte herangezogen werden können. Aus dem „Cluster" von in der Literatur genannten Schätzwerten[322]) sollte man zwei als undiskutabel ausscheiden: den von G. Bischof[323]) in Klammer angeführten Wert von 1.500 Mio. $ (der von ihm selbst als problematisch bezeichnet wurde) für die Demontagen 1945 und den immer wieder zitierten ebenfalls aus amerikanischen Quellen stammenden Wert von 800 Mio. $ für das Deutsche Eigentum[324]) in der sowjetischen Besatzungszone. Die übrigen Werte liegen in ei-

---

[322]) Zahlen über die Belastungen, die Österreich hinnehmen musste, wurden in verschiedenen amtlichen Dokumenten und von verschiedenen Autoren immer wieder genannt. Quellenhinweise bieten u. a. *Stourzh* (1998, S. 595/596), *Bischof* (1999) und *Fraberger/Stiefel* (2000).
[323]) *Bischof* (1999, S. 87).
[324]) Von sowjetischen Repräsentanten wurde dieser Wert zitiert, um dem Vorwurf zu begegnen, die von der Sowjetunion geforderte Summe für die Ablöse der USIA-Betriebe wäre zu hoch. AdR: BMfaA, Zl. 113.380_pol/1948.

nem Streubereich, der auch durch weitere Forschungen[325]) nur eingeengt, aber nicht beseitigt werden kann.

Die vorliegende Schätzung kommt der von *Bischof* (1999, S. 87) mit Ausnahme der in Klammer gesetzten Alternativversion nahe. Danach gilt zumindest in groben Zügen: Die Auslandshilfe war nicht viel größer als die Summe der Güter und Leistungen, die die Besatzungsmächte beanspruchten oder die als Quasi-Reparationen in die Sowjetunion transferiert wurden. Anders formuliert: Wenn Österreich von den Siegermächten als befreites Land ohne wenn und aber akzeptiert worden wäre, hätte es wohl eine Starthilfe benötigt, um die Wirtschaft nach Kriegsende wieder in Gang zu setzen, im Übrigen aber über genügend Ressourcen verfügt, um aus eigener Kraft eine leistungsfähige Wirtschaft aufzubauen. Diese summarische Aussage gilt selbstverständlich nur „unter sonst gleichen Umständen" und unter der Annahme einer adäquaten Wirtschaftspolitik. Dennoch bietet sie einen brauchbaren Ausgangspunkt für weitere Überlegungen.

Übersicht 4.37: Vergleich der Besatzungskosten und der Quasi-Reparationen mit der Auslandshilfe[1])

	Summe	Barwert 1945	Summe	Barwert 1945
	Mio. Dollarpreise 1955		Hilfe = 100	
Demontagen 1945	351	351	18	26
Reparationen SMV	227	115	12	8
Reparationen USIA	213	123	11	9
Besatzungskosten	742	655	39	48
Belastungen 1945/55	1.533	1.244	80	92
Ablöselieferungen				
Ablöse SMV	113	38	6	3
Ablöse USIA	150	51	8	4
Kredite Militärbank	20	8	1	1
Wiener Memorandum	16	6	1	0
Belastungen 1955/63	299	103	16	8
Gesamtbelastungen	1.832	1.347	95	100
Auslandshilfe	1.920	1.351	100	100

[1]) Über die Berechnungsdetails informieren die nachstehenden Ausführungen im Text. Die Zahlen wurden dem Rechengang entsprechend in Mio. $ bis auf die Einserstelle genau angegeben, obschon es sich um Schätzwerte mit beträchtlicher Unschärfe handelt.

Nach obiger Zusammenstellung konzentrierten sich die Belastungen auf die ersten Nachkriegsjahre. Die nur bis 1947 ins Gewicht fallenden Besatzungskosten und die Demontagen des Jahres 1945 machten fast 60% der Gesamtsumme von 1,8 Mrd. $ aus. Einschließlich der Quasi-Reparationen über-

---

[325]) Solche weitere Forschungen wurden von *Strourzh* (1998, S. 596) angeregt. Sie können von Historikern nicht allein geleistet werden. Nötig wäre eine Zusammenarbeit von Betriebswirten, in volkswirtschaftlicher Gesamtrechnung geschulten Ökonomen, Juristen und Historikern.

trafen die Gesamtbelastungen im ersten Nachkriegsjahrzehnt die aus dem Staatsvertrag sich ergebenden Lasten um das Vierfache. Das Belastungsschwergewicht wird noch deutlicher ersichtlich, wenn man die Werte nicht einfach aufaddiert, sondern mit der Wachstumsrate des BIP auf den Ausgangszeitpunkt diskontiert. Die diskontierten Werte berücksichtigen, dass das reale BIP in der betrachteten Zeitspanne auf das Dreifache stieg. Nach dieser Berechnung entfielen drei Viertel des Barwerts auf die ersten Nachkriegsjahre. Das bestätigt den qualitativen Eindruck: Die Lasten des Staatsvertrages waren bezogen auf das Leistungsvermögen der heimischen Wirtschaft relativ gering. Schwer zu tragen war die Bürde in der ersten Nachkriegszeit, als die städtische Bevölkerung hungerte und die Wirtschaft darniederlag.

Im Folgenden werden die wichtigsten Komponenten des Ressourcentransfers näher beleuchtet. Es sind dies:
– die Besatzungskosten,
– die Reparationen in Form von Demontagen unmittelbar nach Kriegsende,
– die Reparationen aus laufender Produktion (Realtransfers aus den sowjetischen Betrieben),
– die Ablösen und Entschädigungen im Zusammenhang mit dem Staatsvertrag.

Die Schätzwerte wurden in der Weise ermittelt, dass zunächst die in Schilling oder Dollar ausgedrückten Daten der einzelnen Komponenten aus Primär- oder Sekundärquellen auf Preisbasis 1955 umgerechnet wurden. Zur Preisbereinigung wurden die Deflatoren des BIP herangezogen. Soweit es sich um Schillingbeträge handelte, wurden sie anschließend mit dem offiziellen Wechselkurs von 26 S/$ in Dollar konvertiert. Nach diesem Verfahren erhält man relativ niedrige Dollarbeträge für die zunächst in heimischer Währung ausgedrückten Besatzungskosten und Demontagen. (Die Kaufkraftparität lag 1955 bei 15 S/$.) Das erscheint für die vorliegenden Zwecke angemessen, denn die in Frage stehenden Güter und Leistungen konnten nicht ohne weiteres exportiert werden und daher nicht die Auslandshilfe (die Vergleichsgröße) ersetzen.

Besatzungskosten

Die Besatzungskosten bieten ein gutes Beispiel für Umrechnungsschwierigkeiten. Ihre nominellen Werte sind bis auf den Groschen genau erfasst. Über die realen Werte hingegen ist man auf spekulative Schätzungen angewiesen. Zu den vom staatlichen Rechnungswesen erfassten Besatzungskosten gehören die Allokationen von militärischen Besatzungskosten, die von den Besatzungsmächten schuldig gebliebenen zivilen Besatzungskosten[326]) und das 1945 ausgegebene Militärgeld (AMS). Im weiteren Sinn kann man dazu auch die 390 Mio. S Abschlagszahlung an die Sowjetunion für die Überlassung von (beschlagnahmten) Reichsmarknoten im Nennwert von 600 Mio. im Jahr 1945

---

[326]) Als zivile Besatzungskosten galten hauptsächlich die Kosten für Quartiere, für Transporte und für Leistungen der Post. Sie wurden ab 1949 von den Besatzungsmächten aus den Allokationen für militärische Besatzungskosten gedeckt.

rechnen. (Diese Transaktionen werden im Abschnitt „Währungsreformen unter der Besatzung" ausführlich beschrieben.)

Übersicht 4.38: Nominelle Besatzungskosten 1945-1955

	Mio. S
AMS-Noten Umtausch anlässlich Schillinggesetz	1.146
Allokationen militärischer Besatzungskosten	5.750
Nicht bezahlte zivile Besatzungskosten	390
Ablöse RM-Banknotenleihe 1945 der Sowjetunion	390
Zusammen	7.676

AdR: BMfF, Zl. 43.907_16/1955 mit Ausnahme der Banknotenleihe 1945.

Von den gesamten Besatzungskosten[327]) von 7,68 Mrd. S entfiel nominell mehr als die Hälfte auf die Jahre 1945 bis 1947. Das macht die Schätzung ihrer realen Größe und ihre Relation zum BIP besonders schwierig. Wenn man die nominellen Reihen mit dem Lebenshaltungskostenindex des WIFO deflationiert, der nur offizielle Preise berücksichtigt, so kommt man zu dem absurden Ergebnis, dass die Besatzungskosten 1946 fast die Hälfte des BIP beanspruchten. Um wirklichkeitsnähere Ergebnisse zu erzielen, wurde angenommen, dass die zugeteilten Besatzungskosten der Jahre 1945 bis 1947 nur verzögert nachfragewirksam wurden und die Besatzungsmächte zum Teil zu grauen und schwarzen Preisen einkauften. Zur Preisbereinigung wurde daher der Deflator des BIP (der auch graue und schwarze Preise berücksichtigt) und nicht der Lebenshaltungskosten des WIFO verwendet.

Danach beanspruchten die Besatzungsmächte 1946 immer noch 16% und 1947 6% des BIP. Dann sank die Belastung deutlich. 1951/52 machte sie nur ½% des BIP aus. Nach Erlangung der Souveränität musste eine ähnliche Quote für die Landesverteidigung ausgegeben werden. (In neutralen Staaten war das Heeresbudget größer.) Ab Mitte 1947 kamen die USA, ab 1. 8. 1953 die Sowjetunion und ab 1. 1. 1954 auch Frankreich und Großbritannien für ihre Kosten selbst auf. Über die gesamte Besatzungszeit hinweg summierten sich die Besatzungskosten zu Preisen von 1955 auf 19,3 Mrd. S. Zum offiziellen Wechselkurs machte das 744 Mio. $ aus. Davon entfiel etwa die Hälfte auf die Sowjetunion. Zu Kaufkraftparitäten gemessen käme man auf noch höhere Werte, doch entfiel ein relativ großer Teil der Besatzungskosten auf nicht exportfähige Güter und Leistungen. Wären sie von den Besatzungsmächten nicht beansprucht worden, so hätte das die Zahlungsbilanz nur wenig entlastet, auch wenn mittelfristig Substitutionsmöglichkeiten bestanden[328]). (G. Bischof

---

[327]) Darin sind nicht enthalten die Kosten für die Liquidation der Besatzungseinrichtungen und für von den Besatzungsmächten nicht refundierte Besatzungsschäden. Ihnen stand die Überlassung von Militäreinrichtungen der USA und Großbritanniens gegenüber.

[328]) So befürchtete etwa die Stadt Salzburg nach Abzug der US-Truppen einen erheblichen Kaufkraftverlust. Der Ausfall wurde jedoch mittelfristig durch den Fremdenverkehr mehr als wettgemacht.

schätzte die sowjetischen Besatzungskosten ohne Angabe der Preisbasis auf 275 Mio. $.)

Übersicht 4.39: Besatzungskosten real und in % des BIP

	Mio. Schillingpreise 1955	Mio. Dollarpreise 1955	In % des BIP
1945	4.535	174,4	
1946	6.958	267,6	16,33
1947	2.820	108,5	5,99
1948	2.124	81,7	3,55
1949	751	28,9	1,05
1950	636	24,5	0,79
1951	577	22,2	0,67
1952	502	19,3	0,59
1953	464	17,9	0,52
Summe	19.367	744,9	

Quelle: Schätzungen des Autors.

Demontagen

Die Demontagen der Trophäenkommandos der Roten Armee wurden bereits im Abschnitt „Das Deutsche Eigentum" ausführlich behandelt. Über den in Reichsmark ausgedrückten Wert informiert eine in den Akten des Bundesministeriums für Vermögenssicherung und Wirtschaftsplanung nach Firmen gegliederte Aufstellung[329]). Sie hat den Vorzug, dass der Bewertungsmaßstab angeführt wurde (RM-Buchwerte zuzüglich Osthilfe-Sonderabschreibungen). Danach wurden Anlagen und Vorräte mit einem Zeitwert von 1,2 Mrd. RM[330]) abtransportiert, davon entfiel ein Viertel auf Betriebe, die später in die USIA eingegliedert wurden (die Mineralölwirtschaft wurde nicht erfasst). Strittig ist bloß der Dollarwert. Die von G. Bischof in Klammer genannten 1.500 Mio. $ sind als Propaganda einzustufen (so viele Maschinen gab es in dem von der Roten Armee besetzten Gebiet gar nicht). Zu Kaufkraftparitäten berechnet (die RM-Stopppreise waren etwa dreimal so hoch wie die Dollarpreise) betrug der Zeitwert 1945 der außerhalb des späteren USIA-Bereichs demontierten Anlagen und Vorräte 300 Mio. $. Dem entspricht ein Zeitwert von 470 Mio. $ zu Preisen 1955 (der Neuwert kann mit 560 Mio. S veranschlagt werden). Das ist jedoch eine Obergrenze. Die Demontagen betrafen zu einem beträchtlichen Teil Betriebe, die finale Rüstungsgüter (Tanks, Flugzeuge) herstellten. Diese Betriebe hätten nur zu erheblichen Kosten auf Friedensproduktion umgestellt werden können. Nach der hier verwendeten, auf den Vergleich mit der Auslandshilfe abgestellten Schätzmethode hatten die Demontagen einen Zeitwert von 9,13 Mrd. S oder 350 Mio. $ zu Preisen 1955 (der korrespondierende Neuwert beträgt 430 Mio. $). Auch dieser Betrag ist noch sehr ansehnlich, be-

---

[329]) AdR: BMfVuW, Zl. 210.701_14/1948.
[330]) Dieser Schätzwert wurde von verschiedenen Autoren genannt (u. a. auch von *Margarétha*, 1990), die jedoch offensichtlich alle die gleiche Quelle benutzten.

sonders wenn man unterstellt, dass die USA und Großbritannien das Beschlagnahmerecht der Sowjetunion als Preis dafür akzeptiert hatten, dass Österreich keine direkten Reparationen zu zahlen hatte[331]).

Reparationen aus der laufenden Produktion

Die USIA-Betriebe und die sowjetische Mineralölverwaltung (SMV) beanspruchten „exterritoriale" Rechte. Sie zahlten weder Ertragssteuern noch indirekte Steuern (wohl aber Lohnsteuer und Sozialversicherungsabgaben sowie sporadisch Gemeindeabgaben). Ihre Exporte und Importe unterlagen (so wie der grenzüberschreitende Verkehr der Besatzungsmächte) nicht der österreichischen Kontrolle. Der Betriebsüberschuss (einschließlich der nicht gezahlten Steuern und der Abschreibungen) wurde zum Großteil in Form von Waren in die Sowjetunion exportiert (Kapitaltransfer). Eine besonders auffällige Form der Steuervermeidung bildeten die USIA-Einzelhandelsläden. Sie boten vornehmlich Waren an, die in heimischen Geschäften mit hohen indirekten Steuern belastet waren, wie Tabakwaren und Spirituosen. (Der Steuerausfall belastete den Staatshaushalt und verzerrte die Konkurrenzverhältnisse. Er darf jedoch nicht mit den volkswirtschaftlichen Kosten gleichgesetzt werden, denn die Konsumenten profitierten davon in Form niedriger Preise.)

Die von der Sowjetunion verwalteten Betriebe waren allerdings nicht völlig „exterritorial". Sie setzten einen Teil ihrer Produktion im Inland ab und bezogen Vorprodukte von heimischen Lieferanten (diese interindustrielle Verflechtung wurde nicht als Import und Export in der österreichischen Statistik erfasst). Soweit die Vorprodukte bewirtschaftet wurden, unterlagen auch die Sowjet-Betriebe den heimischen Bewirtschaftungsregeln. Das warf im Zeitalter des Kalten Kriegs häufig heikle außenpolitische Probleme auf. Das Embargo der USA für wichtige Waren konnte durchbrochen werden, wenn die österreichischen Behörden den USIA-Betrieben Embargo-Waren zuteilten. Die interindustrielle Verflechtung zwischen heimischen und sowjetischen Unternehmungen im Inland wurde von der österreichischen Wirtschaftspolitik toleriert. Eindeutig als illegal wurde nur der Verkauf der USIA-Läden an heimische Konsumenten betrachtet.

Zur Ermittlung der Reparationen aus laufender Produktion (des Kapitaltransfers) bot sich folgendes Schätzschema an: Das sowjetische Firmenimperium musste nur soviel Waren im Inland verkaufen, als es zur Deckung ihrer Schillingausgaben benötigte. Der darüber hinaus gehende Produktionswert konnte netto exportiert werden. Man kann daher den Wert der Reparationen aus laufender Produktion entweder aus dem Saldo von Exporten und Importen oder aus dem nicht für Investitionen benötigten Betriebsüberschuss (Einnahmen minus laufende Ausgaben) schätzen. Diese Rechnung ist allerdings nur dann schlüssig, wenn sonstige grenzüberschreitende Kapitaltransaktionen keine nennenswerte Rolle spielten (die Sowjetunion benutzte den Züricher Markt zum Umtausch von Schillingen in Devisen und umgekehrt).

---

[331]) *Schilcher* (1985, Bd. I, S. 380).

Übersicht 4.40: Leistungskennzahlen der sowjetisch verwalteten Betriebe in Mio. $

		Umsätze		
		USIA	SMV	Insgesamt
WIFO, 1955	1954	169,23[1])	76,92	246,15
USA, 1955	1954	153,85		
Erhebung 1949	1948	126,92		
		Betriebsüberschuss		
		USIA	SMV	Insgesamt
WIFO, 1955	1954	26,92[1])	38,46[3])	65,38
VGR, 1956	1955			69,23
USA, 1953	1951	23,08		
USA, 1955	1954	23,08[2])		
		Exporte		
		USIA	SMV	Insgesamt
WIFO 1955	1954	63,08	38,46	104,23
USA, 1955	1954	61,92		
Erhebung 1949	1948	26,60		

Quelle: *WIFO* (1955C), USA (verschiedene Files aus US-Archiven). Erhebung 1949 der Bundeswirtschaftskammer. Die zuletzt genannte Statistik wurde vom BMfVuW 1949 als Unterlage für die Verhandlungen über den Staatsvertrag verwendet. – [1]) Einschließlich USIA-Läden (Umsatz 26,9 Mio. $, Betriebsüberschuss 3,85 Mio. $). – [2]) Umsatz mal 15% Transferquote. – [3]) Einschließlich Betriebsüberschuss der OROP (11,51 Mio. $).

Über den Status der sowjetischen Unternehmungen im Jahr des Staatsvertrages und im Jahr vorher gibt es einige brauchbare Unterlagen. Es empfahl sich daher, zunächst für die Jahre 1954 und 1955 ein Zahlengerüst zu erstellen und danach die weniger bekannte zeitliche Entwicklung zu schätzen. Die Wertschöpfung erreichte laut volkswirtschaftlicher Gesamtrechnung im Jahr 1955 in den USIA-Betrieben 65,4 Mio. $ (1,7 Mrd. S) und in der Mineralölverwaltung 50,0 Mio. $ (1,3 Mrd. S). Nach Abzug der Löhne verblieb dem sowjetischen Unternehmenskomplex ein Betriebsüberschuss von 69,2 Mio. $ (1,8 Mrd. S)[332]). Zu ähnlichen Ergebnissen kam eine WIFO-Studie für 1954[333]). Danach hatte der sowjetische Komplex 1954 einen Betriebsüberschuss von 65,4 Mio. $, wovon 26,4 Mio. $ auf die USIA entfielen. Die Studie belegte mit Hilfe der Transportstatistik, dass der Betriebsüberschuss größtenteils in die Sowjetunion transferiert wurde. 1954 exportierte der sowjetische Sektor Waren im Wert von 63,1 Mio. $ und importierte Waren für 21,9 Mio. $ (ohne die wenigen legalen Transaktionen, die in der Handelsstatistik erfasst sind). Zudem beschaffte er sich Schillinge durch den Verkauf von Devisen, sodass ein Kapitaltransfer von 62,2 Mrd. $ verblieb. Für die USIA erstellten amerikanische Experten aufgrund österreichischer Quellen Schätzungen für

---

[332]) Österreichs Volkseinkommen im Jahre 1955. Beilage Nr. 43 zu den WIFO-Monatsberichten, Dezember 1956.
[333]) *WIFO* (1955C).

1954[334]). Auch sie fügten sich widerspruchsfrei in das beschriebene Zahlengefüge ein.

Nach der genannten USA-Studie von Mitte 1955 umfasste der USIA-Komplex 550 Unternehmungen. Davon waren jedoch nur 231 in der Industrie tätig, und nur 94 der Industrieunternehmungen hatten mehr als 100 Arbeitnehmer oder einen Jahresumsatz von mehr als 5 Mio. S. Der gesamte Komplex beschäftigte 49.000 Arbeitnehmer, davon 41.000 in den 94 großen Industrieunternehmungen.

Die Beschäftigtenzahl der US-Studie stimmt gut mit den Angaben des WIFO überein. Danach beschäftigte die USIA im Frühjahr 1955 48.000 Arbeitnehmer, davon 42.000 in der Industrie.

Übersicht 4.41: Die Beschäftigten in sowjetischen Betrieben April 1955

	Zahl der Beschäftigten
Industrie	42.018
Ölwirtschaft	9.811
Bauwirtschaft	2.243
Verkehr	515
Handel und Verkehr (soweit erfasst)	419
Fremdenverkehr (soweit erfasst)	45
Kino- und Filmverleih	37
Landwirtschaft	2.064
Zwischensumme	57.152
OROP	800
Insgesamt	57.952

Quelle: *WIFO* (1955A).

Was die zeitliche Entwicklung der angeführten Kennzahlen anlangt, so ist man weitgehend auf Vermutungen angewiesen. Das ist erstaunlich, denn die Bundesregierung musste daran interessiert sein, was in einem Teilbereich der Wirtschaft geschah, der zwar auf österreichischem Boden lag, aber rechtlich nicht und ökonomisch nur teilweise zu Österreich gehörte. Der Informationsmangel lässt sich teilweise damit erklären, dass die Sowjetunion keine Auskünfte über die von ihr verwalteten Betriebe gab und die Weitergabe vertraulicher Informationen rigoros bestrafte. Wahrscheinlich spielte auch das an verschiedenen Stellen des Buches vermerkte „gestörte" Verhältnis von Bürokratie und Politik zu Zahlen eine Rolle. Die Amerikaner beklagten sich jedenfalls, als der Staatsvertrag in greifbare Nähe gerückt war, dass man von den österreichischen Stellen keine brauchbaren Unterlagen über die von der Sowjetunion geführten Betriebe erhalten könnte und nahmen selbst „Schätzungen über den Daumen" vor.

---

[334] „Study of the USIA Complex". Foreign Service Dispatch. From Amembassy to The Department of State, Washington, vom 5. 7. 1955 (File aus US-Archiven).

„... no real study of the economic impact of the treaty has been made by the Austrian government." (Vienna Joint Embassy/Mission Despatch an Department of State, Washington vom 28. 9. 1953)

Begreiflich ist, dass für Begriffe, die in der wirtschaftspolitischen Umgangssprache noch wenig bekannt waren, wie Betriebsüberschuss oder Bruttoproduktionswert keine Schätzwerte erarbeitet wurden. Aber auch für die gängigen statistischen Maßzahlen wie Beschäftigung oder Zahl der Betriebe fehlen Zeitreihen. In der Literatur wurden zu verschiedenen Zeiten Beschäftigtenzahlen zwischen 45.000 und 60.000 genannt, doch ist unklar, wieweit sich dahinter nur ein verschiedener Repräsentationsgrad verbirgt.

Bekannt ist, dass sich die Mineralölverwaltung und die USIA unterschiedlich entwickelten. In die Erdölförderung investierte die Sowjetunion relativ viel. Die Förderleistung konnte von 0,9 Mio. t 1946 auf 3,7 Mio. t im Jahr 1955 gesteigert werden. Die USIA-Betriebe hingegen verfielen nach der Stabilisierung der Währung Ende 1951 zunehmend. Von Ausnahmen abgesehen wurden nicht einmal Ersatzinvestitionen getätigt, auf dem heimischen Markt wurden die Unternehmungen von neu errichteten inländischen Betrieben konkurrenziert, tüchtige Manager und Mitarbeiter wanderten ab. Die meisten Betriebe erzeugten zwar Waren, die international gefragt waren, doch konnten sie in Qualität und Preis nicht mit der westlichen Konkurrenz mithalten.

Abbildung 4.5: Förderung und Export von Öl

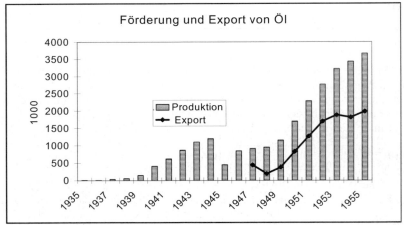

Quelle: *WIFO* (1955C, 1956).

Die zeitliche Entwicklung der Reparationen aus der Ölwirtschaft lässt sich aus den mengenmäßigen Exporten an Rohöl und Mineralölprodukten schätzen. Aufgrund der Transportstatistiken für die Jahre 1947 bis 1955 exportierte die sowjetische Mineralölverwaltung 12,7 Mio. t Rohöl und Ölprodukte. Das sind über 60% der gesamten Förderung (einschließlich jener der westlichen Erdölfirmen). Multipliziert man die Exportmengen mit den damals üblichen Durchschnittspreisen (20 $ für Rohöl, 28,5 $ für Mineralölprodukte), so kommt man auf einen Exportwert von 257 Mio. $, wobei hinzugefügt werden muss, dass es sich um dollarwertige Exporte gehandelt hatte. Leider gibt es keine Schätzungen der Importe. Aus der Firmengeschichte ist bekannt, dass die SMV Ausrüstungsgegenstände aus der Sowjetunion und aus den USA verwendete. Auch wenn die Investitionen auf das Nötigste beschränkt wurden, wird man angesichts der sprunghaften Ausweitung der Förderung eine Investitionsquote von etwa 5% veranschlagen müssen[335]). Der transferierbare Überschuss war daher geringer. Dafür spricht auch, dass andere Quellen für einzelne Jahre zu etwas niedrigeren Reparationsleistungen kamen.

Übersicht 4.42: Wert der Ölexporte, brutto und netto (Transfer)

	Exporte			Förderung[1])	
	Rohöl[2])	Produkte[3])	Insgesamt	Insgesamt	50%
	Mio. $	Mio. $	Mio. $	Mio. $	Mio. $
1947	8,84	2,26	11,10	18,21	9,10
1948	3,88	9,25	13,13	19,02	9,51
1949	7,51	8,63	16,14	23,15	11,57
1950	16,54	6,85	23,39[4])	33,98	16,99
1951	25,41	4,32	29,73	45,67	22,83
1952	33,95	3,91	37,86[5])	55,30	27,65
1953	37,58	6,41	43,99[6])	64,42	32,21
1954	36,21	7,77	43,98	68,64	34,32
1955	39,64	6,10	37,34[7])	69,80	32,46
Summe	209,57	55,49	256,67	398,19	196,64

[1]) Gesamte Förderung à 20 $/t. – [2]) Preis 20 $/t. – [3]) Preis 28,5 $/t. – Die Fußnoten 4 bis 7 enthalten alternative Schätzungen: – [4]) NAC vom 14. Juni 1951: 30 Mio. $ (File aus US-Archiven). – [5]) USA: September 1953: 25,60 Mio. $ (File aus US-Archiven). – [6]) Ministerrat Raab 1, Nr. 23 vom 23. 2. 1954: 38 Mio. $. – [7]) WIFO 1955: 38,46 Mio. $.

Als Alternative wurde angenommen, dass etwa die Hälfte des Werts der Rohölförderung transferiert werden konnte. Dieser Satz spielte in den Verhandlungen über den Cherrière-Plan eine gewisse Rolle. Er enthielt Zuschläge für Verarbeitung und Vertrieb und er berücksichtigte, dass das Feld Matzen, auf das ein zunehmender Teil der Gesamtförderung entfiel, sehr niedrige Produktionskosten hatte[336]). Auch erlaubte die Monopolstellung der SMV, hohe Spannen in Verarbeiten und Verteilung zu verrechnen. Allein die OROP, das sowjetische Tankstellensystem in Ostösterreich, erzielte 1954 einen Umsatz von 1,3 Mrd. S[337]). Nach dieser Variante betrugen die Entnahmen aus der Öl-

---

[335]) Das entspricht etwa der Investitionsquote der ÖMV nach Abschluss der Großinvestitionen.
[336]) *Weber/Koren* (1957, S. 144 und S. 146).
[337]) Sowjetische Wochenschrift „Neue Zeit" Nr. 44 vom Oktober 1955. AdR: BMfaA, Zl. 326.253_pol/1955. In IIpol, Karton Nr. 348/1955.

wirtschaft etwas weniger als 200 Mio. $. Für die zusammenfassende Darstellung wurde ein Mittelwert von 227 Mio. $ gewählt.

Für die USIA-Betriebe muss man sich mit einer Schätzung „über den Daumen" begnügen. Amerikanische Schätzungen der Umsätze in Dollar liegen für die Jahre ab 1946 vor[338]) (ohne Angabe der Berechnungsmethode). Danach konnten die USIA-Betriebe in den ersten Jahren ihren Geschäftsumfang ausweiten, stagnierten jedoch seit Beginn der fünfziger Jahre. Aus der WIFO-Schätzung für 1954 und 1955 ist die maximale Transferrate (der Anteil des Betriebsüberschusses am Umsatz) bekannt. Multipliziert man die Umsätze mit einer Transferrate von 15%, so erhält man Reparationen aus laufender Produktion von 213 Mio. $ im Zeitraum 1946 bis 1955.

Nach dieser zugegeben sehr rohen Methode leistete Österreich an die Sowjetunion in den zehn Jahren von 1946 bis 1955 Reparationen aus der laufenden Produktion von etwa 440 Mio. $ (Preise 1955), wobei etwas mehr als die Hälfte auf Rohöl samt Ölderivaten entfiel.

Unbeschadet der Reparationen aus laufender Produktion: Die von der Sowjetunion als Deutsches Eigentum beschlagnahmten Betriebe waren in Österreich tätig. Von ihrer Wertschöpfung floss zumindest die Lohn- und Gehaltssumme (einschließlich der lohnabhängigen Abgaben), das sind über 60%, österreichischen Einkommensempfängern zu. Man kann argumentieren, dass die annähernd 60.000 Beschäftigten in anderen Bereichen der Wirtschaft produktiver hätten eingestellt werden können, aber die Differenz war wahrscheinlich nur gering. (Die Erdölarbeiter wurden gut entlohnt.)

Besonders interessiert die Frage: Welchen Nutzen hatte Österreich von „seinem" Öl in den Jahren der Besetzung? Die Ölwirtschaft war nicht nur eine Einkommensquelle. Sie half auch knappe Devisen zu sparen, bei weitem nicht soviel, wie wenn Österreich über sein Öl hätte verfügen können, aber immerhin. Die SMV stellte jährlich Kontingente für den Inlandsverbrauch zur Verfügung. Sie deckten zwar in den Jahren der Bewirtschaftung nicht den gesamten als dringend angemeldeten Inlandsbedarf der Bewirtschaftungsstellen. Mit steigender Förderung wurde jedoch auch das Inland reichlicher versorgt. Ab 1953 belieferte die SMV jährlich den heimischen Markt mit mehr als 1 Mio. t (etwa dem Dreifachen des Mineralölverbrauchs der Vorkriegszeit). Die in den fünfziger Jahren einsetzende stürmische Motorisierung konnte größtenteils auf heimischen Treibstoff zurückgreifen. Die Entlastung der Zahlungsbilanz war zwar global gesehen nicht sehr bedeutend: Der Wert der von der SMV für den Inlandsverbrauch bereitgestellten Ölmengen betrug 3% bis 4% der Gesamtexporte (nur 1947 war er mit 8% mehr als doppelt so hoch), doch konnte damit zumindest ein Teil der Dollarlücke geschlossen werden. In den Jahren der extremen Devisenknappheit bis etwa Ende 1951 musste Österreich wegen niedrigerer Beträge bittstellig werden.

---

[338]) US Department of State: Telegram from Vienna to Secretary of State, 7. 2. 1954 (File aus US-Archiven).

Die Angemessenheit der Ablöse

Österreich kam seinen Verpflichtungen aus dem Staatsvertrag pünktlich nach[339]). Im Warenabkommen wurden jährlich ziemlich regelmäßig Waren im Wert von 25 Mio. $ geliefert und von der Sowjetunion abgenommen. Die Lieferungen wurden später größtenteils in kommerzielle Exporte übergeführt. Befürchtungen, dass dadurch Abhängigkeiten entstehen könnten, bestanden nicht mehr[340]).

Die Sowjetunion anerkannte die Vertragstreue Österreichs nicht zuletzt durch Konzessionen in der Ölwirtschaft. Für die Überlassung der von ihr als Deutsches Eigentum beanspruchten Ölwirtschaft waren im Wiener Memorandum Lieferungen von 10 Mio. t Rohöl verteilt auf zehn Jahre vereinbart worden. Die Ablöse wurde später auf 6 Mio. t reduziert: Lieferungen im Erdölabkommen von 7,2 Mio. t standen sowjetische Gegenlieferungen von 1,2 Mio. t gegenüber.

Abschließend sei die Frage angeschnitten, wieweit die von der Sowjetunion geforderten Ablösen angemessen waren. Der USIA-Komplex (einschließlich der Abgeltung der Militärbankkredite) war wahrscheinlich überzahlt. Das BMfVuW[341]) hatte 1949 den Rückkaufswert der USIA-Betriebe (ohne Hausbesitz und landwirtschaftlicher Betriebe) auf 94 Mio. $ geschätzt. Dabei wurde angenommen, dass die (durch Demontagen dezimierte) maschinelle Ausstattung von 1945 erhalten wurde (die neu zugeführten Anlagegüter etwa den Abschreibungen entsprachen). Der Rückkaufwert 1955 dürfte eher niedriger gewesen sein. Dazu folgende überschlägige Kalkulation: Ein Umsatz von 169 Mio. $ (Schätzung für 1954) ließ sich in österreichischen Unternehmungen mit einem Anlagevermögen (einschließlich Grundstücke) von etwa 100 Mio. $ (Zeitwert) erzielen. Dieser Sachwert entsprach einem Ertragswert bei einer Gewinnquote von 5% vom Umsatz und einem Diskontsatz (einschließlich Risikoprämie) von 8%. Tatsächlich befanden sich jedoch die USIA-Betriebe in einem viel schlechteren Zustand als der Durchschnitt der österreichischen Betriebe.

Die mehr aus dem Gefühl als aufgrund handfester Kalkulationen genannten Schätzwerte österreichischer Politiker lagen viel tiefer; sie bewegten sich zwischen 35 Mio. $ und 80 Mio. $[342]). Relevante Nachkalkulationen sind nicht bekannt. Verschiedenes spricht jedoch für niedrige Ansätze. Von den übergebenen Industriebetrieben der USIA wurde gemessen an der Beschäftigtenzahl

---

[339]) *WIFO* (1962).
[340]) F. Machlup meinte freilich in einer privaten Diskussion über den Staatsvertrag in New York, Österreich hätte lieber Dollar zahlen sollen, als die vermuteten veralteten Strukturen der ehemaligen USIA-Betriebe zu erhalten.
[341]) AdR: BMfVuW, Abt. 14, in Handakte Wildner, Mappe 5 (ohne Aktenzahl).
[342]) Die Kosten des Staatsvertrags wurden Anfang 1954 in einer Arbeitsgruppe von österreichischen Experten und Experten der drei Westmächte diskutiert. Die Ergebnisse sind festegehalten in: Foreign Service Dispatch. From Amembassy Vienna to The Department of State, Washington, vom 21. 1. 1954. Results of Austro-Tripartite Working Group on Articles 35 and 42 of State Treaty (File aus US-Archiven).

fast die Hälfte von verstaatlichten Unternehmungen übernommen[343]). Ihre Eingliederung erforderte einen hohen organisatorischen Aufwand und zusätzliche Investitionen. Sie wurde von den Unternehmungen eher als eine Belastung als eine Chance empfunden. Die nicht-verstaatlichten Unternehmungen wurden vom Bund schrittweise veräußert. Der Veräußerungserlös (nach Angaben des Finanzministers etwa 600 Mio. S) deckte bestenfalls ein Drittel der anteiligen Ablöse.

Das Erdölabkommen legte Liefermengen fest. Zu den vereinbarten Verrechnungspreisen[344]) hatten die Nettolieferungen einen Wert von etwas über 100 Mio. $. Das entspricht etwa dem Betrag, den die Bundesregierung in den Koordinationsgesprächen mit den Westmächten Anfang 1954 für angemessen hielt. Staatssekretär Kreisky z. B. führte in den Koordinationsgesprächen mit den westlichen Besatzungsmächten aus, dass in den nächsten zehn Jahren für 400 Mio. $ Öl (vermutlich 20 Mio. t à 20$/t) gefördert werden könnte. Nach Abzug von 75% Förderkosten verbliebe ein Überschuss von 100 Mio. $ (ohne Diskontierung)[345]). Die Handelskammer[346]) sprach dennoch von einem politischen, wirtschaftlich nicht gerechtfertigten Preis, anscheinend weil sie noch mit alten Schätzungen über die Ölreserven operierte, die sich als viel zu niedrig erwiesen. Nach Übergabe der Ölwirtschaft an Österreich bezifferte der Geologe K. Friedl die Reserven auf 95 Mio. t, eine vorsichtigere amtliche Schätzung kam auf 58 Mio. t[347]). Die Erdgasreserven wurden 1955 auf 28 bis 36 Mrd. m³ geschätzt. Dem entspricht ein Heizwert von 37 Mio. t bis 47 Mio. t Steinkohle[348]). Tatsächlich förderte die ÖMV bis Mitte der neunziger Jahre 73 Mio. t Erdöl und 49,6 Mio. m³ Erdgas. Um diese Förderleistung in nachhaltiger Bewirtschaftung zu erbringen, musste sie viel in neuen Anlagen investieren und umfassendes Know-how erwerben. Auch bei hohen Kosten übertraf jedoch der volkswirtschaftliche Ertrag bei weitem den Preis von 6 Mio. t, wie man durch einfache Kontrollrechnungen nachweisen kann. Das gilt selbst zu den relativ niedrigen Preisen vor dem ersten Ölpreisschub 1973 (Erdöl kostete im Import etwa 18 $/t, Erdgas 14 Mio. $/m³). Wichtiger als der Gewinn aus der Förderung war für die ÖMV die Chance, sich schrittweise zu einem integrierten Unternehmen der Mineralölindustrie mit leistungsfähigen Verarbeitungs- und Verteilungskapazitäten und zunehmender internationaler Verflechtung zu entwickeln. Die Republik Österreich hatte, so stellte sich bald nach Abschluss des Staatsvertrags heraus, den sowjetischen Komplex der Ölwirtschaft zu günstigen Bedingungen erhalten.

---

[343]) Nach *Langer* (1966, Tabelle 33) übernahm die Verstaatlichte Industrie 25.800 Beschäftigte aus sowjetischen Betrieben, davon 15.692 aus USIA-Betrieben.
[344]) Die Werte schwankten zwischen 102 und 112 Mio. Der hier verwendete Wert stammt von *Rambousek* (1977).
[345]) In „Results of Austro-Tripartite Working Group" (File aus US-Archiven).
[346]) AdR: BMfaA, Zl. 321.695_pol/1955. In IIpol, Karton Nr. 348/1955.
[347]) *Weber/Koren* (1957, S. 116/117).
[348]) *Weber/Koren* (1957, S. 152).

Abbildung 4.6: Erdölförderung 1955-75, tatsächlich und projektiert

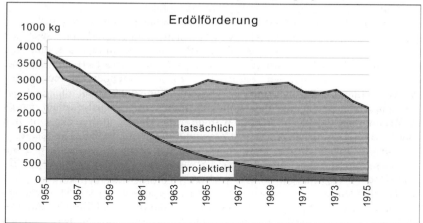

Der Wert der von der Sowjetunion zu übergebenden Ölwirtschaft wurde von österreichischer Seite vor der Übergabe unterschätzt. Die tatsächliche Förderung lag in den zwei Jahrzehnten nach Abschluss des Staatsvertrages weit über der von der Handelskammer projektierten.

Zu der von der Sowjetunion verlangten Ablöse kamen die Entschädigungen der westlichen Ölfirmen für die während der deutschen Annexion entzogenen Schurfrechte in Form von Bargeld und Konzessionen in den westlichen Bundesländern. Die Ansprüche der Ölkonzerne waren ursprünglich sehr hoch (und kaum niedriger als die von der Sowjetunion geforderte Nettoablöse). Erst nach langen Verhandlungen gelang es, die Entschädigungen auf ein bescheidenes Maß (16 Mio. $) zu reduzieren. Die Ölkonzerne legten ihre Mittel anscheinend gut an. Jedenfalls erzielten sie in den folgenden Jahren gute Erträge, die sie großteils transferierten[349]).

4.3.3 Die vermögensrechtliche Auseinandersetzung mit der BRD

Die Auseinandersetzung über das Deutsche Eigentum in Österreich beschränkte sich bis zum Staatsvertrag nahezu ausschließlich auf die Besatzungsmächte und auf Österreich. Deutschland kam nicht ins Spiel, wenn man von den unverbindlichen Zusagen absieht, das „kleine deutsche Eigentum" zurückzustellen. Das änderte sich nach dem Staatsvertrag schlagartig. Zehn Jahre nach dem Zweiten Weltkrieg hatten sich Weltpolitik und Weltwirtschaft grundlegend geändert. Deutschland war nicht mehr der Aggressor, der Reparationen zu leisten hatte und dem (etwa durch Beschränkung der Industriekapazität) die Möglichkeit genommen werden sollte, neuerlich aufzurüsten. Vielmehr wurde es – hüben und drüben – zu einem umworbenen Partner im Kalten

---

[349]) *Rathkolb* (1997, S. 258) zitiert Studien der Arbeiterkammer, wonach die multinationalen Ölgesellschaften in der Folgezeit hohe Nettodividenden ausschütteten, die ins Ausland transferiert wurden.

Krieg. Die BRD wurde Mitglied der NATO, die DDR Mitglied des Warschauer Paktes.

Dem Bündnispartner noch Reparationen abzuverlangen, erschien nicht mehr opportun. Die Demontagen waren in den westlichen Besatzungszonen Deutschlands bereits 1946 eingestellt worden, zunächst einfach deshalb, weil die deutsche Wirtschaft darnieder lag und sich nicht selbst erhalten konnte. Reparationen würden nur den von den USA zu finanzierenden Zuschussbedarf der westlichen Besatzungszonen vergrößern. Nunmehr schien die Zeit gekommen, das deutsche Auslandsvermögen freizugeben, soweit es nicht bereits für Reparationszwecke verwendet worden war. Die neutralen europäischen Staaten hatten bereits entsprechende Vereinbarungen mit der BRD getroffen.

Für die österreichische Position war die Regelung in den USA von Belang. Das Deutsche Eigentum in den USA wurde auf 400 Mio. $ geschätzt. Ein Großteil davon wurde im ersten Nachkriegsjahrzehnt dazu verwendet, um Verpflichtungen der USA (etwa Soldansprüche der deutschen Kriegsgefangenen) zu decken. Über den verbliebenen Rest entstand in den USA eine Kontroverse. Die US-Rechtsanwaltskammer plädierte für die Freigabe des restlichen Vermögens, nicht zuletzt mit dem Hinweis auf den Schutz des Privatvermögens vor konfiskatorischen Eingriffen des Staates. Der amerikanische Kongress hingegen sprach sich dafür aus, nur das kleine deutsche Eigentum (10.000 $) freizugeben. Hinter dem Deckmantel „schutzwürdiges Privatvermögen" verbarg sich im Falle der Gläubigerrechte bloß ein Wechsel der Schuldner. Auch wäre es unfair, deutsche Firmen, die während der Kriegsjahre hohe Gewinne gemacht hatten, zurückzustellen, während die Alliierten ihr Vermögen in den USA heranziehen mussten, um den Krieg zu finanzieren. Die Entscheidung der USA, nur das kleine deutsche Eigentum zurückzugeben, stützte die österreichische Position in den deutsch-österreichischen Vermögensverhandlungen. Auch der Bankier Abs, der die vermögensrechtlichen Verhandlungen zwischen der BRD und den USA führte, konnte nur die Freigabe des kleinen deutschen Eigentums in den USA erreichen[350]).

Unmittelbar nach Abschluss des Staatsvertrags gab es zunächst heftige deutsche Proteste gegen die Übertragung des Deutschen Eigentums in Österreich[351]). Die Proteste wurden jedoch von den Westmächten mit der Begründung zurückgewiesen, Österreich hätte durch die deutsche Annexion Schaden erlitten. Im Übrigen hätte sich die BRD in den Pariser Verträgen vom 23. 12. 1954 verpflichtet, jede Regelung des deutschen Auslandsvermögens hinzunehmen und deutsche Bürger für etwaige Vermögensverluste aus dieser Regelung zu entschädigen[352]).

Die Beziehungen zwischen der BRD und Österreich waren einige Zeit getrübt. Die deutsche Bürokratie und die deutsche Presse rechneten vor, wie viel deutsche private und öffentliche Stellen während der deutschen Annexion in

---

[350]) Einschlägige Dokumente zu diesem Themenkreis finden sich in AdR: BMfF, Glz. 126.336_16/1955.
[351]) Die deutsche Position wurde ausführlich dargestellt in *Pape* (2000).
[352]) Ablichtungen der Noten der Westmächte auf den deutschen Protest finden sich in AdR: BMfaA, Zl. 325.590, Zl. 325.860, Zl. 326.068_pol/1955.

Österreich investiert hätten. Die zentrale Frage, die nach 1945 die Verhandlungen mit den Besatzungsmächten und zwischen ihnen beherrscht hatte, die Frage nämlich, wieweit Vermögenstransaktionen erzwungen worden waren und der Kaufpreis dem wahren Wert des erworbenen Vermögens entsprochen hatte, wurde nicht mehr gestellt. Die Londoner Deklaration von 1943, wonach Vermögenstransaktionen von Deutschen in den von ihnen besetzten Gebieten ungültig waren, sofern der deutsche Erwerber nicht nachweisen konnte, dass es sich um eine normale kommerzielle Transaktion handelte, war in Vergessenheit geraten. Stattdessen gewannen Rechtsinterpretationen an Bedeutung, die zweifeln ließen, ob die westlichen Alliierten überhaupt das Recht hatten, das Deutsche Eigentum in Österreich an die Republik Österreich zu übertragen.

Im Herbst 1955 schlug der deutsche Außenminister von Brentano Österreich vor, gemeinsam über die Interpretation der vermögensrechtlichen Bestimmungen des Staatsvertrags zu beraten. Die gemischt deutsch-österreichische Kommission entwarf in sieben Arbeitstagungen ein Vertragswerk, das Mitte 1957 unterschriftsreif war. In diesen Verhandlungen schien Österreich die besseren Karten zu haben. Der Staatsvertrag hatte das Deutsche Eigentum in Österreich an die Republik Österreich übertragen. Nur das „kleine" deutsche Eigentum und jenes, das kulturellen Zwecken diente, durfte (musste aber nicht) rückübertragen werden.

Andererseits befand sich Österreich in einer schwachen wirtschaftlichen und politischen Position. Die deutschen Verhandler[353]) erreichten unter Berufung auf die Unantastbarkeit des Privateigentums und gemeinsame abendländische Werte Zugeständnisse, die als großzügige Auslegung des Staatsvertrags interpretiert wurden, aber einer Neudefinition des Art. 22 des Staatsvertrags nahe kamen.

Die USA hatten ursprünglich als kleines deutsches Eigentum Vermögen bis zu einer Wertgrenze von 10.000 $ definiert. Schon die Festlegung der Wertgrenze im Staatsvertrag mit 260.000 S beinhaltete eine großzügige Interpretation. Zwar war der offizielle Wechselkurs 1 $ gleich 26 S, zu Kaufkraftparitäten war jedoch der Dollar nur 15 S wert (260.000 S hätten demnach 17.500 $ entsprochen). Vollends wurde die Grenze von 10.000 $ dadurch überschritten, dass die Vermögen zum Einheitswert per 1. 1. 1948 bewertet wurden. Dieser Einheitswert (für Grundstücke entsprach er den Einheitswerten zu Kriegsende) betrug nur etwa ein Sechstel des Verkehrswerts der Vermögen zum Zeitpunkt des Abschlusses des Staatsvertrags. Die Wertgrenze von 10.000 $ wurde somit in eine Wertgrenze von etwa 100.000 $ umdefiniert. Dazu kam, dass die Wertgrenze als Freibetrag interpretiert wurde, den auch große Vermögen beanspruchen konnten, und dass der Freibetrag für jede der beiden unterschiedenen Vermögenskategorien galt.

Den Konzessionen der Österreicher standen nur geringe Konzessionen der Deutschen gegenüber. Zwar wurde erreicht, dass österreichische Forderun-

---

[353]) Unterlagen über die Verhandlungen in der deutsch-österreichischen gemischten Kommission finden sich in AdR: BMfaA, Gzl. 511.552_pol/1956, der Vertrag selbst in Gzl. 218.935_pol/1947.

gen an deutsche Schuldner anerkannt wurden. Bankgelder, Versicherungsprämien und Bauspargelder, die während des Kriegs von Österreichern bei deutschen Finanzintermediären eingelegt worden waren, konnten nunmehr eingefordert werden. Ebenso kommerzielle Forderungen an deutsche Unternehmungen. Aber die Zahlungen an österreichische Sparer, wurden zum guten Teil dadurch finanziert, dass die in Österreich gelegenen Deckungswerte und die von deutschen Banken an österreichische Schuldner bis Kriegsbeginn gewährten Kredite freigegeben wurden.

Die österreichischen Behörden haben die im deutsch-österreichischen Abkommen vereinbarten Vermögensregelungen nicht quantifiziert. In der Presse wurden die deutschen unter den Titeln klein und kulturell rückübertragenen Vermögenswerte auf 2 Mrd. S (Verkehrswert) geschätzt. Die österreichischen Verhandler bezeichneten diesen Betrag als zu hoch, legten sich aber nicht auf einen alternativen Schätzwert fest. Die von den Deutschen anerkannten österreichischen Forderungen beliefen sich auf 850 Mio. S. Darin sind jedoch auch die Ablösen für USIA-Betriebe enthalten. Unbekannt ist, wie viel der österreichischen Sparern zugestandenen Beträge aus Freigaben von in Österreich gelegenen Deckungswerten deutscher Versicherer und Bausparkassen und von Krediten deutscher Banken an österreichische Kunden refinanziert wurden.

Ein strikter Forderungsverzicht auf beiden Seiten wäre Österreich billiger gekommen. Mit dem Saldo des Vertrags muss daher das Konto „gute Beziehungen zu einer wirtschaftlich und politisch potenten Großmacht" belastet werden. Das war auf lange Sicht gesehen mehr wert. Auch bestand zumindest im Finanzministerium der Eindruck, dass es fair wäre, Wohnhäuser mit Grundstücken, landwirtschaftlichen Besitz bis 10 ha und Geschäfte mit weniger als 15 Angestellten und Handelsbetriebe mit weniger als 50.000 S Jahresumsatz an deutsche Eigentümer zurückzustellen[354]).

---

[354]) Brief des Finanzministers an den Außenminister und den Bundeskanzler vom 27. 4. 1955. AdR: BMfF, Zl. 51.610_15/1955.

5. An der Schwelle zum „Goldenen Zeitalter"

5.1 Finanzielle Stabilität durch Schocktherapie

5.1.1 Vorwort

Im Laufe von 1951 eskalierte die Inflation: die Teuerungsrate betrug 40%. Gleichzeitig kündigten die USA an, dass sie ihre Hilfe an Österreich stark einschränken und in absehbarer Zeit überhaupt einstellen würden. Die österreichische Wirtschaftspolitik stand somit 1952 vor einer doppelten Aufgabe: Sie musste die Nachkriegsinflation beenden (Herstellung innerer finanzieller Stabilität) und sie musste ohne (oder nur mit einer geringen) Auslandshilfe auskommen (Herstellung äußerer finanzieller Stabilität).

Beide Stabilisierungsformen sind miteinander verknüpft. In historischen Darstellungen wird meist die Beendigung der Nachkriegsinflation in den Vordergrund gerückt und der Ausgleich der Zahlungsbilanz als willkommene (und eher unerwartete) Beigabe interpretiert. Hier wird der umgekehrte Weg eingeschlagen: Weil weniger Auslandshilfe verfügbar war, wurde die österreichische Wirtschaftspolitik zu einer Strategie gedrängt, die innere Stabilität und äußere Stabilität gleichzeitig erreichen ließ. Damit verschiebt sich das Gewicht der Akteure: Der Einfluss der Marshallplan-Administration (und ihrer Nachfolger) rückt in den Vordergrund, und der Einfluss der heimischen Wirtschaftspolitik wird – ohne ihn gering zu schätzen – relativiert.

Die ersten beiden Kapitel behandeln den wirtschaftspolitischen Entscheidungsprozess. Sie stellen dar, wie das Konzept der Stabilisierungspolitik entstand, wieweit es mit der Ideologie der großen gesellschaftlichen Gruppen verträglich war und wie es in konkrete Maßnahmen der Entscheidungsträger umgesetzt wurde. Dieser wirtschaftspolitische Teil ist relativ ausführlich, weil er bisher wenig behandelte Aspekte des „Raab-Kamitz-Kurses" beleuchtet.

Der dritte Abschnitt beschreibt die quantitativen Erfolge der Stabilisierungspolitik mit den traditionellen Werkzeugen der Wirtschaftsforschung. Als Referenzperiode wurde der Zyklus 1951-1955 gewählt. Das erlaubt es, die Wirkungen der Stabilisierungsmaßnahmen über die Stabilisierungsperiode im engeren Sinn (Herbst 1951 bis Frühjahr 1953) hinaus zu verfolgen und zwischen temporären und dauernden Einflüssen zu unterscheiden.

5.1.2 Kurswechsel infolge Auslaufens der Auslandshilfe

Die Optionen der Wirtschaftspolitik

Der Korea-Konflikt veranlasste die Vereinigten Staaten, ihre Auslandshilfe neu zu strukturieren. Im Fiskaljahr 1951/52 gewährte sie hauptsächlich Militärhilfe (meist an NATO-Länder) und nur noch ausnahmsweise Wirtschaftshilfe. Schon im Spätsommer 1951 zeichnete sich ab, dass Österreich für 1951/52 nur noch eine Hilfe von 120 Mio. $ erwarten konnte. Demgegenüber hatte es in der zweiten Fassung seines Zahlungsbilanzprogramms 1951/52 einen Betrag für notwendig erachtet, der je nach der Herkunft der Kohlenbezüge zwischen 176 Mio. $ und 192 Mio. $ schwankte[1]). Die für 1951/52 in Aussicht gestellte und schließlich auch bewilligte Hilfe entsprach real etwa der Hälfte jener von 1950/51.

Die Kürzung der Hilfe traf die heimische Wirtschaftspolitik unvorbereitet. Die österreichische Wirtschaft war auf einen ständigen Strom von Hilfslieferungen eingestellt. Da sie Nahrungsmittel, Rohstoffe und Kohle unentgeltlich aus dem Ausland erhielt, konnte ein relativ großer Teil der heimischen Ressourcen für den Wiederaufbau im Inland verwendet werden. 1951 war das reale BIP um fast 30% und die gewerbliche Produktion bereits um 60% höher als vor dem Krieg; der reale Export von Waren und Leistungen erreichte aber erst 90% des ohnehin niedrigen Werts von 1937. Diese Struktur ließ sich kurzfristig nur schwer ändern. Viele der im Wiederaufbau verwendeten Ressourcen eigneten sich nicht oder nur teilweise zur Herstellung exportfähiger Güter (das gilt insbesondere für die Bauwirtschaft). Auch der Ausweg, weniger „non-essentials" einzuführen, war nur teilweise gangbar, weil die Handelsverträge den Export von „non-essentials" an den Import von gleich eingestuften Waren banden. Salopp formuliert: Die österreichische Wirtschaft hing am Tropf der Auslandshilfe. Wenn sie davon ganz oder großteils abgehängt wurde, waren Entzugserscheinungen zu befürchten.

Hätte die österreichische Wirtschaftspolitik ihren bisherigen Kurs der halbherzigen Lenkung mit teils offener und teils rückgestauter Inflation beibehalten, so wäre eine hochbrisante Situation entstanden. Der Mangel an Energie und Rohstoffen hätte eine beträchtliche technologische Arbeitslosigkeit (Arbeitslosigkeit infolge des Mangels an Vorprodukten) entstehen lassen. Nahrungsmittel wären wieder knapp geworden und hätten rationiert werden müssen. Der österreichische Finanzminister (anlässlich einer Aussprache mit Spitzenbeamten der ECA[2]) in Washington) und das österreichische ERP-Zentralbüro (in seiner ersten schriftlichen Reaktion auf die angekündigte Kürzung der Hilfe) malten im Herbst 1951 dieses Schreckensszenario mit eindringlichen Worten in der Hoffnung aus, dass die USA ihren Entschluss korrigieren würden. Es war nicht bloß Taktik, wenn das ERP-Zentralbüro in einer ersten Reaktion feststellte:

---

[1]) Unterlagen des ERP-Büros für den Finanzminister anlässlich der Jahrestagung der internationalen Finanzinstitute. AdR: Ministerrat Figl 2, Nr. 260 vom 4. 9. 1951 (BKA, Zl. 615.957_ERP/3/1951).

[2]) Unter den Marshallplan-Organisationen werden verstanden: die amerikanische Administration des Marshallplans samt ihren lokalen Teilorganisationen (ECA: European Cooperation Agency), die europäische Koordinationsorganisation (OEEC, Vorläufer der noch heute bestehenden OECD), sowie die Europäische Zahlungsunion (EPU). Anfang 1952 wurde die ECA in die MSA (Mutual Security Agency) übergeführt. Die Wiener Mission hieß nunmehr MEC oder auf Deutsch: US-Sondermission für wirtschaftliche Zusammenarbeit.

5.1 Finanzielle Stabilität durch Schocktherapie

„Es ist noch keine einzige Information der ECA-Wien, Paris oder Washington erfolgt, welche, nach Anerkennung der Einzelzahlen unseres Programmes, die österreichische Seite beraten hätte, wie man das Export- und Importprogramm mit einem Defizit von 120 Mio. $ durchführen könne"[3]).

Die US-Behörden blieben unbeeindruckt. Die österreichische Wirtschaftspolitik müsste sich eben überlegen, wie sie mit weniger Hilfe auskommen könnte[4]). Daraufhin richtete das ERP-Zentralbüro ein Rundschreiben an die mit Wirtschaftsagenden betrauten Ministerien, worin mögliche Maßnahmen zur Schadensbegrenzung zur Diskussion gestellt wurden[5]).

Dieses Rundschreiben ging von folgender Zielvorstellung aus: Der Ausfall an Auslandshilfe sollte dadurch wettgemacht werden, dass mehr produziert und die Mehrproduktion nicht im Inland verbraucht, sondern exportiert wurde. Dazu wäre es erforderlich, die Produktivität (die internationale Konkurrenzfähigkeit) zu steigern und die heimische Sparquote (auch die der öffentlichen Haushalte) zu erhöhen. Die Kreditexpansion sollte zwar begrenzt werden, doch dürfe dadurch die Produktion nicht beeinträchtigt werden. Dieser Vorschlag passte in den Vorstellungsraum, in dem sich die Gedanken der heimischen Wirtschaftspolitik, sowohl auf der Ebene der Regierungskoalition als auch auf der Ebene der Sozialpartner, bewegten. Er diente als Grundlage für das vom Wirtschaftsdirektorium am 10. 12. 1951 verabschiedete wirtschaftspolitische Konzept[6]).

Dieses Konzept ließ sich bestenfalls mittelfristig verwirklichen. Die österreichische Wirtschaft musste jedoch sofort mit weniger ausländischer Hilfe auskommen. Auf kurze Sicht sind Technologie und Kapazitäten gegeben (oder durch bereits getroffene Entscheidungen prädeterminiert). Die abrupte Kürzung der Auslandshilfe erforderte daher eine Übergangsstrategie, die auf der Nachfrageseite anzusetzen hatte.

Denkbar wäre es gewesen, einer Verknappung des Angebots an international handelbaren Gütern mit einer straffen Lenkung nach gesamtwirtschaftlichen Kriterien zu begegnen[7]). Eine durch behördliche Anordnungen gesteuerte Austerity-Politik setzt jedoch eine hohe Planungskapazität der Bürokratie und eine verständnisvolle Kooperation der wirtschaftlichen Akteure voraus. Kann das nicht erreicht werden – und die Erfahrungen mit direkter Lenkung in den ersten Nachkriegsjahren waren nicht gerade ermutigend –, dann verschlimmert sich die Lage. Wenn knappe Waren und Devisen gehortet werden, verschärfen sich die Engpässe und die technologische Arbeitslosigkeit, die man zu vermeiden gesucht hat, tritt verstärkt auf. Auch war zu bedenken, dass der Westen nach dem Abflauen der Korea-Hausse beschleunigt auf den „Weg von der Be-

---

[3]) AdR: Ministerrat Figl 2, Nr. 260 vom 4. 9. 1951 (BKA, Zl. 700.435_ERP/ 3/1951).
[4]) AdR: BKA/AA, Zl. 212.134_Wpol/1951.
[5]) AdR: BKA/AA, Zl. 215.849_Wpol/1951.
[6]) Das Konzept wurde im Jahresbericht 1951 der Bundeswirtschaftskammer lobend erwähnt.
[7]) Auf die Möglichkeit, dass der Ausfall an Auslandshilfe zu einer straffen Planwirtschaft führen könnte, wies St. Wirlander in seinem Referat vor dem 2. Österreichischen Gewerkschaftskongress hin. Siehe Seite 487.

wirtschaftung zur Marktwirtschaft" setzte. Zu einem liberalen Außenhandel und einem multilateralen Zahlungssystem in Westeuropa hätte ein planwirtschaftliches (oder zumindest streng dirigistisches) Regime in Österreich nicht gepasst.

Als marktwirtschaftliche Alternative bot sich die Lösung an, die aggregierte Nachfrage dem Engpass „international handelbare Güter" anzupassen. Diese Therapie – sie wird je nach Standpunkt als solide (gesunde) Geld- und Finanzpolitik, als klassische Stabilisierungspolitik oder auch als Deflationspolitik bezeichnet – empfiehlt sich insbesondere dann, wenn das äußere Ungleichgewicht (die Lücke in der Zahlungsbilanz) mit einem inneren Ungleichgewicht (einer Inflation) zusammentrifft[8]). In diesem Fall kann mit Hilfe einer restriktiven Geld- und Budgetpolitik innere und äußere finanzielle Stabilität zugleich hergestellt werden. Die knappe Kaufkraft sorgt dafür, dass der Preisauftrieb im Inland unterbunden wird. Und die Zahlungsbilanz wird entlastet, weil weniger Importe benötigt und heimische Ressourcen für den Export freigesetzt werden.

Diese Therapie hat einen Vorzug und einen Nachteil. Ihr Vorzug liegt darin, dass – sobald sie glaubhaft verfolgt wird – temporäre Mechanismen in Gang gesetzt werden, welche die Anpassung an neue Bedingungen erleichtern. Dazu gehören etwa der Abbau von Lagern, der Rückstrom von Fluchtkapital und die Auffüllung der durch die Inflation reduzierten realen Kassenbestände. Der Nachteil (*Rothschild*, 1950, sprach von einem „Malheur") liegt darin, dass zumindest kurzfristig Arbeitslosigkeit entsteht, weil Preise und Löhne relativ starr und (oder) die Produktionsfaktoren nur beschränkt mobil sind. Der Zahlungsbilanzausgleich wird nicht bei steigender, sondern bei zeitweilig rückläufiger Produktion erreicht. Einbußen an Produktion und Beschäftigung sind umso eher zu erwarten, als eine solche Politik aus verschiedenen Gründen dazu neigt, übers Ziel zu schießen[9]).

Der Druck, kurzfristige Erfolge zu erzielen, wäre schwächer gewesen, wenn man die ausfallende Auslandshilfe durch kommerzielle Auslandskredite hätte ersetzen können. Österreich war jedoch Anfang der fünfziger Jahre international nur beschränkt kreditwürdig. Selbst für die Weltbank, die viele Projekte in Entwicklungsländern finanzierte, war das Länderrisiko einer Investition in Österreich zu hoch[10]). Im Übrigen wären solche Kredite mit Auflagen verknüpft gewesen, die sich nicht sehr von den Forderungen der Marshallplan-Administratoren unterschieden hätten. Die Variante Auslandskredite als Alternative zu einem kurzfristigen Stabilisierungszwang wurde daher auch nicht erwogen.

Dass eine glaubhafte und nicht zuletzt deshalb wirksame Stabilisierungspolitik mit einer Anpassungsrezession verbunden ist, wird von in Neoklassik

---

[8]) Wenn die Zahlungsbilanz trotz relativ stabiler Inlandspreise (und eventueller Unterbeschäftigung) passiv ist, bot sich nach der damals herrschenden Lehre (repräsentiert durch das „Swan-Diagramm") eine Währungsabwertung an.
[9]) Ein solches Überschießen ist unter Umständen sogar erwünscht, um den Stabilisierungserfolg zu sichern. Siehe z. B. *De Growe* (1989).
[10]) AdR: Ministerrat Figl 2, Nr. 290 vom 29. 4. 1951 (BMfF, Zl. 33.096_15B/1952).

geschulten Ökonomen für nahezu unvermeidlich angesehen. Anfang der fünfziger Jahre hingegen wurde eine „deflationistische" Lösung von keiner der in Österreich mit Wirtschaftspolitik befassten Organisationen in Betracht gezogen. Ein „restriktiver" Kurs der Wirtschaftspolitik war vor allem für die SPÖ und die Gewerkschaften schwer zu akzeptieren. St. Wirlander, Vordenker und einflussreicher wirtschaftspolitischer Akteur der Arbeitnehmerseite, hatte die Gewerkschaften gerade in einem strategisch wichtigen Referat auf dem 2. Gewerkschaftskongress mit dem Gedanken vertraut gemacht, dass sie sich von der Vision einer zentralen Planwirtschaft lösen müssten, doch ließe sich mittels einer keynesianischen Vollbeschäftigungspolitik auch in einer grundsätzlich kapitalistischen Wirtschaft dauernd ein hoher Beschäftigungsgrad erreichen. Die „keynesianische Botschaft" konnte, kaum dass sie verkündet war, nicht desavouiert werden.

Auch in der ÖVP gab es zunächst wenig Verständnis für eine Schocktherapie. Die Bundeswirtschaftskammer[11]) hatte die ohnehin wenig wirksamen Kreditkontrollabkommen vom Frühjahr 1951 scharf kritisiert: Sie wären weder nötig, noch zweckmäßig. Als die Kürzung der Hilfe bekannt wurde, empfahl sie eine Exportoffensive und präsentierte ihre alten Forderungen: Kompensationsgeschäfte für arbeitsintensive Fertigwaren sollten zugelassen, das Außenhandelsverfahren vereinfacht und die steuerliche Exportförderung ausgebaut werden[12]). Am wirtschaftspolitischen Konzept der Bundesregierung vom 10. 12. 1951 hob sie lobend hervor, dass die vorgesehene Beschränkung der Kreditausweitung nicht die Produktion von Industrie und Landwirtschaft beeinträchtigen dürfe[13]).

Restriktive Lösungen wurden im Übrigen von den Sozialpartnern nicht nur in den fünfziger Jahren, sondern zumindest bis Mitte der siebziger Jahre abgelehnt[14]). Die Interessenverbände favorisierten expansive Strategien, weil sie es für möglich hielten, die damit verbundenen Inflationsrisken durch kooperative Vereinbarungen über Preise und Löhne zu begrenzen (einkommenspolitische Absicherung).

Die Haltung der österreichischen Wirtschaftspolitik im Herbst 1951 lässt sich zusammenfassend wie folgt beschreiben: Preisauftrieb und Zahlungsbilanzlücke (die innere und die äußere Instabilität) wurden als getrennte, kurzfristig nicht lösbare Erscheinungen betrachtet. Das Handelsbilanzdefizit erschien als eine Folge von Strukturschwächen der heimischen Wirtschaft, die nur schrittweise durch leistungsstärkende und strukturverbessernde Investiti-

---

[11]) „Der österreichische Volkswirt", 1951, 37(13). Der Generaldirektor der Notenbank bemerkte hiezu im Generalrat: „Es scheint, dass die Kammer sich bei ihrer Stellungnahme allzusehr von einem eng begrenzten Interessenstandpunkt leiten ließ und dabei die gesamtwirtschaftliche Bedeutung der Maßnahmen übersehen hat" (62. Sitzung des Generalrats der OeNB vom 5. 4. 1951).
[12]) „Und was sagt die Bundeskammer zur Wirtschaftslage?", in „Der österreichische Volkswirt", 1951, 37(46).
[13]) Jahresbericht 1951 der Bundeskammer der gewerblichen Wirtschaft, S. 40.
[14]) *Seidel* (1993, S. 79-81).

onen überwunden werden könnten[15]). Die inflatorische Entwicklung wurde (abgesehen vom Korea-Schock) als eine Folge des Verteilungskampfes der großen sozialen Gruppen interpretiert, die sich erst bei einem ansprechenden Realeinkommen auf ein nicht-inflatorisches Maß dämpfen lässt, wenn man die Vollbeschäftigung erhalten will.

Diese wirtschaftspolitischen Auffassungen müssen berücksichtigt werden, wenn man verstehen will, wie die österreichische Stabilisierungspolitik zustande kam und wie sie implementiert wurde.

5.1.3 Der Druck der Marshallplan-Behörden

Im Gegensatz zur vorherrschenden wirtschaftspolitischen Meinung in Österreich klang die Möglichkeit einer Stabilisierungsrezession in den Überlegungen der ausländischen Geldgeber bereits an. Die Verwalter des Marshallplans und die mit ihm verknüpften europäischen Organisationen hielten den Zeitpunkt für eine „Entziehungskur" gekommen.

Die Interventionen der Europäischen Zahlungsunion (EPU)

Die Auseinandersetzungen mit den Marshallplan-Behörden über Art und Tempo der österreichischen Stabilisierungspolitik begannen bereits im Frühjahr 1951, noch bevor der US-Kongress seine Grundsatzentscheidung über die Strukturierung seiner Auslandshilfe traf. Diese Vorgeschichte ist deshalb erwähnenswert, weil sie einen Einstellungswandel der internationalen Staatengemeinschaft gegenüber Österreich signalisiert. Österreich – so wurde zunehmend diagnostiziert – hätte wirtschaftliche Schwierigkeiten, nicht nur wegen ungünstiger Rahmenbedingungen, die es nicht beeinflussen konnte, sondern auch, weil die österreichische Wirtschaftspolitik zu wenig aktiv wäre.

Unmittelbarer Anlass war das Defizit im westeuropäischen Handel. In der EPU zählte Österreich zusammen mit Griechenland zu den Außenseitern. Diese beiden Länder waren noch nicht imstande, die Pflichten eines Vollmitglieds (insbesondere eine „echte" Liberalisierung der Einfuhr) zu erfüllen und durften den Kreditmechanismus der EPU nicht beanspruchen. Um seine Defizite im multilateralen Clearing mit den europäischen Teilnehmerländern zu decken, erhielt Österreich für das erste Jahr der EPU (1950/51) eine Starthilfe („initial position") von 80 Mio. $. Dieser Betrag war jedoch im Frühjahr 1951 aufgebraucht, weil der Korea-Konflikt den realen Wert der Hilfe geschmälert und spekulative Käufe ausgelöst hatte[16]). Dabei hatte es bis gegen Ende 1950 so ausgesehen, als ob mit der Starthilfe für das Jahr 1950/51 das Auslangen gefunden werden könnte. Im Gegensatz zur BRD, wo das liberale Außenhandels-

---

[15]) Der strukturelle Charakter des Zahlungsbilanzdefizits wurde von der Bundesregierung gegenüber der ECA vertreten. In der innenpolitischen Diskussion hielten insbesondere St. Wirlander und seine Mitarbeiter in der Wiener Arbeiterkammer an diesem Konzept fest (siehe *Reichard*, 1951). Die Problematik dieser Position bestand darin, dass sie implizit der Kritik am österreichischen Investitionsprogramm Recht gab, wonach zuviel in langfristigen und zu wenig in kurzfristigen Projekten investiert wurde.
[16]) AdR: BKA/AA, Zl. 152.509_Wpol/1951.

5.1 Finanzielle Stabilität durch Schocktherapie

regime bereits in der zweiten Hälfte 1950 einen Importboom ermöglicht hatte, hielt sich das kumulative Defizit Österreichs in der EPU bis Ende November 1950 mit 18 Mio. $ in engen Grenzen. Erst danach stiegen auch die heimischen Importe sprunghaft. Die verzögerte Reaktion auf die internationale Rohwarenhausse ließ vermuten, dass sich die heimischen Importeure zu spät mit Rohwaren eingedeckt hatten. Die OeNB[17]) wies Vorwürfe zurück, dass ihre Bewilligungspraxis daran Schuld trüge. Im März 1951, als die Jahresquote von 80 Mio. $ nahezu erschöpft war, ersuchte Österreich die EPU um 15 Mio. $ zusätzliche Mittel[18]). Das gab Anlass, seine Wirtschaftspolitik kritisch zu durchleuchten.

Die EPU[19]) bemängelte, dass Österreich seine Außenhandels- und Devisenströme nur unzulänglich kontrollierte. Das Zahlungsbilanzdefizit (aufgrund der Devisenstatistik) überträfe bei weitem das Defizit in der Handelsbilanz (aufgrund der Außenhandelsstatistik)[20]). Der statistisch ungeklärte Devisenabfluss ließe Kapitalflucht vermuten. Ferner würden den Exporteuren[21]) zu viele Devisen belassen, was zur Folge hätte, dass „unwichtige" Güter importiert würden[22]). Die EPU verlangte eine wirksame Kontrolle der grenzüberschreitenden Handels- und Zahlungsströme. Die US-Sondermission in Wien schloss sich der Kritik der EPU an und forderte überdies eine Änderung der relativen Agrarpreise, um die Verfütterung von Brotgetreide hintan zu halten[23]).

Über Empfehlung der EPU erhielt Österreich schließlich von der ECA einen Zuschuss von 10 Mio. $ (beantragt waren 15 Mio. $). Die EPU verlangte aber korrigierende Maßnahmen und setzte Österreich auf die „Watch-Liste"[24]). Die Kritik der EPU beschleunigte die Schaffung des Wirtschaftsdirektoriums und die Verabschiedung der so genannten Lenkungsgesetze[25]). Ferner trafen

---

[17]) 59. Sitzung des Generalrats der OeNB vom 12. 2. 1951.
[18]) AdR: Wirtschaftliches Ministerkomitee, Nr. 86 vom 17. 3. 1951.
[19]) AdR: BKA/AA, Zl. 177.734_Wpol/1951.
[20]) Handels- und Devisenstatistik passen auch heute noch nicht fugenlos zusammen. Die sich daraus ergebende Statistische Differenz ist begreiflicherweise in turbulenten Zeiten besonders groß.
[21]) Die Exporteure mussten ihre Exporterlöse an die Notenbank verkaufen, durften jedoch einen gewissen Betrag behalten. Die ihnen belassenen Devisen sollten ursprünglich für den Import von ausländischen Vorprodukten verwendet werden, wurden jedoch oft mit einem Agio verkauft und dienten daher der Erlösaufbesserung. Ende 1951 machten die Belassungsquoten (Lorokonten der OeNB) 312 Mio. S aus. Die Eigendevisen der OeNB erreichten 868 Mio. S (72. Sitzung des Generalrats der OeNB vom 13. 2. 1952).
[22]) Sogar amerikanische Autos sind auf den Wiener Straßen schon zu sehen, bekrittelte ein Beamter des US State Department. Dem amerikanischen Steuerzahler könne nicht zugemutet werden, dass seine Hilfe auf diese Weise vergeudet wird.
[23]) Brief der US-Sondermission vom 17. 5. 1951 (AdR: Ministerrat Figl 2, Nr. 258, vom 22. 5. 1951).
[24]) AdR: BKA/AA, Zl. 178.098_Wpol/1951.
[25]) Diese Maßnahmen dienten u. a. dazu, die etwas „eingerostete" österreichische Bewirtschaftung von knappen Rohstoffen an die internationale Bewirtschaftung anzupassen, die seit Ausbruch des Korea-Krieges schrittweise eingeführt worden war. Mit den Verhandlungen über das Maßnahmenpaket wurde bereits im Jänner 1951 begonnen

die Währungsbehörden administrative Vorkehrungen, um die Devisenströme besser zu erfassen. Die gesamtwirtschaftliche Nachfrage sollte durch quantitative und qualitative Kreditkontrollen begrenzt werden. Die Bankrate blieb entgegen den Empfehlungen der EPU unverändert (siehe hiezu S. 506).

Nachdem feststand, dass die amerikanische Hilfe stark gekürzt werden würde, verschärfte die EPU ihre Gangart. Am 5. 11. 1951 veranstaltete das Direktorium ein Hearing über Österreich[26]). Darin wurden die von der heimischen Wirtschaftspolitik im Frühjahr 1951 ergriffenen Maßnahmen als völlig unzulänglich bezeichnet. Das Direktorium kritisierte die nach wie vor sehr große Diskrepanz zwischen Handels- und Devisenbilanz. Es forderte die Aufhebung der Belassungsquoten. Weiters wurden die Exportbeschränkungen insbesondere für Holz bemängelt. Schließlich und vor allem forderte die EPU eine konsequente Antiinflationspolitik.

> *„Das Direktorium ist der Ansicht, dass einer der wichtigsten Gründe für die Unausgeglichenheit der Zahlungsbilanz in der mangelnden finanziellen Stabilität ... liegt. Die charakteristischen Merkmale ... sind ein Überfluss an Zahlungsmitteln, der durch die ständige und immer stärkere Erteilung neuer Kredite ausgelöst wird und der durch die Preis-Lohn-Abkommen ausgelöste inflatorische Druck."* (Direktorium der EPU, 5. 11. 1951)

Damit wurde der österreichischen Wirtschaftspolitik erstmals die „klassische" Therapie gegen die makroökonomischen Ungleichgewichte nahe gelegt. Die heimische Inflation und das Defizit in der Leistungsbilanz hätten – so die folgenschwere Diagnose – eine gemeinsame Wurzel: eine übermäßige, die heimischen Produktionsmöglichkeiten übersteigende Inlandsnachfrage. Nach Auffassung des EPU-Direktoriums sollte mit der Antiinflationspolitik unverzüglich begonnen werden:

> *„Wenn die notwendigen Maßnahmen nicht rechtzeitig getroffen werden sollten, könnte die Situation äußerst kritisch werden und die Union wäre zweifellos nicht in der Lage, Österreich Auslandshilfe angedeihen zu lassen."*

Unter dem Eindruck der internationalen Kritik entschlossen sich die österreichischen Währungsbehörden im Dezember 1951, die monetären Bremsen anzuziehen und die oft kritisierten Belassungsquoten für Exporte aufzuheben. Die Bankrate wurde um 1,5 Prozentpunkte auf 5% erhöht, die Kreditkontrollabkommen wurden verschärft und die Rediskontzusagen der Notenbank gekürzt. Im Ministerrat wies Finanzminister E. Margarétha ausdrücklich darauf hin, dass damit Forderungen der EPU erfüllt würden[27]).

(AdR: Ministerrat Figl 2, Nr. 232 vom 8. 1. 1951), doch dauerte es einige Zeit, bis die Gesetzesvorlagen eingebracht und vom Parlament verabschiedet wurden.
[26]) AdR: BKA/AA, Zl. 234.753_Wpol/1951.
[27]) AdR: Ministerrat Figl 2, Nr. 272 vom 4. 12. 1951.

Weitergehende Forderungen der USA

Das Antiinflationspaket vom Dezember 1951 erschien den amerikanischen Geldgebern nicht ausreichend. Anfang 1952 schaltete sich die MSA (Mutual Security Agency), die Nachfolgerin der Marshallplan-Administration, unmittelbar ein. Sie fand, dass die hohe Hilfe an Österreich nicht die erhofften Früchte trug und machte dafür die österreichische Wirtschaftspolitik verantwortlich. Sie knüpfte die Gewährung weiterer Auslandshilfe und die Freigabe von Counterpartmitteln an bestimmte Bedingungen. Diese wurden zunächst mündlich dem Kanzler und dem Vizekanzler vorgetragen und dann in einem Brief der US-Sondermission in Wien vom 7. 1. 1952 an den Bundeskanzler schriftlich festgehalten[28]). Von den Forderungen der US-Sondermission hatten drei besonderes Gewicht:
− das Bundesbudget müsse „echt", d. h. ohne Counterpartmitteln, ausgeglichen werden;
− das Kreditvolumen darf nicht ausgeweitet werden;
− qualitative Kreditkontrollen sollen sicherstellen, dass Lager zu niedrigen Preisen abgestoßen werden und die Produktion möglichst geschont wird.

Die Beantwortung des Briefs vom 7. 1. 1952 fiel der österreichischen Wirtschaftspolitik sichtlich schwer. Die Zeit drängte jedoch, weil die US-Behörden mit Counterpartmitteln und dem Rest der Dollarhilfe für 1951/52 zurückhielten[29]). Erst am 29. 5. 1952 einigte sich das hiefür eingesetzte Ministerkomitee auf einen Antwortbrief[30]). Darin konnte u. a. auf die bereits beschlossenen Konsolidierungsschritte der Budgetpolitik (siehe S. 504) hingewiesen werden. Die amerikanischen Behörden anerkannten die Bemühungen der österreichischen Wirtschaftspolitik. Sie stellten am 13. 6. 1952 die noch fehlenden 11 Mio. $ direkter Wirtschaftshilfe für das Wirtschaftsjahr 1951/52 zur Verfügung und gaben 1.500 Mio. S Counterpartmittel frei. 500 Mio. S wurden aber weiterhin zurückgehalten, weil noch immer inflatorische Tendenzen befürchtet wurden. Die Freigaben wurden der Bundesregierung in zwei Schreiben amerikanischer Dienststellen mitgeteilt. Eines stammte vom Chef der Wiener Sondermission, C. E. Meyer[31]), und das andere vom Stellvertretenden Direktor der MSA in Washington, W. J. Kenney[32]). Im zweiten Schreiben wurde neben den bereits bekannten Forderungen zur Stabilisierungspolitik eine befriedigende Aufklärung über eine missbräuchliche Verwendung von ERP-Dollars durch eine verstaatlichte Großbank (die CA) verlangt[33]).

---

[28]) Brief des Missionschefs C. E. Meyer an die österreichische Bundesregierung. AdR: BKA, Zl. 700.435_ERP/3/1952.
[29]) AdR: BKA/AA, Zl. 202.777_Wpol/1952.
[30]) AdR: BKA, Zl. 711.066_ERP/3/1952.
[31]) AdR: BKA, Zl. 711.812_ERP/3/1952.
[32]) AdR: BKA, Zl. 711.668_ERP/3/1952.
[33]) Ein Jahr später, nach einem umfangreichen Briefwechsel und eingehenden Untersuchungen (u. a. des Rechnungshofs und einer amerikanischen Consultingfirma), überwies die Bundesregierung den USA unter Protest 1,15 Mio. $ (AdR: Ministerrat Raab 1, Nr. 10 vom 9. 6. 1953). Die sogenannte Bankenaffaire war auch Gegenstand

Entgegen den einhelligen Wünschen der Bundesregierung war die US-Sondermission nicht bereit, 300 Mio. S für das Bundesbudget bereitzustellen. Die noch verfügbaren Counterpartmittel sollten für die Fertigstellung der Großprojekte in der Industrie verwendet werden und nicht für „relativ unproduktive" öffentliche Arbeiten.

Um die noch bestehenden Bedenken der US-Administration zu zerstreuen (und die Freigabe der noch ausstehenden 500 Mio. S Counterpartmitteln zu erreichen), entschlossen sich die Währungsbehörden Ende Juni, die monetären Bremsen weiter anzuziehen. Sie erhöhten die Bankrate auf 6% und froren die Rediskontplafonds sowie das kommerzielle Kreditvolumen auf dem Stand von Mitte 1952 ein. Die Bundesregierung erklärte, dass sie das Budget 1952 auch dann ausgleichen werde, wenn hiefür keine Counterpartmittel freigegeben werden[34]. Die US-Behörden hielten eine Zusatzfreigabe weiterhin für verfrüht[35]. Sie kritisierten insbesondere die Ausweitung der kommerziellen Kredite im 1. Halbjahr um 1,1 Mrd. S. In ersten Stellungnahmen forderten sie eine Rückführung des kommerziellen Kreditvolumens auf den Stand zu Jahresbeginn, was österreichischerseits als schlichtweg unmöglich bezeichnet wurde[36].

Die Diskussion zwischen den österreichischen und den amerikanischen Behörden in der zweiten Hälfte 1952 ist deshalb aufschlussreich, weil sich zu diesem Zeitpunkt bereits die Konjunkturflaute abzeichnete und die Arbeitslosigkeit stieg. Die Vertreter der USA brachten deutlicher als früher zum Ausdruck, dass sie ihre Hilfe an Österreich beenden wollten und sie daher auf Maßnahmen drängten, die es der österreichischen Wirtschaft ermöglichten, ohne Auslandshilfe auszukommen. Zwar wiesen sie den Vorwurf zurück, dass sie von Österreich eine klassische Deflationspolitik verlangten. Abträgliche Mengeneffekte der Stabilisierungspolitik könnten durch eine aktive Wettbewerbspolitik und eine selektive Kreditauslese weitgehend vermieden werden[37]. Diese Äußerungen entsprangen jedoch weniger wirtschaftstheoretischen Einsichten als diplomatischen Gepflogenheiten. Die Expertenmeinung wird ungeschminkt in einem „Waschzettel" wiedergegeben, den W. J. Kelley für ein Gespräch mit österreichischen Spitzenpolitikern in Wien am 9. 8. 1952 in Wien[38]) von seinen Mitarbeitern erhielt (und der zufällig im amerikanischen Akt verblieb). Darin hieß es:

> *„Emphasize that we are anxious to have the necessary stabilization measures carried through as quickly as possible so that expansion of the economy can be resumed, on a healthy basis, as soon as possible." (File aus US-Archiven)*

---

heftiger Kontroversen zwischen den Koalitionspartnern (siehe hiezu auch *Rathkolb*, 1997, S. 100).
[34]) AdR: BKA, Zl. 713.854_ERP/3/1952.
[35]) AdR: BKA/AA, Zl. 233.333_Wpol/1952.
[36]) AdR: BKA, Zl. 715.137_ERP/3/1952.
[37]) AdR: BKA. Zl. 718.015_ERP/3/1952.
[38]) Der österreichische Bericht über dieses Gespräch befindet sich in: VGA, Schärf, Box 37/33.

Auf die Vorgaben der US-Administration bezog sich der Finanzminister, als er das umstrittene „Sparbudget 1953", an dem die Regierung Figl 2 scheiterte, im Oktober 1952 im Ministerrat präsentierte:

> *„Wenn ich im Zusammenhange damit auf die Forderung der US-Mission für wirtschaftliche Zusammenarbeit verweise, derzufolge von einem ausgeglichenen Budget und ohne weitere Kreditausweitung sowohl die Höhe der direkten Hilfe als auch die Freigaben aus Counterparts im Jahre 1952 und 1953 abhängig ist, glaube ich zur Genüge die Notwendigkeit unter Beweis gestellt zu haben, dass der vom Bundesminister für Finanzen vorgeschlagene Weg für die Erstellung des Bundesvoranschlages 1953 der einzig mögliche ist."*[39]

Erst im Dezember 1952, knapp vor Weihnachten, gaben die US-Behörden die umstrittenen zusätzlichen 500 Mio. S Counterpartmittel frei, wobei sie betonten, dass ihrer Meinung nach die von ihnen genannten Bedingungen nach wie vor nicht voll erfüllt seien. Die Freigabe müsse daher auf das Jahresprogramm 1953 angerechnet werden. Im Übrigen enthält der Freigabebrief vom 23. 12. 1952 die bereits bekannten Forderungen nach einem ausgeglichenen Budget (auch für 1953) und quantitativen sowie qualitativen Kreditkontrollen[40]. Die Amerikaner waren der Meinung, dass sie weiter Druck auf die österreichische Wirtschaftspolitik ausüben sollten, denn:

> *„The majority of economic policy measures enacted during the past year (credit restrictions, the modification of restrictive trade practices, etc.) were only adopted after much pressure had been exercised by US agencies."*
> (Schreiben von Embassy-Vienna an State Department vom 9. 9. 1952; File aus US-Archiven)

Österreichisches Beharren auf dem „special case"

Die Amerikaner wurden in ihrer Meinung, dass Österreich nicht genug getan hätte, um innere und äußere finanzielle Stabilität herzustellen, bis zu einem gewissen Grad durch das Verhalten der österreichischen Behörden bestärkt. Die heimische Wirtschaftspolitik hatte sich daran gewöhnt, Österreich als ein Land zu präsentieren, das auf Auslandhilfe und das Entgegenkommen der internationalen Staatengemeinschaft angewiesen ist. Sie spielte die Karte des „special case" noch, als die Stabilisierungsrezession mit radikalen Konsequenzen für Preisniveau und Zahlungsbilanz schon im Gange war. Dadurch wurde die Auffassung genährt, dass die bisherigen Stabilisierungsmaßnahmen unzulänglich seien. Dazu zwei Beispiele:

Anfang Jänner 1952 informierte die ECA-Mission in Wien offiziell die Bundesregierung, dass die Wirtschaftshilfe für 1951/52 mit 120 Mio. $ limitiert wäre[41]. Aufgrund dessen stutzten die österreichischen Behörden das Jahresprogramm auf diese Größe zurecht, wiesen aber darauf hin, dass man damit

---

[39] AdR: Ministerrat Figl 2, Nr. 308 vom 14. 10. 1952 (BMfF, Zl. 79.392_1/1952).
[40] AdR: Ministerrat Figl 2, Nr. 319 vom 13. 1. 1953.
[41] AdR: Ministerrat Figl 2, Nr. 278 vom 30. 1. 1952.

nicht das Auslangen finden könne. Die vom Wirtschaftsdirektorium am 17. 3. 1952 genehmigte dritte Version dieses Programms wurde den US-Behörden mit der Bitte um einen zusätzlichen Betrag (stop-gap-aid) von 10 Mio. $ übergeben[42]). Wenn Österreich nur 120 Mio. $ erhielte, müssten die Lager an wichtigen Vorprodukten und Grundnahrungsmitteln auf einen bedenklich niedrigen Stand gesenkt werden, was zur Konsequenz hätte, dass man im folgenden Wirtschaftsjahr (1952/53) mit 100 Mio. $ Hilfe nicht auskäme. Außerdem reklamierten die österreichischen Behörden, dass von der zugesagten Hilfe von 120 Mio. $ noch 11 Mio. $ ausständig wären. Auf entsprechende Interventionen der österreichischen Diplomatie antworteten die US-Behörden, dass sie kein Geld hätten. Selbst wenn sie über überschüssige Mittel verfügten, würde man sie nicht zur Stützung einer inaktiven österreichischen Wirtschaftspolitik bereitstellen[43]).

Parallel zu den Bemühungen um eine höhere direkte Hilfe der USA liefen Aktionen zur Entlastung der Bilanz mit den europäischen Teilnehmerstaaten. Im März 1952 verfasste die österreichische Bundesregierung ein Memorandum, das den Organisationen des Marshallplans und 18 Gesandtschaften überreicht wurde[44]). In dieser, von der österreichischen Diplomatie erfundenen Aktion wurde wie folgt argumentiert: Österreich müsse infolge Kürzung der amerikanischen Hilfe seine laufende Zahlungsbilanz mit den europäischen Teilnehmerstaaten ausgleichen. Das erfordere eine Exportsteigerung um 20%. Um sie zu ermöglichen, werden die europäischen Länder ersucht, ihre Importe (einseitig) gegenüber Österreich zu liberalisieren oder zumindest großzügige Kontingente ohne Reziprozität einzuräumen. Österreich habe nur einen Anteil von etwas über 1% an den Importen der Teilnehmerländer. Die Ausweitung des österreichischen Marktanteils um 0,2 bis 0,3 Prozentpunkte würde die importierenden Länder kaum belasten, Österreich aber helfen, seinen Export auf Westeuropa zu verlagern.

Nach lustlosen Verhandlungen genehmigte der Rat der OEEC am 13. 8. 1952 eine ziemlich unverbindliche Interimsempfehlung, wonach die Handelspartner anlässlich der Erneuerung von Handelsverträgen in den nächsten drei Monaten Österreich entgegenkommen und auf Reziprozität verzichten sollen[45]). Obschon dieser Beschluss um weitere drei Monate verlängert wurde, war er gegenstandslos, da sich inzwischen die EPU- Bilanz gedreht hatte. Aus dem Mitleid heischenden Schuldner war inzwischen ein Hauptgläubiger der EPU geworden (siehe den Abschnitt: „Die Wirtschaftsordnung nach der Stabilisierung").

Man muss der heimischen Wirtschaftspolitik freilich zugute halten, dass sie sich in einem nur schwer lösbaren Dilemma befand. Die Folgen der Stabilisierungspolitik zeigten sich zuerst in der Binnenwirtschaft. Die Zahlungsbilanz

---

[42]) 3. rev. Jahresprogramm 1951/52, AdR: BKA/AA, Zl. 195.719_Wpol/1952.
[43]) AdR: BKA/AA, Zl. 202.777_Wpol/1952.
[44]) Memorandum der österreichischen Bundesregierung betreffend die Ausweitung der österreichischen Ausfuhr nach den OEEC-Staaten vom 25. 3. 1952 (AdR: BKA/AA, Zl. 182.723_Wpol/1952).
[45]) AdR: BKA/AA, Zl. 233.764_Wpol/1951.

reagierte zeitlich verzögert, dann aber unerwartet stark. Der Druck auf die heimische Wirtschaftspolitik, den Restriktionskurs fortzusetzen, wäre indessen schwächer gewesen, wenn Österreich seine Hilfeanforderungen moderiert hätte. Einen solchen vorauseilenden Schritt in Erwartung einer künftigen Drehung in der Zahlungsbilanz zu wagen, hätte jedoch eine Bürokratie und Politik überfordernde Risikofreudigkeit vorausgesetzt. (Eine „Stand-By-Vereinbarung" wäre vielleicht ein Ausweg gewesen.)

5.1.4 Elemente der Stabilisierungspolitik

Die von den Organisationen des Marshallplans nachdrücklich empfohlene Stabilisierungspolitik wurde auf die Ebene der österreichischen Innenpolitik in einer komplexen und nicht immer widerspruchsfreien Weise transponiert. Erstaunlicherweise wurden diese Forderungen im Ministerrat und im Wirtschaftsdirektorium kaum diskutiert[46]). Die Bundesregierung protestierte weder gegen eine übermäßige Einmischung der Amerikaner in die heimische Wirtschaftspolitik, noch entwickelte sie ein alternatives Konzept, noch machte sie die Öffentlichkeit mit dem Gedanken vertraut, dass die Stabilisierungspolitik unvermeidlich Härten mit sich bringen würde, letztlich aber eine nachhaltige Verbesserung der ökonomischen Lage des Landes erwarten ließe. Der Diskurs mit den US-Administratoren wurde in den üblichen bürokratischen und diplomatischen Formen abgewickelt. Man beauftragte ein Ministerkomitee eine Antwort auf den Brief der US-Sondermission vom 7. 1. 1952 zu formulieren und wies die Diplomaten an, um Verständnis für die schwierige Lage der österreichischen Wirtschaft in Washington und Paris zu werben[47]).

Anscheinend war die große Koalition nicht imstande, sich auf eine konsistente Linie zu einigen. Die beiden Großparteien gingen eigene Wege: R. Kamitz, der neue Finanzminister, ergriff die Chance, um mit dem Rückenwind der Amerikaner seine Version der Stabilisierungspolitik zu realisieren. Seit dem Frühjahr 1952 wurde Stabilisierungspolitik schlechthin mit dem Raab-Kamitz-Kurs identifiziert[48]). Viel schwerer taten sich die Sozialisten. Die Sozialistische Partei und die Gewerkschaften konnten ihren Mitgliedern aus den bereits erwähnten Gründen kaum verständlich machen, dass eine (auch nur vorübergehend) steigende Arbeitslosigkeit ein angemessener oder unvermeidlicher Preis für die Herstellung innerer und äußerer finanzieller Stabilität wäre. Als Ausweg bot sich die Internalisierung des Konflikts an. Nicht der Restriktionskurs an sich (Kreditrestriktion und Budgetausgleich bei schwacher Kon-

---

[46]) Genauer gesagt: Die Ministerratsprotokolle enthalten keine Hinweise. Möglicherweise wurde diskutiert, die Diskussion aber nicht protokolliert.

[47]) Diese Werbung bestand zum Teil darin, dass österreichische Botschafter amerikanische Stellen auf die Gefahren einer Deflationspolitik hinwiesen. (Department of State, Memorandum of Conversation vom 14. 7. 1952; File aus US-Archiven.)

[48]) Diwok beklagte sich in der Festschrift des Wirtschaftsbundes zum 80. Geburtstag von R. Kamitz (1992, S. 64), dass man Anfang der neunziger Jahre den Raab-Kamitz-Kurs mit der Stabilisierung der Währung identifizierte, die Leistungen von R. Kamitz als Finanzpolitiker und Handelspolitiker aber außer Acht ließ.

junktur) ließ Produktion und Beschäftigung sinken, sondern die Art und Weise, wie dieser Kurs implementiert wurde. Und dafür waren der Finanzminister und die ihn stützenden gesellschaftlichen Gruppen verantwortlich[49]).

Das Kamitz-Konzept

Zum Verständnis der wirtschaftspolitischen Positionen der beiden Großparteien bietet sich das so genannte Kamitz-Konzept an.

R. Kamitz wurde im Jänner 1952 zum Finanzminister aufgrund eines wirtschaftspolitischen Programms bestellt, das er im Spätherbst 1951 ausgearbeitet hatte[50]). Das Kamitz-Konzept wurde lange Zeit in der einschlägigen Literatur stiefmütterlich behandelt[51]). Es liefert jedoch wichtige Belege für die hier vorgebrachte Interpretation und sei daher kurz erörtert.

Das Kamitz-Konzept[52]) in der Fassung vom Herbst 1951 beschäftigt sich primär mit der Wirtschaftsordnung und nur am Rande mit dem Wirtschaftsablauf. Die Begriffe innere und äußere finanzielle Stabilität kommen nicht vor. Der Inhalt wird durch den Titel „Marktkonforme, widerspruchsfreie Wirtschaftspolitik als Voraussetzung der privatwirtschaftlichen Gesellschaftsform" gut charakterisiert. R. Kamitz hält in dieser Studie ein Plädoyer für eine möglichst freie Entfaltung des privaten Unternehmertums. Die private Initiative werde seiner Meinung nach durch zwei wirtschaftspolitische Schranken eingeengt: durch zu hohe Steuern und durch Ermessensentscheidungen wirtschaftspolitischer Gremien. Hier müsse der Hebel für Reformen angesetzt werden.

Um die Steuerbelastung vor allem der Unternehmungen zu senken, sei es notwendig, die öffentlichen Ausgaben einzuschränken. Der Tendenz, individuelle Bedürfnisse zu „kollektivisieren", und das System sozialer Sicherheit auf immer größere Bereiche auszudehnen, müsse entgegengewirkt werden. Außerdem sei die Steuerlast von den direkten auf die indirekten Steuern zu verlagern. Diese Forderungen bedeuteten eine Kampfansage an den Wohlfahrtsstaat keynesianischer Prägung und seine egalitären Vorstellungen, lange vor R. Reagan und M. Thatcher.

---

[49]) Über die Interventionen der US-Stellen drang kaum etwas in die Öffentlichkeit. Politik und Bürokratie waren noch nicht so „gläsern" wie später.

[50]) In ähnlicher Weise gelang St. Koren fast zwei Jahrzehnte später mit Hilfe des Korenplans der Sprung zum Finanzminister.

[51]) *Diwok/Koller* (1977, S. 73 und S. 103) begnügen sich mit dem Hinweis, dass ein solches Konzept bestand. Wichtige Gedanken des Kamitz-Konzepts wurden in der Zeitschrift „Der österreichische Volkswirt", 1951, 37(38) unter dem Titel „Der rote Faden" veröffentlicht. Der Artikel war nicht gezeichnet, doch lässt sich der Autor durch gleiche oder gleichartige Formulierungen leicht identifizieren. Eine gute Zusammenfassung, freilich ohne Namensnennung, findet sich bei *Klenner* (1953, S. 1505-1508).

[52]) Der Autor stieß auf das Konzept an einer unerwarteten Stelle: in den Akten des Außenministeriums. Der Generalsekretär der Bundeswirtschaftskammer sandte es an den Außenminister mit dem Bemerken, dass es hoch interessante Aussagen enthalte (AdR: BKA/AA, Zl. 242.113_Wpol/1951).

Mindestens ebenso bedenklich wie die hohe Steuerbelastung sei die Tendenz, marktwirtschaftliche Mechanismen durch Ermessensentscheidungen von Kollegialorganen zu ersetzen. Die Kreditlenkungskommission, die Außenhandelslenkungsorganisation und die Marktordnung für landwirtschaftliche Produkte werden als besonders krasse Beispiele angeführt. Eine freie Preisbildung etwa auf den Devisenmärkten und der Ersatz von quantitativen Importbeschränkungen durch Zölle (etwa im Falle von landwirtschaftlichen Importen) werden als Abhilfe empfohlen. Sofern Ermessensentscheidungen der Wirtschaftspolitik noch nötig sind, sollen sie von den zuständigen Ministerien und nicht von verfassungsmäßig nicht legitimierten Gremien gefällt werden. Ermessensentscheidungen werden als planwirtschaftliche Methoden bezeichnet; ihre Ablehnung richtete sich aber im Grunde gegen das Mitspracherecht der Sozialpartner in wirtschaftspolitischen Fragen, eine aus der Sicht der Arbeitnehmervertreter wichtigen Errungenschaft in der Zweiten Republik.

R. Kamitz wollte mit seinem Konzept keinen Beitrag zur „Theorie der Wirtschaftspolitik" leisten, sondern praktische Wirtschaftspolitik betreiben. Da er über keine „Hausmacht" verfügte, musste er sich auf das Wohlwollen der Wirtschaftstreibenden, insbesondere auf das der Industrie, stützen. Sein Konzept der Marktwirtschaft war auf die „unternehmerfreundlichen" Aspekte eines sich selbst regulierenden Systems zugeschnitten[53]). Das bedeutete zweierlei: Zum einem fehlte im Kamitz-Konzept eine aktive Wettbewerbspolitik. (Das wird im Abschnitt „Die Wirtschaftsordnung nach der Stabilisierung" näher ausgeführt.) Zum anderen konnte Kamitz zu diesem Zeitpunkt keinem harten Stabilisierungskurs das Wort reden. (Auf die ablehnende Haltung der Bundeswirtschaftskammer gegenüber restriktiven wirtschaftspolitischen Maßnahmen wurde bereits hingewiesen.) Die Wirtschaftstreibenden wären kaum bereit gewesen, einem „Quereinsteiger" in die Politik Beifall zu spenden, der innere und äußere finanzielle Stabilität durch Verknappung und Verteuerung des Kredits erzwingt und – nach den amerikanischen Vorschlägen – die negativen Beschäftigungseffekte der klassischen Stabilisierungspolitik durch Verschärfung der Konkurrenz zu mildern versucht.

Dementsprechend hielt sich Kamitz mit kreditpolitischen Empfehlungen zurück. In dem vorliegenden schriftlichen Konzept schlägt er nur eine Verlagerung der aus Counterpartmitteln gewährten Kredite von der öffentlichen Wirtschaft zur privaten Fertigwarenindustrie vor. Im Übrigen kommt er zu dem Schluss:

„Die Möglichkeiten unter den gegebenen Umständen die Umlaufmittelexpansion durch Kreditrestriktionen zu verringern, sind also sehr begrenzt."
(Kamitz-Konzept S. 28/29)

---

[53]) Die liberale Tradition der österreichischen Schule der Nationalökonomie (L. v. Mises, F. v. Hayek) wurde nach 1945 in Wien nicht fortgesetzt. Der deutsche „Ordo-Liberalismus" fand in Österreich nur wenige Anhänger.

In den Beratungen⁵⁴) über das Kamitz-Konzept tauchte zwangsläufig auch die Frage nach dem Stellenwert der Preisstabilität in einer marktwirtschaftlichen Ordnung auf. Kamitz plädierte für eine bestimmte Sequenz der Reformschritte. Die von ihm vorgeschlagenen mikroökonomischen Strukturreformen hätten Vorrang. Stabilität würde sich später entweder automatisch ergeben oder ließe sich unschwer herstellen. Man darf unterstellen, dass diese Position auf der Einsicht des „politisch Machbaren" und nicht auf dem Wissen um das „ökonomisch Notwendige" beruhte. Als bürgerlicher Nationalökonom war er mit den Methoden der Geldwertstabilisierung in kapitalistischen Systemen vertraut. Er hatte eine Geschichte der österreichischen Währung in den letzten 100 Jahren geschrieben (*Kamitz*, 1949). Als die Amerikaner auf einen harten Stabilisierungskurs drängten, ergriff er die Chance, sich zum Sachwalter des Stabilisierungskurses zu profilieren und gewann dafür die Unterstützung von J. Raab, des starken Mannes in der ÖVP. Die Sequenz der Reformschritte hatte sich geändert.

Die Vorgeschichte erklärt bis zu einem gewissen Grad die innenpolitische Konstellation. Die Sozialisten mussten argwöhnen, dass sich hinter dem ablaufpolitischen Ziel, „innere und äußere finanzielle Stabilität", die ordnungspolitische Programmatik „mehr Markt und weniger Staat" verbarg. Sie wandten sich nicht gegen die Stabilisierungspolitik schlechthin, sondern nur gegen bestimmte Maßnahmen wie die Kürzung der öffentlichen Investitionen oder die Erhöhung der Bankrate.

Wie immer man die Entstehungsgeschichte interpretiert: Die Forderungen der Amerikaner wurden akzeptiert. Der österreichische Beitrag zur Stabilisierung des inneren und äußeren Geldwerts darf nicht deshalb gering geschätzt werden:

– Die Amerikaner gaben nur bestimmte Eckpfeiler der Stabilisierungspolitik vor. Ihre konkrete Ausgestaltung oblag der heimischen Wirtschaftspolitik. Wichtige Akzente wie etwa die Kombination der Nachfragerestriktion mit kostenstabilisierenden Maßnahmen oder die Entscheidung, durch Schaffung eines Einheitskurses Konjunkturimpulse zu setzen, wurden autonom getroffen.

– Es genügte nicht, finanzielle Stabilität durch einen einmaligen Kraftakt herzustellen. Sie musste auch langfristig gesichert werden. Es war daher wichtig, dass der als begabter Redner bekannte Finanzminister unermüdlich auf die Vorteile einer stabilen Währung hinwies. Die großen politischen Parteien und Interessenverbände haben in der Folgezeit ein hohes Stabilitätsbewusstsein entwickelt. (Die „Hartwährungspolitik" der Regierung Kreisky ist ein Beispiel dafür.)

– Die Stabilitätspolitik ebnete den Weg für marktwirtschaftliche Reformen. Notwendige Maßnahmen waren in der Wiederaufbauperiode zurückge-

---

⁵⁴) Die Teilentwürfe des Kamitzkonzepts wurden über Einladung des Industriellen O. Winkler in einem kleinen Kreis diskutiert. Ihm gehörten außer dem Einladenden die Industriellen F. Wilhelm und A. Hrynschak, C. Fetzer aus der Industriellenvereinigung sowie die Wirtschaftsforscher E. John und H. Seidel an.

stellt worden. Dieser Reformstau wurde nunmehr aufgelöst. „Die Etablierung marktwirtschaftlicher Institutionen" wird in einem eigenen Abschnitt behandelt. Nach Wiederherstellung finanzieller Stabilität und den darauf aufbauenden marktwirtschaftlichen Reformen wurde Österreich noch als besetztes Land zu einem vollwertigen (und nicht mehr von Almosen abhängigen) Mitglied der westlichen Wirtschaftsgemeinschaft. Als sich die Chance des Staatsvertrags bot, konnte Österreich die damit verknüpften wirtschaftlichen Lasten unschwer tragen.

„Freiwillige" Preissenkungen und Lohnpause

Eines der Hauptmerkmale der Stabilisierungspolitik war, dass sie nachfragedämpfende Maßnahmen der Geld- und Fiskalpolitik mit kostenstabilisierenden Maßnahmen kombinierte. Den Anfang machten die Sozialpartner. Die Sektion Industrie der Bundeskammer der gewerblichen Wirtschaft beschloss Anfang Oktober 1951 in einer Leitungssitzung die Preise für Industriewaren nicht zu erhöhen, falls die übrige Wirtschaft und die öffentliche Hand gleichfalls Preisdisziplin halten[55]). Die Stillhaltezusage wurde in der Folge auf andere Bereiche der Wirtschaft ausgedehnt und durch Preissenkungsaktionen ergänzt. Die Bundeswirtschaftskammer gab laufend Bulletins über „freiwillige Preissenkungen" von Unternehmungen bekannt. Bis Mitte 1952 wurden über 80 solcher Preissenkungen als Beitrag der Wirtschaft zur Bekämpfung der Inflation veröffentlicht.

Die von den Handelskammern organisierten kollektiven Preissenkungen liefen in der Hauptsache darauf hinaus, die Kosteneinsparungen, die sich aus dem Rückgang der internationalen Rohwarenpreise ergaben, werbewirksam an die Konsumenten weiterzugeben. Die Aktionen hatten einen Nebenaspekt, der für die künftige Entwicklung der österreichischen Wirtschaftspolitik wichtig war. Sie demonstrierten, dass die Preise von den Unternehmungen gesetzt (und nicht wie im Konkurrenzmodell für die einzelnen Firmen vom Markt her vorgegeben) wurden. Die Unternehmen waren unter bestimmten Voraussetzungen bereit, ihren Preisgestaltungsspielraum kollektiv (durch offene oder stillschweigende Vereinbarungen) für bestimmte wirtschaftspolitische Zwecke einzusetzen. Auf diesen mikroökonomischen Tatbestand baute später die Paritätische Kommission für Preis- und Lohnfragen (gegründet 1957) auf, in dem sie die Preise für marktbeherrschende Unternehmungen einem informellen Genehmigungsverfahren der Sozialpartner unterwarf.

Die Preissenkungen in der gewerblichen Wirtschaft ermöglichten den Gewerkschaften eine zurückhaltende Lohnpolitik[56]). J. Böhm, der Präsident des Gewerkschaftsbundes, empfahl auf dem 2. Bundeskongress Anfang Oktober 1951, Lohnerhöhungen zurückzustellen und auf Preissenkungen zu setzen, wofür günstige psychologische Voraussetzungen bestünden. Am 12. 10. 1951

---

[55]) Siehe hiezu die Leitartikel in „Der österreichische Volkswirt", 1951, 37(42) vom 19. 10. und 1951, 37(46).
[56]) Die verschiedenen Aktionen werden von *Klenner* (1953, S. 1496-1500) beschrieben. Der Hinweis auf das Stillhalteabkommen findet sich bei *Kienzl* (1993, S. 64).

vereinbarte der ÖGB mit der Bundeskammer der gewerblichen Wirtschaft ein Stillhalteabkommen. Am 19. 10. trugen die Gewerkschaften ihre Forderungen dem Bundeskanzler vor. In der Folgezeit kritisierten zwar die Gewerkschaften die „Deflationspolitik" des Finanzministers, vermieden aber Streiks und ließen eine volle Lohnrunde aus. Tariflöhne und Verdienste blieben von Ende 1951 bis Frühjahr 1953 unverändert. Ohne das Wohlverhalten der Gewerkschaften wäre die klassische Stabilisierungspolitik in Österreich viel schwieriger gewesen. Ähnliche Versuche in anderen Ländern wurden durch Prestigekämpfe zwischen den Notenbanken, den Regierungen und den Gewerkschaften belastet.

Die Rolle der Sozialpartner im Stabilisierungsprozess 1951/53 wurde nicht einheitlich beurteilt. Die Bundesregierung brachte in ihrem Gespräch mit der US-Administration die Kooperationsbereitschaft der Sozialpartner nicht als ein Argument gegen eine allzu straffe Geld- und Fiskalpolitik ein[57]. Auch das Lob, das die österreichische Stabilisierungspolitik in internationalen Finanzkreisen erhielt (siehe S. 519), bezog sich ausschließlich auf die „klassische" und nicht auf die „heterodoxe" Seite der Stabilisierungspolitik. Neokorporatistische Modelle der Einkommenspolitik besaßen noch keine internationale Reputation.

Andererseits bestand im Kreis der Sozialpartner zum Teil der Eindruck, dass ihre Politik der freiwilligen Selbstbeschränkung ausgereicht hätte, die Inflation dauernd zu brechen. H. Kienzl (er war damals Gewerkschaftsökonom) hob in einem Rückblick[58] Anfang der neunziger Jahre den Beitrag der Sozialpartner zur Stabilisierung 1951/52 hervor und bemerkte nur nebenbei: „Es sind auch noch Kreditrestriktionen beschlossen worden und vieles andere mehr". M. Mautner Markhof, der Obmann der Sektion Industrie und Präsident des WIFO, beschwerte sich in einem Gespräch mit dem Leiter des WIFO darüber, dass jedermann über die Kamitz'sche Stabilisierungspolitik spräche, die Preissenkungsaktion der Sektion Industrie aber nicht die gebührende Aufmerksamkeit fände[59].

Auf mittlerer Linie lässt sich wie folgt argumentieren: Die Initiative der Sozialpartner im Oktober 1951 beruhigte die „volatilen" (nervösen) Erwartungen und gewährte damit der Wirtschaftspolitik eine Atempause. Die freien Preise für verschiedene Vermögensanlagen, wie Gold, Versteigerungen und Devisen, erreichten im Spätherbst 1951 und die Aktienkurse im Jänner 1952 einen (lokalen) Höchststand. Die Großhandelspreise und die Verbraucherpreise stiegen noch bis Mitte 1952, hauptsächlich weil verschiedene Agrarprodukte noch teurer wurden; die Teuerung war aber viel schwächer als im Laufe von 1951.

---

[57]) Im Gegensatz hiezu setzte die Wirtschaftspolitik in den siebziger Jahren bewusst auf den Konsens der Sozialpartner nach dem Motto: Andere Länder mögen finanzielle Stabilität durch eine restriktive Geld- und Fiskalpolitik erzwingen müssen, Du glückliches Österreich verfügst über eine sozialpartnerschaftliche Einkommenspolitik.
[58]) *Kienzl* (1993, S. 64).
[59]) Persönliche Erinnerungen des Autors.

5.1 Finanzielle Stabilität durch Schocktherapie

Trotz Anfangserfolgen hatte die Preis-Lohn-Politik der Sozialpartner nur stützenden und nicht selbsttragenden Charakter[60]). Die Vereinbarungen vom Herbst 1951 hatten den gleichen Webfehler wie die fünf Preis-Lohn-Abkommen vorher: Sie boten nur partielle Lösungen und ließen wichtige Fragen offen. Die Preissenkungskampagne der gewerblichen Wirtschaft galt explizit unter der Annahme des „Wohlverhaltens" der öffentlichen Hand (keine nennenswerten Steuer- und Tariferhöhungen) und der Landwirtschaft (keine Verteuerungen von Nahrungsmitteln). Gerade damit konnte aber nicht gerechnet werden. Die Bundesregierung beschloss im Oktober 1951, unmittelbar nach den Vereinbarungen der Sozialpartner, ein Budget 1952, in dem der Haushaltsausgleich durch massive Erhöhung der Tarife und der indirekten Steuern (um fast 2% des BIP) herbeigeführt werden sollte. Es war weiters absehbar, dass die Landwirte vor der neuen Ernte Preisforderungen stellen werden. Schließlich und vor allem: Die Preis-Lohn-Absprachen der Sozialpartner gaben keinen Hinweis, wie die Zahlungsbilanz kurzfristig konsolidiert werden könnte. Dass das nicht ohne Opfer abgehen würde, war vorauszusehen. Mit anderen Worten: Die Vorstellungen der Sozialpartner waren untereinander und mit den gesamtwirtschaftlichen Rahmenbedingungen nicht konsistent.

Die Lücke, die die Vereinbarungen der Sozialpartner ließ, wurde zum Teil durch die Budgetpolitik geschlossen. Die staatliche Wirtschaftspolitik bekämpfte nicht nur die „Nachfrageinflation", sondern trug auch dazu bei die „Kosteninflation" zu dämpfen, in dem sie Belastungen zeitlich solange hinausschob, bis die Restriktionspolitik zu greifen begann oder durch Subventionen abfing. Auf die einschlägigen Maßnahmen der Budgetpolitik (Verzögerung der Tarif- und Steuererhöhungen, Subventionierung der Landwirtschaft) wird im folgenden Kapitel hingewiesen. Ferner schob man die überfällige Korrektur der Wechselkurse bis Frühjahr 1953 auf und fing einen Teil der Importverteuerungen durch zeitlich begrenzte Subventionen der Notenbank ab. Forderungen einzelner Nachzügler im Inflationskarussell (z. B. des Papierkartells) wurde nur teilweise stattgegeben. Die kostenstabilisierenden Aktionen des Bundes bedeuteten freilich, dass unter der vorgegebenen Budgetbeschränkung andere, nicht durch Spezialgesetze vorgeschriebene Ausgaben gekürzt werden mussten, und das waren nicht zuletzt die Investitionen.

Die Geld- und Fiskalpolitik hatte aus dieser Sicht die Aufgabe, die Preis- und Lohnsetzungsspielräume der Sozialpartner einzuschränken. Sie drückte Preise unter das Niveau, das im Verhandlungsweg erreichbar gewesen wäre. Das Jahrbuch der Wiener Arbeiterkammer 1953 bemerkte hiezu:

---

[60]) In Frankreich startete die Regierung Blum 1947 eine Aktion freiwilliger Preissenkungen, die von den Gewerkschaften unterstützt wurde. Sie scheiterte jedoch nach Anfangserfolgen. Leon Blum zog darauf den Schluss: Psychologie allein hilft nicht, wenn die „fundamentals" nicht stimmen (*Snyder,* 1948, S. 320).

"Preisreduktionen, die weder durch Anordnungen der Regierung noch durch Vorstellungen der Arbeiterkammern und des Gewerkschaftsbundes noch durch Appelle der Bundeskammer der gewerblichen Wirtschaft und der Vereinigung Österreichischer Industrieller zu erreichen waren, wurden durch die Verschlechterung der Wirtschaftslage erzwungen." (Jahrbuch der Wiener Arbeiterkammer 1953, S. 229)

Diese Aussage lässt sich auf andere Sachverhalte ausdehnen. So wären etwa die Unternehmungen kaum bereit gewesen, die Kosten für die Erschließung von Auslandsmärkten und die damit verbundenen Risken zu tragen, wenn der Inlandsmarkt bequeme Absatzmöglichkeiten geboten hätte. Höhere Tariflöhne hätten – soferne überhaupt durchsetzbar – nur teilweise auf die Effektivverdienste durchgeschlagen.

Der Konflikt um öffentliche Investitionen

Im Mittelpunkt der innenpolitischen Kontroversen standen die öffentlichen Investitionen. Es gehört zum Standardrepertoire des Keynesianismus, dass die expansive oder kontraktive Wirkung der öffentlichen Haushalte nicht nur vom Budgetsaldo, sondern auch von der Zusammensetzung der Ausgaben und Einnahmen des Staates abhängt. Öffentliche Investitionen haben einen hohen Multiplikator, weil sie zu einem relativ großen Teil aus Bauleistungen mit einer niedrigen kumulativen Importquote bestehen. Der Restriktionseffekt einer Budgetkonsolidierung bei rückläufiger Konjunktur fällt daher schwächer aus, wenn die Investitionen geschont werden.

Die Sozialisten verbanden mit den öffentlichen Investitionen offensichtlich mehr als einen mechanistischen Multiplikator. Sie sahen darin ein wichtiges Vehikel für die ökonomische Entwicklung schlechthin oder zumindest einen Bereich, für den sie zuständig waren und dessen Interessen sie zu wahren hatten (siehe hiezu die Bemerkungen auf S. 525). Andererseits haben die Finanzminister oft keine andere Wahl, als die sogenannten Ermessensausgaben einzuschränken, und dazu zählen insbesondere die Investitionen. Um Investitionskürzungen zu vermeiden, müssten Steuern und Tarife erhöht werden, doch sind damit andere Nachteile verbunden (z. B. weil indirekte Steuern und Tarife preistreibend wirken, oder weil direkte Steuern die private Initiative und die Investitionsneigung schwächen). Die Sozialisten waren offenbar eher bereit, die Risken von Steuer- und Tariferhöhungen zu tragen, als Abstriche von den öffentlichen Investitionen hinzunehmen. Aus dieser Sicht sind die Auseinandersetzungen in der Budgetpolitik zu beurteilen, die letztlich (im Herbst 1952) zu Neuwahlen führten.

Schärf (1955, S. 317) wies darauf hin, dass der neue Finanzminister von seinem Vorgänger kein desolates Budget übernahm. Das im Oktober 1951 im Ministerrat verabschiedete Bundesfinanzgesetz 1952 erschien auf den ersten Blick unproblematisch. Der präliminierte Abgang im außerordentlichen Haushalt betrug 1 Mrd. S oder etwas mehr als 1% des BIP. Davon sollte ein Teil durch Counterpart-Freigaben gedeckt werden. Im Übrigen hoffte man auf Mehreinnahmen aus öffentlichen Abgaben.

Tatsächlich zeichnete sich eine veritable Budgetkrise ab. Schon 1951 konnte der Bundeshaushalt – worauf noch der scheidende Finanzminister E. Margarétha hinwies[61]) – trotz Counterpart-Freigaben nur dadurch (formell) ausgeglichen werden, dass fällige Rechnungen nicht bezahlt wurden und entgegen den Zusagen noch 300 Mio. S Preisstützungen aus ERP-Mitteln gedeckt wurden. Für 1952 sah der Voranschlag eine substantielle Erhöhung der Gütertarife und der Mineralölsteuer mit einem erwarteten Mehrertrag von 1,5 Mrd. S vor. Die Verhandlungen der Parteien und der Verbände über die hiezu notwendigen Spezialgesetze kamen jedoch nicht recht voran. Die Konkurrenz Schiene-Straße, ein politisch besonders heikles Thema, musste neu geregelt werden. Weiters sollte die Preissenkungskampagne der Wirtschaft (siehe S. 499) möglichst nicht gestört werden. Für die amtlich preisgeregelten Grundnahrungsmittel mussten ohnehin zeitlich begrenzte Ausnahmetarife vereinbart werden.

Weiters beeinträchtigte das Nachlassen der Konjunktur das Aufkommen an Steuern und Tarifen und belastete den Bundeshaushalt mit zusätzlichen Ausgaben für Arbeitslosenunterstützung und andere soziale Zwecke (Wirkung der „automatischen Stabilisatoren"). Hatte man bisher darauf vertraut, dass die Einnahmen des Bundes die Ansätze des Voranschlags beträchtlich übersteigen würden, so musste man sich wegen der Konjunkturflaute mit bescheidenen Mehrerträgen begnügen. Besonders stark wurden die Einnahmen von Bahn und Post geschmälert.

Schließlich fiel die Neuregelung der Subventionen dem Bundeshaushalt zur Last. Das Budget enthielt nur Subventionen für importierte Nahrungsmittel im 1. Halbjahr 1952. Die Landwirtschaft verlangte jedoch wie schon in den Jahren vorher für die neue Ernte höhere Preise. Das hätte nach den bisherigen Gepflogenheiten ein neues Preis-Lohn-Abkommen nach sich gezogen. Um den Stabilisierungsprozess nicht zu gefährden, entschloss sich der Finanzminister, den geforderten Mehrerlös der Landwirte durch Subventionen aus dem Bundesbudget zu decken (geschätzter Mehraufwand pro Jahr 1,23 Mrd. S), sodass die Konsumentenpreise für Grundnahrungsmittel unverändert blieben. Diese Entscheidung war für die Agrarpolitik von grundsätzlicher Bedeutung. In den ersten Nachkriegsjahren waren Subventionen als temporäre Maßnahme (und mit schlechtem Gewissen) gewährt worden, weil die Weltpreise für Agrarprodukte knappheitsbedingt über den heimischen amtlich geregelten Preisen gelegen waren. Inzwischen waren jedoch die Weltmarktpreise gesunken. Nunmehr wurden den heimischen Landwirten über dem Weltmarkt liegende Preise zugestanden und die Differenz durch Subventionen gedeckt. Aus den temporären Konsumentensubventionen der Nachkriegszeit wurden dauernde Produzentensubventionen[62]).

---

[61]) AdR: Ministerrat Figl 2, Nr. 272 vom 4. 12. 1951.
[62]) Der Vollständigkeit halber muss man hinzufügen, dass der heimische Agrarschutz lange Zeit niedriger war als der in Europa übliche. Erst in der langen Periode der SPÖ-Alleinregierung in den siebziger Jahren lagen die heimischen Agrarpreise über dem EWG-Niveau.

Übersicht 5.1: Erhöhung der Argrarpreise¹) Mitte 1952

	Preise S je kg Bisher	Ab 1. Juli 1952	In % Erhöhung
Weizen	1,95	2,40	23,08
Roggen	1,75	2,40	37,14
Milch	1,40	1,60	14,29
Mais (ausländischer)	1,55	1,90	22,58
Ölkuchen	1,40	1,80	28,57

¹) Erzeuger- bzw. Großhandelspreise.

Übersicht 5.2: Budgetkonsolidierung 1952

		Mio. S
Saldo lt. Voranschlag 1952		– 1.032
Mehrbelastungen		
Agrarsubventionen	– 500	
Verzögerung von Steuer- und Tariferhöhungen	– 587	– 1.087
Deckung aus Einnahmenreserven		495
Neuer Budgetsaldo		– 1.624
Deckung durch		
Kürzung der Investitionen	509	
Steuererhöhungen	477	
Sonstiges	166	1.152
Verbleibender Budgetsaldo		– 472

AdR: Ministerrat Figl 2, Nr. 290 vom 29. 4. 1952.

Aus den erwähnten Gründen drohte das Budgetdefizit auf über 2 Mrd. S anzuschwellen. Als die Verhandlungen über die geplanten Tariferhöhungen stockten, verfügte der Finanzminister am 28. 2. 1952 Bindungen von Budgetausgaben, insbesondere von Investitionen. Das löste heftige Kontroversen im Ministerrat aus[63]), obschon diese Entscheidung nicht überraschend kam. Erst gegen Ende April – und offenbar unter dem Eindruck der von den USA gestellten Bedingungen – konnten sich die Koalitionsparteien auf Maßnahmen zur Budgetkonsolidierung einigen. Vom Defizit von über 2 Mrd. S sollten je ein Viertel durch (nicht präliminierte) Mehreinnahmen, durch Kürzung der Investitionen und durch Erhöhung verschiedener indirekter Steuern gedeckt werden. Ein Rest von etwa ½ Mrd. S blieb offen. Die Bundesregierung hoffte noch immer, dass 300 Mio. S Counterpartmittel für Budgetzwecke freigegeben werden, vergebens wie sich letztlich herausstellte. Um die offenen Rechnungen insbesondere von Bahn und Post zu begleichen, gab der Bund Anfang Mai 250 Mio. S Schatzscheine aus, die mit 6% verzinst wurden[64]). Diese Papiere wurden von den Großbanken und der Kontrollbank nur unter der Bedingung übernommen, dass die an sich nicht eskontfähigen Schatzscheine in die 10%

---

[63]) AdR: Ministerrat Figl 2, Nr. 285 vom 18. 3. 1952.
[64]) Auf dem (rudimentären) Geldmarkt wurde somit die 6%-Marke schon vor der Erhöhung der Bankrate erreicht.

Liquiditätsreserve 1. Grades eingerechnet werden konnten und dass sie in sechs Vierteljahresraten getilgt würden. Die Notenbank sah darin nicht zu Unrecht eine Verwässerung des Stabilisierungskonzepts[65]). Die US-Mission beobachtete argwöhnisch, ob die Tilgungszusagen eingehalten wurden. Unter den gegebenen Finanzierungsschranken und politischen Entscheidungen musste der Finanzminister „mit dem Rücken an der Wand" agieren.

Die Modifikationen des Budgets 1952 waren ein Kompromiss zwischen dem Anliegen, die Investitionen des Bundes möglichst zu schonen, und den Bemühungen, den Stabilisierungsprozess zu stützen. (Der Entwurf des Finanzministers hatte größere Investitionskürzungen vorgesehen.)

Kreditverteuerung und Kreditselektion

Die für die Stabilisierungspolitik zentrale Entscheidung, wie stark auf und auf welche Weise die monetären Bremsen angezogen werden sollten, hatten die Organe der Notenbank zu fällen. Die Haltung des Generalrats war zumindest in wichtigen Fragen fraktionell abgestimmt. Dennoch besaß die Notenbank ein Eigengewicht:

– Die Generalräte vertraten nicht nur die Meinung ihrer Partei im Generalrat, sondern waren auch verpflichtet, währungspolitische Überlegungen in den Parteigremien zur Geltung zu bringen. Ein Beispiel in der hier behandelten Periode lieferte Vizepräsident Resch. Er setzte sich dafür ein, dass die SPÖ trotz Bedenken der Arbeitnehmerorganisationen der Vereinheitlichung der Wechselkurse im Frühjahr 1953 zustimmte[66]).
– Die Notenbank war auch in Zeiten von Regierungskrisen handlungsfähig. Zumindest Anträge, die von beiden Fraktionen des Generalrats unterstützt wurden, konnten beschlossen werden. Das war für die Kontinuität des Stabilisierungsprozesses wichtig, da zwischen der Demission der Regierung Figl 2 und dem Amtsantritt der Regierung Raab 1 mehr als fünf Monate verstrichen.

Die folgende Darstellung stützt sich in der Hauptsache auf die Protokolle der Sitzungen des Generalrats in den Jahren 1951 bis 1953. Diese Dokumente sind deshalb informativ, weil sich das Direktorium eine eigene Meinung bildete, die nicht vorweg politisch akkordiert wurde, mit dem für Historiker angenehmen Ergebnis, dass Meinungsverschiedenheiten in den Sitzungen und nicht in den meist nur in „Erinnerungen" von Spitzenpolitikern erwähnten Vorbesprechungen in Parteigremien ausgetragen wurden.

Ähnlich wie sich die budgetpolitische Kontroverse an den öffentlichen Investitionen (und nicht am Budgetausgleich als solchem) entzündete, ging es in der währungspolitischen Kontroverse um die Bankrate, den Zinssatz, zu dem die Notenbank Handelswechsel eskontiert (und nicht oder zumindest nicht in erster Linie um die Geldverknappung an sich). Zum Verständnis der Kontroverse ist vorauszuschicken, dass die Zinssätze in allen Industriestaaten in den Nachkriegsjahren auf dem Krisenniveau der dreißiger Jahre oder sogar

---

[65]) 75. Sitzung des Generalrats der OeNB vom 14. 5. 1952.
[66]) Ao. Sitzung des Generalrats der OeNB vom 30. 4. 1953.

darunter „eingefroren" waren. Erst Anfang der fünfziger Jahre, im Zuge der „Wiederentdeckung des Geldes", benutzten wichtige Industrieländer die Zinssätze wieder als makroökonomisches Steuerungsmittel, vor allem um die Korea-Hausse einzubremsen. Es lag daher nahe, auch in Österreich die Diskontpolitik zu reaktivieren (seit 1945 war die Bankrate mit 3½% fixiert gewesen), zumal die OeNB sonst nur über wenige Steuerungsinstrumente verfügte.

Das Direktorium der OeNB warf schon an der Jahreswende 1950/51 die Frage auf, ob nicht auch in Österreich die Bankrate erhöht werden sollte, nicht um eine Stabilisierungsrezession zu erzwingen (die harte Geldpolitik der Bundesrepublik Deutschland wurde ausdrücklich als nicht nachahmenswert bezeichnet), sondern bloß, um die von der Korea-Hausse ausgehenden Preisauftriebstendenzen zu zügeln[67]). Das zum Studium dieser Frage einberufene Währungskomitee des Generalrats sprach sich zunächst einhellig gegen einen solchen Schritt aus. Das Direktorium der OeNB blieb indessen hartnäckig. In der Folgezeit beantragte es in fast jeder Generalratssitzung eine Erhöhung der Bankrate. Diese Anträge wurden ebenso beharrlich von der sozialistischen Fraktion des Generalrats abgelehnt. Die der ÖVP zuzurechnenden Generalräte waren zwar für die Anträge des Direktoriums, wollten jedoch keine Mehrheitsentscheidung erzwingen und plädierten daher dafür, die Entscheidung zu vertagen[68]).

Die sozialistischen Generalräte ließen sich auch nicht von ihrer ablehnenden Haltung abbringen, als die EPU im April 1951 Österreich eine Erhöhung der Bankrate empfahl. Sie wollten, dass die österreichischen Vertreter in Paris und Washington erklärten, warum unter den gegebenen Verhältnissen eine solche Maßnahme nicht nur wirkungslos, sondern auch schädlich wäre. Erst am 5. 12. 1951, also fast ein Jahr nachdem das Direktorium diese Frage aufgeworfen hatte, veranlasste die massive Kritik der EPU und der US-Dienststellen den Generalrat, die Bankrate von 3½% auf 5% hinaufzusetzen[69]). Um die Investitionen und den Staatshaushalt möglichst zu schonen, wurden die Zinssätze für Aufbaukredite und für Bundesschatzscheine unverändert gelassen. Die sozialistischen Generalräte betonten, dass sie diesem Schritt nur mit Rücksicht auf die Kritik von außen zugestimmt hätten. An ihrer grundsätzlichen Auffassung hätte sich nichts geändert.

Ihre Haltung versteifte sich noch, als in der ersten Jahreshälfte die Konjunktur zu lahmen begann und die US-Behörden von Österreich weitere Restriktionsmaßnahmen forderten. Auch der Hinweis des Generaldirektors, dass nicht nur verschiedene US-Dienststellen, sondern auch der Währungsfonds, die BIZ und international renommierte Finanzexperten für eine weitere Geldverteuerung in Österreich plädierten, half wenig. Immerhin erklärten sich die sozialistischen Generalräte bereit, eine Erhöhung der Bankrate nicht zu blo-

---

[67]) 58. Sitzung des Generalrats der OeNB vom 18. 1. 1951.
[68]) 62. Sitzung des Generalrats der OeNB vom 5. 4. 1951.
[69]) Ao. Sitzung des Generalrats der OeNB vom 5. 12. 1951.

ckieren. Am 2. 7. 1952 beschloss der Generalrat bei Stimmenthaltung der sozialistischen Räte, die Bankrate von 5% auf 6% hinaufzusetzen[70]).

Die protokollierten Feststellungen zur Bankratenerhöhung sind zu fragmentarisch, als dass allein daraus der Standpunkt der sozialistischen Generalräte abgeleitet werden könnte. Mit Hilfe von einschlägigen Stellungnahmen in Zeitschriften und programmatischen Erklärungen international renommierter Sozialisten bietet sich jedoch folgende Interpretation an:

Dass eine Erhöhung der Bankrate unter Umständen wenig Wirkung zeigt, kann die hartnäckige Ablehnung nicht erklären. Die Sozialisten befürchteten vielmehr, dass Kreditverteuerungen besonders langfristige Projekte erschweren würden, darunter auch die kreditfinanzierten Infrastrukturinvestitionen. Dieser Bereich wurde ohnehin bereits durch die Kürzung der Bundesinvestitionen und den Rückgang der Counterpartmittel getroffen. In den Stellungnahmen der Arbeitnehmervertreter des Jahres 1952 klang immer wieder die Vorstellung an, Vollbeschäftigung durch den Bau von Wohnungen, Wasserkraftwerken und anderen Infrastruktur-Investitionen zu sichern. Hingegen wurde vermutet, dass spekulative Lager auch bei hohen Zinssätzen gehalten werden, obschon die Zinskosten einen sehr hohen Anteil an den Kosten der Lagerhaltung haben, einen viel größeren jedenfalls als an den Produktionskosten. Auf die keynesianischen Wurzeln der Politik des billigen Geldes in der internationalen Wirtschaft nach dem Zweiten Weltkrieg wurde bereits im Abschnitt „Visionen und Perspektiven" hingewiesen. Gedankengänge des Linkskeynesianismus brachten wie bereits dargelegt ehemalige Emigranten mit, die in der Arbeiterkammer tätig waren. Kreditrationierung – fanden Neukeynesianer zwei Jahrzehnte später – sei unter bestimmten Annahmen (asymmetrische Informationen, moral hazard) der Kreditverteuerung vorzuziehen, weil sie eher riskante Kredite trifft, wogegen der Kreditbedarf von Schuldnern untadeliger Bonität (und möglicherweise auch der Kreditbedarf mit hoher gesamtwirtschaftlicher Priorität) weiter gedeckt wird[71]).

Neben grundsätzlichen Erwägungen spielten Verteilungsfragen eine Rolle. Nach überschlägigen Berechnungen profitierten die Aktienbanken von einer Erhöhung der Bankrate (weil die Zinssätze für Scheckeinlagen weniger angehoben werden sollten als die für Kredite), wogegen die Sparkassen bestenfalls pari ausstiegen (weil sie sich vornehmlich über Spareinlagen finanzieren, deren Zinssätze ebenso angehoben werden sollten wie die für Kredite). Da die Sozialisten damals Konflikte mit den verstaatlichen Großbanken hatten und überdies einen Generalrat aus dem Sparkassensektor stellten, ergab sich ein zusätzliches Argument gegen höhere Bankraten.

Die Bankrate und die mit ihr zusammenhängende Kreditverteuerung standen zwar im Mittelpunkt der wirtschaftspolitischen Auseinandersetzung. Sie war aber keineswegs die einzige und wahrscheinlich auch nicht die wirkungsvollste Maßnahme zur Eindämmung der Kreditexpansion. Die Notenbank beschränkte sich nicht darauf, den Zugang zum Notenbankkredit über

---

[70]) Ao. Sitzung des Generalrats der OeNB vom 2. 7. 1952.
[71]) Z. B. *Stiglitz/Weiss* (1981).

den Preis (die Bankrate) zu steuern, sondern verfügte ergänzend Rationierungsmaßnahmen in Form von Rediskontplafonds. Im Oktober 1951 z. B. wurden die Rediskontzusagen für Rohstoffimportwechsel um 30% gekürzt, Mitte 1952 wurden für alle Großeinreicher die Rediskontplafonds eingefroren.

Einen weiteren Versuch, die Kreditgewährung ohne Kreditverteuerung zu beschränken, bildeten die so genannten Kreditkontrollabkommen. Das erste dieser Abkommen wurde schon im April 1951 zwischen dem Finanzministerium und den Banken abgeschlossen. Die Abkommen wurden in der Folgezeit auf andere Sektoren des Kreditapparates ausgedehnt und mehrfach verschärft. Sie machten die zulässige Kreditausweitung der Kreditunternehmungen von ihrem Einlagenzuwachs abhängig und verpflichteten sie, bestimmte liquide Mittel zu halten. Solche Abkommen wurden bis in die sechziger Jahre geschlossen. Ihre praktische Bedeutung blieb aber gering. Auf die Forderung der MSA, das Kreditvolumen auf den Stand zu Jahresbeginn zurückzuführen oder zumindest den Stand von Mitte 1952 zu halten[72]), wurde Mitte 1952 ein Kreditstopp verfügt. Der Finanzminister und die Notenbank wiesen allerdings auf die praktischen Schwierigkeiten hin, das Limit einzuhalten. Der Stopp wurde für Erntekredite durchbrochen, doch erwies sich diese Ausnahme letztlich als überflüssig, da die Kreditnachfrage einbrach.

Nach überwiegender Auffassung aller Beteiligten sollte durch eine qualitative Kreditkontrolle die Haltung spekulativer Lager erschwert werden. Die Forderung nach einer produktionsschonenden Kreditauslese war schon im amerikanischen Forderungsprogramm enthalten. Die österreichischen Währungsbehörden machten sich die Aufgabe einer qualitativen Kreditkontrolle nicht leicht. Arbeitskomitees legten fest, nach welchen Kriterien Kredite als gesamtwirtschaftlich unerwünscht gelten und überwachten die Einhaltung der Richtlinien. Die Grenzen der qualitativen Kreditkontrolle wurden allerdings bald sichtbar. Die Hausse auf den internationalen Rohwarenmärkten während des Korea-Kriegs und die Beschleunigung des Preisauftriebs im Inland hatten allen Unternehmungen und nicht bloß einem abgrenzbaren Bereich von Spekulanten nahe gelegt, sich noch mit relativ billiger Ware einzudecken. Es war daher schwierig, die Spreu vom Weizen zu trennen. Dazu kam, dass der Abbau von Lagern keineswegs die Produktion schonte. Auf den kürzesten Nenner gebracht: Wenn „böse" Spekulanten ihre Lager abbauten, so litten darunter die „braven" Produzenten. Unternehmungen bauten ihre überschüssigen Lager an Vorprodukten zumeist ab, indem sie ihre Nachbestellungen reduzierten. Und Produzenten, die wegen Absatzschwierigkeiten zeitweilig auf Lager produziert hatten, schränkten zumindest auf Märkten mit oligopolistischer Struktur eher die Produktion ein, als dass sie Fertigwarenlager zu Schleuderpreisen abstießen. Schließlich: Wenn schon Lager billig abgegeben wurden, hing es von den Preiserwartungen ab, ob die Abnehmer mehr kauften oder erst recht zuwarteten, weil sie auf weitere Preissenkungen hofften. Ironischerweise wurde die Stabilisierungsrezession 1952/53 in der Hauptsache dadurch ausgelöst, dass die Wirtschaft genau das tat, was man durch selektive Kreditauslese erreichen

---

[72]) AdR: BKA, Zl. 715.137_ERP/3/1952.

wollte, nämlich Lager abzubauen (siehe S. 525). Das konnte nicht überraschen. Es gehört zum gesicherten Bestand der empirischen Ökonomie, dass die Lagerhaltung Konjunkturschwankungen von etwa vierjähriger Dauer generiert (Schumpeter sprach von Kitchin-Zyklen).

5.1.5 Das Krisenmanagement

Budget 1953 noch restriktiv

Die Stabilisierungspolitik hatte ihren Preis. Schon im Laufe von 1952 verschlechterte sich die Konjunktur und die Arbeitslosigkeit stieg. Die Unruhe unter den Arbeitnehmern wuchs. Schon unmittelbar nach den Budgetbindungen im Februar 1952 fassten Betriebsräte von Großunternehmungen, Fachgewerkschaften und Vollversammlungen von Arbeiterkammern Resolutionen, in denen sie gegen die Kürzung öffentlicher Investitionen protestierten. Der Bundesvorstand des Österreichischen Gewerkschaftsbundes formulierte am 3. 4. 1952, also zu einem Zeitpunkt, wo der Stabilisierungsprozess noch kaum überblickt werden konnte, ein Forderungsprogramm mit 10 Punkten. Auch darin wurde u. a. verlangt, dass die Investitionen in der Infrastruktur und in der Verstaatlichten Industrie (einschließlich der E-Wirtschaft) nicht beschnitten werden dürfen.

Übersicht 5.3: Nicht akkordierter Budgetentwurf 1953

	2. Entwurf	Unterschied zum BFG 52[1)
	Mrd. S	
Laufende Gebarung		
Ausgaben	19,66	+ 0,81
Einnahmen	19,27	+ 0,31
Saldo laufende Gebarung	− 0,38	− 0,50
Investitionen	1,07	+ 0,42
Saldo Gesamthaushalt	− 1,45	− 0,92

AdR: Ministerrat Figl 2, Nr. 309 vom 22. 10. 1952. − [1)] Einschließlich Nachtrag.

Die Regierung Figl 2 scheiterte im Oktober 1952 formell am Budget 1953. Wie häufig bei ähnlichen Anlässen klafften die Vorstellungen der Koalitionspartner bei Abbruch der Verhandlungen nicht weit auseinander. Die Arbeiterkammer in Wien[73)] nannte dementsprechend als Hauptgrund für das Scheitern des Kabinetts Figl 2 grundsätzliche Meinungsverschiedenheiten hinsichtlich des künftig einzuschlagenden Kurses der Wirtschaftspolitik. Der Entwurf des Bundesfinanzgesetzes[74)], der am 22. 10. 1952 dem Ministerrat vorlag, sah einen Gesamtabgang von 1,4 Mrd. S vor, gegen nur 0,5 Mrd. S im Budget 1952 einschließlich Nachträgen. Der Abgang im ordentlichen Haushalt

---

[73)] Jahrbuch der Arbeiterkammer in Wien, 1952, S. 248.
[74)] AdR: Ministerrat Figl 2, Nr. 309 vom 22. 10. 1952.

von 380 Mio. S sollte im Budgetvollzug beseitigt werden. Die Investitionen im außerordentlichen Haushalt hoffte man durch Anleihen finanzieren zu können.

Das Scheitern der Regierung Figl 2 ist nicht leicht zu verstehen, denn Ende 1952 war der Stabilisierungsprozess bereits gut vorangekommen. Die fiskal- und geldpolitischen Zwischenziele waren erreicht: Das Budget konnte (ohne Counterpartmittel) ausgeglichen werden, das Volumen an kommerziellen Krediten war fast wieder auf das Niveau von Anfang 1952 zurückgeführt worden. Die Klippe der Agrarpreise war umschifft. Zum ersten Mal seit 1946 gab es kein Preis-Lohn-Abkommen. Löhne und Verdienste waren 1952 unverändert geblieben, was bei steigendem Produktivitätstrend eine erhebliche Senkung der (um die Auslastungsschwankungen bereinigten) Arbeitskosten bedeutete. Das Preisniveau hatte eine sinkende Tendenz. Man konnte mit einiger Zuversicht annehmen, dass damit der Übergang zu einem Regime interner finanzieller Stabilität gelungen war. Aus binnenwirtschaftlicher Sicht war es nicht mehr nötig, die Restriktionspolitik fortzusetzen. Die sehr hohe Winterarbeitslosigkeit legte im Gegenteil einen vorsichtigen Kurswechsel nahe.

Die Regierung Raab 1 nahm erst am 2. 4. 1953, mehr als fünf Monate nach dem Rücktritt der Regierung Figl 2, ihre Tätigkeit auf. Zu diesem Zeitpunkt war die Bausaison bereits angelaufen, zusätzliche öffentliche Aufträge konnten nur noch teilweise im laufenden Budgetjahr wirksam werden. Angesichts der fortgeschrittenen Jahreszeit beschloss man, das für die ersten fünf Monate geltende Budgetprovisorium mit einem Minimum an Modifikationen bis Jahresende zu verlängern und sich Zeit zu nehmen, das Budget 1954 gründlich vorzubereiten. Das auf Basis des Voranschlags 1952 (samt Nachtrag) kompilierte Budget 1953 war im Ansatz restriktiver als der umstrittene Voranschlag, der die Regierung Figl 2 zum Rücktritt gezwungen hatte, auch wenn damit bestimme Kürzungsvorschläge des nicht-akzeptierten Budgetentwurfs vermieden werden konnten. Das war eine erstaunliche Entscheidung, denn beide Großparteien hatten im Wahlkampf eine aktive Beschäftigungspolitik mittels öffentlicher Investitionen versprochen.

Die quantitativen Folgen dieser budgetpolitischen Entscheidung sind nicht leicht auszumachen, weil die Tendenz bestand, vorsichtig zu budgetieren (die tatsächlichen Ausgaben und Einnahmen lagen stets beträchtlich über dem Voranschlag) und die Investitionen des Bundes je nach Bedeckungsmöglichkeit zwischen ordentlichen und außerordentlichen Haushalt hin- und herzuschieben. Der Budgetvollzug bot daher erhebliche Gestaltungsmöglichkeiten. Vergleicht man die Rechnungsabschlüsse, so waren die gesamten Staatsausgaben 1953 nominell um 7,8% höher als 1952. Die Investitionsausgaben stiegen relativ stärker, blieben jedoch noch deutlich unter den Werten von 1951. Der Rückgang der gesamtwirtschaftlichen Investitionen im Jahr 1953 konnte dadurch nur unbedeutend gebremst werden.

Dabei ist freilich zu berücksichtigen, dass nach allen Erfahrungen mit antizyklischer Konjunkturpolitik die öffentlichen Investitionen ein sehr sprödes und nicht leicht zu handhabendes Instrument der Beschäftigungspolitik sind. Das galt besonders für das Jahr 1953. Damals bestand zum ersten Mal in der Nachkriegszeit die Möglichkeit, titrierte und nicht-titrierte Kredite bei Kreditunternehmungen und auf den Finanzmärkten aufzunehmen. Die Finanztransaktionen mussten jedoch vorbereitet und die Projekte auf die Bedürfnisse der Financiers zugeschnitten werden. Die Investitionen, die 1953 geplant wurden, konnten daher zum guten Teil erst später realisiert werden und heizten die Konjunktur zu einem Zeitpunkt an, als sie ohnehin bereits hochtourig lief.

Gegensteuern der Notenbank

Das wirtschaftspolitische Vakuum, das durch die späte Regierungsbildung entstand, wurde zum Teil durch die Notenbank gefüllt. Sie schwenkte als erste von einer restriktiven auf eine expansive Linie um. Angesichts der hohen Winterarbeitslosigkeit und der stagnierenden Produktion beschloss der Generalrat, den Diskontsatz am 21. 1. 1953 von 6% auf 5,5% und am 26. 3. 1953 neuerdings um einen halben Prozentpunkt auf 5% zu senken[75]). Diese währungspolitischen Entscheidungen fielen, bevor die Regierung Raab 1 zustande kam und handlungsfähig wurde. Die prompte Reaktion der Notenbank verdient unter zwei Gesichtspunkten hervorgehoben zu werden.

Zum einen lässt sie erkennen, dass die Notenbank bereit war, den Handlungsspielraum zu nutzen, den ihr die weltweite „Wiederentdeckung des Geldes" bot. Der später gelegentlich erhobene Vorwurf, die Notenbank handle zu wenig und zu spät, traf jedenfalls auf die Stabilisierungsperiode nicht zu. Nach sechs Jahren (wenn man die Kriegsjahre einbezieht, waren es 15 Jahre) Zinsstarrheit drehte die Notenbank munter an der Diskontschraube. Dass die beiden Senkungen der Bankrate im I. Quartal 1953 vom Generalrat einhellig beschlossen wurden, nimmt nach der emotionellen Diskussion über Kreditverteuerungen in den Jahren 1951 und 1952 nicht Wunder. Es scheint jedoch, dass auch die sozialistischen Generalräte ihre grundsätzlichen Bedenken gegen variable Zinssätze aufgegeben hatten. Jedenfalls wurden 1955 Kreditverteuerungen wieder als Mittel zur Drosselung einer übermäßigen Nachfrage eingesetzt.

Zum anderen demonstrierte die Reaktion der Notenbank, dass es von Vorteil ist, wenn die Wirtschaftspolitik nicht nur über verschiedene Instrumente, sondern auch über verschiedene Organisationen mit einem autonomen Handlungsspielraum verfügt. Wenn Regierung, Notenbank und Sozialpartner (de jure oder de facto) bei Bedarf die Initiative ergreifen, wird der Schaden minimiert, falls einer der Entscheidungsträger vorübergehend nicht handlungsfähig ist[76]). Erstaunlicherweise stand dem die personelle Verflechtung zwischen diesen Organisationen (die für das österreichische System charakteristische Ämterkumulierung) nicht entgegen. Der Generalrat konnte sich Anfang 1953 auf währungspolitische Maßnahmen einigen, obschon die Provisorische Regierung Figl 3 nur beschränkt handlungsfähig war und die beiden Großparteien in einem harten Wahlkampf verwickelt waren.

---

[75]) 82. und 84. Sitzung des Generalrats der OeNB vom 21. 1. und vom 25. 3. 1953.
[76]) Ein gutes Beispiel hiefür bot die erste Hälfte der sechziger Jahre. Als die „große" Koalition nur noch eingeschränkt handlungsfähig war, übernahmen die Sozialpartner die Initiative. Der „Kammerstaat" erreichte damals seinen Höhepunkt.

Abbildung 5.1: Entwicklung der Bankrate (Diskontsatz)

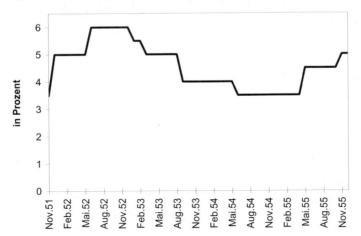

Vereinheitlichung der Wechselkurse

Im Gegensatz zur Binnenkonjunktur ließ sich die außenwirtschaftliche Position noch nicht verlässlich beurteilen. Der Notenbank flossen zwar beträchtliche valutarische Reserven zu, doch war dieser Zuwachs zum Teil vorübergehenden Einflüssen zu danken (siehe S. 527). Unter diesen Umständen erschien es ratsam, die wegen der hohen Arbeitslosigkeit erwünschten Konjunkturimpulse so zu setzen, dass dadurch die Zahlungsbilanz nicht gefährdet und womöglich zusätzlich entlastet wird. Diese Bedingung konnte erfüllt werden, indem neben der Budget- und Kreditpolitik (und der bereits besprochenen sozialpartnerschaftlichen Einkommenspolitik) die Wechselkurspolitik als Instrument der makroökonomischen Steuerung eingesetzt wurde.

Ende April 1953, also kurz nachdem die Regierung Raab 1 etabliert war, wurden die Wechselkurse auf dem Niveau von 1 $ gleich 26 S vereinheitlicht. Dem entsprach im Warenverkehr eine Abwertung um 18,2%. Die Kursvereinheitlichung wurde vom IMF genehmigt und der neue Einheitskurs als Währungsparität gemäß den Statuten des IMF festgelegt. Die Vereinheitlichung der Wechselkurse wurde formell als ein Beschluss des Direktoriums der Notenbank deklariert, der dem Generalrat in einer außerordentlichen Sitzung vom 30. 4. 1952 zur Kenntnis gebracht wurde. Diesem Beschluss waren intensive Verhandlungen zwischen den Koalitionspartnern und zwischen den Sozialpartnern vorausgegangen. Die Vertreter der Arbeitnehmer hatten Bedenken, weil sie Teuerungen befürchteten. (Die Steigerung der Verbraucherpreise wurde auf 3% geschätzt, sofern keine flankierenden Maßnahmen getroffen werden.) Der Konsens in der Koalitionsregierung wurde dadurch erleichtert, dass sich der sozialistische Vizepräsident der Notenbank für die Kursvereinheitlichung einsetzte und dass die Verstaatliche Industrie ebenso wie die Gesamtindustrie aus einem weicheren Schilling Nutzen zog[77]).

Der Internationale Währungsfonds und die OEEC hatten schon seit längerem einen einheitlichen Wechselkurs für alle Transaktionen empfohlen. Den heimischen Währungsbehörden erschien dieser Schritt lange Zeit als verfrüht. Im Frühjahr 1953 sprach jedoch vieles dafür, die bisher aufgeschobene Kursvereinheitlichung nachzuholen. Die „trade devices" in Form von Koppelungsgeschäften und Belassungsquoten waren über Drängen des IMF und der Marshallplan-Organisationen abgeschafft oder stark reduziert worden. Auch Agiogeschäfte, soweit sie noch zugelassen wurden, boten den Exporteuren nicht mehr die erhoffte Erlösverbesserung, weil es immer weniger Importwaren gab, die ein hohes Agio vertrugen. Der Zeitpunkt für die Kursvereinheitlichung war günstig, weil der Rückgang der Weltmarktpreise für Rohwaren und die schwache heimische Konjunktur den aus der Abwertung resultierenden Preisauftrieb dämpften. Um sicher zu gehen, wurde ein Teil der Abwertungsgewinne der Notenbank dazu verwendet, die Importe lebenswichtiger Güter zeitweilig zu verbilligen[78]). Diese Entscheidung fiel umso leichter, als das bisherige System de facto multipler Wechselkurse hohe und steigende Zuschüsse erfordert hatte (die Notenbank musste viel mehr Devisen zum Prämienkurs aufkaufen, als sie zum Prämienkurs abgab). Diese Zuschüsse hätte bei Fortführung des alten Systems der Bund tragen müssen, denn der Gewinn der Notenbank aus der Abwertung 1949 war längst aufgebraucht.

Vor allem aber legten die schwache Konjunktur und die hohe Arbeitslosigkeit Anfang 1953 arbeitschaffende Maßnahmen nahe. Arbeitsbeschaffung durch Exportsteigerung schien aussichtsreicher als Arbeitsbeschaffung durch öffentliche Investitionen, weil damit gleichzeitig die Zahlungsbilanz entlastet wurde. Dieser Aspekt wurde in den offiziellen Kommentaren zur Kursvereinheitlichung nur am Rande behandelt, spielte jedoch nach den Erinnerungen des Autors in den Gesprächen zwischen dem IMF und den Wiener Stellen eine wichtige Rolle.

5.1.6 Erfolge und Probleme

Die Maßnahmen der Stabilisierungspolitik konzentrierten sich auf den Zeitraum Herbst 1951 bis Frühjahr 1953, ihre Folgen wirkten jedoch viel länger. Das gilt selbst für kurzlebige Reaktionen wie etwa den Lagerzyklus oder die Auffüllung der realen Kassenbestände. Das legt nahe, den Zeithorizont

---

[77]) Eine ähnliche Situation bestand Anfang der achtziger Jahre, als der die Verstaatlichte Industrie repräsentierende Bundeskanzler für eine Abwertung des Schillings plädierte und damit eine Forderung der gesamten Industrie unterstützte. Anders als 1953 wurde jedoch Anfang der achtziger Jahre der harte Schilling gehalten.

[78]) Die Notenbank erzielte aus den Abwertungen des Schillings im Oktober 1949 und im Mai 1953 Abwertungsgewinne von zusammen 1.649 Mio. S. Demgegenüber stellte sie in diesem Zeitraum 839 Mio. S zur Stützung des Prämienkurses bereit. Vom Restbetrag wurden 650 Mio. S an den Bund zwecks zeitweiliger Verbilligung der Importe zur Verfügung gestellt. Protokoll der ao. Sitzung des Generalrats der OeNB vom 30. 4. 1953.

über die Periode der Stabilisierungsmaßnahmen auszuweiten. Um zumindest mittelfristige Reaktionen zu verdeutlichen, wird in den Tabellen und Schaubildern der Zyklus 1951 bis 1955 dargestellt, dessen Eckjahre Konjunkturhöhepunkte darstellen. Die verbale Argumentation geht – wenn nötig – über die mittlere Periode hinaus.

Herstellung innerer und äußerer finanzieller Stabilität

Eine Stabilisierungspolitik ist dann erfolgreich, wenn sie zwei Kriterien erfüllt: Die mühsam gewonnene innere und äußere Stabilität soll von Dauer (persistent) und die damit verknüpfte Stabilisierungsrezession soll (wenn sie sich schon nicht vermeiden lässt) möglichst kurz (temporär) sein. Nach beiden Kriterien war die Stabilisierungspolitik in Österreich eine „Erfolgsstory".

Die Stabilisierungspolitik wurde durch sinkende Weltmarktpreise für Rohwaren unterstützt. Nicht zuletzt deshalb wirkte sie sich ziemlich rasch auf die Preise aus. Von Ende 1951 bis Ende 1952 sanken der üblicherweise nur träge auf Nachfrageschwankungen reagierende Lebenshaltungskostenindex des WIFO um 1% und der reagiblere Großhandelspreisindex des Statistischen Zentralamts um 7%. Die Tendenz leicht sinkender Preise hielt auch 1953 noch an. Erst im Zuge des Konjunkturaufschwungs 1954/55 kam es wieder zu mäßigen Teuerungen. Die Inflationsrate pendelte sich danach auf einen Trend von etwa 3% p. a. ein. Das war mehr als die Währungshüter heute tolerieren, aber weniger als die meisten Industrieländer damals als angemessenen Preis für Wirtschaftswachstum und Vollbeschäftigung zu akzeptieren bereit waren. Jedenfalls lag die Inflationsrate unter dem Schwellenwert, wo Inflation (wegen der Volatilität der Einzelpreise) Unsicherheit erzeugt und damit wachstumshemmend wirkt.

Die Stabilisierungspolitik brachte somit nachhaltige – und nicht nur vorübergehende – Erfolge an der Preisfront. Sie leitete ein neues „Regime" ein: Die Wirtschaftssubjekte konnten darauf bauen, dass sich die Teuerung in engen Grenzen halten wird. Und dieses Vertrauen machte das System widerstandsfähig gegenüber äußeren Schocks.

Noch spektakulärer waren die außenwirtschaftlichen Erfolge. Die laufende Zahlungsbilanz hatte 1951 noch ein Defizit von 176 Mio. $. 1952 sank es auf 105 Mio. $. In den Jahren 1953 und 1954 wurden Überschüsse von 71 Mio. $ und 68 Mio. $ erzielt. 1953 war das erste Jahr in der Geschichte der Republik mit einer aktiven Handelsbilanz. Da Österreich noch Hilfslieferungen erhielt (wenn auch in immer geringerem Umfang), der Fremdenverkehr einen stürmischen Aufschwung nahm und überdies Devisen aus nicht erfassten Quellen eingingen (Rückstrom von legal und illegal im Ausland angelegten Geldern), konnte die Notenbank ihre valutarischen Bestände kräftig aufstocken. Das „Überschießen" des Zieles Zahlungsbilanzausgleich war zum Teil temporären Faktoren (wie dem Abbau von Lagern) zu danken, beschleunigte jedoch die Öffnung des heimischen Marktes gegenüber ausländischer Konkurrenz. In der Europäischen Zahlungsunion wurde Österreich von einem chronischen Schuldner vorübergehend zu einem wichtigen Gläubiger, dem man einiges an internationaler Kooperation zumuten konnte (siehe Abschnitt „Die Wirtschaftsordnung nach der Stabilisierung").

Abbildung 5.2: Preisstabilisierung (jährliche Teuerungsraten)

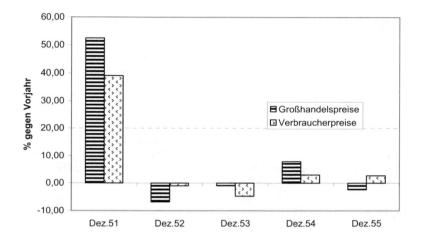

Quelle: WIFO, ÖSTAT.

Nach Abklingen der temporären Faktoren blieb die Zahlungsbilanz im Gleichgewicht. Mit dem neuen Einheitskurs wurde auf längere Sicht ein Stabilitätsanker gesetzt, dem sich die heimische Wirtschaft ohne übermäßige Friktionen anpassen konnte. Konflikte zwischen binnen- und außenwirtschaftlichen Zielen wurden damit weitgehend vermieden. Die Zahlungsbilanz war in der Folge weder ein konjunkturbeschränkender Faktor, der zu einer Stop-Go-Policy nötigte (wie etwa zeitweilig in Großbritannien). Noch blieb die heimische Inflationsrate soweit unter jener der konkurrierenden Länder, dass ständige Überschüsse in der Leistungsbilanz den gewählten Stabilitätspfad bedrohten (wie etwa in Westdeutschland).

Die Stabilisierungskrise

Innere und äußere finanzielle Stabilität wurde mit einer formidablen Stabilisierungskrise erkauft. Das reale BIP stagnierte 1952 und erholte sich 1953 nur zögernd. Das Gesamtergebnis wurde dadurch etwas aufgebessert, dass in beiden Jahren die Landwirtschaft relativ hohe Produktionszuwächse meldete. (Das war möglicherweise nur eine Folge des Regimewechsels. Die Landwirte waren zur Zeit der Bewirtschaftung und der amtlich geregelten Höchstpreise daran interessiert, dass die Produktion unterschätzt wird.) Das reale BIP ohne Land- und Forstwirtschaft sank 1952 um 1% und stieg 1953 mit 3% nur unterdurchschnittlich. Die Industrie produzierte 1952 um 2% und die Bauwirtschaft um 4% weniger als 1951. Die Baukrise verschärfte sich noch 1953 (–8%), wogegen sich die Industrie bereits im Laufe des Jahres zu erholen begann.

Abbildung 5.3: Leistungsbilanz und Hilfslieferungen

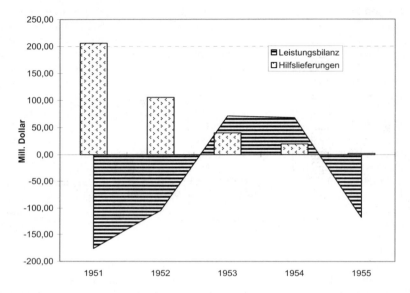

Quelle: OeNB.

Übersicht 5.4: Die nationale Produktion im Stabilisierungszyklus

	BIP	BIP ohne Land- und Forstwirtschaft	Land- und Forstwirtschaft	Industrie	Baugewerbe
		In % gegen das Vorjahr, real			
1951	6,93	9,12	– 6,32	14,57	12,20
1952	0,29	– 1,04	9,67	– 1,86	– 3,86
1953	3,91	3,19	8,50	1,92	– 8,09
1954	8,58	9,14	5,14	14,07	13,51
1955	11,48	13,10	1,33	20,65	15,92

Quelle: VGR.

Bei Beurteilung dieser Leistungskennzahlen ist zu berücksichtigen, dass das Produktionspotential in der ersten Hälfte der fünfziger Jahre um etwa 6% p. a. wuchs. Die Stagnation 1952 und die mäßige Erholung der Produktion 1953 hatten daher zur Folge, dass das Produktionspotential nur unzulänglich ausgelastet war. Obschon die Unternehmungen ihre Belegschaften nur teilweise den Absatzmöglichkeiten anpassten, sank die Beschäftigung in den Jahren 1952 und 1953 um 1,9% und 1,8%; die Arbeitslosigkeit erreichte mit 7,3% und 8,5% die höchsten Werte der Zweiten Republik.

Das Ausmaß der heimischen Rezession 1952/53 war – darin hatten die Kritiker des Finanzministers recht – überwiegend „hausgemacht". Das lässt sich durch folgenden Vergleich illustrieren. Legt man durch die Jahre der Hochkonjunktur 1951 und 1955 einen (in den Logarithmen) linearen Trend, so kann die Differenz zwischen den Trendwerten und der tatsächlichen Produktion als Maß für die Unterauslastung des Produktionspotentials gelten (BIP-Lücke). Im Durchschnitt der westeuropäischen Länder betrug die BIP-Lücke 1952 nur 2% des Produktionspotentials und in der Bundesrepublik Deutschland nur etwas mehr als 3% (1953). In Österreich hingegen wurde das Vollbeschäftigungsniveau 1952 um mehr als 5% und 1953 mehr als 7% verfehlt.

Das wirft die Frage auf, ob nicht die internationale Konjunkturdämpfung und der Rückgang der internationalen Rohwarenpreise zusammen mit den Vereinbarungen der Sozialpartner ausgereicht hätten, die Nachkriegsinflation zu beenden. Unter den gegebenen Bedingungen konnte jedoch nicht der Anspruch auf Feinsteuerung (fine tuning) erhoben werden (er erwies sich auch in normalen Zeitläufen als überzogen). Man muss bedenken, dass die Stabilisierungspolitik auf sicher gehen wollte und daher das Risiko eines Scheiterns stärker einschätzte als das Risiko eines unnötig harten Stabilisierungskurses. Wenn überhaupt, so war die Inaktivität der Wirtschaftspolitik während der langen Verhandlungen über das Kabinett Raab 1 zu kritisieren.

Abbildung 5.4: Unterauslastung des Produktionspotentials[1])

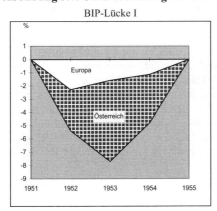
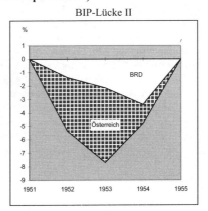

[1]) Unter der Annahme, dass die Entwicklung des Produktionspotentials durch einen in den Logarithmen linearen Trend zwischen den Jahren der Hochkonjunktur 1951 und 1955 repräsentiert werden kann. Die weiße Fläche gibt die Unterauslastung des Produktionspotentials in den Vergleichsregionen an, die weiße Fläche plus der karierten Fläche entspricht der gleichen Größe für Österreich.

Die Stabilisierungskrise wurde als besonders gravierend empfunden, weil die Öffentlichkeit und zumindest ein großer Teil der Wirtschaftspolitiker nicht darauf vorbereitet waren[79]). Die Formel „Zahlungsbilanzausgleich durch Mehrproduktion und Mehrexport" ließ sich mit dem tatsächlichen Verlauf der Stabilisierungskrise nicht in Einklang bringen. Wenn dennoch die Bevölkerung den wirtschaftlichen Rückschlag hinnahm und die Gewerkschaften zwar protestierten, sich aber sehr diszipliniert verhielten, so lag das wohl auch daran, dass die Gefahr einer unkontrollierbaren Entwicklung erkannt wurde. Nach dem Ersten Weltkrieg ging die trabende Inflation vier Jahre nach Kriegsende in eine galoppierende Inflation über[80]). Eine ähnliche Entwicklung in einem von vier Mächten besetzten Land hätte den Bestand der Republik gefährdet.

Die politischen Folgen der Arbeitslosigkeit im besetzten Land waren weniger gravierend, als viele befürchtet hatten. Anders als nach dem 4. Preis-Lohn-Abkommen blieben umfassende Streiks aus. Die um ihren Posten besorgten Arbeitnehmer wählten Anfang 1953 die SPÖ, der sie offenbar am ehesten eine aktive Beschäftigungspolitik zutrauten. Die KPÖ verlor weiter an Stimmen. Der Ministerrat beschäftigte sich nur mit einem bedenklichen Vorfall aus der russischen Zone[81]). Eine kleine Weberei in Unterwaltersdorf am Reisenbach wurde vom Eigentümer wegen Auftragsmangel geschlossen. Daraufhin besetzte ein Teil der Arbeiter das Fabriksgebäude und wollte den Betrieb selbst weiter führen. Der Einsatz von Gendarmerie zur Wahrung der Eigentumsrechte wurde von der russischen Kommandantur untersagt.

Die Stabilisierungsrezession war zwar schwer, aber nur kurz. Schon im Laufe von 1953 (und in den Jahresdurchschnittswerten noch nicht sichtbar) bahnte sich ein Aufschwung an, der die österreichische Wirtschaft wieder an den ursprünglichen Wachstumspfad heranführte. 1954 und 1955 wurden mit 8,6% und 11,5% Wachstumsraten erzielt, die in Westeuropa nur in den ersten Nachkriegsjahren und die später nur in den Staaten Ost- und Südostasiens überboten wurden. Die Arbeitslosenrate stieg noch im Jahresdurchschnitt 1953, sank aber bis 1955 wieder auf den Stand von 1951. (Eine präzisere Abgrenzung des Zyklus aufgrund unterjähriger Daten bietet der Anhang.)

So hart die Stabilisierungskrise 1952/53 aus der Sicht der Vollbeschäftigungsdoktrin erscheinen mochte, so bescheiden nimmt sie sich in einer breiteren historischen Perspektive aus. Die Entwicklungsländer mit hohem Verschuldungsgrad verharrten nach der Schuldenkrise Anfang der achtziger Jahre etwa ein Jahrzehnt lang in einer Depression mit rückläufigen realen Pro-Kopf-

---

[79]) Am Rande sei erwähnt: Auch das Österreichische Institut für Wirtschaftsforschung (WIFO), dessen „Monatsberichte" damals eine hohe Publizität hatten, interpretierte die Rezession 1952/53 vorwiegend „keynesianisch" und nicht als unvermeidliche Begleiterscheinung der Stabilisierung. Das trübte seine Beziehung zum Finanzminister, obschon dieser seine berufliche Karriere als Wirtschaftsforscher begonnen hatte.
[80]) Die Erfahrungen südamerikanischer und auch osteuropäischer Länder, dass auch hohe Inflationsraten stabilisiert und unter Umständen schrittweise reduziert werden können, standen damals noch nicht zur Verfügung.
[81]) AdR: Ministerrat Figl 2, Nr. 299 vom 5. 7. 1952.

Einkommen[82]). Die „Transformationsländer" Mittel- und Osteuropas mussten beim Übergang zur Marktwirtschaft Anfang der neunziger Jahre Produktionseinbußen von 20% bis 30% hinnehmen, die erst in einem längeren Zeitraum aufgeholt werden konnten.

Lob der internationalen Finanzwelt

Das Erreichen der Stabilitätsziele bei nur temporären Einbußen an Produktion und Beschäftigung fand international Anerkennung, besonders in konservativen Finanzkreisen. Die Bank für Internationalen Zahlungsausgleich in Basel[83]) (BIZ) bezeichnete den Erfolg der österreichischen Stabilisierungspolitik als exemplarisch. Österreich hatte vier Jahre lang eine hohe Auslandshilfe erhalten und war dennoch nicht imstande gewesen, innere und äußere finanzielle Stabilität herzustellen. Als die Auslandshilfe stark gekürzt wurde, war es genötigt, einen neuen Weg in der Wirtschaftspolitik einzuschlagen. Dank der Anwendung der klassischen Mittel der Stabilisierungspolitik konnte in wenigen Monaten innere und äußere finanzielle Stabilität hergestellt werden. Die BIZ zog aus dem österreichischen Experiment folgende Schlussfolgerungen:
– Wenn man innere finanzielle Stabilität herstellt, bessert sich auch die Zahlungsbilanz.
– Kreditrestriktion allein genügt nicht, auch das Budget muss in Ordnung sein.
– Im Zuge der Stabilisierungspolitik entsteht Arbeitslosigkeit. Sie wird hauptsächlich dadurch verursacht, dass infolge der Kürzung der Auslandshilfe weniger Mittel für Investitionen zur Verfügung stehen. Die klassische Stabilisierungspolitik mildert sogar die Arbeitslosigkeit, weil sie das Sparen anregt.

In einem von den USA angeregten Bankengutachten 1953 (siehe den Abschnitt „Die Etablierung marktwirtschaftlicher Institutionen") lobten drei Finanzexperten von internationalem Ruf die österreichische Stabilisierungspolitik und die Disziplin, mit der Wirtschaft und Bevölkerung die harten Maßnahmen hingenommen hat:

„Ein bemerkenswertes Beispiel einer solchen Disziplin ist die wirkungsvolle Anwendung der Mittel der Budget- und Notenbankpolitik auf dem Wege zur Herstellung einer Währungsstabilität, die, wie auch in anderen Staaten, in Österreich in so eindrucksvoller Weise die Erreichung eines externen und internen Gleichgewichtes zur Folge gehabt haben." (Bankengutachten vom 23. 11. 1953)[84])

Das dicke Lob internationaler Bankfachleute ließ erkennen, dass die Herstellung von innerer und äußerer finanzieller Stabilität mit „klassischen Methoden" nicht von allen westlichen Industrieländern akzeptiert wurde.

---

[82]) *Dooley* (1995, S. 274).
[83]) Jahresbericht der BIZ, wiedergegeben in der 87. Sitzung des Generalrats der OeNB vom 17. 6. 1953.
[84]) AdR: Ministerrat Raab 1, Nr. 30 vom 8. 12. 1953. Es fällt auf, dass auch das Bankengutachten die sozialpartnerschaftliche Preis-Lohn-Politik nicht erwähnt.

Steigende Kassenhaltung – struktureller Budgetüberschuss

Der Stabilisierungszyklus (die Stabilisierungsrezession und der Aufschwung nachher) bot interessantes Anschauungsmaterial über gesamtwirtschaftliche Anpassungsprozesse und die sie steuernden wirtschaftspolitischen Maßnahmen. Im Folgenden werden zwei Themen herausgegriffen:
- Inwieweit wurden die Zwischenziele der Geld- und Fiskalpolitik erreicht?
- Welche konjunkturbestimmenden Kräfte steuerten den Stabilisierungszyklus?

Die Währungsbehörden zogen die monetären Bremsen in zwei Stufen an. Das Antiinflationspaket I wurde im Dezember 1951 nach der Kritik der EPU geschnürt. Das Antiinflationspaket II sollte der Forderung der US-Sondermission genügen, das Kreditvolumen auf den Stand zu Jahresbeginn zurückzuführen oder es zumindest auf dem Stand von Mitte 1952 stabilisieren.

Die „geballte Ladung" verfehlte nicht ihre Wirkung. Die monetäre Bremsspur manifestierte sich am deutlichsten in der Kreditstatistik. Das Volumen an kommerziellen Krediten stieg 1952 nur um 3,6%, gegen 32,9% ein Jahr vorher. Die starke Kreditausweitung im 1. Halbjahr wurde durch Einschränkungen im 2. Halbjahr nahezu ausgeglichen. 1953 wurden wieder mehr neue Kredite gewährt, doch war die Kreditausweitung nur etwa halb so hoch wie im Inflationsjahr 1951.

Abbildung 5.5: Kommerzielles Kreditvolumen

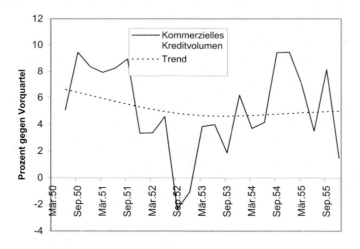

Quelle: OeNB.

Auch die Geldschöpfung verringerte sich zunächst deutlich (wenngleich schwächer als die Kreditschöpfung). Die Geldmenge (definiert als Bargeld und Scheckeinlagen) stieg im Laufe von 1951 nur um 7,6% gegen 19,5% im Jahr

1951. Überraschenderweise wurde sie jedoch 1953 (und nochmals 1954) um fast ein Viertel ausgeweitet, stärker als im Inflationsjahr 1951, ohne dass dadurch das Stabilisierungsziel gefährdet worden wäre.

Die Erklärung liegt auf der Hand: Sobald die Inflationserwartungen gebrochen waren, füllten Unternehmungen und private Haushalte ihre stark reduzierten Kassenbestände wieder auf. Die Umlaufgeschwindigkeit des Geldes (gemessen an der Geldmenge im engeren Sinn, ohne Spareinlagen) nahm deutlich ab. Notenbank und Kreditunternehmungen konnten daher in den Jahren 1953 und 1954 die Geldversorgung der Wirtschaft stark ausweiten, ohne dass die Inflation neue Nahrung erhielt. Danach stabilisierte sich die Umlaufgeschwindigkeit auf einem Niveau, das etwas über dem Vorkriegsstand lag. Dabei ist freilich zu berücksichtigen, dass die (ebenfalls überwiegend liquiden) Spareinlagen trotz kräftiger Zuwächse noch unter dem relativen Niveau von 1937 blieben. Das gesamte Geldvermögen erreichte diese Marke erst Anfang der sechziger Jahre.

Übersicht 5.5: Ausweitung des Geld- und Kreditvolumens im Stabilisierungszyklus 1951-1955

Jahresende	Kredite[1])	Geldvolumen	Spareinlagen
		In % gegen das Vorjahr	
1951	32,9	19,5	3,5
1952	4,6	7,6	45,7
1953	17,2	24,4	51,3
1954	31,1	24,4	50,6
1955	22,3	0,6	33,0

Quelle: OeNB. – [1]) Kommerzielle Kredite (ohne aus Counterpartmitteln finanzierte Aufbaukredite).

Der gleiche Sachverhalt (Zunahme des realen Geldbedarfs) lässt sich mit dem neumodischen Begriff der „Seignorage" ausdrücken (siehe Anhang). Die realen Ressourcen, über welche die Währungsbehörden dank ihrem Geldschöpfungsmonopol verfügen konnten, erreichten in den Inflationsjahren 1949 bis 1951 nur 1,1% des BIP, im Stabilisierungszyklus 1952 bis 1955 dagegen 2,4%. Die im Wege der Seignorage erworbene Verfügungsmacht über Güter und Leistungen wurde 1953 und 1954 vom Staat nicht ausgeübt (das Budget hatte Überschüsse).

Trotz Kreditrestriktion konnte der steigende Bedarf der Nicht-Banken an realer Kassa gedeckt werden, weil sich die Geldschöpfung auf andere Quellen verlagerte. Im Inflationsjahr 1951 entstand zusätzliches Zentralbankgeld hauptsächlich durch Kreditschöpfung, in der Stabilisierungsperiode hauptsächlich durch Devisenzuflüsse. 1952 und 1953 nahm die Notenbankverschuldung heimischer Schuldner sogar absolut ab. Die Umschichtung der Geldschöpfung von der Inlands- zur Auslandskomponente entspricht den Voraussagen der monetären Zahlungsbilanztheorie: Wenn die Kredite an heimische Schuldner reduziert werden, dann verlagert sich die Geldschöpfung auf die Auslandskomponente. Diese Verlagerung war allerdings – im Gegensatz zu den Annahmen der angeführten Theorie – mit schmerzhaften Anpassungsprozessen im realen Bereich verbunden.

Abbildung 5.6: Komponenten der Zentralbankgeldschöpfung 1951 bis 1955, Veränderung gegen das Vorjahr

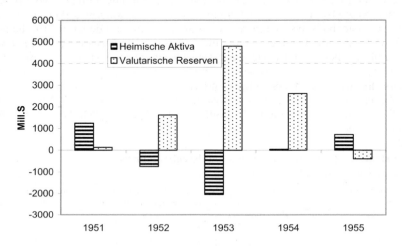

Ebenso wie die Bankkunden wurden die Banken selbst liquid. Der hohe Einlagenzuwachs übertraf die mäßige Kreditausweitung beträchtlich. Den Währungsbehörden stellte sich damit eine Aufgabe, die sie auf lange Sicht beschäftigen sollte und die im Überschwang des Stabilisierungserfolgs offensichtlich unterschätzt wurde: die Überführung von Geldmarktmitteln auf den Kapitalmarkt. Alle Sitzungen des Generalrats in der 2. Hälfte 1953 befassten sich mit diesem Thema. Die Notenbank[85]) erteilte im Herbst 1953 im Gegensatz zu ihren sonstigen Usancen Refinanzierungszusagen für bestimmte langfristige Kredite. Dadurch sollte der Mangel an langfristigen Mitteln gemildert und potentielle Kreditnehmer sollten davon abgehalten werden, im Ausland Kapital aufzunehmen (was zur Folge hätte, dass der Notenbank noch mehr Devisen zufließen und daher die Liquidität von Wirtschaft und Banken weiter zunimmt).

Im Gegensatz zur diskretionär „aktivistischen" Geldpolitik war die Budgetpolitik der Nachkriegsperiode „regelgebunden". Seitdem die Besatzungskosten auf eine bewältigbare Größe reduziert worden waren (das war ab 1949 der Fall), lautete die Steuerungsregel: Das Budget des Bundes soll ausgeglichen sein, unabhängig von der Konjunkturlage und von zufallsgestreuten Schocks. Der Budgetausgleich wurde allerdings nur dadurch (annähernd) erreicht, dass Erlöse aus Hilfsaktionen für Investitionen des Bundes verwendet wurden. Sie machten 1949 mehr als 2% und 1951 noch ¾% des BIP aus. Die

---

[85]) 90. Sitzung des Generalrates der OeNB am 23. 10. 1953.

Forderung trotz Rezession den Bundeshaushalt ohne Counterpartmitteln auszugleichen, stellte daher die Budgetpolitik vor besonders schwierige Aufgaben. Dennoch konnten die Zielvorgaben weitgehend erreicht werden. Das Budgetdefizit 1952 hielt sich mit etwa ½% des BIP in engen Grenzen. In den Jahren 1953 und 1954 wurden leichte Budgetüberschüsse erzielt. Erst im Hochkonjunkturjahr 1955 entstand wieder ein mäßiges Defizit. (Mit diesen Werten wäre Österreich an der Jahrtausendwende ein Musterschüler in der EU gewesen, der die Maastricht-Kriterien weit übererfüllte. Die straffe Budgetpolitik wurde allerdings dadurch erleichtert, dass der Bund so gut wie keine Zinsen zahlen musste und die Sozialquote noch sehr niedrig war.)

Übersicht 5.6: Nettosaldo des Bundesbudgets[1])

	In % des BIP
1951	− 0,84 (− 0,14)[2])
1952	− 0,54
1953	0,14
1954	0,73
1955	− 0,82

[1]) Saldo des ordentlichen und außerordentlichen Haushalts laut Rechnungsabschluss ohne ERP-Gebarung, Schuldentilgung und Counterpartfreigaben für das Bundesbudget. − [2]) Nach Abzug der Counterpartfreigaben für das Bundesbudget.

Dabei ist freilich zu berücksichtigen, dass die Unselbständigen in der inflationistischen Wiederaufbauperiode nicht sparten. Die heimischen Ersparnisse bestanden hauptsächlich aus Unternehmergewinnen, die zur Selbstfinanzierung verwendet wurden, sowie aus Einnahmen der öffentlichen Haushalte, die sie nicht für laufende Zwecke verbrauchten. Die Kreditfinanzierung öffentlicher Ausgaben bedeutete daher in der Hauptsache Notenbankfinanzierung. Ihr waren jedoch durch die Statuten der Notenbank enge Grenzen gesetzt. Die wichtigste Ausnahme betraf die Besatzungskostenschatzscheine, die nach § 2, lit 1b der Novelle zum Notenbanküberleitungsgesetz von der Notenbank eskontiert werden mussten. Ob diese Ermächtigung noch galt, nachdem ab 1949 die Besatzungskostensteuer eingeführt wurde, war zumindest strittig[86]). Die Budgetpolitik war daher in ein doppeltes Korsett gezwängt: einmal durch die Vorgaben (Counterpartfreigaben-Politik) der Marshallplan-Behörden und zum anderen durch die Beschränkung der Notenbankfinanzierung.

Erst als nach der Stabilisierung der Währung das Geldsparen der Unselbständigen stark zunahm, konnten öffentliche Investitionen über den Kapitalmarkt finanziert werden. In der Stabilisierungsperiode im engeren Sinne standen Counterpartmittel nicht mehr und Kapitalmarktmittel noch nicht zur Verfügung. Das hatte einen U-förmigen Verlauf der Bundesinvestitionen zur Fol-

---

[86]) Noch 1951 gab der Finanzminister neue Besatzungskostenschatzscheine aus. Nach Protest der Notenbank wurde eine Kompromissformel gefunden, die ähnliche Transaktionen für die Zukunft ausschloss. 60. Sitzung des Generalrates der OeNB vom 1. 3. 1951.

ge. Sie waren relativ hoch in der unmittelbaren Nachkriegszeit, sanken dann in der Stabilisierungsperiode und erreichten gegen Ende des Stabilisierungszyklus einen neuen Höhepunkt. Dazu trug neben der Kreditfinanzierung von Budgetinvestitionen auch der Umstand bei, dass zweckgebundene Steuern für den Wohnungsbau und den Straßenbau eingehoben wurden.

Betrachtet man nur die realisierten Salden des Bundesbudgets, so erscheint die Budgetpolitik in der Stabilisierungsperiode wenig spektakulär. Die Beurteilung ändert sich jedoch grundlegend, wenn man berücksichtigt, dass die Stabilisierungskrise Einnahmenausfälle und Mehrausgaben nach sich zog (automatische Stabilisatoren). Die Budgetpolitik in der Stabilisierungsperiode war ein typisches Beispiel von „Parallelpolitik". Konjunkturbedingte Verschlechterungen des Budgetsaldos wurden durch Ausgabenkürzungen und Steuererhöhungen ausgeglichen. Die Budgetpolitik hat in die Rezession hinein konsolidiert und sie damit verstärkt. Anders ausgedrückt: Während der Stabilisierungskrise wurde das Budget in eine strukturelle Überschussposition manövriert.

Die Größe des strukturellen Überschusses lässt sich überschlägig schätzen. Geht man von der auf S. 517 ermittelten BIP-Lücke aus und unterstellt man, dass 1% Unterauslastung das Budgetdefizit um $1/3$% vergrößert (andere Schätzungen gehen von höheren Werten aus), so entstand 1953/54 ein struktureller Budgetüberschuss von mehr als 3½% des BIP[87]).

Der harte Budgetkurs des Jahres 1952 und trotz entgegen lautenden Ankündigungen (siehe S. 510) auch noch jener von 1953 öffneten zusammen mit dem kräftigen Konjunkturaufschwung der Budgetpolitik der folgenden Jahre einen beträchtlichen Spielraum. Das erleichterte anfangs die Zusammenarbeit der beiden Großparteien in der Regierung Raab 1. Die Wirtschaft erhielt die von ihr angestrebten Steuersenkungen und die Sozialisten die von ihnen geforderten öffentlichen Investitionen. Neben den Investitionswünschen der Bundesbetriebe konnte im zehnjährigen Investitionsprogramm des Bundes der Bau der Autobahn Wien–Salzburg aufgenommen werden[88]). 1954 und 1955 wurden die strukturellen Budgetüberschüsse aufgebraucht. Die konjunkturtreibende Wirkung dieser budgetpolitischen Entscheidung wurde 1954 noch durch die steigende Kassenhaltung von Wirtschaft und Privaten gedämpft. 1955 kam es jedoch zu einer deutlichen Übersteigerung der Konjunktur, die für 1956 konjunkturdämpfende Maßnahmen nahelegte.

---

[87]) Die Beziehungen zwischen dem Auslastungsgrad der Wirtschaft und dem Budgetdefizit (alternativ: zwischen der Wachstumsrate des realen BIP und der Veränderung des Budgetdefizits) lassen sich aus empirischen Reihen nur ungenau mit ökonometrischen Methoden schätzen, weil der Einfluss der automatischen Stabilisatoren von diskretionären Entscheidungen der Budgetpolitik überlagert wurde.

[88]) Der Bau der Autobahn Salzburg–Wien wurde vom Finanzminister ventiliert, bevor die Motorisierungswelle voll einsetzte (1954). Der Vorschlag war daher ein Beispiel für eine vorausschauende (und nicht eine dem Bedarf nachhinkende) Infrastrukturinvestition. Dennoch wurde er von den Vertretern der Arbeitnehmer heftig kritisiert, teils weil sie anderen Investitionen eine höhere soziale Priorität einräumten, teils weil er den vom Finanzminister propagierten konsumnahen Investitionen widersprach.

F. Diwok (*Diwok/Koller*, 1977, S. 69) interviewte für sein Buch über Kamitz dessen „wirtschaftspolitischen Gegenspieler" K. Waldbrunner. In diesem Interview erklärte der ehemalige Minister für Verkehr und verstaatlichte Betriebe (dessen Kompetenzbereich populär als das „Königreich Waldbrunner" bezeichnet wurde), dass sowohl Kamitz als auch er den wirtschaftlichen Fortschritt wollten. R. Kamitz strebte dieses Ziel mit unmittelbar produktiven Investitionen, er mit Infrastruktur-Investitionen an. Die Proportionen beider Investitionsbereiche wurden demnach durch politische Verhandlungen festgelegt, wobei jeder Partner extreme Positionen einnehmen konnte, weil er wusste, dass die entgegen gesetzte Position vom anderen Partner vertreten wird. (Das galt nur für die große Koalition. Als jede der Großparteien allein regierte, mussten sie diese Frage intern klären.)

Lagerzyklus und Exportboom

Die innenpolitische Diskussion in der Stabilisierungsperiode entzündete sich an der Frage, ob die Rezession 1952 vom Export (und damit von der internationalen Konjunkturflaute) oder von den öffentlichen Investitionen (und damit von der Budgetpolitik) ausgelöst wurde. Tatsächlich stagnierten beide Nachfrageströme 1952, doch war die daraus resultierende Konjunkturdämpfung nicht stärker als in anderen Industrieländern. Entscheidend für die Stärke der Rezession war ein ausgeprägter Lagerzyklus.

Übersicht 5.7: Beiträge der Nachfragekomponenten zum Wirtschaftswachstum 1949-1955

	Privater Konsum	Öffentlicher Konsum	Anlageinvestition	Lagerveränderung[1]	Exporte i. w. S.[2]	Importe i. w. S.[2][3]	BIP
	In % des BIP des Vorjahres						
1949	10,51	0,82	5,29	6,68	2,93	− 7,28	18,94
1950	5,00	0,29	4,06	−2,34	4,81	0,55	12,36
1951	2,23	0,75	3,81	1,19	0,96	− 2,00	6,93
1952	1,51	0,13	− 0,43	−5,16	0,42	3,83	0,29
1953	4,77	0,28	−2,55	−2,76	4,74	− 0,56	3,91
1954	4,32	0,68	4,19	1,63	3,78	− 6,02	8,58
1955	7,03	− 0,46	6,08	2,36	1,62	− 5,54	11,09

Quelle: VGR. − [1]) Einschließlich Statistischer Korrektur. − [2]) Waren und Dienstleistungen. − [3]) In der Importspalte bedeutet ein Minus, dass ein Teil des Nachfragezuwachses durch Importe gedeckt wurde.

Anfang 1952 wuchsen die Lager noch, weil im Vorjahr bestellte Importe an Rohwaren eintrafen und sich in einigen von Absatzschwierigkeiten betroffenen Branchen (z. B. der Textilindustrie) unverkaufte Fertigwaren stauten. Spätestens ab Jahresmitte drehte sich jedoch der Lagerzyklus. Die Verteuerung und Verknappung von Krediten sowie die sinkende Tendenz der Weltmarktpreise nach der Korea-Hausse veranlassten die Unternehmungen, Lager abzustoßen. Ein Teil des Lagerabbaus betraf ausländische Rohstoffe und halbfertige Waren. Aber auch die heimische Produktion litt darunter, dass die Nachfrage aus Lagern und nicht aus der Produktion neuer Güter gedeckt wurde.

Geht man von den veröffentlichten Daten der VGR aus, so liefert die in der Wirtschaftsforschung übliche Aufspaltung des Wirtschaftswachstums in Nachfragekomponenten (absolute Veränderung eines Nachfragestroms in Prozent des BIP des Vorjahres) folgendes Ergebnisse: Der Lagerzyklus ließ die heimische Gesamtnachfrage nach Gütern und Leistungen 1952 um mehr als 5% und 1953 um weiter 2¾% schrumpfen. Davon entfielen zwei Drittel auf Importe und ein Drittel auf heimische Produkte. Die VGR überschätzte höchst wahrscheinlich infolge bestimmter Buchungskonventionen den negativen Einfluss der Lagerwirtschaft sowie den Rückgang der Importe im Jahr 1952 und unterschätzte diese Größen im darauf folgenden Jahr. Die Fehler glichen sich jedoch in den beiden Jahren annähernd aus. Auch plausibel modifizierte Werte (siehe Anhang) bestätigen den überragenden Einfluss des Lagerzyklus auf die Rezession 1952/53.

Abbildung 5.7: Exporte und Investitionen real 1951-1955

Veränderungen gegen das Vorjahr in %

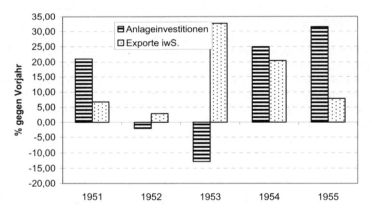

Quelle: VGR.

Die Importe an Gütern und Leistungen sanken laut VGR in der Zweijahresperiode 1951/53 um insgesamt 16%. Sie unterschritten damit merklich das Niveau, das die heimischen Planer als Mindestbedarf ermittelt hatten. Der Importrückgang war überdies viel stärker, als später in Jahren schlechter Konjunktur beobachtet werden konnte, in denen ebenfalls Lager abgebaut wurden (siehe Anhang). Das stellt den Lenkungsbehörden kein gutes Zeugnis aus. Importkontrollen und Devisenverwendungspläne, Rohstofflenkung und Preiskontrollen konnten die spekulative Welle im Gefolge der Korea-Hausse nur teilweise im Zaum halten.

Die Leerung von Lagern entlastete zeitweilig die Zahlungsbilanz. Eine dauerhafte Besserung war jedoch nur zu erwarten, wenn der Export von Waren und Diensten kräftig steigt. Diese Voraussetzung wurde schon 1953 in einem unerwarteten Maße erfüllt.

Die Ausfuhr von Waren und Leistungen stieg in diesem Jahr real um nicht weniger als ein Drittel. Ihr Beitrag zum Wirtschaftswachstum übertraf mit 4,7% das tatsächliche Wachstum des BIP (3,9); d. h. die heimische Nachfrage nach heimischen Produkten ging 1953 noch zurück. Im Jahr 1954 wurde nochmals ein Exportzuwachs von 20% erzielt. (Erst 1955 „normalisierte" sich das Exportwachstum.)

Ähnlich wie das Schrumpfen der Importe ist der ungewöhnliche Exportboom nicht leicht zu erklären. Das Wirtschaftswachstum in Westeuropa hätte nach langjährigen Erfahrungen 1953 bestenfalls einen Exportzuwachs von 10% erwarten lassen. Dabei ist freilich zu berücksichtigen, dass die Exporte in den unmittelbaren Nachkriegsjahren (sowohl im Verhältnis zur Vorkriegszeit als auch im Verhältnis zur Produktion) sehr niedrig waren. Um von ausländischer Hilfe unabhängig zu werden, waren daher überdurchschnittliche Exportzuwächse nötig. Diese Forderung wurde 1950 und 1951 nicht erfüllt. Die realen Exporte von Gütern und Leistungen wuchsen in diesen beiden Jahren nur um 6,8% und 2,9%, schwächer als die heimische Produktion. Kein Wunder, dass die amerikanischen Geldgeber unruhig wurden.

Erst nach der Stabilisierung stellten sich die erforderlichen Exportzuwächse ein. Dazu haben verschiedene Umstände beigetragen. Die Liberalisierung des innereuropäischen Handels schritt weiter voran. (Insbesondere die BRD, der wichtigste Handelspartner Österreichs liberalisierte einen Großteil ihrer Einfuhren.) Weiters verfügten die heimischen Firmen wegen der schwachen Binnenkonjunktur und als Folge hoher Investitionen in den Vorjahren über freie Kapazitäten, die in den Export drängten. War 1951 die Ausfuhr international begehrter Produkte noch kontingentiert worden (um den Inlandsmarkt ausreichend zu versorgen), so konnten nun die Produzenten von Eisen und Stahl, Papier und anderen halbfertigen Erzeugnissen die Exportchancen voll nutzen. Die Ausfuhr der SITC-Gruppe „Halb- und Fertigwaren" stieg real 1953 um mehr als die Hälfte. Im Fertigwarenbereich entschieden sich heimische Unternehmungen, die bisher ausschließlich den Inlandsmarkt belieferten, die relativ hohen Eintrittskosten auf ausländischen Märkten in Kauf zu nehmen. Diese Entscheidung wurde nicht zuletzt durch eine großzügige Exportförderung erleichtert. Schließlich und vor allem verbesserte die Vereinheitlichung der Wechselkurse ab 4. 5. 1953 die preisliche Wettbewerbsfähigkeit der heimischen Wirtschaft.

Wie dramatisch sich die außenwirtschaftliche Position Österreichs verbesserte, lässt sich verdeutlichen, wenn man die Änderungen von Preisen, Mengen und Werten im Außenhandel mit Waren (ohne Dienstleistungen und statistische Korrekturen) im Zeitraum 1951/53[89]) vergleicht. Einem Rückgang

---

[89]) Der Zeitraum von zwei Jahren wurde gewählt, um die im Text erwähnten statistischen Unschärfen möglichst klein zu halten.

der realen Importe um 14% in zwei Jahren stand eine Ausweitung der realen Exporte um 28% gegenüber. Die Verteuerung der Importe (in Schilling gemessen) hielt sich infolge des Rückgangs der internationalen Rohwarenpreise in engen Grenzen; die moderate Lohnpolitik erlaubte annähernd konstante Schilling-Preise im Export, was in Dollar ausgedrückt eine Verbilligung um mehr als 10% bedeutete. Der Vergleich zeigt aber auch, dass die außenwirtschaftlichen Erfolge mit einer erheblichen Verschlechterung der Austauschverhältnisse im Außenhandel erkauft werden mussten (die Dollarpreise der Exporte sanken stärker als die Dollarpreise der Importe).

Übersicht 5.8: Entwicklung des Außenhandels mit Waren 1951/53

	Einfuhr	Ausfuhr
	Veränderungen 1951/53 in %[1])	
Volumen (zu Preisen von 1954)	− 14,16	+ 28,32
Schilling-Preise	+ 8,60	+ 3,08
Schilling-Werte	− 5,56	+ 31,39
Dollar-Preise	− 3,81	− 11,29
Dollar-Werte	− 17,97	+ 17,02

Quelle: ÖSTAT. − [1]) Differenz der Logarithmen mal 100 (das entspricht etwa dem Prozentsatz bezogen auf den Mittelwert).

Abschließend noch einige Bemerkungen zur Investitionstätigkeit. Die Anlageninvestitionen spielten nicht die führende Rolle, die ihnen in der wirtschaftspolitischen Diskussion zugeschrieben wurde. Die realen Bruttoanlageinvestitionen sanken 1952 insgesamt nur wenig (2%), und das hauptsächlich deshalb, weil nur 1,9 Mrd. S Counterpartmittel freigegeben wurden, gegen 3,5 Mrd. S ein Jahr vorher. Die öffentliche Hand insgesamt investierte 1952 nominell mehr und real etwa gleich viel wie 1951[90]). Die reale Kürzung der für Bundesinvestitionen bereitgestellten Mittel wirkte sich bis Herbst 1952 kaum aus, da die Bestellungen ungekürzt hinausgingen und die Rechnungen offen blieben. Die Zunahme der Arbeitslosigkeit im Laufe des Jahres 1952 erstreckte sich dementsprechend auf ein breites Spektrum von Berufen und Branchen und beschränkte sich keineswegs nur auf Bauarbeiter. Das Sozialministerium berichtete noch im August 1952, dass die Bauwirtschaft gut ausgelastet wäre, die früher in den Sommermonaten üblichen Überhitzungen blieben freilich aus[91]).

Erst gegen Ende 1952, als die öffentlichen Mittel verbraucht waren und die Regierungskrise die Budgetpolitik lahm legte, entstand eine hohe Saisonarbeitslosigkeit im Baugewerbe. 1953 sanken die realen Bruttoanlageinvestitionen stärker als im Vorjahr, die Bauwirtschaft war nur teilweise ausgelastet. Offenbar investierten sowohl die öffentlichen Haushalte als auch die Unternehmungen weniger als 1952. Die Stagnation der öffentlichen Investitionen

---

[90]) Darauf wies A. Kausel in zwei Aufsätzen in „Arbeit und Wirtschaft" (März 1953 und Juni 1954) hin, doch kamen seine Berechnungen zu spät, um in der aktuellen Konjunkturdiskussion berücksichtigt zu werden.
[91]) AdR: Ministerrat Figl 2, Nr. 308 vom 14. 10. 1952.

war zum Teil eine Folge der späten Regierungsbildung und der strategischen Entscheidung, die Konjunktur über den Export anzukurbeln.

Abbildung 5.8: Beiträge der Lagerbildung und der Anlageninvestitionen zum Wirtschaftswachstum

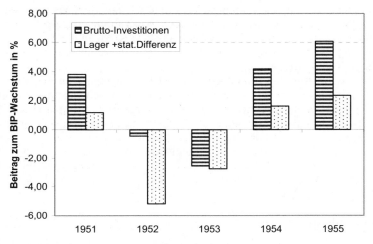

Quelle: VGR.

Die Sequenz der konjunkturbestimmenden Kräfte war damit im Stabilisierungszyklus 1951-1955 die gleiche wie in späteren Zyklen: Die Konjunkturbelebung ging von den Exporten aus, dann folgten die Investitionen und schließlich der private Konsum. Die Schwankungen der Investitionen waren demnach mehr induziert (durch die wirtschaftliche Entwicklung bedingt) als autonom (konjunkturbestimmend).

5.1.7 Anhang

Statistische Differenzen

Der Lagerabbau 1952/53 und der damit verknüpfte Importrückgang lässt sich statistisch nicht präzise belegen. Das hängt damit zusammen, dass sich im Stabilisierungsprozess jene gesamtwirtschaftlichen Größen besonders stark änderten, die in der damaligen Statistik nur per Differenz als „statistische Korrektur" ermittelt wurden. Das gilt für den Posten „nicht-erfasste Transaktionen" in der Zahlungsbilanz ebenso wie für den Posten „Lagerveränderung und statistische Korrektur" in der Volkswirtschaftlichen Gesamtrechnung (VGR).

Die statistische Differenz in der Zahlungsbilanz besteht aus einer Mischung von laufenden Transaktionen (z. B. Doppelzählungen von Frachten, statistisch nicht erfasste Montagearbeiten im Ausland) und von Kapitaltransaktionen (vorwiegend Lieferantenkredite). Die VGR unterstellte mangels anderer Informationen ein einheitliches Zahlungsziel bei Außenhandelsgeschäften von drei Monaten. Die nach Ausschaltung der Zahlungsziele verbleibende statistische Differenz wurde den laufenden Transaktionen zugerechnet und der Einfachheit halber als Korrektur der Importe lt. Handelsstatistik ausgewiesen. Diese Vorgangsweise ist jedoch für die Jahre 1951 bis 1953 problematisch, da sich in dieser Periode die Zahlungsziele erheblich änderten. Während der Korea-Hausse mussten für Rohstoffimporte Vorauszahlungen geleistet werden. Als die Rohstoffpreise sanken und das heimische Kreditangebot knapper wurde, verlangten und erhielten die heimischen Importeure längere Zahlungsziele von ihren Rohstofflieferanten.

Schlägt man in den fraglichen Jahren den Posten „statistische Korrektur" in der Zahlungsbilanz mit seinen charakteristischen Schwankungen voll der Kapitalbilanz zu und verzichtet auf eine Korrektur der Importe laut Handelsstatistik, dann ändert sich auch der Posten „Lagerveränderungen und statistische Korrektur" der VGR. Nach diesen Modifikationen entfällt ein größerer Teil des Lagerabbaus und des Importrückgangs auf das Jahr 1953 und ein kleinerer Teil auf das Jahr 1952. Das ist plausibel, denn Anfang 1952 trafen noch viele Importe ein, die viel früher bestellt wurden, und die Kreditbeschränkungen begannen erst Mitte 1952 zu greifen.

Außenhandelsfunktionen

Die Exporte und die Importe schwankten in der Stabilisierungsperiode ungewöhnlich stark. Wie groß die Abweichungen von der Norm waren, wurde geschätzt, indem einfache Export- und Importfunktionen für die Normaljahre 1954 bis 1996 berechnet und daraus Schätzwerte für die Stabilisierungsjahre 1952 und 1953 „prognostiziert" wurden. Als erklärende Variable wurden nur die Produktion der europäischen OECD-Staaten (Exporte) und die heimische Produktion (Importe) verwendet. Die Schätzfehler geben einen Anhaltspunkt über den Erklärungsbedarf (nicht durch die inländische und ausländische Produktion erklärbare Restgröße). Als Schätzfunktionen wurden einfache Fehlerkorrektur-Modelle (SEMC) gewählt, die neben den ersten Differenzen die Niveaus der Variablen enthalten. Diese Spezifikation erlaubte es, den Umstand zu berücksichtigen, dass in der Nachkriegsperiode die Exporte (im Vergleich zur Produktion) sehr niedrig waren und daher ein „Nachholbedarf" bestand. Die Gleichungen wurden aus Indizes auf Basis 1954 geschätzt. Ab diesem Zeitpunkt waren die „Schocks" geringer als in der Wiederaufbau- und Stabilisierungsperiode und die Daten der VGR verlässlicher. Die Schätzgleichungen enthalten einen Zeittrend (er spiegelt die zunehmende außenwirtschaftliche Verflechtung der österreichischen Wirtschaft wider). Im Falle der Exporte wurde überdies die zunehmende Diskriminierung in der EWG in den sechziger Jahren durch eine Dummy-Variable Rechnung getragen.

Die einfachen Fehlerkorrektur-Modelle (SECM) liefern in beiden Fällen eine gute statistische Anpassung und ökonomisch interpretierbare Koeffizienten:

Gleichung 5.1: Import- und Exportfunktionen

$\Delta \ln Y_t$	C	$\Delta \ln X_t$	$X_{t-1} - Y_{t-1}$	Trend	Dummy	R^2	DW
Importe	–0,0101	2,4405**	–0,3359**	0,0114**	.	0,7226	1,9980
t-Werte	(–0,3866)	(6,8823)	(–2,9862)	(3,0836)			
Exporte	0,1126**	1,1476*	–0,2908**	0,0084**	–0,0649**	0,6326	2,1711
t-Werte	(3,7248)	(2,2973)	(–3,344)	(2,7258)	(–4,077)		

C ... Konstante, *Y* ... Importe (Exporte) i. w. S. real, *X* ... BIP Österreich (OECD-Europa), Trend ... 1954 = 1, Dummy ... 1958-68 (EWG-Diskriminierung), *(**) ... Signifikant mit Irrtumswahrscheinlichkeit 5% (1%)

Ein Vergleich der tatsächlichen und den lt. Funktion geschätzten Veränderungsraten ergibt folgendes:

Gleichung 5.1: Geschätzte und tatsächliche Werte

Jahr	$\Delta \ln X_t$ (Export)		$\Delta \ln x_t$ (Import)	
	Tatsächlich	Geschätzt	Tatsächlich	Geschätzt
1951	0,0654	0,2751	0,0973	0,1459
1952	0,0289	0,2452	– 0,2105	– 0,0094
1953	0,2824	0,2769	0,0337	0,1603
1954	0,1857	0,2160	0,3154	0,2806
1955	0,0932	0,2005	0,3223	0,2780

Die Schätzfehler auf der Importseite entsprechen den Erwartungen: Die Importe gingen 1952 viel stärker zurück und erholten sich 1953 viel schwächer als aufgrund der heimischen Produktion zu erwarten war. Der Schätzfehler betrug im Mittel beider Jahre 12%. 1954 und 1955 löste die Liberalisierung einen überdurchschnittlichen Einfuhrsog aus.

Die Schätzfehler auf der Exportseite sind wie folgt zu interpretieren. Um bis Mitte der fünfziger Jahre annähernd das (in den folgenden Jahrzehnten bestehende) Gleichgewicht in den außenwirtschaftlichen Beziehungen zu erreichen, waren ab 1950 jährliche Exportsteigerungen von mehr als 20% erforderlich. Diese Marke wurde im Exportboom der Jahre 1953 und 1954 erreicht, in den beiden Jahren vorher aber deutlich verfehlt.

Konjunkturwendepunkte

Die im Haupttext verwendeten Jahresreihen geben den Verlauf der Stabilisierungsrezession nur unscharf wieder. Etwas mehr Informationen bieten unterjährige Daten. In der folgenden Abbildung werden einige Monats- und Quartalsreihen (saisonbereinigt) im Zeitraum 1950-55 dargestellt. Im Falle von realen Größen wird außerdem der Trend (ermittelt durch ein HP-Filter) angegeben. Das ermöglicht es, zwischen dem Konjunkturniveau (der Lage über oder unter der Trendlinie) und seinen Veränderungen (Verringerung oder Vergrößerung des Abstands vom Trend) zu unterscheiden.

Die Ergebnisse lassen sich wie folgt zusammenfassen:

Vorreiter im Konjunkturgeschehen war der Export. Die Exportkonjunktur wurde bereits im Laufe des Jahres 1951 sichtlich schwächer; schon im Herbst dieses Jahres wurde der Trendwert (die Linie mittlerer Konjunktur) unterschritten. Wichtige Indikatoren der heimischen Konjunktur erreichten ihren Wendepunkt im Herbst 1951 (Industrieproduktion) oder an der Jahreswende 1951/52 (Beschäftigung). Eine gewisse Konjunkturabschwächung war daher bereits im Gange, als das Stabilisierungspaket I im Dezember geschnürt wurde. Mitte 1952, zur Zeit des Stabilisierungspakets II, lagen die verglichenen Konjunkturindikatoren bereits durchwegs unter dem Trendwert.

Abbildung 5.9: Verlauf der Stabilisierungsrezession

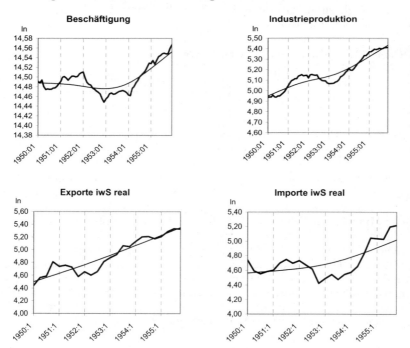

Der Export erreichte schon Mitte 1952 seinen unteren Wendepunkt und überschritt ein Jahr später die Trendlinie. Die Schwäche der Binnenkonjunktur hielt viel länger an. Sie verschlechterte sich zwar seit der Jahreswende 1952/53 nicht mehr, verharrte aber im Jahr 1953 auf niedrigem Niveau. Erst danach gewannen expansive Kräfte die Oberhand. Die Trendlinie von Industrieproduktion und Beschäftigung wurde etwa Mitte 1954 überschritten.

Die unterjährigen Reihen erhärten die These, dass eine von der Weltkonjunktur ausgehende Konjunkturdämpfung durch die heimische Restriktionspolitik entscheidend verschärft wurde. Die saisonbereinigte Reihe der Beschäftigung lässt überdies erkennen, dass in der Rezession die Saisonausschläge merklich größer wurden. (Das erklärt zum Teil die besondere Bedeutung, welche die Wirtschaftspolitik damals der Winterarbeitslosigkeit beimaß.) Die Reihen der Exporte und Importe (untere Hälfte des Diagramms) beruhen auf Quartalswerten, die Reihen der Industrieproduktion und der Beschäftigung (obere Hälfte des Diagramms) auf Monatswerten. Alle Reihen wurden saisonbereinigt. Die dünnen, glatten Linien geben den Trend (ermittelt durch einen HP-Filter) an.

Seignorage

Unter Seignorage wird die Menge von realen Ressourcen bezeichnet, die mit Hilfe der Notenpresse beschafft werden kann.

Gleichung 5.2: Seignorage

$$S_t = \frac{dM_t/dt}{P_t} = \frac{dM_t}{M_t dt} \frac{M_t}{P_t}$$

Der Anteil der Seignorage an den realen Ressourcen entspricht

$$\frac{S_t}{Y_t^r} = \frac{dM_t}{M_t dt} \frac{M_t}{P_t Y_t^r} = \frac{dM_t}{M_t dt} \frac{M_t}{Y_t^n} = \frac{dM_t}{M_t dt} \frac{1}{V_t}$$

Verwendet wurde folgender Schätzwert

$$\frac{S_t}{Y_t^r} = \Delta \ln M_t \frac{1}{V_t} \text{ wobei } V_t = \frac{\overline{M_t}}{Y_t}$$

S_t... Seignorage, M_t... Notenbankgeld zu Ende der Periode, $\overline{M_t}$... Notenbankgeld Durchschnitt der Periode, Y_{tr}... BIP real, Y_{tn}... BIP nominell, P_t... Preisniveau im Durchschnitt der Periode, V_t... Umlaufgeschwindigkeit des Geldes

5.2 Die Etablierung marktwirtschaftlicher Institutionen

In den Jahren nach der Stabilisierung der Währung (überwiegend von 1953 bis 1956) wurden wichtige marktwirtschaftliche Institutionen wiederhergestellt, weiterentwickelt oder neu geschaffen. Dazu zählen insbesondere:
– *Die Klärung strittiger Forderungen und Eigentumsrechte.* Mit dem Staatsvertrag 1955 (einschließlich der beigefügten Memoranden) und dem deutsch-österreichischen Vermögensvertrag 1957 wurde das komplexe Problem des Deutschen Eigentums geregelt. Die Rückstellung arisierten Vermögens war zumindest in groben Zügen abgeschlossen, auch wenn manche Forderungen noch offen blieben. Die Eigentumsrechte an Wertpapieren wurden geklärt und die privaten Aktionäre verstaatlichter Unternehmungen entschädigt. Vereinbarungen über die Vorkriegsschulden Österreichs förderten seine internationale Kreditwürdigkeit.

– *Die Reorganisation des Geld- und Kreditwesens.* Zu diesem Themenkreis gehörten die Schaffung eines neuen Notenbankstatuts sowie die Rekonstruktion der Bilanzen der Kreditinstitute und der Versicherungsunternehmungen.
– *Die Förderung der konservativen Tugenden „Arbeiten, Sparen und Investieren".* Die Realeinkommen der Unselbständigen waren in den Notzeiten nach dem Zweiten Weltkrieg stark nivelliert worden. Nunmehr wurde wieder stärker differenziert. Dazu trugen die Entwicklung der Geldeinkommen vor Steuer (Bruttoeinkommen), die Steuerpolitik (Senkung der Einkommensteuer, Versteuerung von Sonderzahlungen mit festen Sätzen) und die relative Verbilligung dauerhafter Konsumgüter bei. Die Unternehmungen wurden durch großzügige Abschreibungen von Anlagegütern und durch Exportrückvergütungen steuerlich entlastet. Die Sparförderung belohnte private Haushalte, die ihre Ersparnisse in höherwertigen Sparformen anlegten.

5.2.1 Die Klärung schwebender Forderungen und Eigentumsrechte

Unter diesem Titel werden drei Themen behandelt:
– die Regelung der österreichischen Vorkriegsschulden,
– die Wertpapierbereinigung,
– die Entschädigung der Aktionäre verstaatlichter Unternehmungen.

Die mit dem Staatsvertrag zusammenhängenden Fragen wurden im Abschnitt: „Das Deutsche Eigentum" erörtert. Über die schwebenden Ansprüche ehemals jüdischer Mitbürger führte die „Historikerkommission" eingehende Recherchen.

Regelung der Vorkriegsschulden

Österreich hatte nach dem Zweiten Weltkrieg nur wenige Auslandskredite beansprucht, da es (vorwiegend) amerikanische Hilfe unentgeltlich erhielt. Die Verschuldung der Republik aus nach 1945 aufgenommenen Auslandskrediten betrug Ende 1952, als der Marshallplan auslief, nur 249 Mio. S[92]). Dazu kamen Haftungen von etwa 400 Mio. S, hauptsächlich für Kredite der beiden verstaatlichten Großbanken (z. B. für die Beschaffung von Textilrohstoffen). Nach dem Ende des Marshallplans suchte die Wirtschaftspolitik Ersatz in Form von Auslandskrediten. Gegen Direktinvestitionen bestanden erhebliche Vorbehalte. Auch waren vor dem Staatsvertrag kaum ausländische Unternehmungen bereit, in Österreich zu investieren. Eine Voraussetzung für die Gewinnung von Auslandskrediten war die Regelung der Vorkriegsschulden.

So wie nach dem Zweiten war Österreich auch nach dem Ersten Weltkrieg auf ausländische Hilfe angewiesen. Sie wurde jedoch damals nicht als

---

[92]) Laut Rechnungsabschluss 1952. Darin nicht enthalten ist der damals noch nicht festgelegte Kreditanteil des 10 Mio. £-Kredits von 1947.

5.2 Die Etablierung marktwirtschaftlicher Institutionen

Geschenk, sondern als relativ hoch verzinslicher Kredit gewährt[93]), wobei sich die Garantie-Staaten erhebliche Eingriffsrechte in die österreichische Finanzpolitik sicherten. Die im Zuge des Genfer Sanierungswerks verhandelte Völkerbundanleihe von 600 Mio. Goldkronen (garantierte österreichische Staatsanleihe 1923-43) wurde mit fast 11% verzinst (*Wagner/Tomanek*, 1983). Eine so hohe Rendite wäre selbst dann nicht zu erwirtschaften gewesen, wenn mit dem Erlös ertragreiche Investitionen finanziert worden wären. Tatsächlich wurde damit das Budgetdefizit des Bundes gedeckt. (Im Gegensatz hiezu wurden nach dem Zweiten Weltkrieg die Schillingerlöse aus der Auslandshilfe größtenteils für Investitionen verwendet.) Weitere Auslandskredite[94]) nahm der Bund während der Weltwirtschaftskrise auf, teils um Arbeitsbeschaffungsmaßnahmen zu finanzieren und teils um Bilanzlücken im Kreditapparat zu schließen.

Ende 1937 hatte die Republik Österreich Fremdwährungsschulden in Höhe von 1,26 Mrd. S. Sie umfassten:

– Drei große international garantierte und (oder) mit Pfandrechten der Gläubigerländer versehene internationale Anleihen: die internationale Bundesanleihe 1930, die internationale garantierte österreichische Bundesanleihe 1933-1953 (die „Lausanner Anleihe") und die garantierte österreichische Konversionsanleihe 1934-1959 (Konversion der Völkerbundanleihe).

– Der auf die Republik Österreich entfallende Anteil an den Staatsschulden der österreichisch-ungarischen Monarchie (verwaltet von der „caisse commune") und die Verpflichtungen aus dem Donau-Save-Adria-Vertrag[95]).

– Sonstige während der Zwischenkriegszeit eingegangene Fremdwährungsverpflichtungen: die österreichische Credit-Anstalt Regierungsschuldverschreibungen 1936, die Funding-Obligationen (Schuldverschreibungen für Staatsschuldenrückstände aus der Zeit nach dem Ersten Weltkrieg) und nicht-titrierte Schweizer Kredite.

Die Anleihen der ersten Gruppe waren mit harten Bedingungen verknüpft: Der Bund musste seinen Gläubigern Pfandrechte auf die Zölle und die Tabaksteuer einräumen. Neue langfristige Kredite erforderten die Zustimmung der Garantiestaaten. Außer dem Bund hatten Länder und Gemeinden, die Elektrizitätswirtschaft und einzelne Industrieunternehmungen Kredite in ausländi-

---

[93]) Eine Ausnahme bildeten die „Relief-Kredite" der ersten Nachkriegszeit. Ihre Rückzahlung wurde Österreich stillschweigend erlassen.
[94]) Die Begriffe Auslandskredite und Fremdwährungskredite werden synonym verwendet. Ein nicht bekannter Teil der auf fremde Währungen lautenden Schuldtitel wurde von österreichischen Gläubigern gehalten.
[95]) Die Vorzugs-Obligationen der ehemaligen Südbahngesellschaft wurden im Südbahnabkommen vom 29. 3. 1923 in französische Goldfranken konvertiert und auf die Anrainer aufgeteilt. Die Republik Österreich übernahm etwa ein Drittel der Verpflichtungen. Im Abkommen von Brioni vom 10. 4. 1942 erreichte das Deutsche Reich eine Herabsetzung der Schuld, doch wurde dieses Abkommen nach Kriegsende von den Gläubigern nicht anerkannt.

scher Währung aufgenommen. Insgesamt betrug die Fremdwährungsschuld Österreichs Ende 1937 1,88 Mrd. S-alt (352,0 Mio. $ zu den geltenden Kursen). Davon entfielen zwei Drittel auf den Bund. Die Fremdwährungsschuld entsprach etwa den Erlösen eines Jahres aus dem Waren- und Dienstleistungsverkehr (1,72 Mrd. S laut Volkswirtschaftlicher Gesamtrechnung).

Übersicht 5.9: Fremdwährungsschulden Ende 1937

	Titrierte Anleihen	Lang- und mittelfristige Kredite	Kurzfristige Kredite	Summe
		Mio. S		
Bund	1.232,20	35,20		1.267,40
Länder und Gemeinden	176,00	0,50		176,50
Geldinstitute	45,80	89,30	41,30	176,40
Industrie und Sonstige	138,70	116,70	5,60	261,00
Insgesamt	1.592,70	241,70	46,90	1.881,30

AdNB: Nr. 685/1946. Unterlagen für den Staatsvertrag. Dollar umgerechnet zum Kurs von 5,34 S/$. Die Daten wurden 1938 vom Konjunkturforschungsinstitut aufgrund nicht veröffentlichter amtlicher Unterlagen zusammengestellt.

Die österreichischen (öffentlichen und privaten) Schuldner bedienten ihre Schulden bis März 1938 pünktlich. Was nachher geschah, ist nur teilweise bekannt. Das Deutsche Reich lehnte es prinzipiell ab, die Finanzschuld der Republik Österreich zu übernehmen, doch wurden verschiedene Sonderregelungen getroffen (ein Teil wurde durch Reichsanleihen 1938/II abgelöst). Die übrigen österreichischen Schuldner zahlten die fälligen Beträge für Auslandsschulden in der Regel in Reichsmark an die deutsche Konversionskasse.

Übersicht 5.10: Abwicklung des Pfund-Kredits für die Illwerke AG bis Kriegsende

	Britische £
Nominale	2,000.000
Rückzahlung	763.200
Rest	1,236.000
Erlag bei Konversionskasse	35.200
Erlag bei Golddiskontbank	151.000
Zinsendienst an Konversionskasse	326.825
Rückstand 2. 1. 1945 bis 2. 1. 1952	
Zinsen	456.036
Amortisationsquoten	352.800

AdR: BMfVuVB, Sektion IV, Zl. 51.033-IV/7/1952.

Wie komplex die Rechtsverhältnisse auch im nicht-staatlichen Bereich waren, lässt sich an Hand des Pfund-Kredits der Vorarlberger Illwerke verdeutlichen. 1922 gründete das Land Vorarlberg mit Schweizer und süddeutschen Partnern eine GmbH zwecks Verwertung von Wasserkräften. Nach Ausscheiden des Schweizer Partners kam es zur Gründung der Illwerke A.G.

Deutsche Aktionäre zu Kriegsende waren die Rheinisch-Westfälische Elektrizitätswerke AG (RWE) und die Energieversorgung Schwaben AG (EVS). Die Illwerke nahmen 1929 eine 2-Mio.-£-Anleihe auf. Nach der Abrechnung zu Kriegsende waren etwa ½ Mio. £ des Schuldendienstes in Reichsmark an die zuständigen deutschen Stellen geleistet worden, ob mit schuldbefreiender Wirkung war umstritten. Offen war auch, wie die Rechte der deutschen Miteigentümer und die daraus abgeleiteten Stromlieferungen von der französischen Besatzungszone Österreichs in die französische Besatzungszone Deutschlands zu behandeln waren (das deutsche Auslandseigentum wurde im Potsdamer Abkommen von den Alliierten beansprucht).

Nach Kriegsende waren der Bund und die übrigen österreichischen Schuldner grundsätzlich bereit[96]), die auf fremde Währungen lautenden Vorkriegsschulden zu bedienen, doch konnte der Schuldendienst wegen der prekären Devisenlage zunächst nicht aufgenommen werden. In Aussicht genommen war, die Schuldenfrage im Staatsvertrag zu regeln. Als sich sein Abschluss hinauszog und die Bundesrepublik Deutschland 1951 ihre Bereitschaft bekundet hatte, für die Vorkriegsschulden des Deutschen Reichs gerade zu stehen, wurden die ausländischen Gläubiger ungeduldig. Die Engländer ließen durchblicken, dass der Wollkredit der Hambros-Bank nicht verlängert werden würde, wenn die Republik Österreich das Problem weiter hinausschöbe[97]).

Der Bund sagte schon 1951 zu, dass er im Prinzip die Vorkriegsschulden der Republik anerkannte und in absehbarer Zeit bereit sein würde über die Wiederaufnahme des Schuldendienstes zu verhandeln. Im Sommer 1952, als die Londoner Konferenz über die deutschen Vorkriegsschulden noch tagte, schlug das Komitee für die garantierten Auslandsschulden der österreichischen Bundesregierung vor, im November 1952 in Rom mit den Verhandlungen zu beginnen[98]).

Das österreichische Regierungsteam ging mit drei Forderungen in die Gespräche[99]):
– Für die während der deutschen Besetzung fällig gewesenen Tilgungen und Zinsen wäre Österreich nicht verantwortlich.
– Höhe, Verzinsung und Tilgungszeitraum der Vorkriegsschuld sollten der Leistungsfähigkeit der heimischen Wirtschaft angepasst werden.
– Die harten Nebenbedingungen der Vorkriegsanleihen sollten fallen.

Angestrebt wurde überdies, nicht nur die Schulden der Republik, sondern möglichst auch die der übrigen österreichischen Schuldner zumindest im Prinzip zu regeln, damit die Gesamtbelastung der heimischen Zahlungsbilanz überblickt werden könnte.

Vom 25. 11. bis 6. 12. 1952 fand in Rom eine internationale Konferenz zur Regelung der österreichischen Vorkriegsschulden statt. Das Ergebnis wur-

---

[96]) Die Verantwortung für die österreichische Vorkriegsschuld leiteten die Völkerrechtler des Außenministeriums aus der Okkupationstheorie ab. Es bedurfte demnach keiner besonderen Anerkennung. AdR: BMfaA, Zl. 142.349_6VR/1952.
[97]) AdR: BMfF, Zl. 25.560-15B/1952.
[98]) AdR: BMfF, Zl. 76.899-15B/1952.
[99]) AdR: BMfaA, Zl. 15.8164_pol/1952.

de in den „Römer Protokollen" festgehalten. Sie enthielten Vereinbarungen über die Vorkriegsschulden der Republik Österreich und Grundsätze für Verhandlungen mit den auf der Konferenz nicht vertretenen Schuldnern oder Gläubigern. Solche ergänzenden Vereinbarungen wurden mit der Schweiz am 21. 5. 1953 und betreffend die DOSAG in Paris am 20. 6. 1953 getroffen. Die Schuldenvereinbarungen wurden am 5. 7. 1953 vom Ministerrat angenommen[100]).

Übersicht 5.11: Mit den Gläubigern vereinbarte Vorkriegsschulden der Republik Österreich Ende 1953

	Mio. S
Bundesanleihe 1930	296,86
Bundesanleihe 1933-1953	69,10
Konversionsanleihe 1934-1959	476,63
Caisse Commune Werte	707,05
CA-Regierungsschuldverschreibungen 1936	10,39
Funding Obligationen	3,46
Schuldverpflichtungen an Schweiz	50,41
Insgesamt	1.613,90

Quelle: Rechnungsabschluss 1953.

Die Belastung des Bundes aus den Römer Protokollen samt Zusatzvereinbarungen war gering. Nach den Berechnungen des Finanzministeriums hatte die in fremden Währungen denominierte Staatsschuld im März 1938 zu Kursen vom Frühjahr 1953 5,6 Mrd. S betragen. Nach dem römischen Verhandlungsergebnis übernahm die Republik nur noch eine Schuld von 1,6 Mrd. S zu niedrigen Zinssätzen und langen Laufzeiten (25 Jahre). Die Belastung des Budgets durch den Dienst für die Vorkriegsschulden betrug nur 60 bis 80 Mio. S pro Jahr.

Die Belastung des Bundes wurde vor allem aus drei Gründen in engen Grenzen gehalten:
– Rückstände aus der nationalsozialistischen Zeit wurden von Deutschland beglichen.
– Einige Schulden waren in entwerteten Währungen (z. B. französische Francs oder italienische Lira) denominiert.
– Die Gläubiger konzedierten Schuldennachlässe, niedrige Zinssätze und lange Restlaufzeiten.

Außer der Regelung der Vorkriegsschulden wurden andere Maßnahmen gesetzt, um das Vertrauen der internationalen Finanzwelt zu gewinnen. Dazu gehörte u. a. die Beteiligung an einem Kredit der Weltbank an Jugoslawien.

---

[100]) AdR: Ministerrat Raab 1, Nr. 14 vom 5. 7. 1953. Die Römer Protokolle sind als Beilage enthalten. Eine ausführliche Darstellung enthält der Vortrag des Finanzministers für den Ministerrat Raab 1, Nr. 13 vom 29. 6. 1953 (BMfF, Zl. 51798-15B/1953). Einschlägige frühere Ministerratsvorträge finden sich in den Ministerratsprotokollen vom 13. 10. 1952, 16. 12. 1952, 1. 4. 1953 und 19. 5. 1953.

Obschon Österreich selbst Auslandskredite suchte, beteiligte es sich über Einladung der Weltbank mit einem Betrag von 250.000 $ an diesem internationalen Kredit. Es erhoffte sich davon eine günstige Behandlung seines eigenen Kreditansuchens an die Weltbank (die Finanzierung des Kraftwerkprojekts Reisseck) und Aufträge an die heimische Industrie.

Gleichsam als ersten Test bewarb sich Österreich Anfang 1953 um einen Auslandskredit auf rein kommerzieller Basis in der Schweiz. Eine Schweizer Bankengruppe gewährte der Creditanstalt einen Kredit von 200 Mio. S zwecks Automatisierung des Fernsprechnetzes. Um den „Postkredite" zu erhalten, musste die Notenbank Gold verpfänden[101]). Die Kreditbedingungen wurden in Österreich scharf kritisiert. Sie spiegelten jedoch in der Hauptsache das noch immer sehr geringe Vertrauen der internationalen Finanzwelt in die Zahlungsfähigkeit der Republik Österreichs wider.

Wertpapierbereinigung

Ein erheblicher Teil des Wertpapierbestands[102]) österreichischer Anleger war während der deutschen Besetzung bei der Deutschen Reichsbank und ihren regionalen Hauptstellen konzentriert worden. Die Reichsbank nahm die Wertpapiere in Girosammelverwahrung. Der Wertpapierbesitzer verlor damit das Sondereigentum an bestimmten, durch Kennnummern identifizierten Stücken. Stattdessen erwarb er Miteigentum am Gesamtbestand der Sammelbank. Durch die Kriegsfolgen entstanden in den Sammelstellen der Reichsbank Verluste, die von den Wertpapierbesitzern gemeinsam zu tragen waren. Da sich die Verluste auf vier Länder (West- und Ostdeutschland, Österreich und die CSR) verteilten, war es unmöglich, einheitliche Regeln für die Verlusttragung zu entwickeln.

Zu Kriegsende verwaltete die Wertpapiersammelbank der Reichsbankhauptstelle Wien Effekten in Höhe von 5.082 Mio. RM. Der Großteil bestand aus Guthaben bei anderen Sammelbanken. Vor allem Schuldverschreibungen des Deutschen Reichs wurden in Berlin aufbewahrt. Effektiv befanden sich in Wien nur 437,5 Mio. RM Wertpapiere, hauptsächlich sonstige Wertpapiere österreichischer Anleger. Von den Mänteln des Effektivbestandes wurde Ende 1944 etwa die Hälfte nach Regensburg verlagert. Was in Wien verblieb, fiel der sowjetischen Besatzungsmacht in die Hände (Mäntel im Wert von 187,0 Mio. RM und Coupons im Werte von 418,9 Mio. RM). Ihr Schicksal ist unbekannt.

Die Girosammelstücke wurden zwar auf der Wiener Börse gehandelt, jedoch zu anderen (meist niedrigeren) Kursen als die effektiven Stücke. (Der Abschlag hielt sich in Grenzen, denn greifbare Stücke waren oft riskanter, wenn man nicht die Herkunft nachweisen konnte.) Die Klärung der Eigentums- und Verfügungsrechte an den Wertpapieren war eine Voraussetzung dafür, dass sich ein Markt für Unternehmen und Unternehmensanteile entwickeln

---
[101]) AdR: Ministerrat Figl 3, Nr. 321 vom 27. 1. 1952.
[102]) Über die Problematik der gemeinschaftlichen Wertpapieraufbewahrung und die Grundzüge der österreichischen Lösung informiert *Kastner* (1953).

konnte. Die Regelung schwebender Eigentumsfragen wie etwa die Entschädigung der Aktionäre verstaatlichter Unternehmungen, hing davon ab.

Übersicht 5.12: Wertpapierdepot bei der Sammelstelle Wien 1945

	Aktien	Festverzinsliche Werte	Zusammen
		Mio. RM	
Österreichische Papiere	211	82	293
Ausländische Papiere	33	95	128
Reichswerte		4.662	4.662
Summe	244	4.839	5.083
Lokation der Effektivbestände			
	Mäntel	Kuponbogen	
Regensburg	215,05	0	
Wien	35,40	18,53	
Sowjetunion	187,02	418,93	
Summe	437,47	437,46	

AdNB: Nr. 116/1945.

Das Wertpapierbereinigungsgesetz[103]) sah die gesonderte Bereinigung jeder einzelnen Wertpapierkategorie vor, gleichgültig wie die einzelnen Stücke verwahrt wurden. Dabei wurden drei Gruppen unterschieden: In vielen Unternehmungen bestanden klare Eigentumsverhältnisse (etwa in Familienaktiengesellschaften, deren Aktien nicht gehandelt wurden). Dann war kein Bereinigungsverfahren erforderlich. Das gleiche galt für jene Fälle, wo die angemeldeten Besitzansprüche geringer als der Bestand waren. Nur dort, wo die Besitzansprüche den Bestand übertrafen, mussten die Berechtigungen überprüft und unter Umständen komplizierte Quotenregelungen getroffen werden. Diese Lösung erforderte, dass die Wertpapierinhaber (direkt oder über die als Zwischenhändler fungierende Bank) ihre Wertpapiere anmeldeten. Nicht angemeldete Papiere wurden nach Ablauf der Anmeldungsfrist ungültig.

Entschädigung der Aktionäre verstaatlichter Unternehmungen

Die beiden Verstaatlichungsgesetze sahen eine Entschädigung der privaten Aktionäre der verstaatlichten Gesellschaften vor. Diese Zusage wurde durch zwei Entschädigungsgesetze in den fünfziger Jahren eingelöst. Das erste Gesetz[104]) wurde 1954, also noch vor dem Staatsvertrag, beschlossen und klammerte den zu diesem Zeitpunkt noch offenen Komplex des Deutschen Eigentums aus. Die privaten Gesellschafter (ausgenommen deutsche juristische und natürliche Personen) erhielten ab Anfang 1955 eine Entschädigung in Höhe des 3,63-fachen, jene der verstaatlichten Banken in Höhe des 1,98-fachen

---

[103]) AdR: Ministerrat Raab 1, Nr. 54, vom 15. 6. 1954. Erläuterungen des Finanzministers zum Ministerratsantrag (BMfF, Zl. 53.631_17/1954).
[104]) Erstes Verstaatlichungsentschädigungsgesetz vom 7. 7. 1954, BGBl. Nr. 89/1954.

des Nominalwerts vom 16. 9. 1946. Die noch offen gebliebenen Ansprüche wurden Ende 1959 mit dem 2. Entschädigungsgesetz[105]) geregelt, wobei Valorisierungssätze von 2,28 bis 4,18 gewährt wurden. Die Kosten betrugen für das erste Entschädigungsgesetz 434,61 Mio. S und für das zweite 436,64 Mio. S[106]). Davon wurde ein Teil aus den Dividendenerträgen der verstaatlichten Unternehmungen finanziert[107]).

Die Entschädigungen bezogen sich nur auf die nach dem Ersten Verstaatlichungsgesetz verstaatlichten Unternehmungen. Für die Verstaatlichung der Elektrizitätswirtschaft (Zweites Verstaatlichungsgesetz) hatten nur die Länder Vorbesitzer zu entschädigen[108]). Die staatliche Verbundgesellschaft übernahm die Alpen-Elektrowerke, die als österreichisches Unternehmen galt (siehe Abschnitt „Das Deutsche Eigentum").

Übersicht 5.13: Entschädigung der Aktionäre verstaatlichter Unternehmungen

	Valorisierungsfaktor	Entspricht einer Verzinsung von ... % pro Jahr
1. Entschädigungsgesetz		
Industrie	3,63	16,91
Banken	1,98	8,63
2. Entschädigungsgesetz		
Gruppe 1	4,18	11,35
Gruppe 2	3,23	9,22
Gruppe 3	2,28	6,39

Quelle: Entschädigungsgesetze.

Die Entschädigungen reichten nicht aus, die Inflation (gemessen an den offiziellen Preisen) abzugelten. Der Lebenshaltungskostenindex des WIFO stieg von September 1946 bis Dezember 1954 um durchschnittlich 25,2% pro Jahr, die Valorisierungssätze im ersten Entschädigungsgesetz entsprachen einer jährlichen Verzinsung von 8,6% und 16,9%. In der für das zweite Gesetz relevanten Zeitspanne betrug die Teuerungsrate 16,0% pro Jahr, die Verzinsung 6,4% bis 11,4%. Die Steigerung des Substanzwerts der Unternehmungen im ersten Nachkriegsjahrzehnt wurde nicht an die privaten Aktionäre weitergegeben. Dennoch waren die Entschädigungen nicht „unfair", denn die Besitzer von Nominalwerten verloren viel mehr.

Die Entschädigung privater Vorbesitzer bildete nur einen kleinen Teil der Gesamtentschädigungen, die im Zusammenhang mit der Verstaatlichung zu leisten waren. Der „Eigentümer" Sowjetunion begnügte sich nicht mit einer mäßigen Valorisierung der Buchwerte vom Herbst 1946. Er erhielt gemäß

---

[105]) Zweites Verstaatlichungsentschädigungsgesetz vom 18. 12.1959, BGBl. Nr. 3/1960.
[106]) Erläuterungen zum BFG 1961, Teil III, S. 393 und 1962, Teil II, S. 141 und 142.
[107]) Eine ausführliche Darstellung der Entschädigung der Aktionäre verstaatlichter Unternehmungen bietet *Langer* (1966).
[108]) Die länderweise verschiedenen Entschädigungssätze wurden durch Bundesgesetz festgelegt.

Staatsvertrag für die Überlassung der von ihm als Deutsches Eigentum beanspruchten Vermögenswerte – sie bestanden zu einem Großteil aus Unternehmungen, die nach dem 1. Verstaatlichungsgesetz verstaatlicht waren – über sechs Jahre verteilte Leistungen von fast 9 Mrd. S, also fast 10-mal so viel. Der Verkauf von nicht-verstaatlichten Unternehmungen des USIA-Komplexes brachte nur 0,6 Mrd. S. Dennoch hielt sich die Belastung des Bundes in Grenzen, weil die heimische Wirtschaft im Jahrzehnt nach dem Staatsvertrag viel leistungsfähiger war als in der Zwischenkriegszeit (und weil das Deutsche Eigentum in den Westzonen von den Westmächten mit bestimmten Einschränkungen ohne unmittelbare Gegenleistung Österreich übergeben wurde).

5.2.2 Die „Kapitalmarktgesetze"

Nachdem die Nachkriegsinflation aufgefangen und der Staatsvertrag unter Dach und Fach war, schien die Zeit reif, die noch bestehenden Provisorien im Finanzbereich zu beenden. Am 8. 9. 1955 wurden die so genannten „Kapitalmarktgesetze" verabschiedet. Unter diesem Titel wurden drei Gesetze zusammengefasst: Das Nationalbankgesetz[109] und die Rekonstruktionsgesetze für die Banken und für die Versicherungen[110].

Die Bezeichnung „Kapitalmarktgesetze" ist missverständlich. Im Grunde handelte es sich darum, zwei selbstverständliche Anforderungen an ein funktionsfähiges Geld- und Kreditsystem herzustellen: Banken und Versicherungen sollten instand gesetzt werden, Bilanzen zu legen. Und die Notenbank sollte endlich – wie schon vor zehn Jahren versprochen – ein modernes Statut erhalten.

Der Geld- und Kreditwirtschaft war nach Kriegsende „die Aktivseite abhanden gekommen". Die Notenbank übernahm Ende 1945 einen Notenumlauf von 7,4 Mrd. RM und 1 Mrd. Besatzungsgelder (AMS) ohne Deckungsaktiva. Kreditunternehmungen und Versicherungen hatten im Zuge der „geräuschlosen" Kriegsfinanzierung einen erheblichen Teil ihrer Mittel in Wertpapieren des Deutschen Reichs anlegen müssen. Diese Anlagen waren nach Kriegsende wertlos. Insgesamt (einschließlich Versicherungen und Kundenbesitz) betrug die verbriefte Schuld des Deutschen Reichs an österreichische Gläubiger nach dem Stand von Mitte 1946 8,7 Mrd. S[111]. Davon entfielen 6,3 Mrd. S auf die Banken. Dazu kam, dass die mehrstufigen Sektoren des Kreditapparats ihre Reserven bei deutschen Spitzeninstituten gehalten hatten. Die Sonderrolle der Postsparkasse (sie war während der Besetzung Teil der Deutschen Reichspost) wurde an anderer Stelle dargestellt (siehe Abschnitt „Währungsreformen unter der Besatzung"). Insgesamt betrugen die Forderungen der Kreditunternehmun-

---

[109] BGBl. Nr. 1984/1955 vom 8. 9. 1955 zur Neuordnung der Rechtsverhältnisse der Oesterreichischen Nationalbank (Nationalbankgesetz 1955).
[110] BGBl. Nr. 183/1955: Gesetz zur Ordnung der wirtschaftlichen und finanziellen Lage der Kreditunternehmungen (Rekonstruktionsgesetz); BGBl. Nr. 185/1955: Gesetz über den Wiederaufbau der Vertragsversicherungen (Versicherungswiederaufbaugesetz VWG). Beide Gesetze vom 8. 9. 1955.
[111] AdR: BMfF, Zl. 59.033_15/1946.

gen an deutsche Schuldner (ohne Postsparkasse) nach den von der OeNB zusammengestellten Zwischenbilanzen 9,3 Mrd. S.

Im Falle der Notenbank behalf sich die Wirtschaftspolitik damit, dass auf der Aktivseite eine (zunächst unverzinsliche) Forderung an den Bund eingesetzt wurde. Man kann das so auffassen: Der Schilling war staatliches Papiergeld, das in Gestalt einer Bilanz präsentiert wurde. Im Falle der Kreditunternehmungen und der Versicherungen beschränkte sich die Wirtschaftspolitik zunächst darauf, die Zahlungsfähigkeit der Institute zu sichern, in dem ein Teil der Verpflichtungen blockiert und Liquiditätshilfen bereitgestellt wurden. Das Solvenzproblem blieb offen. Um diesen Notstand nicht offenkundig zu machen, wurde den Finanzinstituten erlaubt, keine Bilanzen zu veröffentlichen. (Die Notenbank gab ab Oktober 1946 einen „Wochenausweis" mit einem Bilanzausschnitt heraus. Eine Veröffentlichung ihrer gesamten Bilanz wurden vom Generalrat noch Anfang der fünfziger Jahre abgelehnt.) Zur Bilanzlücke kam die Ertragslücke. Da die wertlosen Aktiva und die neu geschaffenen Ersatzaktiva keinen Ertrag abwarfen, mussten Ertragshilfen geschaffen werden[112]).

Eine Schlüsselrolle beim Wiederaufbau tauglicher Finanzstrukturen fiel dem Währungsschutzgesetz zu. Seine zahlreichen Bestimmungen liefen in der Hauptsache auf eine Kürzung der Bilanzen der Notenbank und der Finanzintermediäre hinaus. Auf der Passivseite wurden ein Teil des Gesamtumlaufs der Notenbank und die blockierten Einlagen bei den Kreditunternehmungen eliminiert, auf der Aktivseite ein Teil der Ersatzaktiva (Forderungen an den Bundesschatz) und die „non-valeurs" aus der Zeit der deutschen Besetzung.

Übersicht 5.14: Disposition des BMfF über gemäß WSchG abgeschöpften Einlagen bei den Kreditunternehmungen

Anordnung	Abfuhr in Form von ... Aktiven der Kreditunternehmungen	Mrd. S
I. Dezember 1947	Freie Notenbank-Guthaben	1,0
II. Februar 1948	Gesperrte Notenbank-Guthaben	2,7
III. Oktober 1951	Wertlos gewordene Aktiva	6,5
Abfuhr lt. WSchG gesperrter Einlagen des Publikums insgesamt		10,2[1])

AdR: BMfF, Kreditsektion „Materialien 1947". – [1]) Die Abfuhr ist etwas niedriger als die insgesamt den Kunden der Kreditunternehmungen entzogenen Einlagen. Die Differenz erklärt sich hauptsächlich aus Rückbuchungen.

Durch das Währungsschutzgesetz (WSchG) wurden unmittelbar die Verbindlichkeiten der Notenbank (der Notenumlauf und die Giroverbindlichkeiten gegenüber Nicht-Banken) um 3,7 Mrd. S gekürzt und in gleicher Höhe der Bund entlastet. Im Übrigen wählte man folgende Vorgangsweise. Die den Bankkunden entzogenen Einlagen wurden zunächst auf ein Sonderkonto des

---

[112]) Die Unterscheidung zwischen Bilanzlücken und Ertragslücken basiert auf der Buchhaltungskonvention, dass Anlagen mit ihrem historischen Anschaffungswert und nicht mit ihrem Ertragswert bilanziert werden.

Bundes übertragen. Über dieses Konto disponierte der Finanzminister, indem er die Abfuhr dieser Beträge in Form bestimmter Aktiven anordnete. Von den 10,2 Mrd. S des Sonderkontos wurden schon an der Jahreswende 1947/48 3,7 Mrd. S dazu verwendet, die Giroverpflichtungen der Notenbank an die Kreditunternehmungen abzubauen. Der Rest stand für die Konsolidierung der Bilanzen der Kreditunternehmungen zur Verfügung.

Notenbankbilanz und Notenbankstatut

In der Bilanz der Notenbank sank die Füllgröße „Forderungen an den Bundesschatz" von 12,5 Mrd. S Ende 1946 bis zum Beginn der Stabilisierungspolitik Ende 1951 auf 2,0 Mrd. S. Ihr Anteil an den Aktiven der Notenbank schrumpfte von annähernd 100% auf ein Sechstel. Zum Abbau trug neben dem Währungsschutzgesetz der Verrechnungsmodus der Erlöse aus ausländischen Hilfslieferungen maßgeblich bei. Von diesen Erlösen wurden Ende 1948 800 Mio. S stillgelegt. Danach wurden die Eingänge von der Bundesschuld abgebucht und die Notenbank refinanzierte in gleicher Höhe Aufbauwechsel. Ende 1951 befanden sich 4,0 Mrd. S Aufbauwechsel im Portefeuille der Notenbank.

Mit dem Abbau der Bundesschuld und dem Neugeschäft verschob sich die Vermögensstruktur der Notenbank zugunsten anderer Aktiva. Unter ihnen kam den Gold- und Devisenbeständen strategische Bedeutung zu. Das Devisenmanagement der Notenbank lebte in den ersten Nachkriegsjahren „von der Hand in den Mund". Devisen waren knapp und wurden so gut es ging bewirtschaftet. Dank der Rückgabe eines Teils des Währungsgoldes von 1938 konnte jedoch schon bald eine bescheidene Währungsreserve aufgebaut werden[113]). Das restituierte Gold bestand aus dem „Salzburger Gold" und dem „Brüsseler Gold".

Die US-Truppen fanden bei ihrem Einmarsch in Salzburg Goldmünzen und -barren im Wert von 4,74 Mio. $[114]) (4.315 kg). Das Gold wurde am 19. 2. 1947 von General Keyes der österreichischen Bundesregierung übergeben. Die Notenbank argumentierte, dass dieses Gold österreichischen Nicht-Banken gehörte, das nach dem 25. 4. 1938 an deutsche Behörden abgeliefert wurde. Privater Goldbesitz wäre „Währungsgold" im weiteren Sinne, denn die Behörden konnten jederzeit darauf zugreifen[115]).

Die von den westlichen Alliierten in den vom Deutschen Reich besetzten Gebieten aufgefundenen Goldbestände wurden von einer „Commission tripartite pour la restitution de l'or monetaire" in Brüssel verwaltet. Die Kommission anerkannte die Ansprüche Österreichs auf sein Währungsgold von 1938. Das war nicht selbstverständlich, denn in anderen Fragen wurde Österreich

---

[113]) Eine repräsentative Zusammenstellung einschlägiger Dokumente findet sich in AdNB: Zl. 323/1947.
[114]) Nach der endgültigen Abrechnung wurde das „Salzburger Gold" mit 46,15 Mio. S in die Notenbankbilanz eingesetzt.
[115]) Die Rückstellung des Goldes an private Vorbesitzer wurde unter Hinweis auf reichsdeutsche Vorschriften abgelehnt.

nicht im gleichen Maße als vom Deutschen Reich besetztes Land anerkannt. Nach dem „Memorandum der österreichischen Bundesregierung betreffend die Restitution österreichischen Währungsgoldes" vom 15. 4. 1947 besaß Österreich 1938 91.257 kg Währungsgold. Davon stammten 78.267 kg aus dem Bestand der Notenbank vom 18. 3. 1938. Weitere 12.990 g wurden bis 25. 4. 1938 an die Notenbank in Liquidation verkauft. (Diese Goldverkäufe wurden noch zum günstigen Wiener Kurs[116]) von 5.976,3 S/kg oder 3.984,1 RM/kg abgerechnet, nachher galt der Berliner Kurs von 2.784 RM/kg.)

Übersicht 5.15: Bilanzen der Notenbank Ende 1946 und Ende 1951

	1946	Aktiva 1951 Mio. S	Differenz
Gold und Devisen[1])	19,2	2.053,0	2.033,8
Wechsel	0,0	1.709,8	1.709,8
Aufbaukredite	0,0	4.041,9	4.041,9
Grundschuld Bund	12.547,2	2.029,9	− 10.517,3
Schatzscheine	0,0	2.209,7	2.209,7
Sonstiges	21,8	68,9	47,1
Summe a)	12.588,2	12.185,7	− 402,5
Durchläufer[2])	39,3	5.263,5	5.224,2
Summe b)	12.627,5	17.449,2	4.821,7

	1946	Passiva 1951 Mio. S	Differenz
Banknoten	5.656,5	8.032,0	2.375,5
Sofort fällige Verbindlichkeiten	2.598,4	1.094,7	− 1.503,7
Erlöse Hilfslieferungen	299,9	1.509,6	1.209,7
Sperrkonto	4.015,4		− 4.015,4
Reserven	18,0	616,1	598,1
Brüssler Gold[1])		906,9	906,9
Sonstiges		26,4	26,4
Summe a)	12.588,2	12.185,7	− 402,5
Durchläufer[2])	39,3	5263,5	5.224,2
Summe b)	12.627,5	17.449,2	4.821,7

Quelle: Generalrat der OeNB. – [1]) Einschließlich der Rückgabe aus dem Brüsseler Goldpool. Diese Goldmenge war 1951 noch nicht mit dem Bund abgerechnet. – [2]) Die hohen Durchlaufposten erklären sich hauptsächlich aus der komplizierten Verbuchungstechnik der Erlöse aus Hilfslieferungen (Mehrfachverbuchungen).

---

[116]) Der Unterschied zwischen Berliner und Wiener Kurs entstand dadurch, dass der Schilling im Verhältnis 3 : 2 in Reichsmark umgetauscht wurde, wogegen der Devisenkurs 2 S/RM betrug.

Übersicht 5.16: Goldbestände der OeNB

	Preis S/kg	Menge in kg			Wert in Mio. S		
		Bilanz	Brüssel[1])	Summe	Bilanz	Brüssel[1])	Summe
1946	10.690	12,3	0	12,3	0,1	0	0,1
1947	10.690	4.457,2	0	4.457,2	47,6	0	47,6
1948	10.690	4.632,5	39.717,0	44.349,5	49,5	424,6	474,1
1949	15.394	6.218,5	39.717,0	45.935,5	95,7	611,4	707,1
1950	22.834	7.250,7	39.717,0	46.967,7	165,6	906,9	1.072,5
1951	22.834	10.247,9	39.717,0	49.964,9	234,0	906,9	1.140,9

Quelle: Generalrat der OeNB. – [1]) Brüsseler Gold, noch nicht mit dem Bund verrechnet.

Mit Schreiben vom 16. 10. 1947 erhielt Österreich aus dem Brüsseler Goldpool vorläufig 26.187 kg Gold (fein) zugeteilt[117]). Dazu kamen 13.530 kg aus der Endabrechnung. Einschließlich des Salzburger Goldes erhielt damit die Notenbank 44.132 kg Gold oder fast die Hälfte des Bestands vom 25. 4. 1938 rückerstattet. Das Brüsseler Gold wurde lange Zeit nicht mit dem Bund abgerechnet und daher auch in der ohnehin nicht veröffentlichten Bilanz der Notenbank[118]) nur als Evidenzposten angeführt. Die Notenbankleitung sah darin offenbar eine Reserve für Notfälle, die man möglichst nicht publik machen sollte. Rechnet man zu den Reserven der Notenbank noch ihre Kreditfacilitäten beim Internationalen Währungsfonds hinzu (90 Mio. $), dem Österreich seit August 1948 als Mitglied angehörte, so war der außenwirtschaftliche Spielraum der Notenbank schon vor der Stabilisierung größer, als allgemein angenommen wurde.

Zu dem Bestand an valutarischen Beständen von 2,0 Mrd. S per Ende 1951 kamen aus der „Devisenschwemme" der Jahre 1952 bis 1954 noch 7,9 Mrd. S hinzu. Ende 1954, am Vorabend des Staatsvertrags, verfügte die Notenbank über 9,9 Mrd. S valutarische Reserven. Sie deckten 64% des Basisgeldes (Gesamtumlauf der OeNB) und reichten zur Finanzierung von sieben Monaten Importen. Die komfortablen Reserven erlaubten es Österreich, im Staatsvertrag die Zahlungsbilanz belastende Verpflichtungen zu übernehmen und dennoch die Devisenbeschränkungen zu lockern.

Zum Vergleich sei erwähnt: Die Oesterreichische Nationalbank der Zwischenkriegszeit hatte nach dem ersten Wochenausweis vom 7. 1. 1923 valutarische Reserven, die nur ein Drittel des Notenumlaufs und der sofort fälligen Verbindlichkeiten deckten[119]). Dennoch sahen die Statuten vor, in absehbarer Zeit die „Bardeckung" (die Einlösbarkeit der Banknoten in Gold) einzuführen.

Die Nationalbank verfügte demnach bereits Mitte der fünfziger Jahre über eine „herzeigbare" Bilanz. Sie wurde nach konservativer Auffassung nur dadurch etwas getrübt, dass die Notenbank etwa 1 Mrd. S Besatzungskosten-

---

[117]) Insgesamt wurden 158.462 kg Gold an die Benelux-Staaten, die Niederlande, Italien und Österreich zugeteilt.
[118]) Gegen eine Veröffentlichung der Bilanz der Notenbank sprach sich der Generalrat noch Anfang der fünfziger Jahre einhellig aus.
[119]) *Pressburger* (1966, S. 381).

schatzscheine im Portefeuille hatte (die Besatzungskosten wurden anfangs von der Notenbank finanziert). Bescheidende Refinanzierungsmöglichkeiten des Staates waren jedoch schon im alten Statut vorgesehen. Unter diesen Umständen konnte ein neues Statut konzipiert werden, das nicht mehr auf die besonderen Verhältnisse des Wiederaufbaus abgestellt, sondern als Dauerlösung für eine normale Friedenswirtschaft gedacht war.

Die Geschichte des Notenbankstatus muss noch geschrieben werden[120]. Durch Dokumente belegt ist: Die drei in der Provisorischen Staatsregierung vertretenen Parteien konnten sich nach Kriegsende nicht darüber einigen, welche Rechtsform und welche Aufgaben die Notenbank haben sollte. Eine rasche Entscheidung war nötig, um den Zahlungsverkehr aufzunehmen und regeln zu können. Staatskanzler Renner[121] schlug als erfahrener Politiker vor, man möge einfach davon ausgehen, dass die Oesterreichische Nationalbank der Zwischenkriegszeit nach wie vor bestünde (und während der Besetzung durch das Deutsche Reich nur zeitweise in der Ausübung ihrer Funktionen behindert worden wäre). Das war eine rechtlich anfechtbare Interpretation, aber sie ermöglichte einen Konsens[122]. Dementsprechend wurden im Notenbank-Überleitungsgesetz nur die offensichtlich nicht anwendbaren Bestimmungen des alten Notenbankgesetzes aufgehoben. Im Übrigen war vorgesehen, ein neues Statut auszuarbeiten.

Dem Auftrag des Gesetzgebers „den Entwurf einer neuen Satzung zu verfassen", wobei „auf den durch die Erfordernisse der Nachkriegswirtschaft gebotenen erweiterten Einfluss der Nationalbank auf die Kreditlenkung und Kreditüberwachung gebührend Bedacht zu nehmen sei", wurde jedoch nicht entsprochen. Zwar arbeitete der Stab der Notenbank Entwürfe aus, Ausschüsse des Generalrats und der politischen Parteien trafen sich wiederholt zu Beratungen, doch konnte kein Kompromiss gefunden werden. Die Notenbank wurde ein Jahrzehnt lang aufgrund des Notenbanküberleitungsgesetzes vom 3. 7. 1945 und der Novelle hiezu vom 13. 6. 1946 geführt. In der zehnjährigen Auseinandersetzung über ein neues Notenbankstatut ging es in der Hauptsache um zwei Fragen:
– Wie unabhängig soll die Notenbank von anderen Trägern der Wirtschaftspolitik – insbesondere von Regierung und Parlament – sein?
– Welche Ziele soll die Notenbank verfolgen und wie konkret sollen ihr die Ziele vorgegeben werden?

Technische Fragen wie die Angemessenheit des Instrumentariums standen im Hintergrund.

In den Auseinandersetzungen, wobei die Fronten zum Teil auch innerhalb der beiden Parteien verliefen, musste ein Kompromiss zwischen zwei Extremen gefunden werden: Hier eine Staatsbank öffentlichen Rechts mit der Aufgabe, die Wirtschaftspolitik der Regierung in finanziellen Fragen zu beraten

---

[120] Ansätze finden sich bei *Karglmayer* (1995).
[121] Kabinettsrat Renner, Nr. 14 vom 26. 6. 1945. *Enderle-Burcel/Jerábek/Kammerhofer* (1995, S. 304).
[122] Dieser Vorschlag beruhte auf der Erfahrung, dass die Politik stärkerer Argumente bedarf, wenn sie neue Tatbestände setzt, als wenn sie bloß Bestehendes hinnimmt.

und zu unterstützen. Dort eine Aktiengesellschaft mit privaten (in- und ausländischen) Aktionären mit wohl definierten, auf Währungsstabilität beschränkten Zielvorgaben.

Letztlich wurde folgende Konstruktion gefunden: Die Notenbank wurde als Aktiengesellschaft mit Sonderstatut geschaffen. Verschiedene Bestimmungen (etwa die Unkündbarkeit der auf fünf Jahre bestellten Präsidenten und Generalräte) sicherten ihr formell ein hohes Maß an Unabhängigkeit[123]). Die Beschränkung des Staatskredits auf 1 Mrd. S (§ 41, Abs. 1 der Statuten) und die Rechtsform machten die Notenbank zu einer Bank der Banken und nicht zu einer Bank des Staates. Gleichzeitig wurde sie jedoch in das von den politischen Parteien und den Sozialpartnern geschaffene Netzwerk der Wirtschaftspolitik eingebunden. Der Bund erhielt die Hälfte des Grundkapitals und durfte sich die übrigen Aktionäre aussuchen (§ 8, Abs. 3). Als Aktionäre wurden die Sozialpartner und einige der beiden Großparteien nahe stehenden Organisationen zugelassen, wobei die Doppelparität (Großparteien, Sozialpartner) gewahrt wurde. Auch im Generalrat wurde (unabhängig von den Stimmrechten) die Repräsentanz der Sozialpartner gesichert (§ 22, Abs. 3).

Als Zielgrößen gab das Statut die Erhaltung des inneren und äußeren Geldwerts in allgemeiner Form vor (§ 2, Abs. 3). Gleichzeitig wurde die Notenbank angehalten, auf die Wirtschaftspolitik des Bundes Bedacht zu nehmen (§ 4). Die Ziele und das Verhältnis zur Wirtschaftspolitik wurden in so allgemeiner Form formuliert, dass sich daraus keine eindeutige Reaktionsfunktion der Notenbank ableiten ließ[124]). Die Prioritäten wurden „diskretionär", den jeweiligen Umständen entsprechend, gesetzt. Am umstrittensten war die Frage, wieweit die Notenbank strukturpolitische Akzente setzen sollte und durfte.

Das 1955 geschaffene Statut erlaubte es, Notenbankpolitik wie schon vorher im Konsens der beiden Großparteien und den mit ihnen verschränkten Sozialpartnern zu betreiben. Präsidenten und Generalräte durften gelegentlich mahnen, dass die allgemeine Wirtschaftspolitik mehr auf Stabilität Bedacht nehmen sollte. Konflikte zwischen den Generalräten oder zwischen Regierung (Finanzminister) und Präsidenten wurden intern ausgetragen.

Die persönliche Verflechtung zwischen Notenbank und anderen Trägern der Wirtschaftspolitik (zu der später auch die Besetzung der Notenbankbeamten nach dem Proporz kam) ermöglichten Einflussnahmen in beiden Richtungen. Sozialpartner und Finanzminister konnten ihre Überlegungen in die Notenbankpolitik einbringen. Andererseits konnte die Notenbankleitung ihre Vorstellungen politisch leichter durchbringen. Die Entscheidungen wurden oft mehr durch die Persönlichkeiten als durch das Regelwerk des Statuts und seine Interpretation geprägt. (Wahrscheinlich die wichtigste Entscheidung der Notenbankpolitik fiel Anfang der achtziger Jahre mit der strikten Bindung des Schillings an die DM. Damit wurde die Notenbank aus der Tagespolitik he-

---

[123]) Das wird vor allem von Ökonomen der Notenbank betont. Siehe etwa *Hochreiter/Schubert* (1990). Die Entscheidung zugunsten einer unabhängigen Notenbank wurde – nach den Berichten von Zeitzeugen – durch das deutsche Vorbild beeinflusst. Das englische Beispiel einer verstaatlichten Notenbank schien nicht mehr attraktiv genug.
[124]) Siehe hiezu *Tichy* (1970).

rausgehalten. Was nötig war, um die S-DM-Relation zu halten, bestimmten die Währungsexperten.)

Übersicht 5.17: Der erste Generalrat der OeNB

Präsident	Eugen Margarétha	Minister a. D.
1.Vizepräsident	Andreas Korp	Staatssekretär a. D., Generaldirektor der Konsumgenossenschaften
2.Vizepräsident	Carl Habich	Generaldirektor der Bundesländer Versicherung
Generalrat	Karl Ausch	Redakteur der Arbeiterzeitung
Generalrat	Karl Dietrich	Direktor der Arbeiterbank
Generalrat	Josef Joham	Generaldirektor der Creditanstalt
Generalrat	Benedikt Kautsky	Dozent Universität Graz
Generalrat	Fritz Miller	Präsident der Handelskammer Tirol
Generalrat	Alois Piperger	Direktor des Sozialistischen Verlages
Generalrat	Otto Sagmeister	Minister a. D., Direktor der Konsumgenossenschaften
Generalrat	Erich Strasser	Direktor der Genossenschaftlichen Zentralbank
Generalrat	Ludwig Stobl	Generaldirektor der ländlichen Genossenschaften
Generalrat	Oskar Winkler	Industrieller
Generalrat	Stefan Wirlander	Stellvertretender Kammeramtsdirektor der Arbeiterkammer

Der erste Generalrat, der aufgrund des Nationalbankgesetzes gebildet wurde, zeigt die für die österreichische Wirtschaftspolitik charakteristische Doppelparität der beiden Großparteien und der Sozialpartner.

Bankenrekonstruktion

Wie desolat die Bankbilanzen in der Nachkriegszeit aussahen, ist aus nachstehender Globalbilanz der Kreditunternehmungen per Ende 1948 (ein Jahr nach dem Währungsschutzgesetz) zu ersehen. Obschon die Positionen der 1. und 2. Abfuhranordnung bereits abgebucht waren, entfiel von den gesamten Aktiven die Hälfte auf deutsche Aktiva und gesperrte Zwischenbankeinlagen. Auf der Passivseite schlugen die gesperrten Zwischenbankverpflichtungen und das Sonderkonto des Bundes mit über 40% zu Buche.

Die 3. Abfuhranordnung – sie wurde erst im Herbst 1951 erlassen – gestattete den Kreditunternehmungen, uneinbringliche Forderungen an das Deutsche Reich und andere deutsche Schuldner, insbesondere Kreditunternehmungen, zulasten des Sonderkontos des Bundes abzuschreiben. Der Abfuhrbetrag von 6,5 Mrd. S reichte nicht aus, die gesamten uneinbringlichen Forderungen zu tilgen. Der verbleibende Abschreibungsbedarf konnte größtenteils aus laufenden Erträgen gedeckt werden (*Tichy*, 1957, S. 7). Nach dem Krieg warf zunächst ein Großteil der Aktiva der Kreditunternehmungen keine Erträge ab. Die Wirtschaftspolitik half den Instituten, indem sie die Zinszahlungen für

Einlagen in den Jahren 1945, 1946 und 1947 aussetzte[125]). Ab Februar 1948 zahlten die Kreditunternehmungen wieder bescheidene, weit unter der Inflationsrate liegende Habenzinsen für den durch das WSchG reduzierten Einlagenbestand, doch waren schon ab August 1947 die Debetkonditionen um 2 Prozentpunkte angehoben worden (*Thomayer*, 1955). Die Bruttozinsspanne für „performing assets" war um 2 Prozentpunkte größer als während des Kriegs im Deutschen Reich[126]). Die Verteuerung des Kredits wurde nicht etwa damit begründet, dass der Zinssatz auch bei Inflation seine Selektionsfunktion behalten sollte, sondern damit, dass die Kosten der Kreditunternehmungen infolge des 1. Preis-Lohn-Abkommens gestiegen wären.

Übersicht 5.18: Globalbilanz der Kreditunternehmungen Ende 1948

Aktiva	Mio. S	Passiva	Mio. S
Kassa	280	Eigene Mittel	600
Nationalbankguthaben frei	500	Zwischenbank-Verpflichtungen frei	2.250
Bundesschatzscheine	1.350	Verpflichtungen gemäß § 27 WSchG	850
Wechsel	170	Scheckeinlagen	4.800
Eigene Wertpapiere	400	Spareinlagen	1.250
Zwischenbank-Forderungen frei	2.250	Anleihen	500
Sonstige Schuldner	3.800	Zwischenbank-Verpflichtungen gesperrt	3.700
Nationalbankguthaben gesperrt	50	Deutsche Passiva	250
Zwischenbank-Forderungen gesperrt	3.700	Sonderkonto des Bundes	6.600
Deutsche Aktiva	9.200	Sonstige Passiva	2.150
Sonstige Aktiva	1.250	Summe	22.950
Summe	22.950		

Quelle: 38. Sitzung des Generalrats der OeNB vom 17. 3. 1949.

Mit der Eliminierung der „non-performing assets" waren die Voraussetzungen für die Erstellung von Bankbilanzen geschaffen. Das Bankenrekonstruktionsgesetz verpflichtete die Institute für das 1954 endende Geschäftsjahr eine Bilanz und für die gesamte Nachkriegsperiode (1945 bis 1954) eine Gewinn- und Verlustrechnung zu erstellen. Der 10-jährige Abrechnungszeitraum ermöglichte es, Gewinne und Verluste einzelner Geschäftsjahre gegeneinander aufzurechnen und damit Ertragssteuern zu sparen. Kreditunternehmungen, die dennoch Bilanzlücken aufwiesen (hauptsächlich Sparkassen und die Girozentrale), erhielten lombardfähige 3-prozentige Bundesschuldverschreibungen. Für den Schuldendienst kam der Kreditapparat solidarisch auf.

Dass die Kreditunternehmungen zehn Jahre lang wirtschaften konnten, ohne der Öffentlichkeit über ihren Status Rechenschaft abzulegen, gehört zu

---

[125]) Zinsenhemmungsgesetz, BGBl. Nr. 37/1946 und Zinsenstreichungsgesetz, BGBl. Nr. 87/1946 mit zwei Novellen.
[126]) Nach den zunächst weiter geltenden deutschen Abkommen vom 23. 4. 1940 waren für Spareinlagen höchstens 2% Zinsen zu gewähren, wogegen für Kontokorrentkredite mindestens 5½% bis 6½% Zinsen (ohne Spesen) verrechnet werden mussten.

den Merkmalen des Gradualismus, des langsamen Übergangs von der Kommandowirtschaft des Kriegs zur Marktwirtschaft der Friedenszeit. Die Manager führten die Banken nach überlieferten bankwirtschaftlichen Grundsätzen mit Zustimmung der Aufsichtsräte und Kontrollorgane. Das Publikum war mit der „insider"-Kontrolle zufrieden: Seine Einlagen erschienen ihm, wenngleich inflationsgefährdet, so doch bei allen Instituten gleich sicher. Es verließ sich auf die Solidarität der Institute eines Sektors und auf die staatliche Wirtschaftspolitik. Im Bedarfsfall würden nicht nur Liquiditätshilfen, sondern auch Solvenzhilfen einzelnen Instituten zur Verfügung gestellt werden. Befürchtungen, dass ein „bail out" die Kreditunternehmungen zu riskanten Transaktionen veranlassen könnte, bestanden kaum.

Das Bankengutachten

Die US-Regierung hatte Mitte 1952 vorgeschlagen, das österreichische Bankwesen durch internationale Fachleute untersuchen zu lassen. Ein Jahr später beauftragte die Bundesregierung drei international renommierte Bankfachleute, Maurice Frère, Arthur W. Marget und O. E. Niemeyer, ein solches Gutachten zu erstellen[127]).

Auslöser der amerikanischen Forderung nach einem Bankengutachten war wahrscheinlich die Limor-Affaire. Die Creditanstalt hatte – so lautete ein Vorwurf – Dollar aus der Marshallplan-Hilfe für ihre Auslandsfiliale verwendet und damit sowohl gegen die Bestimmungen des ERP-Vertrags als auch gegen die österreichischen Devisenbestimmungen verstoßen. Obschon es sich nur um einen sehr geringen Betrag handelte (Vergleiche mit den „Bankenskandalen" der Ersten Republik sind daher unangebracht), zogen sich die Verhandlungen mit den Amerikanern über Jahre hin. Der Rechnungshof und private Consultingfirmen wurden eingeschaltet[128]). Im Frühjahr 1953 zahlte die Bundesregierung unter Protest 1,1 Mio. $ zurück[129]). Die verstaatlichten Banken wurden angewiesen, ausländische Filialen nur mit Zustimmung des Finanzministers zu gründen.

Wenn man – über die getroffenen Maßnahmen hinaus – weitere Vorkehrungen gegen den Wiederholungsfall hätte treffen wollen, hätte man Spezialisten beauftragen müssen, die behördliche Bankenaufsicht, das interne Controlling, das Revisionswesen und ähnliche Kontrollinstrumente zu überprüfen. Stattdessen wurde eine volkswirtschaftliche Studie über das österreichische Bankensystem und den österreichischen Kapitalmarkt an drei Spitzenpersönlichkeiten des internationalen Finanzwesens vergeben. Das am 23. 11. 1953 fertig gestellte und am 8. 12. im Ministerrat vorgelegte Bankengutachten befasste sich mit Grundfragen des Geld- und Kreditwesens und nahm nicht auf die Bankenaffaire Bezug.

---

[127]) AdR: Ministerrat Raab 1, Nr. 30 vom 8. 12. 1953. Eine Kopie des Gutachtens liegt dem Protokoll bei.
[128]) Eine ausführliche Darstellung findet sich bei *Rathkolb* (1995).
[129]) AdR: Ministerrat Raab 1, Nr. 10 vom 9. 6. 1953.

Das Gutachten fiel so aus, wie man es von Spitzenvertretern der internationalen Bankenwelt erwarten durfte: Es stärkte die konservative Position in den Verhandlungen um ein Notenbankstatut und die Rekonstruktion der Bankbilanzen. Eine wichtige Gruppe von Empfehlungen, nämlich die Kapitalmarktvorschläge, wurde jedoch von den beiden Koalitionspartnern nicht angenommen.

Die wichtigsten Ergebnisse des Bankengutachtens lassen sich wie folgt zusammenfassen:

- Die drei Gutachter anerkannten die Fortschritte der österreichischen Wirtschaft und lobten die österreichische Stabilisierungspolitik, wobei wie in anderen Stellungnahmen aus Bankkreisen die freiwilligen Preissenkungen der Sozialpartner unerwähnt blieben.
- Die Gutachter plädierten für eine unabhängige Notenbank, die „von jedem Druck politischer oder privater Natur geschützt werden muss". Sie wiesen auf die Statuten der Vorkriegszeit hin, „deren Zweckmäßigkeit durch die Erfahrung bestätigt wurden". Auf die im Zeitalter des Keynesianismus wichtige Frage, ob die Zielfunktion der Notenbank nur die Stabilität des inneren und äußeren Geldwerts oder auch reale Faktoren wie Produktion und Beschäftigung umfassen sollte, wurde nicht eingegangen.
- Die Gutachter empfahlen, das Universalbankprinzip aufzugeben. Stattdessen sollte streng zwischen Depositenbanken (Kommerzbanken) und Investitionsbanken unterschieden werden. Eine neu zu gründende Investitionsbank (Investment Cooperation) sollte die langfristigen Aktiva der Banken übernehmen sowie sämtliche Counterpartmittel, sowohl die noch nicht verwendeten Einlagen als auch den Bestand an Aufbaukrediten. Um der Investitionsbank neue langfristige Mittel zu sichern, regten die Gutachter an, die direkten Steuern für Einkommensschichten mit einer hohen marginalen Spareigung zu senken.

Die Kapitalmarktempfehlung wurde von den beiden Koalitionspartnern nicht akzeptiert. Anlässlich der Präsentation des Bankengutachtens im Ministerrat stellten die Minister Kamitz und Waldbrunner klar, dass am Verteilungsmodus der ERP-Kredite nicht gerüttelt werden würde. An die Gründung einer umfassenden Investitionsbank wäre nicht gedacht. Alle ERP-Kredite, Kleinkredite nicht ausgenommen, sollten so wie bisher über die Kreditlenkungskommission laufen[130]).

Mit der Ablehnung der Kapitalmarktvorschläge blieb die Finanzierungsstruktur der österreichischen Wirtschaft auf Jahrzehnte hinaus festgeschrieben. Der Wertpapiermarkt beschränkte sich praktisch auf Emissionen der öffentlichen Hand (einschließlich der Elektrizitätswirtschaft) und der Kreditunternehmungen. Die Wirtschaft finanzierte sich aus einbehaltenen Erträgen und mit Hilfe kurzfristiger Bankkredite. Diese Finanzierungsstruktur wurde durch die steuerliche Begünstigung der Selbstfinanzierung und durch die Subventionierung von nicht-titrierten Krediten (Sonderkreditaktionen) gefördert. Noch in

---

[130]) AdR: Ministerrat Raab 1, Nr. 21 vom 6. 10. 1953.

den siebziger Jahren bewegte sich die Diskussion über direkte oder indirekte Investitionsförderung in diesem Finanzierungskorsett[131]).

H. Igler warf Kamitz und Waldbrunner in Gesprächen mit dem Autor vor, dass sie die Jahrhundertchance versäumt hätten, in Österreich einen Kapitalmarkt aufzubauen und durch entsprechende Veranlagungen Industriepolitik zu betreiben. Im Übrigen hätte die Einbringung der Counterparts in die Investmentbank bedeutet, dass diese Mittel auch dem Einfluss der Amerikaner entzogen worden wären. Sie hätten daher nicht mehr als politisches Druckmittel benutzt werden können. Fraglich bleibt freilich, ob es mit der vorgeschlagenen Kapitalmarktlösung gelungen wäre, tradierte österreichische Unternehmenskulturen und Anlagegewohnheiten zu ändern. Wie *Ehrlicher* (1985, S. 123) darlegte, wurde auch in Westdeutschland der Wiederaufbau der Wirtschaft nicht über die Wertpapiermärkte, sondern aus unverteilten Gewinnen und mit Hilfe von Bankkrediten finanziert.

Hinter der Entscheidung gegen die vorgeschlagene Kapitalmarktlösung standen zumindest auch strategische Überlegungen. Mit der Übernahme der Industriebeteiligungen der Kommerzbanken wäre eine Unternehmensgruppe von etwa gleicher Größenordnung wie die „direkt" Verstaatlichte Industrie entstanden. Das hätte unter anderen politischen Mehrheitsverhältnissen eine Zusammenführung von direkt und indirekt verstaatlichten Unternehmungen erleichtert. Es ist sehr wahrscheinlich, dass der Stratege Kamitz das ins Kalkül zog[132]). Tatsächlich stellte *Uher* (1993B) vier Jahrzehnte später ähnliche Überlegungen an. Er kritisierte, dass die Regierung Kreisky darauf verzichtet hatte, die Industriebeteilungen aus den Großbanken gemäß dem Gutachten der drei Weisen herauszulösen, denn damit wären institutionelle Voraussetzungen für eine Planification nach französischem Muster geschaffen worden.

5.2.3 Auffüllung der dezimierten Geldvermögensbestände

Die Rekonstruktion der Aktivseite von Notenbank und Finanzintermediären bildete die erste Stufe des Wiederaufbaus tauglicher Finanzstrukturen. Sie ging zu einem erheblichen Teil zulasten der Geldvermögensbestände von Wirtschaft und privaten Haushalten. Was nach den Währungsschnitten noch übrig blieb, unterlag bei negativen Realzinssätzen der „Inflationssteuer". Das lässt sich am einfachsten und statistisch gesichert an Hand der Spareinlagen bei den Kreditunternehmungen, der dominanten Sparform der privaten Haushalte, demonstrieren. 1952, im Jahr der Stabilisierung, betrugen die Spareinlagen nur 3,0 Mrd. S oder 3,7% des BIP, verglichen mit 28,5% im letzten Jahr der Ersten Republik. Ähnliche Einbußen erlitten andere Formen des Geldvermögens wie Lebensversicherungen und festverzinsliche Wertpapiere. Wer vor dem Krieg österreichische Staatsanleihen besaß, erhielt dafür Anleihen des

---

[131]) Einem Finanzminister wurde Anfang der achtziger Jahre bei seinem Amtsantritt empfohlen, sich durch mehrere Kreditaktionen einen guten Start zu sichern.
[132]) Kamitz gab dazu nur ausweichende Erklärungen. Siehe *Diwok* (1972, S. 34).

Deutschen Reichs, die nach Kriegsende wertlos wurden[133]). Andere Rentenwerte wurden durch die Nachkriegsinflation entwertet. 1952 betrug der Bestand an festverzinslichen Wertpapieren nur 878 Mio. S oder 1,09% des BIP. (Dazu kamen 1.390 Mio. S Bundesschuldverschreibungen, die im Zuge des Währungsschutzgesetzes den Besitzern von Sperrguthaben zur Verfügung gestellt wurden. Ihr Marktwert betrug jedoch infolge der geringen Verzinsung nur etwa die Hälfte, zeitweise sogar nur ein Drittel.)

Übersicht 5.19: Geldvermögensbestände

	Spareinlagen	Pfandbriefe und Kommunalobligationen[1])	Rentenwerte insgesamt[1])	Prämien-Reserve Lebensversicherungen[2])
		Mio. S		
1937	2.800	615	.	4.862
1952	3.001	575	878	.
1965	63.812	8.636	41.538	3.257
1973	183.967	29.052	99.344	11.509
2000	1,651.203	160.320	2,173.499	470.635
		In % BIP		
1937	28,51	6,26	.	4,95
1952	3,72	0,71	1,09	.
1965	25,89	3,50	16,85	1,32
1973	33,85	5,35	18,28	2,12
2000	58,06	5,64	76,43	16,55

[1]) Inländische Werte, ohne 2%-Bundesschuldverschreibungen gemäß Währungsschutzgesetz. –
[2]) 1937: Prämienreserve Lebensversicherung laut Prüfbericht 1938.

Auch das Realvermögen blieb nicht ungeschoren: Es gab Bombenschäden und Demontagen. Die triste Wirtschaftslage drückte anfangs die Bodenpreise (insbesondere in den östlichen Landesteilen) und die Unternehmenswerte. Fraglos schnitten jedoch die Besitzer von Geldvermögen schlechter ab als die von Realvermögen. Insbesondere von der Erholung der Produktion in der Inflationsperiode bis Ende 1951 profitierte ausschließlich das Realvermögen. Ein Lastenausgleich wurde zwar versprochen, kam aber – wie im Übrigen auch in Westdeutschland – nur sehr unzulänglich zustande (siehe die Bemerkungen zur Vermögens- und Vermögenszuwachsabgabe im Abschnitt: „Währungsreformen und Besatzung 1945-1948").

Als die Inflation gestoppt war und die Realeinkommen den Vorkriegsstand überschritten hatten, begannen Haushalte und Unternehmungen, ihre dezimierten Bestände an Geldvermögen wieder aufzufüllen. Die Geldvermögensbildung in privaten Haushalten ist für die spätere Entwicklung des „Finanzkapitalismus" von so fundamentaler Bedeutung, dass sie etwas ausführlicher und über einen größeren Zeithorizont dargestellt werden soll.

---

[133]) Nur ein geringer Teil konnte zum Kurs von 50 pro 100 RM Nominale zur Zeichnung der Aufbauanleihe 1949 verwendet werden.

5.2 Die Etablierung marktwirtschaftlicher Institutionen

Abbildung 5.10: Entwicklung des Geldvermögens

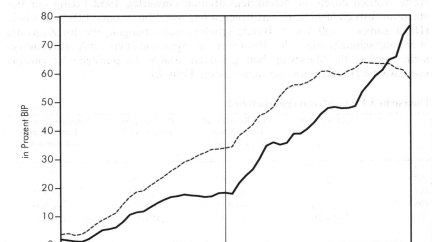

Gemäß der auch sonst in dieser Untersuchung gewählten Periodisierung wird zunächst nur das „golden age" betrachtet, obschon die „Wasserscheide" weniger stark ausgeprägt ist als in anderen ökonomischen Bereichen. Das „golden age" ging nur allmählich in den „Finanzkapitalismus" über. Der Bestand an Spareinlagen stieg in absoluten Größen von 3,0 Mrd. S 1952 auf 184,0 Mrd. S 1973, in Prozent des BIP ausgedrückt von 3,7% auf 33,9%. Auch der seit Kriegsende ausgetrocknete Markt für festverzinsliche Wertpapiere konnte schrittweise belebt werden. 1953 legte der Bund eine Anleihe zum Wiederaufbau der Staatsoper und die Elektrizitätswirtschaft eine Anleihe zwecks Ausbaus der Wasserkraft auf. 1954 folgten Anleihen für Investitionen der Bundesbahnen und für Wohnbauzwecke, 1955 eine weitere Energieanleihe. (Mit der Angabe des Verwendungszwecks sollte dem Zeichner signalisiert werden, dass die Anleihen nicht nur einen angemessenen Ertrag bieten, sondern auch Projekte finanzieren, die nach allgemeiner Auffassung eine besondere Priorität genießen.) Danach wurden Wertpapieremissionen zu einer Sache der Routine. Der Umlauf an heimischen Rentenwerten[134]) stieg von 0,9 Mrd. S 1952 auf 99,3 Mrd. S 1973, ihr Anteil am BIP von 1,1% auf 18,3%.

---

[134]) Der Umlauf von auf Schilling lautenden Wertpapieren heimischer Emittenten war in der Zeit der strengen Devisenbewirtschaftung ident mit dem Wertpapierbesitz heimischer Anleger. Vor dem Zweiten Weltkrieg und mit der Freigabe des internationalen Kapitalverkehrs gegen Ende des 20. Jahrhunderts wichen die beiden Größen mehr oder minder stark voneinander ab.

Wie sich das Geldvermögen auf private Haushalte, Unternehmungen und (in geringerem Maße) auf öffentliche Haushalte verteilte, wurde damals nur in Ansätzen erfasst. Erst seit der Jahrtausendwende führt die OeNB Statistiken über die Bildung und den Bestand an Geldvermögen getrennt nach Haushalten und Unternehmungen[135]). Nimmt man an, dass zwischen dem Bestand an Spareinlagen (insgesamt) und dem Geldvermögen (der privaten Haushalte) ein konstantes Verhältnis bestand, so kommt man zu folgenden Größenordnungen: 1937, am Ende der Ersten Republik betrug das Geldvermögen der privaten Haushalte[136]) etwa 40% des BIP und sank dann in der Nachkriegszeit bis auf 5%. Nach der Stabilisierung der Währung wurden die Bestände wieder aufgefüllt, sie lagen zu Ende des „golden age" bei etwa 45%. Längerfristige Anlagen brauchten länger zur Rekonstruktion als kurzfristige, weil die zur Wiederveranlagung verfügbaren Tilgungen später anfallen. Den (gemessen am BIP) relativen Bestand von 1937 erreichten die Spareinlagen 1967, die Pfandbriefe und Kommunalobligationen 1975 und die Prämienreserven der Lebensversicherungen erst 1995. (Die Tilgungen betrugen auf dem noch jungen Rentenmarkt Anfang der sechziger Jahre nur 14%, auf dem voll entwickelten Rentenmarkt an der Jahrtausendwende aber 70% des Bestands.)

Die Schätzung der privaten Geldvermögensbestände an Hand der Spareinlagen lässt sich damit rechtfertigen, dass die privaten Haushalte nach der Stabilisierung der Währung und viele Jahre danach ihre Ersparnisse liquid und risikolos anlegten. Sparen bedeutete für die meisten privaten Haushalte „Ansparen" für spätere Anschaffungen (Konsumkredite waren teuer und nur begrenzt verfügbar). Die – gemessen am laufenden Einkommen – Geringfügigkeit der Ersparnisse und ihre Zweckbestimmung bewirkten, dass sie zumeist auf Sparkonten zum Eckzinssatz angelegt wurden. Zwar nahm auch der Umlauf an Wertpapieren zu. Aber ein relativ großer Teil der Emissionen wurde von den Finanzinstitutionen und den Unternehmungen (als Deckung für Abfertigungs- und Pensionsrückstellungen) erworben. 1959 befanden sich zwei Drittel des Umlaufs an festverzinslichen Wertpapieren in den Portefeuilles der Kreditunternehmungen und der Versicherungen (einschließlich Sozialversicherung). Diese Veranlagungsstruktur bedeutete, dass ein Großteil des von den privaten Haushalten neu gebildeten Geldvermögens nicht direkt vom Sparer dem Investor zugeführt, sondern über die Finanzintermediäre geleitet wurde. War die Bilanzsumme der Kreditunternehmungen in der Nachkriegsinflation relativ geschrumpft, so stieg sie nun viel stärker als das BIP: Die Banken wurden zur „Wachstumsindustrie". Gleichzeitig wurde der Wertpapiermarkt zum Interbank-Markt: die Kreditunternehmungen emittierten und kauften festverzinsliche Wertpapiere (ähnliches galt für die Bundesrepublik Deutschland, *Ehrlicher*, 1985, S. 126).

---

[135]) Schätzungen und Teilergebnisse bietet *Mooslechner* (1995, 1997). Über das Geldvermögen von Unternehmungen und privaten Haushalten zusammen informiert die Datensammlung von *Butschek* (1993).

[136]) Ohne Unternehmungen auch in Form von Einzelfirmen oder Personengesellschaften. In Statistiken wird das „non-corporate business" oft mangels Trennmöglichkeiten zu den privaten Haushalten gezählt.

5.2 Die Etablierung marktwirtschaftlicher Institutionen

Übersicht 5.20: Geldvermögen der privaten Haushalte

	Hochschätzung aufgrund der Spareinlagen	Schätzung Mooslechner 1997[1])
	In % BIP	
1937	39,0	
1952	5,1	
1960	25,9	33,2
1970	44,3	45,7
1973	46,5	
1980	66,0	65,4
1990	81,4	87,6

[1]) *Mooslechner* (1997, S. 1).

Die Neigung zum Sparen in liquider Form konnte auch durch eine massive steuerliche Begünstigung höherer Sparformen nicht nennenswert verringert werden. Nach den Sparförderungsgesetzen 1953[137]) durften 10% (Unselbständige 15%) des Kaufpreises von festverzinslichen Wertpapieren von der Steuer schon dann abgesetzt werden, wenn das Wertpapier drei Jahre lang gehalten wurde (erst später wurde die Behaltefrist auf acht Jahre verlängert). Das ergab für einen Siebenprozenter eine Rendite (vor Steuer) von 11,1% (13,4%). Allerdings musste damit gerechnet werden, dass der Kurs sinkt, wenn die Anleger nach der Behaltefrist größere Bestände auf den Markt werfen. Lebensversicherungsprämien und gebundene Einlagen (Prämiensparen) konnten bis zu bestimmten Höchstgrenzen als Sonderausgaben von der Einkommensteuer abgesetzt werden (§ 10, EStG 1954).

Die steuerliche Sparförderung griff nur teilweise, da private Haushalte Zinseinkünfte ohnehin weitgehend der Besteuerung entzogen. Zinsenerträge nicht zu versteuern war unter Umständen lohnender als die Sparförderung zu beanspruchen und die Erträge als Einkünfte aus Kapitalvermögen zu deklarieren. Der Anteil des geförderten Volumens betrug 1970 nur etwa ein Siebentel des gesamten Geldvermögens der privaten Haushalte[138]).

Die Rendite nach Steuern hing vom Grenzsteuersatz der direkten Steuern ab. Berücksichtigt man die steuerliche Förderung, so dürfte die Nettorendite von Anleihen im Allgemeinen etwa der Bruttorendite entsprochen haben. Die Bruttorenditen geben daher einen Anhaltspunkt, wieweit sich Geldsparen nach der Stabilisierung der Währung gelohnt hat (siehe Übersicht 5.21). In groben Zügen galt: Die Verzinsung der Spareinlagen deckte im „golden age" gerade die Teuerungsrate. Wer festverzinsliche Wertpapiere erwarb, erzielte auch real einen positiven Ertrag, der jedoch unter der Wachstumsrate des realen BIP blieb. Am lohnendsten war das Aktiensparen. Mit dieser Renditenstruktur konnten Sparer und Investoren „zufrieden" sein. Die öffentliche Hand konnte

---

[137]) BGBl. Nr. 50/1953 vom 24. 4. 1953 über Begünstigungen einer Anleihe der Verbundgesellschaft (Energieanleihegesetz 1953) und BGBl. Nr. 51/1953 vom gleichen Tag über die Begünstigung des Sparens (Sparbegünstigungsgesetz).
[138]) Geschätzt aus dem Geldvermögen der privaten Haushalte laut *Mooslechner* (1997), und dem Volumen der geförderten Sparformen laut Österreichischer Kontrollbank.

mit Hilfe von Anleihen Infrastruktur-Investitionen finanzieren, ohne den laufenden Haushalt mit Zinszahlungen zu überlasten. Wer Renditen erwirtschaften wollte, die der Wachstumsrate des BIP (und bei konstantem Kapitalkoeffizienten der Rendite von Realvermögen) entsprachen, musste das Risiko von Aktienveranlagungen in Kauf nehmen.

Übersicht 5.21: Ertragsraten (vor Steuer) von Geldvermögen

	Teuerungsraten		Wachstumsrate	Ertragraten		
	Privater Konsum	BIP nominell	BIP nominell	Aktien	Anleihen	Spareinlagen
			In % pro Jahr kontinuierlich			
1937/1952	12,25	12,32	14,04	6,68	1,22	– 7,12
1952/1973	3,14	3,62	9,08	8,85	6,57	3,44
1973/2000	3,77	3,77	6,01	3,96	7,31	3,62

1937: Basis in S (S-alt = S-neu). Deflatoren nach VGR. Ertragsraten brutto, vor Abzug der Steuern. Spareinlagen: Eckzinssatz, 1937/52 unter Berücksichtigung der Währungsschnitte. Anleihen: jährliche Renditen verkettet. Aktien: Aktienkurse ohne Dividenden.

Der Begriff „Wiederauffüllung" impliziert, dass sich der Anteil des Geldvermögens am BIP nach vollzogener Auffüllung stabilisiert. Tatsächlich stieg er auch nach dem „golden age" und dem Erreichen der Vorkriegsmarke ungebrochen weiter. Ende 2003 übertraf das Geldvermögen der privaten Haushalte nach Angaben der OeNB das BIP bereits um ein Drittel. Gleichzeitig nahm auch die Verschuldung der privaten Haushalte zu, doch steht ihr gesamthaft gesehen die Bildung von Realkapital (Häuser, Wohnungen, dauerhafte Konsumgüter) gegenüber.

Mit der Quantität änderte sich die Qualität des Geldvermögens. Das ertragsorientierte Sparen der privaten Haushalte mit diversifierten Anlagestrukturen gewann an Bedeutung, zunächst bei den höheren Einkommensschichten, den Jugendlichen und den Erbenhaushalten, wie die von *Mooslechner* (1997) ausgewertete Stichprobenerhebung ergab. (Ein Indiz hiefür ist die Relation Spareinlagen zu Umlauf an Rentenwerten: Zwischen 1954 und 1978 schwankte der Anteil des Rentenumlaufs an den Spareinlagen zwischen 50% und 67% ohne deutlichen Trend; an der Jahrtausendwende erreichte er jedoch bereits 132%.)

Übersicht 5.22: Geldvermögen der privaten Haushalte Ende 2004

	Mrd. €	In % des BIP
Geldvermögen	303,90	135,75
Schulden	91,70	40,96
Geldvermögen netto	212,20	94,79

Quelle: Pressedienst der OeNB vom 28. 4. 2004.

Nach Querschnittsvergleichen haben reiche Länder höhere Geldvermögensquoten als arme (*Mooslechner*, 1997, S. 76). Der relativ (im Vergleich zum BIP und zum verfügbaren persönlichen Einkommen) steigende Trend gilt allerdings nicht unbeschränkt. Wie aus nachstehender Differenzengleichung ersichtlich ist, nähert sich die Geldvermögensquote bei konstanter Wachstumsrate des nominellen BIP und bei konstanter Sparquote einem endlichen Grenzwert.

Gleichung 5.3: Beziehung zwischen Geldvermögen, Sparquote und BIP[1])

$$GV_t = GV_{t-1} + SP_t$$

dividiert durch Y_t ergibt:

$$\frac{GV_t}{Y_t} = \frac{GV_{t-1}}{Y_{t-1}\phi_t} + \frac{SP_t}{Y_t} ; \text{ wobei } \phi = 1 + w_n$$

$$gv_t = \frac{1}{\phi_t} gv_{t-1} + sp_t$$

[1]) Unter Vernachlässigung von Bewertungsänderungen. – Y ... BIP nominell, GV ... Geldvermögen der privaten Haushalte, SP ... Sparen der privaten Haushalte, w_n ... Nominelle Wachstumsrate des BIP

Dieser Grenzwert war in den fünfziger Jahren noch sehr niedrig (unter 50%), weil die private Sparquote sehr gering war. Der Zuwachs an Spareinlagen war zwar imponierend, wenn man ihn auf den dezimierten Bestand bezog. Gemessen am BIP betrug jedoch die private Sparquote bis Mitte der fünfziger Jahre nur 2% bis 3%[139]). Geldsparen lohnte sich zwar wieder, aber die Masse der Bevölkerung war noch zu arm, um nennenswerte Ersparnisse akkumulieren zu können. Erst im Laufe des „golden age" nahm mit steigenden Realeinkommen die private Sparquote und damit auch der Grenzwert der Geldvermögensquote merklich zu. Zu einem kräftigen Schub kam es erst gegen Ende der siebziger Jahre, als das nominelle Wachstum des BIP merklich geringer wurde und die private Sparquote hoch blieb. Der 2003 von der Notenbank registrierte Satz von 135% des BIP liegt bei dem gegebenen Sparverhalten und dem gegebenen Trendwachstum des nominellen BIP nahe an der Obergrenze.

Bis zur Entwicklung der Vermögensgesellschaft ist daher noch ein weiter Weg. Dennoch: Das Makroverhalten der Wirtschaft im Zeitalter des Finanzkapitalismus unterscheidet sich wesentlich von dem im Zeitalter des Wiederaufbaus oder auch des „golden age". Damals bestand ein Großteil des privaten Konsums aus unentbehrlichen Gütern, und die meisten privaten Haushalte verfügten weder über Real- noch über Geldvermögen nennenswerten Umfangs. Ein halbes Jahrhundert später standen die privaten Haushalte nicht mehr unter dem „Zwang", ihr Einkommen größtenteils zu konsumieren. Sie konnten ihre Konsum- und Vermögensdispositionen nach mehr oder minder rationalen Gesichtspunkten überlegen.

---

[139]) Das verfügbare persönliche Einkommen macht etwa zwei Drittel des BIP aus. Bezogen auf die niedrigere Bezugsgröße sind die Sparquoten etwas höher.

5.2.4 Entnivellierung der Einkommen

Die Einkommen waren in den schwierigen Nachkriegsjahren stark nivelliert worden. Nachdem die Vorkriegsproduktion überschritten und innere sowie äußere finanzielle Stabilität erreicht wurde, bewirkten drei Faktoren eine Entnivellierung der Realeinkommen:
- Die Bruttoeinkommen der Unselbständigen stiegen in den höheren Einkommensstufen relativ stärker als in den unteren.
- Von der Senkung der Lohn- und Einkommensteuer Anfang 1954, 1955 und 1958 profitierten die mittleren und höheren Einkommensstufen mehr als die unteren.
- Die Preise von Gütern des entbehrlichen Bedarfs stiegen unterdurchschnittlich oder sanken.

Bruttoeinkommen

Nach der Lohnpause im Stabilisierungsjahr 1952 begann die Lohnpolitik mit der Entnivellierung der Löhne und Gehälter. Noch 1953 waren die Einkommen aus unselbständiger Arbeit gleichmäßiger verteilt als vor dem Zweiten Weltkrieg. Das *WIFO* (1958A) errechnete aus der Lohnsteuerstatistik für 1953 einen Pareto-Koeffizienten von 3,2 gegen 2,7 im Jahr 1933[140]). Seit 1953 wurden die Bruttolöhne und -gehälter deutlich entnivelliert, wenngleich die Spanne zwischen den Tariflöhnen für Facharbeiter und für ungelernte Arbeiter bis gegen Ende der fünfziger Jahre geringer gewesen sein dürfte als vor dem Krieg.

Übersicht 5.23: Entnivellierung der Löhne und Gehälter

	Arbeiter	Angestellte	Beamte
		S brutto pro Monat	
1951	1.041	1.682	1.449
1955	1.424	2.434	2.220
1957	1.640	3.036	2.840
		Zunahme in %	
1951-1955	36,79	44,71	53,21
1955-1957	15,17	24,73	27,93
1951-1957	57,54	80,50	96,00

Quelle: *WIFO* (1958B).

„Entnivellierung" wurde zunächst von den Standesvertretungen der qualifizierten Unselbständigen verlangt, den Akademikervereinigungen, den Richtern, den Mittelschullehrern und den Spitalsärzten. Die Anliegen der besser Verdienenden wurden von Spitzenvertretern der Arbeitnehmer und der Sozialistischen Partei unterstützt. Der Präsident des Gewerkschaftsbundes erklärte

---

[140]) Je höher der Paretokoeffizient ist, desto gleichmäßiger ist die Einkommensverteilung.

Anfang 1953, dass das Einkommen der Leistung entsprechen müsse. Eine Entnivellierung der Beamtengehälter sei daher gerechtfertigt[141]). Am 22. 5. 1953 beschloss die Regierung, die Beamtengehälter in drei Etappen zu entnivellieren. In der Wirtschaft einigten sich die Tarifpartner auf eine stärkere Differenzierung der Mindestgehälter für wichtige Angestelltengruppen.

Nettoeinkommen

In den Nachkriegsjahren waren die Tarife der Einkommensteuer nur unzulänglich der Inflation angepasst worden, vor allem mittlere Einkommensschichten rückten in höhere Progressionsstufen vor. Die Tarifreformen 1954, 1955 und 1958[142]) senkten die Steuerbelastung aller Einkommensstufen, vor allem aber der mittleren und höheren. Die höheren Einkommen stiegen dadurch netto um 10% bis 12%, die der durchschnittlichen Arbeiterlöhne nur um 2½%.

Übersicht 5.24: Entlastung der Nettoeinkommen durch Senkung der Einkommensteuer

Einkommen Brutto pro Jahr, Kaufkraft 1958	1954	1958	1958/1954
	Steuer in % der Einkommen brutto		Steuerentlastung in % der Einkommen netto
10.000	1,07	0,00	1,08
20.000	8,08	6,02	2,24
30.000	13,39	10,38	3,48
50.000	20,92	16,71	5,32
70.000	26,24	20,70	7,51
90.000	29,98	23,44	9,34
110.000	32,61	25,62	10,37
200.000	39,53	32,59	11,48
1,000.000	50,72	45,10	11,40

Progressionsmildernd wirkte auch die für Lohnempfänger geschaffene Möglichkeit, ein Sechstel des Jahresbezugs zu festen Sätzen zu versteuern. Nach dem Einkommensteuergesetz 1954 sank dadurch die durchschnittliche Steuerbelastung (in der Steuergruppe II) für ein Einkommen von S 500.000 von 41,8% auf 36,7%, jene für ein Einkommen von S 20.000 nur von 8,0% auf 6,7%. Die Sechstelbegünstigung der Lohnsteuer wurde nicht sofort voll genutzt. 1954 erhielten die Rentner erst eine Sonderzahlung von einer Monatsrente. Nach einer Erhebung des *WIFO* (Monatsberichte, 1956, 29(4), S. 142-144) bezogen 1955 die Wiener Arbeiter Sonderzahlungen in Höhe von 3,1 Wochenverdiensten. Hingegen setzten die Handelsangestellten bereits

---

[141]) Präsident Böhm am 28. 2. 1953 laut Chronik des Jahrbuchs 1953 der Arbeiterkammer in Wien.
[142]) Von diesen Tarifreformen war die erste am bedeutendsten. BGBl. Nr. 1/1954 vom 3. 12. 1953 betreffend die Vorschriften über die Besteuerung des Einkommens natürlicher Personen (Einkommensteuergesetz 1953-EStG 1953).

1954 das 14. Monatsgehalt durch. Die steuerliche Sechstelbegünstigung ist ein Beispiel dafür, dass meist einige Zeit verstreicht bis Steuervorteile oder die Ansprüche auf Sozialleistungen voll genutzt werden.

Den Sonderbegünstigungen (besser bezahlter) Arbeitnehmer standen über die Tarife hinausgehende steuerliche Entlastungen der Unternehmungen gegenüber. Hier sind vor allem drei Maßnahmen zu nennen:
- die Einführung vorzeitiger Abschreibungen (Ausfuhrförderungsgesetz 1953),
- die Erstellung von Schilling-Eröffnungsbilanzen (SEB-Gesetz 1954),
- die Erleichterung des Exports durch Exportrückvergütungen (Ausfuhrförderungsgesetz 1953).

Das Ausfuhrförderungsgesetz 1953[143]) und ähnliche Bestimmungen in den Einkommensteuergesetzen später gestatteten es den Unternehmungen im Jahr der Anschaffung zusätzlich zu den von der Lebensdauer der Investitionsgüter abhängigen Normalabschreibungen eine (den steuerlichen Gewinn mindernde) vorzeitige Abschreibung vorzunehmen. Der Satz für vorzeitige Abschreibungen betrug für Maschinen 50% und für Bauten 20%. („Komfort"-Investitionen wie Geschäftsportale und Pkw waren ausgeschlossen.) Mit der Abschreibungsbegünstigung war kein endgültiger Steuerverzicht verbunden, wohl aber ein zinsenloser Steuerkredit, der bei konstantem Kapitalstock immer wieder prolongiert und bei wachsendem Kapitalstock erweitert wurde. Wenn z. B. ein Unternehmen Maschinen mit einer Lebensdauer von zehn Jahren und einer gleichverteilten Altersstruktur installiert hatte, so betrug der Buchwert des Bestands bei Normalabschreibungen 55%, bei vorzeitigen Abschreibungen aber nur 31% des Anschaffungswerts. Die steuerschonende Wirkung fiel vor allem in den ersten Jahren ins Gewicht, weil noch keine der in den Vorjahren steuerbegünstigt erworbenen Anlagen voll abgeschrieben waren und daher neben den vorzeitigen Abschreibungen Normalabschreibungen geltend gemacht werden konnten.

Das System der vorzeitigen Abschreibungen blieb auf lange Sicht das wichtigste Instrument der Investitionsförderung, weil es in die „politische Landschaft" passte. Hohe Abschreibungsmöglichkeiten begünstigen kapitalintensive Produktionszweige, zu denen insbesondere die verstaatlichten Unternehmungen zählten. Es war daher nicht nur die „Privatwirtschaft", sondern auch die „Gemeinwirtschaft", die von dieser Maßnahme profitierte. Die Zustimmung der Gewerkschaften konnte gewonnen werden, weil mit der Steuerbegünstigung ein „Investitionszwang" verbunden war. Und materielle Investitionen erschienen damals als der Schlüssel für Wirtschaftswachstum. Die Steuerersparnis konnte von den Unternehmern nicht für private Konsumzwecke oder für spekulative Lagerhaltung verwendet werden.

---

[143]) BGBl. Nr. 119/1953 vom 9. 7. 1953 über Maßnahmen zur Förderung der Ausfuhr (Ausfuhrförderungsgesetz 1953).

Eine ähnlich steuermindernde Wirkung wie die vorzeitige Abschreibung hatte das Schilling-Eröffnungsbilanzgesetz[144]). Es erlaubte die (steuerneutrale) Erstellung einer Bilanz zu Tageswerten per Anfang 1955. Damit wurden die inflationsbedingten Verzerrungen der Unternehmensbilanzen korrigiert. Das Gesetz förderte nicht nur die Bilanzwahrheit, sondern entlastete auch die Unternehmungen von Ertragssteuern, weil von den neuen aufgewerteten Buchwerten abgeschrieben werden konnte.

Das Gegenstück zu den Abschreibungen für kapitalintensive Unternehmungen bildeten für arbeitsintensive Betriebe die Exportrückvergütungen. Exportlieferungen sind an sich von der Umsatzsteuer befreit, doch lastet Umsatzsteuer kumulativ auf den Vorprodukten. Im damaligen System der Allphasensteuer (die Mehrwertsteuer wurde in Österreich erst 1973 eingeführt) war nicht oder nur beiläufig bekannt, wie viel Vorsteuer tatsächlich auf der Exportware lastete. Trotz des Verbots von Exportsubventionen aufgrund internationaler Vereinbarungen (z. B. der OEEC) ließen sich daher in die Umsatzsteuerrückvergütung von Exporteuren Steuerbegünstigungen einbauen. In dem bereits erwähnten Ausfuhrförderungsgesetz 1953 wurde für namentlich angeführte Fertigwaren ein Rückvergütungssatz von 10,2% des Exportwerts gewährt. Bei einem (einfachen) Steuersatz von 5,5% mussten die mit Vorsteuer belasteten Vorprodukte zwei Drittel des Warenwerts erreichen, damit die über (unendliche) Stufen kumulierte Vorsteuer gegen den Vergütungssatz für bevorzugte Waren konvergierte. Die Näherungsformel für die kumulierte Vorsteuerbelastung bei „unendlich" vielen Stufen lautet:

Gleichung 5.4: Belastung des Warenwerts mit kumulativer Vorsteuer (Grenzwert)

$$Skum = \frac{1}{1-Vqu} * StS$$

Skum ... Satz der kumulierten Vorsteuern (Anteil am Warenwert), *StS* ... Einfacher Steuersatz, *Vqu* ... Vorleistungsquote (Anteil der Vorleistungen am Warenwert.

Trotz vielen Änderungen in der Steuergesetzgebung blieb der Gesamteffekt bescheiden, wenn man das Steueraufkommen in Beziehung zum BIP als Maßstab wählt. Im Laufe der fünfziger Jahre sank zwar die Belastung des BIP mit direkten Steuern um 3 Prozentpunkte, doch wurden gleichzeitig die indirekten Steuern und die Sozialversicherungsbeiträge erhöht. Was die Belastung mit direkten Steuern anlangt, so muss berücksichtigt werden, dass ein Teil der Steuersenkungen bloß den „fiscal drag", die mit dem Einkommen steigenden Belastungen, kompensierte. (Das Aufkommen an Lohnsteuer stieg bei konstanten Steuersätzen etwa doppelt so stark wie die Masseneinkommen.) Immerhin: Der für das „golden age" charakteristische Trend steigender Belastung des BIP mit Steuern und Sozialabgaben wurde abgeschwächt.

---

[144]) BGBl. Nr. 190/1954 vom 1. 7. 1954 über die Aufstellung von Schillingseröffnungsbilanzen (Schilllingeröffnungsbilanzgesetz-SEBG).

5.3 Die Wirtschaftsordnung nach der Stabilisierung

5.3.1 Zur Charakterisierung der Wirtschaftsordnung

„Eine künftig bewusst gestaltete Marktwirtschaft wird geradezu als Kernstück eine konstruktive Wettbewerbspolitik haben müssen, die den Wettbewerb als stimulierende Kraft und soziologisches Organisationsmittel wieder in sein Recht zurückversetzt." (Müller-Armack, 1947, S. 96)

Zur Entwicklung marktwirtschaftlicher Institutionen nach der Stabilisierung der Währung trugen verschiedene in- und ausländische Akteure bei. Zum Teil war sie eine notwendige Folge der „Westorientierung" der österreichischen Politik (z. B. Liberalisierung des innereuropäischen Handels), zum Teil ergab sie sich mehr oder minder zwangsläufig aus der Normalisierung der wirtschaftlichen Verhältnisse. Vieles trug jedoch die Handschrift des Finanzministers und des ihn stützenden Kanzlers. Daraus entstand das Schlagwort vom Raab-Kamitz-Kurs. Mit diesem Kurs wurde – so seine Befürworter – die „soziale Marktwirtschaft" in Österreich eingeführt[145]).

Das Konzept der sozialen Marktwirtschaft entstand nach Kriegsende in Westdeutschland (*Müller-Armack*, 1947). Es zeichnete sich vor allem durch zwei Merkmale aus: Zum einen sollten die aus der Kriegswirtschaft übernommenen Kontrollen möglichst früh (und nicht erst nach dem Wiederaufbau) aufgehoben werden. Zum anderen wurde Wettbewerb zur gestaltenden Aufgabe der Wirtschaftspolitik erklärt. Bloß staatliche Dirigismen abzubauen, schafft noch keine funktionsfähige Marktwirtschaft[146]).

Obschon auf dem Reißbrett entwickelt, sollte der Begriff „soziale Marktwirtschaft" eine real existierende Wirtschaftsordnung kennzeichnen. Damit verlor das Konzept an Schärfe, weil es im Laufe der Zeit neue Elemente wie etwa die Globalsteuerung zu integrieren versuchte und wohl auch, weil es Konzessionen an die wirtschaftspolitische Praxis (z. B. Agrarmarktordnung, Mitbestimmung) machte, die es vom Ordo-Liberalismus der Freiburger Schule abhoben (*Blum*, 1978). Immerhin folgte die wirtschaftspolitische Praxis in Westdeutschland (Bundesrepublik Deutschland) bis zu einem gewissen Grad dem Konzept. Die aus der Kriegswirtschaft übernommenen staatlichen Kontrollen wurden 1948 nach der Währungsreform größtenteils aufgehoben – zu früh nach Meinung der amerikanischen Experten, insbesondere in der Marshallplan-Administration. Die Bundesrepublik Deutschland (BRD) praktizierte schon Anfang der fünfziger Jahre ein liberales Importregime, zu einer Zeit, als in Österreich der Import noch streng reglementiert war. Als im Anfangstadium der Europäischen Wirtschaftsgemeinschaft die Kommission unter Hallstein Ansätze einer Strukturpolitik entwickelte, die dem französischen System der

---

[145]) Siehe hiezu insbesondere: *Theurl* (1988), *Diwok* (1972). Kamitz selbst gebrauchte diese Bezeichnung gelegentlich (*Diwok*, 1972, S. 50).

[146]) Eine aktive Wettbewerbspolitik des Staates findet sich daher erst in den zumeist viel später formulierten Bekenntnissen österreichischer wirtschaftspolitischer Institutionen zur sozialen Marktwirtschaft (z. B. im Parteiprogramm der ÖVP 1995 oder in der Grundsatzerklärung der Handelskammern 1988).

„planification" nahe kamen, setzte sie ihre liberale Version des gemeinsamen Marktes durch[147]).

Wenn man eine österreichische Variante der „sozialen Marktwirtschaft" zu identifizieren sucht, muss man bedenken: Aussagen über eine konkrete Wirtschaftsordnung sind deshalb schwierig, weil in der Realität keine „reinen" Ordnungen vorkommen und schon deshalb Urteile meist subjektiv gefärbt sind. Dazu kommt, dass Äußerungen von Politikern programmatischen und oft auch opportunistischen Charakter haben und daher nicht oder nur beschränkt als empirische Befunde interpretiert werden dürfen[148]). Man kann bestenfalls feststellen, dass bestimmte, von der Theorie entwickelte Ordnungssysteme approximativ verwirklicht sind. Milton Friedman[149]) illustriert das mit folgendem Vergleich: Das Euklid'sche Konzept einer Linie, die weder Breite noch Tiefe besitzt, kann in der realen Welt nicht beobachtet werden. Für praktische Zwecke reicht jedoch ein Strich mit einer bestimmten (je nach Zweck verschiedenen) Breite, um ihm die Eigenschaften einer idealen körperlosen Linie zuzuweisen.

Tastet man die „Strichbreite" der österreichischen Wirtschaftsordnung ab, so drängt sich folgendes Ergebnis auf: Die heimische Wirtschaftsordnung in den fünfziger Jahren enthielt mehr marktwirtschaftliche Elemente als in der Wiederaufbauphase vorher. Sie war aber weit entfernt nicht nur vom Leitbild der Marktwirtschaft, dem anonymen Markt[150]), sondern auch von der konkreten Wirtschaftsordnung, die sich gegen Ende des 20. Jahrhunderts unter dem Einfluss der Europäischen Integration und der Globalisierung der Weltwirtschaft in Österreich entwickelte.

Die Revitalisierung marktwirtschaftlicher Institutionen wurde im letzten Kapitel beschrieben. Hier wird die Kehrseite, die Unvollkommenheit der damaligen Marktwirtschaft, beleuchtet (sie wurde in Darstellungen des Raab-Kamitz-Kurses meist vernachlässigt). Als Kriterium dient die Wettbewerbskultur, verstanden als formelle und informelle Regeln, unter denen sich der Wettbewerb vollzog.

---

[147]) Die „soziale Marktwirtschaft" deutscher Prägung war nicht unbestritten. Ihre Befürworter schrieben ihr das „deutsche Wirtschaftswunder" zu (z. B. *Giersch*, 1993). Kritiker behaupteten, dass die Erfolge der deutschen Wirtschaftspolitik zum guten Teil glücklichen Umständen zu danken waren (z. B. *Worswick*, 1995, S. 96, *Hirsch*, 1963, S. 14).
[148]) Das galt in besonderem Maße für Kamitz. Er war ein ausgezeichneter Redner, der seine Aussagen auf das jeweilige Publikum abzustimmen wusste.
[149]) *Friedman* (2002, S. 120-121).
[150]) Das Referenzmodell der Marktwirtschaft ist nach wie vor der anonyme Markt (die „hidden hand" von Adam Smith). Siehe hiezu etwa *Arrow* (2000) und *Friedman* (2002). Für die Realitätsnähe des Modells ist entscheidend, wieweit seine Eigenschaften auch bei unvollständigen Informationen und bei einer beschränkten Zahl von Marktteilnehmern gelten (siehe hiezu *Smith*, 2003).

Der Johnstone-Report

Zur Einführung in die Thematik bietet sich der politisch brisante Johnstone-Bericht an. Harry, W. Johnstone war Wirtschaftsexperte des US-Hochkommissars in Österreich. In dieser Eigenschaft präsentierte er Ende 1951 eine Studie „The Restraint on Competition in the Austrian Economy" (*Johnstone*, 1951). Der zunächst als geheim klassifizierte Bericht wurde 1952 freigegeben und verursachte einiges Aufsehen, nicht nur in Österreich.

Nach Johnstone war die österreichische Wirtschaft Anfang der fünfziger Jahre eine hochregulierte Wirtschaft mit wenig Konkurrenz. Ihre Kennzeichen waren:
- starke Konzentration der Macht in den Großbanken,
- großer Block der Verstaatlichten Industrie,
- Kammerstaat, wobei die organisierten Gruppen die Interessen ihrer Mitglieder vertreten,
- Kartelle und zugangsbeschränkende Gewerbeordnung,
- hoher Grad der personellen Verflechtung in den wirtschaftspolitischen Gremien und in den Vorstandsetagen der Kapitalgesellschaften.

In den amerikanischen Massenmedien erschienen kritische Kommentare über die „anti-liberale" österreichische Wirtschaftspolitik. Es entbehrt nicht einer gewissen Pikanterie, dass der Entwurf zum Johnstone-Bericht von A. Kozlik stammte, einem begabten marxistischen Ökonomen, der nach seiner Rückkehr aus der Emigration in Österreich nicht Fuß zu fassen vermochte. Das erklärt zum Teil, warum der Bericht Äußerungen der Sozialistischen Partei positiv zitierte, wogegen er wenig Verständnis für die „kleinen Kapitalisten"[151] in Österreich zeigte. Ganz allgemein hatten die Amerikaner eine bessere Gesprächsbasis zur SPÖ. Die ÖVP repräsentiere ihrer Meinung nach den antiquierten Kapitalismus der Vorkriegszeit und erschien durch das politische Regime der dreißiger Jahre belastet.

Eine nicht namentlich genannte Gruppe österreichischer Ökonomen verfasste eine Gegendarstellung in Form eines Kommentars zum Johnstone-Bericht (*Austrian Economists*, 1953). Die Gegenkritik bestritt nicht die Sachverhalte, verteidigte sie jedoch mit dem Hinweis, dass sich die österreichische Wirtschaftsordnung historisch entwickelt hätte und nicht an Maßstäben gemessen werden dürfte, die in den USA gelten. Zuerst müssten die Produktivkräfte entwickelt werden, bevor Wettbewerb angemessen wäre.

Die von der Gegenkritik betonte Tradition des österreichischen Kapitalismus war ein wichtiges Element der Wirtschaftsordnung in den fünfziger Jahren. Dazu kamen als zweites prägendes Merkmal bestimmte Ordnungselemente, die in der Nachkriegszeit entwickelt wurden, wie die Sozialpartnerschaft (und die damit verbundenen Dirigismen) sowie die Gemeinwirtschaft. Diese neueren Elemente wurden in den beiden folgenden Zitaten angespro-

---

[151] Den Begriff verwendete Bundeskanzler Kreisky in der Zeit der sozialistischen Alleinregierung. In Österreich gäbe es keine großen Kapitalisten und mit den kleinen könne man leben, erklärte er ausländischen Gästen.

5.3 Die Wirtschaftsordnung nach der Stabilisierung

chen, die nach Ende der Kamitz-Ära von liberalen Ökonomen der Handelskammern verfasst wurden[152]).

W. Wiltschegg, wirtschaftspolitischer Referent der niederösterreichischen Handelskammer, charakterisierte 1961 die österreichische Wirtschaftsordnung als Zusammenarbeit der großen Interessenverbände im Zeichen einer prinzipiellen Ordnungslosigkeit:

> *„Es (das System, A. d. V.) ist von einer konsequenten Marktwirtschaft ebenso weit entfernt wie von einer entschiedenen Zentralverwaltungswirtschaft, ... es ist ... ein System ohne Namen, vielleicht definierbar als unverbindlich-kollegial gelenkte Marktwirtschaft ..."* (Wiltschegg, 1961, S. 47)

Drei Jahrzehnte später schrieb J. Farnleitner, damals wirtschaftspolitischer Referent der Bundeswirtschaftskammer, dass Österreichs Wirtschaftspolitik in den ersten Jahrzehnten nach dem Krieg eindeutig dirigistisch gelenkt wurde. Er bot dafür folgende Erklärung an:

> *„In einer Zeit, in der sich die Theorie der Gemeinwirtschaft voll entwickelte und in der Verstaatlichung und im Genossenschaftswesen die bessere und nützlichere Organisationsform des Wirtschaftens von starken politischen Kräften gesehen wurde, sah die Handelskammerorganisation ihre Hauptaufgabe darin, den privaten Unternehmenssektor zu verteidigen und zu fördern."* (Farnleitner, 1992, S. 97-98)

Der gleichen Argumentation bediente sich im Übrigen R. Kamitz schon 1951, noch als Handelskammerbeamter (zitiert nach *Hanreich*, 1992, S. 28/29): Eine bedingungslose Rückkehr zum Ordnungsprinzip des freien Marktes wäre deshalb nicht möglich, weil in der wirtschaftspolitischen Diskussion noch planwirtschaftliche Überlegungen eine große Rolle spielten. Als Beispiele nannte er die Marktregelung in der Landwirtschaft sowie die Verstaatlichung der Industrie und der Großbanken.

Die Zitate wurden bewusst aus dem „bürgerlichen Lager" gewählt. Die Gewerkschaften und Repräsentanten der SPÖ haben Kamitz stets hart attackiert, wie man unter anderem in den einschlägigen Jahrgängen der Zeitschrift „Arbeit und Wirtschaft" nachlesen kann.

Aus der Sicht der Jahrtausendwende erscheint die damalige Wirtschaftsordnung als eine Übergangsordnung. Die in den fünfziger Jahren dominanten Elemente verloren später an Gewicht oder wurden ganz aufgegeben. Der europäische Binnenmarkt, die Globalisierung der Weltwirtschaft und der Finanzkapitalismus prägten zunehmend auch die heimische Wirtschaftsordnung. Der Wandel wurde von maßgeblichen sozialen Gruppen Österreichs mitgetragen, auch wenn überzogene Elemente des „Turbo-Kapitalismus" kritisiert wurden. Farnleitner stellte in dem bereits zitierten Artikel fest, dass sich die Haltung

---

[152]) In der hier beschriebenen Periode vertraten einige ökonomisch geschulte Beamte der Handelskammern liberale Auffassungen, während ihre Arbeitgeber eine protektionistische Linie verfolgten. Das brachte etwa den wirtschaftspolitischen Referenten der Wiener Handelskammer, M. Mitic, in Konflikte mit seinem Arbeitgeber und den Vertretern der Industrie.

der Handelskammern zur Wettbewerbspolitik in den letzten Jahren dramatisch geändert hätte (*Farnleitner*, 1992, S. 102). Womöglich noch drastischer war die Neuorientierung im Kreis der Industriellen. Die Vereinigung österreichischer Industrieller wurde zum Vorreiter für den EU-Beitritt. Sie gab damit ihre traditionelle Strategie auf, die Interessen ihrer Mitglieder zu verteidigen, in dem sie für Konkurrenz beschränkende oder kanalisierende Maßnahmen eintrat. Statt Schutz vor „übermäßiger" oder „übermächtiger" Konkurrenz bemühte sie sich nunmehr, die Position der heimischen Unternehmungen in einem globalen Wettbewerbsmarkt zu stärken. Verbesserung der Standortqualität statt Beschränkung der Konkurrenz lautete nunmehr die Parole. Der Strategiewandel bahnte sich bereits in den siebziger Jahren als Folge der Assoziation Österreichs mit der EU und der Hartwährungspolitik der heimischen Währungsbehörden an. Er wurde dadurch erleichtert, dass traditionsreiche österreichische Unternehmerdynastien durch neue dynamische Unternehmer und Manager abgelöst wurden.

> *„Die im Anti-Johnstone-Bericht angesprochenen österreichischen*
> *Traditionen wurden im Zuge der europäischen Integration überwunden."*
> (Supper, 1994)

Auch die Bürokratie musste die Lektion „soziale Marktwirtschaft" erst lernen. Im Bundesministerium für Handel und Wiederaufbau verteidigten die jeweils zuständigen Sektionschefs die restriktive Gewebeordnung, den Schutz der Industrie vor ausländischer Konkurrenz und die Handelspolitik als Mittel die Austauschverhältnisse im Außenhandel zu manipulieren. Das mag zum Teil damit zusammenhängen, dass materielle Fragen stärker als anderswo in den Verbänden entschieden wurden; der Ministerialbürokratie verblieb Legistik und Verwaltung. Aber auch dort, wo sie Eigeninitiative entfaltete, war sie nur zögernd bereit, das „Abenteuer Markt" zu wagen. Sie war daran gewöhnt, möglichst alles im Detail zu regeln, auch wenn diese Regelungen zum guten Teil unwirksam waren. Sie konnte sich nur schwer vorstellen, dass der Markt bestimmte Probleme effizienter löst, und war jedenfalls nicht bereit, „blind" den Marktkräften zu vertrauen. Im Status des Außenseiters in der Europäischen Zahlungsunion etwa wurde ein Vorteil gesehen, den man nicht vorzeitig aufgeben sollte.

Im Folgenden werden zunächst das traditionelle Kapitalismusmodell, dann das Modell der sozialpartnerschaftlichen Verhandlungswirtschaft und schließlich die traditionszerstörende Liberalisierung der Importe aus den OEEC-Ländern als Vorstufe der Europäischen Integration beschrieben. Um den Charakter der Übergangsordnung zu verdeutlichen, wird der zeitliche Horizont erweitert. Der Rückblick auf die historische Entwicklung schärfte den Blick für die „Pfadabhängigkeit" der österreichischen Wirtschaftsordnung und die Schwierigkeiten einer Neuorientierung.

5.3.2 Das überlieferte Kapitalismusmodell

Konkurrenzbeschränkungen in Form von Kartellen, Gewerbeschutz und Schutzzöllen entstanden in Österreich im letzten Viertel des 19. Jahrhunderts als Reaktion auf den wirtschaftlichen Wandel und die Depression, die auf den Schwarzen Freitag 1873 folgte. In dieser Zeit wurde die bis dahin liberale Wirtschaftsordnung durch eine „Tendenz zur kollektiven Ordnung der Märkte" (*Matis*, 1972, S. 367) abgelöst. Die Wirtschaftspolitik begann, die Gewerbetreibenden vor der Konkurrenz der Fabriken zu schützen (Gewerbeordnung). Und sie tolerierte und förderte (etwa durch den Übergang vom Freihandel zum Schutzzoll) die Ausschaltung (oder zumindest die Beschränkung) des Wettbewerbs zwischen den Industrieunternehmen in Form von Kartellen. Die Agrarwirtschaft musste sich in der Monarchie mit einem Zollschutz begnügen, der maßgeblich von den agrarischen Interessen der ungarischen Reichshälfte bestimmt wurde, begann jedoch bereits in den dreißiger Jahren die Märkte zu regulieren.

Wie effizient die Tendenz zur kollektiven Ordnung der Märkte war, steht hier nicht zur Diskussion. Man kann argumentieren, dass die Wettbewerbsbeschränkungen nicht sehr wirksam waren, oder auch, dass das Ausmaß des Wettbewerbs auf jenes Maß reduziert wurde, das der wirtschaftlichen Entwicklung in der Monarchie förderlich war. Der Historiker *Benedikt* (1958) lobte die Wirtschaftspolitik des Kaiserreichs uneingeschränkt. Die Kartelle, „welche in Österreich eine mustergültige Ausbildung erfuhren" (S. 166), brachten der Wirtschaft reichen Segen (S. 161). Nach *Good* (1986, S. 169-170) war in der relativ unreifen kapitalistischen Gesellschaft der Monarchie Marktversagen vorprogrammiert. Unter diesen Umständen sei die Allokation der Produktionsmittel durch die „sichtbare Hand" der Kartelle und der staatlichen Regulierungen vorteilhaft gewesen. In den Industrieländern Westeuropas genügte freilich die Entwicklung eines sozialen Netzes, um die Risken des gesellschaftlichen Wandels tragbar zu machen[153]).

Die Beschränkungen des Wettbewerbs werden im Folgenden dargestellt an Hand
– der agrarischen Marktordnung,
– des Kartellrechts und
– der Gewerbeordnung.

Agrar-Marktordnung

Die Landwirtschaft auf dem Boden der heutigen Republik war im 19. Jahrhundert wenig leistungsfähig. Getreide wurde aus den peripheren Gebieten der österreichischen Reichshälfte oder aus Ungarn bezogen, die alpenländische Viehwirtschaft produzierte hauptsächlich für den eigenen Bedarf.

Nach dem Ersten Weltkrieg ließen die desolaten Verhältnisse die heimische Agrarproduktion auf zwei Drittel des Vorkriegsstands sinken (1920). Österreich und die anderen vom Krieg betroffenen Gebiete waren auf Getreide aus Übersee angewiesen. Als sich die europäische Produktion im Laufe der

---

[153]) *Huberman/Lewchuk* (2003) argumentierten, dass die Arbeiterschaft im 19. Jahrhundert für den Freihandel gewonnen werden konnte, weil sie das soziale Netz vor übermäßigen Risken schützte. Ähnliche Überlegungen für die Gegenwart finden sich bei *Tichy* (2003).

zwanziger Jahre erholte, verfielen die Getreidepreise. Dennoch behielt Österreich zunächst eine liberale Importpolitik bei. Das änderte sich mit der Weltwirtschaftskrise. Unter Dollfuß, er wurde im März 1931 Landwirtschaftsminister, begann die Agrarpolitik, „die freie Marktwirtschaft zugunsten der Landwirte systematisch einzuschränken" (*Hofreither,* 1994, S. 145). Um Importe vom heimischen Markt fernzuhalten, wurden die Zölle prohibitiv erhöht und quantitative Importrestriktionen sowie andere nicht-tarifarische Handelshemmnisse verfügt. Damit verlagerte sich die Konkurrenz vom Markt auf die Handelspolitik. Jedes Land bemühte sich, seine Handelspartner mehr zu schädigen, als es selbst durch die protektionistischen Maßnahmen anderer Länder Schaden erlitt. Gleichzeitig griff die Agrarpolitik in das heimische Marktgeschehen ein. Sie bediente sich dabei nahezu der gesamten Palette von Maßnahmen, die nach dem Zweiten Weltkrieg zum Schutz der Agrarwirtschaft in den Industrieländern angewandt wurden.

Die behördlichen Eingriffe in die Agrarmärkte bewirkten, dass in den dreißiger Jahren

„die ausgefahrenen Bahnen eines hemmungslosen Liberalismus verlassen wurden, um einem sozial ausgerichteten Protektionismus zu weichen."
(*Bundesministerium für Land- und Forstwirtschaft, 1967, S. 49*)

Für Getreide wurde 1931 ein Schutzzoll eingeführt und die Roggenernte von den Genossenschaften aufgekauft[154]). Die Importe unterlagen einer behördlichen Genehmigung, doch mussten aus handelsvertraglichen Gründen den traditionellen Handelspartnern Kontingente eingeräumt werden. 1931 band das Viehverkehrsgesetz die Beschickung der Märkte mit Vieh an Berechtigungsscheine, wobei Billigimporte durch eine gleitende Abgabe ferngehalten wurden. Die gewerbliche Schweinemast wurde eingeschränkt und die Mast in landwirtschaftlichen Betrieben einer Futtermittelabgabe unterworfen. Ebenfalls 1931 entstand der Milchwirtschaftsfonds mit dem Ziel, einheitliche Erzeugerpreise unabhängig von der Entfernung zum Markt zu erreichen, 1933 wurde eine Milchpreisverordnung erlassen. Manche Maßnahmen hatten experimentellen Charakter und mussten später wieder aufgegeben werden. Die Agrarpolitik erwarb jedoch Erfahrungen für die behördliche Gestaltung der Agrarmärkte nach dem Zweiten Weltkrieg. Der „an sich gesunde Grundgedanke einer ständischen Gesellschaftsform" (*Bundesministerium für Land- und Forstwirtschaft,* 1967, S. 50) wurde in der Landwirtschaft realisiert.

Im Krieg unterlag die Landwirtschaft einer strengen Reglementierung. Das Bewirtschaftungssystem wurde nach dem Krieg beibehalten, die Bewirtschaftung der Hauptprodukte übernahmen fünf Verbände (siehe Abschnitt „Die Bewirtschaftung knapper Güter"). Bereits 1950 wurde jedoch die Bewirtschaftung gelockert. Die Lenkung der Agrarmärkte zum Schutz der Konsumenten wurde in eine Agrarmarktordnung zum Schutz der Produzenten überführt. An die Stelle der Verbände traten drei Fonds: der Milchwirtschafts-, der

---

[154]) Dieser Abschnitt stützt sich auf *Hofreither* (1994) und die „Festschrift: 100 Jahre Landwirtschaftsministerium" (*Bundesministerium für Land- und Forstwirtschaft,* 1967).

Getreidewirtschafts- und der Viehverkehrsfonds[155]). Aus der Lieferverpflichtung zu Höchstpreisen wurde eine Absatzgarantie zu Mindestpreisen. Vom Weltmarkt wurde die heimische Landwirtschaft durch Importbeschränkungen und Preisschleusen abgeschirmt. In die Marktordnung (treffender: Marktlenkung) wurde auch die Verarbeitung von Agrarprodukten einbezogen (womit auch die Nahrungsmittelindustrie zu einem geschützten Bereich wurde)[156]).

Übersicht 5.25: Producer Subsidy Equivalent (PSE)

Land	1979-85	1989
	In % des Produktionswerts	
Österreich	29	44
Australien	11	10
EG	35	38
Japan	64	72
Neuseeland	23	5
Norwegen	71	74
Schweden	42	47
Schweiz	67	75
USA	26	27
OECD	34	39

Quelle: OECD, 1990, zitiert von *Schneider* (1991, S. 82).

Die drei Agrar-Fondsgesetze von 1950 wurden 1958 zu einem Marktordnungsgesetz[157]) zusammengefasst. Am 13. 7. 1960 verabschiedete der Nationalrat (nach mehrjährigen Verhandlungen) ein umfassendes Landwirtschaftsgesetz. Es ersetzte u. a. die schon seit Jahren bestehenden freiwilligen Abkommen der drei Wirtschaftskammern über Richtpreise und Preisbänder für Gemüse, Schlachtvieh und Eier. Der Agrarmarkt konnte bis zum Beitritt Österreichs zur EU von der heimischen Landwirtschaftspolitik weitgehend autonom geregelt werden, denn die Landwirtschaft hatte im GATT eine Sonderstellung und war nicht Teil der Europäischen Freihandelszone (EFTA). Die konkreten Bestimmungen der Marktordnung lagen in den Händen der Sozialpartner, sie entschieden in allen wichtigen Fragen einvernehmlich.

Die nationalen Agrarmärkte wurden nach dem Zweiten Weltkrieg in allen Industrieländern geschützt. Die Landwirtschaft galt als „way of live" und nicht als „way of living" (*Raidl*, 1991, S. 96). In der österreichischen Landwirtschaft stammte vor dem Beitritt zur EU fast die Hälfte der Einkommen aus der Marktregelung. Die Übernahme der europäischen Agrarmarktordnung brachte ihr einen Einkommensverlust von 8% (*Schneider*, 1991, S. 82). Darüber hinaus

---

[155]) Milchwirtschaftsfondsgesetz BGBl. Nr. 167/1950, Getreidewirtschaftsfondsgesetz BGBl. Nr. 168/1950 und Viehverkehrsgesetz BGBl. Nr. 169/1950. Alle drei Gesetze wurden am 12. 7. 1950 vom Parlament beschlossen.
[156]) *Pollan* (1992, S. 36) diagnostizierte eine Verteilungskoalition von Produzenten und Arbeitnehmern in der Nahrungsmittelindustrie.
[157]) BGBl. Nr. 276/1958.

zeichnete sich eine stärkere Internationalisierung ab, Landwirtschaft und Ernährungswirtschaft mussten wettbewerbsfähiger werden.

Kartellrecht

Die Kartelle[158]) konnten ursprünglich als „Kinder der Not" bezeichnet werden. Tatsächlich gewannen sie jedoch erst in der stürmischen Wachstumsphase 1904 bis 1912 parallel mit der Entwicklung der Kapitalgesellschaften an Gewicht. Ihre Befürworter sahen darin nicht bloß eine Notlösung, sondern eine der „chaotischen" Konkurrenz überlegene Wirtschaftsform. Nach *Resch* (2003B, S. 19) gab es 1912 225 Kartellvereinbarungen. Ihre Bildung wurde durch das lebhafte Gründungsgeschäft angeregt. Die Großbanken förderten die Kartellbildung insbesondere in Branchen, wo sie einen beherrschenden Einfluss ausübten[159]). 1914 gründeten sie die Österreichische Kontrollbank als Kartellzentrale (*Resch*, 2003B, S. 91). Womöglich noch stärker ausgeprägt war die Kartellierungstendenz in Deutschland. Dort bescheinigte die Rechtssprechung den Kartellen Vorteilhaftigkeit und erlaubte die gerichtliche Durchsetzung von Kartellvereinbarungen (*Scherer*, 1997, *Tuchfeldt*, 1978). Nach dem österreichischen Koalitionsgesetz von 1870 galten zwar Absprachen zwecks Hochhaltens der Preise nicht als rechtsverbindlich, das Gesetz bot jedoch keine Handhabe solche Absprachen zu verhindern. Der Entwurf eines Kartellgesetzes, das Eingriffsmöglichkeiten der Gerichte vorsah, fand nicht die notwendige Unterstützung im Parlament.

Übersicht 5.26: Kartelle in Österreich in der Zwischenkriegszeit

Zahl der Kartelle	1928/29	1937/38
Inländisch	97	146
International	90	115
Zusammen	187	261

Quelle: *Resch* (2003B, S. 73 und S. 90).

Nach 1918 mussten die Kartellvereinbarungen neu geschlossen werden. Aufgrund der Kleinheit des Wirtschaftsgebiets (und den internationalen Handelspraktiken folgend) entstanden neben nationalen zahlreiche internationale Kartelle. Resch zählte 1928/29 187 Kartellvereinbarungen, darunter 90 internationale. In der Depression der dreißiger Jahre nahm die Zahl der Kartelle weiter merklich zu[160]). Gleichzeitig stärkten die prohibitiv hohen Schutzzölle und die kartellfreundlichen Anschauungen des Ständestaats ihre Marktmacht.

---

[158]) Die Entwicklung der Kartelle in Österreich bis zum Ersten Weltkrieg wird beschrieben von *Benedikt* (1958), *Matis* (1972), *Good* (1986) und *Hanreich* (1992). Eine umfassende Darstellung des Kartellwesens in Österreich von den Anfängen bis 2002 bietet *Resch* (2003A).
[159]) *März* (1981, S. 62).
[160]) Nach *Tüchler* (2003, S. 131) gab es Ende der dreißiger Jahre 203 industrielle Kartelle, davon 76% vollständige Monopole und 37 Mindestpreisbestimmungen im Handwerk.

Kammern und Verbände übernahmen kartellähnliche Funktionen. Die Industriellen forderten (freilich vergeblich) die Schaffung von Zwangskartellen.

Im Nationalsozialismus erhielt das Kartellwesen eine neue Dimension. Schon 1933 wurde der deutsche Wirtschaftsminister ermächtigt, Zwangskartelle zu organisieren. Diese Zwangskartelle wurden später in den Dienst der nationalsozialistischen Wirtschaftspolitik gestellt (wozu auch die Integration der Kartelle in den besetzten Gebieten gehörte). Zum Teil übernahmen staatliche Stellen oder die nach dem Führerprinzip organisierten Wirtschaftsverbände Lenkungsaufgaben[161]).

Das Konzept, die Wirtschaft in Kartellen zu organisieren und ihnen gesamtwirtschaftliche Aufgaben zu übertragen, fand noch in den ersten Nachkriegsjahren prominente Befürworter. *Erschen* (1946), der Kammeramtsdirektor der steirischen Handelskammer, erklärte, dass Konkurrenz wegen der hohen Fixkosten des modernen Großbetriebs nicht funktionieren könnte und bot die Fachgruppen der Handelskammer als übergeordnete Kartellinstanz an, die gesamtwirtschaftliche Überlegungen in die Kartellpolitik einbringen sollte. Noch 1949 erklärte der für die Industrie zuständige Sektionschef (*Lanske*, 1949): Wenn es nicht die Verpflichtungen im Marshallplan gäbe, wäre es denkbar, dass sich der Staat aus der Industriepolitik zurückzieht, vorausgesetzt, dass die Unternehmen einer Branche imstande wären, sich in Kartellen zu organisieren.

Kooperatives Verhalten der Unternehmungen wurde durch die Bewirtschaftung gewerblicher Waren gefördert. Wenn, was die Regel war, knappe Rohstoffe und Energie entsprechend den Produktionskapazitäten zugeteilt wurden, bestand wenig Spielraum für Konkurrenz. Potentielle Konkurrenz durch Newcomer wurde durch die Beschränkung von Neugründungen erschwert[162]).

Mit der Normalisierung der Wirtschaft und dem Auslaufen des Marshallplans fielen die nachkriegsbedingten konkurrenzhemmenden Faktoren weg. Mitte 1951, also noch vor Beginn der Stabilisierungspolitik, verabschiedete der Nationalrat ein Kartellgesetz[163]). Es schrieb vor, dass Kartelle registriert werden müssen, enthielt aber kein Verbot, sondern ermächtigte nur den Behörden, gegen Missbräuche einzuschreiten.

„Das Gesetz hatte nicht den freien Wettbewerb im Auge" (*Tüchler*, 2003, S. 132). Kamitz erklärte (noch als Handelskammerbeamter) in einem Kommentar zum Kartellgesetz: Ein generelles Verbot von Kartellen käme schon deshalb nicht in Frage, da Kartelle geeignet wären, die heimische Wirtschaft zu stärken und gegenüber dem Ausland konkurrenzfähig zu machen (zitiert nach *Hanreich*, 1992, S. 28/29). Die amerikanische und die sowjetische Besatzungsmacht lehnten das Gesetz ab. Die Amerikaner argumentierten, dass damit die Kartelle de facto legalisiert werden (*Tüchler*, 2003, S. 135). Der Einspruch

---

[161]) *Newman* (1949) bringt als Beispiele den Deutschen Zementverband (DZV) und die Reichsstelle für Kali und Salz.
[162]) § 19 des Warenverkehrsgesetzes 1948.
[163]) BGBl. Nr. 173/1953 vom 4. 7. 1953.

verhinderte nicht den Gesetzesbeschluss, doch musste sich die Bundesregierung von den Amerikanern vorhalten lassen, die Stabilisierungspolitik führte nur deshalb zu Arbeitslosigkeit, weil die Preise infolge von „restrictive business practices" zu starr wären[164]).

Auch in anderen europäischen Ländern beschränkten sich die Kartellgesetze zu dieser Zeit zumeist auf die Ahndung von Missbräuchen. Zwei Umstände zeichneten jedoch die österreichische Politik aus. Zum einen war die Kartellbehörde jener Tage ausgesprochen kartellfreundlich. *Hanreich* (1992, S. 28) belegte das mit Zitaten aus den Jahren 1952 bis 1958. Danach vertrat die Kartell(ober)kommission u. a. folgende Auffassungen: Kartelle sichern Arbeitsplätze und dieses Verdienst ist höher einzuschätzen als etwa niedrigere Preise infolge von Konkurrenz. Die Aufrechterhaltung schwächerer Betriebe kommt den Konsumenten zugute, weil keine Monopole entstehen. Die Hochhaltung der Inlandspreise ermöglicht den Export zu konkurrenzfähigen Preisen. Ähnliche Beispiele brachte *Tüchler* (2003, S. 135). Auffallend an den Begründungen war nicht nur, dass sie kartellfreundlich waren, sondern dass sie sich schlagwortartiger Argumente bedienten, die weder einer profunden ökonomischen Analyse noch einer empirischen Überprüfung standhielten.

Zum anderen schwenkte die österreichische Kartellpolitik erst relativ spät auf den europäischen Trend ein. Nach *Scherer* (1997, S. 10-11) zeichnete sich eine Konvergenz der nationalen Kartellpolitiken in Richtung Verbotsgesetz nach amerikanischem Muster ab. In der Bundesrepublik Deutschland verbot das von Wirtschaftsminister Erhard eingebrachte Gesetz gegen Wettbewerbsbeschränkungen[165]) von 1957 Kartelle (mit Ausnahmen). Auch die Römer Verträge zur Schaffung der Europäischen Wirtschaftsgemeinschaft vom gleichen Jahr sahen in Art. 85 ein Kartellverbot vor (*Tuchfeldt*, 1978 S. 460-461). Die Integration Europas vollzog sich nach dem liberalen Konzept der Freiburger Schule und nicht nach den etatistischen französischen Vorstellungen[166]).

In Österreich beantragten im Herbst 1954 freiheitliche Abgeordnete die Ersetzung des Missbrauchsgesetzes durch ein Verbotsgesetz. Der Bundeskanzler lehnte das in einer schriftlichen Antwort mit dem bereits bekannten Hinweis ab, dass Kartelle auch nützliche Funktionen erfüllten[167]). Erst 1972, als das Freihandelsabkommen mit der EG abgeschlossen wurde, kam es in Österreich zu einer Novelle des Kartellgesetzes, die „less tolerant" (*Scherer*, 1997, S. 10) gegenüber Kartellen war. Mit dem Beitritt zur EU 1995 übernahm Österreich das Wettbewerbsrecht der Gemeinschaft. Über die spätere Entwick-

---

[164]) AdR: BMfaA, Zl. 229.721_Wpol/1952. Brief Thibodeaux an Bundesregierung vom 7. 8. 1952.

[165]) Auch Deutschland fiel es offenbar schwer, sich von der Kartelltradition der Vergangenheit zu lösen. Das Kartellgesetz kam erst 1957 zustande, ein Jahrzehnt nachdem *Müller-Armack* (1947), einer der Väter der sozialen Marktwirtschaft, eine aktive Wettbewerbspolitik gefordert hatte.

[166]) Siehe hiezu etwa die Diskussion über „Langfristige Programmierung innerhalb der Marktwirtschaft" in *Friedensburg* (1963).

[167]) AdR: Ministerrat Raab 1, Nr. 59 vom 7. 9. 1954. Antwortbrief BKA, Zl. 4.472_PrM/1954.

lung informiert *Böheim* (2003). Danach hat trotz allen Fortschritten die Wettbewerbskultur in Österreich an der Jahrtausendwende noch nicht den westeuropäischen Standard erreicht (das gilt insbesondere für die Ökonomisierung des Wettbewerbsrechts). Das Erbe der Vergangenheit wirkt noch nach.

Gewerberecht

In Österreich entstand Mitte des 19. Jahrhunderts (1859) eine liberale Gewerbeordnung[168]). Die für einige Gewerbe vorgesehene Konzessionspflicht wurde aus polizeilichen und anderen nicht-ökonomischen Gründen eingeführt. Der Zugang zum Gewerbe sollte dadurch nicht eingedämmt werden.

Im Laufe der Jahrzehnte entwickelte sich die Gewerbeordnung schrittweise zu einem Instrument des Gewerbeschutzes (*Garhofer*, 1949, *Chaloupek*, 1992). Die Ausübung wurde in einer beträchtlichen Zahl von Gewerben an eine Konzession gebunden, wobei der Lokalbedarf als Zulassungskriterium diente. Für das Handwerk wurden Befähigungsnachweise (Gesetz 1883) eingeführt und rigoros gehandhabt. Das hatte zur Folge, dass sich der Zustrom zum Handel verstärkte. Also schrieb der Gesetzgeber auch für den Handel Befähigungsnachweise vor (Gewerberechtsnovelle 1907). Die Novelle 1934 führte den Begriff der „gebundenen" Gewerbe ein. Am weitesten ging das Untersagungsgesetz 1937. Es ermächtigte die Behörden, gewerbliche Anmeldungen wegen wirtschaftlich ungesunder Beeinflussung der Wettbewerbsverhältnisse abzuweisen.

Diese Zugangsbeschränkungen blieben in der Nachkriegszeit bestehen. Die Begründungen waren ähnlich wettbewerbsabweisend wie die oben zitierten Kommentare zum Kartellgesetz. Der Gewerbeschutz wurde nicht nur von den Gewerbetreibenden gefordert, sondern auch von den zuständigen Behörden als ein im allgemeinen Interesse liegendes Anliegen exekutiert (siehe hiezu *Garhofer*, 1949). Von den Beschränkungen der Gewerbeordnung fiel im hier besprochenen Zeitraum nur das Untersagungsgesetz (Novelle 1952), doch wurden gleichzeitig die übrigen Zutrittsbedingungen verschärft, sodass die Zahl der Gewerbeberechtigungen konstant blieb. Erst im Laufe der folgenden Jahrzehnte entstand schrittweise ein wettbewerbsfreundlicheres Gewerberecht (*Supper*, 1994).

5.3.3 Sozialpartnerschaft

Im Laufe von 1956 verstärkte sich als Spätfolge der überbordenden Hochkonjunktur der Preisauftrieb. Das veranlasste die Sozialpartner, die in der Stabilisierungsphase etwas in den Hintergrund geraten waren, initiativ zu werden. Im März 1957 kamen Bundeskanzler Raab und der Präsident des Gewerkschaftsbundes Böhm überein, eine „Paritätische Kommission für Preis- und Lohnfragen" zu bilden. Darin versprach die Handelskammer, dass ihre Mitglieder beabsichtigte Preiserhöhungen der Kommission (später ihrem Preisunterausschuss) zur Genehmigung vorlegen. Im Gegenzug erklärten sich die Ge-

---

[168]) Gewerbeordnung vom 20. 12. 1859, RGBl. Nr. 227.

werkschaften bereit, Lohnverhandlungen erst dann zu beginnen, wenn sie von der Kommission (vom Lohnunterausschuss) freigegeben wurden. Das wie dargelegt unvollständige System Marktwirtschaft entwickelte sich nicht geradlinig in Richtung mehr Wettbewerb, sondern über die Zwischenstufe einer „Verhandlungswirtschaft" (*Neck*, 1981).

Die Errichtung der Paritätischen Kommission ließ sich nach dem damaligen Wissensstand theoretisch fundieren. Im anglo-sächsischen Sprachraum entstanden in den fünfziger Jahren unter dem Einfluss der „Stagflation" Theorien, die die Inflation nicht bloß monetär, sondern aus dem Zusammenspiel von Kostenschub und Nachfragesog zu erklären versuchten. Wenn die Geld- und Fiskalpolitik dem Vollbeschäftigungsziel verpflichtet ist, und daher Arbeitslosigkeit und Absatzschwierigkeiten als Mittel zur Disziplinierung ausscheiden, bestimmen die Akteure auf oligopolistischen Güter- und Faktormärkten weitgehend die Lohn-Preis-Entwicklung[169]). Die institutionalisierte Zusammenarbeit der großen sozialen Gruppen war ein Versuch, die Inflation im Zeitalter des „Lohnstandards" in den Griff zu bekommen.

Nur, mit „sozialer Marktwirtschaft" hatte das wenig zu tun. Es geschah nämlich gerade das, was Kamitz in seinem Konzept von 1951 kritisiert hatte: Wirtschaftspolitische Entscheidungen wurden Gremien (Kommissionen) übertragen, die keine verfassungsmäßige Kompetenz hatten und in denen Mitglieder ein Vetorecht hatten, die Kamitz als planungsfreundlich eingestuft hatte. Der Raab-Kamitz-Kurs – so der nahe liegende Schluss – wurde überlagert (wenn nicht abgelöst) durch den Raab-Böhm-Kurs[170]).

Die „Paritätische" kann als eine Reaktion auf die Marktmacht gedeutet werden, die der überlieferte Kapitalismus den Unternehmungen ließ. Statt Marktmacht zu reduzieren, wie es der Liberalismus fordert, wurde sie in ein „kooperatives Spiel mit Wiederholung" eingebunden. Marktbeherrschende Unternehmungen und Gewerkschaften wurden verhalten, ihre Marktmacht nicht voll zu nutzen, sondern „Preis-Lohn-Disziplin" zu wahren. Man kann darüber diskutieren, wem die Kooperation mehr nützte. Zumindest in den konkurrenzarmen fünfziger Jahren schien es vielen Unternehmungen vorteilhafter, kostendeckende Preise von der Kommission zugestanden zu erhalten, als durch einen scharfen Wettbewerb zu einer preisgedeckten Kostengestaltung genötigt zu sein. (Erst in den sechziger Jahren wurde die Konkurrenz schärfer: Genehmigte Preiserhöhungen ließen sich nicht mehr im Markt durchsetzen, Tariflohnerhöhungen schlugen sich nicht mehr voll in höheren Effektivverdiensten nieder[171]).)

Die Paritätische Kommission bildete nur einen Teil eines umfassenden Systems „administrierter" Preise. Gesamtwirtschaftlich wichtige Preise (für Grundnahrungsmittel, Kohle, einzelne Rohstoffe und Arzneimittel) wurden

---

[169]) Einen ausführlichen Überblick über die gängigen Inflationstheorien zurzeit der Errichtung der Paritätischen bieten *Bronfenbrenner/Holzman* (1963).
[170]) Der Kanzler hatte sich bereits soweit von seinem Finanzminister getrennt, dass er das Finanzministerium den Sozialisten anbot, was die Vereinigung österreichischer Industrieller zunächst verhinderte.
[171]) *Pollan* (1992, S. 41).

weiterhin von den Behörden festgelegt. Über die Tarife der öffentlichen Vekehrs- und Versorgungsbetriebe entschieden die öffentlichen Körperschaften. Zusätzlich verboten die Preisgesetze, ortsübliche Preise nennenswert zu überschreiten und verlangten eine Preiskalkulation nach betriebswirtschaftlichen Grundsätzen. Es ist anzunehmen, dass die erwähnten Maßnahmen ein abgestimmtes Verhalten der Unternehmungen förderten. Zwar sollten Einfuhrerleichterung und die Bekämpfung von Kartellen die Arbeit der Kommission unterstützen. Aber dieser Prozess kam nur langsam voran.

Die oligopolistische Marktstruktur und das System der administrierten Preise hatten eine wichtige Folge: Die Preise reagierten empfindlich auf Kostensteigerungen (Aufschlagskalkulation), aber nur schwach und verzögert auf Nachfrageschwankungen. Das war freilich nicht nur in Österreich der Fall. *Harrod* (1956) demonstrierte für Großbritannien, dass sich Nachfrageschwankungen hauptsächlich in den Lieferfristen für Industrieprodukte und nur wenig in den Preisen niederschlugen[172]).

Die Kommission bestand fast ein Viertel Jahrhundert. Die Handelskammer hielt sich an die Spielregeln[173]), zum Teil, weil sie sich davon eine zurückhaltende Lohnpolitik erwartete, zum Teil, weil die SPÖ ihre Zustimmung zur Verlängerung der so genannten Lenkungsgesetze (wozu insbesondere die Agrargesetze gehörten, an denen die ÖVP interessiert war) an Konzessionen in der Preispolitik band (*Farnleitner*, 1992, S. 98). Erst im Zuge der europäischen Integration wurde die Kommission entbehrlich.

Die Sozialpartner beschränkten sich nicht auf die Preis-Lohn-Politik, sondern wurden auch in allgemeinen wirtschaftspolitischen Fragen initiativ. 1958 sicherte ihnen die Kartellgesetznovelle Parteienstellung in Kartellverfahren (Bildung des Paritätischen Ausschusses), 1963 entstand der Beirat für Wirtschafts- und Sozialfragen als dritte Untergruppe der Paritätischen Kommission, 1968 die vierteljährliche Wirtschaftspolitische Aussprache unter Vorsitz des Bundeskanzlers und 1969 das Verbände-Komitee beim Finanzminister. Die sozialpartnerschaftliche Verhandlungswirtschaft funktionierte über das „golden age" hinaus, auch wenn sie im Laufe der Zeit an Bedeutung verlor.

Die Unterschiede im Wirtschaftsstil der Bundesrepublik Deutschland und Österreichs wurden besonders deutlich, als 1963 in beiden Ländern wirtschaftspolitische Beratungskörperschaften geschaffen wurden, in Deutschland der von unabhängigen Professoren beschickte Sachverständigenrat, in Österreich der aus Experten der Sozialpartner gebildete Beirat für Wirtschafts- und Sozialfragen (als dritter Unterausschuss der Paritätischen Kommission). Während zumindest der ordo-liberale Flügel im deutschen System der sozialen Marktwirtschaft einen starken Staat forderte, um die Bürger vor den Interessensgruppen zu schützen, gaben sich die österreichischen Sozialpartner selbstbewusst: Gestützt auf die Expertise ihrer Experten empfahlen sie der (zu die-

---

[172]) Als der Autor 1954 seinen ersten Pkw erwarb, betrug die Lieferfrist für Volkswagen zehn Monate.

[173]) Die Kommission war ursprünglich nur für einige Monate vorgesehen. Das ist ein gutes Beispiel für das geflügelte Wort: In Österreich halten sich die Provisorien am längsten.

sem Zeitpunkt schwachen) Koalitionsregierung mit Nachdruck, wie in bestimmten allgemeinen Fragen der Wirtschaftspolitik verfahren werden sollte (*Seidel*, 1993).

Wie schwer den am Modell der „sozialen Marktwirtschaft" Westdeutschlands orientierten deutschen Professoren das österreichische System der „Sozialpartnerschaft" verständlich gemacht werden konnte, erfuhr der Autor, als er Mitte der achtziger Jahre, im wirtschaftspolitischen Ausschuss des Vereins für Socialpolitik über den österreichischen Weg in der Inflationsbekämpfung referierte (*Seidel,* 1986). Die „soziale Marktwirtschaft" in Österreich war eben nicht die „soziale Marktwirtschaft" in der Bundesrepublik Deutschland.

5.3.4 Überschüsse in der Europäischen Zahlungsunion (EPU) und Einfuhrliberalisierung

Der österreichische Wirtschaftsraum ist zu klein, um optimale Betriebsgrößen in allen Industriezweigen unter Konkurrenzbedingungen zu ermöglichen. Das war eine der Hauptpunkte des Johnstone-Berichts. Der Bericht überzeichnete allerdings das Ausmaß der Konzentration. Nach einer WIFO-Studie (*WIFO*, 1963C), die die Originalbelege der Industriestatistik des Österreichischen Statistischen Zentralamts (ÖSTAT) auswertete, wurden 1960 22% (laut Johnstone-Bericht rund ein Drittel) aller Industriewaren von einem Erzeuger, weitere 35% von zwei bis fünf Betrieben hergestellt. Geht man vom Wert (statt von der Zahl) der erzeugten Waren aus, so entfielen nur 3% des Bruttoproduktionswerts auf Waren mit nur einem Erzeuger und weitere 22% auf Waren mit zwei bis fünf Erzeugern. (Die konzentriert erzeugten Waren hatten einen geringeren Wert als die übrigen Waren.)

Unabhängig von der Zahl der Anbieter bewirkten die umfassende Verbandstruktur und die Regeln der Preisbildung kooperatives (formell oder informell abgestimmtes) Verhalten. Das Verbot von Kartellen und kartellähnlichen Vereinbarungen wäre danach nicht von vornherein wirkungslos gewesen. Dennoch blieb als weitaus wichtigstes Instrument der Wettbewerbspolitik der Abbau der Schranken im internationalen Handel.

Ähnlich wie die Stabilisierungspolitik zwischen Herbst 1951 und Frühjahr 1953, wurde die Importliberalisierung zwischen Ende 1952 und Ende 1954 zu einem „Dauerbrenner" der österreichischen Wirtschaftspolitik. Fast jeder Ministerrat musste sich damit auseinandersetzen. Dieses Thema wird im Folgenden etwas ausführlicher behandelt, weil es von der historischen Literatur bisher ausgespart wurde und weil es die „Sachzwänge" belegt, die mit der Zugehörigkeit zum „westeuropäischen Club" verbunden waren.

Ansuchen um Vollmitgliedschaft

Österreich hatte in den ersten beiden Jahren (von Mitte 1950 bis Mitte 1952) der Europäischen Zahlungsunion (EPU) ein Defizit gegenüber den Teilnehmerstaaten von insgesamt 142,5 Mio. $. Davon wurden 80 Mio. $ durch eine Starthilfe (initial position) anlässlich der Gründung der EPU gedeckt. Ferner erhielt Österreich Sonderzuteilungen (special resources) von 10 Mio. $

(Nachtrag für 1950/51) und 35 Mio. $ (für das zweite EPU-Jahr). 17 Mio. $ musste die Notenbank aus ihren Devisenreserven zuschießen (siehe Übersicht 3). Mitte 1952 entstanden jedoch plötzlich unerwartet hohe Überschüsse; sie wurden zunächst als saisonbedingt, jedenfalls aber als vorübergehend interpretiert.

Als die Bilanz mit der EPU wider Erwarten auch nach Ende der Reisesaison aktiv blieb, regte das Pariser ERP-Büro im November 1952 an, Österreich sollte „Vollmitglied" mit allen Rechten und Pflichten werden. Als Vollmitglied könnte es am Kreditmechanismus der EPU teilhaben, müsste sich aber zu einer schrittweisen „echten" Liberalisierung der Importe aus den Teilnehmerstaaten entschließen.

Als „echt" liberalisiert galten Waren dann, wenn sie ohne Genehmigung des Handelsministeriums eingeführt werden durften und die hiefür notwendigen Devisen von der Notenbank automatisch zugeteilt wurden. Die von Österreich zunächst erstellte Liberalisierungsliste wurde von der OEEC nicht anerkannt, weil für die darin angeführten Waren zwar keine Importbewilligung, aber weiterhin eine Devisenbewilligung erforderlich war, die von der Notenbank verweigert werden konnte.

Der Vorschlag, die Vollmitgliedschaft in der EPU anzustreben, galt noch im Dezember 1952 als verfrüht. Die künftige Entwicklung wäre zu unsicher, und den Vorteilen der Vollmitgliedschaft stünde der „Nachteil" gegenüber, dass Österreich mit der echten Liberalisierung des Außenhandels zumindest beginnen müsste. Die österreichische Bürokratie war mit der Außenseiterrolle in der EPU, die Österreich mit Griechenland teilte, durchaus zufrieden:

„Aus währungspolitischen, finanz- und handelspolitischen Gründen können wir zurzeit die Verpflichtung eine, wenn auch noch so bescheidene Liberalisierung unserer Einfuhr vorzunehmen, nicht riskieren." (Aus einer interministeriellen Besprechung über die EPU-Position Österreichs am 18. 12. 1952)[174])

Als sich im Frühjahr 1953 die Überschüsse in der EPU häuften und offenkundig wurde, dass die USA keine „special resources" mehr bereitstellen würden, begann sich die österreichische Wirtschaftspolitik mit dem Gedanken einer Vollmitgliedschaft in der EPU anzufreunden. Im März 1953 erklärte der Finanzminister auf einer Ratstagung der OEEC in Paris, dass Österreich Vollmitglied werden möchte und zu einer schrittweisen echten Liberalisierung der Importe bereit wäre, wobei freilich die besonderen österreichischen Verhältnisse angemessen berücksichtigt werden müssten[175]). Diese Erklärung erwies sich (nach dem Bericht[176]) des zuständigen Beamten) aufgrund von Kulissengesprächen als notwendig. In diesen Gesprächen verdeutlichten Spitzenbeamte der internationalen Bürokratie dem österreichischen Finanzminister, was es für Österreich bedeutete, wenn es weiter Außenseiter der westlichen Industriegemeinschaft bliebe.

---

[174]) AdR: BMfaA, Zl. 266.203_Wpol/1952.
[175]) AdR: BMfaA, Zl. 355.422_Wpol/1952.
[176]) AdR: BMfaA, Zl. 356.276_Wpol/1953.

Im Laufe des Frühjahrs 1953 verhandelte Österreich mit der EPU und dem Handelsdirektorium der OEEC über die Bedingungen einer Vollmitgliedschaft. Neben dem Liberalisierungssatz, der als Eintrittspreis zu entrichten war, galt es vor allem zwei Fragen zu klären: die Anrechnung von Embargo-Waren und die Berechnungsbasis.

Die USA untersagten gemäß der „battle bill" den Export strategisch wichtiger Waren in den Ostblock. Wenn Österreich die freie Einfuhr dieser Waren zuließe, könne es nicht kontrollieren, ob Bannwaren nach dem Osten reexportiert werden (z. B. von USIA-Betrieben). Diese Waren machten etwa 15% der österreichischen Importe aus[177]. Österreich verlangte, dass seine „besondere Situation" im Ost-West-Handel bei der Bemessung des Liberalisierungssatzes berücksichtigt würde.

Was die Berechnungsbasis anlangt, so plädierten die österreichischen Vertreter für ein möglichst rezentes Jahr, weil das Bündel von Importwaren im Jahr 1949 (dem Ausgangspunkt der OEEC-Liberalisierung) noch sehr mager war und daher die Liberalisierung von Waren, die erst später zum Import zugelassen wurden, nicht ins Gewicht fiel. Nach österreichischen Kalkulationen ergab die Liste von Fertigwaren, die für die Liberalisierung vorgesehen war, einen Liberalisierungssatz von 36,5% statt 27,7%, wenn man 1952 statt der allgemein geltenden Basis 1949 der Berechnung zugrunde legte[178].

Liberalisierungsetappen

Die wichtigsten Etappen der Österreich „aufgedrängten" Liberalisierung waren:

Mitte Juni 1952 beschloss die österreichische Bundesregierung mit einer „echten" Liberalisierung (automatische Devisenzuteilung für liberalisierte Waren) zu beginnen[179]. Daraufhin wurde Österreich ab 1. 7. 1953 als Vollmitglied der EPU aufgenommen, seine „eingefrorene" Quote von 70 Mio. $ konnte satzungsgemäß verwendet werden[180]. Die erste Liberalisierungsliste umfasste Waren, die 1952 35% der Importe ausmachten. Damit beanspruchte Österreich noch immer eine Ausnahmestellung, denn der allgemeine Liberalisierungssatz betrug bereits 75%. Es hatte jedoch seine Bereitschaft dokumentiert, die EPU-Regeln tunlichst zu befolgen. Nicht zuletzt begnügten sich OEEC und EPU deshalb mit einem bescheidenen Satz, weil man bezweifelte, ob die Überschussposition Österreichs von Dauer sein würde.

In der Folgezeit überstürzten sich die Ereignisse. Allein von Juli bis Oktober 1953, also in den ersten vier Monaten nach der Deblockierung der Quote, erzielte Österreich einen Überschuss von fast 60 Mio. $. Die Gesamtbilanz seit Gründung der EPU bis Ende Oktober 1953 mit der dramatischen Saldendrehung ab Mitte 1952 ist in Übersicht 5.27 wiedergegeben.

---

[177] AdR: BMfaA, Zl. 313.802_Wpol/1953.
[178] AdR: BMfaA, Zl. 375.289_Wpol/1953.
[179] AdR: Ministerrat Raab 1, Nr. 11 vom 16. 6. 1953.
[180] AdR: BMfaA, Zl. 381.425_Wpol/1953.

5.3 Die Wirtschaftsordnung nach der Stabilisierung

Übersicht 5.27: Österreichs EPU-Position Ende Oktober 1953

	Saldo	Finanzierung durch	Mio.$
1950/52	– 142,5	US-Hilfe	125,0
		OENB	17,5
1952/53	42,2	Rückzahlung OENB	17,5
		Gold	5,3
		Kredit an EPU	19,3
		Zinsen	0,1
Juli/Oktober 53	59,5	Gold	29,75
		Kredit an EPU	29,75

AdR: BMfaA, Zl. 413.248_Wpol/1953.

Wegen der anhaltend hohen Überschüsse war die EPU-Quote von 70 Mio. $ bereits im Spätherbst 1953 erschöpft. In solchen Fällen hatte sich folgendes Verfahren eingespielt: Die Gläubigerländer kreditierten zunächst den über die Quote hinausgehenden Überschuss und suchten gleichzeitig um eine „Rallonge" (Zusatzquote) mit 50% Golddeckung an. Diese Rallonge wurde von der EPU dann gewährt, wenn das Gläubigerland zu Maßnahmen (insbesondere zu einer Erhöhung des Liberalisierungssatzes) bereit war, die den Überschuss dämpften. Im November erhielt Österreich zunächst auf vier Monate begrenzt eine Rallonge von 25 Mio. $[181]. Im Gegenzug sagte es zu, seine Liberalisierungsquote noch vor Jahresende auf 50% zu erhöhen[182]. Im Dezember erklärten OEEC und EPU, dass Österreich nicht mehr die Escapeklausel des EPU-Vertrages beanspruchen könnte.

Auch die Rallonge von 25 Mio. $ erwies sich bald als unzureichend. Österreich musste Anfang 1954 neuerlich um eine Aufstockung ansuchen. Am 16. 2. 1954 gewährte der Rat der OEEC eine zusätzliche Rallonge von 35 Mio. $ unter der Bedingung, dass Österreich bis Ende März eine Liberalisierungsliste mit einem Satz von 75% vorlegt und sie bis Mitte 1954 realisiert[183]. Anfang Mai überprüfte die OEEC die Negativliste (die Liste der nicht liberalisierten Waren) und stellte „protektionistische" Tendenzen fest. Bei vielen Waren der Negativliste wäre Österreich Nettoexporteur. Das ließe darauf schließen, dass die geschützte heimische Produktion ohnehin in vielen Fällen international konkurrenzfähig wäre[184]. Zwischen Herbst 1953 und Frühjahr 1954 beschäftigte sich nahezu jeder Ministerrat mit Fragen der Liberalisierung.

Insgesamt erzielte Österreich 1953/54 in der EPU einen Überschuss von 106,9 Mio. $. Es wurde damit zu einem wichtigen Gläubiger der EPU. Um diese Größenordnung zu verdeutlichen, sei daran erinnert: Ein Jahr vorher (1952/53) war eine Auslandshilfe von 120 Mio. $ als unzulänglich bezeichnet worden. Mitte 1954 schloss Österreich gemäß den EPU-Beschlüssen bilaterale

---

[181]) AdR: BMfaA, Zl. 405.276_Wpol/1953.
[182]) Der „Preis" für die Zuerkennung einer Rallonge war verhältnismäßig bescheiden, was auf die geschickte Verhandlungsführung der österreichischen Delegation in Paris zurückgeführt wurde. AdR: BMfaA, Zl. 407.142_Wpol/1953.
[183]) AdR: Ministerrat Raab 1, Nr. 39 vom 13. 2. 1954.
[184]) AdR: BMfaA, Zl. 388.199_Wpol/1953.

Konsolidierungsabkommen mit den wichtigsten Schuldnerländern. Gleichzeitig erhielt es eine zusätzliche Rallonge von 70 Mio. $[185]. Sie wurde jedoch nicht ausgenützt, da die EPU-Bilanz infolge der forcierten Belebung der Binnenkonjunktur wieder ins Defizit geriet.

Übersicht 5.28: Etappen der Importliberalisierung

	Liberalisierungsgrad der österreichischen Einfuhr, Basis 1952 (OEEC-Raum)
1. Juli 1953	35%
15. Dezember 1953	50%
1. März 1954	60%
1. April 1954	63%
20. Mai 1954	75%
1. Dezember 1954	82,4%
1. Juli 1955	83,5%
(15. Juli 1955)	(Dollarraum 7,7%)

Quelle: Mitteilungen der OeNB.

Der nächste Liberalisierungsschritt wurde im Dezember 1954 gesetzt. Die USA gaben im August einen Großteil der Embargowaren frei. Österreich hatte schon zu Jahresbeginn zugesagt, seine Liberalisierung entsprechend auszuweiten, sobald dieser Grund für Importkontrollen wegfiele. Nach längeren Verhandlungen mit den Interessenvertretungen wurde ein Liberalisierungspaket geschnürt, das dem zuständigen Handelsministerium „gerade noch als genügend" erschien, um von der OEEC als Erfüllung der Liberalisierungsverpflichtungen anerkannt zu werden[186]. Der Liberalisierungssatz erhöhte sich dadurch von 75% auf 83,5%. Der letzte Liberalisierungsschritt in der hier betrachteten Periode war die Einführung der 90%-Marke im Jahr 1956.

Minimierung der Anpassungsschwierigkeiten

Damit wurde in relativ kurzer Zeit der lange hinausgezögerte Liberalisierungsprozess nachgeholt. Dennoch blieb Österreich gemessen an den späteren Standards ein Land mit einer stark geschützten Industrie, denn
– die zur Liberalisierung bestimmten Waren wurden so selektiert, dass die heimische Produktion möglichst geschont wurde;
– die Schutzfunktion der heimischen Produktion wurde von mengenmäßigen Importbeschränkungen auf Zölle verlagert.

Die Liberalisierungslisten entstanden in Zusammenarbeit zwischen den Ministerien und den Interessenverbänden. Liberalisiert wurden zunächst Importwaren, welche die heimische Produktion ergänzten (und nicht konkurrierten). Ein typisches Beispiel war die Freigabe der Pkw-Importe (im Inland gab es nur eine Assembling-Produktion). Ein anderes Beispiel bot die Erweiterung der Liberalisierungsliste nach weitgehender Aufhebung der Embargobestim-

---
[185] AdR: Ministerrat Raab 1, Nr. 59 vom 7. 9. 1954.
[186] AdR: Ministerrat Raab 1, Nr. 68 vom 9. 11. 1954.

mungen. Die Einfuhr von früheren Embargowaren blieb genehmigungspflichtig, wenn sich die davon betroffenen Unternehmungen der internationalen Konkurrenz (noch) nicht gewachsen fühlten. Um dennoch die vorgeschriebenen Liberalisierungsprozentsätze zu erreichen, wurden andere Waren liberalisiert, die die heimische Produktion weniger gefährdeten[187]).

Die Möglichkeiten einer selektiven Liberalisierungwurden allerdings mit steigenden Liberalisierungssätzen und der kritischen Beurteilung der Negativlisten durch die OEEC geringer. Dem Ministerrat wurde es schließlich unmöglich, Listen im Konsens herzustellen. Die Akzeptanz wurde dadurch erreicht, dass Zölle die Schutzfunktion übernahmen. Bevor die 75%-Liste eingeführt wurde, brachte die Bundesregierung eine 2. Zolltarifnovelle[188]) im Parlament ein. Die Novelle war als teilweise Vorwegnahme eines neuen Zolltarifs gedacht, an dem seit längerem gearbeitet wurde. Für Fertigwaren wurden typischerweise Zollsätze von 20% bis 30% vorgeschlagen, für Vorprodukte solche von 10% bis 15%.

Als Begründung für Zollerhöhungen wurden im Ministerratsantrag genannt:
– die Auslandspreise sind niedriger als die Inlandspreise,
– andere Staaten, insbesondere die Nachbarstaaten, erheben auch hohe Zölle,
– Zölle werden als Instrumente der Handelspolitik benötigt.

Im Allgemeinen genügte bereits die Existenz eines Betriebes oder einer Produktion für die Gewährung eines Schutzzolles. Subtilere Argumente wie etwa dynamische Skaleneffekte (das Erziehungszollargument) oder die Erzielung günstiger Austauschverhältnisse im Außenhandel brauchten nicht bemüht zu werden. Handelvertragsverhandlungen wurden dann als erfolgreich bezeichnet, wenn Konzessionen des Partners mit möglichst geringen eigenen Zugeständnissen erkauft werden konnten.

In der Diskussion um die Liberalisierungslisten waren die Rollen verteilt. Die Arbeiterkammer sprach sich für eine rasche Liberalisierung der Einfuhr und gegen erhebliche Zollerhöhungen aus. Der Handelsminister bemängelte, dass die Arbeiterkammer nur die Konsumenten im Auge hätte, während er für die Existenz der Unternehmungen und ihre Belegschaft sorgen müsse. Der Finanzminister prophezeite katastrophale Folgen, wenn der Schutz, den die Industrie durch die Liberalisierung verlöre, nicht zumindest teilweise durch Zölle wieder hergestellt würde[189]). Letztlich hielt auch die Arbeiterkammer ihre liberale Position nicht durch. Aufgrund von Forderungen der Textilarbeitergewerkschaft musste sie gegen die Liberalisierung von Textilien Einspruch erheben.

Obschon der an den Importen gemessene Liberalisierungsgrad nach 1955 weiter erhöht und auf den Dollar-Raum ausgedehnt wurde, blieb ein guter Teil

---

[187]) AdR: Ministerrat Raab 1, Nr. 68 vom 9. 11. 1954.
[188]) 2. Novelle zum Zolltarifgesetz, BGBl. Nr. 86/1954 vom 9. 4. 1954.
[189]) Die Diskussion im Ministerrat über die Zolltarifnovelle erstreckte sich über mehrere Sitzungen. AdR: Ministerrat Raab 1, Nr. 26-28, November 1953.

der österreichischen Industrie bis Anfang der sechziger Jahre vor ausländischer Konkurrenz durch hohe Zölle und (oder) Importkontingente geschützt[190]). Nach einer von J. Taus und St. Koren verfassten Studie des *WIFO* (1963D) war noch Mitte 1963 die Einfuhr von Industriewaren mit einem Anteil von 30% am Bruttoproduktionswert nicht liberalisiert (obschon der Liberalisierungsgrad gemessen an der Einfuhr bereits 93% betrug). 54% der Industriewaren genossen einen Zollschutz von mindestens 20% (14% von mehr als 30%). Am meisten geschützt waren die Konsumgüterindustrien (über 50% durch Kontingente, über 80% durch Zölle von mehr als 20%). Die „Konsumentenschützer" konnten sich demnach nicht durchsetzen. Der Zollschutz der Fertigwaren war umso wirksamer, als die Vorprodukte dieser Industrien zollfrei gestellt oder nur mit geringen Zollsätzen belastet waren (hoher „effektiver" Zollsatz). Erst die europäische Integration setzte die heimische Produktion der vollen Konkurrenz durch ausländische Erzeuger aus.

Übersicht 5.29: Einfuhr- und Zollschutz der Industrie

	Anteil am Bruttoproduktionswert in %			
	Nicht liberalisiert	Zölle		
		20% bis 29%	30% und mehr	20% und mehr
Grundstoffe, Vorprodukte	8	16	0	17
Investitionsgüter	16	66	5	71
Konsumgüter	48	47	33	80
Industrie insgesamt	26	39	14	54

Quelle: J. Taus, St. Koren, *WIFO* (1963D, S. 419).

---

[190]) Der Leiter des österreichischen OEEC-Büros in Paris erklärte Anfang der sechziger Jahre einem hohen Repräsentanten der österreichischen Industrie, dass auch die Produkte seines Unternehmens liberalisiert würden, worauf er prompt von seinem Posten abberufen wurde.

Literatur

Abele/Novotny/Schleicher/Winckler, Handbuch der österreichischen Wirtschaftspolitik, 2. Aufl., 1982, 3. Aufl., 1989.

Abelshauser, W., Wirtschaft in Westdeutschland, Rekonstruktion und Wachstumsbedingungen in der amerikanischen und britischen Zone, Stuttgart, 1975.

Aerts/Milward (Hrsg.), Economic Planning in the Post-1945 Period, Leuven University Press, 1990.

Aiginger, K., „From Control to Market – Austria's Experiences in the Post-War Period" in Rudolf, K. (Hrsg.), Konferenz der OeNB in Warschau, 3. bis 4. Dezember 1990, vervielfältigt, S. 35-44.

Aiginger, K., Die industrielle Entwicklung in der Zweiten Republik, Unterlage für eine Interviewserie im ORF, vervielfältigtes Manuskript, 22. Juni 1987.

Aiginger, K., „Industriepolitik", in Dachs et al. (Hrsg.), 1997, S. 557-566.

Albrich/Eisterer/Steininger (Hrsg.), Tirol und der Anschluss. Voraussetzungen, Entwicklungen, Rahmenbedingungen 1918-1938, Haymon Verlag, Innsbruck, 1988.

Allen, R. G. D., „Post-War Econonomic Policy in the U.S.", The Economic Journal, 1945, 55(April), S. 28-46.

Anders, P., „Marx und Keynes", Die Zukunft, 1948, (1), S. 14-18.

Arbeiterkammer in Wien, Mittel und Wege der Vollbeschäftigung, Schriftenreihe, Ueberreuther, Wien, 1954.

Arbeitsgemeinschaft der Österreichischen Gemeinwirtschaft (Hrsg.), Handbuch der österreichischen Gemeinwirtschaft, Verlag für Jugend und Volk, Wien, 1960.

Arbeitsgemeinschaft der Österreichischen Gemeinwirtschaft (Hrsg.), Die Gemeinwirtschaft in Österreich, Verlag für Jugend und Volk, Wien–München, 1972.

Arbeitswissenschaftliches Institut der Deutschen Arbeitsfront, Preisvergleich „Ostmark – Altreich", durchgeführt im August (in Wien Ende September) 1938 im Auftrag des Reichskommissars für die Wiedervereinigung mit dem Deutschen Reich, vervielfältigt, 1938.

Arndt, S. W. (Hrsg.), The Political Economy of Austria, American Enterprise Institute, Washington D.C., 1982.

Arrow, K. J. „Economic Transition: Speed and Scope", Journal of Institutional and Theoretical Economics, 2000, 156(March), S. 9-18.

Ausch, K., „Konkurrenz oder Plan", Die Industrie, 1948, 48(5).

Ausch, K., Als die Banken fielen. Zur Soziologie der politischen Korruption, Europa Verlag, Wien–Frankfurt–Zürich, 1968.

Austrian Economists, Commentary to the Johnstone Report 1952, vervielfältiges Manuskript, Wien, 1953.

Austrian Treaty Commission, Documents Issued CFM/ATC, Wien, 1947, Vol. I/II(47), S. 1-30.

Bachinger/Butschek/Matis/Stiefel, Abschied vom Schilling, Verlag Styria, Graz–Wien–Köln, 2001.

Bachinger/Matis, Der österreichische Schilling. Geschichte einer Währung, Verlag Styria, Graz, 1974.

Bachinger/Stiefel (Hrsg.), Auf Heller und Cent, Beiträge zur Finanz- und Währungsgeschichte, Wirtschaftsverlag Ueberreuter, Frankfurt–Wien, 2001.

Balcerowicz/Gelb, „Macropolicies in Transition to a Market Economy, A Three-Year Perspective", Proceedings of the World Bank Annual Conference on Development Economics, Washington, D.C., 1994, S. 21-44.

Balogh, Th., „The Concept of a Dollar Shortage", The Manchester School of Economic and Social Studies, 1949, 17, S. 186-201.
Baltzarek/Butschek/Tichy (Hrsg.), Von der Theorie zur Wirtschaftspolitik – ein österreichischer Weg, Festschrift zum 65. Geburtstag von Erich W. Streissler, Lucius & Lucius, Stuttgart, 1998.
Bandur, J., Die Volksaktie in Österreich, Dipl. Arbeit, Hochschule für Welthandel Wien, 1974.
Barreau, P., „The Economic Regeneration of France", Lloyd Bank Review, April 1947, S. 14.
Barro/Sala-i-Martin, „Convergence across States and Regions", Brookings Papers on Economic Activity, 1991, S. 197-181.
Bauer, L., „Energiepolitik unter besonderer Berücksichtigung der Elektrizitätswirtschaft", in Tautscher, A. (Hrsg.), 1961, S. 333-364.
Beer et al., Wem gehört die österreichische Wirtschaft wirklich?, Studie der Kammer für Arbeiter und Angestellte in Wien, ORAC, Wien–München–Zürich, 1991.
Benedikt, H., Die wirtschaftliche Entwicklung in der Franz-Josef-Zeit. Wiener Historische Studien, Bd. 4, Herold, Wien, 1958.
Berger/Ritschl, „Germany and the political economy of the Marshall Plan, 1947/52: a re-revisionist view", in Eichengreen, 1995A, S. 199-245.
Berliner, J. S., „The Organization ot the Sovjet Firm", The Quarterly Journal of Economics, 1952, 66, S. 342-365.
Beveridge, W. H., Full Employment in a Free Society, Allen & Unwin, London, 1944.
Biffl, G., „Die Entwicklung des Arbeitsvolumens und der Arbeitsproduktivität nach Branchen", WIFO Working Papers, 2000, (136).
Bischof, G., Between Responsibility and Rehabilitation: Austria in International Politics, 1940-1950, PhD Thesis, Harvard University, 1989.
Bischof, G., „Der Marshallplan und Österreich", Zeitgeschichte, 1990, 17(August/ September), S. 463-474.
Bischof, G., Austria in the First Cold War 1945-1955, The Leverage of the Weak, Macmillan, Basingstoke, 1999.
Bischof, G., „,Conquering the Foreigner': The Marshall Plan and the Revival of Austrian Tourism", in Bischof/Pelinka/Stiefel (Hrsg.), 2000, S 357-401.
Bischof/Pelinka (Hrsg.), Austro-Corporatism, Past-Present-Future, Contempory Austrian Studies, Transaction Publishers, New Brunswick–London, 1996, Vol. 4.
Bischof/Pelinka/Stiefel (Hrsg.), The Marshall Plan in Austria. Contemporary Austrian Studies, Transaction Publishers, New Brunswick–London, 2000, Vol. 8.
Blanchard/Katz, „Wage Dynamics, Reconciling Theory and Evidence", American Economic Review, 1999, 89(2), S. 69-74.
Blum, R., „Marktwirtschaft, soziale", Handwörterbuch der Wirtschaftswissenschaft, Bd. 5, Stuttgart–Tübingen–Göttingen, 1978, S. 153-166.
Bock, F., „Die Zukunft der USIA-Betriebe", Österreichisches Bank-Archiv, 1955, 3(10), S. 290-306.
Böheim, M., „Wettbewerbspolitik in Österreich unter neuen Rahmenbedingungen", WIFO-Monatsberichte, 2003, 76(7), S. 515-528.
Boltho/Toniolo, „The Assessment: The Twenties Century-Achievements, Failures, Lessons", Oxford Review of Economic Policy, 1999, 15(4), S. 1-17.
Branson, W. H., „Commentary", in Sven, A. (Hrsg), 1982, S. 199-204.
Breuss, F., Österreichs Außenwirtschaft 1945-1982, Institut für angewandte Sozial- und Wirtschaftsforschung, Signum Verlag, Wien, 1983.
Bronfenbrenner/Holzman, „Survey of Inflation Theory", The American Economic Review, 1963, 53(4), S. 593-661.
Bruckmüller, E., „Die ständiche Tradition – ÖVP und Neokorporatismus", in Kriechbaumer/Schausberger (Hrsg.), 1995, S. 281-316.

Bruckmüller/Hanisch/Sandgruber/Weigl, Geschichte der österreichischen Land- und Forstwirtschaft im 20. Jahrhundert, Verlag Carl Ueberreuter, Wien, 2002.

Brunner, W., Das Deutsche Eigentum und das Ringen um den österreichischen Staatsvertrag 1945-1955, Diss., Universität Wien, 1976.

Brusatti, A. (Hrsg.), Die Habsburger Monarchie 1948-1918, Bd. 1: Die wirtschaftliche Entwicklung, Wien, 1973.

Bundesministerium für Land- und Forstwirtschaft, 100 Jahre Landwirtschaftsministerium. Eine Festschrift, Österreichischer Agrarverlag, Wien, 1967.

Butschek, F., Die österreichische Wirtschaft 1938 bis 1945, WIFO, Gustav Fischer Verlag, Stuttgart, 1978.

Butschek, F., Die österreichische Wirtschaft im 20. Jahrhundert, WIFO, Gustav Fischer Verlag, Stuttgart, 1985.

Butschek, F., Statistische Reihen zur österreichischen Wirtschaftsgeschichte, Studie des WIFO, vervielfältigt, Wien, 1993.

Butschek, F., Vom Konflikt zur Konsensorientierung. Die Kammer für Arbeiter und Angestellte und die österreichische Wirtschaftspolitik 1920-1995, Kammer für Arbeiter und Angestellte für Wien, 1996.

Cairncross/Faaland, „Long Term Trends in Europe's Trade", The Economic Journal, 1952, 61(March), S. 25-34.

Chaloupek, G., „Gewerbeordnungsreform 1992: zurück zu 1859", Wirtschaft und Gesellschaft, 1992, 18(1), S. 98-96.

Clark, C., The Conditions of Economic Progress, Macmillan, London, 1940.

Crafts, N. F. R., „Endogenous Growth: Lessons for and from Economic History", CEPR, Discussion Paper, London, 1996, (1.333).

Crafts, N. F. R., „Economic Growth in the Twenties Century", Oxford Review of Economic Policy, 1999, 15(4), S. 18-34.

Crafts/Toniolo/Gianni (Hrsg.), Economic Growth in Europe since 1945, Center for Economic Policy Research, London, 1996.

Creditanstalt-Bankverein, Denkschrift hinsichtlich Repatriierung von Aktien der Bank und deren Konzernunternehmungen vom 8. November 1945, vervielfältigt, Wien, 1945.

Dachs/Gerlich/Gottweis (Hrsg.), Handbuch des politischen Systems Österreichs, Manz'sche Verlagsbuchhandlung, Wien, 1991.

Dachs et al. (Hrsg.), Handbuch des politischen System Österreichs, 3. Aufl., Manz, Wien, 1997.

De Cecco/Giavazzi, „Inflation and Stabilization in Italy: 1946-1951", in Dornbusch et al. (Hrsg.), 1993, S. 57-81.

De Growe, P., „Disinflation in the EMS and in the Non-EMS Countries", Empirica, 1989, 16(2), S. 161-176.

Deutsche Arbeitsfront, „Arbeitszeiten und Verdienste in der Ostmark im August 1938", Arbeitswissenschaftliches Institut der DAF, Berlin, 1939.Deutsche Bundesbank (Hrsg.), Währung und Wirtschaft in Deutschland 1876-1975, Fritz Knapp, Frankfurt am Main, 1976.

DIW (Deutsches Institut für Wirtschaftsforschung), Die deutsche Wirtschaft zwei Jahre nach dem Zusammenbruch, Albert Nauck & Co., Berlin, 1947.

Diwok, F., „Dr. Reinhard Kamitz Lebenswerk", in Schmitz, W. (Hrsg.), 1972, S. 13-53.

Diwok/Koller, Reinhard Kamitz, Verlag Fritz Molden, Wien, 1977.

Dornbusch/Nölling/Layard, Postwar Economic Reconstruction and Lessons for the East Today, The M.I.T. Press, Cambridge, MA, London, 1993.

Dulles, A. W., The Marshallplan, Hrsg. Michael Wala, Berg, Oxford, 1993.

Economic Commission for Europe (ECE), A Survey of the Economic Situation and Prospects of Europe, United Nations, New York, 1948.

Economic Commission for Europe (ECE), Economic Survey of Europe, New York, 1949.
Ehrlicher, W., „Stürmisches Wachstum trotz rudimentärer Finanzmärkte"; in Kramer/Butschek (Hrsg.), 1985, S. 111-128.
Eichengreen, B., „Institutional prerequisites for economic growth: Europa after World War II", European Economic Review, 1994, 38, S. 883-890.
Eichengreen, B. (Hrsg.) (1995A), Europe's Post-War Recovery, Cambridge University Press, 1995.
Eichengreen, B. (1995B), „Introduction and Survey", in Eichengreen, 1995, S. 3-35.
Eichengreen/Iversen, „Institutions and Economic Performance: Evidence from the Labor Market", Oxford Review of Economic Policy, 1999, 15(4), S. 121-138.
Eichengreen/Uzan, „The Marshall Plan", Economic Policy, April 1992, S. 13-75.
Einwitschläger, A., Amerikanische Wirtschaftspolitik in Österreich 1945-1949, Böhlau, Wien/Köln, 1986.
Enderle-Burcel/Jerábek/Kammerhofer, Ministerratsprotokolle der Provisorischen Regierung Karl Renner 1945, Wien, 1995.
Erbe, R., „Die Nachkriegsprobleme Europas im Urteil der Europäischen Wirtschaftskommission", Schweizerische Zeitschrift für Volkswirtschaft und Statistik, 1952, 88, S. 507-526.
Erbe, R., Die nationalsozialistsche Wirtschaftspolitik 1933-1939 im Lichte der modernen Theorie, Polygraphischer Verlag AG, Zürich, 1958.
Erschen, F., „Fachgruppen als Ausdruck modernen Wirtschaftsdenkens", Der österreichische Volkswirt, 1946, 33(2).
Esposito, Ch., „Influencing aid receipients: Marshall Plan", in Eichengreen, 1995A, S. 68-90.
Farnleitner, J., „Interessenausgleich an Hand des Kartellgesetze", Wirtschaftspolitische Blätter, 1986, 33(2), S. 172-177.
Farnleitner, J., „Die Rolle der Wettbewerbspolitik in der Handelskammerorganisation", Wirtschaftspolitische Blätter, 1992, 39(1), S. 97-102.
Féaux de la Croix/Rumpf, Der Werdegang des Entschädigungsrechts, München, 1985, S. 201-309 (Die Wiedergutmachung des nationalsozialistischen Unrechts durch die Bundesrepublik Deutschland, herausgegeben vom Bundesminister der Finanzen in Zusammenarbeit mit Walter Schwarz, Band 3).
Feichtinger/Spörker (Hrsg.), ÖMV-OMV: Die Geschichte eines österreichischen Unternehmens, Ferdinand Berger & Söhne, Horn, ohne Jahreszahl.
Feldman, G. D., The Creditanstalt-Wien Bankverein in the National Socialist Period. 1938-1945, http://www.histcom.at.
Fetter, F. W., „The Economic Reports of the President and the Problem of Inflation", The Quarterly Journal of Economics, 1949, 63, S. 273-281.
Fforde, J. S., „The Monetary Controversy in the USA", Oxford Economic Papers, 1951, 3(3), S. 221-239.
Fischer/Rosner, Politische Ökonomie und Wirtschaftspraxis im Austromarxismus, Österreichischer Bundesverlag, Wien, 1987.
Fourastié, J., Die große Hoffnung des zwanzigsten Jahrhunderts, Bund-Verlag, Köln, 1954.
Fraberger/Stiefel, „,Enemy' Images: The Meaning of ‚Anti-Communism' and its Importance for the Political and Economic Reconstruction in Austria after 1945", in Bischof et al. (Hrsg.), 2000, S. 56-97.
Frankel/Romer, „Does Trade Cause Growth?", The American Economic Review 1999, 89(3), S. 379-395.
Freund/Perz, „Industrialisierung durch Zwangsarbeit", in Talos et al. (Hrsg.), 1988, S. 95ff.

Frey/Kuchler, „Asset Prices and History: The Case of Austria", Empirica, 1999, 26(1), S. 11-20.

Friedensburg, F. (Hrsg.), Langfristige Programmierung innerhalb der Marktwirtschaft, Beihefte der Konjunkturpolitik, Duncker & Humblot, Berlin, 1963, (10).

Friedman, M., Capitalism and Freedom, The University of Chicago Press, Chicago/London, 2002.

Friedman/Schwartz, A Monetary History of the United States, 1867-1960, Princeton University Press, 1963.

Gabriel, S. L, „Österreich in der großdeutschen Wirtschaft", Jahrbücher für Nationalökonomie und Statistik, 1938, 147, S. 647-649.

Garhofer, Emil, „Hundert Jahre österreichische Gewerbepolitik", in Mayer (Hrsg.), 1949, S. 480-517.

Gehler/Sickinger (Hrsg.), Politische Affairen und Skandale in Österreich, Kulturverlag Thaur GmbH, Wien, 1995.

Gerlich/Grande/Müller (Hrsg.), Sozialpartnerschafft in der Krise?, Böhlau, Wien, 1985.

Gerschenkron, A., An Economic Spurt That Failed, Princeton University Press, 1977.

Giersch, H., et al., The fading miracle, Cambridge University Press, 1993.

Giersch/Paqué/Schmiedinger, „Openess, Wage Restraint, and Macroeconomic Stability: West-Germany's Road to Prosperity 1948-1959", in Dornbusch et al. (Hrsg.) 1993, S. 1-27.

Good, D. F., Der wirtschaftliche Aufstieg des Habsburgerreiches 1950-1914, Böhlau, Wien/Köln/Graz, 1986.

Good/Ma, „New Estimates of Income Levels in Central and Eastern Europe, 1870-1910", in Baltzarek/Butschek/Tichy (Hrsg.), 1998, S. 147-168.

Gordon, L., „Recollections of a Marshall Planner", Journal of International Affairs, 1988, 41(2), S. 233-245.

Gruber, L., Die Kosten der Besetzung Österreichs durch die aliierten Mächte nach dem Zweiten Weltkrieg, Dipl. Arbeit, Wirtschaftsuniversität Wien, 1979.

Gutmann, G., „Marktwirtschaft", in Handwörterbuch der Wirtschaftswissenschaft, Bd. 5, Stuttgart–Tübingen–Göttingen, 1978, S. 140-153.

Haberler, G., „Some Economic Problems of the European Recovery Program", American Economic Review, 1948, 38(4), S. 496-525.

Haberler, G., „Die Weltwirtschaft und das internationale Währungssystem in der Zeit zwischen den beiden Weltkriegen", in Deutsche Bundesbank (Hrsg.), 1976, S. 205-248.

Hackethal/Schmidt/Tyrell, „Corporate Governance in Germany: Transition to a Modern Capital-Market-Based System?", Journal of Institutional and Theoretical Economics, 2003, 159, S. 664-674.

Hahn/Schmoranz, „Schätzung des österreichischen Kapitalstocks nach Wirtschaftsbereichen", WIFO-Monatsberichte, 1983, 57(1), S. 40-52.

Hanisch, E., „Die verlorene Unschuld, 1945 in Österreich", Institut für die Wissenschaft vom Menschen, Newsletter, 1998, (61), S. 16-19.

Hanreich, P., „Wettbewerbskonzeptionen und Wettbewerbspolitik in Österreich", Wirtschaftspolitische Blätter, 1992, 39(1), S. 23-32.

Hansmeyer/Caesar, „Kriegswirtschaft und Inflation (1936-1948)", in Deutsche Bundesbank (Hrsg.), 1976, S. 367-429.

Harrod, R. F., „The British Boom 1945-55", The Economic Journal, 1956, 66(March), S. 1-16.

Heinl, E., Über ein halbes Jahrhundert, Verlag Wilhelm Braumüller, Wien, 1948.

Hemetsberger-Koller, H., „Reinhard Kamitz", in Dachs/Gerlich/Müller (Hrsg.), 1995.

Hemming/Miles/Ray, „A Statistical Summary of the Extent of Import Control in the United Kingdom since the War", The Review of Economic Studies, 1959, 26(2), S. 75-110.

Henderson, H. D., „The Price System", The Economic Journal, 1948, 58(September), S. 467-482.
Hendrich, K., Die wirtschaftliche Durchdringung Österreichs durch Deutschland und deren betriebswirtschaftliche Folgen, Diss., Hochschule für Welthandel, Wien, 1948.
Hertz, F., Die Produktionsgrundlagen der österreichischen Industrie vor und nach dem Kriege insbesondere im Vergleich mit Deutschland, Verlag für Fachliteratur, Wien, 1919.
Hertz, F., Zahlungsbilanz und Lebensfähigkeit Österreichs, Schriften des Vereins für Sozialpolitik, Verlag Duncker & Humblot, München–Leipzig, 1925.
Hicks, J. R., „World Recovery after War – a Theoretical Analysis", The Economic Journal, 1947, 57(June), S. 151-164.
Hirsch, E., Referat, in Friedensburg (Hrsg.), 1963, S. 12-18.
Hirschman, A. O., „Disinflation, Discrimination, and the Dollar Shortage", American Economic Review, 1948, 38(5), S. 886-896.
Hiscocks, R., Österreichs Wiedergeburt, Hermes Verlag, Wien, 1954.
Hochreiter/Schubert, The Management of Economic Power in Selected OECD-Countries, vervielfältigtes Manuskript, Wien, 1990.
Hofreither, M. F., „Zur Ordnung österreichischer Agrarmärkte – Historische Wurzeln und aktuelle Perspektiven", in Institut für Agrarökonomik (Hrsg.), 1994, S. 142-157.
Hogan, M. J., The Marshall Plan, Cambridge University Press, 1987.
Hollerer, S., Verstaatlichung und Wirtschaftsplanung in Österreich, Diss., Wirtschaftsuniversität Wien, Verband der wissenschaftlichen Gesellschaften in Österreich, 1974.
Houthakker/Tobin, „Estimates of the Free Demand for Rationed Foodstuffs", The Economic Journal, 1952, 62(March), S. 103-118.
Hruby, R., „Die Kosten der Lebenshaltung 1945/52", Schriftenreihe der Arbeiterkammer Wien, Verlag des ÖGB, 1953.
Huberman/Lewchuk, „European economic integration and the labour compact, 1840-1913", European Review of Economic History, 2003, 7(April), S. 3-41.
Hunya, G. (Hrsg.), Integration Through Foreign Direct Investment, WIIW, in Kooperation mit Edward Elgar Publishing Inc., Massachusetts, 2000.
Institut für Agrarökonomik, Agrarvermarktung in Österreich, Von der Marktordnung zum Marketing, Service Fachverlag, Wien, 1. Aufl. 1991, 2. Aufl. 1994.
Institut für Angewandte Sozial- und Wirtschaftsforschung (Hrsg.), ERP-Neuregelung in Österreich, Wien, 1961.
Interviews 1988, Interviews für eine Fernsehserie im ORF, Mitschrift, 1988.
Jacobsson, P., „Le financancement de la guerre en Allemagne", Kyklos, 1947, 1, S. 72-96.
Jacobsson, P., „Theory and Practice. Knut Wicksell and Swedens Monetary Policy 1946-48", Schweizerische Zeitschrift für Volkswirtschaft und Statistik, 1952, 88, S. 467-485.
James, H., „The IMF and the creation of the Bretton Woods System, 1944-58", in Eichengreen, 1995A, S. 93-126.
Johnstone, H. W., The Restraint of Competition in the Austrian Economy, Confidential Security Information (Unclassified), 1951.
Jones, B. L., „The Role of Keynesianism in Wartime Policy and Postwar Planning, 1940-1946", American Economic Review, 1972, 62(2), S. 125-133.
Kaldor, N., Causes of the Slow Rate of Economic Growth in the United Kingdom, Cambridge University Press, 1966.
Kaldor, N., Strategic Factors in Economic Development, Cornell University, Ithaca–New York, 1967.
Kamitz, R., „Die österreichische Geld- und Währungspolitik 1848 bis 1948", in Mayer (Hrsg.), 1949, S. 127-221.

Karglmayer, A., Die Rekonstruktion der Oesterreichischen Nationalbank nach dem Zweiten Weltkrieg, Diss., Wirtschaftsuniversität Wien, 1995.
Karsch, Ch., Die Umstellung auf die Europäische Einheitswährung im Spiegel der österreichischen Währungsgeschichte (vervielfältigt), VVO, Wien, 1997.
Kastner, W., „Grundsätze der Wertpapierbereinigung in Österreich", Österreichisches Bank-Archiv, 1953, 1(8), S. 230-241.
Katzenstein, P. J., Corporatism and Change, Corell University Press, 1984.
Kausel, A. (Hrsg.), Knapp, H., „Big Bargain" und andere Beiträge aus vier Jahrzehnten, Deuticke, Wien, 1996.
Kausel/Nemeth/Seidel, Österreichs Volkseinkommen 1913-1963, WIFO, Sonderheft, 1965, (14).
Kern, H., „Bergbaupolitik", in Tautscher (Hrsg.), 1961, S. 403-416.
Kernbauer/Weber, „Österreichs Wirtschaft 1938-1945", in Talos et al, 1988, S. 49-67.
Keynes, J. M., The General Theory of Employment Interest and Money, Macmillan, London, 1936.
Keynes, J. M., „The Balance of Payments of the United States", The Economic Journal, 1946, 56(June), S. 172-187.
Kienböck, V., Währung und Wirtschaft, Bröschüre, 1947.
Kienzl, H., Die Währungsmaßnahmen der Zweiten Republik Österreich 1945-1948, Diss., Hochschule für Welthandel, Wien, 1949.
Kienzl, H., „Der Schatten über Österreichs Wirtschaft", in Probleme der österreichischen Politik. Bd. 1, Europa Verlag, Wien, 1968, S. 7-43.
Kienzl, H., Wir bejahten den Fortschritt, Verlag des ÖGB, Wien, 1991.
Kienzl, H., „Gesamtstabilität, der Weg und das Ziel – Einkommens- und Währungspolitik seit 1951", in Weber/Venus (Hrsg.), Austro-Keynesianismus in Theorie und Praxis, Wien, 1993, S. 63-72.
Kindleberger, Ch. P., The Marshall Plan Days, Allen & Unwin, London, 1987.
Kindleberger, Ch. P., The German Economy, 1945-1947, Meckler Westport, London, 1989.
Klambauer, O., Die USIA-Betriebe, Diss., Universität Wien, 1978.
Klein, L. R., „Planned Economy in Norway", The American Economic Review, 1948, 38(5), S. 795-814.
Klenner, F., Die österreichischen Gewerkschaften: Vergangenheits- und Gegenwartsprobleme, Verlag des ÖGB, Wien, 1953.
Kölliker, K., „Die österreichische Elektrizitätswirtschaft im Rahmen der Gemeinwirtschaft", in Arbeitsgemeinschaft der österreichischen Gemeinwirtschaft (Hrsg.), 1960, S. 195-210.
Koren, St. (1961A), „Die Industrialisierung Österreichs", in Weber (Hrsg.), 1961, S. 223-549.
Koren, St. (1961B), „Struktur und Nutzung der Energiequellen Österreichs", in Weber (Hrsg.), 1961, S. 159-222.
Kramer/Butschek, Vom Nachzügler zum Vorbild(?) Österreichische Wirtschaft 1945 bis 1985, WIFO, Gustav Fischer Verlag, Stuttgart, 1985.
Krauland, P., „Wirtschaftsplanung und Demokratie", Der österreichische Volkswirt, 1947, 33(35, 36).
Krauland, P., „Zum Problem der Preispolitik", Der österreichische Volkswirt, 1948, 34(7).
Krengel, R., „Some Reasons for the Rapid Economic Growth of the German Federal Republic", Banca Nationale del Lavoro, Quarterly Review, 1963, 64(March), S. 121-144.
Kreuzberger, H., „Die österreichische Erdölwirtschaft", in Handbuch der österreichischen Gemeinwirtschaft (Hrsg.), 1960, S. 727-740.

Kriechbaumer/Schausberger (Hrsg.), Die Volkspartei – Anspruch und Realität. Zur Geschichte der ÖVP seit 1945, Böhlau-Verlag Ges.m.b.H. und Co.KG, Wien–Köln–Weimar, 1955.

Kromphardt, W., Marktspaltung und Kernplanung in der Volkswirtschaft, Dortmunder Schriften zur Sozialforschung, Hamburg, 1947, (3).

Kromphardt, W., „Freiheitliche Planwirtschaft", Schweizerische Zeitschrift für Volkswirtschaft und Statistik,1948, 84, S. 53-68.

Kuhn, W., „Die verstaatlichte österreichische Eisen- und Stahlindustrie", in Handbuch der österreichischen Gemeinwirtschaft (Hrsg.), 1960, S. 744-758.

Landesmann, M. A., „Industrial Policy and the Transition in East-Central Europe", Yearbook V, The Vienna Institute for Comparative Economic Studies, Westview Press, Boulder–San Francisco–Oxford, 1994, S. 135-158.

Langer, E., Die Verstaatlichung in Österreich, Verlag der Wiener Volksbuchhandlung, Wien, 1966.

Lanske, E., „Produktionslenkung und Weltmarkt", Die Industrie, 1949, 49(22).

Leibenstein, H., „Allocative Efficiency vs. ‚X-Efficiency'", The American Economic Review, 1966, 56(3), S. 392-414.

Leopold, R., „Agrarpollitik", in Tautscher (Hrsg.), 1961, S. 365-388.

Löffler/Fußenegger, „The Activities of the ERP Fund from 1962 to 1998", in Bischof et al. (Hrsg.), 2000, S. 15-55.

Maddison, A., Monitoring the world economy 1820-1992, Development Centre of the OECD, Paris, 1995.

Maddison, A., The world economy, A millenial perspective, Development Centre of the OECD, Paris, 2001.

Mähr, W., „Der Marshall-Plan in Österreich: Wirtschaftspolitischer Nachhilfeunterricht?", Zeitgeschichte, 1987, 15(3), S. 91-111.

Mähr, W., Der Marshallpan in Österreich, Styria, Graz–Wien–Köln, 1989.

Maleta, A., Entscheidung für Morgen, Verlag Fritz Molden, Wien, 1968.

Marchal, A., „Le plan francais", Kyklos, 1947, 1, S. 151-165.

Margarétha, E., „Der Status der Oesterreichischen Nationalbank", Österreichisches Bank-Archiv, 1955, 3(11), S. 334-343.

Margarétha, E., Zeuge der Stunde Null. Das Tagebuch Eugen Margaréthas 1945-47. Hrsg. Alois Brusatti, bearbeitet von Hildegard Hemetsberger-Koller, Trauner, Linz, 1990.

Martinides, L., „Restitution und Reparationen", Der österreichische Volkswirt, 1946, 32(4).

März, E., Österreichische Bankpolitik in der Zeit der großen Wende 1913-1923, Verlag für Geschichte und Politik, Wien, 1981.

Mathis, F., „Deutsches Kapital in Österreich vor 1938", in Albrich et al., (Hrsg.), 1988, S. 435-451.

Matis, H., Österreichs Wirtschaft 1848-1913, Duncker & Humblot, Berlin, 1972.

Mayer, H. (Hrsg.), Hundert Jahre österreichischer Wirtschaftsentwicklung 1848-1948, Springer, Wien, 1949.

Meidner, R., Erfahrungen mit der Vollbeschäftigungspolitik in Schweden, Arbeiterkammer in Wien, Schriftenreihe, 1954, S. 41-55.

Mendershausen, H., „Prices, Money and the Distribution of Goods in Postwar Germany", The American Economic Review, 1949, 39(3), S. 646-672.

Mendershausen, H., Two Postwar Recoveries of the German Economy, North Holland Publishing Company, Amsterdam, 1955.

Meyer, A., Hitlers Holding. Die Reichswerke „Herrmann Göring", Europa Verlag, München–Wien, 1999.

Meyer, J., Österreichs Staatshaushalt und der Staatsvertrag, Verlag für Geschichte und Politik, Wien, 1958.

Mikesell, R. F., „International Disequilibrium and the Postwar World", American Economic Review, 1949, 39(3), S. 618-645.
Milward, A. S., Die deutsche Kriegswirtschaft 1939-1945, Schriftenreihe der Vierteljahreshefte für Zeitgeschichte, Deutsche Verlags-Anstalt, Stuttgart, 1966, (12).
Milward, A. S., The Reconstruction of Western Europe 1945-51, Berkeley–Los Angeles, 1984.
Mitter/Skolka, „Entwicklung der Arbeitsproduktivität in Österreich 1964 bis 1977", WIFO-Monatsberichte, 1981, 54(1), S. 19-30.
Mooslechner, P., Die Geldvermögensposition privater Haushalte in Österreich, WIFO-Studie, vervielfältigt, Wien, November 1997.
Mooslechner/Novotny, Gesamtwirtschaftliche Finanzierung und öffentliche Verschuldung, Dr. Stigleitner Schriftenreihe, Wien, 1984, 20.
Morgenstern, O., „Die Bedingungen der wirtschaftlichen Lebensfähigkeit Österreichs", Vortragsmanuskript, Jänner 1938 (aus dem Nachlass).
Morgenstern, O., „Experiment and large scale computation in economics", in Morgenstern, O. (Hrsg.), Economic Activity Analysis, John Wiley & Sons, Inc., New York, 1954, S. 483-551.
Moser, J., Oberösterreichs Wirtschaft 1938 bis 1945. Studien zur Wirtschaftsgeschichte und Wirtschaftspolitik, Hrsg. Matis/Sandgruber, Böhlau, Wien–Köln–Graz, 1995.
Müller, H., (1948A), „Aktive Preispolitik", Die Zukunft, 1948, (2), S. 53-55.
Müller, H., (1948B), „Zum Problem der Agrarpreise", Die Zukunft, 1948, (5), S. 149-152.
Müller, H., (1948C), „Die Fonds und die Agrarpreise", Die Zukunft, 1948, (8), S. 228-231.
Müller, H., „Die Entwicklung der Arbeitseinkommen 1945/52", Schriftenreihe der Arbeiterkammer Wien, Verlag des ÖGB, Wien, 1953.
Müller-Armack, A., Wirtschaftslenkung und Marktwirtschaft, Verlag für Wirtschaft und Sozialpolitik, Hamburg, 1947.
Mundell, R. A., „A Reconsideration of the Twentieth Century", The American Economic Review, 2000, 90(3), S. 327-340.
Myrdal, G., „The Trend Towards Economic Planning", The Manchester School of Economic and Social Studies, 1951, 29, S. 1-42.
Nautz, J., Die österreichische Wirtschaft und die Anschlussfrage, in Albrich et al. (Hrsg.), 1988, S. 385-402.
Neck, R., „Die Stellung der Verbände in der österreichischen Wirtschaftsordnung", in Zukunftsprobleme der sozialen Marktwirtschaft, Schriften des Vereins für Socialpolitik, Dunker & Humblot, Berlin, 1981, S. 277-305.
Neck, R., „Ist die österreichische Geldpolitik ‚neutral'?", Quartalshefte der Girozentrale 1983, 18(1), S. 43-70.
Nemschak, F., Zehn Jahre österreichische Wirtschaft 1945-1955, WIFO, Wien, 1955.
Nemschak, F., „Die Stellung der Gemeinwirtschaft in der österreichischen Volkswirtschaft", in Arbeitsgemeinschaft der österreichischen Gemeinwirtschaft (Hrsg.), 1972, S. 19-52.
Newman, Ph. C., „Key German Cartels under the Nazi Regime", The Quarterly Journal of Economics, 1949, 62, S. 576-595.
Niederösterreichisches Institut für Landeskunde, Die USIA-Betriebe in Niederösterreich, Studien und Forschungen, Bd. 5, Hrsg. Feigl/Kusternik, Wien, 1983.
Novotny, E., „Institutionelle Grundlagen, Akteure und Entscheidungsverhältnisse in der österreichischen Wirtschaftspolitik", in Abele et al. (Hrsg), 1989, S. 125-148.
Obstfeld/Rogoff, Foundation of International Macroeconomics, M.I.T. Press, Cambridge–London, 1996.
OEEC, A Decade of Co-operation, OEEC, Paris, 1958.
Oesterreichische Nationalbank, 25 Jahre Oesterreichische Nationalbank, Wien, 1947.

Okun, A. M., Prices and Quantities. A Macroeconomic Analysis, The Brookings Institution, Basil Blackwell, Oxford, 1981.
OMGUS, Ermittlungen gegen die Deutsche Bank 1946/47, Franz Greno, Nördlingen, 1985.
Österreichischer Gewerkschaftsbund, Stellungnahme zur Wirtschaftspolitik, Sozialpolitik, Kulturpolitik, Verlag des ÖGB, Wien, 1959.
Österreichisches Statistisches Zentralamt, „Die Entwicklung der Verbraucherpreise seit 1900", Beiträge zur österreichischen Statistik, 1990, (956).
Österreichischer Wirtschaftsbund, Festschrift zum 80. Geburtstag von Reinhard Kamitz, Eigenverlag, Wien, 1992.
Ottilinger, M., „Der Aufbau der österreichischen Industrie. Vorbereitung für den Marshallplan", in Christliche Demokratie, Schriften des Karl von Vogelsang Institutes, 1990, 8(4), S. 273-284.
Owen, W. F., „The Double Development Squeeze on Agriculture", The American Economic Review, 1966, 56(1), S. 43-70.
Oxford Institute of Statistics, The Economics of Full Employment, Basil Blackwell, Oxford, 1944.
Paish, F. W., „Open and Repressed Inflation", The Economic Journal, 1953, 63(September), S. 527-552.
Pape, M., Ungleiche Brüder, Österreich und Deutschland, 1945-1965, Böhlau, Wien, 2000.
Patterson, G., „The Export-Import Bank", The Quarterly Journal of Economics, 1944, 58, S. 423-443.
Petzina, D., „Die deutsche Wehrwirtschaftsplanung und der Anschluss Österreichs", in Albrich et al., 1988, S. 453-468.
Pigou, A. C., „The Food Subsidies", The Economic Journal, 1948, 58(June), S. 202-209.
Piperger, A., 100 Jahre Österreichische Länderbank, Österreichische Länderbank (Hrsg.), 1980.
Pollan, W., „Preisregelung in Österreich", Wirtschaftspolitische Blätter, 1992, 39(1), S. 33-44.
Pollan, W., „Zur Messung der Verbraucherpreise, Lebenshaltungskostenindex oder Preisindex?", WIFO Working Papers, 2002, (186).
Prescott, E. C., „Prosperity and Depression", American Economic Review, 2002, 92(2), S. 1-15.
Pressburger, S., Oesterreichische Notenbank 1816-1966, OeNB, Wien, 1966.
Pütz, Th., Verbände und Wirtschaftspolitik in Österreich, Schriften des Vereins für Sozialpolitik, N.F., Verlag Duncker & Humblot, München–Leipzig, 1966.
Raidl, H., „Entwicklungstendenzen und Perspektiven der internationalen agrarpolitischen Diskussion aus der Sicht der OECD", in Institut für Agrarökonomik (Hrsg.), 1. Aufl., 1991, S. 95-102.
Rambousek, H., Die „ÖMV Aktiengesellschaft" – Entstehung und Entwicklung eines nationalen Unternehmens der Mineralölindustrie, Diss., Wirtschaftsuniversität Wien, VWGÖ, 1977.
Rathkolb, O. (Hrsg.), Gesellschaft und Politik am Beginn der Zweiten Republik, Böhlau, Wien–Köln–Graz, 1985.
Rathkolb, O., „Wir selber brauchen gar nicht viel hineinblasen", Der Fall Joham und der CA-Skandal 1949-1953, in Gehler/Sickinger (Hrsg.), 1995.
Rathkolb, O., Washington ruft Wien, Böhlau, Wien–Köln–Graz, 1997.
Rauscher, F., „Die Verstaatlichung in Österreich", Die neue Wirtschaft, Heft 1, Verlag des ÖGB, Wien, 1949.
Reichard, E., „Österreich und das Dollarproblem", Arbeit und Wirtschaft, 1951, 5(November), S. 7-8.

Reichlin, L., „The Marshall Plan rerconsidered", in Eichengreen, 1995A, S. 39-67.
Reinhart/Rogoff, „The Modern History of Exchange Rate Arrangements: A Reinterpretation", The Quarterly Journal of Economics, 2004, 69(1), S. 1-48.
Reparation Commission, Reports of the Expert Committees appointed by the Reparation Commission, His Majestiy's Stationary Office, London, 1924.
Resch, A. (Hrsg.) (2003A), Kartelle in Österreich, Veröffentlichungen der österreichischen Gesellschaft für Unternehmensgeschichte, Bd. 23, Manz, Wien, 2003.
Resch, A. (2003B), „Kartelle in Österreich bis zur Mitte des 20. Jahrhunderts", in Resch, 2003A, S. 17-94.
Rieger, Ph., „Die Rezeption keynesianischer Ideen in Österreich – Erinnerung eines Zeitzeugen", in Weber/Venus (Hrsg.), 1993, S. 118-130.
Rigele, G., „The Marshall Plan and Austria's Hydroelectric Industry: Kaprun", in Bischof/Pelinka/Stiefel (Hrsg.), 2000, S. 323-356.
Robinson, J., Essays in the Theory of Economic Growth, Macmillan, London, 1963.
Robinson, N., „Problems of European Reconstruction", The Quarterly Journal of Economics, 1945, 60(November), S. 1-54.
Röpke, W., „Offene und rückgestaute Inflation, Bemerkungen zu Jaques Rueff's L'ordre social", Kyklos, 1947, 1, S. 57-71.
Rosa, R. V., „The Problem of French Recovery", The Economic Journal, 1949, 59(June), S. 154-170.
Rostow, W. W., The Stages of Economic Growth, A Non-Communist Manifesto, Cambrigde University Press, 1960.
Rostow, W. W., „The United Nations Report on Full Employment", The Economic Journal, 1950, 60(June), S. 323-350.
Rothschild, K., „Probleme der österreichischen Zahlungsbilanz", Arbeit und Wirtschaft, 1950, 4(1), S. 1-3.
Rothschild, K., „Wurzeln und Treibkräfte der Entwicklung der österreichischen Wirtschaftsstruktur", in Weber (Hrsg.), 1961, S. 1-157.
Sachs, J. D., „Twentieth-Century Political Economy: A Brief History of Global Capitalism", Oxford Review of Economic Policy, 1999, 15(4), S. 35-55.
Saint-Paul, G., „France: real and monetary aspexts of French exchange rate policy under the Fourth Republic", in Eichengreen, 1995A, S. 292-319.
Sandgruber, R., Österreichs Geschichte, Ökonomie und Politik, Überreuther, Wien, 1995.
Sandgruber, R., „Die Landwirtschaft in der Wirtschaft – Menschen, Maschinen, Märkte", in Bruckmüller et al. (Hrsg.), 2002, S. 191-408.
Saunders, Ch. T. (Hrsg.), Eastern Europe in Crisis and the Way Out, WIIW, Workshop Papers, Macmillan, London, 1995, (15).
Schärf, A., „Was hat der Krieg Österreich gekostet?", Die Zukunft, 1948, (3), S. 71/72.
Schärf, A., Österreichs Erneuerung 1945-1955, Verlag der Wiener Volksbuchhandlung, 1955.
Schausberger, N., Der Griff nach Österreich. Der Anschluss, Jugend und Volk Verlagsgesellschaft, Wien–München, 1979.
Scherer, F. M., „Competition Policy Converges; Where Next?", Empirica, 1997, 24, S. 5-19.
Schilcher, A., Die Politik der Provisorischen Staatsregierung und der Alliierten Großmächte bei der Wiedererrichtung der Republik Österreich, Diss., Universität Wien, 1985.
Schmitz, W. (Hrsg.), Freiheit und Kooperation in Wirtschaft und Währung, Verlag Fritz Molden, Wien, 1972.
Schneider, M., „Neue Internationale Rahmenbedingungen und ihre Folgen für die österreichische Landwirtschaft und Ernährungswirtschaft", in Institut für Agrarökonomik (Hrsg.), 1. Aufl., 1991, S. 81-93.

Schneider/Wagner, „Institutions of Conflict Management and Ecnomic Growth in the European Union", Kyklos, 2001, 54, S. 509-532.

Schöpfer, G., Phänomen Sozialpartnerschaft, Böhlau, Wien–Graz, 1980.

Schreiber, H., Wirtschafts- und Sozialgeschichte der Nazizeit in Tirol, Österreichischer Studienverlag, Bd. 3 der Reihe Geschichte und Ökonomie, Innsbruck, 1994.

Schutzverband österreichischer Inlandsgläubiger und Verband der Sparer und Kleinrentner in Österreich, Denkschrift, hektografiert, 1947.

Schweizer, A., „Profits and Nazi Planning", The Quarterly Journal of Economics, 1947, 61, S. 1-25.

Schwödiauer, E., „Der tertiäre Sektor in Österreich", WIFO-Monatsberichte, 1971, 45(2), S. 43-58.

Seidel, H., „Der österreichische Weg in der Inflationsbekämpfung", in Neue Wege der Inflationsbekämpfung, Schriften des Vereins für Socialpolitik, Neue Folge, Bd. 157, 1986, S. 29-50.

Seidel, H. Der Beirat für Wirtschafts- und Sozialfragen, WIFO, Gustav Fischer Verlag, Stuttgart, 1993.

Seidel, H. (1998A) „Die österreichische Stabilisierungspolitik 1951/53", in Baltzarek/Butschek/Tichy (Hrsg.), 1998, S. 267-300.

Seidel, H. (1998B), „Österreichs Wirtschaftspolitik und der Marshallplan", in Bischof/Stiefel (Hrsg.), 1998, S. 63-102.

Seidel, H., „Währungsreform und Besatzung in Österreich 1945-47", Wirtschaft und Gesellschaft, 1999, 25(3), S. 285-312.

Seidel, H., „Austria's Economic Policy and the Marshall Plan", in Bischof/Pelinka/Stiefel (Hrsg.), 2000, S 237-289.

Seidel, H., „Die österreichische Wechselkurspolitik 1945-53", in Bachinger/Stiefel (Hrsg.), 2001, S. 501-528.

Smith, V. L., „Constructivist and Ecological Rationality in Economics", The American Economic Review, 2003, 93(3), S. 465-508.

Smithies, A., „Full Employment at Whatever Cost: Comment", The Quarterly Journal of Economics, 1950, 63, S. 642-647.

Snyder, D. A., „French Monetary and Fiscal Policies since the Liberation", American Economic Review, 1948, 38(3), S. 309-327.

Staribacher, J., Ziele und Möglichkeiten der behördlichen Preisbildung und die Preisbildung in Österreich seit 1950, Diss., Universität Wien, 1950.

Statistisches Amt für das Deutsche Reich, „Deutsche Wirtschaftszahlen 1928-1937", Sonderbeilage zu Wirtschaft und Statistik, 1938.

Statistisches Amt für das Deutsche Reich, „Die gebietlichen Unterschiede der Arbeitsverdienste im Deutschen Reich", Wirtschaft und Statistik, 1942, 22(8), S. 282-284.

Statistisches Amt für das Deutsche Reich, „Die Entwicklung der Lebenshaltungskosten in den neuen Teilen des Großdeutschen Reichs", Wirtschaft und Statistik, 1944, 24(3), S. 33-36.

Steindl, J., Bildungsplanung und wirtschaftliches Wachstum. Der Bildungsbedarf in Österreich bis 1980, WIFO, Studien und Analysen, Wien, 1967, (2).

Stiefel, D., (1988A), „Utopie und Realität: Die Wirtschaftspolitik im Ständestaat", in Albrich et al., 1988, S. 403-433.

Stiefel, D., (1988B), Die große Krise in einem kleinen Land. Österreichische Finanz- und Währungspolitik 1929 bis1938, Böhlau, Wien–Graz, 1988.

Stiefel, D., „Fifty Years of State-Owned Industry in Austria, 1946-1996", in Toninelli (Hrsg.), 2000, S. 237-252.

Stiefel/Weber, „Drei zu Zwei", in Bachinger/ Stiefel (Hrsg.), 2001, S. 471-497.

Stiglitz/Weiss, „Credit Rationing in Markets with Imperfect Competition", American Economic Review, 1981, 71(3), S. 393-410.

Stolper/Häuser/Borchardt, Deutsche Wirtschaft seit 1870, J. C. B. Mohr, Tübingen, 1964.
Stourzh, G., Um Einheit und Freiheit. Staatsvertrag, Neutralität und das Ende der Ost-West-Besetzung Österreichs 1945-1955, Böhlau, Wien–Köln–Graz, 1998.
Sturmthal, A., The Tragedy of European Labour, 1918-1939, Victor Gollancz Ltd., London, 1944.
Supper, M., „Die ökonomische Rechtfertigung des Befähigungsnachweises", Wirtschaftspolitische Blätter, 1994, 41(4), S. 388-394.
Talos, E., „Sozialpolitik 1938 bis 1945", in Talos/Hanisch/Neugebauer (Hrsg.), 1988, S. 115-140.
Talos/Hanisch/Neugebauer (Hrsg.), NS-Herrschaft in Österreich 1938-1945, Verlag für Gesellschaftskritik, Wien, 1988.
Tautscher, A. (Hrsg.) Handbuch der österreichischen Wirtschaftspolitik, Bastei-Verlag, Wien, 1961.
Theurl, Th., „Raab-Kamitz-Kurs oder die Einführung der Sozialen Marktwirtschaft in Österreich", Wirtschaftspolitische Blätter, 1988, 35(2), S. 326-339.
Thomayer, E., „Die Entwicklung des Zinssatzes seit 1945 und die in diesem Zusammenhang getroffenen Abkommen", Österreichisches Bank-Archiv, 1955, 3(8), S. 239-247.
Tichy, B., Der Wiederaufbau des österreichischen Bankwesens, Diss., Hochschule für Welthandel, Wien, 1957.
Tichy, G., „Währungspolitische Zielfunktionen", Zeitschrift für Nationalökonomie, 1970, 30, S. 327-356.
Tichy, G., Die Risikogesellschaft – Ein vernachlässigtes Konzept in der europäischen Stagnationsdiskussion, ITA-Manuskript, ITA-03-02, Österreichische Akademie der Wissenschaften, Wien, 2003.
Toninelli, P. A. (Hrsg.), The Rise and Fall of State-Owned Enterprise in the Western World, Cambridge University Press, 2000.
Tress, R. C., „The Practise of Economic Planning", The Manchester School of Economic and Social Studies, 1948, 16(2), S. 192-213.
Tsou/Black, „International Commodity Arrangements", The Quarterly Journal of Economics, 1944, 58(August), S. 503-520.
Tuchfeldt, E., „Kartelle", Handwörterbuch der Wirtschaftswissenschaften, Bd. 4, Stuttgart–Tübingen–Göttingen, 1978, S. 445-463.
Tüchler, M., „Die Entwicklung des österreichischen Kartellrechts", in Resch, 2003A, S. 121-148.
Tweraser, K., „The Marshall Plan and the Reconstruction of the Austrian Steel Industry 1945-1953", in Bischof/Pelinka/Stiefel (Hrsg.), 2000, S. 290-322.
Uher, J., (1993A), „Entstehung und politische Durchsetzung des Wirtschaftsprogramms 1968", in Weber/Venus (Hrsg.), 1993, S. 37-59.
Uher, J., (1993B), „Fortschritt und Machtspiel", in Weber/Venus (Hrsg.), 1993, S. 78-100.
United Nations, National and International Measures for Full Employment, Report by a group of experts appointed by the Secretary General of the United Nations, New York, 1949.
Vas, O., „Wasserkraft- und Elektrizitätswirtschaft in der Zweiten Republik", Schriftenreihe des österreichischen Wasserwirtschaftsverbandes, Springer, 1956, (30).
Verdoorn, P. J., „On an Empirical Law Governing the Productivity of Labor", Econometrica, 1951, (2).
Verosta, St., Die internationale Stellung Österreichs – eine Sammlung von Erklärungen und Verträgen aus den Jahren 1938-1947, Manz'sche Verlagsbuchhandlung, Wien, 1947.

Viner, J., „Full Employment at Whatever Cost", The Quarterly Journal of Economics, 1950, 64, S. 385-407.

Vodopivec, A., „Der Marshallplan und der Sonderfall Österreich", in Christliche Demokratie: Der Marshallplan für Österreich, Schriften des Karl von Vogelsang Instituts, 1990, 8(4), S. 319-325.

Wacziarg/Welch, „Trade Liberalization and Growth: New Evidence", NBER Working Paper, Dezember 2003, (10.152).

Wagenführ, R., Die deutsche Industrie im Kriege 1939-1945, Duncker & Humblot, Berlin, 1963.

Wagleitner, R., Großbritannien und die Wiedererrichtung der Republik Österreich, Diss., Salzburg, 1975.

Wagner/Tomanek, Bankiers und Beamte, Hundert Jahre Österreichische Postsparkasse, Wien, 1983.

Waldbrunner, K., „Sozialismus und Planwirtschaft in Österreich", Die Zukunft, 1948, (7), S. 197-199.

Walker, E. R., „War-Time Economic Controls", The Quarterly Journal of Economics, 1944, 58(August), S. 521-552.

Weber, F., Österreichs Wirtschaft in der Rekonstruktionsperiode nach 1945. Zeitgeschichte, 1987, 17(April), S. 267-298.

Weber, F., Die wirtschaftliche Entwicklung, in Dachs et al. (Hrsg.), 1997, S. 25-39.

Weber, W., Österreichs Energiewirtschaft. Eine wirtschaftpolitische Untersuchung. Unter maßgeblicher Mitwirkung von Stephan Koren (im Text als Weber/Koren zitiert), Springer, Wien, 1957.

Weber, W. (Hrsg.), Österreichs Wirtschaftsstruktur gestern–heute–morgen, Duncker & Humblot, Berlin, 1961.

Weber/Venus (Hrsg.), Austro-Keynesianismus in Theorie und Praxis, Stiftung Bruno Kreisky Archiv, Studienreihe, Bd. I, Wien, 1993.

Weigl, N., „Die österreichische Forstwirtschaft im 20. Jahrhundert", in Bruckmüller et al. (Hrsg.), 2002, S. 593-740.

Weintraub, E. R., „How should be write the history of the twentieth-century economics?", Oxford Review of Economic Policy, 1999, 15(4), S. 139-151.

Wiener Institut für Wirtschaftsforschung, Die Entwicklung der Lebenshaltungskosten und Löhne in Wien seit der Wiedervereinigung, Wien, 1941 (mimeo, streng geheim).

WIFO, „Gedanken zur Neuordnung der österreichischen Währung", 1. Sonderheft, 1945, 17.

WIFO, „Die Ernährungsbilanz Österreichs im Wirtschaftsjahr 1946/47", Beilage Nr. 4 zu den WIFO-Monatsberichten, 1947, 20(12).

WIFO, „Das österreichische Preissystem und seine Veränderung seit dem Währungsschutzgesetz", Beilage Nr. 7 zu den WIFO-Monatsberichten, 1948, 21(4).

WIFO, „Die österreichische Lohnpolitik seit Kriegsende", Beilage Nr. 8 zu den WIFO-Monatsberichten, 1949, 22(3).

WIFO, „Die Counterpartmittel und ihre Verwendung", WIFO-Monatsberichte, 1950, 23(5), S. 366-369.

WIFO, „Das fünfte Preis-Lohn-Abkommen", Beilage Nr. 15 zu den WIFO-Monatsberichten, 1951, 24(7).

WIFO, (1953A) „Die wirtschaftliche Bedeutung der ERP-Counterpartfonds", WIFO-Monatsberichte, 1953, 26(5), S. 160-166.

WIFO, (1953B), „Die Liberalisierung der österreichischen Einfuhr", WIFO-Monatsberichte, 1953, 26(6), S. 194-196.

WIFO, (1954A), „Die Belastung der Lebenshaltungskosten mit indirekten Steuern", Beilage Nr. 26 zu den WIFO-Monatsberichten, 1954, 27(5).

WIFO, (1954B), „Die Auswirkungen der ersten Liberalisierungsetappe", WIFO-Monatsberichte, 1954, 27(5), S. 99-101.

WIFO, (1955A), „Die Beschäftigten in den ehemaligen USIA-Betrieben", WIFO-Monatsberichte, 1955, 28(7), S. 247-249.
WIFO, (1955B), „Zur Statistik der Lohneinkommen", Beilage Nr. 32 zu den WIFO-Monatsberichten, 1955, 28(7).
WIFO, (1955C), „Österreichs Wirtschaftsverkehr mit der Sowjetunion", Beilage Nr. 33 zu den WIFO-Monatsberichten, 1955, 28(11).
WIFO, „Produktionsvolumen und Produktivität der österreichischen Landwirtschaft", Beilage Nr. 37 zu den WIFO-Monatsberichten, 1956, 29(6).
WIFO, „Die Wertschöpfung der österreichischen Land- und Forstwirtschaft in den Jahren 1937 und 1949 bis 1956", Beilage Nr. 47 zu den WIFO-Monatsberichten, 1957, 30(7).
WIFO, (1958A), „Die Schichtung der persönlichen Einkommen in Österreich, Beilage Nr. 52 zu den WIFO-Monatsberichten, 1958, 31(7).
WIFO, (1958B), „Löhne, Gehälter, Masseneinkommen 1950-1957, Beilage Nr. 54 zu den WIFO-Monatsberichten, 1958, 31(10).
WIFO, „Das Ende der österreichischen Ablöselieferungen", WIFO-Monatsberichte, 1962, 35(5), S. 214-219.
WIFO, (1963A), „Das Nationalbudget als Instrument der Wirtschaftspolitik", WIFO-Monatsberichte, 1963, 36(2), S. 44-49.
WIFO, (1963B), „Betriebsgröße und Export", WIFO-Monatsberichte, 1963, 36(5), S. 169-175.
WIFO, (1963C), „Die Konzentration der Industrieproduktion", WIFO-Monatsberichte, 1963, 36(8), S. 299-304.
WIFO, (1963D), „Import und Zollschutz der österreichischen Industrieproduktion", WIFO-Monatsberichte, 1963, 36(11), S. 416-422.
Wiltschegg, W., „Die Entwicklung der österreichischen Volkswirtschaft seit dem Zweiten Weltkrieg", in Tautscher (Hrsg), 1961, S. 27-48.
Winckler, G., „Geld und Währung", in Abele et al. (Hrsg.), 1989, S. 247-270.
Wirlander, St., (1948A), „Die Vermögensabgabe", Die Zukunft, 1948, S. 72-75.
Wirlander, St., (1948B), „Ein Stabilisierungsversuch", Die Zukunft, 1948, (10), S. 291-296.
Wirlander, St., „Vollbeschäftigung eine realisierbares Ziel", Arbeit und Wirtschaft, 1951, 5(5) vom 1. Dezember 1951, S. 1-4.
Wirlander, St., „Konjunkturstabilisierung und Geldwert", Arbeit und Wirtschaft, 1952, 5(6), S. 1-4.
Wittek-Salzberg, L., Die wirtschaftspolitischen Auswirkungen der Okkupation Österreichs, Diss., Universität Wien, 1970.
Wolf, H. C., „The Lucky Miracle: Germany 1945-1951", in Dornbusch/Nölling/Layard (Hrsg.), 1993, S. 29-56.
Wolf, H. C., „Post-war Germany in the European context: domestic and external determinants of growth", in Eichengreen, 1995A, S. 323-352.
Worswick, G. D. N., „Lessons for the East from the stabilisation of the West", in Saunders (Hrsg.), 1995, S. 78-98.
Zimmermann, R., Verstaatlichung in Österreich, Verlag der Wiener Volksbuchhandlung, Wien, 1964.

Verzeichnis der Abkürzungen

AdNB	Archiv der OeNB
AdR	Österreichisches Staatsarchiv: Archiv der Republik
AMS	Alliierten-Militär-Schillinge
ATC	Austrian Treaty Commission
BGBl.	Bundesgesetzblatt
BIP	Bruttoinlandsprodukt
BIZ	Bank für Internationalen Zahlungsausgleich
BKA	Bundeskanzleramt
BKA/AA	Bundeskanzleramt, Amt für Auswärtige Angelegenheiten
BMfaA	Bundesministerium für auswärtige Angelegenheiten
BMfF	Bundesministerium für Finanzen
BFG	Bundesfinanzgesetz
BMfHuW	Bundesministerium für Handel und Wiederaufbau
BMfI	Bundesministerium für Inneres
BMfSV	Bundesministerium für Soziale Verwaltung
BMfVE	Bundesministerium für Volksernährung
BMfVuVB	Bundesministerium für Verkehr und Verstaatlichte Betriebe
BMfVuW	Bundesministerium für Vermögenssicherung und Wirtschaftsplanung
BRD	Bundesrepublik Deutschland
CA	Creditanstalt-Bankverein
CEEC	Committee of European Economic Cooperation
ECA	European Cooperation Administration (US-Verwaltung des Marshallplans)
EFTA	Europäische Freihandelszone
EM	Eisen- und Metallwaren
EPU	Europäische Zahlungsunion
ERP	European Recovery Program (Marshallplan)
EU	Europäische Union
EWG	Europäische Wirtschaftsgemeinschaft
GATT	General Agreement on Tariffs and Trade
GBLÖ	Gesetzblatt für das Land Österreich
IBRD	Weltbank
IMF	Internationaler Währungsfonds
MSA	Mutual Security Agency
NAC	National Advisory Council on International Monetary and Financial Problems
OECD	Nachfolger der OEEC: Organisation for Economic Co-operation and Development
OEEC	Organisation for European Economic Co-operation

ÖGB	Österreichischer Gewerkschaftsbund
OeNB	Oesterreichische Nationalbank
ÖSTAT	Österreichisches Statistisches Zentralamt
ÖVP	Österreichische Volkspartei
PENN	University of Pennsylvania
RGBl	Reichsgesetzblatt
SECA	Aktenzeichen des Alliierten Rats
SMV	Sowjetische Mineralölverwaltung
SPÖ	Sozialistische Partei Österreich
StBUuW	Staatsamt für öffentliche Bauten, Übergangwirtschaft und Wiederaufbau
StGBl.	Staatsgesetzblatt (1945)
UNRRA	United Nations Relief and Rehabilitation Administration
USACA	United States Element Allied Commission of Austria
USIA	Verwaltung der sowjetischen Betriebe in Österreich (ohne SMV)
VIAG	Reichseigene deutsche Holdinggesellschaft
VGR	Volkswirtschaftliche Gesamtrechnung
WIFO	Österreichisches Institut für Wirtschaftsforschung
WSchG	Währungsschutzgesetz
WZK	Wehrmachtszentralkasse
ZERP	Zentralbüro für ERP-Angelegenheiten

Zeittafel

1. November 1943	Moskauer Erklärung: „Anschluss" nichtig
27. April 1945	Provisorische Regierung Staatskanzler Renner
3. Juli 1945	Notenbanküberleitungsgesetz
9. Juli 1945	Abkommen über die Besatzungszonen in Österreich
17. Juli bis 2. August 1945	Potsdamer Konferenz, Deutsches Auslandseigentum für Reparationszwecke
22. August 1945	Beschluss der UNRRA Hilfe an Österreich (Beginn der Lieferungen: 1. April 1946)
11. September 1945	Erste Sitzung des Alliierten Rats in Wien
15. September 45	Abbruch der Verhandlungen über eine gemeinsame österreichisch-sowjetische Erdölgesellschaft
20. Oktober 45	Anerkennung der Provisorischen Staatsregierung durch die Westmächte
25. November 1945	Erste Nationalratswahl: ÖVP 85, SPÖ 76, KPÖ 4
30. November 1945	Schillinggesetz
17. Dezember 1945	Außenhandelsverkehrsgesetz
20. Dezember1945	Regierung Figl 1 nach ersten Wahlen
27. Juni 1946	Befehl Nr. 17 der sowjetischen Besatzungstruppen: Beschlagnahme des Deutschen Eigentums in der Ostzone
28. Juni 1946	Zweites Kontrollabkommen der Besatzungsmächte
24. Juli 1946	Warenverkehrsgesetz
26. Juli 1946	1. Verstaatlichungsgesetz
25. Juli 1946	Devisengesetz
28. Oktober 1946	Erste Verlautbarung Wechselkurs 1\$ = 10 S
November 1946	R-Plan: relevante Schätzung des Bedarfs Österreichs an Auslandshilfe
26. März 1947	2. Verstaatlichungsgesetz
1. April 1947	US-Kongresshilfe an Österreich
5. Juni 1947	Harvard- Rede des US-Außenministers: Ankündigung Marshallplan
25. Juli 1947	1. Preis-Lohn-Abkommen
19. November 1947	Währungsschutzgesetz
2. April 1948	US-Kongress beschließt Marshallplan
16. April 1948	Gründung OEEC
30. Juni 1949	Rohstofflenkungsgesetz
27. August 1948	Beitritt Österreichs zum Internationalen Währungsfonds und zur Weltbank
9. Oktober 1949	Nationalratswahlen: 77 ÖVP, 67 SPÖ, 16 VdU, 5 KPÖ

8. November 1949	Regierung Figl 2
18. November 1949	Einigung der Alliierten über Deutsches Eigentum in Österreich („Beinahe-Abschluss" des Staatsvertrags)
22. November 1949	Abwertung des Schilling von 10 S/$ auf 14,40 S/$, multiples Kurssystem
November 1949	Beginn der Liberalisierung des Warenverkehrs in der OEEC
25. Juni 1950	Ausbruch des Korea-Kriegs
1. Juli 1950	Inkrafttreten Europäische Zahlungsunion (EPU): Österreich nicht Vollmitglied
18. August 1950	Liberalisierungskodex OEEC (Österreich Ausnahme)
Juli 1951	5. und letztes Preis-Lohn-Abkommen
19. Oktober 1951	Österreich GATT-Mitglied
5. November 1951	EPU-Hearing: Forderung nach Antiinflationspolitik in Österreich
Dezember 1951	Erstes Antiinflationspaket, Erhöhung der Bankrate
7. Jänner 1952	USA kündigt Auslaufen der Auslandshilfe an, Forderung nach konsequenter Stabilisierungspolitik
22. Jänner 1952	Kamitz Finanzminister, Raab-Kamitz Kurs
1. Halbjahr 1952	Zweites Antiinflationspaket
22. Februar 1953	Nationalratswahlen: 74 ÖVP, 73 SPÖ, 14 VdU, 4 KPÖ
2. April 1953	Regierung Raab 1
4. Mai 1953	Vereinheitlichung der Wechselkurse: 26 S/$
15. Juni 1953	Einführung des OEEC-Liberalisierungskodex in Österreich
Mitte 1953	Österreich Vollmitglied der EPU
29. Juli 1954	Aufhebung der Devisenbewirtschaftung gegenüber den OEEC-Ländern
15. April 1955	Moskauer Memorandum
10. Mai 1955	Wiener Memorandum
15. Mai 1955	Unterzeichnung Staatsvertrag
8. September 1955	Nationalbankgesetz
8. September 1955	Rekonstruktionsgesetz
25. Oktober 1955	Räumungsfrist für Besatzungstruppen

Stichwortverzeichnis

A

Ablöselieferungen 477
  SMV 478
  USIA 477
Agrarpolitik
  Agrarfonds 571
  Agrar-Marktordnung 569
  Bewirtschaftung 175
  Kontingente 180
  Marktordnungsgesetz 571
  Überkontingente 231
Agrarwirtschaft 40
  Agrarproduktion 176
  Agrarstatistik 239
  Agrarsubventionen 503
  Arbeitskräfte 38, 41
  Preisforderungen 501
  Verfütterung
    von Brotgetreide 270
Aktienmarkt 365
  feindliche Übernahmen 372
  Firmenwert 371
Ansprüche an Deutschland 376
  Ersatzforderungen 382
  Finanzierungssektor 379
  Forderungskatalog 1946 378
  Forderungskatalog 1949 383
  Wirtschaft 384
Arbeitskräfte
  landwirtschaftliche 41
  nach Sektoren 38
Arbeitslosigkeit
  Beschäftigungspolitik 513
  konjunkturelle 517
  strukturelle 88
  technologische 484
Auslandshilfe *Siehe auch*
  Marshallplan, UNRRA
  allgemein 45, 52
  alternative Werte 285
  Auflagen 169
  Besatzungsmächte 287
  Dollarseite 281
  Gegenwert 206

Kongresshilfe 292
Prä-ERP-Hilfe 313
Schillingseite 281
US War Department 292
Vergleich mit Belastungen 466
Vergleich mit BIP 286
Völkerbundanleihe 285
Wert in $ 284
zu Kaufkraftparitäten 286
Auslandskapital 103
  Ablehnung 370
  Auslandskredite 283, 486
  Direktinvestitionen 370
Auslandsschulden
  Bedingungen 535
  Illwerke 536
  nach 1945 534
  Römer Protokolle 538
  vor 1938 352, 534
Auslandsvermögen
  deutsches 392, 397
  von Österreichern 283
Außenhandel 51
  Agiogeschäfte 207
  Ausgleichskasse 204
  Außenhandelsfunktionen 530
  Außenhandelsverkehrsgesetz 204
  Austauschverhältnisse 226, 528
  Belassungsquoten 207
  Handels- und Zahlungsabkommen 203
  Kompensationsgeschäfte 203, 207
  Privatclearing 208
  trading devices 206, 210
  zunehmende internationale
    Verflechtung 55

B

Banknoten
  Abstempelung RM 117
  Alliierte-Militär-Schillinge 122
  Bargeldhorte 147
  Bargeldquote 148
  Bedarf 124

Depots der Besatzungsmächte 146
Druck 113
Notgeld 133
Umlauf 1945 133
Umlauf nach Schillinggesetz 141, 144
wertlose Reichsmark 155
Besatzungskosten 125, 226, 468
   Realwert 129
   Schatzscheine 139
Besatzungsmächte
   Alliierte Kommission 126
   Alliierter Rat 262
   Belastungen durch 465
   Besatzungszonen 51
   Notendepots 131, 146
   Preiskontrolle 263
   Realtransfer 32, 465, 471
   Reparationen 30
Bewirtschaftung
   Baustoffe 196
   Bedarf 172
   Bewirtschaftungskreise 188
   bundeseinheitlich 185
   Effizienz 193
   Eisen 189
   gewerbliche Güter 184
   Kontingente 188
   Länderbesprechungen 188
   Landeswirtschaftsämter 184
   landwirtschaftliche Produkte 175
   Lebensmittelaufrufe 183
   Leder 191
   Naturalprämien 195
   Nicht-Selbstversorger 180
   Produktionsauflagen 175
   Produktionsfaktoren 170
   Rohstofflenkungsgesetz 198
   Rucksackverkehr 180
   Selbstversorger 180
   Strafverfahren 185
   Textilmarkt 186
   USIA 197
   Verstöße 171
   Verteilungsschlüssel 194
   Warenverkehrsgesetz 185

Bilanzen
   Schilling-Eröffnungsbilanzgesetz 563
Budget
   1945 136
   1949 268
   1952 505
   1953 493, 509
   automatische Stabilisatoren 503
   Beitrag zur Kosteninflation 272
   Budgetpolitik 166, 522
   Counterpartmittel 492
   Finanzvermögen des Bundes 372
   Investitionsprogramm des Bundes 524
   Steuerbelastung 496
   struktureller Saldo 524
   Tariferhöhungen 501
Bundesbudget *Siehe* Budget

C

Counterpartmittel 206
   Abstimmung mit Währungspolitik 320
   ERP-Konten 321
   Freigabe 1948 317
   Freigabe 1949 318
   Freigabepolitik 316, 493
   für Budget 504
   Long-Term-Programm 332
   Sonder-Wiederaufbau-Programme 327
   Sperre 319
   Stilllegung 314
   verstaatlichte Unternehmungen 328

D

Demontagen 393, 470
   Beutegut 112
   Ölförderung 433
   Rüstungsindustrie 470
Deutsches Eigentum 30
   Befehl Nr. 17 Kurassow 401
   Cherrière-Plan 458
   Definition 402, 404
   Potsdamer Konferenz 390, 397

Rückgabeverbot 464
Staatseigentumsgesetz 405
Vermögensverhandlungen mit BRD 479
Verwaltung 406
vor 1938 367
Wohnbaugesellschaften 368
Zwang 417
Devisen
   Berliner Kurse 351
   Devisengesetz 203
   Dollarisation 259
   Dollarknappheit 87
   Verwendungspläne 211, 282
   Wiener Kurse 351

E

Einkommen
   Einkünfte
      aus Kapitalvermögen 241
   Nivellierung 231, 232
Elektrizitätswirtschaft 326
   Planung 332
Energiewirtschaft
   Ausbau 1938-45 376
   Energiekoeffizient 327
EPU
   Einfuhrliberalisierung 578
   Exportförderung 494
   initial position 1950/51 305, 489
   Österreich-Hearing 490
   Quote 581
   Überschüsse 580
   Vollmitgliedschaft 578
Erdöl *Siehe auch* Mineralölwirtschaft
   Berggesetz 421
   Bitumengesetz 426
   erste Funde 421
   Förderung
      1937 424
      1944 426
      1955 448
   Freischürfe 422
   konkurrierende Ansprüche 31
   Vorräte 1945 430

ERP *Siehe* Marshallplan, Counterpartmittel
Exporte 53
   Absatzmärkte im Westen 337
   Exportboom 1953 527

F

finanzielle Stabilität
   äußere 483
   innere 483
Fremdenverkehr 213
   Angebotsmängel 213
   Devisenertrag 213
   Ostmark 363
   Touristenkarte 214

G

Gegenwertmittel *Siehe* Counterpartmittel
Geldmenge 144
   Geldüberhang 62, 144
   Quellen der Geldschöpfung 521
   Seignorage 521
   Umlaufgeschwindigkeit 168
Geldpolitik
   in der Stabilisierungsphase 520
   nach dem WSchG 164
Geldvermögen 554
   private Haushalte 556, 558
Gemeinwirtschaft 64, 102
Germanisierung 366
   Ölwirtschaft 428
   zwangsweise 374
Gewerbeordnung 575
   Untersagungsgesetz 575
   Zugangsbeschränkungen 575
Gold
   Brüsseler Gold 344
   Salzburger Gold 544
golden age 21
Gradualismus 64, 86, 93, 201, 215

H

Humankapital 47

I

Importe
  Brotgetreide 310
  Embargo-Waren 580
  Importplan 1948/49 309
  Kohle 310
  Liberalisierung
    unecht 579
  Liberalisierungsgrad 584
  Liberalisierungslisten 582
  Nahrungsmittel 311
  Notprogramm 1948 293
  Prioritäten 291
  Schutzzoll 583
  Tabak 291
  Verbilligung 313
Indizes
  Lebenshaltungskosten 254, 256
  WIFO 228
Industrie
  Alpine Montangesellschaft 364
  Deutsches Reich 359
  Eisen- und Stahlindustrie 334
  Grundstoffindustrien 49, 375
  Grundstofflastigkeit 333
  Importabhängigkeit 307
  Konzentration der Produktion 578
  Rüstungskonjunktur 336
  Struktur 323
  VIAG 373
Inflation
  Anpassungsinflation 204, 249
  importierte 256
  Kosteninflation 220, 226
  Nachfrageinflation 220
  Nachkriegsinflation 65
  rückgestaute 84, 108
Informationsstand
  Makroökonomie 298
  Mangel an Statistiken 261
  Statistikgrundlagen 261
Inlandsnachfrage
  und Stabilität 490
Internationale Wirtschaft
  Korea-Konflikt 304

Investitionen 43, 48, 84
  Bundesbudget 325
  Elektrizitätswirtschaft 325
  Fehlinvestitionen 333
  Finanzierungsinstrumente 323
  Fristigkeit 331
  Grundstoffindustrien 326, 333
  Investitionsprogramm 1950/52 327
  Kapitalkosten 332
  Kürzung 501
  öffentliche 502
  Ölwirtschaft 427
  Schwerindustrie 335
  Schwerpunkte 324
  und Zahlungsbilanz 327
  Verstaatlichte Industrie 315
  Wohnungsbau 315

K

Kapitalexporte
  Bewilligung 399
Kapitalismus
  Finanzkapitalismus 555
  Finanzmärkte 59
  Industriekapitalismus 37
  österreichische Tradition 71, 566
  US-Modell 341
Kapitalmarkt
  Finanzierungsstruktur 552
  Kapitalmarktgesetze 542
  Lebensversicherungen 556
  Reichsanleihe 1938/II 379
  Rentenmarkt 555
Kapitalstock 33
  Kapitalkoeffizient 326
Kartelle 572
  internationale 572
  Kartellbehörde 574
  Kartellgesetz 573
  Zwangskartelle 573
Keynesianismus
  in Österreich 97
  international 81
Konjunktur
  Angebotsschocks 228
  Konjunkturwendepunkte 531

Kredite
  in der Stabilisierungsphase 520
  Kontrollabkommen 487, 508
  Kreditstopp 508
  Selektion 505, 508
  Verteuerung 505
Kreditunternehmungen
  Bankengutachten 552
  Bankenrekonstruktion 549
  Bilanzen 161
  Bilanzlücken 543, 549
  Creditanstalt 372
  deutsche Schuldner 543
  Einlagen insgesamt 136
  Ertragslücke 543
  Industriekredit AG 374
  Kreditausweitung 143
  Länderbank 415
  Liquidität 135, 142
  Sparkonten 142
  Zinsspanne 550
Kriegsschäden 382
  bauliche 388
  Wohnungen 389
Kriegswirtschaft 362
  Allokationsmodell 83
  Finanzierung 110, 379

L

Lager 44, 175, 387
  Abbau 509
  Lagerzyklus 525
Landwirtschaft *Siehe* Agrarwirtschaft
Lastenausgleich 162
Lebensstandard
  minimaler 230
Löhne
  Bauarbeiter 262
  Entnivellierung 560
  Kinderbeihilfen 267
  Lohndrift 250
  Pro-Kopf 249
  Reallohn effektiv 253
  Reallohn fiktiv 253
  Statistik 275
  Verdienste 252

Lohnpolitik *Siehe* auch Preis-Lohn-Abkommen
  Ist-Lohn-Klausel 252
  Kollektivverträge 251
  Lohngüter 231
  Lohnleitlinie 230
  Nivellierung 246
  Zentrallohnkommission 246
  zurückhaltende 499

M

Marshallplan 281
  Anforderungen 300
  Dollar-Lücke 282
  Drawing Rights 302
  ECA 296
  Entstehung 294
  ERP-Büro 297
  Hilfe 1951/52 493
  international 91
  Jahresprogramm 1948/49 301
  Konditionalität 337
  Konsultationsverfahren 338
  Kürzung 483
  Leistungsbilanzdefizit 306
  OEEC 93, 296
  Snoy-Marjolin-Formel 303
  Sparlücke 282
  Steuerungsinstrumente 296
  USA-Interventionen 338
  Verhandlungen 292
Mineralölwirtschaft
  ATC 445
  Aufteilung 447
  Dreigruppenlösung 443
  Entschädigung der westlichen
    Ölfirmen 443, 452
  Entwicklungspotential 439
  Germanisierung 430
  Inlandsversorgung 476
  Innenpolitik 457
  Konzessionen 442
  Ölinteressen des Westens 422, 448
  ÖMV 457
  ÖROP 457
  Ost-West-Konflikt 439

Raffineriekapazität 431
RAG 423
SANAPHTA 434
SMV 474
sowjetische Kontrolle 410
Wert 1945 437
Wiener Memorandum 455
Monarchie
　Entwicklungsstand 25

N

Nahrungsmittel
　Basisration 179
　Ernährungsbilanz 239
　Ernährungspläne 176
　Kalorien 178
　Lebensmittelversorgung 176
　Rucksackverkehr 236
　Unterernährung 238
Notenbank
　Aktionäre 548
　Bilanzen 161, 544
　Deckungsaktiva 542
　Diskontschraube 511
　Eigenkapital 1938 354
　Forderungen an Bund 544
　Generalrat 505
　Liquidation 1938 350
　Reaktionsfunktion 548
　Rediskontplafonds 508
　Statuten 120, 547
　Überleitungsgesetz 119
　Vermögensstruktur 544

O

OeNB *Siehe* Notenbank

P

Parität
　der Löhne 360
　der Preise 360
Parteien
　ÖVP 98
　Parteienübereinkommen 1949 106
　SPÖ 94

Preise
　Agrarpreise 231
　amtlich geregelt 231
　Dorotheum 237
　Fertigwaren 244
　gewerbliche Produkte 265
　Grundstoffe 244
　Mieten 232
　ortsübliche 577
　Preisstruktur 270
　RM-Stopppreise 243
　Schwarzer Markt 176, 236
　Statistik 278
　Tarife 232
Preis-Lohn-Abkommen 249
　drittes 268
　Ende 273
　erstes 264
　fünftes 270
　Verbrauchsschema 269
　Verteilungseffekte 272
　viertes 269
　zweites 267
Preispolitik *Siehe* auch Preis-Lohn-Abkommen
　Anträge auf Preiserhöhung 242
　Ausgleichskasse 204
　Deregulierung 245
　Kalkulationsrichtlinien 243
　Marktspaltung legal 232
　Preisausgleiche 243
　Preisbehörde 242
　Preisregelungsgesetz 241
　Richtlinien 243
　Stellenwert Stabilität 498
Preisstützungen *Siehe* Subventionen
Private Haushalte
　dauerhafte Konsumgüter 56
　Geldvermögen 57
Privatisierungspläne
　1945/46 328
Produktivität
　Faktorproduktivität 36
　Produktivitätslücke 224
Pro-Kopf-Einkommen
　internationaler Vergleich 25

R

Raab-Kamitz-Kurs 67, 100, 495,
  Siehe auch Stabilisierungspolitik
  Kamitz-Konzept 496
Realvermögen 554
  Knappheit 374
Reparationen 30
  aus laufender Produktion 401, 471
  in Geld 391
  in natura 391
  von Österreich 398
Republik Österreich
  Erste 27
Restitutionen 412
  Frankreich 413
  Londoner Deklaration 393, 404

S

Sachgüterproduktion 38
Schillinggesetz 125
  beeinspruchte Konversion 122
  Bestimmungen 128
  Sperrkonten 139
  Vorbehalte 128
  Zwischenlösung 138
Sonderfall Österreich 61, 281, 299
Sowjetbetriebe
  Betriebsüberschuss 471
  Exterritoriale Rechte 408
  Leistungskennzahlen 472
  Status 1954 472
Sowjetisierung
  der heimischen Wirtschaft 440
Sowjetunion
  Banknotenleihe 113, 116
  beschlagnahmte Betriebe 30
  bilaterale Verhandlungen 407
  Cherrière-Plan 460
  Handelsvertrag 441
  Militärbankkredite 465
  Veto gegen Verstaatlichung 406
Sozialpartnerschaft 107, 273, 575
  Beirat für Wirtschafts-und
    Sozialfragen 577
  Paritätische Kommission für Preis-
    und Lohnfragen 575

Preissenkungsaktion 499
Raab-Böhm-Kurs 576
Sparen
  ertragsorientiert 558
  kurzfristige Sparformen 556
  Spareinlagen 147, 553
  Sparquote 46
  steuerliche Begünstigungen 557
Staatsvertrag
  Annexe 464
  Austrian Treaty Commission 416
  Cherrière-Plan 400, 445, 447, 458
  Entfremdungsverbot Ölfelder 455
  Entwurf Art. 35 418
  Kosten der Verzögerung 462
  Moskauer Erklärung 343
  Moskauer Memorandum 462
  Opfertheorie 343, 344
  Scheitern 1949 462
  Souveränitätsbeschränkungen 345
  Sowjetunion 345
  Verhandlungen 346
  westliche Alliierten 346
  Wiener Memorandum 456
  Wirtschaftliche Aspekte 463
Stabilisierungskrise 515
  Arbeitslosigkeit 517
  Auslastung Produktionspotential
    516
  Bankratensenkung 511
  Ende der 518
  Investitionen 528
  Krisenmanagement 509
  öffentliche Investitionen 510
Stabilisierungspolitik
  Antiinflationspaket I 490
  Antiinflationspaket II 492
  Bankengutachten 519
  Erfolgsstory 514
  Forderungen der EPU 490
  große Koalition 495
  klassische Methoden 486
  Kostenstabilisierung 499
  Raab-Kamitz-Kurs 67
  Stillhalteabkommen 500

Steuern
  Abschreibungen,vorzeitige 562
  Einkommensteuer-Tarifsenkung 561
  Exportrückvergütungen 563
  Lohnsteuer-Sechstelbegünstigung 561
  Tabaksteuer 272
  zweckgebundene 524
Subventionen 219, 233
  Agrarpreise 231
  aus ERP-Hilfe 322
  aus Prä-ERP-Hilfe 322
  heimische Agrarprodukte 206
  Höhe der 235
  Importverbilligungen 205, 503
  Notenbank 223
  Reichsstützungen 226, 234

U

Universitäten 62
UNRRA 205, 288
  Erlöse 314
  Verfahren 288
Unternehmungen
  in verschiedenen Besatzungszonen 403
USIA 196
  Ablöse 460
  Anerkennung 411
  positive Zusammenarbeit 408
  Reparationen 476
  Unternehmensstrategie 400

V

Vermögen
  Auslands- 353
  in Fremdwährungen 351
Vermögensabgabe 164
Verstaatlichung 101
  Entschädigung der Aktionäre 540
  Ölwirtschaft 443, 449
  Scheinverstaatlichung 444
  Verstaatlichungsgesetz 405
Volksaktien 99

Volkswirtschaftliche Gesamtrechnung 298
  Anlagevermögen 386
  Input-Output-Technik 174
  Kapitalstock 33
  Lohnquote 233
  Statistische Differenzen 529
Vollbeschäftigung 81

W

Währungspolitik
  Aktion Paulus 124
  Aufgaben 1945 111
  Konzept 1945 114
  Schaltereröffnung 111, 119
  Währungsumtausch 1945 123
Währungsreserven 349
  Devisenschwemme 546
  Opportunitätskosten 356
Währungsschutzgesetz
  Abschöpfung 157
  Bestimmungen 156
  Schließung von Bilanzlücken 543
  Verwässerung 158
  Zustimmung Sowjetunion 153
Wechselkurse
  Abwertung 1949 215, 259
  Abwertung 1953 219
  Abwertungsgewinn 355
  Aufwertungsverlust 354
  Dollar 202
  Drei-Kurs-System 216
  Durchschnitt 209
  Effektivkurs 215, 287
  Einheitskurs 219
  Grundkurs 215
  Kaufkraftparitäten 203
  Militärkurs 1945 226
  multiple 217
  Prämienkurs 215
  Privatclearings 359
  Subventionen 205, 220
  System 210
  Triffin-Plan 215
  Umrechnungskurs 1938 358
  Vereinheitlichung 512

Weltwirtschaft
  Korea-Konflikt 270
Wertpapiere
  Bereinigung 539
  Depots 540
  Girosammelstücke 539
Wettbewerb
  oligopolistische Marktstrukturen 577
  Wettbewerbspolitik 492
Wiederaufbau
  Prioritäten 173
wirtschaftliche Entwicklung 1938-1945 349
Wirtschaftsimperialismus
  deutscher 371
Wirtschaftslenkung
  Fleischmarkt 274
  Kommandowirtschaft 229
  Lenkungsgesetze 199
  Wirtschaftsdirektorium 489
Wirtschaftsordnung
  Austro-Marxismus 95
  Gildensozialismus 95
  Johnstone-Bericht 566
  katholische Soziallehre 98
  Kommandowirtschaft 169
  Marktwirtschaft 70
  marktwirtschaftliche Institutionen 564
  nach Staatsvertrag 71
  Neuorientierung 568
  österreichische 565, 567
  soziale Marktwirtschaft 564
  Übergang zur Marktwirtschaft 256
  Weltwirtschaft 80
  Wettbewerbskultur 565
Wirtschaftsplanung
  Ernährungspläne 178
  Fertigwarenindustrien 335
  Kernplan 173
  Konstitutionspläne 64, 104, 173, 334
  Nationalbudgets 90
  Planung, indikative 89, 107
  Planwirtschaft, zentrale 88
Wirtschaftspolitik
  Leitbilder 94
  Lenkung staatliche 169
  marktwirtschaftliche Reformen 498
  Regime finanzieller Stabilität 510
  restriktiver Kurs 487
  Verteilungsstrategie 231
  Westorientierung 60
  Zusammenspiel verschiedener Akteure 511
Wirtschaftspolitik, international 87, 212
  IMF 209
  Marshallplan 294
  National Advisory Council 210
  OEEC 93
  USA-Direktinvestitionen 282

Z

Zahlungsbilanz 69
  1952/53 514
  Dollarbilanz 309
  Ostmark 362
  Vorschau 1948-1951 300
Zinssätze
  Aussetzung von Zinszahlungen 549
  Bankrate 505
  billiges Geld 49, 85
  Leverage-Effekt 330
  negative Realzinssätze 330, 553
  Rendite von Geldvermögen 557